THE BOOK OF MORMON

LE LIVRE DE MORMON

Side-by-Side
English | French

Please email me with any comments, questions, or book corrections. I would love to hear from you!

Joe Rigby
joe@dualscriptures.com
DualScriptures.com
Renton, Washington
United States of America

A special thank you to my wife Yaeyoung for her love and support.
Thank you to my mother Heegyung and mother-in-law Gyungsook for inspiring me to produce this.

Second Edition (French 2017 update)
ISBN-13: 978-1983473661
ISBN-10: 1983473669

English 2013 / French 2017
03990_000 / 06897_140

TABLE OF CONTENTS

THE
BOOK OF MORMON
AN ACCOUNT WRITTEN BY
THE HAND OF MORMON
UPON PLATES
TAKEN FROM THE PLATES OF
NEPHI

Wherefore, it is an abridgment of the record of the people of Nephi, and also of the Lamanites—Written to the Lamanites, who are a remnant of the house of Israel; and also to Jew and Gentile—Written by way of commandment, and also by the spirit of prophecy and of revelation—Written and sealed up, and hid up unto the Lord, that they might not be destroyed—To come forth by the gift and power of God unto the interpretation thereof—Sealed by the hand of Moroni, and hid up unto the Lord, to come forth in due time by way of the Gentile—The interpretation thereof by the gift of God.

An abridgment taken from the Book of Ether also, which is a record of the people of Jared, who were scattered at the time the Lord confounded the language of the people, when they were building a tower to get to heaven—Which is to show unto the remnant of the house of Israel what great things the Lord hath done for their fathers; and that they may know the covenants of the Lord, that they are not cast off forever—And also to the convincing of the Jew and Gentile that Jesus is the Christ, the Eternal God, manifesting himself unto all nations—And now, if there are faults they are the mistakes of men; wherefore, condemn not the things of God, that ye may be found spotless at the judgment-seat of Christ.

TRANSLATED BY JOSEPH SMITH, JUN.

LE
LIVRE DE MORMON
RÉCIT ÉCRIT DE
LA MAIN DE MORMON
SUR DES PLAQUES
D'APRÈS LES PLAQUES DE
NÉPHI

C'est pourquoi, ce livre est un abrégé des annales du peuple de Néphi et aussi des Lamanites — Écrit à l'intention des Lamanites, qui sont un reste de la maison d'Israël, et aussi à l'intention des Juifs et des Gentils — Écrit par commandement et aussi par l'esprit de prophétie et de révélation — Écrit, scellé et caché pour le Seigneur, afin qu'il ne soit pas détruit — Pour paraître, par le don et le pouvoir de Dieu, pour être interprété — Scellé de la main de Moroni et caché pour le Seigneur, pour paraître, en temps voulu, par le ministère des Gentils — Interprétation par le don de Dieu.

Il comprend aussi un abrégé tiré du livre d'Éther, qui contient les annales du peuple de Jared, lequel fut dispersé à l'époque où le Seigneur confondit la langue des hommes, alors que ceux-ci bâtissaient une tour pour atteindre le ciel — Le but de ce livre est de montrer au reste de la maison d'Israël les grandes choses que le Seigneur a faites pour ses pères ; et aussi de lui faire connaître les alliances du Seigneur, qu'il sache qu'il n'est pas rejeté à jamais — Et aussi de convaincre Juif et Gentil que Jésus est le Christ, le Dieu Éternel, qui se manifeste à toutes les nations — Et maintenant s'il y a des fautes, ce sont les erreurs des hommes ; c'est pourquoi ne condamnez pas les choses de Dieu, afin d'être trouvés sans tache devant le siège du jugement du Christ.

TRADUCTION ORIGINELLE DES PLAQUES EN ANGLAIS PAR JOSEPH SMITH, FILS

INTRODUCTION

The Book of Mormon is a volume of holy scripture comparable to the Bible. It is a record of God's dealings with ancient inhabitants of the Americas and contains the fulness of the everlasting gospel.

The book was written by many ancient prophets by the spirit of prophecy and revelation. Their words, written on gold plates, were quoted and abridged by a prophet-historian named Mormon. The record gives an account of two great civilizations. One came from Jerusalem in 600 B.C. and afterward separated into two nations, known as the Nephites and the Lamanites. The other came much earlier when the Lord confounded the tongues at the Tower of Babel. This group is known as the Jaredites. After thousands of years, all were destroyed except the Lamanites, and they are among the ancestors of the American Indians.

The crowning event recorded in the Book of Mormon is the personal ministry of the Lord Jesus Christ among the Nephites soon after His resurrection. It puts forth the doctrines of the gospel, outlines the plan of salvation, and tells men what they must do to gain peace in this life and eternal salvation in the life to come.

After Mormon completed his writings, he delivered the account to his son Moroni, who added a few words of his own and hid up the plates in the Hill Cumorah. On September 21, 1823, the same Moroni, then a glorified, resurrected being, appeared to the Prophet Joseph Smith and instructed him relative to the ancient record and its destined translation into the English language.

In due course the plates were delivered to Joseph Smith, who translated them by the gift and power of God. The record is now published in many languages as a new and additional witness that Jesus Christ is the Son of the living God and that all who will come unto Him and

INTRODUCTION

Le Livre de Mormon est un volume d'Écritures saintes comparable à la Bible. Il est le compte rendu des relations de Dieu avec d'anciens habitants de l'Amérique et contient la plénitude de l'Évangile éternel.

Il fut écrit, par l'esprit de prophétie et de révélation, par beaucoup de prophètes du temps passé. Leurs paroles, écrites sur des plaques d'or, furent citées et abrégées par un prophète et historien du nom de Mormon. Les annales parlent de deux grandes civilisations. L'une vint de Jérusalem en 600 av. J.-C. et se sépara plus tard en deux nations, appelées Néphites et Lamanites. L'autre arriva beaucoup plus tôt, quand le Seigneur confondit les langues à la tour de Babel. Ce groupe porte le nom de Jarédites. Après des milliers d'années, tous furent détruits à l'exception des Lamanites, lesquels comptent parmi les ancêtres des Indiens américains.

L'événement culminant du Livre de Mormon est le ministère que le Seigneur Jésus-Christ exerça en personne, peu après sa résurrection, parmi les Néphites. Le texte expose la doctrine de l'Évangile, décrit le plan du salut et dit aux hommes ce qu'ils doivent faire pour obtenir la paix dans cette vie et le salut éternel dans la vie à venir.

Après avoir terminé ses écrits, Mormon remit le récit à son fils, Moroni, qui ajouta personnellement quelques paroles et cacha les plaques dans la colline Cumorah. Le 21 septembre 1823, ce même Moroni, qui était alors un être glorifié et ressuscité, apparut à Joseph Smith, le prophète, et lui donna des instructions concernant les antiques annales et la traduction qui devait en être faite en anglais.

En temps voulu, les plaques furent remises à Joseph Smith, qui les traduisit par le don et le pouvoir de Dieu. Les annales sont maintenant publiées dans de nombreuses langues et constituent un témoignage nouveau et supplémentaire de ce que Jésus-Christ est le Fils du Dieu

obey the laws and ordinances of His gospel may be saved.

Concerning this record the Prophet Joseph Smith said: "I told the brethren that the Book of Mormon was the most correct of any book on earth, and the keystone of our religion, and a man would get nearer to God by abiding by its precepts, than by any other book."

In addition to Joseph Smith, the Lord provided for eleven others to see the gold plates for themselves and to be special witnesses of the truth and divinity of the Book of Mormon. Their written testimonies are included herewith as "The Testimony of Three Witnesses" and "The Testimony of Eight Witnesses."

We invite all men everywhere to read the Book of Mormon, to ponder in their hearts the message it contains, and then to ask God, the Eternal Father, in the name of Christ if the book is true. Those who pursue this course and ask in faith will gain a testimony of its truth and divinity by the power of the Holy Ghost. (See Moroni 10:3–5.)

Those who gain this divine witness from the Holy Spirit will also come to know by the same power that Jesus Christ is the Savior of the world, that Joseph Smith is His revelator and prophet in these last days, and that The Church of Jesus Christ of Latter-day Saints is the Lord's kingdom once again established on the earth, preparatory to the Second Coming of the Messiah.

vivant et de ce que tous ceux qui viennent à lui et obéissent aux lois et aux ordonnances de son Évangile peuvent être sauvés.

À propos de ces annales, Joseph Smith, le prophète, a dit : « Je dis aux frères que le Livre de Mormon était le plus correct de tous les livres de la terre et la clef de voûte de notre religion, et qu'un homme se rapprocherait davantage de Dieu en en suivant les préceptes que par n'importe quel autre livre ».

Le Seigneur prit des dispositions pour qu'en plus de Joseph Smith, onze autres hommes vissent de leurs propres yeux les plaques d'or et fussent témoins spéciaux de la véracité et de la divinité du Livre de Mormon. On trouvera leur témoignage ci-après sous les titres « Témoignage de trois témoins » et « Témoignage de huit témoins ».

Nous invitons les hommes du monde entier à lire le Livre de Mormon, à méditer dans leur cœur le message qu'il contient et à demander ensuite à Dieu, le Père éternel, au nom du Christ, si le livre est vrai. Ceux qui agiront de cette façon et demanderont avec foi obtiendront, par le pouvoir du Saint-Esprit, le témoignage de sa véracité et de sa divinité (voir Moroni 10:3–5).

Ceux qui obtiendront ce témoignage divin du Saint-Esprit sauront aussi, par le même pouvoir, que Jésus-Christ est le Sauveur du monde, que Joseph Smith est son révélateur et son prophète en ces derniers jours et que l'Église de Jésus-Christ des Saints des Derniers Jours est le royaume du Seigneur établi de nouveau sur la terre pour préparer la seconde venue du Messie.

THE TESTIMONY OF THREE WITNESSES

Be it known unto all nations, kindreds, tongues, and people, unto whom this work shall come: That we, through the grace of God the Father, and our Lord Jesus Christ, have seen the plates which contain this record, which is a record of the people of Nephi, and also of the Lamanites, their brethren, and also of the people of Jared, who came from the tower of which hath been spoken. And we also know that they have been translated by the gift and power of God, for his voice hath declared it unto us; wherefore we know of a surety that the work is true. And we also testify that we have seen the engravings which are upon the plates; and they have been shown unto us by the power of God, and not of man. And we declare with words of soberness, that an angel of God came down from heaven, and he brought and laid before our eyes, that we beheld and saw the plates, and the engravings thereon; and we know that it is by the grace of God the Father, and our Lord Jesus Christ, that we beheld and bear record that these things are true. And it is marvelous in our eyes. Nevertheless, the voice of the Lord commanded us that we should bear record of it; wherefore, to be obedient unto the commandments of God, we bear testimony of these things. And we know that if we are faithful in Christ, we shall rid our garments of the blood of all men, and be found spotless before the judgment-seat of Christ, and shall dwell with him eternally in the heavens. And the honor be to the Father, and to the Son, and to the Holy Ghost, which is one God. Amen.

Oliver Cowdery
David Whitmer
Martin Harris

TÉMOIGNAGE DE TROIS TÉMOINS

Qu'il soit connu toutes les nations, tribus, langues et peuples à qui cette œuvre parviendra que nous avons vu, par la grâce de Dieu le Père et de notre Seigneur Jésus-Christ, les plaques contenant ces annales, qui sont les annales du peuple de Néphi, et aussi des Lamanites, leurs frères, et aussi du peuple de Jared, venu de la tour dont il a été parlé. Et nous savons aussi qu'elles ont été traduites par le don et le pouvoir de Dieu, car sa voix nous l'a déclaré ; c'est pourquoi nous savons avec certitude que l'œuvre est vraie. Et nous témoignons aussi avoir vu les caractères qui sont gravés sur les plaques ; et ils nous ont été montrés par le pouvoir de Dieu et non de l'homme. Et nous déclarons, en toute sincérité, qu'un ange de Dieu est venu du ciel et qu'il a apporté et placé les plaques sous nos yeux, que nous avons contemplé et vu les plaques, ainsi que les caractères qui y étaient gravés ; et nous savons que c'est par la grâce de Dieu le Père et de notre Seigneur Jésus-Christ que nous avons vu ces choses et que nous témoignons que ces choses sont vraies. Et c'est merveilleux à nos yeux. Néanmoins, la voix du Seigneur nous a commandé d'en rendre témoignage ; c'est pourquoi, voulant obéir aux commandements de Dieu, nous rendons témoignage de ces choses. Et nous savons que si nous sommes fidèles dans le Christ, nous laverons nos vêtements du sang de tous les hommes et que nous serons trouvés sans tache devant le siège du jugement du Christ, et demeurerons éternellement avec lui dans les cieux. Et que l'honneur revienne au Père, et au Fils, et au Saint-Esprit, qui sont un seul Dieu. Amen.

Oliver Cowdery
David Whitmer
Martin Harris

THE TESTIMONY OF EIGHT WITNESSES

Be it known unto all nations, kindreds, tongues, and people, unto whom this work shall come: That Joseph Smith, Jun., the translator of this work, has shown unto us the plates of which hath been spoken, which have the appearance of gold; and as many of the leaves as the said Smith has translated we did handle with our hands; and we also saw the engravings thereon, all of which has the appearance of ancient work, and of curious workmanship. And this we bear record with words of soberness, that the said Smith has shown unto us, for we have seen and hefted, and know of a surety that the said Smith has got the plates of which we have spoken. And we give our names unto the world, to witness unto the world that which we have seen. And we lie not, God bearing witness of it.

Christian Whitmer

Jacob Whitmer

Peter Whitmer, Jun.

John Whitmer

Hiram Page

Joseph Smith, Sen.

Hyrum Smith

Samuel H. Smith

TÉMOIGNAGE DE HUIT TÉMOINS

Qu'il soit connu de toutes les nations, tribus, langues et peuples à qui cette œuvre parviendra, que Joseph Smith, fils, traducteur de cette œuvre, nous a montré les plaques dont il a été parlé, qui ont l'apparence de l'or ; et nous avons touché de nos mains toutes les feuilles que ledit Smith a traduites ; et nous avons également vu les inscriptions qui y étaient gravées, le tout ayant l'apparence d'un travail ancien et d'une exécution habile. Et nous rendons témoignage, en toute sincérité, que ledit Smith nous a montré ces plaques, car nous les avons vues et soupesées, et savons avec certitude que ledit Smith détient les plaques dont nous avons parlé. Et nous donnons nos noms au monde, pour témoigner au monde de ce que nous avons vu. Et nous ne mentons pas, Dieu en rend témoignage.

Christian Whitmer

Jacob Whitmer

Peter Whitmer, fils

John Whitmer

Hiram Page

Joseph Smith, père

Hyrum Smith

Samuel H. Smith

THE TESTIMONY OF THE PROPHET JOSEPH SMITH

The Prophet Joseph Smith's own words about the coming forth of the Book of Mormon are:

"On the evening of the ... twenty-first of September [1823] ... I betook myself to prayer and supplication to Almighty God. ...

"While I was thus in the act of calling upon God, I discovered a light appearing in my room, which continued to increase until the room was lighter than at noonday, when immediately a personage appeared at my bedside, standing in the air, for his feet did not touch the floor.

"He had on a loose robe of most exquisite whiteness. It was a whiteness beyond anything earthly I had ever seen; nor do I believe that any earthly thing could be made to appear so exceedingly white and brilliant. His hands were naked, and his arms also, a little above the wrist; so, also, were his feet naked, as were his legs, a little above the ankles. His head and neck were also bare. I could discover that he had no other clothing on but this robe, as it was open, so that I could see into his bosom.

"Not only was his robe exceedingly white, but his whole person was glorious beyond description, and his countenance truly like lightning. The room was exceedingly light, but not so very bright as immediately around his person. When I first looked upon him, I was afraid; but the fear soon left me.

"He called me by name, and said unto me that he was a messenger sent from the presence of God to me, and that his name was Moroni; that God had a work for me

TÉMOIGNAGE DE JOSEPH SMITH, LE PROPHÈTE

Joseph Smith, le prophète, raconte la parution du Livre de Mormon en ces termes :

« Le soir du ... vingt et un septembre [1823] ... , après m'être mis au lit pour la nuit, je commençai à prier et à supplier le Dieu Tout-Puissant ...

« Tandis que j'étais ainsi occupé à invoquer Dieu, je m'aperçus qu'une lumière apparaissait dans ma chambre ; elle s'accrut jusqu'à ce que la chambre fût plus claire qu'à l'heure de midi, et, tout à coup, un personnage parut à mon chevet ; il se tenait dans les airs, car ses pieds ne touchaient pas le sol.

« Il était vêtu d'une tunique ample de la plus exquise blancheur, d'une blancheur qui surpassait tout ce que j'avais jamais vu de terrestre, et je ne crois pas que quelque chose de terrestre puisse être rendu aussi extraordinairement blanc et brillant. Il avait les mains nues, les bras aussi, un peu au-dessus du poignet ; il avait également les pieds nus et les jambes aussi, un peu au-dessus des chevilles. La tête et le cou étaient nus également. Je pus découvrir qu'il n'avait d'autre vêtement que cette tunique, celle-ci étant ouverte, de sorte que je pouvais voir sa poitrine.

« Non seulement sa tunique était extrêmement blanche, mais toute sa personne était glorieuse au-delà de toute description, et son visage était véritablement comme l'éclair. La chambre était extraordinairement claire, mais pas aussi brillante que dans le voisinage immédiat de sa personne. D'abord, je fus effrayé de le voir, mais la crainte me quitta bientôt.

« Il m'appela par mon nom et me dit qu'il était un messager envoyé de la présence de Dieu vers moi et que son nom était Moroni ; que Dieu avait une œuvre à me

to do; and that my name should be had for good and evil among all nations, kindreds, and tongues, or that it should be both good and evil spoken of among all people.

"He said there was a book deposited, written upon gold plates, giving an account of the former inhabitants of this continent, and the source from whence they sprang. He also said that the fulness of the everlasting Gospel was contained in it, as delivered by the Savior to the ancient inhabitants;

"Also, that there were two stones in silver bows—and these stones, fastened to a breastplate, constituted what is called the Urim and Thummim—deposited with the plates; and the possession and use of these stones were what constituted 'seers' in ancient or former times; and that God had prepared them for the purpose of translating the book. ...

"Again, he told me, that when I got those plates of which he had spoken—for the time that they should be obtained was not yet fulfilled—I should not show them to any person; neither the breastplate with the Urim and Thummim; only to those to whom I should be commanded to show them; if I did I should be destroyed. While he was conversing with me about the plates, the vision was opened to my mind that I could see the place where the plates were deposited, and that so clearly and distinctly that I knew the place again when I visited it.

"After this communication, I saw the light in the room begin to gather immediately around the person of him who had been speaking to me, and it continued to do so until the room was again left dark, except just around him; when, instantly I saw, as it were, a conduit open right up into heaven, and he ascended till he entirely disappeared, and the room was left as it had been before this heavenly light had made its appearance.

"I lay musing on the singularity of the scene, and marveling greatly at what

faire accomplir, et que mon nom serait connu en bien et en mal parmi toutes les nations, tribus et langues, ou qu'on en dirait du bien et du mal parmi tous les peuples.

« Il dit qu'il existait, déposé en lieu sûr, un livre écrit sur des plaques d'or, donnant l'histoire des anciens habitants de ce continent et la source dont ils étaient issus. Il dit aussi qu'il contenait la plénitude de l'Évangile éternel, telle qu'elle avait été donnée par le Sauveur à ces anciens habitants.

« En outre, que deux pierres contenues dans des arcs d'argent — et ces pierres, fixées à un pectoral, constituaient ce qu'on appelle l'urim et le thummim — étaient déposées avec les plaques ; que la possession et l'utilisation de ces pierres étaient ce qui faisait les "voyants" dans les temps anciens ou passés ; et que Dieu les avait préparées en vue de la traduction du livre ...

« Il me dit encore que lorsque j'aurais reçu les plaques dont il avait parlé — car le temps où je les obtiendrais n'était pas encore accompli — je ne devrais les montrer à personne, pas plus que le pectoral avec l'urim et le thummim, sauf à ceux à qui il me serait commandé de les montrer ; si je désobéissais, je serais détruit. Tandis qu'il conversait avec moi au sujet des plaques, une vision s'ouvrit à mon esprit, de sorte que je pus voir le lieu où les plaques étaient déposées, et cela si clairement et si distinctement, que je le reconnus quand je m'y rendis.

« Après cette communication, je vis la lumière qui remplissait la chambre commencer à se rassembler immédiatement autour de la personne de celui qui m'avait parlé et elle continua à se rapprocher de lui jusqu'à ce que la chambre fût de nouveau laissée dans l'obscurité, sauf juste autour de lui, et tout à coup, je vis comme un passage ouvert directement vers le ciel ; il y monta jusqu'à disparaître entièrement, et la chambre fut de nouveau comme elle était avant que cette lumière céleste eût fait son apparition.

« Je méditais dans mon lit sur la singularité de cette scène, très étonné de ce

had been told to me by this extraordinary messenger; when, in the midst of my meditation, I suddenly discovered that my room was again beginning to get lighted, and in an instant, as it were, the same heavenly messenger was again by my bedside.

"He commenced, and again related the very same things which he had done at his first visit, without the least variation; which having done, he informed me of great judgments which were coming upon the earth, with great desolations by famine, sword, and pestilence; and that these grievous judgments would come on the earth in this generation. Having related these things, he again ascended as he had done before.

"By this time, so deep were the impressions made on my mind, that sleep had fled from my eyes, and I lay overwhelmed in astonishment at what I had both seen and heard. But what was my surprise when again I beheld the same messenger at my bedside, and heard him rehearse or repeat over again to me the same things as before; and added a caution to me, telling me that Satan would try to tempt me (in consequence of the indigent circumstances of my father's family), to get the plates for the purpose of getting rich. This he forbade me, saying that I must have no other object in view in getting the plates but to glorify God, and must not be influenced by any other motive than that of building his kingdom; otherwise I could not get them.

"After this third visit, he again ascended into heaven as before, and I was again left to ponder on the strangeness of what I had just experienced; when almost immediately after the heavenly messenger had ascended from me for the third time, the cock crowed, and I found that day was approaching, so that our interviews must have occupied the whole of that night.

"I shortly after arose from my bed, and, as usual, went to the necessary labors of the day; but, in attempting to work as at other times, I found my strength so exhausted as to render me entirely unable.

que m'avait dit cet extraordinaire messager, quand, au milieu de ma méditation, je m'aperçus soudain que ma chambre recommençait à s'éclairer et, en un instant, pour ainsi dire, le même messager céleste fut de nouveau à mon chevet.

« Il se mit à me raconter exactement les mêmes choses que lors de sa première visite, sans la moindre variation ; cela fait, il m'annonça que de grands jugements venaient sur la terre, avec de grandes désolations par la famine, l'épée et la peste ; et que ces jugements pénibles s'abattraient sur la terre dans cette génération. Après avoir dit ces choses, il remonta comme auparavant.

« J'avais maintenant l'esprit si profondément impressionné que le sommeil avait fui mes yeux et que je restai couché, accablé d'étonnement de ce que j'avais vu et entendu tout à la fois. Mais quelle ne fut pas ma surprise quand je vis de nouveau le même messager à mon chevet et l'entendis de nouveau me répéter et me redire les mêmes choses qu'avant ; et il ajouta un avertissement à mon intention, disant que Satan essayerait de me tenter (à cause de l'indigence de la famille de mon père) d'aller chercher les plaques dans le but de m'enrichir. Il me le défendit, me disant que je ne devais avoir d'autre objet en vue, en recevant ces plaques, que de glorifier Dieu, et ne devais me laisser influencer par aucun autre motif que celui d'édifier son royaume, sinon je ne pourrais les recevoir.

« Après cette troisième visite, il remonta au ciel comme avant, me laissant de nouveau réfléchir sur l'étrangeté de ce qui venait de m'arriver ; à ce moment-là, presque aussitôt après que le messager céleste fut remonté pour la troisième fois, le coq chanta, et je vis que le jour était proche, de sorte que nos entretiens avaient dû remplir toute cette nuit-là.

« Peu après, je me levai de mon lit et me rendis comme d'habitude aux travaux nécessaires du jour ; mais en tentant de travailler comme les autres fois, je

My father, who was laboring along with me, discovered something to be wrong with me, and told me to go home. I started with the intention of going to the house; but, in attempting to cross the fence out of the field where we were, my strength entirely failed me, and I fell helpless on the ground, and for a time was quite unconscious of anything.

"The first thing that I can recollect was a voice speaking unto me, calling me by name. I looked up, and beheld the same messenger standing over my head, surrounded by light as before. He then again related unto me all that he had related to me the previous night, and commanded me to go to my father and tell him of the vision and commandments which I had received.

"I obeyed; I returned to my father in the field, and rehearsed the whole matter to him. He replied to me that it was of God, and told me to go and do as commanded by the messenger. I left the field, and went to the place where the messenger had told me the plates were deposited; and owing to the distinctness of the vision which I had had concerning it, I knew the place the instant that I arrived there.

"Convenient to the village of Manchester, Ontario county, New York, stands a hill of considerable size, and the most elevated of any in the neighborhood. On the west side of this hill, not far from the top, under a stone of considerable size, lay the plates, deposited in a stone box. This stone was thick and rounding in the middle on the upper side, and thinner towards the edges, so that the middle part of it was visible above the ground, but the edge all around was covered with earth.

"Having removed the earth, I obtained a lever, which I got fixed under the edge of the stone, and with a little exertion raised it up. I looked in, and there indeed did I behold the plates, the Urim and Thummim, and the breastplate, as stated

m'aperçus que mes forces étaient si épuisées que j'étais incapable de rien faire. Mon père, qui travaillait avec moi, vit que je n'étais pas bien et me dit de rentrer. Je me mis en route dans l'intention de me diriger vers la maison, mais comme j'essayais de passer la clôture du champ où nous étions, les forces me manquèrent tout à fait ; je tombai impuissant sur le sol et perdis un moment complètement conscience.

« La première chose dont je me souviens, c'est d'une voix qui me parlait et m'appelait par mon nom. Je levai les yeux et vis le même messager, debout au-dessus de ma tête, entouré de lumière comme précédemment. Il me répéta alors tout ce qu'il m'avait dit la nuit d'avant et me commanda d'aller trouver mon père et de lui parler de la vision que j'avais eue et des commandements que j'avais reçus.

« J'obéis ; je retournai vers mon père dans le champ et lui répétai tout. Il me répondit que cela venait de Dieu et me dit d'aller faire ce que le messager me commandait. Je quittai le champ pour me rendre au lieu où le messager m'avait dit que les plaques étaient déposées ; et grâce à la netteté de la vision que j'avais eue à son sujet, je reconnus le lieu dès que j'y arrivai.

« Tout près du village de Manchester, dans le comté d'Ontario (New York), se trouve une colline de dimensions considérables, la plus élevée de toutes celles du voisinage. Sur le côté ouest de cette colline, non loin du sommet, sous une pierre de dimensions considérables, se trouvaient les plaques, déposées dans une boîte de pierre. Cette pierre était épaisse et arrondie au milieu de la face supérieure et plus mince vers les bords, de sorte que la partie du milieu en était visible au-dessus du sol, tandis que les bords tout autour étaient recouverts de terre.

« Ayant enlevé la terre, je me procurai un levier que je glissai sous le bord de la pierre et, d'un petit effort, je la soulevai. Je regardai à l'intérieur et j'y vis, en effet, les plaques, l'urim et le thummim, et le

by the messenger. The box in which they lay was formed by laying stones together in some kind of cement. In the bottom of the box were laid two stones crossways of the box, and on these stones lay the plates and the other things with them.

"I made an attempt to take them out, but was forbidden by the messenger, and was again informed that the time for bringing them forth had not yet arrived, neither would it, until four years from that time; but he told me that I should come to that place precisely in one year from that time, and that he would there meet with me, and that I should continue to do so until the time should come for obtaining the plates.

"Accordingly, as I had been commanded, I went at the end of each year, and at each time I found the same messenger there, and received instruction and intelligence from him at each of our interviews, respecting what the Lord was going to do, and how and in what manner his kingdom was to be conducted in the last days. ...

"At length the time arrived for obtaining the plates, the Urim and Thummim, and the breastplate. On the twenty-second day of September, one thousand eight hundred and twenty-seven, having gone as usual at the end of another year to the place where they were deposited, the same heavenly messenger delivered them up to me with this charge: that I should be responsible for them; that if I should let them go carelessly, or through any neglect of mine, I should be cut off; but that if I would use all my endeavors to preserve them, until he, the messenger, should call for them, they should be protected.

"I soon found out the reason why I had received such strict charges to keep them safe, and why it was that the messenger had said that when I had done what was required at my hand, he would call for them. For no sooner was it known that I had them, than the most strenuous exertions were used to get them from me. Every stratagem that

pectoral, comme le messager l'avait déclaré. On avait formé la boîte qui les renfermait en assemblant des pierres dans une sorte de ciment. Au fond de la boîte, deux pierres étaient posées perpendiculairement aux côtés de la boîte, et sur ces pierres étaient les plaques et les autres objets.

« Je fis une tentative pour les sortir, mais le messager me le défendit et m'informa de nouveau que le moment de les faire paraître n'était pas encore arrivé ni ne le serait avant quatre années à partir de ce jour-là ; mais il me dit de revenir à cet endroit dans un an exactement, en comptant à partir de ce jour, qu'il m'y rencontrerait, et de continuer ainsi jusqu'à ce que fût venu le moment d'obtenir les plaques.

« En conséquence, comme cela m'avait été commandé, j'y allai à la fin de chaque année, j'y trouvai chaque fois le même messager et je reçus, à chacun de nos entretiens, des instructions et des informations sur ce que le Seigneur allait faire et sur la manière dont son royaume devait être dirigé dans les derniers jours ...

« Enfin, le moment de recevoir les plaques, l'urim et le thummim et le pectoral, arriva. Le 22 septembre 1827, je me rendis, comme d'habitude, à la fin d'une nouvelle année, au lieu où ils étaient déposés, et le même messager céleste me les remit avec cette consigne : que j'en serais responsable ; que si je les perdais par insouciance ou négligence de ma part, je serais retranché ; mais que si j'employais tous mes efforts à les conserver jusqu'à ce que lui, le messager, vînt les réclamer, ils seraient protégés.

« Je découvris bientôt la raison pour laquelle j'avais reçu la consigne si stricte de les garder en sûreté et pourquoi le messager avait dit que, quand j'aurais fait ce qui était exigé de moi, il les réclamerait. En effet, aussitôt que l'on sut que je les avais, les efforts les plus acharnés furent déployés pour me les enlever. On eut recours, dans ce but, à tous

could be invented was resorted to for that purpose. The persecution became more bitter and severe than before, and multitudes were on the alert continually to get them from me if possible. But by the wisdom of God, they remained safe in my hands, until I had accomplished by them what was required at my hand. When, according to arrangements, the messenger called for them, I delivered them up to him; and he has them in his charge until this day, being the second day of May, one thousand eight hundred and thirty-eight."

For a more complete account, see Joseph Smith—History in the Pearl of Great Price.

The ancient record thus brought forth from the earth as the voice of a people speaking from the dust, and translated into modern speech by the gift and power of God as attested by Divine affirmation, was first published to the world in the year 1830 as The Book of Mormon.

les stratagèmes qu'on pouvait imaginer. La persécution devint plus violente et plus acharnée qu'avant, et des multitudes étaient continuellement aux aguets pour me les enlever, si possible. Mais par la sagesse de Dieu, ils restèrent en sécurité entre mes mains jusqu'à ce que j'eusse accompli par eux ce qui était requis de moi. Lorsque, selon ce qui avait été convenu, le messager les réclama, je les lui remis ; et c'est lui qui en a la garde jusqu'à ce jour, deux mai mil huit cent trente-huit. »

On trouvera un récit plus complet dans Joseph Smith, Histoire, dans la Perle de Grand Prix.

Les annales antiques ainsi sorties de la terre comme la voix d'un peuple parlant de la poussière et traduites en langage moderne par le don et le pouvoir de Dieu, comme l'atteste la voix de Dieu, furent publiées pour la première fois en 1830 sous le titre anglais : The Book of Mormon.

A BRIEF EXPLANATION ABOUT THE BOOK OF MORMON

BRÈVE EXPLICATION CONCERNANT LE LIVRE DE MORMON

The Book of Mormon is a sacred record of peoples in ancient America and was engraved upon metal plates. Sources from which this record was compiled include the following:

1. The Plates of Nephi, which were of two kinds: the small plates and the large plates. The former were more particularly devoted to spiritual matters and the ministry and teachings of the prophets, while the latter were occupied mostly by a secular history of the peoples concerned (1 Nephi 9:2–4). From the time of Mosiah, however, the large plates also included items of major spiritual importance.

2. The Plates of Mormon, which consist of an abridgment by Mormon from the large plates of Nephi, with many commentaries. These plates also contained a continuation of the history by Mormon and additions by his son Moroni.

3. The Plates of Ether, which present a history of the Jaredites. This record was abridged by Moroni, who inserted comments of his own and incorporated the record with the general history under the title "Book of Ether."

4. The Plates of Brass brought by the people of Lehi from Jerusalem in 600 B.C. These contained "the five books of Moses, ... and also a record of the Jews from the beginning, ... down to the commencement of the reign of Zedekiah, king of Judah; and also the prophecies of the holy prophets" (1 Nephi 5:11–13). Many quotations from these plates, citing Isaiah and other biblical and nonbiblical prophets, appear in the Book of Mormon.

The Book of Mormon comprises fifteen main parts or divisions, known, with one exception, as books, usually designated by the name of their principal author. The first portion (the first six books,

Le Livre de Mormon est constitué des annales sacrées de peuples de l'Amérique ancienne et était gravé sur des plaques de métal. Le livre a été compilé à partir des sources suivantes :

1. Les plaques de Néphi, qui étaient de deux sortes : les petites plaques et les grandes plaques. Les premières étaient plus particulièrement consacrées aux questions spirituelles et au ministère et aux enseignements des prophètes, tandis que les dernières étaient surtout affectées à l'histoire profane des peuples intéressés (1 Néphi 9:2–4). Toutefois, à partir de l'époque de Mosiah, les grandes plaques continrent aussi des textes d'une grande importance spirituelle.

2. Les plaques de Mormon, qui consistent en un abrégé des grandes plaques de Néphi, fait par Mormon, avec de nombreux commentaires. Ces plaques contenaient aussi la suite de l'histoire écrite par Mormon et des ajouts de son fils Moroni.

3. Les plaques d'Éther, qui présentent l'histoire des Jarédites. Ces annales furent abrégées par Moroni, qui inséra ses commentaires personnels et intégra ses annales à l'ensemble de l'histoire sous le titre « Livre d'Éther ».

4. Les plaques d'airain, apportées de Jérusalem par le peuple de Léhi en 600 av. J.-C. Elles contenaient « les cinq livres de Moïse ... et aussi une histoire des Juifs depuis le début ... jusqu'au commencement du règne de Sédécias, roi de Juda ; et aussi, les prophéties des saints prophètes » (1 Néphi 5:11–13). Beaucoup de passages de ces plaques, qui citent Ésaïe et d'autres prophètes bibliques et non bibliques, apparaissent dans le Livre de Mormon.

Le Livre de Mormon comprend quinze grandes parties ou divisions appelées, à une exception près, livres, portant habituellement le nom de leur auteur principal. La première partie (les six premiers

ending with Omni) is a translation from the small plates of Nephi. Between the books of Omni and Mosiah is an insert called the Words of Mormon. This insert connects the record engraved on the small plates with Mormon's abridgment of the large plates.

The longest portion, from Mosiah through Mormon chapter 7, is a translation of Mormon's abridgment of the large plates of Nephi. The concluding portion, from Mormon chapter 8 to the end of the volume, was engraved by Mormon's son Moroni, who, after finishing the record of his father's life, made an abridgment of the Jaredite record (as the book of Ether) and later added the parts known as the book of Moroni.

In or about the year A.D. 421, Moroni, the last of the Nephite prophet-historians, sealed the sacred record and hid it up unto the Lord, to be brought forth in the latter days, as predicted by the voice of God through His ancient prophets. In A.D. 1823, this same Moroni, then a resurrected personage, visited the Prophet Joseph Smith and subsequently delivered the engraved plates to him.

About this edition: The original title page, immediately preceding the contents page, is taken from the plates and is part of the sacred text. Introductions in a non-italic typeface, such as in 1 Nephi and immediately preceding Mosiah chapter 9, are also part of the sacred text. Introductions in italics, such as in chapter headings, are not original to the text but are study helps included for convenience in reading.

Some minor errors in the text have been perpetuated in past editions of the Book of Mormon. This edition contains corrections that seem appropriate to bring the material into conformity with prepublication manuscripts and early editions edited by the Prophet Joseph Smith.

livres, finissant avec Omni) est la traduction des petites plaques de Néphi. Entre les livres d'Omni et de Mosiah, il y a une insertion appelée Paroles de Mormon. Cette insertion relie les annales gravées sur les petites plaques à l'abrégé des grandes plaques fait par Mormon.

La partie la plus longue, de Mosiah à Mormon, chapitre 7 inclus, est la traduction de l'abrégé des grandes plaques de Néphi fait par Mormon. La partie finale, de Mormon, chapitre 8, à la fin du volume, fut gravée par Moroni, fils de Mormon, qui, après avoir terminé les annales de la vie de son père, fit l'abrégé des annales jarédites (sous le titre livre d'Éther) et ajouta plus tard les parties connues sous le titre « livre de Moroni ».

En ou vers 421 apr. J.-C., Moroni, dernier des prophètes-historiens néphites, scella les annales sacrées et les cacha pour le Seigneur, pour qu'elles parussent dans les derniers jours, comme le prédit la voix de Dieu par l'intermédiaire de ses prophètes d'autrefois. En 1823 de notre ère, ce même Moroni, qui était alors ressuscité, rendit visite au prophète Joseph Smith et lui remit plus tard les plaques gravées.

À propos de la présente édition : La page de titre originale qui précède immédiatement la table des matières est tirée des plaques et fait partie du texte sacré. Les introductions qui ne sont pas en italique, comme dans 1 Néphi et juste avant le chapitre 9 de Mosiah, font aussi partie du texte sacré. Les introductions en italique, comme les chapeaux de chapitre, ne font pas partie du texte, mais sont des aides à l'étude ajoutées pour faciliter la lecture.

De petites erreurs dans le texte se sont perpétuées dans les précédentes éditions anglaises du Livre de Mormon. La présente édition contient les corrections qui semblent appropriées pour rendre le texte conforme aux manuscrits antérieurs à la publication et aux premières éditions publiées par Joseph Smith, le prophète.

THE FIRST BOOK OF NEPHI

HIS REIGN AND MINISTRY

PREMIER LIVRE DE NÉPHI

SON RÈGNE ET SON MINISTÈRE

An account of Lehi and his wife Sariah, and his four sons, being called, (beginning at the eldest) Laman, Lemuel, Sam, and Nephi. The Lord warns Lehi to depart out of the land of Jerusalem, because he prophesieth unto the people concerning their iniquity and they seek to destroy his life. He taketh three days' journey into the wilderness with his family. Nephi taketh his brethren and returneth to the land of Jerusalem after the record of the Jews. The account of their sufferings. They take the daughters of Ishmael to wife. They take their families and depart into the wilderness. Their sufferings and afflictions in the wilderness. The course of their travels. They come to the large waters. Nephi's brethren rebel against him. He confoundeth them, and buildeth a ship. They call the name of the place Bountiful. They cross the large waters into the promised land, and so forth. This is according to the account of Nephi; or in other words, I, Nephi, wrote this record.

Histoire de Léhi, de son épouse, Sariah, et de ses quatre fils, appelés (en commençant par l'aîné) Laman, Lémuel, Sam et Néphi. Le Seigneur avertit Léhi qu'il doit quitter le pays de Jérusalem, parce qu'il prophétise au peuple concernant son iniquité et que celui-ci cherche à lui ôter la vie. Il voyage pendant trois jours dans le désert avec sa famille. Néphi emmène ses frères et retourne au pays de Jérusalem pour aller chercher les annales des Juifs. Récit de leurs souffrances. Ils prennent pour épouses les filles d'Ismaël. Ils prennent leurs familles et partent dans le désert. Leurs souffrances et leurs afflictions dans le désert. Déroulement de leur voyage. Ils arrivent aux grandes eaux. Les frères de Néphi se rebellent contre lui. Il les confond et construit un bateau. Ils donnent au lieu le nom d'Abondance. Ils traversent les grandes eaux et entrent dans la terre promise, et ainsi de suite. Ceci est d'après le récit de Néphi ou, en d'autres termes, moi, Néphi, j'ai écrit ces annales.

CHAPTER 1

CHAPITRE 1

Nephi begins the record of his people—Lehi sees in vision a pillar of fire and reads from a book of prophecy—He praises God, foretells the coming of the Messiah, and prophesies the destruction of Jerusalem—He is persecuted by the Jews. About 600 B.C.

Néphi commence les annales de son peuple — Léhi voit en vision une colonne de feu et lit dans un livre de prophéties — Il loue Dieu, prédit la venue du Messie et prophétise la destruction de Jérusalem — Il est persécuté par les Juifs. Vers 600 av. J.-C.

1 I, Nephi, having been born of goodly parents, therefore I was taught somewhat in all the learning of my father; and having seen many afflictions in the course of my days, nevertheless, having been highly favored of the Lord in all my days; yea, having had a great knowledge of the goodness and the mysteries of God, therefore I make a record of my proceedings in my days.

1 Moi, Néphi, étant né de bons parents, je fus, pour cette raison, instruit quelque peu dans toute la science de mon père ; et ayant vu beaucoup d'afflictions au cours de ma vie, ayant néanmoins reçu de grandes faveurs du Seigneur toute ma vie, oui, ayant eu une grande connaissance de la bonté et des mystères de Dieu, pour ces raisons, je fais les annales des actes de ma vie.

2 Yea, I make a record in the language of my father, which consists of the learning of the Jews and the language of the Egyptians.

2 Oui, je fais des annales, dans la langue de mon père, consistant en la science des Juifs et la langue des Égyptiens.

3 And I know that the record which I make is true; and I make it with mine own hand; and I make it according to my knowledge.

3 Et je sais que les annales que je fais sont vraies, et je les fais de ma propre main, et je les fais selon ma connaissance.

4 For it came to pass in the commencement of the first year of the reign of Zedekiah, king of Judah, (my father, Lehi, having dwelt at Jerusalem in all his days); and in that same year there came many prophets, prophesying unto the people that they must repent, or the great city Jerusalem must be destroyed.

5 Wherefore it came to pass that my father, Lehi, as he went forth prayed unto the Lord, yea, even with all his heart, in behalf of his people.

6 And it came to pass as he prayed unto the Lord, there came a pillar of fire and dwelt upon a rock before him; and he saw and heard much; and because of the things which he saw and heard he did quake and tremble exceedingly.

7 And it came to pass that he returned to his own house at Jerusalem; and he cast himself upon his bed, being overcome with the Spirit and the things which he had seen.

8 And being thus overcome with the Spirit, he was carried away in a vision, even that he saw the heavens open, and he thought he saw God sitting upon his throne, surrounded with numberless concourses of angels in the attitude of singing and praising their God.

9 And it came to pass that he saw One descending out of the midst of heaven, and he beheld that his luster was above that of the sun at noon-day.

10 And he also saw twelve others following him, and their brightness did exceed that of the stars in the firmament.

11 And they came down and went forth upon the face of the earth; and the first came and stood before my father, and gave unto him a book, and bade him that he should read.

12 And it came to pass that as he read, he was filled with the Spirit of the Lord.

13 And he read, saying: Wo, wo, unto Jerusalem, for I have seen thine abominations! Yea, and many things did my father read concerning Jerusalem—that it should be destroyed, and the inhabitants thereof; many should perish by the sword, and many should be carried away captive into Babylon.

4 Car il arriva, au commencement de la première année du règne de Sédécias, roi de Juda (mon père, Léhi, ayant demeuré toute sa vie à Jérusalem), il arriva que cette même année, il vint beaucoup de prophètes, prophétisant au peuple qu'il devait se repentir, sinon la grande ville de Jérusalem serait détruite.

5 C'est pourquoi, il arriva que mon père, Léhi, tandis qu'il était en chemin, pria le Seigneur, oui, même de tout son cœur, en faveur de son peuple.

6 Et il arriva que tandis qu'il priait le Seigneur, une colonne de feu vint reposer sur un rocher devant lui ; et il vit et entendit beaucoup de choses ; et, à cause des choses qu'il vit et entendit, il frémit et trembla extrêmement.

7 Et il arriva qu'il retourna vers sa maison à Jérusalem ; et il se jeta sur son lit, accablé par l'Esprit et par les choses qu'il avait vues.

8 Et étant ainsi accablé par l'Esprit, il fut ravi en vision, au point même de voir les cieux s'ouvrir, et il pensa voir Dieu assis sur son trône, entouré d'un concours innombrable d'anges, qui paraissaient chanter et louer leur Dieu.

9 Et il arriva qu'il vit un Être descendre du milieu du ciel, et il vit que son resplendissement surpassait celui du soleil à midi.

10 Et il en vit aussi douze autres le suivre, et leur éclat dépassait celui des étoiles du firmament.

11 Et ils descendirent et s'en allèrent sur la surface de la terre, et le premier vint se tenir devant mon père, et lui donna un livre, et lui commanda de lire.

12 Et il arriva que tandis qu'il lisait, il fut rempli de l'Esprit du Seigneur.

13 Et il lut, disant : Malheur, malheur à Jérusalem, car j'ai vu tes abominations ! Oui, et il y eut beaucoup de choses que mon père lut concernant Jérusalem : qu'elle serait détruite ainsi que ses habitants ; beaucoup périraient par l'épée et beaucoup seraient emmenés captifs à Babylone.

14 And it came to pass that when my father had read and seen many great and marvelous things, he did exclaim many things unto the Lord; such as: Great and marvelous are thy works, O Lord God Almighty! Thy throne is high in the heavens, and thy power, and goodness, and mercy are over all the inhabitants of the earth; and, because thou art merciful, thou wilt not suffer those who come unto thee that they shall perish!

15 And after this manner was the language of my father in the praising of his God; for his soul did rejoice, and his whole heart was filled, because of the things which he had seen, yea, which the Lord had shown unto him.

16 And now I, Nephi, do not make a full account of the things which my father hath written, for he hath written many things which he saw in visions and in dreams; and he also hath written many things which he prophesied and spake unto his children, of which I shall not make a full account.

17 But I shall make an account of my proceedings in my days. Behold, I make an abridgment of the record of my father, upon plates which I have made with mine own hands; wherefore, after I have abridged the record of my father then will I make an account of mine own life.

18 Therefore, I would that ye should know, that after the Lord had shown so many marvelous things unto my father, Lehi, yea, concerning the destruction of Jerusalem, behold he went forth among the people, and began to prophesy and to declare unto them concerning the things which he had both seen and heard.

19 And it came to pass that the Jews did mock him because of the things which he testified of them; for he truly testified of their wickedness and their abominations; and he testified that the things which he saw and heard, and also the things which he read in the book, manifested plainly of the coming of a Messiah, and also the redemption of the world.

20 And when the Jews heard these things they were angry with him; yea, even as with the prophets of old, whom they had cast out, and stoned, and slain; and they also sought his life, that they might take it away. But behold, I, Nephi, will show unto you that the tender mercies of the Lord are over all those

14 Et il arriva que lorsque mon père eut lu et vu beaucoup de choses grandes et merveilleuses, il dit, en s'exclamant, beaucoup de choses au Seigneur, telles que : Grandes et merveilleuses sont tes œuvres, ô Seigneur Dieu Tout-Puissant ! Ton trône est haut dans les cieux, et ta puissance, et ta bonté, et ta miséricorde sont sur tous les habitants de la terre ; et, parce que tu es miséricordieux, tu ne souffriras pas que ceux qui viennent à toi périssent !

15 Et c'est dans ce genre de langage que mon père loua son Dieu ; car son âme se réjouissait et son cœur tout entier était rempli à cause des choses qu'il avait vues, oui, de ce que le Seigneur lui avait montré.

16 Et maintenant, moi, Néphi, je ne fais pas un récit complet des choses que mon père a écrites, car il a écrit beaucoup de choses qu'il a vues dans des visions et dans des songes ; et il a aussi écrit beaucoup de choses qu'il a prophétisées et dites à ses enfants, dont je ne ferai pas le récit complet.

17 Mais je vais faire le récit des actes de ma vie. Voici, je fais l'abrégé des annales de mon père sur des plaques que j'ai faites de mes propres mains ; c'est pourquoi, lorsque j'aurai abrégé les annales de mon père, je ferai le récit de ma vie.

18 C'est pourquoi, je voudrais que vous sachiez que lorsque le Seigneur eut montré tant de choses merveilleuses à mon père, Léhi, oui, concernant la destruction de Jérusalem, voici, mon père s'en alla parmi le peuple et commença à prophétiser et à lui annoncer les choses qu'il avait vues et entendues.

19 Et il arriva que les Juifs se moquèrent de lui à cause des choses dont il témoignait à leur sujet, car il témoignait vraiment de leur méchanceté et de leurs abominations, et il témoignait que les choses qu'il avait vues et entendues, et aussi les choses qu'il avait lues dans le livre, annonçaient clairement la venue d'un Messie et aussi la rédemption du monde.

20 Et lorsque les Juifs entendirent ces choses, ils furent en colère contre lui ; oui, tout comme ils l'avaient été contre les prophètes d'autrefois, qu'ils avaient chassés, et lapidés, et tués ; et ils attentèrent aussi à sa vie, afin de la lui ôter. Mais voici, moi, Néphi, je vais vous montrer que les tendres

whom he hath chosen, because of their faith, to make them mighty even unto the power of deliverance.

miséricordes du Seigneur sont sur tous ceux qu'il a choisis à cause de leur foi, pour les rendre puissants au point même d'avoir le pouvoir de délivrance.

CHAPTER 2

CHAPITRE 2

Lehi takes his family into the wilderness by the Red Sea—They leave their property—Lehi offers a sacrifice to the Lord and teaches his sons to keep the commandments—Laman and Lemuel murmur against their father—Nephi is obedient and prays in faith; the Lord speaks to him, and he is chosen to rule over his brethren. About 600 B.C.

Léhi emmène sa famille dans le désert qui borde la mer Rouge — Ils abandonnent leurs biens — Léhi offre un sacrifice au Seigneur et enseigne à ses fils qu'ils doivent garder les commandements — Laman et Lémuel murmurent contre leur père — Néphi est obéissant et prie avec foi ; le Seigneur lui parle, et il est choisi pour gouverner ses frères. Vers 600 av. J.-C.

1 For behold, it came to pass that the Lord spake unto my father, yea, even in a dream, and said unto him: Blessed art thou Lehi, because of the things which thou hast done; and because thou hast been faithful and declared unto this people the things which I commanded thee, behold, they seek to take away thy life.

1 Car voici, il arriva que le Seigneur parla à mon père, oui, en songe, et il lui dit : Béni es-tu, Léhi, à cause de ce que tu as fait ; et parce que tu as été fidèle et que tu as annoncé à ce peuple les choses que je t'ai commandées, voici, il cherche à t'ôter la vie.

2 And it came to pass that the Lord commanded my father, even in a dream, that he should take his family and depart into the wilderness.

2 Et il arriva que le Seigneur commanda à mon père, en songe, de prendre sa famille et de partir dans le désert.

3 And it came to pass that he was obedient unto the word of the Lord, wherefore he did as the Lord commanded him.

3 Et il arriva qu'il fut obéissant à la parole du Seigneur, c'est pourquoi il fit ce que le Seigneur lui commandait.

4 And it came to pass that he departed into the wilderness. And he left his house, and the land of his inheritance, and his gold, and his silver, and his precious things, and took nothing with him, save it were his family, and provisions, and tents, and departed into the wilderness.

4 Et il arriva qu'il partit dans le désert. Et il quitta sa maison, et le pays de son héritage, et son or, et son argent, et ses choses précieuses, et ne prit rien d'autre avec lui que sa famille, et des provisions, et des tentes, et partit dans le désert.

5 And he came down by the borders near the shore of the Red Sea; and he traveled in the wilderness in the borders which are nearer the Red Sea; and he did travel in the wilderness with his family, which consisted of my mother, Sariah, and my elder brothers, who were Laman, Lemuel, and Sam.

5 Et il descendit jusqu'aux régions frontières près du rivage de la mer Rouge ; et il voyagea dans le désert dans les régions frontières qui sont plus proches de la mer Rouge ; et il voyagea dans le désert avec sa famille, qui se composait de ma mère, Sariah, et de mes frères aînés, qui étaient Laman, Lémuel et Sam.

6 And it came to pass that when he had traveled three days in the wilderness, he pitched his tent in a valley by the side of a river of water.

6 Et il arriva que lorsqu'il eut voyagé trois jours dans le désert, il dressa sa tente dans une vallée au bord d'une rivière d'eau.

7 And it came to pass that he built an altar of stones, and made an offering unto the

7 Et il arriva qu'il construisit un autel de pierres, et fit une offrande au Seigneur, et rendit grâces au Seigneur, notre Dieu.

Lord, and gave thanks unto the Lord our God.

8 And it came to pass that he called the name of the river, Laman, and it emptied into the Red Sea; and the valley was in the borders near the mouth thereof.

9 And when my father saw that the waters of the river emptied into the fountain of the Red Sea, he spake unto Laman, saying: O that thou mightest be like unto this river, continually running into the fountain of all righteousness!

10 And he also spake unto Lemuel: O that thou mightest be like unto this valley, firm and steadfast, and immovable in keeping the commandments of the Lord!

11 Now this he spake because of the stiff-neckedness of Laman and Lemuel; for behold they did murmur in many things against their father, because he was a visionary man, and had led them out of the land of Jerusalem, to leave the land of their inheritance, and their gold, and their silver, and their precious things, to perish in the wilderness. And this they said he had done because of the foolish imaginations of his heart.

12 And thus Laman and Lemuel, being the eldest, did murmur against their father. And they did murmur because they knew not the dealings of that God who had created them.

13 Neither did they believe that Jerusalem, that great city, could be destroyed according to the words of the prophets. And they were like unto the Jews who were at Jerusalem, who sought to take away the life of my father.

14 And it came to pass that my father did speak unto them in the valley of Lemuel, with power, being filled with the Spirit, until their frames did shake before him. And he did confound them, that they durst not utter against him; wherefore, they did as he commanded them.

15 And my father dwelt in a tent.

16 And it came to pass that I, Nephi, being exceedingly young, nevertheless being large in stature, and also having great desires to know of the mysteries of God, wherefore, I did cry unto the Lord; and behold he did visit me, and did soften my heart that I did believe all the words which had

8 Et il arriva qu'il donna à la rivière le nom de Laman, et elle se déversait dans la mer Rouge ; et la vallée était dans les régions frontières, près de son embouchure.

9 Et lorsque mon père vit que les eaux de la rivière se déversaient dans la source de la mer Rouge, il parla à Laman, disant : Oh ! si tu pouvais être semblable à cette rivière, coulant continuellement jusque dans la source de toute justice !

10 Et il dit aussi à Lémuel : Oh ! si tu pouvais être semblable à cette vallée, ferme et constant, et immuable à garder les commandements du Seigneur !

11 Or, il disait cela à cause de la roideur de cou de Laman et de Lémuel ; car voici, ils murmuraient en beaucoup de choses contre leur père, parce que c'était un visionnaire et qu'il les avait emmenés du pays de Jérusalem, pour quitter le pays de leur héritage, et leur or, et leur argent, et leurs choses précieuses, pour périr dans le désert. Et cela, disaient-ils, il l'avait fait à cause des folles imaginations de son cœur.

12 Et c'est ainsi que Laman et Lémuel, les aînés, murmuraient contre leur père. Et ils murmuraient parce qu'ils ne connaissaient pas la manière d'agir du Dieu qui les avait créés.

13 Ils ne croyaient pas non plus que Jérusalem, cette grande ville, pouvait être détruite, selon les paroles des prophètes. Et ils étaient semblables aux Juifs qui étaient à Jérusalem, qui cherchaient à ôter la vie à mon père.

14 Et il arriva que mon père leur parla avec puissance dans la vallée de Lémuel, étant rempli de l'Esprit, jusqu'à ce que leur corps tremblât devant lui. Et il les confondit, de sorte qu'ils n'osèrent plus s'exprimer contre lui ; c'est pourquoi, ils firent ce qu'il leur commandait.

15 Et mon père demeurait sous une tente.

16 Et il arriva que moi, Néphi, étant extrêmement jeune, étant néanmoins d'une haute stature, et ayant aussi le grand désir de connaître les mystères de Dieu, c'est pourquoi, je criai au Seigneur ; et voici, il me visita et adoucit mon cœur, de sorte que je crus toutes les paroles qui avaient été dites

been spoken by my father; wherefore, I did not rebel against him like unto my brothers.

17 And I spake unto Sam, making known unto him the things which the Lord had manifested unto me by his Holy Spirit. And it came to pass that he believed in my words.

18 But, behold, Laman and Lemuel would not hearken unto my words; and being grieved because of the hardness of their hearts I cried unto the Lord for them.

19 And it came to pass that the Lord spake unto me, saying: Blessed art thou, Nephi, because of thy faith, for thou hast sought me diligently, with lowliness of heart.

20 And inasmuch as ye shall keep my commandments, ye shall prosper, and shall be led to a land of promise; yea, even a land which I have prepared for you; yea, a land which is choice above all other lands.

21 And inasmuch as thy brethren shall rebel against thee, they shall be cut off from the presence of the Lord.

22 And inasmuch as thou shalt keep my commandments, thou shalt be made a ruler and a teacher over thy brethren.

23 For behold, in that day that they shall rebel against me, I will curse them even with a sore curse, and they shall have no power over thy seed except they shall rebel against me also.

24 And if it so be that they rebel against me, they shall be a scourge unto thy seed, to stir them up in the ways of remembrance.

CHAPTER 3

Lehi's sons return to Jerusalem to obtain the plates of brass—Laban refuses to give the plates up—Nephi exhorts and encourages his brethren—Laban steals their property and attempts to slay them—Laman and Lemuel smite Nephi and Sam and are reproved by an angel. About 600–592 B.C.

1 And it came to pass that I, Nephi, returned from speaking with the Lord, to the tent of my father.

2 And it came to pass that he spake unto me, saying: Behold I have dreamed a dream, in the which the Lord hath commanded me

---

par mon père ; c'est pourquoi je ne me rebellai pas contre lui comme mes frères.

17 Et je parlai à Sam, lui faisant connaître les choses que le Seigneur m'avait manifestées par son Esprit-Saint. Et il arriva qu'il crut en mes paroles.

18 Mais voici, Laman et Lémuel ne voulurent pas écouter mes paroles ; et, peiné de l'endurcissement de leur cœur, je criai au Seigneur pour eux.

19 Et il arriva que le Seigneur me parla, disant : Béni es-tu, Néphi, à cause de ta foi, car tu m'as recherché diligemment, avec humilité de cœur.

20 Et si vous gardez mes commandements, vous prospérerez et serez conduits à une terre de promission, oui, une terre que j'ai préparée pour vous, oui, une terre préférable à toutes les autres terres.

21 Et si tes frères se rebellent contre toi, ils seront retranchés de la présence du Seigneur.

22 Et si tu gardes mes commandements, tu seras fait gouverneur et instructeur de tes frères.

23 Car voici, le jour où ils se rebelleront contre moi, je les maudirai, oui, d'une grande malédiction, et ils n'auront aucun pouvoir sur ta postérité, sauf si elle se rebelle aussi contre moi.

24 Et si elle se rebelle contre moi, ils seront un fléau pour ta postérité, pour l'aiguillonner sur la voie du souvenir.

CHAPITRE 3

Les fils de Léhi retournent à Jérusalem pour se procurer les plaques d'airain — Laban refuse de les leur remettre — Néphi exhorte et encourage ses frères — Laban leur vole leurs biens et tente de les tuer — Laman et Lémuel frappent Néphi et Sam, et sont réprimandés par un ange. Vers 600–592 av. J.-C.

1 Et il arriva que moi, Néphi, après avoir parlé avec le Seigneur, je revins à la tente de mon père.

2 Et il arriva qu'il me parla, disant : Voici, j'ai eu un songe dans lequel le Seigneur m'a commandé que toi et tes frères retourniez à Jérusalem.

that thou and thy brethren shall return to Jerusalem.

3 For behold, Laban hath the record of the Jews and also a genealogy of my forefathers, and they are engraven upon plates of brass.

4 Wherefore, the Lord hath commanded me that thou and thy brothers should go unto the house of Laban, and seek the records, and bring them down hither into the wilderness.

5 And now, behold thy brothers murmur, saying it is a hard thing which I have required of them; but behold I have not required it of them, but it is a commandment of the Lord.

6 Therefore go, my son, and thou shalt be favored of the Lord, because thou hast not murmured.

7 And it came to pass that I, Nephi, said unto my father: I will go and do the things which the Lord hath commanded, for I know that the Lord giveth no commandments unto the children of men, save he shall prepare a way for them that they may accomplish the thing which he commandeth them.

8 And it came to pass that when my father had heard these words he was exceedingly glad, for he knew that I had been blessed of the Lord.

9 And I, Nephi, and my brethren took our journey in the wilderness, with our tents, to go up to the land of Jerusalem.

10 And it came to pass that when we had gone up to the land of Jerusalem, I and my brethren did consult one with another.

11 And we cast lots—who of us should go in unto the house of Laban. And it came to pass that the lot fell upon Laman; and Laman went in unto the house of Laban, and he talked with him as he sat in his house.

12 And he desired of Laban the records which were engraven upon the plates of brass, which contained the genealogy of my father.

13 And behold, it came to pass that Laban was angry, and thrust him out from his presence; and he would not that he should have the records. Wherefore, he said unto him: Behold thou art a robber, and I will slay thee.

3 Car voici, Laban a les annales des Juifs et aussi la généalogie de mes ancêtres, et elles sont gravées sur des plaques d'airain.

4 C'est pourquoi, le Seigneur m'a commandé que toi et tes frères alliez à la maison de Laban chercher les annales et redescendiez avec elles ici dans le désert.

5 Et maintenant, voici, tes frères murmurent, disant que c'est quelque chose de dur que j'ai exigé d'eux ; mais voici, ce n'est pas moi qui l'ai exigé d'eux, mais c'est un commandement du Seigneur.

6 C'est pourquoi, va, mon fils, et tu seras favorisé du Seigneur parce que tu n'as pas murmuré.

7 Et il arriva que moi, Néphi, je dis à mon père : J'irai et je ferai les choses que le Seigneur a commandées, car je sais que le Seigneur ne donne pas de commandements aux enfants des hommes sans leur préparer la voie pour qu'ils puissent accomplir ce qu'il leur commande.

8 Et il arriva que lorsque mon père eut entendu ces paroles, il se réjouit extrêmement, car il savait que j'avais été béni par le Seigneur.

9 Et moi, Néphi, et mes frères, nous entreprîmes notre voyage dans le désert, avec nos tentes, pour monter au pays de Jérusalem.

10 Et il arriva que lorsque nous fûmes montés au pays de Jérusalem, nous nous concertâmes, mes frères et moi.

11 Et nous tirâmes au sort pour voir qui d'entre nous entrerait dans la maison de Laban. Et il arriva que le sort tomba sur Laman ; et Laman entra dans la maison de Laban, et il lui parla tandis qu'il était assis dans sa maison.

12 Et il désira de Laban les annales qui étaient gravées sur les plaques d'airain qui contenaient la généalogie de mon père.

13 Et voici, il arriva que Laban fut en colère et le chassa de sa présence ; et il ne voulut pas qu'il eût les annales. C'est pourquoi, il lui dit : Voici, tu es un brigand, et je vais te tuer.

14 But Laman fled out of his presence, and told the things which Laban had done, unto us. And we began to be exceedingly sorrowful, and my brethren were about to return unto my father in the wilderness.

15 But behold I said unto them that: As the Lord liveth, and as we live, we will not go down unto our father in the wilderness until we have accomplished the thing which the Lord hath commanded us.

16 Wherefore, let us be faithful in keeping the commandments of the Lord; therefore let us go down to the land of our father's inheritance, for behold he left gold and silver, and all manner of riches. And all this he hath done because of the commandments of the Lord.

17 For he knew that Jerusalem must be destroyed, because of the wickedness of the people.

18 For behold, they have rejected the words of the prophets. Wherefore, if my father should dwell in the land after he hath been commanded to flee out of the land, behold, he would also perish. Wherefore, it must needs be that he flee out of the land.

19 And behold, it is wisdom in God that we should obtain these records, that we may preserve unto our children the language of our fathers;

20 And also that we may preserve unto them the words which have been spoken by the mouth of all the holy prophets, which have been delivered unto them by the Spirit and power of God, since the world began, even down unto this present time.

21 And it came to pass that after this manner of language did I persuade my brethren, that they might be faithful in keeping the commandments of God.

22 And it came to pass that we went down to the land of our inheritance, and we did gather together our gold, and our silver, and our precious things.

23 And after we had gathered these things together, we went up again unto the house of Laban.

24 And it came to pass that we went in unto Laban, and desired him that he would give unto us the records which were engraven upon the plates of brass, for which we would give unto him our gold, and our silver, and all our precious things.

14 Mais Laman s'enfuit de sa présence et nous dit ce que Laban avait fait. Et nous commençâmes à être extrêmement attristés, et mes frères étaient sur le point de retourner vers mon père dans le désert.

15 Mais voici, je leur dis : Comme le Seigneur vit, et comme nous vivons, nous ne descendrons pas vers notre père dans le désert que nous n'ayons accompli ce que le Seigneur nous a commandé.

16 Soyons donc fidèles à garder les commandements du Seigneur ; c'est pourquoi, descendons au pays de l'héritage de notre père, car voici, il a laissé de l'or et de l'argent et toutes sortes de richesses. Et tout cela, il l'a fait à cause des commandements du Seigneur.

17 Car il savait que Jérusalem sera détruite à cause de la méchanceté du peuple.

18 Car voici, ils ont rejeté les paroles des prophètes. C'est pourquoi, si mon père demeurait dans le pays après avoir reçu le commandement de fuir hors du pays, voici, il périrait aussi. C'est pourquoi, il devait nécessairement fuir hors du pays.

19 Et voici, Dieu juge sage que nous obtenions ces annales, afin de préserver, pour nos enfants, la langue de nos pères ;

20 et aussi afin de préserver pour eux les paroles qui ont été dites par la bouche de tous les saints prophètes, qui leur ont été remises par l'Esprit et le pouvoir de Dieu, depuis le commencement du monde jusqu'au temps présent.

21 Et il arriva que c'est par ce genre de langage que je persuadai mes frères d'être fidèles à garder les commandements de Dieu.

22 Et il arriva que nous descendîmes au pays de notre héritage et que nous réunîmes notre or, et notre argent, et nos choses précieuses.

23 Et après avoir rassemblé ces choses, nous remontâmes à la maison de Laban.

24 Et il arriva que nous entrâmes chez Laban et lui demandâmes de nous remettre les annales qui étaient gravées sur les plaques d'airain, pour lesquelles nous lui donnerions notre or, et notre argent, et toutes nos choses précieuses.

25 And it came to pass that when Laban saw our property, and that it was exceedingly great, he did lust after it, insomuch that he thrust us out, and sent his servants to slay us, that he might obtain our property.

26 And it came to pass that we did flee before the servants of Laban, and we were obliged to leave behind our property, and it fell into the hands of Laban.

27 And it came to pass that we fled into the wilderness, and the servants of Laban did not overtake us, and we hid ourselves in the cavity of a rock.

28 And it came to pass that Laman was angry with me, and also with my father; and also was Lemuel, for he hearkened unto the words of Laman. Wherefore Laman and Lemuel did speak many hard words unto us, their younger brothers, and they did smite us even with a rod.

29 And it came to pass as they smote us with a rod, behold, an angel of the Lord came and stood before them, and he spake unto them, saying: Why do ye smite your younger brother with a rod? Know ye not that the Lord hath chosen him to be a ruler over you, and this because of your iniquities? Behold ye shall go up to Jerusalem again, and the Lord will deliver Laban into your hands.

30 And after the angel had spoken unto us, he departed.

31 And after the angel had departed, Laman and Lemuel again began to murmur, saying: How is it possible that the Lord will deliver Laban into our hands? Behold, he is a mighty man, and he can command fifty, yea, even he can slay fifty; then why not us?

CHAPTER 4

Nephi slays Laban at the Lord's command and then secures the plates of brass by stratagem—Zoram chooses to join Lehi's family in the wilderness. About 600–592 B.C.

1 And it came to pass that I spake unto my brethren, saying: Let us go up again unto Jerusalem, and let us be faithful in keeping the commandments of the Lord; for behold he is mightier than all the earth, then why not mightier than Laban and his fifty, yea, or even than his tens of thousands?

25 Et il arriva que lorsque Laban vit nos biens, et qu'ils étaient extrêmement grands, il les convoita, de sorte qu'il nous jeta dehors et envoya ses serviteurs nous tuer, ce qui lui permettrait d'obtenir nos biens.

26 Et il arriva que nous nous enfuîmes devant les serviteurs de Laban, et nous fûmes obligés d'abandonner nos biens, et ils tombèrent entre les mains de Laban.

27 Et il arriva que nous nous enfuîmes dans le désert, et les serviteurs de Laban ne nous rattrapèrent pas, et nous nous cachâmes dans la cavité d'un rocher.

28 Et il arriva que Laman fut en colère contre moi et aussi contre mon père ; et Lémuel le fut aussi, car il écoutait les paroles de Laman. C'est pourquoi, Laman et Lémuel nous dirent beaucoup de paroles dures, à nous, leurs frères cadets, et ils nous frappèrent, oui, avec un bâton.

29 Et il arriva que, tandis qu'ils nous frappaient avec un bâton, voici, un ange du Seigneur vint se tenir devant eux, et il leur parla, disant : Pourquoi frappez-vous votre frère cadet avec un bâton ? Ne savez-vous pas que le Seigneur l'a choisi pour être votre gouverneur, et cela à cause de vos iniquités ? Voici, vous allez remonter à Jérusalem, et le Seigneur livrera Laban entre vos mains.

30 Et après nous avoir parlé, l'ange partit.

31 Et lorsque l'ange fut parti, Laman et Lémuel recommencèrent à murmurer, disant : Comment est-il possible que le Seigneur livre Laban entre nos mains ? Voici, c'est un homme puissant, et il peut en commander cinquante, oui, il peut même en tuer cinquante ; alors pourquoi pas nous ?

CHAPITRE 4

Néphi tue Laban sur l'ordre du Seigneur, puis s'approprie les plaques d'airain par stratagème — Zoram décide de se joindre à la famille de Léhi dans le désert. Vers 600–592 av. J.-C.

1 Et il arriva que je parlai à mes frères, disant : Remontons à Jérusalem et soyons fidèles à garder les commandements du Seigneur ; car voici, il est plus puissant que toute la terre ; pourquoi ne serait-il pas plus puissant que Laban et ses cinquante, oui, ou même que ses dizaines de milliers ?

2 Therefore let us go up; let us be strong like unto Moses; for he truly spake unto the waters of the Red Sea and they divided hither and thither, and our fathers came through, out of captivity, on dry ground, and the armies of Pharaoh did follow and were drowned in the waters of the Red Sea.

3 Now behold ye know that this is true; and ye also know that an angel hath spoken unto you; wherefore can ye doubt? Let us go up; the Lord is able to deliver us, even as our fathers, and to destroy Laban, even as the Egyptians.

4 Now when I had spoken these words, they were yet wroth, and did still continue to murmur; nevertheless they did follow me up until we came without the walls of Jerusalem.

5 And it was by night; and I caused that they should hide themselves without the walls. And after they had hid themselves, I, Nephi, crept into the city and went forth towards the house of Laban.

6 And I was led by the Spirit, not knowing beforehand the things which I should do.

7 Nevertheless I went forth, and as I came near unto the house of Laban I beheld a man, and he had fallen to the earth before me, for he was drunken with wine.

8 And when I came to him I found that it was Laban.

9 And I beheld his sword, and I drew it forth from the sheath thereof; and the hilt thereof was of pure gold, and the workmanship thereof was exceedingly fine, and I saw that the blade thereof was of the most precious steel.

10 And it came to pass that I was constrained by the Spirit that I should kill Laban; but I said in my heart: Never at any time have I shed the blood of man. And I shrunk and would that I might not slay him.

11 And the Spirit said unto me again: Behold the Lord hath delivered him into thy hands. Yea, and I also knew that he had sought to take away mine own life; yea, and he would not hearken unto the commandments of the Lord; and he also had taken away our property.

12 And it came to pass that the Spirit said unto me again: Slay him, for the Lord hath delivered him into thy hands;

2 C'est pourquoi, montons, soyons forts comme Moïse, car, en vérité, il a parlé aux eaux de la mer Rouge, et elles se sont séparées çà et là, et nos pères ont traversé et sont sortis de captivité à pied sec, et les armées du Pharaon ont suivi et ont été noyées dans les eaux de la mer Rouge.

3 Or voici, vous savez que cela est vrai, et vous savez aussi qu'un ange vous a parlé ; pouvez-vous donc douter ? Montons : le Seigneur est capable de nous délivrer, comme il a délivré nos pères, et de faire périr Laban, comme il a fait périr les Égyptiens.

4 Or, lorsque j'eus dit ces paroles, ils étaient encore furieux et continuaient à murmurer ; néanmoins, ils montèrent derrière moi jusqu'à ce que nous fussions arrivés en dehors des murailles de Jérusalem.

5 Et c'était la nuit ; et je les fis se cacher à l'extérieur des murailles. Et lorsqu'ils se furent cachés, moi, Néphi, je me glissai à l'intérieur de la ville et je m'avançai vers la maison de Laban.

6 Et j'étais conduit par l'Esprit, ne sachant pas d'avance ce que j'allais faire.

7 Néanmoins, je m'avançai et, comme j'arrivais près de la maison de Laban, je vis un homme, et il était tombé par terre devant moi, car il était ivre de vin.

8 Et lorsque j'arrivai à lui, je découvris que c'était Laban.

9 Et je vis son épée, et je la tirai de son fourreau ; et sa poignée était d'or pur, et son exécution était extrêmement fine, et je vis que sa lame était de l'acier le plus précieux.

10 Et il arriva que je fus contraint par l'Esprit de tuer Laban ; mais je dis en mon cœur : Jamais à aucun moment je n'ai versé le sang de l'homme. Et je reculai et souhaitais ne pas devoir le tuer.

11 Et l'Esprit me dit encore : Voici, le Seigneur l'a livré entre tes mains. Oui, et je savais aussi qu'il avait cherché à m'ôter la vie ; oui, et il ne voulait pas écouter les commandements du Seigneur, et il s'était également emparé de nos biens.

12 Et il arriva que l'Esprit me dit encore : Tue-le, car le Seigneur l'a livré entre tes mains ;

13 Behold the Lord slayeth the wicked to bring forth his righteous purposes. It is better that one man should perish than that a nation should dwindle and perish in unbelief.

14 And now, when I, Nephi, had heard these words, I remembered the words of the Lord which he spake unto me in the wilderness, saying that: Inasmuch as thy seed shall keep my commandments, they shall prosper in the land of promise.

15 Yea, and I also thought that they could not keep the commandments of the Lord according to the law of Moses, save they should have the law.

16 And I also knew that the law was engraven upon the plates of brass.

17 And again, I knew that the Lord had delivered Laban into my hands for this cause—that I might obtain the records according to his commandments.

18 Therefore I did obey the voice of the Spirit, and took Laban by the hair of the head, and I smote off his head with his own sword.

19 And after I had smitten off his head with his own sword, I took the garments of Laban and put them upon mine own body; yea, even every whit; and I did gird on his armor about my loins.

20 And after I had done this, I went forth unto the treasury of Laban. And as I went forth towards the treasury of Laban, behold, I saw the servant of Laban who had the keys of the treasury. And I commanded him in the voice of Laban, that he should go with me into the treasury.

21 And he supposed me to be his master, Laban, for he beheld the garments and also the sword girded about my loins.

22 And he spake unto me concerning the elders of the Jews, he knowing that his master, Laban, had been out by night among them.

23 And I spake unto him as if it had been Laban.

24 And I also spake unto him that I should carry the engravings, which were upon the plates of brass, to my elder brethren, who were without the walls.

25 And I also bade him that he should follow me.

13 voici, le Seigneur fait mourir les méchants pour accomplir ses justes desseins. Il vaut mieux qu'un seul homme périsse que de laisser une nation dégénérer et périr dans l'incrédulité.

14 Et alors, lorsque moi, Néphi, j'eus entendu ces paroles, je me rappelai les paroles que le Seigneur m'avait dites dans le désert : Si ta postérité garde mes commandements, elle prospérera dans la terre de promission.

15 Oui, et je pensai aussi qu'elle ne pourrait pas garder les commandements du Seigneur selon la loi de Moïse, si elle n'avait pas la loi.

16 Et je savais aussi que la loi était gravée sur les plaques d'airain.

17 Et en outre, je savais que le Seigneur avait livré Laban entre mes mains pour que j'obtienne les annales selon ses commandements.

18 C'est pourquoi, j'obéis à la voix de l'Esprit, et pris Laban par les cheveux, et lui coupai la tête avec son épée.

19 Et lorsque je lui eus coupé la tête avec son épée, je pris les vêtements de Laban et m'en revêtis complètement le corps ; et je mis son armure à ma ceinture.

20 Et lorsque j'eus fait cela, je me rendis au trésor de Laban. Et tandis que je me rendais vers le trésor de Laban, voici, je vis le serviteur de Laban qui avait les clefs du trésor. Et je lui commandai, avec la voix de Laban, de m'accompagner dans le trésor.

21 Et il pensa que j'étais son maître, Laban, car il voyait les vêtements et aussi l'épée que j'avais mise à ma ceinture.

22 Et il me parla concernant les anciens des Juifs, sachant que son maître, Laban, était sorti de nuit parmi eux.

23 Et je lui parlai comme si ç'avait été Laban.

24 Et je lui dis aussi que je devais porter les textes qui étaient gravés sur les plaques d'airain à mes frères aînés, qui étaient en dehors des murailles.

25 Et je lui commandai aussi de me suivre.

26 And he, supposing that I spake of the brethren of the church, and that I was truly that Laban whom I had slain, wherefore he did follow me.

27 And he spake unto me many times concerning the elders of the Jews, as I went forth unto my brethren, who were without the walls.

28 And it came to pass that when Laman saw me he was exceedingly frightened, and also Lemuel and Sam. And they fled from before my presence; for they supposed it was Laban, and that he had slain me and had sought to take away their lives also.

29 And it came to pass that I called after them, and they did hear me; wherefore they did cease to flee from my presence.

30 And it came to pass that when the servant of Laban beheld my brethren he began to tremble, and was about to flee from before me and return to the city of Jerusalem.

31 And now I, Nephi, being a man large in stature, and also having received much strength of the Lord, therefore I did seize upon the servant of Laban, and held him, that he should not flee.

32 And it came to pass that I spake with him, that if he would hearken unto my words, as the Lord liveth, and as I live, even so that if he would hearken unto our words, we would spare his life.

33 And I spake unto him, even with an oath, that he need not fear; that he should be a free man like unto us if he would go down in the wilderness with us.

34 And I also spake unto him, saying: Surely the Lord hath commanded us to do this thing; and shall we not be diligent in keeping the commandments of the Lord? Therefore, if thou wilt go down into the wilderness to my father thou shalt have place with us.

35 And it came to pass that Zoram did take courage at the words which I spake. Now Zoram was the name of the servant; and he promised that he would go down into the wilderness unto our father. Yea, and he also made an oath unto us that he would tarry with us from that time forth.

36 Now we were desirous that he should tarry with us for this cause, that the Jews might not know concerning our flight into

26 Et lui, pensant que je parlais des frères de l'Église, et que j'étais vraiment ce Laban que j'avais tué, c'est pourquoi, il me suivit.

27 Et il me parla de nombreuses fois des anciens des Juifs, tandis que je me rendais auprès de mes frères qui étaient en dehors des murailles.

28 Et il arriva que lorsque Laman me vit, il fut extrêmement effrayé, et Lémuel et Sam aussi. Et ils s'enfuirent de ma présence ; car ils pensaient que c'était Laban et qu'il m'avait tué et cherchait aussi à leur ôter la vie.

29 Et il arriva que je les appelai, et ils m'entendirent ; c'est pourquoi ils cessèrent de s'enfuir de ma présence.

30 Et il arriva que lorsque le serviteur de Laban vit mes frères, il commença à trembler et était sur le point de s'enfuir loin de moi et de retourner à la ville de Jérusalem.

31 Et alors, moi, Néphi, étant un homme d'une haute stature et ayant aussi reçu beaucoup de force du Seigneur, je saisis le serviteur de Laban et le tins pour qu'il ne s'enfuît pas.

32 Et il arriva que je parlai avec lui, disant que s'il écoutait mes paroles, comme le Seigneur vit et comme je vis, si donc il écoutait nos paroles, nous lui épargnerions la vie.

33 Et je lui dis, oui, avec serment, qu'il n'avait rien à craindre, qu'il serait un homme libre comme nous, s'il descendait dans le désert avec nous.

34 Et je lui parlai aussi, disant : Assurément, le Seigneur nous a commandé de faire cette chose ; et ne devons-nous pas être diligents à garder les commandements du Seigneur ? C'est pourquoi, si tu descends dans le désert vers mon père, tu auras une place parmi nous.

35 Et il arriva que Zoram prit courage en entendant les paroles que je disais. Or, Zoram était le nom du serviteur ; et il promit qu'il descendrait dans le désert vers notre père. Oui, et il nous fit aussi le serment qu'il demeurerait dorénavant avec nous.

36 Or, voici pourquoi nous désirions qu'il demeure avec nous : pour que les Juifs ne

the wilderness, lest they should pursue us and destroy us.

37 And it came to pass that when Zoram had made an oath unto us, our fears did cease concerning him.

38 And it came to pass that we took the plates of brass and the servant of Laban, and departed into the wilderness, and journeyed unto the tent of our father.

CHAPTER 5

Sariah complains against Lehi—Both rejoice over the return of their sons—They offer sacrifices—The plates of brass contain writings of Moses and the prophets—The plates identify Lehi as a descendant of Joseph—Lehi prophesies concerning his seed and the preservation of the plates. About 600–592 B.C.

1 And it came to pass that after we had come down into the wilderness unto our father, behold, he was filled with joy, and also my mother, Sariah, was exceedingly glad, for she truly had mourned because of us.

2 For she had supposed that we had perished in the wilderness; and she also had complained against my father, telling him that he was a visionary man; saying: Behold thou hast led us forth from the land of our inheritance, and my sons are no more, and we perish in the wilderness.

3 And after this manner of language had my mother complained against my father.

4 And it had come to pass that my father spake unto her, saying: I know that I am a visionary man; for if I had not seen the things of God in a vision I should not have known the goodness of God, but had tarried at Jerusalem, and had perished with my brethren.

5 But behold, I have obtained a land of promise, in the which things I do rejoice; yea, and I know that the Lord will deliver my sons out of the hands of Laban, and bring them down again unto us in the wilderness.

6 And after this manner of language did my father, Lehi, comfort my mother, Sariah,

soient pas informés de notre fuite dans le désert, de peur qu'ils ne nous poursuivent et ne nous fassent périr.

37 Et il arriva que lorsque Zoram nous eut fait son serment, nos craintes à son égard cessèrent.

38 Et il arriva que nous prîmes les plaques d'airain et le serviteur de Laban, et partîmes dans le désert, et voyageâmes vers la tente de notre père.

CHAPITRE 5

Reproches de Sariah à Léhi — Tous deux se réjouissent du retour de leurs fils — Ils offrent des sacrifices — Les plaques d'airain contiennent les écrits de Moïse et des prophètes — Elles montrent que Léhi est descendant de Joseph — Léhi prophétise concernant sa postérité et concernant la préservation des plaques. Vers 600–592 av. J.-C.

1 Et il arriva qu'après que nous fûmes descendus dans le désert vers notre père, voici, il fut rempli de joie, et ma mère, Sariah, se réjouit extrêmement aussi, car elle s'était vraiment lamentée à cause de nous.

2 Car elle pensait que nous avions péri dans le désert, et elle avait aussi fait des reproches à mon père, lui disant qu'il était un visionnaire, disant : Voici, tu nous as conduits hors du pays de notre héritage, et mes fils ne sont plus, et nous périssons dans le désert.

3 Et c'est dans ce genre de langage que ma mère s'était plainte de mon père.

4 Et il était arrivé que mon père lui avait parlé, disant : Je sais que je suis un visionnaire : car si je n'avais pas vu les choses de Dieu dans une vision, je n'aurais pas connu la bonté de Dieu, mais serais demeuré à Jérusalem et aurais péri avec mes frères.

5 Mais voici, j'ai obtenu une terre de promission, et pour cela je me réjouis ; oui, et je sais que le Seigneur délivrera mes fils des mains de Laban et les fera redescendre vers nous dans le désert.

6 Et c'est dans ce genre de langage que mon père, Léhi, consola ma mère, Sariah, à notre

concerning us, while we journeyed in the wilderness up to the land of Jerusalem, to obtain the record of the Jews.

7 And when we had returned to the tent of my father, behold their joy was full, and my mother was comforted.

8 And she spake, saying: Now I know of a surety that the Lord hath commanded my husband to flee into the wilderness; yea, and I also know of a surety that the Lord hath protected my sons, and delivered them out of the hands of Laban, and given them power whereby they could accomplish the thing which the Lord hath commanded them. And after this manner of language did she speak.

9 And it came to pass that they did rejoice exceedingly, and did offer sacrifice and burnt offerings unto the Lord; and they gave thanks unto the God of Israel.

10 And after they had given thanks unto the God of Israel, my father, Lehi, took the records which were engraven upon the plates of brass, and he did search them from the beginning.

11 And he beheld that they did contain the five books of Moses, which gave an account of the creation of the world, and also of Adam and Eve, who were our first parents;

12 And also a record of the Jews from the beginning, even down to the commencement of the reign of Zedekiah, king of Judah;

13 And also the prophecies of the holy prophets, from the beginning, even down to the commencement of the reign of Zedekiah; and also many prophecies which have been spoken by the mouth of Jeremiah.

14 And it came to pass that my father, Lehi, also found upon the plates of brass a genealogy of his fathers; wherefore he knew that he was a descendant of Joseph; yea, even that Joseph who was the son of Jacob, who was sold into Egypt, and who was preserved by the hand of the Lord, that he might preserve his father, Jacob, and all his household from perishing with famine.

15 And they were also led out of captivity and out of the land of Egypt, by that same God who had preserved them.

16 And thus my father, Lehi, did discover the genealogy of his fathers. And Laban also was a descendant of Joseph, wherefore he and his fathers had kept the records.

sujet, tandis que nous voyagions dans le désert pour monter vers le pays de Jérusalem pour obtenir les annales des Juifs.

7 Et lorsque nous fûmes retournés à la tente de mon père, voici, leur joie fut pleine et ma mère fut consolée.

8 Et elle parla, disant : Maintenant je sais avec certitude que le Seigneur a commandé à mon mari de fuir dans le désert ; oui, et je sais aussi avec certitude que le Seigneur a protégé mes fils, et les a délivrés des mains de Laban, et leur a donné du pouvoir pour leur permettre d'accomplir ce que le Seigneur leur a commandé. Et c'est dans ce genre de langage qu'elle parla.

9 Et il arriva qu'ils se réjouirent extrêmement et offrirent des sacrifices et des holocaustes au Seigneur ; et ils rendirent grâces au Dieu d'Israël.

10 Et lorsqu'ils eurent rendu grâces au Dieu d'Israël, mon père, Léhi, prit les annales qui étaient gravées sur les plaques d'airain, et il les sonda depuis le commencement.

11 Et il vit qu'elles contenaient les cinq livres de Moïse, qui faisaient le récit de la création du monde, et aussi d'Adam et Ève, qui furent nos premiers parents,

12 et aussi les annales des Juifs, depuis le commencement jusqu'au début du règne de Sédécias, roi de Juda,

13 et aussi les prophéties des saints prophètes, depuis le commencement jusqu'au début du règne de Sédécias, et aussi beaucoup de prophéties qui ont été dites par la bouche de Jérémie.

14 Et il arriva que mon père, Léhi, trouva aussi sur les plaques d'airain la généalogie de ses pères ; c'est pourquoi, il sut qu'il était descendant de Joseph, oui, de ce Joseph qui était le fils de Jacob, qui fut vendu en Égypte, et qui fut préservé par la main du Seigneur, afin d'empêcher que son père, Jacob, et toute sa maison ne périssent de famine.

15 Et ils furent aussi conduits hors de captivité et du pays d'Égypte par ce même Dieu qui les avait préservés.

16 Et c'est ainsi que mon père, Léhi, découvrit la généalogie de ses pères. Et Laban était aussi descendant de Joseph ; c'est pourquoi lui et ses pères avaient tenu les annales.

17 And now when my father saw all these things, he was filled with the Spirit, and began to prophesy concerning his seed—

18 That these plates of brass should go forth unto all nations, kindreds, tongues, and people who were of his seed.

19 Wherefore, he said that these plates of brass should never perish; neither should they be dimmed any more by time. And he prophesied many things concerning his seed.

20 And it came to pass that thus far I and my father had kept the commandments wherewith the Lord had commanded us.

21 And we had obtained the records which the Lord had commanded us, and searched them and found that they were desirable; yea, even of great worth unto us, insomuch that we could preserve the commandments of the Lord unto our children.

22 Wherefore, it was wisdom in the Lord that we should carry them with us, as we journeyed in the wilderness towards the land of promise.

CHAPTER 6

Nephi writes of the things of God—Nephi's purpose is to persuade men to come unto the God of Abraham and be saved. About 600–592 B.C.

1 And now I, Nephi, do not give the genealogy of my fathers in this part of my record; neither at any time shall I give it after upon these plates which I am writing; for it is given in the record which has been kept by my father; wherefore, I do not write it in this work.

2 For it sufficeth me to say that we are descendants of Joseph.

3 And it mattereth not to me that I am particular to give a full account of all the things of my father, for they cannot be written upon these plates, for I desire the room that I may write of the things of God.

4 For the fulness of mine intent is that I may persuade men to come unto the God of Abraham, and the God of Isaac, and the God of Jacob, and be saved.

17 Et alors, lorsque mon père vit toutes ces choses, il fut rempli de l'Esprit et commença à prophétiser concernant sa postérité :

18 que ces plaques d'airain iraient à toutes les nations, tribus, langues et peuples qui étaient de sa postérité.

19 C'est pourquoi, dit-il, ces plaques d'airain ne périraient jamais ; et elles ne seraient plus jamais ternies par le temps. Et il prophétisa beaucoup de choses concernant sa postérité.

20 Et il arriva que jusqu'alors, mon père et moi avions gardé les commandements que le Seigneur nous avait donnés.

21 Et nous avions obtenu les annales comme le Seigneur nous l'avait commandé et les avions sondées et avions découvert qu'elles étaient désirables, oui, d'une grande valeur pour nous, étant donné que nous pouvions préserver les commandements du Seigneur pour nos enfants.

22 C'est pourquoi, le Seigneur a jugé sage que nous les emportions, tandis que nous voyagions dans le désert vers la terre de promission.

CHAPITRE 6

Néphi écrit les choses de Dieu — Le but de Néphi est de persuader les hommes de venir au Dieu d'Abraham et d'être sauvés. Vers 600–592 av. J.-C.

1 Et maintenant, moi, Néphi, je ne donne pas la généalogie de mes pères dans cette partie de mes annales ; et dorénavant je ne la donnerai à aucun moment sur ces plaques que je suis occupé à écrire, car elle est donnée dans les annales qui ont été tenues par mon père ; c'est pourquoi, je ne l'écris pas dans cet ouvrage.

2 Car il me suffit de dire que nous sommes descendants de Joseph.

3 Et je ne tiens pas particulièrement à faire le récit complet de toutes les choses de mon père, car elles ne peuvent être écrites sur ces plaques, car je désire la place afin d'écrire les choses de Dieu.

4 Car tout mon dessein est de persuader les hommes de venir au Dieu d'Abraham, et au Dieu d'Isaac, et au Dieu de Jacob, et d'être sauvés.

5 Wherefore, the things which are pleasing unto the world I do not write, but the things which are pleasing unto God and unto those who are not of the world.

6 Wherefore, I shall give commandment unto my seed, that they shall not occupy these plates with things which are not of worth unto the children of men.

CHAPTER 7

Lehi's sons return to Jerusalem and invite Ishmael and his household to join them in their journey—Laman and others rebel—Nephi exhorts his brethren to have faith in the Lord—They bind him with cords and plan his destruction—He is freed by the power of faith—His brethren ask forgiveness—Lehi and his company offer sacrifice and burnt offerings. About 600–592 B.C.

1 And now I would that ye might know, that after my father, Lehi, had made an end of prophesying concerning his seed, it came to pass that the Lord spake unto him again, saying that it was not meet for him, Lehi, that he should take his family into the wilderness alone; but that his sons should take daughters to wife, that they might raise up seed unto the Lord in the land of promise.

2 And it came to pass that the Lord commanded him that I, Nephi, and my brethren, should again return unto the land of Jerusalem, and bring down Ishmael and his family into the wilderness.

3 And it came to pass that I, Nephi, did again, with my brethren, go forth into the wilderness to go up to Jerusalem.

4 And it came to pass that we went up unto the house of Ishmael, and we did gain favor in the sight of Ishmael, insomuch that we did speak unto him the words of the Lord.

5 And it came to pass that the Lord did soften the heart of Ishmael, and also his household, insomuch that they took their journey with us down into the wilderness to the tent of our father.

6 And it came to pass that as we journeyed in the wilderness, behold Laman and Lemuel, and two of the daughters of Ishmael, and the two sons of Ishmael and their families, did rebel against us; yea, against

5 C'est pourquoi, j'écris non pas ce qui plaît au monde, mais ce qui plaît à Dieu et à ceux qui ne sont pas du monde.

6 C'est pourquoi, je donnerai à mes descendants le commandement de ne pas remplir ces plaques de choses qui n'ont pas de valeur pour les enfants des hommes.

CHAPITRE 7

Les fils de Léhi retournent à Jérusalem et invitent Ismaël et sa maison à se joindre à eux dans leur voyage — Laman et d'autres se rebellent — Néphi exhorte ses frères à avoir foi au Seigneur — Ils le lient de cordes et projettent de le faire périr — Il est libéré par le pouvoir de la foi — Ses frères demandent pardon — Léhi et son groupe offrent des sacrifices et des holocaustes. Vers 600–592 av. J.-C.

1 Et maintenant, je voudrais que vous sachiez que lorsque mon père, Léhi, eut fini de prophétiser concernant sa postérité, il arriva que le Seigneur lui parla de nouveau, disant qu'il ne convenait pas que lui, Léhi, emmenât sa famille seule dans le désert, mais que ses fils devaient prendre les filles de quelqu'un pour épouses, afin de susciter une postérité pour le Seigneur dans la terre de promission.

2 Et il arriva que le Seigneur lui commanda de nous faire retourner encore une fois, moi, Néphi, et mes frères, au pays de Jérusalem pour amener Ismaël et sa famille dans le désert.

3 Et il arriva que moi, Néphi, j'allai de nouveau avec mes frères dans le désert pour monter à Jérusalem.

4 Et il arriva que nous montâmes à la maison d'Ismaël, et nous trouvâmes grâce aux yeux d'Ismaël, de sorte que nous lui dîmes les paroles du Seigneur.

5 Et il arriva que le Seigneur adoucit le cœur d'Ismaël et aussi de sa maison, de sorte qu'ils entreprirent avec nous le voyage pour descendre dans le désert vers la tente de notre père.

6 Et il arriva que tandis que nous voyagions dans le désert, voici, Laman et Lémuel, et deux des filles d'Ismaël, et les deux fils d'Ismaël et leurs familles se rebellèrent contre nous ; oui, contre moi, Néphi, et Sam, et

me, Nephi, and Sam, and their father, Ishmael, and his wife, and his three other daughters.

7 And it came to pass in the which rebellion, they were desirous to return unto the land of Jerusalem.

8 And now I, Nephi, being grieved for the hardness of their hearts, therefore I spake unto them, saying, yea, even unto Laman and unto Lemuel: Behold ye are mine elder brethren, and how is it that ye are so hard in your hearts, and so blind in your minds, that ye have need that I, your younger brother, should speak unto you, yea, and set an example for you?

9 How is it that ye have not hearkened unto the word of the Lord?

10 How is it that ye have forgotten that ye have seen an angel of the Lord?

11 Yea, and how is it that ye have forgotten what great things the Lord hath done for us, in delivering us out of the hands of Laban, and also that we should obtain the record?

12 Yea, and how is it that ye have forgotten that the Lord is able to do all things according to his will, for the children of men, if it so be that they exercise faith in him? Wherefore, let us be faithful to him.

13 And if it so be that we are faithful to him, we shall obtain the land of promise; and ye shall know at some future period that the word of the Lord shall be fulfilled concerning the destruction of Jerusalem; for all things which the Lord hath spoken concerning the destruction of Jerusalem must be fulfilled.

14 For behold, the Spirit of the Lord ceaseth soon to strive with them; for behold, they have rejected the prophets, and Jeremiah have they cast into prison. And they have sought to take away the life of my father, insomuch that they have driven him out of the land.

15 Now behold, I say unto you that if ye will return unto Jerusalem ye shall also perish with them. And now, if ye have choice, go up to the land, and remember the words which I speak unto you, that if ye go ye will also perish; for thus the Spirit of the Lord constraineth me that I should speak.

16 And it came to pass that when I, Nephi, had spoken these words unto my brethren,

leur père, Ismaël, et son épouse, et ses trois autres filles.

7 Et il arriva que, dans ladite rébellion, ils voulaient retourner au pays de Jérusalem.

8 Et alors moi, Néphi, peiné de l'endurcissement de leur cœur, je leur parlai, disant, oui, à Laman et à Lémuel : Voici, vous êtes mes frères aînés ; comment se fait-il que vous soyez si durs de cœur et si aveugles d'esprit que vous ayez besoin que moi, votre frère cadet, je vous parle, oui, et vous donne l'exemple ?

9 Comment se fait-il que vous n'ayez pas écouté la parole du Seigneur ?

10 Comment se fait-il que vous ayez oublié que vous avez vu un ange du Seigneur ?

11 Oui, et comment se fait-il que vous ayez oublié les grandes choses que le Seigneur a faites pour nous en nous délivrant des mains de Laban et aussi en nous faisant obtenir les annales ?

12 Oui, et comment se fait-il que vous ayez oublié que le Seigneur est capable de tout faire, selon sa volonté, pour les enfants des hommes, s'ils font preuve de foi en lui ? Soyons-lui donc fidèles.

13 Et si nous lui sommes fidèles, nous obtiendrons la terre de promission ; et vous saurez, à une époque future, que la parole du Seigneur concernant la destruction de Jérusalem s'accomplira ; car toutes les choses que le Seigneur a dites concernant la destruction de Jérusalem vont s'accomplir.

14 Car voici, l'Esprit du Seigneur cesse bientôt de lutter avec eux, car voici, ils ont rejeté les prophètes, et ils ont jeté Jérémie en prison. Et ils ont cherché à ôter la vie à mon père, de sorte qu'ils l'ont chassé du pays.

15 Or, voici, je vous dis que si vous retournez à Jérusalem, vous périrez aussi avec eux. Et maintenant, si vous avez le choix, montez au pays, et souvenez-vous des paroles que je vous dis, que si vous allez, vous périrez aussi ; car c'est ainsi que l'Esprit du Seigneur me contraint de parler.

16 Et il arriva que lorsque moi, Néphi, j'eus dit ces paroles à mes frères, ils furent en

they were angry with me. And it came to pass that they did lay their hands upon me, for behold, they were exceedingly wroth, and they did bind me with cords, for they sought to take away my life, that they might leave me in the wilderness to be devoured by wild beasts.

17 But it came to pass that I prayed unto the Lord, saying: O Lord, according to my faith which is in thee, wilt thou deliver me from the hands of my brethren; yea, even give me strength that I may burst these bands with which I am bound.

18 And it came to pass that when I had said these words, behold, the bands were loosed from off my hands and feet, and I stood before my brethren, and I spake unto them again.

19 And it came to pass that they were angry with me again, and sought to lay hands upon me; but behold, one of the daughters of Ishmael, yea, and also her mother, and one of the sons of Ishmael, did plead with my brethren, insomuch that they did soften their hearts; and they did cease striving to take away my life.

20 And it came to pass that they were sorrowful, because of their wickedness, insomuch that they did bow down before me, and did plead with me that I would forgive them of the thing that they had done against me.

21 And it came to pass that I did frankly forgive them all that they had done, and I did exhort them that they would pray unto the Lord their God for forgiveness. And it came to pass that they did so. And after they had done praying unto the Lord we did again travel on our journey towards the tent of our father.

22 And it came to pass that we did come down unto the tent of our father. And after I and my brethren and all the house of Ishmael had come down unto the tent of my father, they did give thanks unto the Lord their God; and they did offer sacrifice and burnt offerings unto him.

colère contre moi. Et il arriva qu'ils portèrent la main sur moi, car voici, ils étaient extrêmement furieux, et ils me lièrent de cordes, car ils cherchaient à m'ôter la vie, à me laisser dans le désert pour être dévoré par les bêtes sauvages.

17 Mais il arriva que je priai le Seigneur, disant : Ô Seigneur, selon la foi que j'ai en toi, veuille me délivrer des mains de mes frères, oui, donne-moi donc de la force afin que je rompe ces liens dont je suis lié.

18 Et il arriva que lorsque j'eus dit ces paroles, voici, les liens se détachèrent de mes mains et de mes pieds, et je me tins debout devant mes frères, et je leur parlai encore.

19 Et il arriva qu'ils furent encore en colère contre moi et cherchèrent à porter la main sur moi ; mais voici, une des filles d'Ismaël, oui, et aussi sa mère, et un des fils d'Ismaël plaidèrent auprès de mes frères, de sorte qu'ils se laissèrent attendrir le cœur ; et ils cessèrent de s'efforcer de m'ôter la vie.

20 Et il arriva qu'ils furent attristés à cause de leur méchanceté, de sorte qu'ils se prosternèrent devant moi et me supplièrent de leur pardonner ce qu'ils avaient fait contre moi.

21 Et il arriva que je leur pardonnai franchement tout ce qu'ils avaient fait, et les exhortai à prier le Seigneur, leur Dieu, pour obtenir le pardon. Et il arriva qu'ils le firent. Et lorsqu'ils eurent fini de prier le Seigneur, nous voyageâmes encore, poursuivant notre voyage vers la tente de notre père.

22 Et il arriva que nous descendîmes à la tente de notre père. Et lorsque mes frères et moi, et toute la maison d'Ismaël, fûmes descendus à la tente de mon père, ils rendirent grâces au Seigneur, leur Dieu, et ils lui offrirent des sacrifices et des holocaustes.

CHAPTER 8

Lehi sees a vision of the tree of life—He partakes of its fruit and desires his family to do likewise— He sees a rod of iron, a strait and narrow path,

CHAPITRE 8

Léhi voit en vision l'arbre de vie — Il mange de son fruit et désire que sa famille fasse de même — Il voit une barre de fer, un chemin étroit et

and the mists of darkness that enshroud men— Sariah, Nephi, and Sam partake of the fruit, but Laman and Lemuel refuse. About 600–592 B.C.

resserré et les brouillards de ténèbres qui enveloppent les hommes — Sariah, Néphi et Sam mangent du fruit, mais Laman et Lémuel refusent. Vers 600–592 av. J.-C.

1 And it came to pass that we had gathered together all manner of seeds of every kind, both of grain of every kind, and also of the seeds of fruit of every kind.

2 And it came to pass that while my father tarried in the wilderness he spake unto us, saying: Behold, I have dreamed a dream; or, in other words, I have seen a vision.

3 And behold, because of the thing which I have seen, I have reason to rejoice in the Lord because of Nephi and also of Sam; for I have reason to suppose that they, and also many of their seed, will be saved.

4 But behold, Laman and Lemuel, I fear exceedingly because of you; for behold, methought I saw in my dream, a dark and dreary wilderness.

5 And it came to pass that I saw a man, and he was dressed in a white robe; and he came and stood before me.

6 And it came to pass that he spake unto me, and bade me follow him.

7 And it came to pass that as I followed him I beheld myself that I was in a dark and dreary waste.

8 And after I had traveled for the space of many hours in darkness, I began to pray unto the Lord that he would have mercy on me, according to the multitude of his tender mercies.

9 And it came to pass after I had prayed unto the Lord I beheld a large and spacious field.

10 And it came to pass that I beheld a tree, whose fruit was desirable to make one happy.

11 And it came to pass that I did go forth and partake of the fruit thereof; and I beheld that it was most sweet, above all that I ever before tasted. Yea, and I beheld that the fruit thereof was white, to exceed all the whiteness that I had ever seen.

12 And as I partook of the fruit thereof it filled my soul with exceedingly great joy; wherefore, I began to be desirous that my family should partake of it also; for I knew that it was desirable above all other fruit.

1 Et il arriva que nous avions rassemblé toutes sortes de semences de toute espèce, à la fois des graines de toute espèce et aussi des semences de fruits de toute espèce.

2 Et il arriva que tandis que mon père demeurait dans le désert, il nous parla, disant : Voici, j'ai eu un songe, ou, en d'autres termes, j'ai eu une vision.

3 Et voici, à cause de ce que j'ai vu, j'ai des raisons de me réjouir dans le Seigneur à cause de Néphi et aussi de Sam, car j'ai des raisons de penser qu'eux et aussi beaucoup de leur postérité seront sauvés.

4 Mais voici, Laman et Lémuel, j'éprouve des craintes extrêmes à cause de vous, car voici, il m'a semblé voir, dans mon songe, un désert sombre et désolé.

5 Et il arriva que je vis un homme, et il était vêtu d'un vêtement blanc ; et il vint se tenir devant moi.

6 Et il arriva qu'il me parla et m'invita à le suivre.

7 Et il arriva que comme je le suivais, je me vis dans une solitude sombre et désolée.

8 Et lorsque j'eus voyagé pendant l'espace de nombreuses heures dans les ténèbres, je commençai à prier le Seigneur d'être miséricordieux envers moi, selon l'immensité de ses tendres miséricordes.

9 Et il arriva que lorsque j'eus prié le Seigneur, je vis un champ vaste et spacieux.

10 Et il arriva que je vis un arbre dont le fruit était désirable pour rendre heureux.

11 Et il arriva que je m'avançai et que j'en mangeai du fruit ; et je vis qu'il était très doux, au-delà de tout ce que j'avais jamais goûté auparavant. Oui, et je vis que son fruit était blanc, au point de dépasser en blancheur tout ce que j'avais jamais vu.

12 Et comme j'en mangeais le fruit, il me remplit l'âme d'une joie extrêmement grande ; c'est pourquoi, je commençai à désirer que ma famille en mangeât aussi, car je savais qu'il était plus désirable que tous les autres fruits.

13 And as I cast my eyes round about, that perhaps I might discover my family also, I beheld a river of water; and it ran along, and it was near the tree of which I was partaking the fruit.

14 And I looked to behold from whence it came; and I saw the head thereof a little way off; and at the head thereof I beheld your mother Sariah, and Sam, and Nephi; and they stood as if they knew not whither they should go.

15 And it came to pass that I beckoned unto them; and I also did say unto them with a loud voice that they should come unto me, and partake of the fruit, which was desirable above all other fruit.

16 And it came to pass that they did come unto me and partake of the fruit also.

17 And it came to pass that I was desirous that Laman and Lemuel should come and partake of the fruit also; wherefore, I cast mine eyes towards the head of the river, that perhaps I might see them.

18 And it came to pass that I saw them, but they would not come unto me and partake of the fruit.

19 And I beheld a rod of iron, and it extended along the bank of the river, and led to the tree by which I stood.

20 And I also beheld a strait and narrow path, which came along by the rod of iron, even to the tree by which I stood; and it also led by the head of the fountain, unto a large and spacious field, as if it had been a world.

21 And I saw numberless concourses of people, many of whom were pressing forward, that they might obtain the path which led unto the tree by which I stood.

22 And it came to pass that they did come forth, and commence in the path which led to the tree.

23 And it came to pass that there arose a mist of darkness; yea, even an exceedingly great mist of darkness, insomuch that they who had commenced in the path did lose their way, that they wandered off and were lost.

24 And it came to pass that I beheld others pressing forward, and they came forth and caught hold of the end of the rod of iron; and they did press forward through the mist of darkness, clinging to the rod of iron, even

13 Et comme je jetais les regards autour de moi dans l'espoir de découvrir peut-être ma famille aussi, je vis une rivière d'eau ; et elle coulait, et elle était près de l'arbre dont je mangeais le fruit.

14 Et je regardai pour voir d'où elle venait ; et je vis son point de départ à une petite distance ; et à son point de départ, je vis votre mère, Sariah, et Sam, et Néphi ; et ils se tenaient là comme s'ils ne savaient où aller.

15 Et il arriva que je leur fis signe ; et je leur dis aussi d'une voix forte qu'ils devaient venir à moi manger du fruit qui était plus désirable que tout autre fruit.

16 Et il arriva qu'ils vinrent à moi et mangèrent aussi du fruit.

17 Et il arriva que je désirai que Laman et Lémuel viennent aussi manger du fruit ; c'est pourquoi, je jetai les regards vers le point de départ de la rivière, dans l'espoir de les voir.

18 Et il arriva que je les vis, mais ils ne voulurent pas venir à moi manger du fruit.

19 Et je vis une barre de fer, et elle s'étendait le long du bord de la rivière et menait à l'arbre à côté duquel je me tenais.

20 Et je vis aussi un sentier étroit et resserré, qui longeait la barre de fer jusqu'à l'arbre à côté duquel je me tenais ; et il passait aussi par le point de départ de la source jusqu'à un champ vaste et spacieux comme si cela avait été un monde.

21 Et je vis d'innombrables multitudes de gens, dont beaucoup marchaient résolument afin de parvenir au sentier qui menait à l'arbre à côté duquel je me tenais.

22 Et il arriva qu'ils s'avancèrent et s'engagèrent dans le sentier qui menait à l'arbre.

23 Et il arriva qu'il s'éleva un brouillard de ténèbres ; oui, un brouillard de ténèbres extrêmement grand, au point que ceux qui s'étaient engagés dans le sentier perdirent leur chemin, de sorte qu'ils s'éloignèrent et se perdirent.

24 Et il arriva que j'en vis d'autres marcher résolument, et ils s'avancèrent et se saisirent de l'extrémité de la barre de fer ; et ils marchèrent résolument au travers du brouillard de ténèbres, s'agrippant à la barre

until they did come forth and partake of the fruit of the tree.

25 And after they had partaken of the fruit of the tree they did cast their eyes about as if they were ashamed.

26 And I also cast my eyes round about, and beheld, on the other side of the river of water, a great and spacious building; and it stood as it were in the air, high above the earth.

27 And it was filled with people, both old and young, both male and female; and their manner of dress was exceedingly fine; and they were in the attitude of mocking and pointing their fingers towards those who had come at and were partaking of the fruit.

28 And after they had tasted of the fruit they were ashamed, because of those that were scoffing at them; and they fell away into forbidden paths and were lost.

29 And now I, Nephi, do not speak all the words of my father.

30 But, to be short in writing, behold, he saw other multitudes pressing forward; and they came and caught hold of the end of the rod of iron; and they did press their way forward, continually holding fast to the rod of iron, until they came forth and fell down and partook of the fruit of the tree.

31 And he also saw other multitudes feeling their way towards that great and spacious building.

32 And it came to pass that many were drowned in the depths of the fountain; and many were lost from his view, wandering in strange roads.

33 And great was the multitude that did enter into that strange building. And after they did enter into that building they did point the finger of scorn at me and those that were partaking of the fruit also; but we heeded them not.

34 These are the words of my father: For as many as heeded them, had fallen away.

35 And Laman and Lemuel partook not of the fruit, said my father.

36 And it came to pass after my father had spoken all the words of his dream or vision, which were many, he said unto us, because of these things which he saw in a vision, he

de fer jusqu'à s'avancer et manger du fruit de l'arbre.

25 Et lorsqu'ils eurent mangé du fruit de l'arbre, ils jetèrent les regards autour d'eux comme s'ils étaient honteux.

26 Et je jetai aussi les regards autour de moi et vis, de l'autre côté de la rivière d'eau, un grand et spacieux édifice ; et il semblait être en l'air, bien haut au-dessus de la terre.

27 Et il était rempli de gens, jeunes et vieux, hommes et femmes ; et leur façon de s'habiller était extrêmement raffinée ; et ils paraissaient se moquer et montrer du doigt ceux qui étaient venus manger du fruit.

28 Et après avoir goûté du fruit, ils furent honteux à cause de ceux qui se moquaient d'eux ; et ils tombèrent dans des sentiers interdits et se perdirent.

29 Et maintenant, moi, Néphi, je ne dis pas toutes les paroles de mon père.

30 Mais, pour être bref dans ce que j'écris, voici, il vit d'autres multitudes marcher résolument ; et elles vinrent se saisir de l'extrémité de la barre de fer, et elles allèrent résolument de l'avant, se tenant continuellement avec fermeté à la barre de fer jusqu'à s'avancer, et se laisser choir, et manger du fruit de l'arbre.

31 Et il vit aussi d'autres multitudes se diriger en tâtonnant vers ce grand et spacieux édifice.

32 Et il arriva que beaucoup furent noyés dans les profondeurs de la source ; et beaucoup disparurent à ses yeux, errant sur des routes étranges.

33 Et grande fut la multitude de ceux qui entrèrent dans cet étrange édifice. Et lorsqu'ils furent entrés dans cet édifice, ils nous montrèrent du doigt avec mépris, moi et ceux qui mangeaient du fruit ; mais nous ne fîmes pas attention à eux.

34 Voici les paroles de mon père : Car tous ceux qui leur avaient prêté attention étaient tombés.

35 Et Laman et Lémuel ne mangèrent pas du fruit, dit mon père.

36 Et il arriva qu'après que mon père eut dit toutes les paroles de son songe ou de sa vision, qui étaient nombreuses, il nous dit qu'à cause des choses qu'il avait vues en vision, il

exceedingly feared for Laman and Lemuel; yea, he feared lest they should be cast off from the presence of the Lord.

37 And he did exhort them then with all the feeling of a tender parent, that they would hearken to his words, that perhaps the Lord would be merciful to them, and not cast them off; yea, my father did preach unto them.

38 And after he had preached unto them, and also prophesied unto them of many things, he bade them to keep the commandments of the Lord; and he did cease speaking unto them.

craignait extrêmement pour Laman et Lémuel ; oui, il craignait qu'ils ne fussent rejetés de la présence du Seigneur.

37 Et il les exhorta alors, avec toute la ferveur d'un père tendre, à écouter ses paroles, dans l'espoir que le Seigneur serait peut-être miséricordieux envers eux et ne les rejetterait pas ; oui, mon père leur prêcha.

38 Et lorsqu'il leur eut prêché et leur eut aussi prophétisé beaucoup de choses, il les invita à garder les commandements du Seigneur ; et il cessa de leur parler.

CHAPTER 9

Nephi makes two sets of records—Each is called the plates of Nephi—The larger plates contain a secular history; the smaller ones deal primarily with sacred things. About 600–592 B.C.

1 And all these things did my father see, and hear, and speak, as he dwelt in a tent, in the valley of Lemuel, and also a great many more things, which cannot be written upon these plates.

2 And now, as I have spoken concerning these plates, behold they are not the plates upon which I make a full account of the history of my people; for the plates upon which I make a full account of my people I have given the name of Nephi; wherefore, they are called the plates of Nephi, after mine own name; and these plates also are called the plates of Nephi.

3 Nevertheless, I have received a commandment of the Lord that I should make these plates, for the special purpose that there should be an account engraven of the ministry of my people.

4 Upon the other plates should be engraven an account of the reign of the kings, and the wars and contentions of my people; wherefore these plates are for the more part of the ministry; and the other plates are for the more part of the reign of the kings and the wars and contentions of my people.

5 Wherefore, the Lord hath commanded me to make these plates for a wise purpose in him, which purpose I know not.

CHAPITRE 9

Néphi fait deux jeux d'annales — Il donne à chacun le nom de plaques de Néphi — Les grandes plaques contiennent l'histoire profane, les petites traitent avant tout de choses sacrées. Vers 600–592 av. J.-C.

1 Et toutes ces choses, mon père les vit, et les entendit, et les dit, tandis qu'il demeurait sous une tente dans la vallée de Lémuel, ainsi que beaucoup d'autres choses encore, qui ne peuvent être écrites sur ces plaques.

2 Et maintenant, comme j'ai parlé de ces plaques, voici, ce ne sont pas les plaques sur lesquelles je fais le récit complet de l'histoire de mon peuple ; car les plaques sur lesquelles je fais le récit complet de mon peuple, je leur ai donné le nom de Néphi ; c'est pourquoi, elles sont appelées les plaques de Néphi, d'après mon nom ; et ces plaques-ci sont aussi appelées les plaques de Néphi.

3 Néanmoins, j'ai reçu du Seigneur le commandement de faire ces plaques dans le but spécial d'y graver le récit du ministère de mon peuple.

4 Sur les autres plaques doit être gravé le récit du règne des rois, et des guerres, et des querelles de mon peuple. C'est pourquoi, ces plaques-ci traitent en majeure partie du ministère, et les autres plaques traitent en majeure partie du règne des rois, et des guerres, et des querelles de mon peuple.

5 C'est pourquoi, le Seigneur m'a commandé de faire ces plaques dans un but sage qui lui est propre, mais que je ne connais pas.

6 But the Lord knoweth all things from the beginning; wherefore, he prepareth a way to accomplish all his works among the children of men; for behold, he hath all power unto the fulfilling of all his words. And thus it is. Amen.

6 Mais le Seigneur sait tout depuis le commencement ; c'est pourquoi, il prépare la voie pour accomplir toutes ses œuvres parmi les enfants des hommes ; car voici, il a tout pouvoir pour accomplir toutes ses paroles. Et ainsi en est-il. Amen.

CHAPTER 10

CHAPITRE 10

Lehi predicts that the Jews will be taken captive by the Babylonians—He tells of the coming among the Jews of a Messiah, a Savior, a Redeemer—Lehi tells also of the coming of the one who should baptize the Lamb of God—Lehi tells of the death and resurrection of the Messiah—He compares the scattering and gathering of Israel to an olive tree—Nephi speaks of the Son of God, of the gift of the Holy Ghost, and of the need for righteousness. About 600–592 B.C.

Léhi prédit que les Juifs seront emmenés en captivité par les Babyloniens — Il parle de la venue chez les Juifs d'un Messie, un Sauveur, un Rédempteur — Il parle aussi de la venue de celui qui baptisera l'Agneau de Dieu — Il parle de la mort et de la résurrection du Messie — Il compare la dispersion et le rassemblement d'Israël à un olivier — Néphi parle du Fils de Dieu, du don du Saint-Esprit et de la nécessité d'être juste. Vers 600–592 av. J.-C.

1 And now I, Nephi, proceed to give an account upon these plates of my proceedings, and my reign and ministry; wherefore, to proceed with mine account, I must speak somewhat of the things of my father, and also of my brethren.

1 Et maintenant, moi, Néphi, je poursuis en faisant, sur ces plaques-ci, le récit de mes actes, et de mon règne, et de mon ministère ; c'est pourquoi, pour poursuivre mon récit, je dois parler quelque peu de mon père et aussi de mes frères.

2 For behold, it came to pass after my father had made an end of speaking the words of his dream, and also of exhorting them to all diligence, he spake unto them concerning the Jews—

2 Car voici, il arriva que lorsqu'il eut fini de dire les paroles de son songe et aussi de les exhorter à la plus grande diligence, mon père leur parla des Juifs,

3 That after they should be destroyed, even that great city Jerusalem, and many be carried away captive into Babylon, according to the own due time of the Lord, they should return again, yea, even be brought back out of captivity; and after they should be brought back out of captivity they should possess again the land of their inheritance.

3 disant que lorsqu'ils auraient été détruits, à savoir, cette grande ville de Jérusalem, et que beaucoup auraient été emmenés captifs à Babylone, lorsque le Seigneur le jugerait bon, ils reviendraient, oui, qu'ils seraient ramenés de captivité ; et après avoir été ramenés de captivité, ils posséderaient de nouveau le pays de leur héritage.

4 Yea, even six hundred years from the time that my father left Jerusalem, a prophet would the Lord God raise up among the Jews—even a Messiah, or, in other words, a Savior of the world.

4 Oui, six cents ans après le moment où mon père quitta Jérusalem, le Seigneur Dieu susciterait un prophète parmi les Juifs, un Messie, ou, en d'autres termes, un Sauveur du monde.

5 And he also spake concerning the prophets, how great a number had testified of these things, concerning this Messiah, of whom he had spoken, or this Redeemer of the world.

5 Et il parla aussi des prophètes, du grand nombre d'entre eux qui avaient témoigné de ce qui concernait ce Messie dont il avait parlé, ou de ce Rédempteur du monde.

6 Wherefore, all mankind were in a lost and in a fallen state, and ever would be save they should rely on this Redeemer.

6 C'est pourquoi, toute l'humanité était dans un état perdu et déchu, et le serait à jamais, à moins d'avoir recours à ce Rédempteur.

7 And he spake also concerning a prophet who should come before the Messiah, to prepare the way of the Lord—

8 Yea, even he should go forth and cry in the wilderness: Prepare ye the way of the Lord, and make his paths straight; for there standeth one among you whom ye know not; and he is mightier than I, whose shoe's latchet I am not worthy to unloose. And much spake my father concerning this thing.

9 And my father said he should baptize in Bethabara, beyond Jordan; and he also said he should baptize with water; even that he should baptize the Messiah with water.

10 And after he had baptized the Messiah with water, he should behold and bear record that he had baptized the Lamb of God, who should take away the sins of the world.

11 And it came to pass after my father had spoken these words he spake unto my brethren concerning the gospel which should be preached among the Jews, and also concerning the dwindling of the Jews in unbelief. And after they had slain the Messiah, who should come, and after he had been slain he should rise from the dead, and should make himself manifest, by the Holy Ghost, unto the Gentiles.

12 Yea, even my father spake much concerning the Gentiles, and also concerning the house of Israel, that they should be compared like unto an olive tree, whose branches should be broken off and should be scattered upon all the face of the earth.

13 Wherefore, he said it must needs be that we should be led with one accord into the land of promise, unto the fulfilling of the word of the Lord, that we should be scattered upon all the face of the earth.

14 And after the house of Israel should be scattered they should be gathered together again; or, in fine, after the Gentiles had received the fulness of the Gospel, the natural branches of the olive tree, or the remnants of the house of Israel, should be grafted in, or come to the knowledge of the true Messiah, their Lord and their Redeemer.

15 And after this manner of language did my father prophesy and speak unto my brethren, and also many more things which I do not write in this book; for I have written as many of them as were expedient for me in mine other book.

7 Et il parla aussi d'un prophète qui viendrait avant le Messie pour préparer le chemin du Seigneur :

8 oui, qu'il irait crier dans le désert : Préparez le chemin du Seigneur et rendez droits ses sentiers ; car au milieu de vous il y a quelqu'un que vous ne connaissez pas, et il est plus puissant que moi, et je ne suis pas digne de délier la courroie de ses souliers. Et mon père parla beaucoup de cela.

9 Et mon père dit qu'il baptiserait à Béthabara, au-delà du Jourdain ; et il dit aussi qu'il baptiserait d'eau, oui, qu'il baptiserait d'eau le Messie.

10 Et lorsqu'il aurait baptisé d'eau le Messie, il verrait et témoignerait avoir baptisé l'Agneau de Dieu qui allait ôter les péchés du monde.

11 Et il arriva que lorsqu'il eut dit ces paroles, mon père parla à mes frères de l'Évangile qui serait prêché parmi les Juifs et aussi du fait que les Juifs dégénéreraient dans l'incrédulité. Et qu'ils tueraient le Messie qui viendrait, et lorsqu'il aurait été tué, il ressusciterait d'entre les morts et se manifesterait, par le Saint-Esprit, aux Gentils.

12 Oui, effectivement mon père parla beaucoup des Gentils et aussi de la maison d'Israël, disant qu'on devait la comparer à un olivier dont les branches seraient rompues et dispersées sur toute la surface de la terre.

13 C'est pourquoi il fallait, dit-il, que nous fussions conduits d'un commun accord à la terre de promission pour accomplir la parole du Seigneur que nous serions dispersés sur toute la surface de la terre.

14 Et lorsque la maison d'Israël aurait été dispersée, elle serait de nouveau rassemblée ; en bref, lorsque les Gentils auraient reçu la plénitude de l'Évangile, les branches naturelles de l'olivier, ou les restes de la maison d'Israël, seraient greffées, ou parviendraient à la connaissance du vrai Messie, leur Seigneur et leur Rédempteur.

15 Et c'est dans ce genre de langage que mon père prophétisa et parla à mes frères, et dit aussi beaucoup d'autres choses que je n'écris pas dans ce livre ; car j'ai écrit dans mon autre livre toutes celles qui m'étaient utiles.

16 And all these things, of which I have spoken, were done as my father dwelt in a tent, in the valley of Lemuel.

17 And it came to pass after I, Nephi, having heard all the words of my father, concerning the things which he saw in a vision, and also the things which he spake by the power of the Holy Ghost, which power he received by faith on the Son of God—and the Son of God was the Messiah who should come—I, Nephi, was desirous also that I might see, and hear, and know of these things, by the power of the Holy Ghost, which is the gift of God unto all those who diligently seek him, as well in times of old as in the time that he should manifest himself unto the children of men.

18 For he is the same yesterday, today, and forever; and the way is prepared for all men from the foundation of the world, if it so be that they repent and come unto him.

19 For he that diligently seeketh shall find; and the mysteries of God shall be unfolded unto them, by the power of the Holy Ghost, as well in these times as in times of old, and as well in times of old as in times to come; wherefore, the course of the Lord is one eternal round.

20 Therefore remember, O man, for all thy doings thou shalt be brought into judgment.

21 Wherefore, if ye have sought to do wickedly in the days of your probation, then ye are found unclean before the judgment-seat of God; and no unclean thing can dwell with God; wherefore, ye must be cast off forever.

22 And the Holy Ghost giveth authority that I should speak these things, and deny them not.

16 Et toutes ces choses dont j'ai parlé se firent tandis que mon père demeurait sous une tente dans la vallée de Lémuel.

17 Et il arriva que lorsque moi, Néphi, j'eus entendu toutes les paroles de mon père sur les choses qu'il avait vues en vision, et aussi les choses qu'il dit par le pouvoir du Saint-Esprit, pouvoir qu'il reçut par la foi au Fils de Dieu — et le Fils de Dieu était le Messie qui devait venir — moi, Néphi, je désirai voir, et entendre, et connaître également ces choses par le pouvoir du Saint-Esprit, qui est le don de Dieu à tous ceux qui le recherchent diligemment, aussi bien dans les temps anciens qu'au moment où il se manifestera aux enfants des hommes.

18 Car il est le même hier, aujourd'hui et à jamais ; et la voie est préparée pour tous les hommes depuis la fondation du monde, s'ils se repentent et viennent à lui.

19 Car celui qui cherche diligemment trouve ; et les mystères de Dieu lui seront dévoilés par le pouvoir du Saint-Esprit, aussi bien en ces temps-ci que dans les temps anciens, et aussi bien dans les temps anciens que dans les temps à venir ; c'est pourquoi, le chemin du Seigneur est une même ronde éternelle.

20 C'est pourquoi souviens-toi, ô homme, que pour toutes tes actions tu seras mis en jugement.

21 C'est pourquoi, si vous avez cherché à faire le mal aux jours de votre épreuve, vous vous trouverez impurs devant le siège du jugement de Dieu ; et rien d'impur ne peut demeurer auprès de Dieu ; c'est pourquoi, vous serez rejetés à jamais.

22 Et le Saint-Esprit me donne l'autorité de dire ces choses, non de me taire.

CHAPTER 11

Nephi sees the Spirit of the Lord and is shown in vision the tree of life—He sees the mother of the Son of God and learns of the condescension of God—He sees the baptism, ministry, and crucifixion of the Lamb of God—He sees also the call and ministry of the Twelve Apostles of the Lamb. About 600–592 B.C.

CHAPITRE 11

Néphi voit l'Esprit du Seigneur, et l'arbre de vie lui est montré en vision — Il voit la mère du Fils de Dieu et est informé de la condescendance de Dieu — Il voit le baptême, le ministère et la crucifixion de l'Agneau de Dieu — Il voit aussi l'appel et le ministère des douze apôtres de l'Agneau. Vers 600–592 av. J.-C.

1 For it came to pass after I had desired to know the things that my father had seen, and believing that the Lord was able to make them known unto me, as I sat pondering in mine heart I was caught away in the Spirit of the Lord, yea, into an exceedingly high mountain, which I never had before seen, and upon which I never had before set my foot.

2 And the Spirit said unto me: Behold, what desirest thou?

3 And I said: I desire to behold the things which my father saw.

4 And the Spirit said unto me: Believest thou that thy father saw the tree of which he hath spoken?

5 And I said: Yea, thou knowest that I believe all the words of my father.

6 And when I had spoken these words, the Spirit cried with a loud voice, saying: Hosanna to the Lord, the most high God; for he is God over all the earth, yea, even above all. And blessed art thou, Nephi, because thou believest in the Son of the most high God; wherefore, thou shalt behold the things which thou hast desired.

7 And behold this thing shall be given unto thee for a sign, that after thou hast beheld the tree which bore the fruit which thy father tasted, thou shalt also behold a man descending out of heaven, and him shall ye witness; and after ye have witnessed him ye shall bear record that it is the Son of God.

8 And it came to pass that the Spirit said unto me: Look! And I looked and beheld a tree; and it was like unto the tree which my father had seen; and the beauty thereof was far beyond, yea, exceeding of all beauty; and the whiteness thereof did exceed the whiteness of the driven snow.

9 And it came to pass after I had seen the tree, I said unto the Spirit: I behold thou hast shown unto me the tree which is precious above all.

10 And he said unto me: What desirest thou?

11 And I said unto him: To know the interpretation thereof—for I spake unto him as a man speaketh; for I beheld that he was in the form of a man; yet nevertheless, I knew that it was the Spirit of the Lord; and he spake unto me as a man speaketh with another.

1 Car il arriva, après que j'eus désiré connaître les choses que mon père avait vues, et croyant que le Seigneur était capable de me les faire connaître, que tandis que j'étais assis à méditer dans mon cœur, je fus ravi dans l'Esprit du Seigneur, oui, sur une montagne extrêmement haute que je n'avais encore jamais vue et sur laquelle je n'avais encore jamais mis le pied.

2 Et l'Esprit me dit : Voici, que désires-tu ?

3 Et je dis : Je désire voir les choses que mon père a vues.

4 Et l'Esprit me dit : Crois-tu que ton père a vu l'arbre dont il a parlé ?

5 Et je dis : Oui, tu sais que je crois toutes les paroles de mon père.

6 Et lorsque j'eus dit ces paroles, l'Esprit s'écria d'une voix forte, disant : Hosanna au Seigneur, le Dieu Très-Haut ; car il est Dieu sur toute la terre, oui, au-dessus de tout. Et béni es-tu, Néphi, parce que tu crois au Fils du Dieu Très-Haut ; c'est pourquoi, tu verras les choses que tu as désirées.

7 Et voici, ceci te sera donné pour signe, que lorsque tu auras vu l'arbre qui portait le fruit que ton père a goûté, tu verras aussi un homme descendre du ciel, et tu seras témoin de lui ; et lorsque tu auras été témoin de lui, tu rendras témoignage que c'est le Fils de Dieu.

8 Et il arriva que l'Esprit me dit : Regarde ! Et je regardai et vis un arbre ; et il était semblable à l'arbre que mon père avait vu ; et sa beauté était bien au-delà de toute beauté ; et sa blancheur dépassait la blancheur de la neige vierge.

9 Et il arriva qu'après avoir vu l'arbre, je dis à l'Esprit : Je vois que tu m'as montré l'arbre qui est précieux par-dessus tout.

10 Et il me dit : Que désires-tu ?

11 Et je lui dis : En connaître l'interprétation — car je lui parlais comme un homme parle ; car je voyais qu'il avait la forme d'un homme ; mais néanmoins, je savais que c'était l'Esprit du Seigneur ; et il me parlait comme un homme parle avec un autre.

12 And it came to pass that he said unto me: Look! And I looked as if to look upon him, and I saw him not; for he had gone from before my presence.

13 And it came to pass that I looked and beheld the great city of Jerusalem, and also other cities. And I beheld the city of Nazareth; and in the city of Nazareth I beheld a virgin, and she was exceedingly fair and white.

14 And it came to pass that I saw the heavens open; and an angel came down and stood before me; and he said unto me: Nephi, what beholdest thou?

15 And I said unto him: A virgin, most beautiful and fair above all other virgins.

16 And he said unto me: Knowest thou the condescension of God?

17 And I said unto him: I know that he loveth his children; nevertheless, I do not know the meaning of all things.

18 And he said unto me: Behold, the virgin whom thou seest is the mother of the Son of God, after the manner of the flesh.

19 And it came to pass that I beheld that she was carried away in the Spirit; and after she had been carried away in the Spirit for the space of a time the angel spake unto me, saying: Look!

20 And I looked and beheld the virgin again, bearing a child in her arms.

21 And the angel said unto me: Behold the Lamb of God, yea, even the Son of the Eternal Father! Knowest thou the meaning of the tree which thy father saw?

22 And I answered him, saying: Yea, it is the love of God, which sheddeth itself abroad in the hearts of the children of men; wherefore, it is the most desirable above all things.

23 And he spake unto me, saying: Yea, and the most joyous to the soul.

24 And after he had said these words, he said unto me: Look! And I looked, and I beheld the Son of God going forth among the children of men; and I saw many fall down at his feet and worship him.

25 And it came to pass that I beheld that the rod of iron, which my father had seen, was the word of God, which led to the fountain of living waters, or to the tree of life; which waters are a representation of the love of

12 Et il arriva qu'il me dit : Regarde ! Et je regardai comme pour le contempler, et je ne le vis plus, car il s'était retiré de ma présence.

13 Et il arriva que je regardai et vis la grande ville de Jérusalem et aussi d'autres villes. Et je vis la ville de Nazareth ; et dans la ville de Nazareth, je vis une vierge, et elle était extrêmement belle et blanche.

14 Et il arriva que je vis les cieux s'ouvrir ; et un ange descendit et se tint devant moi, et il me dit : Néphi, que vois-tu ?

15 Et je lui dis : Une vierge d'une très grande beauté et plus belle que toutes les autres vierges.

16 Et il me dit : Connais-tu la condescendance de Dieu ?

17 Et je lui dis : Je sais qu'il aime ses enfants ; néanmoins, je ne connais pas la signification de tout.

18 Et il me dit : Voici, la vierge que tu vois est, selon la chair, la mère du Fils de Dieu.

19 Et il arriva que je vis qu'elle était ravie dans l'Esprit ; et lorsqu'elle eut été ravie dans l'Esprit un certain temps, l'ange me parla, disant : Regarde !

20 Et je regardai et vis de nouveau la vierge portant un enfant dans ses bras.

21 Et l'ange me dit : Vois l'Agneau de Dieu, oui, le Fils du Père éternel ! Connais-tu la signification de l'arbre que ton père a vu ?

22 Et je lui répondis, disant : Oui, c'est l'amour de Dieu, qui se répand dans le cœur des enfants des hommes ; c'est pourquoi, c'est la plus désirable de toutes les choses.

23 Et il me parla, disant : Oui, et la plus joyeuse pour l'âme.

24 Et lorsqu'il eut dit ces paroles, il me dit : Regarde ! Et je regardai, et je vis le Fils de Dieu aller parmi les enfants des hommes ; et j'en vis beaucoup tomber à ses pieds et l'adorer.

25 Et il arriva que je vis que la barre de fer que mon père avait vue était la parole de Dieu qui conduisait à la source d'eau vive, ou à l'arbre de vie ; laquelle eau est une représentation de l'amour de Dieu ; et je vis

God; and I also beheld that the tree of life was a representation of the love of God.

26 And the angel said unto me again: Look and behold the condescension of God!

27 And I looked and beheld the Redeemer of the world, of whom my father had spoken; and I also beheld the prophet who should prepare the way before him. And the Lamb of God went forth and was baptized of him; and after he was baptized, I beheld the heavens open, and the Holy Ghost come down out of heaven and abide upon him in the form of a dove.

28 And I beheld that he went forth ministering unto the people, in power and great glory; and the multitudes were gathered together to hear him; and I beheld that they cast him out from among them.

29 And I also beheld twelve others following him. And it came to pass that they were carried away in the Spirit from before my face, and I saw them not.

30 And it came to pass that the angel spake unto me again, saying: Look! And I looked, and I beheld the heavens open again, and I saw angels descending upon the children of men; and they did minister unto them.

31 And he spake unto me again, saying: Look! And I looked, and I beheld the Lamb of God going forth among the children of men. And I beheld multitudes of people who were sick, and who were afflicted with all manner of diseases, and with devils and unclean spirits; and the angel spake and showed all these things unto me. And they were healed by the power of the Lamb of God; and the devils and the unclean spirits were cast out.

32 And it came to pass that the angel spake unto me again, saying: Look! And I looked and beheld the Lamb of God, that he was taken by the people; yea, the Son of the everlasting God was judged of the world; and I saw and bear record.

33 And I, Nephi, saw that he was lifted up upon the cross and slain for the sins of the world.

34 And after he was slain I saw the multitudes of the earth, that they were gathered together to fight against the apostles of the Lamb; for thus were the twelve called by the angel of the Lord.

aussi que l'arbre de vie était une représentation de l'amour de Dieu.

26 Et l'ange me dit encore : Regarde et vois la condescendance de Dieu !

27 Et je regardai et vis le Rédempteur du monde dont mon père avait parlé ; et je vis aussi le prophète qui allait préparer le chemin devant lui. Et l'Agneau de Dieu s'avança et fut baptisé par lui ; et lorsqu'il eut été baptisé, je vis les cieux s'ouvrir et le Saint-Esprit descendre du ciel et reposer sur lui sous la forme d'une colombe.

28 Et je vis qu'il allait exercer son ministère auprès du peuple avec puissance et une grande gloire ; et les multitudes étaient rassemblées pour l'écouter ; et je vis qu'elles le chassaient du milieu d'elles.

29 Et je vis aussi douze autres hommes le suivre. Et il arriva qu'ils furent ravis dans l'Esprit devant ma face, et je ne les vis plus.

30 Et il arriva que l'ange me parla encore, disant : Regarde ! Et je regardai, et je vis les cieux s'ouvrir de nouveau, et je vis des anges descendre sur les enfants des hommes ; et ils les servirent.

31 Et il me parla encore, disant : Regarde ! Et je regardai, et je vis l'Agneau de Dieu aller parmi les enfants des hommes. Et je vis des multitudes de gens qui étaient malades, et qui étaient affligés de toutes sortes de maladies, et de démons, et d'esprits impurs ; et l'ange parla et me montra toutes ces choses. Et ils étaient guéris par le pouvoir de l'Agneau de Dieu ; et les démons et les esprits impurs étaient chassés.

32 Et il arriva que l'ange me parla encore, disant : Regarde ! Et je regardai et vis que l'Agneau de Dieu était pris par le peuple ; oui, le Fils du Dieu éternel était jugé par le monde ; et je vis et je rends témoignage.

33 Et moi, Néphi, je vis qu'il était élevé sur la croix et mis à mort pour les péchés du monde.

34 Et lorsqu'il eut été mis à mort, je vis que les multitudes de la terre étaient rassemblées pour combattre les apôtres de l'Agneau ; car c'est ainsi que les Douze étaient appelés par l'ange du Seigneur.

35 And the multitude of the earth was gathered together; and I beheld that they were in a large and spacious building, like unto the building which my father saw. And the angel of the Lord spake unto me again, saying: Behold the world and the wisdom thereof; yea, behold the house of Israel hath gathered together to fight against the twelve apostles of the Lamb.

36 And it came to pass that I saw and bear record, that the great and spacious building was the pride of the world; and it fell, and the fall thereof was exceedingly great. And the angel of the Lord spake unto me again, saying: Thus shall be the destruction of all nations, kindreds, tongues, and people, that shall fight against the twelve apostles of the Lamb.

CHAPTER 12

Nephi sees in vision the land of promise; the righteousness, iniquity, and downfall of its inhabitants; the coming of the Lamb of God among them; how the Twelve Disciples and the Twelve Apostles will judge Israel; and the loathsome and filthy state of those who dwindle in unbelief. About 600–592 B.C.

1 And it came to pass that the angel said unto me: Look, and behold thy seed, and also the seed of thy brethren. And I looked and beheld the land of promise; and I beheld multitudes of people, yea, even as it were in number as many as the sand of the sea.

2 And it came to pass that I beheld multitudes gathered together to battle, one against the other; and I beheld wars, and rumors of wars, and great slaughters with the sword among my people.

3 And it came to pass that I beheld many generations pass away, after the manner of wars and contentions in the land; and I beheld many cities, yea, even that I did not number them.

4 And it came to pass that I saw a mist of darkness on the face of the land of promise; and I saw lightnings, and I heard thunderings, and earthquakes, and all manner of tumultuous noises; and I saw the earth and the rocks, that they rent; and I saw mountains tumbling into pieces; and I saw the plains of the earth, that they were broken up; and I

35 Et la multitude de la terre était rassemblée, et je vis qu'elle était dans un grand et spacieux édifice semblable à l'édifice que mon père avait vu. Et l'ange du Seigneur me parla encore, disant : Voici le monde et sa sagesse ; oui, voici, la maison d'Israël s'est rassemblée pour combattre les douze apôtres de l'Agneau.

36 Et il arriva que je vis, et j'en rends témoignage, que le grand et spacieux édifice était l'orgueil du monde ; et il tomba, et sa chute fut extrêmement grande. Et l'ange du Seigneur me parla encore, disant : C'est ainsi que sera la destruction de toutes les nations, tribus, langues et peuples qui combattront les douze apôtres de l'Agneau.

CHAPITRE 12

Néphi voit en vision la terre de promission, la justice, l'iniquité et la chute de ses habitants, la venue de l'Agneau de Dieu parmi eux, la manière dont les douze disciples et les douze apôtres jugeront Israël, l'état repoussant et souillé de ceux qui dégénèrent dans l'incrédulité. Vers 600–592 av. J.-C.

1 Et il arriva que l'ange me dit : Regarde, et vois ta postérité, et aussi la postérité de tes frères. Et je regardai et vis la terre de promission ; et je vis des multitudes de gens, oui, un nombre aussi grand, pour ainsi dire, que le sable de la mer.

2 Et il arriva que je vis des multitudes rassemblées pour se livrer bataille ; et je vis des guerres, et des bruits de guerres, et de grands massacres par l'épée parmi mon peuple.

3 Et il arriva que je vis beaucoup de générations passer au milieu de guerres et de querelles dans le pays ; et je vis beaucoup de villes, oui, au point que je ne les comptai pas.

4 Et il arriva que je vis un brouillard de ténèbres sur la surface de la terre de promission ; et je vis des éclairs, et j'entendis des tonnerres et des tremblements de terre, et toutes sortes de bruits tumultueux ; et je vis que la terre et les rochers se fendaient ; et je vis que des montagnes s'écroulaient en morceaux ; et je vis que les plaines de la terre

saw many cities that they were sunk; and I saw many that they were burned with fire; and I saw many that did tumble to the earth, because of the quaking thereof.

5 And it came to pass after I saw these things, I saw the vapor of darkness, that it passed from off the face of the earth; and behold, I saw multitudes who had not fallen because of the great and terrible judgments of the Lord.

6 And I saw the heavens open, and the Lamb of God descending out of heaven; and he came down and showed himself unto them.

7 And I also saw and bear record that the Holy Ghost fell upon twelve others; and they were ordained of God, and chosen.

8 And the angel spake unto me, saying: Behold the twelve disciples of the Lamb, who are chosen to minister unto thy seed.

9 And he said unto me: Thou rememberest the twelve apostles of the Lamb? Behold they are they who shall judge the twelve tribes of Israel; wherefore, the twelve ministers of thy seed shall be judged of them; for ye are of the house of Israel.

10 And these twelve ministers whom thou beholdest shall judge thy seed. And, behold, they are righteous forever; for because of their faith in the Lamb of God their garments are made white in his blood.

11 And the angel said unto me: Look! And I looked, and beheld three generations pass away in righteousness; and their garments were white even like unto the Lamb of God. And the angel said unto me: These are made white in the blood of the Lamb, because of their faith in him.

12 And I, Nephi, also saw many of the fourth generation who passed away in righteousness.

13 And it came to pass that I saw the multitudes of the earth gathered together.

14 And the angel said unto me: Behold thy seed, and also the seed of thy brethren.

15 And it came to pass that I looked and beheld the people of my seed gathered together in multitudes against the seed of my brethren; and they were gathered together to battle.

s'ouvraient ; et je vis que beaucoup de villes étaient englouties ; et j'en vis beaucoup qui étaient brûlées par le feu ; et j'en vis beaucoup qui s'effondraient sur la terre à cause du tremblement de celle-ci.

5 Et il arriva qu'après avoir vu ces choses, je vis que la vapeur de ténèbres se dissipait de la surface de la terre ; et voici, je vis des multitudes qui n'étaient pas tombées à cause des grands et terribles jugements du Seigneur.

6 Et je vis les cieux s'ouvrir et l'Agneau de Dieu descendre du ciel ; et il descendit et se montra à elles.

7 Et je vis aussi et rends témoignage que le Saint-Esprit tomba sur douze autres hommes ; et ils furent ordonnés par Dieu et choisis.

8 Et l'ange me parla, disant : Voici les douze disciples de l'Agneau qui sont choisis pour exercer le ministère auprès de ta postérité.

9 Et il me dit : Tu te souviens des douze apôtres de l'Agneau ? Voici, ce sont eux qui jugeront les douze tribus d'Israël ; c'est pourquoi, les douze ministres de ta postérité seront jugés par eux ; car vous êtes de la maison d'Israël.

10 Et ces douze ministres que tu vois jugeront ta postérité. Et voici, ils sont justes à jamais ; car, à cause de leur foi en l'Agneau de Dieu, leurs vêtements sont blanchis dans son sang.

11 Et l'ange me dit : Regarde ! Et je regardai et vis trois générations passer dans la justice ; et leurs vêtements étaient blancs comme l'Agneau de Dieu. Et l'ange me dit : Ceux-ci sont blanchis dans le sang de l'Agneau, à cause de leur foi en lui.

12 Et moi, Néphi, j'en vis aussi beaucoup de la quatrième génération qui s'en allaient dans la justice.

13 Et il arriva que je vis les multitudes de la terre rassemblées.

14 Et l'ange me dit : Voici ta postérité, et aussi la postérité de tes frères.

15 Et il arriva que je regardai et vis le peuple de ma postérité rassemblé en multitudes contre la postérité de mes frères ; et ils étaient rassemblés pour se livrer bataille.

16 And the angel spake unto me, saying: Behold the fountain of filthy water which thy father saw; yea, even the river of which he spake; and the depths thereof are the depths of hell.

17 And the mists of darkness are the temptations of the devil, which blindeth the eyes, and hardeneth the hearts of the children of men, and leadeth them away into broad roads, that they perish and are lost.

18 And the large and spacious building, which thy father saw, is vain imaginations and the pride of the children of men. And a great and a terrible gulf divideth them; yea, even the word of the justice of the Eternal God, and the Messiah who is the Lamb of God, of whom the Holy Ghost beareth record, from the beginning of the world until this time, and from this time henceforth and forever.

19 And while the angel spake these words, I beheld and saw that the seed of my brethren did contend against my seed, according to the word of the angel; and because of the pride of my seed, and the temptations of the devil, I beheld that the seed of my brethren did overpower the people of my seed.

20 And it came to pass that I beheld, and saw the people of the seed of my brethren that they had overcome my seed; and they went forth in multitudes upon the face of the land.

21 And I saw them gathered together in multitudes; and I saw wars and rumors of wars among them; and in wars and rumors of wars I saw many generations pass away.

22 And the angel said unto me: Behold these shall dwindle in unbelief.

23 And it came to pass that I beheld, after they had dwindled in unbelief they became a dark, and loathsome, and a filthy people, full of idleness and all manner of abominations.

CHAPTER 13

Nephi sees in vision the church of the devil set up among the Gentiles, the discovery and colonizing of America, the loss of many plain and precious parts of the Bible, the resultant state of gentile apostasy, the restoration of the gospel, the coming

16 Et l'ange me parla, disant : Voici la source d'eau souillée que ton père a vue ; oui, la rivière dont il a parlé ; et ses profondeurs sont les profondeurs de l'enfer.

17 Et les brouillards de ténèbres sont les tentations du diable, qui aveuglent les yeux, et endurcissent le cœur des enfants des hommes, et les entraînent sur de larges routes afin qu'ils périssent et se perdent.

18 Et le vaste et spacieux édifice que ton père a vu, ce sont les vaines imaginations et l'orgueil des enfants des hommes. Et un gouffre grand et terrible les sépare, oui, la parole de la justice du Dieu éternel et du Messie qui est l'Agneau de Dieu, dont le Saint-Esprit rend témoignage, depuis le commencement du monde jusqu'à ce jour, et à partir de ce jour, dorénavant et à jamais.

19 Et tandis que l'ange disait ces paroles, je regardai et vis que la postérité de mes frères combattait ma postérité, selon la parole de l'ange ; et je vis qu'à cause de l'orgueil de ma postérité et des tentations du diable, la postérité de mes frères avait le dessus sur le peuple de ma postérité.

20 Et il arriva que je regardai et vis que le peuple de la postérité de mes frères avait vaincu ma postérité ; et ils s'en allèrent en multitudes sur la surface du pays.

21 Et je les vis rassemblés en multitudes ; et je vis des guerres et des bruits de guerres parmi eux ; et c'est dans des guerres et des bruits de guerres que je vis beaucoup de générations passer.

22 Et l'ange me dit : Voici, ceux-ci dégénéreront dans l'incrédulité.

23 Et il arriva que je vis qu'après avoir dégénéré dans l'incrédulité, ils devenaient un peuple sombre, et repoussant, et souillé, rempli d'indolence et de toutes sortes d'abominations.

CHAPITRE 13

Dans une vision, Néphi voit l'Église du diable établie parmi les Gentils, la découverte et la colonisation de l'Amérique, la perte de beaucoup de parties claires et précieuses de la Bible, l'apostasie qui en résulta chez les Gentils, le rétablissement de l'Évangile, la parution des Écritures

forth of latter-day scripture, and the building up of Zion. About 600–592 B.C.

modernes et l'édification de Sion. Vers 600–592 av. J.-C.

1 And it came to pass that the angel spake unto me, saying: Look! And I looked and beheld many nations and kingdoms.

2 And the angel said unto me: What beholdest thou? And I said: I behold many nations and kingdoms.

3 And he said unto me: These are the nations and kingdoms of the Gentiles.

4 And it came to pass that I saw among the nations of the Gentiles the formation of a great church.

5 And the angel said unto me: Behold the formation of a church which is most abominable above all other churches, which slayeth the saints of God, yea, and tortureth them and bindeth them down, and yoketh them with a yoke of iron, and bringeth them down into captivity.

6 And it came to pass that I beheld this great and abominable church; and I saw the devil that he was the founder of it.

7 And I also saw gold, and silver, and silks, and scarlets, and fine-twined linen, and all manner of precious clothing; and I saw many harlots.

8 And the angel spake unto me, saying: Behold the gold, and the silver, and the silks, and the scarlets, and the fine-twined linen, and the precious clothing, and the harlots, are the desires of this great and abominable church.

9 And also for the praise of the world do they destroy the saints of God, and bring them down into captivity.

10 And it came to pass that I looked and beheld many waters; and they divided the Gentiles from the seed of my brethren.

11 And it came to pass that the angel said unto me: Behold the wrath of God is upon the seed of thy brethren.

12 And I looked and beheld a man among the Gentiles, who was separated from the seed of my brethren by the many waters; and I beheld the Spirit of God, that it came down and wrought upon the man; and he went forth upon the many waters, even unto the seed of my brethren, who were in the promised land.

1 Et il arriva que l'ange me parla, disant : Regarde ! Et je regardai et vis beaucoup de nations et de royaumes.

2 Et l'ange me dit : Que vois-tu ? Et je dis : Je vois beaucoup de nations et de royaumes.

3 Et il me dit : Ce sont les nations et les royaumes des Gentils.

4 Et il arriva que je vis parmi les nations des Gentils la formation d'une grande Église.

5 Et l'ange me dit : Vois la formation d'une Église qui est la plus abominable, par-dessus toutes les autres Églises, qui tue les saints de Dieu, oui, et les torture, et les entrave, et les subjugue sous un joug de fer, et les réduit en captivité.

6 Et il arriva que je vis cette grande et abominable Église ; et je vis que le diable en était le fondateur.

7 Et je vis aussi de l'or, et de l'argent, et des soieries, et de l'écarlate, et du fin lin retors, et toutes sortes de vêtements précieux ; et je vis beaucoup de prostituées.

8 Et l'ange me parla, disant : Voici, l'or, et l'argent, et les soieries, et l'écarlate, et le fin lin retors, et les vêtements précieux, et les prostituées sont le désir de cette grande et abominable Église.

9 Et c'est aussi pour les louanges du monde qu'elle fait périr les saints de Dieu et les réduit en captivité.

10 Et il arriva que je regardai et vis de nombreuses eaux ; et elles séparaient les Gentils de la postérité de mes frères.

11 Et il arriva que l'ange me dit : Voici, la colère de Dieu est sur la postérité de tes frères.

12 Et je regardai et vis un homme parmi les Gentils, qui était séparé de la postérité de mes frères par les nombreuses eaux ; et je vis que l'Esprit de Dieu descendait et agissait sur cet homme ; et il s'en alla sur les nombreuses eaux vers la postérité de mes frères qui était dans la terre promise.

13 And it came to pass that I beheld the Spirit of God, that it wrought upon other Gentiles; and they went forth out of captivity, upon the many waters.

14 And it came to pass that I beheld many multitudes of the Gentiles upon the land of promise; and I beheld the wrath of God, that it was upon the seed of my brethren; and they were scattered before the Gentiles and were smitten.

15 And I beheld the Spirit of the Lord, that it was upon the Gentiles, and they did prosper and obtain the land for their inheritance; and I beheld that they were white, and exceedingly fair and beautiful, like unto my people before they were slain.

16 And it came to pass that I, Nephi, beheld that the Gentiles who had gone forth out of captivity did humble themselves before the Lord; and the power of the Lord was with them.

17 And I beheld that their mother Gentiles were gathered together upon the waters, and upon the land also, to battle against them.

18 And I beheld that the power of God was with them, and also that the wrath of God was upon all those that were gathered together against them to battle.

19 And I, Nephi, beheld that the Gentiles that had gone out of captivity were delivered by the power of God out of the hands of all other nations.

20 And it came to pass that I, Nephi, beheld that they did prosper in the land; and I beheld a book, and it was carried forth among them.

21 And the angel said unto me: Knowest thou the meaning of the book?

22 And I said unto him: I know not.

23 And he said: Behold it proceedeth out of the mouth of a Jew. And I, Nephi, beheld it; and he said unto me: The book that thou beholdest is a record of the Jews, which contains the covenants of the Lord, which he hath made unto the house of Israel; and it also containeth many of the prophecies of the holy prophets; and it is a record like unto the engravings which are upon the plates of brass, save there are not so many; nevertheless, they contain the covenants of the Lord, which he hath made unto the house of Israel;

13 Et il arriva que je vis que l'Esprit de Dieu agissait sur d'autres Gentils ; et ils sortirent de captivité sur les nombreuses eaux.

14 Et il arriva que je vis de nombreuses multitudes de Gentils dans la terre de promission ; et je vis que la colère de Dieu était sur la postérité de mes frères ; et elle fut dispersée devant les Gentils et fut frappée.

15 Et je vis que l'Esprit du Seigneur était sur les Gentils, et ils prospérèrent et obtinrent le pays pour leur héritage ; et je vis qu'ils étaient blancs et extrêmement beaux et agréables d'apparence, comme mon peuple avant qu'il ne fût tué.

16 Et il arriva que moi, Néphi, je vis que les Gentils qui étaient sortis de captivité s'humiliaient devant le Seigneur, et le pouvoir du Seigneur était avec eux.

17 Et je vis que les nations gentiles dont ils étaient originaires étaient rassemblées sur les eaux, et sur la terre aussi, pour leur livrer bataille.

18 Et je vis que le pouvoir de Dieu était avec eux, et aussi que la colère de Dieu était sur tous ceux qui étaient rassemblés pour leur livrer bataille.

19 Et moi, Néphi, je vis que les Gentils qui étaient sortis de captivité étaient délivrés, par le pouvoir de Dieu, des mains de toutes les autres nations.

20 Et il arriva que moi, Néphi, je vis qu'ils prospéraient dans le pays ; et je vis un livre, et il était apporté parmi eux.

21 Et l'ange me dit : Connais-tu la signification du livre ?

22 Et je lui dis : Je ne la connais pas.

23 Et il dit : Voici, il sort de la bouche d'un Juif. Et moi, Néphi, je le vis ; et il me dit : Le livre que tu vois, ce sont les annales des Juifs, qui contiennent les alliances que le Seigneur a faites avec la maison d'Israël ; et elles contiennent aussi beaucoup de prophéties des saints prophètes ; et ce sont des annales semblables aux inscriptions qui sont gravées sur les plaques d'airain, sauf qu'il n'y en a pas autant ; néanmoins, elles contiennent les alliances que le Seigneur a

wherefore, they are of great worth unto the Gentiles.

24 And the angel of the Lord said unto me: Thou hast beheld that the book proceeded forth from the mouth of a Jew; and when it proceeded forth from the mouth of a Jew it contained the fulness of the gospel of the Lord, of whom the twelve apostles bear record; and they bear record according to the truth which is in the Lamb of God.

25 Wherefore, these things go forth from the Jews in purity unto the Gentiles, according to the truth which is in God.

26 And after they go forth by the hand of the twelve apostles of the Lamb, from the Jews unto the Gentiles, thou seest the formation of that great and abominable church, which is most abominable above all other churches; for behold, they have taken away from the gospel of the Lamb many parts which are plain and most precious; and also many covenants of the Lord have they taken away.

27 And all this have they done that they might pervert the right ways of the Lord, that they might blind the eyes and harden the hearts of the children of men.

28 Wherefore, thou seest that after the book hath gone forth through the hands of the great and abominable church, that there are many plain and precious things taken away from the book, which is the book of the Lamb of God.

29 And after these plain and precious things were taken away it goeth forth unto all the nations of the Gentiles; and after it goeth forth unto all the nations'of the Gentiles, yea, even across the many waters which thou hast seen with the Gentiles which have gone forth out of captivity, thou seest—because of the many plain and precious things which have been taken out of the book, which were plain unto the understanding of the children of men, according to the plainness which is in the Lamb of God—because of these things which are taken away out of the gospel of the Lamb, an exceedingly great many do stumble, yea, insomuch that Satan hath great power over them.

30 Nevertheless, thou beholdest that the Gentiles who have gone forth out of captivity, and have been lifted up by the power of God above all other nations, upon the face

faites avec la maison d'Israël ; c'est pourquoi, elles sont d'une grande valeur pour les Gentils.

24 Et l'ange du Seigneur me dit : Tu as vu que le livre sortait de la bouche d'un Juif ; et lorsqu'il sortit de la bouche d'un Juif, il contenait la plénitude de l'Évangile du Seigneur dont les douze apôtres rendent témoignage ; et ils rendent témoignage selon la vérité qui est en l'Agneau de Dieu.

25 C'est pourquoi, ces choses sortent des Juifs, dans leur pureté, vers les Gentils, selon la vérité qui est en Dieu.

26 Et une fois qu'elles sont sorties des Juifs vers les Gentils par la main des douze apôtres de l'Agneau, tu vois la formation de cette grande et abominable Église, qui est la plus abominable par-dessus toutes les autres Églises ; car voici, elle a ôté de l'Évangile de l'Agneau beaucoup de parties qui sont claires et extrêmement précieuses ; et il y a aussi beaucoup d'alliances du Seigneur qu'elle a ôtées.

27 Et tout cela, elle l'a fait afin de pervertir les voies droites du Seigneur, afin d'aveugler les yeux et d'endurcir le cœur des enfants des hommes.

28 C'est pourquoi, tu vois que lorsque le livre s'en est allé en passant par les mains de la grande et abominable Église, il y a beaucoup de choses claires et précieuses qui sont ôtées du livre, qui est le livre de l'Agneau de Dieu.

29 Et lorsque ces choses claires et précieuses ont été ôtées, il va dans toutes les nations des Gentils ; et lorsqu'il est allé dans toutes les nations des Gentils, oui, de l'autre côté des nombreuses eaux que tu as vues, avec les Gentils qui sont sortis de captivité, tu vois — parce que beaucoup de choses claires et précieuses ont été ôtées du livre, choses qui étaient claires à comprendre pour les enfants des hommes, selon la clarté qui est en l'Agneau de Dieu — parce que cela a été enlevé de l'Évangile de l'Agneau, un nombre extrêmement grand d'hommes trébuchent, oui, de sorte que Satan a un grand pouvoir sur eux.

30 Néanmoins, tu vois que les Gentils qui sont sortis de captivité et ont été élevés par le pouvoir de Dieu au-dessus de toutes les autres nations sur la surface de la terre qui

of the land which is choice above all other lands, which is the land that the Lord God hath covenanted with thy father that his seed should have for the land of their inheritance; wherefore, thou seest that the Lord God will not suffer that the Gentiles will utterly destroy the mixture of thy seed, which are among thy brethren.

31 Neither will he suffer that the Gentiles shall destroy the seed of thy brethren.

32 Neither will the Lord God suffer that the Gentiles shall forever remain in that awful state of blindness, which thou beholdest they are in, because of the plain and most precious parts of the gospel of the Lamb which have been kept back by that abominable church, whose formation thou hast seen.

33 Wherefore saith the Lamb of God: I will be merciful unto the Gentiles, unto the visiting of the remnant of the house of Israel in great judgment.

34 And it came to pass that the angel of the Lord spake unto me, saying: Behold, saith the Lamb of God, after I have visited the remnant of the house of Israel—and this remnant of whom I speak is the seed of thy father—wherefore, after I have visited them in judgment, and smitten them by the hand of the Gentiles, and after the Gentiles do stumble exceedingly, because of the most plain and precious parts of the gospel of the Lamb which have been kept back by that abominable church, which is the mother of harlots, saith the Lamb—I will be merciful unto the Gentiles in that day, insomuch that I will bring forth unto them, in mine own power, much of my gospel, which shall be plain and precious, saith the Lamb.

35 For, behold, saith the Lamb: I will manifest myself unto thy seed, that they shall write many things which I shall minister unto them, which shall be plain and precious; and after thy seed shall be destroyed, and dwindle in unbelief, and also the seed of thy brethren, behold, these things shall be hid up, to come forth unto the Gentiles, by the gift and power of the Lamb.

36 And in them shall be written my gospel, saith the Lamb, and my rock and my salvation.

37 And blessed are they who shall seek to bring forth my Zion at that day, for they shall have the gift and the power of the Holy

est préférable à toutes les autres terres, qui est la terre à propos de laquelle le Seigneur Dieu a fait alliance avec ton père que sa postérité l'aurait pour terre de son héritage ; c'est pourquoi, tu vois que le Seigneur Dieu ne souffrira pas que les Gentils détruisent totalement le mélange de ta postérité qui est parmi tes frères.

31 Il ne souffrira pas non plus que les Gentils détruisent la postérité de tes frères.

32 Le Seigneur Dieu ne souffrira pas non plus que les Gentils restent à jamais dans cet affreux état d'aveuglement où tu vois qu'ils sont, parce que les parties claires et extrêmement précieuses de l'Évangile de l'Agneau ont été soustraites par cette abominable Église dont tu as vu la formation.

33 C'est pourquoi, dit l'Agneau de Dieu, je serai miséricordieux envers les Gentils en châtiant le reste de la maison d'Israël par un grand jugement.

34 Et il arriva que l'ange du Seigneur me parla, disant : Voici, dit l'Agneau de Dieu, lorsque je serai intervenu contre le reste de la maison d'Israël — et ce reste dont je parle est la postérité de ton père — c'est pourquoi, lorsque je serai intervenu contre lui en jugement et l'aurai frappé par la main des Gentils, et lorsque les Gentils auront trébuché extrêmement, parce que les parties les plus claires et les plus précieuses de l'Évangile de l'Agneau ont été soustraites par cette abominable Église, qui est la mère des prostituées, dit l'Agneau — je serai miséricordieux envers les Gentils en ce jour-là, de sorte que je leur ferai parvenir, par mon pouvoir, une partie considérable de mon Évangile, qui sera claire et précieuse, dit l'Agneau.

35 Car voici, dit l'Agneau : Je me manifesterai à ta postérité, et elle écrira beaucoup de choses que je lui enseignerai, qui seront claires et précieuses ; et lorsque ta postérité aura été détruite, et aura dégénéré dans l'incrédulité, et aussi la postérité de tes frères, voici, ces choses seront cachées pour parvenir aux Gentils par le don et le pouvoir de l'Agneau.

36 Et c'est en elles que sera écrit mon Évangile, dit l'Agneau, et mon rocher, et mon salut.

37 Et bénis sont ceux qui chercheront à faire sortir ma Sion en ce jour, car ils auront le don et le pouvoir du Saint-Esprit ; et s'ils

Ghost; and if they endure unto the end they shall be lifted up at the last day, and shall be saved in the everlasting kingdom of the Lamb; and whoso shall publish peace, yea, tidings of great joy, how beautiful upon the mountains shall they be.

38 And it came to pass that I beheld the remnant of the seed of my brethren, and also the book of the Lamb of God, which had proceeded forth from the mouth of the Jew, that it came forth from the Gentiles unto the remnant of the seed of my brethren.

39 And after it had come forth unto them I beheld other books, which came forth by the power of the Lamb, from the Gentiles unto them, unto the convincing of the Gentiles and the remnant of the seed of my brethren, and also the Jews who were scattered upon all the face of the earth, that the records of the prophets and of the twelve apostles of the Lamb are true.

40 And the angel spake unto me, saying: These last records, which thou hast seen among the Gentiles, shall establish the truth of the first, which are of the twelve apostles of the Lamb, and shall make known the plain and precious things which have been taken away from them; and shall make known to all kindreds, tongues, and people, that the Lamb of God is the Son of the Eternal Father, and the Savior of the world; and that all men must come unto him, or they cannot be saved.

41 And they must come according to the words which shall be established by the mouth of the Lamb; and the words of the Lamb shall be made known in the records of thy seed, as well as in the records of the twelve apostles of the Lamb; wherefore they both shall be established in one; for there is one God and one Shepherd over all the earth.

42 And the time cometh that he shall manifest himself unto all nations, both unto the Jews and also unto the Gentiles; and after he has manifested himself unto the Jews and also unto the Gentiles, then he shall manifest himself unto the Gentiles and also unto the Jews, and the last shall be first, and the first shall be last.

persévèrent jusqu'à la fin, ils seront élevés au dernier jour et seront sauvés dans le royaume éternel de l'Agneau ; et ceux qui publieront la paix, oui, de joyeuses nouvelles, qu'ils seront beaux sur les montagnes !

38 Et il arriva que je vis le reste des descendants de mes frères, et aussi que le livre de l'Agneau de Dieu, qui était sorti de la bouche du Juif, allait des Gentils au reste de la postérité de mes frères.

39 Et lorsqu'il fut allé à eux, je vis d'autres livres qui allaient, par le pouvoir de l'Agneau, des Gentils à eux, pour convaincre les Gentils et le reste de la postérité de mes frères, et aussi les Juifs qui étaient dispersés sur toute la surface de la terre, que les annales des prophètes et des douze apôtres de l'Agneau sont vraies.

40 Et l'ange me parla, disant : Ces dernières annales, que tu as vues parmi les Gentils, confirmeront la vérité des premières, qui sont des douze apôtres de l'Agneau, et feront connaître les choses claires et précieuses qui en ont été ôtées ; et feront connaître à toutes les tribus, langues et peuples que l'Agneau de Dieu est le Fils du Père éternel et le Sauveur du monde, et que tous les hommes doivent venir à lui, sinon ils ne peuvent être sauvés.

41 Et ils doivent venir selon les paroles qui seront confirmées par la bouche de l'Agneau ; et les paroles de l'Agneau seront communiquées dans les annales de ta postérité aussi bien que dans les annales des douze apôtres de l'Agneau ; c'est pourquoi, les unes et les autres seront réunies en une seule ; car il y a un seul Dieu et un seul Berger de toute la terre.

42 Et le temps vient où il se manifestera à toutes les nations, aux Juifs et aussi aux Gentils ; et lorsqu'il se sera manifesté aux Juifs et aussi aux Gentils, alors il se manifestera aux Gentils et aussi aux Juifs, et les derniers seront les premiers, et les premiers seront les derniers.

CHAPTER 14

An angel tells Nephi of the blessings and cursings to fall upon the Gentiles—There are only two churches: the Church of the Lamb of God and the church of the devil—The Saints of God in all nations are persecuted by the great and abominable church—The Apostle John will write concerning the end of the world. About 600–592 B.C.

1 And it shall come to pass, that if the Gentiles shall hearken unto the Lamb of God in that day that he shall manifest himself unto them in word, and also in power, in very deed, unto the taking away of their stumbling blocks—

2 And harden not their hearts against the Lamb of God, they shall be numbered among the seed of thy father; yea, they shall be numbered among the house of Israel; and they shall be a blessed people upon the promised land forever; they shall be no more brought down into captivity; and the house of Israel shall no more be confounded.

3 And that great pit, which hath been digged for them by that great and abominable church, which was founded by the devil and his children, that he might lead away the souls of men down to hell—yea, that great pit which hath been digged for the destruction of men shall be filled by those who digged it, unto their utter destruction, saith the Lamb of God; not the destruction of the soul, save it be the casting of it into that hell which hath no end.

4 For behold, this is according to the captivity of the devil, and also according to the justice of God, upon all those who will work wickedness and abomination before him.

5 And it came to pass that the angel spake unto me, Nephi, saying: Thou hast beheld that if the Gentiles repent it shall be well with them; and thou also knowest concerning the covenants of the Lord unto the house of Israel; and thou also hast heard that whoso repenteth not must perish.

6 Therefore, wo be unto the Gentiles if it so be that they harden their hearts against the Lamb of God.

7 For the time cometh, saith the Lamb of God, that I will work a great and a marvelous work among the children of men; a work

CHAPITRE 14

Un ange parle à Néphi des bénédictions et des malédictions qui tomberont sur les Gentils — Il n'y a que deux Églises : l'Église de l'Agneau de Dieu et l'Église du diable — Les saints de Dieu de toutes les nations sont persécutés par la grande et abominable Église — L'apôtre Jean écrira ce qui concerne la fin du monde. Vers 600–592 av. J.-C.

1 Et il arrivera que si les Gentils écoutent l'Agneau de Dieu, en ce jour où il se manifestera vraiment à eux par la parole et aussi en puissance, pour leur enlever leurs pierres d'achoppement,

2 et ne s'endurcissent pas le cœur contre l'Agneau de Dieu, ils seront comptés parmi la postérité de ton père ; oui, ils seront comptés dans la maison d'Israël ; et ils seront pour toujours un peuple béni dans la terre promise ; ils ne seront plus réduits en captivité, et la maison d'Israël ne sera plus confondue.

3 Et cette grande fosse qui a été creusée pour eux par la grande et abominable Église, qui a été fondée par le diable et ses enfants, afin qu'il puisse entraîner l'âme des hommes en enfer — oui, la grande fosse qui a été creusée pour la destruction des hommes, sera remplie par ceux qui l'ont creusée, jusqu'à leur destruction totale, dit l'Agneau de Dieu ; non pas la destruction de l'âme, si ce n'est qu'elle sera précipitée dans cet enfer qui n'a pas de fin.

4 Car voici, cela est selon la captivité du diable, et aussi selon la justice de Dieu, sur tous ceux qui pratiquent la méchanceté et l'abomination devant lui.

5 Et il arriva que l'ange me parla, à moi, Néphi, disant : Tu as vu que si les Gentils se repentent, tout ira bien pour eux ; et tu connais aussi les alliances du Seigneur avec la maison d'Israël ; et tu as aussi entendu que quiconque ne se repent pas périra inévitablement.

6 C'est pourquoi, malheur aux Gentils s'ils s'endurcissent le cœur contre l'Agneau de Dieu.

7 Car le temps vient, dit l'Agneau de Dieu, où j'accomplirai une œuvre grande et merveilleuse parmi les enfants des hommes,

which shall be everlasting, either on the one hand or on the other—either to the convincing of them unto peace and life eternal, or unto the deliverance of them to the hardness of their hearts and the blindness of their minds unto their being brought down into captivity, and also into destruction, both temporally and spiritually, according to the captivity of the devil, of which I have spoken.

8 And it came to pass that when the angel had spoken these words, he said unto me: Rememberest thou the covenants of the Father unto the house of Israel? I said unto him, Yea.

9 And it came to pass that he said unto me: Look, and behold that great and abominable church, which is the mother of abominations, whose founder is the devil.

10 And he said unto me: Behold there are save two churches only; the one is the church of the Lamb of God, and the other is the church of the devil; wherefore, whoso belongeth not to the church of the Lamb of God belongeth to that great church, which is the mother of abominations; and she is the whore of all the earth.

11 And it came to pass that I looked and beheld the whore of all the earth, and she sat upon many waters; and she had dominion over all the earth, among all nations, kindreds, tongues, and people.

12 And it came to pass that I beheld the church of the Lamb of God, and its numbers were few, because of the wickedness and abominations of the whore who sat upon many waters; nevertheless, I beheld that the church of the Lamb, who were the saints of God, were also upon all the face of the earth; and their dominions upon the face of the earth were small, because of the wickedness of the great whore whom I saw.

13 And it came to pass that I beheld that the great mother of abominations did gather together multitudes upon the face of all the earth, among all the nations of the Gentiles, to fight against the Lamb of God.

14 And it came to pass that I, Nephi, beheld the power of the Lamb of God, that it descended upon the saints of the church of the Lamb, and upon the covenant people of the Lord, who were scattered upon all the face of the earth; and they were armed with

une œuvre qui sera éternelle, soit d'un côté, soit de l'autre : soit qu'elle les convainque d'aller dans la paix et la vie éternelle, soit qu'elle les livre à l'endurcissement de leur cœur et à l'aveuglement de leur esprit, jusqu'à ce qu'ils soient réduits en captivité et aussi à la destruction, à la fois temporellement et spirituellement, selon la captivité du diable dont j'ai parlé.

8 Et il arriva que lorsque l'ange eut dit ces paroles, il me dit : Te souviens-tu des alliances du Père avec la maison d'Israël ? Je lui dis : Oui.

9 Et il arriva qu'il me dit : Regarde et vois cette grande et abominable Église, qui est la mère des abominations, dont le fondateur est le diable.

10 Et il me dit : Voici, il n'y a que deux Églises ; l'une est l'Église de l'Agneau de Dieu, et l'autre est l'Église du diable ; c'est pourquoi, quiconque n'appartient pas à l'Église de l'Agneau de Dieu appartient à cette grande Église qui est la mère des abominations ; et elle est la prostituée de toute la terre.

11 Et il arriva que je regardai et vis la prostituée de toute la terre, et elle était assise sur de nombreuses eaux ; et elle avait domination sur toute la terre, parmi toutes les nations, tribus, langues et peuples.

12 Et il arriva que je vis l'Église de l'Agneau de Dieu, et ses membres n'étaient qu'un petit nombre, à cause de la méchanceté et des abominations de la prostituée qui était assise sur de nombreuses eaux ; néanmoins, je vis que l'Église de l'Agneau, qui était constituée par les saints de Dieu, était aussi sur toute la surface de la terre ; et ses possessions sur la surface de la terre étaient petites, à cause de la méchanceté de la grande prostituée que je voyais.

13 Et il arriva que je vis que la grande mère des abominations rassemblait des multitudes sur la surface de toute la terre, parmi toutes les nations des Gentils, pour combattre l'Agneau de Dieu.

14 Et il arriva que moi, Néphi, je vis que le pouvoir de l'Agneau de Dieu descendait sur les saints de l'Église de l'Agneau et sur le peuple de l'alliance du Seigneur, qui étaient dispersés sur toute la surface de la terre ; et

righteousness and with the power of God in great glory.

15 And it came to pass that I beheld that the wrath of God was poured out upon that great and abominable church, insomuch that there were wars and rumors of wars among all the nations and kindreds of the earth.

16 And as there began to be wars and rumors of wars among all the nations which belonged to the mother of abominations, the angel spake unto me, saying: Behold, the wrath of God is upon the mother of harlots; and behold, thou seest all these things—

17 And when the day cometh that the wrath of God is poured out upon the mother of harlots, which is the great and abominable church of all the earth, whose founder is the devil, then, at that day, the work of the Father shall commence, in preparing the way for the fulfilling of his covenants, which he hath made to his people who are of the house of Israel.

18 And it came to pass that the angel spake unto me, saying: Look!

19 And I looked and beheld a man, and he was dressed in a white robe.

20 And the angel said unto me: Behold one of the twelve apostles of the Lamb.

21 Behold, he shall see and write the remainder of these things; yea, and also many things which have been.

22 And he shall also write concerning the end of the world.

23 Wherefore, the things which he shall write are just and true; and behold they are written in the book which thou beheld proceeding out of the mouth of the Jew; and at the time they proceeded out of the mouth of the Jew, or, at the time the book proceeded out of the mouth of the Jew, the things which were written were plain and pure, and most precious and easy to the understanding of all men.

24 And behold, the things which this apostle of the Lamb shall write are many things which thou hast seen; and behold, the remainder shalt thou see.

25 But the things which thou shalt see hereafter thou shalt not write; for the Lord God hath ordained the apostle of the Lamb of God that he should write them.

ils étaient armés de justice et du pouvoir de Dieu, dans une grande gloire.

15 Et il arriva que je vis que la colère de Dieu était déversée sur la grande et abominable Église, de sorte qu'il y eut des guerres et des bruits de guerres parmi toutes les nations et tribus de la terre.

16 Et comme il commençait à y avoir des guerres et des bruits de guerres parmi toutes les nations qui appartenaient à la mère des abominations, l'ange me parla, disant : Voici, la colère de Dieu est sur la mère des prostituées ; et voici, tu vois toutes ces choses ;

17 et lorsque viendra le jour où la colère de Dieu se déversera sur la mère des prostituées, qui est la grande et abominable Église de toute la terre, dont le fondateur est le diable, alors, ce jour-là, l'œuvre du Père commencera, préparant le chemin pour l'accomplissement des alliances qu'il a faites avec son peuple, qui est de la maison d'Israël.

18 Et il arriva que l'ange me parla, disant : Regarde !

19 Et je regardai et vis un homme, et il était vêtu d'un vêtement blanc.

20 Et l'ange me dit : Voici l'un des douze apôtres de l'Agneau.

21 Voici, il verra et écrira le reste de ces choses-là ; oui, et aussi beaucoup de choses qui ont été.

22 Et il écrira aussi ce qui concerne la fin du monde.

23 C'est pourquoi, les choses qu'il écrira sont justes et vraies ; et voici, elles sont écrites dans le livre que tu as vu sortir de la bouche du Juif ; et au moment où elles sont sorties de la bouche du Juif, ou, au moment où le livre est sorti de la bouche du Juif, les choses qui étaient écrites étaient claires et pures, et extrêmement précieuses et faciles à comprendre pour tous les hommes.

24 Et voici, les choses que cet apôtre de l'Agneau écrira sont beaucoup de choses que tu as vues ; et voici, le reste, tu le verras.

25 Mais les choses que tu vas voir dorénavant, tu ne les écriras pas ; car le Seigneur Dieu a établi l'apôtre de l'Agneau de Dieu pour les écrire.

26 And also others who have been, to them hath he shown all things, and they have written them; and they are sealed up to come forth in their purity, according to the truth which is in the Lamb, in the own due time of the Lord, unto the house of Israel.

27 And I, Nephi, heard and bear record, that the name of the apostle of the Lamb was John, according to the word of the angel.

28 And behold, I, Nephi, am forbidden that I should write the remainder of the things which I saw and heard; wherefore the things which I have written sufficeth me; and I have written but a small part of the things which I saw.

29 And I bear record that I saw the things which my father saw, and the angel of the Lord did make them known unto me.

30 And now I make an end of speaking concerning the things which I saw while I was carried away in the Spirit; and if all the things which I saw are not written, the things which I have written are true. And thus it is. Amen.

CHAPTER 15

Lehi's seed are to receive the gospel from the Gentiles in the latter days—The gathering of Israel is likened unto an olive tree whose natural branches will be grafted in again—Nephi interprets the vision of the tree of life and speaks of the justice of God in dividing the wicked from the righteous. About 600–592 B.C.

1 And it came to pass that after I, Nephi, had been carried away in the Spirit, and seen all these things, I returned to the tent of my father.

2 And it came to pass that I beheld my brethren, and they were disputing one with another concerning the things which my father had spoken unto them.

3 For he truly spake many great things unto them, which were hard to be understood, save a man should inquire of the Lord; and they being hard in their hearts, therefore they did not look unto the Lord as they ought.

26 Et il y en a aussi d'autres qui ont été, à qui il a montré toutes choses, et ils les ont écrites ; et elles sont scellées pour parvenir à la maison d'Israël, dans leur pureté, selon la vérité qui est en l'Agneau, lorsque le Seigneur le jugera bon.

27 Et moi, Néphi, j'entendis et je rends témoignage que le nom de l'apôtre de l'Agneau était Jean, selon la parole de l'ange.

28 Et voici, il m'est interdit, à moi, Néphi, d'écrire le reste des choses que j'ai vues et entendues ; c'est pourquoi, les choses que j'ai écrites me suffisent ; et je n'ai écrit qu'une petite partie des choses que j'ai vues.

29 Et je rends témoignage que j'ai vu les choses que mon père a vues, et l'ange du Seigneur me les a fait connaître.

30 Et maintenant, je cesse de parler des choses que j'ai vues pendant que j'étais ravi dans l'Esprit ; et si toutes les choses que j'ai vues ne sont pas écrites, les choses que j'ai écrites sont vraies. Et ainsi en est-il. Amen.

CHAPITRE 15

Dans les derniers jours, la postérité de Léhi recevra l'Évangile par les Gentils — Le rassemblement d'Israël est comparé à un olivier dont les branches naturelles lui seront de nouveau greffées — Néphi interprète la vision de l'arbre de vie et montre que Dieu agit avec justice lorsqu'il sépare les méchants des justes. Vers 600–592 av. J.-C.

1 Et il arriva que lorsque moi, Néphi, j'eus été ravi dans l'Esprit et eus vu toutes ces choses, je retournai à la tente de mon père.

2 Et il arriva que je vis mes frères, et ils se disputaient entre eux à propos des choses que mon père leur avait dites.

3 Car il leur dit, en vérité, beaucoup de grandes choses qui étaient dures à comprendre si on n'interrogeait pas le Seigneur ; et eux, étant endurcis de cœur, pour cette raison, ils ne se tournaient pas vers le Seigneur comme ils l'auraient dû.

4 And now I, Nephi, was grieved because of the hardness of their hearts, and also, because of the things which I had seen, and knew they must unavoidably come to pass because of the great wickedness of the children of men.

5 And it came to pass that I was overcome because of my afflictions, for I considered that mine afflictions were great above all, because of the destruction of my people, for I had beheld their fall.

6 And it came to pass that after I had received strength I spake unto my brethren, desiring to know of them the cause of their disputations.

7 And they said: Behold, we cannot understand the words which our father hath spoken concerning the natural branches of the olive tree, and also concerning the Gentiles.

8 And I said unto them: Have ye inquired of the Lord?

9 And they said unto me: We have not; for the Lord maketh no such thing known unto us.

10 Behold, I said unto them: How is it that ye do not keep the commandments of the Lord? How is it that ye will perish, because of the hardness of your hearts?

11 Do ye not remember the things which the Lord hath said?—If ye will not harden your hearts, and ask me in faith, believing that ye shall receive, with diligence in keeping my commandments, surely these things shall be made known unto you.

12 Behold, I say unto you, that the house of Israel was compared unto an olive tree, by the Spirit of the Lord which was in our father; and behold are we not broken off from the house of Israel, and are we not a branch of the house of Israel?

13 And now, the thing which our father meaneth concerning the grafting in of the natural branches through the fulness of the Gentiles, is, that in the latter days, when our seed shall have dwindled in unbelief, yea, for the space of many years, and many generations after the Messiah shall be manifested in body unto the children of men, then shall the fulness of the gospel of the Messiah come unto the Gentiles, and from the Gentiles unto the remnant of our seed—

4 Et alors, moi, Néphi, je fus peiné de l'endurcissement de leur cœur et aussi des choses que j'avais vues et que je savais devoir inévitablement arriver à cause de la grande méchanceté des enfants des hommes.

5 Et il arriva que je fus accablé à cause de mes afflictions, car je considérais que mes afflictions étaient les plus grandes de toutes à cause de la destruction de mon peuple, car j'avais vu sa chute.

6 Et il arriva qu'après avoir reçu de la force, je parlai à mes frères, désirant apprendre d'eux la cause de leur controverse.

7 Et ils dirent : Voici, nous ne pouvons pas comprendre les paroles que notre père a dites concernant les branches naturelles de l'olivier et aussi concernant les Gentils.

8 Et je leur dis : Avez-vous interrogé le Seigneur ?

9 Et ils me dirent : Non, car le Seigneur ne nous révèle rien de la sorte.

10 Voici, je leur dis : Comment se fait-il que vous ne gardiez pas les commandements du Seigneur ? Comment se fait-il que vous vouliez périr à cause de l'endurcissement de votre cœur ?

11 Ne vous souvenez-vous pas des choses que le Seigneur a dites : Si vous ne vous endurcissez pas le cœur et me demandez avec foi, croyant que vous recevrez, étant diligents à garder mes commandements, assurément ces choses vous seront révélées ?

12 Voici, je vous dis que la maison d'Israël a été comparée à un olivier par l'Esprit du Seigneur, qui était en notre père ; et voici, ne sommes-nous pas coupés de la maison d'Israël et ne sommes-nous pas une branche de la maison d'Israël ?

13 Et maintenant, ce que notre père veut dire concernant le greffage des branches naturelles grâce à la plénitude des Gentils, c'est que dans les derniers jours, lorsque notre postérité aura dégénéré dans l'incrédulité, oui, pendant de nombreuses années, et de nombreuses générations après que le Messie aura été manifesté dans la chair aux enfants des hommes, alors la plénitude de l'Évangile du Messie ira aux Gentils, et des Gentils au reste de notre postérité ;

14 And at that day shall the remnant of our seed know that they are of the house of Israel, and that they are the covenant people of the Lord; and then shall they know and come to the knowledge of their forefathers, and also to the knowledge of the gospel of their Redeemer, which was ministered unto their fathers by him; wherefore, they shall come to the knowledge of their Redeemer and the very points of his doctrine, that they may know how to come unto him and be saved.

15 And then at that day will they not rejoice and give praise unto their everlasting God, their rock and their salvation? Yea, at that day, will they not receive the strength and nourishment from the true vine? Yea, will they not come unto the true fold of God?

16 Behold, I say unto you, Yea; they shall be remembered again among the house of Israel; they shall be grafted in, being a natural branch of the olive tree, into the true olive tree.

17 And this is what our father meaneth; and he meaneth that it will not come to pass until after they are scattered by the Gentiles; and he meaneth that it shall come by way of the Gentiles, that the Lord may show his power unto the Gentiles, for the very cause that he shall be rejected of the Jews, or of the house of Israel.

18 Wherefore, our father hath not spoken of our seed alone, but also of all the house of Israel, pointing to the covenant which should be fulfilled in the latter days; which covenant the Lord made to our father Abraham, saying: In thy seed shall all the kindreds of the earth be blessed.

19 And it came to pass that I, Nephi, spake much unto them concerning these things; yea, I spake unto them concerning the restoration of the Jews in the latter days.

20 And I did rehearse unto them the words of Isaiah, who spake concerning the restoration of the Jews, or of the house of Israel; and after they were restored they should no more be confounded, neither should they be scattered again. And it came to pass that I did speak many words unto my brethren, that they were pacified and did humble themselves before the Lord.

14 et ce jour-là, le reste de notre postérité saura qu'il est de la maison d'Israël et qu'il est le peuple de l'alliance du Seigneur ; et alors, ils sauront et parviendront à la connaissance de leurs ancêtres et aussi à la connaissance de l'Évangile de leur Rédempteur, qui avait été enseigné par lui à leurs pères ; c'est pourquoi, ils parviendront à la connaissance de leur Rédempteur et des points mêmes de sa doctrine, afin de savoir comment venir à lui et être sauvés.

15 Et alors, en ce jour-là, ne se réjouiront-ils pas et ne loueront-ils pas leur Dieu éternel, leur rocher et leur salut ? Oui, en ce jour-là, ne recevront-ils pas du vrai cep la force et la nourriture, oui, ne viendront-ils pas dans la vraie bergerie de Dieu ?

16 Voici, je vous le dis, oui ; on se souviendra de nouveau d'eux parmi la maison d'Israël ; étant une branche naturelle de l'olivier, ils seront greffés sur le véritable olivier.

17 Et c'est cela que notre père veut dire ; et il veut dire que cela n'arrivera pas avant qu'ils n'aient été dispersés par les Gentils ; et il veut dire que cela se fera par l'intermédiaire des Gentils, afin que le Seigneur puisse montrer son pouvoir aux Gentils, pour la bonne raison qu'il sera rejeté par les Juifs, ou par la maison d'Israël.

18 C'est pourquoi, notre père n'a pas parlé de notre postérité seulement, mais aussi de toute la maison d'Israël, attirant l'attention sur l'alliance qui va s'accomplir dans les derniers jours, alliance que le Seigneur a faite avec notre père Abraham, disant : Dans ta postérité, toutes les familles de la terre seront bénies.

19 Et il arriva que moi, Néphi, je leur parlai beaucoup de ces choses ; oui, je leur parlai du rétablissement des Juifs dans les derniers jours.

20 Et je leur répétai les paroles d'Ésaïe, qui a parlé du rétablissement des Juifs, ou de la maison d'Israël ; et lorsqu'ils seraient rétablis, ils ne seraient plus confondus ni ne seraient plus dispersés. Et il arriva que je dis beaucoup de paroles à mes frères, de sorte qu'ils furent apaisés et s'humilièrent devant le Seigneur.

21 And it came to pass that they did speak unto me again, saying: What meaneth this thing which our father saw in a dream? What meaneth the tree which he saw?

22 And I said unto them: It was a representation of the tree of life.

23 And they said unto me: What meaneth the rod of iron which our father saw, that led to the tree?

24 And I said unto them that it was the word of God; and whoso would hearken unto the word of God, and would hold fast unto it, they would never perish; neither could the temptations and the fiery darts of the adversary overpower them unto blindness, to lead them away to destruction.

25 Wherefore, I, Nephi, did exhort them to give heed unto the word of the Lord; yea, I did exhort them with all the energies of my soul, and with all the faculty which I possessed, that they would give heed to the word of God and remember to keep his commandments always in all things.

26 And they said unto me: What meaneth the river of water which our father saw?

27 And I said unto them that the water which my father saw was filthiness; and so much was his mind swallowed up in other things that he beheld not the filthiness of the water.

28 And I said unto them that it was an awful gulf, which separated the wicked from the tree of life, and also from the saints of God.

29 And I said unto them that it was a representation of that awful hell, which the angel said unto me was prepared for the wicked.

30 And I said unto them that our father also saw that the justice of God did also divide the wicked from the righteous; and the brightness thereof was like unto the brightness of a flaming fire, which ascendeth up unto God forever and ever, and hath no end.

31 And they said unto me: Doth this thing mean the torment of the body in the days of probation, or doth it mean the final state of the soul after the death of the temporal body, or doth it speak of the things which are temporal?

32 And it came to pass that I said unto them that it was a representation of things both temporal and spiritual; for the day should come that they must be judged of their

21 Et il arriva qu'ils me parlèrent encore, disant : Que signifie ce que notre père a vu en songe ? Que signifie l'arbre qu'il a vu ?

22 Et je leur dis : C'était une représentation de l'arbre de vie.

23 Et ils me dirent : Que signifie la barre de fer que notre père a vue, qui conduisait à l'arbre ?

24 Et je leur dis que c'était la parole de Dieu ; et quiconque prêtait l'oreille à la parole de Dieu et s'y tenait fermement ne périrait jamais ; et les tentations et les traits enflammés de l'adversaire ne pourraient pas non plus avoir le dessus sur lui au point de l'aveugler pour l'entraîner vers la destruction.

25 C'est pourquoi, moi, Néphi, je les exhortai à faire attention à la parole du Seigneur ; oui, je les exhortai, de toute l'énergie de mon âme et de toute la faculté que je possédais, à faire attention à la parole de Dieu et à se souvenir de toujours garder ses commandements en tout.

26 Et ils me dirent : Que signifie la rivière d'eau que notre père a vue ?

27 Et je leur dis que l'eau que mon père avait vue était la souillure ; et son esprit était tellement absorbé par d'autres choses, qu'il ne vit pas la souillure de l'eau.

28 Et je leur dis que c'était un gouffre affreux, qui séparait les méchants de l'arbre de vie et aussi des saints de Dieu.

29 Et je leur dis que c'était une représentation de l'enfer affreux dont l'ange m'avait dit qu'il était préparé pour les méchants.

30 Et je leur dis que notre père vit aussi que la justice de Dieu séparait également les méchants des justes ; et son éclat était semblable à l'éclat d'un feu flamboyant qui monte vers Dieu pour toujours et à jamais et n'a pas de fin.

31 Et ils me dirent : Cela signifie-t-il le tourment du corps pendant les jours d'épreuve, ou cela signifie-t-il l'état final de l'âme après la mort du corps temporel, ou cela parle-t-il des choses qui sont temporelles ?

32 Et il arriva que je leur dis que c'était une représentation de choses à la fois temporelles et spirituelles ; car le jour viendrait où ils seraient jugés selon leurs œuvres, oui, les

works, yea, even the works which were done by the temporal body in their days of probation.

33 Wherefore, if they should die in their wickedness they must be cast off also, as to the things which are spiritual, which are pertaining to righteousness; wherefore, they must be brought to stand before God, to be judged of their works; and if their works have been filthiness they must needs be filthy; and if they be filthy it must needs be that they cannot dwell in the kingdom of God; if so, the kingdom of God must be filthy also.

34 But behold, I say unto you, the kingdom of God is not filthy, and there cannot any unclean thing enter into the kingdom of God; wherefore there must needs be a place of filthiness prepared for that which is filthy.

35 And there is a place prepared, yea, even that awful hell of which I have spoken, and the devil is the preparator of it; wherefore the final state of the souls of men is to dwell in the kingdom of God, or to be cast out because of that justice of which I have spoken.

36 Wherefore, the wicked are rejected from the righteous, and also from that tree of life, whose fruit is most precious and most desirable above all other fruits; yea, and it is the greatest of all the gifts of God. And thus I spake unto my brethren. Amen.

CHAPTER 16

The wicked take the truth to be hard—Lehi's sons marry the daughters of Ishmael—The Liahona guides their course in the wilderness—Messages from the Lord are written on the Liahona from time to time—Ishmael dies; his family murmurs because of afflictions. About 600–592 B.C.

1 And now it came to pass that after I, Nephi, had made an end of speaking to my brethren, behold they said unto me: Thou hast declared unto us hard things, more than we are able to bear.

2 And it came to pass that I said unto them that I knew that I had spoken hard things against the wicked, according to the truth;

œuvres qui avaient été faites par le corps temporel durant leurs jours d'épreuve.

33 C'est pourquoi, s'ils mouraient dans leur méchanceté, ils seraient rejetés aussi quant aux choses qui sont spirituelles, qui sont relatives à la justice ; c'est pourquoi, ils seraient amenés à comparaître devant Dieu pour être jugés selon leurs œuvres ; et si leurs œuvres sont souillées, ils doivent nécessairement être souillés ; et s'ils sont souillés, il faut nécessairement qu'ils ne puissent pas demeurer dans le royaume de Dieu ; s'ils le pouvaient, le royaume de Dieu serait souillé, lui aussi.

34 Mais voici, je vous le dis, le royaume de Dieu n'est pas souillé, et rien d'impur ne peut entrer dans le royaume de Dieu ; c'est pourquoi, il doit nécessairement y avoir un lieu de souillure préparé pour ce qui est souillé.

35 Et il y a un lieu préparé, oui, cet enfer affreux dont j'ai parlé, et le diable est celui qui le prépare ; c'est pourquoi, l'état final de l'âme des hommes est de demeurer dans le royaume de Dieu ou d'être chassée, à cause de cette justice dont j'ai parlé.

36 C'est pourquoi, les méchants sont rejetés des justes et aussi de l'arbre de vie dont le fruit est le plus précieux et le plus désirable, par-dessus tous les autres fruits ; oui, et c'est le plus grand de tous les dons de Dieu. Et c'est ainsi que je parlai à mes frères. Amen.

CHAPITRE 16

Les méchants considèrent que la vérité est dure — Les fils de Léhi épousent les filles d'Ismaël — Le Liahona guide leur voyage dans le désert — Des messages du Seigneur s'inscrivent de temps en temps sur le Liahona — Mort d'Ismaël ; sa famille murmure à cause de ses afflictions. Vers 600–592 av. J.-C.

1 Et alors, il arriva que lorsque moi, Néphi, j'eus fini de parler à mes frères, voici, ils me dirent : Tu nous as déclaré des choses dures, plus que nous n'en pouvons supporter.

2 Et il arriva que je leur dis que je savais que j'avais dit des choses dures contre les méchants, selon la vérité ; et les justes, je les ai justifiés, et j'ai témoigné qu'ils seraient

and the righteous have I justified, and testi-fied that they should be lifted up at the last day; wherefore, the guilty taketh the truth to be hard, for it cutteth them to the very center.

3 And now my brethren, if ye were right-eous and were willing to hearken to the truth, and give heed unto it, that ye might walk uprightly before God, then ye would not murmur because of the truth, and say: Thou speakest hard things against us.

4 And it came to pass that I, Nephi, did ex-hort my brethren, with all diligence, to keep the commandments of the Lord.

5 And it came to pass that they did humble themselves before the Lord; insomuch that I had joy and great hopes of them, that they would walk in the paths of righteousness.

6 Now, all these things were said and done as my father dwelt in a tent in the valley which he called Lemuel.

7 And it came to pass that I, Nephi, took one of the daughters of Ishmael to wife; and also, my brethren took of the daughters of Ish-mael to wife; and also Zoram took the eldest daughter of Ishmael to wife.

8 And thus my father had fulfilled all the commandments of the Lord which had been given unto him. And also, I, Nephi, had been blessed of the Lord exceedingly.

9 And it came to pass that the voice of the Lord spake unto my father by night, and commanded him that on the morrow he should take his journey into the wilderness.

10 And it came to pass that as my father arose in the morning, and went forth to the tent door, to his great astonishment he be-held upon the ground a round ball of curious workmanship; and it was of fine brass. And within the ball were two spindles; and the one pointed the way whither we should go into the wilderness.

11 And it came to pass that we did gather together whatsoever things we should carry into the wilderness, and all the remainder of our provisions which the Lord had given unto us; and we did take seed of every kind that we might carry into the wilderness.

12 And it came to pass that we did take our tents and depart into the wilderness, across the river Laman.

élevés au dernier jour ; c'est pourquoi, les coupables trouvent que la vérité est dure, car elle les blesse au plus profond d'eux-mêmes.

3 Et maintenant, mes frères, si vous étiez justes et étiez disposés à écouter la vérité et à y faire attention, afin de marcher en droiture devant Dieu, alors vous ne mur-mureriez pas à cause de la vérité et ne diriez pas : Tu dis des choses dures contre nous.

4 Et il arriva que moi, Néphi, j'exhortai mes frères, en toute diligence, à garder les com-mandements du Seigneur.

5 Et il arriva qu'ils s'humilièrent devant le Seigneur, de sorte que j'eus de la joie et de grandes espérances pour eux, qu'ils marcheraient dans les sentiers de la justice.

6 Or, toutes ces choses furent dites et faites tandis que mon père demeurait sous une tente dans la vallée qu'il appelait Lémuel.

7 Et il arriva que moi, Néphi, je pris une des filles d'Ismaël pour épouse ; et mes frères aussi prirent des filles d'Ismaël pour épouses ; et Zoram aussi prit la fille aînée d'Ismaël pour épouse.

8 Et ainsi mon père avait accompli tous les commandements du Seigneur qui lui avaient été donnés. Et moi, Néphi, j'avais aussi été extrêmement béni par le Seigneur.

9 Et il arriva que la voix du Seigneur parla à mon père pendant la nuit et lui commanda d'entreprendre le lendemain son voyage dans le désert.

10 Et il arriva que comme mon père se levait le matin et se rendait à la porte de la tente, il vit, à son grand étonnement, sur le sol, une boule ronde d'une exécution habile ; et elle était d'airain fin. Et dans la boule, il y avait deux aiguilles ; et l'une d'elles mon-trait la direction dans laquelle nous devions aller dans le désert.

11 Et il arriva que nous rassemblâmes toutes les choses que nous devions emporter dans le désert et tout le reste des provisions que le Seigneur nous avait données ; et nous prîmes des semences de toutes sortes, afin de les emporter dans le désert.

12 Et il arriva que nous prîmes nos tentes et partîmes dans le désert, de l'autre côté de la rivière Laman.

13 And it came to pass that we traveled for the space of four days, nearly a south-southeast direction, and we did pitch our tents again; and we did call the name of the place Shazer.

14 And it came to pass that we did take our bows and our arrows, and go forth into the wilderness to slay food for our families; and after we had slain food for our families we did return again to our families in the wilderness, to the place of Shazer. And we did go forth again in the wilderness, following the same direction, keeping in the most fertile parts of the wilderness, which were in the borders near the Red Sea.

15 And it came to pass that we did travel for the space of many days, slaying food by the way, with our bows and our arrows and our stones and our slings.

16 And we did follow the directions of the ball, which led us in the more fertile parts of the wilderness.

17 And after we had traveled for the space of many days, we did pitch our tents for the space of a time, that we might again rest ourselves and obtain food for our families.

18 And it came to pass that as I, Nephi, went forth to slay food, behold, I did break my bow, which was made of fine steel; and after I did break my bow, behold, my brethren were angry with me because of the loss of my bow, for we did obtain no food.

19 And it came to pass that we did return without food to our families, and being much fatigued, because of their journeying, they did suffer much for the want of food.

20 And it came to pass that Laman and Lemuel and the sons of Ishmael did begin to murmur exceedingly, because of their sufferings and afflictions in the wilderness; and also my father began to murmur against the Lord his God; yea, and they were all exceedingly sorrowful, even that they did murmur against the Lord.

21 Now it came to pass that I, Nephi, having been afflicted with my brethren because of the loss of my bow, and their bows having lost their springs, it began to be exceedingly

13 Et il arriva que nous voyageâmes, pendant l'espace de quatre jours, dans une direction proche du sud-sud-est, et nous dressâmes de nouveau nos tentes ; et nous appelâmes le lieu Shazer.

14 Et il arriva que nous prîmes nos arcs et nos flèches et allâmes dans le désert pour abattre de la nourriture pour nos familles ; et lorsque nous eûmes abattu de la nourriture pour nos familles, nous retournâmes de nouveau auprès de nos familles dans le désert, à l'endroit que nous avions appelé Shazer. Et nous partîmes de nouveau dans le désert, suivant la même direction, nous tenant dans les parties les plus fertiles du désert, qui étaient dans les régions frontières près de la mer Rouge.

15 Et il arriva que nous voyageâmes pendant de nombreux jours, abattant de la nourriture en chemin avec nos arcs, et nos flèches, et nos pierres, et nos frondes.

16 Et nous suivîmes les indications de la boule, qui nous conduisait dans les parties plus fertiles du désert.

17 Et lorsque nous eûmes voyagé pendant de nombreux jours, nous dressâmes nos tentes un certain temps, afin de nous reposer de nouveau et de nous procurer de la nourriture pour nos familles.

18 Et il arriva que comme moi, Néphi, j'allais abattre de la nourriture, voici, je brisai mon arc, qui était fait d'acier fin ; et lorsque j'eus brisé mon arc, voici, mes frères furent en colère contre moi à cause de la perte de mon arc, car nous n'obtenions plus aucune nourriture.

19 Et il arriva que nous retournâmes sans nourriture auprès de nos familles, et, très fatiguées à cause de leur voyage, elles souffrirent beaucoup du manque de nourriture.

20 Et il arriva que Laman et Lémuel, et les fils d'Ismaël commencèrent à murmurer extrêmement à cause de leurs souffrances et de leurs afflictions dans le désert ; et mon père aussi commença à murmurer contre le Seigneur, son Dieu ; oui, et ils étaient tous extrêmement attristés, de sorte qu'ils murmurèrent contre le Seigneur.

21 Or, il arriva que moi, Néphi, ayant été affligé par mes frères à cause de la perte de mon arc, et leurs arcs ayant perdu leur

difficult, yea, insomuch that we could obtain no food.

22 And it came to pass that I, Nephi, did speak much unto my brethren, because they had hardened their hearts again, even unto complaining against the Lord their God.

23 And it came to pass that I, Nephi, did make out of wood a bow, and out of a straight stick, an arrow; wherefore, I did arm myself with a bow and an arrow, with a sling and with stones. And I said unto my father: Whither shall I go to obtain food?

24 And it came to pass that he did inquire of the Lord, for they had humbled themselves because of my words; for I did say many things unto them in the energy of my soul.

25 And it came to pass that the voice of the Lord came unto my father; and he was truly chastened because of his murmuring against the Lord, insomuch that he was brought down into the depths of sorrow.

26 And it came to pass that the voice of the Lord said unto him: Look upon the ball, and behold the things which are written.

27 And it came to pass that when my father beheld the things which were written upon the ball, he did fear and tremble exceedingly, and also my brethren and the sons of Ishmael and our wives.

28 And it came to pass that I, Nephi, beheld the pointers which were in the ball, that they did work according to the faith and diligence and heed which we did give unto them.

29 And there was also written upon them a new writing, which was plain to be read, which did give us understanding concerning the ways of the Lord; and it was written and changed from time to time, according to the faith and diligence which we gave unto it. And thus we see that by small means the Lord can bring about great things.

30 And it came to pass that I, Nephi, did go forth up into the top of the mountain, according to the directions which were given upon the ball.

31 And it came to pass that I did slay wild beasts, insomuch that I did obtain food for our families.

32 And it came to pass that I did return to our tents, bearing the beasts which I had slain; and now when they beheld that I had

ressort, les choses commencèrent à être extrêmement difficiles, oui, de sorte que nous ne pûmes obtenir aucune nourriture.

22 Et il arriva que moi, Néphi, je parlai beaucoup à mes frères, parce qu'ils s'étaient de nouveau endurci le cœur, allant jusqu'à se plaindre du Seigneur, leur Dieu.

23 Et il arriva que moi, Néphi, je fis un arc dans du bois et une flèche d'une baguette droite ; c'est pourquoi, je m'armai d'un arc et d'une flèche, d'une fronde et de pierres. Et je dis à mon père : Où irai-je pour me procurer de la nourriture ?

24 Et il arriva qu'il interrogea le Seigneur, car ils s'étaient humiliés à cause de mes paroles ; car je leur avais dit beaucoup de choses avec l'énergie de mon âme.

25 Et il arriva que la voix du Seigneur parvint à mon père ; et il fut vraiment réprimandé à cause de ses murmures contre le Seigneur, de sorte qu'il fut entraîné dans les profondeurs de la tristesse.

26 Et il arriva que la voix du Seigneur lui dit : Regarde la boule et vois les choses qui sont écrites.

27 Et il arriva que lorsque mon père vit les choses qui étaient écrites sur la boule, il craignit et trembla extrêmement, ainsi que mes frères, et les fils d'Ismaël, et nos épouses.

28 Et il arriva que moi, Néphi, je vis que les aiguilles qui étaient dans la boule marchaient selon la foi, et la diligence, et l'attention que nous leur accordions.

29 Et une nouvelle écriture était aussi écrite dessus, qui était claire à lire, qui nous donna une certaine compréhension des voies du Seigneur ; et elle était écrite et changeait de temps en temps, selon la foi et la diligence que nous lui accordions. Et ainsi, nous voyons que par de petits moyens le Seigneur peut réaliser de grandes choses.

30 Et il arriva que moi, Néphi, j'allai au sommet de la montagne, selon les indications données sur la boule.

31 Et il arriva que je tuai des bêtes sauvages, de sorte que j'obtins de la nourriture pour nos familles.

32 Et il arriva que je retournai à nos tentes, portant les bêtes que j'avais tuées ; et alors, lorsqu'ils virent que j'avais obtenu de la

obtained food, how great was their joy! And it came to pass that they did humble themselves before the Lord, and did give thanks unto him.

33 And it came to pass that we did again take our journey, traveling nearly the same course as in the beginning; and after we had traveled for the space of many days we did pitch our tents again, that we might tarry for the space of a time.

34 And it came to pass that Ishmael died, and was buried in the place which was called Nahom.

35 And it came to pass that the daughters of Ishmael did mourn exceedingly, because of the loss of their father, and because of their afflictions in the wilderness; and they did murmur against my father, because he had brought them out of the land of Jerusalem, saying: Our father is dead; yea, and we have wandered much in the wilderness, and we have suffered much affliction, hunger, thirst, and fatigue; and after all these sufferings we must perish in the wilderness with hunger.

36 And thus they did murmur against my father, and also against me; and they were desirous to return again to Jerusalem.

37 And Laman said unto Lemuel and also unto the sons of Ishmael: Behold, let us slay our father, and also our brother Nephi, who has taken it upon him to be our ruler and our teacher, who are his elder brethren.

38 Now, he says that the Lord has talked with him, and also that angels have ministered unto him. But behold, we know that he lies unto us; and he tells us these things, and he worketh many things by his cunning arts, that he may deceive our eyes, thinking, perhaps, that he may lead us away into some strange wilderness; and after he has led us away, he has thought to make himself a king and a ruler over us, that he may do with us according to his will and pleasure. And after this manner did my brother Laman stir up their hearts to anger.

39 And it came to pass that the Lord was with us, yea, even the voice of the Lord came and did speak many words unto them, and did chasten them exceedingly; and after they were chastened by the voice of the Lord they did turn away their anger, and did repent of their sins, insomuch that the Lord

nourriture, comme leur joie fut grande ! Et il arriva qu'ils s'humilièrent devant le Seigneur et lui rendirent grâces.

33 Et il arriva que nous entreprîmes de nouveau notre voyage, voyageant presque dans la même direction qu'au commencement ; et lorsque nous eûmes voyagé pendant de nombreux jours, nous dressâmes de nouveau nos tentes afin de demeurer un certain temps.

34 Et il arriva qu'Ismaël mourut et fut enterré à l'endroit qui était appelé Nahom.

35 Et il arriva que les filles d'Ismaël se lamentèrent extrêmement à cause de la perte de leur père et à cause de leurs afflictions dans le désert ; et elles murmurèrent contre mon père, parce qu'il les avait emmenées du pays de Jérusalem, disant : Notre père est mort ; oui, et nous avons beaucoup erré dans le désert, et nous avons souffert beaucoup d'afflictions, la faim, la soif et la fatigue ; et après toutes ces souffrances, nous allons périr de faim dans le désert.

36 Et c'est ainsi qu'elles murmurèrent contre mon père et aussi contre moi ; et elles désiraient retourner à Jérusalem.

37 Et Laman dit à Lémuel et aussi aux fils d'Ismaël : Voici, tuons notre père et aussi notre frère Néphi, qui a pris sur lui d'être notre gouverneur et notre instructeur, alors que nous sommes ses frères aînés.

38 Or, il dit que le Seigneur a parlé avec lui et aussi que des anges l'ont servi. Mais voici, nous savons qu'il nous ment ; et il nous dit ces choses et il accomplit beaucoup de choses par ses stratagèmes astucieux, afin de tromper nos yeux, pensant peut-être qu'il peut nous entraîner dans quelque désert étrange ; et après nous avoir entraînés, il pense se faire notre roi et notre gouverneur, afin d'agir avec nous selon sa volonté et son bon plaisir. Et c'est de cette manière que mon frère Laman excitait leur cœur à la colère.

39 Et il arriva que le Seigneur fut avec nous, oui, que la voix du Seigneur vint, et leur dit beaucoup de paroles, et les corrigea extrêmement ; et lorsqu'ils eurent été corrigés par la voix du Seigneur, ils détournèrent leur colère et se repentirent de leurs péchés,

did bless us again with food, that we did not perish.

de sorte que le Seigneur nous bénit de nouveau en nous donnant de la nourriture afin que nous ne périssions pas.

CHAPTER 17

CHAPITRE 17

Nephi is commanded to build a ship—His brethren oppose him—He exhorts them by recounting the history of God's dealings with Israel—Nephi is filled with the power of God—His brethren are forbidden to touch him, lest they wither as a dried reed. About 592–591 B.C.

Néphi reçoit le commandement de construire un bateau — Ses frères s'opposent à lui — Il les exhorte en passant en revue l'histoire des relations de Dieu avec Israël — Il est rempli du pouvoir de Dieu — Interdiction est faite à ses frères de le toucher, de peur qu'ils ne se dessèchent comme un roseau séché. Vers 592–591 av. J.-C.

1 And it came to pass that we did again take our journey in the wilderness; and we did travel nearly eastward from that time forth. And we did travel and wade through much affliction in the wilderness; and our women did bear children in the wilderness.

2 And so great were the blessings of the Lord upon us, that while we did live upon raw meat in the wilderness, our women did give plenty of suck for their children, and were strong, yea, even like unto the men; and they began to bear their journeyings without murmurings.

3 And thus we see that the commandments of God must be fulfilled. And if it so be that the children of men keep the commandments of God he doth nourish them, and strengthen them, and provide means whereby they can accomplish the thing which he has commanded them; wherefore, he did provide means for us while we did sojourn in the wilderness.

4 And we did sojourn for the space of many years, yea, even eight years in the wilderness.

5 And we did come to the land which we called Bountiful, because of its much fruit and also wild honey; and all these things were prepared of the Lord that we might not perish. And we beheld the sea, which we called Irreantum, which, being interpreted, is many waters.

6 And it came to pass that we did pitch our tents by the seashore; and notwithstanding we had suffered many afflictions and much difficulty, yea, even so much that we cannot

1 Et il arriva que nous entreprîmes de nouveau notre voyage dans le désert ; et nous voyageâmes dès lors presque dans la direction de l'est. Et nous voyageâmes et passâmes par beaucoup d'afflictions dans le désert ; et nos femmes eurent des enfants dans le désert.

2 Et si grandes furent les bénédictions du Seigneur sur nous que, pendant que nous vivions de viande crue dans le désert, nos femmes donnaient du lait en abondance pour leurs enfants et étaient fortes, oui, comme les hommes ; et elles commencèrent à supporter leurs voyages sans murmures.

3 Et ainsi, nous voyons que les commandements de Dieu doivent s'accomplir. Et si les enfants des hommes gardent les commandements de Dieu, il les nourrit et les fortifie, et fournit les moyens par lesquels ils peuvent accomplir la chose qu'il leur a commandé ; c'est pourquoi, il nous fournit des moyens pendant que nous séjournions dans le désert.

4 Et nous séjournâmes pendant de nombreuses années, oui, huit années dans le désert.

5 Et nous arrivâmes au pays que nous appelâmes Abondance à cause de la grande quantité de ses fruits et aussi de son miel sauvage ; et toutes ces choses furent préparées par le Seigneur afin que nous ne périssions pas. Et nous vîmes la mer, que nous appelâmes Irréantum, ce qui signifie, par interprétation, de nombreuses eaux.

6 Et il arriva que nous dressâmes nos tentes près du bord de la mer ; et en dépit du fait que nous avions souffert beaucoup d'afflictions et beaucoup de difficultés, oui, tellement que nous ne pouvons les écrire

write them all, we were exceedingly rejoiced when we came to the seashore; and we called the place Bountiful, because of its much fruit.

7 And it came to pass that after I, Nephi, had been in the land of Bountiful for the space of many days, the voice of the Lord came unto me, saying: Arise, and get thee into the mountain. And it came to pass that I arose and went up into the mountain, and cried unto the Lord.

8 And it came to pass that the Lord spake unto me, saying: Thou shalt construct a ship, after the manner which I shall show thee, that I may carry thy people across these waters.

9 And I said: Lord, whither shall I go that I may find ore to molten, that I may make tools to construct the ship after the manner which thou hast shown unto me?

10 And it came to pass that the Lord told me whither I should go to find ore, that I might make tools.

11 And it came to pass that I, Nephi, did make a bellows wherewith to blow the fire, of the skins of beasts; and after I had made a bellows, that I might have wherewith to blow the fire, I did smite two stones together that I might make fire.

12 For the Lord had not hitherto suffered that we should make much fire, as we journeyed in the wilderness; for he said: I will make thy food become sweet, that ye cook it not;

13 And I will also be your light in the wilderness; and I will prepare the way before you, if it so be that ye shall keep my commandments; wherefore, inasmuch as ye shall keep my commandments ye shall be led towards the promised land; and ye shall know that it is by me that ye are led.

14 Yea, and the Lord said also that: After ye have arrived in the promised land, ye shall know that I, the Lord, am God; and that I, the Lord, did deliver you from destruction; yea, that I did bring you out of the land of Jerusalem.

15 Wherefore, I, Nephi, did strive to keep the commandments of the Lord, and I did exhort my brethren to faithfulness and diligence.

16 And it came to pass that I did make tools of the ore which I did molten out of the rock.

toutes, nous fûmes extrêmement réjouis lorsque nous arrivâmes au bord de la mer ; et nous appelâmes l'endroit Abondance, à cause de la grande quantité de ses fruits.

7 Et il arriva que lorsque moi, Néphi, j'eus été pendant de nombreux jours au pays d'Abondance, la voix du Seigneur me parvint, disant : Lève-toi et rends-toi sur la montagne. Et il arriva que je me levai, et montai sur la montagne, et criai au Seigneur.

8 Et il arriva que le Seigneur me parla, disant : Tu construiras un bateau de la manière que je vais te montrer, afin que je puisse transporter ton peuple de l'autre côté de ces eaux.

9 Et je dis : Seigneur, où irai-je pour trouver du minerai à fondre, afin de faire des outils pour construire le bateau de la manière que tu m'as montrée ?

10 Et il arriva que le Seigneur me dit où je devais aller pour trouver du minerai afin de faire des outils.

11 Et il arriva que moi, Néphi, je fis, avec des peaux de bêtes, un soufflet pour souffler sur le feu ; et lorsque j'eus fait un soufflet, afin d'avoir de quoi souffler sur le feu, je frappai deux pierres l'une contre l'autre afin de faire du feu.

12 Car le Seigneur n'avait pas permis jusqu'alors que nous fissions beaucoup de feu tandis que nous voyagions dans le désert, car il disait : Je rendrai votre nourriture tendre pour que vous ne la cuisiez pas,

13 et je serai aussi votre lumière dans le désert, et je préparerai le chemin devant vous si vous gardez mes commandements ; c'est pourquoi, si vous observez mes commandements, vous serez conduits vers la terre promise, et vous saurez que c'est par moi que vous êtes conduits.

14 Oui, et le Seigneur dit aussi : Lorsque vous serez arrivés dans la terre promise, vous saurez que moi, le Seigneur, je suis Dieu, et que moi, le Seigneur, je vous ai délivrés de la destruction, oui, que je vous ai fait sortir du pays de Jérusalem.

15 C'est pourquoi, moi, Néphi, je m'efforçai de garder les commandements du Seigneur et j'exhortai mes frères à la fidélité et à la diligence.

16 Et il arriva que je fis des outils avec le métal que j'avais fondu du rocher.

17 And when my brethren saw that I was about to build a ship, they began to murmur against me, saying: Our brother is a fool, for he thinketh that he can build a ship; yea, and he also thinketh that he can cross these great waters.

18 And thus my brethren did complain against me, and were desirous that they might not labor, for they did not believe that I could build a ship; neither would they believe that I was instructed of the Lord.

19 And now it came to pass that I, Nephi, was exceedingly sorrowful because of the hardness of their hearts; and now when they saw that I began to be sorrowful they were glad in their hearts, insomuch that they did rejoice over me, saying: We knew that ye could not construct a ship, for we knew that ye were lacking in judgment; wherefore, thou canst not accomplish so great a work.

20 And thou art like unto our father, led away by the foolish imaginations of his heart; yea, he hath led us out of the land of Jerusalem, and we have wandered in the wilderness for these many years; and our women have toiled, being big with child; and they have borne children in the wilderness and suffered all things, save it were death; and it would have been better that they had died before they came out of Jerusalem than to have suffered these afflictions.

21 Behold, these many years we have suffered in the wilderness, which time we might have enjoyed our possessions and the land of our inheritance; yea, and we might have been happy.

22 And we know that the people who were in the land of Jerusalem were a righteous people; for they kept the statutes and judgments of the Lord, and all his commandments, according to the law of Moses; wherefore, we know that they are a righteous people; and our father hath judged them, and hath led us away because we would hearken unto his words; yea, and our brother is like unto him. And after this manner of language did my brethren murmur and complain against us.

23 And it came to pass that I, Nephi, spake unto them, saying: Do ye believe that our fathers, who were the children of Israel, would have been led away out of the hands

17 Et lorsque mes frères virent que j'étais sur le point de construire un bateau, ils commencèrent à murmurer contre moi, disant : Notre frère est un insensé, car il pense qu'il peut construire un bateau ; oui, et il pense aussi qu'il peut traverser ces grandes eaux.

18 Et c'est ainsi que mes frères se plaignaient de moi et ne voulaient pas travailler, car ils ne croyaient pas que je pouvais construire un bateau ; ils ne voulaient pas non plus croire que j'étais instruit par le Seigneur.

19 Et alors, il arriva que moi, Néphi, je fus extrêmement attristé à cause de l'endurcissement de leur cœur ; et alors, lorsqu'ils virent que je commençais à être attristé, ils furent contents dans leur cœur, de sorte qu'ils furent contents à mon sujet, disant : Nous savions que tu ne pouvais pas construire un bateau, car nous savions que tu manquais de jugement ; c'est pourquoi, tu ne peux pas accomplir une aussi grande œuvre.

20 Tu es semblable à notre père, égaré par les pensées insensées de son cœur ; oui, il nous a conduits hors du pays de Jérusalem, et nous avons erré dans le désert pendant ces nombreuses années, et nos femmes ont peiné, étant dans leur grossesse avancée, et elles ont donné le jour à des enfants dans le désert et ont tout souffert sauf la mort, et il aurait mieux valu qu'elles fussent mortes avant de sortir de Jérusalem que d'avoir souffert ces afflictions.

21 Voici, ces nombreuses années nous avons souffert dans le désert, temps pendant lequel nous aurions pu jouir de nos possessions et du pays de notre héritage ; oui, et nous aurions pu être heureux.

22 Et nous savons que le peuple qui était au pays de Jérusalem était un peuple juste, car il gardait les lois et les ordonnances du Seigneur et tous ses commandements selon la loi de Moïse : c'est pourquoi, nous savons qu'il est un peuple juste ; et notre père l'a jugé et nous a emmenés parce que nous avons écouté ses paroles ; oui, et notre frère est semblable à lui. Et c'est dans ce genre de langage que mes frères murmuraient et se plaignaient de nous.

23 Et il arriva que moi, Néphi, je leur parlai, disant : Croyez-vous que nos pères, qui étaient les enfants d'Israël, auraient été emmenés hors des mains des Égyptiens s'ils

of the Egyptians if they had not hearkened unto the words of the Lord?

24 Yea, do ye suppose that they would have been led out of bondage, if the Lord had not commanded Moses that he should lead them out of bondage?

25 Now ye know that the children of Israel were in bondage; and ye know that they were laden with tasks, which were grievous to be borne; wherefore, ye know that it must needs be a good thing for them, that they should be brought out of bondage.

26 Now ye know that Moses was commanded of the Lord to do that great work; and ye know that by his word the waters of the Red Sea were divided hither and thither, and they passed through on dry ground.

27 But ye know that the Egyptians were drowned in the Red Sea, who were the armies of Pharaoh.

28 And ye also know that they were fed with manna in the wilderness.

29 Yea, and ye also know that Moses, by his word according to the power of God which was in him, smote the rock, and there came forth water, that the children of Israel might quench their thirst.

30 And notwithstanding they being led, the Lord their God, their Redeemer, going before them, leading them by day and giving light unto them by night, and doing all things for them which were expedient for man to receive, they hardened their hearts and blinded their minds, and reviled against Moses and against the true and living God.

31 And it came to pass that according to his word he did destroy them; and according to his word he did lead them; and according to his word he did do all things for them; and there was not any thing done save it were by his word.

32 And after they had crossed the river Jordan he did make them mighty unto the driving out of the children of the land, yea, unto the scattering them to destruction.

33 And now, do ye suppose that the children of this land, who were in the land of promise, who were driven out by our fathers, do ye suppose that they were righteous? Behold, I say unto you, Nay.

n'avaient pas écouté les paroles du Seigneur ?

24 Oui, pensez-vous qu'ils auraient été conduits hors de la servitude, si le Seigneur n'avait pas commandé à Moïse de les conduire hors de la servitude ?

25 Vous savez que les enfants d'Israël étaient dans la servitude ; et vous savez qu'ils étaient chargés de corvées qui étaient pénibles à supporter ; c'est pourquoi, vous savez que ce devait nécessairement être quelque chose de bon pour eux que d'être sortis de la servitude.

26 Or, vous savez que Moïse reçut du Seigneur le commandement de faire cette grande œuvre ; et vous savez que par sa parole les eaux de la mer Rouge se partagèrent çà et là et qu'ils traversèrent à pied sec.

27 Mais vous savez que les Égyptiens furent noyés dans la mer Rouge, eux qui étaient les armées du Pharaon.

28 Et vous savez aussi qu'ils furent nourris de manne dans le désert.

29 Oui, et vous savez aussi que Moïse, par sa parole, selon le pouvoir de Dieu qui était en lui, frappa le rocher, et qu'il en sortit de l'eau afin que les enfants d'Israël pussent étancher leur soif.

30 Et en dépit du fait qu'ils étaient conduits, le Seigneur, leur Dieu, leur Rédempteur, allant devant eux, les conduisant le jour et leur donnant de la lumière la nuit, et faisant pour eux tout ce qu'il était utile à l'homme de recevoir, ils s'endurcirent le cœur et s'aveuglèrent l'esprit, et insultèrent Moïse et le Dieu vrai et vivant.

31 Et il arriva que, selon sa parole, il les détruisit ; et, selon sa parole, il les conduisit ; et, selon sa parole, il fit tout pour eux ; et rien ne se fit si ce n'est par sa parole.

32 Et lorsqu'ils eurent traversé le Jourdain, il les rendit puissants au point de chasser les enfants du pays, oui, au point de les disperser jusqu'à la destruction.

33 Et maintenant, pensez-vous que les enfants de ce pays, qui étaient dans la terre de promission, qui furent chassés par nos pères, pensez-vous qu'ils étaient justes ? Voici, je vous le dis : non.

34 Do ye suppose that our fathers would have been more choice than they if they had been righteous? I say unto you, Nay.

35 Behold, the Lord esteemeth all flesh in one; he that is righteous is favored of God. But behold, this people had rejected every word of God, and they were ripe in iniquity; and the fulness of the wrath of God was upon them; and the Lord did curse the land against them, and bless it unto our fathers; yea, he did curse it against them unto their destruction, and he did bless it unto our fathers unto their obtaining power over it.

36 Behold, the Lord hath created the earth that it should be inhabited; and he hath created his children that they should possess it.

37 And he raiseth up a righteous nation, and destroyeth the nations of the wicked.

38 And he leadeth away the righteous into precious lands, and the wicked he destroyeth, and curseth the land unto them for their sakes.

39 He ruleth high in the heavens, for it is his throne, and this earth is his footstool.

40 And he loveth those who will have him to be their God. Behold, he loved our fathers, and he covenanted with them, yea, even Abraham, Isaac, and Jacob; and he remembered the covenants which he had made; wherefore, he did bring them out of the land of Egypt.

41 And he did straiten them in the wilderness with his rod; for they hardened their hearts, even as ye have; and the Lord straitened them because of their iniquity. He sent fiery flying serpents among them; and after they were bitten he prepared a way that they might be healed; and the labor which they had to perform was to look; and because of the simpleness of the way, or the easiness of it, there were many who perished.

42 And they did harden their hearts from time to time, and they did revile against Moses, and also against God; nevertheless, ye know that they were led forth by his matchless power into the land of promise.

43 And now, after all these things, the time has come that they have become wicked, yea, nearly unto ripeness; and I know not but they are at this day about to be destroyed; for I know that the day must surely

34 Pensez-vous que nos pères auraient été plus dignes qu'eux d'être choisis s'ils avaient été justes ? Je vous le dis : non.

35 Voici, le Seigneur estime toute chair de la même manière ; celui qui est juste est favorisé de Dieu. Mais voici, ce peuple avait rejeté toutes les paroles de Dieu, et ils étaient mûrs dans l'iniquité ; et la plénitude de la colère de Dieu était sur eux ; et le Seigneur maudit le pays contre eux et le bénit pour nos pères ; oui, il le maudit contre eux pour leur destruction, et il le bénit pour nos pères pour qu'ils obtiennent du pouvoir sur lui.

36 Voici, le Seigneur a créé la terre afin qu'elle soit habitée ; et il a créé ses enfants afin qu'ils la possèdent.

37 Et il suscite une juste nation et détruit les nations des méchants.

38 Et il emmène les justes dans des pays précieux, et les méchants, il les détruit, et il maudit le pays pour eux par leur faute.

39 Il règne là-haut dans les cieux, car c'est son trône, et cette terre est son marchepied.

40 Et il aime ceux qui veulent l'avoir pour Dieu. Voici, il a aimé nos pères et il a fait alliance avec eux, oui, Abraham, Isaac et Jacob ; et il s'est souvenu des alliances qu'il avait faites ; c'est pourquoi, il les a fait sortir du pays d'Égypte.

41 Et il les a corrigés dans le désert avec sa verge, parce qu'ils s'endurcissaient le cœur comme vous ; et le Seigneur les a corrigés à cause de leur iniquité. Il a envoyé parmi eux des serpents brûlants qui volaient ; et lorsqu'ils ont été mordus, il a préparé un moyen pour qu'ils soient guéris ; et tout l'effort qu'ils avaient à faire était de regarder ; et à cause de la simplicité du moyen, ou de sa facilité, il y en a eu beaucoup qui ont péri.

42 Et ils se sont endurci le cœur de temps en temps, et ils ont insulté Moïse, et Dieu aussi ; néanmoins, vous savez qu'ils ont été conduits par son pouvoir incomparable dans la terre de promission.

43 Et maintenant, après tout cela, le moment est venu où ils sont devenus méchants, oui, presque à maturité ; et je ne suis pas certain qu'aujourd'hui ils ne sont pas sur le point d'être détruits ; car je sais que le jour

come that they must be destroyed, save a few only, who shall be led away into captivity.

44 Wherefore, the Lord commanded my father that he should depart into the wilderness; and the Jews also sought to take away his life; yea, and ye also have sought to take away his life; wherefore, ye are murderers in your hearts and ye are like unto them.

45 Ye are swift to do iniquity but slow to remember the Lord your God. Ye have seen an angel, and he spake unto you; yea, ye have heard his voice from time to time; and he hath spoken unto you in a still small voice, but ye were past feeling, that ye could not feel his words; wherefore, he has spoken unto you like unto the voice of thunder, which did cause the earth to shake as if it were to divide asunder.

46 And ye also know that by the power of his almighty word he can cause the earth that it shall pass away; yea, and ye know that by his word he can cause the rough places to be made smooth, and smooth places shall be broken up. O, then, why is it, that ye can be so hard in your hearts?

47 Behold, my soul is rent with anguish because of you, and my heart is pained; I fear lest ye shall be cast off forever. Behold, I am full of the Spirit of God, insomuch that my frame has no strength.

48 And now it came to pass that when I had spoken these words they were angry with me, and were desirous to throw me into the depths of the sea; and as they came forth to lay their hands upon me I spake unto them, saying: In the name of the Almighty God, I command you that ye touch me not, for I am filled with the power of God, even unto the consuming of my flesh; and whoso shall lay his hands upon me shall wither even as a dried reed; and he shall be as naught before the power of God, for God shall smite him.

49 And it came to pass that I, Nephi, said unto them that they should murmur no more against their father; neither should they withhold their labor from me, for God had commanded me that I should build a ship.

va assurément venir où ils seront détruits, sauf un petit nombre seulement, qui sera emmené en captivité.

44 C'est pourquoi le Seigneur a commandé à mon père de partir dans le désert ; et les Juifs ont aussi cherché à lui ôter la vie ; oui, et vous avez aussi cherché à lui ôter la vie ; c'est pourquoi, vous êtes des meurtriers dans votre cœur et vous êtes semblables à eux.

45 Vous êtes prompts à commettre l'iniquité, mais lents à vous souvenir du Seigneur, votre Dieu. Vous avez vu un ange, et il vous a parlé ; oui, vous avez entendu de temps en temps sa voix ; et il vous a parlé avec une petite voix douce, mais vous aviez perdu toute sensibilité, de sorte que vous ne pouviez pas sentir ses paroles ; c'est pourquoi, il vous a parlé comme avec la voix du tonnerre, qui a fait trembler la terre comme si elle allait se fendre.

46 Et vous savez aussi que, par le pouvoir de sa parole toute-puissante, il peut faire que la terre passe ; oui, et vous savez que, par sa parole, il peut faire que les lieux raboteux soient aplanis et que les lieux aplanis s'entrouvrent. Oh ! alors, comment se fait-il que vous puissiez être si endurcis de cœur ?

47 Voici, mon âme est déchirée d'angoisse à cause de vous, et mon cœur est peiné. Je crains que vous ne soyez rejetés à jamais. Voici, je suis plein de l'Esprit de Dieu, de sorte que mon corps n'a pas de force.

48 Et alors, il arriva que lorsque j'eus dit ces paroles, ils furent en colère contre moi et voulurent me jeter dans les profondeurs de la mer ; et comme ils avançaient pour porter la main sur moi, je leur parlai, disant : Au nom du Dieu Tout-Puissant, je vous commande de ne pas me toucher, car je suis rempli du pouvoir de Dieu, au point même que ma chair en est consumée ; et quiconque portera la main sur moi se desséchera comme un roseau séché ; et il ne sera que néant devant le pouvoir de Dieu, car Dieu le frappera.

49 Et il arriva que moi, Néphi, je leur dis qu'ils ne devaient plus murmurer contre leur père ; ils ne devaient pas non plus me refuser leur labeur, car Dieu m'avait commandé de construire un bateau.

50 And I said unto them: If God had commanded me to do all things I could do them. If he should command me that I should say unto this water, be thou earth, it should be earth; and if I should say it, it would be done.

51 And now, if the Lord has such great power, and has wrought so many miracles among the children of men, how is it that he cannot instruct me, that I should build a ship?

52 And it came to pass that I, Nephi, said many things unto my brethren, insomuch that they were confounded and could not contend against me; neither durst they lay their hands upon me nor touch me with their fingers, even for the space of many days. Now they durst not do this lest they should wither before me, so powerful was the Spirit of God; and thus it had wrought upon them.

53 And it came to pass that the Lord said unto me: Stretch forth thine hand again unto thy brethren, and they shall not wither before thee, but I will shock them, saith the Lord, and this will I do, that they may know that I am the Lord their God.

54 And it came to pass that I stretched forth my hand unto my brethren, and they did not wither before me; but the Lord did shake them, even according to the word which he had spoken.

55 And now, they said: We know of a surety that the Lord is with thee, for we know that it is the power of the Lord that has shaken us. And they fell down before me, and were about to worship me, but I would not suffer them, saying: I am thy brother, yea, even thy younger brother; wherefore, worship the Lord thy God, and honor thy father and thy mother, that thy days may be long in the land which the Lord thy God shall give thee.

50 Et je leur dis : Si Dieu me commandait de tout faire, je pourrais le faire. S'il me commandait de dire à cette eau : Sois terre, elle serait terre ; et si je le disais, cela se ferait.

51 Et maintenant, si le Seigneur a un si grand pouvoir, et a accompli tant de miracles parmi les enfants des hommes, comment se fait-il qu'il ne puisse pas m'instruire pour que je construise un bateau ?

52 Et il arriva que moi, Néphi, je dis beaucoup de choses à mes frères, de sorte qu'ils furent confondus et ne purent me combattre ; ils n'osèrent pas non plus porter la main sur moi ni me toucher de leurs doigts pendant de nombreux jours. Or, ils n'osaient pas le faire de peur de se dessécher devant moi, si puissant était l'Esprit de Dieu ; et c'est ainsi qu'il avait agi sur eux.

53 Et il arriva que le Seigneur me dit : Étends encore la main vers tes frères, et ils ne se dessécheront pas devant toi, mais je les ébranlerai, dit le Seigneur, et cela, je le ferai afin qu'ils sachent que je suis le Seigneur, leur Dieu.

54 Et il arriva que j'étendis la main vers mes frères, et ils ne se desséchèrent pas devant moi ; mais le Seigneur les ébranla selon la parole qu'il avait dite.

55 Et alors, ils dirent : Nous savons avec certitude que le Seigneur est avec toi, car nous savons que c'est le pouvoir du Seigneur qui nous a ébranlés. Et ils se prosternèrent devant moi et étaient sur le point de m'adorer, mais je ne le leur permis pas, disant : Je suis votre frère, oui, et même votre frère cadet ; adorez donc le Seigneur, votre Dieu, et honorez votre père et votre mère, afin que vos jours se prolongent dans le pays que le Seigneur, votre Dieu, vous donnera.

CHAPTER 18

CHAPITRE 18

The ship is finished—The births of Jacob and Joseph are mentioned—The company embarks for the promised land—The sons of Ishmael and their wives join in revelry and rebellion—Nephi is bound, and the ship is driven back by a terrible tempest—Nephi is freed, and by his prayer the storm ceases—The people arrive in the promised land. About 591–589 B.C.

Achèvement du bateau — Mention de la naissance de Jacob et de Joseph — La colonie embarque pour la terre promise — Les fils d'Ismaël et leurs épouses se livrent ensemble à des orgies et à la rébellion — Néphi est ligoté, et le bateau est poussé en arrière par une terrible tempête — Néphi est libéré, et, suite à sa prière, la tempête prend fin — Ils arrivent à la terre promise. Vers 591–589 av. J.-C.

1 And it came to pass that they did worship the Lord, and did go forth with me; and we did work timbers of curious workmanship. And the Lord did show me from time to time after what manner I should work the timbers of the ship.

2 Now I, Nephi, did not work the timbers after the manner which was learned by men, neither did I build the ship after the manner of men; but I did build it after the manner which the Lord had shown unto me; wherefore, it was not after the manner of men.

3 And I, Nephi, did go into the mount oft, and I did pray oft unto the Lord; wherefore the Lord showed unto me great things.

4 And it came to pass that after I had finished the ship, according to the word of the Lord, my brethren beheld that it was good, and that the workmanship thereof was exceedingly fine; wherefore, they did humble themselves again before the Lord.

5 And it came to pass that the voice of the Lord came unto my father, that we should arise and go down into the ship.

6 And it came to pass that on the morrow, after we had prepared all things, much fruits and meat from the wilderness, and honey in abundance, and provisions according to that which the Lord had commanded us, we did go down into the ship, with all our loading and our seeds, and whatsoever thing we had brought with us, every one according to his age; wherefore, we did all go down into the ship, with our wives and our children.

7 And now, my father had begat two sons in the wilderness; the elder was called Jacob and the younger Joseph.

8 And it came to pass after we had all gone down into the ship, and had taken with us our provisions and things which had been commanded us, we did put forth into the sea and were driven forth before the wind towards the promised land.

9 And after we had been driven forth before the wind for the space of many days, behold, my brethren and the sons of Ishmael and also their wives began to make themselves merry, insomuch that they began to dance, and to sing, and to speak with much rudeness, yea, even that they did forget by what

1 Et il arriva qu'ils adorèrent le Seigneur et allèrent avec moi ; et nous travaillâmes les bois de charpente en une exécution habile. Et le Seigneur me montrait de temps en temps de quelle manière je devais travailler les bois de charpente du bateau.

2 Or, moi, Néphi, je ne travaillai pas les bois de charpente de la manière apprise par les hommes, et je ne construisis pas non plus le bateau à la manière des hommes, mais je le construisis de la manière que le Seigneur m'avait montrée ; c'est pourquoi, il ne fut pas fait à la manière des hommes.

3 Et moi, Néphi, j'allais souvent dans la montagne et je priais souvent le Seigneur ; c'est pourquoi, le Seigneur me montra de grandes choses.

4 Et il arriva que lorsque j'eus achevé le bateau selon la parole du Seigneur, mes frères virent qu'il était bon et que l'exécution en était extrêmement fine ; c'est pourquoi, ils s'humilièrent encore devant le Seigneur.

5 Et il arriva que la voix du Seigneur parvint à mon père, disant que nous devions nous lever et descendre dans le bateau.

6 Et il arriva que le lendemain, lorsque nous eûmes tout préparé, beaucoup de fruits et de viande du désert, et du miel en abondance, et des provisions, selon ce que le Seigneur nous avait commandé, nous descendîmes dans le bateau avec tout notre chargement, et nos semences, et tout ce que nous avions apporté, chacun selon son âge ; c'est pourquoi, nous descendîmes tous dans le bateau avec nos épouses et nos enfants.

7 Et maintenant, mon père avait engendré deux fils dans le désert : l'aîné fut appelé Jacob et le cadet Joseph.

8 Et il arriva que lorsque nous fûmes tous descendus dans le bateau et eûmes pris avec nous nos provisions et les choses qu'il nous avait été commandé d'emporter, nous prîmes la mer et fûmes poussés par le vent vers la terre promise.

9 Et lorsque nous eûmes été poussés par le vent pendant de nombreux jours, voici, mes frères, et les fils d'Ismaël, et aussi leurs épouses commencèrent à s'égayer, de sorte qu'ils commencèrent à danser, et à chanter, et à parler avec beaucoup de grossièreté, oui, et qu'ils oublièrent par quel pouvoir ils

power they had been brought thither; yea, they were lifted up unto exceeding rudeness.

10 And I, Nephi, began to fear exceedingly lest the Lord should be angry with us, and smite us because of our iniquity, that we should be swallowed up in the depths of the sea; wherefore, I, Nephi, began to speak to them with much soberness; but behold they were angry with me, saying: We will not that our younger brother shall be a ruler over us.

11 And it came to pass that Laman and Lemuel did take me and bind me with cords, and they did treat me with much harshness; nevertheless, the Lord did suffer it that he might show forth his power, unto the fulfilling of his word which he had spoken concerning the wicked.

12 And it came to pass that after they had bound me insomuch that I could not move, the compass, which had been prepared of the Lord, did cease to work.

13 Wherefore, they knew not whither they should steer the ship, insomuch that there arose a great storm, yea, a great and terrible tempest, and we were driven back upon the waters for the space of three days; and they began to be frightened exceedingly lest they should be drowned in the sea; nevertheless they did not loose me.

14 And on the fourth day, which we had been driven back, the tempest began to be exceedingly sore.

15 And it came to pass that we were about to be swallowed up in the depths of the sea. And after we had been driven back upon the waters for the space of four days, my brethren began to see that the judgments of God were upon them, and that they must perish save that they should repent of their iniquities; wherefore, they came unto me, and loosed the bands which were upon my wrists, and behold they had swollen exceedingly; and also mine ankles were much swollen, and great was the soreness thereof.

16 Nevertheless, I did look unto my God, and I did praise him all the day long; and I did not murmur against the Lord because of mine afflictions.

17 Now my father, Lehi, had said many things unto them, and also unto the sons of

avaient été amenés là ; oui, ils en arrivèrent à être d'une extrême grossièreté.

10 Et moi, Néphi, je commençai à craindre extrêmement que le Seigneur ne fût en colère contre nous et ne nous frappât à cause de notre iniquité, et que nous ne fussions engloutis dans les profondeurs de la mer ; c'est pourquoi, moi, Néphi, je commençai à leur parler avec beaucoup de sérieux ; mais voici, ils furent en colère contre moi, disant : Nous ne voulons pas que notre frère cadet soit notre gouverneur.

11 Et il arriva que Laman et Lémuel me prirent et me lièrent de cordes, et ils me traitèrent avec beaucoup de dureté ; néanmoins, le Seigneur le permit afin de montrer son pouvoir, pour accomplir la parole qu'il avait dite concernant les méchants.

12 Et il arriva que lorsqu'ils m'eurent lié, de sorte que je ne pouvais bouger, le compas, qui avait été préparé par le Seigneur, cessa de fonctionner.

13 C'est pourquoi, ils ne surent de quel côté diriger le bateau, de sorte qu'il s'éleva un grand orage, oui, une grande et terrible tempête, et nous fûmes poussés en arrière sur les eaux pendant trois jours, et ils commencèrent à craindre extrêmement d'être noyés dans la mer ; néanmoins, ils ne me délièrent pas.

14 Et le quatrième jour que nous étions poussés en arrière, la tempête commença à être extrêmement furieuse.

15 Et il arriva que nous fûmes sur le point d'être engloutis dans les profondeurs de la mer. Et lorsque nous eûmes été repoussés sur les eaux pendant quatre jours, mes frères commencèrent à voir que les jugements de Dieu étaient sur eux et qu'ils périraient s'ils ne se repentaient pas de leurs iniquités ; c'est pourquoi, ils vinrent à moi et détachèrent les liens que j'avais aux poignets, et voici, ceux-ci étaient extrêmement enflés ; et mes chevilles, elles aussi, étaient très enflées et très douloureuses.

16 Néanmoins, je me tournais vers mon Dieu, et je le louais toute la journée ; et je ne murmurais pas contre le Seigneur à cause de mes afflictions.

17 Or, mon père, Léhi, leur avait dit beaucoup de choses, et aussi aux fils

Ishmael; but, behold, they did breathe out much threatenings against anyone that should speak for me; and my parents being stricken in years, and having suffered much grief because of their children, they were brought down, yea, even upon their sickbeds.

18 Because of their grief and much sorrow, and the iniquity of my brethren, they were brought near even to be carried out of this time to meet their God; yea, their grey hairs were about to be brought down to lie low in the dust; yea, even they were near to be cast with sorrow into a watery grave.

19 And Jacob and Joseph also, being young, having need of much nourishment, were grieved because of the afflictions of their mother; and also my wife with her tears and prayers, and also my children, did not soften the hearts of my brethren that they would loose me.

20 And there was nothing save it were the power of God, which threatened them with destruction, could soften their hearts; wherefore, when they saw that they were about to be swallowed up in the depths of the sea they repented of the thing which they had done, insomuch that they loosed me.

21 And it came to pass after they had loosed me, behold, I took the compass, and it did work whither I desired it. And it came to pass that I prayed unto the Lord; and after I had prayed the winds did cease, and the storm did cease, and there was a great calm.

22 And it came to pass that I, Nephi, did guide the ship, that we sailed again towards the promised land.

23 And it came to pass that after we had sailed for the space of many days we did arrive at the promised land; and we went forth upon the land, and did pitch our tents; and we did call it the promised land.

24 And it came to pass that we did begin to till the earth, and we began to plant seeds; yea, we did put all our seeds into the earth, which we had brought from the land of Jerusalem. And it came to pass that they did grow exceedingly; wherefore, we were blessed in abundance.

d'Ismaël ; mais voici, ils proféraient de nombreuses menaces contre quiconque parlait pour moi, et mes parents, étant avancés en âge, et ayant souffert beaucoup de chagrin à cause de leurs enfants, furent accablés, oui, sur leur lit de malade.

18 À cause de leur chagrin, et de beaucoup de tristesse, et de l'iniquité de mes frères, ils furent même sur le point d'être emportés hors de ce temps pour rencontrer leur Dieu ; oui, leurs cheveux gris furent sur le point d'être déposés dans la poussière ; oui, ils furent même sur le point d'être ensevelis, de tristesse, dans la mer.

19 Et Jacob et Joseph aussi, étant jeunes, ayant besoin de beaucoup de nourriture, étaient peinés à cause des afflictions de leur mère ; et même mon épouse, avec ses larmes et ses prières, et même mes enfants n'adoucirent pas le cœur de mes frères pour qu'ils me délient.

20 Et il n'y avait rien d'autre que le pouvoir de Dieu, qui les menaçait de destruction, qui pût leur adoucir le cœur ; c'est pourquoi, lorsqu'ils virent qu'ils étaient sur le point d'être engloutis dans les profondeurs de la mer, ils se repentirent de ce qu'ils avaient fait, de sorte qu'ils me délièrent.

21 Et il arriva que lorsqu'ils m'eurent délié, voici, je pris le compas, et il marcha comme je le désirais. Et il arriva que je priai le Seigneur ; et lorsque j'eus prié, les vents cessèrent, et l'orage cessa, et il y eut un grand calme.

22 Et il arriva que moi, Néphi, je guidai le bateau, de sorte que nous naviguâmes de nouveau vers la terre promise.

23 Et il arriva que lorsque nous eûmes navigué pendant de nombreux jours, nous arrivâmes à la terre promise, et nous allâmes sur le pays et dressâmes nos tentes, et nous l'appelâmes la terre promise.

24 Et il arriva que nous commençâmes à cultiver la terre, et nous commençâmes à planter des semences ; oui, nous mîmes dans la terre toutes les semences que nous avions apportées du pays de Jérusalem. Et il arriva qu'elles poussèrent d'une manière extraordinaire ; c'est pourquoi nous fûmes bénis en abondance.

25 And it came to pass that we did find upon the land of promise, as we journeyed in the wilderness, that there were beasts in the forests of every kind, both the cow and the ox, and the ass and the horse, and the goat and the wild goat, and all manner of wild animals, which were for the use of men. And we did find all manner of ore, both of gold, and of silver, and of copper.

25 Et il arriva que nous trouvâmes sur la terre de promission, tandis que nous voyagions dans le désert, qu'il y avait des bêtes de toutes sortes dans les forêts, la vache et le bœuf, et l'âne et le cheval, et la chèvre et la chèvre sauvage, et toutes sortes d'animaux sauvages, qui étaient pour l'usage de l'homme. Et nous trouvâmes toutes sortes de minerais, oui, d'or, et d'argent, et de cuivre.

CHAPTER 19

CHAPITRE 19

Nephi makes plates of ore and records the history of his people—The God of Israel will come six hundred years from the time Lehi left Jerusalem—Nephi tells of His sufferings and crucifixion—The Jews will be despised and scattered until the latter days, when they will return unto the Lord. About 588–570 B.C.

Néphi fait des plaques de métal et met par écrit l'histoire de son peuple — Le Dieu d'Israël viendra six cents ans après le départ de Léhi de Jérusalem — Néphi raconte ses souffrances et sa crucifixion — Les Juifs seront méprisés et dispersés jusqu'aux derniers jours, et alors ils retourneront au Seigneur. Vers 588–570 av. J.-C.

1 And it came to pass that the Lord commanded me, wherefore I did make plates of ore that I might engraven upon them the record of my people. And upon the plates which I made I did engraven the record of my father, and also our journeyings in the wilderness, and the prophecies of my father; and also many of mine own prophecies have I engraven upon them.

1 Et il arriva que le Seigneur me donna un commandement ; c'est pourquoi je fis des plaques de métal, afin d'y graver les annales de mon peuple. Et sur les plaques que je fis, je gravai les annales de mon père, et aussi nos voyages dans le désert, et les prophéties de mon père ; et j'y gravai aussi beaucoup de mes propres prophéties.

2 And I knew not at the time when I made them that I should be commanded of the Lord to make these plates; wherefore, the record of my father, and the genealogy of his fathers, and the more part of all our proceedings in the wilderness are engraven upon those first plates of which I have spoken; wherefore, the things which transpired before I made these plates are, of a truth, more particularly made mention upon the first plates.

2 Et je ne savais pas, lorsque je les fis, que le Seigneur me commanderait de faire ces plaques-ci ; c'est pourquoi, les annales de mon père, et la généalogie de ses pères, et la majeure partie de toutes nos actions dans le désert sont gravées sur ces premières plaques dont j'ai parlé ; c'est pourquoi, les choses qui se sont passées avant que je ne fasse ces plaques-ci sont en vérité mentionnées plus particulièrement sur les premières plaques.

3 And after I had made these plates by way of commandment, I, Nephi, received a commandment that the ministry and the prophecies, the more plain and precious parts of them, should be written upon these plates; and that the things which were written should be kept for the instruction of my people, who should possess the land, and also for other wise purposes, which purposes are known unto the Lord.

3 Et lorsque j'eus fait ces plaques-ci par commandement, moi, Néphi, je reçus le commandement que le ministère et les prophéties, les parties les plus claires et les plus précieuses d'entre elles, devaient être écrites sur ces plaques-ci ; et que les choses qui étaient écrites devaient être préservées pour l'instruction de mon peuple, qui posséderait le pays, et aussi pour d'autres buts sages, buts qui sont connus du Seigneur.

4 Wherefore, I, Nephi, did make a record upon the other plates, which gives an account, or which gives a greater account of

4 C'est pourquoi, moi, Néphi, je fis des annales sur les autres plaques, qui font le récit, ou qui font un plus grand récit des guerres,

the wars and contentions and destructions of my people. And this have I done, and commanded my people what they should do after I was gone; and that these plates should be handed down from one generation to another, or from one prophet to another, until further commandments of the Lord.

5 And an account of my making these plates shall be given hereafter; and then, behold, I proceed according to that which I have spoken; and this I do that the more sacred things may be kept for the knowledge of my people.

6 Nevertheless, I do not write anything upon plates save it be that I think it be sacred. And now, if I do err, even did they err of old; not that I would excuse myself because of other men, but because of the weakness which is in me, according to the flesh, I would excuse myself.

7 For the things which some men esteem to be of great worth, both to the body and soul, others set at naught and trample under their feet. Yea, even the very God of Israel do men trample under their feet; I say, trample under their feet but I would speak in other words—they set him at naught, and hearken not to the voice of his counsels.

8 And behold he cometh, according to the words of the angel, in six hundred years from the time my father left Jerusalem.

9 And the world, because of their iniquity, shall judge him to be a thing of naught; wherefore they scourge him, and he suffereth it; and they smite him, and he suffereth it. Yea, they spit upon him, and he suffereth it, because of his loving kindness and his long-suffering towards the children of men.

10 And the God of our fathers, who were led out of Egypt, out of bondage, and also were preserved in the wilderness by him, yea, the God of Abraham, and of Isaac, and the God of Jacob, yieldeth himself, according to the words of the angel, as a man, into the hands of wicked men, to be lifted up, according to the words of Zenock, and to be crucified, according to the words of Neum, and to be buried in a sepulchre, according to the words of Zenos, which he spake concerning the three days of darkness, which should be a sign given of his death unto those who

5 Et je raconterai plus loin comment j'ai fait ces plaques ; et maintenant, voici, je poursuis selon ce que j'ai dit ; et cela, je le fais pour que les choses les plus sacrées soient préservées pour la connaissance de mon peuple.

6 Néanmoins, je n'écris sur des plaques que ce que je pense être sacré. Et maintenant, si je me trompe, ceux d'autrefois se sont trompés, eux aussi ; non que je veuille m'excuser à cause d'autres hommes, mais c'est à cause de la faiblesse qui est en moi, selon la chair, que je voudrais m'excuser.

7 Car les choses que certains hommes estiment être d'une grande valeur, tant pour le corps que pour l'âme, d'autres les méprisent et les foulent aux pieds. Oui, les hommes foulent aux pieds jusqu'au Dieu d'Israël lui-même ; je dis foulent aux pieds, mais je voudrais parler en d'autres termes : ils le méprisent et n'écoutent pas la voix de ses recommandations.

8 Et voici, il vient, selon les paroles de l'ange, six cents ans après le moment où mon père quitta Jérusalem.

9 Et le monde, à cause de son iniquité, le jugera comme n'étant que néant ; c'est pourquoi, ils le flagellent, et il le souffre ; et ils le frappent, et il le souffre. Oui, ils crachent sur lui, et il le souffre, à cause de sa bonté aimante et de sa longanimité envers les enfants des hommes.

10 Et le Dieu de nos pères qui furent emmenés hors d'Égypte, hors de servitude, et furent aussi préservés dans le désert par lui, oui, le Dieu d'Abraham, et le Dieu d'Isaac, et le Dieu de Jacob, se livre en tant qu'homme, selon les paroles de l'ange, entre les mains de méchants, pour être élevé, selon les paroles de Zénock, et pour être crucifié, selon les paroles de Néum, et pour être enseveli dans un sépulcre, selon les paroles de Zénos à propos des trois jours de ténèbres, lesquels seraient un signe de sa mort donné à ceux qui habiteraient les îles de la mer, donné plus spécialement à ceux qui sont de la maison d'Israël.

should inhabit the isles of the sea, more especially given unto those who are of the house of Israel.

11 For thus spake the prophet: The Lord God surely shall visit all the house of Israel at that day, some with his voice, because of their righteousness, unto their great joy and salvation, and others with the thunderings and the lightnings of his power, by tempest, by fire, and by smoke, and vapor of darkness, and by the opening of the earth, and by mountains which shall be carried up.

12 And all these things must surely come, saith the prophet Zenos. And the rocks of the earth must rend; and because of the groanings of the earth, many of the kings of the isles of the sea shall be wrought upon by the Spirit of God, to exclaim: The God of nature suffers.

13 And as for those who are at Jerusalem, saith the prophet, they shall be scourged by all people, because they crucify the God of Israel, and turn their hearts aside, rejecting signs and wonders, and the power and glory of the God of Israel.

14 And because they turn their hearts aside, saith the prophet, and have despised the Holy One of Israel, they shall wander in the flesh, and perish, and become a hiss and a byword, and be hated among all nations.

15 Nevertheless, when that day cometh, saith the prophet, that they no more turn aside their hearts against the Holy One of Israel, then will he remember the covenants which he made to their fathers.

16 Yea, then will he remember the isles of the sea; yea, and all the people who are of the house of Israel, will I gather in, saith the Lord, according to the words of the prophet Zenos, from the four quarters of the earth.

17 Yea, and all the earth shall see the salvation of the Lord, saith the prophet; every nation, kindred, tongue and people shall be blessed.

18 And I, Nephi, have written these things unto my people, that perhaps I might persuade them that they would remember the Lord their Redeemer.

19 Wherefore, I speak unto all the house of Israel, if it so be that they should obtain these things.

11 Car ainsi a parlé le prophète : Le Seigneur Dieu visitera assurément, en ce jour-là, toute la maison d'Israël, les uns par sa voix, à cause de leur justice, à leur grande joie et pour leur salut, et les autres par les tonnerres et les éclairs de son pouvoir, par la tempête, par le feu, et par la fumée, et par la vapeur de ténèbres, et par la terre qui s'entrouvrira, et par les montagnes qui seront soulevées.

12 Et toutes ces choses arriveront avec certitude, dit le prophète Zénos. Et les rochers de la terre se fendront ; et à cause des gémissements de la terre, un grand nombre d'entre les rois des îles de la mer seront poussés par l'Esprit de Dieu à s'exclamer : Le Dieu de la nature souffre.

13 Quant à ceux qui sont à Jérusalem, dit le prophète, ils seront flagellés par tous les peuples, parce qu'ils crucifient le Dieu d'Israël et détournent leur cœur, rejetant les signes et les prodiges, et la puissance et la gloire du Dieu d'Israël.

14 Et parce qu'ils détournent leur cœur, dit le prophète, et ont méprisé le Saint d'Israël, ils erreront dans la chair et périront, et deviendront un sujet de fable et de risée, et seront haïs parmi toutes les nations.

15 Néanmoins, lorsque le jour viendra, dit le prophète, où ils ne détourneront plus leur cœur pour se dresser contre le Saint d'Israël, alors il se souviendra des alliances qu'il a faites avec leurs pères.

16 Oui, alors il se souviendra des îles de la mer ; oui, et tous les peuples qui sont de la maison d'Israël, je les rassemblerai, dit le Seigneur, selon les paroles du prophète Zénos, des quatre coins de la terre.

17 Oui, et toute la terre verra le salut du Seigneur, dit le prophète ; toutes les nations, tribus, langues et peuples seront bénis.

18 Et moi, Néphi, j'ai écrit ces choses à mon peuple, afin de peut-être le persuader de se souvenir du Seigneur, son Rédempteur.

19 C'est pourquoi, je parle à toute la maison d'Israël, si ces choses lui parviennent.

20 For behold, I have workings in the spirit, which doth weary me even that all my joints are weak, for those who are at Jerusalem; for had not the Lord been merciful, to show unto me concerning them, even as he had prophets of old, I should have perished also.

21 And he surely did show unto the prophets of old all things concerning them; and also he did show unto many concerning us; wherefore, it must needs be that we know concerning them for they are written upon the plates of brass.

22 Now it came to pass that I, Nephi, did teach my brethren these things; and it came to pass that I did read many things to them, which were engraven upon the plates of brass, that they might know concerning the doings of the Lord in other lands, among people of old.

23 And I did read many things unto them which were written in the books of Moses; but that I might more fully persuade them to believe in the Lord their Redeemer I did read unto them that which was written by the prophet Isaiah; for I did liken all scriptures unto us, that it might be for our profit and learning.

24 Wherefore I spake unto them, saying: Hear ye the words of the prophet, ye who are a remnant of the house of Israel, a branch who have been broken off; hear ye the words of the prophet, which were written unto all the house of Israel, and liken them unto yourselves, that ye may have hope as well as your brethren from whom ye have been broken off; for after this manner has the prophet written.

CHAPTER 20

The Lord reveals His purposes to Israel—Israel has been chosen in the furnace of affliction and is to go forth from Babylon—Compare Isaiah 48. About 588–570 B.C.

1 Hearken and hear this, O house of Jacob, who are called by the name of Israel, and are come forth out of the waters of Judah, or out of the waters of baptism, who swear by the name of the Lord, and make mention of the God of Israel, yet they swear not in truth nor in righteousness.

20 Car voici, j'ai, pour ceux qui sont à Jérusalem, un travail d'esprit qui me lasse, au point de toutes mes jointures sont faibles ; car si le Seigneur n'avait pas eu la miséricorde de me montrer ce qui les concernait, comme il l'a fait avec les prophètes d'autrefois, j'aurais péri aussi.

21 Et il a assurément montré aux prophètes d'autrefois tout ce qui les concerne ; et il a aussi montré à beaucoup ce qui nous concerne ; c'est pourquoi, nous devons nécessairement être informés à ce sujet, car c'est écrit sur les plaques d'airain.

22 Or, il arriva que moi, Néphi, j'enseignai ces choses à mes frères ; et il arriva que je leur lus beaucoup de choses qui étaient gravées sur les plaques d'airain, afin qu'ils fussent au courant des actions du Seigneur dans d'autres pays, parmi les peuples d'autrefois.

23 Et je leur lus beaucoup de choses qui étaient écrites dans les livres de Moïse ; mais afin de les persuader plus complètement de croire au Seigneur, leur Rédempteur, je leur lus ce qui était écrit par le prophète Ésaïe ; car j'appliquaistoutes les Écritures à nous, afin que cela fût pour notre profit et notre instruction.

24 C'est pourquoi, je leur parlai, disant : Entendez les paroles du prophète, vous qui êtes un reste de la maison d'Israël, une branche qui a été coupée ; entendez les paroles du prophète, qui furent écrites à toute la maison d'Israël, et appliquez-les à vous-mêmes, afin que vous ayez l'espérance, aussi bien que vos frères dont vous avez été coupés ; car c'est de cette manière que le prophète a écrit.

CHAPITRE 20

Le Seigneur révèle ses desseins à Israël — Celui-ci a été choisi dans la fournaise de l'affliction et sortira de Babylone — Comparez avec Ésaïe 48. Vers 588–570 av. J.-C.

1 Écoutez et entendez ceci, ô maison de Jacob, vous qui portez le nom d'Israël, et qui êtes sortis des eaux de Juda, ou des eaux du baptême, vous qui jurez par le nom du Seigneur, et qui invoquez le Dieu d'Israël, pourtant ils jurent sans vérité ni droiture.

2 Nevertheless, they call themselves of the holy city, but they do not stay themselves upon the God of Israel, who is the Lord of Hosts; yea, the Lord of Hosts is his name.

3 Behold, I have declared the former things from the beginning; and they went forth out of my mouth, and I showed them. I did show them suddenly.

4 And I did it because I knew that thou art obstinate, and thy neck is an iron sinew, and thy brow brass;

5 And I have even from the beginning declared to thee; before it came to pass I showed them thee; and I showed them for fear lest thou shouldst say—Mine idol hath done them, and my graven image, and my molten image hath commanded them.

6 Thou hast seen and heard all this; and will ye not declare them? And that I have showed thee new things from this time, even hidden things, and thou didst not know them.

7 They are created now, and not from the beginning, even before the day when thou heardest them not they were declared unto thee, lest thou shouldst say—Behold I knew them.

8 Yea, and thou heardest not; yea, thou knewest not; yea, from that time thine ear was not opened; for I knew that thou wouldst deal very treacherously, and wast called a transgressor from the womb.

9 Nevertheless, for my name's sake will I defer mine anger, and for my praise will I refrain from thee, that I cut thee not off.

10 For, behold, I have refined thee, I have chosen thee in the furnace of affliction.

11 For mine own sake, yea, for mine own sake will I do this, for I will not suffer my name to be polluted, and I will not give my glory unto another.

12 Hearken unto me, O Jacob, and Israel my called, for I am he; I am the first, and I am also the last.

13 Mine hand hath also laid the foundation of the earth, and my right hand hath spanned the heavens. I call unto them and they stand up together.

2 Néanmoins, ils prennent leur nom de la ville sainte, mais ils ne s'appuient pas sur le Dieu d'Israël, qui est le Seigneur des armées ; oui, Seigneur des armées est son nom.

3 Voici, j'ai annoncé les choses anciennes dès le début ; et elles sont sorties de ma bouche, et je les ai publiées. Je les ai montrées soudainement.

4 Et je l'ai fait sachant que tu es endurci, que ton cou est une barre de fer, et que tu as un front d'airain,

5 je t'ai annoncé ces choses depuis le commencement même ; je te les ai déclarées avant qu'elles arrivassent ; et je les ai montrées de peur que tu ne dises : C'est mon idole qui les a faites, c'est mon image taillée ou mon image en fonte qui les a ordonnées.

6 Tu as vu et entendu tout cela ; et vous, ne l'annoncerez-vous pas ? Et que maintenant, je t'annonce des choses nouvelles, cachées, inconnues de toi.

7 Elles se produisent à présent, et n'appartiennent point au passé ; même avant le jour où tu ne les avais pas entendues, elles te furent annoncées, afin que tu ne dises pas : Voici, je le savais.

8 Oui, et tu n'en as rien appris, tu n'en as rien su ; et jadis ton oreille n'en a point été frappée : car je savais que tu serais infidèle, et que dès ta naissance tu fus appelé rebelle.

9 Néanmoins, à cause de mon nom, je suspends ma colère ; à cause de ma gloire, je me contiens envers toi, pour ne pas t'exterminer.

10 Je t'ai mis au creuset, je t'ai éprouvé dans la fournaise de l'adversité.

11 C'est pour l'amour de moi, oui, pour l'amour de moi, que je vais faire cela, car je ne permettrai pas que mon nom soit profané, et je ne donnerai pas ma gloire à un autre.

12 Écoute-moi, Jacob ! et toi, Israël, que j'ai appelé, car c'est moi, moi qui suis le premier, c'est aussi moi qui suis le dernier.

13 Ma main a fondé la terre, et ma droite a étendu les cieux : je les appelle, et aussitôt ils se présentent.

14 All ye, assemble yourselves, and hear; who among them hath declared these things unto them? The Lord hath loved him; yea, and he will fulfil his word which he hath declared by them; and he will do his pleasure on Babylon, and his arm shall come upon the Chaldeans.

15 Also, saith the Lord; I the Lord, yea, I have spoken; yea, I have called him to declare, I have brought him, and he shall make his way prosperous.

16 Come ye near unto me; I have not spoken in secret; from the beginning, from the time that it was declared have I spoken; and the Lord God, and his Spirit, hath sent me.

17 And thus saith the Lord, thy Redeemer, the Holy One of Israel; I have sent him, the Lord thy God who teacheth thee to profit, who leadeth thee by the way thou shouldst go, hath done it.

18 O that thou hadst hearkened to my commandments—then had thy peace been as a river, and thy righteousness as the waves of the sea.

19 Thy seed also had been as the sand; the offspring of thy bowels like the gravel thereof; his name should not have been cut off nor destroyed from before me.

20 Go ye forth of Babylon, flee ye from the Chaldeans, with a voice of singing declare ye, tell this, utter to the end of the earth; say ye: The Lord hath redeemed his servant Jacob.

21 And they thirsted not; he led them through the deserts; he caused the waters to flow out of the rock for them; he clave the rock also and the waters gushed out.

22 And notwithstanding he hath done all this, and greater also, there is no peace, saith the Lord, unto the wicked.

14 Vous tous, assemblez-vous, et écoutez ! Qui d'entre eux leur a annoncé ces choses ? Le Seigneur l'a aimé ; oui, et il accomplira la parole qu'il a annoncée par eux ; et il exécutera sa volonté contre Babylone, et son bras s'appesantira sur les Chaldéens.

15 Aussi, dit le Seigneur : Moi, le Seigneur, oui, j'ai parlé ; oui, je l'ai appelé pour annoncer, je l'ai fait venir, et son œuvre réussira.

16 Approchez-vous de moi ! Je n'ai pas parlé en secret ; depuis le commencement, depuis le moment où cela a été annoncé, j'ai parlé ; et le Seigneur Dieu m'a envoyé, avec son Esprit.

17 Et ainsi parle le Seigneur, ton Rédempteur, le Saint d'Israël ; je l'ai envoyé, le Seigneur, ton Dieu, qui t'instruit pour ton bien, qui te conduit dans la voie que tu dois suivre, l'a fait.

18 Oh ! si tu étais attentif à mes commandements ! Ton bien-être serait comme un fleuve, et ton bonheur comme les flots de la mer.

19 Ta postérité serait comme le sable, les fruits de tes entrailles comme les grains de sable ; ton nom ne serait point effacé, anéanti devant moi.

20 Sortez de Babylone, fuyez du milieu des Chaldéens ! Avec une voix d'allégresse annoncez-le, publiez-le, faites-le savoir jusqu'à l'extrémité de la terre, dites : Le Seigneur a racheté son serviteur Jacob.

21 Et ils n'ont pas eu soif ; il leur a fait traverser les déserts ; il a fait jaillir pour eux l'eau du rocher, il a fendu le rocher aussi et l'eau a coulé.

22 Et en dépit de ce qu'il a fait tout cela, et des choses plus grandes aussi, il n'y a point de paix pour les méchants, dit le Seigneur.

CHAPTER 21

The Messiah will be a light to the Gentiles and will free the prisoners—Israel will be gathered with power in the last days—Kings will be their nursing fathers—Compare Isaiah 49. About 588–570 B.C.

CHAPITRE 21

Le Messie sera une lumière pour les Gentils et délivrera les prisonniers — Israël sera rassemblé avec puissance dans les derniers jours — Des rois seront leurs nourriciers — Comparez avec Ésaïe 49. Vers 588–570 av. J.-C.

1 And again: Hearken, O ye house of Israel, all ye that are broken off and are driven out because of the wickedness of the pastors of my people; yea, all ye that are broken off, that are scattered abroad, who are of my people, O house of Israel. Listen, O isles, unto me, and hearken ye people from far; the Lord hath called me from the womb; from the bowels of my mother hath he made mention of my name.

2 And he hath made my mouth like a sharp sword; in the shadow of his hand hath he hid me, and made me a polished shaft; in his quiver hath he hid me;

3 And said unto me: Thou art my servant, O Israel, in whom I will be glorified.

4 Then I said, I have labored in vain, I have spent my strength for naught and in vain; surely my judgment is with the Lord, and my work with my God.

5 And now, saith the Lord—that formed me from the womb that I should be his servant, to bring Jacob again to him—though Israel be not gathered, yet shall I be glorious in the eyes of the Lord, and my God shall be my strength.

6 And he said: It is a light thing that thou shouldst be my servant to raise up the tribes of Jacob, and to restore the preserved of Israel. I will also give thee for a light to the Gentiles, that thou mayest be my salvation unto the ends of the earth.

7 Thus saith the Lord, the Redeemer of Israel, his Holy One, to him whom man despiseth, to him whom the nations abhorreth, to servant of rulers: Kings shall see and arise, princes also shall worship, because of the Lord that is faithful.

8 Thus saith the Lord: In an acceptable time have I heard thee, O isles of the sea, and in a day of salvation have I helped thee; and I will preserve thee, and give thee my servant for a covenant of the people, to establish the earth, to cause to inherit the desolate heritages;

9 That thou mayest say to the prisoners: Go forth; to them that sit in darkness: Show yourselves. They shall feed in the ways, and their pastures shall be in all high places.

10 They shall not hunger nor thirst, neither shall the heat nor the sun smite them; for he

1 Et encore : Écoutez, ô maison d'Israël, vous tous qui êtes coupés et chassés au dehors à cause de la méchanceté des pasteurs de mon peuple ; oui, vous tous qui êtes coupés, qui êtes dispersés au dehors, qui êtes de mon peuple, ô maison d'Israël. Iles, écoutez-moi ! Peuples lointains, soyez attentifs ! Le Seigneur m'a appelé dès ma naissance, il m'a nommé dès ma sortie des entrailles maternelles.

2 Il a rendu ma bouche semblable à un glaive tranchant, il m'a couvert de l'ombre de sa main ; il a fait de moi une flèche aiguë, il m'a caché dans son carquois.

3 Et il m'a dit : Tu es mon serviteur, Israël, en qui je me glorifierai.

4 Et moi j'ai dit : C'est en vain que j'ai travaillé, c'est pour le vide et le néant que j'ai consumé ma force ; mais mon droit est auprès du Seigneur, et ma récompense auprès de mon Dieu.

5 Et maintenant, dit le Seigneur — lui qui m'a formé dès ma naissance pour que je sois son serviteur, pour ramener à lui Jacob — bien qu'Israël ne soit pas rassemblé, cependant je serai glorieux aux yeux du Seigneur, et mon Dieu sera ma force.

6 Il dit : C'est peu que tu sois mon serviteur pour relever les tribus de Jacob et pour ramener les restes d'Israël : Je t'établis pour être la lumière des nations, pour porter mon salut jusqu'aux extrémités de la terre.

7 Ainsi parle le Seigneur, le Rédempteur, le Saint d'Israël, à celui que l'on méprise, qui est en horreur au peuple, à l'esclave des puissants : Des rois le verront, et ils se lèveront, des princes aussi, et ils se prosterneront, à cause du Seigneur, qui est fidèle.

8 Ainsi parle le Seigneur : Au temps de la grâce je t'exaucerai, ô îles de la mer, et au jour du salut je te secourrai ; je te garderai et te donnerai mon serviteur pour traiter alliance avec le peuple, pour relever le pays, et pour distribuer les héritages désolés ;

9 pour dire aux captifs : Sortez ! et à ceux qui sont assis dans les ténèbres : Paraissez ! Ils paîtront sur les chemins, et ils trouveront des pâturages sur tous les coteaux.

10 Ils n'auront pas faim et ils n'auront pas soif ; le mirage et le soleil ne les feront point

that hath mercy on them shall lead them, even by the springs of water shall he guide them.

11 And I will make all my mountains a way, and my highways shall be exalted.

12 And then, O house of Israel, behold, these shall come from far; and lo, these from the north and from the west; and these from the land of Sinim.

13 Sing, O heavens; and be joyful, O earth; for the feet of those who are in the east shall be established; and break forth into singing, O mountains; for they shall be smitten no more; for the Lord hath comforted his people, and will have mercy upon his afflicted.

14 But, behold, Zion hath said: The Lord hath forsaken me, and my Lord hath forgotten me—but he will show that he hath not.

15 For can a woman forget her sucking child, that she should not have compassion on the son of her womb? Yea, they may forget, yet will I not forget thee, O house of Israel.

16 Behold, I have graven thee upon the palms of my hands; thy walls are continually before me.

17 Thy children shall make haste against thy destroyers; and they that made thee waste shall go forth of thee.

18 Lift up thine eyes round about and behold; all these gather themselves together, and they shall come to thee. And as I live, saith the Lord, thou shalt surely clothe thee with them all, as with an ornament, and bind them on even as a bride.

19 For thy waste and thy desolate places, and the land of thy destruction, shall even now be too narrow by reason of the inhabitants; and they that swallowed thee up shall be far away.

20 The children whom thou shalt have, after thou hast lost the first, shall again in thine ears say: The place is too strait for me; give place to me that I may dwell.

21 Then shalt thou say in thine heart: Who hath begotten me these, seeing I have lost my children, and am desolate, a captive, and removing to and fro? And who hath brought up these? Behold, I was left alone; these, where have they been?

22 Thus saith the Lord God: Behold, I will lift up mine hand to the Gentiles, and set up

souffrir ; car celui qui a pitié d'eux sera leur guide, et il les conduira vers des sources d'eaux.

11 Je changerai toutes mes montagnes en chemins, et mes routes seront frayées.

12 Et alors, ô maison d'Israël, voici, ils viennent de loin, les uns du septentrion et de l'occident, les autres du pays de Sinim.

13 Cieux, réjouissez-vous ! Terre, sois dans l'allégresse ! Car les pieds de ceux qui sont à l'orient seront affermis. Montagnes, éclatez en cris de joie ! Car ils ne seront plus frappés ; car le Seigneur console son peuple, il a pitié de ses malheureux.

14 Mais voici, Sion a dit : Le Seigneur m'abandonne, le Seigneur m'oublie — mais il montrera que non.

15 Car une femme oublie-t-elle l'enfant qu'elle allaite ? N'a-t-elle pas pitié du fruit de ses entrailles ? Quand elle l'oublierait, moi je ne t'oublierai point, ô maison d'Israël.

16 Voici, je t'ai gravée sur mes mains ; tes murs sont toujours devant mes yeux.

17 Tes fils accourent contre tes destructeurs ; ceux qui t'avaient ravagée sortiront du milieu de toi.

18 Porte tes yeux alentour, et regarde : tous ils s'assemblent, ils viendront vers toi. Et je suis vivant ! dit le Seigneur, tu les revêtiras tous comme une parure, tu t'en ceindras comme une fiancée.

19 Dans tes places ravagées et désertes, dans ton pays ruiné tes habitants seront désormais à l'étroit ; et ceux qui te dévoraient s'éloigneront.

20 Ils répéteront à tes oreilles, ces fils que tu auras après avoir perdu les premiers : L'espace est trop étroit pour moi, fais-moi de la place, pour que je puisse m'établir.

21 Et tu diras en ton cœur : Qui me les a engendrés ? Car j'étais sans enfants, j'étais stérile. J'étais exilée, répudiée : qui les a élevés ? J'étais restée seule : ceux-ci, où étaient-ils ?

22 Ainsi a parlé le Seigneur Dieu : Voici : je lèverai ma main vers les nations, je dresserai

my standard to the people; and they shall bring thy sons in their arms, and thy daughters shall be carried upon their shoulders.

23 And kings shall be thy nursing fathers, and their queens thy nursing mothers; they shall bow down to thee with their face towards the earth, and lick up the dust of thy feet; and thou shalt know that I am the Lord; for they shall not be ashamed that wait for me.

24 For shall the prey be taken from the mighty, or the lawful captives delivered?

25 But thus saith the Lord, even the captives of the mighty shall be taken away, and the prey of the terrible shall be delivered; for I will contend with him that contendeth with thee, and I will save thy children.

26 And I will feed them that oppress thee with their own flesh; they shall be drunken with their own blood as with sweet wine; and all flesh shall know that I, the Lord, am thy Savior and thy Redeemer, the Mighty One of Jacob.

CHAPTER 22

Israel will be scattered upon all the face of the earth—The Gentiles will nurse and nourish Israel with the gospel in the last days—Israel will be gathered and saved, and the wicked will burn as stubble—The kingdom of the devil will be destroyed, and Satan will be bound. About 588–570 B.C.

1 And now it came to pass that after I, Nephi, had read these things which were engraven upon the plates of brass, my brethren came unto me and said unto me: What meaneth these things which ye have read? Behold, are they to be understood according to things which are spiritual, which shall come to pass according to the spirit and not the flesh?

2 And I, Nephi, said unto them: Behold they were manifest unto the prophet by the voice of the Spirit; for by the Spirit are all things made known unto the prophets, which shall come upon the children of men according to the flesh.

3 Wherefore, the things of which I have read are things pertaining to things both temporal and spiritual; for it appears that

ma bannière vers les peuples ; et ils ramèneront tes fils entre leurs bras, ils porteront tes filles sur les épaules.

23 Des rois seront tes nourriciers, et leurs princesses tes nourrices ; ils se prosterneront devant toi la face contre terre, et ils lécheront la poussière de tes pieds, et tu sauras que je suis le Seigneur, et que ceux qui espèrent en moi ne seront point confus.

24 Car le butin du puissant lui sera-t-il enlevé ? Et la capture faite sur le juste échappera-t-elle ?

25 Oui, dit le Seigneur, la capture du puissant lui sera enlevée, et le butin du tyran lui échappera ; je combattrai tes ennemis, et je sauverai tes fils.

26 Je ferai manger à tes oppresseurs leur propre chair ; ils s'enivreront de leur sang comme du moût ; et toute chair saura que je suis le Seigneur, ton Sauveur, ton Rédempteur, le Puissant de Jacob.

CHAPITRE 22

Israël sera dispersé sur toute la surface de la terre — Les Gentils prendront soin d'Israël et le nourriront dans les derniers jours, grâce à l'Évangile — Israël sera rassemblé et sauvé, et les méchants brûleront comme du chaume — Le royaume du diable sera détruit et Satan sera lié. Vers 588–570 av. J.-C.

1 Et alors, il arriva que lorsque moi, Néphi, j'eus lu les choses qui étaient gravées sur les plaques d'airain, mes frères vinrent à moi et me dirent : Que signifient les choses que tu as lues ? Voici, faut-il les comprendre selon les choses qui sont spirituelles, qui arriveront selon l'esprit et non selon la chair ?

2 Et moi, Néphi, je leur dis : Voici, cela a été manifesté au prophète par la voix de l'Esprit ; car par l'Esprit est révélé aux prophètes tout ce qui arrivera aux enfants des hommes selon la chair.

3 C'est pourquoi, les choses que j'ai lues sont des choses qui ont trait à des choses à la fois temporelles et spirituelles ; car il apparaît

the house of Israel, sooner or later, will be scattered upon all the face of the earth, and also among all nations.

4 And behold, there are many who are already lost from the knowledge of those who are at Jerusalem. Yea, the more part of all the tribes have been led away; and they are scattered to and fro upon the isles of the sea; and whither they are none of us knoweth, save that we know that they have been led away.

5 And since they have been led away, these things have been prophesied concerning them, and also concerning all those who shall hereafter be scattered and be confounded, because of the Holy One of Israel; for against him will they harden their hearts; wherefore, they shall be scattered among all nations and shall be hated of all men.

6 Nevertheless, after they shall be nursed by the Gentiles, and the Lord has lifted up his hand upon the Gentiles and set them up for a standard, and their children have been carried in their arms, and their daughters have been carried upon their shoulders, behold these things of which are spoken are temporal; for thus are the covenants of the Lord with our fathers; and it meaneth us in the days to come, and also all our brethren who are of the house of Israel.

7 And it meaneth that the time cometh that after all the house of Israel have been scattered and confounded, that the Lord God will raise up a mighty nation among the Gentiles, yea, even upon the face of this land; and by them shall our seed be scattered.

8 And after our seed is scattered the Lord God will proceed to do a marvelous work among the Gentiles, which shall be of great worth unto our seed; wherefore, it is likened unto their being nourished by the Gentiles and being carried in their arms and upon their shoulders.

9 And it shall also be of worth unto the Gentiles; and not only unto the Gentiles but unto all the house of Israel, unto the making known of the covenants of the Father of heaven unto Abraham, saying: In thy seed shall all the kindreds of the earth be blessed.

que la maison d'Israël sera tôt ou tard dispersée sur toute la surface de la terre, et aussi parmi toutes les nations.

4 Et voici, il y en a beaucoup dont ceux qui sont à Jérusalem n'ont déjà plus aucune connaissance. Oui, la plus grande partie de toutes les tribus a été emmenée ; et elles sont dispersées çà et là dans les îles de la mer ; et où elles sont, nul d'entre nous ne le sait, si ce n'est que nous savons qu'elles ont été emmenées.

5 Et depuis qu'elles ont été emmenées, ces choses ont été prophétisées à leur sujet, et aussi au sujet de tous ceux qui seront dorénavant dispersés et confondus à cause du Saint d'Israël ; car ils s'endurciront le cœur contre lui, c'est pourquoi ils seront dispersés parmi toutes les nations et seront haïs de tous les hommes.

6 Néanmoins, lorsqu'ils auront été nourris par les Gentils, et que le Seigneur aura élevé la main sur les Gentils et les aura dressés comme bannière, et que leurs enfants auront été portés dans leurs bras, et que leurs filles auront été portées sur leurs épaules, voici, ces choses dont il est parlé sont temporelles ; car telles sont les alliances du Seigneur avec nos pères ; et cela se rapporte à nous dans les jours à venir, et aussi à tous nos frères qui sont de la maison d'Israël.

7 Et cela signifie que le moment vient où, lorsque toute la maison d'Israël aura été dispersée et confondue, le Seigneur Dieu suscitera une puissante nation parmi les Gentils, oui, sur la surface de ce pays ; et c'est par elle que notre postérité sera dispersée.

8 Et lorsque notre postérité sera dispersée, le Seigneur Dieu se mettra à faire, parmi les Gentils, une œuvre merveilleuse, qui aura une grande valeur pour notre postérité ; c'est pourquoi, c'est comme s'ils étaient nourris par les Gentils et étaient portés dans leurs bras et sur leurs épaules.

9 Et elle aura aussi de la valeur pour les Gentils ; et non seulement pour les Gentils, mais pour toute la maison d'Israël, en ce qu'elle fera connaître les alliances du Père du ciel avec Abraham, disant : Toutes les familles de la terre seront bénies en ta postérité.

10 And I would, my brethren, that ye should know that all the kindreds of the earth cannot be blessed unless he shall make bare his arm in the eyes of the nations.

11 Wherefore, the Lord God will proceed to make bare his arm in the eyes of all the nations, in bringing about his covenants and his gospel unto those who are of the house of Israel.

12 Wherefore, he will bring them again out of captivity, and they shall be gathered together to the lands of their inheritance; and they shall be brought out of obscurity and out of darkness; and they shall know that the Lord is their Savior and their Redeemer, the Mighty One of Israel.

13 And the blood of that great and abominable church, which is the whore of all the earth, shall turn upon their own heads; for they shall war among themselves, and the sword of their own hands shall fall upon their own heads, and they shall be drunken with their own blood.

14 And every nation which shall war against thee, O house of Israel, shall be turned one against another, and they shall fall into the pit which they digged to ensnare the people of the Lord. And all that fight against Zion shall be destroyed, and that great whore, who hath perverted the right ways of the Lord, yea, that great and abominable church, shall tumble to the dust and great shall be the fall of it.

15 For behold, saith the prophet, the time cometh speedily that Satan shall have no more power over the hearts of the children of men; for the day soon cometh that all the proud and they who do wickedly shall be as stubble; and the day cometh that they must be burned.

16 For the time soon cometh that the fulness of the wrath of God shall be poured out upon all the children of men; for he will not suffer that the wicked shall destroy the righteous.

17 Wherefore, he will preserve the righteous by his power, even if it so be that the fulness of his wrath must come, and the righteous be preserved, even unto the destruction of their enemies by fire. Wherefore, the righteous need not fear; for thus saith the prophet, they shall be saved, even if it so be as by fire.

10 Et je voudrais, mes frères, que vous sachiez que toutes les familles de la terre ne peuvent être bénies que s'il découvre son bras aux yeux des nations.

11 C'est pourquoi, le Seigneur Dieu se mettra à découvrir son bras aux yeux de toutes les nations, pour réaliser ses alliances et son Évangile pour ceux qui sont de la maison d'Israël.

12 C'est pourquoi, il les ramènera de captivité, et ils seront rassemblés dans les pays de leur héritage ; et ils seront tirés de l'obscurité et des ténèbres ; et ils sauront que le Seigneur est leur Sauveur et leur Rédempteur, le Puissantd'Israël.

13 Et le sang de cette grande et abominable Église, qui est la prostituée de toute la terre, retombera sur sa propre tête ; car ils se feront la guerre entre eux, et l'épée de leur main tombera sur leur tête, et ils s'enivreront de leur propre sang.

14 Et toutes les nations qui te feront la guerre, ô maison d'Israël, se tourneront l'une contre l'autre, et elles tomberont dans la fosse qu'elles ont creusée pour prendre au piège le peuple du Seigneur. Et tous ceux qui combattent Sion seront détruits, et cette grande prostituée, qui a perverti les voies droites du Seigneur, oui, cette grande et abominable Église, s'écroulera dans la poussière, et grande sera sa chute.

15 Car voici, dit le prophète, le temps vient rapidement où Satan n'aura plus de pouvoir sur le cœur des enfants des hommes ; car le jour vient bientôt où tous les hautains et tous les méchants seront comme du chaume ; et le jour vient où ils seront brûlés.

16 Car le temps vient bientôt où la plénitude de la colère de Dieu sera déversée sur tous les enfants des hommes ; car il ne souffrira pas que les méchants détruisent les justes.

17 C'est pourquoi, il préservera les justes par son pouvoir, même si la plénitude de sa colère doit venir, et si les justes doivent être préservés par la destruction de leurs ennemis par le feu. C'est pourquoi, les justes n'ont rien à craindre ; car ainsi dit le prophète : Ils seront sauvés, même si c'est comme par le feu.

18 Behold, my brethren, I say unto you, that these things must shortly come; yea, even blood, and fire, and vapor of smoke must come; and it must needs be upon the face of this earth; and it cometh unto men according to the flesh if it so be that they will harden their hearts against the Holy One of Israel.

19 For behold, the righteous shall not perish; for the time surely must come that all they who fight against Zion shall be cut off.

20 And the Lord will surely prepare a way for his people, unto the fulfilling of the words of Moses, which he spake, saying: A prophet shall the Lord your God raise up unto you, like unto me; him shall ye hear in all things whatsoever he shall say unto you. And it shall come to pass that all those who will not hear that prophet shall be cut off from among the people.

21 And now I, Nephi, declare unto you, that this prophet of whom Moses spake was the Holy One of Israel; wherefore, he shall execute judgment in righteousness.

22 And the righteous need not fear, for they are those who shall not be confounded. But it is the kingdom of the devil, which shall be built up among the children of men, which kingdom is established among them which are in the flesh—

23 For the time speedily shall come that all churches which are built up to get gain, and all those who are built up to get power over the flesh, and those who are built up to become popular in the eyes of the world, and those who seek the lusts of the flesh and the things of the world, and to do all manner of iniquity; yea, in fine, all those who belong to the kingdom of the devil are they who need fear, and tremble, and quake; they are those who must be brought low in the dust; they are those who must be consumed as stubble; and this is according to the words of the prophet.

24 And the time cometh speedily that the righteous must be led up as calves of the stall, and the Holy One of Israel must reign in dominion, and might, and power, and great glory.

25 And he gathereth his children from the four quarters of the earth; and he numbereth his sheep, and they know him; and there shall be one fold and one shepherd; and he

18 Voici, mes frères, je vous dis que ces choses vont bientôt arriver ; oui, le sang, et le feu, et la vapeur de fumée vont arriver ; et cela doit nécessairement être sur la surface de cette terre ; et cela arrive aux hommes, selon la chair, s'ils s'endurcissent le cœur contre le Saint d'Israël.

19 Car voici, les justes ne périront pas, car le temps va assurément arriver où tous ceux qui combattent Sion seront retranchés.

20 Et le Seigneur préparera assurément la voie pour son peuple pour que s'accomplissent les paroles de Moïse, paroles qu'il a prononcées, disant : Le Seigneur, votre Dieu, vous suscitera un prophète comme moi ; vous l'écouterez dans toutes les choses qu'il vous dira. Et il arrivera que quiconque n'écoutera pas ce prophète sera retranché du milieu du peuple.

21 Et maintenant, moi, Néphi, je vous déclare que ce prophète dont Moïse parlait est le Saint d'Israël ; c'est pourquoi, il exercera le jugement en justice.

22 Les justes n'ont rien à craindre, car ils sont ceux qui ne seront pas confondus. Mais c'est le royaume du diable, qui sera édifié parmi les enfants des hommes, lequel royaume est établi parmi ceux qui sont dans la chair :

23 car le temps viendra rapidement où toutes les Églises qui sont édifiées pour obtenir du gain, et toutes celles qui sont édifiées pour obtenir du pouvoir sur la chair, et celles qui sont édifiées pour devenir populaires aux yeux du monde, et celles qui recherchent les convoitises de la chair et les choses du monde et à commettre toutes sortes d'iniquités, oui, en bref, toutes celles qui appartiennent au royaume du diable, ce sont elles qui ont à craindre, et à trembler, et à frémir ; ce sont elles qui vont être abaissées dans la poussière ; ce sont elles qui vont être consumées comme du chaume, et cela est selon les paroles du prophète.

24 Et le temps vient rapidement où les justes sauteront comme les veaux d'une étable et où le Saint d'Israël régnera en domination, et en puissance, et en pouvoir, et en grande gloire.

25 Et il rassemble ses enfants des quatre coins de la terre, et il compte ses brebis, et elles le connaissent ; et il y aura un seul troupeau et un seul berger ; et il paîtra ses

shall feed his sheep, and in him they shall find pasture.

26 And because of the righteousness of his people, Satan has no power; wherefore, he cannot be loosed for the space of many years; for he hath no power over the hearts of the people, for they dwell in righteousness, and the Holy One of Israel reigneth.

27 And now behold, I, Nephi, say unto you that all these things must come according to the flesh.

28 But, behold, all nations, kindreds, tongues, and people shall dwell safely in the Holy One of Israel if it so be that they will repent.

29 And now I, Nephi, make an end; for I durst not speak further as yet concerning these things.

30 Wherefore, my brethren, I would that ye should consider that the things which have been written upon the plates of brass are true; and they testify that a man must be obedient to the commandments of God.

31 Wherefore, ye need not suppose that I and my father are the only ones that have testified, and also taught them. Wherefore, if ye shall be obedient to the commandments, and endure to the end, ye shall be saved at the last day. And thus it is. Amen.

brebis, et en lui elles trouveront du pâturage.

26 Et à cause de la justice de son peuple, Satan n'a pas de pouvoir ; c'est pourquoi, il ne peut être délié pendant de nombreuses années ; car il n'a pas de pouvoir sur le cœur du peuple, car celui-ci demeure dans la justice, et le Saint d'Israël règne.

27 Et maintenant, voici, moi, Néphi, je vous dis que toutes ces choses doivent arriver selon la chair.

28 Mais voici, toutes les nations, tribus, langues et peuples demeureront en sécurité dans le Saint d'Israël, s'ils se repentent.

29 Et maintenant, moi, Néphi, je termine, car pour le moment je n'ose pas en dire davantage là-dessus.

30 C'est pourquoi, mes frères, je voudrais que vous considériez que les choses qui ont été écrites sur les plaques d'airain sont vraies ; et elles témoignent que l'homme doit être obéissant aux commandements de Dieu.

31 C'est pourquoi, vous ne devez pas penser que mon père et moi, nous soyons les seuls à en avoir témoigné et à l'avoir enseigné. C'est pourquoi, si vous êtes obéissants aux commandements et persévérez jusqu'à la fin, vous serez sauvés au dernier jour. Et ainsi en est-il. Amen.

THE SECOND BOOK OF NEPHI

DEUXIÈME LIVRE DE NÉPHI

An account of the death of Lehi. Nephi's brethren rebel against him. The Lord warns Nephi to depart into the wilderness. His journeyings in the wilderness, and so forth.

Récit de la mort de Léhi. Les frères de Néphi se rebellent contre lui. Le Seigneur avertit Néphi qu'il doit partir dans le désert. Ses voyages dans le désert, et ainsi de suite.

CHAPTER 1

CHAPITRE 1

Lehi prophesies of a land of liberty—His seed will be scattered and smitten if they reject the Holy One of Israel—He exhorts his sons to put on the armor of righteousness. About 588–570 B.C.

Léhi prophétise concernant un pays de liberté — Sa postérité sera dispersée et frappée si elle rejette le Saint d'Israël — Il exhorte ses fils à revêtir l'armure de la justice. Vers 588–570 av. J.-C.

1 And now it came to pass that after I, Nephi, had made an end of teaching my brethren, our father, Lehi, also spake many things unto them, and rehearsed unto them, how great things the Lord had done for them in bringing them out of the land of Jerusalem.

2 And he spake unto them concerning their rebellions upon the waters, and the mercies of God in sparing their lives, that they were not swallowed up in the sea.

3 And he also spake unto them concerning the land of promise, which they had obtained—how merciful the Lord had been in warning us that we should flee out of the land of Jerusalem.

4 For, behold, said he, I have seen a vision, in which I know that Jerusalem is destroyed; and had we remained in Jerusalem we should also have perished.

5 But, said he, notwithstanding our afflictions, we have obtained a land of promise, a land which is choice above all other lands; a land which the Lord God hath covenanted with me should be a land for the inheritance of my seed. Yea, the Lord hath covenanted this land unto me, and to my children forever, and also all those who should be led out of other countries by the hand of the Lord.

6 Wherefore, I, Lehi, prophesy according to the workings of the Spirit which is in me, that there shall none come into this land save they shall be brought by the hand of the Lord.

7 Wherefore, this land is consecrated unto him whom he shall bring. And if it so be that they shall serve him according to the commandments which he hath given, it shall be a land of liberty unto them; wherefore, they shall never be brought down into captivity; if so, it shall be because of iniquity; for if iniquity shall abound cursed shall be the land for their sakes, but unto the righteous it shall be blessed forever.

8 And behold, it is wisdom that this land should be kept as yet from the knowledge of other nations; for behold, many nations would overrun the land, that there would be no place for an inheritance.

9 Wherefore, I, Lehi, have obtained a promise, that inasmuch as those whom the Lord God shall bring out of the land of Jerusalem

1 Et alors, il arriva que lorsque moi, Néphi, j'eus fini d'instruire mes frères, notre père, Léhi, leur dit aussi beaucoup de choses et leur répéta les grandes choses que le Seigneur avait faites pour eux en les faisant sortir du pays de Jérusalem.

2 Et il leur parla de leurs rébellions sur les eaux et de la miséricorde que Dieu avait montrée en leur épargnant la vie, de sorte qu'ils ne furent pas engloutis dans la mer.

3 Et il leur parla aussi de la terre de promission qu'ils avaient obtenue : combien le Seigneur avait été miséricordieux en nous avertissant que nous devions nous enfuir du pays de Jérusalem.

4 Car voici, dit-il, j'ai eu une vision par laquelle je sais que Jérusalem est détruite ; et si nous étions restés à Jérusalem, nous aurions péri aussi.

5 Mais, dit-il, malgré nos afflictions, nous avons obtenu une terre de promission, une terre qui est préférable à toutes les autres terres, une terre dont le Seigneur Dieu a fait alliance avec moi qu'elle serait une terre pour l'héritage de ma postérité. Oui, le Seigneur m'a donné, par alliance, cette terre à jamais, à moi et à mes enfants, et aussi à tous ceux qui seront emmenés d'autres pays par la main du Seigneur.

6 C'est pourquoi, moi, Léhi, je prophétise, selon l'inspiration de l'Esprit qui est en moi, que nul ne viendra dans cette terre s'il n'y est amené par la main du Seigneur.

7 C'est pourquoi, cette terre est consacrée à ceux qu'il amènera. Et s'ils le servent selon les commandements qu'il a donnés, ce sera pour eux une terre de liberté : c'est pourquoi, ils ne seront jamais réduits en captivité ; s'ils le sont, ce sera pour cause d'iniquité ; car si l'iniquité abonde, la terre sera maudite pour eux, mais, pour les justes, elle sera bénie à jamais.

8 Et voici, il est sage que cette terre soit soustraite, pour le moment, à la connaissance d'autres nations ; car voici, beaucoup de nations envahiraient la terre, de sorte qu'il n'y aurait pas de place pour un héritage.

9 C'est pourquoi, moi, Léhi, j'ai obtenu la promesse que, si ceux que le Seigneur Dieu fera sortir du pays de Jérusalem gardent ses

shall keep his commandments, they shall prosper upon the face of this land; and they shall be kept from all other nations, that they may possess this land unto themselves. And if it so be that they shall keep his commandments they shall be blessed upon the face of this land, and there shall be none to molest them, nor to take away the land of their inheritance; and they shall dwell safely forever.

10 But behold, when the time cometh that they shall dwindle in unbelief, after they have received so great blessings from the hand of the Lord—having a knowledge of the creation of the earth, and all men, knowing the great and marvelous works of the Lord from the creation of the world; having power given them to do all things by faith; having all the commandments from the beginning, and having been brought by his infinite goodness into this precious land of promise—behold, I say, if the day shall come that they will reject the Holy One of Israel, the true Messiah, their Redeemer and their God, behold, the judgments of him that is just shall rest upon them.

11 Yea, he will bring other nations unto them, and he will give unto them power, and he will take away from them the lands of their possessions, and he will cause them to be scattered and smitten.

12 Yea, as one generation passeth to another there shall be bloodsheds, and great visitations among them; wherefore, my sons, I would that ye would remember; yea, I would that ye would hearken unto my words.

13 O that ye would awake; awake from a deep sleep, yea, even from the sleep of hell, and shake off the awful chains by which ye are bound, which are the chains which bind the children of men, that they are carried away captive down to the eternal gulf of misery and woe.

14 Awake! and arise from the dust, and hear the words of a trembling parent, whose limbs ye must soon lay down in the cold and silent grave, from whence no traveler can return; a few more days and I go the way of all the earth.

15 But behold, the Lord hath redeemed my soul from hell; I have beheld his glory, and

commandements, ils prospéreront sur la surface de cette terre ; et ils seront soustraits à toutes les autres nations afin de posséder cette terre pour eux-mêmes. Et s'ils gardent ses commandements, ils seront bénis sur la surface de cette terre, et il n'y aura personne pour les molester ni pour leur enlever la terre de leur héritage ; et ils demeureront à jamais en sécurité.

10 Mais voici, lorsque viendra le temps où ils dégénéreront dans l'incrédulité, après avoir reçu de si grandes bénédictions de la main du Seigneur — ayant la connaissance de la création de la terre et de tous les hommes, connaissant les œuvres grandes et merveilleuses du Seigneur depuis la création du monde, ayant reçu le pouvoir de tout faire par la foi, ayant tous les commandements depuis le commencement et ayant été amenés par sa bonté infinie dans cette précieuse terre de promission — voici, dis-je, si le jour vient où ils rejettent le Saint d'Israël, le vrai Messie, leur Rédempteur et leur Dieu, voici, les jugements de celui qui est juste reposeront sur eux.

11 Oui, il leur amènera d'autres nations, et il leur donnera du pouvoir, et il leur enlèvera les pays de leurs possessions, et il fera en sorte qu'ils soient dispersés et frappés.

12 Oui, d'une génération à l'autre il y aura des effusions de sang et de grands châtiments parmi eux ; c'est pourquoi, mes fils, je voudrais que vous vous souveniez ; oui, je voudrais que vous écoutiez mes paroles.

13 Oh ! si vous pouviez vous éveiller, vous éveiller d'un profond sommeil, oui, du sommeil de l'enfer, et secouer les affreuses chaînes par lesquelles vous êtes liés, qui sont les chaînes qui lient les enfants des hommes, de sorte qu'ils sont emmenés captifs, en bas, vers le gouffre éternel de misère et de malheur !

14 Éveillez-vous ! et levez-vous de la poussière, et entendez les paroles d'un père tremblant, dont vous devrez bientôt déposer les membres dans la tombe froide et silencieuse d'où aucun voyageur ne peut retourner ; encore quelques jours, et je m'en vais par le chemin de toute la terre.

15 Mais voici, le Seigneur a racheté mon âme de l'enfer ; j'ai vu sa gloire, et je suis

I am encircled about eternally in the arms of his love.

16 And I desire that ye should remember to observe the statutes and the judgments of the Lord; behold, this hath been the anxiety of my soul from the beginning.

17 My heart hath been weighed down with sorrow from time to time, for I have feared, lest for the hardness of your hearts the Lord your God should come out in the fulness of his wrath upon you, that ye be cut off and destroyed forever;

18 Or, that a cursing should come upon you for the space of many generations; and ye are visited by sword, and by famine, and are hated, and are led according to the will and captivity of the devil.

19 O my sons, that these things might not come upon you, but that ye might be a choice and a favored people of the Lord. But behold, his will be done; for his ways are righteousness forever.

20 And he hath said that: Inasmuch as ye shall keep my commandments ye shall prosper in the land; but inasmuch as ye will not keep my commandments ye shall be cut off from my presence.

21 And now that my soul might have joy in you, and that my heart might leave this world with gladness because of you, that I might not be brought down with grief and sorrow to the grave, arise from the dust, my sons, and be men, and be determined in one mind and in one heart, united in all things, that ye may not come down into captivity;

22 That ye may not be cursed with a sore cursing; and also, that ye may not incur the displeasure of a just God upon you, unto the destruction, yea, the eternal destruction of both soul and body.

23 Awake, my sons; put on the armor of righteousness. Shake off the chains with which ye are bound, and come forth out of obscurity, and arise from the dust.

24 Rebel no more against your brother, whose views have been glorious, and who hath kept the commandments from the time that we left Jerusalem; and who hath been an instrument in the hands of God, in bringing us forth into the land of promise; for were it not for him, we must have perished

enserré éternellement dans les bras de son amour.

16 Et je désire que vous vous souveniez d'observer les lois et les ordonnances du Seigneur ; voici, c'est là l'anxiété de mon âme depuis le commencement.

17 De temps en temps, mon cœur a été accablé de tristesse, car j'ai craint qu'à cause de l'endurcissement de votre cœur, le Seigneur, votre Dieu, ne fonde sur vous dans la plénitude de sa colère, de sorte que vous soyez retranchés et détruits à jamais ;

18 ou qu'une malédiction ne s'abatte sur vous pendant de nombreuses générations, et que vous ne soyez châtiés par l'épée, et par la famine, et ne soyez haïs, et ne soyez conduits selon la volonté et la captivité du diable.

19 Ô mes fils, puissent ces choses ne pas s'abattre sur vous, mais puissiez-vous être un peuple de choix et favorisé du Seigneur. Mais voici, que sa volonté soit faite, car ses voies sont la justice à jamais.

20 Et il a dit : Si vous gardez mes commandements, vous prospérerez dans le pays ; mais si vous ne gardez pas mes commandements, vous serez retranchés de ma présence.

21 Et maintenant, pour que mon âme ait de la joie en vous et que mon cœur quitte ce monde avec réjouissance à cause de vous, pour que je ne sois pas conduit au tombeau avec chagrin et douleur, levez-vous de la poussière, mes fils, et soyez des hommes, et soyez décidés d'un seul esprit et d'un seul cœur, unis en tout, afin de ne pas tomber en captivité ;

22 afin de ne pas être maudits d'une grande malédiction, et aussi afin de ne pas encourir le déplaisir d'un Dieu juste, jusqu'à la destruction, oui, la destruction éternelle à la fois de l'âme et du corps.

23 Éveillez-vous, mes fils, revêtez l'armure de la justice. Secouez les chaînes dont vous êtes liés, et sortez de l'obscurité, et levez-vous de la poussière.

24 Ne vous rebellez plus contre votre frère, qui a vu des choses glorieuses, et qui garde les commandements depuis que nous avons quitté Jérusalem, et qui a été un instrument entre les mains de Dieu pour nous amener dans la terre de promission ; car, sans lui,

with hunger in the wilderness; nevertheless, ye sought to take away his life; yea, and he hath suffered much sorrow because of you.

25 And I exceedingly fear and tremble because of you, lest he shall suffer again; for behold, ye have accused him that he sought power and authority over you; but I know that he hath not sought for power nor authority over you, but he hath sought the glory of God, and your own eternal welfare.

26 And ye have murmured because he hath been plain unto you. Ye say that he hath used sharpness; ye say that he hath been angry with you; but behold, his sharpness was the sharpness of the power of the word of God, which was in him; and that which ye call anger was the truth, according to that which is in God, which he could not restrain, manifesting boldly concerning your iniquities.

27 And it must needs be that the power of God must be with him, even unto his commanding you that ye must obey. But behold, it was not he, but it was the Spirit of the Lord which was in him, which opened his mouth to utterance that he could not shut it.

28 And now my son, Laman, and also Lemuel and Sam, and also my sons who are the sons of Ishmael, behold, if ye will hearken unto the voice of Nephi ye shall not perish. And if ye will hearken unto him I leave unto you a blessing, yea, even my first blessing.

29 But if ye will not hearken unto him I take away my first blessing, yea, even my blessing, and it shall rest upon him.

30 And now, Zoram, I speak unto you: Behold, thou art the servant of Laban; nevertheless, thou hast been brought out of the land of Jerusalem, and I know that thou art a true friend unto my son, Nephi, forever.

31 Wherefore, because thou hast been faithful thy seed shall be blessed with his seed, that they dwell in prosperity long upon the face of this land; and nothing, save it shall be iniquity among them, shall harm or disturb their prosperity upon the face of this land forever.

32 Wherefore, if ye shall keep the commandments of the Lord, the Lord hath consecrated this land for the security of thy seed with the seed of my son.

nous aurions péri de faim dans le désert ; néanmoins, vous avez cherché à lui ôter la vie ; oui, et il a souffert beaucoup de tristesse à cause de vous.

25 Et je crains et tremble extrêmement à cause de vous, de peur qu'il ne souffre encore : car voici, vous l'avez accusé de chercher pouvoir et autorité sur vous ; mais je sais qu'il n'a cherché ni pouvoir ni autorité sur vous, mais il a cherché la gloire de Dieu et votre propre bien-être éternel.

26 Et vous avez murmuré parce qu'il a été clair avec vous. Vous dites qu'il a fait usage de rigueur ; vous dites qu'il a été en colère contre vous ; mais voici, sa rigueur était la rigueur de la puissance de la parole de Dieu qui était en lui ; et ce que vous appelez colère était la vérité selon ce qui est en Dieu, qu'il ne pouvait pas réprimer, dénonçant hardiment vos iniquités.

27 Et il faut que le pouvoir de Dieu soit avec lui, pour qu'il vous commande et que vous obéissiez. Mais voici, ce n'était pas lui, mais c'était l'Esprit du Seigneur qui était en lui qui lui ouvrait la bouche pour le faire parler, de sorte qu'il ne pouvait pas se taire.

28 Et maintenant, mon fils Laman, et aussi Lémuel et Sam, et aussi mes fils qui êtes les fils d'Ismaël, voici, si vous voulez écouter la voix de Néphi, vous ne périrez pas. Et si vous voulez l'écouter, je vous laisse une bénédiction, oui, ma première bénédiction.

29 Mais si vous ne voulez pas l'écouter, je retire ma première bénédiction, oui, ma bénédiction, et elle reposera sur lui.

30 Et maintenant, Zoram, je te parle : Voici, tu es le serviteur de Laban ; néanmoins, tu as été emmené du pays de Jérusalem, et je sais que tu es à jamais un ami fidèle pour mon fils Néphi.

31 C'est pourquoi, parce que tu as été fidèle, ta postérité sera bénie avec sa postérité, de sorte qu'elle demeurera longtemps dans la prospérité sur la surface de cette terre ; et rien, si ce n'est l'iniquité en son sein, ne fera du tort à sa prospérité ou ne la troublera sur la surface de cette terre, et ce, à jamais.

32 C'est pourquoi, si vous gardez les commandements du Seigneur, le Seigneur a consacré cette terre pour la sécurité de ta postérité avec la postérité de mon fils.

CHAPTER 2

CHAPITRE 2

Redemption comes through the Holy Messiah—Freedom of choice (agency) is essential to existence and progression—Adam fell that men might be—Men are free to choose liberty and eternal life. About 588–570 B.C.

La rédemption vient du saint Messie — La liberté de choix (le libre arbitre) est essentielle à l'existence et à la progression — Adam tomba pour que les hommes fussent — Les hommes sont libres de choisir la liberté et la vie éternelle. Vers 588–570 av. J.-C.

1 And now, Jacob, I speak unto you: Thou art my firstborn in the days of my tribulation in the wilderness. And behold, in thy childhood thou hast suffered afflictions and much sorrow, because of the rudeness of thy brethren.

1 Et maintenant, Jacob, je te parle : Tu es mon premier-né dans les jours de mes tribulations dans le désert. Et voici, dans ton enfance tu as souffert des afflictions et beaucoup de tristesse, à cause de la violence de tes frères.

2 Nevertheless, Jacob, my firstborn in the wilderness, thou knowest the greatness of God; and he shall consecrate thine afflictions for thy gain.

2 Néanmoins, Jacob, mon premier-né dans le désert, tu connais la grandeur de Dieu, et il consacrera tes afflictions à ton avantage.

3 Wherefore, thy soul shall be blessed, and thou shalt dwell safely with thy brother, Nephi; and thy days shall be spent in the service of thy God. Wherefore, I know that thou art redeemed, because of the righteousness of thy Redeemer; for thou hast beheld that in the fulness of time he cometh to bring salvation unto men.

3 C'est pourquoi, ton âme sera bénie, et tu demeureras en sécurité avec ton frère Néphi ; et tes jours se passeront au service de ton Dieu. C'est pourquoi, je sais que tu es racheté à cause de la justice de ton Rédempteur, car tu as vu que, dans la plénitude du temps, il vient apporter le salut aux hommes.

4 And thou hast beheld in thy youth his glory; wherefore, thou art blessed even as they unto whom he shall minister in the flesh; for the Spirit is the same, yesterday, today, and forever. And the way is prepared from the fall of man, and salvation is free.

4 Et dans ta jeunesse tu as vu sa gloire. C'est pourquoi, tu es béni tout comme ceux auprès desquels il exercera le ministère dans la chair, car l'Esprit est le même hier, aujourd'hui et à jamais. Et la voie est préparée depuis la chute de l'homme, et le salut est gratuit.

5 And men are instructed sufficiently that they know good from evil. And the law is given unto men. And by the law no flesh is justified; or, by the law men are cut off. Yea, by the temporal law they were cut off; and also, by the spiritual law they perish from that which is good, and become miserable forever.

5 Et les hommes sont suffisamment instruits pour discerner le bien du mal. Et la loi est donnée aux hommes. Et par la loi aucune chair n'est justifiée ; ou, par la loi les hommes sont retranchés. Oui, par la loi temporelle ils ont été retranchés ; et aussi, par la loi spirituelle ils périssent vis-à-vis de ce qui est bon et deviennent malheureux à jamais.

6 Wherefore, redemption cometh in and through the Holy Messiah; for he is full of grace and truth.

6 C'est pourquoi, la rédemption vient dans et par l'intermédiaire du saint Messie, car il est plein de grâce et de vérité.

7 Behold, he offereth himself a sacrifice for sin, to answer the ends of the law, unto all those who have a broken heart and a contrite spirit; and unto none else can the ends of the law be answered.

7 Voici, il s'offre en sacrifice pour le péché, pour satisfaire aux exigences de la loi, pour tous ceux qui ont le cœur brisé et l'esprit contrit ; et il ne peut être satisfait aux exigences de la loi pour personne d'autre.

8 Wherefore, how great the importance to make these things known unto the inhabitants of the earth, that they may know that there is no flesh that can dwell in the presence of God, save it be through the merits, and mercy, and grace of the Holy Messiah, who layeth down his life according to the flesh, and taketh it again by the power of the Spirit, that he may bring to pass the resurrection of the dead, being the first that should rise.

9 Wherefore, he is the firstfruits unto God, inasmuch as he shall make intercession for all the children of men; and they that believe in him shall be saved.

10 And because of the intercession for all, all men come unto God; wherefore, they stand in the presence of him, to be judged of him according to the truth and holiness which is in him. Wherefore, the ends of the law which the Holy One hath given, unto the inflicting of the punishment which is affixed, which punishment that is affixed is in opposition to that of the happiness which is affixed, to answer the ends of the atonement—

11 For it must needs be, that there is an opposition in all things. If not so, my firstborn in the wilderness, righteousness could not be brought to pass, neither wickedness, neither holiness nor misery, neither good nor bad. Wherefore, all things must needs be a compound in one; wherefore, if it should be one body it must needs remain as dead, having no life neither death, nor corruption nor incorruption, happiness nor misery, neither sense nor insensibility.

12 Wherefore, it must needs have been created for a thing of naught; wherefore there would have been no purpose in the end of its creation. Wherefore, this thing must needs destroy the wisdom of God and his eternal purposes, and also the power, and the mercy, and the justice of God.

13 And if ye shall say there is no law, ye shall also say there is no sin. If ye shall say there is no sin, ye shall also say there is no righteousness. And if there be no righteousness there be no happiness. And if there be no righteousness nor happiness there be no punishment nor misery. And if these things are not there is no God. And if there is no God we are not, neither the earth; for there

8 C'est pourquoi il est très important de faire connaître ces choses aux habitants de la terre, afin qu'ils sachent qu'il n'y a aucune chair qui puisse demeurer en la présence de Dieu, si ce n'est par les mérites, et la miséricorde, et la grâce du saint Messie, qui donne sa vie selon la chair et la reprend par le pouvoir de l'Esprit, afin de réaliser la résurrection des morts, étant le premier à ressusciter.

9 C'est pourquoi, il est les prémices pour Dieu, puisqu'il intercédera pour tous les enfants des hommes ; et ceux qui croient en lui seront sauvés.

10 Et parce qu'il intercède pour tous, tous les hommes viennent à Dieu ; c'est pourquoi, ils se tiennent en sa présence pour être jugés par lui, selon la vérité et la sainteté qui sont en lui. C'est pourquoi, les buts de la loi que le Saint a donnée pour infliger le châtiment qui est attaché — et ce châtiment qui est attaché est en opposition au bonheur qui est attaché, pour répondre aux buts de l'expiation —

11 car il doit nécessairement y avoir une opposition en toutes choses. S'il n'en était pas ainsi, mon premier-né dans le désert, la justice ne pourrait pas s'accomplir, ni la méchanceté, ni la sainteté ni la misère, ni le bien ni le mal. C'est pourquoi, chaque chose doit nécessairement être un composé ; c'est pourquoi, si c'était un seul corps, cela devrait nécessairement rester comme mort, n'ayant ni vie ni mort, ni corruption ni incorruptibilité, ni bonheur ni malheur, ni sensibilité ni insensibilité.

12 C'est pourquoi, cela aurait nécessairement été créé pour rien ; c'est pourquoi, il n'y aurait pas eu de sens au but de sa création. C'est pourquoi, cela allait nécessairement détruire la sagesse de Dieu et ses desseins éternels, et aussi le pouvoir, et la miséricorde, et la justice de Dieu.

13 Et si vous dites qu'il n'y a pas de loi, vous dites aussi qu'il n'y a pas de péché. Si vous dites qu'il n'y a pas de péché, vous dites aussi qu'il n'y a pas de justice. Et s'il n'y a pas de justice, il n'y a pas de bonheur. Et s'il n'y a pas de justice ni de bonheur, il n'y a pas de châtiment ni de malheur. Et si ces choses ne sont pas, il n'y a pas de Dieu. Et s'il n'y a pas de Dieu, nous ne sommes pas, ni la terre, car il n'aurait pas pu y avoir de création, ni de

could have been no creation of things, neither to act nor to be acted upon; wherefore, all things must have vanished away.

14 And now, my sons, I speak unto you these things for your profit and learning; for there is a God, and he hath created all things, both the heavens and the earth, and all things that in them are, both things to act and things to be acted upon.

15 And to bring about his eternal purposes in the end of man, after he had created our first parents, and the beasts of the field and the fowls of the air, and in fine, all things which are created, it must needs be that there was an opposition; even the forbidden fruit in opposition to the tree of life; the one being sweet and the other bitter.

16 Wherefore, the Lord God gave unto man that he should act for himself. Wherefore, man could not act for himself save it should be that he was enticed by the one or the other.

17 And I, Lehi, according to the things which I have read, must needs suppose that an angel of God, according to that which is written, had fallen from heaven; wherefore, he became a devil, having sought that which was evil before God.

18 And because he had fallen from heaven, and had become miserable forever, he sought also the misery of all mankind. Wherefore, he said unto Eve, yea, even that old serpent, who is the devil, who is the father of all lies, wherefore he said: Partake of the forbidden fruit, and ye shall not die, but ye shall be as God, knowing good and evil.

19 And after Adam and Eve had partaken of the forbidden fruit they were driven out of the garden of Eden, to till the earth.

20 And they have brought forth children; yea, even the family of all the earth.

21 And the days of the children of men were prolonged, according to the will of God, that they might repent while in the flesh; wherefore, their state became a state of probation, and their time was lengthened, according to the commandments which the Lord God gave unto the children of men. For he gave commandment that all men must repent; for he showed unto all men that they were lost, because of the transgression of their parents.

choses qui se meuvent, ni de choses qui sont mues ; c'est pourquoi, toutes choses auraient dû disparaître.

14 Et maintenant, mes fils, je vous dis ces choses pour votre profit et votre instruction ; car il y a un Dieu, et il a tout créé, aussi bien les cieux que la terre, et tout ce qui s'y trouve, tant les choses qui se meuvent que les choses qui sont mues.

15 Et lorsqu'il eut créé nos premiers parents, et les bêtes des champs, et les oiseaux du ciel, en bref, toutes les choses qui sont créées, il fallut nécessairement, pour accomplir ses desseins éternels à l'égard de la destinée finale de l'homme, qu'il y eût une opposition, le fruit défendu par opposition à l'arbre de vie, l'un étant doux et l'autre amer.

16 C'est pourquoi, le Seigneur Dieu donna à l'homme d'agir par lui-même. C'est pourquoi, l'homme ne pourrait agir par lui-même s'il n'était attiré par l'attrait de l'un ou de l'autre.

17 Et moi, Léhi, selon les choses que j'ai lues, je dois nécessairement supposer qu'un ange de Dieu, selon ce qui est écrit, était tombé du ciel ; c'est pourquoi, il devint un démon, ayant cherché ce qui était mal devant Dieu.

18 Et parce qu'il était tombé du ciel et était devenu misérable à jamais, il chercha aussi le malheur de toute l'humanité. C'est pourquoi, il dit à Ève, oui, le serpent ancien, qui est le diable, qui est le père de tous les mensonges, c'est pourquoi, il dit : Mangez du fruit défendu, et vous ne mourrez pas, mais vous serez comme Dieu, connaissant le bien et le mal.

19 Et lorsqu'Adam et Ève eurent pris du fruit défendu, ils furent chassés du jardin d'Éden pour cultiver la terre.

20 Et ils ont donné le jour à des enfants, oui, à la famille de toute la terre.

21 Et les jours des enfants des hommes furent prolongés, selon la volonté de Dieu, afin qu'ils pussent se repentir tandis qu'ils étaient dans la chair ; c'est pourquoi, leur état devint un état de mise à l'épreuve, et leur temps fut prolongé, selon les commandements que le Seigneur Dieu a donnés aux enfants des hommes. Car il a donné le commandement que tous les hommes doivent se repentir, car il a montré à tous les

22 And now, behold, if Adam had not transgressed he would not have fallen, but he would have remained in the garden of Eden. And all things which were created must have remained in the same state in which they were after they were created; and they must have remained forever, and had no end.

23 And they would have had no children; wherefore they would have remained in a state of innocence, having no joy, for they knew no misery; doing no good, for they knew no sin.

24 But behold, all things have been done in the wisdom of him who knoweth all things.

25 Adam fell that men might be; and men are, that they might have joy.

26 And the Messiah cometh in the fulness of time, that he may redeem the children of men from the fall. And because that they are redeemed from the fall they have become free forever, knowing good from evil; to act for themselves and not to be acted upon, save it be by the punishment of the law at the great and last day, according to the commandments which God hath given.

27 Wherefore, men are free according to the flesh; and all things are given them which are expedient unto man. And they are free to choose liberty and eternal life, through the great Mediator of all men, or to choose captivity and death, according to the captivity and power of the devil; for he seeketh that all men might be miserable like unto himself.

28 And now, my sons, I would that ye should look to the great Mediator, and hearken unto his great commandments; and be faithful unto his words, and choose eternal life, according to the will of his Holy Spirit;

29 And not choose eternal death, according to the will of the flesh and the evil which is therein, which giveth the spirit of the devil power to captivate, to bring you down to hell, that he may reign over you in his own kingdom.

hommes qu'ils étaient perdus à cause de la transgression de leurs parents.

22 Et maintenant, voici, si Adam n'avait pas transgressé, il ne serait pas tombé, mais il serait resté dans le jardin d'Éden. Et toutes les choses qui avaient été créées auraient dû rester exactement dans l'état dans lequel elles étaient après avoir été créées ; et elles auraient dû rester à jamais et ne pas avoir de fin.

23 Ils n'auraient pas eu d'enfants ; c'est pourquoi, ils seraient restés dans un état d'innocence, n'ayant aucune joie, car ils ne connaissaient aucune misère, ne faisant aucun bien, car ils ne connaissaient aucun péché.

24 Mais voici, tout a été fait dans la sagesse de celui qui sait tout.

25 Adam tomba pour que les hommes fussent, et les hommes sont pour avoir la joie.

26 Et le Messie vient dans la plénitude du temps, afin de racheter de la chute les enfants des hommes. Et parce qu'ils sont rachetés de la chute, ils sont devenus libres à jamais, discernant le bien du mal, pour agir par eux mêmes et non pour être contraints, si ce n'est par le châtiment de la loi au grand et dernier jour, selon les commandements que Dieu a donnés.

27 C'est pourquoi, les hommes sont libres selon la chair, et tout ce qui est nécessaire à l'homme leur est donné. Et ils sont libres de choisir la liberté et la vie éternelle, par l'intermédiaire du grand Médiateur de tous les hommes, ou de choisir la captivité et la mort, selon la captivité et le pouvoir du diable ; car il cherche à rendre tous les hommes malheureux comme lui.

28 Et maintenant, mes fils, je voudrais que vous vous tourniez vers le grand Médiateur, et écoutiez ses grands commandements, et soyez fidèles à ses paroles, et choisissiez la vie éternelle, selon la volonté de son Esprit-Saint ;

29 et ne choisissiez pas la mort éternelle, selon la volonté de la chair et le mal qui est en elle, qui donne à l'esprit du diable le pouvoir de rendre captif, de vous faire descendre en enfer, pour pouvoir régner sur vous dans son royaume.

30 I have spoken these few words unto you all, my sons, in the last days of my probation; and I have chosen the good part, according to the words of the prophet. And I have none other object save it be the everlasting welfare of your souls. Amen.

30 Je vous ai dit ces quelques paroles à vous tous, mes fils, dans les derniers jours de mon épreuve ; et j'ai choisi la bonne part, selon les paroles du prophète. Et je n'ai d'autre but que le bien-être éternel de votre âme. Amen.

CHAPTER 3

CHAPITRE 3

Joseph in Egypt saw the Nephites in vision—He prophesied of Joseph Smith, the latter-day seer; of Moses, who would deliver Israel; and of the coming forth of the Book of Mormon. About 588–570 B.C.

Joseph en Égypte eut la vision des Néphites — Il prophétisa sur Joseph Smith, le voyant des derniers jours, sur Moïse, qui délivrerait Israël, et sur la parution du Livre de Mormon. Vers 588–570 av. J.-C.

1 And now I speak unto you, Joseph, my last-born. Thou wast born in the wilderness of mine afflictions; yea, in the days of my greatest sorrow did thy mother bear thee.

1 Et maintenant, je te parle, à toi, Joseph, mon dernier-né. Tu es né dans le désert de mes afflictions ; oui, c'est aux jours de ma plus grande tristesse que ta mère t'a enfanté.

2 And may the Lord consecrate also unto thee this land, which is a most precious land, for thine inheritance and the inheritance of thy seed with thy brethren, for thy security forever, if it so be that ye shall keep the commandments of the Holy One of Israel.

2 Et puisse le Seigneur te consacrer aussi ce pays, qui est un pays extrêmement précieux, pour ton héritage et l'héritage de ta postérité avec tes frères, pour ta sécurité à jamais, si vous gardez les commandements du Saint d'Israël.

3 And now, Joseph, my last-born, whom I have brought out of the wilderness of mine afflictions, may the Lord bless thee forever, for thy seed shall not utterly be destroyed.

3 Et maintenant, Joseph, mon dernier-né, que j'ai fait sortir du désert de mes afflictions, que le Seigneur te bénisse à jamais, car ta postérité ne sera pas totalement détruite.

4 For behold, thou art the fruit of my loins; and I am a descendant of Joseph who was carried captive into Egypt. And great were the covenants of the Lord which he made unto Joseph.

4 Car voici, tu es le fruit de mes reins, et je suis descendant de Joseph qui fut emmené captif en Égypte. Et grandes ont été les alliances que le Seigneur a faites avec Joseph.

5 Wherefore, Joseph truly saw our day. And he obtained a promise of the Lord, that out of the fruit of his loins the Lord God would raise up a righteous branch unto the house of Israel; not the Messiah, but a branch which was to be broken off, nevertheless, to be remembered in the covenants of the Lord that the Messiah should be made manifest unto them in the latter days, in the spirit of power, unto the bringing of them out of darkness unto light—yea, out of hidden darkness and out of captivity unto freedom.

5 C'est pourquoi, en vérité, Joseph a vu notre temps. Et il a obtenu du Seigneur la promesse que, du fruit de ses reins, le Seigneur Dieu susciterait une branche juste à la maison d'Israël, non pas le Messie, mais une branche qui serait rompue pour être néanmoins gardée en mémoire dans les alliances du Seigneur, selon lesquelles le Messie lui serait manifesté dans les derniers jours, dans l'esprit de puissance, pour la faire passer des ténèbres à la lumière — oui, des ténèbres cachées et de la captivité à la liberté.

6 For Joseph truly testified, saying: A seer shall the Lord my God raise up, who shall be a choice seer unto the fruit of my loins.

6 Car Joseph a témoigné, en vérité, disant : Le Seigneur, mon Dieu, suscitera un voyant qui sera un voyant de choix pour le fruit de mes reins.

7 Yea, Joseph truly said: Thus saith the Lord unto me: A choice seer will I raise up

7 Oui, Joseph a dit, en vérité : Ainsi me dit le Seigneur : Je susciterai un voyant de choix

out of the fruit of thy loins; and he shall be esteemed highly among the fruit of thy loins. And unto him will I give commandment that he shall do a work for the fruit of thy loins, his brethren, which shall be of great worth unto them, even to the bringing of them to the knowledge of the covenants which I have made with thy fathers.

8 And I will give unto him a commandment that he shall do none other work, save the work which I shall command him. And I will make him great in mine eyes; for he shall do my work.

9 And he shall be great like unto Moses, whom I have said I would raise up unto you, to deliver my people, O house of Israel.

10 And Moses will I raise up, to deliver thy people out of the land of Egypt.

11 But a seer will I raise up out of the fruit of thy loins; and unto him will I give power to bring forth my word unto the seed of thy loins—and not to the bringing forth my word only, saith the Lord, but to the convincing them of my word, which shall have already gone forth among them.

12 Wherefore, the fruit of thy loins shall write; and the fruit of the loins of Judah shall write; and that which shall be written by the fruit of thy loins, and also that which shall be written by the fruit of the loins of Judah, shall grow together, unto the confounding of false doctrines and laying down of contentions, and establishing peace among the fruit of thy loins, and bringing them to the knowledge of their fathers in the latter days, and also to the knowledge of my covenants, saith the Lord.

13 And out of weakness he shall be made strong, in that day when my work shall commence among all my people, unto the restoring thee, O house of Israel, saith the Lord.

14 And thus prophesied Joseph, saying: Behold, that seer will the Lord bless; and they that seek to destroy him shall be confounded; for this promise, which I have obtained of the Lord, of the fruit of my loins, shall be fulfilled. Behold, I am sure of the fulfilling of this promise;

15 And his name shall be called after me; and it shall be after the name of his father. And he shall be like unto me; for the thing, which the Lord shall bring forth by his

du fruit de tes reins, et il sera tenu en haute estime parmi le fruit de tes reins. Et je lui donnerai le commandement d'accomplir, pour le fruit de tes reins, ses frères, une œuvre qui aura une grande valeur pour eux, à savoir, de les faire parvenir à la connaissance des alliances que j'ai faites avec tes pères.

8 Et je lui donnerai le commandement de ne faire aucune autre œuvre que l'œuvre que je lui commanderai. Et je le rendrai grand à mes yeux, car il fera mon œuvre.

9 Et il sera grand comme Moïse, dont j'ai dit que je te le susciterais pour délivrer mon peuple, ô maison d'Israël.

10 Et je susciterai Moïse pour délivrer ton peuple du pays d'Égypte.

11 Mais je susciterai un voyant du fruit de tes reins, et je lui donnerai le pouvoir de faire paraître ma parole à la postérité de tes reins — et non seulement de faire paraître ma parole, dit le Seigneur, mais de la convaincre de ma parole qui sera déjà allée parmi elle.

12 C'est pourquoi, le fruit de tes reins écrira, et le fruit des reins de Juda écrira, et ce qui sera écrit par le fruit de tes reins, et aussi ce qui sera écrit par le fruit des reins de Juda, se rejoindra pour confondre les fausses doctrines, et mettre fin aux querelles, et faire régner la paix parmi le fruit de tes reins, et le faire parvenir à la connaissance de ses pères dans les derniers jours, et aussi à la connaissance de mes alliances, dit le Seigneur.

13 Et de faible qu'il était, il sera rendu fort, en ce jour où mon œuvre commencera parmi tout mon peuple pour te rétablir, ô maison d'Israël, dit le Seigneur.

14 Et c'est ainsi que Joseph a prophétisé, disant : Voici, le Seigneur bénira ce voyant-là, et ceux qui cherchent à le détruire seront confondus, car cette promesse, que j'ai obtenue du Seigneur, concernant le fruit de mes reins, s'accomplira. Voici, je suis certain de l'accomplissement de cette promesse ;

15 et il sera appelé du même nom que moi et ce sera le même nom que celui de son père. Et il sera semblable à moi, car ce que le Sei-

hand, by the power of the Lord shall bring my people unto salvation.

16 Yea, thus prophesied Joseph: I am sure of this thing, even as I am sure of the promise of Moses; for the Lord hath said unto me, I will preserve thy seed forever.

17 And the Lord hath said: I will raise up a Moses; and I will give power unto him in a rod; and I will give judgment unto him in writing. Yet I will not loose his tongue, that he shall speak much, for I will not make him mighty in speaking. But I will write unto him my law, by the finger of mine own hand; and I will make a spokesman for him.

18 And the Lord said unto me also: I will raise up unto the fruit of thy loins; and I will make for him a spokesman. And I, behold, I will give unto him that he shall write the writing of the fruit of thy loins, unto the fruit of thy loins; and the spokesman of thy loins shall declare it.

19 And the words which he shall write shall be the words which are expedient in my wisdom should go forth unto the fruit of thy loins. And it shall be as if the fruit of thy loins had cried unto them from the dust; for I know their faith.

20 And they shall cry from the dust; yea, even repentance unto their brethren, even after many generations have gone by them. And it shall come to pass that their cry shall go, even according to the simpleness of their words.

21 Because of their faith their words shall proceed forth out of my mouth unto their brethren who are the fruit of thy loins; and the weakness of their words will I make strong in their faith, unto the remembering of my covenant which I made unto thy fathers.

22 And now, behold, my son Joseph, after this manner did my father of old prophesy.

23 Wherefore, because of this covenant thou art blessed; for thy seed shall not be destroyed, for they shall hearken unto the words of the book.

24 And there shall rise up one mighty among them, who shall do much good, both in word and in deed, being an instrument in the hands of God, with exceeding faith, to work mighty wonders, and do that thing

gneur fera paraître par sa main, par le pouvoir du Seigneur, amènera mon peuple au salut.

16 Oui, ainsi a prophétisé Joseph : Je suis sûr de cela, tout comme je suis sûr de la promesse de Moïse, car le Seigneur m'a dit : Je préserverai ta postérité à jamais.

17 Et le Seigneur a dit : Je susciterai un Moïse, et je lui donnerai du pouvoir dans une verge et je lui donnerai du jugement pour écrire. Cependant, je ne lui délierai pas la langue pour qu'il parle beaucoup, car je ne le rendrai pas puissant à parler. Mais je lui écrirai ma loi par le doigt de ma propre main, et je lui désignerai un porte-parole.

18 Et le Seigneur me dit aussi : Je susciterai un voyant au fruit de tes reins ; et je lui désignerai un porte-parole. Et moi, voici, je lui donnerai d'écrire les écrits du fruit de tes reins au fruit de tes reins ; et le porte-parole de tes reins les annoncera.

19 Et les paroles qu'il écrira seront les paroles qu'il est opportun, dans ma sagesse, de faire parvenir au fruit de tes reins. Et ce sera comme si le fruit de tes reins lui avait crié de la poussière, car je connais sa foi.

20 Et il criera de la poussière, oui, pour appeler ses frères au repentir, oui, lorsque beaucoup de générations auront passé après lui. Et il arrivera que son cri ira selon la simplicité de ses paroles.

21 À cause de sa foi, ses paroles sortiront de ma bouche vers ses frères qui sont le fruit de tes reins ; et la faiblesse de ses paroles, je la rendrai forte dans leur foi, pour qu'ils se souviennent de l'alliance que j'ai faite avec tes pères.

22 Et maintenant, voici, mon fils Joseph, c'est de cette manière que mon père d'autrefois a prophétisé.

23 C'est pourquoi, à cause de cette alliance, tu es béni, car ta postérité ne sera pas détruite, car elle écoutera les paroles du livre.

24 Et il s'élèvera du milieu d'elle quelqu'un de puissant, qui fera beaucoup de bien, tant en paroles qu'en actes, étant un instrument entre les mains de Dieu, ayant une foi extrême, pour accomplir de grands prodiges et

which is great in the sight of God, unto the bringing to pass much restoration unto the house of Israel, and unto the seed of thy brethren.

25 And now, blessed art thou, Joseph. Behold, thou art little; wherefore hearken unto the words of thy brother, Nephi, and it shall be done unto thee even according to the words which I have spoken. Remember the words of thy dying father. Amen.

faire ce qui est grand aux yeux de Dieu en réalisant le rétablissement de beaucoup de choses pour la maison d'Israël et pour la postérité de tes frères.

25 Et maintenant, béni es-tu, Joseph. Voici, tu es petit ; c'est pourquoi, écoute les paroles de ton frère Néphi, et il te sera fait selon les paroles que j'ai dites. Souviens-toi des paroles de ton père mourant. Amen.

CHAPTER 4

Lehi counsels and blesses his posterity—He dies and is buried—Nephi glories in the goodness of God—Nephi puts his trust in the Lord forever. About 588–570 B.C.

CHAPITRE 4

Léhi fait des recommandations à sa postérité et la bénit — Il meurt et est enterré — Néphi se réjouit de la bonté de Dieu envers lui — Il place à jamais sa confiance dans le Seigneur. Vers 588–570 av. J.-C.

1 And now, I, Nephi, speak concerning the prophecies of which my father hath spoken, concerning Joseph, who was carried into Egypt.

2 For behold, he truly prophesied concerning all his seed. And the prophecies which he wrote, there are not many greater. And he prophesied concerning us, and our future generations; and they are written upon the plates of brass.

3 Wherefore, after my father had made an end of speaking concerning the prophecies of Joseph, he called the children of Laman, his sons, and his daughters, and said unto them: Behold, my sons, and my daughters, who are the sons and the daughters of my firstborn, I would that ye should give ear unto my words.

4 For the Lord God hath said that: Inasmuch as ye shall keep my commandments ye shall prosper in the land; and inasmuch as ye will not keep my commandments ye shall be cut off from my presence.

5 But behold, my sons and my daughters, I cannot go down to my grave save I should leave a blessing upon you; for behold, I know that if ye are brought up in the way ye should go ye will not depart from it.

6 Wherefore, if ye are cursed, behold, I leave my blessing upon you, that the cursing may be taken from you and be answered upon the heads of your parents.

1 Et maintenant, moi, Néphi, je parle des prophéties dont mon père a parlé concernant Joseph qui fut emmené en Égypte.

2 Car voici, il a prophétisé, en vérité, concernant toute sa postérité. Et les prophéties qu'il a écrites, il n'y en a pas beaucoup de plus grandes. Et il a prophétisé à notre sujet et concernant nos générations futures ; et elles sont écrites sur les plaques d'airain.

3 C'est pourquoi, lorsque mon père eut fini de parler des prophéties de Joseph, il appela les enfants de Laman, ses fils, et ses filles, et leur dit : Voici, mes fils et mes filles, qui êtes les fils et les filles de mon premier-né, je voudrais que vous prêtiez l'oreille à mes paroles.

4 Car le Seigneur Dieu a dit : Si vous gardez mes commandements, vous prospérerez dans le pays ; et si vous ne gardez pas mes commandements, vous serez retranchés de ma présence.

5 Mais voici, mes fils et mes filles, je ne peux pas descendre dans la tombe sans laisser une bénédiction sur vous ; car voici, je sais que si vous êtes élevés dans la voie que vous devez suivre, vous ne vous en écarterez pas.

6 C'est pourquoi, si vous êtes maudits, voici, je laisse ma bénédiction sur vous, afin que la malédiction vous soit enlevée et retombe sur la tête de vos parents.

7 Wherefore, because of my blessing the Lord God will not suffer that ye shall perish; wherefore, he will be merciful unto you and unto your seed forever.

8 And it came to pass that after my father had made an end of speaking to the sons and daughters of Laman, he caused the sons and daughters of Lemuel to be brought before him.

9 And he spake unto them, saying: Behold, my sons and my daughters, who are the sons and the daughters of my second son; behold I leave unto you the same blessing which I left unto the sons and daughters of Laman; wherefore, thou shalt not utterly be destroyed; but in the end thy seed shall be blessed.

10 And it came to pass that when my father had made an end of speaking unto them, behold, he spake unto the sons of Ishmael, yea, and even all his household.

11 And after he had made an end of speaking unto them, he spake unto Sam, saying: Blessed art thou, and thy seed; for thou shalt inherit the land like unto thy brother Nephi. And thy seed shall be numbered with his seed; and thou shalt be even like unto thy brother, and thy seed like unto his seed; and thou shalt be blessed in all thy days.

12 And it came to pass after my father, Lehi, had spoken unto all his household, according to the feelings of his heart and the Spirit of the Lord which was in him, he waxed old. And it came to pass that he died, and was buried.

13 And it came to pass that not many days after his death, Laman and Lemuel and the sons of Ishmael were angry with me because of the admonitions of the Lord.

14 For I, Nephi, was constrained to speak unto them, according to his word; for I had spoken many things unto them, and also my father, before his death; many of which sayings are written upon mine other plates; for a more history part are written upon mine other plates.

15 And upon these I write the things of my soul, and many of the scriptures which are engraven upon the plates of brass. For my soul delighteth in the scriptures, and my heart pondereth them, and writeth them for the learning and the profit of my children.

7 C'est pourquoi, à cause de ma bénédiction, le Seigneur Dieu ne souffrira pas que vous périssiez ; c'est pourquoi, il sera miséricordieux envers vous et envers votre postérité à jamais.

8 Et il arriva que lorsque mon père eut fini de parler aux fils et aux filles de Laman, il fit amener devant lui les fils et les filles de Lémuel.

9 Et il leur parla, disant : Voici, mes fils et mes filles, qui êtes les fils et les filles de mon deuxième fils, voici, je vous laisse la même bénédiction que j'ai laissée aux fils et aux filles de Laman ; c'est pourquoi, vous ne serez pas totalement détruits, mais, à la fin, votre postérité sera bénie.

10 Et il arriva que lorsque mon père eut fini de leur parler, voici, il parla aux fils d'Ismaël, oui, et même à toute sa maison.

11 Et lorsqu'il eut fini de leur parler, il parla à Sam, disant : Tu es béni, ainsi que ta postérité : car tu hériteras le pays comme ton frère Néphi. Et ta postérité sera comptée avec sa postérité ; et tu seras semblable à ton frère, et ta postérité semblable à sa postérité ; et tu seras béni tous les jours de ta vie.

12 Et il arriva que lorsque mon père, Léhi, eut parlé à toute sa maison, selon les sentiments de son cœur et l'Esprit du Seigneur qui était en lui, il devint vieux. Et il arriva qu'il mourut et fut enterré.

13 Et il arriva que peu de jours après sa mort, Laman et Lémuel, et les fils d'Ismaël furent en colère contre moi à cause des avertissements du Seigneur.

14 Car moi, Néphi, j'étais contraint de leur parler selon sa parole ; car je leur avais dit beaucoup de choses, et mon père aussi, avant sa mort ; choses dont beaucoup sont écrites sur mes autres plaques, car une partie plus historique est écrite sur mes autres plaques.

15 Et sur celles-ci, j'écris les choses de mon âme et beaucoup d'entre les Écritures qui sont gravées sur les plaques d'airain. Car mon âme fait ses délices des Écritures, et mon cœur les médite et les écrit pour l'instruction et le profit de mes enfants.

16 Behold, my soul delighteth in the things of the Lord; and my heart pondereth continually upon the things which I have seen and heard.

17 Nevertheless, notwithstanding the great goodness of the Lord, in showing me his great and marvelous works, my heart exclaimeth: O wretched man that I am! Yea, my heart sorroweth because of my flesh; my soul grieveth because of mine iniquities.

18 I am encompassed about, because of the temptations and the sins which do so easily beset me.

19 And when I desire to rejoice, my heart groaneth because of my sins; nevertheless, I know in whom I have trusted.

20 My God hath been my support; he hath led me through mine afflictions in the wilderness; and he hath preserved me upon the waters of the great deep.

21 He hath filled me with his love, even unto the consuming of my flesh.

22 He hath confounded mine enemies, unto the causing of them to quake before me.

23 Behold, he hath heard my cry by day, and he hath given me knowledge by visions in the night-time.

24 And by day have I waxed bold in mighty prayer before him; yea, my voice have I sent up on high; and angels came down and ministered unto me.

25 And upon the wings of his Spirit hath my body been carried away upon exceedingly high mountains. And mine eyes have beheld great things, yea, even too great for man; therefore I was bidden that I should not write them.

26 O then, if I have seen so great things, if the Lord in his condescension unto the children of men hath visited men in so much mercy, why should my heart weep and my soul linger in the valley of sorrow, and my flesh waste away, and my strength slacken, because of mine afflictions?

27 And why should I yield to sin, because of my flesh? Yea, why should I give way to temptations, that the evil one have place in my heart to destroy my peace and afflict my soul? Why am I angry because of mine enemy?

16 Voici, mon âme fait ses délices des choses du Seigneur, et mon cœur médite continuellement les choses que j'ai vues et entendues.

17 Néanmoins, en dépit de la grande bonté du Seigneur, qui m'a montré ses œuvres grandes et merveilleuses, mon cœur s'exclame : Ô misérable que je suis ! Oui, mon cœur est dans l'affliction à cause de ma chair ; mon âme est dans la désolation à cause de mes iniquités.

18 Je suis encerclé par les tentations et les péchés qui m'enveloppent si facilement.

19 Et lorsque je désire me réjouir, mon cœur gémit à cause de mes péchés ; néanmoins, je sais en qui j'ai mis ma confiance.

20 Mon Dieu a été mon soutien ; il m'a conduit à travers mes afflictions dans le désert, et il m'a préservé sur les eaux du grand abîme.

21 Il m'a rempli de son amour, oui, jusqu'à ce que ma chair en soit consumée.

22 Il a confondu mes ennemis, jusqu'à les faire trembler devant moi.

23 Voici, il a entendu mon cri le jour, et il m'a donné de la connaissance par des visions pendant la nuit.

24 Et le jour, je me suis enhardi à des prières ferventes devant lui ; oui, j'ai élevé ma voix au ciel, et des anges sont descendus et m'ont servi.

25 Et sur les ailes de son Esprit, mon corps a été emporté sur des montagnes extrêmement hautes. Et mes yeux ont vu de grandes choses, oui, trop grandes pour l'homme ; c'est pourquoi, il m'a été commandé de ne pas les écrire.

26 Oh ! alors, puisque j'ai vu de si grandes choses, puisque le Seigneur, dans sa condescendance pour les enfants des hommes, a visité les hommes avec tant de miséricorde, pourquoi mon cœur pleurerait-il et mon âme languirait-elle dans la vallée des larmes, et ma chair dépérirait-elle, et mes forces faibliraient-elles à cause de mes afflictions ?

27 Et pourquoi céderais-je au péché à cause de ma chair ? Oui, pourquoi succomberais-je aux tentations, pour que le Malin ait place dans mon cœur pour détruire ma paix et affliger mon âme ? Pourquoi suis-je en colère à cause de mon ennemi ?

28 Awake, my soul! No longer droop in sin. Rejoice, O my heart, and give place no more for the enemy of my soul.

29 Do not anger again because of mine enemies. Do not slacken my strength because of mine afflictions.

30 Rejoice, O my heart, and cry unto the Lord, and say: O Lord, I will praise thee forever; yea, my soul will rejoice in thee, my God, and the rock of my salvation.

31 O Lord, wilt thou redeem my soul? Wilt thou deliver me out of the hands of mine enemies? Wilt thou make me that I may shake at the appearance of sin?

32 May the gates of hell be shut continually before me, because that my heart is broken and my spirit is contrite! O Lord, wilt thou not shut the gates of thy righteousness before me, that I may walk in the path of the low valley, that I may be strict in the plain road!

33 O Lord, wilt thou encircle me around in the robe of thy righteousness! O Lord, wilt thou make a way for mine escape before mine enemies! Wilt thou make my path straight before me! Wilt thou not place a stumbling block in my way—but that thou wouldst clear my way before me, and hedge not up my way, but the ways of mine enemy.

34 O Lord, I have trusted in thee, and I will trust in thee forever. I will not put my trust in the arm of flesh; for I know that cursed is he that putteth his trust in the arm of flesh. Yea, cursed is he that putteth his trust in man or maketh flesh his arm.

35 Yea, I know that God will give liberally to him that asketh. Yea, my God will give me, if I ask not amiss; therefore I will lift up my voice unto thee; yea, I will cry unto thee, my God, the rock of my righteousness. Behold, my voice shall forever ascend up unto thee, my rock and mine everlasting God. Amen.

28 Éveille-toi, mon âme ! Ne languis plus dans le péché. Réjouis-toi, ô mon cœur, et n'accorde plus de place à l'ennemi de mon âme.

29 Ne t'irrite plus à cause de mes ennemis. N'affaiblis plus mes forces à cause de mes afflictions.

30 Réjouis-toi, ô mon cœur, et crie au Seigneur, et dis : Ô Seigneur, je te louerai à jamais ; oui, mon âme se réjouira à cause de toi, mon Dieu, rocher de mon salut.

31 Ô Seigneur, veux-tu racheter mon âme ? Veux-tu me délivrer des mains de mes ennemis ? Veux-tu me rendre tel que je tremble à la vue du péché ?

32 Puissent les portes de l'enfer être continuellement fermées devant moi, parce que mon cœur est brisé et que mon esprit est contrit ! Ô Seigneur, veuille ne pas fermer les portes de ta justice devant moi, afin que je marche sur le sentier de la vallée profonde, afin que je sois strict sur le chemin clairement tracé !

33 Ô Seigneur, veuille m'envelopper du manteau de ta justice ! Ô Seigneur, veuille m'ouvrir un sentier pour que je me dérobe à mes ennemis ! Veuille rendre mon chemin droit devant moi ! Veuille ne pas placer de pierre d'achoppement sur mon chemin, mais dégager le chemin devant moi, et ne pas dresser de barrière sur mon chemin, mais sur les chemins de mon ennemi.

34 Ô Seigneur, j'ai mis en toi ma confiance, et c'est en toi que je mettrai toujours ma confiance. Je ne placerai pas ma confiance dans le bras de la chair, car je sais que celui qui place sa confiance dans le bras de la chair est maudit. Oui, maudit est celui qui place sa confiance dans l'homme ou fait de la chair son bras.

35 Oui, je sais que Dieu donne libéralement à celui qui demande. Oui, mon Dieu me donnera, si je ne demande pas mal ; c'est pourquoi, j'élèverai ma voix vers toi ; oui, je crierai vers toi, mon Dieu, rocher de ma justice. Voici, ma voix montera à jamais vers toi, mon rocher et mon Dieu éternel. Amen.

CHAPTER 5

CHAPITRE 5

The Nephites separate themselves from the Lamanites, keep the law of Moses, and build a temple—Because of their unbelief, the Lamanites are cut off from the presence of the Lord, are cursed, and become a scourge unto the Nephites. About 588–559 B.C.

Les Néphites se séparent des Lamanites, gardent la loi de Moïse et construisent un temple — À cause de leur incrédulité, les Lamanites sont retranchés de la présence du Seigneur. Ils sont maudits et deviennent un fléau pour les Néphites. Vers 588–559 av. J.-C.

1 Behold, it came to pass that I, Nephi, did cry much unto the Lord my God, because of the anger of my brethren.

1 Voici, il arriva que moi, Néphi, je suppliai longuement le Seigneur, mon Dieu, à cause de la colère de mes frères.

2 But behold, their anger did increase against me, insomuch that they did seek to take away my life.

2 Mais voici, leur colère augmenta contre moi, de sorte qu'ils cherchèrent à m'ôter la vie.

3 Yea, they did murmur against me, saying: Our younger brother thinks to rule over us; and we have had much trial because of him; wherefore, now let us slay him, that we may not be afflicted more because of his words. For behold, we will not have him to be our ruler; for it belongs unto us, who are the elder brethren, to rule over this people.

3 Oui, ils murmurèrent contre moi, disant : Notre frère cadet pense nous gouverner ; et nous avons eu beaucoup d'épreuves à cause de lui ; c'est pourquoi, tuons-le maintenant, afin de ne plus être affligés à cause de ses paroles. Car voici, nous ne voulons pas qu'il soit notre gouverneur, car il nous appartient, à nous, qui sommes les frères aînés, de gouverner ce peuple.

4 Now I do not write upon these plates all the words which they murmured against me. But it sufficeth me to say, that they did seek to take away my life.

4 Or, je n'écris pas sur ces plaques toutes les paroles qu'ils murmurèrent contre moi. Mais il me suffit de dire qu'ils cherchèrent à m'ôter la vie.

5 And it came to pass that the Lord did warn me, that I, Nephi, should depart from them and flee into the wilderness, and all those who would go with me.

5 Et il arriva que le Seigneur m'avertit que moi, Néphi, je devais les quitter et fuir dans le désert, ainsi que tous ceux qui voudraient aller avec moi.

6 Wherefore, it came to pass that I, Nephi, did take my family, and also Zoram and his family, and Sam, mine elder brother and his family, and Jacob and Joseph, my younger brethren, and also my sisters, and all those who would go with me. And all those who would go with me were those who believed in the warnings and the revelations of God; wherefore, they did hearken unto my words.

6 C'est pourquoi, il arriva que moi, Néphi, je pris ma famille, et aussi Zoram et sa famille, et Sam, mon frère aîné, et sa famille, et Jacob et Joseph, mes frères cadets, et aussi mes sœurs, et tous ceux qui voulurent aller avec moi. Et tous ceux qui voulurent aller avec moi étaient ceux qui croyaient aux avertissements et aux révélations de Dieu ; c'est pourquoi, ils écoutèrent mes paroles.

7 And we did take our tents and whatsoever things were possible for us, and did journey in the wilderness for the space of many days. And after we had journeyed for the space of many days we did pitch our tents.

7 Et nous prîmes nos tentes et toutes les choses qu'il nous était possible d'emporter, et nous voyageâmes dans le désert pendant de nombreux jours. Et lorsque nous eûmes voyagé pendant de nombreux jours, nous dressâmes nos tentes.

8 And my people would that we should call the name of the place Nephi; wherefore, we did call it Nephi.

8 Et mon peuple voulut que nous appelions le lieu Néphi ; c'est pourquoi nous l'appelâmes Néphi.

9 And all those who were with me did take upon them to call themselves the people of Nephi.

10 And we did observe to keep the judgments, and the statutes, and the commandments of the Lord in all things, according to the law of Moses.

11 And the Lord was with us; and we did prosper exceedingly; for we did sow seed, and we did reap again in abundance. And we began to raise flocks, and herds, and animals of every kind.

12 And I, Nephi, had also brought the records which were engraven upon the plates of brass; and also the ball, or compass, which was prepared for my father by the hand of the Lord, according to that which is written.

13 And it came to pass that we began to prosper exceedingly, and to multiply in the land.

14 And I, Nephi, did take the sword of Laban, and after the manner of it did make many swords, lest by any means the people who were now called Lamanites should come upon us and destroy us; for I knew their hatred towards me and my children and those who were called my people.

15 And I did teach my people to build buildings, and to work in all manner of wood, and of iron, and of copper, and of brass, and of steel, and of gold, and of silver, and of precious ores, which were in great abundance.

16 And I, Nephi, did build a temple; and I did construct it after the manner of the temple of Solomon save it were not built of so many precious things; for they were not to be found upon the land, wherefore, it could not be built like unto Solomon's temple. But the manner of the construction was like unto the temple of Solomon; and the workmanship thereof was exceedingly fine.

17 And it came to pass that I, Nephi, did cause my people to be industrious, and to labor with their hands.

18 And it came to pass that they would that I should be their king. But I, Nephi, was desirous that they should have no king; nevertheless, I did for them according to that which was in my power.

19 And behold, the words of the Lord had been fulfilled unto my brethren, which he spake concerning them, that I should be

9 Et tous ceux qui étaient avec moi prirent sur eux de s'appeler le peuple de Néphi.

10 Et nous nous appliquâmes à garder en tout les ordonnances, et les lois, et les commandements du Seigneur, selon la loi de Moïse.

11 Et le Seigneur était avec nous, et nous prospérâmes extrêmement, car nous semions des semences et nous récoltions en abondance. Et nous commençâmes à élever des troupeaux de gros et de petit bétail et des animaux de toutes sortes.

12 Et moi, Néphi, j'avais aussi emporté les annales qui étaient gravées sur les plaques d'airain, et aussi la boule, ou compas, qui fut préparée pour mon père par la main du Seigneur, selon ce qui est écrit.

13 Et il arriva que nous commençâmes à prospérer extrêmement et à nous multiplier dans le pays.

14 Et moi, Néphi, je pris l'épée de Laban et, d'après son modèle, je fis beaucoup d'épées, de peur que le peuple qui était appelé les Lamanites ne vînt d'une façon ou d'une autre fondre sur nous et nous faire périr ; car je connaissais sa haine envers moi et mes enfants et ceux qui étaient appelés mon peuple.

15 Et j'enseignai à mon peuple à construire des bâtiments et à travailler toutes sortes de bois, et de fer, et de cuivre, et d'airain, et d'acier, et d'or, et d'argent, et de minerais précieux, qui étaient en grande abondance.

16 Et moi, Néphi, je construisis un temple ; et je le construisis à la manière du temple de Salomon, sauf qu'il n'était pas construit d'autant de choses précieuses ; car on ne les trouvait pas dans le pays, c'est pourquoi il ne pouvait pas être construit comme le temple de Salomon. Mais le genre de construction était semblable au temple de Salomon ; et l'exécution en était extrêmement fine.

17 Et il arriva que moi, Néphi, je fis en sorte que mon peuple fût industrieux et travaillât de ses mains.

18 Et il arriva qu'il voulut que je fusse son roi. Mais moi, Néphi, je désirais qu'il n'eût pas de roi ; néanmoins, je fis pour lui selon ce qui était en mon pouvoir.

19 Et voici, les paroles du Seigneur s'étaient accomplies pour mes frères, celles qu'il dit à leur sujet, que je serais leur gouverneur et

their ruler and their teacher. Wherefore, I had been their ruler and their teacher, according to the commandments of the Lord, until the time they sought to take away my life.

20 Wherefore, the word of the Lord was fulfilled which he spake unto me, saying that: Inasmuch as they will not hearken unto thy words they shall be cut off from the presence of the Lord. And behold, they were cut off from his presence.

21 And he had caused the cursing to come upon them, yea, even a sore cursing, because of their iniquity. For behold, they had hardened their hearts against him, that they had become like unto a flint; wherefore, as they were white, and exceedingly fair and delightsome, that they might not be enticing unto my people the Lord God did cause a skin of blackness to come upon them.

22 And thus saith the Lord God: I will cause that they shall be loathsome unto thy people, save they shall repent of their iniquities.

23 And cursed shall be the seed of him that mixeth with their seed; for they shall be cursed even with the same cursing. And the Lord spake it, and it was done.

24 And because of their cursing which was upon them they did become an idle people, full of mischief and subtlety, and did seek in the wilderness for beasts of prey.

25 And the Lord God said unto me: They shall be a scourge unto thy seed, to stir them up in remembrance of me; and inasmuch as they will not remember me, and hearken unto my words, they shall scourge them even unto destruction.

26 And it came to pass that I, Nephi, did consecrate Jacob and Joseph, that they should be priests and teachers over the land of my people.

27 And it came to pass that we lived after the manner of happiness.

28 And thirty years had passed away from the time we left Jerusalem.

29 And I, Nephi, had kept the records upon my plates, which I had made, of my people thus far.

30 And it came to pass that the Lord God said unto me: Make other plates; and thou shalt engraven many things upon them which are good in my sight, for the profit of thy people.

leur instructeur. C'est pourquoi, j'avais été leur gouverneur et leur instructeur, selon les commandements du Seigneur, jusqu'au moment où ils cherchèrent à m'ôter la vie.

20 C'est pourquoi, la parole du Seigneur s'accomplit, celle qu'il m'adressa, disant : S'ils n'écoutent pas tes paroles, ils seront retranchés de la présence du Seigneur. Et voici, ils furent retranchés de sa présence.

21 Et il avait fait tomber la malédiction sur eux, oui, une grande malédiction, à cause de leur iniquité. Car voici, ils s'étaient endurci le cœur contre lui, de sorte qu'il était devenu semblable à un caillou ; c'est pourquoi, comme ils étaient blancs et extrêmement beaux et agréables, afin qu'ils ne fussent pas séduisants pour mon peuple, le Seigneur Dieu fit venir sur eux une peau sombre.

22 Et ainsi dit le Seigneur Dieu : Je les rendrai repoussants pour ton peuple, à moins qu'ils ne se repentent de leurs iniquités.

23 Et maudite sera la postérité de celui qui se mêle à leur postérité : car ils seront maudits de la même malédiction. Et le Seigneur le dit, et cela fut fait.

24 Et à cause de la malédiction qui était sur eux, ils devinrent un peuple indolent, plein de malfaisance et d'astuce, et cherchèrent des bêtes de proie dans le désert.

25 Et le Seigneur Dieu me dit : Ils seront un fléau pour ta postérité, pour l'inciter à se souvenir de moi ; et si elle ne veut pas se souvenir de moi et écouter mes paroles, ils la flagelleront jusqu'à la destruction.

26 Et il arriva que moi, Néphi, je consacrai Jacob et Joseph pour qu'ils fussent prêtres et instructeurs sur le pays de mon peuple.

27 Et il arriva que nous vécûmes selon la voie du bonheur.

28 Et trente années étaient passées depuis le moment où nous avions quitté Jérusalem.

29 Et moi, Néphi, j'avais gardé jusqu'à présent les annales de mon peuple sur les plaques que j'avais faites.

30 Et il arriva que le Seigneur Dieu me dit : Fais d'autres plaques, et tu y graveras beaucoup de choses qui sont bonnes à mes yeux, pour le profit de ton peuple.

31 Wherefore, I, Nephi, to be obedient to the commandments of the Lord, went and made these plates upon which I have engraven these things.

32 And I engraved that which is pleasing unto God. And if my people are pleased with the things of God they will be pleased with mine engravings which are upon these plates.

33 And if my people desire to know the more particular part of the history of my people they must search mine other plates.

34 And it sufficeth me to say that forty years had passed away, and we had already had wars and contentions with our brethren.

CHAPTER 6

Jacob recounts Jewish history: The Babylonian captivity and return; the ministry and crucifixion of the Holy One of Israel; the help received from the Gentiles; and the Jews' latter-day restoration when they believe in the Messiah. About 559–545 B.C.

1 The words of Jacob, the brother of Nephi, which he spake unto the people of Nephi:

2 Behold, my beloved brethren, I, Jacob, having been called of God, and ordained after the manner of his holy order, and having been consecrated by my brother Nephi, unto whom ye look as a king or a protector, and on whom ye depend for safety, behold ye know that I have spoken unto you exceedingly many things.

3 Nevertheless, I speak unto you again; for I am desirous for the welfare of your souls. Yea, mine anxiety is great for you; and ye yourselves know that it ever has been. For I have exhorted you with all diligence; and I have taught you the words of my father; and I have spoken unto you concerning all things which are written, from the creation of the world.

4 And now, behold, I would speak unto you concerning things which are, and which are to come; wherefore, I will read you the words of Isaiah. And they are the words which my brother has desired that I should speak unto you. And I speak unto you for your sakes, that ye may learn and glorify the name of your God.

31 C'est pourquoi, moi, Néphi, pour être obéissant aux commandements du Seigneur, j'allai faire ces plaques sur lesquelles j'ai gravé ces choses-là.

32 Et j'ai gravé ce qui est agréable à Dieu. Et si mon peuple est content des choses de Dieu, il sera content de ce que j'ai gravé sur ces plaques.

33 Et si mon peuple désire connaître le récit plus détaillé de l'histoire de mon peuple, il doit sonder mes autres plaques.

34 Et il me suffit de dire que quarante années étaient passées, et que nous avions déjà eu des guerres et des querelles avec nos frères.

CHAPITRE 6

Jacob passe en revue l'histoire juive : la captivité babylonienne et le retour, le ministère et la crucifixion du Saint d'Israël, l'aide reçue des Gentils et le rétablissement des Juifs dans les derniers jours, lorsqu'ils croiront au Messie. Vers 559–545 av. J.-C.

1 Paroles que Jacob, frère de Néphi, adressa au peuple de Néphi :

2 Voici, mes frères bien-aimés, moi, Jacob, appelé par Dieu et ordonné selon son saint ordre, et consacré par mon frère Néphi, que vous regardez comme roi ou protecteur, et sur qui vous comptez pour assurer votre sécurité, voici, vous savez que je vous ai dit des choses extrêmement nombreuses.

3 Néanmoins, je vous parle encore, car je désire le bien-être de votre âme. Oui, mon anxiété est grande pour vous, et vous savez vous-mêmes qu'elle l'a toujours été. Car je vous ai exhortés en toute diligence, et je vous ai enseigné les paroles de mon père, et je vous ai parlé de toutes les choses qui sont écrites depuis la création du monde.

4 Et maintenant, voici, je voudrais vous parler des choses qui sont et des choses qui sont à venir ; c'est pourquoi, je vais vous lire les paroles d'Ésaïe. Et ce sont les paroles que mon frère a désiré que je vous dise. Et je vous parle pour votre bien, afin que vous appreniez et glorifiiez le nom de votre Dieu.

5 And now, the words which I shall read are they which Isaiah spake concerning all the house of Israel; wherefore, they may be likened unto you, for ye are of the house of Israel. And there are many things which have been spoken by Isaiah which may be likened unto you, because ye are of the house of Israel.

6 And now, these are the words: Thus saith the Lord God: Behold, I will lift up mine hand to the Gentiles, and set up my standard to the people; and they shall bring thy sons in their arms, and thy daughters shall be carried upon their shoulders.

7 And kings shall be thy nursing fathers, and their queens thy nursing mothers; they shall bow down to thee with their faces towards the earth, and lick up the dust of thy feet; and thou shalt know that I am the Lord; for they shall not be ashamed that wait for me.

8 And now I, Jacob, would speak somewhat concerning these words. For behold, the Lord has shown me that those who were at Jerusalem, from whence we came, have been slain and carried away captive.

9 Nevertheless, the Lord has shown unto me that they should return again. And he also has shown unto me that the Lord God, the Holy One of Israel, should manifest himself unto them in the flesh; and after he should manifest himself they should scourge him and crucify him, according to the words of the angel who spake it unto me.

10 And after they have hardened their hearts and stiffened their necks against the Holy One of Israel, behold, the judgments of the Holy One of Israel shall come upon them. And the day cometh that they shall be smitten and afflicted.

11 Wherefore, after they are driven to and fro, for thus saith the angel, many shall be afflicted in the flesh, and shall not be suffered to perish, because of the prayers of the faithful; they shall be scattered, and smitten, and hated; nevertheless, the Lord will be merciful unto them, that when they shall come to the knowledge of their Redeemer, they shall be gathered together again to the lands of their inheritance.

12 And blessed are the Gentiles, they of whom the prophet has written; for behold, if it so be that they shall repent and fight not against Zion, and do not unite themselves to

5 Et maintenant, les paroles que je vais lire sont celles qu'Ésaïe a dites concernant toute la maison d'Israël ; c'est pourquoi, elles peuvent vous être appliquées, car vous êtes de la maison d'Israël. Et il y a beaucoup de choses qui ont été dites par Ésaïe qui peuvent vous être appliquées, parce que vous êtes de la maison d'Israël.

6 Et maintenant, voici les paroles : Ainsi a parlé le Seigneur Dieu : Voici, je lèverai ma main vers les nations, je dresserai ma bannière vers les peuples ; et ils ramèneront tes fils entre leurs bras, ils porteront tes filles sur les épaules.

7 Des rois seront tes nourriciers, et leurs princesses tes nourrices ; ils se prosterneront devant toi, la face contre terre, et ils lécheront la poussière de tes pieds, et tu sauras que je suis le Seigneur, et que ceux qui espèrent en moi ne seront point confus.

8 Et maintenant, moi, Jacob, je voudrais parler quelque peu de ces paroles. Car voici, le Seigneur m'a montré que ceux qui étaient à Jérusalem, d'où nous sommes venus, ont été tués et emmenés captifs.

9 Néanmoins, le Seigneur m'a montré qu'ils reviendraient. Et il m'a aussi montré que le Seigneur Dieu, le Saint d'Israël, se manifesterait à eux dans la chair ; et lorsqu'il se serait manifesté, ils le flagelleraient et le crucifieraient, selon les paroles de l'ange qui me l'a dit.

10 Et lorsqu'ils se seront endurci le cœur et se seront roidi le cou contre le Saint d'Israël, voici, les jugements du Saint d'Israël s'abattront sur eux. Et le jour vient où ils seront frappés et affligés.

11 C'est pourquoi, lorsqu'ils auront été chassés çà et là, car ainsi dit l'ange, beaucoup seront affligés dans la chair, et il ne sera pas permis qu'ils périssent, à cause des prières des fidèles ; ils seront dispersés, et frappés, et haïs ; néanmoins, le Seigneur sera miséricordieux envers eux, de sorte que lorsqu'ils parviendront à la connaissance de leur Rédempteur, ils seront de nouveau rassemblés dans les pays de leur héritage.

12 Et bénis sont les Gentils, ceux sur lesquels le prophète a écrit, car voici, s'ils se repentent et ne combattent pas Sion, et ne s'unissent pas à cette grande et abominable

that great and abominable church, they shall be saved; for the Lord God will fulfil his covenants which he has made unto his children; and for this cause the prophet has written these things.

13 Wherefore, they that fight against Zion and the covenant people of the Lord shall lick up the dust of their feet; and the people of the Lord shall not be ashamed. For the people of the Lord are they who wait for him; for they still wait for the coming of the Messiah.

14 And behold, according to the words of the prophet, the Messiah will set himself again the second time to recover them; wherefore, he will manifest himself unto them in power and great glory, unto the destruction of their enemies, when that day cometh when they shall believe in him; and none will he destroy that believe in him.

15 And they that believe not in him shall be destroyed, both by fire, and by tempest, and by earthquakes, and by bloodsheds, and by pestilence, and by famine. And they shall know that the Lord is God, the Holy One of Israel.

16 For shall the prey be taken from the mighty, or the lawful captive delivered?

17 But thus saith the Lord: Even the captives of the mighty shall be taken away, and the prey of the terrible shall be delivered; for the Mighty God shall deliver his covenant people. For thus saith the Lord: I will contend with them that contendeth with thee—

18 And I will feed them that oppress thee, with their own flesh; and they shall be drunken with their own blood as with sweet wine; and all flesh shall know that I the Lord am thy Savior and thy Redeemer, the Mighty One of Jacob.

Église, ils seront sauvés, car le Seigneur Dieu accomplira les alliances qu'il a faites avec ses enfants ; et voilà pourquoi le prophète a écrit ces choses.

13 C'est pourquoi, ceux qui combattent Sion et le peuple de l'alliance du Seigneur lécheront la poussière de leurs pieds, et le peuple du Seigneur ne sera pas honteux. Car le peuple du Seigneur, ce sont ceux qui espèrent en lui : car ils espèrent encore la venue du Messie.

14 Et voici, selon les paroles du prophète, le Messie se mettra pour la seconde fois en devoir de les recouvrer ; c'est pourquoi, il se manifestera à eux avec puissance et une grande gloire, pour la destruction de leurs ennemis, lorsque viendra le jour où ils croiront en lui, et il ne fera périr aucun de ceux qui croient en lui.

15 Et ceux qui ne croient pas en lui seront détruits par le feu, et par la tempête, et par les tremblements de terre, et par les effusions de sang, et par la peste, et par la famine. Et ils sauront que le Seigneur est Dieu, le Saint d'Israël.

16 Le butin du puissant lui sera-t-il enlevé ? Et la capture faite sur le juste échappera-t-elle ?

17 Oui, dit le Seigneur, la capture du puissant lui sera enlevée, et le butin du tyran lui échappera ; car le Dieu puissant délivrera le peuple de son alliance. Car ainsi dit le Seigneur : Je combattrai ceux qui te combattent,

18 et je ferai manger à tes oppresseurs leur propre chair ; ils s'enivreront de leur sang comme du moût ; et toute chair saura que je suis le Seigneur, ton Sauveur, ton Rédempteur, le Puissant de Jacob.

CHAPTER 7

CHAPITRE 7

Jacob continues reading from Isaiah: Isaiah speaks messianically—The Messiah will have the tongue of the learned—He will give His back to the smiters—He will not be confounded— Compare Isaiah 50. About 559–545 B.C.

Jacob continue à lire dans Ésaïe : celui-ci parle de manière messianique — Le Messie aura la langue du disciple — Il livrera son dos à ceux qui le frappent — Il ne sera pas confondu — Comparez avec Ésaïe 50. Vers 559–545 av. J.-C.

1 Yea, for thus saith the Lord: Have I put thee away, or have I cast thee off forever?

1 Oui, car ainsi parle le Seigneur : T'ai-je répudié ou t'ai-je rejeté à jamais ? Car ainsi

For thus saith the Lord: Where is the bill of your mother's divorcement? To whom have I put thee away, or to which of my creditors have I sold you? Yea, to whom have I sold you? Behold, for your iniquities have ye sold yourselves, and for your transgressions is your mother put away.

2 Wherefore, when I came, there was no man; when I called, yea, there was none to answer. O house of Israel, is my hand shortened at all that it cannot redeem, or have I no power to deliver? Behold, at my rebuke I dry up the sea, I make their rivers a wilderness and their fish to stink because the waters are dried up, and they die because of thirst.

3 I clothe the heavens with blackness, and I make sackcloth their covering.

4 The Lord God hath given me the tongue of the learned, that I should know how to speak a word in season unto thee, O house of Israel. When ye are weary he waketh morning by morning. He waketh mine ear to hear as the learned.

5 The Lord God hath opened mine ear, and I was not rebellious, neither turned away back.

6 I gave my back to the smiter, and my cheeks to them that plucked off the hair. I hid not my face from shame and spitting.

7 For the Lord God will help me, therefore shall I not be confounded. Therefore have I set my face like a flint, and I know that I shall not be ashamed.

8 And the Lord is near, and he justifieth me. Who will contend with me? Let us stand together. Who is mine adversary? Let him come near me, and I will smite him with the strength of my mouth.

9 For the Lord God will help me. And all they who shall condemn me, behold, all they shall wax old as a garment, and the moth shall eat them up.

10 Who is among you that feareth the Lord, that obeyeth the voice of his servant, that walketh in darkness and hath no light?

11 Behold all ye that kindle fire, that compass yourselves about with sparks, walk in the light of your fire and in the sparks which ye have kindled. This shall ye have of mine hand—ye shall lie down in sorrow.

parle le Seigneur : Où est la lettre de divorce par laquelle j'ai répudié votre mère ? Ou bien, auquel de mes créanciers vous ai-je vendus ? Voici, c'est à cause de vos iniquités que vous avez été vendus, et c'est à cause de vos péchés que votre mère a été répudiée.

2 Je suis venu : pourquoi n'y avait-il personne ? J'ai appelé : pourquoi personne n'a-t-il répondu ? Ô maison d'Israël, ma main est-elle trop courte pour racheter ? N'ai-je pas assez de force pour délivrer ? Par ma menace, je dessèche la mer, je réduis les fleuves en désert ; leurs poissons se corrompent, faute d'eau, et ils périssent de soif.

3 Je revêts les cieux d'obscurité, et je fais d'un sac leur couverture.

4 Le Seigneur Dieu m'a donné la langue des disciples pour que je sache soutenir par la parole celui qui est abattu ; il éveille, chaque matin, il éveille mon oreille, pour que j'écoute comme écoutent des disciples.

5 Le Seigneur Dieu m'a ouvert l'oreille, et je n'ai point résisté, je ne me suis point retiré en arrière.

6 J'ai livré mon dos à ceux qui me frappaient, et mes joues à ceux qui m'arrachaient la barbe ; je n'ai pas dérobé mon visage aux ignominies et aux crachats.

7 Mais le Seigneur Dieu m'a secouru ; c'est pourquoi je n'ai point été déshonoré, c'est pourquoi j'ai rendu mon visage semblable à un caillou, sachant que je ne serais point confondu.

8 Celui qui me justifie est proche ; qui disputera contre moi ? Comparaissons ensemble ! Qui est mon adversaire ? Qu'il s'avance vers moi, et je le frapperai de la force de ma bouche.

9 Voici, le Seigneur Dieu me secourra : Qui me condamnera ? Voici, ils tomberont tous en lambeaux comme un vêtement, la teigne les dévorera.

10 Qui parmi vous craint le Seigneur, obéit à la voix de son serviteur, marche dans les ténèbres et n'a pas de lumière ?

11 Voici, vous tous qui allumez un feu, et qui êtes armés de torches, allez au milieu de votre feu et de vos torches enflammées ! C'est par ma main que ces choses vous arriveront ; vous vous coucherez dans la douleur.

CHAPTER 8   CHAPITRE 8

Jacob continues reading from Isaiah: In the last days, the Lord will comfort Zion and gather Israel—The redeemed will come to Zion amid great joy—Compare Isaiah 51 and 52:1–2. About 559–545 B.C.

Jacob continue à lire dans Ésaïe : dans les derniers jours, le Seigneur consolera Sion et rassemblera Israël — Les rachetés viendront à Sion au milieu d'une grande allégresse — Comparez avec Ésaïe 51 et 52:1–2. Vers 559–545 av. J.-C.

1 Hearken unto me, ye that follow after righteousness. Look unto the rock from whence ye are hewn, and to the hole of the pit from whence ye are digged.

1 Écoutez-moi, vous qui poursuivez la justice. Portez les regards sur le rocher d'où vous avez été taillés, et sur le creux de la fosse d'où vous avez été tirés.

2 Look unto Abraham, your father, and unto Sarah, she that bare you; for I called him alone, and blessed him.

2 Portez les regards sur Abraham, votre père, et sur Sara, celle qui vous a enfantés ; car lui seul je l'ai appelé et l'ai béni.

3 For the Lord shall comfort Zion, he will comfort all her waste places; and he will make her wilderness like Eden, and her desert like the garden of the Lord. Joy and gladness shall be found therein, thanksgiving and the voice of melody.

3 Ainsi le Seigneur a pitié de Sion, il a pitié de toutes ses ruines ; il rendra son désert semblable à un Éden, et sa terre aride à un jardin du Seigneur. La joie et l'allégresse se trouveront au milieu d'elle, les actions de grâces et le chant des cantiques.

4 Hearken unto me, my people; and give ear unto me, O my nation; for a law shall proceed from me, and I will make my judgment to rest for a light for the people.

4 Mon peuple, sois attentif ! Ma nation, prête-moi l'oreille ! Car la loi sortira de moi, et j'établirai ma loi pour être la lumière des peuples.

5 My righteousness is near; my salvation is gone forth, and mine arm shall judge the people. The isles shall wait upon me, and on mine arm shall they trust.

5 Ma justice est proche, mon salut va paraître, et mes bras jugeront les peuples ; les îles espéreront en moi, elles se confieront en mon bras.

6 Lift up your eyes to the heavens, and look upon the earth beneath; for the heavens shall vanish away like smoke, and the earth shall wax old like a garment; and they that dwell therein shall die in like manner. But my salvation shall be forever, and my righteousness shall not be abolished.

6 Levez les yeux vers le ciel, et regardez en bas sur la terre ! Car les cieux s'évanouiront comme une fumée, la terre tombera en lambeaux comme un vêtement, et ses habitants périront comme des mouches ; mais mon salut durera éternellement, et ma justice n'aura point de fin.

7 Hearken unto me, ye that know righteousness, the people in whose heart I have written my law, fear ye not the reproach of men, neither be ye afraid of their revilings.

7 Écoutez-moi, vous qui connaissez la justice, peuple dans le cœur de qui j'ai écrit ma loi, ne craignez pas l'opprobre des hommes, et ne tremblez pas devant leurs outrages.

8 For the moth shall eat them up like a garment, and the worm shall eat them like wool. But my righteousness shall be forever, and my salvation from generation to generation.

8 Car la teigne les dévorera comme un vêtement, et la gerce les rongera comme de la laine. Mais ma justice durera éternellement, et mon salut s'étendra d'âge en âge.

9 Awake, awake! Put on strength, O arm of the Lord; awake as in the ancient days. Art thou not he that hath cut Rahab, and wounded the dragon?

9 Réveille-toi, réveille-toi ! Revêts-toi de force, bras du Seigneur ! Réveille-toi, comme aux jours d'autrefois. N'est-ce pas toi qui abattis Rahab, qui transperças le monstre ?

10 Art thou not he who hath dried the sea, the waters of the great deep; that hath made the depths of the sea a way for the ransomed to pass over?

11 Therefore, the redeemed of the Lord shall return, and come with singing unto Zion; and everlasting joy and holiness shall be upon their heads; and they shall obtain gladness and joy; sorrow and mourning shall flee away.

12 I am he; yea, I am he that comforteth you. Behold, who art thou, that thou shouldst be afraid of man, who shall die, and of the son of man, who shall be made like unto grass?

13 And forgettest the Lord thy maker, that hath stretched forth the heavens, and laid the foundations of the earth, and hast feared continually every day, because of the fury of the oppressor, as if he were ready to destroy? And where is the fury of the oppressor?

14 The captive exile hasteneth, that he may be loosed, and that he should not die in the pit, nor that his bread should fail.

15 But I am the Lord thy God, whose waves roared; the Lord of Hosts is my name.

16 And I have put my words in thy mouth, and have covered thee in the shadow of mine hand, that I may plant the heavens and lay the foundations of the earth, and say unto Zion: Behold, thou art my people.

17 Awake, awake, stand up, O Jerusalem, which hast drunk at the hand of the Lord the cup of his fury—thou hast drunken the dregs of the cup of trembling wrung out—

18 And none to guide her among all the sons she hath brought forth; neither that taketh her by the hand, of all the sons she hath brought up.

19 These two sons are come unto thee, who shall be sorry for thee—thy desolation and destruction, and the famine and the sword—and by whom shall I comfort thee?

20 Thy sons have fainted, save these two; they lie at the head of all the streets; as a wild bull in a net, they are full of the fury of the Lord, the rebuke of thy God.

21 Therefore hear now this, thou afflicted, and drunken, and not with wine:

10 N'est-ce pas toi qui mis à sec la mer, les eaux du grand abîme, qui frayas dans les profondeurs de la mer un chemin pour le passage des rachetés ?

11 Ainsi les rachetés du Seigneur retourneront, ils iront à Sion avec chants de triomphe ; et une joie et une sainteté éternelles couronneront leur tête ; l'allégresse et la joie s'approcheront, la douleur et les gémissements s'enfuiront.

12 C'est moi, oui, c'est moi qui vous console. Voici, qui es-tu pour avoir peur de l'homme mortel, et du fils de l'homme, pareil à l'herbe ?

13 Et tu oublierais le Seigneur, qui t'a fait, qui a étendu les cieux et fondé la terre ! Et tu tremblerais incessamment tout le jour devant la colère de l'oppresseur, parce qu'il cherche à détruire ! Où donc est la colère de l'oppresseur ?

14 Bientôt celui qui est courbé sous les fers sera délivré ; il ne mourra pas dans la fosse, et son pain ne lui manquera pas.

15 Je suis le Seigneur, ton Dieu, qui soulève la mer et fais mugir ses flots. Le Seigneur des armées est mon nom.

16 Je mets mes paroles dans ta bouche et te couvre de l'ombre de ma main, pour étendre de nouveaux cieux et fonder une nouvelle terre, et pour dire à Sion : Voici, tu es mon peuple.

17 Réveille-toi, réveille-toi ! lève-toi, Jérusalem, qui as bu de la main du Seigneur la coupe de sa colère — tu as bu, sucé jusqu'à la lie la coupe d'étourdissement —

18 et personne pour la conduire de tous les fils qu'elle a enfantés, aucun pour la prendre par la main, de tous les fils qu'elle a élevés.

19 Ces deux fils sont venus à toi, qui seront désolés pour toi — ton ravage et ta ruine, la famine et l'épée ; et par qui te consolerai-je ?

20 Tes fils en défaillance, sauf ces deux-ci, gisaient à tous les coins de rues ; comme le cerf dans un filet, chargés de la colère du Seigneur, des menaces de ton Dieu.

21 C'est pourquoi, écoute ceci, malheureuse, ivre, et non de vin !

22 Thus saith thy Lord, the Lord and thy God pleadeth the cause of his people; behold, I have taken out of thine hand the cup of trembling, the dregs of the cup of my fury; thou shalt no more drink it again.

23 But I will put it into the hand of them that afflict thee; who have said to thy soul: Bow down, that we may go over—and thou hast laid thy body as the ground and as the street to them that went over.

24 Awake, awake, put on thy strength, O Zion; put on thy beautiful garments, O Jerusalem, the holy city; for henceforth there shall no more come into thee the uncircumcised and the unclean.

25 Shake thyself from the dust; arise, sit down, O Jerusalem; loose thyself from the bands of thy neck, O captive daughter of Zion.

CHAPTER 9

Jacob explains that the Jews will be gathered in all their lands of promise—The Atonement ransoms man from the Fall—The bodies of the dead will come forth from the grave, and their spirits from hell and from paradise—They will be judged—The Atonement saves from death, hell, the devil, and endless torment—The righteous are to be saved in the kingdom of God—Penalties for sins are set forth—The Holy One of Israel is the keeper of the gate. About 559–545 B.C.

1 And now, my beloved brethren, I have read these things that ye might know concerning the covenants of the Lord that he has covenanted with all the house of Israel—

2 That he has spoken unto the Jews, by the mouth of his holy prophets, even from the beginning down, from generation to generation, until the time comes that they shall be restored to the true church and fold of God; when they shall be gathered home to the lands of their inheritance, and shall be established in all their lands of promise.

3 Behold, my beloved brethren, I speak unto you these things that ye may rejoice, and lift up your heads forever, because of the blessings which the Lord God shall bestow upon your children.

22 Ainsi parle ton Seigneur, ton Dieu qui défend son peuple ; voici, je prends de ta main la coupe d'étourdissement, la coupe de ma colère ; tu ne la boiras plus !

23 Je la mettrai dans la main de tes oppresseurs, qui te disaient : Courbe-toi, et nous passerons ! Tu faisais alors de ton dos comme une terre, comme une rue pour les passants.

24 Réveille-toi ! réveille-toi ! revêts-toi de ta force, ô Sion ; revêts tes habits de fête, Jérusalem, ville sainte ! car il n'entrera plus chez toi ni incirconcis ni impur.

25 Secoue ta poussière, lève-toi, mets-toi sur ton séant, Jérusalem ! détache les liens de ton cou, captive, fille de Sion !

CHAPITRE 9

Jacob explique que les Juifs seront rassemblés dans toutes leurs terres de promission — L'Expiation rachète l'homme de la chute — Les corps des morts sortiront de la tombe et leurs esprits de l'enfer et du paradis — Ils seront jugés — L'Expiation sauve de la mort, de l'enfer, du diable et du tourment sans fin — Les justes seront sauvés dans le royaume de Dieu — Exposé des châtiments prévus pour les péchés — Le Saint d'Israël est le gardien de la porte. Vers 559–545 av. J.-C.

1 Et maintenant, mes frères bien-aimés, j'ai lu ces choses pour que vous sachiez quelles alliances le Seigneur a faites avec toute la maison d'Israël ;

2 qu'il a parlé aux Juifs, par la bouche de ses saints prophètes, oui, dès le commencement, et de génération en génération, jusqu'à ce que vienne le moment où ils seront rendus à la vraie Église et au vrai troupeau de Dieu, où ils seront rassemblés chez eux dans les pays de leur héritage et seront établis dans toutes leurs terres de promission.

3 Voici, mes frères bien-aimés, je vous dis ces choses afin que vous vous réjouissiez et leviez la tête à jamais, à cause des bénédictions que le Seigneur Dieu accordera à vos enfants.

4 For I know that ye have searched much, many of you, to know of things to come; wherefore I know that ye know that our flesh must waste away and die; nevertheless, in our bodies we shall see God.

5 Yea, I know that ye know that in the body he shall show himself unto those at Jerusalem, from whence we came; for it is expedient that it should be among them; for it behooveth the great Creator that he suffereth himself to become subject unto man in the flesh, and die for all men, that all men might become subject unto him.

6 For as death hath passed upon all men, to fulfil the merciful plan of the great Creator, there must needs be a power of resurrection, and the resurrection must needs come unto man by reason of the fall; and the fall came by reason of transgression; and because man became fallen they were cut off from the presence of the Lord.

7 Wherefore, it must needs be an infinite atonement—save it should be an infinite atonement this corruption could not put on incorruption. Wherefore, the first judgment which came upon man must needs have remained to an endless duration. And if so, this flesh must have laid down to rot and to crumble to its mother earth, to rise no more.

8 O the wisdom of God, his mercy and grace! For behold, if the flesh should rise no more our spirits must become subject to that angel who fell from before the presence of the Eternal God, and became the devil, to rise no more.

9 And our spirits must have become like unto him, and we become devils, angels to a devil, to be shut out from the presence of our God, and to remain with the father of lies, in misery, like unto himself; yea, to that being who beguiled our first parents, who transformeth himself nigh unto an angel of light, and stirreth up the children of men unto secret combinations of murder and all manner of secret works of darkness.

10 O how great the goodness of our God, who prepareth a way for our escape from the

4 Car je sais que vous avez beaucoup cherché, beaucoup d'entre vous, à connaître les choses à venir ; c'est pourquoi, je sais que vous savez que notre chair doit dépérir et mourir ; néanmoins, dans notre corps nous verrons Dieu.

5 Oui, je sais que vous savez qu'il se montrera dans son corps à ceux qui sont à Jérusalem, d'où nous sommes venus ; car il est nécessaire que cela soit parmi eux, car il faut que le grand Créateur accepte de se soumettre à l'homme dans la chair et de mourir pour tous les hommes, afin que tous les hommes lui deviennent soumis.

6 Car comme la mort est passée sur tous les hommes, pour accomplir le plan miséricordieux du grand Créateur, il doit nécessairement y avoir un pouvoir de résurrection, et la résurrection doit nécessairement être donnée à l'homme en raison de la chute ; et la chute s'est produite en raison de la transgression, et parce que l'homme est devenu déchu, il a été retranché de la présence du Seigneur.

7 C'est pourquoi, il doit nécessairement y avoir une expiation infinie : si ce n'était pas une expiation infinie, cette corruption ne pourrait pas revêtir l'incorruptibilité. C'est pourquoi, le premier jugement qui est tombé sur l'homme aurait nécessairement dû rester pour une durée sans fin. Et s'il en avait été ainsi, cette chair aurait dû se coucher pour pourrir et se désagréger, et retourner à la terre, sa mère, pour ne plus se relever.

8 Oh ! la sagesse de Dieu, sa miséricorde et sa grâce ! Car voici, si la chair ne se relevait plus, notre esprit serait soumis à cet ange qui tomba de la présence du Dieu éternel et devint le diable, pour ne plus se relever.

9 Et notre esprit serait devenu semblable à lui, et nous serions devenus des démons, anges d'un démon, pour être exclus de la présence de notre Dieu et rester avec le père des mensonges dans la misère comme lui ; oui, de cet être qui a séduit nos premiers parents, qui se transforme presque en un ange de lumière et incite les enfants des hommes aux combinaisons secrètes de meurtre et à toutes sortes d'œuvres secrètes de ténèbres.

10 Oh ! comme elle est grande, la bonté de notre Dieu qui prépare une voie pour que nous échappions à l'étreinte de ce monstre affreux, oui, ce monstre, la mort et l'enfer,

grasp of this awful monster; yea, that monster, death and hell, which I call the death of the body, and also the death of the spirit.

11 And because of the way of deliverance of our God, the Holy One of Israel, this death, of which I have spoken, which is the temporal, shall deliver up its dead; which death is the grave.

12 And this death of which I have spoken, which is the spiritual death, shall deliver up its dead; which spiritual death is hell; wherefore, death and hell must deliver up their dead, and hell must deliver up its captive spirits, and the grave must deliver up its captive bodies, and the bodies and the spirits of men will be restored one to the other; and it is by the power of the resurrection of the Holy One of Israel.

13 O how great the plan of our God! For on the other hand, the paradise of God must deliver up the spirits of the righteous, and the grave deliver up the body of the righteous; and the spirit and the body is restored to itself again, and all men become incorruptible, and immortal, and they are living souls, having a perfect knowledge like unto us in the flesh, save it be that our knowledge shall be perfect.

14 Wherefore, we shall have a perfect knowledge of all our guilt, and our uncleanness, and our nakedness; and the righteous shall have a perfect knowledge of their enjoyment, and their righteousness, being clothed with purity, yea, even with the robe of righteousness.

15 And it shall come to pass that when all men shall have passed from this first death unto life, insomuch as they have become immortal, they must appear before the judgment-seat of the Holy One of Israel; and then cometh the judgment, and then must they be judged according to the holy judgment of God.

16 And assuredly, as the Lord liveth, for the Lord God hath spoken it, and it is his eternal word, which cannot pass away, that they who are righteous shall be righteous still, and they who are filthy shall be filthy still; wherefore, they who are filthy are the devil and his angels; and they shall go away into everlasting fire, prepared for them; and their torment is as a lake of fire and brimstone, whose flame ascendeth up forever and ever and has no end.

que j'appelle la mort du corps, et aussi la mort de l'esprit.

11 Et à cause du moyen de délivrance de notre Dieu, le Saint d'Israël, cette mort, dont j'ai parlé, qui est la mort temporelle, livrera ses morts ; laquelle mort est la tombe.

12 Et cette mort dont j'ai parlé, qui est la mort spirituelle, livrera ses morts ; laquelle mort spirituelle est l'enfer ; c'est pourquoi, la mort et l'enfer vont livrer leurs morts, et l'enfer va livrer ses esprits captifs, et la tombe va livrer ses corps captifs, et le corps et l'esprit des hommes seront rendus l'un à l'autre ; et c'est par le pouvoir de la résurrection du Saint d'Israël.

13 Oh ! comme il est grand, le plan de notre Dieu ! Car d'un autre côté, le paradis de Dieu va livrer les esprits des justes, et la tombe livrer les corps des justes, et l'esprit et le corps sont rendus l'un à l'autre, et tous les hommes deviennent incorruptibles et immortels, et ils sont des âmes vivantes, ayant une connaissance parfaite comme nous dans la chair, sauf que notre connaissance sera parfaite.

14 C'est pourquoi, nous aurons la connaissance parfaite de toute notre culpabilité, et de notre impureté, et de notre nudité ; et les justes auront la connaissance parfaite de leur bonheur et de leur justice, étant revêtus de pureté, oui, du manteau de la justice.

15 Et il arrivera que lorsque tous les hommes seront passés de cette première mort à la vie, puisqu'ils sont devenus immortels, ils vont comparaître devant le siège du jugement du Saint d'Israël ; et alors vient le jugement, et alors ils vont être jugés selon le saint jugement de Dieu.

16 Et assurément, comme le Seigneur vit, car le Seigneur Dieu l'a dit, et c'est sa parole éternelle, qui ne peut passer, ceux qui sont justes seront encore justes, et ceux qui sont souillés seront encore souillés ; c'est pourquoi, ceux qui sont souillés sont le diable et ses anges ; et ils s'en iront dans le feu éternel préparé pour eux ; et leur tourment est comme un étang de feu et de soufre, dont la flamme monte pour toujours et à jamais et n'a pas de fin.

17 O the greatness and the justice of our God! For he executeth all his words, and they have gone forth out of his mouth, and his law must be fulfilled.

18 But, behold, the righteous, the saints of the Holy One of Israel, they who have believed in the Holy One of Israel, they who have endured the crosses of the world, and despised the shame of it, they shall inherit the kingdom of God, which was prepared for them from the foundation of the world, and their joy shall be full forever.

19 O the greatness of the mercy of our God, the Holy One of Israel! For he delivereth his saints from that awful monster the devil, and death, and hell, and that lake of fire and brimstone, which is endless torment.

20 O how great the holiness of our God! For he knoweth all things, and there is not anything save he knows it.

21 And he cometh into the world that he may save all men if they will hearken unto his voice; for behold, he suffereth the pains of all men, yea, the pains of every living creature, both men, women, and children, who belong to the family of Adam.

22 And he suffereth this that the resurrection might pass upon all men, that all might stand before him at the great and judgment day.

23 And he commandeth all men that they must repent, and be baptized in his name, having perfect faith in the Holy One of Israel, or they cannot be saved in the kingdom of God.

24 And if they will not repent and believe in his name, and be baptized in his name, and endure to the end, they must be damned; for the Lord God, the Holy One of Israel, has spoken it.

25 Wherefore, he has given a law; and where there is no law given there is no punishment; and where there is no punishment there is no condemnation; and where there is no condemnation the mercies of the Holy One of Israel have claim upon them, because of the atonement; for they are delivered by the power of him.

26 For the atonement satisfieth the demands of his justice upon all those who have not the law given to them, that they are delivered from that awful monster, death and

17 Oh ! la grandeur et la justice de notre Dieu ! Car il exécute toutes ses paroles, et elles sont sorties de sa bouche, et sa loi doit s'accomplir.

18 Mais voici, les justes, les saints du Saint d'Israël, ceux qui ont cru au Saint d'Israël, ceux qui ont enduré les croix du monde et en ont méprisé la honte, hériteront le royaume de Dieu qui a été préparé pour eux dès la fondation du monde, et leur joie sera pleine à jamais.

19 Oh ! la grandeur de la miséricorde de notre Dieu, le Saint d'Israël ! Car il délivre ses saints de ce monstre affreux, le diable, et de la mort, et de l'enfer, et de l'étang de feu et de soufre, qui est le tourment sans fin.

20 Oh ! comme elle est grande, la sainteté de notre Dieu ! Car il sait tout, et il n'y a rien qu'il ne sache pas.

21 Et il vient dans le monde afin de sauver tous les hommes, s'ils veulent écouter sa voix ; car voici, il subit les souffrances de tous les hommes, oui, les souffrances de tous les êtres vivants, tant des hommes que des femmes et des enfants, qui appartiennent à la famille d'Adam.

22 Et il souffre cela afin que la résurrection passe sur tous les hommes, afin que tous se tiennent devant lui lors du grand jour, du jour du jugement.

23 Et il commande à tous les hommes de se repentir et d'être baptisés en son nom, ayant une foi parfaite au Saint d'Israël, sinon ils ne peuvent être sauvés dans le royaume de Dieu.

24 Et s'ils ne veulent pas se repentir et croire en son nom, et être baptisés en son nom, et persévérer jusqu'à la fin, ils seront damnés ; car le Seigneur Dieu, le Saint d'Israël, l'a dit.

25 C'est pourquoi il a donné une loi ; et là où il n'y a pas de loi donnée, il n'y a pas de châtiment ; et là où il n'y a pas de châtiment, il n'y a pas de condamnation ; et là où il n'y a pas de condamnation, la miséricorde du Saint d'Israël exerce ses droits sur eux à cause de l'expiation ; car ils sont délivrés par son pouvoir.

26 Car l'expiation satisfait aux exigences de sa justice pour tous ceux à qui la loi n'est pas donnée, de sorte qu'ils sont délivrés de ce

hell, and the devil, and the lake of fire and brimstone, which is endless torment; and they are restored to that God who gave them breath, which is the Holy One of Israel.

27 But wo unto him that has the law given, yea, that has all the commandments of God, like unto us, and that transgresseth them, and that wasteth the days of his probation, for awful is his state!

28 O that cunning plan of the evil one! O the vainness, and the frailties, and the foolishness of men! When they are learned they think they are wise, and they hearken not unto the counsel of God, for they set it aside, supposing they know of themselves, wherefore, their wisdom is foolishness and it profiteth them not. And they shall perish.

29 But to be learned is good if they hearken unto the counsels of God.

30 But wo unto the rich, who are rich as to the things of the world. For because they are rich they despise the poor, and they persecute the meek, and their hearts are upon their treasures; wherefore, their treasure is their god. And behold, their treasure shall perish with them also.

31 And wo unto the deaf that will not hear; for they shall perish.

32 Wo unto the blind that will not see; for they shall perish also.

33 Wo unto the uncircumcised of heart, for a knowledge of their iniquities shall smite them at the last day.

34 Wo unto the liar, for he shall be thrust down to hell.

35 Wo unto the murderer who deliberately killeth, for he shall die.

36 Wo unto them who commit whoredoms, for they shall be thrust down to hell.

37 Yea, wo unto those that worship idols, for the devil of all devils delighteth in them.

38 And, in fine, wo unto all those who die in their sins; for they shall return to God, and behold his face, and remain in their sins.

39 O, my beloved brethren, remember the awfulness in transgressing against that Holy God, and also the awfulness of yield-

monstre affreux, la mort et l'enfer, et le diable, et l'étang de feu et de soufre, qui est le tourment sans fin ; et ils sont rendus à ce Dieu qui leur a donné le souffle, qui est le Saint d'Israël.

27 Mais malheur à celui à qui la loi est donnée, oui, qui a tous les commandements de Dieu, comme nous, et qui les transgresse, et qui prodigue les jours de son épreuve, car affreux est son état !

28 Oh ! le plan astucieux du Malin ! Oh ! la vanité, et la fragilité, et la folie des hommes ! Lorsqu'ils sont instruits, ils se croient sages, et ils n'écoutent pas les recommandations de Dieu, car ils les laissent de côté, pensant savoir par eux-mêmes, c'est pourquoi, leur sagesse est folie et elle ne leur profite pas. Et ils périront.

29 Mais être instruit est une bonne chose si on écoute les recommandations de Dieu.

30 Mais malheur aux riches, qui sont riches des choses du monde. Car, parce qu'ils sont riches, ils méprisent les pauvres, et ils persécutent les humbles, et leur cœur est dans leurs trésors ; c'est pourquoi, leur trésor est leur dieu. Et voici, leur trésor périra avec eux aussi.

31 Et malheur aux sourds qui ne veulent pas entendre, car ils périront.

32 Malheur aux aveugles qui ne veulent pas voir, car ils périront aussi.

33 Malheur aux incirconcis de cœur, car la connaissance de leurs iniquités les frappera au dernier jour.

34 Malheur au menteur, car il sera précipité en enfer.

35 Malheur au meurtrier qui tue délibérément, car il mourra.

36 Malheur à ceux qui se livrent à la fornication, car ils seront précipités en enfer.

37 Oui, malheur à ceux qui adorent les idoles, car le démon de tous les démons fait d'eux ses délices.

38 En bref, malheur à tous ceux qui meurent dans leurs péchés, car ils retourneront à Dieu, et verront sa face, et resteront dans leurs péchés.

39 Ô mes frères bien-aimés, souvenez-vous qu'il est affreux de transgresser contre ce Dieu saint, et aussi qu'il est affreux de céder aux séductions du Malin. Souvenez-vous :

ing to the enticings of that cunning one. Remember, to be carnally-minded is death, and to be spiritually-minded is life eternal.

40 O, my beloved brethren, give ear to my words. Remember the greatness of the Holy One of Israel. Do not say that I have spoken hard things against you; for if ye do, ye will revile against the truth; for I have spoken the words of your Maker. I know that the words of truth are hard against all uncleanness; but the righteous fear them not, for they love the truth and are not shaken.

41 O then, my beloved brethren, come unto the Lord, the Holy One. Remember that his paths are righteous. Behold, the way for man is narrow, but it lieth in a straight course before him, and the keeper of the gate is the Holy One of Israel; and he employeth no servant there; and there is none other way save it be by the gate; for he cannot be deceived, for the Lord God is his name.

42 And whoso knocketh, to him will he open; and the wise, and the learned, and they that are rich, who are puffed up because of their learning, and their wisdom, and their riches—yea, they are they whom he despiseth; and save they shall cast these things away, and consider themselves fools before God, and come down in the depths of humility, he will not open unto them.

43 But the things of the wise and the prudent shall be hid from them forever—yea, that happiness which is prepared for the saints.

44 O, my beloved brethren, remember my words. Behold, I take off my garments, and I shake them before you; I pray the God of my salvation that he view me with his all-searching eye; wherefore, ye shall know at the last day, when all men shall be judged of their works, that the God of Israel did witness that I shook your iniquities from my soul, and that I stand with brightness before him, and am rid of your blood.

45 O, my beloved brethren, turn away from your sins; shake off the chains of him that would bind you fast; come unto that God who is the rock of your salvation.

46 Prepare your souls for that glorious day when justice shall be administered unto the righteous, even the day of judgment, that ye may not shrink with awful fear; that ye may

l'affection de la chair, c'est la mort, et l'affection de l'esprit, c'est la vie éternelle.

40 Ô mes frères bien-aimés, prêtez l'oreille à mes paroles. Souvenez-vous de la grandeur du Saint d'Israël. Ne dites pas que j'ai dit des choses dures à votre égard, car si vous le faites, vous insulterez la vérité : car j'ai dit les paroles de votre Créateur. Je sais que les paroles de vérité sont dures à l'égard de toute impureté, mais les justes ne les craignent pas, car ils aiment la vérité et ne sont pas ébranlés.

41 Oh ! alors, mes frères bien-aimés, venez au Seigneur, le Saint. Souvenez-vous que ses sentiers sont justes. Voici, le chemin pour l'homme est étroit, mais il va en ligne droite devant lui, et le gardien de la porte est le Saint d'Israël, et il n'y emploie aucun serviteur, et il n'y a aucun autre chemin que par la porte, car on ne peut le tromper, car Seigneur Dieu est son nom.

42 Et à quiconque frappe il ouvre ; et les sages, et les savants, et ceux qui sont riches, qui sont boursouflés à cause de leur science, et de leur sagesse, et de leurs richesses, oui, ce sont ceux-là qu'il méprise ; et à moins qu'ils ne rejettent ces choses et ne se considèrent comme des insensés devant Dieu, et ne descendent dans les profondeurs de l'humilité, il ne leur ouvrira pas.

43 Mais les choses des sages et des hommes intelligents leur seront cachées à jamais, oui, ce bonheur qui est préparé pour les saints.

44 Ô mes frères bien-aimés, souvenez-vous de mes paroles. Voici, j'ôte mes vêtements et je les secoue devant vous ; je prie le Dieu de mon salut qu'il me regarde de son œil qui sonde tout ; c'est pourquoi, vous saurez au dernier jour, lorsque tous les hommes seront jugés d'après leurs œuvres, que le Dieu d'Israël a été témoin de ce que j'ai secoué vos iniquités de mon âme et de ce que je me tiens avec pureté devant lui et suis débarrassé de votre sang.

45 Ô mes frères bien-aimés, détournez-vous de vos péchés ; secouez les chaînes de celui qui voudrait vous lier solidement ; venez à ce Dieu qui est le rocher de votre salut.

46 Préparez votre âme pour ce jour glorieux où la justice sera rendue aux justes, le jour du jugement, afin que vous ne reculiez pas dans une crainte affreuse, afin que vous ne

not remember your awful guilt in perfectness, and be constrained to exclaim: Holy, holy are thy judgments, O Lord God Almighty—but I know my guilt; I transgressed thy law, and my transgressions are mine; and the devil hath obtained me, that I am a prey to his awful misery.

47 But behold, my brethren, is it expedient that I should awake you to an awful reality of these things? Would I harrow up your souls if your minds were pure? Would I be plain unto you according to the plainness of the truth if ye were freed from sin?

48 Behold, if ye were holy I would speak unto you of holiness; but as ye are not holy, and ye look upon me as a teacher, it must needs be expedient that I teach you the consequences of sin.

49 Behold, my soul abhorreth sin, and my heart delighteth in righteousness; and I will praise the holy name of my God.

50 Come, my brethren, every one that thirsteth, come ye to the waters; and he that hath no money, come buy and eat; yea, come buy wine and milk without money and without price.

51 Wherefore, do not spend money for that which is of no worth, nor your labor for that which cannot satisfy. Hearken diligently unto me, and remember the words which I have spoken; and come unto the Holy One of Israel, and feast upon that which perisheth not, neither can be corrupted, and let your soul delight in fatness.

52 Behold, my beloved brethren, remember the words of your God; pray unto him continually by day, and give thanks unto his holy name by night. Let your hearts rejoice.

53 And behold how great the covenants of the Lord, and how great his condescensions unto the children of men; and because of his greatness, and his grace and mercy, he has promised unto us that our seed shall not utterly be destroyed, according to the flesh, but that he would preserve them; and in future generations they shall become a righteous branch unto the house of Israel.

54 And now, my brethren, I would speak unto you more; but on the morrow I will declare unto you the remainder of my words. Amen.

vous souveniez pas parfaitement de votre affreuse culpabilité et ne soyez pas contraints de vous exclamer : Saints, saints sont tes jugements, ô Seigneur Dieu Tout-Puissant — mais je connais ma culpabilité, j'ai transgressé ta loi, et mes transgressions sont miennes ; et le diable m'a gagné, de sorte que je suis la proie de son affreuse misère.

47 Mais voici, mes frères, est-il nécessaire que je vous fasse prendre conscience de l'affreuse réalité de ces choses ? Déchirerais-je votre âme si votre esprit était pur ? Serais-je clair avec vous, selon la clarté de la vérité, si vous étiez libérés du péché ?

48 Voici, si vous étiez saints, je vous parlerais de sainteté, mais comme vous n'êtes pas saints, et que vous me considérez comme un instructeur, il faut nécessairement que je vous enseigne les conséquences du péché.

49 Voici, mon âme a le péché en horreur, et mon cœur fait ses délices de la justice ; et je louerai le saint nom de mon Dieu.

50 Venez, mes frères, vous tous qui avez soif, venez vers les eaux ; et vous qui n'avez pas d'argent, venez, achetez et mangez, oui, venez, achetez du vin et du lait, sans argent, sans rien payer.

51 C'est pourquoi, ne dépensez pas d'argent pour ce qui n'a pas de valeur, ni votre labeur pour ce qui ne peut pas satisfaire. Écoutez-moi diligemment, et souvenez-vous des paroles que j'ai dites ; et venez au Saint d'Israël, et faites-vous un festin de ce qui ne périt pas, ni ne peut être corrompu, et que votre âme se délecte de mets succulents.

52 Voici, mes frères bien-aimés, souvenez-vous des paroles de votre Dieu ; priez-le continuellement le jour, et rendez grâces à son saint nom la nuit. Que votre cœur se réjouisse.

53 Et voici, comme elles sont grandes les alliances du Seigneur, et comme elle est grande sa condescendance envers les enfants des hommes ! Et à cause de sa grandeur, et de sa grâce, et de sa miséricorde, il nous a promis que notre postérité ne sera pas totalement détruite selon la chair, mais qu'il la préservera ; et dans des générations futures, elle deviendra une branche juste pour la maison d'Israël.

54 Et maintenant, mes frères, je voudrais vous parler davantage, mais demain je vous annoncerai le reste de mes paroles. Amen.

CHAPTER 10

Jacob explains that the Jews will crucify their God—They will be scattered until they begin to believe in Him—America will be a land of liberty where no king will rule—Reconcile yourselves to God and gain salvation through His grace. About 559–545 B.C.

1 And now I, Jacob, speak unto you again, my beloved brethren, concerning this righteous branch of which I have spoken.

2 For behold, the promises which we have obtained are promises unto us according to the flesh; wherefore, as it has been shown unto me that many of our children shall perish in the flesh because of unbelief, nevertheless, God will be merciful unto many; and our children shall be restored, that they may come to that which will give them the true knowledge of their Redeemer.

3 Wherefore, as I said unto you, it must needs be expedient that Christ—for in the last night the angel spake unto me that this should be his name—should come among the Jews, among those who are the more wicked part of the world; and they shall crucify him—for thus it behooveth our God, and there is none other nation on earth that would crucify their God.

4 For should the mighty miracles be wrought among other nations they would repent, and know that he be their God.

5 But because of priestcrafts and iniquities, they at Jerusalem will stiffen their necks against him, that he be crucified.

6 Wherefore, because of their iniquities, destructions, famines, pestilences, and bloodshed shall come upon them; and they who shall not be destroyed shall be scattered among all nations.

7 But behold, thus saith the Lord God: When the day cometh that they shall believe in me, that I am Christ, then have I covenanted with their fathers that they shall be restored in the flesh, upon the earth, unto the lands of their inheritance.

8 And it shall come to pass that they shall be gathered in from their long dispersion, from the isles of the sea, and from the four parts of the earth; and the nations of the

CHAPITRE 10

Jacob explique que les Juifs crucifieront leur Dieu — Ils seront dispersés jusqu'à ce qu'ils commencent à croire en lui — L'Amérique sera une terre de liberté où aucun roi ne régnera — Réconciliez-vous avec Dieu et obtenez le salut par sa grâce. Vers 559–545 av. J.-C.

1 Et maintenant, moi, Jacob, je vous parle de nouveau, mes frères bien-aimés, concernant cette branche juste dont j'ai parlé.

2 Car voici, les promesses que nous avons obtenues sont des promesses qui nous sont données selon la chair ; c'est pourquoi, bien qu'il m'ait été montré que beaucoup de nos enfants périront dans la chair pour cause d'incrédulité, néanmoins, Dieu sera miséricordieux envers beaucoup ; et nos enfants seront rétablis, afin qu'ils parviennent à ce qui leur donnera la vraie connaissance de leur Rédempteur.

3 C'est pourquoi, comme je vous l'ai dit, il faut nécessairement que le Christ — car la nuit dernière l'ange m'a dit que ce serait là son nom — vienne parmi les Juifs, parmi ceux qui sont la partie la plus méchante du monde ; et ils le crucifieront, car cela incombe à notre Dieu, et il n'y a aucune autre nation sur la terre qui crucifierait son Dieu.

4 Car si les grands miracles étaient accomplis parmi d'autres nations, elles se repentiraient et sauraient qu'il est leur Dieu.

5 Mais à cause des intrigues de prêtres et des iniquités, ceux qui sont à Jérusalem roidiront le cou contre lui pour qu'il soit crucifié.

6 C'est pourquoi, à cause de leurs iniquités, des destructions, des famines, des pestes et de l'effusion de sang s'abattront sur eux, et ceux qui ne perdront pas la vie seront dispersés parmi toutes les nations.

7 Mais voici, ainsi dit le Seigneur Dieu : J'ai fait alliance avec leurs pères que lorsque viendra le jour où ils croiront en moi, que je suis le Christ, ils seront rétablis dans la chair, sur la terre, dans les pays de leur héritage.

8 Et il arrivera qu'ils seront rassemblés de leur longue dispersion, des îles de la mer et des quatre coins de la terre ; et les nations des Gentils seront grandes à mes yeux, dit

Gentiles shall be great in the eyes of me, saith God, in carrying them forth to the lands of their inheritance.

9 Yea, the kings of the Gentiles shall be nursing fathers unto them, and their queens shall become nursing mothers; wherefore, the promises of the Lord are great unto the Gentiles, for he hath spoken it, and who can dispute?

10 But behold, this land, said God, shall be a land of thine inheritance, and the Gentiles shall be blessed upon the land.

11 And this land shall be a land of liberty unto the Gentiles, and there shall be no kings upon the land, who shall raise up unto the Gentiles.

12 And I will fortify this land against all other nations.

13 And he that fighteth against Zion shall perish, saith God.

14 For he that raiseth up a king against me shall perish, for I, the Lord, the king of heaven, will be their king, and I will be a light unto them forever, that hear my words.

15 Wherefore, for this cause, that my covenants may be fulfilled which I have made unto the children of men, that I will do unto them while they are in the flesh, I must needs destroy the secret works of darkness, and of murders, and of abominations.

16 Wherefore, he that fighteth against Zion, both Jew and Gentile, both bond and free, both male and female, shall perish; for they are they who are the whore of all the earth; for they who are not for me are against me, saith our God.

17 For I will fulfil my promises which I have made unto the children of men, that I will do unto them while they are in the flesh—

18 Wherefore, my beloved brethren, thus saith our God: I will afflict thy seed by the hand of the Gentiles; nevertheless, I will soften the hearts of the Gentiles, that they shall be like unto a father to them; wherefore, the Gentiles shall be blessed and numbered among the house of Israel.

19 Wherefore, I will consecrate this land unto thy seed, and them who shall be numbered among thy seed, forever, for the land of their inheritance; for it is a choice land,

Dieu, en ce qu'elles les transporteront dans les pays de leur héritage.

9 Oui, les rois des Gentils seront leurs nourriciers, et leurs princesses deviendront leurs nourrices ; c'est pourquoi, les promesses du Seigneur envers les Gentils sont grandes, car il l'a dit, et qui peut contester ?

10 Mais voici, ce pays, dit Dieu, sera un pays de ton héritage, et les Gentils seront bénis dans le pays.

11 Et ce pays sera un pays de liberté pour les Gentils, et il n'y aura pas, dans le pays, de rois qui seront suscités pour les Gentils.

12 Et je fortifierai ce pays contre toutes les autres nations.

13 Et celui qui combat Sion périra, dit Dieu.

14 Car celui qui suscite un roi contre moi périra, car moi, le Seigneur, le roi du ciel, je serai leur roi, et je serai à jamais une lumière pour ceux qui écoutent mes paroles.

15 C'est pourquoi, afin que s'accomplissent les alliances que j'ai faites avec les enfants des hommes, que je réaliserai pour eux pendant qu'ils sont dans la chair, je dois nécessairement détruire les œuvres secrètes des ténèbres, et des meurtres, et des abominations.

16 C'est pourquoi, ceux qui combattent Sion, tant Juifs que Gentils, tant esclaves que libres, tant hommes que femmes, périront ; car ce sont ceux-là qui sont la prostituée de toute la terre, car ceux qui ne sont pas pour moi sont contre moi, dit notre Dieu.

17 Car j'accomplirai les promesses que j'ai faites aux enfants des hommes, que je réaliserai pour eux pendant qu'ils sont dans la chair —

18 C'est pourquoi, mes frères bien-aimés, ainsi dit notre Dieu : J'affligerai ta postérité par la main des Gentils ; néanmoins, j'adoucirai le cœur des Gentils, de sorte qu'ils seront comme un père pour elle ; c'est pourquoi, les Gentils seront bénis et comptés parmi la maison d'Israël.

19 C'est pourquoi, je consacrerai à jamais ce pays à ta postérité et à ceux qui seront comptés parmi ta postérité, comme pays de leur héritage ; car, me dit Dieu, c'est un pays

saith God unto me, above all other lands, wherefore I will have all men that dwell thereon that they shall worship me, saith God.

20 And now, my beloved brethren, seeing that our merciful God has given us so great knowledge concerning these things, let us remember him, and lay aside our sins, and not hang down our heads, for we are not cast off; nevertheless, we have been driven out of the land of our inheritance; but we have been led to a better land, for the Lord has made the sea our path, and we are upon an isle of the sea.

21 But great are the promises of the Lord unto them who are upon the isles of the sea; wherefore as it says isles, there must needs be more than this, and they are inhabited also by our brethren.

22 For behold, the Lord God has led away from time to time from the house of Israel, according to his will and pleasure. And now behold, the Lord remembereth all them who have been broken off, wherefore he remembereth us also.

23 Therefore, cheer up your hearts, and remember that ye are free to act for yourselves—to choose the way of everlasting death or the way of eternal life.

24 Wherefore, my beloved brethren, reconcile yourselves to the will of God, and not to the will of the devil and the flesh; and remember, after ye are reconciled unto God, that it is only in and through the grace of God that ye are saved.

25 Wherefore, may God raise you from death by the power of the resurrection, and also from everlasting death by the power of the atonement, that ye may be received into the eternal kingdom of God, that ye may praise him through grace divine. Amen.

CHAPTER 11

Jacob saw his Redeemer—The law of Moses typifies Christ and proves He will come. About 559–545 B.C.

1 And now, Jacob spake many more things to my people at that time; nevertheless only these things have I caused to be written, for

préférable à tous les autres pays, c'est pourquoi, je veux que tous les hommes qui y demeurent m'adorent, dit Dieu.

20 Et maintenant, mes frères bien-aimés, étant donné que notre Dieu miséricordieux nous a donné une si grande connaissance à ce sujet, souvenons-nous de lui, et délaissons nos péchés, et ne gardons pas la tête basse, car nous ne sommes pas rejetés ; néanmoins, nous avons été chassés du pays de notre héritage ; mais nous avons été conduits dans un pays meilleur, car le Seigneur a fait de la mer notre sentier, et nous sommes dans une île de la mer.

21 Mais grandes sont les promesses du Seigneur à ceux qui sont dans les îles de la mer ; c'est pourquoi, puisqu'il est dit : îles, il doit nécessairement y en avoir plus que celle-ci, et elles sont habitées aussi par nos frères.

22 Car voici, le Seigneur Dieu en a emmené de temps en temps de la maison d'Israël, selon sa volonté et son plaisir. Et maintenant, voici, le Seigneur se souvient de tous ceux qui ont été coupés, c'est pourquoi, il se souvient aussi de nous.

23 C'est pourquoi, que votre cœur prenne courage, et souvenez-vous que vous êtes libres d'agir par vous-mêmes, de choisir le chemin de la mort éternelle ou le chemin de la vie éternelle.

24 C'est pourquoi, mes frères bien-aimés, réconciliez-vous avec la volonté de Dieu, et non avec la volonté du diable et de la chair ; et souvenez-vous, lorsque vous serez réconciliés avec Dieu, que ce n'est que dans et par la grâce de Dieu que vous êtes sauvés.

25 C'est pourquoi, puisse Dieu vous relever de la mort par le pouvoir de la résurrection, et aussi de la mort éternelle par le pouvoir de l'expiation, afin que vous soyez reçus dans le royaume éternel de Dieu, afin que vous le louiez par la grâce divine. Amen.

CHAPITRE 11

Jacob a vu son Rédempteur — La loi de Moïse est symbolique du Christ et prouve qu'il viendra. Vers 559–545 av. J.-C.

1 Et maintenant, Jacob dit encore beaucoup d'autres choses à mon peuple à ce moment-là ; néanmoins, je n'ai fait écrire que ces

the things which I have written sufficeth me.

2 And now I, Nephi, write more of the words of Isaiah, for my soul delighteth in his words. For I will liken his words unto my people, and I will send them forth unto all my children, for he verily saw my Redeemer, even as I have seen him.

3 And my brother, Jacob, also has seen him as I have seen him; wherefore, I will send their words forth unto my children to prove unto them that my words are true. Wherefore, by the words of three, God hath said, I will establish my word. Nevertheless, God sendeth more witnesses, and he proveth all his words.

4 Behold, my soul delighteth in proving unto my people the truth of the coming of Christ; for, for this end hath the law of Moses been given; and all things which have been given of God from the beginning of the world, unto man, are the typifying of him.

5 And also my soul delighteth in the covenants of the Lord which he hath made to our fathers; yea, my soul delighteth in his grace, and in his justice, and power, and mercy in the great and eternal plan of deliverance from death.

6 And my soul delighteth in proving unto my people that save Christ should come all men must perish.

7 For if there be no Christ there be no God; and if there be no God we are not, for there could have been no creation. But there is a God, and he is Christ, and he cometh in the fulness of his own time.

8 And now I write some of the words of Isaiah, that whoso of my people shall see these words may lift up their hearts and rejoice for all men. Now these are the words, and ye may liken them unto you and unto all men.

CHAPTER 12

Isaiah sees the latter-day temple, gathering of Israel, and millennial judgment and peace—The proud and wicked will be brought low at the Second Coming—Compare Isaiah 2. About 559–545 B.C.

choses-là, car les choses que j'ai écrites me suffisent.

2 Et maintenant, moi, Néphi, j'écris davantage des paroles d'Ésaïe, car mon âme fait ses délices de ses paroles. Car j'appliquerai ses paroles à mon peuple, et je les enverrai à tous mes enfants, car en vérité il a vu mon Rédempteurtout comme je l'ai vu.

3 Et mon frère Jacob l'a vu, lui aussi, comme je l'ai vu ; c'est pourquoi, j'enverrai leurs paroles à mes enfants pour leur prouver que mes paroles sont vraies. C'est pourquoi, par les paroles de trois, a dit Dieu, j'établirai ma parole. Néanmoins, Dieu envoie encore d'autres témoins, et il prouve toutes ses paroles.

4 Voici, mon âme met ses délices à prouver à mon peuple la vérité de la venue du Christ ; car c'est à cette fin que la loi de Moïse a été donnée, et tout ce qui a été donné par Dieu à l'homme depuis le commencement du monde est une figure de lui.

5 Et mon âme fait aussi ses délices des alliances que le Seigneur a faites avec nos pères ; oui, mon âme fait ses délices de sa grâce, et de sa justice, et de sa puissance, et de sa miséricorde dans le grand plan éternel pour délivrer de la mort.

6 Et mon âme met ses délices à prouver à mon peuple que si le Christ ne venait pas, tous les hommes périraient.

7 Car s'il n'y a pas de Christ, il n'y a pas de Dieu ; et s'il n'y a pas de Dieu, nous ne sommes pas, car il n'aurait pu y avoir de création. Mais il y a un Dieu, et il est le Christ, et il vient dans la plénitude de son temps.

8 Et maintenant, j'écris quelques-unes des paroles d'Ésaïe, afin que tous ceux de mon peuple qui verront ces paroles élèvent leur cœur et se réjouissent pour tous les hommes. Maintenant, voici les paroles, et vous pouvez vous les appliquer, à vous et à tous les hommes.

CHAPITRE 12

Ésaïe voit le temple des derniers jours, le rassemblement d'Israël, et le jugement et la paix millénaires — Les orgueilleux et les méchants seront abaissés à la Seconde Venue — Comparez avec Ésaïe 2. Vers 559–545 av. J.-C.

1 The word that Isaiah, the son of Amoz, saw concerning Judah and Jerusalem:

2 And it shall come to pass in the last days, when the mountain of the Lord's house shall be established in the top of the mountains, and shall be exalted above the hills, and all nations shall flow unto it.

3 And many people shall go and say, Come ye, and let us go up to the mountain of the Lord, to the house of the God of Jacob; and he will teach us of his ways, and we will walk in his paths; for out of Zion shall go forth the law, and the word of the Lord from Jerusalem.

4 And he shall judge among the nations, and shall rebuke many people: and they shall beat their swords into plow-shares, and their spears into pruning-hooks—nation shall not lift up sword against nation, neither shall they learn war any more.

5 O house of Jacob, come ye and let us walk in the light of the Lord; yea, come, for ye have all gone astray, every one to his wicked ways.

6 Therefore, O Lord, thou hast forsaken thy people, the house of Jacob, because they be replenished from the east, and hearken unto soothsayers like the Philistines, and they please themselves in the children of strangers.

7 Their land also is full of silver and gold, neither is there any end of their treasures; their land is also full of horses, neither is there any end of their chariots.

8 Their land is also full of idols; they worship the work of their own hands, that which their own fingers have made.

9 And the mean man boweth not down, and the great man humbleth himself not, therefore, forgive him not.

10 O ye wicked ones, enter into the rock, and hide thee in the dust, for the fear of the Lord and the glory of his majesty shall smite thee.

11 And it shall come to pass that the lofty looks of man shall be humbled, and the haughtiness of men shall be bowed down, and the Lord alone shall be exalted in that day.

12 For the day of the Lord of Hosts soon cometh upon all nations, yea, upon every one; yea, upon the proud and lofty, and upon

1 Prophétie d'Ésaïe, fils d'Amots, sur Juda et Jérusalem.

2 Il arrivera, dans la suite des temps, que la montagne de la maison du Seigneur sera fondée sur le sommet des montagnes, qu'elle s'élèvera par-dessus les collines, et que toutes les nations y afflueront.

3 Des peuples s'y rendront en foule, et diront : Venez, et montons à la montagne du Seigneur, à la maison du Dieu de Jacob, afin qu'il nous enseigne ses voies, et que nous marchions dans ses sentiers. Car de Sion sortira la loi, et de Jérusalem la parole du Seigneur.

4 Il sera le juge des nations, l'arbitre d'un grand nombre de peuples. De leurs glaives ils forgeront des hoyaux, et de leurs lances des serpes : une nation ne tirera plus l'épée contre une autre, et l'on n'apprendra plus la guerre.

5 Maison de Jacob, venez, et marchons à la lumière du Seigneur ; oui, venez, car vous vous êtes tous égarés, chacun dans ses voies mauvaises.

6 Car, ô Seigneur, tu as abandonné ton peuple, la maison de Jacob, parce qu'ils sont pleins de l'Orient, et écoutent la magie comme les Philistins, et parce qu'ils s'allient aux fils des étrangers.

7 Le pays est rempli d'argent et d'or, et il y a des trésors sans fin ; le pays est rempli de chevaux, et il y a des chars sans nombre.

8 Le pays est rempli d'idoles ; ils se prosternent devant l'ouvrage de leurs mains, devant ce que leurs doigts ont fabriqué.

9 Les petits ne s'inclinent pas, et les grands ne s'humilient pas, tu ne leur pardonneras point.

10 Ô méchants, entrez dans les rochers, et cachez-vous dans la poussière, car la terreur du Seigneur et l'éclat de sa majesté vous frapperont.

11 Et il arrivera que l'homme au regard hautain sera abaissé, et l'orgueilleux sera humilié : le Seigneur seul sera élevé ce jour-là.

12 Car le jour du Seigneur des armées viendra bientôt contre toutes les nations, oui, contre toutes ; oui, contre les orgueilleux et

every one who is lifted up, and he shall be brought low.

13 Yea, and the day of the Lord shall come upon all the cedars of Lebanon, for they are high and lifted up; and upon all the oaks of Bashan;

14 And upon all the high mountains, and upon all the hills, and upon all the nations which are lifted up, and upon every people;

15 And upon every high tower, and upon every fenced wall;

16 And upon all the ships of the sea, and upon all the ships of Tarshish, and upon all pleasant pictures.

17 And the loftiness of man shall be bowed down, and the haughtiness of men shall be made low; and the Lord alone shall be exalted in that day.

18 And the idols he shall utterly abolish.

19 And they shall go into the holes of the rocks, and into the caves of the earth, for the fear of the Lord shall come upon them and the glory of his majesty shall smite them, when he ariseth to shake terribly the earth.

20 In that day a man shall cast his idols of silver, and his idols of gold, which he hath made for himself to worship, to the moles and to the bats;

21 To go into the clefts of the rocks, and into the tops of the ragged rocks, for the fear of the Lord shall come upon them and the majesty of his glory shall smite them, when he ariseth to shake terribly the earth.

22 Cease ye from man, whose breath is in his nostrils; for wherein is he to be accounted of?

les hautains, contre quiconque s'élève, afin qu'il soit abaissé.

13 Oui, et le jour du Seigneur viendra contre tous les cèdres du Liban, car ils sont hauts et élevés, et contre tous les chênes de Basan ;

14 contre toutes les hautes montagnes, et contre toutes les collines, et contre toutes les nations qui sont élevées, et contre tous les peuples ;

15 contre toutes les hautes tours, et contre toutes les murailles fortifiées ;

16 contre tous les navires de la mer, et contre tous les navires de Tarsis, et contre tout ce qui plaît à la vue.

17 L'homme orgueilleux sera humilié, et le hautain sera abaissé ; le Seigneur seul sera élevé ce jour-là.

18 Toutes les idoles disparaîtront.

19 On entrera dans les cavernes des rochers et dans les profondeurs de la poussière, car la terreur du Seigneur viendra contre eux et l'éclat de sa majesté les frappera, quand il se lèvera pour effrayer la terre.

20 En ce jour, les hommes jetteront leurs idoles d'argent et leurs idoles d'or, qu'ils s'étaient faites pour les adorer, aux rats et aux chauves-souris ;

21 et ils entreront dans les fentes des rochers et dans les creux des pierres, car la terreur du Seigneur s'abattra sur eux et la gloire de sa majesté les frappera quand il se lèvera pour effrayer la terre.

22 Cessez de vous confier en l'homme, dans les narines duquel il n'y a qu'un souffle : car de quelle valeur est-il ?

CHAPTER 13

Judah and Jerusalem will be punished for their disobedience—The Lord pleads for and judges His people—The daughters of Zion are cursed and tormented for their worldliness—Compare Isaiah 3. About 559–545 B.C.

1 For behold, the Lord, the Lord of Hosts, doth take away from Jerusalem, and from Judah, the stay and the staff, the whole staff of bread, and the whole stay of water—

CHAPITRE 13

Juda et Jérusalem seront châtiés pour leur désobéissance — Le Seigneur plaide pour son peuple et le juge — Les filles de Sion sont maudites et tourmentées pour leur mondanité — Comparez avec Ésaïe 3. Vers 559–545 av. J.-C.

1 Le Seigneur, le Seigneur des armées, va ôter de Jérusalem et de Juda tout appui et toute ressource, toute ressource de pain et toute ressource d'eau —

2 The mighty man, and the man of war, the judge, and the prophet, and the prudent, and the ancient;

3 The captain of fifty, and the honorable man, and the counselor, and the cunning artificer, and the eloquent orator.

4 And I will give children unto them to be their princes, and babes shall rule over them.

5 And the people shall be oppressed, every one by another, and every one by his neighbor; the child shall behave himself proudly against the ancient, and the base against the honorable.

6 When a man shall take hold of his brother of the house of his father, and shall say: Thou hast clothing, be thou our ruler, and let not this ruin come under thy hand—

7 In that day shall he swear, saying: I will not be a healer; for in my house there is neither bread nor clothing; make me not a ruler of the people.

8 For Jerusalem is ruined, and Judah is fallen, because their tongues and their doings have been against the Lord, to provoke the eyes of his glory.

9 The show of their countenance doth witness against them, and doth declare their sin to be even as Sodom, and they cannot hide it. Wo unto their souls, for they have rewarded evil unto themselves!

10 Say unto the righteous that it is well with them; for they shall eat the fruit of their doings.

11 Wo unto the wicked, for they shall perish; for the reward of their hands shall be upon them!

12 And my people, children are their oppressors, and women rule over them. O my people, they who lead thee cause thee to err and destroy the way of thy paths.

13 The Lord standeth up to plead, and standeth to judge the people.

14 The Lord will enter into judgment with the ancients of his people and the princes thereof; for ye have eaten up the vineyard and the spoil of the poor in your houses.

15 What mean ye? Ye beat my people to pieces, and grind the faces of the poor, saith the Lord God of Hosts.

2 le héros et l'homme de guerre, le juge et le prophète, le devin et l'ancien,

3 le chef de cinquante et le magistrat, le conseiller, l'artisan distingué et l'habile enchanteur.

4 Je leur donnerai des jeunes gens pour chefs, et des enfants domineront sur eux.

5 Il y aura réciprocité d'oppression parmi le peuple ; l'un opprimera l'autre, chacun son prochain ; le jeune homme attaquera le vieillard, et l'homme de rien celui qui est honoré.

6 On ira jusqu'à saisir son frère dans la maison paternelle, et on dira : Tu as un habit, sois notre chef ! Ne laisse pas cette ruine venir sous ta main —

7 ce jour-là même il répondra : Je ne saurais être un médecin, et dans ma maison il n'y a ni pain ni vêtement ; ne m'établissez pas chef du peuple !

8 Jérusalem chancelle, et Juda s'écroule, parce que leurs paroles et leurs œuvres sont contre le Seigneur, bravant les regards de sa majesté.

9 L'aspect de leur visage témoigne contre eux, et déclare que leur péché est comme Sodome, et ils ne peuvent le dissimuler. Malheur à leur âme, car ils se préparent des maux.

10 Dites que les justes prospéreront, car ils jouiront du fruit de leurs œuvres.

11 Malheur aux méchants, car ils périront, car ils recueilleront le produit de leurs mains.

12 Et mon peuple a pour oppresseurs des enfants, et des femmes dominent sur lui ; mon peuple, ceux qui te conduisent t'égarent, et ils corrompent la voie dans laquelle tu marches.

13 Le Seigneur se présente pour plaider, il est debout pour juger les peuples.

14 Le Seigneur entre en jugement avec les anciens de son peuple et avec ses chefs : vous avez brouté la vigne et la dépouille du pauvre dans vos maisons !

15 Que faites-vous là ? Vous foulez mon peuple, et vous écrasez la face des pauvres, dit le Seigneur Dieu des armées.

16 Moreover, the Lord saith: Because the daughters of Zion are haughty, and walk with stretched-forth necks and wanton eyes, walking and mincing as they go, and making a tinkling with their feet—

17 Therefore the Lord will smite with a scab the crown of the head of the daughters of Zion, and the Lord will discover their secret parts.

18 In that day the Lord will take away the bravery of their tinkling ornaments, and cauls, and round tires like the moon;

19 The chains and the bracelets, and the mufflers;

20 The bonnets, and the ornaments of the legs, and the headbands, and the tablets, and the ear-rings;

21 The rings, and nose jewels;

22 The changeable suits of apparel, and the mantles, and the wimples, and the crisping-pins;

23 The glasses, and the fine linen, and hoods, and the veils.

24 And it shall come to pass, instead of sweet smell there shall be stink; and instead of a girdle, a rent; and instead of well set hair, baldness; and instead of a stomacher, a girding of sackcloth; burning instead of beauty.

25 Thy men shall fall by the sword and thy mighty in the war.

26 And her gates shall lament and mourn; and she shall be desolate, and shall sit upon the ground.

16 Le Seigneur dit : Parce que les filles de Sion sont orgueilleuses, et qu'elles marchent le cou tendu et les regards effrontés, parce qu'elles vont à petits pas, et qu'elles font résonner les boucles de leurs pieds,

17 le Seigneur rendra chauve le sommet de la tête des filles de Sion, le Seigneur découvrira leur nudité.

18 En ce jour, le Seigneur ôtera les boucles qui leur servent d'ornement, et les filets et les croissants ;

19 les pendants d'oreilles, les bracelets et les voiles ;

20 les diadèmes, les chaînettes des pieds et les ceintures, les boîtes de senteur et les amulettes ;

21 les bagues et les anneaux du nez ;

22 les vêtements précieux et les larges tuniques, les manteaux et les gibecières ;

23 les miroirs et les chemises fines, les turbans et les surtouts légers.

24 Au lieu de parfums, il y aura de l'infection ; au lieu de ceinture, une corde ; au lieu de cheveux bouclés, une tête chauve ; au lieu de larges manteaux, un sac étroit ; une marque flétrissante au lieu de beauté.

25 Tes hommes tomberont sous le glaive, et tes héros dans le combat.

26 Les portes de Sion gémiront et seront dans le deuil ; elle sera dépouillée, et s'assiéra par terre.

CHAPTER 14

Zion and her daughters will be redeemed and cleansed in the millennial day—Compare Isaiah 4. About 559–545 B.C.

1 And in that day, seven women shall take hold of one man, saying: We will eat our own bread, and wear our own apparel; only let us be called by thy name to take away our reproach.

2 In that day shall the branch of the Lord be beautiful and glorious; the fruit of the earth excellent and comely to them that are escaped of Israel.

CHAPITRE 14

Sion et ses filles seront rachetées et purifiées au millénium — Comparez avec Ésaïe 4. Vers 559–545 av. J.-C.

1 Et sept femmes saisiront en ce jour un seul homme, et diront : Nous mangerons notre pain, et nous nous vêtirons de nos habits ; fais-nous seulement porter ton nom ! Enlève notre opprobre.

2 En ce temps-là, le germe du Seigneur aura de la magnificence et de la gloire, et le fruit du pays de l'éclat et de la beauté pour les réchappés d'Israël.

3 And it shall come to pass, they that are left in Zion and remain in Jerusalem shall be called holy, every one that is written among the living in Jerusalem—

4 When the Lord shall have washed away the filth of the daughters of Zion, and shall have purged the blood of Jerusalem from the midst thereof by the spirit of judgment and by the spirit of burning.

5 And the Lord will create upon every dwelling-place of mount Zion, and upon her assemblies, a cloud and smoke by day and the shining of a flaming fire by night; for upon all the glory of Zion shall be a defence.

6 And there shall be a tabernacle for a shadow in the daytime from the heat, and for a place of refuge, and a covert from storm and from rain.

CHAPTER 15

The Lord's vineyard (Israel) will become desolate, and His people will be scattered—Woes will come upon them in their apostate and scattered state—The Lord will lift an ensign and gather Israel—Compare Isaiah 5. About 559–545 B.C.

1 And then will I sing to my well-beloved a song of my beloved, touching his vineyard. My well-beloved hath a vineyard in a very fruitful hill.

2 And he fenced it, and gathered out the stones thereof, and planted it with the choicest vine, and built a tower in the midst of it, and also made a wine-press therein; and he looked that it should bring forth grapes, and it brought forth wild grapes.

3 And now, O inhabitants of Jerusalem, and men of Judah, judge, I pray you, betwixt me and my vineyard.

4 What could have been done more to my vineyard that I have not done in it? Wherefore, when I looked that it should bring forth grapes it brought forth wild grapes.

5 And now go to; I will tell you what I will do to my vineyard—I will take away the hedge thereof, and it shall be eaten up; and I will break down the wall thereof, and it shall be trodden down;

3 Et ceux qui restent en Sion et demeurent en Jérusalem seront appelés saints, quiconque à Jérusalem sera inscrit parmi les vivants,

4 après que le Seigneur aura lavé les ordures des filles de Sion, et purifié Jérusalem du sang qui est au milieu d'elle, par le souffle de la justice et par le souffle de la destruction.

5 Le Seigneur établira, sur toute l'étendue de la montagne de Sion et sur les lieux d'assemblées, une nuée fumante pendant le jour, et un feu de flammes éclatantes pendant la nuit ; car tout ce qui est glorieux en Sion sera mis à couvert.

6 Il y aura un abri pour donner de l'ombre contre la chaleur du jour, pour servir de refuge et d'asile contre l'orage et la pluie.

CHAPITRE 15

La vigne du Seigneur (Israël) deviendra désolée et son peuple sera dispersé — Des malheurs s'abattront sur elle dans son état apostat et dispersé — Le Seigneur élèvera une bannière et rassemblera Israël — Comparez avec Ésaïe 5. Vers 559–545 av. J.-C.

1 Je chanterai à mon bien-aimé le cantique de mon bien-aimé sur sa vigne. Mon bien-aimé avait une vigne, sur un coteau fertile.

2 Il en remua le sol, ôta les pierres, et y mit un plant délicieux ; il bâtit une tour au milieu d'elle, et il y creusa aussi une cuve. Puis il espéra qu'elle produirait de bons raisins, mais elle en a produit de mauvais.

3 Maintenant donc, habitants de Jérusalem et hommes de Juda, soyez juges entre moi et ma vigne !

4 Qu'y avait-il encore à faire à ma vigne, que je n'aie pas fait pour elle ? Pourquoi, quand j'ai espéré qu'elle produirait de bons raisins, en a-t-elle produit de mauvais ?

5 Je vous dirai maintenant ce que je vais faire à ma vigne. J'en arracherai la haie, pour qu'elle soit broutée ; j'en abattrai la clôture, pour qu'elle soit foulée aux pieds.

6 And I will lay it waste; it shall not be pruned nor digged; but there shall come up briers and thorns; I will also command the clouds that they rain no rain upon it.

7 For the vineyard of the Lord of Hosts is the house of Israel, and the men of Judah his pleasant plant; and he looked for judgment, and behold, oppression; for righteousness, but behold, a cry.

8 Wo unto them that join house to house, till there can be no place, that they may be placed alone in the midst of the earth!

9 In mine ears, said the Lord of Hosts, of a truth many houses shall be desolate, and great and fair cities without inhabitant.

10 Yea, ten acres of vineyard shall yield one bath, and the seed of a homer shall yield an ephah.

11 Wo unto them that rise up early in the morning, that they may follow strong drink, that continue until night, and wine inflame them!

12 And the harp, and the viol, the tabret, and pipe, and wine are in their feasts; but they regard not the work of the Lord, neither consider the operation of his hands.

13 Therefore, my people are gone into captivity, because they have no knowledge; and their honorable men are famished, and their multitude dried up with thirst.

14 Therefore, hell hath enlarged herself, and opened her mouth without measure; and their glory, and their multitude, and their pomp, and he that rejoiceth, shall descend into it.

15 And the mean man shall be brought down, and the mighty man shall be humbled, and the eyes of the lofty shall be humbled.

16 But the Lord of Hosts shall be exalted in judgment, and God that is holy shall be sanctified in righteousness.

17 Then shall the lambs feed after their manner, and the waste places of the fat ones shall strangers eat.

18 Wo unto them that draw iniquity with cords of vanity, and sin as it were with a cart rope;

6 Je la réduirai en ruine ; elle ne sera plus taillée, ni cultivée ; les ronces et les épines y croîtront ; et je donnerai mes ordres aux nuées, afin qu'elles ne laissent plus tomber la pluie sur elle.

7 La vigne du Seigneur des armées, c'est la maison d'Israël, et les hommes de Juda, c'est le plant qu'il chérissait. Il avait espéré de la droiture, et voici du sang versé ! De la justice, et voici des cris de détresse !

8 Malheur à ceux qui ajoutent maison à maison, jusqu'à ce qu'il n'y ait plus d'espace, et qu'ils habitent seuls au milieu du pays !

9 Voici ce que m'a révélé le Seigneur des armées : certainement, ces maisons nombreuses seront dévastées, et ces grandes et belles villes n'auront plus d'habitants.

10 Même dix arpents de vigne ne produiront qu'un bath, et un homer de semence ne produira qu'un épha.

11 Malheur à ceux qui de bon matin courent après les boissons enivrantes, et qui bien avant la nuit sont échauffés par le vin !

12 La harpe et le luth, le tambourin, la flûte et le vin animent leurs festins ; mais ils ne prennent point garde à l'œuvre du Seigneur, et ils ne voient point le travail de ses mains.

13 C'est pourquoi mon peuple sera emmené captif, faute de connaissance ; sa noblesse mourra de faim, et sa multitude sera desséchée par la soif.

14 C'est pourquoi le séjour des morts ouvre sa bouche, élargit sa gueule outre mesure ; alors descendent la magnificence et la richesse de Sion ; et sa foule bruyante et joyeuse.

15 Les petits seront abattus, les grands seront humiliés, et les regards des hautains seront abaissés.

16 Le Seigneur des armées sera élevé par le jugement, et le Dieu saint sera sanctifié par la justice.

17 Des brebis paîtront comme sur leur pâturage, et des étrangers dévoreront les possessions ruinées des riches.

18 Malheur à ceux qui tirent l'iniquité avec les cordes du vice, et le péché comme avec les traits d'un char,

19 That say: Let him make speed, hasten his work, that we may see it; and let the counsel of the Holy One of Israel draw nigh and come, that we may know it.

20 Wo unto them that call evil good, and good evil, that put darkness for light, and light for darkness, that put bitter for sweet, and sweet for bitter!

21 Wo unto the wise in their own eyes and prudent in their own sight!

22 Wo unto the mighty to drink wine, and men of strength to mingle strong drink;

23 Who justify the wicked for reward, and take away the righteousness of the righteous from him!

24 Therefore, as the fire devoureth the stubble, and the flame consumeth the chaff, their root shall be rottenness, and their blossoms shall go up as dust; because they have cast away the law of the Lord of Hosts, and despised the word of the Holy One of Israel.

25 Therefore, is the anger of the Lord kindled against his people, and he hath stretched forth his hand against them, and hath smitten them; and the hills did tremble, and their carcasses were torn in the midst of the streets. For all this his anger is not turned away, but his hand is stretched out still.

26 And he will lift up an ensign to the nations from far, and will hiss unto them from the end of the earth; and behold, they shall come with speed swiftly; none shall be weary nor stumble among them.

27 None shall slumber nor sleep; neither shall the girdle of their loins be loosed, nor the latchet of their shoes be broken;

28 Whose arrows shall be sharp, and all their bows bent, and their horses' hoofs shall be counted like flint, and their wheels like a whirlwind, their roaring like a lion.

29 They shall roar like young lions; yea, they shall roar, and lay hold of the prey, and shall carry away safe, and none shall deliver.

30 And in that day they shall roar against them like the roaring of the sea; and if they look unto the land, behold, darkness and

19 et qui disent : qu'il hâte, qu'il accélère son œuvre, afin que nous la voyions ! Que le décret du saint d'Israël arrive et s'exécute, afin que nous le connaissions !

20 Malheur à ceux qui appellent le mal bien, et le bien mal, qui changent les ténèbres en lumière, et la lumière en ténèbres, qui changent l'amertume en douceur, et la douceur en amertume !

21 Malheur à ceux qui sont sages à leurs yeux, et qui se croient intelligents !

22 Malheur à ceux qui ont de la bravoure pour boire du vin, et de la vaillance pour mêler des liqueurs fortes ;

23 qui justifient le coupable pour un présent, et enlèvent aux innocents leurs droits !

24 C'est pourquoi, comme une langue de feu dévore le chaume, et comme la flamme consume l'herbe sèche, ainsi leur racine sera comme de la pourriture, et leur fleur se dissipera comme de la poussière ; car ils ont dédaigné la loi du Seigneur des armées, et ils ont méprisé la parole du Saint d'Israël.

25 C'est pourquoi la colère du Seigneur s'enflamme contre son peuple, il étend sa main sur lui, et il le frappe ; les montagnes s'ébranlent ; et les cadavres sont comme des balayures au milieu des rues. Malgré tout cela, sa colère ne s'apaise point, et sa main est encore étendue.

26 Il élève une bannière pour les peuples lointains, et il en siffle un des extrémités de la terre ; et voici, il arrive avec promptitude et légèreté. Nul n'est fatigué, nul ne chancelle de lassitude.

27 Nul n'est fatigué, nul ne chancelle de lassitude, personne ne sommeille, ni ne dort ; aucun n'a la ceinture de ses reins détachée, ni la courroie de ses souliers rompue.

28 Ses flèches sont aiguës, et tous ses arcs tendus ; les sabots de ses chevaux ressemblent à des cailloux, et les roues de ses chars à un tourbillon, son rugissement comme celui d'une lionne.

29 Il rugit comme des lionceaux, il gronde, et saisit sa proie, il l'emporte, et personne ne vient au secours.

30 En ce jour, il y aura près de lui un mugissement, comme celui d'une tempête sur mer ; en regardant la terre, ils ne verront

sorrow, and the light is darkened in the heavens thereof.

que ténèbres, avec des alternatives d'angoisse et d'espérance ; au ciel, l'obscurité régnera.

CHAPTER 16

Isaiah sees the Lord—Isaiah's sins are forgiven—He is called to prophesy—He prophesies of the rejection by the Jews of Christ's teachings—A remnant will return—Compare Isaiah 6. About 559–545 B.C.

CHAPITRE 16

Ésaïe voit le Seigneur — Ses péchés lui sont pardonnés — Il est appelé à prophétiser — Il prophétise que les Juifs rejetteront les enseignements du Christ — Un reste retournera — Comparez avec Ésaïe 6. Vers 559–545 av. J.-C.

1 In the year that king Uzziah died, I saw also the Lord sitting upon a throne, high and lifted up, and his train filled the temple.

1 L'année de la mort du roi Ozias, je vis le Seigneur assis sur un trône très élevé, et les pans de sa robe remplissaient le temple.

2 Above it stood the seraphim; each one had six wings; with twain he covered his face, and with twain he covered his feet, and with twain he did fly.

2 Des séraphins se tenaient au-dessus de lui ; ils avaient chacun six ailes : deux dont ils se couvraient la face, deux dont ils se couvraient les pieds, et deux dont ils se servaient pour voler.

3 And one cried unto another, and said: Holy, holy, holy, is the Lord of Hosts; the whole earth is full of his glory.

3 Ils criaient l'un à l'autre, et disaient : Saint, saint, saint est le Seigneur des armées ! Toute la terre est pleine de sa gloire !

4 And the posts of the door moved at the voice of him that cried, and the house was filled with smoke.

4 Les portes furent ébranlées dans leurs fondements par la voix qui retentissait, et la maison se remplit de fumée.

5 Then said I: Wo is unto me! for I am undone; because I am a man of unclean lips; and I dwell in the midst of a people of unclean lips; for mine eyes have seen the King, the Lord of Hosts.

5 Alors je dis : Malheur à moi ! je suis perdu, car je suis un homme dont les lèvres sont impures, j'habite au milieu d'un peuple dont les lèvres sont impures, et mes yeux ont vu le roi, le Seigneur des armées.

6 Then flew one of the seraphim unto me, having a live coal in his hand, which he had taken with the tongs from off the altar;

6 Mais l'un des séraphins vola vers moi, tenant à la main une pierre ardente, qu'il avait prise sur l'autel avec des pincettes.

7 And he laid it upon my mouth, and said: Lo, this has touched thy lips; and thine iniquity is taken away, and thy sin purged.

7 Il en toucha ma bouche, et dit : Ceci a touché tes lèvres ; ton iniquité est enlevée, et ton péché est expié.

8 Also I heard the voice of the Lord, saying: Whom shall I send, and who will go for us? Then I said: Here am I; send me.

8 J'entendis la voix du Seigneur, disant : Qui enverrai-je, et qui marchera pour nous ? Je répondis : Me voici, envoie-moi.

9 And he said: Go and tell this people— Hear ye indeed, but they understood not; and see ye indeed, but they perceived not.

9 Il dit alors : Va, et dis à ce peuple : Entendez, mais ils ne comprirent point ; voyez, mais ils ne saisirent point.

10 Make the heart of this people fat, and make their ears heavy, and shut their eyes— lest they see with their eyes, and hear with their ears, and understand with their heart, and be converted and be healed.

10 Rends insensible le cœur de ce peuple, endurcis ses oreilles, et bouche-lui les yeux, pour qu'il ne voie point de ses yeux, n'entende point de ses oreilles, ne comprenne point de son cœur, ne se convertisse point et ne soit point guéri.

11 Then said I: Lord, how long? And he said: Until the cities be wasted without inhabitant, and the houses without man, and the land be utterly desolate;

12 And the Lord have removed men far away, for there shall be a great forsaking in the midst of the land.

13 But yet there shall be a tenth, and they shall return, and shall be eaten, as a teil tree, and as an oak whose substance is in them when they cast their leaves; so the holy seed shall be the substance thereof.

CHAPTER 17

Ephraim and Syria wage war against Judah—Christ will be born of a virgin—Compare Isaiah 7. About 559–545 B.C.

1 And it came to pass in the days of Ahaz the son of Jotham, the son of Uzziah, king of Judah, that Rezin, king of Syria, and Pekah the son of Remaliah, king of Israel, went up toward Jerusalem to war against it, but could not prevail against it.

2 And it was told the house of David, saying: Syria is confederate with Ephraim. And his heart was moved, and the heart of his people, as the trees of the wood are moved with the wind.

3 Then said the Lord unto Isaiah: Go forth now to meet Ahaz, thou and Shearjashub thy son, at the end of the conduit of the upper pool in the highway of the fuller's field;

4 And say unto him: Take heed, and be quiet; fear not, neither be faint-hearted for the two tails of these smoking firebrands, for the fierce anger of Rezin with Syria, and of the son of Remaliah.

5 Because Syria, Ephraim, and the son of Remaliah, have taken evil counsel against thee, saying:

6 Let us go up against Judah and vex it, and let us make a breach therein for us, and set a king in the midst of it, yea, the son of Tabeal.

7 Thus saith the Lord God: It shall not stand, neither shall it come to pass.

11 Je dis : Jusques à quand, Seigneur ? Et il répondit : Jusqu'à ce que les villes soient dévastées et privées d'habitants ; jusqu'à ce qu'il n'y ait personne dans les maisons, et que le pays soit ravagé par la solitude ;

12 jusqu'à ce que le Seigneur ait éloigné les hommes, car le pays deviendra un immense désert,

13 Mais néanmoins il y aura un dixième, et ils retourneront, et seront anéantis. Mais, comme le térébinthe et le chêne conservent leur tronc quand ils sont abattus, une sainte postérité renaîtra de ce peuple.

CHAPITRE 17

Éphraïm et la Syrie font la guerre à Juda — Le Christ naîtra d'une vierge — Comparez avec Ésaïe 7. Vers 559–545 av. J.-C.

1 Il arriva, du temps d'Achaz, fils de Jotham, fils d'Ozias, roi de Juda, que Retsin, roi de Syrie, monta avec Pékach, fils de Remalia, roi d'Israël, contre Jérusalem, pour l'assiéger ; mais il ne put l'assiéger.

2 On vint dire à la maison de David : Les Syriens sont campés en Éphraïm. Et le cœur d'Achaz et le cœur de son peuple furent agités, comme les arbres de la forêt sont agités par le vent.

3 Alors le Seigneur dit à Ésaïe : Va à la rencontre d'Achaz, toi et Schéar-Jaschub, ton fils, vers l'extrémité de l'aqueduc de l'étang supérieur, sur la route du champ du foulon.

4 Et dis-lui : Sois tranquille, ne crains rien, et que ton cœur ne s'alarme pas, devant ces deux bouts de tisons fumants, devant la colère de Retsin et de la Syrie, et du fils de Remalia,

5 de ce que la Syrie médite du mal contre toi, de ce qu'Éphraïm et le fils de Remalia disent :

6 Montons contre Juda, assiégeons la ville, et battons-la en brèche et proclamons-y pour roi, oui, le fils de Tabeel.

7 Ainsi parle le Seigneur Dieu : cela n'arrivera pas, cela n'aura pas lieu.

8 For the head of Syria is Damascus, and the head of Damascus, Rezin; and within threescore and five years shall Ephraim be broken that it be not a people.

9 And the head of Ephraim is Samaria, and the head of Samaria is Remaliah's son. If ye will not believe surely ye shall not be established.

10 Moreover, the Lord spake again unto Ahaz, saying:

11 Ask thee a sign of the Lord thy God; ask it either in the depths, or in the heights above.

12 But Ahaz said: I will not ask, neither will I tempt the Lord.

13 And he said: Hear ye now, O house of David; is it a small thing for you to weary men, but will ye weary my God also?

14 Therefore, the Lord himself shall give you a sign—Behold, a virgin shall conceive, and shall bear a son, and shall call his name Immanuel.

15 Butter and honey shall he eat, that he may know to refuse the evil and to choose the good.

16 For before the child shall know to refuse the evil and choose the good, the land that thou abhorrest shall be forsaken of both her kings.

17 The Lord shall bring upon thee, and upon thy people, and upon thy father's house, days that have not come from the day that Ephraim departed from Judah, the king of Assyria.

18 And it shall come to pass in that day that the Lord shall hiss for the fly that is in the uttermost part of Egypt, and for the bee that is in the land of Assyria.

19 And they shall come, and shall rest all of them in the desolate valleys, and in the holes of the rocks, and upon all thorns, and upon all bushes.

20 In the same day shall the Lord shave with a razor that is hired, by them beyond the river, by the king of Assyria, the head, and the hair of the feet; and it shall also consume the beard.

21 And it shall come to pass in that day, a man shall nourish a young cow and two sheep;

8 Car Damas est la tête de la Syrie, et Retsin est la tête de Damas. (Encore soixante-cinq ans, Éphraïm ne sera plus un peuple.)

9 La Samarie est la tête d'Éphraïm, et le fils de Remalia est la tête de la Samarie. Si vous ne croyez pas, vous ne subsisterez pas.

10 Le Seigneur parla de nouveau à Achaz, et lui dit :

11 Demande en ta faveur un signe au Seigneur, ton Dieu ; demande-le, soit dans les lieux bas, soit dans les lieux élevés.

12 Achaz répondit : Je ne demanderai rien, je ne tenterai pas le Seigneur.

13 Ésaïe dit alors : Écoutez donc, maison de David ! Est-ce trop peu pour vous de lasser la patience des hommes, que vous lassiez encore celle de mon Dieu ?

14 C'est pourquoi le Seigneur lui-même vous donnera un signe, voici, la jeune fille deviendra enceinte, elle enfantera un fils, et elle lui donnera le nom d'Emmanuel.

15 Il mangera de la crème et du miel, jusqu'à ce qu'il sache rejeter le mal et choisir le bien.

16 Mais avant que l'enfant sache rejeter le mal et choisir le bien, le pays dont tu crains les deux rois sera abandonné.

17 Le Seigneur fera venir sur toi, sur ton peuple et sur la maison de ton père, des jours tels qu'il n'y en a point eu depuis le jour où Éphraïm s'est séparé de Juda (le roi d'Assyrie).

18 En ce jour-là, le Seigneur sifflera les mouches qui sont à l'extrémité de l'Égypte, et les abeilles qui sont au pays d'Assyrie ;

19 elles viendront, et se poseront toutes dans les vallons désolés, et dans les fentes des rochers, sur tous les buissons, et sur tous les pâturages.

20 En ce jour-là, le Seigneur rasera, avec un rasoir pris à louage, au-delà du fleuve, avec le roi d'Assyrie, la tête et le poil des pieds ; il enlèvera aussi la barbe.

21 En ce jour-là, chacun entretiendra une jeune vache et deux brebis ;

22 And it shall come to pass, for the abundance of milk they shall give he shall eat butter; for butter and honey shall every one eat that is left in the land.

23 And it shall come to pass in that day, every place shall be, where there were a thousand vines at a thousand silverlings, which shall be for briers and thorns.

24 With arrows and with bows shall men come thither, because all the land shall become briers and thorns.

25 And all hills that shall be digged with the mattock, there shall not come thither the fear of briers and thorns; but it shall be for the sending forth of oxen, and the treading of lesser cattle.

22 et il y aura une telle abondance de lait qu'on mangera de la crème, car c'est de crème et de miel que se nourriront tous ceux qui seront restés dans le pays.

23 En ce jour-là, tout lieu qui contiendra mille ceps de vigne, valant mille sicles d'argent, sera livré aux ronces et aux épines :

24 On y entrera avec les flèches et avec l'arc, car tout le pays ne sera que ronces et épines.

25 Et toutes les montagnes que l'on cultivait avec la bêche ne seront plus fréquentées, par crainte des ronces et des épines ; on y lâchera le bœuf, et la brebis en foulera le sol.

CHAPTER 18

CHAPITRE 18

Christ will be as a stone of stumbling and a rock of offense—Seek the Lord, not peeping wizards—Turn to the law and to the testimony for guidance—Compare Isaiah 8. About 559–545 B.C.

Le Christ sera comme une pierre d'achoppement et un rocher de scandale — Consultez le Seigneur, pas les magiciens qui poussent des sifflements — Guidez-vous sur la loi et le témoignage — Comparez avec Ésaïe 8:1–22. Vers 559–545 av. J.-C.

1 Moreover, the word of the Lord said unto me: Take thee a great roll, and write in it with a man's pen, concerning Maher-shalal-hash-baz.

2 And I took unto me faithful witnesses to record, Uriah the priest, and Zechariah the son of Jeberechiah.

3 And I went unto the prophetess; and she conceived and bare a son. Then said the Lord to me: Call his name, Maher-shalal-hash-baz.

4 For behold, the child shall not have knowledge to cry, My father, and my mother, before the riches of Damascus and the spoil of Samaria shall be taken away before the king of Assyria.

5 The Lord spake also unto me again, saying:

6 Forasmuch as this people refuseth the waters of Shiloah that go softly, and rejoice in Rezin and Remaliah's son;

7 Now therefore, behold, the Lord bringeth up upon them the waters of the river, strong and many, even the king of Assyria and all his glory; and he shall come up over all his channels, and go over all his banks.

1 La parole du Seigneur me dit : Prends un grand rouleau et écris dessus avec une plume d'homme concernant Maher-Schalal-Chasch-Baz.

2 Je pris avec moi des témoins dignes de foi, le sacrificateur Urie, et Zacharie, fils de Bérékia.

3 Je m'étais approché de la prophétesse, elle conçut, et elle enfanta un fils. Le Seigneur me dit : Donne-lui pour nom Maher-Schalal-Chasch-Baz.

4 Car voici, avant que l'enfant sache dire : Mon père ! ma mère ! On emportera devant le roi d'Assyrie les richesses de Damas et le butin de Samarie.

5 Le Seigneur me parla encore et me dit :

6 Parce que ce peuple a méprisé les eaux de Siloé qui coulent doucement et qu'il s'est réjoui au sujet de Retsin et du fils de Remalia,

7 voici, le Seigneur va faire monter contre eux les puissantes et grandes eaux du fleuve (le roi d'Assyrie et toute sa gloire) ; il s'élèvera partout au-dessus de son lit, et il se répandra sur toutes ses rives ;

8 And he shall pass through Judah; he shall overflow and go over, he shall reach even to the neck; and the stretching out of his wings shall fill the breadth of thy land, O Immanuel.

9 Associate yourselves, O ye people, and ye shall be broken in pieces; and give ear all ye of far countries; gird yourselves, and ye shall be broken in pieces; gird yourselves, and ye shall be broken in pieces.

10 Take counsel together, and it shall come to naught; speak the word, and it shall not stand; for God is with us.

11 For the Lord spake thus to me with a strong hand, and instructed me that I should not walk in the way of this people, saying:

12 Say ye not, A confederacy, to all to whom this people shall say, A confederacy; neither fear ye their fear, nor be afraid.

13 Sanctify the Lord of Hosts himself, and let him be your fear, and let him be your dread.

14 And he shall be for a sanctuary; but for a stone of stumbling, and for a rock of offense to both the houses of Israel, for a gin and a snare to the inhabitants of Jerusalem.

15 And many among them shall stumble and fall, and be broken, and be snared, and be taken.

16 Bind up the testimony, seal the law among my disciples.

17 And I will wait upon the Lord, that hideth his face from the house of Jacob, and I will look for him.

18 Behold, I and the children whom the Lord hath given me are for signs and for wonders in Israel from the Lord of Hosts, which dwelleth in Mount Zion.

19 And when they shall say unto you: Seek unto them that have familiar spirits, and unto wizards that peep and mutter—should not a people seek unto their God for the living to hear from the dead?

20 To the law and to the testimony; and if they speak not according to this word, it is because there is no light in them.

21 And they shall pass through it hardly bestead and hungry; and it shall come to pass that when they shall be hungry, they shall

8 il pénétrera dans Juda, il débordera et inondera, il atteindra jusqu'au cou. Le déploiement de ses ailes remplira l'étendue de ton pays, ô Emmanuel !

9 Poussez des cris de guerre, peuples ! et vous serez brisés ; prêtez l'oreille, vous tous qui habitez au loin ! préparez-vous au combat, et vous serez brisés ;

10 formez des projets, et ils seront anéantis ; donnez des ordres, et ils seront sans effet ; car Dieu est avec nous.

11 Ainsi m'a parlé le Seigneur, quand sa main me saisit, et qu'il m'avertit de ne pas marcher dans la voie de ce peuple :

12 N'appelez pas conjuration tout ce que ce peuple appelle conjuration ; ne craignez pas ce qu'il craint, et ne soyez pas effrayés.

13 C'est le Seigneur des armées que vous devez sanctifier, c'est lui que vous devez craindre et redouter.

14 Et il sera un sanctuaire, mais aussi une pierre d'achoppement, un rocher de scandale pour les deux maisons d'Israël, un filet et un piège pour les habitants de Jérusalem.

15 Plusieurs trébucheront ; ils tomberont et se briseront, ils seront enlacés et pris.

16 Enveloppe cet oracle, scelle cette révélation, parmi mes disciples.

17 J'espère dans le Seigneur, qui cache sa face à la maison de Jacob ; je place en lui ma confiance.

18 Voici, moi et les enfants que le Seigneur m'a donnés, nous sommes des signes et des présages en Israël, de la part du Seigneur des armées, qui habite sur la montagne de Sion.

19 Si l'on vous dit : Consultez ceux qui évoquent les morts et ceux qui prédisent l'avenir, qui poussent des sifflements et des soupirs, répondez : Un peuple ne consultera-t-il pas son Dieu pour que les vivants soient informés des morts ?

20 À la loi et au témoignage ! si l'on ne parle pas ainsi, il n'y aura point d'aurore pour le peuple.

21 Il sera errant dans le pays, accablé et affamé ; et, quand il aura faim, il s'irritera,

fret themselves, and curse their king and their God, and look upward.

22 And they shall look unto the earth and behold trouble, and darkness, dimness of anguish, and shall be driven to darkness.

maudira son roi et son Dieu, il tournera les yeux en haut ;

22 puis il regardera vers la terre, et voici, il n'y aura que détresse, obscurité et de sombres angoisses : il sera repoussé dans d'épaisses ténèbres.

CHAPTER 19

CHAPITRE 19

Isaiah speaks messianically—The people in darkness will see a great light—Unto us a child is born—He will be the Prince of Peace and will reign on David's throne—Compare Isaiah 9. About 559–545 B.C.

Ésaïe parle de manière messianique — Le peuple qui est dans les ténèbres verra une grande lumière — Un enfant nous est né — Il sera le Prince de la paix et régnera sur le trône de David — Comparez avec Ésaïe 8:23–9:20. Vers 559–545 av. J.-C.

1 Nevertheless, the dimness shall not be such as was in her vexation, when at first he lightly afflicted the land of Zebulun, and the land of Naphtali, and afterwards did more grievously afflict by the way of the Red Sea beyond Jordan in Galilee of the nations.

1 Mais les ténèbres ne seront pas telles qu'elles étaient dans ses angoisses, lorsqu'au début il affligea légèrement le pays de Zabulon et le pays de Nephthali, et affligea ensuite plus sévèrement par le chemin de la mer Rouge, au-delà du Jourdain, dans la Galilée des nations.

2 The people that walked in darkness have seen a great light; they that dwell in the land of the shadow of death, upon them hath the light shined.

2 Le peuple qui marchait dans les ténèbres voit une grande lumière ; sur ceux qui habitaient le pays de l'ombre de la mort, une lumière resplendit.

3 Thou hast multiplied the nation, and increased the joy—they joy before thee according to the joy in harvest, and as men rejoice when they divide the spoil.

3 Tu rends le peuple nombreux, tu accordes de grandes joies ; il se réjouit devant toi, comme on se réjouit à la moisson, comme on pousse des cris d'allégresse au partage du butin.

4 For thou hast broken the yoke of his burden, and the staff of his shoulder, the rod of his oppressor.

4 Car le joug qui pesait sur lui, le bâton qui frappait son dos, la verge de celui qui l'opprimait, tu les brises.

5 For every battle of the warrior is with confused noise, and garments rolled in blood; but this shall be with burning and fuel of fire.

5 Car toute chaussure que l'on porte dans la mêlée, et tout vêtement guerrier roulé dans le sang, seront livrés aux flammes, pour être dévorés par le feu.

6 For unto us a child is born, unto us a son is given; and the government shall be upon his shoulder; and his name shall be called, Wonderful, Counselor, The Mighty God, The Everlasting Father, The Prince of Peace.

6 Car un enfant nous est né, un fils nous est donné, et la domination reposera sur son épaule ; on l'appellera Admirable, Conseiller, Dieu puissant, Père éternel, Prince de la paix.

7 Of the increase of government and peace there is no end, upon the throne of David, and upon his kingdom to order it, and to establish it with judgment and with justice from henceforth, even forever. The zeal of the Lord of Hosts will perform this.

7 Donner à l'empire de l'accroissement, et une paix sans fin au trône de David et à son royaume, l'affermir et le soutenir par le droit et par la justice, dès maintenant et à toujours : voilà ce que fera le zèle du Seigneur des armées.

8 The Lord sent his word unto Jacob and it hath lighted upon Israel.

9 And all the people shall know, even Ephraim and the inhabitants of Samaria, that say in the pride and stoutness of heart:

10 The bricks are fallen down, but we will build with hewn stones; the sycamores are cut down, but we will change them into cedars.

11 Therefore the Lord shall set up the adversaries of Rezin against him, and join his enemies together;

12 The Syrians before and the Philistines behind; and they shall devour Israel with open mouth. For all this his anger is not turned away, but his hand is stretched out still.

13 For the people turneth not unto him that smiteth them, neither do they seek the Lord of Hosts.

14 Therefore will the Lord cut off from Israel head and tail, branch and rush in one day.

15 The ancient, he is the head; and the prophet that teacheth lies, he is the tail.

16 For the leaders of this people cause them to err; and they that are led of them are destroyed.

17 Therefore the Lord shall have no joy in their young men, neither shall have mercy on their fatherless and widows; for every one of them is a hypocrite and an evildoer, and every mouth speaketh folly. For all this his anger is not turned away, but his hand is stretched out still.

18 For wickedness burneth as the fire; it shall devour the briers and thorns, and shall kindle in the thickets of the forests, and they shall mount up like the lifting up of smoke.

19 Through the wrath of the Lord of Hosts is the land darkened, and the people shall be as the fuel of the fire; no man shall spare his brother.

20 And he shall snatch on the right hand and be hungry; and he shall eat on the left hand and they shall not be satisfied; they shall eat every man the flesh of his own arm—

21 Manasseh, Ephraim; and Ephraim, Manasseh; they together shall be against Judah. For all this his anger is not turned away, but his hand is stretched out still.

8 Le Seigneur envoie sa parole à Jacob : elle tombe sur Israël.

9 Tout le peuple en aura connaissance, Éphraïm et les habitants de Samarie, qui disent avec orgueil et fierté :

10 Des briques sont tombées, nous bâtirons en pierres de taille ; des sycomores ont été coupés, nous les remplacerons par des cèdres.

11 Le Seigneur élèvera contre eux les ennemis de Retsin et il armera leurs ennemis,

12 les Syriens à l'orient, les Philistins à l'occident ; et ils dévoreront Israël à pleine bouche. Malgré tout cela, sa colère ne s'apaise point, et sa main est encore étendue.

13 Le peuple ne revient pas à celui qui le frappe, et il ne cherche pas le Seigneur des armées.

14 Aussi le Seigneur arrachera d'Israël la tête et la queue, la branche de palmier et le roseau, en un seul jour.

15 (L'ancien, c'est la tête ; et le prophète qui enseigne le mensonge, c'est la queue.)

16 Ceux qui conduisent ce peuple l'égarent, et ceux qui se laissent conduire se perdent.

17 C'est pourquoi le Seigneur ne saurait se réjouir de leurs jeunes hommes, ni avoir pitié de leurs orphelins et de leurs veuves ; car tous sont des impies et des méchants, et toutes les bouches profèrent des infamies. Malgré tout cela, sa colère ne s'apaise point, et sa main est encore étendue.

18 Car la méchanceté consume comme un feu, qui dévore ronces et épines ; il embrase l'épaisseur de la forêt, d'où s'élèvent des colonnes de fumée.

19 Par la colère du Seigneur des armées, le pays est embrasé, et le peuple est comme la proie du feu ; nul n'épargne son frère.

20 On pille à droite, et l'on a faim ; on dévore à gauche, et l'on n'est pas rassasié ; chacun dévore la chair de son bras.

21 Manassé dévore Éphraïm, Éphraïm Manassé et ensemble, ils fondent sur Juda. Malgré tout cela, sa colère ne s'apaise point, et sa main est encore étendue.

CHAPTER 20

CHAPITRE 20

The destruction of Assyria is a type of the destruction of the wicked at the Second Coming—Few people will be left after the Lord comes again—The remnant of Jacob will return in that day—Compare Isaiah 10. About 559–545 B.C.

La destruction de la Syrie est une figure de la destruction des méchants à la Seconde Venue — Il restera peu de gens après le retour du Seigneur — Le reste de Jacob retournera en ce jour-là — Comparez avec Ésaïe 10. Vers 559–545 av. J.-C.

1 Wo unto them that decree unrighteous decrees, and that write grievousness which they have prescribed;

2 To turn away the needy from judgment, and to take away the right from the poor of my people, that widows may be their prey, and that they may rob the fatherless!

3 And what will ye do in the day of visitation, and in the desolation which shall come from far? to whom will ye flee for help? and where will ye leave your glory?

4 Without me they shall bow down under the prisoners, and they shall fall under the slain. For all this his anger is not turned away, but his hand is stretched out still.

5 O Assyrian, the rod of mine anger, and the staff in their hand is their indignation.

6 I will send him against a hypocritical nation, and against the people of my wrath will I give him a charge to take the spoil, and to take the prey, and to tread them down like the mire of the streets.

7 Howbeit he meaneth not so, neither doth his heart think so; but in his heart it is to destroy and cut off nations not a few.

8 For he saith: Are not my princes altogether kings?

9 Is not Calno as Carchemish? Is not Hamath as Arpad? Is not Samaria as Damascus?

10 As my hand hath founded the kingdoms of the idols, and whose graven images did excel them of Jerusalem and of Samaria;

11 Shall I not, as I have done unto Samaria and her idols, so do to Jerusalem and to her idols?

12 Wherefore it shall come to pass that when the Lord hath performed his whole

1 Malheur à ceux qui prononcent des ordonnances iniques, et à ceux qui transcrivent des arrêts injustes,

2 Pour refuser justice aux pauvres, et ravir leur droit aux malheureux de mon peuple, pour faire des veuves leur proie, et des orphelins leur butin !

3 Que ferez-vous au jour du châtiment, et de la ruine qui du lointain fondra sur vous ? Vers qui fuirez-vous, pour avoir du secours, et où laisserez-vous votre gloire ?

4 Les uns seront courbés parmi les captifs, les autres tomberont parmi les morts. Malgré tout cela, sa colère ne s'apaise point, et sa main est encore étendue.

5 Malheur à l'Assyrien, verge de ma colère ! La verge dans sa main, c'est l'instrument de ma fureur.

6 Je l'ai lâché contre une nation impie, je l'ai fait marcher contre le peuple de mon courroux pour qu'il se livre au pillage et fasse du butin, pour qu'il le foule aux pieds comme la boue des rues.

7 Mais il n'en juge pas ainsi, et ce n'est pas là la pensée de son cœur ; il ne songe qu'à détruire, qu'à exterminer les nations en foule.

8 Car il dit : Mes princes ne sont-ils pas autant de rois ?

9 N'en a-t-il pas été de Calno comme de Carkemisch ? N'en a-t-il pas été de Hamath comme d'Arpad ? N'en a-t-il pas été de Samarie comme de Damas ?

10 De même que ma main a atteint les royaumes des idoles, où il y avait plus d'images qu'à Jérusalem et à Samarie,

11 ce que j'ai fait à Samarie et à ses idoles, ne le ferai-je pas à Jérusalem et à ses images ?

12 Mais, quand le Seigneur aura accompli toute son œuvre sur la montagne de Sion et à Jérusalem, je punirai le roi d'Assyrie pour

work upon Mount Zion and upon Jerusalem, I will punish the fruit of the stout heart of the king of Assyria, and the glory of his high looks.

13 For he saith: By the strength of my hand and by my wisdom I have done these things; for I am prudent; and I have moved the borders of the people, and have robbed their treasures, and I have put down the inhabitants like a valiant man;

14 And my hand hath found as a nest the riches of the people; and as one gathereth eggs that are left have I gathered all the earth; and there was none that moved the wing, or opened the mouth, or peeped.

15 Shall the ax boast itself against him that heweth therewith? Shall the saw magnify itself against him that shaketh it? As if the rod should shake itself against them that lift it up, or as if the staff should lift up itself as if it were no wood!

16 Therefore shall the Lord, the Lord of Hosts, send among his fat ones, leanness; and under his glory he shall kindle a burning like the burning of a fire.

17 And the light of Israel shall be for a fire, and his Holy One for a flame, and shall burn and shall devour his thorns and his briers in one day;

18 And shall consume the glory of his forest, and of his fruitful field, both soul and body; and they shall be as when a standard-bearer fainteth.

19 And the rest of the trees of his forest shall be few, that a child may write them.

20 And it shall come to pass in that day, that the remnant of Israel, and such as are escaped of the house of Jacob, shall no more again stay upon him that smote them, but shall stay upon the Lord, the Holy One of Israel, in truth.

21 The remnant shall return, yea, even the remnant of Jacob, unto the mighty God.

22 For though thy people Israel be as the sand of the sea, yet a remnant of them shall return; the consumption decreed shall overflow with righteousness.

23 For the Lord God of Hosts shall make a consumption, even determined in all the land.

le fruit de son cœur orgueilleux, et pour l'arrogance de ses regards hautains.

13 Car il dit : C'est par la force de ma main que j'ai agi, c'est par ma sagesse que j'ai fait ces choses ; car je suis intelligent ; j'ai déplacé les limites des peuples, et pillé leurs trésors, et, comme un héros, j'ai renversé ceux qui siégeaient sur des trônes ;

14 J'ai mis la main sur les richesses des peuples, comme sur un nid, et, comme on ramasse des œufs abandonnés, j'ai ramassé toute la terre : nul n'a remué l'aile, ni ouvert le bec, ni poussé un cri.

15 La hache se glorifie-t-elle envers celui qui s'en sert ? Ou la scie est-elle arrogante envers celui qui la manie ? Comme si la verge faisait mouvoir celui qui la lève, comme si le bâton soulevait celui qui n'est pas du bois !

16 C'est pourquoi le Seigneur, le Seigneur des armées, enverra le dépérissement parmi ses robustes guerriers ; et, sous sa magnificence, éclatera un embrasement, comme l'embrasement d'un feu.

17 La lumière d'Israël deviendra un feu, et son Saint une flamme, qui consumera et dévorera ses épines et ses ronces, en un seul jour ;

18 qui consumera, corps et âme, la magnificence de sa forêt et de ses campagnes. Il en sera comme d'un porte-étendard qui tombe en défaillance.

19 Le reste des arbres de sa forêt pourra être compté, et un enfant en écrirait le nombre.

20 En ce jour-là, le reste d'Israël et les réchappés de la maison de Jacob, cesseront de s'appuyer sur celui qui les frappait, ils s'appuieront avec confiance sur le Seigneur, le Saint d'Israël.

21 Le reste reviendra, oui, le reste de Jacob, au Dieu puissant.

22 Quand ton peuple, ô Israël, serait comme le sable de la mer, un reste seulement reviendra ; la destruction est résolue, elle fera déborder la justice.

23 Et cette destruction qui a été résolue, le Seigneur, le Seigneur des armées, l'accomplira dans tout le pays.

24 Therefore, thus saith the Lord God of Hosts: O my people that dwellest in Zion, be not afraid of the Assyrian; he shall smite thee with a rod, and shall lift up his staff against thee, after the manner of Egypt.

25 For yet a very little while, and the indignation shall cease, and mine anger in their destruction.

26 And the Lord of Hosts shall stir up a scourge for him according to the slaughter of Midian at the rock of Oreb; and as his rod was upon the sea so shall he lift it up after the manner of Egypt.

27 And it shall come to pass in that day that his burden shall be taken away from off thy shoulder, and his yoke from off thy neck, and the yoke shall be destroyed because of the anointing.

28 He is come to Aiath, he is passed to Migron; at Michmash he hath laid up his carriages.

29 They are gone over the passage; they have taken up their lodging at Geba; Ramath is afraid; Gibeah of Saul is fled.

30 Lift up the voice, O daughter of Gallim; cause it to be heard unto Laish, O poor Anathoth.

31 Madmenah is removed; the inhabitants of Gebim gather themselves to flee.

32 As yet shall he remain at Nob that day; he shall shake his hand against the mount of the daughter of Zion, the hill of Jerusalem.

33 Behold, the Lord, the Lord of Hosts shall lop the bough with terror; and the high ones of stature shall be hewn down; and the haughty shall be humbled.

34 And he shall cut down the thickets of the forests with iron, and Lebanon shall fall by a mighty one.

24 Cependant, ainsi parle le Seigneur, le Seigneur des armées : ô mon peuple, qui habites en Sion, ne crains pas l'Assyrien ! Il te frappe de la verge, et il lève son bâton sur toi, comme faisaient les Égyptiens.

25 Mais, encore un peu de temps, et le châtiment cessera, puis ma colère se tournera contre lui pour l'anéantir.

26 Le Seigneur des armées agitera le fouet contre lui, comme il frappa Madian au rocher d'Oreb ; et, de même qu'il leva son bâton sur la mer, il le lèvera encore, comme en Égypte.

27 En ce jour, son fardeau sera ôté de dessus ton épaule, et son joug de dessus ton cou ; et la graisse fera éclater le joug.

28 Il marche sur Ajjath, traverse Migron, laisse ses bagages à Micmasch,

29 ils passent le défilé, ils couchent à Guéba ; Rama tremble, Guibea de Saül prend la fuite.

30 Fais éclater ta voix, fille de Gallim ! Prends garde, Laïs ! Malheur à toi, Anathoth !

31 Madmena se disperse, les habitants de Guébim sont en fuite.

32 Encore un jour de halte à Nob, et il menace de sa main la montagne de la fille de Sion, la colline de Jérusalem.

33 Voici, le Seigneur, le Seigneur des armées brise les rameaux avec violence : les plus grands sont coupés, les plus élevés sont abattus.

34 Il renverse avec le fer les taillis de la forêt, et le Liban tombe sous le Puissant.

CHAPTER 21

CHAPITRE 21

The stem of Jesse (Christ) will judge in righteousness—The knowledge of God will cover the earth in the Millennium—The Lord will raise an ensign and gather Israel—Compare Isaiah 11. About 559–545 B.C.

Le tronc d'Isaï (le Christ) jugera en justice — La connaissance de Dieu couvrira la terre au millénium — Le Seigneur élèvera une bannière et rassemblera Israël — Comparez avec Ésaïe 11. Vers 559–545 av. J.-C.

1 And there shall come forth a rod out of the stem of Jesse, and a branch shall grow out of his roots.

1 Puis un rameau sortira du tronc d'Isaï, et un rejeton naîtra de ses racines.

2 And the Spirit of the Lord shall rest upon him, the spirit of wisdom and understanding, the spirit of counsel and might, the spirit of knowledge and of the fear of the Lord;

3 And shall make him of quick understanding in the fear of the Lord; and he shall not judge after the sight of his eyes, neither reprove after the hearing of his ears.

4 But with righteousness shall he judge the poor, and reprove with equity for the meek of the earth; and he shall smite the earth with the rod of his mouth, and with the breath of his lips shall he slay the wicked.

5 And righteousness shall be the girdle of his loins, and faithfulness the girdle of his reins.

6 The wolf also shall dwell with the lamb, and the leopard shall lie down with the kid, and the calf and the young lion and fatling together; and a little child shall lead them.

7 And the cow and the bear shall feed; their young ones shall lie down together; and the lion shall eat straw like the ox.

8 And the sucking child shall play on the hole of the asp, and the weaned child shall put his hand on the cockatrice's den.

9 They shall not hurt nor destroy in all my holy mountain, for the earth shall be full of the knowledge of the Lord, as the waters cover the sea.

10 And in that day there shall be a root of Jesse, which shall stand for an ensign of the people; to it shall the Gentiles seek; and his rest shall be glorious.

11 And it shall come to pass in that day that the Lord shall set his hand again the second time to recover the remnant of his people which shall be left, from Assyria, and from Egypt, and from Pathros, and from Cush, and from Elam, and from Shinar, and from Hamath, and from the islands of the sea.

12 And he shall set up an ensign for the nations, and shall assemble the outcasts of Israel, and gather together the dispersed of Judah from the four corners of the earth.

13 The envy of Ephraim also shall depart, and the adversaries of Judah shall be cut off; Ephraim shall not envy Judah, and Judah shall not vex Ephraim.

2 L'Esprit du Seigneur reposera sur lui : esprit de sagesse et d'intelligence, esprit de conseil et de force, esprit de connaissance et de crainte du Seigneur.

3 Il respirera la crainte du Seigneur ; il ne jugera point sur l'apparence, il ne prononcera point sur un ouï-dire.

4 Mais il jugera les pauvres avec équité, et il prononcera avec droiture sur les malheureux de la terre ; il frappera la terre de sa parole comme d'une verge, et du souffle de ses lèvres il fera mourir le méchant.

5 La justice sera la ceinture de ses flancs et la fidélité la ceinture de ses reins.

6 Le loup habitera avec l'agneau, et la panthère se couchera avec le chevreau ; le veau, le lionceau, et le bétail qu'on engraisse, seront ensemble, et un petit enfant les conduira.

7 La vache et l'ourse auront un même pâturage, leurs petits un même gîte ; et le lion, comme le bœuf, mangera de la paille.

8 Le nourrisson s'ébattra sur l'antre de la vipère, et l'enfant sevré mettra sa main dans la caverne du basilic.

9 Il ne se fera ni tort ni dommage sur toute ma montagne sainte ; car la terre sera remplie de la connaissance du Seigneur, comme le fond de la mer par les eaux qui le couvrent.

10 En ce jour, le rejeton d'Isaï sera là comme une bannière pour les peuples ; les nations se tourneront vers lui, et la gloire sera sa demeure.

11 Dans ce même temps, le Seigneur étendra une seconde fois sa main, pour racheter le reste de son peuple, dispersé en Assyrie et en Égypte, à Pathros et en Ethiopie, à Élam, à Schinear et à Hamath, et dans les îles de la mer.

12 Il élèvera une bannière pour les nations, il rassemblera les exilés d'Israël, et il recueillera les dispersés de Juda, des quatre extrémités de la terre.

13 La jalousie d'Éphraïm disparaîtra, et ses ennemis en Juda seront anéantis ; Éphraïm ne sera plus jaloux de Juda, et Juda ne sera plus hostile à Éphraïm.

14 But they shall fly upon the shoulders of the Philistines towards the west; they shall spoil them of the east together; they shall lay their hand upon Edom and Moab; and the children of Ammon shall obey them.

15 And the Lord shall utterly destroy the tongue of the Egyptian sea; and with his mighty wind he shall shake his hand over the river, and shall smite it in the seven streams, and make men go over dry shod.

16 And there shall be a highway for the remnant of his people which shall be left, from Assyria, like as it was to Israel in the day that he came up out of the land of Egypt.

CHAPTER 22

In the millennial day all men will praise the Lord—He will dwell among them—Compare Isaiah 12. About 559–545 B.C.

1 And in that day thou shalt say: O Lord, I will praise thee; though thou wast angry with me thine anger is turned away, and thou comfortedst me.

2 Behold, God is my salvation; I will trust, and not be afraid; for the Lord Jehovah is my strength and my song; he also has become my salvation.

3 Therefore, with joy shall ye draw water out of the wells of salvation.

4 And in that day shall ye say: Praise the Lord, call upon his name, declare his doings among the people, make mention that his name is exalted.

5 Sing unto the Lord; for he hath done excellent things; this is known in all the earth.

6 Cry out and shout, thou inhabitant of Zion; for great is the Holy One of Israel in the midst of thee.

CHAPTER 23

The destruction of Babylon is a type of the destruction at the Second Coming—It will be a day of wrath and vengeance—Babylon (the world) will fall forever—Compare Isaiah 13. About 559–545 B.C.

14 Ils voleront sur l'épaule des Philistins à l'occident, ils pilleront ensemble les fils de l'Orient ; Édom et Moab seront la proie de leurs mains, et les fils d'Ammon leur seront assujettis.

15 Le Seigneur desséchera la langue de la mer d'Égypte, et il lèvera sa main sur le fleuve, en soufflant avec violence : il le partagera en sept canaux, et on le traversera avec des souliers.

16 Et il y aura une route pour le reste de son peuple, qui sera échappé de l'Assyrie, comme il y en eut une pour Israël, le jour où il sortit du pays d'Égypte.

CHAPITRE 22

Pendant l'ère millénaire tous les hommes loueront le Seigneur — Il demeurera parmi eux — Comparez avec Ésaïe 12. Vers 559–545 av. J.-C.

1 Tu diras en ce jour-là : Je te loue, ô Seigneur ! Car tu as été irrité contre moi, ta colère s'est apaisée, et tu m'as consolé.

2 Voici, Dieu est ma délivrance, je serai plein de confiance, et je ne craindrai rien ; car le Seigneur, le Seigneur est ma force et le sujet de mes louanges ; c'est lui qui m'a sauvé.

3 Vous puiserez de l'eau avec joie aux sources du salut,

4 et vous direz en ce jour-là : louez le Seigneur, invoquez son nom, publiez ses œuvres parmi les peuples, rappelez la grandeur de son nom !

5 Célébrez le Seigneur, car il a fait des choses magnifiques : qu'elles soient connues par toute la terre !

6 Pousse des cris de joie et d'allégresse, habitant de Sion ! Car il est grand au milieu de toi, le Saint d'Israël.

CHAPITRE 23

La destruction de Babylone est une figure de la destruction qui se produira au moment de la Seconde Venue — Ce sera un jour de colère et de vengeance — Babylone (le monde) tombera à jamais — Comparez avec Ésaïe 13. Vers 559–545 av. J.-C.

1 The burden of Babylon, which Isaiah the son of Amoz did see.

2 Lift ye up a banner upon the high mountain, exalt the voice unto them, shake the hand, that they may go into the gates of the nobles.

3 I have commanded my sanctified ones, I have also called my mighty ones, for mine anger is not upon them that rejoice in my highness.

4 The noise of the multitude in the mountains like as of a great people, a tumultuous noise of the kingdoms of nations gathered together, the Lord of Hosts mustereth the hosts of the battle.

5 They come from a far country, from the end of heaven, yea, the Lord, and the weapons of his indignation, to destroy the whole land.

6 Howl ye, for the day of the Lord is at hand; it shall come as a destruction from the Almighty.

7 Therefore shall all hands be faint, every man's heart shall melt;

8 And they shall be afraid; pangs and sorrows shall take hold of them; they shall be amazed one at another; their faces shall be as flames.

9 Behold, the day of the Lord cometh, cruel both with wrath and fierce anger, to lay the land desolate; and he shall destroy the sinners thereof out of it.

10 For the stars of heaven and the constellations thereof shall not give their light; the sun shall be darkened in his going forth, and the moon shall not cause her light to shine.

11 And I will punish the world for evil, and the wicked for their iniquity; I will cause the arrogancy of the proud to cease, and will lay down the haughtiness of the terrible.

12 I will make a man more precious than fine gold; even a man than the golden wedge of Ophir.

13 Therefore, I will shake the heavens, and the earth shall remove out of her place, in the wrath of the Lord of Hosts, and in the day of his fierce anger.

14 And it shall be as the chased roe, and as a sheep that no man taketh up; and they shall every man turn to his own people, and flee every one into his own land.

1 Oracle sur Babylone, révélé à Ésaïe, fils d'Amots.

2 Sur une montagne nue, dressez une bannière, élevez la voix vers eux, faites des signes avec la main, et qu'ils franchissent les portes des tyrans !

3 J'ai donné des ordres à ma sainte milice, j'ai appelé mes héros, car ma colère n'est pas sur ceux qui se réjouissent de ma grandeur.

4 On entend une rumeur sur les montagnes, comme celle d'un peuple nombreux ; on entend un tumulte de royaumes, de nations rassemblées : le Seigneur passe en revue l'armée qui va combattre.

5 Ils viennent d'un pays lointain, de l'extrémité des cieux : le Seigneur et les instruments de sa colère vont détruire toute la contrée.

6 Gémissez, car le jour du Seigneur est proche : il vient comme un ravage du Tout-Puissant.

7 C'est pourquoi toutes les mains s'affaiblissent et tout cœur d'homme est abattu.

8 Ils sont frappés d'épouvante ; les spasmes et les douleurs les saisissent ; ils se regardent les uns les autres avec stupeur ; leurs visages sont enflammés.

9 Voici, le jour du Seigneur arrive, jour cruel, jour de colère et d'ardente fureur, qui réduira la terre en solitude, et en exterminera les pécheurs.

10 Car les étoiles des cieux et leurs astres ne feront plus briller leur lumière, le soleil s'obscurcira dès son lever, et la lune ne fera plus luire sa clarté.

11 Je punirai le monde à cause de la méchanceté, et les méchants pour leurs iniquités ; je ferai cesser l'orgueil des hautains, et j'abattrai l'arrogance des tyrans.

12 Je rendrai les hommes plus rares que l'or fin, je les rendrai plus rares que l'or d'Ophir.

13 C'est pourquoi j'ébranlerai les cieux, et la terre sera secouée sur sa base, par la colère du Seigneur des armées, au jour de son ardente fureur.

14 Alors, comme une gazelle effarouchée, comme un troupeau sans berger, chacun se tournera vers son peuple, chacun fuira vers son pays ;

15 Every one that is proud shall be thrust through; yea, and every one that is joined to the wicked shall fall by the sword.

16 Their children also shall be dashed to pieces before their eyes; their houses shall be spoiled and their wives ravished.

17 Behold, I will stir up the Medes against them, which shall not regard silver and gold, nor shall they delight in it.

18 Their bows shall also dash the young men to pieces; and they shall have no pity on the fruit of the womb; their eyes shall not spare children.

19 And Babylon, the glory of kingdoms, the beauty of the Chaldees' excellency, shall be as when God overthrew Sodom and Gomorrah.

20 It shall never be inhabited, neither shall it be dwelt in from generation to generation: neither shall the Arabian pitch tent there; neither shall the shepherds make their fold there.

21 But wild beasts of the desert shall lie there; and their houses shall be full of doleful creatures; and owls shall dwell there, and satyrs shall dance there.

22 And the wild beasts of the islands shall cry in their desolate houses, and dragons in their pleasant palaces; and her time is near to come, and her day shall not be prolonged. For I will destroy her speedily; yea, for I will be merciful unto my people, but the wicked shall perish.

CHAPTER 24

Israel will be gathered and will enjoy millennial rest—Lucifer was cast out of heaven for rebellion—Israel will triumph over Babylon (the world)—Compare Isaiah 14. About 559–545 B.C.

1 For the Lord will have mercy on Jacob, and will yet choose Israel, and set them in their own land; and the strangers shall be joined with them, and they shall cleave to the house of Jacob.

2 And the people shall take them and bring them to their place; yea, from far unto the ends of the earth; and they shall return to their lands of promise. And the house of Israel shall possess them, and the land of the

15 tous ceux qui sont orgueilleux seront percés, et tous ceux qui se sont joints aux méchants tomberont par l'épée.

16 Leurs enfants seront écrasés sous leurs yeux, leurs maisons seront pillées, et leurs femmes violées.

17 Voici, j'excite contre eux les Mèdes, qui ne font point cas de l'argent, ni de l'or, et qui ne s'y complaisent point.

18 De leurs arcs, ils abattront les jeunes gens, et ils seront sans pitié pour le fruit des entrailles : leurs yeux n'épargneront point les enfants.

19 Et Babylone, l'ornement des royaumes, la fière parure des Chaldéens, sera comme Sodome et Gomorrhe, que Dieu détruisit.

20 Elle ne sera plus jamais habitée, elle ne sera plus jamais peuplée ; l'Arabe n'y dressera point sa tente, et les bergers n'y parqueront point leurs troupeaux.

21 Les animaux du désert y prendront leur gîte, les hiboux rempliront ses maisons, les autruches en feront leur demeure et les boucs y sauteront.

22 Les chacals hurleront dans ses palais, et les chiens sauvages dans ses maisons de plaisance. Son temps est près d'arriver, et ses jours ne se prolongeront pas. Car je la détruirai promptement, oui, car je serai miséricordieux envers mon peuple, mais les méchants périront.

CHAPITRE 24

Israël sera rassemblé et jouira du repos millénaire — Lucifer chassé du ciel pour rébellion — Israël triomphera de Babylone (le monde) — Comparez avec Ésaïe 14. Vers 559–545 av. J.-C.

1 Car le Seigneur aura pitié de Jacob, il choisira encore Israël, et il les rétablira dans leur pays ; les étrangers se joindront à eux, et ils s'uniront à la maison de Jacob.

2 Les peuples les prendront, et les ramèneront à leur demeure ; oui, des lointaines extrémités de la terre ; et ils retourneront dans leurs terres promises. Et la maison d'Israël les possédera, et le pays du

Lord shall be for servants and handmaids; and they shall take them captives unto whom they were captives; and they shall rule over their oppressors.

3 And it shall come to pass in that day that the Lord shall give thee rest, from thy sorrow, and from thy fear, and from the hard bondage wherein thou wast made to serve.

4 And it shall come to pass in that day, that thou shalt take up this proverb against the king of Babylon, and say: How hath the oppressor ceased, the golden city ceased!

5 The Lord hath broken the staff of the wicked, the scepters of the rulers.

6 He who smote the people in wrath with a continual stroke, he that ruled the nations in anger, is persecuted, and none hindereth.

7 The whole earth is at rest, and is quiet; they break forth into singing.

8 Yea, the fir trees rejoice at thee, and also the cedars of Lebanon, saying: Since thou art laid down no feller is come up against us.

9 Hell from beneath is moved for thee to meet thee at thy coming; it stirreth up the dead for thee, even all the chief ones of the earth; it hath raised up from their thrones all the kings of the nations.

10 All they shall speak and say unto thee: Art thou also become weak as we? Art thou become like unto us?

11 Thy pomp is brought down to the grave; the noise of thy viols is not heard; the worm is spread under thee, and the worms cover thee.

12 How art thou fallen from heaven, O Lucifer, son of the morning! Art thou cut down to the ground, which did weaken the nations!

13 For thou hast said in thy heart: I will ascend into heaven, I will exalt my throne above the stars of God; I will sit also upon the mount of the congregation, in the sides of the north;

14 I will ascend above the heights of the clouds; I will be like the Most High.

15 Yet thou shalt be brought down to hell, to the sides of the pit.

16 They that see thee shall narrowly look upon thee, and shall consider thee, and shall

Seigneur sera pour les serviteurs et les servantes ; et ils retiendront captifs ceux qui les avaient faits captifs ; et ils domineront sur leurs oppresseurs.

3 Et quand le Seigneur t'aura donné du repos, après tes fatigues et tes agitations, et après la dure servitude qui te fut imposée,

4 il arrivera en ce jour-là que tu prononceras ce chant sur le roi de Babylone, et tu diras : Eh quoi ! le tyran n'est plus ! l'oppression a cessé !

5 Le Seigneur a brisé le bâton des méchants, la verge des dominateurs.

6 Celui qui dans sa fureur frappait les peuples, par des coups sans relâche, celui qui dans sa colère subjuguait les nations, est poursuivi sans ménagement.

7 Toute la terre jouit du repos et de la paix ; on éclate en chants d'allégresse.

8 Les cyprès mêmes, les cèdres du Liban aussi, se réjouissent de ta chute : depuis que tu es tombé, personne ne monte pour nous abattre.

9 Le séjour des morts s'émeut jusque dans ses profondeurs, pour t'accueillir à ton arrivée ; il réveille devant toi les ombres, tous les grands de la terre, il fait lever de leurs trônes tous les rois des nations.

10 Tous prennent la parole pour te dire : Toi aussi, tu es sans force comme nous, tu es devenu semblable à nous !

11 Ta magnificence est descendue dans le séjour des morts, avec le son de tes luths ; sous toi est une couche de vers et les vers sont ta couverture.

12 Te voilà tombé du ciel, astre brillant, fils de l'aurore ! Tu es abattu à terre, toi, le vainqueur des nations !

13 Tu disais en ton cœur : Je monterai au ciel, j'élèverai mon trône au-dessus des étoiles de Dieu ; je m'assiérai sur la montagne de l'assemblée, à l'extrémité du septentrion.

14 Je monterai sur le sommet des nues, je serai semblable au Très-Haut.

15 Mais tu as été précipité dans le séjour des morts, dans les profondeurs de la fosse.

16 Ceux qui te voient fixent sur toi leurs regards, ils te considèrent attentivement et

say: Is this the man that made the earth to tremble, that did shake kingdoms?

17 And made the world as a wilderness, and destroyed the cities thereof, and opened not the house of his prisoners?

18 All the kings of the nations, yea, all of them, lie in glory, every one of them in his own house.

19 But thou art cast out of thy grave like an abominable branch, and the remnant of those that are slain, thrust through with a sword, that go down to the stones of the pit; as a carcass trodden under feet.

20 Thou shalt not be joined with them in burial, because thou hast destroyed thy land and slain thy people; the seed of evil-doers shall never be renowned.

21 Prepare slaughter for his children for the iniquities of their fathers, that they do not rise, nor possess the land, nor fill the face of the world with cities.

22 For I will rise up against them, saith the Lord of Hosts, and cut off from Babylon the name, and remnant, and son, and nephew, saith the Lord.

23 I will also make it a possession for the bittern, and pools of water; and I will sweep it with the besom of destruction, saith the Lord of Hosts.

24 The Lord of Hosts hath sworn, saying: Surely as I have thought, so shall it come to pass; and as I have purposed, so shall it stand—

25 That I will bring the Assyrian in my land, and upon my mountains tread him under foot; then shall his yoke depart from off them, and his burden depart from off their shoulders.

26 This is the purpose that is purposed upon the whole earth; and this is the hand that is stretched out upon all nations.

27 For the Lord of Hosts hath purposed, and who shall disannul? And his hand is stretched out, and who shall turn it back?

28 In the year that king Ahaz died was this burden.

29 Rejoice not thou, whole Palestina, because the rod of him that smote thee is broken; for out of the serpent's root shall come forth a cockatrice, and his fruit shall be a fiery flying serpent.

disent : Est-ce là cet homme qui faisait trembler la terre, qui ébranlait les royaumes,

17 qui réduisait le monde en désert, qui ravageait les villes, et ne relâchait point ses prisonniers ?

18 Tous les rois des nations, oui, tous, reposent avec honneur, chacun d'eux dans son tombeau.

19 Mais toi, tu as été jeté loin de ton sépulcre, comme un rameau qu'on dédaigne, comme le reste de ceux qui ont été tués à coups d'épée, et précipités sur les pierres d'une fosse, comme un cadavre foulé aux pieds.

20 Tu n'es pas réuni à eux dans le sépulcre, car tu as détruit ton pays, tu as fait périr ton peuple : on ne parlera plus jamais de la race des méchants.

21 Préparez le massacre des fils, à cause des iniquités de leurs pères ! Qu'ils ne se relèvent pas pour conquérir la terre, et remplir le monde d'ennemis !

22 Je me lèverai contre eux, dit le Seigneur des armées ; j'anéantirai le nom et la trace de Babylone, ses descendants et sa postérité, dit le Seigneur.

23 J'en ferai le gîte du hérisson et un marécage, et je la balaierai avec le balai de la destruction, dit le Seigneur des armées.

24 Le Seigneur des armées l'a juré, en disant : Oui, ce que j'ai décidé arrivera, ce que j'ai résolu s'accomplira.

25 J'amènerai l'Assyrien dans mon pays, je le foulerai aux pieds sur mes montagnes ; et son joug leur sera ôté, et son fardeau sera ôté de leurs épaules.

26 Voilà la résolution prise contre toute la terre, voilà la main étendue sur toutes les nations.

27 Le Seigneur des armées a pris cette résolution : qui s'y opposera ? Sa main est étendue : qui la détournera ?

28 L'année de la mort du roi Achaz, cet oracle fut prononcé :

29 Ne te réjouis pas, pays des Philistins, de ce que la verge qui te frappait est brisée ! Car de la racine du serpent sortira un basilic, et son fruit sera un dragon volant.

30 And the firstborn of the poor shall feed, and the needy shall lie down in safety; and I will kill thy root with famine, and he shall slay thy remnant.

31 Howl, O gate; cry, O city; thou, whole Palestina, art dissolved; for there shall come from the north a smoke, and none shall be alone in his appointed times.

32 What shall then answer the messengers of the nations? That the Lord hath founded Zion, and the poor of his people shall trust in it.

30 Alors les plus pauvres pourront paître, et les malheureux reposer en sécurité ; mais je ferai mourir ta racine par la faim, et ce qui reste de toi sera tué.

31 Porte, gémis ! ville, lamente-toi ! tremble, pays tout entier des Philistins ! Car du nord vient une fumée, et les rangs de l'ennemi sont serrés.

32 Et que répondront les envoyés du peuple ? Que le Seigneur a fondé Sion, et que les malheureux de son peuple y trouvent un refuge.

CHAPTER 25

Nephi glories in plainness—Isaiah's prophecies will be understood in the last days—The Jews will return from Babylon, crucify the Messiah, and be scattered and scourged—They will be restored when they believe in the Messiah—He will first come six hundred years after Lehi left Jerusalem—The Nephites keep the law of Moses and believe in Christ, who is the Holy One of Israel. About 559–545 B.C.

CHAPITRE 25

Néphi met sa gloire dans la clarté — Les prophéties d'Ésaïe seront comprises dans les derniers jours — Les Juifs reviendront de Babylone, crucifieront le Messie et seront dispersés et flagellés — Ils seront rétablis lorsqu'ils croiront au Messie — Il viendra pour la première fois six cents ans après le départ de Léhi de Jérusalem — Les Néphites gardent la loi de Moïse et croient au Christ, qui est le Saint d'Israël. Vers 559–545 av. J.-C.

1 Now I, Nephi, do speak somewhat concerning the words which I have written, which have been spoken by the mouth of Isaiah. For behold, Isaiah spake many things which were hard for many of my people to understand; for they know not concerning the manner of prophesying among the Jews.

2 For I, Nephi, have not taught them many things concerning the manner of the Jews; for their works were works of darkness, and their doings were doings of abominations.

3 Wherefore, I write unto my people, unto all those that shall receive hereafter these things which I write, that they may know the judgments of God, that they come upon all nations, according to the word which he hath spoken.

4 Wherefore, hearken, O my people, which are of the house of Israel, and give ear unto my words; for because the words of Isaiah are not plain unto you, nevertheless they are plain unto all those that are filled with the spirit of prophecy. But I give unto you a prophecy, according to the spirit which is in me; wherefore I shall prophesy according to

1 Maintenant, moi, Néphi, je parle quelque peu des paroles que j'ai écrites, qui ont été dites de la bouche d'Ésaïe. Car voici, Ésaïe a dit beaucoup de choses qui étaient difficiles à comprendre pour beaucoup parmi mon peuple ; car il ne connaît pas la manière de prophétiser parmi les Juifs.

2 Car moi, Néphi, je ne lui ai pas enseigné beaucoup de choses concernant la manière des Juifs ; car leurs œuvres étaient des œuvres de ténèbres, et leurs actes étaient des actes d'abomination.

3 C'est pourquoi, j'écris à mon peuple, à tous ceux qui recevront plus tard les choses que j'écris, afin qu'ils connaissent les jugements de Dieu, qu'ils s'abattent sur toutes les nations, selon la parole qu'il a dite.

4 C'est pourquoi, écoutez, ô mon peuple qui êtes de la maison d'Israël, et prêtez l'oreille à mes paroles ; car, si les paroles d'Ésaïe ne sont pas claires pour vous, néanmoins elles sont claires pour tous ceux qui sont remplis de l'espritde prophétie. Mais je vous donne une prophétie selon l'esprit qui est en moi ; c'est pourquoi, je vais prophétiser selon la

the plainness which hath been with me from the time that I came out from Jerusalem with my father; for behold, my soul delighteth in plainness unto my people, that they may learn.

5 Yea, and my soul delighteth in the words of Isaiah, for I came out from Jerusalem, and mine eyes hath beheld the things of the Jews, and I know that the Jews do understand the things of the prophets, and there is none other people that understand the things which were spoken unto the Jews like unto them, save it be that they are taught after the manner of the things of the Jews.

6 But behold, I, Nephi, have not taught my children after the manner of the Jews; but behold, I, of myself, have dwelt at Jerusalem, wherefore I know concerning the regions round about; and I have made mention unto my children concerning the judgments of God, which hath come to pass among the Jews, unto my children, according to all that which Isaiah hath spoken, and I do not write them.

7 But behold, I proceed with mine own prophecy, according to my plainness; in the which I know that no man can err; nevertheless, in the days that the prophecies of Isaiah shall be fulfilled men shall know of a surety, at the times when they shall come to pass.

8 Wherefore, they are of worth unto the children of men, and he that supposeth that they are not, unto them will I speak particularly, and confine the words unto mine own people; for I know that they shall be of great worth unto them in the last days; for in that day shall they understand them; wherefore, for their good have I written them.

9 And as one generation hath been destroyed among the Jews because of iniquity, even so have they been destroyed from generation to generation according to their iniquities; and never hath any of them been destroyed save it were foretold them by the prophets of the Lord.

10 Wherefore, it hath been told them concerning the destruction which should come upon them, immediately after my father left Jerusalem; nevertheless, they hardened their hearts; and according to my prophecy they have been destroyed, save it be those which are carried away captive into Babylon.

clarté qui est avec moi depuis que je suis sorti de Jérusalem avec mon père ; car voici, mon âme met ses délices à être claire pour mon peuple, afin qu'il apprenne.

5 Oui, et mon âme fait ses délices des paroles d'Ésaïe, car je suis sorti de Jérusalem, et mes yeux ont vu les choses des Juifs, et je sais que les Juifs, eux, comprennent les choses des prophètes, et il n'y a aucun autre peuple qui comprend les choses qui ont été dites aux Juifs aussi bien qu'eux, s'il n'est instruit à la manière des choses des Juifs.

6 Mais voici, moi, Néphi, je n'ai pas instruit mes enfants à la manière des Juifs ; mais voici, moi, en ce qui me concerne, j'ai demeuré à Jérusalem, c'est pourquoi je sais ce qui concerne les régions environnantes ; et j'ai fait mention à mes enfants des jugements de Dieu qui se sont produits parmi les Juifs, oui, à mes enfants, selon tout ce qu'Ésaïe a dit, et je ne les écris pas.

7 Mais voici, je continue avec ma propre prophétie, selon ma clarté, dans laquelle je sais que nul ne peut s'égarer ; néanmoins, dans les jours où les prophéties d'Ésaïe s'accompliront, les hommes sauront avec certitude, dans les temps où elles arriveront.

8 C'est pourquoi, elles ont de la valeur pour les enfants des hommes, et ceux qui pensent qu'elles n'en ont pas, c'est à eux que je vais parler en particulier, et je limiterai mes paroles à mon peuple ; car je sais qu'elles auront une grande valeur pour lui dans les derniers jours ; car en ce jour-là il les comprendra ; c'est pourquoi, c'est pour son bien que je les ai écrites.

9 Et comme une génération a été détruite parmi les Juifs à cause de l'iniquité, de même ils ont été détruits de génération en génération selon leurs iniquités ; et aucun d'entre eux n'a jamais été détruit sans que cela ne lui soit prédit par les prophètes du Seigneur.

10 C'est pourquoi, il leur a été parlé de la destruction qui s'abattrait sur eux immédiatement après que mon père aurait quitté Jérusalem ; néanmoins, ils se sont endurci le cœur ; et, selon ma prophétie, ils ont été détruits, à l'exception de ceux qui sont emmenés captifs à Babylone.

11 And now this I speak because of the spirit which is in me. And notwithstanding they have been carried away they shall return again, and possess the land of Jerusalem; wherefore, they shall be restored again to the land of their inheritance.

12 But, behold, they shall have wars, and rumors of wars; and when the day cometh that the Only Begotten of the Father, yea, even the Father of heaven and of earth, shall manifest himself unto them in the flesh, behold, they will reject him, because of their iniquities, and the hardness of their hearts, and the stiffness of their necks.

13 Behold, they will crucify him; and after he is laid in a sepulchre for the space of three days he shall rise from the dead, with healing in his wings; and all those who shall believe on his name shall be saved in the kingdom of God. Wherefore, my soul delighteth to prophesy concerning him, for I have seen his day, and my heart doth magnify his holy name.

14 And behold it shall come to pass that after the Messiah hath risen from the dead, and hath manifested himself unto his people, unto as many as will believe on his name, behold, Jerusalem shall be destroyed again; for wo unto them that fight against God and the people of his church.

15 Wherefore, the Jews shall be scattered among all nations; yea, and also Babylon shall be destroyed; wherefore, the Jews shall be scattered by other nations.

16 And after they have been scattered, and the Lord God hath scourged them by other nations for the space of many generations, yea, even down from generation to generation until they shall be persuaded to believe in Christ, the Son of God, and the atonement, which is infinite for all mankind—and when that day shall come that they shall believe in Christ, and worship the Father in his name, with pure hearts and clean hands, and look not forward any more for another Messiah, then, at that time, the day will come that it must needs be expedient that they should believe these things.

17 And the Lord will set his hand again the second time to restore his people from their lost and fallen state. Wherefore, he will proceed to do a marvelous work and a wonder among the children of men.

11 Si je dis cela, c'est à cause de l'esprit qui est en moi. Et en dépit du fait qu'ils ont été emmenés, ils retourneront et posséderont le pays de Jérusalem ; c'est pourquoi, ils seront rétablis dans le pays de leur héritage.

12 Mais voici, ils auront des guerres et des bruits de guerres ; et lorsque le jour viendra où le Fils unique du Père, oui, le Père du ciel et de la terre, se manifestera à eux dans la chair, voici, ils le rejetteront à cause de leurs iniquités, et de l'endurcissement de leur cœur, et de la roideur de leur cou.

13 Voici, ils le crucifieront, et lorsqu'il aura été déposé dans un sépulcre pendant trois jours, il se lèvera d'entre les morts, avec la guérison sous ses ailes ; et tous ceux qui croiront en son nom seront sauvés dans le royaume de Dieu. C'est pourquoi, mon âme met ses délices à prophétiser à son sujet, car j'ai vu son jour, et mon cœur exalte son saint nom.

14 Et voici, il arrivera que lorsque le Messie sera ressuscité des morts et se sera manifesté à son peuple, à tous ceux qui croiront en son nom, voici, Jérusalem sera de nouveau détruite ; car malheur à ceux qui luttent contre Dieu et le peuple de son Église.

15 C'est pourquoi, les Juifs seront dispersés parmi toutes les nations ; oui, et Babylone aussi sera détruite ; c'est pourquoi, les Juifs seront dispersés par d'autres nations.

16 Et lorsqu'ils auront été dispersés, et que le Seigneur Dieu les aura flagellés par d'autres nations pendant de nombreuses générations, oui, de génération en génération, jusqu'à ce qu'ils soient persuadés de croire au Christ, le Fils de Dieu, et en l'expiation, qui est infinie pour toute l'humanité — et lorsqu'arrivera le jour où ils croiront au Christ, et adoreront le Père en son nom, le cœur pur et les mains nettes, et n'attendront plus un autre Messie, alors, à ce moment-là, le jour viendra où il faudra nécessairement qu'ils croient ces choses-ci.

17 Et le Seigneur étendra une seconde fois sa main pour ramener son peuple de son état perdu et déchu. C'est pourquoi, il se mettra à faire une œuvre merveilleuse et un prodige parmi les enfants des hommes.

18 Wherefore, he shall bring forth his words unto them, which words shall judge them at the last day, for they shall be given them for the purpose of convincing them of the true Messiah, who was rejected by them; and unto the convincing of them that they need not look forward any more for a Messiah to come, for there should not any come, save it should be a false Messiah which should deceive the people; for there is save one Messiah spoken of by the prophets, and that Messiah is he who should be rejected of the Jews.

19 For according to the words of the prophets, the Messiah cometh in six hundred years from the time that my father left Jerusalem; and according to the words of the prophets, and also the word of the angel of God, his name shall be Jesus Christ, the Son of God.

20 And now, my brethren, I have spoken plainly that ye cannot err. And as the Lord God liveth that brought Israel up out of the land of Egypt, and gave unto Moses power that he should heal the nations after they had been bitten by the poisonous serpents, if they would cast their eyes unto the serpent which he did raise up before them, and also gave him power that he should smite the rock and the water should come forth; yea, behold I say unto you, that as these things are true, and as the Lord God liveth, there is none other name given under heaven save it be this Jesus Christ, of which I have spoken, whereby man can be saved.

21 Wherefore, for this cause hath the Lord God promised unto me that these things which I write shall be kept and preserved, and handed down unto my seed, from generation to generation, that the promise may be fulfilled unto Joseph, that his seed should never perish as long as the earth should stand.

22 Wherefore, these things shall go from generation to generation as long as the earth shall stand; and they shall go according to the will and pleasure of God; and the nations who shall possess them shall be judged of them according to the words which are written.

23 For we labor diligently to write, to persuade our children, and also our brethren, to believe in Christ, and to be reconciled to

18 C'est pourquoi, il leur fera parvenir ses paroles, paroles qui les jugeront au dernier jour, car elles leur seront données dans le but de les convaincre du vrai Messie qui fut rejeté par eux, et de les convaincre qu'ils ne doivent plus attendre un Messie à venir, car s'il en venait un, ce ne serait qu'un faux Messie qui tromperait le peuple ; car il n'y a qu'un seul Messie dont parlent les prophètes, et ce Messie est celui qui sera rejeté par les Juifs.

19 Car selon les paroles des prophètes, le Messie viendra six cents ans après le moment où mon père quitta Jérusalem ; et selon les paroles des prophètes, et aussi la parole de l'ange de Dieu, son nom sera Jésus-Christ, le Fils de Dieu.

20 Et maintenant, mes frères, j'ai parlé clairement, afin que vous ne puissiez pas vous tromper. Et comme le Seigneur Dieu vit, lui qui a fait monter Israël du pays d'Égypte, et a donné à Moïse le pouvoir de guérir les nations lorsqu'elles eurent été mordues par les serpents venimeux, si elles voulaient bien jeter les yeux sur le serpent qu'il dressa devant elles, et lui a aussi donné le pouvoir de frapper le rocher et d'en faire jaillir l'eau ; oui, voici, je vous dis que de même que ces choses sont vraies, et que le Seigneur Dieu vit, il n'y a aucun autre nom donné sous le ciel, si ce n'est ce Jésus-Christ dont j'ai parlé, par lequel l'homme puisse être sauvé.

21 C'est pourquoi, c'est pour cette raison que le Seigneur Dieu m'a promis que les choses que j'écris seront gardées et préservées, et transmises à ma postérité, de génération en génération, afin que la promesse s'accomplisse pour Joseph que sa postérité ne périrait jamais tant que la terre existerait.

22 C'est pourquoi, ces choses iront de génération en génération tant que la terre existera ; et elles iront selon la volonté et le bon plaisir de Dieu ; et les nations qui les posséderont seront jugées par elles, selon ce qui est écrit.

23 Car nous travaillons diligemment à écrire, pour persuader nos enfants, et aussi nos frères, de croire au Christ et d'être réconciliés avec Dieu ; car nous savons que

God; for we know that it is by grace that we are saved, after all we can do.

24 And, notwithstanding we believe in Christ, we keep the law of Moses, and look forward with steadfastness unto Christ, until the law shall be fulfilled.

25 For, for this end was the law given; wherefore the law hath become dead unto us, and we are made alive in Christ because of our faith; yet we keep the law because of the commandments.

26 And we talk of Christ, we rejoice in Christ, we preach of Christ, we prophesy of Christ, and we write according to our prophecies, that our children may know to what source they may look for a remission of their sins.

27 Wherefore, we speak concerning the law that our children may know the deadness of the law; and they, by knowing the deadness of the law, may look forward unto that life which is in Christ, and know for what end the law was given. And after the law is fulfilled in Christ, that they need not harden their hearts against him when the law ought to be done away.

28 And now behold, my people, ye are a stiffnecked people; wherefore, I have spoken plainly unto you, that ye cannot misunderstand. And the words which I have spoken shall stand as a testimony against you; for they are sufficient to teach any man the right way; for the right way is to believe in Christ and deny him not; for by denying him ye also deny the prophets and the law.

29 And now behold, I say unto you that the right way is to believe in Christ, and deny him not; and Christ is the Holy One of Israel; wherefore ye must bow down before him, and worship him with all your might, mind, and strength, and your whole soul; and if ye do this ye shall in nowise be cast out.

30 And, inasmuch as it shall be expedient, ye must keep the performances and ordinances of God until the law shall be fulfilled which was given unto Moses.

c'est par la grâce que nous sommes sauvés, après tout ce que nous pouvons faire.

24 Et en dépit du fait que nous croyons au Christ, nous gardons la loi de Moïse et attendons avec constance le Christ, jusqu'à ce que la loi soit accomplie.

25 Car c'est à cette fin que la loi a été donnée ; c'est pourquoi, la loi est devenue morte pour nous, et nous sommes rendus vivants dans le Christ à cause de notre foi ; cependant, nous gardons la loi à cause des commandements.

26 Et nous parlons du Christ, nous nous réjouissons dans le Christ, nous prêchons le Christ, nous prophétisons concernant le Christ, et nous écrivons selon nos prophéties, afin que nos enfants sachent vers quelle source ils peuvent se tourner pour obtenir la rémission de leurs péchés.

27 C'est pourquoi, nous parlons de la loi, afin que nos enfants sachent que la loi est morte ; et que, sachant que la loi est morte, ils attendent cette vie qui est dans le Christ et sachent à quelle fin la loi a été donnée. Et que lorsque la loi aura été accomplie dans le Christ, ils ne s'endurcissent pas le cœur contre lui lorsque la loi devra être abolie.

28 Et maintenant, voici, mon peuple, vous êtes un peuple au cou roide ; c'est pourquoi, je vous ai parlé clairement afin que vous ne puissiez vous méprendre. Et les paroles que j'ai dites demeureront comme témoignage contre vous, car elles suffisent pour enseigner à tout homme la voie droite : car la voie droite, c'est de croire au Christ et de ne pas le nier, car en le niant vous niez aussi les prophètes et la loi.

29 Et maintenant, voici, je vous dis que la voie droite, c'est de croire au Christ et de ne pas le nier ; et le Christ est le Saint d'Israël ; c'est pourquoi, vous devez vous prosterner devant lui et l'adorer de tout votre pouvoir, de tout votre esprit, et de toute votre force, et de toute votre âme ; et si vous le faites, vous ne serez en aucune façon rejetés.

30 Et, puisque c'est nécessaire, vous devez garder les observances et les ordonnances de Dieu, jusqu'à ce que soit accomplie la loi qui fut donnée à Moïse.

CHAPTER 26

CHAPITRE 26

Christ will minister to the Nephites—Nephi foresees the destruction of his people—They will speak from the dust—The Gentiles will build up false churches and secret combinations—The Lord forbids men to practice priestcrafts. About 559–545 B.C.

Le Christ exercera son ministère chez les Néphites — Néphi voit d'avance la destruction de son peuple — La voix de celui-ci sortira de la poussière — Les Gentils édifieront de fausses Églises et des combinaisons secrètes — Le Seigneur interdit aux hommes de pratiquer les intrigues de prêtres. Vers 559–545 av. J.-C.

1 And after Christ shall have risen from the dead he shall show himself unto you, my children, and my beloved brethren; and the words which he shall speak unto you shall be the law which ye shall do.

2 For behold, I say unto you that I have beheld that many generations shall pass away, and there shall be great wars and contentions among my people.

3 And after the Messiah shall come there shall be signs given unto my people of his birth, and also of his death and resurrection; and great and terrible shall that day be unto the wicked, for they shall perish; and they perish because they cast out the prophets, and the saints, and stone them, and slay them; wherefore the cry of the blood of the saints shall ascend up to God from the ground against them.

4 Wherefore, all those who are proud, and that do wickedly, the day that cometh shall burn them up, saith the Lord of Hosts, for they shall be as stubble.

5 And they that kill the prophets, and the saints, the depths of the earth shall swallow them up, saith the Lord of Hosts; and mountains shall cover them, and whirlwinds shall carry them away, and buildings shall fall upon them and crush them to pieces and grind them to powder.

6 And they shall be visited with thunderings, and lightnings, and earthquakes, and all manner of destructions, for the fire of the anger of the Lord shall be kindled against them, and they shall be as stubble, and the day that cometh shall consume them, saith the Lord of Hosts.

7 O the pain, and the anguish of my soul for the loss of the slain of my people! For I, Nephi, have seen it, and it well nigh consumeth me before the presence of the Lord; but I must cry unto my God: Thy ways are just.

1 Et lorsque le Christ sera ressuscité des morts, il se montrera à vous, mes enfants, et mes frères bien-aimés ; et les paroles qu'il vous dira seront la loi que vous observerez.

2 Car voici, je vous dis que j'ai vu que beaucoup de générations passeront et qu'il y aura de grandes guerres et de grandes querelles parmi mon peuple.

3 Et lorsque le Messie viendra, il y aura des signes qui seront donnés à mon peuple, de sa naissance, et aussi de sa mort et de sa résurrection ; et grand et terrible sera ce jour pour les méchants, car ils périront ; et ils périssent parce qu'ils chassent les prophètes et les saints, et les lapident et les tuent ; c'est pourquoi, le cri du sang des saints montera contre eux du sol jusqu'à Dieu.

4 C'est pourquoi, tous les hautains et tous les méchants, le jour qui vient les embrasera, dit le Seigneur des armées, car ils seront comme du chaume.

5 Et ceux qui tuent les prophètes, et les saints, les profondeurs de la terre les engloutiront, dit le Seigneur des armées ; et des montagnes les couvriront, et des tourbillons les emporteront, et des édifices tomberont sur eux et les écraseront en petits morceaux et les broieront en poudre.

6 Et ils seront châtiés par les tonnerres, et les éclairs, et les tremblements de terre, et toutes sortes de destructions, car le feu de la colère du Seigneur sera allumé contre eux, et ils seront comme du chaume, et le jour qui vient les embrasera, dit le Seigneur des armées.

7 Ô la souffrance, et l'angoisse de mon âme pour la perte des tués de mon peuple ! Car moi, Néphi, je l'ai vu, et cela me consume presque devant la présence du Seigneur ; mais je dois crier à mon Dieu : Tes voies sont justes.

8 But behold, the righteous that hearken unto the words of the prophets, and destroy them not, but look forward unto Christ with steadfastness for the signs which are given, notwithstanding all persecution—behold, they are they which shall not perish.

9 But the Son of Righteousness shall appear unto them; and he shall heal them, and they shall have peace with him, until three generations shall have passed away, and many of the fourth generation shall have passed away in righteousness.

10 And when these things have passed away a speedy destruction cometh unto my people; for, notwithstanding the pains of my soul, I have seen it; wherefore, I know that it shall come to pass; and they sell themselves for naught; for, for the reward of their pride and their foolishness they shall reap destruction; for because they yield unto the devil and choose works of darkness rather than light, therefore they must go down to hell.

11 For the Spirit of the Lord will not always strive with man. And when the Spirit ceaseth to strive with man then cometh speedy destruction, and this grieveth my soul.

12 And as I spake concerning the convincing of the Jews, that Jesus is the very Christ, it must needs be that the Gentiles be convinced also that Jesus is the Christ, the Eternal God;

13 And that he manifesteth himself unto all those who believe in him, by the power of the Holy Ghost; yea, unto every nation, kindred, tongue, and people, working mighty miracles, signs, and wonders, among the children of men according to their faith.

14 But behold, I prophesy unto you concerning the last days; concerning the days when the Lord God shall bring these things forth unto the children of men.

15 After my seed and the seed of my brethren shall have dwindled in unbelief, and shall have been smitten by the Gentiles; yea, after the Lord God shall have camped against them round about, and shall have laid siege against them with a mount, and raised forts against them; and after they shall have been brought down low in the dust, even that they are not, yet the words of the righteous shall be written, and the prayers of the faithful shall be heard, and all

8 Mais voici, les justes qui écoutent les paroles des prophètes et ne les font pas périr, mais attendent avec constance dans le Christ les signes qui sont donnés, malgré toutes les persécutions, voici, ce sont ceux-là qui ne périront pas.

9 Mais le Fils de la justice leur apparaîtra, et il les guérira, et ils auront la paix avec lui jusqu'à ce que trois générations aient passé et que beaucoup de la quatrième génération aient passé dans la justice.

10 Et lorsque ces choses seront passées, une destruction rapide s'abat sur mon peuple ; car, malgré les souffrances de mon âme, je l'ai vue ; c'est pourquoi, je sais qu'elle arrivera ; et ils se vendent pour rien ; car, en récompense de leur orgueil et de leur folie, ils récolteront la destruction ; car, parce qu'ils cèdent au diable et choisissent les œuvres des ténèbres plutôt que la lumière, pour cette raison, ils vont descendre en enfer.

11 Car l'Esprit du Seigneur ne luttera pas toujours avec l'homme. Et lorsque l'Esprit cesse de lutter avec l'homme, alors vient une destruction rapide, et cela peine mon âme.

12 Et comme j'ai dit qu'il fallait convaincre les Juifs que Jésus est le Christ même, il faut nécessairement que les Gentils soient convaincus, eux aussi, que Jésus est le Christ, le Dieu éternel ;

13 et qu'il se manifeste par le pouvoir du Saint-Esprit à tous ceux qui croient en lui, oui, à toutes les nations, tribus, langues et peuples, accomplissant de grands miracles, signes et prodiges parmi les enfants des hommes, selon leur foi.

14 Mais voici, je vous prophétise concernant les derniers jours, concernant les jours où le Seigneur Dieu fera parvenir ces choses aux enfants des hommes.

15 Lorsque ma postérité et la postérité de mes frères auront dégénéré dans l'incrédulité et auront été frappées par les Gentils, oui, lorsque le Seigneur Dieu les aura investies de toutes parts, les aura cernées par des postes armés, aura élevé contre elles des retranchements, et lorsqu'elles auront été abaissées dans la poussière, de sorte qu'elles ne seront plus, néanmoins, les paroles des justes seront écrites, et les prières des fidèles seront entendues, et tous ceux qui auront

those who have dwindled in unbelief shall not be forgotten.

16 For those who shall be destroyed shall speak unto them out of the ground, and their speech shall be low out of the dust, and their voice shall be as one that hath a familiar spirit; for the Lord God will give unto him power, that he may whisper concerning them, even as it were out of the ground; and their speech shall whisper out of the dust.

17 For thus saith the Lord God: They shall write the things which shall be done among them, and they shall be written and sealed up in a book, and those who have dwindled in unbelief shall not have them, for they seek to destroy the things of God.

18 Wherefore, as those who have been destroyed have been destroyed speedily; and the multitude of their terrible ones shall be as chaff that passeth away—yea, thus saith the Lord God: It shall be at an instant, suddenly—

19 And it shall come to pass, that those who have dwindled in unbelief shall be smitten by the hand of the Gentiles.

20 And the Gentiles are lifted up in the pride of their eyes, and have stumbled, because of the greatness of their stumbling block, that they have built up many churches; nevertheless, they put down the power and miracles of God, and preach up unto themselves their own wisdom and their own learning, that they may get gain and grind upon the face of the poor.

21 And there are many churches built up which cause envyings, and strifes, and malice.

22 And there are also secret combinations, even as in times of old, according to the combinations of the devil, for he is the founder of all these things; yea, the founder of murder, and works of darkness; yea, and he leadeth them by the neck with a flaxen cord, until he bindeth them with his strong cords forever.

23 For behold, my beloved brethren, I say unto you that the Lord God worketh not in darkness.

24 He doeth not anything save it be for the benefit of the world; for he loveth the world, even that he layeth down his own life that he may draw all men unto him. Wherefore,

dégénéré dans l'incrédulité ne seront pas oubliés.

16 Car ceux qui auront été détruits leur parleront de la terre, et leur discours sera un murmure qui sortira de la poussière, et leur voix sera comme celle d'un spectre ; car le Seigneur Dieu lui donnera le pouvoir de chuchoter à leur sujet, comme si cela venait de terre ; et leur discours chuchotera de la poussière.

17 Car ainsi dit le Seigneur Dieu : Ils écriront les choses qui se feront parmi eux, et cela sera écrit et scellé dans un livre, et ceux qui auront dégénéré dans l'incrédulité ne l'auront pas, car ils cherchent à détruire les choses de Dieu.

18 C'est pourquoi, ceux qui ont été détruits ont été détruits rapidement ; et la multitude de leurs hommes terribles sera comme la balle qui vole — oui, ainsi dit le Seigneur Dieu : Ce sera tout à coup, en un instant —

19 et il arrivera que ceux qui auront dégénéré dans l'incrédulité seront frappés par la main des Gentils.

20 Et les Gentils sont enflés dans l'orgueil de leurs yeux et ont trébuché à cause de la grandeur de leur pierre d'achoppement, de sorte qu'ils ont édifié beaucoup d'Églises ; néanmoins, ils dédaignent la puissance et les miracles de Dieu, et se félicitent entre eux de leur sagesse et de leur science, afin d'obtenir du gain et d'écraser la face des pauvres.

21 Et il y a beaucoup d'Églises édifiées qui causent de l'envie, et des discordes, et de la malice.

22 Et il y a aussi des combinaisons secrètes, tout comme dans les temps anciens, selon les combinaisons du diable, car il est le fondateur de toutes ces choses ; oui, le fondateur du meurtre et des œuvres des ténèbres ; oui, et il les mène par le cou avec une corde de lin, jusqu'à ce qu'il les lie à jamais avec ses fortes cordes.

23 Car voici, mes frères bien-aimés, je vous dis que le Seigneur Dieu ne travaille pas dans les ténèbres.

24 Il ne fait rien qui ne soit pour le profit du monde ; car il aime le monde, au point de donner sa propre vie afin d'attirer tous les

he commandeth none that they shall not partake of his salvation.

25 Behold, doth he cry unto any, saying: Depart from me? Behold, I say unto you, Nay; but he saith: Come unto me all ye ends of the earth, buy milk and honey, without money and without price.

26 Behold, hath he commanded any that they should depart out of the synagogues, or out of the houses of worship? Behold, I say unto you, Nay.

27 Hath he commanded any that they should not partake of his salvation? Behold I say unto you, Nay; but he hath given it free for all men; and he hath commanded his people that they should persuade all men to repentance.

28 Behold, hath the Lord commanded any that they should not partake of his goodness? Behold I say unto you, Nay; but all men are privileged the one like unto the other, and none are forbidden.

29 He commandeth that there shall be no priestcrafts; for, behold, priestcrafts are that men preach and set themselves up for a light unto the world, that they may get gain and praise of the world; but they seek not the welfare of Zion.

30 Behold, the Lord hath forbidden this thing; wherefore, the Lord God hath given a commandment that all men should have charity, which charity is love. And except they should have charity they were nothing. Wherefore, if they should have charity they would not suffer the laborer in Zion to perish.

31 But the laborer in Zion shall labor for Zion; for if they labor for money they shall perish.

32 And again, the Lord God hath commanded that men should not murder; that they should not lie; that they should not steal; that they should not take the name of the Lord their God in vain; that they should not envy; that they should not have malice; that they should not contend one with another; that they should not commit whoredoms; and that they should do none of these things; for whoso doeth them shall perish.

hommes à lui. C'est pourquoi, il ne commande à personne de ne pas prendre part à son salut.

25 Voici, crie-t-il à qui que ce soit : Éloigne-toi de moi ? Voici, je vous dis que non ; mais il dit : Venez toutes à moi, extrémités de la terre, achetez du lait et du miel, sans argent, sans rien payer.

26 Voici, a-t-il commandé à qui que ce soit de sortir des synagogues, ou des maisons de culte ? Voici, je vous dis que non.

27 A-t-il commandé à qui que ce soit de ne pas prendre part à son salut ? Voici, je vous dis que non ; mais il l'a donné gratuitement à tous les hommes ; et il a commandé à son peuple de persuader tous les hommes de se repentir.

28 Voici, le Seigneur a-t-il commandé à qui que ce soit de ne pas prendre part à sa bonté ? Voici, je vous dis que non ; mais tous les hommes ont cette possibilité, les uns comme les autres, et nul ne se la voit interdire.

29 Il commande qu'il n'y ait pas d'intrigues de prêtres ; car voici, les intrigues de prêtres, c'est que les hommes prêchent et se posent en lumière pour le monde, afin d'obtenir du gain et les louanges du monde ; mais ils ne cherchent pas le bien-être de Sion.

30 Voici, le Seigneur a interdit cela ; c'est pourquoi, le Seigneur Dieu a donné le commandement que tous les hommes doivent avoir la charité, et cette charité, c'est l'amour. Et s'ils n'ont pas la charité, ils ne sont rien. C'est pourquoi, s'ils avaient la charité, ils ne laisseraient pas périr l'ouvrier en Sion.

31 Mais l'ouvrier en Sion travaillera pour Sion ; car s'il travaille pour de l'argent, il périra.

32 Et encore, le Seigneur Dieu a commandé que les hommes ne commettent pas de meurtre, qu'ils ne mentent pas, qu'ils ne volent pas, qu'ils ne prennent pas le nom du Seigneur, leur Dieu, en vain, qu'ils n'envient pas, qu'ils n'aient pas de malice, qu'ils ne se querellent pas entre eux, qu'ils ne commettent pas de fornication, et qu'ils ne doivent faire aucune de ces choses, car quiconque les fait périra.

33 For none of these iniquities come of the Lord; for he doeth that which is good among the children of men; and he doeth nothing save it be plain unto the children of men; and he inviteth them all to come unto him and partake of his goodness; and he denieth none that come unto him, black and white, bond and free, male and female; and he remembereth the heathen; and all are alike unto God, both Jew and Gentile.

CHAPTER 27

Darkness and apostasy will cover the earth in the last days—The Book of Mormon will come forth—Three witnesses will testify of the book—The learned man will say he cannot read the sealed book—The Lord will do a marvelous work and a wonder—Compare Isaiah 29. About 559–545 B.C.

1 But, behold, in the last days, or in the days of the Gentiles—yea, behold all the nations of the Gentiles and also the Jews, both those who shall come upon this land and those who shall be upon other lands, yea, even upon all the lands of the earth, behold, they will be drunken with iniquity and all manner of abominations—

2 And when that day shall come they shall be visited of the Lord of Hosts, with thunder and with earthquake, and with a great noise, and with storm, and with tempest, and with the flame of devouring fire.

3 And all the nations that fight against Zion, and that distress her, shall be as a dream of a night vision; yea, it shall be unto them, even as unto a hungry man which dreameth, and behold he eateth but he awaketh and his soul is empty; or like unto a thirsty man which dreameth, and behold he drinketh but he awaketh and behold he is faint, and his soul hath appetite; yea, even so shall the multitude of all the nations be that fight against Mount Zion.

4 For behold, all ye that doeth iniquity, stay yourselves and wonder, for ye shall cry out, and cry; yea, ye shall be drunken but not with wine, ye shall stagger but not with strong drink.

33 Car aucune de ces iniquités ne vient du Seigneur : car il fait ce qui est bon parmi les enfants des hommes, et il ne fait rien qui ne soit clair pour les enfants des hommes, et il les invite tous à venir à lui et à prendre part à sa bonté, et il ne repousse aucun de ceux qui viennent à lui, noirs et blancs, esclaves et libres, hommes et femmes ; et il se souvient des païens ; et tous sont pareils pour Dieu, tant le Juif que le Gentil.

CHAPITRE 27

Les ténèbres et l'apostasie couvriront la terre dans les derniers jours — Le Livre de Mormon paraîtra — Trois témoins témoigneront du livre — Le savant dira qu'il ne peut pas lire le livre scellé — Le Seigneur fera une œuvre merveilleuse et un prodige — Comparez avec Ésaïe 29. Vers 559–545 av. J.-C.

1 Mais voici, dans les derniers jours, ou dans les jours des Gentils — oui, voici, toutes les nations des Gentils, et aussi les Juifs, tant ceux qui viendront dans ce pays que ceux qui seront dans d'autres pays, oui, même dans tous les pays de la terre, voici, ils seront ivres d'iniquité et de toutes sortes d'abominations —

2 et lorsque ce jour viendra, le Seigneur des armées les châtiera par le tonnerre et par les tremblements de terre, et par un bruit formidable, et par l'ouragan, et par la tempête, et par la flamme d'un feu dévorant.

3 Et toutes les nations qui combattent Sion et qui l'affligent seront comme un songe, une vision nocturne ; oui, il en sera pour elles comme de celui qui a faim et qui rêve qu'il mange, puis s'éveille, l'estomac vide ; ou comme de celui qui a soif et qui rêve qu'il boit, puis s'éveille, épuisé et languissant ; oui, ainsi en sera-t-il de la multitude des nations qui viendront attaquer la montagne de Sion.

4 Car voici, vous tous qui commettez l'iniquité, soyez stupéfaits et étonnés, fermez les yeux et devenez aveugles ; oui, vous serez ivres, mais ce n'est pas de vin, vous chancellerez, mais ce n'est pas l'effet des liqueurs fortes.

5 For behold, the Lord hath poured out upon you the spirit of deep sleep. For behold, ye have closed your eyes, and ye have rejected the prophets; and your rulers, and the seers hath he covered because of your iniquity.

6 And it shall come to pass that the Lord God shall bring forth unto you the words of a book, and they shall be the words of them which have slumbered.

7 And behold the book shall be sealed; and in the book shall be a revelation from God, from the beginning of the world to the ending thereof.

8 Wherefore, because of the things which are sealed up, the things which are sealed shall not be delivered in the day of the wickedness and abominations of the people. Wherefore the book shall be kept from them.

9 But the book shall be delivered unto a man, and he shall deliver the words of the book, which are the words of those who have slumbered in the dust, and he shall deliver these words unto another;

10 But the words which are sealed he shall not deliver, neither shall he deliver the book. For the book shall be sealed by the power of God, and the revelation which was sealed shall be kept in the book until the own due time of the Lord, that they may come forth; for behold, they reveal all things from the foundation of the world unto the end thereof.

11 And the day cometh that the words of the book which were sealed shall be read upon the house tops; and they shall be read by the power of Christ; and all things shall be revealed unto the children of men which ever have been among the children of men, and which ever will be even unto the end of the earth.

12 Wherefore, at that day when the book shall be delivered unto the man of whom I have spoken, the book shall be hid from the eyes of the world, that the eyes of none shall behold it save it be that three witnesses shall behold it, by the power of God, besides him to whom the book shall be delivered; and they shall testify to the truth of the book and the things therein.

13 And there is none other which shall view it, save it be a few according to the will of God, to bear testimony of his word unto the

5 Car voici, le Seigneur a répandu sur vous un esprit d'assoupissement. Car voici, vous avez fermé vos yeux, et vous avez rejeté les prophètes ; il a voilé vos têtes et les voyants à cause de votre iniquité.

6 Et il arrivera que le Seigneur Dieu vous fera parvenir les paroles d'un livre, et ce seront les paroles de ceux qui ont dormi.

7 Et voici, le livre sera scellé ; et dans le livre, il y aura une révélation de Dieu, depuis le commencement du monde jusqu'à sa fin.

8 C'est pourquoi, à cause des choses qui sont scellées, les choses qui sont scellées ne seront pas remises au jour de la méchanceté et des abominations du peuple. C'est pourquoi, le livre lui sera refusé.

9 Mais le livre sera remis à un homme, et il remettra les paroles du livre, qui sont les paroles de ceux qui ont dormi dans la poussière, et il remettra ces paroles à un autre ;

10 Mais les paroles qui sont scellées, il ne les remettra pas, et il ne remettra pas non plus le livre. Car le livre sera scellé par le pouvoir de Dieu, et la révélation qui était scellée sera gardée dans le livre jusqu'à ce que le Seigneur le juge bon pour qu'elles paraissent ; car voici, elles révèlent tout depuis la fondation du monde jusqu'à sa fin.

11 Et le jour vient où les paroles du livre qui étaient scellées seront lues sur les toits des maisons ; et elles seront lues par le pouvoir du Christ, et tout sera révélé aux enfants des hommes, tout ce qui a jamais été et sera jamais parmi les enfants des hommes, jusqu'à la fin de la terre.

12 C'est pourquoi, le jour où le livre sera remis à l'homme dont j'ai parlé, le livre sera caché aux yeux du monde, de sorte que les yeux d'aucun homme ne le verront, si ce n'est que trois témoins le verront par le pouvoir de Dieu, en plus de celui à qui le livre sera remis ; et ils témoigneront de la vérité du livre et des choses qui s'y trouvent.

13 Et il n'y aura personne d'autre qui le verra, si ce n'est un petit nombre, selon la volonté de Dieu, pour rendre témoignage de

children of men; for the Lord God hath said that the words of the faithful should speak as if it were from the dead.

14 Wherefore, the Lord God will proceed to bring forth the words of the book; and in the mouth of as many witnesses as seemeth him good will he establish his word; and wo be unto him that rejecteth the word of God!

15 But behold, it shall come to pass that the Lord God shall say unto him to whom he shall deliver the book: Take these words which are not sealed and deliver them to another, that he may show them unto the learned, saying: Read this, I pray thee. And the learned shall say: Bring hither the book, and I will read them.

16 And now, because of the glory of the world and to get gain will they say this, and not for the glory of God.

17 And the man shall say: I cannot bring the book, for it is sealed.

18 Then shall the learned say: I cannot read it.

19 Wherefore it shall come to pass, that the Lord God will deliver again the book and the words thereof to him that is not learned; and the man that is not learned shall say: I am not learned.

20 Then shall the Lord God say unto him: The learned shall not read them, for they have rejected them, and I am able to do mine own work; wherefore thou shalt read the words which I shall give unto thee.

21 Touch not the things which are sealed, for I will bring them forth in mine own due time; for I will show unto the children of men that I am able to do mine own work.

22 Wherefore, when thou hast read the words which I have commanded thee, and obtained the witnesses which I have promised unto thee, then shalt thou seal up the book again, and hide it up unto me, that I may preserve the words which thou hast not read, until I shall see fit in mine own wisdom to reveal all things unto the children of men.

23 For behold, I am God; and I am a God of miracles; and I will show unto the world that I am the same yesterday, today, and forever; and I work not among the children of men save it be according to their faith.

sa parole aux enfants des hommes ; car le Seigneur Dieu a dit que les paroles des fidèles parleraient comme si elles venaient des morts.

14 C'est pourquoi, le Seigneur Dieu se mettra en devoir de faire paraître les paroles du livre ; et il établira sa parole par la bouche d'autant de témoins qu'il lui semble bon ; et malheur à celui qui rejette la parole de Dieu !

15 Mais voici, il arrivera que le Seigneur Dieu dira à celui à qui il remettra le livre : Prends ces paroles qui ne sont pas scellées et remets-les à un autre, afin qu'il les montre au savant, disant : Lis ceci, je te prie. Et le savant dira : Apporte le livre ici, et je les lirai.

16 Or, c'est à cause de la gloire du monde et pour obtenir du gain qu'ils diront cela, et non pour la gloire de Dieu.

17 Et l'homme dira : Je ne peux pas apporter le livre, car il est scellé.

18 Alors le savant dira : Je ne peux pas le lire.

19 C'est pourquoi, il arrivera que le Seigneur Dieu remettra de nouveau le livre et les paroles qu'il contient à celui qui n'est pas savant ; et l'homme qui n'est pas savant dira : Je ne suis pas savant.

20 Alors le Seigneur Dieu lui dira : Les savants ne les liront pas, car ils les ont rejetées, et je suis capable de faire ma propre œuvre ; c'est pourquoi, tu liras les paroles que je te donnerai.

21 Ne touche pas aux choses qui sont scellées, car je les ferai paraître lorsque je le jugerai bon ; car je montrerai aux enfants des hommes que je suis capable de faire ma propre œuvre.

22 C'est pourquoi, lorsque tu auras lu les paroles que je t'ai commandé de lire et obtenu les témoins que je t'ai promis, alors tu scelleras de nouveau le livre et tu le cacheras pour moi, afin que je préserve les paroles que tu n'as pas lues, jusqu'à ce que je juge bon, dans ma sagesse, de tout révéler aux enfants des hommes.

23 Car voici, je suis Dieu ; et je suis un Dieu de miracles ; et je montrerai au monde que je suis le même hier, aujourd'hui, et à jamais ; et je ne travaille parmi les enfants des hommes que selon leur foi.

24 And again it shall come to pass that the Lord shall say unto him that shall read the words that shall be delivered him:

25 Forasmuch as this people draw near unto me with their mouth, and with their lips do honor me, but have removed their hearts far from me, and their fear towards me is taught by the precepts of men—

26 Therefore, I will proceed to do a marvelous work among this people, yea, a marvelous work and a wonder, for the wisdom of their wise and learned shall perish, and the understanding of their prudent shall be hid.

27 And wo unto them that seek deep to hide their counsel from the Lord! And their works are in the dark; and they say: Who seeth us, and who knoweth us? And they also say: Surely, your turning of things upside down shall be esteemed as the potter's clay. But behold, I will show unto them, saith the Lord of Hosts, that I know all their works. For shall the work say of him that made it, he made me not? Or shall the thing framed say of him that framed it, he had no understanding?

28 But behold, saith the Lord of Hosts: I will show unto the children of men that it is yet a very little while and Lebanon shall be turned into a fruitful field; and the fruitful field shall be esteemed as a forest.

29 And in that day shall the deaf hear the words of the book, and the eyes of the blind shall see out of obscurity and out of darkness.

30 And the meek also shall increase, and their joy shall be in the Lord, and the poor among men shall rejoice in the Holy One of Israel.

31 For assuredly as the Lord liveth they shall see that the terrible one is brought to naught, and the scorner is consumed, and all that watch for iniquity are cut off;

32 And they that make a man an offender for a word, and lay a snare for him that reproveth in the gate, and turn aside the just for a thing of naught.

33 Therefore, thus saith the Lord, who redeemed Abraham, concerning the house of Jacob: Jacob shall not now be ashamed, neither shall his face now wax pale.

24 Et en outre, il arrivera que le Seigneur dira à celui qui lira les paroles qui lui seront remises :

25 Quand ce peuple s'approche de moi, il m'honore de la bouche et des lèvres ; mais son cœur est éloigné de moi, et la crainte qu'il a de moi n'est qu'un précepte de tradition humaine.

26 C'est pourquoi je vais me mettre à faire une œuvre merveilleuse parmi ce peuple, oui, une œuvre merveilleuse et un prodige, car la sagesse de ses sages et de ses savants périra, et l'intelligence de ses hommes intelligents disparaîtra.

27 Et malheur à ceux qui cachent leurs desseins pour les dérober au Seigneur, qui font leurs œuvres dans les ténèbres, et qui disent : Qui nous voit et qui nous connaît ? Et ils disent aussi : Votre façon de retourner les choses sera estimée comme l'argile du potier. Mais voici, je leur montrerai, dit le Seigneur des armées, que je connais toutes leurs œuvres. Car l'ouvrage dira-t-il de l'ouvrier : Il ne m'a point fait ? Pour que le vase dise du potier : Il n'a point d'intelligence ?

28 Mais voici, dit le Seigneur des armées : je vais montrer aux enfants des hommes qu'encore un peu de temps, et le Liban se changera en verger ; et le verger sera considéré comme une forêt.

29 En ce jour-là, les sourds entendront les paroles du livre ; et, délivrés de l'obscurité et des ténèbres, les yeux des aveugles verront.

30 Les malheureux se réjouiront de plus en plus, et leur joie sera dans le Seigneur, et les pauvres feront du Saint d'Israël le sujet de leur allégresse.

31 Car assurément, comme le Seigneur vit, ils verront que le violent ne sera plus, le moqueur aura fini, et tous ceux qui veillaient pour l'iniquité seront exterminés ;

32 ceux qui condamnaient les autres en justice, tendaient des pièges à qui défendait sa cause à la porte, et violaient par la fraude les droits de l'innocent.

33 C'est pourquoi, ainsi parle le Seigneur à la maison de Jacob, lui qui a racheté Abraham : Maintenant Jacob ne rougira plus, maintenant son visage ne pâlira plus.

34 But when he seeth his children, the work of my hands, in the midst of him, they shall sanctify my name, and sanctify the Holy One of Jacob, and shall fear the God of Israel.

35 They also that erred in spirit shall come to understanding, and they that murmured shall learn doctrine.

CHAPTER 28

Many false churches will be built up in the last days—They will teach false, vain, and foolish doctrines—Apostasy will abound because of false teachers—The devil will rage in the hearts of men—He will teach all manner of false doctrines. About 559–545 B.C.

1 And now, behold, my brethren, I have spoken unto you, according as the Spirit hath constrained me; wherefore, I know that they must surely come to pass.

2 And the things which shall be written out of the book shall be of great worth unto the children of men, and especially unto our seed, which is a remnant of the house of Israel.

3 For it shall come to pass in that day that the churches which are built up, and not unto the Lord, when the one shall say unto the other: Behold, I, I am the Lord's; and the others shall say: I, I am the Lord's; and thus shall every one say that hath built up churches, and not unto the Lord—

4 And they shall contend one with another; and their priests shall contend one with another, and they shall teach with their learning, and deny the Holy Ghost, which giveth utterance.

5 And they deny the power of God, the Holy One of Israel; and they say unto the people: Hearken unto us, and hear ye our precept; for behold there is no God today, for the Lord and the Redeemer hath done his work, and he hath given his power unto men;

6 Behold, hearken ye unto my precept; if they shall say there is a miracle wrought by the hand of the Lord, believe it not; for this day he is not a God of miracles; he hath done his work.

34 Car, lorsque ses enfants verront au milieu d'eux l'œuvre de mes mains, ils sanctifieront mon nom, ils sanctifieront le Saint de Jacob, et ils craindront le Dieu d'Israël ;

35 ceux dont l'esprit s'égarait acquerront de l'intelligence, et ceux qui murmuraient recevront instruction.

CHAPITRE 28

Beaucoup de fausses Églises seront édifiées dans les derniers jours — Elles enseigneront des doctrines fausses, vaines et insensées — L'apostasie abondera à cause de ceux qui répandent de faux enseignements — Le diable fera rage dans le cœur des hommes — Il enseignera toutes sortes de fausses doctrines. Vers 559–545 av. J.-C.

1 Et maintenant, voici, mes frères, je vous ai parlé comme l'Esprit m'y a contraint, c'est pourquoi, je sais que cela va certainement arriver.

2 Et les choses du livre qui seront écrites auront une grande valeur pour les enfants des hommes, et spécialement pour notre postérité, qui est un reste de la maison d'Israël.

3 Car il arrivera, en ce jour, que les Églises qui sont édifiées, mais non pour le Seigneur, se diront l'une à l'autre : Voici, moi, je suis celle du Seigneur ; et les autres diront : Moi, je suis celle du Seigneur ; et c'est ainsi que parleront tous ceux qui ont édifié des Églises, mais pas pour le Seigneur —

4 et elles se querelleront entre elles, et leurs prêtres se querelleront entre eux, et ils enseigneront avec leur instruction et nieront le Saint-Esprit qui donne de s'exprimer.

5 Et ils nient le pouvoir de Dieu, le Saint d'Israël ; et ils disent au peuple : Écoutez-nous et entendez notre précepte ; car voici, il n'y a pas de Dieu aujourd'hui, car le Seigneur et Rédempteur a fait son œuvre, et il a donné son pouvoir aux hommes ;

6 voici, écoutez mon précepte ; si on dit qu'il y a un miracle accompli par la main du Seigneur, ne le croyez pas, car aujourd'hui il n'est plus un Dieu de miracles : il a fait son œuvre.

7 Yea, and there shall be many which shall say: Eat, drink, and be merry, for tomorrow we die; and it shall be well with us.

8 And there shall also be many which shall say: Eat, drink, and be merry; nevertheless, fear God—he will justify in committing a little sin; yea, lie a little, take the advantage of one because of his words, dig a pit for thy neighbor; there is no harm in this; and do all these things, for tomorrow we die; and if it so be that we are guilty, God will beat us with a few stripes, and at last we shall be saved in the kingdom of God.

9 Yea, and there shall be many which shall teach after this manner, false and vain and foolish doctrines, and shall be puffed up in their hearts, and shall seek deep to hide their counsels from the Lord; and their works shall be in the dark.

10 And the blood of the saints shall cry from the ground against them.

11 Yea, they have all gone out of the way; they have become corrupted.

12 Because of pride, and because of false teachers, and false doctrine, their churches have become corrupted, and their churches are lifted up; because of pride they are puffed up.

13 They rob the poor because of their fine sanctuaries; they rob the poor because of their fine clothing; and they persecute the meek and the poor in heart, because in their pride they are puffed up.

14 They wear stiff necks and high heads; yea, and because of pride, and wickedness, and abominations, and whoredoms, they have all gone astray save it be a few, who are the humble followers of Christ; nevertheless, they are led, that in many instances they do err because they are taught by the precepts of men.

15 O the wise, and the learned, and the rich, that are puffed up in the pride of their hearts, and all those who preach false doctrines, and all those who commit whoredoms, and pervert the right way of the Lord, wo, wo, wo be unto them, saith the Lord God Almighty, for they shall be thrust down to hell!

7 Oui, et il y en aura beaucoup qui diront : Mangez, buvez, et réjouissez-vous, car demain nous mourrons ; et tout ira bien pour nous.

8 Et il y en aura aussi beaucoup qui diront : Mangez, buvez et réjouissez-vous ; néanmoins, craignez Dieu : il justifiera si on commet un petit péché ; oui, mentez un peu, prenez l'avantage sur quelqu'un à cause de ses paroles, creusez une fosse pour votre prochain, il n'y a pas de mal à cela ; et faites tout cela, car demain nous mourrons ; et si nous sommes coupables, Dieu nous battra de quelques coups, et à la fin nous serons sauvés dans le royaume de Dieu.

9 Oui, et il y en aura beaucoup qui enseigneront de la sorte des doctrines fausses, et vaines, et insensées, et seront boursouflés dans leur cœur, et cacheront leurs desseins pour les dérober au Seigneur ; et ils feront leurs œuvres dans les ténèbres.

10 Et le sang des saints criera du sol contre eux.

11 Oui, ils ont tous quitté le chemin ; ils se sont corrompus.

12 À cause de l'orgueil, et à cause des faux instructeurs, et des fausses doctrines, leurs Églises se sont corrompues, et leurs Églises sont enflées ; à cause de l'orgueil, elles sont boursouflées.

13 Ils dépouillent les pauvres pour leurs beaux sanctuaires ; ils dépouillent les pauvres pour leurs beaux vêtements ; et ils persécutent les humbles et les pauvres de cœur, parce que, dans leur orgueil, ils sont boursouflés.

14 Ils portent le cou roide et la tête haute ; oui, et à cause de l'orgueil, et de la méchanceté, et des abominations, et de la fornication, ils se sont tous égarés, sauf quelques-uns, qui sont les humbles disciples du Christ ; néanmoins, ils sont menés, de sorte qu'en de nombreux cas ils s'égarent, parce qu'ils sont instruits par les préceptes des hommes.

15 Ô les sages, et les savants, et les riches qui sont boursouflés dans l'orgueil de leur cœur, et tous ceux qui prêchent de fausses doctrines, et tous ceux qui commettent la fornication et qui pervertissent la voie droite du Seigneur, malheur, malheur, malheur à eux, dit le Seigneur Dieu Tout-Puissant, car ils seront précipités en enfer !

16 Wo unto them that turn aside the just for a thing of naught and revile against that which is good, and say that it is of no worth! For the day shall come that the Lord God will speedily visit the inhabitants of the earth; and in that day that they are fully ripe in iniquity they shall perish.

17 But behold, if the inhabitants of the earth shall repent of their wickedness and abominations they shall not be destroyed, saith the Lord of Hosts.

18 But behold, that great and abominable church, the whore of all the earth, must tumble to the earth, and great must be the fall thereof.

19 For the kingdom of the devil must shake, and they which belong to it must needs be stirred up unto repentance, or the devil will grasp them with his everlasting chains, and they be stirred up to anger, and perish;

20 For behold, at that day shall he rage in the hearts of the children of men, and stir them up to anger against that which is good.

21 And others will he pacify, and lull them away into carnal security, that they will say: All is well in Zion; yea, Zion prospereth, all is well—and thus the devil cheateth their souls, and leadeth them away carefully down to hell.

22 And behold, others he flattereth away, and telleth them there is no hell; and he saith unto them: I am no devil, for there is none—and thus he whispereth in their ears, until he grasps them with his awful chains, from whence there is no deliverance.

23 Yea, they are grasped with death, and hell; and death, and hell, and the devil, and all that have been seized therewith must stand before the throne of God, and be judged according to their works, from whence they must go into the place prepared for them, even a lake of fire and brimstone, which is endless torment.

24 Therefore, wo be unto him that is at ease in Zion!

25 Wo be unto him that crieth: All is well!

26 Yea, wo be unto him that hearkeneth unto the precepts of men, and denieth the power of God, and the gift of the Holy Ghost!

27 Yea, wo be unto him that saith: We have received, and we need no more!

16 Malheur à ceux qui écartent le juste comme s'il n'était rien et insultent ce qui est bien, et disent que cela n'a aucune valeur ! Car le jour viendra où le Seigneur Dieu châtiera rapidement les habitants de la terre ; et en ce jour-là où ils seront pleinement mûrs dans l'iniquité, ils périront.

17 Mais voici, si les habitants de la terre se repentent de leur méchanceté et de leurs abominations, ils ne seront pas détruits, dit le Seigneur des armées.

18 Mais voici, cette grande et abominable Église, la prostituée de toute la terre, va s'écrouler à terre, et sa chute va être grande.

19 Car le royaume du diable va trembler, et ceux qui y appartiennent vont nécessairement être incités au repentir, sinon le diable les saisira de ses chaînes éternelles, et ils seront excités à la colère, et périront ;

20 car voici, en ce jour-là, il fera rage dans le cœur des enfants des hommes et les incitera à la colère contre ce qui est bon.

21 Et il en pacifiera d'autres et les endormira dans une sécurité charnelle, de sorte qu'ils diront : Tout est bien en Sion ; oui, Sion prospère, tout est bien — et c'est ainsi que le diable trompe leur âme et les entraîne soigneusement sur la pente de l'enfer.

22 Et voici, il en entraîne d'autres par la flatterie et leur dit qu'il n'y a pas d'enfer ; et il leur dit : Je ne suis pas un démon, car il n'y en a pas — et c'est ainsi qu'il leur chuchote aux oreilles, jusqu'à ce qu'il les saisisse de ses chaînesaffreuses d'où il n'y a pas de délivrance.

23 Oui, ils sont saisis par la mort et l'enfer ; et la mort, et l'enfer, et le diable, et tous ceux qui ont été saisis par eux vont se tenir devant le trône de Dieu, et vont être jugés selon leurs œuvres, d'où ils vont aller dans le lieu préparé pour eux, un étang de feu et de soufre, qui est le tourment sans fin.

24 C'est pourquoi, malheur à celui qui est à l'aise en Sion !

25 Malheur à celui qui crie : Tout est bien !

26 Oui, malheur à celui qui écoute les préceptes des hommes, et nie le pouvoir de Dieu et le don du Saint-Esprit !

27 Oui, malheur à celui qui dit : Nous avons reçu, et il ne nous en faut pas davantage !

28 And in fine, wo unto all those who tremble, and are angry because of the truth of God! For behold, he that is built upon the rock receiveth it with gladness; and he that is built upon a sandy foundation trembleth lest he shall fall.

29 Wo be unto him that shall say: We have received the word of God, and we need no more of the word of God, for we have enough!

30 For behold, thus saith the Lord God: I will give unto the children of men line upon line, precept upon precept, here a little and there a little; and blessed are those who hearken unto my precepts, and lend an ear unto my counsel, for they shall learn wisdom; for unto him that receiveth I will give more; and from them that shall say, We have enough, from them shall be taken away even that which they have.

31 Cursed is he that putteth his trust in man, or maketh flesh his arm, or shall hearken unto the precepts of men, save their precepts shall be given by the power of the Holy Ghost.

32 Wo be unto the Gentiles, saith the Lord God of Hosts! For notwithstanding I shall lengthen out mine arm unto them from day to day, they will deny me; nevertheless, I will be merciful unto them, saith the Lord God, if they will repent and come unto me; for mine arm is lengthened out all the day long, saith the Lord God of Hosts.

CHAPTER 29

Many Gentiles will reject the Book of Mormon—They will say, We need no more Bible—The Lord speaks to many nations—He will judge the world out of the books which will be written. About 559–545 B.C.

1 But behold, there shall be many—at that day when I shall proceed to do a marvelous work among them, that I may remember my covenants which I have made unto the children of men, that I may set my hand again the second time to recover my people, which are of the house of Israel;

2 And also, that I may remember the promises which I have made unto thee, Nephi, and also unto thy father, that I would remember your seed; and that the words of

---

28 En bref, malheur à tous ceux qui tremblent et sont en colère à cause de la vérité de Dieu ! Car voici, celui qui est édifié sur le roc la reçoit avec joie ; et celui qui est édifié sur une fondation de sable tremble de peur de tomber.

29 Malheur à celui qui dira : Nous avons reçu la parole de Dieu, et nous n'avons pas besoin de recevoir davantage de la parole de Dieu, car nous avons assez !

30 Car voici, ainsi dit le Seigneur Dieu : Je donnerai aux enfants des hommes ligne sur ligne, précepte sur précepte, un peu ici et un peu là ; et bénis sont ceux qui écoutent mes préceptes et prêtent l'oreille à mes recommandations, car ils apprendront la sagesse ; car à celui qui reçoit, je donnerai davantage ; et à ceux qui diront : Nous avons assez, on ôtera même ce qu'ils ont.

31 Maudit est celui qui met sa confiance en l'homme, ou fait de la chair son bras, ou qui écoutera les préceptes des hommes, à moins que leurs préceptes ne soient donnés par le pouvoir du Saint-Esprit.

32 Malheur aux Gentils, dit le Seigneur Dieu des armées ! Car en dépit du fait que j'allongerai le bras pour eux de jour en jour, ils me renieront ; néanmoins, je serai miséricordieux envers eux, dit le Seigneur Dieu, s'ils se repentent et viennent à moi ; car mon bras est allongé toute la journée, dit le Seigneur Dieu des armées.

CHAPITRE 29

Beaucoup de Gentils rejetteront le Livre de Mormon — Ils diront : Il ne nous faut pas davantage de Bible — Le Seigneur parle à beaucoup de nations — Il jugera le monde d'après les livres seront écrits. Vers 559–545 av. J.-C.

1 Mais voici, il y en aura beaucoup — en ce jour-là où je me mettrai en devoir de faire une œuvre merveilleuse parmi eux, afin de me souvenir des alliances que j'ai faites avec les enfants des hommes, afin d'étendre une seconde fois ma main pour recouvrer mon peuple qui est de la maison d'Israël ;

2 et aussi afin de me souvenir des promesses que je t'ai faites, à toi, Néphi, et aussi à ton père, que je me souviendrais de votre postérité, et que les paroles de votre postérité

your seed should proceed forth out of my mouth unto your seed; and my words shall hiss forth unto the ends of the earth, for a standard unto my people, which are of the house of Israel;

3 And because my words shall hiss forth—many of the Gentiles shall say: A Bible! A Bible! We have got a Bible, and there cannot be any more Bible.

4 But thus saith the Lord God: O fools, they shall have a Bible; and it shall proceed forth from the Jews, mine ancient covenant people. And what thank they the Jews for the Bible which they receive from them? Yea, what do the Gentiles mean? Do they remember the travails, and the labors, and the pains of the Jews, and their diligence unto me, in bringing forth salvation unto the Gentiles?

5 O ye Gentiles, have ye remembered the Jews, mine ancient covenant people? Nay; but ye have cursed them, and have hated them, and have not sought to recover them. But behold, I will return all these things upon your own heads; for I the Lord have not forgotten my people.

6 Thou fool, that shall say: A Bible, we have got a Bible, and we need no more Bible. Have ye obtained a Bible save it were by the Jews?

7 Know ye not that there are more nations than one? Know ye not that I, the Lord your God, have created all men, and that I remember those who are upon the isles of the sea; and that I rule in the heavens above and in the earth beneath; and I bring forth my word unto the children of men, yea, even upon all the nations of the earth?

8 Wherefore murmur ye, because that ye shall receive more of my word? Know ye not that the testimony of two nations is a witness unto you that I am God, that I remember one nation like unto another? Wherefore, I speak the same words unto one nation like unto another. And when the two nations shall run together the testimony of the two nations shall run together also.

9 And I do this that I may prove unto many that I am the same yesterday, today, and forever; and that I speak forth my words according to mine own pleasure. And because that I have spoken one word ye need not

iraient de ma bouche à votre postérité ; et mes paroles siffleront jusqu'aux extrémités de la terre, comme bannière pour mon peuple qui est de la maison d'Israël ;

3 et parce que mes paroles siffleront, beaucoup de Gentils diront : Une Bible ! Une Bible ! Nous avons une Bible, et il ne peut y avoir davantage de Bible.

4 Mais ainsi dit le Seigneur Dieu : Ô insensés, ils auront une Bible ; et elle sortira des Juifs, le peuple ancien de mon alliance. Et comment remercient-ils les Juifs de la Bible qu'ils reçoivent d'eux ? Oui, qu'entendent les Gentils par là ? Se souviennent-ils des labeurs, et des travaux, et des peines des Juifs, et de leur diligence vis-à-vis de moi à apporter le salut aux Gentils ?

5 Ô Gentils, vous êtes-vous souvenus des Juifs, le peuple ancien de mon alliance ? Non ; mais vous les avez maudits, et les avez haïs, et n'avez pas cherché à les recouvrer. Mais voici, je ferai retomber ces choses sur votre tête ; car moi, le Seigneur, je n'ai pas oublié mon peuple.

6 Insensé, qui diras : une Bible, nous avons une Bible, et nous n'avons pas besoin de davantage de Bible. Avez-vous obtenu une Bible autrement que par les Juifs ?

7 Ne savez-vous pas qu'il y a plus d'une nation ? Ne savez-vous pas que moi, le Seigneur, votre Dieu, j'ai créé tous les hommes, et que je me souviens de ceux qui sont dans les îles de la mer, et que je règne dans les cieux en haut et sur la terre en bas, et que je fais parvenir ma parole aux enfants des hommes, oui, à toutes les nations de la terre ?

8 Pourquoi murmurez-vous parce que vous allez recevoir davantage de ma parole ? Ne savez-vous pas que le témoignage de deux nations est le témoignage pour vous que je suis Dieu, que je me souviens d'une nation comme d'une autre ? C'est pourquoi, je dis les mêmes paroles à une nation qu'à l'autre. Et lorsque les deux nations s'uniront, les témoignages des deux nations s'uniront aussi.

9 Et je fais cela afin de prouver à beaucoup que je suis le même hier, aujourd'hui et à jamais, et que j'envoie mes paroles selon mon bon plaisir. Et parce que j'ai dit une parole, vous ne devez pas supposer que je ne

suppose that I cannot speak another; for my work is not yet finished; neither shall it be until the end of man, neither from that time henceforth and forever.

10 Wherefore, because that ye have a Bible ye need not suppose that it contains all my words; neither need ye suppose that I have not caused more to be written.

11 For I command all men, both in the east and in the west, and in the north, and in the south, and in the islands of the sea, that they shall write the words which I speak unto them; for out of the books which shall be written I will judge the world, every man according to their works, according to that which is written.

12 For behold, I shall speak unto the Jews and they shall write it; and I shall also speak unto the Nephites and they shall write it; and I shall also speak unto the other tribes of the house of Israel, which I have led away, and they shall write it; and I shall also speak unto all nations of the earth and they shall write it.

13 And it shall come to pass that the Jews shall have the words of the Nephites, and the Nephites shall have the words of the Jews; and the Nephites and the Jews shall have the words of the lost tribes of Israel; and the lost tribes of Israel shall have the words of the Nephites and the Jews.

14 And it shall come to pass that my people, which are of the house of Israel, shall be gathered home unto the lands of their possessions; and my word also shall be gathered in one. And I will show unto them that fight against my word and against my people, who are of the house of Israel, that I am God, and that I covenanted with Abraham that I would remember his seed forever.

CHAPTER 30

Converted Gentiles will be numbered with the covenant people—Many Lamanites and Jews will believe the word and become delightsome—Israel will be restored and the wicked destroyed. About 559–545 B.C.

1 And now behold, my beloved brethren, I would speak unto you; for I, Nephi, would

peux pas en dire une autre ; car mon œuvre n'est pas encore finie, et elle ne le sera pas avant la fin de l'homme, ni à partir de ce moment-là, ni jamais.

10 C'est pourquoi, parce que vous avez une Bible, vous ne devez pas penser qu'elle contient toutes mes paroles ; et vous ne devez pas non plus penser que je n'en ai pas fait écrire davantage.

11 Car je commande à tous les hommes, à la fois à l'est et à l'ouest, et au nord et au sud, et dans les îles de la mer, qu'ils écrivent les paroles que je leur dis ; car c'est d'après les livres qui seront écrits que je jugerai le monde, chacun selon ses œuvres, selon ce qui est écrit.

12 Car voici, je parlerai aux Juifs, et ils l'écriront ; et je parlerai aussi aux Néphites, et ils l'écriront ; et je parlerai aussi aux autres tribus de la maison d'Israël, que j'ai emmenées, et elles l'écriront ; et je parlerai aussi à toutes les nations de la terre, et elles l'écriront.

13 Et il arrivera que les Juifs auront les paroles des Néphites, et les Néphites auront les paroles des Juifs, et les Néphites et les Juifs auront les paroles des tribus perdues d'Israël, et les tribus perdues d'Israël auront les paroles des Néphites et des Juifs.

14 Et il arrivera que mon peuple, qui est de la maison d'Israël, sera rassemblé chez lui dans les pays de ses possessions ; et ma parole sera aussi rassemblée en une seule. Et je montrerai à ceux qui combattent ma parole et mon peuple, qui est de la maison d'Israël, que je suis Dieu et que j'ai fait alliance avec Abraham que je me souviendrais de sa postérité à jamais.

CHAPITRE 30

Les Gentils convertis seront comptés avec le peuple de l'alliance — Beaucoup de Lamanites et de Juifs croiront en la parole et deviendront un peuple agréable — Israël sera rétabli et les méchants seront détruits. Vers 559–545 av. J.-C.

1 Et maintenant, voici, mes frères bien-aimés, je voudrais vous parler ; car moi,

not suffer that ye should suppose that ye are more righteous than the Gentiles shall be. For behold, except ye shall keep the commandments of God ye shall all likewise perish; and because of the words which have been spoken ye need not suppose that the Gentiles are utterly destroyed.

2 For behold, I say unto you that as many of the Gentiles as will repent are the covenant people of the Lord; and as many of the Jews as will not repent shall be cast off; for the Lord covenanteth with none save it be with them that repent and believe in his Son, who is the Holy One of Israel.

3 And now, I would prophesy somewhat more concerning the Jews and the Gentiles. For after the book of which I have spoken shall come forth, and be written unto the Gentiles, and sealed up again unto the Lord, there shall be many which shall believe the words which are written; and they shall carry them forth unto the remnant of our seed.

4 And then shall the remnant of our seed know concerning us, how that we came out from Jerusalem, and that they are descendants of the Jews.

5 And the gospel of Jesus Christ shall be declared among them; wherefore, they shall be restored unto the knowledge of their fathers, and also to the knowledge of Jesus Christ, which was had among their fathers.

6 And then shall they rejoice; for they shall know that it is a blessing unto them from the hand of God; and their scales of darkness shall begin to fall from their eyes; and many generations shall not pass away among them, save they shall be a pure and a delightsome people.

7 And it shall come to pass that the Jews which are scattered also shall begin to believe in Christ; and they shall begin to gather in upon the face of the land; and as many as shall believe in Christ shall also become a delightsome people.

8 And it shall come to pass that the Lord God shall commence his work among all nations, kindreds, tongues, and people, to bring about the restoration of his people upon the earth.

9 And with righteousness shall the Lord God judge the poor, and reprove with equity for the meek of the earth. And he shall

Néphi, je ne souffrirai pas que vous pensiez que vous êtes plus justes que le seront les Gentils. Car voici, si vous ne gardez pas les commandements de Dieu, vous périrez tous de même ; et à cause des paroles qui ont été dites, vous ne devez pas penser que les Gentils seront totalement détruits.

2 Car voici, je vous dis que tous les Gentils qui se repentiront sont le peuple de l'alliance du Seigneur ; et tous les Juifs qui ne se repentiront pas seront rejetés ; car le Seigneur ne fait d'alliance qu'avec ceux qui se repentent et croient en son Fils, qui est le Saint d'Israël.

3 Et maintenant, je voudrais encore prophétiser quelque peu concernant les Juifs et les Gentils. Car, lorsque le livre dont j'ai parlé paraîtra, et sera écrit aux Gentils, et scellé de nouveau pour le Seigneur, il y en aura beaucoup qui croiront aux paroles qui sont écrites, et ils les porteront au reste de notre postérité.

4 Et alors, le reste de notre postérité saura qui nous sommes, comment nous sommes sortis de Jérusalem, et qu'ils sont descendants des Juifs.

5 Et l'Évangile de Jésus-Christ sera annoncé parmi eux ; c'est pourquoi, ils auront de nouveau la connaissance de ce qu'étaient leurs pères, et aussi la connaissance de Jésus-Christ, que l'on avait parmi leurs pères.

6 Et alors, ils se réjouiront ; car ils sauront que c'est une bénédiction qui leur est donnée par la main de Dieu ; et leurs écailles de ténèbres commenceront à leur tomber des yeux ; et il ne passera pas beaucoup de générations parmi eux qu'ils ne soient un peuple pur et agréable.

7 Et il arrivera que les Juifs qui sont dispersés commenceront aussi à croire au Christ ; et ils commenceront à se rassembler sur la surface du pays ; et tous ceux qui croiront au Christ deviendront aussi un peuple agréable.

8 Et il arrivera que le Seigneur Dieu commencera son œuvre parmi toutes les nations, tribus, langues et peuples pour réaliser le rétablissement de son peuple sur la terre.

9 Et le Seigneur Dieu jugera les pauvres avec équité, et il prononcera avec droiture sur les malheureux de la terre. Et il frappera

smite the earth with the rod of his mouth; and with the breath of his lips shall he slay the wicked.

10 For the time speedily cometh that the Lord God shall cause a great division among the people, and the wicked will he destroy; and he will spare his people, yea, even if it so be that he must destroy the wicked by fire.

11 And righteousness shall be the girdle of his loins, and faithfulness the girdle of his reins.

12 And then shall the wolf dwell with the lamb; and the leopard shall lie down with the kid, and the calf, and the young lion, and the fatling, together; and a little child shall lead them.

13 And the cow and the bear shall feed; their young ones shall lie down together; and the lion shall eat straw like the ox.

14 And the sucking child shall play on the hole of the asp, and the weaned child shall put his hand on the cockatrice's den.

15 They shall not hurt nor destroy in all my holy mountain; for the earth shall be full of the knowledge of the Lord as the waters cover the sea.

16 Wherefore, the things of all nations shall be made known; yea, all things shall be made known unto the children of men.

17 There is nothing which is secret save it shall be revealed; there is no work of darkness save it shall be made manifest in the light; and there is nothing which is sealed upon the earth save it shall be loosed.

18 Wherefore, all things which have been revealed unto the children of men shall at that day be revealed; and Satan shall have power over the hearts of the children of men no more, for a long time. And now, my beloved brethren, I make an end of my sayings.

la terre de sa parole comme d'une verge, et du souffle de ses lèvres il fera mourir le méchant.

10 Car le temps vient rapidement où le Seigneur Dieu causera une grande division parmi le peuple, et les méchants, il les détruira ; et il épargnera son peuple, oui, même s'il doit détruire les méchants par le feu.

11 La justice sera la ceinture de ses flancs, et la fidélité la ceinture de ses reins.

12 Le loup habitera avec l'agneau, et la panthère se couchera avec le chevreau ; le veau, le lionceau, et le bétail qu'on engraisse, seront ensemble ; et un petit enfant les conduira.

13 La vache et l'ourse auront un même pâturage, leurs petits un même gîte ; et le lion, comme le bœuf, mangera de la paille.

14 Le nourrisson s'ébattra sur l'antre de la vipère, et l'enfant sevré mettra sa main dans la caverne du basilic.

15 Il ne se fera ni tort ni dommage sur toute ma montagne sainte ; car la terre sera remplie de la connaissance du Seigneur, comme le fond de la mer par les eaux qui le couvrent.

16 C'est pourquoi, les choses de toutes les nations seront dévoilées ; oui, tout sera dévoilé aux enfants des hommes.

17 Il n'est rien de secret qui ne sera révélé ; il n'est aucune œuvre des ténèbres qui ne sera manifestée à la lumière, et il n'est rien de scellé sur la terre qui ne sera délié.

18 C'est pourquoi, tout ce qui a été révélé aux enfants des hommes sera révélé en ce jour-là ; et Satan n'aura plus pouvoir pendant longtemps sur le cœur des enfants des hommes. Et maintenant, mes frères bien-aimés, je cesse de parler.

CHAPTER 31

CHAPITRE 31

Nephi tells why Christ was baptized—Men must follow Christ, be baptized, receive the Holy Ghost, and endure to the end to be saved—Repentance and baptism are the gate to the strait and narrow path—Eternal life comes to those

Néphi dit pourquoi le Christ fut baptisé — Les hommes doivent suivre le Christ, être baptisés, recevoir le Saint-Esprit et persévérer jusqu'à la fin pour être sauvés — Le repentir et le baptême sont la porte du chemin étroit et resserré — La vie éternelle est donnée à ceux qui gardent les

who keep the commandments after baptism. About 559–545 B.C.

commandements après le baptême. Vers 559–545 av. J.-C.

1 And now I, Nephi, make an end of my prophesying unto you, my beloved brethren. And I cannot write but a few things, which I know must surely come to pass; neither can I write but a few of the words of my brother Jacob.

2 Wherefore, the things which I have written sufficeth me, save it be a few words which I must speak concerning the doctrine of Christ; wherefore, I shall speak unto you plainly, according to the plainness of my prophesying.

3 For my soul delighteth in plainness; for after this manner doth the Lord God work among the children of men. For the Lord God giveth light unto the understanding; for he speaketh unto men according to their language, unto their understanding.

4 Wherefore, I would that ye should remember that I have spoken unto you concerning that prophet which the Lord showed unto me, that should baptize the Lamb of God, which should take away the sins of the world.

5 And now, if the Lamb of God, he being holy, should have need to be baptized by water, to fulfil all righteousness, O then, how much more need have we, being unholy, to be baptized, yea, even by water!

6 And now, I would ask of you, my beloved brethren, wherein the Lamb of God did fulfil all righteousness in being baptized by water?

7 Know ye not that he was holy? But notwithstanding he being holy, he showeth unto the children of men that, according to the flesh he humbleth himself before the Father, and witnesseth unto the Father that he would be obedient unto him in keeping his commandments.

8 Wherefore, after he was baptized with water the Holy Ghost descended upon him in the form of a dove.

9 And again, it showeth unto the children of men the straitness of the path, and the narrowness of the gate, by which they should enter, he having set the example before them.

1 Et maintenant, moi, Néphi, je cesse de vous prophétiser, à vous, mes frères bien-aimés. Et je ne peux écrire qu'un petit nombre de choses qui, je le sais, vont assurément arriver ; et je ne peux écrire qu'un petit nombre des paroles de mon frère Jacob.

2 C'est pourquoi, les choses que j'ai écrites me suffisent, si ce n'est quelques paroles que je dois dire concernant la doctrine du Christ ; c'est pourquoi, je vous parlerai clairement, selon la clarté de ma manière de prophétiser.

3 Car mon âme fait ses délices de la clarté, car c'est de cette manière que le Seigneur Dieu agit parmi les enfants des hommes. Car le Seigneur Dieu donne la lumière à l'intelligence ; car il parle aux hommes selon leur langage, pour qu'ils comprennent.

4 C'est pourquoi, je voudrais que vous vous souveniez que je vous ai parlé de ce prophète que le Seigneur m'a montré, qui baptisera l'Agneau de Dieu, lequel ôtera les péchés du monde.

5 Et maintenant, si l'Agneau de Dieu, qui est saint, a besoin d'être baptisé d'eau pour accomplir tout ce qui est juste, oh ! alors, à combien plus forte raison nous, qui ne sommes pas saints, avons-nous besoin d'être baptisés, oui, d'eau !

6 Et maintenant, je voudrais vous demander, mes frères bien-aimés, en quoi l'Agneau de Dieu a accompli tout ce qui est juste en étant baptisé d'eau ?

7 Ne savez-vous pas qu'il était saint ? Mais malgré qu'il soit saint, il montre aux enfants des hommes que, selon la chair, il s'humilie devant le Père et témoigne au Père qu'il lui obéira en gardant ses commandements.

8 C'est pourquoi, lorsqu'il fut baptisé d'eau, le Saint-Esprit descendit sur lui sous la forme d'une colombe.

9 Et encore : cela montre aux enfants des hommes combien est resserré le sentier et étroite la porte par où ils doivent entrer, lui-même leur ayant donné l'exemple.

10 And he said unto the children of men: Follow thou me. Wherefore, my beloved brethren, can we follow Jesus save we shall be willing to keep the commandments of the Father?

11 And the Father said: Repent ye, repent ye, and be baptized in the name of my Beloved Son.

12 And also, the voice of the Son came unto me, saying: He that is baptized in my name, to him will the Father give the Holy Ghost, like unto me; wherefore, follow me, and do the things which ye have seen me do.

13 Wherefore, my beloved brethren, I know that if ye shall follow the Son, with full purpose of heart, acting no hypocrisy and no deception before God, but with real intent, repenting of your sins, witnessing unto the Father that ye are willing to take upon you the name of Christ, by baptism—yea, by following your Lord and your Savior down into the water, according to his word, behold, then shall ye receive the Holy Ghost; yea, then cometh the baptism of fire and of the Holy Ghost; and then can ye speak with the tongue of angels, and shout praises unto the Holy One of Israel.

14 But, behold, my beloved brethren, thus came the voice of the Son unto me, saying: After ye have repented of your sins, and witnessed unto the Father that ye are willing to keep my commandments, by the baptism of water, and have received the baptism of fire and of the Holy Ghost, and can speak with a new tongue, yea, even with the tongue of angels, and after this should deny me, it would have been better for you that ye had not known me.

15 And I heard a voice from the Father, saying: Yea, the words of my Beloved are true and faithful. He that endureth to the end, the same shall be saved.

16 And now, my beloved brethren, I know by this that unless a man shall endure to the end, in following the example of the Son of the living God, he cannot be saved.

17 Wherefore, do the things which I have told you I have seen that your Lord and your Redeemer should do; for, for this cause have they been shown unto me, that ye might know the gate by which ye should enter. For the gate by which ye should enter is repentance and baptism by water; and then

10 Et il a dit aux enfants des hommes : Suivez-moi. Pouvons-nous donc, mes frères bien-aimés, suivre Jésus si nous ne sommes pas disposés à garder les commandements du Père ?

11 Et le Père a dit : Repentez-vous, repentez-vous, et soyez baptisés au nom de mon Fils bien-aimé.

12 Et aussi, la voix du Fils me parvint, disant : À celui qui est baptisé en mon nom, le Père donnera le Saint-Esprit comme à moi ; c'est pourquoi, suivez-moi, et faites ce que vous m'avez vu faire.

13 C'est pourquoi, mes frères bien-aimés, je sais que si vous suivez le Fils d'un cœur pleinement résolu, ne commettant ni hypocrisie ni tromperie devant Dieu, mais avec une intention réelle, vous repentant de vos péchés, témoignant au Père que vous êtes disposés à prendre sur vous le nom du Christ par le baptême — oui, en suivant votre Seigneur et votre Sauveur dans l'eau selon sa parole, voici, alors vous recevrez le Saint-Esprit ; oui, alors vient le baptême de feu et du Saint-Esprit, et alors vous pouvez parler dans la langue des anges et crier des louanges au Saint d'Israël.

14 Mais voici, mes frères bien-aimés, ainsi m'est parvenue la voix du Fils, disant : Lorsque vous vous êtes repentis de vos péchés et que vous avez témoigné au Père, par le baptême d'eau, que vous êtes disposés à garder mes commandements, et avez reçu le baptême de feu et du Saint-Esprit, et pouvez parler dans une langue nouvelle, oui, dans la langue des anges, et après cela me reniez, il aurait mieux valu pour vous que vous ne m'ayez pas connu.

15 Et j'entendis une voix venant du Père, qui disait : Oui, les paroles de mon Bien-aimé sont vraies et dignes de foi. Celui qui persévère jusqu'à la fin, celui-là sera sauvé.

16 Et maintenant, mes frères bien-aimés, je sais par là que si un homme ne persévère pas jusqu'à la fin à suivre l'exemple du Fils du Dieu vivant, il ne peut être sauvé.

17 C'est pourquoi, faites les choses dont je vous ai dit que j'ai vu que votre Seigneur et votre Rédempteur les ferait ; car c'est pour cela qu'elles m'ont été montrées, afin que vous connaissiez la porte par laquelle vous devez entrer. Car la porte par laquelle vous devez entrer est le repentir et le baptême

cometh a remission of your sins by fire and by the Holy Ghost.

18 And then are ye in this strait and narrow path which leads to eternal life; yea, ye have entered in by the gate; ye have done according to the commandments of the Father and the Son; and ye have received the Holy Ghost, which witnesses of the Father and the Son, unto the fulfilling of the promise which he hath made, that if ye entered in by the way ye should receive.

19 And now, my beloved brethren, after ye have gotten into this strait and narrow path, I would ask if all is done? Behold, I say unto you, Nay; for ye have not come thus far save it were by the word of Christ with unshaken faith in him, relying wholly upon the merits of him who is mighty to save.

20 Wherefore, ye must press forward with a steadfastness in Christ, having a perfect brightness of hope, and a love of God and of all men. Wherefore, if ye shall press forward, feasting upon the word of Christ, and endure to the end, behold, thus saith the Father: Ye shall have eternal life.

21 And now, behold, my beloved brethren, this is the way; and there is none other way nor name given under heaven whereby man can be saved in the kingdom of God. And now, behold, this is the doctrine of Christ, and the only and true doctrine of the Father, and of the Son, and of the Holy Ghost, which is one God, without end. Amen.

CHAPTER 32

Angels speak by the power of the Holy Ghost— Men must pray and gain knowledge for themselves from the Holy Ghost. About 559–545 B.C.

1 And now, behold, my beloved brethren, I suppose that ye ponder somewhat in your hearts concerning that which ye should do after ye have entered in by the way. But, behold, why do ye ponder these things in your hearts?

2 Do ye not remember that I said unto you that after ye had received the Holy Ghost ye could speak with the tongue of angels? And

d'eau ; et ensuite vient le pardon de vos péchés par le feu et par le Saint-Esprit.

18 Et alors, vous êtes sur ce sentier étroit et resserré qui conduit à la vie éternelle ; oui, vous êtes entrés par la porte, vous avez fait selon les commandements du Père et du Fils, et vous avez reçu le Saint-Esprit, qui témoigne du Père et du Fils, jusqu'à accomplir la promesse qu'il a faite, que si vous entriez par le chemin, vous recevriez.

19 Et maintenant, mes frères bien-aimés, je vous demande si tout est fait lorsque vous êtes entrés dans ce sentier étroit et resserré ? Voici, je vous dis que non ; car vous n'êtes arrivés jusque là que par la parole du Christ, avec une foiferme en lui, vous reposant entièrement sur les mérites de celui qui est puissant à sauver.

20 C'est pourquoi, vous devez marcher résolument, avec constance dans le Christ, ayant une espérance d'une pureté parfaite et l'amour de Dieu et de tous les hommes ; c'est pourquoi, si vous marchez résolument, vous faisant un festin de la parole du Christ, et persévérez jusqu'à la fin, voici, ainsi dit le Père : Vous aurez la vie éternelle.

21 Et maintenant, voici, mes frères bien-aimés, tel est le chemin ; et il n'y a aucun autre chemin ni aucun autre nom donné sous le ciel par lequel l'homme puisse être sauvé dans le royaume de Dieu. Et maintenant, voici, telle est la doctrine du Christ, et la seule et vraie doctrine du Père, et du Fils, et du Saint-Esprit, qui sont un seul Dieu, sans fin. Amen.

CHAPITRE 32

Les anges parlent par le pouvoir du Saint-Esprit — Les hommes doivent prier et acquérir leur propre connaissance par le Saint-Esprit. Vers 559–545 av. J.-C.

1 Et maintenant, voici, mes frères bien-aimés, je suppose que vous méditez quelque peu dans votre cœur sur ce que vous devez faire après être entrés par le chemin. Mais voici, pourquoi méditez-vous ces choses dans votre cœur ?

2 Ne vous souvenez-vous pas que je vous ai dit que lorsque vous auriez reçu le Saint-Esprit, vous pourriez parler dans la langue des

now, how could ye speak with the tongue of angels save it were by the Holy Ghost?

3 Angels speak by the power of the Holy Ghost; wherefore, they speak the words of Christ. Wherefore, I said unto you, feast upon the words of Christ; for behold, the words of Christ will tell you all things what ye should do.

4 Wherefore, now after I have spoken these words, if ye cannot understand them it will be because ye ask not, neither do ye knock; wherefore, ye are not brought into the light, but must perish in the dark.

5 For behold, again I say unto you that if ye will enter in by the way, and receive the Holy Ghost, it will show unto you all things what ye should do.

6 Behold, this is the doctrine of Christ, and there will be no more doctrine given until after he shall manifest himself unto you in the flesh. And when he shall manifest himself unto you in the flesh, the things which he shall say unto you shall ye observe to do.

7 And now I, Nephi, cannot say more; the Spirit stoppeth mine utterance, and I am left to mourn because of the unbelief, and the wickedness, and the ignorance, and the stiff-neckedness of men; for they will not search knowledge, nor understand great knowledge, when it is given unto them in plainness, even as plain as word can be.

8 And now, my beloved brethren, I perceive that ye ponder still in your hearts; and it grieveth me that I must speak concerning this thing. For if ye would hearken unto the Spirit which teacheth a man to pray, ye would know that ye must pray; for the evil spirit teacheth not a man to pray, but teacheth him that he must not pray.

9 But behold, I say unto you that ye must pray always, and not faint; that ye must not perform any thing unto the Lord save in the first place ye shall pray unto the Father in the name of Christ, that he will consecrate thy performance unto thee, that thy performance may be for the welfare of thy soul.

anges ? Or, comment pourriez-vous parler dans la langue des anges, si ce n'est par le Saint-Esprit ?

3 Les anges parlent par le pouvoir du Saint-Esprit : c'est pourquoi, ils disent les paroles du Christ. C'est pour cela que je vous ai dit : Faites-vous un festin des paroles du Christ, car voici, les paroles du Christ vous diront tout ce que vous devez faire.

4 C'est pourquoi, maintenant que j'ai dit ces paroles, si vous ne pouvez les comprendre, c'est parce que vous ne demandez pas et que vous ne frappez pas ; c'est pourquoi, vous n'êtes pas amenés dans la lumière, mais devez périr dans les ténèbres.

5 Car voici, je vous le dis encore : si vous voulez entrer par le chemin et recevoir le Saint-Esprit, il vous montrera tout ce que vous devez faire.

6 Voici, telle est la doctrine du Christ, et il ne sera pas donné davantage de doctrine avant qu'il ne se soit manifesté à vous dans la chair. Et lorsqu'il se manifestera à vous dans la chair, les choses qu'il vous dira, vous vous appliquerez à les faire.

7 Et maintenant, moi, Néphi, je ne puis en dire davantage ; l'Esprit arrête mon discours, et j'en suis réduit à me lamenter à cause de l'incrédulité, et de la méchanceté, et de l'ignorance, et de la roideur de cou des hommes ; car ils ne veulent pas rechercher la connaissance, ni comprendre la grande connaissance, lorsqu'elle leur est donnée avec clarté, d'une manière aussi claire qu'une parole peut l'être.

8 Et maintenant, mes frères bien-aimés, je vois que vous méditez encore dans votre cœur ; et cela me peine de devoir parler à ce sujet. Car si vous écoutiez l'Esprit, qui enseigne à l'homme à prier, vous sauriez que vous devez prier ; car l'esprit malin n'enseigne pas à l'homme à prier, mais lui enseigne qu'il ne doit pas prier.

9 Mais voici, je vous dis que vous devez toujours prier, et ne pas vous relâcher ; que vous ne devez rien faire pour le Seigneur sans tout d'abord prier le Père, au nom du Christ, qu'il consacre votre œuvre à vous-mêmes, afin que votre œuvre soit pour le bien-être de votre âme.

CHAPTER 33

CHAPITRE 33

Nephi's words are true—They testify of Christ—Those who believe in Christ will believe Nephi's words, which will stand as a witness before the judgment bar. About 559–545 B.C.

Les paroles de Néphi sont vraies — Elles témoignent du Christ — Ceux qui croient au Christ croiront aux paroles de Néphi — Celles-ci seront un témoin devant la barre du jugement. Vers 559–545 av. J.-C.

1 And now I, Nephi, cannot write all the things which were taught among my people; neither am I mighty in writing, like unto speaking; for when a man speaketh by the power of the Holy Ghost the power of the Holy Ghost carrieth it unto the hearts of the children of men.

2 But behold, there are many that harden their hearts against the Holy Spirit, that it hath no place in them; wherefore, they cast many things away which are written and esteem them as things of naught.

3 But I, Nephi, have written what I have written, and I esteem it as of great worth, and especially unto my people. For I pray continually for them by day, and mine eyes water my pillow by night, because of them; and I cry unto my God in faith, and I know that he will hear my cry.

4 And I know that the Lord God will consecrate my prayers for the gain of my people. And the words which I have written in weakness will be made strong unto them; for it persuadeth them to do good; it maketh known unto them of their fathers; and it speaketh of Jesus, and persuadeth them to believe in him, and to endure to the end, which is life eternal.

5 And it speaketh harshly against sin, according to the plainness of the truth; wherefore, no man will be angry at the words which I have written save he shall be of the spirit of the devil.

6 I glory in plainness; I glory in truth; I glory in my Jesus, for he hath redeemed my soul from hell.

7 I have charity for my people, and great faith in Christ that I shall meet many souls spotless at his judgment-seat.

1 Et maintenant, moi, Néphi, je ne peux écrire toutes les choses qui étaient enseignées parmi mon peuple ; et je ne suis pas non plus puissant à écrire comme je le suis à parler ; car, lorsqu'un homme parle par le pouvoir du Saint-Esprit, le pouvoir du Saint-Esprit porte ses paroles jusqu'au cœur des enfants des hommes.

2 Mais voici, il y en a beaucoup qui s'endurcissent le cœur contre l'Esprit-Saint, de sorte qu'il n'a pas de place en eux ; c'est pourquoi, ils rejettent beaucoup de choses qui sont écrites et les considèrent comme des choses sans valeur.

3 Mais moi, Néphi, j'ai écrit ce que j'ai écrit, et j'estime que cela a une grande valeur, et spécialement pour mon peuple. Car je prie continuellement pour lui le jour, et mes yeux mouillent mon oreiller la nuit à cause de lui ; et je crie à mon Dieu avec foi, et je sais qu'il entendra mon cri.

4 Et je sais que le Seigneur Dieu consacrera mes prières pour le profit de mon peuple. Et les paroles que j'ai écrites dans la faiblesse seront rendues fortes pour lui, car elles le persuadent de faire le bien, elles lui font connaître ce qui concerne ses pères ; et elles parlent de Jésus et le persuadent de croire en lui et de persévérer jusqu'à la fin, ce qui est la vie éternelle.

5 Et elles parlent durement contre le péché, selon la clarté de la vérité ; c'est pourquoi, nul homme ne se mettra en colère à cause des paroles que j'ai écrites, à moins qu'il ne soit de l'esprit du diable.

6 Je mets ma gloire dans la clarté, je mets ma gloire dans la vérité, je mets ma gloire en mon Jésus, car il a racheté mon âme de l'enfer.

7 J'ai de la charité pour mon peuple et une grande foi dans le Christ, que je rencontrerai beaucoup d'âmes sans tache à son siège du jugement.

8 I have charity for the Jew—I say Jew, because I mean them from whence I came.

9 I also have charity for the Gentiles. But behold, for none of these can I hope except they shall be reconciled unto Christ, and enter into the narrow gate, and walk in the strait path which leads to life, and continue in the path until the end of the day of probation.

10 And now, my beloved brethren, and also Jew, and all ye ends of the earth, hearken unto these words and believe in Christ; and if ye believe not in these words believe in Christ. And if ye shall believe in Christ ye will believe in these words, for they are the words of Christ, and he hath given them unto me; and they teach all men that they should do good.

11 And if they are not the words of Christ, judge ye—for Christ will show unto you, with power and great glory, that they are his words, at the last day; and you and I shall stand face to face before his bar; and ye shall know that I have been commanded of him to write these things, notwithstanding my weakness.

12 And I pray the Father in the name of Christ that many of us, if not all, may be saved in his kingdom at that great and last day.

13 And now, my beloved brethren, all those who are of the house of Israel, and all ye ends of the earth, I speak unto you as the voice of one crying from the dust: Farewell until that great day shall come.

14 And you that will not partake of the goodness of God, and respect the words of the Jews, and also my words, and the words which shall proceed forth out of the mouth of the Lamb of God, behold, I bid you an everlasting farewell, for these words shall condemn you at the last day.

15 For what I seal on earth, shall be brought against you at the judgment bar; for thus hath the Lord commanded me, and I must obey. Amen.

8 J'ai de la charité pour le Juif : je dis Juif, parce que j'entends par là ceux d'où je suis venu.

9 J'ai aussi de la charité pour les Gentils. Mais voici, je ne puis espérer pour aucun de ceux-ci, s'ils ne se réconcilient pas avec le Christ, et n'entrent pas par la porte étroite, et ne marchent pas sur le sentier resserré qui conduit à la vie, et ne continuent pas sur le sentier jusqu'à la fin du jour de l'épreuve.

10 Et maintenant, mes frères bien-aimés, et toi aussi, Juif, et vous toutes, extrémités de la terre, écoutez ces paroles et croyez au Christ ; et si vous ne croyez pas en ces paroles, croyez au Christ. Et si vous croyez au Christ, vous croirez en ces paroles, car elles sont les paroles du Christ, et il me les a données ; et elles enseignent à tous les hommes qu'ils doivent faire le bien.

11 Et si elles ne sont pas les paroles du Christ, jugez-en : car le Christ vous montrera au dernier jour, avec puissance et une grande gloire, qu'elles sont ses paroles ; et nous nous tiendrons, vous et moi, face à face devant sa barre, et vous saurez que j'ai reçu de lui le commandement d'écrire ces choses malgré ma faiblesse.

12 Et je prie le Père, au nom du Christ, que beaucoup d'entre nous, sinon tous, soient sauvés dans son royaume en ce grand et dernier jour.

13 Et maintenant, mes frères bien-aimés, tous ceux qui sont de la maison d'Israël, et vous toutes, extrémités de la terre, je vous parle comme la voix de quelqu'un qui crie de la poussière : Adieu jusqu'à ce que ce grand jour vienne.

14 Et vous qui ne voulez pas prendre part à la bonté de Dieu, et respecter les paroles des Juifs, et aussi mes paroles, et les paroles qui sortiront de la bouche de l'Agneau de Dieu, voici, je vous dis un adieu éternel, car ces paroles vous condamneront au dernier jour.

15 Car ce que je scelle sur la terre sera mis à charge contre vous à la barre du jugement ; car c'est ce que le Seigneur m'a commandé, et je dois obéir. Amen.

THE BOOK OF JACOB
THE BROTHER OF NEPHI

LIVRE DE JACOB
FRÈRE DE NÉPHI

The words of his preaching unto his brethren. He confoundeth a man who seeketh to overthrow the doctrine of Christ. A few words concerning the history of the people of Nephi.

Paroles de sa prédication à ses frères. Il confond un homme qui cherche à renverser la doctrine du Christ. Quelques mots concernant l'histoire du peuple de Néphi.

CHAPTER 1

CHAPITRE 1

Jacob and Joseph seek to persuade men to believe in Christ and keep His commandments—Nephi dies—Wickedness prevails among the Nephites. About 544–421 B.C.

Jacob et Joseph cherchent à persuader les hommes de croire au Christ et de garder ses commandements — Mort de Néphi — La méchanceté règne chez les Néphites. Vers 544–421 av. J.-C.

1 For behold, it came to pass that fifty and five years had passed away from the time that Lehi left Jerusalem; wherefore, Nephi gave me, Jacob, a commandment concerning the small plates, upon which these things are engraven.

2 And he gave me, Jacob, a commandment that I should write upon these plates a few of the things which I considered to be most precious; that I should not touch, save it were lightly, concerning the history of this people which are called the people of Nephi.

3 For he said that the history of his people should be engraven upon his other plates, and that I should preserve these plates and hand them down unto my seed, from generation to generation.

4 And if there were preaching which was sacred, or revelation which was great, or prophesying, that I should engraven the heads of them upon these plates, and touch upon them as much as it were possible, for Christ's sake, and for the sake of our people.

5 For because of faith and great anxiety, it truly had been made manifest unto us concerning our people, what things should happen unto them.

6 And we also had many revelations, and the spirit of much prophecy; wherefore, we knew of Christ and his kingdom, which should come.

1 Car voici, il arriva que cinquante-cinq ans étaient passés depuis le moment où Léhi avait quitté Jérusalem ; c'est pourquoi, Néphi me donna, à moi, Jacob, un commandement concernant les petites plaques sur lesquelles ces choses sont gravées.

2 Et il me donna, à moi, Jacob, le commandement d'écrire sur ces plaques quelques-unes des choses que je considérais comme extrêmement précieuses ; que je ne devais toucher que légèrement à l'histoire de ce peuple qui est appelé le peuple de Néphi.

3 Car il dit que l'histoire de son peuple serait gravée sur ses autres plaques, et que je devais préserver ces plaques-ci et les transmettre à ma postérité, de génération en génération.

4 Et que s'il y avait une prédication qui était sacrée, ou une révélation qui était grande, ou de la prophétie, je devais en graver les points principaux sur ces plaques, et les traiter le plus possible, à cause du Christ, et à cause de notre peuple.

5 Car, à cause de la foi et d'un vif désir, il nous avait véritablement été manifesté ce qui arriverait à notre peuple.

6 Et nous avions aussi beaucoup de révélations et l'esprit pour prophétiser en abondance, c'est pourquoi, nous avions connaissance du Christ et de son royaume qui devaient venir.

7 Wherefore we labored diligently among our people, that we might persuade them to come unto Christ, and partake of the goodness of God, that they might enter into his rest, lest by any means he should swear in his wrath they should not enter in, as in the provocation in the days of temptation while the children of Israel were in the wilderness.

8 Wherefore, we would to God that we could persuade all men not to rebel against God, to provoke him to anger, but that all men would believe in Christ, and view his death, and suffer his cross and bear the shame of the world; wherefore, I, Jacob, take it upon me to fulfil the commandment of my brother Nephi.

9 Now Nephi began to be old, and he saw that he must soon die; wherefore, he anointed a man to be a king and a ruler over his people now, according to the reigns of the kings.

10 The people having loved Nephi exceedingly, he having been a great protector for them, having wielded the sword of Laban in their defence, and having labored in all his days for their welfare—

11 Wherefore, the people were desirous to retain in remembrance his name. And whoso should reign in his stead were called by the people, second Nephi, third Nephi, and so forth, according to the reigns of the kings; and thus they were called by the people, let them be of whatever name they would.

12 And it came to pass that Nephi died.

13 Now the people which were not Lamanites were Nephites; nevertheless, they were called Nephites, Jacobites, Josephites, Zoramites, Lamanites, Lemuelites, and Ishmaelites.

14 But I, Jacob, shall not hereafter distinguish them by these names, but I shall call them Lamanites that seek to destroy the people of Nephi, and those who are friendly to Nephi I shall call Nephites, or the people of Nephi, according to the reigns of the kings.

15 And now it came to pass that the people of Nephi, under the reign of the second king, began to grow hard in their hearts, and indulge themselves somewhat in wicked practices, such as like unto David of old desiring

7 C'est pourquoi, nous travaillions diligemment parmi notre peuple, afin de le persuader de venir au Christ et de prendre part à la bonté de Dieu, afin qu'il pût entrer dans son repos, de peur que, d'une manière ou d'une autre, Dieu ne jurât, dans sa colère, qu'il n'entrerait pas, comme lors de la provocation, le jour de la tentation, pendant que les enfants d'Israël étaient dans le désert.

8 C'est pourquoi, nous voudrions de tout cœur pouvoir persuader tous les hommes de ne pas se rebeller contre Dieu, pour le provoquer à la colère, mais que tous les hommes croient au Christ, et réfléchissent à sa mort, et souffrent sa croix, et portent la honte du monde ; c'est pourquoi, moi, Jacob, je prends sur moi d'exécuter le commandement de mon frère Néphi.

9 Or, Néphi commençait à être vieux, et il vit qu'il allait bientôt mourir ; c'est pourquoi, il oignit un homme pour qu'il fût maintenant roi et gouverneur de son peuple, selon les règnes des rois.

10 Le peuple ayant aimé extrêmement Néphi, car celui-ci avait été un grand protecteur pour lui, avait manié l'épée de Laban pour le défendre et avait travaillé toute sa vie à son bien-être,

11 C'est pourquoi, le peuple désirait garder le souvenir de son nom. Et quiconque régnait à sa place était appelé par le peuple deuxième Néphi, troisième Néphi, et ainsi de suite, selon le règne des différents rois ; et c'est ainsi qu'ils étaient appelés par le peuple, quel que fût leur nom.

12 Et il arriva que Néphi mourut.

13 Or, ceux qui n'étaient pas Lamanites étaient Néphites ; néanmoins, ils étaient appelés Néphites, Jacobites, Joséphites, Zoramites, Lamanites, Lémuélites et Ismaélites.

14 Mais moi, Jacob, je ne les distinguerai dorénavant plus par ces noms, mais j'appellerai Lamanites ceux qui cherchent à détruire le peuple de Néphi, et ceux qui sont amicaux envers Néphi, je les appellerai Néphites, ou peuple de Néphi, selon les règnes des rois.

15 Et alors, il arriva que le peuple de Néphi, sous le règne du deuxième roi, commença à s'endurcir dans son cœur et à se livrer quelque peu à des pratiques mauvaises, semblables à celles de David autrefois, qui désirait

many wives and concubines, and also Solomon, his son.

16 Yea, and they also began to search much gold and silver, and began to be lifted up somewhat in pride.

17 Wherefore I, Jacob, gave unto them these words as I taught them in the temple, having first obtained mine errand from the Lord.

18 For I, Jacob, and my brother Joseph had been consecrated priests and teachers of this people, by the hand of Nephi.

19 And we did magnify our office unto the Lord, taking upon us the responsibility, answering the sins of the people upon our own heads if we did not teach them the word of God with all diligence; wherefore, by laboring with our might their blood might not come upon our garments; otherwise their blood would come upon our garments, and we would not be found spotless at the last day.

CHAPTER 2

Jacob denounces the love of riches, pride, and unchastity—Men may seek riches to help their fellowmen—The Lord commands that no man among the Nephites may have more than one wife—The Lord delights in the chastity of women. About 544–421 B.C.

1 The words which Jacob, the brother of Nephi, spake unto the people of Nephi, after the death of Nephi:

2 Now, my beloved brethren, I, Jacob, according to the responsibility which I am under to God, to magnify mine office with soberness, and that I might rid my garments of your sins, I come up into the temple this day that I might declare unto you the word of God.

3 And ye yourselves know that I have hitherto been diligent in the office of my calling; but I this day am weighed down with much more desire and anxiety for the welfare of your souls than I have hitherto been.

4 For behold, as yet, ye have been obedient unto the word of the Lord, which I have given unto you.

beaucoup d'épouses et de concubines, et aussi de Salomon, son fils.

16 Oui, et il commença aussi à rechercher beaucoup d'or et d'argent, et commença à être quelque peu enflé dans l'orgueil.

17 C'est pourquoi moi, Jacob, je lui donnai ces paroles, tandis que je l'instruisais dans le temple, ayant tout d'abord obtenu mon mandat du Seigneur.

18 Car moi, Jacob, et mon frère Joseph, avions été consacrés prêtres et instructeurs de ce peuple par la main de Néphi.

19 Et nous magnifiâmes notre ministère pour le Seigneur, assumant la responsabilité, répondant des péchés du peuple sur notre propre tête, si nous ne lui enseignions pas la parole de Dieu en toute diligence ; c'est pourquoi, en travaillant de toutes nos forces, son sang ne viendrait pas sur nos vêtements ; sinon son sang viendrait sur nos vêtements, et nous ne serions pas trouvés sans tache au dernier jour.

CHAPITRE 2

Jacob dénonce l'amour de la richesse, l'orgueil et l'impudicité — Les hommes peuvent rechercher la richesse, si c'est pour aider leurs semblables — Le Seigneur interdit aux Néphites d'avoir plus d'une épouse — Le Seigneur fait ses délices de la chasteté des femmes. Vers 544–421 av. J.-C.

1 Paroles que Jacob, frère de Néphi, dit au peuple de Néphi après la mort de Néphi :

2 Et maintenant, mes frères bien-aimés, moi, Jacob, selon la responsabilité que j'ai vis-à-vis de Dieu de magnifier mon ministère avec sérieux, et afin de débarrasser mes vêtements de vos péchés, je monte aujourd'hui dans le temple afin de vous annoncer la parole de Dieu.

3 Et vous savez vous-mêmes que jusqu'à présent j'ai été diligent dans l'office de mon appel ; mais je suis aujourd'hui accablé d'un désir et d'une inquiétude beaucoup plus grands pour le bien-être de votre âme que je ne l'ai été jusqu'à présent.

4 Car voici, jusqu'à maintenant, vous avez été obéissants à la parole du Seigneur que je vous ai donnée.

5 But behold, hearken ye unto me, and know that by the help of the all-powerful Creator of heaven and earth I can tell you concerning your thoughts, how that ye are beginning to labor in sin, which sin appeareth very abominable unto me, yea, and abominable unto God.

6 Yea, it grieveth my soul and causeth me to shrink with shame before the presence of my Maker, that I must testify unto you concerning the wickedness of your hearts.

7 And also it grieveth me that I must use so much boldness of speech concerning you, before your wives and your children, many of whose feelings are exceedingly tender and chaste and delicate before God, which thing is pleasing unto God;

8 And it supposeth me that they have come up hither to hear the pleasing word of God, yea, the word which healeth the wounded soul.

9 Wherefore, it burdeneth my soul that I should be constrained, because of the strict commandment which I have received from God, to admonish you according to your crimes, to enlarge the wounds of those who are already wounded, instead of consoling and healing their wounds; and those who have not been wounded, instead of feasting upon the pleasing word of God have daggers placed to pierce their souls and wound their delicate minds.

10 But, notwithstanding the greatness of the task, I must do according to the strict commands of God, and tell you concerning your wickedness and abominations, in the presence of the pure in heart, and the broken heart, and under the glance of the piercing eye of the Almighty God.

11 Wherefore, I must tell you the truth according to the plainness of the word of God. For behold, as I inquired of the Lord, thus came the word unto me, saying: Jacob, get thou up into the temple on the morrow, and declare the word which I shall give thee unto this people.

12 And now behold, my brethren, this is the word which I declare unto you, that many of you have begun to search for gold, and for silver, and for all manner of precious ores, in the which this land, which is a land of promise unto you and to your seed, doth abound most plentifully.

5 Mais voici, écoutez-moi, et sachez qu'avec l'aide du Créateur Tout-Puissant du ciel et de la terre, je peux vous dire vos pensées, je peux vous dire que vous commencez à vous livrer au péché, lequel péché m'apparaît, à moi, comme très abominable, oui, et abominable à Dieu.

6 Oui, cela peine mon âme, et me fait reculer de honte en la présence de mon Créateur, de devoir vous témoigner de la méchanceté de votre cœur.

7 Et cela me peine aussi de devoir user de tant de hardiesse de langage à votre sujet, devant vos femmes et vos enfants, dont beaucoup ont des sentiments extrêmement tendres, et chastes, et délicats devant Dieu, chose qui est agréable à Dieu ;

8 et je suppose qu'ils sont montés ici pour entendre la parole agréable de Dieu, oui, la parole qui guérit l'âme blessée.

9 C'est pourquoi, cela pèse sur mon âme d'être contraint, à cause du commandement strict que j'ai reçu de Dieu, de vous avertir selon vos crimes, d'agrandir les blessures de ceux qui sont déjà blessés, au lieu de consoler et de guérir leurs blessures ; et ceux qui n'ont pas été blessés, au lieu de se faire un festin de la parole agréable de Dieu, se voient placer des poignards pour leur percer l'âme et blesser leur esprit délicat.

10 Mais malgré la grandeur de la tâche, je dois faire selon les commandements stricts de Dieu, et vous parler de votre méchanceté et de vos abominations, en la présence de ceux qui ont le cœur pur, et de ceux qui ont le cœur brisé, et sous le regard de l'œil perçant du Dieu Tout-Puissant.

11 C'est pourquoi, je dois vous dire la vérité selon la clarté de la parole de Dieu. Car voici, comme j'interrogeais le Seigneur, ainsi me vint la parole, disant : Jacob, monte demain dans le temple, et annonce à ce peuple la parole que je te donnerai.

12 Et maintenant, voici, mes frères, ceci est la parole que je vous annonce, que beaucoup d'entre vous ont commencé à rechercher l'or, et l'argent, et toutes sortes de minerais précieux dont ce pays, qui est une terre de promissionpour vous et pour votre postérité, abonde en très grande quantité.

13 And the hand of providence hath smiled upon you most pleasingly, that you have obtained many riches; and because some of you have obtained more abundantly than that of your brethren ye are lifted up in the pride of your hearts, and wear stiff necks and high heads because of the costliness of your apparel, and persecute your brethren because ye suppose that ye are better than they.

14 And now, my brethren, do ye suppose that God justifieth you in this thing? Behold, I say unto you, Nay. But he condemneth you, and if ye persist in these things his judgments must speedily come unto you.

15 O that he would show you that he can pierce you, and with one glance of his eye he can smite you to the dust!

16 O that he would rid you from this iniquity and abomination. And, O that ye would listen unto the word of his commands, and let not this pride of your hearts destroy your souls!

17 Think of your brethren like unto yourselves, and be familiar with all and free with your substance, that they may be rich like unto you.

18 But before ye seek for riches, seek ye for the kingdom of God.

19 And after ye have obtained a hope in Christ ye shall obtain riches, if ye seek them; and ye will seek them for the intent to do good—to clothe the naked, and to feed the hungry, and to liberate the captive, and administer relief to the sick and the afflicted.

20 And now, my brethren, I have spoken unto you concerning pride; and those of you which have afflicted your neighbor, and persecuted him because ye were proud in your hearts, of the things which God hath given you, what say ye of it?

21 Do ye not suppose that such things are abominable unto him who created all flesh? And the one being is as precious in his sight as the other. And all flesh is of the dust; and for the selfsame end hath he created them, that they should keep his commandments and glorify him forever.

22 And now I make an end of speaking unto you concerning this pride. And were it not

13 Et la main de la providence a souri très agréablement sur vous, de sorte que vous avez obtenu beaucoup de richesses ; et parce que vous êtes quelques-uns à avoir obtenu plus abondamment que vos frères, vous êtes enflés dans l'orgueil de votre cœur, et portez le cou roide et la tête haute à cause de la somptuosité de vos habits, et persécutez vos frères parce que vous pensez que vous êtes meilleurs qu'eux.

14 Et maintenant, mes frères, pensez-vous que Dieu vous justifie en cette chose ? Voici, je vous dis : non. Mais il vous condamne, et si vous persistez en ces choses, ses jugements vont tomber rapidement sur vous.

15 Oh ! s'il pouvait vous montrer qu'il peut vous percer, et que d'un seul regard de son œil il peut vous frapper jusqu'à vous faire tomber dans la poussière !

16 Oh ! s'il pouvait vous débarrasser de cette iniquité et de cette abomination ! Et, oh ! si vous pouviez écouter la parole de ses commandements, et ne pas laisser cet orgueil de votre cœur détruire votre âme !

17 Pensez à vos frères comme à vous-mêmes, et soyez amicaux envers tous et généreux de vos biens, afin qu'ils soient riches comme vous.

18 Mais avant de rechercher la richesse, recherchez le royaume de Dieu.

19 Et lorsque vous aurez obtenu l'espérance dans le Christ, vous obtiendrez la richesse, si vous la recherchez ; et vous la rechercherez dans l'intention de faire le bien : pour vêtir les nus, et pour nourrir les affamés, et pour délivrer les captifs, et pour apporter du soulagement aux malades et aux affligés.

20 Et maintenant, mes frères, je vous ai parlé de l'orgueil ; et vous qui avez affligé votre prochain, et l'avez persécuté parce que vous étiez orgueilleux dans votre cœur des choses que Dieu vous a données, qu'en dites-vous ?

21 Ne pensez-vous pas que de telles choses sont abominables pour celui qui a créé toute chair ? Un être est aussi précieux à ses yeux que l'autre. Et toute chair vient de la poussière ; et c'est dans un but identique qu'il les a créés, pour qu'ils gardent ses commandements et le glorifient à jamais.

22 Et maintenant, je finis de vous parler de l'orgueil. Et si je ne devais pas vous parler

that I must speak unto you concerning a grosser crime, my heart would rejoice exceedingly because of you.

23 But the word of God burdens me because of your grosser crimes. For behold, thus saith the Lord: This people begin to wax in iniquity; they understand not the scriptures, for they seek to excuse themselves in committing whoredoms, because of the things which were written concerning David, and Solomon his son.

24 Behold, David and Solomon truly had many wives and concubines, which thing was abominable before me, saith the Lord.

25 Wherefore, thus saith the Lord, I have led this people forth out of the land of Jerusalem, by the power of mine arm, that I might raise up unto me a righteous branch from the fruit of the loins of Joseph.

26 Wherefore, I the Lord God will not suffer that this people shall do like unto them of old.

27 Wherefore, my brethren, hear me, and hearken to the word of the Lord: For there shall not any man among you have save it be one wife; and concubines he shall have none;

28 For I, the Lord God, delight in the chastity of women. And whoredoms are an abomination before me; thus saith the Lord of Hosts.

29 Wherefore, this people shall keep my commandments, saith the Lord of Hosts, or cursed be the land for their sakes.

30 For if I will, saith the Lord of Hosts, raise up seed unto me, I will command my people; otherwise they shall hearken unto these things.

31 For behold, I, the Lord, have seen the sorrow, and heard the mourning of the daughters of my people in the land of Jerusalem, yea, and in all the lands of my people, because of the wickedness and abominations of their husbands.

32 And I will not suffer, saith the Lord of Hosts, that the cries of the fair daughters of this people, which I have led out of the land of Jerusalem, shall come up unto me against the men of my people, saith the Lord of Hosts.

d'un crime plus répugnant, mon cœur se réjouirait extrêmement à cause de vous.

23 Mais la parole de Dieu pèse sur moi, à cause des crimes plus répugnants que vous commettez. Car voici, ainsi dit le Seigneur : Ce peuple commence à devenir fort dans l'iniquité ; il ne comprend pas les Écritures, car il cherche à s'excuser de se livrer à la fornication, à cause des choses qui ont été écrites concernant David et Salomon, son fils.

24 Voici, David et Salomon avaient, en vérité, beaucoup d'épouses et de concubines, ce qui était abominable devant moi, dit le Seigneur.

25 C'est pourquoi, ainsi dit le Seigneur : J'ai conduit ce peuple hors du pays de Jérusalem par la puissance de mon bras, afin de me susciter une branche juste du fruit des reins de Joseph.

26 C'est pourquoi, moi, le Seigneur Dieu, je ne souffrirai pas que ce peuple fasse comme ceux d'autrefois.

27 C'est pourquoi, mes frères, entendez-moi, et écoutez la parole du Seigneur : car aucun homme parmi vous n'aura plus d'une épouse ; et de concubines il n'en aura aucune ;

28 car moi, le Seigneur Dieu, je fais mes délices de la chasteté des femmes. Et la fornication est une abomination devant moi ; ainsi dit le Seigneur des armées.

29 C'est pourquoi, ce peuple gardera mes commandements, dit le Seigneur des armées, sinon le pays sera maudit à cause de lui.

30 Car si je veux, dit le Seigneur des armées, me susciter une postérité, je le commanderai à mon peuple ; autrement ils observeront ces choses.

31 Car voici, moi, le Seigneur, j'ai vu la tristesse, et entendu les plaintes des filles de mon peuple au pays de Jérusalem, oui, et dans tous les pays de mon peuple, à cause de la méchanceté et des abominations de leurs maris.

32 Et je ne souffrirai pas, dit le Seigneur des armées, que les cris des belles filles de ce peuple que j'ai conduit hors du pays de Jérusalem, montent jusqu'à moi contre les hommes de mon peuple, dit le Seigneur des armées.

33 For they shall not lead away captive the daughters of my people because of their tenderness, save I shall visit them with a sore curse, even unto destruction; for they shall not commit whoredoms, like unto them of old, saith the Lord of Hosts.

34 And now behold, my brethren, ye know that these commandments were given to our father, Lehi; wherefore, ye have known them before; and ye have come unto great condemnation; for ye have done these things which ye ought not to have done.

35 Behold, ye have done greater iniquities than the Lamanites, our brethren. Ye have broken the hearts of your tender wives, and lost the confidence of your children, because of your bad examples before them; and the sobbings of their hearts ascend up to God against you. And because of the strictness of the word of God, which cometh down against you, many hearts died, pierced with deep wounds.

CHAPTER 3

The pure in heart receive the pleasing word of God—Lamanite righteousness exceeds that of the Nephites—Jacob warns against fornication, lasciviousness, and every sin. About 544–421 B.C.

1 But behold, I, Jacob, would speak unto you that are pure in heart. Look unto God with firmness of mind, and pray unto him with exceeding faith, and he will console you in your afflictions, and he will plead your cause, and send down justice upon those who seek your destruction.

2 O all ye that are pure in heart, lift up your heads and receive the pleasing word of God, and feast upon his love; for ye may, if your minds are firm, forever.

3 But, wo, wo, unto you that are not pure in heart, that are filthy this day before God; for except ye repent the land is cursed for your sakes; and the Lamanites, which are not filthy like unto you, nevertheless they are cursed with a sore cursing, shall scourge you even unto destruction.

33 Car ils n'emmèneront pas captives les filles de mon peuple à cause de leur tendresse, sans que je n'intervienne contre eux par une terrible malédiction, jusqu'à la destruction ; car ils ne commettront pas de fornication, comme ceux d'autrefois, dit le Seigneur des armées.

34 Et maintenant, voici, mes frères, vous savez que ces commandements ont été donnés à notre père, Léhi ; c'est pourquoi vous les connaissiez déjà, et vous êtes tombés sous une grande condamnation, car vous avez fait ce que vous n'auriez pas dû faire.

35 Voici, vous avez commis de plus grandes iniquités que les Lamanites, nos frères. Vous avez brisé le cœur de vos tendres épouses et perdu la confiance de vos enfants, à cause de votre mauvais exemple devant eux ; et les sanglots de leur cœur montent à Dieu contre vous. Et à cause de la rigueur de la parole de Dieu qui descend contre vous, beaucoup de cœurs sont morts, percés de blessures profondes.

CHAPITRE 3

Ceux qui ont le cœur pur reçoivent la parole agréable de Dieu — La justice des Lamanites dépasse celle des Néphites — Jacob met en garde contre la fornication, la lasciveté et tous les péchés. Vers 544–421 av. J.-C.

1 Mais voici, moi, Jacob, je voudrais vous parler, à vous qui avez le cœur pur. Regardez vers Dieu avec fermeté d'esprit et priez-le avec une foi extrême, et il vous consolera dans vos afflictions, et il plaidera votre cause et fera descendre la justice sur ceux qui cherchent votre destruction.

2 Ô vous tous qui avez le cœur pur, levez la tête, et recevez la parole agréable de Dieu, et faites-vous un festin de son amour ; car vous le pouvez à jamais, si votre esprit est ferme.

3 Mais malheur, malheur à vous qui n'avez pas le cœur pur, qui êtes souillés en ce jour devant Dieu, car si vous ne vous repentez pas, le pays est maudit à cause de vous ; et les Lamanites, qui ne sont pas souillés comme vous — néanmoins ils sont maudits d'une terrible malédiction — vous flagelleront jusqu'à la destruction.

4 And the time speedily cometh, that except ye repent they shall possess the land of your inheritance, and the Lord God will lead away the righteous out from among you.

5 Behold, the Lamanites your brethren, whom ye hate because of their filthiness and the cursing which hath come upon their skins, are more righteous than you; for they have not forgotten the commandment of the Lord, which was given unto our father— that they should have save it were one wife, and concubines they should have none, and there should not be whoredoms committed among them.

6 And now, this commandment they observe to keep; wherefore, because of this observance, in keeping this commandment, the Lord God will not destroy them, but will be merciful unto them; and one day they shall become a blessed people.

7 Behold, their husbands love their wives, and their wives love their husbands; and their husbands and their wives love their children; and their unbelief and their hatred towards you is because of the iniquity of their fathers; wherefore, how much better are you than they, in the sight of your great Creator?

8 O my brethren, I fear that unless ye shall repent of your sins that their skins will be whiter than yours, when ye shall be brought with them before the throne of God.

9 Wherefore, a commandment I give unto you, which is the word of God, that ye revile no more against them because of the darkness of their skins; neither shall ye revile against them because of their filthiness; but ye shall remember your own filthiness, and remember that their filthiness came because of their fathers.

10 Wherefore, ye shall remember your children, how that ye have grieved their hearts because of the example that ye have set before them; and also, remember that ye may, because of your filthiness, bring your children unto destruction, and their sins be heaped upon your heads at the last day.

11 O my brethren, hearken unto my words; arouse the faculties of your souls; shake yourselves that ye may awake from the slumber of death; and loose yourselves from

4 Et le temps vient rapidement où, à moins que vous ne vous repentiez, ils posséderont le pays de votre héritage, et le Seigneur Dieu emmènera du milieu de vous ceux qui sont justes.

5 Voici, les Lamanites, vos frères, que vous haïssez à cause de leur souillure et de la malédiction qui est tombée sur leur peau, sont plus justes que vous, car ils n'ont pas oublié le commandement du Seigneur qui fut donné à notre père, qu'ils ne devaient avoir qu'une seule épouse, et que de concubines ils ne devaient en avoir aucune, et qu'il ne devait pas se commettre de fornication parmi eux.

6 Et maintenant, ce commandement, ils s'appliquent à le garder ; c'est pourquoi, à cause de cette application à garder ce commandement, le Seigneur Dieu ne les détruira pas, mais sera miséricordieux envers eux ; et un jour ils deviendront un peuple béni.

7 Voici, leurs maris aiment leurs épouses, et leurs épouses aiment leurs maris ; et leurs maris et leurs épouses aiment leurs enfants ; et leur incrédulité et leur haine envers vous viennent de l'iniquité de leurs pères ; c'est pourquoi, à quel point êtes-vous meilleurs qu'eux aux yeux de votre grand Créateur ?

8 Ô mes frères, je crains que, si vous ne vous repentez pas de vos péchés, leur peau ne soit plus blanche que la vôtre lorsque vous serez amenés avec eux devant le trône de Dieu.

9 C'est pourquoi, je vous donne le commandement, qui est la parole de Dieu, de ne plus les insulter à cause de la couleur sombre de leur peau ; et vous ne les insulterez plus non plus à cause de leur souillure, mais vous vous souviendrez de votre propre souillure, et vous vous souviendrez que leur souillure vient de leurs pères.

10 C'est pourquoi, vous vous souviendrez de vos enfants, de la manière dont vous avez peiné leur cœur à cause de l'exemple que vous leur avez donné ; et aussi, souvenez-vous qu'à cause de votre souillure vous pouvez amener vos enfants à la destruction, et que leurs péchés seront accumulés sur votre tête au dernier jour.

11 Ô mes frères, écoutez mes paroles, donnez l'essor aux facultés de votre âme, secouez-vous afin de vous éveiller du sommeil de la mort, et dégagez-vous des

the pains of hell that ye may not become angels to the devil, to be cast into that lake of fire and brimstone which is the second death.

12 And now I, Jacob, spake many more things unto the people of Nephi, warning them against fornication and lasciviousness, and every kind of sin, telling them the awful consequences of them.

13 And a hundredth part of the proceedings of this people, which now began to be numerous, cannot be written upon these plates; but many of their proceedings are written upon the larger plates, and their wars, and their contentions, and the reigns of their kings.

14 These plates are called the plates of Jacob, and they were made by the hand of Nephi. And I make an end of speaking these words.

CHAPTER 4

All the prophets worshiped the Father in the name of Christ—Abraham's offering of Isaac was in similitude of God and His Only Begotten—Men should reconcile themselves to God through the Atonement—The Jews will reject the foundation stone. About 544–421 B.C.

1 Now behold, it came to pass that I, Jacob, having ministered much unto my people in word, (and I cannot write but a little of my words, because of the difficulty of engraving our words upon plates) and we know that the things which we write upon plates must remain;

2 But whatsoever things we write upon anything save it be upon plates must perish and vanish away; but we can write a few words upon plates, which will give our children, and also our beloved brethren, a small degree of knowledge concerning us, or concerning their fathers—

3 Now in this thing we do rejoice; and we labor diligently to engraven these words upon plates, hoping that our beloved brethren and our children will receive them with thankful hearts, and look upon them that they may learn with joy and not with sorrow, neither with contempt, concerning their first parents.

souffrances de l'enfer afin de ne pas devenir des anges du diable, pour être précipités dans l'étang de feu et de soufre qui est la seconde mort.

12 Et alors, moi, Jacob, je dis encore beaucoup de choses au peuple de Néphi, le mettant en garde contre la fornication et la lasciveté et contre toute espèce de péché, lui en expliquant les affreuses conséquences.

13 Et la centième partie des actions de ce peuple, lequel commençait maintenant à être nombreux, ne peut être écrite sur ces plaques ; mais beaucoup de ses actions sont écrites sur les grandes plaques, et ses guerres, et ses querelles, et le règne de ses rois.

14 Ces plaques sont appelées les plaques de Jacob, et elles ont été faites de la main de Néphi. Et je finis de dire ces paroles.

CHAPITRE 4

Tous les prophètes ont adoré le Père au nom du Christ — Le sacrifice d'Isaac par Abraham est une similitude de Dieu et de son Fils unique — Les hommes doivent se réconcilier avec Dieu par le moyen de l'Expiation — Les Juifs rejetteront la pierre de fondation. Vers 544–421 av. J.-C.

1 Or, voici, il arriva que moi, Jacob, ayant beaucoup servi mon peuple par la parole (et je ne peux écrire qu'un peu de mes paroles, à cause de la difficulté de graver nos paroles sur des plaques), et nous savons que les choses que nous écrivons sur des plaques vont rester ;

2 mais tout ce que nous écrivons sur autre chose que des plaques va périr et disparaître ; mais nous pouvons écrire sur des plaques un petit nombre de mots, qui donneront, dans une faible mesure, à nos enfants, et aussi à nos frères bien-aimés, de la connaissance à notre sujet, ou au sujet de leurs pères —

3 Or, de cela nous nous réjouissons ; et nous travaillons diligemment à graver ces paroles sur des plaques, espérant que nos frères bien-aimés et nos enfants les recevront le cœur reconnaissant, et les étudieront afin d'apprendre avec joie et non avec tristesse, ni avec mépris, ce qui concerne leurs premiers parents.

4 For, for this intent have we written these things, that they may know that we knew of Christ, and we had a hope of his glory many hundred years before his coming; and not only we ourselves had a hope of his glory, but also all the holy prophets which were before us.

5 Behold, they believed in Christ and worshiped the Father in his name, and also we worship the Father in his name. And for this intent we keep the law of Moses, it pointing our souls to him; and for this cause it is sanctified unto us for righteousness, even as it was accounted unto Abraham in the wilderness to be obedient unto the commands of God in offering up his son Isaac, which is a similitude of God and his Only Begotten Son.

6 Wherefore, we search the prophets, and we have many revelations and the spirit of prophecy; and having all these witnesses we obtain a hope, and our faith becometh unshaken, insomuch that we truly can command in the name of Jesus and the very trees obey us, or the mountains, or the waves of the sea.

7 Nevertheless, the Lord God showeth us our weakness that we may know that it is by his grace, and his great condescensions unto the children of men, that we have power to do these things.

8 Behold, great and marvelous are the works of the Lord. How unsearchable are the depths of the mysteries of him; and it is impossible that man should find out all his ways. And no man knoweth of his ways save it be revealed unto him; wherefore, brethren, despise not the revelations of God.

9 For behold, by the power of his word man came upon the face of the earth, which earth was created by the power of his word. Wherefore, if God being able to speak and the world was, and to speak and man was created, O then, why not able to command the earth, or the workmanship of his hands upon the face of it, according to his will and pleasure?

10 Wherefore, brethren, seek not to counsel the Lord, but to take counsel from his hand. For behold, ye yourselves know that he

4 Car c'est dans ce but que nous avons écrit ces choses, afin qu'ils sachent que nous avions connaissance du Christ et que nous avions l'espérance de sa gloire bien des centaines d'années avant sa venue ; et non seulement nous avions nous-mêmes l'espérance de sa gloire, mais aussi tous les saints prophètes qui ont été avant nous.

5 Voici, ils ont cru au Christ et ont adoré le Père en son nom, et nous aussi, nous adorons le Père en son nom. Et c'est dans ce but que nous gardons la loi de Moïse, celle-ci tournant notre âme vers lui ; et à cause de cela, elle est sanctifiée pour nous à justice, tout comme il fut compté comme justice à Abraham dans le désert d'avoir été obéissant aux commandements de Dieu en offrant son fils Isaac, ce qui est une similitude de Dieu et de son Fils unique.

6 C'est pourquoi, nous sondons les prophètes, et nous avons beaucoup de révélations et l'esprit de prophétie ; et ayant tous ces témoignages, nous obtenons l'espérance, et notre foi devient inébranlable, de sorte que nous pouvons, en vérité, commander au nom de Jésus, et les arbres mêmes nous obéissent, ou les montagnes, ou les vagues de la mer.

7 Néanmoins, le Seigneur Dieu nous montre notre faiblesse, afin que nous sachions que c'est par sa grâce et sa grande condescendance envers les enfants des hommes que nous avons le pouvoir de faire ces choses.

8 Voici, grandes et merveilleuses sont les œuvres du Seigneur. Comme elles sont insondables, les profondeurs de ses mystères, et il est impossible que l'homme découvre toutes ses voies. Et nul n'a connaissance de ses voies, si cela ne lui est révélé ; c'est pourquoi, frères, ne méprisez pas les révélations de Dieu.

9 Car voici, c'est par le pouvoir de sa parole que l'homme est venu sur la surface de la terre, laquelle terre a été créée par le pouvoir de sa parole. C'est pourquoi, si Dieu a été capable de parler et que le monde fut, et de parler et que l'homme fut créé, oh alors, pourquoi ne serait-il pas capable de commander, selon sa volonté et son bon plaisir, à la terre ou à l'œuvre de ses mains qui se trouve à sa surface ?

10 C'est pourquoi, frères, ne cherchez pas à conseiller le Seigneur, mais à prendre conseil auprès de lui. Car voici, vous savez vous-mêmes qu'il gouverne toutes ses œuvres

counseleth in wisdom, and in justice, and in great mercy, over all his works.

11 Wherefore, beloved brethren, be reconciled unto him through the atonement of Christ, his Only Begotten Son, and ye may obtain a resurrection, according to the power of the resurrection which is in Christ, and be presented as the first-fruits of Christ unto God, having faith, and obtained a good hope of glory in him before he manifesteth himself in the flesh.

12 And now, beloved, marvel not that I tell you these things; for why not speak of the atonement of Christ, and attain to a perfect knowledge of him, as to attain to the knowledge of a resurrection and the world to come?

13 Behold, my brethren, he that prophesieth, let him prophesy to the understanding of men; for the Spirit speaketh the truth and lieth not. Wherefore, it speaketh of things as they really are, and of things as they really will be; wherefore, these things are manifested unto us plainly, for the salvation of our souls. But behold, we are not witnesses alone in these things; for God also spake them unto prophets of old.

14 But behold, the Jews were a stiffnecked people; and they despised the words of plainness, and killed the prophets, and sought for things that they could not understand. Wherefore, because of their blindness, which blindness came by looking beyond the mark, they must needs fall; for God hath taken away his plainness from them, and delivered unto them many things which they cannot understand, because they desired it. And because they desired it God hath done it, that they may stumble.

15 And now I, Jacob, am led on by the Spirit unto prophesying; for I perceive by the workings of the Spirit which is in me, that by the stumbling of the Jews they will reject the stone upon which they might build and have safe foundation.

16 But behold, according to the scriptures, this stone shall become the great, and the last, and the only sure foundation, upon which the Jews can build.

17 And now, my beloved, how is it possible that these, after having rejected the sure

avec sagesse, et avec justice, et avec une grande miséricorde.

11 C'est pourquoi, frères bien-aimés, réconciliez-vous avec lui par l'expiation du Christ, son Fils unique, et vous pourrez obtenir une résurrection, selon le pouvoir de la résurrection qui est dans le Christ, et être présentés à Dieu comme les prémices du Christ, ayant la foi et ayant obtenu une bonne espérance de gloire en lui avant qu'il ne se manifeste dans la chair.

12 Et maintenant, bien-aimés, ne vous étonnez pas que je vous dise ces choses ; car pourquoi ne pas parler de l'expiation du Christ et parvenir à une connaissance parfaite de lui, de manière à parvenir à la connaissance d'une résurrection et du monde à venir ?

13 Voici, mes frères, celui qui prophétise, qu'il prophétise de façon que les hommes le comprennent ; car l'Esprit dit la vérité et ne ment pas. C'est pourquoi, il parle des choses telles qu'elles sont réellement, et des choses telles qu'elles seront réellement ; c'est pourquoi, ces choses nous sont manifestées clairement pour le salut de notre âme. Mais voici, nous ne sommes pas seuls témoins de ces choses ; car Dieu l'a dit aussi aux prophètes d'autrefois.

14 Mais voici, les Juifs étaient un peuple au cou roide ; et ils méprisaient les paroles claires, et tuaient les prophètes, et recherchaient les choses qu'ils ne pouvaient pas comprendre. C'est pourquoi, à cause de leur aveuglement, aveuglement qui venait de ce qu'ils regardaient au-delà de la marque, ils devaient nécessairement tomber ; car Dieu leur a enlevé sa clarté et leur a donné beaucoup de choses qu'ils ne peuvent pas comprendre, parce qu'ils l'ont désiré. Et parce qu'ils l'ont désiré, Dieu l'a fait afin qu'ils trébuchent.

15 Et maintenant, moi, Jacob, je suis poussé par l'Esprit à prophétiser ; car je vois, par l'inspiration de l'Esprit qui est en moi, que, parce qu'ils trébuchent, les Juifs rejetteront la pierre sur laquelle ils auraient pu bâtir et avoir une fondation sûre.

16 Mais voici, selon les Écritures, cette pierre deviendra la grande, et la dernière, et la seule fondation sûre sur laquelle les Juifs peuvent bâtir.

17 Et maintenant, mes bien-aimés, comment est-il possible que ceux-ci, après avoir

foundation, can ever build upon it, that it may become the head of their corner?

18 Behold, my beloved brethren, I will unfold this mystery unto you; if I do not, by any means, get shaken from my firmness in the Spirit, and stumble because of my over anxiety for you.

CHAPTER 5

Jacob quotes Zenos relative to the allegory of the tame and wild olive trees—They are a likeness of Israel and the Gentiles—The scattering and gathering of Israel are prefigured—Allusions are made to the Nephites and Lamanites and all the house of Israel—The Gentiles will be grafted into Israel—Eventually the vineyard will be burned. About 544–421 B.C.

1 Behold, my brethren, do ye not remember to have read the words of the prophet Zenos, which he spake unto the house of Israel, saying:

2 Hearken, O ye house of Israel, and hear the words of me, a prophet of the Lord.

3 For behold, thus saith the Lord, I will liken thee, O house of Israel, like unto a tame olive tree, which a man took and nourished in his vineyard; and it grew, and waxed old, and began to decay.

4 And it came to pass that the master of the vineyard went forth, and he saw that his olive tree began to decay; and he said: I will prune it, and dig about it, and nourish it, that perhaps it may shoot forth young and tender branches, and it perish not.

5 And it came to pass that he pruned it, and digged about it, and nourished it according to his word.

6 And it came to pass that after many days it began to put forth somewhat a little, young and tender branches; but behold, the main top thereof began to perish.

7 And it came to pass that the master of the vineyard saw it, and he said unto his servant: It grieveth me that I should lose this tree; wherefore, go and pluck the branches from a wild olive tree, and bring them hither unto me; and we will pluck off those main branches which are beginning to wither

rejeté la fondation sûre, puissent jamais bâtir sur elle, afin qu'elle devienne la principale de leur angle ?

18 Voici, mes frères bien-aimés, je vais vous dévoiler ce mystère, si je ne suis pas, d'une manière ou d'une autre, ébranlé dans ma fermeté dans l'Esprit et ne trébuche à cause de mon excès d'inquiétude pour vous.

CHAPITRE 5

Jacob cite Zénos à propos de l'allégorie de l'olivier franc et de l'olivier sauvage — Ils sont une similitude d'Israël et des Gentils — Préfiguration de la dispersion et du rassemblement d'Israël — Allusions aux Néphites et aux Lamanites, et à toute la maison d'Israël — Les Gentils seront greffés sur Israël — Finalement la vigne sera brûlée. Vers 544–421 av. J.-C.

1 Voici, mes frères, ne vous souvenez-vous pas avoir lu les paroles que le prophète Zénos adressa à la maison d'Israël, disant :

2 Écoute, ô maison d'Israël, et entends ces paroles de moi qui suis prophète du Seigneur.

3 Car voici, ainsi dit le Seigneur, je vais te comparer, ô maison d'Israël, à un olivier franc qu'un homme prit et nourrit dans sa vigne ; et il poussa, et vieillit, et commença à dépérir.

4 Et il arriva que le maître de la vigne sortit, et il vit que son olivier commençait à dépérir ; et il dit : Je vais le tailler, et le bêcher alentour, et le nourrir, afin que peut-être il donne de jeunes et tendres branches, et qu'il ne périsse pas.

5 Et il arriva qu'il le tailla, et le bêcha alentour, et le nourrit, selon sa parole.

6 Et il arriva qu'après de nombreux jours, il commença à donner de jeunes et tendres branches ; mais voici, son sommet principal commença à périr.

7 Et il arriva que le maître de la vigne le vit, et il dit à son serviteur : Cela me peine de perdre cet arbre ; c'est pourquoi, va couper les branches d'un olivier sauvage et apporte-les-moi ici ; et nous couperons ces branches principales qui commencent à se dessécher,

away, and we will cast them into the fire that they may be burned.

8 And behold, saith the Lord of the vineyard, I take away many of these young and tender branches, and I will graft them whithersoever I will; and it mattereth not that if it so be that the root of this tree will perish, I may preserve the fruit thereof unto myself; wherefore, I will take these young and tender branches, and I will graft them whithersoever I will.

9 Take thou the branches of the wild olive tree, and graft them in, in the stead thereof; and these which I have plucked off I will cast into the fire and burn them, that they may not cumber the ground of my vineyard.

10 And it came to pass that the servant of the Lord of the vineyard did according to the word of the Lord of the vineyard, and grafted in the branches of the wild olive tree.

11 And the Lord of the vineyard caused that it should be digged about, and pruned, and nourished, saying unto his servant: It grieveth me that I should lose this tree; wherefore, that perhaps I might preserve the roots thereof that they perish not, that I might preserve them unto myself, I have done this thing.

12 Wherefore, go thy way; watch the tree, and nourish it, according to my words.

13 And these will I place in the nethermost part of my vineyard, whithersoever I will, it mattereth not unto thee; and I do it that I may preserve unto myself the natural branches of the tree; and also, that I may lay up fruit thereof against the season, unto myself; for it grieveth me that I should lose this tree and the fruit thereof.

14 And it came to pass that the Lord of the vineyard went his way, and hid the natural branches of the tame olive tree in the nethermost parts of the vineyard, some in one and some in another, according to his will and pleasure.

15 And it came to pass that a long time passed away, and the Lord of the vineyard said unto his servant: Come, let us go down into the vineyard, that we may labor in the vineyard.

16 And it came to pass that the Lord of the vineyard, and also the servant, went down into the vineyard to labor. And it came to

et nous les jetterons au feu, afin qu'elles soient brûlées.

8 Et voici, dit le Seigneur de la vigne, j'enlève beaucoup de ces jeunes et tendres branches, et je vais les greffer là où je le veux ; et cela n'a pas d'importance que la racine de cet arbre périsse, si je peux m'en conserver le fruit ; c'est pourquoi je vais prendre ces jeunes et tendres branches, et je vais les greffer là où je le veux.

9 Prends les branches de l'olivier sauvage, et greffe-les à leur place ; et celles que j'ai coupées, je vais les jeter au feu et les brûler afin qu'elles n'encombrent pas le sol de ma vigne.

10 Et il arriva que le serviteur du Seigneur de la vigne fit selon la parole du Seigneur de la vigne, et greffa les branches de l'olivier sauvage.

11 Et le Seigneur de la vigne le fit bêcher alentour, et tailler, et nourrir, disant à son serviteur : Cela me peine de perdre cet arbre ; c'est pourquoi, c'est afin de pouvoir peut-être en conserver les racines pour qu'elles ne périssent pas, afin de pouvoir me les conserver, que j'ai fait cela.

12 C'est pourquoi, va, veille sur l'arbre, et nourris-le selon mes paroles.

13 Et celles-ci, je les placerai dans la partie la plus basse de ma vigne, là où je le veux, peu t'importe ; et je le fais afin de me conserver les branches naturelles de l'arbre ; et aussi afin de m'en amasser du fruit en vue de la saison ; car il me peine de perdre cet arbre et son fruit.

14 Et il arriva que le Seigneur de la vigne alla cacher les branches naturelles de l'olivier franc dans les parties les plus basses de la vigne, les unes dans l'une et les autres dans l'autre, selon sa volonté et son bon plaisir.

15 Et il arriva que beaucoup de temps passa, et le Seigneur de la vigne dit à son serviteur : Viens, descendons dans la vigne afin de travailler dans la vigne.

16 Et il arriva que le Seigneur de la vigne, et aussi le serviteur, descendirent travailler dans la vigne. Et il arriva que le serviteur

pass that the servant said unto his master: Behold, look here; behold the tree.

17 And it came to pass that the Lord of the vineyard looked and beheld the tree in the which the wild olive branches had been grafted; and it had sprung forth and begun to bear fruit. And he beheld that it was good; and the fruit thereof was like unto the natural fruit.

18 And he said unto the servant: Behold, the branches of the wild tree have taken hold of the moisture of the root thereof, that the root thereof hath brought forth much strength; and because of the much strength of the root thereof the wild branches have brought forth tame fruit. Now, if we had not grafted in these branches, the tree thereof would have perished. And now, behold, I shall lay up much fruit, which the tree thereof hath brought forth; and the fruit thereof I shall lay up against the season, unto mine own self.

19 And it came to pass that the Lord of the vineyard said unto the servant: Come, let us go to the nethermost part of the vineyard, and behold if the natural branches of the tree have not brought forth much fruit also, that I may lay up of the fruit thereof against the season, unto mine own self.

20 And it came to pass that they went forth whither the master had hid the natural branches of the tree, and he said unto the servant: Behold these; and he beheld the first that it had brought forth much fruit; and he beheld also that it was good. And he said unto the servant: Take of the fruit thereof, and lay it up against the season, that I may preserve it unto mine own self; for behold, said he, this long time have I nourished it, and it hath brought forth much fruit.

21 And it came to pass that the servant said unto his master: How comest thou hither to plant this tree, or this branch of the tree? For behold, it was the poorest spot in all the land of thy vineyard.

22 And the Lord of the vineyard said unto him: Counsel me not; I knew that it was a poor spot of ground; wherefore, I said unto thee, I have nourished it this long time, and thou beholdest that it hath brought forth much fruit.

23 And it came to pass that the Lord of the vineyard said unto his servant: Look hither;

dit à son maître : Voici, regarde ici ; vois l'arbre.

17 Et il arriva que le Seigneur de la vigne regarda et vit l'arbre sur lequel avaient été greffées les branches de l'olivier sauvage ; et il avait poussé des rejetons et commencé à porter du fruit. Et il vit qu'il était bon ; et le fruit en était semblable au fruit naturel.

18 Et il dit au serviteur : Voici, les branches de l'olivier sauvage se sont saisies de l'humidité de sa racine, de sorte que sa racine a produit beaucoup de force ; et, à cause de la grande force de sa racine, les branches sauvages ont donné du fruit franc. Or, si nous n'avions pas greffé ces branches, l'arbre aurait péri. Et maintenant, voici, j'amasserai beaucoup du fruit que l'arbre a donné ; et je m'en amasserai le fruit en vue de la saison.

19 Et il arriva que le Seigneur de la vigne dit au serviteur : Viens, allons dans la partie la plus basse de la vigne, et voyons si les branches naturelles de l'arbre n'ont pas donné beaucoup de fruits aussi, afin que je puisse m'en amasser du fruit en vue de la saison.

20 Et il arriva qu'ils allèrent là où le maître avait caché les branches naturelles de l'arbre, et il dit au serviteur : Vois celles-ci ; et il vit la première, qu'elle avait donné beaucoup de fruits ; et il vit aussi qu'ils étaient bons. Et il dit au serviteur : Prends-en du fruit, et amasse-le en vue de la saison, afin que je puisse me le conserver ; car voici, dit-il, je l'ai nourri pendant tout ce temps, et il a donné beaucoup de fruits.

21 Et il arriva que le serviteur dit à son maître : Comment es-tu venu ici planter cet arbre, ou cette branche de l'arbre ? Car voici, c'était le coin le plus pauvre de toute la terre de ta vigne.

22 Et le Seigneur de la vigne lui dit : Ne me conseille pas ; je savais que c'était un coin de terre pauvre ; c'est pourquoi je t'ai dit : Je l'ai nourri pendant tout ce temps, et tu vois qu'il a donné beaucoup de fruits.

23 Et il arriva que le Seigneur de la vigne dit à son serviteur : Regarde par ici : voici,

behold I have planted another branch of the tree also; and thou knowest that this spot of ground was poorer than the first. But, behold the tree. I have nourished it this long time, and it hath brought forth much fruit; therefore, gather it, and lay it up against the season, that I may preserve it unto mine own self.

24 And it came to pass that the Lord of the vineyard said again unto his servant: Look hither, and behold another branch also, which I have planted; behold that I have nourished it also, and it hath brought forth fruit.

25 And he said unto the servant: Look hither and behold the last. Behold, this have I planted in a good spot of ground; and I have nourished it this long time, and only a part of the tree hath brought forth tame fruit, and the other part of the tree hath brought forth wild fruit; behold, I have nourished this tree like unto the others.

26 And it came to pass that the Lord of the vineyard said unto the servant: Pluck off the branches that have not brought forth good fruit, and cast them into the fire.

27 But behold, the servant said unto him: Let us prune it, and dig about it, and nourish it a little longer, that perhaps it may bring forth good fruit unto thee, that thou canst lay it up against the season.

28 And it came to pass that the Lord of the vineyard and the servant of the Lord of the vineyard did nourish all the fruit of the vineyard.

29 And it came to pass that a long time had passed away, and the Lord of the vineyard said unto his servant: Come, let us go down into the vineyard, that we may labor again in the vineyard. For behold, the time draweth near, and the end soon cometh; wherefore, I must lay up fruit against the season, unto mine own self.

30 And it came to pass that the Lord of the vineyard and the servant went down into the vineyard; and they came to the tree whose natural branches had been broken off, and the wild branches had been grafted in; and behold all sorts of fruit did cumber the tree.

31 And it came to pass that the Lord of the vineyard did taste of the fruit, every sort according to its number. And the Lord of the vineyard said: Behold, this long time have

j'ai aussi planté une autre branche de l'arbre ; et tu sais que ce coin de terre était pire que le premier. Mais regarde l'arbre. Je l'ai nourri pendant tout ce temps, et il a donné beaucoup de fruits ; c'est pourquoi, récolte-les et amasse-les en vue de la saison, afin que je puisse me les conserver.

24 Et il arriva que le Seigneur de la vigne dit encore à son serviteur : Regarde par ici, et vois encore une autre branche que j'ai plantée ; vois que je l'ai nourrie aussi, et elle a donné des fruits.

25 Et il dit au serviteur : Regarde par ici et vois la dernière. Voici, celle-ci je l'ai plantée dans un bon coin de terre ; et je l'ai nourrie pendant tout ce temps, et il n'y a qu'une partie de l'arbre qui a donné du fruit franc, et l'autre partie de l'arbre a donné du fruit sauvage ; voici, j'ai nourri cet arbre comme les autres.

26 Et il arriva que le Seigneur de la vigne dit au serviteur : Coupe les branches qui n'ont pas donné du bon fruit, et jette-les au feu.

27 Mais voici, le serviteur lui dit : Taillons-le, et bêchons-le alentour, et nourrissons-le encore un peu, afin qu'il te donne peut-être du bon fruit, afin que tu puisses l'amasser en vue de la saison.

28 Et il arriva que le Seigneur de la vigne et le serviteur du Seigneur de la vigne nourrirent tous les fruits de la vigne.

29 Et il arriva que beaucoup de temps s'était passé, et le Seigneur de la vigne dit à son serviteur : Viens, descendons dans la vigne, afin de travailler encore dans la vigne. Car voici, le temps approche, et la fin arrive bientôt ; c'est pourquoi je dois m'amasser du fruit en vue de la saison.

30 Et il arriva que le Seigneur de la vigne et le serviteur descendirent dans la vigne ; et ils arrivèrent à l'arbre dont les branches naturelles avaient été coupées et sur lequel les branches sauvages avaient été greffées ; et voici, toutes sortes de fruits encombraient l'arbre.

31 Et il arriva que le Seigneur de la vigne goûta du fruit de chaque sorte selon son nombre. Et le Seigneur de la vigne dit : Voici, j'ai nourri cet arbre pendant tout ce

we nourished this tree, and I have laid up unto myself against the season much fruit.

32 But behold, this time it hath brought forth much fruit, and there is none of it which is good. And behold, there are all kinds of bad fruit; and it profiteth me nothing, notwithstanding all our labor; and now it grieveth me that I should lose this tree.

33 And the Lord of the vineyard said unto the servant: What shall we do unto the tree, that I may preserve again good fruit thereof unto mine own self?

34 And the servant said unto his master: Behold, because thou didst graft in the branches of the wild olive tree they have nourished the roots, that they are alive and they have not perished; wherefore thou beholdest that they are yet good.

35 And it came to pass that the Lord of the vineyard said unto his servant: The tree profiteth me nothing, and the roots thereof profit me nothing so long as it shall bring forth evil fruit.

36 Nevertheless, I know that the roots are good, and for mine own purpose I have preserved them; and because of their much strength they have hitherto brought forth, from the wild branches, good fruit.

37 But behold, the wild branches have grown and have overrun the roots thereof; and because that the wild branches have overcome the roots thereof it hath brought forth much evil fruit; and because that it hath brought forth so much evil fruit thou beholdest that it beginneth to perish; and it will soon become ripened, that it may be cast into the fire, except we should do something for it to preserve it.

38 And it came to pass that the Lord of the vineyard said unto his servant: Let us go down into the nethermost parts of the vineyard, and behold if the natural branches have also brought forth evil fruit.

39 And it came to pass that they went down into the nethermost parts of the vineyard. And it came to pass that they beheld that the fruit of the natural branches had become corrupt also; yea, the first and the second and also the last; and they had all become corrupt.

temps, et je me suis amassé beaucoup de fruits en vue de la saison.

32 Mais voici, cette fois-ci il a donné beaucoup de fruits, et il n'y en a aucun qui soit bon. Et voici, il y a toutes sortes de mauvais fruits ; et ils ne me profitent en rien, malgré tout notre travail ; et maintenant cela me peine de perdre cet arbre.

33 Et le Seigneur de la vigne dit au serviteur : Qu'allons-nous faire à l'arbre, afin que je puisse m'en conserver encore du bon fruit ?

34 Et le serviteur dit à son maître : Voici, parce que tu as greffé les branches de l'olivier sauvage, elles ont nourri les racines, de sorte qu'elles sont vivantes et n'ont pas péri ; c'est pourquoi tu vois qu'elles sont encore bonnes.

35 Et il arriva que le Seigneur de la vigne dit à son serviteur : L'arbre ne m'est d'aucun profit, et ses racines ne me sont d'aucun profit tant qu'il donnera du mauvais fruit.

36 Néanmoins, je sais que les racines sont bonnes, et c'est dans un dessein qui m'est propre que je les ai conservées ; et à cause de leur grande force, elles ont donné jusqu'à présent du bon fruit par les branches sauvages.

37 Mais voici, les branches sauvages ont poussé et l'ont emporté sur les racines ; et, parce que les branches sauvages l'ont emporté sur les racines, il a donné beaucoup de mauvais fruits ; et, parce qu'il a donné tant de mauvais fruits, tu vois qu'il commence à périr ; et il sera bientôt mûr pour être jeté au feu, si nous ne faisons pas quelque chose pour le conserver.

38 Et il arriva que le Seigneur de la vigne dit à son serviteur : Descendons dans les parties les plus basses de la vigne, et voyons si les branches naturelles ont aussi donné du mauvais fruit.

39 Et il arriva qu'ils descendirent dans les parties les plus basses de la vigne. Et il arriva qu'ils virent que le fruit des branches naturelles s'était aussi corrompu ; oui, la première et la seconde et aussi la dernière ; et elles s'étaient toutes corrompues.

40 And the wild fruit of the last had overcome that part of the tree which brought forth good fruit, even that the branch had withered away and died.

41 And it came to pass that the Lord of the vineyard wept, and said unto the servant: What could I have done more for my vineyard?

42 Behold, I knew that all the fruit of the vineyard, save it were these, had become corrupted. And now these which have once brought forth good fruit have also become corrupted; and now all the trees of my vineyard are good for nothing save it be to be hewn down and cast into the fire.

43 And behold this last, whose branch hath withered away, I did plant in a good spot of ground; yea, even that which was choice unto me above all other parts of the land of my vineyard.

44 And thou beheldest that I also cut down that which cumbered this spot of ground, that I might plant this tree in the stead thereof.

45 And thou beheldest that a part thereof brought forth good fruit, and a part thereof brought forth wild fruit; and because I plucked not the branches thereof and cast them into the fire, behold, they have overcome the good branch that it hath withered away.

46 And now, behold, notwithstanding all the care which we have taken of my vineyard, the trees thereof have become corrupted, that they bring forth no good fruit; and these I had hoped to preserve, to have laid up fruit thereof against the season, unto mine own self. But, behold, they have become like unto the wild olive tree, and they are of no worth but to be hewn down and cast into the fire; and it grieveth me that I should lose them.

47 But what could I have done more in my vineyard? Have I slackened mine hand, that I have not nourished it? Nay, I have nourished it, and I have digged about it, and I have pruned it, and I have dunged it; and I have stretched forth mine hand almost all the day long, and the end draweth nigh. And it grieveth me that I should hew down all the trees of my vineyard, and cast them into the fire that they should be burned. Who is it that has corrupted my vineyard?

40 Et le fruit sauvage de la dernière l'avait emporté sur cette partie de l'arbre qui donnait du bon fruit, de sorte que la branche s'était desséchée et était morte.

41 Et il arriva que le Seigneur de la vigne pleura et dit au serviteur : Qu'aurais-je pu faire de plus pour ma vigne ?

42 Voici, je savais que tout le fruit de la vigne s'était corrompu, à l'exception de celles-ci. Et maintenant, celles-ci, qui ont jadis donné du bon fruit, se sont aussi corrompues ; et maintenant tous les arbres de ma vigne ne sont plus bons qu'à être abattus et jetés au feu.

43 Et vois ce dernier, dont la branche est desséchée, je l'ai planté dans un bon coin de terre ; oui, celui qui était préférable pour moi à toutes les autres parties du pays de ma vigne.

44 Et tu as vu que j'ai aussi abattu ce qui encombrait ce coin de terre, afin de planter cet arbre à sa place.

45 Et tu as vu qu'une partie en a donné du bon fruit, et qu'une partie en a donné du fruit sauvage ; et parce que je n'en ai pas coupé les branches pour les jeter au feu, voici, elles l'ont emporté sur la bonne branche de sorte qu'elle s'est desséchée.

46 Et maintenant, voici, malgré tout le soin que nous avons pris de ma vigne, les arbres s'en sont corrompus, de sorte qu'ils ne donnent pas du bon fruit ; et ceux-ci, j'avais espéré les conserver, m'en amasser du fruit en vue de la saison. Mais, voici, ils sont devenus comme l'olivier sauvage, et ils ne sont plus bons qu'à être abattus et jetés au feu ; et cela me peine de les perdre.

47 Mais qu'aurais-je pu faire de plus dans ma vigne ? Ai-je laissé ma main faiblir, de sorte que je ne l'ai pas nourrie ? Non, je l'ai nourrie, et je l'ai bêchée alentour, et je l'ai taillée, et je l'ai fumée ; et j'ai étendu la main presque toute la journée, et la fin approche. Et cela me peine d'abattre tous les arbres de ma vigne et de les jeter au feu pour les brûler. Qui a bien pu corrompre ma vigne ?

48 And it came to pass that the servant said unto his master: Is it not the loftiness of thy vineyard—have not the branches thereof overcome the roots which are good? And because the branches have overcome the roots thereof, behold they grew faster than the strength of the roots, taking strength unto themselves. Behold, I say, is not this the cause that the trees of thy vineyard have become corrupted?

49 And it came to pass that the Lord of the vineyard said unto the servant: Let us go to and hew down the trees of the vineyard and cast them into the fire, that they shall not cumber the ground of my vineyard, for I have done all. What could I have done more for my vineyard?

50 But, behold, the servant said unto the Lord of the vineyard: Spare it a little longer.

51 And the Lord said: Yea, I will spare it a little longer, for it grieveth me that I should lose the trees of my vineyard.

52 Wherefore, let us take of the branches of these which I have planted in the nethermost parts of my vineyard, and let us graft them into the tree from whence they came; and let us pluck from the tree those branches whose fruit is most bitter, and graft in the natural branches of the tree in the stead thereof.

53 And this will I do that the tree may not perish, that, perhaps, I may preserve unto myself the roots thereof for mine own purpose.

54 And, behold, the roots of the natural branches of the tree which I planted whithersoever I would are yet alive; wherefore, that I may preserve them also for mine own purpose, I will take of the branches of this tree, and I will graft them in unto them. Yea, I will graft in unto them the branches of their mother tree, that I may preserve the roots also unto mine own self, that when they shall be sufficiently strong perhaps they may bring forth good fruit unto me, and I may yet have glory in the fruit of my vineyard.

55 And it came to pass that they took from the natural tree which had become wild, and grafted in unto the natural trees, which also had become wild.

56 And they also took of the natural trees which had become wild, and grafted into their mother tree.

48 Et il arriva que le serviteur dit au maître : N'est-ce pas la hauteur de ta vigne : les branches ne l'ont-elles pas emporté sur les racines, qui sont bonnes ? Et parce que les branches l'ont emporté sur les racines, voici, elles ont poussé plus vite que ne le permettait la force des racines, prenant la force pour elles. Voici, dis-je, n'est-ce pas à cause de cela que les arbres de ta vigne se sont corrompus ?

49 Et il arriva que le Seigneur de la vigne dit au serviteur : Allons, abattons les arbres de la vigne et jetons-les au feu, afin qu'ils n'encombrent plus le sol de ma vigne, car j'ai tout fait. Qu'aurais-je pu faire de plus pour ma vigne ?

50 Mais voici, le serviteur dit au Seigneur de la vigne : Épargne-la encore un peu.

51 Et le Seigneur dit : Oui, je vais l'épargner encore un peu, car cela me peine de perdre les arbres de ma vigne.

52 C'est pourquoi, prenons parmi les branches de ceux-ci que j'ai plantés dans les parties les plus basses de ma vigne, et greffons-les sur l'arbre d'où elles viennent ; et coupons de l'arbre les branches dont le fruit est le plus amer, et greffons à leur place les branches naturelles de l'arbre.

53 Et cela, je vais le faire pour que l'arbre ne périsse pas, afin de pouvoir peut-être m'en conserver les racines pour mon propre dessein.

54 Et voici, les racines des branches naturelles de l'arbre, que j'ai plantées où je le voulais, sont encore vivantes ; c'est pourquoi, afin de me les conserver aussi pour mon dessein, je vais prendre certaines des branches de cet arbre, et je vais les greffer sur elles. Oui, je vais greffer sur elles les branches de leur arbre d'origine, afin de me conserver aussi les racines, afin que, lorsqu'elles seront suffisamment fortes, elles me donnent peut-être du bon fruit, et que je tire encore gloire du fruit de ma vigne.

55 Et il arriva qu'ils prirent de l'arbre naturel, qui était devenu sauvage, et greffèrent sur les arbres naturels, qui étaient aussi devenus sauvages.

56 Et ils prirent aussi des arbres naturels, qui étaient devenus sauvages, et greffèrent sur leur arbre d'origine.

57 And the Lord of the vineyard said unto the servant: Pluck not the wild branches from the trees, save it be those which are most bitter; and in them ye shall graft according to that which I have said.

58 And we will nourish again the trees of the vineyard, and we will trim up the branches thereof; and we will pluck from the trees those branches which are ripened, that must perish, and cast them into the fire.

59 And this I do that, perhaps, the roots thereof may take strength because of their goodness; and because of the change of the branches, that the good may overcome the evil.

60 And because that I have preserved the natural branches and the roots thereof, and that I have grafted in the natural branches again into their mother tree, and have preserved the roots of their mother tree, that, perhaps, the trees of my vineyard may bring forth again good fruit; and that I may have joy again in the fruit of my vineyard, and, perhaps, that I may rejoice exceedingly that I have preserved the roots and the branches of the first fruit—

61 Wherefore, go to, and call servants, that we may labor diligently with our might in the vineyard, that we may prepare the way, that I may bring forth again the natural fruit, which natural fruit is good and the most precious above all other fruit.

62 Wherefore, let us go to and labor with our might this last time, for behold the end draweth nigh, and this is for the last time that I shall prune my vineyard.

63 Graft in the branches; begin at the last that they may be first, and that the first may be last, and dig about the trees, both old and young, the first and the last; and the last and the first, that all may be nourished once again for the last time.

64 Wherefore, dig about them, and prune them, and dung them once more, for the last time, for the end draweth nigh. And if it be so that these last grafts shall grow, and bring forth the natural fruit, then shall ye prepare the way for them, that they may grow.

65 And as they begin to grow ye shall clear away the branches which bring forth bitter fruit, according to the strength of the good

57 Et le Seigneur de la vigne dit au serviteur : Ne coupe pas les branches sauvages des arbres, sauf celles qui sont les plus amères ; et tu y grefferas selon ce que j'ai dit.

58 Et nous allons encore nourrir les arbres de la vigne, et nous allons en tailler les branches ; et nous allons couper des arbres les branches qui sont mûres, qui doivent périr, et les jeter au feu.

59 Et je fais cela, afin que peut-être les racines prennent de la force, parce qu'elles sont bonnes ; et à cause du changement des branches, afin que le bon l'emporte sur le mauvais.

60 Et parce que j'en ai conservé les branches naturelles et les racines, et que j'ai greffé les branches naturelles sur leur arbre d'origine, et ai conservé les racines de leur arbre d'origine, afin que peut-être les arbres de ma vigne donnent encore du bon fruit, et que je me réjouisse encore du fruit de ma vigne, et que peut-être je me réjouisse extrêmement d'avoir conservé les racines et les branches des premiers fruits —

61 C'est pourquoi, va, appelle les serviteurs, afin que nous travaillions diligemment de toutes nos forces dans la vigne, afin que nous préparions le chemin, afin que je puisse produire encore le fruit naturel, fruit naturel qui est bon et plus précieux que tous les autres fruits.

62 C'est pourquoi, allons, travaillons de toutes nos forces cette dernière fois, car voici, la fin approche, et c'est la dernière fois que je taille ma vigne.

63 Greffez les branches ; commencez par les dernières pour qu'elles soient les premières, et que les premières soient les dernières, et creusez alentour des arbres, vieux et jeunes, les premiers et les derniers ; et les derniers et les premiers, afin que tous soient nourris encore une fois pour la dernière fois.

64 C'est pourquoi, creusez-les donc alentour et taillez-les, et fumez-les encore pour la dernière fois, car la fin approche. Et si ces dernières greffes poussent et donnent du fruit naturel, alors vous préparerez la voie pour elles pour qu'elles puissent pousser.

65 Et lorsqu'elles commenceront à pousser, vous élaguerez les branches qui donnent du fruit amer, selon la force des bonnes et leur

and the size thereof; and ye shall not clear away the bad thereof all at once, lest the roots thereof should be too strong for the graft, and the graft thereof shall perish, and I lose the trees of my vineyard.

66 For it grieveth me that I should lose the trees of my vineyard; wherefore ye shall clear away the bad according as the good shall grow, that the root and the top may be equal in strength, until the good shall overcome the bad, and the bad be hewn down and cast into the fire, that they cumber not the ground of my vineyard; and thus will I sweep away the bad out of my vineyard.

67 And the branches of the natural tree will I graft in again into the natural tree;

68 And the branches of the natural tree will I graft into the natural branches of the tree; and thus will I bring them together again, that they shall bring forth the natural fruit, and they shall be one.

69 And the bad shall be cast away, yea, even out of all the land of my vineyard; for behold, only this once will I prune my vineyard.

70 And it came to pass that the Lord of the vineyard sent his servant; and the servant went and did as the Lord had commanded him, and brought other servants; and they were few.

71 And the Lord of the vineyard said unto them: Go to, and labor in the vineyard, with your might. For behold, this is the last time that I shall nourish my vineyard; for the end is nigh at hand, and the season speedily cometh; and if ye labor with your might with me ye shall have joy in the fruit which I shall lay up unto myself against the time which will soon come.

72 And it came to pass that the servants did go and labor with their mights; and the Lord of the vineyard labored also with them; and they did obey the commandments of the Lord of the vineyard in all things.

73 And there began to be the natural fruit again in the vineyard; and the natural branches began to grow and thrive exceedingly; and the wild branches began to be plucked off and to be cast away; and they did keep the root and the top thereof equal, according to the strength thereof.

taille ; et vous n'en élaguerez pas les mauvaises d'un seul coup, de peur que les racines ne soient trop fortes pour la greffe, et que la greffe ne périsse, et que je ne perde les arbres de ma vigne.

66 Car cela me peine de perdre les arbres de ma vigne ; c'est pourquoi, vous élaguerez les mauvaises selon que les bonnes pousseront, afin que la racine et le sommet soient égaux en force, jusqu'à ce que les bonnes l'emportent sur les mauvaises et que les mauvaises soient abattues et jetées au feu, afin qu'elles n'encombrent pas le sol de ma vigne ; et c'est ainsi que je balaierai de ma vigne celles qui sont mauvaises.

67 Et les branches de l'arbre naturel, je les grefferai encore sur l'arbre naturel ;

68 et les branches de l'arbre naturel, je les grefferai sur les branches naturelles de l'arbre ; et ainsi je les remettrai encore ensemble, afin qu'elles donnent le fruit naturel, et elles seront une.

69 Et les mauvaises seront jetées, oui, hors de tout le pays de ma vigne ; car voici, ce n'est que cette fois-ci que je vais tailler ma vigne.

70 Et il arriva que le Seigneur de la vigne envoya son serviteur ; et le serviteur alla faire ce que le Seigneur lui avait commandé, et amena d'autres serviteurs ; et ils étaient peu nombreux.

71 Et le Seigneur de la vigne leur dit : Allez, travaillez de toutes vos forces dans la vigne. Car voici, c'est la dernière fois que je nourris ma vigne ; car la fin est proche, et la saison arrive rapidement ; et si vous travaillez de toutes vos forces avec moi, vous vous réjouirez du fruit que je m'amasserai pour le temps qui va bientôt arriver.

72 Et il arriva que les serviteurs allèrent et travaillèrent de toutes leurs forces ; et le Seigneur de la vigne travailla aussi avec eux ; et ils obéirent en tout aux commandements du Seigneur de la vigne.

73 Et il recommença à y avoir du fruit naturel dans la vigne ; et les branches naturelles commencèrent à grandir et à prospérer à l'extrême ; et les branches sauvages commencèrent à être coupées et à être jetées ; et ils en gardèrent la racine et le sommet égaux, selon leur force.

74 And thus they labored, with all diligence, according to the commandments of the Lord of the vineyard, even until the bad had been cast away out of the vineyard, and the Lord had preserved unto himself that the trees had become again the natural fruit; and they became like unto one body; and the fruits were equal; and the Lord of the vineyard had preserved unto himself the natural fruit, which was most precious unto him from the beginning.

75 And it came to pass that when the Lord of the vineyard saw that his fruit was good, and that his vineyard was no more corrupt, he called up his servants, and said unto them: Behold, for this last time have we nourished my vineyard; and thou beholdest that I have done according to my will; and I have preserved the natural fruit, that it is good, even like as it was in the beginning. And blessed art thou; for because ye have been diligent in laboring with me in my vineyard, and have kept my commandments, and have brought unto me again the natural fruit, that my vineyard is no more corrupted, and the bad is cast away, behold ye shall have joy with me because of the fruit of my vineyard.

76 For behold, for a long time will I lay up of the fruit of my vineyard unto mine own self against the season, which speedily cometh; and for the last time have I nourished my vineyard, and pruned it, and dug about it, and dunged it; wherefore I will lay up unto mine own self of the fruit, for a long time, according to that which I have spoken.

77 And when the time cometh that evil fruit shall again come into my vineyard, then will I cause the good and the bad to be gathered; and the good will I preserve unto myself, and the bad will I cast away into its own place. And then cometh the season and the end; and my vineyard will I cause to be burned with fire.

74 Et c'est ainsi qu'ils travaillèrent en toute diligence, selon les commandements du Seigneur de la vigne, oui, jusqu'à ce que ce qui était mauvais eût été jeté hors de la vigne, et que le Seigneur se fût conservé les arbres, redevenus le fruit naturel ; et ils devinrent comme un seul corps ; et les fruits étaient égaux ; et le Seigneur de la vigne s'était conservé le fruit naturel, qui était extrêmement précieux pour lui depuis le commencement.

75 Et il arriva que lorsque le Seigneur de la vigne vit que son fruit était bon, et que sa vigne n'était plus corrompue, il appela ses serviteurs et leur dit : Voici, c'est la dernière fois que nous avons nourri ma vigne ; et vous voyez que j'ai fait selon ma volonté, et j'ai conservé le fruit naturel, de sorte qu'il est bon, oui, tel qu'il était au commencement. Et bénis êtes-vous, car, parce que vous avez été diligents à travailler avec moi dans ma vigne, et avez gardé mes commandements, et m'avez ramené le fruit naturel, de sorte que ma vigne n'est plus corrompue, et que ce qui est mauvais est jeté, voici, vous aurez de la joie avec moi à cause du fruit de ma vigne.

76 Car voici, je m'amasserai pendant longtemps du fruit de ma vigne, en vue de la saison qui arrive rapidement ; et c'est la dernière fois que j'ai nourri ma vigne, et que je l'ai taillée, et que je l'ai bêchée alentour, et que je l'ai fumée ; c'est pourquoi je vais m'amasser du fruit pendant longtemps, selon ce que j'ai dit.

77 Et lorsque viendra le temps où du mauvais fruit viendra encore dans ma vigne, alors je ferai rassembler le bon et le mauvais ; et le bon, je le conserverai pour moi, et le mauvais, je le jetterai en son lieu propre. Et alors vient la saison et la fin ; et ma vigne, je la ferai brûler par le feu.

CHAPTER 6

CHAPITRE 6

The Lord will recover Israel in the last days— The world will be burned with fire—Men must follow Christ to avoid the lake of fire and brimstone. About 544–421 B.C.

Le Seigneur recouvrera Israël dans les derniers jours — Le monde sera brûlé par le feu — Les hommes doivent suivre le Christ pour éviter l'étang de feu et de soufre. Vers 544–421 av. J.-C.

1 And now, behold, my brethren, as I said unto you that I would prophesy, behold, this is my prophecy—that the things which this prophet Zenos spake, concerning the house of Israel, in the which he likened them unto a tame olive tree, must surely come to pass.

2 And the day that he shall set his hand again the second time to recover his people, is the day, yea, even the last time, that the servants of the Lord shall go forth in his power, to nourish and prune his vineyard; and after that the end soon cometh.

3 And how blessed are they who have labored diligently in his vineyard; and how cursed are they who shall be cast out into their own place! And the world shall be burned with fire.

4 And how merciful is our God unto us, for he remembereth the house of Israel, both roots and branches; and he stretches forth his hands unto them all the day long; and they are a stiffnecked and a gainsaying people; but as many as will not harden their hearts shall be saved in the kingdom of God.

5 Wherefore, my beloved brethren, I beseech of you in words of soberness that ye would repent, and come with full purpose of heart, and cleave unto God as he cleaveth unto you. And while his arm of mercy is extended towards you in the light of the day, harden not your hearts.

6 Yea, today, if ye will hear his voice, harden not your hearts; for why will ye die?

7 For behold, after ye have been nourished by the good word of God all the day long, will ye bring forth evil fruit, that ye must be hewn down and cast into the fire?

8 Behold, will ye reject these words? Will ye reject the words of the prophets; and will ye reject all the words which have been spoken concerning Christ, after so many have spoken concerning him; and deny the good word of Christ, and the power of God, and the gift of the Holy Ghost, and quench the Holy Spirit, and make a mock of the great plan of redemption, which hath been laid for you?

9 Know ye not that if ye will do these things, that the power of the redemption and the resurrection, which is in Christ, will bring

1 Et maintenant, voici, mes frères, comme je vous ai dit que je prophétiserais, voici, telle est ma prophétie : que les choses que ce prophète Zénos a dites concernant la maison d'Israël, dans lesquelles il la comparait à un olivier franc, vont assurément arriver.

2 Et le jour où il étendra une seconde fois sa main pour recouvrer son peuple, est le jour, oui, la dernière fois, où les serviteurs du Seigneur iront, avec son pouvoir, nourrir et tailler sa vigne ; et après cela, la fin vient bientôt.

3 Et comme ils sont bénis, ceux qui ont travaillé diligemment dans sa vigne ! Et comme ils sont maudits, ceux qui seront rejetés en leur lieu propre ! Et le monde sera brûlé par le feu.

4 Et comme il est miséricordieux envers nous, notre Dieu, car il se souvient de la maison d'Israël, de sa racine comme de ses branches ; et il leur tend les mains toute la journée ; et ils sont un peuple au cou roide et contredisant ; mais tous ceux qui ne s'endurciront pas le cœur seront sauvés dans le royaume de Dieu.

5 C'est pourquoi, mes frères bien-aimés, je vous adjure solennellement de vous repentir, et de venir d'un cœur pleinement résolu, et de vous attacher à Dieu comme il s'attache à vous. Et tandis que le bras de sa miséricorde est étendu vers vous à la lumière du jour, ne vous endurcissez pas le cœur.

6 Oui, aujourd'hui, si vous voulez entendre sa voix, ne vous endurcissez pas le cœur ; car pourquoi voulez-vous mourir ?

7 Car voici, après avoir été nourris pendant toute la journée par la bonne parole de Dieu, donnerez-vous du mauvais fruit, de sorte que vous devrez être coupés et jetés au feu ?

8 Voici, rejetterez-vous ces paroles ? Rejetterez-vous les paroles des prophètes, et rejetterez-vous toutes les paroles qui ont été dites concernant le Christ, après qu'il y en ait eu tant qui ont parlé à son sujet ? Et nierez-vous la bonne parole du Christ, et le pouvoir de Dieu, et le don du Saint-Esprit, et éteindrez-vous l'Esprit-Saint, et tournerez-vous en dérision le grand plan de rédemption qui a été préparé pour vous ?

9 Ne savez-vous pas que si vous faites ces choses, le pouvoir de la rédemption et de la résurrection qui est dans le Christ vous

you to stand with shame and awful guilt before the bar of God?

10 And according to the power of justice, for justice cannot be denied, ye must go away into that lake of fire and brimstone, whose flames are unquenchable, and whose smoke ascendeth up forever and ever, which lake of fire and brimstone is endless torment.

11 O then, my beloved brethren, repent ye, and enter in at the strait gate, and continue in the way which is narrow, until ye shall obtain eternal life.

12 O be wise; what can I say more?

13 Finally, I bid you farewell, until I shall meet you before the pleasing bar of God, which bar striketh the wicked with awful dread and fear. Amen.

CHAPTER 7

Sherem denies Christ, contends with Jacob, demands a sign, and is smitten of God—All of the prophets have spoken of Christ and His Atonement—The Nephites lived out their days as wanderers, born in tribulation, and hated by the Lamanites. About 544–421 B.C.

1 And now it came to pass after some years had passed away, there came a man among the people of Nephi, whose name was Sherem.

2 And it came to pass that he began to preach among the people, and to declare unto them that there should be no Christ. And he preached many things which were flattering unto the people; and this he did that he might overthrow the doctrine of Christ.

3 And he labored diligently that he might lead away the hearts of the people, insomuch that he did lead away many hearts; and he knowing that I, Jacob, had faith in Christ who should come, he sought much opportunity that he might come unto me.

4 And he was learned, that he had a perfect knowledge of the language of the people; wherefore, he could use much flattery, and much power of speech, according to the power of the devil.

amènera à vous tenir avec honte et une culpabilité affreuse devant la barre de Dieu ?

10 Et selon le pouvoir de la justice, car la justice ne peut se voir opposer un refus, vous devrez vous en aller dans l'étang de feu et de soufre, dont les flammes ne s'éteignent pas, et dont la fumée monte pour toujours et à jamais, étang de feu et de soufre qui est le tourment sans fin.

11 Oh ! alors, mes frères bien-aimés, repentez-vous, et entrez par la porte étroite, et continuez sur le chemin qui est resserré, jusqu'à ce que vous obteniez la vie éternelle.

12 Oh ! ayez de la sagesse ! Que puis-je dire de plus ?

13 Finalement, je vous dis adieu jusqu'à ce que je vous rencontre devant la barre agréable de Dieu, barre qui frappe les méchants d'une peur et d'une crainte terribles. Amen.

CHAPITRE 7

Shérem nie le Christ, se querelle avec Jacob, exige un signe et est frappé par Dieu — Tous les prophètes ont parlé du Christ et de son expiation — Les Néphites sont, pendant toute leur vie, un peuple errant, né dans les tribulations et haï par les Lamanites. Vers 544–421 av. J.-C.

1 Et alors, il arriva, lorsque quelques années furent passées, qu'il vint parmi le peuple de Néphi un homme dont le nom était Shérem.

2 Et il arriva qu'il commença à prêcher parmi le peuple et à lui annoncer qu'il n'y aurait pas de Christ. Et il prêcha beaucoup de choses qui étaient flatteuses pour le peuple ; et il le faisait afin de renverser la doctrine du Christ.

3 Et il travailla diligemment à égarer le cœur du peuple, de sorte qu'il égara beaucoup de cœurs ; et sachant que moi, Jacob, j'avais foi au Christ qui devait venir, il chercha vivement une occasion d'arriver jusqu'à moi.

4 Et il était instruit, de sorte qu'il avait la connaissance parfaite de la langue du peuple ; c'est pourquoi, il pouvait user de beaucoup de flatterie et d'une grande puissance de parole, selon le pouvoir du diable.

5 And he had hope to shake me from the faith, notwithstanding the many revelations and the many things which I had seen concerning these things; for I truly had seen angels, and they had ministered unto me. And also, I had heard the voice of the Lord speaking unto me in very word, from time to time; wherefore, I could not be shaken.

6 And it came to pass that he came unto me, and on this wise did he speak unto me, saying: Brother Jacob, I have sought much opportunity that I might speak unto you; for I have heard and also know that thou goest about much, preaching that which ye call the gospel, or the doctrine of Christ.

7 And ye have led away much of this people that they pervert the right way of God, and keep not the law of Moses which is the right way; and convert the law of Moses into the worship of a being which ye say shall come many hundred years hence. And now behold, I, Sherem, declare unto you that this is blasphemy; for no man knoweth of such things; for he cannot tell of things to come. And after this manner did Sherem contend against me.

8 But behold, the Lord God poured in his Spirit into my soul, insomuch that I did confound him in all his words.

9 And I said unto him: Deniest thou the Christ who shall come? And he said: If there should be a Christ, I would not deny him; but I know that there is no Christ, neither has been, nor ever will be.

10 And I said unto him: Believest thou the scriptures? And he said, Yea.

11 And I said unto him: Then ye do not understand them; for they truly testify of Christ. Behold, I say unto you that none of the prophets have written, nor prophesied, save they have spoken concerning this Christ.

12 And this is not all—it has been made manifest unto me, for I have heard and seen; and it also has been made manifest unto me by the power of the Holy Ghost; wherefore, I know if there should be no atonement made all mankind must be lost.

13 And it came to pass that he said unto me: Show me a sign by this power of the Holy Ghost, in the which ye know so much.

14 And I said unto him: What am I that I should tempt God to show unto thee a sign

5 Et il espérait m'ébranler dans ma foi, malgré les nombreuses révélations et les nombreuses choses que j'avais vues à ce sujet ; car j'avais, en vérité, vu des anges, et ils m'avaient servi. Et j'avais aussi entendu la voix du Seigneur me parler de temps en temps avec ses propres paroles ; c'est pourquoi je ne pouvais être ébranlé.

6 Et il arriva qu'il vint à moi, et voici de quelle façon il me parla : Frère Jacob, j'ai vivement cherché une occasion de te parler ; car j'ai entendu et je sais aussi que tu te déplaces beaucoup, prêchant ce que tu appelles l'Évangile, ou la doctrine du Christ.

7 Et tu as égaré une grande partie de ce peuple, de sorte qu'il pervertit la voie droite de Dieu et ne garde pas la loi de Moïse, qui est la voie droite, et convertit la loi de Moïse en l'adoration d'un être dont tu dis qu'il viendra dans de nombreuses centaines d'années. Et maintenant, voici, moi, Shérem, je te déclare que c'est là un blasphème ; car personne ne connaît rien de tel, car on ne peut connaître les choses à venir. Et c'est de cette façon que Shérem me combattait.

8 Mais voici, le Seigneur Dieu déversa son Esprit dans mon âme, de sorte que je le confondis dans toutes ses paroles.

9 Et je lui dis : Nies-tu le Christ qui va venir ? Et il dit : S'il devait y avoir un Christ, je ne le nierais pas ; mais je sais qu'il n'y a pas de Christ, qu'il n'y en a pas eu et qu'il n'y en aura jamais.

10 Et je lui dis : Crois-tu aux Écritures ? Et il dit : Oui.

11 Et je lui dis : Alors tu ne les comprends pas, car elles témoignent, en vérité, du Christ. Voici, je te dis qu'aucun des prophètes n'a écrit ni prophétisé sans parler de ce Christ.

12 Et ce n'est pas tout : cela m'a été manifesté, car j'ai entendu et vu ; et cela m'a aussi été manifesté par le pouvoir du Saint-Esprit ; c'est pourquoi je sais que si aucune expiation n'était faite, toute l'humanité serait perdue.

13 Et il arriva qu'il me dit : Montre-moi un signe par ce pouvoir du Saint-Esprit grâce auquel tu en sais tant.

14 Et je lui dis : Que suis-je pour tenter Dieu de te montrer un signe de ce que tu sais être

in the thing which thou knowest to be true? Yet thou wilt deny it, because thou art of the devil. Nevertheless, not my will be done; but if God shall smite thee, let that be a sign unto thee that he has power, both in heaven and in earth; and also, that Christ shall come. And thy will, O Lord, be done, and not mine.

15 And it came to pass that when I, Jacob, had spoken these words, the power of the Lord came upon him, insomuch that he fell to the earth. And it came to pass that he was nourished for the space of many days.

16 And it came to pass that he said unto the people: Gather together on the morrow, for I shall die; wherefore, I desire to speak unto the people before I shall die.

17 And it came to pass that on the morrow the multitude were gathered together; and he spake plainly unto them and denied the things which he had taught them, and confessed the Christ, and the power of the Holy Ghost, and the ministering of angels.

18 And he spake plainly unto them, that he had been deceived by the power of the devil. And he spake of hell, and of eternity, and of eternal punishment.

19 And he said: I fear lest I have committed the unpardonable sin, for I have lied unto God; for I denied the Christ, and said that I believed the scriptures; and they truly testify of him. And because I have thus lied unto God I greatly fear lest my case shall be awful; but I confess unto God.

20 And it came to pass that when he had said these words he could say no more, and he gave up the ghost.

21 And when the multitude had witnessed that he spake these things as he was about to give up the ghost, they were astonished exceedingly; insomuch that the power of God came down upon them, and they were overcome that they fell to the earth.

22 Now, this thing was pleasing unto me, Jacob, for I had requested it of my Father who was in heaven; for he had heard my cry and answered my prayer.

23 And it came to pass that peace and the love of God was restored again among the people; and they searched the scriptures, and hearkened no more to the words of this wicked man.

vrai ? Pourtant tu le nieras, parce que tu es du diable. Néanmoins, que ce ne soit pas ma volonté qui soit faite ; mais si Dieu te frappe, que ce soit un signe pour toi qu'il a le pouvoir, tant au ciel que sur la terre ; et aussi que le Christ viendra. Et que ta volonté, ô Seigneur, soit faite, et non la mienne.

15 Et il arriva que lorsque moi, Jacob, j'eus dit ces paroles, la puissance du Seigneur vint sur lui, de sorte qu'il tomba par terre. Et il arriva qu'il fut nourri pendant de nombreux jours.

16 Et il arriva qu'il dit au peuple : Rassemblez-vous demain, car je vais mourir ; c'est pourquoi je désire parler au peuple avant de mourir.

17 Et il arriva que, le lendemain, la multitude se rassembla ; et il lui parla clairement et renia les choses qu'il lui avait enseignées, et confessa le Christ, et le pouvoir du Saint-Esprit, et le ministère d'anges.

18 Et il lui dit clairement qu'il avait été trompé par le pouvoir du diable. Et il parla de l'enfer, et de l'éternité, et du châtiment éternel.

19 Et il dit : Je crains d'avoir commis le péché impardonnable, car j'ai menti à Dieu ; car j'ai nié le Christ et dit que je croyais aux Écritures ; et elles témoignent, en vérité, de lui. Et parce que j'ai ainsi menti à Dieu, je crains beaucoup que mon état ne soit affreux ; mais je me confesse à Dieu.

20 Et il arriva que lorsqu'il eut dit ces paroles, il ne put en dire davantage et rendit l'esprit.

21 Et lorsque la multitude eut été témoin de ce qu'il disait ces choses alors qu'il était sur le point de rendre l'esprit, elle fut extrêmement étonnée, de sorte que le pouvoir de Dieu tomba sur elle et qu'elle fut accablée au point de tomber par terre.

22 Or, cela m'était agréable, à moi, Jacob, car je l'avais demandé à mon Père qui était au ciel ; car il avait entendu mon cri et exaucé ma prière.

23 Et il arriva que la paix et l'amour de Dieu furent de nouveau rétablis parmi le peuple ; et il sonda les Écritures et n'écouta plus les paroles de ce méchant homme.

24 And it came to pass that many means were devised to reclaim and restore the Lamanites to the knowledge of the truth; but it all was vain, for they delighted in wars and bloodshed, and they had an eternal hatred against us, their brethren. And they sought by the power of their arms to destroy us continually.

25 Wherefore, the people of Nephi did fortify against them with their arms, and with all their might, trusting in the God and rock of their salvation; wherefore, they became as yet, conquerors of their enemies.

26 And it came to pass that I, Jacob, began to be old; and the record of this people being kept on the other plates of Nephi, wherefore, I conclude this record, declaring that I have written according to the best of my knowledge, by saying that the time passed away with us, and also our lives passed away like as it were unto us a dream, we being a lonesome and a solemn people, wanderers, cast out from Jerusalem, born in tribulation, in a wilderness, and hated of our brethren, which caused wars and contentions; wherefore, we did mourn out our days.

27 And I, Jacob, saw that I must soon go down to my grave; wherefore, I said unto my son Enos: Take these plates. And I told him the things which my brother Nephi had commanded me, and he promised obedience unto the commands. And I make an end of my writing upon these plates, which writing has been small; and to the reader I bid farewell, hoping that many of my brethren may read my words. Brethren, adieu.

24 Et il arriva que beaucoup de moyens furent imaginés pour ramener les Lamanites et leur rendre la connaissance de la vérité ; mais tout fut vain, car ils mettaient leurs délices dans les guerres et l'effusion de sang, et ils avaient une haine éternelle contre nous, leurs frères. Et ils cherchaient continuellement à nous détruire par la puissance de leurs armes.

25 C'est pourquoi, le peuple de Néphi se fortifia contre eux avec ses armes, et avec toutes ses forces, ayant confiance dans le Dieu et le rocher de son salut ; c'est pourquoi il a été jusqu'à présent vainqueur de ses ennemis.

26 Et il arriva que moi, Jacob, je commençai à être vieux ; et les annales de ce peuple étant tenues sur les autres plaques de Néphi, c'est pourquoi, je termine ces annales-ci, déclarant que j'ai écrit au mieux de ma connaissance, en disant que le temps a passé pour nous, et aussi que notre vie a passé pour nous comme un rêve, nous qui sommes un peuple solitaire et grave, un peuple errant, chassé de Jérusalem, né dans les tribulations, dans un désert, et haï de nos frères, ce qui a causé des guerres et des querelles ; c'est pourquoi notre vie n'a été qu'une longue lamentation.

27 Et moi, Jacob, je vis que je devrais bientôt descendre dans la tombe ; c'est pourquoi je dis à mon fils Énos : Prends ces plaques. Et je lui dis les choses que mon frère Néphi m'avait commandées, et il promit d'obéir à ce qui était commandé. Et je finis mes écrits sur ces plaques-ci, écrits qui ont été peu de chose ; et je dis adieu au lecteur, espérant que beaucoup de mes frères pourront lire mes paroles. Frères, adieu.

THE BOOK OF ENOS

CHAPTER 1

Enos prays mightily and gains a remission of his sins—The voice of the Lord comes into his mind, promising salvation for the Lamanites in a future day—The Nephites sought to reclaim the Lamanites—Enos rejoices in his Redeemer. About 420 B.C.

LIVRE D'ÉNOS

CHAPITRE 1

Énos prie avec ferveur et obtient le pardon de ses péchés — La voix du Seigneur parvient à son esprit, promettant le salut pour les Lamanites à une époque future — Les Néphites cherchent à ramener les Lamanites — Énos se réjouit de son Rédempteur. Vers 420 av. J.-C.

1 Behold, it came to pass that I, Enos, knowing my father that he was a just man—for he taught me in his language, and also in the nurture and admonition of the Lord—and blessed be the name of my God for it—

2 And I will tell you of the wrestle which I had before God, before I received a remission of my sins.

3 Behold, I went to hunt beasts in the forests; and the words which I had often heard my father speak concerning eternal life, and the joy of the saints, sunk deep into my heart.

4 And my soul hungered; and I kneeled down before my Maker, and I cried unto him in mighty prayer and supplication for mine own soul; and all the day long did I cry unto him; yea, and when the night came I did still raise my voice high that it reached the heavens.

5 And there came a voice unto me, saying: Enos, thy sins are forgiven thee, and thou shalt be blessed.

6 And I, Enos, knew that God could not lie; wherefore, my guilt was swept away.

7 And I said: Lord, how is it done?

8 And he said unto me: Because of thy faith in Christ, whom thou hast never before heard nor seen. And many years pass away before he shall manifest himself in the flesh; wherefore, go to, thy faith hath made thee whole.

9 Now, it came to pass that when I had heard these words I began to feel a desire for the welfare of my brethren, the Nephites; wherefore, I did pour out my whole soul unto God for them.

10 And while I was thus struggling in the spirit, behold, the voice of the Lord came into my mind again, saying: I will visit thy brethren according to their diligence in keeping my commandments. I have given unto them this land, and it is a holy land; and I curse it not save it be for the cause of iniquity; wherefore, I will visit thy brethren according as I have said; and their transgressions will I bring down with sorrow upon their own heads.

11 And after I, Enos, had heard these words, my faith began to be unshaken in the Lord;

1 Voici, il arriva que moi, Énos, sachant que mon père était un juste — car il m'instruisit dans sa langue, et aussi en me corrigeant et en m'avertissant selon le Seigneur — et béni soit le nom de mon Dieu pour cela —

2 et je vais vous parler de la lutte que je soutins devant Dieu, avant de recevoir le pardon de mes péchés.

3 Voici, j'allai chasser des bêtes dans les forêts ; et les paroles que j'avais souvent entendu mon père dire concernant la vie éternelle et la joie des saints pénétraient profondément mon cœur.

4 Et mon âme était affamée ; et je m'agenouillai devant mon Créateur et je criai vers lui en une prière et une supplication ferventes pour mon âme ; et je criai vers lui toute la journée ; oui, et lorsque vint la nuit, j'élevais toujours très haut la voix, de sorte qu'elle atteignit les cieux.

5 Et une voix me parvint, disant : Énos, tes péchés te sont pardonnés, et tu seras béni.

6 Et moi, Énos, je savais que Dieu ne pouvait mentir ; c'est pourquoi, ma culpabilité était balayée.

7 Et je dis : Seigneur, comment cela se fait-il ?

8 Et il me dit : À cause de ta foi au Christ, que tu n'as encore jamais entendu ni vu. Et beaucoup d'années passeront avant qu'il ne se manifeste dans la chair ; c'est pourquoi, va, ta foi t'a purifié.

9 Or, il arriva que lorsque j'eus entendu ces paroles, je commençai à éprouver du désir pour le bien-être de mes frères, les Néphites ; c'est pourquoi je déversai mon âme tout entière à Dieu pour eux.

10 Et pendant que je luttais ainsi spirituellement, voici, la voix du Seigneur parvint encore à mon esprit, disant : J'interviendrai à l'égard de tes frères selon leur diligence à garder mes commandements. Je leur ai donné cette terre, et c'est une terre sainte ; et je ne la maudis pas, sauf pour cause d'iniquité ; c'est pourquoi j'interviendrai à l'égard de tes frères selon ce que j'ai dit ; et leurs transgressions, je les ferai retomber avec de la tristesse sur leur propre tête.

11 Et lorsque moi, Énos, j'eus entendu ces paroles, ma foi au Seigneur commença à être inébranlable ; et je le priai avec beaucoup de

and I prayed unto him with many long strugglings for my brethren, the Lamanites.

12 And it came to pass that after I had prayed and labored with all diligence, the Lord said unto me: I will grant unto thee according to thy desires, because of thy faith.

13 And now behold, this was the desire which I desired of him—that if it should so be, that my people, the Nephites, should fall into transgression, and by any means be destroyed, and the Lamanites should not be destroyed, that the Lord God would preserve a record of my people, the Nephites; even if it so be by the power of his holy arm, that it might be brought forth at some future day unto the Lamanites, that, perhaps, they might be brought unto salvation—

14 For at the present our strugglings were vain in restoring them to the true faith. And they swore in their wrath that, if it were possible, they would destroy our records and us, and also all the traditions of our fathers.

15 Wherefore, I knowing that the Lord God was able to preserve our records, I cried unto him continually, for he had said unto me: Whatsoever thing ye shall ask in faith, believing that ye shall receive in the name of Christ, ye shall receive it.

16 And I had faith, and I did cry unto God that he would preserve the records; and he covenanted with me that he would bring them forth unto the Lamanites in his own due time.

17 And I, Enos, knew it would be according to the covenant which he had made; wherefore my soul did rest.

18 And the Lord said unto me: Thy fathers have also required of me this thing; and it shall be done unto them according to their faith; for their faith was like unto thine.

19 And now it came to pass that I, Enos, went about among the people of Nephi, prophesying of things to come, and testifying of the things which I had heard and seen.

20 And I bear record that the people of Nephi did seek diligently to restore the Lamanites unto the true faith in God. But our labors were vain; their hatred was fixed, and they were led by their evil nature that they became wild, and ferocious, and a blood-thirsty people, full of idolatry and

longues luttes pour mes frères, les Lamanites.

12 Et il arriva que lorsque j'eus prié et travaillé en toute diligence, le Seigneur me dit : Je vais t'accorder selon ton désir, à cause de ta foi.

13 Et alors, voici ce que je désirais de lui : que si mon peuple, les Néphites, tombait en transgression et était détruit d'une quelconque manière et que les Lamanites ne fussent pas détruits, que le Seigneur Dieu préservât des annales de mon peuple, les Néphites ; même si ce devait être par la puissance de son saint bras, qu'elles pussent être apportées un jour futur aux Lamanites, afin qu'ils fussent peut-être amenés au salut :

14 car, en ce moment, nos efforts pour les ramener à la vraie foi étaient vains. Et ils juraient dans leur colère que, si c'était possible, ils nous détruiraient, nos annales et nous, et aussi toutes les traditions de nos pères.

15 C'est pourquoi, sachant que le Seigneur Dieu était capable de préserver nos annales, je criai vers lui continuellement, car il m'avait dit : Tout ce que tu demanderas avec foi, croyant que tu le recevras au nom du Christ, tu le recevras.

16 Et j'avais la foi, et je criai à Dieu pour qu'il préservât les annales ; et il fit alliance avec moi qu'il les apporterait aux Lamanites lorsqu'il le jugerait bon.

17 Et moi, Énos, je sus qu'il en serait selon l'alliance qu'il avait faite ; c'est pourquoi mon âme s'apaisa.

18 Et le Seigneur me dit : Tes pères ont aussi requis cela de moi ; et il leur sera fait selon leur foi, car leur foi était semblable à la tienne.

19 Et alors il arriva que moi, Énos, j'allai parmi le peuple de Néphi, prophétisant concernant les choses à venir et témoignant des choses que j'avais entendues et vues.

20 Et je rends témoignage que le peuple de Néphi chercha diligemment à ramener les Lamanites à la vraie foi en Dieu. Mais nos efforts furent vains ; leur haine était irréductible, et ils étaient conduits par leur nature mauvaise, de sorte qu'ils devinrent

filthiness; feeding upon beasts of prey; dwelling in tents, and wandering about in the wilderness with a short skin girdle about their loins and their heads shaven; and their skill was in the bow, and in the cimeter, and the ax. And many of them did eat nothing save it was raw meat; and they were continually seeking to destroy us.

21 And it came to pass that the people of Nephi did till the land, and raise all manner of grain, and of fruit, and flocks of herds, and flocks of all manner of cattle of every kind, and goats, and wild goats, and also many horses.

22 And there were exceedingly many prophets among us. And the people were a stiffnecked people, hard to understand.

23 And there was nothing save it was exceeding harshness, preaching and prophesying of wars, and contentions, and destructions, and continually reminding them of death, and the duration of eternity, and the judgments and the power of God, and all these things—stirring them up continually to keep them in the fear of the Lord. I say there was nothing short of these things, and exceedingly great plainness of speech, would keep them from going down speedily to destruction. And after this manner do I write concerning them.

24 And I saw wars between the Nephites and Lamanites in the course of my days.

25 And it came to pass that I began to be old, and an hundred and seventy and nine years had passed away from the time that our father Lehi left Jerusalem.

26 And I saw that I must soon go down to my grave, having been wrought upon by the power of God that I must preach and prophesy unto this people, and declare the word according to the truth which is in Christ. And I have declared it in all my days, and have rejoiced in it above that of the world.

27 And I soon go to the place of my rest, which is with my Redeemer; for I know that in him I shall rest. And I rejoice in the day when my mortal shall put on immortality, and shall stand before him; then shall I see his face with pleasure, and he will say unto

sauvages, et féroces, et un peuple sanguinaire, plein d'idolâtrie et de souillure, se nourrissant de bêtes de proie, demeurant sous des tentes, et errant çà et là dans le désert avec une courte ceinture de peau autour des reins et la tête rasée ; et leur adresse était dans l'arc, et dans le cimeterre, et la hache. Et beaucoup d'entre eux ne mangeaient que de la viande crue ; et ils cherchaient continuellement à nous détruire.

21 Et il arriva que le peuple de Néphi laboura la terre, et cultiva toutes sortes de grains, et de fruits, et éleva de nombreux troupeaux, et des troupeaux de toutes sortes de bétail de toute espèce, et des chèvres, et des chèvres sauvages, et aussi beaucoup de chevaux.

22 Et il y avait un nombre extrêmement grand de prophètes parmi nous. Et le peuple était un peuple au cou roide, dur d'entendement.

23 Et il n'y avait rien, sinon une extrême sévérité, et la prédication et la prédiction de guerres, et de querelles, et de destructions, et de leur rappeler continuellement la mort, et la durée de l'éternité, et les jugements et le pouvoir de Dieu, et toutes ces choses — les aiguillonner continuellement pour les garder dans la crainte du Seigneur — je dis qu'il n'y avait rien moins que ces choses, et des paroles d'une extrême clarté, qui pût les empêcher de déchoir rapidement vers la destruction. Et c'est de la sorte que j'écris à leur sujet.

24 Et j'ai vu dans le cours de ma vie des guerres entre les Néphites et les Lamanites.

25 Et il arriva que je commençai à être vieux, et cent soixante-dix-neuf ans étaient passés depuis le moment où notre père Léhi avait quitté Jérusalem.

26 Et je vis que j'allais bientôt descendre dans la tombe, ayant été poussé par le pouvoir de Dieu à prêcher et à prophétiser ce peuple, et à annoncer la parole, selon la vérité qui est dans le Christ. Et je l'ai annoncée toute ma vie, et je m'en suis réjoui plus que de toute autre chose au monde.

27 Et je vais bientôt à mon lieu de repos, qui est avec mon Rédempteur ; car je sais qu'en lui j'aurai le repos. Et je me réjouis en pensant au jour où mon corps mortel revêtira l'immortalité et se tiendra devant lui ; alors je verrai sa face avec plaisir, et il me dira :

me: Come unto me, ye blessed, there is a place prepared for you in the mansions of my Father. Amen.

THE BOOK OF JAROM

CHAPTER 1

The Nephites keep the law of Moses, look forward to the coming of Christ, and prosper in the land—Many prophets labor to keep the people in the way of truth. About 399–361 B.C.

1 Now behold, I, Jarom, write a few words according to the commandment of my father, Enos, that our genealogy may be kept.

2 And as these plates are small, and as these things are written for the intent of the benefit of our brethren the Lamanites, wherefore, it must needs be that I write a little; but I shall not write the things of my prophesying, nor of my revelations. For what could I write more than my fathers have written? For have not they revealed the plan of salvation? I say unto you, Yea; and this sufficeth me.

3 Behold, it is expedient that much should be done among this people, because of the hardness of their hearts, and the deafness of their ears, and the blindness of their minds, and the stiffness of their necks; nevertheless, God is exceedingly merciful unto them, and has not as yet swept them off from the face of the land.

4 And there are many among us who have many revelations, for they are not all stiffnecked. And as many as are not stiffnecked and have faith, have communion with the Holy Spirit, which maketh manifest unto the children of men, according to their faith.

5 And now, behold, two hundred years had passed away, and the people of Nephi had waxed strong in the land. They observed to keep the law of Moses and the sabbath day holy unto the Lord. And they profaned not; neither did they blaspheme. And the laws of the land were exceedingly strict.

Viens à moi, béni, il y a une place préparée pour toi dans les demeures de mon Père. Amen.

LIVRE DE JAROM

CHAPITRE 1

Les Néphites gardent la loi de Moïse, espèrent en la venue du Christ et prospèrent dans le pays — Beaucoup de prophètes travaillent à garder le peuple sur le chemin de la vérité. Vers 399–361 av. J.-C.

1 Maintenant voici, moi, Jarom, j'écris quelques mots selon le commandement de mon père, Énos, afin que notre généalogie soit préservée.

2 Et comme ces plaques sont petites, et comme ces choses sont écrites pour le profit de nos frères, les Lamanites, c'est pourquoi, il faut que j'écrive un peu ; mais je ne vais pas écrire ce qui vient de mes prophéties, ni de mes révélations. Car que pourrais-je écrire de plus que ce que mes pères ont écrit ? Car n'ont-ils pas révélé le plan de salut ? Je vous le dis : oui ; et cela me suffit.

3 Voici, il est nécessaire que beaucoup soit fait parmi ce peuple, à cause de l'endurcissement de son cœur, et de la surdité de ses oreilles, et de l'aveuglement de son esprit, et de la roideur de son cou ; néanmoins, Dieu est extrêmement miséricordieux envers lui et ne l'a pas encore balayé de la surface du pays.

4 Et il y en a beaucoup parmi nous qui ont beaucoup de révélations, car ils n'ont pas tous le cou roide. Et tous ceux qui n'ont pas le cou roide et ont la foi sont en communion avec l'Esprit-Saint, qui se manifeste aux enfants des hommes selon leur foi.

5 Et alors, voici, deux cents ans étaient passés, et le peuple de Néphi était devenu fort dans le pays. Il s'appliquait à garder la loi de Moïse et à sanctifier le jour du sabbat pour le Seigneur. Et il ne s'adonnait ni à la profanation, ni au blasphème. Et les lois du pays étaient extrêmement strictes.

6 And they were scattered upon much of the face of the land, and the Lamanites also. And they were exceedingly more numerous than were they of the Nephites; and they loved murder and would drink the blood of beasts.

7 And it came to pass that they came many times against us, the Nephites, to battle. But our kings and our leaders were mighty men in the faith of the Lord; and they taught the people the ways of the Lord; wherefore, we withstood the Lamanites and swept them away out of our lands, and began to fortify our cities, or whatsoever place of our inheritance.

8 And we multiplied exceedingly, and spread upon the face of the land, and became exceedingly rich in gold, and in silver, and in precious things, and in fine workmanship of wood, in buildings, and in machinery, and also in iron and copper, and brass and steel, making all manner of tools of every kind to till the ground, and weapons of war—yea, the sharp pointed arrow, and the quiver, and the dart, and the javelin, and all preparations for war.

9 And thus being prepared to meet the Lamanites, they did not prosper against us. But the word of the Lord was verified, which he spake unto our fathers, saying that: Inasmuch as ye will keep my commandments ye shall prosper in the land.

10 And it came to pass that the prophets of the Lord did threaten the people of Nephi, according to the word of God, that if they did not keep the commandments, but should fall into transgression, they should be destroyed from off the face of the land.

11 Wherefore, the prophets, and the priests, and the teachers, did labor diligently, exhorting with all long-suffering the people to diligence; teaching the law of Moses, and the intent for which it was given; persuading them to look forward unto the Messiah, and believe in him to come as though he already was. And after this manner did they teach them.

12 And it came to pass that by so doing they kept them from being destroyed upon the face of the land; for they did prick their hearts with the word, continually stirring them up unto repentance.

6 Et il était dispersé sur une grande partie de la surface du pays, et les Lamanites aussi. Et ils étaient extrêmement plus nombreux que ceux qui étaient Néphites ; et ils aimaient le meurtre et allaient jusqu'à boire le sang des bêtes.

7 Et il arriva qu'ils vinrent de nombreuses fois nous livrer bataille, à nous, les Néphites. Mais nos rois et nos dirigeants étaient des hommes puissants dans la foi au Seigneur ; et ils enseignaient au peuple les voies du Seigneur ; c'est pourquoi nous résistâmes aux Lamanites et les balayâmes de nos pays, et commençâmes à fortifier nos villes, ou le lieu de notre héritage, quel qu'il fût.

8 Et nous nous multipliâmes extrêmement, et nous répandîmes sur la surface du pays, et devînmes extrêmement riches en or, et en argent, et en choses précieuses, et en beaux ouvrages de bois, en bâtiments, et en machines, et aussi en fer et en cuivre, et en airain et en acier, faisant toutes sortes d'outils de toute espèce pour cultiver la terre, et des armes de guerre — oui, la flèche à la pointe acérée, et le carquois, et le dard, et le javelot, et tous les préparatifs de guerre.

9 Et comme nous étions ainsi préparés à rencontrer les Lamanites, ils ne prospérèrent pas contre nous. Mais la parole que le Seigneur avait dite à nos pères se confirma : Si vous gardez mes commandements, vous prospérerez dans le pays.

10 Et il arriva que les prophètes du Seigneur menacèrent le peuple de Néphi, selon la parole de Dieu, que s'il ne gardait pas les commandements, mais tombait dans la transgression, il serait détruit et balayé de la surface du pays.

11 C'est pourquoi, les prophètes, et les prêtres, et les instructeurs travaillaient diligemment, exhortant, en toute longanimité, le peuple à la diligence ; enseignant la loi de Moïse et le but dans lequel elle était donnée, le persuadant d'attendre le Messie et de croire en lui, qui était à venir, comme s'il était déjà. Et c'est de cette manière qu'ils l'instruisaient.

12 Et il arriva qu'en faisant cela, ils l'empêchèrent d'être détruit sur la surface du pays ; car ils lui touchaient vivement le cœur par la parole, l'incitant continuellement au repentir.

13 And it came to pass that two hundred and thirty and eight years had passed away—after the manner of wars, and contentions, and dissensions, for the space of much of the time.

14 And I, Jarom, do not write more, for the plates are small. But behold, my brethren, ye can go to the other plates of Nephi; for behold, upon them the records of our wars are engraven, according to the writings of the kings, or those which they caused to be written.

15 And I deliver these plates into the hands of my son Omni, that they may be kept according to the commandments of my fathers.

13 Et il arriva que deux cent trente-huit ans étaient passés, avec des guerres, et des querelles, et des dissensions pendant une grande partie du temps.

14 Et moi, Jarom, je n'en écris pas davantage, car les plaques sont petites. Mais voici, mes frères, vous pouvez consulter les autres plaques de Néphi ; car voici, les annales de nos guerres y sont gravées, selon les écrits des rois, ou ceux qu'ils ont fait écrire.

15 Et je remets ces plaques entre les mains de mon fils Omni, afin qu'elles soient gardées selon les commandements de mes pères.

THE BOOK OF OMNI

CHAPTER 1

Omni, Amaron, Chemish, Abinadom, and Amaleki, each in turn, keep the records—Mosiah discovers the people of Zarahemla, who came from Jerusalem in the days of Zedekiah—Mosiah is made king over them—The descendants of Mulek at Zarahemla had discovered Coriantumr, the last of the Jaredites—King Benjamin succeeds Mosiah—Men should offer their souls as an offering to Christ. About 323–130 B.C.

1 Behold, it came to pass that I, Omni, being commanded by my father, Jarom, that I should write somewhat upon these plates, to preserve our genealogy—

2 Wherefore, in my days, I would that ye should know that I fought much with the sword to preserve my people, the Nephites, from falling into the hands of their enemies, the Lamanites. But behold, I of myself am a wicked man, and I have not kept the statutes and the commandments of the Lord as I ought to have done.

3 And it came to pass that two hundred and seventy and six years had passed away, and we had many seasons of peace; and we had many seasons of serious war and bloodshed. Yea, and in fine, two hundred and eighty and two years had passed away, and I had

LIVRE D'OMNI

CHAPITRE 1

Omni, Amaron, Chémish, Abinadom et Amaléki gardent, tour à tour, les annales — Mosiah découvre le peuple de Zarahemla, qui vint de Jérusalem du temps de Sédécias — Mosiah devient son roi — Les descendants de Mulek à Zarahemla avaient découvert Coriantumr, dernier des Jarédites — Le roi Benjamin succède à Mosiah — Les hommes doivent faire offrande de leur âme au Christ. Vers 323–130 av. J.-C.

1 Voici, il arriva que moi, Omni, ayant reçu de mon père, Jarom, le commandement d'écrire quelque peu sur ces plaques pour préserver notre généalogie —

2 C'est pourquoi, je voudrais que vous sachiez que, pendant ma vie, j'ai beaucoup combattu par l'épée pour empêcher mon peuple, les Néphites, de tomber entre les mains de ses ennemis, les Lamanites. Mais voici, je suis personnellement un méchant homme, et je n'ai pas gardé les prescriptions et les commandements du Seigneur comme j'aurais dû le faire.

3 Et il arriva que deux cent soixante-seize ans étaient passés, et nous avions eu beaucoup de périodes de paix ; et nous avions eu beaucoup de périodes de grandes guerres et de grandes effusions de sang. Oui, en bref, deux cent quatre-vingt-deux ans

kept these plates according to the commandments of my fathers; and I conferred them upon my son Amaron. And I make an end.

4 And now I, Amaron, write the things whatsoever I write, which are few, in the book of my father.

5 Behold, it came to pass that three hundred and twenty years had passed away, and the more wicked part of the Nephites were destroyed.

6 For the Lord would not suffer, after he had led them out of the land of Jerusalem and kept and preserved them from falling into the hands of their enemies, yea, he would not suffer that the words should not be verified, which he spake unto our fathers, saying that: Inasmuch as ye will not keep my commandments ye shall not prosper in the land.

7 Wherefore, the Lord did visit them in great judgment; nevertheless, he did spare the righteous that they should not perish, but did deliver them out of the hands of their enemies.

8 And it came to pass that I did deliver the plates unto my brother Chemish.

9 Now I, Chemish, write what few things I write, in the same book with my brother; for behold, I saw the last which he wrote, that he wrote it with his own hand; and he wrote it in the day that he delivered them unto me. And after this manner we keep the records, for it is according to the commandments of our fathers. And I make an end.

10 Behold, I, Abinadom, am the son of Chemish. Behold, it came to pass that I saw much war and contention between my people, the Nephites, and the Lamanites; and I, with my own sword, have taken the lives of many of the Lamanites in the defence of my brethren.

11 And behold, the record of this people is engraven upon plates which is had by the kings, according to the generations; and I know of no revelation save that which has been written, neither prophecy; wherefore, that which is sufficient is written. And I make an end.

12 Behold, I am Amaleki, the son of Abinadom. Behold, I will speak unto you somewhat concerning Mosiah, who was made king over the land of Zarahemla; for

étaient passés, et j'avais gardé ces plaques selon les commandements de mes pères ; et je les ai confiées à mon fils Amaron. Et je finis.

4 Et maintenant, moi, Amaron, j'écris les choses que j'écris, qui sont peu nombreuses, dans le livre de mon père.

5 Voici, il arriva que trois cent vingt ans étaient passés, et la partie la plus méchante des Néphites fut détruite.

6 Car le Seigneur ne voulut pas souffrir, après les avoir fait sortir du pays de Jérusalem et les avoir gardés et empêchés de tomber entre les mains de leurs ennemis, oui, il ne voulut pas souffrir que les paroles qu'il avait dites à nos pères ne fussent pas confirmées, celles qui disaient : Si vous ne gardez pas mes commandements, vous ne prospérerez pas dans le pays.

7 C'est pourquoi, le Seigneur les châtia par un grand jugement ; néanmoins, il épargna les justes pour qu'ils ne périssent pas, mais les délivra des mains de leurs ennemis.

8 Et il arriva que je remis les plaques à mon frère Chémish.

9 Maintenant, moi, Chémish, j'écris le peu de choses que j'écris dans le même livre, avec mon frère ; car voici, j'ai vu que la dernière chose qu'il a écrite, il l'a écrite de sa propre main ; et il l'a écrite le jour où il me les a remises. Et c'est de cette manière que nous tenons les annales, car c'est selon les commandements de nos pères. Et je finis.

10 Voici, moi, Abinadom, je suis le fils de Chémish. Voici, il arriva que je vis beaucoup de guerres et de querelles entre mon peuple, les Néphites, et les Lamanites ; et moi, de ma propre épée, j'ai ôté la vie à beaucoup de Lamanites en défendant mes frères.

11 Et voici, les annales de ce peuple sont gravées sur des plaques qui sont détenues par les rois, selon les générations ; et je n'ai connaissance d'aucune révélation, sauf de ce qui a été écrit, ni d'aucune prophétie ; c'est pourquoi, ce qui est écrit suffit. Et je finis.

12 Voici, je suis Amaléki, fils d'Abinadom. Voici, je vais vous parler quelque peu de Mosiah, qui fut proclamé roi sur le pays de Zarahemla ; car voici, averti par le Seigneur

behold, he being warned of the Lord that he should flee out of the land of Nephi, and as many as would hearken unto the voice of the Lord should also depart out of the land with him, into the wilderness—

13 And it came to pass that he did according as the Lord had commanded him. And they departed out of the land into the wilderness, as many as would hearken unto the voice of the Lord; and they were led by many preachings and prophesyings. And they were admonished continually by the word of God; and they were led by the power of his arm, through the wilderness until they came down into the land which is called the land of Zarahemla.

14 And they discovered a people, who were called the people of Zarahemla. Now, there was great rejoicing among the people of Zarahemla; and also Zarahemla did rejoice exceedingly, because the Lord had sent the people of Mosiah with the plates of brass which contained the record of the Jews.

15 Behold, it came to pass that Mosiah discovered that the people of Zarahemla came out from Jerusalem at the time that Zedekiah, king of Judah, was carried away captive into Babylon.

16 And they journeyed in the wilderness, and were brought by the hand of the Lord across the great waters, into the land where Mosiah discovered them; and they had dwelt there from that time forth.

17 And at the time that Mosiah discovered them, they had become exceedingly numerous. Nevertheless, they had had many wars and serious contentions, and had fallen by the sword from time to time; and their language had become corrupted; and they had brought no records with them; and they denied the being of their Creator; and Mosiah, nor the people of Mosiah, could understand them.

18 But it came to pass that Mosiah caused that they should be taught in his language. And it came to pass that after they were taught in the language of Mosiah, Zarahemla gave a genealogy of his fathers, according to his memory; and they are written, but not in these plates.

qu'il devait s'enfuir du pays de Néphi, et que tous ceux qui voulaient écouter la voix du Seigneur devaient aussi quitter le pays avec lui, et entrer dans le désert —

13 il arriva qu'il fit ce que le Seigneur lui avait commandé. Et ils quittèrent le pays et entrèrent dans le désert, tous ceux qui voulaient écouter la voix du Seigneur ; et ils furent conduits par beaucoup de prédications et de prophéties. Et ils furent continuellement avertis par la parole de Dieu ; et ils furent conduits par la puissance de son bras à travers le désert, jusqu'au moment où ils descendirent au pays qui est appelé le pays de Zarahemla.

14 Et ils découvrirent un peuple qui était appelé le peuple de Zarahemla. Or, il y eut une grande allégresse parmi le peuple de Zarahemla ; et Zarahemla aussi fut dans une allégresse extrême, parce que le Seigneur avait envoyé le peuple de Mosiah avec les plaques d'airain qui contenaient les annales des Juifs.

15 Voici, il arriva que Mosiah découvrit que le peuple de Zarahemla était sorti de Jérusalem à l'époque où Sédécias, roi de Juda, fut emmené captif à Babylone.

16 Et ils voyagèrent dans le désert, et furent amenés par la main du Seigneur de l'autre côté des grandes eaux, au pays où Mosiah les découvrit ; et ils y demeuraient depuis ce temps-là.

17 Et au moment où Mosiah les découvrit, ils étaient devenus extrêmement nombreux. Néanmoins, ils avaient eu beaucoup de guerres et de graves querelles, et étaient tombés de temps en temps par l'épée ; et leur langue s'était corrompue ; et ils n'avaient pas apporté d'annales avec eux ; et ils niaient l'existence de leur Créateur ; et ni Mosiah, ni le peuple de Mosiah ne pouvaient les comprendre.

18 Mais il arriva que Mosiah leur fit enseigner sa langue. Et il arriva que lorsque la langue de Mosiah leur eut été enseignée, Zarahemla donna la généalogie de ses pères, selon sa mémoire ; et elle est écrite, mais pas sur ces plaques-ci.

19 And it came to pass that the people of Zarahemla, and of Mosiah, did unite together; and Mosiah was appointed to be their king.

20 And it came to pass in the days of Mosiah, there was a large stone brought unto him with engravings on it; and he did interpret the engravings by the gift and power of God.

21 And they gave an account of one Coriantumr, and the slain of his people. And Coriantumr was discovered by the people of Zarahemla; and he dwelt with them for the space of nine moons.

22 It also spake a few words concerning his fathers. And his first parents came out from the tower, at the time the Lord confounded the language of the people; and the severity of the Lord fell upon them according to his judgments, which are just; and their bones lay scattered in the land northward.

23 Behold, I, Amaleki, was born in the days of Mosiah; and I have lived to see his death; and Benjamin, his son, reigneth in his stead.

24 And behold, I have seen, in the days of king Benjamin, a serious war and much bloodshed between the Nephites and the Lamanites. But behold, the Nephites did obtain much advantage over them; yea, insomuch that king Benjamin did drive them out of the land of Zarahemla.

25 And it came to pass that I began to be old; and, having no seed, and knowing king Benjamin to be a just man before the Lord, wherefore, I shall deliver up these plates unto him, exhorting all men to come unto God, the Holy One of Israel, and believe in prophesying, and in revelations, and in the ministering of angels, and in the gift of speaking with tongues, and in the gift of interpreting languages, and in all things which are good; for there is nothing which is good save it comes from the Lord: and that which is evil cometh from the devil.

26 And now, my beloved brethren, I would that ye should come unto Christ, who is the Holy One of Israel, and partake of his salvation, and the power of his redemption. Yea, come unto him, and offer your whole souls as an offering unto him, and continue in fasting and praying, and endure to the end; and as the Lord liveth ye will be saved.

19 Et il arriva que les peuples de Zarahemla et de Mosiah s'unirent ; et Mosiah fut désigné pour être leur roi.

20 Et il arriva, du temps de Mosiah, qu'une grande pierre portant des inscriptions gravées lui fut apportée ; et il interpréta les inscriptions gravées par le don et le pouvoir de Dieu.

21 Et elles racontaient l'histoire d'un certain Coriantumr et de ceux de son peuple qui avaient été tués. Coriantumr fut découvert par le peuple de Zarahemla ; et il demeura avec lui pendant neuf lunes.

22 Elles disaient aussi quelques mots concernant ses pères. Et ses premiers parents vinrent de la tour, à l'époque où le Seigneur confondit la langue du peuple ; et la sévérité du Seigneur tomba sur eux selon ses jugements, qui sont justes ; et leurs ossements jonchaient le pays situé du côté du nord.

23 Voici, moi, Amaléki, je suis né du temps de Mosiah ; et j'ai vécu assez longtemps pour voir sa mort ; et Benjamin, son fils, règne à sa place.

24 Et voici, j'ai vu, du temps du roi Benjamin, une grande guerre et une grande effusion de sang entre les Néphites et les Lamanites. Mais voici, les Néphites prirent fortement l'avantage sur eux ; oui, de telle sorte que le roi Benjamin les chassa du pays de Zarahemla.

25 Et il arriva que je commençai à être vieux ; et, n'ayant pas de postérité, et sachant que le roi Benjamin est un homme juste devant le Seigneur, c'est pourquoi, je lui remettrai ces plaques, exhortant tous les hommes à venir à Dieu, le Saint d'Israël, et à croire aux prophéties, et aux révélations, et au ministère d'anges, et au don de parler en langues, et au don d'interprétation des langues, et à tout ce qui est bon ; car il n'est rien de bon qui ne vienne du Seigneur ; et ce qui est mauvais vient du diable.

26 Et maintenant, mes frères bien-aimés, je voudrais que vous veniez au Christ, qui est le Saint d'Israël, et preniez part à son salut et au pouvoir de sa rédemption. Oui, venez à lui, et offrez-lui votre âme tout entière en offrande, et continuez dans le jeûne et la prière, et persévérez jusqu'à la fin ; et, comme le Seigneur vit, vous serez sauvés.

27 And now I would speak somewhat concerning a certain number who went up into the wilderness to return to the land of Nephi; for there was a large number who were desirous to possess the land of their inheritance.

28 Wherefore, they went up into the wilderness. And their leader being a strong and mighty man, and a stiffnecked man, wherefore he caused a contention among them; and they were all slain, save fifty, in the wilderness, and they returned again to the land of Zarahemla.

29 And it came to pass that they also took others to a considerable number, and took their journey again into the wilderness.

30 And I, Amaleki, had a brother, who also went with them; and I have not since known concerning them. And I am about to lie down in my grave; and these plates are full. And I make an end of my speaking.

27 Et maintenant, je voudrais parler quelque peu d'un certain nombre d'hommes qui montèrent dans le désert pour retourner au pays de Néphi ; car il y en avait un grand nombre qui désiraient posséder le pays de leur héritage.

28 C'est pourquoi, ils montèrent dans le désert. Et leur chef étant un homme fort et puissant, et un homme au cou roide, c'est pourquoi, il provoqua une querelle parmi eux ; et ils furent tous tués dans le désert, sauf cinquante, et ils revinrent au pays de Zarahemla.

29 Et il arriva qu'ils en prirent aussi d'autres en nombre considérable, et entreprirent de nouveau leur voyage dans le désert.

30 Et moi, Amaléki, j'avais un frère qui alla aussi avec eux ; et depuis lors, je ne sais plus rien d'eux. Et je suis sur le point de me coucher dans la tombe ; et ces plaques sont pleines. Et je finis de parler.

THE WORDS OF MORMON

CHAPTER 1

Mormon abridges the large plates of Nephi—He puts the small plates with the other plates—King Benjamin establishes peace in the land. About A.D. 385.

1 And now I, Mormon, being about to deliver up the record which I have been making into the hands of my son Moroni, behold I have witnessed almost all the destruction of my people, the Nephites.

2 And it is many hundred years after the coming of Christ that I deliver these records into the hands of my son; and it supposeth me that he will witness the entire destruction of my people. But may God grant that he may survive them, that he may write somewhat concerning them, and somewhat concerning Christ, that perhaps some day it may profit them.

3 And now, I speak somewhat concerning that which I have written; for after I had made an abridgment from the plates of Nephi, down to the reign of this king Benjamin, of whom Amaleki spake, I searched

PAROLES DE MORMON

CHAPITRE 1

Mormon abrège les grandes plaques de Néphi — Il annexe les petites plaques aux autres — Le roi Benjamin fait régner la paix dans le pays. Vers 385 apr. J.-C.

1 Et maintenant, moi, Mormon, étant sur le point de remettre entre les mains de mon fils, Moroni, les annales que je suis occupé à faire, voici, j'ai été témoin de la destruction presque totale de mon peuple, les Néphites.

2 Et c'est bien des centaines d'années après la venue du Christ que je remets ces annales entre les mains de mon fils ; et je suppose qu'il sera témoin de l'entière destruction de mon peuple. Mais veuille Dieu lui accorder de leur survivre, afin d'écrire quelque peu à leur sujet, et quelque peu concernant le Christ, afin que cela leur profite peut-être un jour.

3 Et maintenant, je parle quelque peu de ce que j'ai écrit ; car après avoir fait l'abrégé des plaques de Néphi jusqu'au règne de ce roi Benjamin dont parlait Amaléki, j'ai cherché parmi les annales qui avaient été remises

among the records which had been delivered into my hands, and I found these plates, which contained this small account of the prophets, from Jacob down to the reign of this king Benjamin, and also many of the words of Nephi.

4 And the things which are upon these plates pleasing me, because of the prophecies of the coming of Christ; and my fathers knowing that many of them have been fulfilled; yea, and I also know that as many things as have been prophesied concerning us down to this day have been fulfilled, and as many as go beyond this day must surely come to pass—

5 Wherefore, I chose these things, to finish my record upon them, which remainder of my record I shall take from the plates of Nephi; and I cannot write the hundredth part of the things of my people.

6 But behold, I shall take these plates, which contain these prophesyings and revelations, and put them with the remainder of my record, for they are choice unto me; and I know they will be choice unto my brethren.

7 And I do this for a wise purpose; for thus it whispereth me, according to the workings of the Spirit of the Lord which is in me. And now, I do not know all things; but the Lord knoweth all things which are to come; wherefore, he worketh in me to do according to his will.

8 And my prayer to God is concerning my brethren, that they may once again come to the knowledge of God, yea, the redemption of Christ; that they may once again be a delightsome people.

9 And now I, Mormon, proceed to finish out my record, which I take from the plates of Nephi; and I make it according to the knowledge and the understanding which God has given me.

10 Wherefore, it came to pass that after Amaleki had delivered up these plates into the hands of king Benjamin, he took them and put them with the other plates, which contained records which had been handed down by the kings, from generation to generation until the days of king Benjamin.

11 And they were handed down from king Benjamin, from generation to generation until they have fallen into my hands. And I,

entre mes mains, et j'ai trouvé ces plaques, qui contenaient cette petite histoire des prophètes depuis Jacob jusqu'au règne de ce roi Benjamin ; et aussi beaucoup de paroles de Néphi.

4 Et comme les choses qui sont sur ces plaques me plaisent, à cause des prophéties de la venue du Christ, et comme mes pères savent que beaucoup d'entre elles se sont accomplies, oui, et je sais aussi que tout ce qui a été prophétisé à notre sujet jusqu'à ce jour s'est accompli, et que tout ce qui va au-delà de ce jour s'accomplira certainement —

5 C'est pourquoi, j'ai choisi ces choses pour terminer mes annales, et ce reste de mes annales, je vais le prendre des plaques de Néphi ; et je ne peux écrire la centième partie des choses de mon peuple.

6 Mais voici, je vais prendre ces plaques, qui contiennent ces prophéties et ces révélations, et les mettre avec le reste de mes annales, car elles sont précieuses pour moi ; et je sais qu'elles seront précieuses pour mes frères.

7 Et je fais cela dans un but sage ; car c'est ce qui m'est chuchoté, selon l'inspiration de l'Esprit du Seigneur qui est en moi. Et maintenant, je ne sais pas tout ; mais le Seigneur sait tout ce qui est à venir ; c'est pourquoi, il agit en moi pour que je fasse selon sa volonté.

8 Et je prie Dieu pour mes frères, afin qu'ils parviennent encore une fois à la connaissance de Dieu, oui, à la rédemption par le Christ ; afin qu'ils soient encore une fois un peuple agréable.

9 Et maintenant, moi, Mormon, je vais clôturer mes annales, que je tire des plaques de Néphi ; et je le fais selon la connaissance et l'intelligence que Dieu m'a données.

10 C'est pourquoi, il arriva donc que lorsque Amaléki eut remis ces plaques entre les mains du roi Benjamin, celui-ci les prit et les mit avec les autres plaques qui contenaient les annales transmises par les rois, de génération en génération, jusqu'au temps du roi Benjamin.

11 Et du roi Benjamin, elles furent transmises, de génération en génération, jusqu'à ce qu'elles me tombent entre les mains. Et moi, Mormon, je prie Dieu qu'elles soient

Mormon, pray to God that they may be preserved from this time henceforth. And I know that they will be preserved; for there are great things written upon them, out of which my people and their brethren shall be judged at the great and last day, according to the word of God which is written.

12 And now, concerning this king Benjamin—he had somewhat of contentions among his own people.

13 And it came to pass also that the armies of the Lamanites came down out of the land of Nephi, to battle against his people. But behold, king Benjamin gathered together his armies, and he did stand against them; and he did fight with the strength of his own arm, with the sword of Laban.

14 And in the strength of the Lord they did contend against their enemies, until they had slain many thousands of the Lamanites. And it came to pass that they did contend against the Lamanites until they had driven them out of all the lands of their inheritance.

15 And it came to pass that after there had been false Christs, and their mouths had been shut, and they punished according to their crimes;

16 And after there had been false prophets, and false preachers and teachers among the people, and all these having been punished according to their crimes; and after there having been much contention and many dissensions away unto the Lamanites, behold, it came to pass that king Benjamin, with the assistance of the holy prophets who were among his people—

17 For behold, king Benjamin was a holy man, and he did reign over his people in righteousness; and there were many holy men in the land, and they did speak the word of God with power and with authority; and they did use much sharpness because of the stiffneckedness of the people—

18 Wherefore, with the help of these, king Benjamin, by laboring with all the might of his body and the faculty of his whole soul, and also the prophets, did once more establish peace in the land.

dorénavant préservées ; et je sais qu'elles seront préservées, car de grandes choses y sont écrites, d'après lesquelles mon peuple et ses frères seront jugés lors du grand et dernier jour, selon la parole de Dieu qui est écrite.

12 Et maintenant, concernant ce roi Benjamin : il y eut quelques dissensions parmi son peuple.

13 Et il arriva aussi que les armées des Lamanites descendirent du pays de Néphi pour livrer bataille à son peuple. Mais voici, le roi Benjamin rassembla ses armées, et il les affronta ; et il combattit avec la force de son bras, avec l'épée de Laban.

14 Et c'est avec la force du Seigneur qu'ils combattirent leurs ennemis, jusqu'à ce qu'ils eussent tué bien des milliers de Lamanites. Et il arriva qu'ils combattirent les Lamanites jusqu'à ce qu'ils les eussent chassés de tous les pays de leur héritage.

15 Et il arriva que lorsqu'il y eut eu de faux Christs, et que la bouche leur eut été fermée, et qu'ils eurent été punis selon leurs crimes ;

16 et lorsqu'il y eut eu de faux prophètes, et de faux prédicateurs et instructeurs parmi le peuple, et que tous ceux-ci eurent été punis selon leurs crimes ; et lorsqu'il y eut eu beaucoup de querelles et beaucoup de dissidences au profit des Lamanites, voici, il arriva que le roi Benjamin, avec l'aide des saints prophètes qui étaient parmi son peuple —

17 car voici, le roi Benjamin était un saint homme, et il régna en justice sur son peuple ; et il y avait beaucoup de saints hommes dans le pays, et ils annonçaient la parole de Dieu avec puissance et avec autorité ; et ils faisaient usage d'une grande rigueur à cause de la roideur de cou du peuple —

18 C'est pourquoi, avec l'aide de ceux-ci, le roi Benjamin, en travaillant de toute la puissance de son corps et des facultés de toute son âme, ainsi que les prophètes, fit encore une fois régner la paix dans le pays.

THE BOOK OF MOSIAH

CHAPTER 1

King Benjamin teaches his sons the language and prophecies of their fathers—Their religion and civilization have been preserved because of the records kept on the various plates—Mosiah is chosen as king and is given custody of the records and other things. About 130–124 B.C.

1 And now there was no more contention in all the land of Zarahemla, among all the people who belonged to king Benjamin, so that king Benjamin had continual peace all the remainder of his days.

2 And it came to pass that he had three sons; and he called their names Mosiah, and Helorum, and Helaman. And he caused that they should be taught in all the language of his fathers, that thereby they might become men of understanding; and that they might know concerning the prophecies which had been spoken by the mouths of their fathers, which were delivered them by the hand of the Lord.

3 And he also taught them concerning the records which were engraven on the plates of brass, saying: My sons, I would that ye should remember that were it not for these plates, which contain these records and these commandments, we must have suffered in ignorance, even at this present time, not knowing the mysteries of God.

4 For it were not possible that our father, Lehi, could have remembered all these things, to have taught them to his children, except it were for the help of these plates; for he having been taught in the language of the Egyptians therefore he could read these engravings, and teach them to his children, that thereby they could teach them to their children, and so fulfilling the commandments of God, even down to this present time.

5 I say unto you, my sons, were it not for these things, which have been kept and preserved by the hand of God, that we might read and understand of his mysteries, and have his commandments always before our eyes, that even our fathers would have dwindled in unbelief, and we should have

LIVRE DE MOSIAH

CHAPITRE 1

Le roi Benjamin enseigne à ses fils la langue et les prophéties de leurs pères — Leur religion et leur civilisation ont été préservées grâce aux annales tenues sur les diverses plaques — Mosiah est choisi comme roi et reçoit la garde des annales et d'autres choses. Vers 130–124 av. J.-C.

1 Or, il n'y eut plus de querelles dans tout le pays de Zarahemla, parmi tout le peuple qui appartenait au roi Benjamin, de sorte que le roi Benjamin eut une paix continuelle tout le reste de ses jours.

2 Et il arriva qu'il eut trois fils ; et il les appela Mosiah, et Hélorum, et Hélaman. Et il les fit instruire dans toute la langue de ses pères, afin qu'ils deviennent ainsi des hommes pleins de jugement, et afin qu'ils aient connaissance des prophéties qui avaient été dites par la bouche de leurs pères, qui leur avaient été remises par la main du Seigneur.

3 Et il les instruisit aussi concernant les annales qui étaient gravées sur les plaques d'airain, disant : Mes fils, je voudrais que vous vous souveniez que s'il n'y avait pas eu ces plaques, qui contiennent ces annales et ces commandements, nous aurions dû souffrir dans l'ignorance, oui, en ce moment même, ne connaissant pas les mystères de Dieu.

4 Car il n'aurait pas été possible à notre père, Léhi, de se souvenir de toutes ces choses, pour les enseigner à ses enfants, s'il n'y avait pas eu l'aide de ces plaques ; car, ayant été instruit dans la langue des Égyptiens, il pouvait lire ces inscriptions gravées et les enseigner à ses enfants, afin qu'ils pussent ainsi les enseigner à leurs enfants, accomplissant ainsi les commandements de Dieu, oui, jusqu'à présent.

5 Je vous dis, mes fils, que s'il n'y avait pas ces choses, qui ont été gardées et préservées par la main de Dieu afin que nous puissions lire et comprendre ce qui concerne ses mystères, et toujours avoir ses commandements sous les yeux, même nos pères auraient dégénéré dans l'incrédulité, et nous aurions

been like unto our brethren, the Lamanites, who know nothing concerning these things, or even do not believe them when they are taught them, because of the traditions of their fathers, which are not correct.

6 O my sons, I would that ye should remember that these sayings are true, and also that these records are true. And behold, also the plates of Nephi, which contain the records and the sayings of our fathers from the time they left Jerusalem until now, and they are true; and we can know of their surety because we have them before our eyes.

7 And now, my sons, I would that ye should remember to search them diligently, that ye may profit thereby; and I would that ye should keep the commandments of God, that ye may prosper in the land according to the promises which the Lord made unto our fathers.

8 And many more things did king Benjamin teach his sons, which are not written in this book.

9 And it came to pass that after king Benjamin had made an end of teaching his sons, that he waxed old, and he saw that he must very soon go the way of all the earth; therefore, he thought it expedient that he should confer the kingdom upon one of his sons.

10 Therefore, he had Mosiah brought before him; and these are the words which he spake unto him, saying: My son, I would that ye should make a proclamation throughout all this land among all this people, or the people of Zarahemla, and the people of Mosiah who dwell in the land, that thereby they may be gathered together; for on the morrow I shall proclaim unto this my people out of mine own mouth that thou art a king and a ruler over this people, whom the Lord our God hath given us.

11 And moreover, I shall give this people a name, that thereby they may be distinguished above all the people which the Lord God hath brought out of the land of Jerusalem; and this I do because they have been a diligent people in keeping the commandments of the Lord.

12 And I give unto them a name that never shall be blotted out, except it be through transgression.

13 Yea, and moreover I say unto you, that if this highly favored people of the Lord

été semblables à nos frères, les Lamanites, qui ne savent rien de ces choses, et n'y croient même pas lorsqu'on les leur enseigne, à cause des traditions de leurs pères, qui ne sont pas correctes.

6 Ô mes fils, je voudrais que vous vous souveniez de ces paroles sont vraies, et aussi que ces annales sont vraies. Et voici, également les plaques de Néphi, qui contiennent les annales et les paroles de nos pères depuis le moment où ils quittèrent Jérusalem jusqu'à maintenant, et elles sont vraies ; et nous pouvons savoir qu'elles sont sûres, parce que nous les avons sous les yeux.

7 Et maintenant, mes fils, je voudrais que vous vous souveniez de les sonder diligemment afin d'en tirer profit ; et je voudrais que vous gardiez les commandements de Dieu afin de prospérer dans le pays, selon les promesses que le Seigneur a faites à nos pères.

8 Et le roi Benjamin enseigna à ses fils beaucoup d'autres choses qui ne sont pas écrites dans ce livre.

9 Et il arriva que lorsque le roi Benjamin eut fini d'instruire ses fils, il devint vieux, et il vit qu'il devrait très bientôt aller où va tout ce qui est terrestre ; il pensa donc qu'il était opportun de conférer le royaume à l'un de ses fils.

10 C'est pourquoi il fit amener Mosiah devant lui ; et voici les paroles qu'il lui adressa, disant : Mon fils, je voudrais que tu fasses une proclamation à travers tout ce pays, parmi tout ce peuple, c'est-à-dire au peuple de Zarahemla et au peuple de Mosiah, qui demeure dans le pays, afin qu'il soit rassemblé ; car le lendemain je proclamerai de ma propre bouche à ce peuple, qui est le mien, que tu es roi et gouverneur de ce peuple, que le Seigneur, notre Dieu, nous a donné.

11 Et de plus, je donnerai à ce peuple un nom, afin qu'on puisse ainsi le distinguer par-dessus tous les peuples que le Seigneur Dieu a fait sortir du pays de Jérusalem ; et cela, je le fais parce qu'il a été un peuple diligent à garder les commandements du Seigneur.

12 Et je lui donne un nom qui ne sera jamais effacé, si ce n'est par la transgression.

13 Oui, et de plus, je te dis que si ce peuple hautement favorisé par le Seigneur vient à

should fall into transgression, and become a wicked and an adulterous people, that the Lord will deliver them up, that thereby they become weak like unto their brethren; and he will no more preserve them by his matchless and marvelous power, as he has hitherto preserved our fathers.

14 For I say unto you, that if he had not extended his arm in the preservation of our fathers they must have fallen into the hands of the Lamanites, and become victims to their hatred.

15 And it came to pass that after king Benjamin had made an end of these sayings to his son, that he gave him charge concerning all the affairs of the kingdom.

16 And moreover, he also gave him charge concerning the records which were engraven on the plates of brass; and also the plates of Nephi; and also, the sword of Laban, and the ball or director, which led our fathers through the wilderness, which was prepared by the hand of the Lord that thereby they might be led, every one according to the heed and diligence which they gave unto him.

17 Therefore, as they were unfaithful they did not prosper nor progress in their journey, but were driven back, and incurred the displeasure of God upon them; and therefore they were smitten with famine and sore afflictions, to stir them up in remembrance of their duty.

18 And now, it came to pass that Mosiah went and did as his father had commanded him, and proclaimed unto all the people who were in the land of Zarahemla that thereby they might gather themselves together, to go up to the temple to hear the words which his father should speak unto them.

CHAPTER 2

King Benjamin addresses his people—He recounts the equity, fairness, and spirituality of his reign—He counsels them to serve their Heavenly King—Those who rebel against God will suffer anguish like unquenchable fire. About 124 B.C.

1 And it came to pass that after Mosiah had done as his father had commanded him, and had made a proclamation throughout all the

---

tomber dans la transgression et à devenir un peuple méchant et adultère, le Seigneur le livrera, afin qu'ainsi il devienne faible comme ses frères ; et il ne le préservera plus par sa puissance incomparable et merveilleuse, comme il a préservé nos pères jusqu'ici.

14 Car je te dis que s'il n'avait pas étendu son bras pour préserver nos pères, ils seraient tombés entre les mains des Lamanites et seraient devenus les victimes de leur haine.

15 Et il arriva que lorsque le roi Benjamin eut fini de dire ces paroles à son fils, il lui donna la charge de toutes les affaires du royaume.

16 Et de plus, il lui donna aussi la charge des annales qui étaient gravées sur les plaques d'airain ; et aussi les plaques de Néphi ; et aussi l'épée de Laban et la boule, ou directeur, qui conduisit nos pères à travers le désert, qui fut préparée par la main du Seigneur, afin que chacun d'eux fût ainsi conduit selon l'attention et la diligence dont il faisait preuve envers lui.

17 C'est pourquoi, comme ils étaient infidèles, ils ne prospérèrent ni ne progressèrent dans leur voyage, mais furent poussés en arrière et encoururent le déplaisir de Dieu ; et pour cette raison, ils furent frappés de famine et de grandes afflictions, pour les inciter à se souvenir de leur devoir.

18 Et alors, il arriva que Mosiah alla et fit ce que son père lui avait commandé, et fit une proclamation à tout le peuple qui était au pays de Zarahemla, afin qu'il se rassemblât pour monter au temple entendre les paroles que son père lui dirait.

CHAPITRE 2

Le roi Benjamin s'adresse à son peuple — Il rappelle l'équité, l'impartialité et la spiritualité de son règne — Il lui recommande de servir son Roi céleste — Ceux qui se rebellent contre Dieu connaîtront une angoisse semblable à un feu qui ne s'éteint pas. Vers 124 av. J.-C.

1 Et il arriva que lorsque Mosiah eut fait ce que son père lui avait commandé, et eut fait une proclamation à travers tout le pays, le

land, that the people gathered themselves together throughout all the land, that they might go up to the temple to hear the words which king Benjamin should speak unto them.

2 And there were a great number, even so many that they did not number them; for they had multiplied exceedingly and waxed great in the land.

3 And they also took of the firstlings of their flocks, that they might offer sacrifice and burnt offerings according to the law of Moses;

4 And also that they might give thanks to the Lord their God, who had brought them out of the land of Jerusalem, and who had delivered them out of the hands of their enemies, and had appointed just men to be their teachers, and also a just man to be their king, who had established peace in the land of Zarahemla, and who had taught them to keep the commandments of God, that they might rejoice and be filled with love towards God and all men.

5 And it came to pass that when they came up to the temple, they pitched their tents round about, every man according to his family, consisting of his wife, and his sons, and his daughters, and their sons, and their daughters, from the eldest down to the youngest, every family being separate one from another.

6 And they pitched their tents round about the temple, every man having his tent with the door thereof towards the temple, that thereby they might remain in their tents and hear the words which king Benjamin should speak unto them;

7 For the multitude being so great that king Benjamin could not teach them all within the walls of the temple, therefore he caused a tower to be erected, that thereby his people might hear the words which he should speak unto them.

8 And it came to pass that he began to speak to his people from the tower; and they could not all hear his words because of the greatness of the multitude; therefore he caused that the words which he spake should be written and sent forth among those that were not under the sound of his voice, that they might also receive his words.

peuple se rassembla à travers tout le pays, pour monter au temple entendre les paroles que le roi Benjamin lui dirait.

2 Et il y en avait un grand nombre, oui, tant qu'on ne les compta pas ; car ils s'étaient multipliés extrêmement et étaient devenus grands dans le pays.

3 Et ils prirent aussi certains des premiers-nés de leurs troupeaux, afin d'offrir des sacrifices et des holocaustes, selon la loi de Moïse ;

4 et aussi, afin de rendre grâces au Seigneur, leur Dieu, qui les avait fait sortir du pays de Jérusalem et les avait délivrés des mains de leurs ennemis, et avait désigné des hommes justes pour être leurs instructeurs, et aussi un homme juste pour être leur roi, qui avait fait régner la paix au pays de Zarahemla, et qui leur avait enseigné à garder les commandements de Dieu, afin qu'ils fussent dans l'allégresse et fussent remplis d'amour envers Dieu et envers tous les hommes.

5 Et il arriva que lorsqu'ils montèrent au temple, ils dressèrent leurs tentes alentour, chaque homme selon sa famille, composée de sa femme, et de ses fils, et de ses filles, et de leurs fils, et de leurs filles, depuis l'aîné jusqu'au plus jeune, chaque famille étant séparée des autres.

6 Et ils dressèrent leurs tentes autour du temple, chaque homme ayant la porte de sa tente tournée vers le temple, afin de pouvoir rester dans leurs tentes et entendre les paroles que le roi Benjamin leur dirait ;

7 car la multitude était si grande que le roi Benjamin ne pouvait l'instruire toute dans les murs du temple ; c'est pourquoi il fit ériger une tour, afin que son peuple pût entendre les paroles qu'il lui dirait.

8 Et il arriva qu'il commença à parler à son peuple du haut de la tour ; et ils ne pouvaient pas tous entendre ses paroles à cause de la grandeur de la multitude ; c'est pourquoi il fit écrire les paroles qu'il disait et les fit envoyer parmi ceux qui n'étaient pas à la portée de sa voix, afin qu'ils reçussent aussi ses paroles.

9 And these are the words which he spake and caused to be written, saying: My brethren, all ye that have assembled yourselves together, you that can hear my words which I shall speak unto you this day; for I have not commanded you to come up hither to trifle with the words which I shall speak, but that you should hearken unto me, and open your ears that ye may hear, and your hearts that ye may understand, and your minds that the mysteries of God may be unfolded to your view.

10 I have not commanded you to come up hither that ye should fear me, or that ye should think that I of myself am more than a mortal man.

11 But I am like as yourselves, subject to all manner of infirmities in body and mind; yet I have been chosen by this people, and consecrated by my father, and was suffered by the hand of the Lord that I should be a ruler and a king over this people; and have been kept and preserved by his matchless power, to serve you with all the might, mind and strength which the Lord hath granted unto me.

12 I say unto you that as I have been suffered to spend my days in your service, even up to this time, and have not sought gold nor silver nor any manner of riches of you;

13 Neither have I suffered that ye should be confined in dungeons, nor that ye should make slaves one of another, nor that ye should murder, or plunder, or steal, or commit adultery; nor even have I suffered that ye should commit any manner of wickedness, and have taught you that ye should keep the commandments of the Lord, in all things which he hath commanded you—

14 And even I, myself, have labored with mine own hands that I might serve you, and that ye should not be laden with taxes, and that there should nothing come upon you which was grievous to be borne—and of all these things which I have spoken, ye yourselves are witnesses this day.

15 Yet, my brethren, I have not done these things that I might boast, neither do I tell these things that thereby I might accuse you; but I tell you these things that ye may know that I can answer a clear conscience before God this day.

9 Et voici les paroles qu'il dit et fit écrire, disant : Mes frères, vous tous qui vous êtes assemblés, vous qui pouvez entendre les paroles que je vais vous dire aujourd'hui, je ne vous ai pas commandé de monter ici pour prendre à la légère les paroles que je vais dire, mais pour m'écouter, et ouvrir les oreilles afin d'entendre, et le cœur afin de comprendre, et l'esprit afin que les mystères de Dieu soient dévoilés à votre vue.

10 Je ne vous ai pas commandé de monter ici pour que vous me craigniez, ou pour que vous pensiez que, de moi-même, je suis plus qu'un homme mortel.

11 Mais je suis semblable à vous, sujet à toutes sortes d'infirmités de corps et d'esprit ; cependant j'ai été choisi par ce peuple, et consacré par mon père, et la main du Seigneur a permis que je sois gouverneur et roi de ce peuple ; et j'ai été gardé et préservé par sa puissance incomparable, pour vous servir de tout le pouvoir, de tout l'esprit et de toute la force que le Seigneur m'a accordés.

12 Je vous dis que puisqu'il m'a été permis de passer ma vie à votre service jusqu'à présent, et que je n'ai recherché de vous ni or, ni argent, ni aucune sorte de richesse ;

13 et je n'ai pas souffert non plus que vous soyez enfermés dans des cachots, ni que l'un de vous fasse de l'autre son esclave, ni que vous commettiez le meurtre, ou le pillage, ou le vol, ou l'adultère ; et je n'ai même pas souffert que vous commettiez la moindre méchanceté, et vous ai enseigné que vous deviez garder les commandements du Seigneur dans tout ce qu'il vous a commandé —

14 Et moi-même j'ai travaillé de mes mains pour vous servir, et pour que vous ne soyez pas accablés d'impôts, et qu'il ne vienne rien sur vous qui soit pénible à supporter — et vous êtes vous-mêmes témoins aujourd'hui de tout ce que j'ai dit.

15 Pourtant, mes frères, je n'ai pas fait ces choses afin de me vanter, et je ne dis pas non plus ces choses afin de pouvoir vous accuser ; mais je vous dis ces choses afin que vous sachiez que je peux répondre aujourd'hui d'une conscience nette devant Dieu.

16 Behold, I say unto you that because I said unto you that I had spent my days in your service, I do not desire to boast, for I have only been in the service of God.

17 And behold, I tell you these things that ye may learn wisdom; that ye may learn that when ye are in the service of your fellow beings ye are only in the service of your God.

18 Behold, ye have called me your king; and if I, whom ye call your king, do labor to serve you, then ought not ye to labor to serve one another?

19 And behold also, if I, whom ye call your king, who has spent his days in your service, and yet has been in the service of God, do merit any thanks from you, O how you ought to thank your heavenly King!

20 I say unto you, my brethren, that if you should render all the thanks and praise which your whole soul has power to possess, to that God who has created you, and has kept and preserved you, and has caused that ye should rejoice, and has granted that ye should live in peace one with another—

21 I say unto you that if ye should serve him who has created you from the beginning, and is preserving you from day to day, by lending you breath, that ye may live and move and do according to your own will, and even supporting you from one moment to another—I say, if ye should serve him with all your whole souls yet ye would be unprofitable servants.

22 And behold, all that he requires of you is to keep his commandments; and he has promised you that if ye would keep his commandments ye should prosper in the land; and he never doth vary from that which he hath said; therefore, if ye do keep his commandments he doth bless you and prosper you.

23 And now, in the first place, he hath created you, and granted unto you your lives, for which ye are indebted unto him.

24 And secondly, he doth require that ye should do as he hath commanded you; for which if ye do, he doth immediately bless you; and therefore he hath paid you. And ye are still indebted unto him, and are, and will be, forever and ever; therefore, of what have ye to boast?

16 Voici, je vous dis que parce que je vous ai dit que j'avais passé ma vie à votre service, je ne désire pas me vanter, car j'étais simplement au service de Dieu.

17 Et voici, je vous dis ces choses afin que vous appreniez la sagesse ; afin que vous appreniez que lorsque vous êtes au service de vos semblables, vous êtes simplement au service de votre Dieu.

18 Voici, vous m'avez appelé votre roi ; et si moi, que vous appelez votre roi, je travaille pour vous servir, ne devriez-vous pas travailler pour vous servir les uns les autres ?

19 Et voici aussi, si moi, que vous appelez votre roi, qui ai passé ma vie à votre service, et cependant ai été au service de Dieu, je mérite un remerciement quelconque de votre part, ô comme vous devriez remercier votre Roi céleste !

20 Je vous dis, mes frères, que si vous exprimiez tous les remerciements et toutes les louanges que votre âme tout entière a le pouvoir de posséder, à ce Dieu qui vous a créés, et vous a gardés et préservés, et a fait que vous vous réjouissiez, et vous a accordé de vivre en paix les uns avec les autres —

21 Je vous dis que si vous le serviez, lui qui vous a créés depuis le commencement, et vous préserve de jour en jour, en vous prêtant le souffle afin que vous viviez, et ayez le mouvement, et agissiez selon votre volonté, vous soutenant même d'un moment à l'autre — je dis, si vous le serviez de votre âme tout entière, vous ne seriez encore que des serviteurs inutiles.

22 Et voici, tout ce qu'il exige de vous, c'est que vous gardiez ses commandements ; et il vous a promis que si vous gardiez ses commandements, vous prospéreriez dans le pays ; et il ne varie jamais de ce qu'il a dit ; c'est pourquoi, si vous gardez ses commandements, il vous bénit et vous fait prospérer.

23 Et maintenant, en premier lieu, il vous a créés et vous a accordé la vie, ce dont vous lui êtes redevables.

24 Et deuxièmement, il exige que vous fassiez ce qu'il vous a commandé ; et si vous le faites, il vous bénit immédiatement pour cela ; c'est pourquoi, il vous a payés. Et vous lui êtes toujours redevables, et vous l'êtes, et le serez pour toujours et à jamais ; de quoi pouvez-vous donc vous vanter ?

25 And now I ask, can ye say aught of yourselves? I answer you, Nay. Ye cannot say that ye are even as much as the dust of the earth; yet ye were created of the dust of the earth; but behold, it belongeth to him who created you.

26 And I, even I, whom ye call your king, am no better than ye yourselves are; for I am also of the dust. And ye behold that I am old, and am about to yield up this mortal frame to its mother earth.

27 Therefore, as I said unto you that I had served you, walking with a clear conscience before God, even so I at this time have caused that ye should assemble yourselves together, that I might be found blameless, and that your blood should not come upon me, when I shall stand to be judged of God of the things whereof he hath commanded me concerning you.

28 I say unto you that I have caused that ye should assemble yourselves together that I might rid my garments of your blood, at this period of time when I am about to go down to my grave, that I might go down in peace, and my immortal spirit may join the choirs above in singing the praises of a just God.

29 And moreover, I say unto you that I have caused that ye should assemble yourselves together, that I might declare unto you that I can no longer be your teacher, nor your king;

30 For even at this time, my whole frame doth tremble exceedingly while attempting to speak unto you; but the Lord God doth support me, and hath suffered me that I should speak unto you, and hath commanded me that I should declare unto you this day, that my son Mosiah is a king and a ruler over you.

31 And now, my brethren, I would that ye should do as ye have hitherto done. As ye have kept my commandments, and also the commandments of my father, and have prospered, and have been kept from falling into the hands of your enemies, even so if ye shall keep the commandments of my son, or the commandments of God which shall be delivered unto you by him, ye shall prosper in the land, and your enemies shall have no power over you.

25 Et maintenant, je le demande, pouvez-vous dire quoi que ce soit pour vous-mêmes ? Je vous réponds : non. Vous ne pouvez pas dire que vous êtes ne serait-ce qu'autant que la poussière de la terre ; pourtant, vous avez été créésde la poussière de la terre ; mais voici, elle appartient à celui qui vous a créés.

26 Et moi, même moi, que vous appelez votre roi, je ne suis pas meilleur que vous ; car je suis aussi poussière. Et vous voyez que je suis vieux, et que je suis sur le point de rendre ce corps mortel à la terre, sa mère.

27 C'est pourquoi, de même que je vous ai dit que je vous ai servis, marchant la conscience nette devant Dieu, de même je vous ai maintenant fait rassembler, afin que je sois trouvé innocent, et que votre sang ne retombe pas sur moi lorsque je comparaîtrai pour être jugé par Dieu sur ce qu'il m'a commandé à votre sujet.

28 Je vous dis que je vous ai fait rassembler afin de débarrasser mes vêtements de votre sang, au moment où je suis sur le point de descendre dans ma tombe, afin que je descende en paix et que mon esprit immortel se joigne aux chœurs là-haut pour chanter les louanges d'un Dieu juste.

29 Et de plus, je vous dis que je vous ai fait rassembler afin de pouvoir vous déclarer que je ne peux plus être votre instructeur ni votre roi ;

30 car en ce moment même, mon corps tout entier tremble extrêmement tandis que j'essaie de vous parler ; mais le Seigneur Dieu me soutient, et a souffert que je vous parle, et m'a commandé de vous déclarer aujourd'hui que mon fils Mosiah est votre roi et votre gouverneur.

31 Et maintenant, mes frères, je voudrais que vous fassiez ce que vous avez fait jusqu'ici. De même que vous avez gardé mes commandements, et aussi les commandements de mon père, et avez prospéré, et qu'il vous a été évité de tomber entre les mains de vos ennemis, de même, si vous gardez les commandements de mon fils, ou les commandements de Dieu, qui vous seront remis par lui, vous prospérerez dans le pays, et vos ennemis n'auront aucun pouvoir sur vous.

32 But, O my people, beware lest there shall arise contentions among you, and ye list to obey the evil spirit, which was spoken of by my father Mosiah.

33 For behold, there is a wo pronounced upon him who listeth to obey that spirit; for if he listeth to obey him, and remaineth and dieth in his sins, the same drinketh damnation to his own soul; for he receiveth for his wages an everlastingpunishment, having transgressed the law of God contrary to his own knowledge.

34 I say unto you, that there are not any among you, except it be your little children that have not been taught concerning these things, but what knoweth that ye are eternally indebted to your heavenly Father, to render to him all that you have and are; and also have been taught concerning the records which contain the prophecies which have been spoken by the holy prophets, even down to the time our father, Lehi, left Jerusalem;

35 And also, all that has been spoken by our fathers until now. And behold, also, they spake that which was commanded them of the Lord; therefore, they are just and true.

36 And now, I say unto you, my brethren, that after ye have known and have been taught all these things, if ye should transgress and go contrary to that which has been spoken, that ye do withdraw yourselves from the Spirit of the Lord, that it may have no place in you to guide you in wisdom's paths that ye may be blessed, prospered, and preserved—

37 I say unto you, that the man that doeth this, the same cometh out in open rebellion against God; therefore he listeth to obey the evil spirit, and becometh an enemy to all righteousness; therefore, the Lord has no place in him, for he dwelleth not in unholy temples.

38 Therefore if that man repenteth not, and remaineth and dieth an enemy to God, the demands of divine justice do awaken his immortal soul to a lively sense of his own guilt, which doth cause him to shrink from the presence of the Lord, and doth fill his breast with guilt, and pain, and anguish, which is like an unquenchable fire, whose flame ascendeth up forever and ever.

32 Mais, ô mon peuple, prenez garde qu'il ne s'élève des querelles parmi vous, et que vous trouviez bon d'obéir à l'esprit malin dont a parlé mon père Mosiah.

33 Car voici, il y a une malédiction qui est prononcée contre celui qui trouve bon d'obéir à cet esprit ; car s'il trouve bon de lui obéir, et reste et meurt dans ses péchés, il boit de la damnation pour son âme ; car il reçoit pour salaire un châtiment éternel, ayant transgressé la loi de Dieu à l'encontre de la connaissance qu'il avait.

34 Je vous dis qu'il n'en est pas un parmi vous, si ce n'est vos petits enfants qui n'ont pas été instruits à ce sujet, qui ne sache que vous êtes éternellement redevables à votre Père céleste, de lui rendre tout ce que vous avez et êtes ; et aussi qui n'ait été instruit au sujet des annales qui contiennent les prophéties qui ont été dites par les saints prophètes jusqu'au moment où notre père, Léhi, a quitté Jérusalem ;

35 et aussi, tout ce qui a été dit par nos pères jusqu'à maintenant. Et voici, aussi, ils ont dit ce que le Seigneur leur commandait ; c'est pourquoi, elles sont justes et vraies.

36 Et maintenant, je vous dis, mes frères, que si, après avoir connu tout cela et en avoir été instruits, vous transgressez et allez à l'encontre de ce qui a été dit, vous vous retirez de l'Esprit du Seigneur, pour qu'il n'ait pas de place en vous pour vous guider dans les sentiers de la sagesse, pour que vous soyez bénis, rendus prospères et préservés —

37 je vous dis que l'homme qui fait cela entre en rébellion ouverte contre Dieu ; c'est pourquoi il trouve bon d'obéir à l'esprit malin et devient ennemi de toute justice ; c'est pourquoi, le Seigneur n'a aucune place en lui, car il ne demeure pas dans des temples qui ne sont pas saints.

38 C'est pourquoi, si cet homme ne se repent pas, et reste et meurt ennemi de Dieu, les exigences de la justice divine éveillent son âme immortelle à la conscience vive de sa culpabilité, ce qui le fait reculer hors de la présence du Seigneur et remplit son sein de culpabilité, et de souffrance, et d'angoisse, ce qui est semblable à un feu qui ne s'éteint pas, dont la flamme monte pour toujours et à jamais.

39 And now I say unto you, that mercy hath no claim on that man; therefore his final doom is to endure a never-ending torment.

40 O, all ye old men, and also ye young men, and you little children who can understand my words, for I have spoken plainly unto you that ye might understand, I pray that ye should awake to a remembrance of the awful situation of those that have fallen into transgression.

41 And moreover, I would desire that ye should consider on the blessed and happy state of those that keep the commandments of God. For behold, they are blessed in all things, both temporal and spiritual; and if they hold out faithful to the end they are received into heaven, that thereby they may dwell with God in a state of never-ending happiness. O remember, remember that these things are true; for the Lord God hath spoken it.

39 Et maintenant, je vous dis que la miséricorde n'a aucun droit sur cet homme ; c'est pourquoi sa condamnation finale est d'endurer un tourment sans fin.

40 Ô, vous tous, hommes âgés, et vous aussi, jeunes hommes, et vous, petits enfants qui pouvez comprendre mes paroles, car je vous ai parlé clairement afin que vous compreniez, je prie que vous vous éveilliez au souvenir de la situation affreuse de ceux qui sont tombés dans la transgression.

41 Et de plus, je désirerais que vous méditiez sur l'état béni et bienheureux de ceux qui gardent les commandements de Dieu. Car voici, ils sont bénis en tout, tant dans le temporel que dans le spirituel ; et s'ils tiennent bon avec fidélité jusqu'à la fin, ils sont reçus dans le ciel, afin de pouvoir ainsi demeurer avec Dieu dans un état de bonheur sans fin. Oh ! souvenez-vous, souvenez-vous que ces choses sont vraies ; car le Seigneur Dieu l'a dit.

CHAPTER 3

King Benjamin continues his address—The Lord Omnipotent will minister among men in a tabernacle of clay—Blood will come from every pore as He atones for the sins of the world—His is the only name whereby salvation comes—Men can put off the natural man and become Saints through the Atonement—The torment of the wicked will be as a lake of fire and brimstone. About 124 B.C.

CHAPITRE 3

Suite du discours du roi Benjamin — Le Seigneur Omnipotent exercera un ministère parmi les hommes dans un tabernacle d'argile — Du sang sortira de ses pores lorsqu'il expiera les péchés du monde — Son nom est le seul par lequel vient le salut — Les hommes peuvent, grâce à l'Expiation, se dépouiller de l'homme naturel et devenir des saints — Le tourment des méchants sera comme un étang de feu et de soufre. Vers 124 av. J.-C.

1 And again my brethren, I would call your attention, for I have somewhat more to speak unto you; for behold, I have things to tell you concerning that which is to come.

2 And the things which I shall tell you are made known unto me by an angel from God. And he said unto me: Awake; and I awoke, and behold he stood before me.

3 And he said unto me: Awake, and hear the words which I shall tell thee; for behold, I am come to declare unto you the glad tidings of great joy.

4 For the Lord hath heard thy prayers, and hath judged of thy righteousness, and hath sent me to declare unto thee that thou mayest rejoice; and that thou mayest declare

1 Et en outre, mes frères, je voudrais attirer votre attention, car j'ai encore à vous parler quelque peu ; voici, j'ai des choses à vous dire sur ce qui va arriver.

2 Et les choses que je vais vous dire m'ont été révélées par un ange de Dieu. Et il me dit : Éveille-toi ; et je m'éveillai, et voici, il se tenait devant moi.

3 Et il me dit : Éveille-toi, et entends les paroles que je vais te dire ; car voici, je suis venu t'annoncer la bonne nouvelle d'une grande joie.

4 Car le Seigneur a entendu tes prières, et a jugé de ta justice, et m'a envoyé t'annoncer que tu peux te réjouir ; et que tu peux l'annoncer à ton peuple, afin qu'il soit aussi rempli de joie.

unto thy people, that they may also be filled with joy.

5 For behold, the time cometh, and is not far distant, that with power, the Lord Omnipotent who reigneth, who was, and is from all eternity to all eternity, shall come down from heaven among the children of men, and shall dwell in a tabernacle of clay, and shall go forth amongst men, working mighty miracles, such as healing the sick, raising the dead, causing the lame to walk, the blind to receive their sight, and the deaf to hear, and curing all manner of diseases.

6 And he shall cast out devils, or the evil spirits which dwell in the hearts of the children of men.

7 And lo, he shall suffer temptations, and pain of body, hunger, thirst, and fatigue, even more than man can suffer, except it be unto death; for behold, blood cometh from every pore, so great shall be his anguish for the wickedness and the abominations of his people.

8 And he shall be called Jesus Christ, the Son of God, the Father of heaven and earth, the Creator of all things from the beginning; and his mother shall be called Mary.

9 And lo, he cometh unto his own, that salvation might come unto the children of men even through faith on his name; and even after all this they shall consider him a man, and say that he hath a devil, and shall scourge him, and shall crucify him.

10 And he shall rise the third day from the dead; and behold, he standeth to judge the world; and behold, all these things are done that a righteous judgment might come upon the children of men.

11 For behold, and also his blood atoneth for the sins of those who have fallen by the transgression of Adam, who have died not knowing the will of God concerning them, or who have ignorantly sinned.

12 But wo, wo unto him who knoweth that he rebelleth against God! For salvation cometh to none such except it be through repentance and faith on the Lord Jesus Christ.

13 And the Lord God hath sent his holy prophets among all the children of men, to declare these things to every kindred, nation, and tongue, that thereby whosoever

5 Car voici, le temps vient, et n'est pas très éloigné, où le Seigneur Omnipotent qui règne, qui était et est de toute éternité à toute éternité, descendra du ciel avec puissance parmi les enfants des hommes, et demeurera dans un tabernacle d'argile, et s'en ira parmi les hommes, accomplissant de grands miracles, tels que guérir les malades, ressusciter les morts, faire marcher les boiteux, rendre la vue aux aveugles et l'ouïe aux sourds, et guérir toutes sortes de maladies.

6 Et il chassera les démons, ou les esprits malins qui demeurent dans le cœur des enfants des hommes.

7 Et voici, il souffrira les tentations, et la souffrance du corps, la faim, la soif et la fatigue, plus encore que l'homme ne peut en souffrir sans en mourir ; car voici, du sang lui sort de chaque pore, si grande sera son angoisse pour la méchanceté et les abominations de son peuple.

8 Et il sera appelé Jésus-Christ, le Fils de Dieu, le Père du ciel et de la terre, le Créateur de tout depuis le commencement ; et sa mère sera appelée Marie.

9 Et voici, il vient parmi les siens afin que le salut parvienne aux enfants des hommes par la foi en son nom ; et même après tout cela, on le considérera comme un homme, et on dira qu'il a un démon, et on le flagellera, et on le crucifiera.

10 Et le troisième jour, il se lèvera d'entre les morts ; et voici, il se tient pour juger le monde ; et voici, toutes ces choses se font pour qu'un jugement juste vienne sur les enfants des hommes.

11 Car voici, son sang expie aussi les péchés de ceux qui sont tombés par la transgression d'Adam, qui sont morts sans connaître la volonté de Dieu à leur sujet, ou qui ont péché par ignorance.

12 Mais malheur, malheur à celui qui sait qu'il se rebelle contre Dieu ! Car le salut ne parvient à aucun de ceux-là, si ce n'est par le repentir et la foi au Seigneur Jésus-Christ.

13 Et le Seigneur Dieu a envoyé ses saints prophètes parmi tous les enfants des hommes, pour annoncer ces choses à toutes tribus, nations et langues, afin que tous ceux

should believe that Christ should come, the same might receive remission of their sins, and rejoice with exceedingly great joy, even as though he had already come among them.

14 Yet the Lord God saw that his people were a stiffnecked people, and he appointed unto them a law, even the law of Moses.

15 And many signs, and wonders, and types, and shadows showed he unto them, concerning his coming; and also holy prophets spake unto them concerning his coming; and yet they hardened their hearts, and understood not that the law of Moses availeth nothing except it were through the atonement of his blood.

16 And even if it were possible that little children could sin they could not be saved; but I say unto you they are blessed; for behold, as in Adam, or by nature, they fall, even so the blood of Christ atoneth for their sins.

17 And moreover, I say unto you, that there shall be no other name given nor any other way nor means whereby salvation can come unto the children of men, only in and through the name of Christ, the Lord Omnipotent.

18 For behold he judgeth, and his judgment is just; and the infant perisheth not that dieth in his infancy; but men drink damnation to their own souls except they humble themselves and become as little children, and believe that salvation was, and is, and is to come, in and through the atoning blood of Christ, the Lord Omnipotent.

19 For the natural man is an enemy to God, and has been from the fall of Adam, and will be, forever and ever, unless he yields to the enticings of the Holy Spirit, and putteth off the natural man and becometh a saint through the atonement of Christ the Lord, and becometh as a child, submissive, meek, humble, patient, full of love, willing to submit to all things which the Lord seeth fit to inflict upon him, even as a child doth submit to his father.

20 And moreover, I say unto you, that the time shall come when the knowledge of a Savior shall spread throughout every nation, kindred, tongue, and people.

21 And behold, when that time cometh, none shall be found blameless before God,

qui croient que le Christ viendra reçoivent le pardon de leurs péchés et se réjouissent d'une joie extrêmement grande, comme s'il était déjà venu parmi eux.

14 Pourtant, le Seigneur Dieu vit que son peuple était un peuple au cou roide, et il lui imposa une loi, la loi de Moïse.

15 Et il lui montra beaucoup de signes, et de prodiges, et de figures, et de préfigurations concernant sa venue ; et de saints prophètes lui parlèrent aussi de sa venue ; et cependant, il s'endurcit le cœur, et ne comprit pas que la loi de Moïse ne sert à rien, si ce n'est par l'expiation de son sang.

16 Et même s'il était possible aux petits enfants de pécher, ils ne pourraient pas être sauvés ; mais je vous dis qu'ils sont bénis ; car voici, comme ils tombent en Adam, ou de par leur nature, de même le sang du Christ expie leurs péchés.

17 Et de plus, je vous dis qu'il n'y aura aucun autre nom donné, ni aucune autre voie ni moyen par lesquels le salut puisse parvenir aux enfants des hommes, si ce n'est dans et par le nom du Christ, le Seigneur Omnipotent.

18 Car voici, il juge, et son jugement est juste ; et le tout petit enfant qui meurt dans sa prime enfance ne périt pas ; mais les hommes boivent de la damnation pour leur âme s'ils ne s'humilient, et ne deviennent comme des petits enfants, et ne croient que le salut a été, et est, et sera, dans et par le sang expiatoire du Christ, le Seigneur Omnipotent.

19 Car l'homme naturel est ennemi de Dieu, et l'est depuis la chute d'Adam, et le sera pour toujours et à jamais, à moins qu'il ne se rende aux persuasions de l'Esprit-Saint, et ne se dépouille de l'homme naturel, et ne devienne un saint par l'expiation du Christ, le Seigneur, et ne devienne semblable à un enfant, soumis, doux, humble, patient, plein d'amour, disposé à se soumettre à tout ce que le Seigneur juge bon de lui infliger, tout comme un enfant se soumet à son père.

20 Et de plus, je te dis que le temps viendra où la connaissance d'un Sauveur se répandra parmi toutes les nations, tribus, langues et peuples.

21 Et voici, lorsque ce temps viendra, nul ne sera trouvé innocent devant Dieu, si ce n'est

except it be little children, only through repentance and faith on the name of the Lord God Omnipotent.

22 And even at this time, when thou shalt have taught thy people the things which the Lord thy God hath commanded thee, even then are they found no more blameless in the sight of God, only according to the words which I have spoken unto thee.

23 And now I have spoken the words which the Lord God hath commanded me.

24 And thus saith the Lord: They shall stand as a bright testimony against this people, at the judgment day; whereof they shall be judged, every man according to his works, whether they be good, or whether they be evil.

25 And if they be evil they are consigned to an awful view of their own guilt and abominations, which doth cause them to shrink from the presence of the Lord into a state of misery and endless torment, from whence they can no more return; therefore they have drunk damnation to their own souls.

26 Therefore, they have drunk out of the cup of the wrath of God, which justice could no more deny unto them than it could deny that Adam should fall because of his partaking of the forbidden fruit; therefore, mercy could have claim on them no more forever.

27 And their torment is as a lake of fire and brimstone, whose flames are unquenchable, and whose smoke ascendeth up forever and ever. Thus hath the Lord commanded me. Amen.

CHAPTER 4

King Benjamin continues his address—Salvation comes because of the Atonement—Believe in God to be saved—Retain a remission of your sins through faithfulness—Impart of your substance to the poor—Do all things in wisdom and order. About 124 B.C.

1 And now, it came to pass that when king Benjamin had made an end of speaking the words which had been delivered unto him by the angel of the Lord, that he cast his

les petits enfants, autrement que par le repentir et la foi au nom du Seigneur Dieu Omnipotent.

22 Et en ce moment même, lorsque tu auras enseigné à ton peuple ce que le Seigneur, ton Dieu, t'a commandé, même alors il ne sera plus trouvé innocent aux yeux de Dieu, si ce n'est selon les paroles que je t'ai dites.

23 Et maintenant, j'ai dit les paroles que le Seigneur Dieu m'a commandé de dire.

24 Et ainsi dit le Seigneur : Elles resteront comme un témoignage éclatant contre ce peuple au jour du jugement ; par elles il sera jugé, chaque homme selon ses œuvres, qu'elles soient bonnes ou qu'elles soient mauvaises.

25 Et si elles sont mauvaises, ils sont condamnés à la vision affreuse de leur culpabilité et de leurs abominations personnelles, ce qui les fait reculer hors de la présence du Seigneur, vers un état de misère et de tourment sans fin d'où ils ne peuvent plus revenir ; c'est pourquoi, ils ont bu de la damnation pour leur âme.

26 C'est pourquoi, ils ont bu à la coupe de la colère de Dieu, que la justice ne pourrait pas plus leur refuser qu'elle ne pouvait refuser qu'Adam tombât parce qu'il avait mangé du fruit défendu ; c'est pourquoi, la miséricorde ne pourrait plus jamais avoir de droit sur eux.

27 Et leur tourment est comme un étang de feu et de soufre, dont les flammes ne s'éteignent pas et dont la fumée monte pour toujours et à jamais. Ainsi m'a commandé le Seigneur. Amen.

CHAPITRE 4

Suite du discours du roi Benjamin — Le salut vient par l'expiation — Croyez en Dieu pour être sauvés — Conservez le pardon de vos péchés par votre fidélité — Donnez de vos biens aux pauvres — Faites tout avec sagesse et ordre. Vers 124 av. J.-C.

1 Et alors, il arriva que lorsque le roi Benjamin eut fini de dire les paroles qui lui avaient été remises par l'ange du Seigneur, il jeta les regards autour de lui sur la multitude, et voici, elle était tombée par terre, car la crainte du Seigneur était venue sur elle.

eyes round about on the multitude, and behold they had fallen to the earth, for the fear of the Lord had come upon them.

2 And they had viewed themselves in their own carnal state, even less than the dust of the earth. And they all cried aloud with one voice, saying: O have mercy, and apply the atoning blood of Christ that we may receive forgiveness of our sins, and our hearts may be purified; for we believe in Jesus Christ, the Son of God, who created heaven and earth, and all things; who shall come down among the children of men.

3 And it came to pass that after they had spoken these words the Spirit of the Lord came upon them, and they were filled with joy, having received a remission of their sins, and having peace of conscience, because of the exceeding faith which they had in Jesus Christ who should come, according to the words which king Benjamin had spoken unto them.

4 And king Benjamin again opened his mouth and began to speak unto them, saying: My friends and my brethren, my kindred and my people, I would again call your attention, that ye may hear and understand the remainder of my words which I shall speak unto you.

5 For behold, if the knowledge of the goodness of God at this time has awakened you to a sense of your nothingness, and your worthless and fallen state—

6 I say unto you, if ye have come to a knowledge of the goodness of God, and his matchless power, and his wisdom, and his patience, and his long-suffering towards the children of men; and also, the atonement which has been prepared from the foundation of the world, that thereby salvation might come to him that should put his trust in the Lord, and should be diligent in keeping his commandments, and continue in the faith even unto the end of his life, I mean the life of the mortal body—

7 I say, that this is the man who receiveth salvation, through the atonement which was prepared from the foundation of the world for all mankind, which ever were since the fall of Adam, or who are, or who ever shall be, even unto the end of the world.

8 And this is the means whereby salvation cometh. And there is none other salvation save this which hath been spoken of; neither

2 Et elle s'était vue dans son état charnel, encore moins que la poussière de la terre. Et elle s'écria d'une seule voix, disant : Oh ! sois miséricordieux, et applique le sang expiatoire du Christ, afin que nous recevions le pardon de nos péchés, et que notre cœur soit purifié ; car nous croyons en Jésus-Christ, le Fils de Dieu, qui a créé le ciel et la terre, et toutes choses, qui descendra parmi les enfants des hommes.

3 Et il arriva que lorsqu'elle eut dit ces paroles, l'Esprit du Seigneur vint sur elle, et elle fut remplie de joie, ayant reçu le pardon de ses péchés, et ayant la conscience en paix, à cause de la foi extrême qu'elle avait en Jésus-Christ qui allait venir, selon les paroles que le roi Benjamin lui avait dites.

4 Et le roi Benjamin ouvrit encore la bouche et commença à lui parler, disant : Mes amis et mes frères, ma parenté et mon peuple, je voudrais encore demander votre attention, afin que vous entendiez et compreniez le reste des paroles que je vais vous dire.

5 Car voici, si, en ce moment, la connaissance de la bonté de Dieu vous a fait prendre conscience de votre néant, et de votre état vil et déchu —

6 Je vous le dis, si vous êtes parvenus à la connaissance de la bonté de Dieu, et de sa puissance incomparable, et de sa sagesse, et de sa patience, et de sa longanimité envers les enfants des hommes ; et aussi de l'expiation qui a été préparée dès la fondation du monde, afin que le salut parvienne ainsi à celui qui place sa confiance dans le Seigneur, et est diligent à garder ses commandements, et persévère dans la foi jusqu'à la fin de sa vie, je veux dire la vie du corps mortel —

7 Je dis que c'est cet homme-là qui reçoit le salut, par l'intermédiaire de l'expiation qui a été préparée, dès la fondation du monde, pour toute l'humanité qui a jamais été depuis la chute d'Adam, ou qui est, ou qui sera jamais, jusqu'à la fin du monde.

8 Et c'est là le moyen par lequel le salut vient. Et il n'est pas d'autre salut que celui dont j'ai parlé ; et il n'y a pas non plus de

are there any conditions whereby man can be saved except the conditions which I have told you.

9 Believe in God; believe that he is, and that he created all things, both in heaven and in earth; believe that he has all wisdom, and all power, both in heaven and in earth; believe that man doth not comprehend all the things which the Lord can comprehend.

10 And again, believe that ye must repent of your sins and forsake them, and humble yourselves before God; and ask in sincerity of heart that he would forgive you; and now, if you believe all these things see that ye do them.

11 And again I say unto you as I have said before, that as ye have come to the knowledge of the glory of God, or if ye have known of his goodness and have tasted of his love, and have received a remission of your sins, which causeth such exceedingly great joy in your souls, even so I would that ye should remember, and always retain in remembrance, the greatness of God, and your own nothingness, and his goodness and long-suffering towards you, unworthy creatures, and humble yourselves even in the depths of humility, calling on the name of the Lord daily, and standing steadfastly in the faith of that which is to come, which was spoken by the mouth of the angel.

12 And behold, I say unto you that if ye do this ye shall always rejoice, and be filled with the love of God, and always retain a remission of your sins; and ye shall grow in the knowledge of the glory of him that created you, or in the knowledge of that which is just and true.

13 And ye will not have a mind to injure one another, but to live peaceably, and to render to every man according to that which is his due.

14 And ye will not suffer your children that they go hungry, or naked; neither will ye suffer that they transgress the laws of God, and fight and quarrel one with another, and serve the devil, who is the master of sin, or who is the evil spirit which hath been spoken of by our fathers, he being an enemy to all righteousness.

15 But ye will teach them to walk in the ways of truth and soberness; ye will teach them to love one another, and to serve one another.

conditions par lesquelles l'homme puisse être sauvé, si ce n'est les conditions que je vous ai dites.

9 Croyez en Dieu ; croyez qu'il est, et qu'il a tout créé, tant dans le ciel que sur la terre ; croyez qu'il a toute la sagesse et tout le pouvoir, tant dans le ciel que sur la terre ; croyez que l'homme ne comprend pas tout ce que le Seigneur peut comprendre.

10 Et encore, croyez que vous devez vous repentir de vos péchés, et les délaisser, et vous humilier devant Dieu ; et demandez avec sincérité de cœur qu'il vous pardonne ; et alors, si vous croyez toutes ces choses, veillez à les faire.

11 Et je vous dis encore, comme je l'ai déjà dit, que de même que vous êtes parvenus à la connaissance de la gloire de Dieu, ou si vous avez connu sa bonté et goûté à son amour, et avez reçu le pardon de vos péchés, ce qui cause une joie aussi extrême dans votre âme, de même je voudrais que vous vous souveniez, et gardiez toujours le souvenir de la grandeur de Dieu, et de votre propre néant, et de sa bonté et de sa longanimité envers vous, créatures indignes, et vous humiliiez dans les profondeurs de l'humilité, invoquant quotidiennement le nom du Seigneur, et demeurant avec constance dans la foi de ce qui est à venir, qui a été dit par la bouche de l'ange.

12 Et voici, je vous dis que si vous faites cela, vous vous réjouirez toujours, et serez remplis de l'amour de Dieu, et conserverez toujours le pardon de vos péchés ; et vous progresserez dans la connaissance de la gloire de celui qui vous a créés, ou dans la connaissance de ce qui est juste et vrai.

13 Et vous ne serez pas enclins à vous nuire les uns aux autres, mais à vivre en paix et à rendre à chaque homme selon son dû.

14 Et vous ne souffrirez pas que vos enfants soient affamés ou nus ; et vous ne souffrirez pas non plus qu'ils transgressent les lois de Dieu, et se battent et se querellent, et servent le diable, qui est le maître du péché, ou qui est l'esprit malin dont ont parlé nos pères, l'ennemi de toute justice.

15 Mais vous leur enseignerez à marcher dans les voies de la vérité et de la sagesse ; vous leur enseignerez à s'aimer les uns les autres et à se servir les uns les autres.

16 And also, ye yourselves will succor those that stand in need of your succor; ye will administer of your substance unto him that standeth in need; and ye will not suffer that the beggar putteth up his petition to you in vain, and turn him out to perish.

17 Perhaps thou shalt say: The man has brought upon himself his misery; therefore I will stay my hand, and will not give unto him of my food, nor impart unto him of my substance that he may not suffer, for his punishments are just—

18 But I say unto you, O man, whosoever doeth this the same hath great cause to repent; and except he repenteth of that which he hath done he perisheth forever, and hath no interest in the kingdom of God.

19 For behold, are we not all beggars? Do we not all depend upon the same Being, even God, for all the substance which we have, for both food and raiment, and for gold, and for silver, and for all the riches which we have of every kind?

20 And behold, even at this time, ye have been calling on his name, and begging for a remission of your sins. And has he suffered that ye have begged in vain? Nay; he has poured out his Spirit upon you, and has caused that your hearts should be filled with joy, and has caused that your mouths should be stopped that ye could not find utterance, so exceedingly great was your joy.

21 And now, if God, who has created you, on whom you are dependent for your lives and for all that ye have and are, doth grant unto you whatsoever ye ask that is right, in faith, believing that ye shall receive, O then, how ye ought to impart of the substance that ye have one to another.

22 And if ye judge the man who putteth up his petition to you for your substance that he perish not, and condemn him, how much more just will be your condemnation for withholding your substance, which doth not belong to you but to God, to whom also your life belongeth; and yet ye put up no petition, nor repent of the thing which thou hast done.

23 I say unto you, wo be unto that man, for his substance shall perish with him; and now, I say these things unto those who are

16 Et vous-mêmes, vous porterez aussi secours à ceux qui ont besoin de votre secours ; vous donnerez de vos biens à celui qui est dans le besoin ; et vous ne souffrirez pas que le mendiant vous adresse sa supplication en vain, et ne le renverrez pas pour qu'il périsse.

17 Peut-être diras-tu : L'homme s'est attiré sa misère ; c'est pourquoi je retiendrai ma main, et ne lui donnerai pas de ma nourriture, ni ne lui accorderai de mes biens pour qu'il ne souffre pas, car ses châtiments sont justes —

18 Mais je te dis, ô homme, quiconque fait cela a grand sujet de se repentir ; et s'il ne se repent pas de ce qu'il a fait, il périra à jamais et n'aura pas de part dans le royaume de Dieu.

19 Car voici, ne sommes-nous pas tous mendiants ? Ne dépendons-nous pas tous du même Être, Dieu, pour tous les biens que nous avons, à la fois pour la nourriture et le vêtement, et pour l'or, et pour l'argent, et pour toutes les richesses de toutes sortes que nous avons ?

20 Et voici, en ce moment même, vous venez d'invoquer son nom et de mendier le pardon de vos péchés. Et a-t-il souffert que vous mendiiez en vain ? Non ; il a déversé son Esprit sur vous, et a fait que votre cœur soit rempli de joie, et a fait que votre bouche soit muette, de sorte que vous ne pouviez trouver à vous exprimer, tant votre joie était grande.

21 Et maintenant, si Dieu, qui vous a créés, dont vous dépendez pour votre vie et tout ce que vous avez et êtes, vous accorde tout ce que vous demandez de juste, avec foi, croyant que vous recevrez, oh alors, comme vous devriez vous accorder les uns aux autres des biens que vous avez.

22 Et si vous jugez l'homme qui vous adresse sa supplication pour obtenir de vos biens afin de ne pas périr, et le condamnez, à quel point votre condamnation ne sera-t-elle pas plus juste pour avoir refusé vos biens, qui appartiennent non pas à vous mais à Dieu, à qui appartient aussi votre vie ; et pourtant vous n'adressez aucune supplication, ni ne vous repentez de ce que vous avez fait.

23 Je vous le dis, malheur à cet homme, car ses biens périront avec lui ; et maintenant, je

rich as pertaining to the things of this world.

24 And again, I say unto the poor, ye who have not and yet have sufficient, that ye remain from day to day; I mean all you who deny the beggar, because ye have not; I would that ye say in your hearts that: I give not because I have not, but if I had I would give.

25 And now, if ye say this in your hearts ye remain guiltless, otherwise ye are condemned; and your condemnation is just for ye covet that which ye have not received.

26 And now, for the sake of these things which I have spoken unto you—that is, for the sake of retaining a remission of your sins from day to day, that ye may walk guiltless before God—I would that ye should impart of your substance to the poor, every man according to that which he hath, such as feeding the hungry, clothing the naked, visiting the sick and administering to their relief, both spiritually and temporally, according to their wants.

27 And see that all these things are done in wisdom and order; for it is not requisite that a man should run faster than he has strength. And again, it is expedient that he should be diligent, that thereby he might win the prize; therefore, all things must be done in order.

28 And I would that ye should remember, that whosoever among you borroweth of his neighbor should return the thing that he borroweth, according as he doth agree, or else thou shalt commit sin; and perhaps thou shalt cause thy neighbor to commit sin also.

29 And finally, I cannot tell you all the things whereby ye may commit sin; for there are divers ways and means, even so many that I cannot number them.

30 But this much I can tell you, that if ye do not watch yourselves, and your thoughts, and your words, and your deeds, and observe the commandments of God, and continue in the faith of what ye have heard concerning the coming of our Lord, even unto the end of your lives, ye must perish. And now, O man, remember, and perish not.

dis ces choses à ceux qui sont riches quant aux choses de ce monde.

24 Et encore, je dis aux pauvres, à vous qui n'avez pas et cependant avez suffisamment pour subsister de jour en jour ; je veux dire : vous tous qui refusez au mendiant parce que vous n'avez pas ; je voudrais que vous disiez dans votre cœur : Je ne donne pas parce que je n'ai pas, mais si j'avais, je donnerais.

25 Et maintenant, si vous dites cela dans votre cœur, vous restez innocents, sinon vous êtes condamnés ; et votre condamnation est juste, car vous convoitez ce que vous n'avez pas reçu.

26 Et maintenant, pour les choses que je vous ai dites, c'est-à-dire pour conserver de jour en jour le pardon de vos péchés, afin de marcher innocents devant Dieu, je voudrais que vous accordiez de vos biens aux pauvres, chaque homme selon ce qu'il a, comme nourrir les affamés, vêtir les nus, visiter les malades et leur apporter du soulagement, tant spirituellement que temporellement, selon leurs besoins.

27 Et veillez à ce que tout cela se fasse avec sagesse et ordre ; car il n'est pas requis que l'homme coure plus vite qu'il n'a de force. Et en outre, il est nécessaire qu'il soit diligent, afin qu'il remporte ainsi le prix ; c'est pourquoi, tout doit se faire avec ordre.

28 Et je voudrais que vous vous souveniez que quiconque parmi vous emprunte à son prochain, doit rendre la chose qu'il emprunte, selon qu'il est convenu, sinon tu commettras un péché ; et peut-être feras-tu aussi commettre un péché à ton prochain.

29 Et finalement, je ne peux pas vous dire toutes les choses par lesquelles vous pouvez commettre le péché ; car il y a divers voies et moyens, oui, tant que je ne peux les énumérer.

30 Mais il y a une chose que je peux vous dire, c'est que si vous ne veillez pas à vous-mêmes, et à vos pensées, et à vos paroles, et à vos actes, et n'observez pas les commandements de Dieu, et ne continuez pas dans la foi de ce que vous avez entendu concernant la venue de notre Seigneur jusqu'à la fin de votre vie, vous périrez. Et maintenant, ô homme, souviens-toi, et ne péris pas.

CHAPTER 5

CHAPITRE 5

The Saints become the sons and daughters of Christ through faith—They are then called by the name of Christ—King Benjamin exhorts them to be steadfast and immovable in good works. About 124 B.C.

Par la foi, les saints deviennent fils et filles du Christ — On les appelle alors du nom du Christ — Le roi Benjamin les exhorte à être constants et immuables en bonnes œuvres. Vers 124 av. J.-C.

1 And now, it came to pass that when king Benjamin had thus spoken to his people, he sent among them, desiring to know of his people if they believed the words which he had spoken unto them.

2 And they all cried with one voice, saying: Yea, we believe all the words which thou hast spoken unto us; and also, we know of their surety and truth, because of the Spirit of the Lord Omnipotent, which has wrought a mighty change in us, or in our hearts, that we have no more disposition to do evil, but to do good continually.

3 And we, ourselves, also, through the infinite goodness of God, and the manifestations of his Spirit, have great views of that which is to come; and were it expedient, we could prophesy of all things.

4 And it is the faith which we have had on the things which our king has spoken unto us that has brought us to this great knowledge, whereby we do rejoice with such exceedingly great joy.

5 And we are willing to enter into a covenant with our God to do his will, and to be obedient to his commandments in all things that he shall command us, all the remainder of our days, that we may not bring upon ourselves a never-ending torment, as has been spoken by the angel, that we may not drink out of the cup of the wrath of God.

6 And now, these are the words which king Benjamin desired of them; and therefore he said unto them: Ye have spoken the words that I desired; and the covenant which ye have made is a righteous covenant.

7 And now, because of the covenant which ye have made ye shall be called the children of Christ, his sons, and his daughters; for behold, this day he hath spiritually begotten you; for ye say that your hearts are changed through faith on his name; therefore, ye are born of him and have become his sons and his daughters.

1 Et alors, il arriva que lorsque le roi Benjamin eut ainsi parlé à son peuple, il envoya des gens parmi eux, désirant savoir de son peuple s'il croyait aux paroles qu'il lui avait dites.

2 Et tous s'écrièrent d'une seule voix, disant : Oui, nous croyons toutes les paroles que tu nous as dites ; et aussi, nous savons qu'elles sont sûres et vraies, à cause de l'Esprit du Seigneur Omnipotent, qui a produit un grand changement en nous, ou dans notre cœur, de sorte que nous n'avons plus de disposition à faire le mal, mais à faire continuellement le bien.

3 Et par la bonté infinie de Dieu et les manifestations de son Esprit, nous avons, nous aussi, de grandes perspectives sur ce qui est à venir ; et si c'était opportun, nous pourrions prophétiser à propos de tout.

4 Et c'est la foi que nous avons eue dans les choses que notre roi nous a dites qui nous a fait parvenir à cette grande connaissance, par laquelle nous nous réjouissons d'une joie aussi extrême.

5 Et nous sommes disposés à conclure avec notre Dieu l'alliance de faire sa volonté et d'être obéissants à ses commandements dans tout ce qu'il nous commandera, tout le reste de nos jours, afin de ne pas attirer sur nous un tourment sans fin, comme l'ange l'a dit, afin de ne pas boire à la coupe de la colère de Dieu.

6 Or, c'étaient là les paroles que le roi Benjamin désirait de leur part ; et c'est pourquoi il leur dit : Vous avez dit les paroles que je désirais, et l'alliance que vous avez faite est une alliance juste.

7 Et maintenant, à cause de l'alliance que vous avez faite, vous serez appelés enfants du Christ, ses fils et ses filles ; car voici, aujourd'hui il vous a engendrés spirituellement ; car vous dites que votre cœur est changé par la foi en son nom ; c'est pourquoi, vous êtes nés de lui et êtes devenus ses fils et ses filles.

8 And under this head ye are made free, and there is no other head whereby ye can be made free. There is no other name given whereby salvation cometh; therefore, I would that ye should take upon you the name of Christ, all you that have entered into the covenant with God that ye should be obedient unto the end of your lives.

9 And it shall come to pass that whosoever doeth this shall be found at the right hand of God, for he shall know the name by which he is called; for he shall be called by the name of Christ.

10 And now it shall come to pass, that whosoever shall not take upon him the name of Christ must be called by some other name; therefore, he findeth himself on the left hand of God.

11 And I would that ye should remember also, that this is the name that I said I should give unto you that never should be blotted out, except it be through transgression; therefore, take heed that ye do not transgress, that the name be not blotted out of your hearts.

12 I say unto you, I would that ye should remember to retain the name written always in your hearts, that ye are not found on the left hand of God, but that ye hear and know the voice by which ye shall be called, and also, the name by which he shall call you.

13 For how knoweth a man the master whom he has not served, and who is a stranger unto him, and is far from the thoughts and intents of his heart?

14 And again, doth a man take an ass which belongeth to his neighbor, and keep him? I say unto you, Nay; he will not even suffer that he shall feed among his flocks, but will drive him away, and cast him out. I say unto you, that even so shall it be among you if ye know not the name by which ye are called.

15 Therefore, I would that ye should be steadfast and immovable, always abounding in good works, that Christ, the Lord God Omnipotent, may seal you his, that you may be brought to heaven, that ye may have everlasting salvation and eternal life, through the wisdom, and power, and justice, and mercy of him who created all things, in heaven and in earth, who is God above all. Amen.

8 Et, à ce titre, vous êtes affranchis, et il n'y a aucun autre titre auquel vous pouvez être affranchis. Il n'y a aucun autre nom donné par lequel le salut vienne ; c'est pourquoi, je voudrais que vous preniez sur vous le nom du Christ, vous tous qui avez conclu avec Dieu l'alliance d'être obéissants jusqu'à la fin de votre vie.

9 Et il arrivera que quiconque fait cela se trouvera à la droite de Dieu, car il connaîtra le nom par lequel il est appelé ; car il sera appelé par le nom du Christ.

10 Et maintenant, il arrivera que quiconque ne prend pas sur lui le nom du Christ devra être appelé par un autre nom ; c'est pourquoi, il se trouve à la gauche de Dieu.

11 Et je voudrais que vous vous souveniez aussi que c'est là le nom que j'ai dit que je vous donnerais, qui ne serait jamais effacé, si ce n'est par la transgression ; c'est pourquoi, veillez à ne pas transgresser, afin que le nom ne soit pas effacé de votre cœur.

12 Je vous le dis : Je voudrais que vous vous souveniez de toujours retenir le nom écrit dans votre cœur, afin de ne pas vous trouver à la gauche de Dieu, mais que vous entendiez et connaissiez la voix par laquelle vous serez appelés, et aussi le nom par lequel il vous appellera.

13 Car, comment un homme connaît-il le maître qu'il n'a pas servi, et qui est un étranger pour lui, et est loin des pensées et des intentions de son cœur ?

14 Et encore, un homme prend-il l'âne qui appartient à son voisin et le garde-t-il ? Je vous le dis : non ; il ne souffre même pas qu'il paisse parmi ses troupeaux, mais le chasse et l'expulse. Je vous dis qu'il en sera de même parmi vous, si vous ne connaissez pas le nom par lequel vous êtes appelés.

15 C'est pourquoi, je voudrais que vous soyez constants et immuables, étant toujours abondants en bonnes œuvres, afin que le Christ, le Seigneur Dieu Omnipotent, vous scelle comme siens, afin que vous soyez amenés au ciel, que vous ayez le salut éternel et la vie éternelle, par la sagesse, et la puissance, et la justice, et la miséricorde de celui qui a tout créé dans le ciel et sur la terre, qui est Dieu au-dessus de tout. Amen.

CHAPTER 6

CHAPITRE 6

King Benjamin records the names of the people and appoints priests to teach them—Mosiah reigns as a righteous king. About 124–121 B.C.

Le roi Benjamin inscrit les noms de ceux qui constituent son peuple et désigne des prêtres pour les instruire — Mosiah règne en roi juste. Vers 124–121 av. J.-C.

1 And now, king Benjamin thought it was expedient, after having finished speaking to the people, that he should take the names of all those who had entered into a covenant with God to keep his commandments.

2 And it came to pass that there was not one soul, except it were little children, but who had entered into the covenant and had taken upon them the name of Christ.

3 And again, it came to pass that when king Benjamin had made an end of all these things, and had consecrated his son Mosiah to be a ruler and a king over his people, and had given him all the charges concerning the kingdom, and also had appointed priests to teach the people, that thereby they might hear and know the commandments of God, and to stir them up in remembrance of the oath which they had made, he dismissed the multitude, and they returned, every one, according to their families, to their own houses.

4 And Mosiah began to reign in his father's stead. And he began to reign in the thirtieth year of his age, making in the whole, about four hundred and seventy-six years from the time that Lehi left Jerusalem.

5 And king Benjamin lived three years and he died.

6 And it came to pass that king Mosiah did walk in the ways of the Lord, and did observe his judgments and his statutes, and did keep his commandments in all things whatsoever he commanded him.

7 And king Mosiah did cause his people that they should till the earth. And he also, himself, did till the earth, that thereby he might not become burdensome to his people, that he might do according to that which his father had done in all things. And there was no contention among all his people for the space of three years.

1 Et alors, le roi Benjamin pensa qu'il était utile, après avoir fini de parler au peuple, de prendre les noms de tous ceux qui avaient conclu avec Dieu l'alliance de garder ses commandements.

2 Et il arriva qu'il n'y eut pas une seule âme, si ce n'est les petits enfants, qui n'eût conclu l'alliance et n'eût pris sur elle le nom du Christ.

3 Et en outre, il arriva que lorsque le roi Benjamin eut fini toutes ces choses, et eut consacré son fils Mosiah comme gouverneur et roi de son peuple, et lui eut donné tous ses ordres concernant le royaume, et eut aussi désigné des prêtres pour instruire le peuple, afin qu'il entendît et connût ainsi les commandements de Dieu, et afin de l'inciter à se souvenir du serment qu'il avait fait, il renvoya la multitude, et ils retournèrent tous, selon leurs familles, vers leurs maisons.

4 Et Mosiah commença à régner à la place de son père. Et il commença à régner dans la trentième année de sa vie, ce qui faisait en tout environ quatre cent soixante-seize ans depuis le moment où Léhi avait quitté Jérusalem.

5 Et le roi Benjamin vécut trois ans, et il mourut.

6 Et il arriva que le roi Mosiah marcha dans les voies du Seigneur, et observa ses ordonnances et ses lois, et garda ses commandements dans tout ce qu'il lui commandait.

7 Et le roi Mosiah commanda à son peuple de cultiver la terre. Et il cultiva, lui aussi, la terre, afin de ne pas devenir un fardeau pour son peuple, afin de faire en tout comme son père avait fait. Et il n'y eut pas de querelles parmi tout son peuple pendant trois ans.

CHAPTER 7

CHAPITRE 7

Ammon finds the land of Lehi-Nephi, where Limhi is king—Limhi's people are in bondage to the Lamanites—Limhi recounts their history—A prophet (Abinadi) had testified that Christ is the God and Father of all things—Those who sow filthiness reap the whirlwind, and those who put their trust in the Lord will be delivered. About 121 B.C.

Ammon trouve le pays de Léhi-Néphi où Limhi est roi — Le peuple de Limhi est asservi aux Lamanites — Récit de Limhi — Un prophète (Abinadi) avait témoigné que le Christ était le Dieu et le Père de toutes choses — Ceux qui sèment la souillure récolteront la tempête, et ceux qui placent leur confiance dans le Seigneur seront délivrés. Vers 121 av. J.-C.

1 And now, it came to pass that after king Mosiah had had continual peace for the space of three years, he was desirous to know concerning the people who went up to dwell in the land of Lehi-Nephi, or in the city of Lehi-Nephi; for his people had heard nothing from them from the time they left the land of Zarahemla; therefore, they wearied him with their teasings.

2 And it came to pass that king Mosiah granted that sixteen of their strong men might go up to the land of Lehi-Nephi, to inquire concerning their brethren.

3 And it came to pass that on the morrow they started to go up, having with them one Ammon, he being a strong and mighty man, and a descendant of Zarahemla; and he was also their leader.

4 And now, they knew not the course they should travel in the wilderness to go up to the land of Lehi-Nephi; therefore they wandered many days in the wilderness, even forty days did they wander.

5 And when they had wandered forty days they came to a hill, which is north of the land of Shilom, and there they pitched their tents.

6 And Ammon took three of his brethren, and their names were Amaleki, Helem, and Hem, and they went down into the land of Nephi.

7 And behold, they met the king of the people who were in the land of Nephi, and in the land of Shilom; and they were surrounded by the king's guard, and were taken, and were bound, and were committed to prison.

8 And it came to pass when they had been in prison two days they were again brought before the king, and their bands were loosed; and they stood before the king, and were permitted, or rather commanded, that

1 Et alors, il arriva que lorsqu'il eut connu une paix continuelle pendant trois ans, le roi Mosiah voulut savoir ce qu'était devenu le peuple qui était monté demeurer au pays de Léhi-Néphi, ou dans la ville de Léhi-Néphi ; car son peuple n'avait eu aucune nouvelle de lui depuis le moment où il avait quitté le pays de Zarahemla ; c'est pourquoi, il le lassait de ses importunités.

2 Et il arriva que le roi Mosiah permit à seize de leurs hommes forts de monter au pays de Léhi-Néphi pour s'enquérir de leurs frères.

3 Et il arriva que le lendemain ils commencèrent à monter, ayant avec eux un certain Ammon, qui était un homme fort et puissant, et un descendant de Zarahemla ; et il était aussi leur chef.

4 Or, ils ne savaient pas dans quelle direction ils devaient voyager dans le désert pour monter au pays de Léhi-Néphi ; c'est pourquoi ils errèrent de nombreux jours dans le désert ; ils errèrent quarante jours.

5 Et lorsqu'ils eurent erré quarante jours, ils arrivèrent à une colline, qui est au nord du pays de Shilom, et ils y dressèrent leurs tentes.

6 Et Ammon prit trois de ses frères, et leurs noms étaient Amaléki, Hélem, et Hem, et ils descendirent au pays de Néphi.

7 Et voici, ils rencontrèrent le roi du peuple qui était au pays de Néphi et au pays de Shilom ; et ils furent entourés par la garde du roi, et furent pris, et furent liés, et furent jetés en prison.

8 Et il arriva que lorsqu'ils eurent été deux jours en prison, ils furent de nouveau amenés devant le roi, et on détacha leurs liens ; et ils se tinrent devant le roi, et il leur fut permis, ou plutôt commandé, de répondre aux questions qu'il leur poserait.

they should answer the questions which he should ask them.

9 And he said unto them: Behold, I am Limhi, the son of Noah, who was the son of Zeniff, who came up out of the land of Zarahemla to inherit this land, which was the land of their fathers, who was made a king by the voice of the people.

10 And now, I desire to know the cause whereby ye were so bold as to come near the walls of the city, when I, myself, was with my guards without the gate?

11 And now, for this cause have I suffered that ye should be preserved, that I might inquire of you, or else I should have caused that my guards should have put you to death. Ye are permitted to speak.

12 And now, when Ammon saw that he was permitted to speak, he went forth and bowed himself before the king; and rising again he said: O king, I am very thankful before God this day that I am yet alive, and am permitted to speak; and I will endeavor to speak with boldness;

13 For I am assured that if ye had known me ye would not have suffered that I should have worn these bands. For I am Ammon, and am a descendant of Zarahemla, and have come up out of the land of Zarahemla to inquire concerning our brethren, whom Zeniff brought up out of that land.

14 And now, it came to pass that after Limhi had heard the words of Ammon, he was exceedingly glad, and said: Now, I know of a surety that my brethren who were in the land of Zarahemla are yet alive. And now, I will rejoice; and on the morrow I will cause that my people shall rejoice also.

15 For behold, we are in bondage to the Lamanites, and are taxed with a tax which is grievous to be borne. And now, behold, our brethren will deliver us out of our bondage, or out of the hands of the Lamanites, and we will be their slaves; for it is better that we be slaves to the Nephites than to pay tribute to the king of the Lamanites.

16 And now, king Limhi commanded his guards that they should no more bind Ammon nor his brethren, but caused that they should go to the hill which was north of Shilom, and bring their brethren into the city, that thereby they might eat, and drink, and

9 Et il leur dit : Voici, je suis Limhi, fils de Noé, qui était fils de Zénif, qui monta du pays de Zarahemla pour hériter de ce pays, lequel était le pays de leurs pères, qui fut fait roi par la voix du peuple.

10 Et maintenant, je désire connaître la raison pour laquelle vous avez eu la hardiesse de venir près des murailles de la ville, lorsque j'étais moi-même avec mes gardes en dehors de la porte ?

11 Or, c'est pour cette raison que j'ai souffert que vous soyez préservés, c'est pour pouvoir vous interroger, sinon je vous aurais fait mettre à mort par mes gardes. Il vous est permis de parler.

12 Et alors, lorsqu'Ammon vit qu'il lui était permis de parler, il s'avança et se prosterna devant le roi ; et, se relevant, il dit : Ô roi, je suis très reconnaissant aujourd'hui devant Dieu d'être encore vivant et d'avoir la permission de parler ; et je m'efforcerai de parler avec hardiesse ;

13 car j'ai l'assurance que si tu m'avais connu, tu n'aurais pas souffert que je porte ces liens. Car je suis Ammon, descendant de Zarahemla, et je suis monté du pays de Zarahemla pour m'enquérir de nos frères que Zénif fit monter hors de ce pays.

14 Et alors, il arriva que lorsque Limhi eut entendu les paroles d'Ammon, il se réjouit extrêmement, et dit : Maintenant, je sais avec certitude que mes frères qui étaient au pays de Zarahemla sont encore vivants. Et maintenant, je me réjouirai ; et demain, je ferai en sorte que mon peuple se réjouisse aussi.

15 Car voici, nous sommes asservis aux Lamanites, et on nous impose un impôt qui est pénible à supporter. Et maintenant, voici, nos frères nous délivreront de notre servitude, ou des mains des Lamanites, et nous serons leurs esclaves ; car il vaut mieux que nous soyons esclaves des Néphites que de payer le tribut au roi des Lamanites.

16 Et alors, le roi Limhi commanda à ses gardes de ne plus lier Ammon ni ses frères, mais il les fit aller à la colline qui était au nord de Shilom, et amener leurs frères dans la ville, afin qu'ils pussent manger, et boire, et se reposer des labeurs de leur voyage ; car

rest themselves from the labors of their journey; for they had suffered many things; they had suffered hunger, thirst, and fatigue.

17 And now, it came to pass on the morrow that king Limhi sent a proclamation among all his people, that thereby they might gather themselves together to the temple, to hear the words which he should speak unto them.

18 And it came to pass that when they had gathered themselves together that he spake unto them in this wise, saying: O ye, my people, lift up your heads and be comforted; for behold, the time is at hand, or is not far distant, when we shall no longer be in subjection to our enemies, notwithstanding our many strugglings, which have been in vain; yet I trust there remaineth an effectual struggle to be made.

19 Therefore, lift up your heads, and rejoice, and put your trust in God, in that God who was the God of Abraham, and Isaac, and Jacob; and also, that God who brought the children of Israel out of the land of Egypt, and caused that they should walk through the Red Sea on dry ground, and fed them with manna that they might not perish in the wilderness; and many more things did he do for them.

20 And again, that same God has brought our fathers out of the land of Jerusalem, and has kept and preserved his people even until now; and behold, it is because of our iniquities and abominations that he has brought us into bondage.

21 And ye all are witnesses this day, that Zeniff, who was made king over this people, he being over-zealous to inherit the land of his fathers, therefore being deceived by the cunning and craftiness of king Laman, who having entered into a treaty with king Zeniff, and having yielded up into his hands the possessions of a part of the land, or even the city of Lehi-Nephi, and the city of Shilom; and the land round about—

22 And all this he did, for the sole purpose of bringing this people into subjection or into bondage. And behold, we at this time do pay tribute to the king of the Lamanites, to the amount of one half of our corn, and our barley, and even all our grain of every kind, and one half of the increase of our flocks and our herds; and even one half of all

ils avaient souffert beaucoup de choses ; ils avaient souffert la faim, la soif et la fatigue.

17 Et alors, il arriva que, le lendemain, le roi Limhi envoya une proclamation parmi tout son peuple, afin qu'il se rassemblât au temple pour entendre les paroles qu'il lui adresserait.

18 Et il arriva que lorsqu'il se fut rassemblé, il lui parla de cette façon, disant : Ô vous, mon peuple, levez la tête et soyez consolés ; car voici, le temps est proche, ou n'est pas très éloigné, où nous ne serons plus assujettis à nos ennemis, malgré nos nombreuses luttes qui ont été vaines ; pourtant j'ai l'assurance qu'il reste une lutte efficace à mener.

19 C'est pourquoi, levez la tête, et réjouissez-vous, et placez votre confiance en Dieu, en ce Dieu qui a été le Dieu d'Abraham, et d'Isaac, et de Jacob ; et aussi, ce Dieu qui a fait sortir les enfants d'Israël du pays d'Égypte, et a fait en sorte qu'ils marchent à pied sec à travers la mer Rouge, et les a nourris de manne afin qu'ils ne périssent pas dans le désert ; et il a fait beaucoup d'autres choses pour eux.

20 Et en outre, ce même Dieu a fait sortir nos pères du pays de Jérusalem et a gardé et préservé son peuple jusqu'à maintenant ; et voici, c'est à cause de nos iniquités et de nos abominations qu'il nous a réduits en servitude.

21 Et vous êtes tous témoins aujourd'hui que Zénif, qui fut fait roi de ce peuple, était animé d'un zèle excessif à hériter le pays de ses pères ; à cause de cela, il fut trompé par la ruse et la fourberie du roi Laman, qui conclut un traité avec le roi Zénif et céda entre ses mains les possessions d'une partie du pays, à savoir la ville de Léhi-Néphi, et la ville de Shilom, et le pays alentour —

22 et tout cela il le fit dans l'unique but de réduire ce peuple en sujétion ou en servitude. Et voici, nous payons actuellement au roi des Lamanites un tribut qui s'élève à la moitié de notre maïs, et de notre orge, et même de tout notre grain de toute sorte, et la moitié de l'accroissement de nos troupeaux de gros et de petit bétail ; et le roi des Lamanites exige même de nous la moitié

we have or possess the king of the Lamanites doth exact of us, or our lives.

23 And now, is not this grievous to be borne? And is not this, our affliction, great? Now behold, how great reason we have to mourn.

24 Yea, I say unto you, great are the reasons which we have to mourn; for behold how many of our brethren have been slain, and their blood has been spilt in vain, and all because of iniquity.

25 For if this people had not fallen into transgression the Lord would not have suffered that this great evil should come upon them. But behold, they would not hearken unto his words; but there arose contentions among them, even so much that they did shed blood among themselves.

26 And a prophet of the Lord have they slain; yea, a chosen man of God, who told them of their wickedness and abominations, and prophesied of many things which are to come, yea, even the coming of Christ.

27 And because he said unto them that Christ was the God, the Father of all things, and said that he should take upon him the image of man, and it should be the image after which man was created in the beginning; or in other words, he said that man was created after the image of God, and that God should come down among the children of men, and take upon him flesh and blood, and go forth upon the face of the earth—

28 And now, because he said this, they did put him to death; and many more things did they do which brought down the wrath of God upon them. Therefore, who wondereth that they are in bondage, and that they are smitten with sore afflictions?

29 For behold, the Lord hath said: I will not succor my people in the day of their transgression; but I will hedge up their ways that they prosper not; and their doings shall be as a stumbling block before them.

30 And again, he saith: If my people shall sow filthiness they shall reap the chaff thereof in the whirlwind; and the effect thereof is poison.

de tout ce que nous avons ou possédons, ou alors notre vie.

23 Et maintenant, cela n'est-il pas pénible à supporter ? Et cette affliction qui est la nôtre n'est-elle pas grande ? Or, voici, comme nous avons lieu de nous lamenter !

24 Oui, je vous le dis, grandes sont les raisons que nous avons d'élever des plaintes ; car voici, combien de nos frères ont été tués, et leur sang a été versé en vain, et tout cela pour cause d'iniquité.

25 Car si ce peuple n'était pas tombé en transgression, le Seigneur n'aurait pas souffert que ce grand mal s'abatte sur lui. Mais voici, ils n'ont pas voulu écouter ses paroles ; mais il s'est élevé des querelles parmi eux, à tel point qu'ils ont versé le sang entre eux.

26 Et ils ont fait mourir un prophète du Seigneur ; oui, un homme choisi par Dieu, qui leur parlait de leur méchanceté et de leurs abominations, et prophétisait beaucoup de choses qui sont à venir, oui, même la venue du Christ.

27 Et parce qu'il leur disait que le Christ était le Dieu, le Père de toutes choses, et disait qu'il prendrait sur lui l'image de l'homme, et que ce serait l'image selon laquelle l'homme fut créé au commencement ; ou, en d'autres termes, il disait que l'homme fut créé à l'image de Dieu, et que Dieu descendrait parmi les enfants des hommes, et prendrait sur lui la chair et le sang, et s'en irait sur la surface de la terre —

28 Or, parce qu'il disait cela, ils l'ont mis à mort ; et ils ont fait beaucoup d'autres choses qui ont fait tomber sur eux la colère de Dieu. C'est pourquoi, qui s'étonne qu'ils soient dans la servitude et qu'ils soient frappés de grandes afflictions ?

29 Car voici, le Seigneur a dit : Je ne secourrai pas mon peuple le jour de sa transgression ; mais je dresserai des barrières sur son chemin pour qu'il ne prospère pas ; et ses actions seront comme une pierre d'achoppement devant lui.

30 Et il dit encore : Si mon peuple sème la souillure, il en récoltera la balle dans la tempête ; et l'effet en est du poison.

31 And again he saith: If my people shall sow filthiness they shall reap the east wind, which bringeth immediate destruction.

32 And now, behold, the promise of the Lord is fulfilled, and ye are smitten and afflicted.

33 But if ye will turn to the Lord with full purpose of heart, and put your trust in him, and serve him with all diligence of mind, if ye do this, he will, according to his own will and pleasure, deliver you out of bondage.

CHAPTER 8

Ammon teaches the people of Limhi—He learns of the twenty-four Jaredite plates—Ancient records can be translated by seers—No gift is greater than seership. About 121 B.C.

1 And it came to pass that after king Limhi had made an end of speaking to his people, for he spake many things unto them and only a few of them have I written in this book, he told his people all the things concerning their brethren who were in the land of Zarahemla.

2 And he caused that Ammon should stand up before the multitude, and rehearse unto them all that had happened unto their brethren from the time that Zeniff went up out of the land even until the time that he himself came up out of the land.

3 And he also rehearsed unto them the last words which king Benjamin had taught them, and explained them to the people of king Limhi, so that they might understand all the words which he spake.

4 And it came to pass that after he had done all this, that king Limhi dismissed the multitude, and caused that they should return every one unto his own house.

5 And it came to pass that he caused that the plates which contained the record of his people from the time that they left the land of Zarahemla, should be brought before Ammon, that he might read them.

6 Now, as soon as Ammon had read the record, the king inquired of him to know if he could interpret languages, and Ammon told him that he could not.

---

31 Et il dit encore : Si mon peuple sème la souillure, il récoltera le vent d'orient, qui amène la destruction immédiate.

32 Et maintenant, voici, la promesse du Seigneur est accomplie, et vous êtes frappés et affligés.

33 Mais si vous vous tournez vers le Seigneur d'un cœur pleinement résolu, et placez votre confiance en lui, et le servez en toute diligence d'esprit, si vous faites cela, il vous délivrera de la servitude, selon sa volonté et son bon plaisir.

CHAPITRE 8

Ammon instruit le peuple de Limhi — Il apprend l'existence des vingt-quatre plaques jarédites — Les annales anciennes peuvent être traduites par les voyants — Ce sont eux qui ont le plus grand des dons. Vers 121 av. J.-C.

1 Et il arriva que lorsque le roi Limhi eut fini de parler à son peuple, car il lui dit beaucoup de choses, et je n'en ai écrit que peu dans ce livre, il dit à son peuple tout ce qui concernait ses frères qui étaient au pays de Zarahemla.

2 Et il fit lever Ammon devant la multitude, et lui fit répéter tout ce qui était arrivé à leurs frères depuis le moment où Zénif monta hors du pays jusqu'au moment où lui-même monta hors du pays.

3 Et il leur répéta aussi les dernières paroles que le roi Benjamin leur avait enseignées, et les expliqua au peuple du roi Limhi, pour qu'il pût comprendre toutes les paroles qu'il disait.

4 Et il arriva que lorsqu'il eut fait tout cela, le roi Limhi renvoya la multitude, et renvoya chacun dans sa maison.

5 Et il arriva qu'il fit apporter devant Ammon les plaques qui contenaient les annales de son peuple depuis le moment où ils avaient quitté le pays de Zarahemla, afin qu'il les lût.

6 Alors, dès qu'Ammon eut lu les annales, le roi l'interrogea pour savoir s'il pouvait interpréter les langues, et Ammon lui dit qu'il ne le pouvait pas.

7 And the king said unto him: Being grieved for the afflictions of my people, I caused that forty and three of my people should take a journey into the wilderness, that thereby they might find the land of Zarahemla, that we might appeal unto our brethren to deliver us out of bondage.

8 And they were lost in the wilderness for the space of many days, yet they were diligent, and found not the land of Zarahemla but returned to this land, having traveled in a land among many waters, having discovered a land which was covered with bones of men, and of beasts, and was also covered with ruins of buildings of every kind, having discovered a land which had been peopled with a people who were as numerous as the hosts of Israel.

9 And for a testimony that the things that they had said are true they have brought twenty-four plates which are filled with engravings, and they are of pure gold.

10 And behold, also, they have brought breastplates, which are large, and they are of brass and of copper, and are perfectly sound.

11 And again, they have brought swords, the hilts thereof have perished, and the blades thereof were cankered with rust; and there is no one in the land that is able to interpret the language or the engravings that are on the plates. Therefore I said unto thee: Canst thou translate?

12 And I say unto thee again: Knowest thou of any one that can translate? For I am desirous that these records should be translated into our language; for, perhaps, they will give us a knowledge of a remnant of the people who have been destroyed, from whence these records came; or, perhaps, they will give us a knowledge of this very people who have been destroyed; and I am desirous to know the cause of their destruction.

13 Now Ammon said unto him: I can assuredly tell thee, O king, of a man that can translate the records; for he has wherewith that he can look, and translate all records that are of ancient date; and it is a gift from God. And the things are called interpreters, and no man can look in them except he be commanded, lest he should look for that he

7 Et le roi lui dit : Peiné des afflictions de mon peuple, j'ai commandé que quarante-trois d'entre mon peuple entreprennent un voyage dans le désert, afin de trouver ainsi le pays de Zarahemla, afin que nous puissions faire appel à nos frères pour qu'ils nous délivrent de la servitude.

8 Et ils se perdirent dans le désert pendant de nombreux jours ; ils furent diligents, et cependant ils ne trouvèrent pas le pays de Zarahemla, mais retournèrent dans ce pays, ayant voyagé dans un pays parmi beaucoup d'eaux, ayant découvert un pays qui était couvert d'ossements d'hommes et de bêtes, et qui était aussi couvert de ruines de bâtiments de toutes sortes, ayant découvert un pays qui avait été peuplé par un peuple qui était aussi nombreux que les armées d'Israël.

9 Et en témoignage que les choses qu'ils ont dites étaient vraies, ils ont rapporté vingt-quatre plaques qui sont remplies d'inscriptions gravées, et elles sont d'or pur.

10 Et voici aussi, ils ont rapporté des plastrons de cuirasse, qui sont grands, et ils sont d'airain et de cuivre, et sont en parfait état.

11 Et en outre, ils ont apporté des épées dont la poignée a péri et dont la lame était rongée par la rouille ; et il n'y a personne dans le pays qui soit capable d'interpréter la langue ou les inscriptions qui sont gravées sur les plaques. C'est pourquoi je t'ai dit : Peux-tu traduire ?

12 Et je te dis encore : Connais-tu quelqu'un qui peut traduire ? Car je désire que ces annales soient traduites dans notre langue ; car elles nous donneront peut-être la connaissance d'un reste du peuple qui a été détruit, d'où ces annales sont venues ; ou elles nous donneront peut-être la connaissance de ce peuple même qui a été détruit ; et je désire connaître la cause de sa destruction.

13 Alors Ammon lui dit : Je peux te dire assurément, ô roi, qu'il y a un homme qui peut traduire les annales ; car il a ce qu'il faut pour regarder et traduire toutes les annales qui sont de date ancienne ; et c'est un don de Dieu. Et les objets sont appelés interprètes, et nul ne peut y regarder si cela ne lui est commandé, de peur qu'il ne cherche ce qu'il

ought not and he should perish. And whosoever is commanded to look in them, the same is called seer.

14 And behold, the king of the people who are in the land of Zarahemla is the man that is commanded to do these things, and who has this high gift from God.

15 And the king said that a seer is greater than a prophet.

16 And Ammon said that a seer is a revelator and a prophet also; and a gift which is greater can no man have, except he should possess the power of God, which no man can; yet a man may have great power given him from God.

17 But a seer can know of things which are past, and also of things which are to come, and by them shall all things be revealed, or, rather, shall secret things be made manifest, and hidden things shall come to light, and things which are not known shall be made known by them, and also things shall be made known by them which otherwise could not be known.

18 Thus God has provided a means that man, through faith, might work mighty miracles; therefore he becometh a great benefit to his fellow beings.

19 And now, when Ammon had made an end of speaking these words the king rejoiced exceedingly, and gave thanks to God, saying: Doubtless a great mystery is contained within these plates, and these interpreters were doubtless prepared for the purpose of unfolding all such mysteries to the children of men.

20 O how marvelous are the works of the Lord, and how long doth he suffer with his people; yea, and how blind and impenetrable are the understandings of the children of men; for they will not seek wisdom, neither do they desire that she should rule over them!

21 Yea, they are as a wild flock which fleeth from the shepherd, and scattereth, and are driven, and are devoured by the beasts of the forest.

THE RECORD OF ZENIFF—An account of his people, from the time they left the land

ne devrait pas et qu'il ne périsse. Et quiconque reçoit le commandement d'y regarder, celui-là est appelé voyant.

14 Et voici, le roi du peuple qui est au pays de Zarahemla est l'homme à qui il est commandé de faire ces choses, et qui a ce don sublime de Dieu.

15 Et le roi dit qu'un voyant est plus grand qu'un prophète.

16 Et Ammon dit qu'un voyant est aussi révélateur et prophète ; et aucun homme ne peut avoir de don qui soit plus grand, à moins de posséder le pouvoir de Dieu, ce qu'aucun homme ne peut avoir ; pourtant, un homme peut recevoir un grand pouvoir de la part de Dieu.

17 Mais un voyant peut connaître les choses qui sont passées, et aussi les choses qui sont à venir, et c'est par eux que tout sera révélé, ou plutôt que ce qui est secret sera dévoilé, et que ce qui est caché parviendra à la lumière, et les choses qui ne sont pas connues seront révélées par eux, et il y aura aussi des choses qui seront révélées par eux, que l'on ne pourrait connaître autrement.

18 C'est ainsi que Dieu a fourni à l'homme le moyen d'accomplir, par la foi, de grands miracles ; et c'est pourquoi il devient un grand bienfait pour ses semblables.

19 Et alors, lorsqu'Ammon eut fini de dire ces paroles, le roi fut dans une allégresse extrême et rendit grâces à Dieu, disant : Sans aucun doute, un grand mystère est contenu dans ces plaques, et ces interprètes ont sans aucun doute été préparés dans le but de dévoiler tous les mystères de ce genre aux enfants des hommes.

20 Oh ! comme elles sont merveilleuses, les œuvres du Seigneur, et comme il est longanime envers son peuple ; oui, et comme elle est aveugle et impénétrable, l'intelligence des enfants des hommes ; car ils ne cherchent pas la sagesse ni ne désirent qu'elle les gouverne !

21 Oui, ils sont comme un troupeau sauvage qui fuit le berger, et se disperse, et est pourchassé, et est dévoré par les bêtes de la forêt.

ANNALES DE ZÉNIF — Histoire de son peuple, depuis le moment où il quitta le pays

of Zarahemla until the time that they were delivered out of the hands of the Lamanites.

Comprising chapters 9 through 22.

CHAPTER 9

Zeniff leads a group from Zarahemla to possess the land of Lehi-Nephi—The Lamanite king permits them to inherit the land—There is war between the Lamanites and Zeniff's people. About 200–187 B.C.

1 I, Zeniff, having been taught in all the language of the Nephites, and having had a knowledge of the land of Nephi, or of the land of our fathers' first inheritance, and having been sent as a spy among the Lamanites that I might spy out their forces, that our army might come upon them and destroy them—but when I saw that which was good among them I was desirous that they should not be destroyed.

2 Therefore, I contended with my brethren in the wilderness, for I would that our ruler should make a treaty with them; but he being an austere and a blood-thirsty man commanded that I should be slain; but I was rescued by the shedding of much blood; for father fought against father, and brother against brother, until the greater number of our army was destroyed in the wilderness; and we returned, those of us that were spared, to the land of Zarahemla, to relate that tale to their wives and their children.

3 And yet, I being over-zealous to inherit the land of our fathers, collected as many as were desirous to go up to possess the land, and started again on our journey into the wilderness to go up to the land; but we were smitten with famine and sore afflictions; for we were slow to remember the Lord our God.

4 Nevertheless, after many days' wandering in the wilderness we pitched our tents in the place where our brethren were slain, which was near to the land of our fathers.

5 And it came to pass that I went again with four of my men into the city, in unto the king, that I might know of the disposition of the king, and that I might know if I might

---

de Zarahemla jusqu'au moment où il fut délivré des mains des Lamanites.

Chapitres 9 à 22.

CHAPITRE 9

Zénif prend la tête d'un groupe de Zarahemla pour posséder le pays de Léhi-Néphi — Le roi lamanite leur permet d'hériter le pays — Il y a guerre entre les Lamanites et le peuple de Zénif. Vers 200–187 av. J.-C.

1 Moi, Zénif, instruit dans toute la langue des Néphites et connaissant le pays de Néphi, ou pays du premier héritage de nos pères, je fus envoyé comme espion parmi les Lamanites, afin d'espionner leurs forces, afin que notre armée pût tomber sur eux et les détruire ; mais lorsque je vis ce qu'il y avait de bon parmi eux, je désirai qu'ils ne fussent pas détruits.

2 C'est pourquoi, j'entrai en contestation avec mes frères dans le désert, car je voulais que notre gouverneur fît un traité avec eux ; mais lui, qui était un homme austère et sanguinaire, commanda qu'on me tuât ; mais je fus sauvé par l'effusion de beaucoup de sang ; car père lutta contre père, et frère contre frère, jusqu'à ce que la plus grande partie de notre armée eût été détruite dans le désert ; et nous retournâmes, ceux d'entre nous qui avaient été épargnés, au pays de Zarahemla, pour raconter à leurs femmes et à leurs enfants ce qui était arrivé.

3 Et cependant, animé d'un zèle excessif à posséder le pays de nos pères, je réunis tous ceux qui désiraient monter pour posséder le pays, et entrepris de nouveau un voyage dans le désert pour monter au pays ; mais nous fûmes frappés par la famine et par de grandes afflictions ; car nous étions lents à nous souvenir du Seigneur, notre Dieu.

4 Néanmoins, après de nombreux jours d'errance dans le désert, nous dressâmes nos tentes dans le lieu où nos frères avaient été tués, qui était près du pays de nos pères.

5 Et il arriva que j'entrai de nouveau avec quatre de mes hommes dans la ville, et me présentai au roi afin de connaître l'état d'es-

go in with my people and possess the land in peace.

6 And I went in unto the king, and he covenanted with me that I might possess the land of Lehi-Nephi, and the land of Shilom.

7 And he also commanded that his people should depart out of the land, and I and my people went into the land that we might possess it.

8 And we began to build buildings, and to repair the walls of the city, yea, even the walls of the city of Lehi-Nephi, and the city of Shilom.

9 And we began to till the ground, yea, even with all manner of seeds, with seeds of corn, and of wheat, and of barley, and with neas, and with sheum, and with seeds of all manner of fruits; and we did begin to multiply and prosper in the land.

10 Now it was the cunning and the craftiness of king Laman, to bring my people into bondage, that he yielded up the land that we might possess it.

11 Therefore it came to pass, that after we had dwelt in the land for the space of twelve years that king Laman began to grow uneasy, lest by any means my people should wax strong in the land, and that they could not overpower them and bring them into bondage.

12 Now they were a lazy and an idolatrous people; therefore they were desirous to bring us into bondage, that they might glut themselves with the labors of our hands; yea, that they might feast themselves upon the flocks of our fields.

13 Therefore it came to pass that king Laman began to stir up his people that they should contend with my people; therefore there began to be wars and contentions in the land.

14 For, in the thirteenth year of my reign in the land of Nephi, away on the south of the land of Shilom, when my people were watering and feeding their flocks, and tilling their lands, a numerous host of Lamanites came upon them and began to slay them, and to take off their flocks, and the corn of their fields.

15 Yea, and it came to pass that they fled, all that were not overtaken, even into the city

prit du roi, et afin de savoir si je pouvais entrer avec mon peuple posséder le pays en paix.

6 Et je me présentai au roi, et il fit alliance avec moi que je pouvais posséder le pays de Léhi-Néphi et le pays de Shilom.

7 Et il commanda aussi que son peuple sortît du pays, et moi et mon peuple allâmes dans le pays afin de le posséder.

8 Et nous commençâmes à construire des bâtiments, et à réparer les murs de la ville, oui, les murs de la ville de Léhi-Néphi, et de la ville de Shilom.

9 Et nous commençâmes à cultiver le sol, oui, avec toutes sortes de semences, avec des semences de maïs, et de blé, et d'orge, et de néas, et de shéum, et des semences de toutes sortes de fruits ; et nous commençâmes à nous multiplier et à prospérer dans le pays.

10 Or, c'était par ruse et par fourberie, pour réduire mon peuple en servitude, que le roi Laman avait cédé le pays pour que nous le possédions.

11 C'est pourquoi, il arriva que lorsque nous eûmes demeuré dans le pays pendant douze ans, le roi Laman commença à se sentir mal à l'aise, craignant que, d'une façon ou d'une autre, mon peuple ne devînt fort dans le pays, et qu'on ne pût avoir le dessus sur lui et le réduire en servitude.

12 Or, ils étaient un peuple paresseux et idolâtre ; c'est pourquoi, ils désiraient nous réduire en servitude afin de se gorger des travaux de nos mains ; oui, afin de se faire un festin des troupeaux de nos champs.

13 Il arriva donc que le roi Laman commença à exciter son peuple pour qu'il se querellât avec mon peuple ; c'est pourquoi il commença à y avoir des guerres et des querelles dans le pays.

14 Car la treizième année de mon règne au pays de Néphi, au loin, au sud du pays de Shilom, alors que mon peuple abreuvait et paissait ses troupeaux, et cultivait ses terres, une nombreuse armée de Lamanites tomba sur lui et commença à le tuer, et à emporter ses troupeaux et le maïs de ses champs.

15 Oui, et il arriva que tous ceux qui ne furent pas rattrapés s'enfuirent à la ville de Néphi, et me demandèrent protection.

of Nephi, and did call upon me for protection.

16 And it came to pass that I did arm them with bows, and with arrows, with swords, and with cimeters, and with clubs, and with slings, and with all manner of weapons which we could invent, and I and my people did go forth against the Lamanites to battle.

17 Yea, in the strength of the Lord did we go forth to battle against the Lamanites; for I and my people did cry mightily to the Lord that he would deliver us out of the hands of our enemies, for we were awakened to a remembrance of the deliverance of our fathers.

18 And God did hear our cries and did answer our prayers; and we did go forth in his might; yea, we did go forth against the Lamanites, and in one day and a night we did slay three thousand and forty-three; we did slay them even until we had driven them out of our land.

19 And I, myself, with mine own hands, did help to bury their dead. And behold, to our great sorrow and lamentation, two hundred and seventy-nine of our brethren were slain.

CHAPTER 10

King Laman dies—His people are wild and ferocious and believe in false traditions—Zeniff and his people prevail against them. About 187–160 B.C.

1 And it came to pass that we again began to establish the kingdom and we again began to possess the land in peace. And I caused that there should be weapons of war made of every kind, that thereby I might have weapons for my people against the time the Lamanites should come up again to war against my people.

2 And I set guards round about the land, that the Lamanites might not come upon us again unawares and destroy us; and thus I did guard my people and my flocks, and keep them from falling into the hands of our enemies.

3 And it came to pass that we did inherit the land of our fathers for many years, yea, for the space of twenty and two years.

16 Et il arriva que je les armai d'arcs, et de flèches, d'épées, et de cimeterres, et de massues, et de frondes, et de toutes les sortes d'armes que nous pûmes inventer, et moi et mon peuple sortîmes livrer bataille aux Lamanites.

17 Oui, c'est avec la force du Seigneur que nous sortîmes livrer bataille aux Lamanites ; car moi et mon peuple, nous suppliâmes avec ferveur le Seigneur pour qu'il nous délivrât des mains de nos ennemis, car nous étions éveillés au souvenir de la délivrance de nos pères.

18 Et Dieu entendit nos cris et répondit à nos prières ; et nous sortîmes avec sa puissance ; oui, nous sortîmes contre les Lamanites, et en un jour et une nuit, nous en tuâmes trois mille quarante-trois ; nous les tuâmes jusqu'à ce que nous les eussions chassés de notre pays.

19 Et moi-même j'aidai, de mes propres mains, à enterrer leurs morts. Et voici, à notre grande tristesse et pour notre grande lamentation, deux cent soixante-dix-neuf de nos frères avaient été tués.

CHAPITRE 10

Mort du roi Laman — Son peuple est sauvage et féroce et croit en de fausses traditions — Zénif et son peuple l'emportent sur lui. Vers 187–160 av. J.-C.

1 Et il arriva que nous recommençâmes à établir le royaume et nous recommençâmes à posséder le pays en paix. Et je fis faire des armes de guerre de toutes sortes afin d'avoir ainsi des armes pour mon peuple en vue du moment où les Lamanites monteraient encore faire la guerre à mon peuple.

2 Et je plaçai des gardes tout autour du pays, afin que les Lamanites ne pussent plus tomber sur nous à l'improviste et nous détruire ; et c'est ainsi que je gardai mon peuple et mes troupeaux, et les empêchai de tomber entre les mains de nos ennemis.

3 Et il arriva que nous héritâmes le pays de nos pères pendant de nombreuses années, oui, pendant vingt-deux ans.

4 And I did cause that the men should till the ground, and raise all manner of grain and all manner of fruit of every kind.

5 And I did cause that the women should spin, and toil, and work, and work all manner of fine linen, yea, and cloth of every kind, that we might clothe our nakedness; and thus we did prosper in the land—thus we did have continual peace in the land for the space of twenty and two years.

6 And it came to pass that king Laman died, and his son began to reign in his stead. And he began to stir his people up in rebellion against my people; therefore they began to prepare for war, and to come up to battle against my people.

7 But I had sent my spies out round about the land of Shemlon, that I might discover their preparations, that I might guard against them, that they might not come upon my people and destroy them.

8 And it came to pass that they came up upon the north of the land of Shilom, with their numerous hosts, men armed with bows, and with arrows, and with swords, and with cimeters, and with stones, and with slings; and they had their heads shaved that they were naked; and they were girded with a leathern girdle about their loins.

9 And it came to pass that I caused that the women and children of my people should be hid in the wilderness; and I also caused that all my old men that could bear arms, and also all my young men that were able to bear arms, should gather themselves together to go to battle against the Lamanites; and I did place them in their ranks, every man according to his age.

10 And it came to pass that we did go up to battle against the Lamanites; and I, even I, in my old age, did go up to battle against the Lamanites. And it came to pass that we did go up in the strength of the Lord to battle.

11 Now, the Lamanites knew nothing concerning the Lord, nor the strength of the Lord, therefore they depended upon their own strength. Yet they were a strong people, as to the strength of men.

12 They were a wild, and ferocious, and a blood-thirsty people, believing in the tradition of their fathers, which is this—Believing that they were driven out of the land of

4 Et je commandai aux hommes de cultiver le sol, et de faire pousser toutes sortes de grains et toutes sortes de fruits de toute espèce.

5 Et je commandai aux femmes de filer, et de peiner, et de travailler, et de fabriquer toute sorte de fin lin, oui, et du tissu de toute espèce, afin de vêtir notre nudité ; et ainsi nous prospérâmes dans le pays ; ainsi nous eûmes, pendant vingt-deux ans, une paix continuelle dans le pays.

6 Et il arriva que le roi Laman mourut, et son fils commença à régner à sa place. Et il commença à exciter son peuple à la rébellion contre mon peuple ; c'est pourquoi, ils commencèrent à se préparer pour la guerre et pour monter livrer bataille à mon peuple.

7 Mais j'avais envoyé mes espions tout alentour du pays de Shemlon, afin de découvrir leurs préparatifs, afin de me garder contre eux, afin qu'ils ne pussent tomber sur mon peuple et le détruire.

8 Et il arriva qu'ils montèrent sur le nord du pays de Shilom avec leurs nombreuses armées, des hommes armés d'arcs, et de flèches, et d'épées, et de cimeterres, et de pierres, et de frondes ; et ils avaient la tête rasée, de sorte qu'elle était nue ; et ils avaient une ceinture de cuir autour des reins.

9 Et il arriva que je fis cacher les femmes et les enfants de mon peuple dans le désert ; et je fis rassembler tous mes hommes âgés qui pouvaient porter les armes, et aussi tous mes jeunes hommes qui étaient capables de porter les armes, pour livrer bataille aux Lamanites ; et je les plaçai dans leurs rangs, chaque homme selon son âge.

10 Et il arriva que nous montâmes livrer bataille aux Lamanites ; et moi, oui, moi-même, dans ma vieillesse, je montai livrer bataille aux Lamanites. Et il arriva que nous montâmes livrer bataille avec la force du Seigneur.

11 Or, les Lamanites ne savaient rien du Seigneur, ni de la force du Seigneur, c'est pourquoi ils comptaient sur leur propre force. Cependant c'était un peuple fort quant à la force des hommes.

12 Ils étaient un peuple sauvage, et féroce, et sanguinaire, croyant en la tradition de leurs pères, qui est celle-ci : Ils croyaient

Jerusalem because of the iniquities of their fathers, and that they were wronged in the wilderness by their brethren, and they were also wronged while crossing the sea;

13 And again, that they were wronged while in the land of their first inheritance, after they had crossed the sea, and all this because that Nephi was more faithful in keeping the commandments of the Lord—therefore he was favored of the Lord, for the Lord heard his prayers and answered them, and he took the lead of their journey in the wilderness.

14 And his brethren were wroth with him because they understood not the dealings of the Lord; they were also wroth with him upon the waters because they hardened their hearts against the Lord.

15 And again, they were wroth with him when they had arrived in the promised land, because they said that he had taken the ruling of the people out of their hands; and they sought to kill him.

16 And again, they were wroth with him because he departed into the wilderness as the Lord had commanded him, and took the records which were engraven on the plates of brass, for they said that he robbed them.

17 And thus they have taught their children that they should hate them, and that they should murder them, and that they should rob and plunder them, and do all they could to destroy them; therefore they have an eternal hatred towards the children of Nephi.

18 For this very cause has king Laman, by his cunning, and lying craftiness, and his fair promises, deceived me, that I have brought this my people up into this land, that they may destroy them; yea, and we have suffered these many years in the land.

19 And now I, Zeniff, after having told all these things unto my people concerning the Lamanites, I did stimulate them to go to battle with their might, putting their trust in the Lord; therefore, we did contend with them, face to face.

20 And it came to pass that we did drive them again out of our land; and we slew them with a great slaughter, even so many that we did not number them.

qu'ils avaient été chassés du pays de Jérusalem à cause des iniquités de leurs pères, et qu'ils avaient été lésés dans le désert par leurs frères, et qu'ils avaient aussi été lésés pendant qu'ils traversaient la mer ;

13 et en outre, qu'ils avaient été lésés pendant qu'ils étaient au pays de leur premier héritage, après avoir traversé la mer, et tout cela parce que Néphi était plus fidèle à garder les commandements du Seigneur ; pour cette raison, il était favorisé par le Seigneur, car le Seigneur entendait ses prières et y répondait, et il prit la direction de leur voyage dans le désert.

14 Et ses frères étaient furieux contre lui, parce qu'ils ne comprenaient pas la manière d'agir du Seigneur ; ils étaient aussi furieux contre lui sur les eaux, parce qu'ils s'endurcissaient le cœur contre le Seigneur.

15 Et en outre, ils étaient furieux contre lui lorsqu'ils furent arrivés dans la terre promise, parce qu'ils disaient qu'il leur avait pris des mains le gouvernement du peuple ; et ils cherchaient à le tuer.

16 Et en outre, ils étaient furieux contre lui, parce qu'il était parti dans le désert, comme le Seigneur le lui avait commandé, et avait pris les annales qui étaient gravées sur les plaques d'airain, car ils disaient qu'il avait commis un acte de brigandage contre eux.

17 Et ainsi ils ont enseigné à leurs enfants qu'ils devaient les haïr, et qu'ils devaient les assassiner, et qu'ils devaient commettre des actes de brigandage et de pillage contre eux, et faire tout ce qu'ils pouvaient pour les détruire ; c'est pourquoi ils ont une haine éternelle à l'égard des enfants de Néphi.

18 C'est pour cette raison même que le roi Laman, par sa ruse, et sa fourberie de menteur, et ses belles promesses, m'a trompé, de sorte que j'ai fait monter ce peuple qui est le mien dans ce pays, afin qu'ils puissent le détruire ; oui, et nous avons souffert pendant ces nombreuses années dans le pays.

19 Et alors, moi, Zénif, après avoir dit toutes ces choses à mon peuple concernant les Lamanites, je le stimulai à livrer bataille avec sa puissance, plaçant sa confiance dans le Seigneur ; c'est pourquoi, nous les combattîmes face à face.

20 Et il arriva que nous les chassâmes de nouveau de notre pays ; et nous les tuâmes en un grand massacre au point que nous ne les comptâmes pas.

21 And it came to pass that we returned again to our own land, and my people again began to tend their flocks, and to till their ground.

22 And now I, being old, did confer the kingdom upon one of my sons; therefore, I say no more. And may the Lord bless my people. Amen.

CHAPTER 11

King Noah rules in wickedness—He revels in riotous living with his wives and concubines—Abinadi prophesies that the people will be taken into bondage—His life is sought by King Noah. About 160–150 B.C.

1 And now it came to pass that Zeniff conferred the kingdom upon Noah, one of his sons; therefore Noah began to reign in his stead; and he did not walk in the ways of his father.

2 For behold, he did not keep the commandments of God, but he did walk after the desires of his own heart. And he had many wives and concubines. And he did cause his people to commit sin, and do that which was abominable in the sight of the Lord. Yea, and they did commit whoredoms and all manner of wickedness.

3 And he laid a tax of one fifth part of all they possessed, a fifth part of their gold and of their silver, and a fifth part of their ziff, and of their copper, and of their brass and their iron; and a fifth part of their fatlings; and also a fifth part of all their grain.

4 And all this did he take to support himself, and his wives and his concubines; and also his priests, and their wives and their concubines; thus he had changed the affairs of the kingdom.

5 For he put down all the priests that had been consecrated by his father, and consecrated new ones in their stead, such as were lifted up in the pride of their hearts.

6 Yea, and thus they were supported in their laziness, and in their idolatry, and in their whoredoms, by the taxes which king Noah had put upon his people; thus did the people labor exceedingly to support iniquity.

21 Et il arriva que nous retournâmes dans notre pays, et mon peuple recommença à paître ses troupeaux et à cultiver son sol.

22 Et maintenant, étant vieux, j'ai conféré le royaume à l'un de mes fils ; je n'en dis donc pas plus. Et que le Seigneur bénisse mon peuple. Amen.

CHAPITRE 11

Le roi Noé règne dans la méchanceté — Il se livre à des orgies avec ses épouses et ses concubines — Abinadi prophétise que le peuple sera réduit en servitude — Le roi Noé cherche à lui ôter la vie. Vers 160–150 av. J.-C.

1 Et alors, il arriva que Zénif conféra le royaume à Noé, un de ses fils ; Noé commença donc à régner à sa place ; et il ne marcha pas dans les voies de son père.

2 Car voici, il ne garda pas les commandements de Dieu, mais il marcha selon les désirs de son cœur. Et il eut beaucoup d'épouses et de concubines. Et il fit commettre le péché à son peuple, et lui fit faire ce qui était abominable aux yeux du Seigneur. Oui, et ils commirent la fornication et toute sorte de méchanceté.

3 Et il leva un impôt d'un cinquième de tout ce qu'ils possédaient, un cinquième de leur or et de leur argent, et un cinquième de leur zif, et de leur cuivre, et de leur airain, et de leur fer ; et un cinquième de leur bétail engraissé ; et aussi un cinquième de tout leur grain.

4 Et tout cela, il le prit pour s'entretenir, lui, et ses épouses, et ses concubines ; et aussi ses prêtres, et leurs épouses, et leurs concubines ; c'est ainsi qu'il avait changé les affaires du royaume.

5 Car il déposa tous les prêtres qui avaient été consacrés par son père et en consacra des nouveaux à leur place, des gens qui étaient enflés dans l'orgueil de leur cœur.

6 Oui, et ainsi ils étaient entretenus dans leur paresse, et dans leur idolâtrie, et dans leur fornication, par les impôts que le roi Noé avait mis sur son peuple ; c'est ainsi que le peuple peina à l'extrême pour entretenir l'iniquité.

7 Yea, and they also became idolatrous, because they were deceived by the vain and flattering words of the king and priests; for they did speak flattering things unto them.

8 And it came to pass that king Noah built many elegant and spacious buildings; and he ornamented them with fine work of wood, and of all manner of precious things, of gold, and of silver, and of iron, and of brass, and of ziff, and of copper;

9 And he also built him a spacious palace, and a throne in the midst thereof, all of which was of fine wood and was ornamented with gold and silver and with precious things.

10 And he also caused that his workmen should work all manner of fine work within the walls of the temple, of fine wood, and of copper, and of brass.

11 And the seats which were set apart for the high priests, which were above all the other seats, he did ornament with pure gold; and he caused a breastwork to be built before them, that they might rest their bodies and their arms upon while they should speak lying and vain words to his people.

12 And it came to pass that he built a tower near the temple; yea, a very high tower, even so high that he could stand upon the top thereof and overlook the land of Shilom, and also the land of Shemlon, which was possessed by the Lamanites; and he could even look over all the land round about.

13 And it came to pass that he caused many buildings to be built in the land Shilom; and he caused a great tower to be built on the hill north of the land Shilom, which had been a resort for the children of Nephi at the time they fled out of the land; and thus he did do with the riches which he obtained by the taxation of his people.

14 And it came to pass that he placed his heart upon his riches, and he spent his time in riotous living with his wives and his concubines; and so did also his priests spend their time with harlots.

15 And it came to pass that he planted vineyards round about in the land; and he built wine-presses, and made wine in abundance; and therefore he became a wine-bibber, and also his people.

16 And it came to pass that the Lamanites began to come in upon his people, upon

7 Oui, et il devint aussi idolâtre, parce qu'il était trompé par les paroles vaines et flatteuses du roi et des prêtres ; car ils lui disaient des choses flatteuses.

8 Et il arriva que le roi Noé construisit beaucoup d'édifices élégants et spacieux ; et il les ornementa de fins ouvrages de bois, et de toutes sortes de choses précieuses, d'or, et d'argent, et de fer, et d'airain, et de zif, et de cuivre ;

9 et il se construisit aussi un palais spacieux, et un trône au milieu, et tout cela était en bois fin et était ornementé d'or, et d'argent, et de choses précieuses.

10 Et il fit aussi exécuter par ses ouvriers toutes sortes de fins travaux à l'intérieur des murs du temple, des travaux de bois fin, et de cuivre, et d'airain.

11 Et les sièges qui étaient réservés aux grands prêtres, qui étaient par-dessus tous les autres sièges, il les ornementa d'or pur ; et il fit construire une balustrade devant eux, afin qu'ils pussent s'y reposer le corps et les bras tandis qu'ils disaient des paroles mensongères et vaines à son peuple.

12 Et il arriva qu'il construisit une tour près du temple ; oui, une très haute tour, si haute qu'il pouvait se tenir à son sommet et dominer le pays de Shilom, et aussi le pays de Shemlon que possédaient les Lamanites ; et il pouvait même embrasser du regard tout le pays alentour.

13 Et il arriva qu'il fit construire beaucoup de bâtiments au pays de Shilom ; et il fit construire une grande tour sur la colline au nord du pays de Shilom qui avait été un refuge pour les enfants de Néphi au moment où ils s'enfuirent du pays ; et c'est ainsi qu'il agit avec les richesses qu'il obtenait en levant des impôts sur son peuple.

14 Et il arriva qu'il mit son cœur dans ses richesses, et qu'il passa son temps à des orgies avec ses épouses et ses concubines ; et ses prêtres aussi passaient leur temps avec des prostituées.

15 Et il arriva qu'il planta des vignes un peu partout dans le pays ; et il construisit des pressoirs, et fit du vin en abondance ; et c'est pourquoi il devint un grand buveur de vin et son peuple aussi.

16 Et il arriva que les Lamanites commencèrent à faire des incursions contre son

small numbers, and to slay them in their fields, and while they were tending their flocks.

17 And king Noah sent guards round about the land to keep them off; but he did not send a sufficient number, and the Lamanites came upon them and killed them, and drove many of their flocks out of the land; thus the Lamanites began to destroy them, and to exercise their hatred upon them.

18 And it came to pass that king Noah sent his armies against them, and they were driven back, or they drove them back for a time; therefore, they returned rejoicing in their spoil.

19 And now, because of this great victory they were lifted up in the pride of their hearts; they did boast in their own strength, saying that their fifty could stand against thousands of the Lamanites; and thus they did boast, and did delight in blood, and the shedding of the blood of their brethren, and this because of the wickedness of their king and priests.

20 And it came to pass that there was a man among them whose name was Abinadi; and he went forth among them, and began to prophesy, saying: Behold, thus saith the Lord, and thus hath he commanded me, saying, Go forth, and say unto this people, thus saith the Lord—Wo be unto this people, for I have seen their abominations, and their wickedness, and their whoredoms; and except they repent I will visit them in mine anger.

21 And except they repent and turn to the Lord their God, behold, I will deliver them into the hands of their enemies; yea, and they shall be brought into bondage; and they shall be afflicted by the hand of their enemies.

22 And it shall come to pass that they shall know that I am the Lord their God, and am a jealous God, visiting the iniquities of my people.

23 And it shall come to pass that except this people repent and turn unto the Lord their God, they shall be brought into bondage; and none shall deliver them, except it be the Lord the Almighty God.

24 Yea, and it shall come to pass that when they shall cry unto me I will be slow to hear

peuple, contre de petits nombres, et à les tuer dans leurs champs et pendant qu'ils gardaient leurs troupeaux.

17 Et le roi Noé envoya des gardes tout autour du pays pour les maintenir à distance ; mais il n'en envoya pas un nombre suffisant, et les Lamanites tombèrent sur eux, et les tuèrent, et chassèrent beaucoup de leurs troupeaux hors du pays ; c'est ainsi que les Lamanites commencèrent à les détruire et à assouvir leur haine contre eux.

18 Et il arriva que le roi Noé envoya ses armées contre eux, et ils furent repoussés, ou elles les repoussèrent un certain temps ; c'est pourquoi, elles retournèrent, se réjouissant de leur butin.

19 Et alors, à cause de cette grande victoire, ils furent enflés dans l'orgueil de leur cœur ; ils se vantèrent de leur force, disant que leurs cinquante pouvaient tenir tête à des milliers de Lamanites ; et c'est ainsi qu'ils se vantaient, et mettaient leurs délices dans le sang, et dans l'effusion du sang de leurs frères, et cela à cause de la méchanceté de leur roi et de leurs prêtres.

20 Et il arriva qu'il y eut un homme parmi eux, dont le nom était Abinadi ; et il s'en alla parmi eux, et commença à prophétiser, disant : Voici, ainsi dit le Seigneur, et voici ce qu'il m'a commandé, disant : Va, et dis à ce peuple : Ainsi dit le Seigneur : Malheur à ce peuple, car j'ai vu ses abominations, et sa méchanceté, et sa fornication ; et s'il ne se repent pas, j'interviendrai contre lui dans ma colère.

21 Et s'il ne se repent pas et ne se tourne pas vers le Seigneur, son Dieu, voici, je le livrerai entre les mains de ses ennemis ; oui, et il sera réduit en servitude ; et il sera affligé par la main de ses ennemis.

22 Et il arrivera qu'il saura que je suis le Seigneur, son Dieu, et que je suis un Dieu jaloux, châtiant mon peuple pour ses iniquités.

23 Et il arrivera que si ce peuple ne se repent pas et ne se tourne pas vers le Seigneur, son Dieu, il sera réduit en servitude ; et nul ne le délivrera, si ce n'est le Seigneur, le Dieu Tout-Puissant.

24 Oui, et il arrivera que lorsqu'il criera vers moi, je serai lent à entendre ses cris ; oui, et je souffrirai qu'il soit frappé par ses ennemis.

their cries; yea, and I will suffer them that they be smitten by their enemies.

25 And except they repent in sackcloth and ashes, and cry mightily to the Lord their God, I will not hear their prayers, neither will I deliver them out of their afflictions; and thus saith the Lord, and thus hath he commanded me.

26 Now it came to pass that when Abinadi had spoken these words unto them they were wroth with him, and sought to take away his life; but the Lord delivered him out of their hands.

27 Now when king Noah had heard of the words which Abinadi had spoken unto the people, he was also wroth; and he said: Who is Abinadi, that I and my people should be judged of him, or who is the Lord, that shall bring upon my people such great affliction?

28 I command you to bring Abinadi hither, that I may slay him, for he has said these things that he might stir up my people to anger one with another, and to raise contentions among my people; therefore I will slay him.

29 Now the eyes of the people were blinded; therefore they hardened their hearts against the words of Abinadi, and they sought from that time forward to take him. And king Noah hardened his heart against the word of the Lord, and he did not repent of his evil doings.

CHAPTER 12

Abinadi is imprisoned for prophesying the destruction of the people and the death of King Noah—The false priests quote the scriptures and pretend to keep the law of Moses—Abinadi begins to teach them the Ten Commandments. About 148 B.C.

1 And it came to pass that after the space of two years that Abinadi came among them in disguise, that they knew him not, and began to prophesy among them, saying: Thus has the Lord commanded me, saying—Abinadi, go and prophesy unto this my people, for they have hardened their hearts against my words; they have repented not of their evil

25 Et s'il ne se repent pas avec le sac et la cendre, et ne supplie pas avec force le Seigneur, son Dieu, je n'entendrai pas ses prières, ni ne le délivrerai de ses afflictions ; et ainsi dit le Seigneur, et voilà ce qu'il m'a commandé.

26 Alors il arriva que lorsqu'Abinadi leur eut dit ces paroles, ils furent furieux contre lui, et cherchèrent à lui ôter la vie ; mais le Seigneur le délivra de leurs mains.

27 Alors, lorsque le roi Noé eut été informé des paroles qu'Abinadi avait dites au peuple, il fut furieux aussi ; et il dit : Qui est Abinadi, pour que moi et mon peuple devions être jugés par lui, ou qui est le Seigneur, qui fera venir sur mon peuple une si grande affliction ?

28 Je vous commande d'amener Abinadi ici, afin que je le fasse mourir, car il a dit ces choses pour exciter mon peuple à la colère les uns contre les autres, et pour susciter des querelles parmi mon peuple ; c'est pourquoi je vais le faire mourir.

29 Or, le peuple avait les yeux aveuglés ; c'est pourquoi il s'endurcit le cœur contre les paroles d'Abinadi, et il chercha, à partir de ce moment-là, à se saisir de lui. Et le roi Noé s'endurcit le cœur contre la parole du Seigneur, et il ne se repentit pas de ses mauvaises actions.

CHAPITRE 12

Abinadi est emprisonné pour avoir prophétisé la destruction du peuple et la mort du roi Noé — Les faux prêtres citent les Écritures et prétendent garder la loi de Moïse — Abinadi commence à leur enseigner les dix commandements. Vers 148 av. J.-C.

1 Et il arriva qu'au bout de deux ans, Abinadi vint parmi eux, déguisé, afin qu'ils ne le reconnussent pas, et commença à prophétiser parmi eux, disant : Ainsi m'a commandé le Seigneur, disant : Abinadi, va et prophétise à ce peuple qui est le mien, car il s'est endurci le cœur contre mes paroles ; il ne s'est pas repenti de ses mauvaises actions ; c'est pourquoi j'interviendrai contre

doings; therefore, I will visit them in my anger, yea, in my fierce anger will I visit them in their iniquities and abominations.

2 Yea, wo be unto this generation! And the Lord said unto me: Stretch forth thy hand and prophesy, saying: Thus saith the Lord, it shall come to pass that this generation, because of their iniquities, shall be brought into bondage, and shall be smitten on the cheek; yea, and shall be driven by men, and shall be slain; and the vultures of the air, and the dogs, yea, and the wild beasts, shall devour their flesh.

3 And it shall come to pass that the life of king Noah shall be valued even as a garment in a hot furnace; for he shall know that I am the Lord.

4 And it shall come to pass that I will smite this my people with sore afflictions, yea, with famine and with pestilence; and I will cause that they shall howl all the day long.

5 Yea, and I will cause that they shall have burdens lashed upon their backs; and they shall be driven before like a dumb ass.

6 And it shall come to pass that I will send forth hail among them, and it shall smite them; and they shall also be smitten with the east wind; and insects shall pester their land also, and devour their grain.

7 And they shall be smitten with a great pestilence—and all this will I do because of their iniquities and abominations.

8 And it shall come to pass that except they repent I will utterly destroy them from off the face of the earth; yet they shall leave a record behind them, and I will preserve them for other nations which shall possess the land; yea, even this will I do that I may discover the abominations of this people to other nations. And many things did Abinadi prophesy against this people.

9 And it came to pass that they were angry with him; and they took him and carried him bound before the king, and said unto the king: Behold, we have brought a man before thee who has prophesied evil concerning thy people, and saith that God will destroy them.

10 And he also prophesieth evil concerning thy life, and saith that thy life shall be as a garment in a furnace of fire.

11 And again, he saith that thou shalt be as a stalk, even as a dry stalk of the field, which

lui dans ma colère, oui, dans ma colère ardente, j'interviendrai contre lui dans ses iniquités et ses abominations.

2 Oui, malheur à cette génération ! Et le Seigneur me dit : Étends la main et prophétise, disant : Ainsi dit le Seigneur : Il arrivera que cette génération, à cause de ses iniquités, sera réduite en servitude, et sera frappée sur la joue ; oui, et sera chassée par les hommes, et sera tuée ; et les vautours de l'air, et les chiens, oui, et les bêtes sauvages lui dévoreront la chair.

3 Et il arrivera que la vie du roi Noé sera estimée comme un vêtement dans une fournaise ardente ; car il saura que je suis le Seigneur.

4 Et il arrivera que je frapperai ce peuple, qui est le mien, de grandes afflictions, oui, de famine et de peste ; et je le ferai hurler tout le jour.

5 Oui, et je ferai en sorte qu'on lui lie des fardeaux sur le dos ; et on le poussera devant soi comme un âne muet.

6 Et il arrivera que j'enverrai la grêle au milieu de lui, et elle le frappera ; et il sera aussi frappé par le vent d'orient ; et les insectes infesteront aussi son pays et dévoreront son grain.

7 Et il sera frappé d'une grande peste ; et tout cela, je le ferai à cause de ses iniquités et de ses abominations.

8 Et il arrivera qu'à moins qu'il ne se repente, je le détruirai totalement de la surface de la terre ; néanmoins, il laissera des annales derrière lui, et je les préserverai pour d'autres nations qui posséderont le pays ; oui, je ferai cela afin de découvrir à d'autres nations les abominations de ce peuple. Et Abinadi prophétisa beaucoup de choses contre ce peuple.

9 Et il arriva qu'ils furent en colère contre lui ; et ils le prirent et l'amenèrent, lié, devant le roi, et dirent au roi : Voici, nous avons amené devant toi un homme qui a prophétisé du mal concernant ton peuple et dit que Dieu va le détruire.

10 Et il prophétise aussi du mal concernant ta vie et dit que ta vie sera comme un vêtement dans une fournaise de feu.

11 Et encore, il dit que tu seras comme une tige, comme une tige desséchée du champ,

is run over by the beasts and trodden under foot.

12 And again, he saith thou shalt be as the blossoms of a thistle, which, when it is fully ripe, if the wind bloweth, it is driven forth upon the face of the land. And he pretendeth the Lord hath spoken it. And he saith all this shall come upon thee except thou repent, and this because of thine iniquities.

13 And now, O king, what great evil hast thou done, or what great sins have thy people committed, that we should be condemned of God or judged of this man?

14 And now, O king, behold, we are guiltless, and thou, O king, hast not sinned; therefore, this man has lied concerning you, and he has prophesied in vain.

15 And behold, we are strong, we shall not come into bondage, or be taken captive by our enemies; yea, and thou hast prospered in the land, and thou shalt also prosper.

16 Behold, here is the man, we deliver him into thy hands; thou mayest do with him as seemeth thee good.

17 And it came to pass that king Noah caused that Abinadi should be cast into prison; and he commanded that the priests should gather themselves together that he might hold a council with them what he should do with him.

18 And it came to pass that they said unto the king: Bring him hither that we may question him; and the king commanded that he should be brought before them.

19 And they began to question him, that they might cross him, that thereby they might have wherewith to accuse him; but he answered them boldly, and withstood all their questions, yea, to their astonishment; for he did withstand them in all their questions, and did confound them in all their words.

20 And it came to pass that one of them said unto him: What meaneth the words which are written, and which have been taught by our fathers, saying:

21 How beautiful upon the mountains are the feet of him that bringeth good tidings; that publisheth peace; that bringeth good tidings of good; that publisheth salvation; that saith unto Zion, Thy God reigneth;

qui est renversée par les bêtes et foulée aux pieds.

12 Et encore, il dit que tu seras comme les fleurs du chardon, qui, lorsqu'elles sont pleinement mûres, si le vent souffle, sont chassées sur la surface du pays. Et il prétend que le Seigneur l'a dit. Et il dit que tout cela viendra sur toi, à moins que tu ne te repentes, et cela à cause de tes iniquités.

13 Et maintenant, ô roi, quel grand mal as-tu fait, ou quels grands péchés ton peuple a-t-il commis, pour que nous soyons condamnés par Dieu ou jugés par cet homme ?

14 Et maintenant, ô roi, voici, nous sommes innocents, et toi, ô roi, tu n'as pas péché ; c'est pourquoi, cet homme a menti à ton sujet, et il a prophétisé en vain.

15 Et voici, nous sommes forts, nous ne tomberons pas en servitude, ni ne serons faits captifs par nos ennemis ; oui, et tu as prospéré dans le pays, et tu prospéreras aussi.

16 Voici, voici l'homme, nous le livrons entre tes mains ; tu peux faire de lui ce qui te semble bon.

17 Et il arriva que le roi Noé fit jeter Abinadi en prison ; et il commanda aux prêtres de se rassembler afin de pouvoir tenir conseil avec eux sur ce qu'il ferait de lui.

18 Et il arriva qu'ils dirent au roi : Amène-le ici, que nous l'interrogions ; et le roi commanda qu'on l'amenât devant eux.

19 Et ils commencèrent à l'interroger afin de l'amener à se contredire, afin d'avoir ainsi de quoi l'accuser ; mais il leur répondit hardiment, et tint tête à toutes leurs questions, oui, à leur étonnement ; car il leur tenait tête dans toutes leurs questions, et les confondait dans toutes leurs paroles.

20 Et il arriva que l'un d'eux lui dit : Que signifient les paroles qui sont écrites et qui ont été enseignées par nos pères, disant :

21 Qu'ils sont beaux sur les montagnes, les pieds de celui qui apporte de bonnes nouvelles, qui publie la paix ! De celui qui apporte de bonnes nouvelles, qui publie le

22 Thy watchmen shall lift up the voice; with the voice together shall they sing; for they shall see eye to eye when the Lord shall bring again Zion;

23 Break forth into joy; sing together ye waste places of Jerusalem; for the Lord hath comforted his people, he hath redeemed Jerusalem;

24 The Lord hath made bare his holy arm in the eyes of all the nations, and all the ends of the earth shall see the salvation of our God?

25 And now Abinadi said unto them: Are you priests, and pretend to teach this people, and to understand the spirit of prophesying, and yet desire to know of me what these things mean?

26 I say unto you, wo be unto you for perverting the ways of the Lord! For if ye understand these things ye have not taught them; therefore, ye have perverted the ways of the Lord.

27 Ye have not applied your hearts to understanding; therefore, ye have not been wise. Therefore, what teach ye this people?

28 And they said: We teach the law of Moses.

29 And again he said unto them: If ye teach the law of Moses why do ye not keep it? Why do ye set your hearts upon riches? Why do ye commit whoredoms and spend your strength with harlots, yea, and cause this people to commit sin, that the Lord has cause to send me to prophesy against this people, yea, even a great evil against this people?

30 Know ye not that I speak the truth? Yea, ye know that I speak the truth; and you ought to tremble before God.

31 And it shall come to pass that ye shall be smitten for your iniquities, for ye have said that ye teach the law of Moses. And what know ye concerning the law of Moses? Doth salvation come by the law of Moses? What say ye?

32 And they answered and said that salvation did come by the law of Moses.

salut ! De celui qui dit à Sion : Ton Dieu règne !

22 La voix de tes sentinelles retentit ; elles élèvent la voix, elles poussent ensemble des cris d'allégresse ; car de leurs propres yeux elles voient que le Seigneur ramène Sion.

23 Eclatez ensemble en cris de joie, ruines de Jérusalem ! Car le Seigneur console son peuple, il rachète Jérusalem ;

24 le Seigneur découvre le bras de sa sainteté, aux yeux de toutes les nations ; et toutes les extrémités de la terre verront le salut de notre Dieu ?

25 Et alors, Abinadi leur dit : Vous êtes prêtres, et vous prétendez instruire ce peuple, et comprendre l'esprit de prophétie, et cependant vous désirez savoir de moi ce que ces choses signifient ?

26 Je vous le dis, malheur à vous, parce que vous pervertissez les voies du Seigneur ! Car si vous comprenez ces choses, vous ne les avez pas enseignées ; c'est pourquoi, vous avez perverti les voies du Seigneur.

27 Vous n'avez pas appliqué votre cœur pour avoir l'intelligence ; c'est pourquoi, vous n'avez pas été sages. Qu'enseignez-vous donc à ce peuple ?

28 Et ils dirent : Nous enseignons la loi de Moïse.

29 Et il leur dit encore : Si vous enseignez la loi de Moïse, pourquoi ne la gardez-vous pas ? Pourquoi mettez-vous votre cœur dans les richesses ? Pourquoi commettez-vous la fornication et épuisez-vous vos forces avec des prostituées, oui, et poussez-vous ce peuple à commettre le péché, de sorte que le Seigneur est obligé de m'envoyer prophétiser contre ce peuple, oui, un grand mal contre ce peuple ?

30 Ne savez-vous pas que je dis la vérité ? Oui, vous savez que je dis la vérité ; et vous devriez trembler devant Dieu.

31 Et il arrivera que vous serez frappés pour vos iniquités, car vous avez dit que vous enseignez la loi de Moïse. Et que savez-vous de la loi de Moïse ? Le salut vient-il par la loi de Moïse ? Que dites-vous ?

32 Et ils répondirent et dirent que le salut venait par la loi de Moïse.

33 But now Abinadi said unto them: I know if ye keep the commandments of God ye shall be saved; yea, if ye keep the commandments which the Lord delivered unto Moses in the mount of Sinai, saying:

34 I am the Lord thy God, who hath brought thee out of the land of Egypt, out of the house of bondage.

35 Thou shalt have no other God before me.

36 Thou shalt not make unto thee any graven image, or any likeness of any thing in heaven above, or things which are in the earth beneath.

37 Now Abinadi said unto them, Have ye done all this? I say unto you, Nay, ye have not. And have ye taught this people that they should do all these things? I say unto you, Nay, ye have not.

CHAPTER 13

Abinadi is protected by divine power—He teaches the Ten Commandments—Salvation does not come by the law of Moses alone—God Himself will make an atonement and redeem His people. About 148 B.C.

1 And now when the king had heard these words, he said unto his priests: Away with this fellow, and slay him; for what have we to do with him, for he is mad.

2 And they stood forth and attempted to lay their hands on him; but he withstood them, and said unto them:

3 Touch me not, for God shall smite you if ye lay your hands upon me, for I have not delivered the message which the Lord sent me to deliver; neither have I told you that which ye requested that I should tell; therefore, God will not suffer that I shall be destroyed at this time.

4 But I must fulfil the commandments wherewith God has commanded me; and because I have told you the truth ye are angry with me. And again, because I have spoken the word of God ye have judged me that I am mad.

5 Now it came to pass after Abinadi had spoken these words that the people of king Noah durst not lay their hands on him, for the Spirit of the Lord was upon him; and his

33 Mais alors, Abinadi leur dit : Je sais que si vous gardez les commandements de Dieu, vous serez sauvés ; oui, si vous gardez les commandements que le Seigneur a donnés à Moïse sur la montagne du Sinaï, disant :

34 Je suis le Seigneur, ton Dieu, qui t'ai fait sortir du pays d'Égypte, de la maison de servitude.

35 Tu n'auras pas d'autre Dieu devant ma face.

36 Tu ne te feras point d'image taillée, ni de représentation quelconque des choses qui sont en haut dans les cieux, ou qui sont en bas sur la terre.

37 Alors Abinadi leur dit : Avez-vous fait tout cela ? Je vous dis que non, vous ne l'avez pas fait. Et avez-vous enseigné à ce peuple qu'il doit faire toutes ces choses ? Je vous dis que non, vous ne l'avez pas fait.

CHAPITRE 13

Abinadi est protégé par la puissance divine — Il enseigne les dix commandements — Le salut ne vient pas par la loi de Moïse seule — Dieu lui-même fera l'Expiation et rachètera son peuple. Vers 148 av. J.-C.

1 Et alors, lorsque le roi eut entendu ces paroles, il dit à ses prêtres : Emmenez cet individu, et tuez-le ; qu'avons-nous, en effet, à faire avec lui, car il est fou.

2 Et ils s'avancèrent et tentèrent de porter la main sur lui ; mais il leur résista et leur dit :

3 Ne me touchez pas, car Dieu vous frappera si vous portez la main sur moi, car je n'ai pas remis le message que le Seigneur m'a envoyé remettre ; je ne vous ai pas dit non plus ce que vous m'avez demandé de dire ; c'est pourquoi, Dieu ne souffrira pas qu'on me fasse mourir maintenant.

4 Mais je dois accomplir les commandements que Dieu m'a commandé d'exécuter ; et parce que je vous ai dit la vérité, vous êtes en colère contre moi. Et de plus, parce que j'ai dit la parole de Dieu, vous m'avez jugé fou.

5 Alors, il arriva que lorsqu'Abinadi eut dit ces paroles, le peuple du roi Noé n'osa pas porter la main sur lui, car l'Esprit du Seigneur était sur lui ; et son visage brillait

face shone with exceeding luster, even as Moses' did while in the mount of Sinai, while speaking with the Lord.

6 And he spake with power and authority from God; and he continued his words, saying:

7 Ye see that ye have not power to slay me, therefore I finish my message. Yea, and I perceive that it cuts you to your hearts because I tell you the truth concerning your iniquities.

8 Yea, and my words fill you with wonder and amazement, and with anger.

9 But I finish my message; and then it matters not whither I go, if it so be that I am saved.

10 But this much I tell you, what you do with me, after this, shall be as a type and a shadow of things which are to come.

11 And now I read unto you the remainder of the commandments of God, for I perceive that they are not written in your hearts; I perceive that ye have studied and taught iniquity the most part of your lives.

12 And now, ye remember that I said unto you: Thou shalt not make unto thee any graven image, or any likeness of things which are in heaven above, or which are in the earth beneath, or which are in the water under the earth.

13 And again: Thou shalt not bow down thyself unto them, nor serve them; for I the Lord thy God am a jealous God, visiting the iniquities of the fathers upon the children, unto the third and fourth generations of them that hate me;

14 And showing mercy unto thousands of them that love me and keep my commandments.

15 Thou shalt not take the name of the Lord thy God in vain; for the Lord will not hold him guiltless that taketh his name in vain.

16 Remember the sabbath day, to keep it holy.

17 Six days shalt thou labor, and do all thy work;

18 But the seventh day, the sabbath of the Lord thy God, thou shalt not do any work, thou, nor thy son, nor thy daughter, thy man-servant, nor thy maid-servant, nor thy

d'un resplendissement extrême, comme celui de Moïse pendant qu'il était sur la montagne du Sinaï, pendant qu'il parlait avec le Seigneur.

6 Et il parla avec puissance et autorité de Dieu ; et il continua ses paroles, disant :

7 Vous voyez que vous n'avez pas le pouvoir de me tuer ; c'est pourquoi, je finis mon message. Oui, et je vois qu'il vous perce jusqu'au cœur, parce que je vous dis la vérité concernant vos iniquités.

8 Oui, et mes paroles vous remplissent d'étonnement, et de stupeur, et de colère.

9 Mais je finis mon message ; et alors, peu importe où je vais, du moment que je suis sauvé.

10 Mais je vous dis ceci : Ce que vous faites de moi après cela sera comme une figure et une ombre de choses à venir.

11 Et maintenant je vous lis le reste des commandements de Dieu, car je vois qu'ils ne sont pas écrits dans votre cœur ; je vois que vous avez étudié et enseigné l'iniquité pendant la plus grande partie de votre vie.

12 Et maintenant, vous vous souvenez que je vous ai dit : Tu ne te feras point d'image taillée, ni de représentation quelconque des choses qui sont en haut dans les cieux, qui sont en bas sur la terre, et qui sont dans les eaux plus bas que la terre.

13 Et encore : Tu ne te prosterneras point devant elles, et tu ne les serviras point ; car moi, le Seigneur, ton Dieu, je suis un Dieu jaloux, qui punis l'iniquité des pères sur les enfants jusqu'à la troisième et à la quatrième génération de ceux qui me haïssent,

14 et qui fais miséricorde jusqu'en mille générations à ceux qui m'aiment et qui gardent mes commandements.

15 Tu ne prendras point le nom du Seigneur, ton Dieu, en vain ; car le Seigneur ne laissera point impuni celui qui prendra son nom en vain.

16 Souviens-toi du jour du repos, pour le sanctifier.

17 Tu travailleras six jours, et tu feras tout ton ouvrage.

18 Mais le septième jour est le jour du repos du Seigneur, ton Dieu : tu ne feras aucun ou-

cattle, nor thy stranger that is within thy gates;

19 For in six days the Lord made heaven and earth, and the sea, and all that in them is; wherefore the Lord blessed the sabbath day, and hallowed it.

20 Honor thy father and thy mother, that thy days may be long upon the land which the Lord thy God giveth thee.

21 Thou shalt not kill.

22 Thou shalt not commit adultery. Thou shalt not steal.

23 Thou shalt not bear false witness against thy neighbor.

24 Thou shalt not covet thy neighbor's house, thou shalt not covet thy neighbor's wife, nor his man-servant, nor his maid-servant, nor his ox, nor his ass, nor anything that is thy neighbor's.

25 And it came to pass that after Abinadi had made an end of these sayings that he said unto them: Have ye taught this people that they should observe to do all these things for to keep these commandments?

26 I say unto you, Nay; for if ye had, the Lord would not have caused me to come forth and to prophesy evil concerning this people.

27 And now ye have said that salvation cometh by the law of Moses. I say unto you that it is expedient that ye should keep the law of Moses as yet; but I say unto you, that the time shall come when it shall no more be expedient to keep the law of Moses.

28 And moreover, I say unto you, that salvation doth not come by the law alone; and were it not for the atonement, which God himself shall make for the sins and iniquities of his people, that they must unavoidably perish, notwithstanding the law of Moses.

29 And now I say unto you that it was expedient that there should be a law given to the children of Israel, yea, even a very strict law; for they were a stiffnecked people, quick to do iniquity, and slow to remember the Lord their God;

30 Therefore there was a law given them, yea, a law of performances and of ordinances, a law which they were to observe

vrage, ni toi, ni ton fils, ni ta fille, ni ton serviteur, ni ta servante, ni ton bétail, ni l'étranger qui est dans tes portes.

19 Car en six jours le Seigneur a fait les cieux, la terre et la mer, et tout ce qui y est contenu ; c'est pourquoi le Seigneur a béni le jour du repos et l'a sanctifié.

20 Honore ton père et ta mère, afin que tes jours se prolongent dans le pays que le Seigneur, ton Dieu, te donne.

21 Tu ne tueras point.

22 Tu ne commettras point d'adultère. Tu ne déroberas point.

23 Tu ne porteras point de faux témoignage contre ton prochain.

24 Tu ne convoiteras point la maison de ton prochain ; tu ne convoiteras point la femme de ton prochain, ni son serviteur, ni sa servante, ni son bœuf, ni son âne, ni aucune chose qui appartienne à ton prochain.

25 Et il arriva que lorsqu'Abinadi eut fini ces paroles, il leur dit : Avez-vous enseigné à ce peuple qu'il doit s'appliquer à faire toutes ces choses pour garder ces commandements ?

26 Je vous dis que non ; car si vous l'aviez fait, le Seigneur ne m'aurait pas fait sortir et prophétiser du mal concernant ce peuple.

27 Et maintenant, vous avez dit que le salut vient par la loi de Moïse. Je vous dis qu'il est nécessaire que vous gardiez, pour le moment, la loi de Moïse ; mais je vous dis que le temps viendra où il ne sera plus nécessaire de garder la loi de Moïse.

28 Et de plus, je vous dis que le salut ne vient pas par la loi seule ; et s'il n'y avait pas l'expiation, que Dieu lui-même fera pour les péchés et les iniquités de son peuple, il devrait périr, malgré la loi de Moïse.

29 Et maintenant, je vous dis qu'il était nécessaire qu'une loi fût donnée aux enfants d'Israël, oui, une loi très stricte ; car ils étaient un peuple au cou roide, prompt à commettre l'iniquité et lent à se souvenir du Seigneur, son Dieu ;

30 c'est pourquoi il y eut une loi qui leur fut donnée, oui, une loi d'observances et d'ordonnances, une loi qu'ils devaient observer strictement de jour en jour, pour garder en

strictly from day to day, to keep them in remembrance of God and their duty towards him.

31 But behold, I say unto you, that all these things were types of things to come.

32 And now, did they understand the law? I say unto you, Nay, they did not all understand the law; and this because of the hardness of their hearts; for they understood not that there could not any man be saved except it were through the redemption of God.

33 For behold, did not Moses prophesy unto them concerning the coming of the Messiah, and that God should redeem his people? Yea, and even all the prophets who have prophesied ever since the world began—have they not spoken more or less concerning these things?

34 Have they not said that God himself should come down among the children of men, and take upon him the form of man, and go forth in mighty power upon the face of the earth?

35 Yea, and have they not said also that he should bring to pass the resurrection of the dead, and that he, himself, should be oppressed and afflicted?

CHAPTER 14

Isaiah speaks messianically—The Messiah's humiliation and sufferings are set forth—He makes His soul an offering for sin and makes intercession for transgressors—Compare Isaiah 53. About 148 B.C.

1 Yea, even doth not Isaiah say: Who hath believed our report, and to whom is the arm of the Lord revealed?

2 For he shall grow up before him as a tender plant, and as a root out of dry ground; he hath no form nor comeliness; and when we shall see him there is no beauty that we should desire him.

3 He is despised and rejected of men; a man of sorrows, and acquainted with grief; and we hid as it were our faces from him; he was despised, and we esteemed him not.

---

eux le souvenir de Dieu et de leur devoir envers lui.

31 Mais voici, je vous dis que toutes ces choses-là étaient des figures de choses à venir.

32 Et maintenant, comprenaient-ils la loi ? Je vous le dis : non, ils ne comprenaient pas tous la loi ; et cela à cause de l'endurcissement de leur cœur ; car ils ne comprenaient pas qu'aucun homme ne pouvait être sauvé, si ce n'était par la rédemption de Dieu.

33 Car voici, Moïse ne leur a-t-il pas prophétisé que le Messie viendrait, et que Dieu rachèterait son peuple ? Oui, et même tous les prophètes qui ont jamais prophétisé depuis le commencement du monde, n'ont-ils pas parlé plus ou moins de ces choses ?

34 N'ont-ils pas dit que Dieu lui-même descendrait parmi les enfants des hommes, et prendrait sur lui la forme de l'homme, et irait avec une grande puissance sur la surface de la terre ?

35 Oui, et n'ont-ils pas dit aussi qu'il réaliserait la résurrection des morts, et que lui-même serait opprimé et affligé ?

CHAPITRE 14

Ésaïe parle en termes messianiques — Exposé de l'humiliation et des souffrances du Messie — Il fait de son âme une offrande pour le péché et intercède pour les transgresseurs — Comparez avec Ésaïe 53. Vers 148 av. J.-C.

1 Oui, Ésaïe ne dit-il pas, en effet : Qui a cru à ce qui nous était annoncé ? Qui a reconnu le bras du Seigneur ?

2 Il s'est élevé devant lui comme une faible plante, et comme un rejeton qui sort d'une terre desséchée ; il n'avait ni beauté, ni éclat pour attirer nos regards ; et son aspect n'avait rien pour nous plaire.

3 Méprisé et abandonné des hommes ; homme de douleur et habitué à la souffrance, semblable à celui dont on détourne le visage, nous l'avons dédaigné, nous n'avons fait de lui aucun cas.

4 Surely he has borne our griefs, and carried our sorrows; yet we did esteem him stricken, smitten of God, and afflicted.

5 But he was wounded for our transgressions, he was bruised for our iniquities; the chastisement of our peace was upon him; and with his stripes we are healed.

6 All we, like sheep, have gone astray; we have turned every one to his own way; and the Lord hath laid on him the iniquities of us all.

7 He was oppressed, and he was afflicted, yet he opened not his mouth; he is brought as a lamb to the slaughter, and as a sheep before her shearers is dumb so he opened not his mouth.

8 He was taken from prison and from judgment; and who shall declare his generation? For he was cut off out of the land of the living; for the transgressions of my people was he stricken.

9 And he made his grave with the wicked, and with the rich in his death; because he had done no evil, neither was any deceit in his mouth.

10 Yet it pleased the Lord to bruise him; he hath put him to grief; when thou shalt make his soul an offering for sin he shall see his seed, he shall prolong his days, and the pleasure of the Lord shall prosper in his hand.

11 He shall see the travail of his soul, and shall be satisfied; by his knowledge shall my righteous servant justify many; for he shall bear their iniquities.

12 Therefore will I divide him a portion with the great, and he shall divide the spoil with the strong; because he hath poured out his soul unto death; and he was numbered with the transgressors; and he bore the sins of many, and made intercession for the transgressors.

CHAPTER 15

How Christ is both the Father and the Son—He will make intercession and bear the transgressions of His people—They and all the holy prophets are His seed—He brings to pass the Resurrection—Little children have eternal life. About 148 B.C.

4 Cependant, ce sont nos souffrances qu'il a portées, c'est de nos douleurs qu'il s'est chargé ; et nous l'avons considéré comme puni, frappé de Dieu, et humilié.

5 Mais il était blessé pour nos péchés, brisé pour nos iniquités ; le châtiment qui nous donne la paix est tombé sur lui, et c'est par ses meurtrissures que nous sommes guéris.

6 Nous étions tous errants comme des brebis, chacun suivait sa propre voie ; et le Seigneur a fait retomber sur lui les iniquités de nous tous.

7 Il a été maltraité et opprimé, et il n'a point ouvert la bouche, semblable à un agneau qu'on mène à la boucherie, à une brebis muette devant ceux qui la tondent ; il n'a point ouvert la bouche.

8 Il a été pris de la prison et du jugement ; et qui déclarera sa génération ? Car il a été retranché de la terre des vivants et frappé pour les péchés de mon peuple.

9 On a mis son sépulcre parmi les méchants, son tombeau avec le riche, quoiqu'il n'eût point commis de mal et qu'il n'y eût point eu de fraude dans sa bouche.

10 Il a plu au Seigneur de le briser par la souffrance ; après avoir livré sa vie en sacrifice pour le péché, il verra une postérité et prolongera ses jours ; et l'œuvre du Seigneur prospérera entre ses mains.

11 À cause du travail de son âme, il rassasiera ses regards ; par sa connaissance, mon serviteur juste justifiera beaucoup d'hommes, et il se chargera de leurs iniquités.

12 C'est pourquoi je lui donnerai sa part avec les grands ; il partagera le butin avec les puissants, parce qu'il s'est livré lui-même à la mort, et qu'il a été mis au nombre des malfaiteurs, parce qu'il a porté les péchés de beaucoup d'hommes, et qu'il a intercédé pour les coupables.

CHAPITRE 15

Comment le Christ est à la fois le Père et le Fils — Il intercédera et portera les transgressions de son peuple — Celui-ci et tous les saints prophètes sont sa postérité — Il réalise la résurrection — Les petits enfants ont la vie éternelle. Vers 148 av. J.-C.

1 And now Abinadi said unto them: I would that ye should understand that God himself shall come down among the children of men, and shall redeem his people.

2 And because he dwelleth in flesh he shall be called the Son of God, and having subjected the flesh to the will of the Father, being the Father and the Son—

3 The Father, because he was conceived by the power of God; and the Son, because of the flesh; thus becoming the Father and Son—

4 And they are one God, yea, the very Eternal Father of heaven and of earth.

5 And thus the flesh becoming subject to the Spirit, or the Son to the Father, being one God, suffereth temptation, and yieldeth not to the temptation, but suffereth himself to be mocked, and scourged, and cast out, and disowned by his people.

6 And after all this, after working many mighty miracles among the children of men, he shall be led, yea, even as Isaiah said, as a sheep before the shearer is dumb, so he opened not his mouth.

7 Yea, even so he shall be led, crucified, and slain, the flesh becoming subject even unto death, the will of the Son being swallowed up in the will of the Father.

8 And thus God breaketh the bands of death, having gained the victory over death; giving the Son power to make intercession for the children of men—

9 Having ascended into heaven, having the bowels of mercy; being filled with compassion towards the children of men; standing betwixt them and justice; having broken the bands of death, taken upon himself their iniquity and their transgressions, having redeemed them, and satisfied the demands of justice.

10 And now I say unto you, who shall declare his generation? Behold, I say unto you, that when his soul has been made an offering for sin he shall see his seed. And now what say ye? And who shall be his seed?

11 Behold I say unto you, that whosoever has heard the words of the prophets, yea, all the holy prophets who have prophesied concerning the coming of the Lord—I say unto

1 Et alors, Abinadi leur dit : Je voudrais que vous compreniez que Dieu lui-même descendra parmi les enfants des hommes et rachètera son peuple.

2 Et parce qu'il demeure dans la chair, il sera appelé le Fils de Dieu, et, ayant soumis la chair à la volonté du Père, étant le Père et le Fils —

3 Le Père, parce qu'il fut conçu par le pouvoir de Dieu, et le Fils à cause de la chair, devenant ainsi le Père et le Fils —

4 Et ils sont un seul Dieu, oui, le Père éternel même du ciel et de la terre.

5 Et ainsi, la chair devenant assujettie à l'Esprit, ou le Fils au Père, étant un seul Dieu, souffre la tentation, et ne cède pas à la tentation, mais souffre que son peuple se moque de lui, et le flagelle, et le chasse, et le renie.

6 Et après tout cela, après avoir accompli beaucoup de grands miracles parmi les enfants des hommes, il sera mené, oui, comme Ésaïe l'a dit, comme une brebis est muette devant ceux qui la tondent, de même il n'a pas ouvert la bouche.

7 Oui, de même il sera mené, crucifié, et mis à mort, la chair devenant assujettie à la mort, la volonté du Fils étant engloutie dans la volonté du Père.

8 Et ainsi Dieu rompt les liens de la mort, ayant acquis la victoire sur la mort, donnant au Fils le pouvoir d'intercéder pour les enfants des hommes —

9 Étant monté au ciel, ayant les entrailles de la miséricorde, étant rempli de compassion envers les enfants des hommes, se tenant entre eux et la justice, ayant rompu les liens de la mort, prenant sur lui leur iniquité et leurs transgressions, les ayant rachetés et ayant satisfait aux exigences de la justice.

10 Et maintenant, je vous le dis, sa postérité, qui la dépeindra ? Voici, je vous dis que lorsque son âme aura été donnée en offrande pour le péché, il verra sa postérité. Et maintenant que dites-vous ? Et qui sera sa postérité ?

11 Voici, je vous dis que quiconque a entendu les paroles des prophètes, oui, de tous les saints prophètes qui ont prophétisé concernant la venue du Seigneur — je vous dis

you, that all those who have hearkened unto their words, and believed that the Lord would redeem his people, and have looked forward to that day for a remission of their sins, I say unto you, that these are his seed, or they are the heirs of the kingdom of God.

12 For these are they whose sins he has borne; these are they for whom he has died, to redeem them from their transgressions. And now, are they not his seed?

13 Yea, and are not the prophets, every one that has opened his mouth to prophesy, that has not fallen into transgression, I mean all the holy prophets ever since the world began? I say unto you that they are his seed.

14 And these are they who have published peace, who have brought good tidings of good, who have published salvation; and said unto Zion: Thy God reigneth!

15 And O how beautiful upon the mountains were their feet!

16 And again, how beautiful upon the mountains are the feet of those that are still publishing peace!

17 And again, how beautiful upon the mountains are the feet of those who shall hereafter publish peace, yea, from this time henceforth and forever!

18 And behold, I say unto you, this is not all. For O how beautiful upon the mountains are the feet of him that bringeth good tidings, that is the founder of peace, yea, even the Lord, who has redeemed his people; yea, him who has granted salvation unto his people;

19 For were it not for the redemption which he hath made for his people, which was prepared from the foundation of the world, I say unto you, were it not for this, all mankind must have perished.

20 But behold, the bands of death shall be broken, and the Son reigneth, and hath power over the dead; therefore, he bringeth to pass the resurrection of the dead.

21 And there cometh a resurrection, even a first resurrection; yea, even a resurrection of those that have been, and who are, and who shall be, even until the resurrection of Christ—for so shall he be called.

22 And now, the resurrection of all the prophets, and all those that have believed in their words, or all those that have kept the commandments of God, shall come forth in

que tous ceux qui ont écouté leurs paroles, et cru que le Seigneur rachèterait son peuple, et ont espéré ce jour où ils auraient le pardon de leurs péchés, je vous dis que ceux-là sont sa postérité, ou les héritiers du royaume de Dieu.

12 Car ce sont ceux dont il a porté les péchés ; ce sont ceux pour qui il est mort, pour les racheter de leurs transgressions. Et alors, ne sont-ils pas sa postérité ?

13 Oui, et les prophètes, tous ceux qui ont ouvert la bouche pour prophétiser, qui ne sont pas tombés en transgression, je veux dire tous les saints prophètes depuis le commencement même du monde, ne le sont-ils pas ? Je vous dis qu'ils sont sa postérité.

14 Et ce sont ceux qui ont publié la paix, qui ont apporté de bonnes nouvelles, qui ont publié le salut et dit à Sion : Ton Dieu règne !

15 Et oh ! qu'ils étaient beaux sur les montagnes, leurs pieds !

16 Et encore, qu'ils sont beaux sur les montagnes, les pieds de ceux qui publient encore la paix !

17 Et encore, qu'ils sont beaux sur les montagnes, les pieds de ceux qui, à l'avenir, publieront la paix, oui, à partir de ce moment, dorénavant et à jamais !

18 Et voici, je vous le dis, ce n'est pas tout, car oh ! qu'ils sont beaux sur les montagnes, les pieds de celui qui apporte de bonnes nouvelles, qui est le fondateur de la paix, oui, le Seigneur, qui a racheté son peuple ; oui, lui qui a accordé le salut à son peuple ;

19 car s'il n'y avait pas la rédemption qu'il a faite pour son peuple, qui fut préparée dès la fondation du monde, je vous le dis, s'il n'y avait pas cela, toute l'humanité aurait dû périr.

20 Mais voici, les liens de la mort seront rompus, et le Fils règne et a pouvoir sur les morts ; c'est pourquoi, il réalise la résurrection des morts.

21 Et alors vient une résurrection, une première résurrection ; oui, une résurrection de ceux qui ont été, et qui sont, et qui seront, jusqu'à la résurrection du Christ — car c'est ainsi qu'il sera appelé.

22 Et maintenant, la résurrection de tous les prophètes, et de tous ceux qui ont cru en leurs paroles, ou de tous ceux qui ont gardé les commandements de Dieu, aura lieu à la

the first resurrection; therefore, they are the first resurrection.

23 They are raised to dwell with God who has redeemed them; thus they have eternal life through Christ, who has broken the bands of death.

24 And these are those who have part in the first resurrection; and these are they that have died before Christ came, in their ignorance, not having salvation declared unto them. And thus the Lord bringeth about the restoration of these; and they have a part in the first resurrection, or have eternal life, being redeemed by the Lord.

25 And little children also have eternal life.

26 But behold, and fear, and tremble before God, for ye ought to tremble; for the Lord redeemeth none such that rebel against him and die in their sins; yea, even all those that have perished in their sins ever since the world began, that have wilfully rebelled against God, that have known the commandments of God, and would not keep them; these are they that have no part in the first resurrection.

27 Therefore ought ye not to tremble? For salvation cometh to none such; for the Lord hath redeemed none such; yea, neither can the Lord redeem such; for he cannot deny himself; for he cannot deny justice when it has its claim.

28 And now I say unto you that the time shall come that the salvation of the Lord shall be declared to every nation, kindred, tongue, and people.

29 Yea, Lord, thy watchmen shall lift up their voice; with the voice together shall they sing; for they shall see eye to eye, when the Lord shall bring again Zion.

30 Break forth into joy, sing together, ye waste places of Jerusalem; for the Lord hath comforted his people, he hath redeemed Jerusalem.

31 The Lord hath made bare his holy arm in the eyes of all the nations; and all the ends of the earth shall see the salvation of our God.

première résurrection ; c'est pourquoi, ils sont la première résurrection.

23 Ils sont ressuscités pour demeurer avec Dieu, qui les a rachetés ; ainsi ils ont la vie éternelle par le Christ, qui a rompu les liens de la mort.

24 Et ce sont ceux qui ont part à la première résurrection ; et ce sont ceux qui sont morts dans leur ignorance, avant que le Christ ne vienne, sans que le salut ne leur ait été annoncé. Et ainsi, le Seigneur réalise le rétablissement de ceux-ci ; et ils ont part à la première résurrection, ou ont la vie éternelle, étant rachetés par le Seigneur.

25 Et les petits enfants ont aussi la vie éternelle.

26 Mais voici, craignez, et tremblez devant Dieu, car vous devriez trembler ; car le Seigneur ne rachète aucun de ceux qui se rebellent contre lui et meurent dans leurs péchés ; oui, même tous ceux qui ont péri dans leurs péchés depuis le commencement même du monde, qui se sont volontairement rebellés contre Dieu, qui ont connu les commandements de Dieu et n'ont pas voulu les garder ; ce sont ceux-là qui n'ont aucune part dans la première résurrection.

27 C'est pourquoi, ne devriez-vous pas trembler ? Car, pour ceux-là, il n'y a pas de salut, car le Seigneur ne les a pas rachetés ; oui, et le Seigneur ne peut pas non plus les racheter, car il ne peut pas se désavouer, car il ne peut pas dénier la justice lorsqu'elle est dans son droit.

28 Et maintenant, je vous dis que le temps viendra où le salut du Seigneur sera annoncé à toute nation, famille, langue et peuple.

29 Oui, Seigneur, la voix de tes sentinelles retentit ; elles élèvent la voix, elles poussent ensemble des cris d'allégresse ; car de leurs propres yeux elles voient que le Seigneur ramène Sion.

30 Eclatez ensemble en cris de joie, ruines de Jérusalem ! Car le Seigneur console son peuple, il rachète Jérusalem.

31 Le Seigneur découvre le bras de sa sainteté, aux yeux de toutes les nations ; et toutes les extrémités de la terre verront le salut de notre Dieu.

CHAPTER 16

CHAPITRE 16

God redeems men from their lost and fallen state—Those who are carnal remain as though there were no redemption—Christ brings to pass a resurrection to endless life or to endless damnation. About 148 B.C.

Dieu rachète les hommes de leur état perdu et déchu — Ceux qui sont charnels restent comme s'il n'y avait pas de rédemption — Le Christ réalise une résurrection qui mène à une vie sans fin ou à une damnation sans fin. Vers 148 av. J.-C.

1 And now, it came to pass that after Abinadi had spoken these words he stretched forth his hand and said: The time shall come when all shall see the salvation of the Lord; when every nation, kindred, tongue, and people shall see eye to eye and shall confess before God that his judgments are just.

2 And then shall the wicked be cast out, and they shall have cause to howl, and weep, and wail, and gnash their teeth; and this because they would not hearken unto the voice of the Lord; therefore the Lord redeemeth them not.

3 For they are carnal and devilish, and the devil has power over them; yea, even that old serpent that did beguile our first parents, which was the cause of their fall; which was the cause of all mankind becoming carnal, sensual, devilish, knowing evil from good, subjecting themselves to the devil.

4 Thus all mankind were lost; and behold, they would have been endlessly lost were it not that God redeemed his people from their lost and fallen state.

5 But remember that he that persists in his own carnal nature, and goes on in the ways of sin and rebellion against God, remaineth in his fallen state and the devil hath all power over him. Therefore he is as though there was no redemption made, being an enemy to God; and also is the devil an enemy to God.

6 And now if Christ had not come into the world, speaking of things to come as though they had already come, there could have been no redemption.

7 And if Christ had not risen from the dead, or have broken the bands of death that the grave should have no victory, and that death should have no sting, there could have been no resurrection.

8 But there is a resurrection, therefore the grave hath no victory, and the sting of death is swallowed up in Christ.

1 Et alors, il arriva que lorsqu'il eut dit ces paroles, Abinadi étendit la main et dit : Le temps viendra où tous verront le salut du Seigneur ; où toute nation, famille, langue et peuple verra de ses propres yeux et confessera devant Dieu que ses jugements sont justes.

2 Et alors, les méchants seront chassés, et ils auront sujet de hurler, et de pleurer, et de se lamenter, et de grincer des dents ; et cela, parce qu'ils n'ont pas voulu écouter la voix du Seigneur ; c'est pourquoi le Seigneur ne les rachète pas.

3 Car ils sont charnels et diaboliques, et le diable a pouvoir sur eux ; oui, ce vieux serpent qui séduisit nos premiers parents, ce qui fut la cause de leur chute ; ce qui fut la cause pour laquelle toute l'humanité devint charnelle, sensuelle, diabolique, discernant le mal du bien, s'assujettissant au diable.

4 Ainsi toute l'humanité fut perdue ; et voici, elle aurait été perdue à jamais, si Dieu n'avait pas racheté son peuple de son état perdu et déchu.

5 Mais souvenez-vous que celui qui persiste dans sa nature charnelle et continue dans les voies du péché et de la rébellion contre Dieu reste dans son état déchu, et le diable a tout pouvoir sur lui. C'est pourquoi il est comme si aucune rédemption n'avait été faite, étant ennemi de Dieu ; et le diable, lui aussi, est ennemi de Dieu.

6 Et maintenant, si le Christ n'était pas venu dans le monde (parlant des choses à venir comme si elles étaient déjà venues), il n'aurait pu y avoir de rédemption.

7 Et si le Christ n'était pas ressuscité d'entre les morts, ou s'il n'avait pas rompu les liens de la mort, afin que la tombe n'ait pas de victoire, et que la mort n'ait pas d'aiguillon, il n'aurait pu y avoir de résurrection.

8 Mais il y a une résurrection ; c'est pourquoi la tombe n'a pas de victoire, et l'aiguillon de la mort est englouti dans le Christ.

9 He is the light and the life of the world; yea, a light that is endless, that can never be darkened; yea, and also a life which is endless, that there can be no more death.

10 Even this mortal shall put on immortality, and this corruption shall put on incorruption, and shall be brought to stand before the bar of God, to be judged of him according to their works whether they be good or whether they be evil—

11 If they be good, to the resurrection of endless life and happiness; and if they be evil, to the resurrection of endless damnation, being delivered up to the devil, who hath subjected them, which is damnation—

12 Having gone according to their own carnal wills and desires; having never called upon the Lord while the arms of mercy were extended towards them; for the arms of mercy were extended towards them, and they would not; they being warned of their iniquities and yet they would not depart from them; and they were commanded to repent and yet they would not repent.

13 And now, ought ye not to tremble and repent of your sins, and remember that only in and through Christ ye can be saved?

14 Therefore, if ye teach the law of Moses, also teach that it is a shadow of those things which are to come—

15 Teach them that redemption cometh through Christ the Lord, who is the very Eternal Father. Amen.

CHAPTER 17

Alma believes and writes the words of Abinadi—Abinadi suffers death by fire—He prophesies disease and death by fire upon his murderers. About 148 B.C.

1 And now it came to pass that when Abinadi had finished these sayings, that the king commanded that the priests should take him and cause that he should be put to death.

9 Il est la lumière et la vie du monde ; oui, une lumière qui est sans fin, qui ne peut jamais être obscurcie ; oui, et aussi une vie qui est sans fin, de sorte qu'il ne peut plus y avoir de mort.

10 Même ce corps mortel revêtira l'immortalité, et cette corruption revêtira l'incorruptibilité et comparaîtra devant la barre de Dieu, pour être jugée par lui selon ses œuvres, qu'elles soient bonnes ou qu'elles soient mauvaises :

11 si elles sont bonnes, pour la résurrection de la vie et du bonheur sans fin ; et si elles sont mauvaises, pour la résurrection de la damnation sans fin, étant livrés au diable, qui les a assujettis, ce qui est la damnation —

12 Étant allés selon leur propre volonté et leurs propres désirs charnels ; n'ayant jamais invoqué le Seigneur tandis que les bras de la miséricorde étaient étendus vers eux ; car les bras de la miséricorde étaient étendus vers eux, et ils n'ont pas voulu ; étant avertis de leurs iniquités, et cependant ils n'ont pas voulu s'en éloigner ; et ils ont reçu le commandement de se repentir, et cependant ils n'ont pas voulu se repentir.

13 Et maintenant, ne devriez-vous pas trembler et vous repentir de vos péchés, et vous souvenir que ce n'est que dans le Christ et par son intermédiaire que vous pouvez être sauvés ?

14 C'est pourquoi, si vous enseignez la loi de Moïse, enseignez aussi qu'elle est une ombre des choses qui sont à venir —

15 Enseignez-leur que la rédemption vient par le Christ, le Seigneur, qui est le Père éternel même. Amen.

CHAPITRE 17

Alma croit aux paroles d'Abinadi et les écrit — Abinadi subit la mort par le feu — Il prophétise la maladie et la mort par le feu contre ses meurtriers. Vers 148 av. J.-C.

1 Et alors, il arriva que lorsqu'Abinadi eut fini de dire ces paroles, le roi commanda aux prêtres de l'emmener et de le faire mettre à mort.

2 But there was one among them whose name was Alma, he also being a descendant of Nephi. And he was a young man, and he believed the words which Abinadi had spoken, for he knew concerning the iniquity which Abinadi had testified against them; therefore he began to plead with the king that he would not be angry with Abinadi, but suffer that he might depart in peace.

3 But the king was more wroth, and caused that Alma should be cast out from among them, and sent his servants after him that they might slay him.

4 But he fled from before them and hid himself that they found him not. And he being concealed for many days did write all the words which Abinadi had spoken.

5 And it came to pass that the king caused that his guards should surround Abinadi and take him; and they bound him and cast him into prison.

6 And after three days, having counseled with his priests, he caused that he should again be brought before him.

7 And he said unto him: Abinadi, we have found an accusation against thee, and thou art worthy of death.

8 For thou hast said that God himself should come down among the children of men; and now, for this cause thou shalt be put to death unless thou wilt recall all the words which thou hast spoken evil concerning me and my people.

9 Now Abinadi said unto him: I say unto you, I will not recall the words which I have spoken unto you concerning this people, for they are true; and that ye may know of their surety I have suffered myself that I have fallen into your hands.

10 Yea, and I will suffer even until death, and I will not recall my words, and they shall stand as a testimony against you. And if ye slay me ye will shed innocent blood, and this shall also stand as a testimony against you at the last day.

11 And now king Noah was about to release him, for he feared his word; for he feared that the judgments of God would come upon him.

12 But the priests lifted up their voices against him, and began to accuse him, saying: He has reviled the king. Therefore the king was stirred up in anger against him,

2 Mais il y en avait un parmi eux, dont le nom était Alma, lui aussi descendant de Néphi. Et c'était un jeune homme, et il crut aux paroles qu'Abinadi avait dites, car il connaissait l'iniquité dont Abinadi avait témoigné contre eux ; c'est pourquoi il commença à supplier le roi de ne pas être en colère contre Abinadi, mais de le laisser partir en paix.

3 Mais le roi en fut encore plus furieux, et il fit chasser Alma de parmi eux, et envoya ses serviteurs après lui pour le tuer.

4 Mais il s'enfuit devant eux et se cacha, de sorte qu'ils ne le trouvèrent pas. Et, dissimulé pendant de nombreux jours, il écrivit toutes les paroles qu'Abinadi avait dites.

5 Et il arriva que le roi fit entourer et emmener Abinadi par ses gardes ; et ils le lièrent et le jetèrent en prison.

6 Et après trois jours, ayant tenu conseil avec ses prêtres, il le fit de nouveau amener devant lui.

7 Et il lui dit : Abinadi, nous avons trouvé une accusation contre toi, et tu mérites la mort.

8 Car tu as dit que Dieu lui-même descendrait parmi les enfants des hommes ; or, pour cette raison, tu seras mis à mort, à moins que tu ne rétractes tout ce que tu as dit de mal de moi et de mon peuple.

9 Alors Abinadi lui dit : Je te le dis, je ne rétracterai pas les paroles que je t'ai dites concernant ce peuple, car elles sont vraies ; et pour que tu saches qu'elles sont certaines, j'ai souffert de tomber entre tes mains.

10 Oui, et je souffrirai jusqu'à la mort, et je ne rétracterai pas mes paroles, et elles resteront comme témoignage contre toi. Et si tu me tues, tu verseras le sang innocent, et cela restera aussi comme témoignage contre toi au dernier jour.

11 Et maintenant, le roi Noé était sur le point de le libérer, car il craignait sa parole ; car il craignait que les jugements de Dieu ne s'abattissent sur lui.

12 Mais les prêtres élevèrent la voix contre lui et commencèrent à l'accuser, disant : Il a insulté le roi. C'est pourquoi le roi fut excité

and he delivered him up that he might be slain.

13 And it came to pass that they took him and bound him, and scourged his skin with faggots, yea, even unto death.

14 And now when the flames began to scorch him, he cried unto them, saying:

15 Behold, even as ye have done unto me, so shall it come to pass that thy seed shall cause that many shall suffer the pains that I do suffer, even the pains of death by fire; and this because they believe in the salvation of the Lord their God.

16 And it will come to pass that ye shall be afflicted with all manner of diseases because of your iniquities.

17 Yea, and ye shall be smitten on every hand, and shall be driven and scattered to and fro, even as a wild flock is driven by wild and ferocious beasts.

18 And in that day ye shall be hunted, and ye shall be taken by the hand of your enemies, and then ye shall suffer, as I suffer, the pains of death by fire.

19 Thus God executeth vengeance upon those that destroy his people. O God, receive my soul.

20 And now, when Abinadi had said these words, he fell, having suffered death by fire; yea, having been put to death because he would not deny the commandments of God, having sealed the truth of his words by his death.

CHAPTER 18

Alma preaches in private—He sets forth the covenant of baptism and baptizes at the waters of Mormon—He organizes the Church of Christ and ordains priests—They support themselves and teach the people—Alma and his people flee from King Noah into the wilderness. About 147–145 B.C.

1 And now, it came to pass that Alma, who had fled from the servants of king Noah, repented of his sins and iniquities, and went about privately among the people, and began to teach the words of Abinadi—

2 Yea, concerning that which was to come, and also concerning the resurrection of the

à la colère contre lui, et il le livra pour qu'on le tuât.

13 Et il arriva qu'ils le prirent et le lièrent, et lui flagellèrent la peau à l'aide de fagots, oui, jusqu'à la mort.

14 Et alors, lorsque les flammes commencèrent à le lécher, il leur cria, disant :

15 Voici, de même que vous me l'avez fait, de même il arrivera que votre postérité fera subir à beaucoup les souffrances que je subis, les souffrances de la mort par le feu ; et cela parce qu'ils croient au salut du Seigneur, leur Dieu.

16 Et il arrivera que vous serez affligés de toutes sortes de maladies, à cause de vos iniquités.

17 Oui, et vous serez frappés de toutes parts, et serez chassés et dispersés çà et là, de même qu'un troupeau sauvage est chassé par les bêtes sauvages et féroces.

18 Et en ce jour-là, vous serez traqués, et vous serez pris par la main de vos ennemis, et alors vous subirez, comme je les subis, les souffrances de la mort par le feu.

19 C'est ainsi que Dieu exécute sa vengeance sur ceux qui détruisent son peuple. Ô Dieu, reçois mon âme.

20 Et alors, lorsqu'il eut dit ces paroles, Abinadi tomba, ayant souffert la mort par le feu ; oui, ayant été mis à mort parce qu'il ne voulait pas nier les commandements de Dieu, ayant scellé la vérité de ses paroles par sa mort.

CHAPITRE 18

Alma prêche secrètement — Il explique l'alliance du baptême et baptise aux eaux de Mormon — Il organise l'Église du Christ et ordonne des prêtres — Ils pourvoient à leurs besoins et instruisent le peuple — Alma et son peuple s'enfuient devant le roi Noé dans le désert. Vers 147–145 av. J.-C.

1 Et alors, il arriva qu'Alma, qui s'était enfui devant les serviteurs du roi Noé, se repentit de ses péchés et de ses iniquités, et s'en alla secrètement parmi le peuple, et commença à enseigner les paroles d'Abinadi —

2 Oui, concernant ce qui allait venir, et aussi concernant la résurrection des morts, et la

dead, and the redemption of the people, which was to be brought to pass through the power, and sufferings, and death of Christ, and his resurrection and ascension into heaven.

3 And as many as would hear his word he did teach. And he taught them privately, that it might not come to the knowledge of the king. And many did believe his words.

4 And it came to pass that as many as did believe him did go forth to a place which was called Mormon, having received its name from the king, being in the borders of the land having been infested, by times or at seasons, by wild beasts.

5 Now, there was in Mormon a fountain of pure water, and Alma resorted thither, there being near the water a thicket of small trees, where he did hide himself in the daytime from the searches of the king.

6 And it came to pass that as many as believed him went thither to hear his words.

7 And it came to pass after many days there were a goodly number gathered together at the place of Mormon, to hear the words of Alma. Yea, all were gathered together that believed on his word, to hear him. And he did teach them, and did preach unto them repentance, and redemption, and faith on the Lord.

8 And it came to pass that he said unto them: Behold, here are the waters of Mormon (for thus were they called) and now, as ye are desirous to come into the fold of God, and to be called his people, and are willing to bear one another's burdens, that they may be light;

9 Yea, and are willing to mourn with those that mourn; yea, and comfort those that stand in need of comfort, and to stand as witnesses of God at all times and in all things, and in all places that ye may be in, even until death, that ye may be redeemed of God, and be numbered with those of the first resurrection, that ye may have eternal life—

10 Now I say unto you, if this be the desire of your hearts, what have you against being baptized in the name of the Lord, as a witness before him that ye have entered into a covenant with him, that ye will serve him and keep his commandments, that he may

rédemption du peuple, qui devait être réalisée par le pouvoir, et les souffrances, et la mort du Christ, et sa résurrection et son ascension au ciel.

3 Et tous ceux qui voulurent entendre sa parole, il les instruisit. Et il les instruisit en privé, afin que cela ne vînt pas à la connaissance du roi. Et beaucoup crurent en ses paroles.

4 Et il arriva que tous ceux qui le crurent allèrent en un lieu qui était appelé Mormon, ayant reçu son nom du roi, se trouvant dans les régions frontières du pays qui avaient été infestées, à certains moments, ou en certaines saisons, par des bêtes sauvages.

5 Or, il y avait à Mormon une source d'eau pure, et Alma s'y rendit, parce qu'il y avait près de l'eau un bosquet de petits arbres, où il se cachait, pendant la journée, des recherches du roi.

6 Et il arriva que tous ceux qui croyaient en lui y allèrent pour entendre ses paroles.

7 Et il arriva qu'après de nombreux jours, il y en eut un bon nombre rassemblé dans le lieu de Mormon pour entendre les paroles d'Alma. Oui, tous ceux qui croyaient à sa parole étaient rassemblés pour l'entendre. Et il les instruisit, et leur prêcha le repentir, et la rédemption, et la foi au Seigneur.

8 Et il arriva qu'il leur dit : Voici, ici se trouvent les eaux de Mormon (car c'est ainsi qu'elles étaient appelées) ; et maintenant, puisque vous désirez entrer dans la bergerie de Dieu et être appelés son peuple, et êtes disposés à porter les fardeaux les uns des autres, afin qu'ils soient légers ;

9 oui, et êtes disposés à pleurer avec ceux qui pleurent, oui, et à consoler ceux qui ont besoin de consolation, et à être les témoins de Dieu en tout temps, et en toutes choses, et dans tous les lieux où vous serez, jusqu'à la mort, afin d'être rachetés par Dieu et d'être comptés avec ceux de la première résurrection, afin que vous ayez la vie éternelle —

10 Or, je vous le dis, si c'est là le désir de votre cœur, qu'avez-vous qui vous empêche d'être baptisés au nom du Seigneur, en témoignage devant lui que vous avez conclu avec lui l'alliance de le servir et de garder ses commandements, afin qu'il déverse plus abondamment son Esprit sur vous ?

pour out his Spirit more abundantly upon you?

11 And now when the people had heard these words, they clapped their hands for joy, and exclaimed: This is the desire of our hearts.

12 And now it came to pass that Alma took Helam, he being one of the first, and went and stood forth in the water, and cried, saying: O Lord, pour out thy Spirit upon thy servant, that he may do this work with holiness of heart.

13 And when he had said these words, the Spirit of the Lord was upon him, and he said: Helam, I baptize thee, having authority from the Almighty God, as a testimony that ye have entered into a covenant to serve him until you are dead as to the mortal body; and may the Spirit of the Lord be poured out upon you; and may he grant unto you eternal life, through the redemption of Christ, whom he has prepared from the foundation of the world.

14 And after Alma had said these words, both Alma and Helam were buried in the water; and they arose and came forth out of the water rejoicing, being filled with the Spirit.

15 And again, Alma took another, and went forth a second time into the water, and baptized him according to the first, only he did not bury himself again in the water.

16 And after this manner he did baptize every one that went forth to the place of Mormon; and they were in number about two hundred and four souls; yea, and they were baptized in the waters of Mormon, and were filled with the grace of God.

17 And they were called the church of God, or the church of Christ, from that time forward. And it came to pass that whosoever was baptized by the power and authority of God was added to his church.

18 And it came to pass that Alma, having authority from God, ordained priests; even one priest to every fifty of their number did he ordain to preach unto them, and to teach them concerning the things pertaining to the kingdom of God.

19 And he commanded them that they should teach nothing save it were the things which he had taught, and which had been spoken by the mouth of the holy prophets.

11 Et alors, lorsque le peuple eut entendu ces paroles, il battit des mains de joie, et s'exclama : C'est là le désir de notre cœur.

12 Et alors, il arriva qu'Alma prit Hélam, lequel était un des premiers, et alla se tenir dans l'eau, et s'écria, disant : Ô Seigneur, déverse ton Esprit sur ton serviteur, afin qu'il fasse cette œuvre avec sainteté de cœur.

13 Et lorsqu'il eut dit ces paroles, l'Esprit du Seigneur fut sur lui, et il dit : Hélam, je te baptise, ayant autorité du Dieu Tout-Puissant, en témoignage que tu as conclu l'alliance de le servir jusqu'à ce que tu sois mort quant au corps mortel ; et que l'Esprit du Seigneur soit déversé sur toi ; et qu'il t'accorde la vie éternelle, par l'intermédiaire de la rédemption du Christ, qu'il a préparé dès la fondation du monde.

14 Et lorsqu'Alma eut dit ces paroles, Alma et Hélam furent tous deux ensevelis dans l'eau ; et ils se levèrent et sortirent de l'eau avec allégresse, remplis de l'Esprit.

15 Et ensuite, Alma en prit un autre, et alla une deuxième fois dans l'eau, et le baptisa de la même manière que le premier, seulement il ne s'ensevelit plus dans l'eau.

16 Et c'est de cette manière qu'il baptisa tous ceux qui allèrent dans le lieu de Mormon ; et ils étaient au nombre d'environ deux cent quatre âmes ; oui, et ils furent baptisés dans les eaux de Mormon, et furent remplis de la grâce de Dieu.

17 Et ils furent appelés, à partir de ce moment-là, l'Église de Dieu, ou l'Église du Christ. Et il arriva que quiconque était baptisé par le pouvoir et l'autorité de Dieu était ajouté à son Église.

18 Et il arriva qu'Alma, ayant autorité de Dieu, ordonna des prêtres ; il ordonna un prêtre par cinquante d'entre leur nombre, pour leur prêcher, et pour les instruire de ce qui avait trait au royaume de Dieu.

19 Et il leur commanda de n'enseigner que les choses qu'il avait enseignées, et qui avaient été dites par la bouche des saints prophètes.

20 Yea, even he commanded them that they should preach nothing save it were repentance and faith on the Lord, who had redeemed his people.

21 And he commanded them that there should be no contention one with another, but that they should look forward with one eye, having one faith and one baptism, having their hearts knit together in unity and in love one towards another.

22 And thus he commanded them to preach. And thus they became the children of God.

23 And he commanded them that they should observe the sabbath day, and keep it holy, and also every day they should give thanks to the Lord their God.

24 And he also commanded them that the priests whom he had ordained should labor with their own hands for their support.

25 And there was one day in every week that was set apart that they should gather themselves together to teach the people, and to worship the Lord their God, and also, as often as it was in their power, to assemble themselves together.

26 And the priests were not to depend upon the people for their support; but for their labor they were to receive the grace of God, that they might wax strong in the Spirit, having the knowledge of God, that they might teach with power and authority from God.

27 And again Alma commanded that the people of the church should impart of their substance, every one according to that which he had; if he have more abundantly he should impart more abundantly; and of him that had but little, but little should be required; and to him that had not should be given.

28 And thus they should impart of their substance of their own free will and good desires towards God, and to those priests that stood in need, yea, and to every needy, naked soul.

29 And this he said unto them, having been commanded of God; and they did walk uprightly before God, imparting to one another both temporally and spiritually according to their needs and their wants.

20 Oui, il leur commanda même de ne prêcher que le repentir et la foi au Seigneur, qui avait racheté son peuple.

21 Et il leur commanda de ne pas avoir de querelles entre eux, mais de regarder d'un même œil vers l'avenir, ayant une seule foi et un seul baptême, et leurs cœurs étant enlacés dans l'unité et l'amour les uns envers les autres.

22 Et c'est ainsi qu'il leur commanda de prêcher. Et c'est ainsi qu'ils devinrent les enfants de Dieu.

23 Et il leur commanda d'observer le jour du sabbat, et de le sanctifier, et ils devaient aussi rendre grâces tous les jours au Seigneur, leur Dieu.

24 Et il leur commanda aussi que les prêtres qu'il avait ordonnés travaillent de leurs propres mains à leur entretien.

25 Et il y eut un jour chaque semaine qui fut mis à part, où ils devaient se réunir pour instruire le peuple et pour adorer le Seigneur, leur Dieu, et également, aussi souvent que cela était en leur pouvoir, pour s'assembler.

26 Et les prêtres ne devaient pas compter sur le peuple pour les entretenir ; mais pour leurs travaux, ils devaient recevoir la grâce de Dieu, afin de devenir forts dans l'Esprit, ayant la connaissance de Dieu, afin d'enseigner avec puissance et autorité de Dieu.

27 Et de plus, Alma commanda que le peuple de l'Église donnât de ses biens, chacun selon ce qu'il avait ; s'il avait en plus grande abondance, il devait donner en plus grande abondance ; et de celui qui n'avait que peu, on ne devait requérir que peu ; et à celui qui n'avait pas, on devait donner.

28 Et ainsi, ils devaient donner de leurs biens de leur plein gré et selon leurs bons désirs à l'égard de Dieu, et aux prêtres qui étaient dans le besoin, oui, et à toute âme nécessiteuse et nue.

29 Et cela, il le leur dit, en ayant reçu le commandement de Dieu ; et ils marchaient en droiture devant Dieu, donnant les uns aux autres tant temporellement que spirituellement, selon leurs besoins et ce qui leur était nécessaire.

30 And now it came to pass that all this was done in Mormon, yea, by the waters of Mormon, in the forest that was near the waters of Mormon; yea, the place of Mormon, the waters of Mormon, the forest of Mormon, how beautiful are they to the eyes of them who there came to the knowledge of their Redeemer; yea, and how blessed are they, for they shall sing to his praise forever.

31 And these things were done in the borders of the land, that they might not come to the knowledge of the king.

32 But behold, it came to pass that the king, having discovered a movement among the people, sent his servants to watch them. Therefore on the day that they were assembling themselves together to hear the word of the Lord they were discovered unto the king.

33 And now the king said that Alma was stirring up the people to rebellion against him; therefore he sent his army to destroy them.

34 And it came to pass that Alma and the people of the Lord were apprised of the coming of the king's army; therefore they took their tents and their families and departed into the wilderness.

35 And they were in number about four hundred and fifty souls.

CHAPTER 19

Gideon seeks to slay King Noah—The Lamanites invade the land—King Noah suffers death by fire—Limhi rules as a tributary monarch. About 145–121 B.C.

1 And it came to pass that the army of the king returned, having searched in vain for the people of the Lord.

2 And now behold, the forces of the king were small, having been reduced, and there began to be a division among the remainder of the people.

3 And the lesser part began to breathe out threatenings against the king, and there began to be a great contention among them.

4 And now there was a man among them whose name was Gideon, and he being a

30 Or, il arriva que tout cela se fit à Mormon, oui, près des eaux de Mormon, dans la forêt qui était près des eaux de Mormon ; oui, le lieu de Mormon, les eaux de Mormon, la forêt de Mormon, qu'ils sont beaux aux yeux de ceux qui parvinrent là-bas à la connaissance de leur Rédempteur ; oui, et comme ils sont bénis, car ils chanteront ses louanges à jamais !

31 Et ces choses se firent dans les régions frontières du pays, afin que cela ne parvînt pas à la connaissance du roi.

32 Mais voici, il arriva que le roi, ayant découvert un mouvement parmi le peuple, envoya ses serviteurs les observer. C'est ainsi que le jour où ils s'assemblaient pour entendre la parole du Seigneur, ils furent découverts au roi.

33 Et alors, le roi dit qu'Alma excitait le peuple à la rébellion contre lui ; c'est pourquoi il envoya son armée pour les détruire.

34 Et il arriva qu'Alma et le peuple du Seigneur furent informés de l'arrivée de l'armée du roi ; c'est pourquoi ils prirent leurs tentes et leurs familles et partirent dans le désert.

35 Et leur nombre était d'environ quatre cent cinquante âmes.

CHAPITRE 19

Gédéon cherche à tuer le roi Noé — Les Lamanites envahissent le pays — Le roi Noé subit la mort par le feu — Limhi règne en monarque vassal. Vers 145–121 av. J.-C.

1 Et il arriva que l'armée du roi revint après avoir vainement cherché le peuple du Seigneur.

2 Et maintenant, voici, les forces du roi étaient petites, ayant été réduites, et il commença à y avoir une division parmi le reste du peuple.

3 Et la plus petite partie commença à proférer des menaces contre le roi, et il commença à y avoir une grande querelle parmi eux.

4 Et maintenant, il y avait parmi eux un homme dont le nom était Gédéon, et comme c'était un homme fort et un ennemi du roi,

strong man and an enemy to the king, therefore he drew his sword, and swore in his wrath that he would slay the king.

5 And it came to pass that he fought with the king; and when the king saw that he was about to overpower him, he fled and ran and got upon the tower which was near the temple.

6 And Gideon pursued after him and was about to get upon the tower to slay the king, and the king cast his eyes round about towards the land of Shemlon, and behold, the army of the Lamanites were within the borders of the land.

7 And now the king cried out in the anguish of his soul, saying: Gideon, spare me, for the Lamanites are upon us, and they will destroy us; yea, they will destroy my people.

8 And now the king was not so much concerned about his people as he was about his own life; nevertheless, Gideon did spare his life.

9 And the king commanded the people that they should flee before the Lamanites, and he himself did go before them, and they did flee into the wilderness, with their women and their children.

10 And it came to pass that the Lamanites did pursue them, and did overtake them, and began to slay them.

11 Now it came to pass that the king commanded them that all the men should leave their wives and their children, and flee before the Lamanites.

12 Now there were many that would not leave them, but had rather stay and perish with them. And the rest left their wives and their children and fled.

13 And it came to pass that those who tarried with their wives and their children caused that their fair daughters should stand forth and plead with the Lamanites that they would not slay them.

14 And it came to pass that the Lamanites had compassion on them, for they were charmed with the beauty of their women.

15 Therefore the Lamanites did spare their lives, and took them captives and carried them back to the land of Nephi, and granted unto them that they might possess the land, under the conditions that they would deliver up king Noah into the hands of the Lamanites, and deliver up their property,

pour cette raison, il tira son épée, et jura, dans sa colère, qu'il tuerait le roi.

5 Et il arriva qu'il combattit le roi ; et lorsque le roi vit qu'il était sur le point d'avoir le dessus sur lui, il s'enfuit, et courut, et monta sur la tour qui était près du temple.

6 Et Gédéon le poursuivit et était sur le point de monter sur la tour pour tuer le roi, lorsque le roi jeta les regards autour de lui vers le pays de Shemlon, et voici, l'armée des Lamanites était à l'intérieur des frontières du pays.

7 Et alors, le roi s'écria dans l'angoisse de son âme, disant : Gédéon, épargne-moi, car les Lamanites sont sur nous, et ils vont nous détruire, oui, ils vont détruire mon peuple.

8 Et maintenant, le roi n'était pas autant préoccupé de son peuple que de sa propre vie ; néanmoins, Gédéon lui épargna la vie.

9 Et le roi commanda au peuple de s'enfuir devant les Lamanites, et lui-même alla devant eux, et ils s'enfuirent dans le désert, avec leurs femmes et leurs enfants.

10 Et il arriva que les Lamanites les poursuivirent, et les rattrapèrent, et commencèrent à les tuer.

11 Alors il arriva que le roi commanda à tous les hommes de laisser leurs femmes et leurs enfants, et de s'enfuir devant les Lamanites.

12 Or, il y en eut beaucoup qui ne voulurent pas les quitter, mais qui préférèrent rester et périr avec eux. Et les autres quittèrent leurs femmes et leurs enfants, et s'enfuirent.

13 Et il arriva que ceux qui étaient restés avec leurs femmes et leurs enfants firent avancer leurs filles, qui étaient jolies, pour qu'elles supplient les Lamanites de ne pas les tuer.

14 Et il arriva que les Lamanites eurent compassion d'eux, car ils étaient charmés par la beauté de leurs femmes.

15 C'est pourquoi les Lamanites leur épargnèrent la vie, et les firent captifs, et les ramenèrent au pays de Néphi, et leur accordèrent de posséder le pays, à condition de livrer le roi Noé entre les mains des Lamanites et de livrer leurs biens, la moitié de tout ce qu'ils possédaient, la moitié de leur

even one half of all they possessed, one half of their gold, and their silver, and all their precious things, and thus they should pay tribute to the king of the Lamanites from year to year.

16 And now there was one of the sons of the king among those that were taken captive, whose name was Limhi.

17 And now Limhi was desirous that his father should not be destroyed; nevertheless, Limhi was not ignorant of the iniquities of his father, he himself being a just man.

18 And it came to pass that Gideon sent men into the wilderness secretly, to search for the king and those that were with him. And it came to pass that they met the people in the wilderness, all save the king and his priests.

19 Now they had sworn in their hearts that they would return to the land of Nephi, and if their wives and their children were slain, and also those that had tarried with them, that they would seek revenge, and also perish with them.

20 And the king commanded them that they should not return; and they were angry with the king, and caused that he should suffer, even unto death by fire.

21 And they were about to take the priests also and put them to death, and they fled before them.

22 And it came to pass that they were about to return to the land of Nephi, and they met the men of Gideon. And the men of Gideon told them of all that had happened to their wives and their children; and that the Lamanites had granted unto them that they might possess the land by paying a tribute to the Lamanites of one half of all they possessed.

23 And the people told the men of Gideon that they had slain the king, and his priests had fled from them farther into the wilderness.

24 And it came to pass that after they had ended the ceremony, that they returned to the land of Nephi, rejoicing, because their wives and their children were not slain; and they told Gideon what they had done to the king.

25 And it came to pass that the king of the Lamanites made an oath unto them, that his people should not slay them.

or, et de leur argent, et de toutes leurs choses précieuses, et ainsi, ils devaient payer d'année en année le tribut au roi des Lamanites.

16 Or, il y avait un des fils du roi, parmi ceux qui furent faits captifs, qui s'appelait Limhi.

17 Or, Limhi désirait que son père ne fût pas tué ; néanmoins, Limhi n'ignorait pas les iniquités de son père, lui-même étant un homme juste.

18 Et il arriva que Gédéon envoya en secret des hommes dans le désert à la recherche du roi et de ceux qui étaient avec lui. Et il arriva qu'ils rencontrèrent le peuple dans le désert, tous sauf le roi et ses prêtres.

19 Or, ils avaient juré dans leur cœur qu'ils retourneraient au pays de Néphi, et que si leurs épouses et leurs enfants avaient été tués, et aussi ceux qui étaient demeurés avec eux, ils chercheraient vengeance, et périraient aussi avec eux.

20 Et le roi leur commanda de ne pas retourner, et ils furent en colère contre le roi, et le firent souffrir jusqu'à la mort par le feu.

21 Et ils étaient sur le point de prendre aussi les prêtres et de les mettre à mort, mais ceux-ci s'enfuirent devant eux.

22 Et il arriva qu'ils étaient sur le point de retourner au pays de Néphi lorsqu'ils rencontrèrent les hommes de Gédéon. Et les hommes de Gédéon leur racontèrent tout ce qui était arrivé à leurs épouses et à leurs enfants, disant que les Lamanites leur avaient accordé de posséder le pays en payant aux Lamanites un tribut s'élevant à la moitié de tout ce qu'ils possédaient.

23 Et le peuple dit aux hommes de Gédéon qu'ils avaient tué le roi, et que ses prêtres s'étaient enfuis devant eux plus loin dans le désert.

24 Et il arriva que lorsqu'ils eurent fini la cérémonie, ils retournèrent au pays de Néphi en se réjouissant, parce qu'on n'avait pas tué leurs épouses et leurs enfants ; et ils dirent à Gédéon ce qu'ils avaient fait au roi.

25 Et il arriva que le roi des Lamanites leur fit le serment que son peuple ne les tuerait pas.

26 And also Limhi, being the son of the king, having the kingdom conferred upon him by the people, made oath unto the king of the Lamanites that his people should pay tribute unto him, even one half of all they possessed.

27 And it came to pass that Limhi began to establish the kingdom and to establish peace among his people.

28 And the king of the Lamanites set guards round about the land, that he might keep the people of Limhi in the land, that they might not depart into the wilderness; and he did support his guards out of the tribute which he did receive from the Nephites.

29 And now king Limhi did have continual peace in his kingdom for the space of two years, that the Lamanites did not molest them nor seek to destroy them.

CHAPTER 20

Some Lamanite daughters are abducted by the priests of Noah—The Lamanites wage war upon Limhi and his people—The Lamanite hosts are repulsed and pacified. About 145–123 B.C.

1 Now there was a place in Shemlon where the daughters of the Lamanites did gather themselves together to sing, and to dance, and to make themselves merry.

2 And it came to pass that there was one day a small number of them gathered together to sing and to dance.

3 And now the priests of king Noah, being ashamed to return to the city of Nephi, yea, and also fearing that the people would slay them, therefore they durst not return to their wives and their children.

4 And having tarried in the wilderness, and having discovered the daughters of the Lamanites, they laid and watched them;

5 And when there were but few of them gathered together to dance, they came forth out of their secret places and took them and carried them into the wilderness; yea, twenty and four of the daughters of the Lamanites they carried into the wilderness.

6 And it came to pass that when the Lamanites found that their daughters had been

26 Et Limhi aussi, le fils du roi, à qui le royaume avait été conféré par le peuple, fit serment au roi des Lamanites que son peuple lui payerait comme tribut la moitié de tout ce qu'il possédait.

27 Et il arriva que Limhi commença à établir le royaume et à faire régner la paix parmi son peuple.

28 Et le roi des Lamanites plaça des gardes tout autour du pays, afin de garder le peuple de Limhi dans le pays, afin qu'il ne partît pas dans le désert ; et il entretenait ses gardes avec le tribut qu'il recevait des Néphites.

29 Et maintenant, le roi Limhi eut une paix continuelle dans son royaume pendant deux ans pendant lesquels les Lamanites ne les molestèrent pas ni ne cherchèrent à les détruire.

CHAPITRE 20

Des filles de Lamanites sont enlevées par les prêtres de Noé — Les Lamanites font la guerre à Limhi et à son peuple — Ils sont repoussés et pacifiés. Vers 145–123 av. J.-C.

1 Or, il y avait à Shemlon un lieu où les filles des Lamanites se rassemblaient pour chanter, et pour danser, et pour s'amuser.

2 Et il arriva qu'un jour un petit nombre d'entre elles était rassemblé pour chanter et pour danser.

3 Et alors, les prêtres du roi Noé, avaient honte de retourner à la ville de Néphi, oui, et ils craignaient aussi que le peuple ne les tuât ; ils n'osaient donc pas retourner auprès de leurs épouses et de leurs enfants.

4 Et étant restés dans le désert, et ayant découvert les filles des Lamanites, ils s'embusquèrent et les observèrent,

5 et lorsqu'il n'y en eut qu'un petit nombre réuni pour danser, ils sortirent de leurs lieux secrets, et les prirent et les emportèrent dans le désert ; oui, ils emportèrent vingt-quatre des filles des Lamanites dans le désert.

6 Et il arriva que lorsque les Lamanites découvrirent que leurs filles avaient disparu,

missing, they were angry with the people of Limhi, for they thought it was the people of Limhi.

7 Therefore they sent their armies forth; yea, even the king himself went before his people; and they went up to the land of Nephi to destroy the people of Limhi.

8 And now Limhi had discovered them from the tower, even all their preparations for war did he discover; therefore he gathered his people together, and laid wait for them in the fields and in the forests.

9 And it came to pass that when the Lamanites had come up, that the people of Limhi began to fall upon them from their waiting places, and began to slay them.

10 And it came to pass that the battle became exceedingly sore, for they fought like lions for their prey.

11 And it came to pass that the people of Limhi began to drive the Lamanites before them; yet they were not half so numerous as the Lamanites. But they fought for their lives, and for their wives, and for their children; therefore they exerted themselves and like dragons did they fight.

12 And it came to pass that they found the king of the Lamanites among the number of their dead; yet he was not dead, having been wounded and left upon the ground, so speedy was the flight of his people.

13 And they took him and bound up his wounds, and brought him before Limhi, and said: Behold, here is the king of the Lamanites; he having received a wound has fallen among their dead, and they have left him; and behold, we have brought him before you; and now let us slay him.

14 But Limhi said unto them: Ye shall not slay him, but bring him hither that I may see him. And they brought him. And Limhi said unto him: What cause have ye to come up to war against my people? Behold, my people have not broken the oath that I made unto you; therefore, why should ye break the oath which ye made unto my people?

15 And now the king said: I have broken the oath because thy people did carry away the daughters of my people; therefore, in my anger I did cause my people to come up to war against thy people.

ils furent en colère contre le peuple de Limhi, car ils pensaient que c'était le peuple de Limhi.

7 C'est pourquoi ils envoyèrent leurs armées ; oui, le roi lui-même alla devant son peuple, et ils montèrent au pays de Néphi pour détruire le peuple de Limhi.

8 Or, Limhi les avait découverts du haut de la tour ; il découvrit même tous leurs préparatifs de guerre ; c'est pourquoi, il rassembla son peuple, et leur tendit une embuscade dans les champs et dans les forêts.

9 Et il arriva que lorsque les Lamanites furent montés, le peuple de Limhi commença à tomber sur eux des endroits où il était embusqué, et commença à les tuer.

10 Et il arriva que la bataille devint extrêmement furieuse, car ils se battaient comme des lions pour leurs proies.

11 Et il arriva que le peuple de Limhi commença à repousser les Lamanites devant lui ; et pourtant ils n'étaient pas de moitié aussi nombreux que les Lamanites. Mais ils se battaient pour leur vie, et pour leurs épouses, et pour leurs enfants ; c'est pourquoi ils faisaient tous leurs efforts et ils se battaient comme des dragons.

12 Et il arriva qu'ils trouvèrent le roi des Lamanites au nombre de leurs morts ; néanmoins, il n'était pas mort, mais blessé et laissé sur le sol, si rapide fut la fuite de son peuple.

13 Et ils le prirent et pansèrent ses blessures, et l'amenèrent devant Limhi, et dirent : Voici, c'est le roi des Lamanites ; ayant reçu une blessure, il est tombé parmi leurs morts, et ils l'ont laissé ; et voici, nous l'avons amené devant toi ; et maintenant, tuons-le.

14 Mais Limhi leur dit : Vous ne le tuerez pas, mais l'amènerez ici afin que je le voie. Et ils l'amenèrent. Et Limhi lui dit : Quelle raison as-tu de monter à la guerre contre mon peuple ? Voici, mon peuple n'a pas rompu le serment que je t'avais fait ; alors pourquoi romps-tu le serment que tu as fait à mon peuple ?

15 Et alors le roi dit : J'ai rompu le serment parce que ton peuple a enlevé les filles de mon peuple ; c'est pourquoi, dans ma colère, j'ai fait monter mon peuple à la guerre contre ton peuple.

16 And now Limhi had heard nothing concerning this matter; therefore he said: I will search among my people and whosoever has done this thing shall perish. Therefore he caused a search to be made among his people.

17 Now when Gideon had heard these things, he being the king's captain, he went forth and said unto the king: I pray thee forbear, and do not search this people, and lay not this thing to their charge.

18 For do ye not remember the priests of thy father, whom this people sought to destroy? And are they not in the wilderness? And are not they the ones who have stolen the daughters of the Lamanites?

19 And now, behold, and tell the king of these things, that he may tell his people that they may be pacified towards us; for behold they are already preparing to come against us; and behold also there are but few of us.

20 And behold, they come with their numerous hosts; and except the king doth pacify them towards us we must perish.

21 For are not the words of Abinadi fulfilled, which he prophesied against us—and all this because we would not hearken unto the words of the Lord, and turn from our iniquities?

22 And now let us pacify the king, and we fulfil the oath which we have made unto him; for it is better that we should be in bondage than that we should lose our lives; therefore, let us put a stop to the shedding of so much blood.

23 And now Limhi told the king all the things concerning his father, and the priests that had fled into the wilderness, and attributed the carrying away of their daughters to them.

24 And it came to pass that the king was pacified towards his people; and he said unto them: Let us go forth to meet my people, without arms; and I swear unto you with an oath that my people shall not slay thy people.

25 And it came to pass that they followed the king, and went forth without arms to meet the Lamanites. And it came to pass that they did meet the Lamanites; and the king of the Lamanites did bow himself down before them, and did plead in behalf of the people of Limhi.

16 Or, Limhi n'avait rien entendu dire à ce sujet ; c'est pourquoi il dit : Je vais faire des recherches parmi mon peuple, et quiconque a fait cela périra. Il fit donc faire des recherches parmi son peuple.

17 Or, lorsque Gédéon eut appris ces choses, étant le capitaine du roi, il s'avança et dit au roi : Garde-toi, je te prie, de faire des recherches parmi ce peuple, et ne lui impute pas cela.

18 Ne te souviens-tu pas des prêtres de ton père, que ce peuple a cherché à détruire ? Et ne sont-ils pas dans le désert ? Et n'est-ce pas eux qui ont volé les filles des Lamanites ?

19 Et maintenant, voici, dis ces choses au roi, afin qu'il le dise à son peuple, pour qu'il soit pacifié envers nous ; car voici, il se prépare déjà à venir contre nous ; et voici aussi, nous ne sommes que peu.

20 Et voici, ils viennent avec leurs nombreuses armées ; et si le roi ne les pacifie pas envers nous, nous allons périr.

21 Car les paroles qu'Abinadi a prophétisées contre nous ne sont-elles pas accomplies, et tout cela parce que nous n'avons pas voulu écouter les paroles du Seigneur et nous détourner de nos iniquités ?

22 Et maintenant, pacifions le roi, et respectons le serment que nous lui avons fait ; car il vaut mieux être en servitude que perdre la vie ; c'est pourquoi, mettons fin à l'effusion de tant de sang.

23 Et alors, Limhi dit au roi tout ce qui concernait son père et les prêtres qui s'étaient enfuis dans le désert et leur attribua l'enlèvement de leurs filles.

24 Et il arriva que le roi fut pacifié envers son peuple ; et il leur dit : Allons sans armes à la rencontre de mon peuple ; et je te jure par serment que mon peuple ne tuera pas ton peuple.

25 Et il arriva qu'ils suivirent le roi, et s'avancèrent sans armes à la rencontre des Lamanites. Et il arriva qu'ils rencontrèrent les Lamanites, et le roi des Lamanites se prosterna devant eux, et plaida en faveur du peuple de Limhi.

26 And when the Lamanites saw the people of Limhi, that they were without arms, they had compassion on them and were pacified towards them, and returned with their king in peace to their own land.

26 Et lorsque les Lamanites virent le peuple de Limhi, qu'il était sans armes, ils eurent compassion de lui et furent pacifiés envers lui, et retournèrent en paix avec leur roi dans leur pays.

CHAPTER 21

CHAPITRE 21

Limhi's people are smitten and defeated by the Lamanites—Limhi's people meet Ammon and are converted—They tell Ammon of the twenty-four Jaredite plates. About 122–121 B.C.

Le peuple de Limhi est frappé et vaincu par les Lamanites — Il rencontre Ammon et est converti — Il parle à Ammon des vingt-quatre plaques jarédites. Vers 122–121 av. J.-C.

1 And it came to pass that Limhi and his people returned to the city of Nephi, and began to dwell in the land again in peace.

1 Et il arriva que Limhi et son peuple retournèrent à la ville de Néphi, et recommencèrent à demeurer en paix dans le pays.

2 And it came to pass that after many days the Lamanites began again to be stirred up in anger against the Nephites, and they began to come into the borders of the land round about.

2 Et il arriva qu'après de nombreux jours, les Lamanites recommencèrent à être excités à la colère contre les Néphites, et ils commencèrent à entrer dans les régions frontières du pays alentour.

3 Now they durst not slay them, because of the oath which their king had made unto Limhi; but they would smite them on their cheeks, and exercise authority over them; and began to put heavy burdens upon their backs, and drive them as they would a dumb ass—

3 Or, ils n'osaient pas les tuer, à cause du serment que le roi avait fait à Limhi, mais ils les frappaient sur les joues, et exerçaient de l'autorité sur eux, et commencèrent à leur mettre de lourds fardeaux sur le dos, et à les conduire comme ils conduiraient un âne muet —

4 Yea, all this was done that the word of the Lord might be fulfilled.

4 Oui, tout cela se fit pour que la parole du Seigneur s'accomplît.

5 And now the afflictions of the Nephites were great, and there was no way that they could deliver themselves out of their hands, for the Lamanites had surrounded them on every side.

5 Et maintenant, les afflictions des Néphites étaient grandes, et ils n'avaient aucun moyen de se délivrer de leurs mains, car les Lamanites les avaient entourés de toutes parts.

6 And it came to pass that the people began to murmur with the king because of their afflictions; and they began to be desirous to go against them to battle. And they did afflict the king sorely with their complaints; therefore he granted unto them that they should do according to their desires.

6 Et il arriva que le peuple commença à murmurer auprès du roi à cause de ses afflictions ; et il commença à vouloir leur livrer bataille. Et il affligea extrêmement le roi de ses plaintes ; c'est pourquoi, il lui accorda de faire selon son désir.

7 And they gathered themselves together again, and put on their armor, and went forth against the Lamanites to drive them out of their land.

7 Et ils se rassemblèrent de nouveau, et se revêtirent de leurs armures, et s'en allèrent contre les Lamanites pour les chasser de leur pays.

8 And it came to pass that the Lamanites did beat them, and drove them back, and slew many of them.

8 Et il arriva que les Lamanites les battirent, et les repoussèrent, et en tuèrent beaucoup.

9 And now there was a great mourning and lamentation among the people of Limhi, the widow mourning for her husband, the son

9 Et maintenant, il y eut beaucoup de pleurs et de lamentations parmi le peuple de Limhi,

and the daughter mourning for their father, and the brothers for their brethren.

10 Now there were a great many widows in the land, and they did cry mightily from day to day, for a great fear of the Lamanites had come upon them.

11 And it came to pass that their continual cries did stir up the remainder of the people of Limhi to anger against the Lamanites; and they went again to battle, but they were driven back again, suffering much loss.

12 Yea, they went again even the third time, and suffered in the like manner; and those that were not slain returned again to the city of Nephi.

13 And they did humble themselves even to the dust, subjecting themselves to the yoke of bondage, submitting themselves to be smitten, and to be driven to and fro, and burdened, according to the desires of their enemies.

14 And they did humble themselves even in the depths of humility; and they did cry mightily to God; yea, even all the day long did they cry unto their God that he would deliver them out of their afflictions.

15 And now the Lord was slow to hear their cry because of their iniquities; nevertheless the Lord did hear their cries, and began to soften the hearts of the Lamanites that they began to ease their burdens; yet the Lord did not see fit to deliver them out of bondage.

16 And it came to pass that they began to prosper by degrees in the land, and began to raise grain more abundantly, and flocks, and herds, that they did not suffer with hunger.

17 Now there was a great number of women, more than there was of men; therefore king Limhi commanded that every man should impart to the support of the widows and their children, that they might not perish with hunger; and this they did because of the greatness of their number that had been slain.

18 Now the people of Limhi kept together in a body as much as it was possible, and secured their grain and their flocks;

19 And the king himself did not trust his person without the walls of the city, unless

la veuve pleurant son mari, le fils et la fille pleurant leur père, et les frères, leurs frères.

10 Or, il y avait un grand nombre de veuves dans le pays, et elles pleuraient à grands cris de jour en jour, car une grande crainte des Lamanites était venue sur elles.

11 Et il arriva que leurs cris continuels excitèrent le reste du peuple de Limhi à la colère contre les Lamanites ; et ils livrèrent de nouveau bataille, mais ils furent de nouveau repoussés, subissant beaucoup de pertes.

12 Oui, ils allèrent de nouveau, pour la troisième fois, et subirent le même sort ; et ceux qui n'avaient pas été tués retournèrent à la ville de Néphi.

13 Et ils s'humilièrent jusqu'à la poussière, s'assujettissant au joug de la servitude, se soumettant pour être frappés, et pour être poussés çà et là, et chargés de fardeaux, selon le désir de leurs ennemis.

14 Et ils s'humilièrent dans les profondeurs de l'humilité ; et ils crièrent à Dieu avec force ; oui, ils imploraient Dieu toute la journée, de les délivrer de leurs afflictions.

15 Et maintenant, le Seigneur était lent à entendre leur cri à cause de leurs iniquités ; néanmoins, le Seigneur entendit leurs cris, et commença à adoucir le cœur des Lamanites, de sorte qu'ils commencèrent à alléger leurs fardeaux ; cependant, le Seigneur ne jugea pas bon de les délivrer de la servitude.

16 Et il arriva qu'ils commencèrent à prospérer peu à peu dans le pays, et commencèrent à cultiver du grain en plus grande abondance, et des troupeaux de gros et de petit bétail, de sorte qu'ils ne souffrirent plus de la faim.

17 Or, il y avait un grand nombre de femmes, plus qu'il n'y avait d'hommes ; c'est pourquoi, le roi Limhi commanda que tout homme donnât pour l'entretien des veuves et de leurs enfants, afin qu'ils ne périssent pas de faim ; et cela, ils le firent à cause du grand nombre de ceux d'entre eux qui avaient été tués.

18 Or, le peuple de Limhi restait autant que possible ensemble, en groupe, et mettait en sécurité son grain et ses troupeaux ;

19 et le roi lui-même ne risquait pas sa personne en dehors des murailles de la ville

he took his guards with him, fearing that he might by some means fall into the hands of the Lamanites.

20 And he caused that his people should watch the land round about, that by some means they might take those priests that fled into the wilderness, who had stolen the daughters of the Lamanites, and that had caused such a great destruction to come upon them.

21 For they were desirous to take them that they might punish them; for they had come into the land of Nephi by night, and carried off their grain and many of their precious things; therefore they laid wait for them.

22 And it came to pass that there was no more disturbance between the Lamanites and the people of Limhi, even until the time that Ammon and his brethren came into the land.

23 And the king having been without the gates of the city with his guard, discovered Ammon and his brethren; and supposing them to be priests of Noah therefore he caused that they should be taken, and bound, and cast into prison. And had they been the priests of Noah he would have caused that they should be put to death.

24 But when he found that they were not, but that they were his brethren, and had come from the land of Zarahemla, he was filled with exceedingly great joy.

25 Now king Limhi had sent, previous to the coming of Ammon, a small number of men to search for the land of Zarahemla; but they could not find it, and they were lost in the wilderness.

26 Nevertheless, they did find a land which had been peopled; yea, a land which was covered with dry bones; yea, a land which had been peopled and which had been destroyed; and they, having supposed it to be the land of Zarahemla, returned to the land of Nephi, having arrived in the borders of the land not many days before the coming of Ammon.

27 And they brought a record with them, even a record of the people whose bones they had found; and it was engraven on plates of ore.

28 And now Limhi was again filled with joy on learning from the mouth of Ammon that king Mosiah had a gift from God, whereby

sans emmener ses gardes, craignant de tomber, d'une manière ou d'une autre, entre les mains des Lamanites.

20 Et il fit surveiller le pays alentour par son peuple, afin de pouvoir prendre, d'une manière ou d'une autre, ces prêtres qui s'étaient enfuis dans le désert, qui avaient volé les filles des Lamanites, et qui avaient fait qu'une si grande destruction était tombée sur eux.

21 Car ils voulaient les prendre afin de les punir ; car ils étaient entrés de nuit dans le pays de Néphi, et avaient emporté leur grain et beaucoup de leurs choses précieuses ; c'est pourquoi, ils leur tendirent des embuscades.

22 Et il arriva qu'il n'y eut plus de troubles entre les Lamanites et le peuple de Limhi jusqu'à l'époque où Ammon et ses frères entrèrent dans le pays.

23 Et le roi, étant sorti des portes de la ville avec ses gardes, découvrit Ammon et ses frères ; et supposant qu'ils étaient des prêtres de Noé, il les fit prendre, et lier, et jeter en prison. Et s'ils avaient été les prêtres de Noé, il les aurait fait mettre à mort.

24 Mais lorsqu'il découvrit qu'ils ne l'étaient pas, mais qu'ils étaient ses frères, et étaient venus du pays de Zarahemla, il fut rempli d'une joie extrêmement grande.

25 Or, le roi Limhi avait envoyé, avant la venue d'Ammon, un petit nombre d'hommes à la recherche du pays de Zarahemla ; mais ils ne purent le trouver, et ils se perdirent dans le désert.

26 Néanmoins, ils trouvèrent un pays qui avait été peuplé ; oui, un pays qui était couvert d'ossements desséchés ; oui, un pays qui avait été peuplé et qui avait été détruit ; et pensant que c'était le pays de Zarahemla, ils étaient revenus au pays de Néphi, et étaient arrivés dans les régions frontières du pays peu de jours avant la venue d'Ammon.

27 Et ils rapportèrent des annales, à savoir les annales du peuple dont ils avaient trouvé les ossements ; et elles étaient gravées sur des plaques de métal.

28 Et maintenant, Limhi fut de nouveau rempli de joie en apprenant de la bouche d'Ammon que le roi Mosiah avait un don de

he could interpret such engravings; yea, and Ammon also did rejoice.

29 Yet Ammon and his brethren were filled with sorrow because so many of their brethren had been slain;

30 And also that king Noah and his priests had caused the people to commit so many sins and iniquities against God; and they also did mourn for the death of Abinadi; and also for the departure of Alma and the people that went with him, who had formed a church of God through the strength and power of God, and faith on the words which had been spoken by Abinadi.

31 Yea, they did mourn for their departure, for they knew not whither they had fled. Now they would have gladly joined with them, for they themselves had entered into a covenant with God to serve him and keep his commandments.

32 And now since the coming of Ammon, king Limhi had also entered into a covenant with God, and also many of his people, to serve him and keep his commandments.

33 And it came to pass that king Limhi and many of his people were desirous to be baptized; but there was none in the land that had authority from God. And Ammon declined doing this thing, considering himself an unworthy servant.

34 Therefore they did not at that time form themselves into a church, waiting upon the Spirit of the Lord. Now they were desirous to become even as Alma and his brethren, who had fled into the wilderness.

35 They were desirous to be baptized as a witness and a testimony that they were willing to serve God with all their hearts; nevertheless they did prolong the time; and an account of their baptism shall be given hereafter.

36 And now all the study of Ammon and his people, and king Limhi and his people, was to deliver themselves out of the hands of the Lamanites and from bondage.

CHAPTER 22

Plans are made for the people to escape from Lamanite bondage—The Lamanites are made drunk—The people escape, return to Zarahemla,

Dieu par lequel il pouvait interpréter de telles inscriptions ; oui, et Ammon aussi se réjouit.

29 Pourtant Ammon et ses frères étaient remplis de tristesse, parce que tant de leurs frères avaient été tués ;

30 et aussi parce que le roi Noé et ses prêtres avaient poussé le peuple à commettre tant de péchés et d'iniquités contre Dieu ; et ils pleurèrent aussi la mort d'Abinadi ; et aussi le départ d'Alma et du peuple qui l'avait accompagné, qui avaient formé une Église de Dieu, grâce à la force et au pouvoir de Dieu, et à la foi aux paroles qui avaient été dites par Abinadi.

31 Oui, ils pleurèrent leur départ, car ils ne savaient pas où ils s'étaient enfuis. Or, ils auraient été heureux de se joindre à eux, car ils avaient eux-mêmes contracté avec Dieu l'alliance de le servir et de garder ses commandements.

32 Et maintenant, depuis la venue d'Ammon, le roi Limhi, et aussi beaucoup parmi son peuple, avaient aussi contracté avec Dieu l'alliance de le servir et de garder ses commandements.

33 Et il arriva que le roi Limhi et beaucoup parmi son peuple désirèrent être baptisés ; mais il n'y avait personne dans le pays qui eût l'autorité de Dieu. Et Ammon refusa de le faire, se considérant comme un serviteur indigne.

34 C'est pourquoi, ils ne se constituèrent pas en Église à ce moment-là, attendant l'Esprit du Seigneur. Or, ils désiraient devenir tout comme Alma et ses frères, qui s'étaient enfuis dans le désert.

35 Ils désiraient être baptisés pour témoigner et attester qu'ils étaient disposés à servir Dieu de tout leur cœur ; néanmoins, ils remirent le moment à plus tard ; et le récit de leur baptême sera fait plus loin.

36 Et maintenant, toute la préoccupation d'Ammon et de son peuple, et du roi Limhi et de son peuple, était de se délivrer des mains des Lamanites et de la servitude.

CHAPITRE 22

Plans pour permettre au peuple d'échapper à la servitude imposée par les Lamanites — Les Lamanites sont enivrés — Le peuple s'échappe,

and become subject to King Mosiah. About 121–120 B.C.

retourne à Zarahemla et devient sujet du roi Mosiah. Vers 121–120 av. J.-C.

1 And now it came to pass that Ammon and king Limhi began to consult with the people how they should deliver themselves out of bondage; and even they did cause that all the people should gather themselves together; and this they did that they might have the voice of the people concerning the matter.

2 And it came to pass that they could find no way to deliver themselves out of bondage, except it were to take their women and children, and their flocks, and their herds, and their tents, and depart into the wilderness; for the Lamanites being so numerous, it was impossible for the people of Limhi to contend with them, thinking to deliver themselves out of bondage by the sword.

3 Now it came to pass that Gideon went forth and stood before the king, and said unto him: Now O king, thou hast hitherto hearkened unto my words many times when we have been contending with our brethren, the Lamanites.

4 And now O king, if thou hast not found me to be an unprofitable servant, or if thou hast hitherto listened to my words in any degree, and they have been of service to thee, even so I desire that thou wouldst listen to my words at this time, and I will be thy servant and deliver this people out of bondage.

5 And the king granted unto him that he might speak. And Gideon said unto him:

6 Behold the back pass, through the back wall, on the back side of the city. The Lamanites, or the guards of the Lamanites, by night are drunken; therefore let us send a proclamation among all this people that they gather together their flocks and herds, that they may drive them into the wilderness by night.

7 And I will go according to thy command and pay the last tribute of wine to the Lamanites, and they will be drunken; and we will pass through the secret pass on the left of their camp when they are drunken and asleep.

8 Thus we will depart with our women and our children, our flocks, and our herds into the wilderness; and we will travel around the land of Shilom.

1 Et alors, il arriva qu'Ammon et le roi Limhi commencèrent à tenir conseil avec le peuple sur la façon de se délivrer de la servitude ; et ils firent même rassembler tout le peuple ; et cela, ils le firent afin d'avoir la voix du peuple à ce sujet.

2 Et il arriva qu'ils ne purent trouver aucun autre moyen de se délivrer de la servitude que d'emmener leurs femmes et leurs enfants, et leurs troupeaux de gros et de petit bétail, et leurs tentes, et de partir dans le désert, car les Lamanites étaient si nombreux, qu'il était impossible au peuple de Limhi de les combattre, avec l'idée de se délivrer de la servitude par l'épée.

3 Alors il arriva que Gédéon s'avança, et se tint devant le roi, et lui dit : Or, ô roi, tu as jusqu'à présent écouté de nombreuses fois mes paroles, lorsque nous avons combattu nos frères, les Lamanites.

4 Et maintenant, ô roi, si tu n'as pas trouvé en moi un serviteur inutile, ou si tu as jusqu'à présent écouté si peu que ce soit mes paroles, et qu'elles ont pu te rendre service, alors je désire que tu écoutes maintenant mes paroles, et je serai ton serviteur, et délivrerai ce peuple de la servitude.

5 Et le roi lui permit de parler. Et Gédéon lui dit :

6 Vois le passage de derrière, à travers le mur de derrière, à l'arrière de la ville. Les Lamanites, ou les gardes des Lamanites, sont ivres la nuit ; envoyons donc une proclamation parmi tout ce peuple, pour qu'il rassemble ses troupeaux de gros et de petit bétail, afin de les conduire la nuit dans le désert.

7 Et j'irai, selon ton commandement, payer le dernier tribut de vin aux Lamanites, et ils seront ivres ; et nous passerons par le passage secret à la gauche de leur camp, lorsqu'ils seront ivres et endormis.

8 Ainsi nous partirons avec nos femmes et nos enfants, et nos troupeaux de gros et de petit bétail dans le désert ; et nous contournerons le pays de Shilom.

9 And it came to pass that the king hearkened unto the words of Gideon.

10 And king Limhi caused that his people should gather their flocks together; and he sent the tribute of wine to the Lamanites; and he also sent more wine, as a present unto them; and they did drink freely of the wine which king Limhi did send unto them.

11 And it came to pass that the people of king Limhi did depart by night into the wilderness with their flocks and their herds, and they went round about the land of Shilom in the wilderness, and bent their course towards the land of Zarahemla, being led by Ammon and his brethren.

12 And they had taken all their gold, and silver, and their precious things, which they could carry, and also their provisions with them, into the wilderness; and they pursued their journey.

13 And after being many days in the wilderness they arrived in the land of Zarahemla, and joined Mosiah's people, and became his subjects.

14 And it came to pass that Mosiah received them with joy; and he also received their records, and also the records which had been found by the people of Limhi.

15 And now it came to pass when the Lamanites had found that the people of Limhi had departed out of the land by night, that they sent an army into the wilderness to pursue them;

16 And after they had pursued them two days, they could no longer follow their tracks; therefore they were lost in the wilderness.

9 Et il arriva que le roi écouta les paroles de Gédéon.

10 Et le roi Limhi commanda à son peuple de rassembler ses troupeaux ; et il envoya le tribut de vin aux Lamanites ; et il envoya encore davantage de vin, comme présent à leur intention ; et ils burent abondamment du vin que le roi Limhi leur envoya.

11 Et il arriva que le peuple du roi Limhi partit la nuit dans le désert avec ses troupeaux de gros et de petit bétail, et il contourna le pays de Shilom dans le désert, et prit la direction du pays de Zarahemla, conduit par Ammon et ses frères.

12 Et ils avaient pris tout ce qu'ils avaient pu emporter dans le désert, leur or, et leur argent, et leurs choses précieuses, et aussi leurs provisions ; et ils poursuivirent leur voyage.

13 Et après avoir été de nombreux jours dans le désert, ils arrivèrent au pays de Zarahemla, et se joignirent au peuple de Mosiah, et devinrent ses sujets.

14 Et il arriva que Mosiah les reçut avec joie ; et il reçut aussi leurs annales, et aussi les annales que le peuple de Limhi avait trouvées.

15 Et alors, il arriva que lorsqu'ils découvrirent que le peuple de Limhi était parti du pays pendant la nuit, les Lamanites envoyèrent une armée dans le désert pour le poursuivre ;

16 et lorsqu'ils l'eurent poursuivi pendant deux jours, ils ne purent plus trouver ses traces ; ils se perdirent donc dans le désert.

An account of Alma and the people of the Lord, who were driven into the wilderness by the people of King Noah.

Histoire d'Alma et du peuple du Seigneur, qui furent chassés dans le désert par le peuple du roi Noé.

Comprising chapters 23 and 24.

Chapitres 23 et 24.

CHAPTER 23

CHAPITRE 23

Alma refuses to be king—He serves as high priest—The Lord chastens His people, and the

Alma refuse d'être roi — Il remplit les fonctions de grand prêtre — Le Seigneur châtie son peuple, et les Lamanites conquièrent le pays

Lamanites conquer the land of Helam—Amulon, leader of King Noah's wicked priests, rules subject to the Lamanite monarch. About 145–121 B.C.

d'Hélam — Amulon, chef des méchants prêtres du roi Noé, gouverne en vassal du monarque lamanite. Vers 145–121 av. J.-C.

1 Now Alma, having been warned of the Lord that the armies of king Noah would come upon them, and having made it known to his people, therefore they gathered together their flocks, and took of their grain, and departed into the wilderness before the armies of king Noah.

2 And the Lord did strengthen them, that the people of king Noah could not overtake them to destroy them.

3 And they fled eight days' journey into the wilderness.

4 And they came to a land, yea, even a very beautiful and pleasant land, a land of pure water.

5 And they pitched their tents, and began to till the ground, and began to build buildings; yea, they were industrious, and did labor exceedingly.

6 And the people were desirous that Alma should be their king, for he was beloved by his people.

7 But he said unto them: Behold, it is not expedient that we should have a king; for thus saith the Lord: Ye shall not esteem one flesh above another, or one man shall not think himself above another; therefore I say unto you it is not expedient that ye should have a king.

8 Nevertheless, if it were possible that ye could always have just men to be your kings it would be well for you to have a king.

9 But remember the iniquity of king Noah and his priests; and I myself was caught in a snare, and did many things which were abominable in the sight of the Lord, which caused me sore repentance;

10 Nevertheless, after much tribulation, the Lord did hear my cries, and did answer my prayers, and has made me an instrument in his hands in bringing so many of you to a knowledge of his truth.

11 Nevertheless, in this I do not glory, for I am unworthy to glory of myself.

1 Or, Alma, averti par le Seigneur que les armées du roi Noé allaient tomber sur eux, et l'ayant fait savoir à son peuple, ils rassemblèrent donc leurs troupeaux, et prirent leur grain, et partirent dans le désert devant les armées du roi Noé.

2 Et le Seigneur les fortifia, de sorte que le peuple du roi Noé ne put les rattraper pour les détruire.

3 Et ils s'enfuirent, voyageant huit jours dans le désert.

4 Et ils arrivèrent dans un pays, oui, dans un pays très beau et très agréable, un pays d'eau pure.

5 Et ils dressèrent leurs tentes, et commencèrent à cultiver le sol, et commencèrent à construire des bâtiments ; oui, ils furent industrieux, et travaillèrent extrêmement.

6 Et le peuple désirait qu'Alma fût son roi, car il était aimé de son peuple.

7 Mais il lui dit : Voici, il n'est pas opportun que nous ayons un roi ; car ainsi dit le Seigneur : Vous n'estimerez pas une chair au-dessus d'une autre, ou un homme ne se considérera pas comme étant au-dessus d'un autre ; c'est pourquoi, je vous dis qu'il n'est pas opportun que vous ayez un roi.

8 Néanmoins, s'il était possible que vous eussiez toujours des hommes justes comme rois, il serait bien que vous ayez un roi.

9 Mais souvenez-vous de l'iniquité du roi Noé et de ses prêtres ; et moi-même j'ai été pris au piège, et j'ai fait beaucoup de choses qui étaient abominables aux yeux du Seigneur, qui m'ont causé un profond repentir.

10 Néanmoins, après beaucoup de tribulations, le Seigneur a entendu mes supplications, et a répondu à mes prières, et a fait de moi un instrument entre ses mains pour en amener tant de vous à la connaissance de sa vérité.

11 Néanmoins, je ne me glorifie pas de cela, car je suis indigne de me glorifier de moi-même.

12 And now I say unto you, ye have been oppressed by king Noah, and have been in bondage to him and his priests, and have been brought into iniquity by them; therefore ye were bound with the bands of iniquity.

13 And now as ye have been delivered by the power of God out of these bonds; yea, even out of the hands of king Noah and his people, and also from the bonds of iniquity, even so I desire that ye should stand fast in this liberty wherewith ye have been made free, and that ye trust no man to be a king over you.

14 And also trust no one to be your teacher nor your minister, except he be a man of God, walking in his ways and keeping his commandments.

15 Thus did Alma teach his people, that every man should love his neighbor as himself, that there should be no contention among them.

16 And now, Alma was their high priest, he being the founder of their church.

17 And it came to pass that none received authority to preach or to teach except it were by him from God. Therefore he consecrated all their priests and all their teachers; and none were consecrated except they were just men.

18 Therefore they did watch over their people, and did nourish them with things pertaining to righteousness.

19 And it came to pass that they began to prosper exceedingly in the land; and they called the land Helam.

20 And it came to pass that they did multiply and prosper exceedingly in the land of Helam; and they built a city, which they called the city of Helam.

21 Nevertheless the Lord seeth fit to chasten his people; yea, he trieth their patience and their faith.

22 Nevertheless—whosoever putteth his trust in him the same shall be lifted up at the last day. Yea, and thus it was with this people.

23 For behold, I will show unto you that they were brought into bondage, and none could deliver them but the Lord their God, yea, even the God of Abraham and Isaac and of Jacob.

12 Et maintenant, je vous le dis, vous avez été opprimés par le roi Noé, et avez été asservis par lui et par ses prêtres, et avez été entraînés dans l'iniquité par eux ; c'est pourquoi, vous étiez liés par les liens de l'iniquité.

13 Et maintenant, puisque vous avez été délivrés de ces liens par le pouvoir de Dieu, oui, des mains du roi Noé et de son peuple, et aussi des liens de l'iniquité, je désire que vous demeuriez fermes dans cette liberté qui vous a rendus libres et que vous ne vous fiiez à aucun homme pour qu'il soit votre roi.

14 Et aussi, ne vous fiez à personne pour qu'il vous instruise ou exerce un ministère parmi vous, si ce n'est un homme de Dieu, marchant dans ses voies et gardant ses commandements.

15 C'est ainsi qu'Alma instruisit son peuple, afin que chacun aimât son prochain comme lui-même, afin qu'il n'y eût pas de querelles parmi eux.

16 Et maintenant, Alma était leur grand prêtre, fondateur de leur Église.

17 Et il arriva que personne ne recevait l'autorité de prêcher ou d'enseigner, si ce n'était par lui, de la part de Dieu. C'est pourquoi, il consacrait tous leurs prêtres et tous leurs instructeurs ; et nul n'était consacré s'il n'était un homme juste.

18 Ils veillèrent ainsi sur leur peuple et le nourrirent des choses relatives à la justice.

19 Et il arriva qu'ils commencèrent à prospérer extrêmement dans le pays ; et ils appelèrent le pays Hélam.

20 Et il arriva qu'ils se multiplièrent et prospérèrent extrêmement au pays d'Hélam ; et ils construisirent une ville qu'ils appelèrent la ville d'Hélam.

21 Néanmoins, le Seigneur juge bon de châtier son peuple ; oui, il met à l'épreuve sa patience et sa foi.

22 Néanmoins, quiconque place sa confiance en lui sera élevé au dernier jour. Oui, et ainsi en fut-il de ce peuple.

23 Car voici, je vais vous montrer qu'il fut réduit en servitude, et que personne ne pouvait le délivrer, si ce n'est le Seigneur, son Dieu, oui, le Dieu d'Abraham, et d'Isaac, et de Jacob.

24 And it came to pass that he did deliver them, and he did show forth his mighty power unto them, and great were their rejoicings.

25 For behold, it came to pass that while they were in the land of Helam, yea, in the city of Helam, while tilling the land round about, behold an army of the Lamanites was in the borders of the land.

26 Now it came to pass that the brethren of Alma fled from their fields, and gathered themselves together in the city of Helam; and they were much frightened because of the appearance of the Lamanites.

27 But Alma went forth and stood among them, and exhorted them that they should not be frightened, but that they should remember the Lord their God and he would deliver them.

28 Therefore they hushed their fears, and began to cry unto the Lord that he would soften the hearts of the Lamanites, that they would spare them, and their wives, and their children.

29 And it came to pass that the Lord did soften the hearts of the Lamanites. And Alma and his brethren went forth and delivered themselves up into their hands; and the Lamanites took possession of the land of Helam.

30 Now the armies of the Lamanites, which had followed after the people of king Limhi, had been lost in the wilderness for many days.

31 And behold, they had found those priests of king Noah, in a place which they called Amulon; and they had begun to possess the land of Amulon and had begun to till the ground.

32 Now the name of the leader of those priests was Amulon.

33 And it came to pass that Amulon did plead with the Lamanites; and he also sent forth their wives, who were the daughters of the Lamanites, to plead with their brethren, that they should not destroy their husbands.

34 And the Lamanites had compassion on Amulon and his brethren, and did not destroy them, because of their wives.

35 And Amulon and his brethren did join the Lamanites, and they were traveling in the wilderness in search of the land of Nephi when they discovered the land of Helam,

24 Et il arriva qu'il le délivra et qu'il lui montra son grand pouvoir, et grande fut sa joie.

25 Car voici, il arriva que tandis qu'il était au pays d'Hélam, oui, dans la ville d'Hélam, tandis qu'il cultivait le pays alentour, voici, une armée de Lamanites se trouvait dans les régions frontières du pays.

26 Alors, il arriva que les frères d'Alma s'enfuirent de leurs champs, et se rassemblèrent dans la ville d'Hélam ; et ils étaient très effrayés à cause de l'apparition des Lamanites.

27 Mais Alma s'avança, et se tint parmi eux, et les exhorta à ne pas être effrayés, mais à se souvenir du Seigneur, leur Dieu, et il les délivrerait.

28 C'est pourquoi, ils firent taire leurs craintes et commencèrent à crier au Seigneur pour qu'il adoucisse le cœur des Lamanites, afin qu'ils les épargnent, eux, et leurs épouses, et leurs enfants.

29 Et il arriva que le Seigneur adoucit le cœur des Lamanites. Et Alma et ses frères s'avancèrent et se livrèrent entre leurs mains ; et les Lamanites prirent possession du pays d'Hélam.

30 Or, les armées des Lamanites, qui avaient poursuivi le peuple du roi Limhi, s'étaient perdues de nombreux jours dans le désert.

31 Et voici, elles avaient trouvé ces prêtres du roi Noé, en un lieu qu'ils appelaient Amulon ; et ils avaient commencé à posséder le pays d'Amulon et avaient commencé à cultiver le sol.

32 Or, le nom du chef de ces prêtres était Amulon.

33 Et il arriva qu'Amulon supplia les Lamanites ; et il fit aussi avancer leurs épouses, qui étaient les filles des Lamanites, pour qu'elles supplient leurs frères, pour qu'ils ne fassent pas périr leurs maris.

34 Et les Lamanites eurent compassion d'Amulon et de ses frères, et ne les firent pas périr, à cause de leurs épouses.

35 Et Amulon et ses frères s'unirent aux Lamanites, et ils voyageaient dans le désert à la recherche du pays de Néphi, lorsqu'ils

which was possessed by Alma and his brethren.

36 And it came to pass that the Lamanites promised unto Alma and his brethren, that if they would show them the way which led to the land of Nephi that they would grant unto them their lives and their liberty.

37 But after Alma had shown them the way that led to the land of Nephi the Lamanites would not keep their promise; but they set guards round about the land of Helam, over Alma and his brethren.

38 And the remainder of them went to the land of Nephi; and a part of them returned to the land of Helam, and also brought with them the wives and the children of the guards who had been left in the land.

39 And the king of the Lamanites had granted unto Amulon that he should be a king and a ruler over his people, who were in the land of Helam; nevertheless he should have no power to do anything contrary to the will of the king of the Lamanites.

CHAPTER 24

Amulon persecutes Alma and his people—They are to be put to death if they pray—The Lord makes their burdens seem light—He delivers them from bondage, and they return to Zarahemla. About 145–120 B.C.

1 And it came to pass that Amulon did gain favor in the eyes of the king of the Lamanites; therefore, the king of the Lamanites granted unto him and his brethren that they should be appointed teachers over his people, yea, even over the people who were in the land of Shemlon, and in the land of Shilom, and in the land of Amulon.

2 For the Lamanites had taken possession of all these lands; therefore, the king of the Lamanites had appointed kings over all these lands.

3 And now the name of the king of the Lamanites was Laman, being called after the name of his father; and therefore he was called king Laman. And he was king over a numerous people.

découvrirent le pays d'Hélam, qui était possédé par Alma et ses frères.

36 Et il arriva que les Lamanites promirent à Alma et à ses frères que s'ils leur montraient le chemin qui conduisait au pays de Néphi, ils leur accorderaient la vie et la liberté.

37 Mais lorsqu'Alma leur eut montré le chemin qui conduisait au pays de Néphi, les Lamanites ne voulurent pas tenir leur promesse ; mais ils mirent des gardes tout autour du pays d'Hélam, sur Alma et ses frères.

38 Et le reste d'entre eux alla au pays de Néphi ; et une partie d'entre eux retourna au pays d'Hélam, et amena aussi les épouses et les enfants des gardes qui avaient été laissés dans le pays.

39 Et le roi des Lamanites avait accordé à Amulon d'être roi et gouverneur de son peuple qui était au pays d'Hélam ; néanmoins, il n'aurait aucun pouvoir de faire quoi que ce soit de contraire à la volonté du roi des Lamanites.

CHAPITRE 24

Amulon persécute Alma et son peuple — On les mettra à mort s'ils prient — Le Seigneur fait en sorte que leurs fardeaux paraissent légers — Il les délivre de la servitude, et ils retournent à Zarahemla. Vers 145–120 av. J.-C.

1 Et il arriva qu'Amulon trouva grâce aux yeux du roi des Lamanites ; c'est pourquoi, le roi des Lamanites lui accorda, à lui et à ses frères, qu'ils fussent désignés comme instructeurs de son peuple, oui, du peuple qui était au pays de Shemlon, et au pays de Shilom, et au pays d'Amulon.

2 Car les Lamanites avaient pris possession de tous ces pays ; c'est pourquoi, le roi des Lamanites avait désigné des rois sur tous ces pays.

3 Et maintenant, le nom du roi des Lamanites était Laman, du nom de son père ; et pour cette raison il était appelé le roi Laman. Et il était roi d'un peuple nombreux.

4 And he appointed teachers of the brethren of Amulon in every land which was possessed by his people; and thus the language of Nephi began to be taught among all the people of the Lamanites.

5 And they were a people friendly one with another; nevertheless they knew not God; neither did the brethren of Amulon teach them anything concerning the Lord their God, neither the law of Moses; nor did they teach them the words of Abinadi;

6 But they taught them that they should keep their record, and that they might write one to another.

7 And thus the Lamanites began to increase in riches, and began to trade one with another and wax great, and began to be a cunning and a wise people, as to the wisdom of the world, yea, a very cunning people, delighting in all manner of wickedness and plunder, except it were among their own brethren.

8 And now it came to pass that Amulon began to exercise authority over Alma and his brethren, and began to persecute him, and cause that his children should persecute their children.

9 For Amulon knew Alma, that he had been one of the king's priests, and that it was he that believed the words of Abinadi and was driven out before the king, and therefore he was wroth with him; for he was subject to king Laman, yet he exercised authority over them, and put tasks upon them, and put task-masters over them.

10 And it came to pass that so great were their afflictions that they began to cry mightily to God.

11 And Amulon commanded them that they should stop their cries; and he put guards over them to watch them, that whosoever should be found calling upon God should be put to death.

12 And Alma and his people did not raise their voices to the Lord their God, but did pour out their hearts to him; and he did know the thoughts of their hearts.

13 And it came to pass that the voice of the Lord came to them in their afflictions, saying: Lift up your heads and be of good comfort, for I know of the covenant which ye

4 Et il désigna des instructeurs parmi les frères d'Amulon dans tous les pays que possédait son peuple ; et ainsi la langue de Néphi commença à être enseignée parmi tout le peuple des Lamanites.

5 Et c'étaient des gens qui étaient amicaux entre eux ; néanmoins, ils ne connaissaient pas Dieu ; et les frères d'Amulon ne leur enseignaient rien non plus concernant le Seigneur, leur Dieu, ni la loi de Moïse ; et ils ne leur enseignaient pas non plus les paroles d'Abinadi ;

6 mais ils leur enseignaient qu'ils devaient tenir leurs annales et qu'ils pouvaient s'écrire les uns aux autres.

7 Et ainsi, les Lamanites commencèrent à augmenter en richesse, et commencèrent à commercer entre eux et à devenir grands, et commencèrent à devenir un peuple rusé, et un peuple sage quant à la sagesse du monde, oui, un peuple très rusé, faisant ses délices de toute sorte de méchanceté et de pillages, sauf parmi leurs propres frères.

8 Et alors, il arriva qu'Amulon commença à exercer l'autorité sur Alma et ses frères, et commença à le persécuter, et à faire en sorte que ses enfants persécutent leurs enfants.

9 Car Amulon connaissait Alma, il savait qu'il avait été l'un des prêtres du roi, et que c'était lui qui avait cru aux paroles d'Abinadi et avait été chassé de devant le roi et, pour cette raison, il était furieux contre lui ; car bien qu'il fût lui-même assujetti au roi Laman, il exerçait l'autorité sur eux, et leur imposait des corvées, et mettait sur eux des chefs de corvée.

10 Et il arriva que leurs afflictions étaient si grandes qu'ils commencèrent à crier à Dieu avec ferveur.

11 Et Amulon leur commanda de cesser leurs supplications ; et il mit des gardes sur eux pour les surveiller, afin que quiconque serait découvert à invoquer Dieu fût mis à mort.

12 Et Alma et son peuple n'élevèrent plus la voix vers le Seigneur, leur Dieu, mais lui déversèrent leur cœur ; et il connut les pensées de leur cœur.

13 Et il arriva que la voix du Seigneur leur parvint dans leurs afflictions, disant : Relevez la tête et prenez courage, car je connais l'alliance que vous avez faite avec moi ;

have made unto me; and I will covenant with my people and deliver them out of bondage.

14 And I will also ease the burdens which are put upon your shoulders, that even you cannot feel them upon your backs, even while you are in bondage; and this will I do that ye may stand as witnesses for me hereafter, and that ye may know of a surety that I, the Lord God, do visit my people in their afflictions.

15 And now it came to pass that the burdens which were laid upon Alma and his brethren were made light; yea, the Lord did strengthen them that they could bear up their burdens with ease, and they did submit cheerfully and with patience to all the will of the Lord.

16 And it came to pass that so great was their faith and their patience that the voice of the Lord came unto them again, saying: Be of good comfort, for on the morrow I will deliver you out of bondage.

17 And he said unto Alma: Thou shalt go before this people, and I will go with thee and deliver this people out of bondage.

18 Now it came to pass that Alma and his people in the night-time gathered their flocks together, and also of their grain; yea, even all the night-time were they gathering their flocks together.

19 And in the morning the Lord caused a deep sleep to come upon the Lamanites, yea, and all their task-masters were in a profound sleep.

20 And Alma and his people departed into the wilderness; and when they had traveled all day they pitched their tents in a valley, and they called the valley Alma, because he led their way in the wilderness.

21 Yea, and in the valley of Alma they poured out their thanks to God because he had been merciful unto them, and eased their burdens, and had delivered them out of bondage; for they were in bondage, and none could deliver them except it were the Lord their God.

22 And they gave thanks to God, yea, all their men and all their women and all their children that could speak lifted their voices in the praises of their God.

et je ferai alliance avec mon peuple et le délivrerai de la servitude.

14 Et j'allégerai aussi les fardeaux qui sont mis sur vos épaules, de sorte que vous ne pourrez plus les sentir sur votre dos pendant que vous êtes en servitude ; et cela, je le ferai pour que vous soyez plus tard témoins pour moi, et que vous sachiez avec certitude que moi, le Seigneur Dieu, j'interviens effectivement en faveur de mon peuple dans ses afflictions.

15 Et alors, il arriva que les fardeaux qui étaient imposés à Alma et à ses frères furent rendus légers ; oui, le Seigneur les fortifia, de sorte qu'ils purent supporter leurs fardeaux avec facilité, et ils se soumirent de bon cœur et avec patience à toute la volonté du Seigneur.

16 Et il arriva que leur foi et leur patience étaient si grandes que la voix du Seigneur leur parvint de nouveau, disant : Prenez courage, car demain je vous délivrerai de la servitude.

17 Et il dit à Alma : Tu iras devant ce peuple, et j'irai avec toi et délivrerai ce peuple de la servitude.

18 Alors il arriva que, pendant la nuit, Alma et son peuple rassemblèrent leurs troupeaux, et aussi une partie de leur grain ; oui, ils passèrent même toute la nuit à rassembler leurs troupeaux.

19 Et le matin, le Seigneur fit tomber un profond sommeil sur les Lamanites, oui, et tous leurs chefs de corvée étaient dans un profond sommeil.

20 Et Alma et son peuple partirent dans le désert ; et lorsqu'ils eurent voyagé tout le jour, ils dressèrent leurs tentes dans une vallée, et ils appelèrent la vallée Alma, parce qu'il leur montrait le chemin dans le désert.

21 Oui, et dans la vallée d'Alma, ils déversèrent leurs actions de grâces à Dieu, parce qu'il avait été miséricordieux envers eux, et avait allégé leurs fardeaux, et les avait délivrés de la servitude ; car ils étaient dans la servitude, et personne ne pouvait les délivrer, si ce n'était le Seigneur, leur Dieu.

22 Et ils rendirent grâces à Dieu, oui, tous leurs hommes, et toutes leurs femmes, et tous leurs enfants qui pouvaient parler élevèrent la voix en louanges à leur Dieu.

23 And now the Lord said unto Alma: Haste thee and get thou and this people out of this land, for the Lamanites have awakened and do pursue thee; therefore get thee out of this land, and I will stop the Lamanites in this valley that they come no further in pursuit of this people.

24 And it came to pass that they departed out of the valley, and took their journey into the wilderness.

25 And after they had been in the wilderness twelve days they arrived in the land of Zarahemla; and king Mosiah did also receive them with joy.

CHAPTER 25

The descendants of Mulek at Zarahemla become Nephites—They learn of the people of Alma and of Zeniff—Alma baptizes Limhi and all his people—Mosiah authorizes Alma to organize the Church of God. About 120 B.C.

1 And now king Mosiah caused that all the people should be gathered together.

2 Now there were not so many of the children of Nephi, or so many of those who were descendants of Nephi, as there were of the people of Zarahemla, who was a descendant of Mulek, and those who came with him into the wilderness.

3 And there were not so many of the people of Nephi and of the people of Zarahemla as there were of the Lamanites; yea, they were not half so numerous.

4 And now all the people of Nephi were assembled together, and also all the people of Zarahemla, and they were gathered together in two bodies.

5 And it came to pass that Mosiah did read, and caused to be read, the records of Zeniff to his people; yea, he read the records of the people of Zeniff, from the time they left the land of Zarahemla until they returned again.

6 And he also read the account of Alma and his brethren, and all their afflictions, from the time they left the land of Zarahemla until the time they returned again.

23 Et alors, le Seigneur dit à Alma : Hâte-toi de sortir de ce pays, toi et ce peuple, car les Lamanites se sont réveillés et te poursuivent ; c'est pourquoi, sors de ce pays, et j'arrêterai les Lamanites dans cette vallée, de sorte qu'ils n'aillent pas plus loin à la poursuite de ce peuple.

24 Et il arriva qu'ils partirent de la vallée et entreprirent leur voyage dans le désert.

25 Et lorsqu'ils eurent été dans le désert pendant douze jours, ils arrivèrent au pays de Zarahemla ; et le roi Mosiah les reçut aussi avec joie.

CHAPITRE 25

Les descendants de Mulek à Zarahemla deviennent néphites — Ils apprennent ce qu'il est advenu du peuple d'Alma et de Zénif — Alma baptise Limhi et tout son peuple — Mosiah autorise Alma à organiser l'Église de Dieu. Vers 120 av. J.-C.

1 Et alors, le roi Mosiah fit rassembler le peuple.

2 Or, il n'y avait pas autant d'enfants de Néphi, ou autant de ceux qui étaient descendants de Néphi, qu'il y en avait du peuple de Zarahemla, lequel était descendant de Mulek, et de ceux qui étaient venus avec lui dans le désert.

3 Et il n'y en avait pas autant du peuple de Néphi et du peuple de Zarahemla qu'il y avait de Lamanites ; oui, ils n'étaient pas de moitié aussi nombreux.

4 Et maintenant, tout le peuple de Néphi était assemblé, et aussi tout le peuple de Zarahemla, et ils étaient assemblés en deux groupes.

5 Et il arriva que Mosiah lut, et fit lire, les annales de Zénif à son peuple ; oui, il lut les annales du peuple de Zénif, depuis le moment où il avait quitté le pays de Zarahemla jusqu'à son retour.

6 Et il lut aussi l'histoire d'Alma et de ses frères, et toutes leurs afflictions, depuis le moment où ils quittèrent le pays de Zarahemla jusqu'au moment où ils y retournèrent.

7 And now, when Mosiah had made an end of reading the records, his people who tarried in the land were struck with wonder and amazement.

8 For they knew not what to think; for when they beheld those that had been delivered out of bondage they were filled with exceedingly great joy.

9 And again, when they thought of their brethren who had been slain by the Lamanites they were filled with sorrow, and even shed many tears of sorrow.

10 And again, when they thought of the immediate goodness of God, and his power in delivering Alma and his brethren out of the hands of the Lamanites and of bondage, they did raise their voices and give thanks to God.

11 And again, when they thought upon the Lamanites, who were their brethren, of their sinful and polluted state, they were filled with pain and anguish for the welfare of their souls.

12 And it came to pass that those who were the children of Amulon and his brethren, who had taken to wife the daughters of the Lamanites, were displeased with the conduct of their fathers, and they would no longer be called by the names of their fathers, therefore they took upon themselves the name of Nephi, that they might be called the children of Nephi and be numbered among those who were called Nephites.

13 And now all the people of Zarahemla were numbered with the Nephites, and this because the kingdom had been conferred upon none but those who were descendants of Nephi.

14 And now it came to pass that when Mosiah had made an end of speaking and reading to the people, he desired that Alma should also speak to the people.

15 And Alma did speak unto them, when they were assembled together in large bodies, and he went from one body to another, preaching unto the people repentance and faith on the Lord.

16 And he did exhort the people of Limhi and his brethren, all those that had been delivered out of bondage, that they should remember that it was the Lord that did deliver them.

7 Et alors, lorsque Mosiah eut fini de lire les annales, son peuple, qui demeurait dans le pays, fut frappé d'étonnement et de stupeur.

8 Car il ne savait que penser ; car, lorsqu'il voyait ceux qui avaient été délivrés de la servitude, il était rempli d'une joie extrêmement grande.

9 Et encore, lorsqu'il pensait à ses frères qui avaient été tués par les Lamanites, il était rempli de tristesse, et versait même de nombreuses larmes de tristesse.

10 Et encore, lorsqu'il pensait à la bonté directe de Dieu, et à son pouvoir pour délivrer Alma et ses frères des mains des Lamanites et de la servitude, il élevait la voix et rendait grâces à Dieu.

11 Et encore, lorsqu'il pensait aux Lamanites, qui étaient ses frères, à leur état pécheur et souillé, il était rempli de souffrance et d'angoisse pour le bien-être de leur âme.

12 Et il arriva que ceux qui étaient les enfants d'Amulon et de ses frères, qui avaient pris pour épouses les filles des Lamanites, furent mécontents de la conduite de leurs pères et ne voulurent plus être appelés du nom de leurs pères ; c'est pourquoi, ils prirent sur eux le nom de Néphi, afin d'être appelés les enfants de Néphi et d'être comptés parmi ceux qui étaient appelés Néphites.

13 Et maintenant, tout le peuple de Zarahemla était compté avec les Néphites, et cela parce que le royaume n'avait été conféré qu'à ceux qui étaient descendants de Néphi.

14 Et alors, il arriva que lorsque Mosiah eut fini de parler et de lire au peuple, il désira qu'Alma parlât aussi au peuple :

15 Et Alma lui parla, alors qu'il était rassemblé en de vastes groupes, et il alla d'un groupe à l'autre, prêchant au peuple le repentir et la foi au Seigneur.

16 Et il exhorta le peuple de Limhi et ses frères, tous ceux qui avaient été délivrés de la servitude, à se souvenir que c'était le Seigneur qui les avait délivrés.

17 And it came to pass that after Alma had taught the people many things, and had made an end of speaking to them, that king Limhi was desirous that he might be baptized; and all his people were desirous that they might be baptized also.

18 Therefore, Alma did go forth into the water and did baptize them; yea, he did baptize them after the manner he did his brethren in the waters of Mormon; yea, and as many as he did baptize did belong to the church of God; and this because of their belief on the words of Alma.

19 And it came to pass that king Mosiah granted unto Alma that he might establish churches throughout all the land of Zarahemla; and gave him power to ordain priests and teachers over every church.

20 Now this was done because there were so many people that they could not all be governed by one teacher; neither could they all hear the word of God in one assembly;

21 Therefore they did assemble themselves together in different bodies, being called churches; every church having their priests and their teachers, and every priest preaching the word according as it was delivered to him by the mouth of Alma.

22 And thus, notwithstanding there being many churches they were all one church, yea, even the church of God; for there was nothing preached in all the churches except it were repentance and faith in God.

23 And now there were seven churches in the land of Zarahemla. And it came to pass that whosoever were desirous to take upon them the name of Christ, or of God, they did join the churches of God;

24 And they were called the people of God. And the Lord did pour out his Spirit upon them, and they were blessed, and prospered in the land.

17 Et il arriva que lorsqu'Alma eut enseigné beaucoup de choses au peuple et eut fini de lui parler, le roi Limhi désira être baptisé ; et tout son peuple désirait être baptisé aussi.

18 C'est pourquoi, Alma s'avança dans l'eau et les baptisa ; oui, il les baptisa comme il l'avait fait avec ses frères dans les eaux de Mormon ; oui, et tous ceux qu'il baptisa appartinrent à l'Église de Dieu ; et cela à cause de leur foi aux paroles d'Alma.

19 Et il arriva que le roi Mosiah accorda à Alma d'établir des Églises dans tout le pays de Zarahemla et lui donna le pouvoir d'ordonner des prêtres et des instructeurs sur toutes les Églises.

20 Or, cela fut fait parce qu'il y avait tant de gens, qu'ils ne pouvaient pas tous être gouvernés par un seul instructeur ; et ils ne pouvaient pas non plus tous entendre la parole de Dieu en une seule assemblée ;

21 C'est pourquoi, ils s'assemblèrent en différents groupes, appelés Églises ; chaque Église avait ses prêtres et ses instructeurs, et chaque prêtre prêchait la parole, selon qu'elle lui était remise par la bouche d'Alma.

22 Et ainsi, en dépit du fait qu'il y avait beaucoup d'Églises, elles étaient toutes une seule Église, oui, l'Église de Dieu ; car on ne prêchait dans toutes les Églises que le repentir et la foi en Dieu.

23 Or, il y avait sept Églises dans le pays de Zarahemla. Et il arriva que quiconque désirait prendre sur lui le nom du Christ, ou de Dieu, se joignait aux Églises de Dieu ;

24 Et ils furent appelés le peuple de Dieu. Et le Seigneur déversa son Esprit sur eux, et ils furent bénis et prospérèrent dans le pays.

CHAPTER 26

Many members of the Church are led into sin by unbelievers—Alma is promised eternal life— Those who repent and are baptized gain forgiveness—Church members in sin who repent and confess to Alma and to the Lord will be forgiven; otherwise, they will not be numbered

CHAPITRE 26

Beaucoup de membres de l'Église sont conduits dans le péché par les incrédules — Alma reçoit la promesse de la vie éternelle — Ceux qui se repentent et sont baptisés obtiennent le pardon — Les membres de l'Église qui sont dans le péché, qui se repentent et confessent à Alma et au Seigneur, recevront le pardon ; sinon ils ne seront

among the people of the Church. About 120–100 B.C.

pas comptés parmi le peuple de l'Église. Vers 120–100 av. J.-C.

1 Now it came to pass that there were many of the rising generation that could not understand the words of king Benjamin, being little children at the time he spake unto his people; and they did not believe the tradition of their fathers.

2 They did not believe what had been said concerning the resurrection of the dead, neither did they believe concerning the coming of Christ.

3 And now because of their unbelief they could not understand the word of God; and their hearts were hardened.

4 And they would not be baptized; neither would they join the church. And they were a separate people as to their faith, and remained so ever after, even in their carnal and sinful state; for they would not call upon the Lord their God.

5 And now in the reign of Mosiah they were not half so numerous as the people of God; but because of the dissensions among the brethren they became more numerous.

6 For it came to pass that they did deceive many with their flattering words, who were in the church, and did cause them to commit many sins; therefore it became expedient that those who committed sin, that were in the church, should be admonished by the church.

7 And it came to pass that they were brought before the priests, and delivered up unto the priests by the teachers; and the priests brought them before Alma, who was the high priest.

8 Now king Mosiah had given Alma the authority over the church.

9 And it came to pass that Alma did not know concerning them; but there were many witnesses against them; yea, the people stood and testified of their iniquity in abundance.

10 Now there had not any such thing happened before in the church; therefore Alma was troubled in his spirit, and he caused that they should be brought before the king.

11 And he said unto the king: Behold, here are many whom we have brought before

1 Or, il arriva qu'il y en eut beaucoup de la génération montante qui ne pouvaient comprendre les paroles du roi Benjamin, étant de petits enfants au moment où il parla au peuple ; et ils ne croyaient pas à la tradition de leurs pères.

2 Ils ne croyaient pas ce qui avait été dit concernant la résurrection des morts, et ils ne croyaient pas non plus ce qui concernait la venue du Christ.

3 Et maintenant, à cause de leur incrédulité, ils ne pouvaient pas comprendre la parole de Dieu ; et ils avaient le cœur endurci.

4 Et ils ne voulaient pas être baptisés ; et ils ne voulaient pas non plus devenir membres de l'Église. Et c'était un peuple séparé quant à leur foi, et ils le restèrent dorénavant, dans leur état charnel et pécheur ; car ils ne voulaient pas invoquer le Seigneur, leur Dieu.

5 Et alors, pendant le règne de Mosiah, ils n'étaient pas de moitié aussi nombreux que le peuple de Dieu ; mais à cause des dissensions parmi les frères, ils devinrent plus nombreux.

6 Car il arriva que, par leurs paroles flatteuses, ils en trompèrent beaucoup qui étaient dans l'Église, et leur firent commettre beaucoup de péchés ; c'est pourquoi, il devint nécessaire que ceux qui commettaient le péché, qui étaient dans l'Église, fussent avertis par l'Église.

7 Et il arriva qu'ils furent amenés devant les prêtres, et livrés aux prêtres par les instructeurs ; et les prêtres les amenèrent devant Alma, qui était le grand prêtre.

8 Or, le roi Mosiah avait donné à Alma l'autorité sur l'Église.

9 Et il arriva qu'Alma ne sut que faire à leur sujet ; mais il y avait beaucoup de témoins contre eux ; oui, le peuple se leva et témoigna abondamment de leur iniquité.

10 Or, rien de tel ne s'était jamais produit dans l'Église ; c'est pourquoi, Alma était troublé dans son esprit, et il les fit amener devant le roi.

11 Et il dit au roi : Voici, en voilà beaucoup que nous avons amenés devant toi, qui sont

thee, who are accused of their brethren; yea, and they have been taken in divers iniquities. And they do not repent of their iniquities; therefore we have brought them before thee, that thou mayest judge them according to their crimes.

12 But king Mosiah said unto Alma: Behold, I judge them not; therefore I deliver them into thy hands to be judged.

13 And now the spirit of Alma was again troubled; and he went and inquired of the Lord what he should do concerning this matter, for he feared that he should do wrong in the sight of God.

14 And it came to pass that after he had poured out his whole soul to God, the voice of the Lord came to him, saying:

15 Blessed art thou, Alma, and blessed are they who were baptized in the waters of Mormon. Thou art blessed because of thy exceeding faith in the words alone of my servant Abinadi.

16 And blessed are they because of their exceeding faith in the words alone which thou hast spoken unto them.

17 And blessed art thou because thou hast established a church among this people; and they shall be established, and they shall be my people.

18 Yea, blessed is this people who are willing to bear my name; for in my name shall they be called; and they are mine.

19 And because thou hast inquired of me concerning the transgressor, thou art blessed.

20 Thou art my servant; and I covenant with thee that thou shalt have eternal life; and thou shalt serve me and go forth in my name, and shalt gather together my sheep.

21 And he that will hear my voice shall be my sheep; and him shall ye receive into the church, and him will I also receive.

22 For behold, this is my church; whosoever is baptized shall be baptized unto repentance. And whomsoever ye receive shall believe in my name; and him will I freely forgive.

23 For it is I that taketh upon me the sins of the world; for it is I that hath created them; and it is I that granteth unto him that believeth unto the end a place at my right hand.

accusés par leurs frères ; oui, et ils ont été surpris dans diverses iniquités. Et ils ne se repentent pas de leurs iniquités ; c'est pourquoi, nous les avons amenés devant toi, afin que tu les juges selon leurs crimes.

12 Mais le roi Mosiah dit à Alma : Voici, je ne les juge pas ; c'est pourquoi, je les livre entre tes mains pour que tu les juges.

13 Et alors, l'esprit d'Alma fut de nouveau troublé ; et il alla interroger le Seigneur sur ce qu'il devait faire à ce sujet, car il craignait de mal agir aux yeux de Dieu.

14 Et il arriva que lorsqu'il eut déversé toute son âme à Dieu, la voix du Seigneur lui parvint, disant :

15 Béni es-tu, Alma, et bénis sont ceux qui ont été baptisés dans les eaux de Mormon. Tu es béni à cause de ta foi extrême aux seules paroles de mon serviteur Abinadi.

16 Et bénis sont-ils à cause de leur foi extrême aux seules paroles que tu leur as dites.

17 Et béni es-tu parce que tu as établi une Église parmi ce peuple ; et il sera affermi, et il sera mon peuple.

18 Oui, béni est ce peuple qui est disposé à porter mon nom ; car c'est de mon nom qu'il sera appelé ; et il est à moi.

19 Et parce que tu m'as interrogé concernant le transgresseur, tu es béni.

20 Tu es mon serviteur ; et je fais alliance avec toi que tu auras la vie éternelle ; et tu me serviras, et iras en mon nom, et rassembleras mes brebis.

21 Et celui qui voudra entendre ma voix sera ma brebis ; et celui-là, tu le recevras dans l'Église, et celui-là, je le recevrai aussi.

22 Car voici, ceci est mon Église ; quiconque est baptisé sera baptisé en vue du repentir. Et celui que tu recevras croira en mon nom ; et à celui-là, je pardonnerai libéralement.

23 Car c'est moi qui prends sur moi les péchés du monde ; car c'est moi qui l'ai créé, et c'est moi qui accorde, à celui qui croit jusqu'à la fin, une place à ma droite.

24 For behold, in my name are they called; and if they know me they shall come forth, and shall have a place eternally at my right hand.

25 And it shall come to pass that when the second trump shall sound then shall they that never knew me come forth and shall stand before me.

26 And then shall they know that I am the Lord their God, that I am their Redeemer; but they would not be redeemed.

27 And then I will confess unto them that I never knew them; and they shall depart into everlasting fire prepared for the devil and his angels.

28 Therefore I say unto you, that he that will not hear my voice, the same shall ye not receive into my church, for him I will not receive at the last day.

29 Therefore I say unto you, Go; and whosoever transgresseth against me, him shall ye judge according to the sins which he has committed; and if he confess his sins before thee and me, and repenteth in the sincerity of his heart, him shall ye forgive, and I will forgive him also.

30 Yea, and as often as my people repent will I forgive them their trespasses against me.

31 And ye shall also forgive one another your trespasses; for verily I say unto you, he that forgiveth not his neighbor's trespasses when he says that he repents, the same hath brought himself under condemnation.

32 Now I say unto you, Go; and whosoever will not repent of his sins the same shall not be numbered among my people; and this shall be observed from this time forward.

33 And it came to pass when Alma had heard these words he wrote them down that he might have them, and that he might judge the people of that church according to the commandments of God.

34 And it came to pass that Alma went and judged those that had been taken in iniquity, according to the word of the Lord.

35 And whosoever repented of their sins and did confess them, them he did number among the people of the church;

36 And those that would not confess their sins and repent of their iniquity, the same

24 Car voici, c'est de mon nom qu'ils sont appelés ; et s'ils me connaissent, ils ressusciteront et auront éternellement une place à ma droite.

25 Et il arrivera que lorsque la seconde trompette sonnera, alors ceux qui ne m'ont jamais connu ressusciteront et se tiendront devant moi.

26 Et alors, ils sauront que je suis le Seigneur, leur Dieu, que je suis leur Rédempteur ; mais ils n'ont pas voulu être rachetés.

27 Et alors, je leur confesserai que je ne les ai jamais connus ; et ils s'en iront dans le feu éternel préparé pour le diable et ses anges.

28 C'est pourquoi, je te dis que celui qui ne veut pas entendre ma voix, celui-là tu ne le recevras pas dans mon Église, car lui, je ne le recevrai pas au dernier jour.

29 C'est pourquoi, je te dis : Va ; quiconque transgresse contre moi, tu le jugeras selon les péchés qu'il a commis ; et s'il confesse ses péchés devant toi et moi, et se repent en toute sincérité de cœur, tu lui pardonneras, et je lui pardonnerai aussi.

30 Oui, et toutes les fois que mon peuple se repentira, je lui pardonnerai ses offenses envers moi.

31 Et vous vous pardonnerez aussi mutuellement vos offenses ; car, en vérité, je te le dis, celui qui ne pardonne pas les offenses de son prochain lorsqu'il dit qu'il se repent, celui-là s'est mis sous la condamnation.

32 Maintenant je te dis : Va ; quiconque ne veut pas se repentir de ses péchés, celui-là ne sera pas compté parmi mon peuple ; et cela sera observé à partir de ce moment-ci.

33 Et il arriva que lorsqu'il eut entendu ces paroles, Alma les écrivit afin de les avoir et afin de juger le peuple de cette Église selon les commandements de Dieu.

34 Et il arriva qu'Alma alla juger ceux qui avaient été pris dans l'iniquité, selon la parole du Seigneur.

35 Et ceux qui se repentirent de leurs péchés et les confessèrent, il les compta parmi le peuple de l'Église ;

36 et ceux qui ne voulurent pas confesser leurs péchés et se repentir de leur iniquité,

were not numbered among the people of the church, and their names were blotted out.

37 And it came to pass that Alma did regulate all the affairs of the church; and they began again to have peace and to prosper exceedingly in the affairs of the church, walking circumspectly before God, receiving many, and baptizing many.

38 And now all these things did Alma and his fellow laborers do who were over the church, walking in all diligence, teaching the word of God in all things, suffering all manner of afflictions, being persecuted by all those who did not belong to the church of God.

39 And they did admonish their brethren; and they were also admonished, every one by the word of God, according to his sins, or to the sins which he had committed, being commanded of God to pray without ceasing, and to give thanks in all things.

CHAPTER 27

Mosiah forbids persecution and enjoins equality—Alma the younger and the four sons of Mosiah seek to destroy the Church—An angel appears and commands them to cease their evil course—Alma is struck dumb—All mankind must be born again to gain salvation—Alma and the sons of Mosiah declare glad tidings. About 100–92 B.C.

1 And now it came to pass that the persecutions which were inflicted on the church by the unbelievers became so great that the church began to murmur, and complain to their leaders concerning the matter; and they did complain to Alma. And Alma laid the case before their king, Mosiah. And Mosiah consulted with his priests.

2 And it came to pass that king Mosiah sent a proclamation throughout the land round about that there should not any unbeliever persecute any of those who belonged to the church of God.

3 And there was a strict command throughout all the churches that there should be no persecutions among them, that there should be an equality among all men;

4 That they should let no pride nor haughtiness disturb their peace; that every man

---

ceux-là ne furent plus comptés parmi le peuple de l'Église, et leur nom fut effacé.

37 Et il arriva qu'Alma gouverna toutes les affaires de l'Église ; et ils recommencèrent à avoir la paix et à prospérer extrêmement dans les affaires de l'Église, marchant avec circonspection devant Dieu, en recevant beaucoup et en baptisant beaucoup.

38 Et maintenant, toutes ces choses, Alma et ses compagnons de travail qui dirigeaient l'Église les firent, marchant en toute diligence, enseignant la parole de Dieu en tout, souffrant toutes sortes d'afflictions, étant persécutés par tous ceux qui n'appartenaient pas à l'Église de Dieu.

39 Et ils avertirent leurs frères ; et ils étaient aussi avertis, chacun par la parole de Dieu, selon ses péchés, ou selon les péchés qu'il avait commis, ayant de Dieu le commandement de prier sans cesse et de rendre grâces en tout.

CHAPITRE 27

Mosiah interdit les persécutions et impose l'égalité — Alma le Jeune et les quatre fils de Mosiah cherchent à détruire l'Église — Un ange apparaît et leur commande de mettre fin à leur mauvaise conduite — Alma est frappé de mutisme — Toute l'humanité doit naître de nouveau pour obtenir le salut — Alma et les fils de Mosiah annoncent de bonnes nouvelles. Vers 100– 92 av. J.-C.

1 Et alors, il arriva que les persécutions qui étaient infligées à l'Église par les incrédules devinrent si grandes que l'Église commença à murmurer et à s'en plaindre à ses dirigeants ; et ils se plaignirent à Alma. Et Alma présenta le cas à leur roi, Mosiah. Et Mosiah consulta ses prêtres.

2 Et il arriva que le roi Mosiah envoya une proclamation dans tout le pays alentour, interdisant à tout incrédule de persécuter quiconque appartenait à l'Église de Dieu.

3 Et il y eut le commandement strict dans toutes les Églises qu'il ne devait pas y avoir de persécutions parmi elles, qu'il devait y avoir une égalité parmi tous les hommes ;

4 et qu'elles ne devaient laisser aucun orgueil ni aucune arrogance troubler leur

should esteem his neighbor as himself, laboring with their own hands for their support.

5 Yea, and all their priests and teachers should labor with their own hands for their support, in all cases save it were in sickness, or in much want; and doing these things, they did abound in the grace of God.

6 And there began to be much peace again in the land; and the people began to be very numerous, and began to scatter abroad upon the face of the earth, yea, on the north and on the south, on the east and on the west, building large cities and villages in all quarters of the land.

7 And the Lord did visit them and prosper them, and they became a large and wealthy people.

8 Now the sons of Mosiah were numbered among the unbelievers; and also one of the sons of Alma was numbered among them, he being called Alma, after his father; nevertheless, he became a very wicked and an idolatrous man. And he was a man of many words, and did speak much flattery to the people; therefore he led many of the people to do after the manner of his iniquities.

9 And he became a great hinderment to the prosperity of the church of God; stealing away the hearts of the people; causing much dissension among the people; giving a chance for the enemy of God to exercise his power over them.

10 And now it came to pass that while he was going about to destroy the church of God, for he did go about secretly with the sons of Mosiah seeking to destroy the church, and to lead astray the people of the Lord, contrary to the commandments of God, or even the king—

11 And as I said unto you, as they were going about rebelling against God, behold, the angel of the Lord appeared unto them; and he descended as it were in a cloud; and he spake as it were with a voice of thunder, which caused the earth to shake upon which they stood;

12 And so great was their astonishment, that they fell to the earth, and understood not the words which he spake unto them.

paix, que tout homme devait estimer son prochain comme lui-même, travaillant de ses mains pour assurer son entretien.

5 Oui, et tous leurs prêtres et instructeurs devaient travailler de leurs mains pour assurer leur entretien, dans tous les cas, sauf lorsqu'ils étaient dans la maladie ou dans l'indigence ; et en faisant ces choses, ils abondèrent dans la grâce de Dieu.

6 Et il commença à y avoir de nouveau beaucoup de paix dans le pays ; et le peuple commença à être très nombreux, et commença à se disperser au dehors sur la surface de la terre, oui, au nord et au sud, à l'est et à l'ouest, construisant de grandes villes et de gros villages dans toutes les parties du pays.

7 Et le Seigneur le visita et le fit prospérer, et il devint un peuple grand et riche.

8 Or, les fils de Mosiah étaient comptés parmi les incrédules ; et l'un des fils d'Alma était aussi compté parmi eux, et il s'appelait Alma comme son père ; néanmoins, il devint un homme très méchant et idolâtre. Et c'était un homme aux nombreuses paroles, et il disait beaucoup de flatteries au peuple ; c'est pourquoi, il en conduisit beaucoup parmi le peuple à agir à la manière de ses iniquités.

9 Et il devint une grande entrave à la prospérité de l'Église de Dieu, séduisant le cœur du peuple, causant beaucoup de dissensions parmi le peuple, donnant à l'ennemi de Dieu l'occasion d'exercer son pouvoir sur eux.

10 Et alors, il arriva que tandis qu'il allait çà et là pour détruire l'Église de Dieu, car il allait secrètement çà et là avec les fils de Mosiah, cherchant à détruire l'Église et à égarer le peuple du Seigneur, à l'encontre des commandements de Dieu, ou même du roi —

11 Et, ainsi que je vous le disais, comme ils allaient çà et là, se rebellant contre Dieu, voici, l'ange du Seigneur leur apparut ; et il descendit comme dans une nuée ; et il parla comme avec une voix de tonnerre, qui fit trembler la terre sur laquelle ils se tenaient ;

12 et si grand fut leur étonnement qu'ils tombèrent par terre et ne comprirent pas les paroles qu'il leur disait.

13 Nevertheless he cried again, saying: Alma, arise and stand forth, for why persecutest thou the church of God? For the Lord hath said: This is my church, and I will establish it; and nothing shall overthrow it, save it is the transgression of my people.

14 And again, the angel said: Behold, the Lord hath heard the prayers of his people, and also the prayers of his servant, Alma, who is thy father; for he has prayed with much faith concerning thee that thou mightest be brought to the knowledge of the truth; therefore, for this purpose have I come to convince thee of the power and authority of God, that the prayers of his servants might be answered according to their faith.

15 And now behold, can ye dispute the power of God? For behold, doth not my voice shake the earth? And can ye not also behold me before you? And I am sent from God.

16 Now I say unto thee: Go, and remember the captivity of thy fathers in the land of Helam, and in the land of Nephi; and remember how great things he has done for them; for they were in bondage, and he has delivered them. And now I say unto thee, Alma, go thy way, and seek to destroy the church no more, that their prayers may be answered, and this even if thou wilt of thyself be cast off.

17 And now it came to pass that these were the last words which the angel spake unto Alma, and he departed.

18 And now Alma and those that were with him fell again to the earth, for great was their astonishment; for with their own eyes they had beheld an angel of the Lord; and his voice was as thunder, which shook the earth; and they knew that there was nothing save the power of God that could shake the earth and cause it to tremble as though it would part asunder.

19 And now the astonishment of Alma was so great that he became dumb, that he could not open his mouth; yea, and he became weak, even that he could not move his hands; therefore he was taken by those that were with him, and carried helpless, even until he was laid before his father.

20 And they rehearsed unto his father all that had happened unto them; and his father

13 Néanmoins, il cria encore, disant : Alma, lève-toi et avance-toi, car pourquoi persécutes-tu l'Église de Dieu ? Car le Seigneur a dit : Ceci est mon Église, et je l'établirai ; et rien ne la renversera, si ce n'est la transgression de mon peuple.

14 Et l'ange dit encore : Voici, le Seigneur a entendu les prières de son peuple, et aussi les prières de son serviteur Alma, qui est ton père ; car il a prié avec beaucoup de foi à ton sujet, afin que tu sois amené à la connaissance de la vérité ; c'est pourquoi, c'est dans ce but que je suis venu te convaincre du pouvoir et de l'autorité de Dieu, afin que les prières de ses serviteurs soient exaucées selon leur foi.

15 Et maintenant, voici, peux-tu contester le pouvoir de Dieu ? Car voici, ma voix n'ébranle-t-elle pas la terre ? Et ne peux-tu pas aussi me voir devant toi ? Et je suis envoyé de la part de Dieu.

16 Maintenant, je te dis : Va, et souviens-toi de la captivité de tes pères au pays d'Hélam et au pays de Néphi ; et souviens-toi des grandes choses qu'il a faites pour eux ; car ils étaient dans la servitude, et il les a délivrés. Et maintenant, je te dis, Alma, va et ne cherche plus à détruire l'Église, afin que ses prières soient exaucées, et cela, même si tu veux de toi-même être rejeté.

17 Et alors, il arriva que ce furent les dernières paroles que l'ange dit à Alma, et il partit.

18 Et alors, Alma et ceux qui étaient avec lui tombèrent de nouveau par terre, car leur étonnement était grand ; car ils avaient vu de leurs propres yeux un ange du Seigneur ; et sa voix était comme le tonnerre qui secouait la terre ; et ils surent qu'il n'y avait que le pouvoir de Dieu qui pouvait secouer la terre et la faire trembler comme si elle allait se fendre.

19 Et alors, l'étonnement d'Alma était si grand qu'il devint muet, de sorte qu'il ne put ouvrir la bouche ; oui, et il devint faible, de sorte qu'il ne pouvait plus bouger les mains ; c'est pourquoi, il fut pris par ceux qui étaient avec lui, et porté, impuissant, jusqu'à ce qu'il fût déposé devant son père.

20 Et ils racontèrent à son père tout ce qui leur était arrivé ; et son père se réjouit, car il savait que c'était le pouvoir de Dieu.

rejoiced, for he knew that it was the power of God.

21 And he caused that a multitude should be gathered together that they might witness what the Lord had done for his son, and also for those that were with him.

22 And he caused that the priests should assemble themselves together; and they began to fast, and to pray to the Lord their God that he would open the mouth of Alma, that he might speak, and also that his limbs might receive their strength—that the eyes of the people might be opened to see and know of the goodness and glory of God.

23 And it came to pass after they had fasted and prayed for the space of two days and two nights, the limbs of Alma received their strength, and he stood up and began to speak unto them, bidding them to be of good comfort:

24 For, said he, I have repented of my sins, and have been redeemed of the Lord; behold I am born of the Spirit.

25 And the Lord said unto me: Marvel not that all mankind, yea, men and women, all nations, kindreds, tongues and people, must be born again; yea, born of God, changed from their carnal and fallen state, to a state of righteousness, being redeemed of God, becoming his sons and daughters;

26 And thus they become new creatures; and unless they do this, they can in nowise inherit the kingdom of God.

27 I say unto you, unless this be the case, they must be cast off; and this I know, because I was like to be cast off.

28 Nevertheless, after wading through much tribulation, repenting nigh unto death, the Lord in mercy hath seen fit to snatch me out of an everlasting burning, and I am born of God.

29 My soul hath been redeemed from the gall of bitterness and bonds of iniquity. I was in the darkest abyss; but now I behold the marvelous light of God. My soul was racked with eternal torment; but I am snatched, and my soul is pained no more.

30 I rejected my Redeemer, and denied that which had been spoken of by our fathers; but now that they may foresee that he will come,

21 Et il fit rassembler une multitude, afin qu'elle fût témoin de ce que le Seigneur avait fait pour son fils et aussi pour ceux qui étaient avec lui.

22 Et il commanda aux prêtres de s'assembler ; et ils commencèrent à jeûner, et à prier le Seigneur, leur Dieu, pour qu'il ouvrît la bouche d'Alma, afin qu'il parlât, et aussi afin que ses membres reçussent leur force — afin que les yeux du peuple fussent ouverts pour voir et connaître la bonté et la gloire de Dieu.

23 Et il arriva que lorsqu'ils eurent jeûné et prié pendant deux jours et deux nuits, les membres d'Alma reçurent leur force, et il se leva et commença à leur parler, leur disant de prendre courage :

24 car, dit-il, je me suis repenti de mes péchés, et j'ai été racheté par le Seigneur ; voici, je suis né de l'Esprit.

25 Et le Seigneur m'a dit : Ne t'étonne pas de ce que toute l'humanité, oui, les hommes et les femmes, toutes les nations, tribus, langues et peuples doivent naître de nouveau ; oui, naître de Dieu, changer de leur état charnel et déchu à un état de justice, étant rachetés par Dieu, devenant ses fils et ses filles ;

26 et ainsi, ils deviennent de nouvelles créatures ; et s'ils ne font pas cela, ils ne peuvent en aucune façon hériter le royaume de Dieu.

27 Je vous le dis, si tel n'est pas le cas, ils sont rejetés ; et cela je le sais, parce que j'étais sur le point d'être rejeté.

28 Néanmoins, après avoir traversé beaucoup de tribulations, m'être repenti presque jusqu'à la mort, le Seigneur, dans sa miséricorde, a jugé bon de m'arracher à un feu éternel, et je suis né de Dieu.

29 Mon âme a été rachetée du fiel de l'amertume et des liens de l'iniquité. J'étais dans l'abîme le plus sombre ; mais maintenant, je vois la lumière merveilleuse de Dieu. Mon âme était torturée d'un tourment éternel ; mais j'en suis arraché, et mon âme n'est plus dans la souffrance.

30 Je rejetais mon Rédempteur et niais ce dont nos pères avaient parlé ; mais maintenant, pour qu'ils puissent voir

and that he remembereth every creature of his creating, he will make himself manifest unto all.

31 Yea, every knee shall bow, and every tongue confess before him. Yea, even at the last day, when all men shall stand to be judged of him, then shall they confess that he is God; then shall they confess, who live without God in the world, that the judgment of an everlasting punishment is just upon them; and they shall quake, and tremble, and shrink beneath the glance of his all-searching eye.

32 And now it came to pass that Alma began from this time forward to teach the people, and those who were with Alma at the time the angel appeared unto them, traveling round about through all the land, publishing to all the people the things which they had heard and seen, and preaching the word of God in much tribulation, being greatly persecuted by those who were unbelievers, being smitten by many of them.

33 But notwithstanding all this, they did impart much consolation to the church, confirming their faith, and exhorting them with long-suffering and much travail to keep the commandments of God.

34 And four of them were the sons of Mosiah; and their names were Ammon, and Aaron, and Omner, and Himni; these were the names of the sons of Mosiah.

35 And they traveled throughout all the land of Zarahemla, and among all the people who were under the reign of king Mosiah, zealously striving to repair all the injuries which they had done to the church, confessing all their sins, and publishing all the things which they had seen, and explaining the prophecies and the scriptures to all who desired to hear them.

36 And thus they were instruments in the hands of God in bringing many to the knowledge of the truth, yea, to the knowledge of their Redeemer.

37 And how blessed are they! For they did publish peace; they did publish good tidings of good; and they did declare unto the people that the Lord reigneth.

d'avance qu'il viendra, et qu'il se souvient de toutes les créatures qu'il a créées, il se manifestera à tous.

31 Oui, tout genou fléchira, et toute langue confessera devant lui. Oui, au dernier jour, lorsque tous les hommes se tiendront pour être jugés par lui, alors ils confesseront qu'il est Dieu ; alors ils confesseront, ceux qui vivent sans Dieu dans le monde, que le jugement d'un châtiment éternel prononcé contre eux est juste ; et ils frémiront, et trembleront, et reculeront sous le regard de son œil qui sonde tout.

32 Et alors, il arriva qu'Alma commença, à partir de ce moment-là, à instruire le peuple, ainsi que ceux qui étaient avec Alma au moment où l'ange leur apparut, voyageant à travers tout le pays, publiant à tout le peuple les choses qu'ils avaient vues et entendues, et prêchant la parole de Dieu au milieu de beaucoup de tribulations, grandement persécutés par ceux qui étaient incrédules, et frappés par beaucoup d'entre eux.

33 Mais malgré tout cela, ils apportèrent beaucoup de consolation à l'Église, confirmant sa foi et l'exhortant, avec longanimité et beaucoup de labeur, à garder les commandements de Dieu.

34 Et quatre d'entre eux étaient les fils de Mosiah ; et ils avaient pour nom Ammon, et Aaron, et Omner, et Himni ; tels étaient les noms des fils de Mosiah.

35 Et ils voyagèrent à travers tout le pays de Zarahemla, et parmi tout le peuple qui était sous le règne du roi Mosiah, s'efforçant avec zèle de réparer tout le mal qu'ils avaient fait à l'Église, confessant tous leurs péchés, et publiant tout ce qu'ils avaient vu, et expliquant les prophéties et les Écritures à tous ceux qui désiraient les entendre.

36 Et c'est ainsi qu'ils furent des instruments entre les mains de Dieu pour en faire parvenir beaucoup à la connaissance de la vérité, oui, à la connaissance de leur Rédempteur.

37 Et comme ils sont bénis ! Car ils publiaient la paix, ils publiaient de bonnes nouvelles ; et ils déclaraient au peuple que le Seigneur règne.

CHAPTER 28   CHAPITRE 28

The sons of Mosiah go to preach to the Lamanites—Using the two seer stones, Mosiah translates the Jaredite plates. About 92 B.C.

Les fils de Mosiah vont prêcher aux Lamanites — Mosiah traduit les plaques jarédites à l'aide des deux pierres de voyant. Vers 92 av. J.-C.

1 Now it came to pass that after the sons of Mosiah had done all these things, they took a small number with them and returned to their father, the king, and desired of him that he would grant unto them that they might, with these whom they had selected, go up to the land of Nephi that they might preach the things which they had heard, and that they might impart the word of God to their brethren, the Lamanites—

1 Alors, il arriva que lorsque les fils de Mosiah eurent fait toutes ces choses, ils en prirent un petit nombre avec eux et retournèrent auprès de leur père, le roi, et lui demandèrent de leur accorder de monter, avec ceux qu'ils avaient choisis, au pays de Néphi, afin de prêcher les choses qu'ils avaient entendues et de donner la parole de Dieu à leurs frères, les Lamanites —

2 That perhaps they might bring them to the knowledge of the Lord their God, and convince them of the iniquity of their fathers; and that perhaps they might cure them of their hatred towards the Nephites, that they might also be brought to rejoice in the Lord their God, that they might become friendly to one another, and that there should be no more contentions in all the land which the Lord their God had given them.

2 Afin de pouvoir peut-être les faire parvenir à la connaissance du Seigneur, leur Dieu, et de les convaincre de l'iniquité de leurs pères, et peut-être de les guérir de leur haine à l'égard des Néphites, afin qu'ils soient aussi amenés à se réjouir à cause du Seigneur, leur Dieu, afin qu'ils deviennent amicaux les uns envers les autres, et qu'il n'y ait plus de querelles dans tout le pays que le Seigneur, leur Dieu, leur avait donné.

3 Now they were desirous that salvation should be declared to every creature, for they could not bear that any human soul should perish; yea, even the very thoughts that any soul should endure endless torment did cause them to quake and tremble.

3 Or, ils désiraient que le salut fût annoncé à toute la création, car ils ne pouvaient pas supporter qu'une seule âme humaine pérît ; oui, la pensée même qu'une âme dût endurer le tourment éternel les faisait frémir et trembler.

4 And thus did the Spirit of the Lord work upon them, for they were the very vilest of sinners. And the Lord saw fit in his infinite mercy to spare them; nevertheless they suffered much anguish of soul because of their iniquities, suffering much and fearing that they should be cast off forever.

4 Et c'était ainsi que l'Esprit du Seigneur agissait sur eux, car ils avaient été les plus vils des pécheurs. Et le Seigneur jugea bon, dans sa miséricorde infinie, de les épargner ; néanmoins, ils souffrirent une grande angoisse d'âme à cause de leurs iniquités, souffrant beaucoup et craignant d'être rejetés à jamais.

5 And it came to pass that they did plead with their father many days that they might go up to the land of Nephi.

5 Et il arriva qu'ils supplièrent leur père de nombreux jours pour pouvoir monter au pays de Néphi.

6 And king Mosiah went and inquired of the Lord if he should let his sons go up among the Lamanites to preach the word.

6 Et le roi Mosiah alla interroger le Seigneur pour savoir s'il devait laisser ses fils monter chez les Lamanites prêcher la parole.

7 And the Lord said unto Mosiah: Let them go up, for many shall believe on their words, and they shall have eternal life; and I will deliver thy sons out of the hands of the Lamanites.

7 Et le Seigneur dit à Mosiah : Laisse-les monter, car beaucoup croiront en leurs paroles, et ils auront la vie éternelle ; et je délivrerai tes fils des mains des Lamanites.

8 And it came to pass that Mosiah granted that they might go and do according to their request.

9 And they took their journey into the wilderness to go up to preach the word among the Lamanites; and I shall give an account of their proceedings hereafter.

10 Now king Mosiah had no one to confer the kingdom upon, for there was not any of his sons who would accept of the kingdom.

11 Therefore he took the records which were engraven on the plates of brass, and also the plates of Nephi, and all the things which he had kept and preserved according to the commandments of God, after having translated and caused to be written the records which were on the plates of gold which had been found by the people of Limhi, which were delivered to him by the hand of Limhi;

12 And this he did because of the great anxiety of his people; for they were desirous beyond measure to know concerning those people who had been destroyed.

13 And now he translated them by the means of those two stones which were fastened into the two rims of a bow.

14 Now these things were prepared from the beginning, and were handed down from generation to generation, for the purpose of interpreting languages;

15 And they have been kept and preserved by the hand of the Lord, that he should discover to every creature who should possess the land the iniquities and abominations of his people;

16 And whosoever has these things is called seer, after the manner of old times.

17 Now after Mosiah had finished translating these records, behold, it gave an account of the people who were destroyed, from the time that they were destroyed back to the building of the great tower, at the time the Lord confounded the language of the people and they were scattered abroad upon the face of all the earth, yea, and even from that time back until the creation of Adam.

18 Now this account did cause the people of Mosiah to mourn exceedingly, yea, they were filled with sorrow; nevertheless it gave them much knowledge, in the which they did rejoice.

8 Et il arriva que Mosiah leur accorda d'aller faire ce qu'ils avaient demandé.

9 Et ils entreprirent leur voyage dans le désert pour monter prêcher la parole parmi les Lamanites ; et je ferai plus tard le récit de leurs actes.

10 Or, le roi Mosiah n'avait personne à qui conférer le royaume, car aucun de ses fils ne voulait accepter le royaume.

11 C'est pourquoi, il prit les annales qui étaient gravées sur les plaques d'airain, et aussi les plaques de Néphi, et toutes les choses qu'il avait gardées et préservées selon les commandements de Dieu, après avoir traduit et fait écrire les annales qui étaient sur les plaques d'or qui avaient été trouvées par le peuple de Limhi, qui lui avaient été remises par la main de Limhi ;

12 et il fit cela à cause de la grande anxiété de son peuple ; car il désirait, au-delà de toute mesure, être informé sur ces gens qui avaient été détruits.

13 Et alors, il les traduisit au moyen de ces deux pierres qui étaient fixées dans les deux montures d'un arc.

14 Or, ces objets furent préparés dès le commencement et furent transmis de génération en génération, dans le but d'interpréter les langues ;

15 et ils ont été gardés et préservés par la main du Seigneur, afin de lui permettre de dévoiler, à toute créature qui posséderait le pays, les iniquités et les abominations de son peuple ;

16 et quiconque a ces objets est appelé voyant, à la manière des temps anciens.

17 Alors, lorsque Mosiah eut fini de traduire ces annales, voici, elles racontaient l'histoire du peuple qui avait été détruit, depuis le moment où il avait été détruit en remontant jusqu'à la construction de la grande tour, au moment où le Seigneur confondit la langue du peuple et que celui-ci fut dispersé au dehors sur la surface de toute la terre, oui, et même depuis ce moment-là en remontant jusqu'à la création d'Adam.

18 Or, ce récit plongea le peuple de Mosiah dans un deuil extrême, oui, il fut rempli de tristesse ; néanmoins, il lui donna beaucoup de connaissance, ce qui le réjouit.

19 And this account shall be written hereafter; for behold, it is expedient that all people should know the things which are written in this account.

20 And now, as I said unto you, that after king Mosiah had done these things, he took the plates of brass, and all the things which he had kept, and conferred them upon Alma, who was the son of Alma; yea, all the records, and also the interpreters, and conferred them upon him, and commanded him that he should keep and preserve them, and also keep a record of the people, handing them down from one generation to another, even as they had been handed down from the time that Lehi left Jerusalem.

19 Et ce récit sera écrit plus tard ; car voici, il est nécessaire que tout le monde sache les choses qui sont écrites dans ce récit.

20 Et alors, comme je vous l'ai dit, lorsque le roi Mosiah eut fait ces choses, il prit les plaques d'airain, et toutes les choses qu'il avait gardées, et les confia à Alma, qui était le fils d'Alma ; oui, toutes les annales, et aussi les interprètes, et les lui confia, et lui commanda de les garder et de les préserver, et aussi de tenir les annales du peuple, les transmettant d'une génération à l'autre, tout comme elles avaient été transmises depuis le moment où Léhi quitta Jérusalem.

CHAPTER 29

CHAPITRE 29

Mosiah proposes that judges be chosen in place of a king—Unrighteous kings lead their people into sin—Alma the younger is chosen chief judge by the voice of the people—He is also the high priest over the Church—Alma the elder and Mosiah die. About 92–91 B.C.

Mosiah propose que l'on choisisse des juges au lieu d'un roi — Les rois injustes conduisent leur peuple dans le péché — Alma le Jeune est choisi comme grand juge par la voix du peuple — Il est aussi le grand prêtre de l'Église — Mort d'Alma l'Ancien et de Mosiah. Vers 92–91 av. J.-C.

1 Now when Mosiah had done this he sent out throughout all the land, among all the people, desiring to know their will concerning who should be their king.

1 Alors, lorsqu'il eut fait cela, Mosiah envoya des gens dans tout le pays, parmi tout le peuple, désirant connaître sa volonté concernant celui qui serait son roi.

2 And it came to pass that the voice of the people came, saying: We are desirous that Aaron thy son should be our king and our ruler.

2 Et il arriva que la voix du peuple vint, disant : Nous désirons qu'Aaron, ton fils, soit notre roi et notre gouverneur.

3 Now Aaron had gone up to the land of Nephi, therefore the king could not confer the kingdom upon him; neither would Aaron take upon him the kingdom; neither were any of the sons of Mosiah willing to take upon them the kingdom.

3 Or, Aaron était monté au pays de Néphi ; c'est pourquoi, le roi ne pouvait pas lui conférer le royaume ; et Aaron ne voulait pas non plus prendre sur lui le royaume ; et aucun des fils de Mosiah n'était disposé à prendre sur lui le royaume.

4 Therefore king Mosiah sent again among the people; yea, even a written word sent he among the people. And these were the words that were written, saying:

4 C'est pourquoi, le roi Mosiah envoya de nouveau des gens parmi le peuple ; oui, il envoya même une parole écrite parmi le peuple. Et voici les paroles qui étaient écrites, disant :

5 Behold, O ye my people, or my brethren, for I esteem you as such, I desire that ye should consider the cause which ye are called to consider—for ye are desirous to have a king.

5 Voici, ô mon peuple, ou mes frères, car je vous estime comme tels, je désire que vous examiniez l'affaire que vous êtes appelés à examiner : car vous désirez avoir un roi.

6 Now I declare unto you that he to whom the kingdom doth rightly belong has declined, and will not take upon him the kingdom.

7 And now if there should be another appointed in his stead, behold I fear there would rise contentions among you. And who knoweth but what my son, to whom the kingdom doth belong, should turn to be angry and draw away a part of this people after him, which would cause wars and contentions among you, which would be the cause of shedding much blood and perverting the way of the Lord, yea, and destroy the souls of many people.

8 Now I say unto you let us be wise and consider these things, for we have no right to destroy my son, neither should we have any right to destroy another if he should be appointed in his stead.

9 And if my son should turn again to his pride and vain things he would recall the things which he had said, and claim his right to the kingdom, which would cause him and also this people to commit much sin.

10 And now let us be wise and look forward to these things, and do that which will make for the peace of this people.

11 Therefore I will be your king the remainder of my days; nevertheless, let us appoint judges, to judge this people according to our law; and we will newly arrange the affairs of this people, for we will appoint wise men to be judges, that will judge this people according to the commandments of God.

12 Now it is better that a man should be judged of God than of man, for the judgments of God are always just, but the judgments of man are not always just.

13 Therefore, if it were possible that you could have just men to be your kings, who would establish the laws of God, and judge this people according to his commandments, yea, if ye could have men for your kings who would do even as my father Benjamin did for this people—I say unto you, if this could always be the case then it would be expedient that ye should always have kings to rule over you.

14 And even I myself have labored with all the power and faculties which I have possessed, to teach you the commandments of

6 Or, je vous annonce que celui à qui le royaume appartient de droit a refusé, et ne prendra pas sur lui le royaume.

7 Et maintenant, si un autre était désigné à sa place, voici, je crains que des querelles ne s'élèvent parmi vous. Et qui sait si mon fils, à qui le royaume appartient, ne se mettrait pas en colère et n'entraînerait pas une partie de ce peuple après lui, ce qui causerait des guerres et des querelles parmi vous, ce qui serait la cause de l'effusion de beaucoup de sang et d'une perversion de la voie du Seigneur, oui, et ferait périr l'âme de beaucoup de gens.

8 Maintenant, je vous le dis, soyons sages, et examinons ces choses, car nous n'avons pas le droit de faire périr mon fils, et nous n'avons pas non plus le droit d'en faire périr un autre, s'il était désigné à sa place.

9 Et si mon fils revenait à son orgueil et aux choses vaines, il rétracterait les choses qu'il a dites et ferait valoir son droit au royaume, ce qui le ferait pécher grandement, lui et aussi ce peuple.

10 Et soyons donc sages, et prévoyons ces choses, et faisons ce qui contribuera à la paix de ce peuple.

11 C'est pourquoi, je serai votre roi le reste de ma vie ; néanmoins, désignons des juges pour juger ce peuple selon notre loi ; et nous arrangerons d'une manière nouvelle les affaires de ce peuple, car nous désignerons comme juges des hommes sages qui jugeront ce peuple selon les commandements de Dieu.

12 Or, il vaut mieux qu'un homme soit jugé par Dieu que par l'homme, car les jugements de Dieu sont toujours justes, mais les jugements de l'homme ne sont pas toujours justes.

13 C'est pourquoi, s'il était possible que vous ayez pour rois des hommes justes, qui établiraient les lois de Dieu et jugeraient ce peuple selon ses commandements, oui, si vous pouviez avoir pour rois des hommes qui feraient ce que mon père Benjamin a fait pour ce peuple — je vous dis que si cela pouvait toujours être le cas, alors il serait opportun que vous ayez toujours des rois pour vous gouverner.

14 Et j'ai moi-même travaillé de tout le pouvoir et de toutes les facultés que je possédais pour vous enseigner les commandements de

God, and to establish peace throughout the land, that there should be no wars nor contentions, no stealing, nor plundering, nor murdering, nor any manner of iniquity;

15 And whosoever has committed iniquity, him have I punished according to the crime which he has committed, according to the law which has been given to us by our fathers.

16 Now I say unto you, that because all men are not just it is not expedient that ye should have a king or kings to rule over you.

17 For behold, how much iniquity doth one wicked king cause to be committed, yea, and what great destruction!

18 Yea, remember king Noah, his wickedness and his abominations, and also the wickedness and abominations of his people. Behold what great destruction did come upon them; and also because of their iniquities they were brought into bondage.

19 And were it not for the interposition of their all-wise Creator, and this because of their sincere repentance, they must unavoidably remain in bondage until now.

20 But behold, he did deliver them because they did humble themselves before him; and because they cried mightily unto him he did deliver them out of bondage; and thus doth the Lord work with his power in all cases among the children of men, extending the arm of mercy towards them that put their trust in him.

21 And behold, now I say unto you, ye cannot dethrone an iniquitous king save it be through much contention, and the shedding of much blood.

22 For behold, he has his friends in iniquity, and he keepeth his guards about him; and he teareth up the laws of those who have reigned in righteousness before him; and he trampleth under his feet the commandments of God;

23 And he enacteth laws, and sendeth them forth among his people, yea, laws after the manner of his own wickedness; and whosoever doth not obey his laws he causeth to be destroyed; and whosoever doth rebel against him he will send his armies against them to war, and if he can he will destroy

Dieu et pour établir la paix dans tout le pays, afin qu'il n'y ait plus de guerres ni de querelles, ni de vol, ni de pillage, ni de meurtre, ni aucune sorte d'iniquité ;

15 et quiconque a commis l'iniquité, je l'ai puni selon le crime qu'il a commis, selon la loi qui nous a été donnée par nos pères.

16 Maintenant, je vous le dis : parce que tous les hommes ne sont pas justes, il n'est pas opportun que vous ayez un roi ou des rois pour vous gouverner.

17 Car voici, quelle iniquité un seul roi méchant ne fait-il pas commettre, oui, et quelle grande destruction !

18 Oui, souvenez-vous du roi Noé, de sa méchanceté et de ses abominations, et aussi de la méchanceté et des abominations de son peuple. Voyez quelle grande destruction s'est abattue sur eux, et aussi, à cause de leurs iniquités, ils ont été réduits en servitude.

19 Et s'il n'y avait pas eu l'interposition de leur Créateur à la sagesse parfaite, et cela à cause de leur repentir sincère, ils seraient demeurés dans la servitude jusqu'à maintenant.

20 Mais voici, il les a délivrés, parce qu'ils se sont humiliés devant lui ; et parce qu'ils l'ont imploré avec ferveur, il les a délivrés de la servitude ; et c'est ainsi que le Seigneur agit avec son pouvoir, dans tous les cas, parmi les enfants des hommes, étendant le bras de la miséricorde vers ceux qui placent leur confiance en lui.

21 Et maintenant voici, je vous le dis, vous ne pouvez détrôner un roi inique, si ce n'est par beaucoup de querelles et par l'effusion de beaucoup de sang.

22 Car voici, il a ses amis dans l'iniquité, et il maintient ses gardes autour de lui ; et il met en lambeaux les lois de ceux qui ont régné dans la justice avant lui ; et il foule sous ses pieds les commandements de Dieu ;

23 et il décrète des lois, et les envoie parmi son peuple, oui, des lois à la manière de sa propre méchanceté ; et tous ceux qui n'obéissent pas à ses lois, il les fait périr ; et tous ceux qui se rebellent contre lui, il leur envoie ses armées pour qu'elles leur fassent la guerre, et s'il le peut, il les détruit ; et c'est

them; and thus an unrighteous king doth pervert the ways of all righteousness.

24 And now behold I say unto you, it is not expedient that such abominations should come upon you.

25 Therefore, choose you by the voice of this people, judges, that ye may be judged according to the laws which have been given you by our fathers, which are correct, and which were given them by the hand of the Lord.

26 Now it is not common that the voice of the people desireth anything contrary to that which is right; but it is common for the lesser part of the people to desire that which is not right; therefore this shall ye observe and make it your law—to do your business by the voice of the people.

27 And if the time comes that the voice of the people doth choose iniquity, then is the time that the judgments of God will come upon you; yea, then is the time he will visit you with great destruction even as he has hitherto visited this land.

28 And now if ye have judges, and they do not judge you according to the law which has been given, ye can cause that they may be judged of a higher judge.

29 If your higher judges do not judge righteous judgments, ye shall cause that a small number of your lower judges should be gathered together, and they shall judge your higher judges, according to the voice of the people.

30 And I command you to do these things in the fear of the Lord; and I command you to do these things, and that ye have no king; that if these people commit sins and iniquities they shall be answered upon their own heads.

31 For behold I say unto you, the sins of many people have been caused by the iniquities of their kings; therefore their iniquities are answered upon the heads of their kings.

32 And now I desire that this inequality should be no more in this land, especially among this my people; but I desire that this land be a land of liberty, and every man may enjoy his rights and privileges alike, so long as the Lord sees fit that we may live and inherit the land, yea, even as long as any of

ainsi qu'un roi injuste pervertit les voies de toute justice.

24 Et maintenant, voici, je vous le dis, il ne convient pas que de telles abominations s'abattent sur vous.

25 C'est pourquoi, choisissez-vous, par la voix de ce peuple, des juges, afin d'être jugés selon les lois qui vous ont été données par nos pères, qui sont correctes, et qui leur ont été données par la main du Seigneur.

26 Or, il n'arrive pas souvent que la voix du peuple désire quelque chose de contraire à ce qui est juste ; mais il arrive souvent que la plus petite partie du peuple désire ce qui n'est pas juste ; c'est pourquoi, vous observerez cela et vous en ferez votre loi : faire vos affaires par la voix du peuple.

27 Et si le temps vient où la voix du peuple choisit l'iniquité, c'est à ce moment-là que les jugements de Dieu s'abattront sur vous ; oui, c'est à ce moment-là qu'il interviendra contre vous par une grande destruction, comme il est intervenu jusqu'à présent dans ce pays.

28 Et maintenant, si vous avez des juges, et qu'ils ne vous jugent pas selon la loi qui a été donnée, vous pouvez les faire juger par un juge supérieur.

29 Si vos juges supérieurs ne jugent pas selon des jugements justes, vous ferez rassembler un petit nombre de vos juges inférieurs, et ils jugeront vos juges supérieurs, selon la voix du peuple.

30 Et je vous commande de faire ces choses dans la crainte du Seigneur ; et je vous commande de faire ces choses et de ne pas avoir de roi, afin que, si ce peuple commet des péchés et des iniquités, ils retombent sur sa tête.

31 Car voici, je vous le dis, les péchés de beaucoup de gens ont été causés par les iniquités de leurs rois ; c'est pourquoi, leurs iniquités retombent sur la tête de leurs rois.

32 Et maintenant, je désire que cette inégalité ne soit plus dans ce pays, en particulier parmi ce peuple, qui est le mien ; mais je désire que ce pays soit un pays de liberté, et que tout homme jouisse de la même manière de ses droits et de ses libertés, tant que le Seigneur juge bon que nous

our posterity remains upon the face of the land.

33 And many more things did king Mosiah write unto them, unfolding unto them all the trials and troubles of a righteous king, yea, all the travails of soul for their people, and also all the murmurings of the people to their king; and he explained it all unto them.

34 And he told them that these things ought not to be; but that the burden should come upon all the people, that every man might bear his part.

35 And he also unfolded unto them all the disadvantages they labored under, by having an unrighteous king to rule over them;

36 Yea, all his iniquities and abominations, and all the wars, and contentions, and bloodshed, and the stealing, and the plundering, and the committing of whoredoms, and all manner of iniquities which cannot be enumerated—telling them that these things ought not to be, that they were expressly repugnant to the commandments of God.

37 And now it came to pass, after king Mosiah had sent these things forth among the people they were convinced of the truth of his words.

38 Therefore they relinquished their desires for a king, and became exceedingly anxious that every man should have an equal chance throughout all the land; yea, and every man expressed a willingness to answer for his own sins.

39 Therefore, it came to pass that they assembled themselves together in bodies throughout the land, to cast in their voices concerning who should be their judges, to judge them according to the law which had been given them; and they were exceedingly rejoiced because of the liberty which had been granted unto them.

40 And they did wax strong in love towards Mosiah; yea, they did esteem him more than any other man; for they did not look upon him as a tyrant who was seeking for gain, yea, for that lucre which doth corrupt the soul; for he had not exacted riches of them, neither had he delighted in the shedding of blood; but he had established peace in the land, and he had granted unto his people

vivions et héritions le pays, oui, tant qu'il reste quelqu'un de notre postérité sur la surface du pays.

33 Et le roi Mosiah leur écrivit encore beaucoup d'autres choses, leur dévoilant toutes les épreuves et toutes les préoccupations d'un roi juste, oui, toutes les peines que se donne son âme pour son peuple, et aussi tous les murmures du peuple à son roi ; et il leur expliqua tout cela.

34 Et il leur dit que ces choses ne devaient pas être ; mais que le fardeau devait tomber sur tout le peuple, afin que chaque homme supportât sa part.

35 Et il leur dévoila aussi tous les désavantages dont ils souffriraient en laissant un roi injuste les gouverner ;

36 oui, toutes ses iniquités et toutes ses abominations, et toutes les guerres, et les querelles, et l'effusion de sang, et le vol, et le pillage, et la perpétration de fornication, et toutes sortes d'iniquités qui ne peuvent être énumérées, leur disant que ces choses ne devaient pas être, qu'elles étaient expressément contraires aux commandements de Dieu.

37 Et alors, il arriva que lorsque le roi Mosiah eut envoyé ces choses parmi le peuple, celui-ci fut convaincu de la véracité de ses paroles.

38 C'est pourquoi, il abandonna son désir d'avoir un roi et devint extrêmement anxieux de donner à tout homme une chance égale dans tout le pays ; oui, et chaque homme se dit disposé à répondre de ses propres péchés.

39 C'est pourquoi, il arriva qu'ils s'assemblèrent en groupes dans tout le pays, pour donner leur voix concernant ceux qui seraient leurs juges, pour les juger selon la loi qui leur avait été donnée ; et ils se réjouirent extrêmement à cause de la liberté qui leur avait été accordée.

40 Et ils devinrent forts dans l'amour envers Mosiah ; oui, ils l'estimaient plus que n'importe quel autre homme ; car ils ne le considéraient pas comme un tyran qui cherchait le gain, oui, le lucre qui corrompt l'âme ; car il ne leur avait pas extorqué de richesses, ni n'avait mis ses délices dans l'effusion du sang ; mais il avait fait régner la paix dans le pays, et il avait accordé à son

that they should be delivered from all manner of bondage; therefore they did esteem him, yea, exceedingly, beyond measure.

41 And it came to pass that they did appoint judges to rule over them, or to judge them according to the law; and this they did throughout all the land.

42 And it came to pass that Alma was appointed to be the first chief judge, he being also the high priest, his father having conferred the office upon him, and having given him the charge concerning all the affairs of the church.

43 And now it came to pass that Alma did walk in the ways of the Lord, and he did keep his commandments, and he did judge righteous judgments; and there was continual peace through the land.

44 And thus commenced the reign of the judges throughout all the land of Zarahemla, among all the people who were called the Nephites; and Alma was the first and chief judge.

45 And now it came to pass that his father died, being eighty and two years old, having lived to fulfil the commandments of God.

46 And it came to pass that Mosiah died also, in the thirty and third year of his reign, being sixty and three years old; making in the whole, five hundred and nine years from the time Lehi left Jerusalem.

47 And thus ended the reign of the kings over the people of Nephi; and thus ended the days of Alma, who was the founder of their church.

peuple d'être délivré de toute espèce de servitude ; c'est pourquoi, ils l'estimaient, oui, à l'extrême, au-delà de toute mesure.

41 Et il arriva qu'ils désignèrent des juges pour les gouverner, ou pour les juger selon la loi ; et cela, ils le firent dans tout le pays.

42 Et il arriva qu'Alma fut désigné pour être le premier grand juge, étant aussi le grand prêtre, son père lui ayant conféré l'office et lui ayant donné la charge de toutes les affaires de l'Église.

43 Et alors, il arriva qu'Alma marcha dans les voies du Seigneur, et il garda ses commandements, et il jugea par des jugements justes ; et il y eut une paix continuelle dans le pays.

44 Et ainsi commença le règne des juges dans tout le pays de Zarahemla, parmi tout le peuple qui était appelé les Néphites ; et Alma fut le premier grand juge.

45 Et alors, il arriva que son père mourut, âgé de quatre-vingt-deux ans, ayant vécu pour accomplir les commandements de Dieu.

46 Et il arriva que Mosiah mourut aussi, dans la trente-troisième année de son règne, à soixante-trois ans ; ce qui faisait en tout cinq cent et neuf ans depuis le moment où Léhi avait quitté Jérusalem.

47 Et ainsi finit le règne des rois sur le peuple de Néphi ; et ainsi finirent les jours d'Alma, qui fut le fondateur de leur Église.

THE BOOK OF ALMA
THE SON OF ALMA

LIVRE D'ALMA
FILS D'ALMA

The account of Alma, who was the son of Alma, the first and chief judge over the people of Nephi, and also the high priest over the Church. An account of the reign of the judges, and the wars and contentions among the people. And also an account of a war between the Nephites and the Lamanites, according to the record of Alma, the first and chief judge.

Récit d'Alma, qui était fils d'Alma, premier grand juge du peuple de Néphi, et aussi grand prêtre de l'Église. Récit du règne des juges, et des guerres et des querelles parmi le peuple. Et aussi, récit d'une guerre entre les Néphites et les Lamanites, selon les annales d'Alma, premier grand juge.

CHAPTER 1

CHAPITRE 1

Nehor teaches false doctrines, establishes a church, introduces priestcraft, and slays Gideon—Nehor is executed for his crimes—Priestcrafts and persecutions spread among the people—The priests support themselves, the people care for the poor, and the Church prospers. About 91–88 B.C.

Néhor enseigne une fausse doctrine, fonde une Église, introduit les intrigues de prêtres et tue Gédéon — Il est exécuté pour ses crimes — Les intrigues de prêtres et les persécutions se répandent parmi le peuple — Les prêtres pourvoient à leur entretien personnel, le peuple prend soin des pauvres, et l'Église prospère. Vers 91–88 av. J.-C.

1 Now it came to pass that in the first year of the reign of the judges over the people of Nephi, from this time forward, king Mosiah having gone the way of all the earth, having warred a good warfare, walking uprightly before God, leaving none to reign in his stead; nevertheless he had established laws, and they were acknowledged by the people; therefore they were obliged to abide by the laws which he had made.

1 Or, il arriva que la première année du règne des juges sur le peuple de Néphi, à partir de ce moment-là, le roi Mosiah étant allé où va tout ce qui est terrestre, ayant combattu un bon combat, ayant marché en droiture devant Dieu, ne laissant personne pour régner à sa place — néanmoins, il avait établi des lois, et elles étaient reconnues par le peuple : c'est pourquoi ils étaient obligés de se conformer aux lois qu'il avait faites —

2 And it came to pass that in the first year of the reign of Alma in the judgment-seat, there was a man brought before him to be judged, a man who was large, and was noted for his much strength.

2 et il arriva que la première année du règne d'Alma sur le siège du jugement, il y eut un homme qui fut amené devant lui pour être jugé, un homme qui était d'une forte carrure et était renommé pour sa grande force.

3 And he had gone about among the people, preaching to them that which he termed to be the word of God, bearing down against the church; declaring unto the people that every priest and teacher ought to become popular; and they ought not to labor with their hands, but that they ought to be supported by the people.

3 Et il s'en était allé parmi le peuple, lui prêchant ce qu'il disait être la parole de Dieu, s'opposant à l'Église ; déclarant au peuple que tous les prêtres et instructeurs devraient être populaires, et qu'ils ne devraient pas travailler de leurs mains, mais qu'ils devraient être entretenus par le peuple.

4 And he also testified unto the people that all mankind should be saved at the last day, and that they need not fear nor tremble, but that they might lift up their heads and rejoice; for the Lord had created all men, and had also redeemed all men; and, in the end, all men should have eternal life.

4 Et il témoigna aussi au peuple que toute l'humanité serait sauvée au dernier jour, et qu'il ne devait pas craindre ni trembler, mais qu'il pouvait lever la tête et se réjouir, car le Seigneur avait créé tous les hommes et avait aussi racheté tous les hommes, et, à la fin, tous les hommes auraient la vie éternelle.

5 And it came to pass that he did teach these things so much that many did believe on his words, even so many that they began to support him and give him money.

5 Et il arriva qu'il enseigna tellement ces choses-là, que beaucoup crurent ses paroles, oui, un si grand nombre, qu'ils commencèrent à l'entretenir et à lui donner de l'argent.

6 And he began to be lifted up in the pride of his heart, and to wear very costly apparel, yea, and even began to establish a church after the manner of his preaching.

6 Et il commença à être enflé dans l'orgueil de son cœur et à porter des habits très somptueux, oui, et commença même à établir une Église conforme à sa prédication.

7 And it came to pass as he was going, to preach to those who believed on his word, he met a man who belonged to the church of

7 Et il arriva que tandis qu'il allait prêcher à ceux qui croyaient en sa parole, il rencontra un homme qui appartenait à l'Église de

God, yea, even one of their teachers; and he began to contend with him sharply, that he might lead away the people of the church; but the man withstood him, admonishing him with the words of God.

8 Now the name of the man was Gideon; and it was he who was an instrument in the hands of God in delivering the people of Limhi out of bondage.

9 Now, because Gideon withstood him with the words of God he was wroth with Gideon, and drew his sword and began to smite him. Now Gideon being stricken with many years, therefore he was not able to withstand his blows, therefore he was slain by the sword.

10 And the man who slew him was taken by the people of the church, and was brought before Alma, to be judged according to the crimes which he had committed.

11 And it came to pass that he stood before Alma and pled for himself with much boldness.

12 But Alma said unto him: Behold, this is the first time that priestcraft has been introduced among this people. And behold, thou art not only guilty of priestcraft, but hast endeavored to enforce it by the sword; and were priestcraft to be enforced among this people it would prove their entire destruction.

13 And thou hast shed the blood of a righteous man, yea, a man who has done much good among this people; and were we to spare thee his blood would come upon us for vengeance.

14 Therefore thou art condemned to die, according to the law which has been given us by Mosiah, our last king; and it has been acknowledged by this people; therefore this people must abide by the law.

15 And it came to pass that they took him; and his name was Nehor; and they carried him upon the top of the hill Manti, and there he was caused, or rather did acknowledge, between the heavens and the earth, that what he had taught to the people was contrary to the word of God; and there he suffered an ignominious death.

16 Nevertheless, this did not put an end to the spreading of priestcraft through the land; for there were many who loved the vain things of the world, and they went

---

Dieu, oui, un de ses instructeurs ; et il se mit à s'opposer âprement à lui, afin d'égarer le peuple de l'Église ; mais l'homme lui résista, le reprenant au moyen des paroles de Dieu.

8 Or, le nom de l'homme était Gédéon ; et c'était lui qui avait été un instrument entre les mains de Dieu pour délivrer le peuple de Limhi de la servitude.

9 Or, parce que Gédéon lui résistait au moyen des paroles de Dieu, il fut furieux contre Gédéon, et tira son épée, et commença à le frapper. Or, Gédéon, étant accablé d'un grand nombre d'années, n'était donc pas capable de résister à ses coups, c'est pourquoi il fut tué par l'épée.

10 Et l'homme qui l'avait tué fut pris par le peuple de l'Église et fut amené devant Alma pour être jugé selon les crimes qu'il avait commis.

11 Et il arriva qu'il se tint devant Alma et plaida pour lui-même avec beaucoup de hardiesse.

12 Mais Alma lui dit : Voici, c'est la première fois que les intrigues de prêtres sont introduites parmi ce peuple. Et voici, tu n'es pas seulement coupable d'intrigues de prêtres, mais tu t'es efforcé de les imposer par l'épée ; et si les intrigues de prêtres devaient être imposées parmi ce peuple, elles causeraient son entière destruction.

13 Et tu as versé le sang d'un juste, oui, d'un homme qui a fait beaucoup de bien parmi ce peuple ; et si nous t'épargnions, son sang crierait vengeance contre nous.

14 C'est pourquoi tu es condamné à mourir, selon la loi qui nous a été donnée par Mosiah, notre dernier roi ; et elle a été reconnue par ce peuple ; c'est pourquoi ce peuple doit se conformer à la loi.

15 Et il arriva qu'ils l'emmenèrent ; et son nom était Néhor ; et ils le portèrent sur le sommet de la colline de Manti, et là, il fut obligé, ou plutôt reconnut, entre les cieux et la terre, que ce qu'il avait enseigné au peuple était contraire à la parole de Dieu ; et là, il subit une mort ignominieuse.

16 Néanmoins, cela ne mit pas fin à la diffusion des intrigues de prêtres dans le pays ; car il y en avait beaucoup qui aimaient les choses vaines du monde, et ils s'en allaient,

forth preaching false doctrines; and this they did for the sake of riches and honor.

17 Nevertheless, they durst not lie, if it were known, for fear of the law, for liars were punished; therefore they pretended to preach according to their belief; and now the law could have no power on any man for his belief.

18 And they durst not steal, for fear of the law, for such were punished; neither durst they rob, nor murder, for he that murdered was punished unto death.

19 But it came to pass that whosoever did not belong to the church of God began to persecute those that did belong to the church of God, and had taken upon them the name of Christ.

20 Yea, they did persecute them, and afflict them with all manner of words, and this because of their humility; because they were not proud in their own eyes, and because they did impart the word of God, one with another, without money and without price.

21 Now there was a strict law among the people of the church, that there should not any man, belonging to the church, arise and persecute those that did not belong to the church, and that there should be no persecution among themselves.

22 Nevertheless, there were many among them who began to be proud, and began to contend warmly with their adversaries, even unto blows; yea, they would smite one another with their fists.

23 Now this was in the second year of the reign of Alma, and it was a cause of much affliction to the church; yea, it was the cause of much trial with the church.

24 For the hearts of many were hardened, and their names were blotted out, that they were remembered no more among the people of God. And also many withdrew themselves from among them.

25 Now this was a great trial to those that did stand fast in the faith; nevertheless, they were steadfast and immovable in keeping the commandments of God, and they bore with patience the persecution which was heaped upon them.

prêchant de fausses doctrines ; et cela, ils le faisaient par amour de la richesse et des honneurs.

17 Néanmoins, ils n'osaient pas mentir, de peur que cela ne se sût, par crainte de la loi, car les menteurs étaient punis ; c'est pourquoi ils prétendaient prêcher selon leur croyance ; or, la loi ne pouvait rien faire contre la croyance d'un homme.

18 Et ils n'osaient pas voler, par crainte de la loi, car de tels hommes étaient punis ; ils n'osaient pas non plus commettre des actes de brigandage, ni le meurtre, car celui qui commettait le meurtre était puni de mort.

19 Mais il arriva que ceux qui n'appartenaient pas à l'Église de Dieu commencèrent à persécuter ceux qui appartenaient à l'Église de Dieu et avaient pris sur eux le nom du Christ.

20 Oui, ils les persécutèrent et les affligèrent de toutes sortes de paroles, et cela à cause de leur humilité ; parce qu'ils ne s'enorgueillissaient pas à leurs propres yeux, et parce qu'ils se communiquaient les uns aux autres la parole de Dieu, sans argent, sans rien payer.

21 Or, il y avait une loi stricte parmi le peuple de l'Église qu'aucun homme appartenant à l'Église ne pouvait se lever pour persécuter ceux qui n'appartenaient pas à l'Église, et qu'il ne devait pas y avoir de persécutions entre eux.

22 Néanmoins, il y en eut beaucoup parmi eux qui commencèrent à être orgueilleux et qui entrèrent dans une vive contestation avec leurs adversaires, allant même jusqu'aux coups ; oui, ils se frappaient du poing.

23 Or, cela se passait la deuxième année du règne d'Alma, et ce fut une cause de grande affliction pour l'Église ; oui, ce fut la cause d'une grande épreuve pour l'Église.

24 Car beaucoup avaient le cœur endurci, et leurs noms furent effacés, de sorte qu'on ne s'en souvint plus parmi le peuple de Dieu. Et aussi, beaucoup se retirèrent de parmi eux.

25 Or, c'était là une grande épreuve pour ceux qui restaient fermes dans la foi ; néanmoins, ils étaient constants et immuables à garder les commandements de Dieu, et ils supportaient avec patience les persécutions qui s'accumulaient sur eux.

26 And when the priests left their labor to impart the word of God unto the people, the people also left their labors to hear the word of God. And when the priest had imparted unto them the word of God they all returned again diligently unto their labors; and the priest, not esteeming himself above his hearers, for the preacher was no better than the hearer, neither was the teacher any better than the learner; and thus they were all equal, and they did all labor, every man according to his strength.

27 And they did impart of their substance, every man according to that which he had, to the poor, and the needy, and the sick, and the afflicted; and they did not wear costly apparel, yet they were neat and comely.

28 And thus they did establish the affairs of the church; and thus they began to have continual peace again, notwithstanding all their persecutions.

29 And now, because of the steadiness of the church they began to be exceedingly rich, having abundance of all things whatsoever they stood in need—an abundance of flocks and herds, and fatlings of every kind, and also abundance of grain, and of gold, and of silver, and of precious things, and abundance of silk and fine-twined linen, and all manner of good homely cloth.

30 And thus, in their prosperous circumstances, they did not send away any who were naked, or that were hungry, or that were athirst, or that were sick, or that had not been nourished; and they did not set their hearts upon riches; therefore they were liberal to all, both old and young, both bond and free, both male and female, whether out of the church or in the church, having no respect to persons as to those who stood in need.

31 And thus they did prosper and become far more wealthy than those who did not belong to their church.

32 For those who did not belong to their church did indulge themselves in sorceries, and in idolatry or idleness, and in babblings, and in envyings and strife; wearing costly apparel; being lifted up in the pride of their own eyes; persecuting, lying, thieving, robbing, committing whoredoms, and murdering, and all manner of wickedness; nevertheless, the law was put in force upon all

26 Et lorsque les prêtres quittaient leur travail pour communiquer la parole de Dieu au peuple, le peuple quittait aussi ses travaux pour entendre la parole de Dieu. Et lorsque le prêtre leur avait communiqué la parole de Dieu, ils retournaient tous diligemment à leurs travaux ; et le prêtre ne s'estimait pas au-dessus de ses auditeurs, car le prédicateur n'était pas meilleur que l'auditeur, et l'instructeur n'était pas meilleur que celui qui apprenait ; et ainsi, ils étaient tous égaux, et ils travaillaient tous, chacun selon sa force.

27 Et ils accordaient de leurs biens, chacun selon ce qu'il avait, aux pauvres, et aux nécessiteux, et aux malades, et aux affligés ; et ils ne portaient pas d'habits somptueux, et cependant, ils étaient soignés et beaux.

28 Et c'est ainsi qu'ils établirent les affaires de l'Église ; et c'est ainsi qu'ils recommencèrent à avoir une paix continuelle, malgré toutes leurs persécutions.

29 Et alors, à cause de la stabilité de l'Église, ils commencèrent à être extrêmement riches, ayant une abondance de tout ce dont ils avaient besoin : une abondance de troupeaux de gros et de petit bétail, et de bétail engraissé de toute sorte, et aussi abondance de grain, et d'or, et d'argent, et de choses précieuses, et abondance de soie, et de fin lin retors, et de toute sorte de bon tissu simple.

30 Et ainsi, dans leur situation prospère, ils ne renvoyaient aucun de ceux qui étaient nus, ou qui avaient faim, ou qui avaient soif, ou qui étaient malades, ou qui n'avaient pas été nourris ; et ils ne mettaient pas leur cœur dans les richesses ; c'est pourquoi ils étaient généreux envers tous, jeunes et vieux, esclaves et libres, hommes et femmes, qu'ils fussent hors de l'Église ou dans l'Église, ne faisant pas acception de personnes en ce qui concerne ceux qui étaient dans le besoin.

31 Et c'est ainsi qu'ils prospérèrent et devinrent beaucoup plus riches que ceux qui n'appartenaient pas à leur Église.

32 Car ceux qui n'appartenaient pas à leur Église se livraient à la sorcellerie, et à l'idolâtrie ou à l'indolence, et aux babillages, et à l'envie, et à la discorde, portant des habits somptueux, étant enflés dans l'orgueil de leurs propres yeux, persécutant, mentant, volant, commettant des actes de brigandage, la fornication et le meurtre, et toute sorte de méchanceté ; néanmoins, la loi était

those who did transgress it, inasmuch as it was possible.

33 And it came to pass that by thus exercising the law upon them, every man suffering according to that which he had done, they became more still, and durst not commit any wickedness if it were known; therefore, there was much peace among the people of Nephi until the fifth year of the reign of the judges.

mise en application à l'égard de tous ceux qui la transgressaient, dans la mesure où c'était possible.

33 Et il arriva que parce qu'on leur appliquait ainsi la loi, chacun souffrant selon ce qu'il avait fait, ils devinrent plus calmes et n'osèrent plus commettre de méchanceté, de peur que cela ne se sût ; c'est pourquoi, il y eut beaucoup de paix parmi le peuple de Néphi, jusqu'à la cinquième année du règne des juges.

CHAPTER 2

Amlici seeks to be king and is rejected by the voice of the people—His followers make him king— The Amlicites make war on the Nephites and are defeated—The Lamanites and Amlicites join forces and are defeated—Alma slays Amlici. About 87 B.C.

1 And it came to pass in the commencement of the fifth year of their reign there began to be a contention among the people; for a certain man, being called Amlici, he being a very cunning man, yea, a wise man as to the wisdom of the world, he being after the order of the man that slew Gideon by the sword, who was executed according to the law—

2 Now this Amlici had, by his cunning, drawn away much people after him; even so much that they began to be very powerful; and they began to endeavor to establish Amlici to be a king over the people.

3 Now this was alarming to the people of the church, and also to all those who had not been drawn away after the persuasions of Amlici; for they knew that according to their law that such things must be established by the voice of the people.

4 Therefore, if it were possible that Amlici should gain the voice of the people, he, being a wicked man, would deprive them of their rights and privileges of the church; for it was his intent to destroy the church of God.

5 And it came to pass that the people assembled themselves together throughout all the land, every man according to his mind, whether it were for or against Amlici, in separate bodies, having much dispute and wonderful contentions one with another.

CHAPITRE 2

Amlici cherche à être roi et est rejeté par la voix du peuple — Ses partisans le font roi — Les Amlicites font la guerre aux Néphites et sont battus — Les Lamanites et les Amlicites unissent leurs forces et sont battus — Alma tue Amlici. Vers 87 av. J.-C.

1 Et il arriva qu'au commencement de la cinquième année de leur règne, il commença à y avoir une querelle parmi le peuple ; car un homme, appelé Amlici, homme très rusé, oui, un sage selon la sagesse du monde, qui appartenait à l'ordre de l'homme qui tua Gédéon par l'épée, qui fut exécuté selon la loi —

2 or, cet Amlici avait, par sa ruse, entraîné à sa suite beaucoup de gens, tellement même, qu'ils commencèrent à être très puissants ; et ils commencèrent à tenter d'établir Amlici pour qu'il fût roi du peuple.

3 Or, c'était alarmant pour le peuple de l'Église, et aussi pour tous ceux qui n'avaient pas été entraînés par les arguments persuasifs d'Amlici ; car ils savaient que, selon leur loi, de telles choses devaient être établies par la voix du peuple.

4 C'est pourquoi, s'il était possible à Amlici d'acquérir la voix du peuple, étant un méchant homme, il le priverait de ses droits et de ses garanties de l'Église ; car son intention était de détruire l'Église de Dieu.

5 Et il arriva que le peuple s'assembla dans tout le pays, chacun selon son opinion, qu'elle fût pour ou contre Amlici, en groupes séparés, ayant beaucoup de contestations et d'étonnantes querelles entre eux.

6 And thus they did assemble themselves together to cast in their voices concerning the matter; and they were laid before the judges.

7 And it came to pass that the voice of the people came against Amlici, that he was not made king over the people.

8 Now this did cause much joy in the hearts of those who were against him; but Amlici did stir up those who were in his favor to anger against those who were not in his favor.

9 And it came to pass that they gathered themselves together, and did consecrate Amlici to be their king.

10 Now when Amlici was made king over them he commanded them that they should take up arms against their brethren; and this he did that he might subject them to him.

11 Now the people of Amlici were distinguished by the name of Amlici, being called Amlicites; and the remainder were called Nephites, or the people of God.

12 Therefore the people of the Nephites were aware of the intent of the Amlicites, and therefore they did prepare to meet them; yea, they did arm themselves with swords, and with cimeters, and with bows, and with arrows, and with stones, and with slings, and with all manner of weapons of war, of every kind.

13 And thus they were prepared to meet the Amlicites at the time of their coming. And there were appointed captains, and higher captains, and chief captains, according to their numbers.

14 And it came to pass that Amlici did arm his men with all manner of weapons of war of every kind; and he also appointed rulers and leaders over his people, to lead them to war against their brethren.

15 And it came to pass that the Amlicites came upon the hill Amnihu, which was east of the river Sidon, which ran by the land of Zarahemla, and there they began to make war with the Nephites.

16 Now Alma, being the chief judge and the governor of the people of Nephi, therefore he went up with his people, yea, with his captains, and chief captains, yea, at the head of his armies, against the Amlicites to battle.

6 Et c'est ainsi qu'ils s'assemblèrent pour donner leurs voix sur la question ; et elles furent déposées devant les juges.

7 Et il arriva que la voix du peuple se prononça contre Amlici, de sorte qu'il ne fut pas fait roi du peuple.

8 Or, cela causa beaucoup de joie dans le cœur de ceux qui étaient contre lui ; mais Amlici excita ceux qui étaient en sa faveur à la colère contre ceux qui n'étaient pas en sa faveur.

9 Et il arriva qu'ils se rassemblèrent et consacrèrent Amlici pour qu'il fût leur roi.

10 Or, lorsqu'il eut été fait roi sur eux, Amlici leur commanda de prendre les armes contre leurs frères ; et cela, il le fit afin de se les assujettir.

11 Or, le peuple d'Amlici fut distingué par le nom d'Amlici, étant appelé Amlicites ; et le reste fut appelé Néphites, ou peuple de Dieu.

12 C'est pourquoi le peuple des Néphites fut conscient de l'intention des Amlicites, et, pour cette raison, il se prépara à les rencontrer ; oui, il s'arma d'épées, et de cimeterres, et d'arcs, et de flèches, et de pierres, et de frondes, et de toutes sortes d'armes de guerre de toute espèce.

13 Et ainsi, ils étaient préparés à rencontrer les Amlicites au moment où ils viendraient. Et des capitaines, et des capitaines supérieurs, et des capitaines en chef furent désignés, selon leurs nombres.

14 Et il arriva qu'Amlici arma ses hommes de toutes sortes d'armes de guerre de toute espèce ; et il désigna aussi des gouverneurs et des dirigeants sur son peuple, pour le conduire à la guerre contre ses frères.

15 Et il arriva que les Amlicites montèrent sur la colline Amnihu, qui était à l'est du fleuve Sidon, qui passait devant le pays de Zarahemla, et là, ils commencèrent à faire la guerre aux Néphites.

16 Or, Alma, étant le grand juge et le gouverneur du peuple de Néphi, monta, pour cette raison, avec son peuple, oui, avec ses capitaines, et ses capitaines en chef, oui, à la tête de ses armées, livrer bataille aux Amlicites.

17 And they began to slay the Amlicites upon the hill east of Sidon. And the Amlicites did contend with the Nephites with great strength, insomuch that many of the Nephites did fall before the Amlicites.

18 Nevertheless the Lord did strengthen the hand of the Nephites, that they slew the Amlicites with great slaughter, that they began to flee before them.

19 And it came to pass that the Nephites did pursue the Amlicites all that day, and did slay them with much slaughter, insomuch that there were slain of the Amlicites twelve thousand five hundred thirty and two souls; and there were slain of the Nephites six thousand five hundred sixty and two souls.

20 And it came to pass that when Alma could pursue the Amlicites no longer he caused that his people should pitch their tents in the valley of Gideon, the valley being called after that Gideon who was slain by the hand of Nehor with the sword; and in this valley the Nephites did pitch their tents for the night.

21 And Alma sent spies to follow the remnant of the Amlicites, that he might know of their plans and their plots, whereby he might guard himself against them, that he might preserve his people from being destroyed.

22 Now those whom he had sent out to watch the camp of the Amlicites were called Zeram, and Amnor, and Manti, and Limher; these were they who went out with their men to watch the camp of the Amlicites.

23 And it came to pass that on the morrow they returned into the camp of the Nephites in great haste, being greatly astonished, and struck with much fear, saying:

24 Behold, we followed the camp of the Amlicites, and to our great astonishment, in the land of Minon, above the land of Zarahemla, in the course of the land of Nephi, we saw a numerous host of the Lamanites; and behold, the Amlicites have joined them;

25 And they are upon our brethren in that land; and they are fleeing before them with their flocks, and their wives, and their children, towards our city; and except we make haste they obtain possession of our city, and our fathers, and our wives, and our children be slain.

17 Et ils commencèrent à tuer les Amlicites sur la colline à l'est de Sidon. Et les Amlicites combattirent les Néphites avec une grande force, au point que beaucoup d'entre les Néphites tombèrent devant les Amlicites.

18 Néanmoins, le Seigneur fortifia la main des Néphites, de sorte qu'ils tuèrent les Amlicites en un grand massacre, de sorte que ceux-ci commencèrent à fuir devant eux.

19 Et il arriva que les Néphites poursuivirent les Amlicites tout ce jour-là, et les tuèrent en un grand massacre, de sorte que douze mille cinq cent trente-deux âmes d'entre les Amlicites furent tuées et six mille cinq cent soixante-deux âmes d'entre les Néphites furent tuées.

20 Et il arriva que lorsqu'il ne put plus poursuivre les Amlicites, Alma commanda à son peuple de dresser ses tentes dans la vallée de Gédéon, la vallée étant appelée du nom de ce Gédéon qui avait été tué de la main de Néhor par l'épée ; et dans cette vallée les Néphites dressèrent leurs tentes pour la nuit.

21 Et Alma envoya des espions pour suivre le reste des Amlicites, afin de connaître leurs plans et leurs complots, pour se garder d'eux, afin de préserver son peuple de la destruction.

22 Or, ceux qu'il avait envoyés observer le camp des Amlicites s'appelaient Zéram, et Amnor, et Manti, et Limher ; ce furent là ceux qui sortirent avec leurs hommes pour observer le camp des Amlicites.

23 Et il arriva que, le lendemain, ils retournèrent en toute hâte au camp des Néphites, très étonnés et frappés d'une grande crainte, disant :

24 Voici, nous avons suivi le camp des Amlicites, et, à notre grand étonnement, au pays de Minon, au-dessus du pays de Zarahemla, dans la direction du pays de Néphi, nous avons vu une nombreuse armée de Lamanites ; et voici, les Amlicites se sont joints à eux ;

25 et ils tombent sur nos frères dans ce pays ; et ceux-ci fuient devant eux avec leurs troupeaux, et leurs épouses, et leurs enfants, vers notre ville ; et si nous ne nous hâtons pas, ils vont prendre possession de notre ville, et nos pères, et nos épouses, et nos enfants vont être tués.

26 And it came to pass that the people of Nephi took their tents, and departed out of the valley of Gideon towards their city, which was the city of Zarahemla.

27 And behold, as they were crossing the river Sidon, the Lamanites and the Amlicites, being as numerous almost, as it were, as the sands of the sea, came upon them to destroy them.

28 Nevertheless, the Nephites being strengthened by the hand of the Lord, having prayed mightily to him that he would deliver them out of the hands of their enemies, therefore the Lord did hear their cries, and did strengthen them, and the Lamanites and the Amlicites did fall before them.

29 And it came to pass that Alma fought with Amlici with the sword, face to face; and they did contend mightily, one with another.

30 And it came to pass that Alma, being a man of God, being exercised with much faith, cried, saying: O Lord, have mercy and spare my life, that I may be an instrument in thy hands to save and preserve this people.

31 Now when Alma had said these words he contended again with Amlici; and he was strengthened, insomuch that he slew Amlici with the sword.

32 And he also contended with the king of the Lamanites; but the king of the Lamanites fled back from before Alma and sent his guards to contend with Alma.

33 But Alma, with his guards, contended with the guards of the king of the Lamanites until he slew and drove them back.

34 And thus he cleared the ground, or rather the bank, which was on the west of the river Sidon, throwing the bodies of the Lamanites who had been slain into the waters of Sidon, that thereby his people might have room to cross and contend with the Lamanites and the Amlicites on the west side of the river Sidon.

35 And it came to pass that when they had all crossed the river Sidon that the Lamanites and the Amlicites began to flee before them, notwithstanding they were so numerous that they could not be numbered.

36 And they fled before the Nephites towards the wilderness which was west and north, away beyond the borders of the land;

26 Et il arriva que le peuple de Néphi prit ses tentes et sortit de la vallée de Gédéon vers sa ville, qui était la ville de Zarahemla.

27 Et voici, tandis qu'il traversait le fleuve Sidon, les Lamanites et les Amlicites, presque aussi nombreux, pour ainsi dire, que le sable de la mer, tombèrent sur lui pour le détruire.

28 Néanmoins, les Néphites étaient fortifiés par la main du Seigneur, car ils avaient imploré avec ferveur pour qu'il les délivrât des mains de leurs ennemis, c'est pourquoi le Seigneur entendit leurs cris et les fortifia, et les Lamanites et les Amlicites tombèrent devant eux.

29 Et il arriva qu'Alma combattit Amlici face à face avec l'épée ; et ils se combattirent avec puissance.

30 Et il arriva qu'Alma, homme de Dieu animé d'une grande foi, s'écria, disant : Ô Seigneur, sois miséricordieux et épargne-moi la vie, afin que je sois un instrument entre tes mains pour sauver et préserver ce peuple.

31 Or, lorsqu'il eut dit ces paroles, Alma combattit encore Amlici ; et il fut fortifié, de sorte qu'il tua Amlici de son épée.

32 Et il combattit aussi le roi des Lamanites ; mais le roi des Lamanites prit la fuite devant Alma et envoya ses gardes combattre Alma.

33 Mais Alma, avec ses gardes, combattit les gardes du roi des Lamanites, jusqu'à ce qu'il les eût tués et repoussés.

34 Et ainsi, il nettoya le terrain, ou plutôt la rive, qui était à l'ouest du fleuve Sidon, jetant, dans les eaux de Sidon, les corps des Lamanites qui avaient été tués, afin que son peuple eût ainsi de la place pour traverser et combattre les Lamanites et les Amlicites du côté ouest du fleuve Sidon.

35 Et il arriva que lorsqu'ils eurent tous traversé le fleuve Sidon, les Lamanites et les Amlicites commencèrent à fuir devant eux, en dépit du fait qu'ils étaient si nombreux qu'on ne pouvait les compter.

36 Et ils s'enfuirent devant les Néphites vers le désert qui était à l'ouest et au nord, loin au-delà des frontières du pays ; et les

and the Nephites did pursue them with their might, and did slay them.

37 Yea, they were met on every hand, and slain and driven, until they were scattered on the west, and on the north, until they had reached the wilderness, which was called Hermounts; and it was that part of the wilderness which was infested by wild and ravenous beasts.

38 And it came to pass that many died in the wilderness of their wounds, and were devoured by those beasts and also the vultures of the air; and their bones have been found, and have been heaped up on the earth.

CHAPTER 3

The Amlicites had marked themselves according to the prophetic word—The Lamanites had been cursed for their rebellion—Men bring their own curses upon themselves—The Nephites defeat another Lamanite army. About 87–86 B.C.

1 And it came to pass that the Nephites who were not slain by the weapons of war, after having buried those who had been slain— now the number of the slain were not numbered, because of the greatness of their number—after they had finished burying their dead they all returned to their lands, and to their houses, and their wives, and their children.

2 Now many women and children had been slain with the sword, and also many of their flocks and their herds; and also many of their fields of grain were destroyed, for they were trodden down by the hosts of men.

3 And now as many of the Lamanites and the Amlicites who had been slain upon the bank of the river Sidon were cast into the waters of Sidon; and behold their bones are in the depths of the sea, and they are many.

4 And the Amlicites were distinguished from the Nephites, for they had marked themselves with red in their foreheads after the manner of the Lamanites; nevertheless they had not shorn their heads like unto the Lamanites.

5 Now the heads of the Lamanites were shorn; and they were naked, save it were skin which was girded about their loins, and

Néphites les poursuivirent de toutes leurs forces, et les tuèrent.

37 Oui, ils furent assaillis de toutes parts, et tués et chassés, jusqu'à ce qu'ils fussent dispersés à l'ouest, et au nord, jusqu'à ce qu'ils eussent atteint le désert qu'on appelait Hermounts ; et c'était cette partie du désert qui était infestée de bêtes sauvages et féroces.

38 Et il arriva que beaucoup moururent de leurs blessures dans le désert et furent dévorés par ces bêtes et aussi par les vautours de l'air ; et leurs os ont été trouvés, et ont été entassés sur la terre.

CHAPITRE 3

Les Amlicites s'étaient marqués selon la parole prophétique — Les Lamanites avaient été maudits pour leur rébellion — Les hommes attirent sur eux-mêmes leurs malédictions — Les Néphites battent encore une armée lamanite. Vers 87–86 av. J.-C.

1 Et il arriva que les Néphites qui n'avaient pas été tués par les armes de guerre, après avoir enterré ceux qui avaient été tués — or, le nombre des tués ne fut pas dénombré, à cause de la grandeur de leur nombre — lorsqu'ils eurent fini d'enterrer leurs morts, ils retournèrent tous dans leurs pays, et dans leurs maisons, et auprès de leurs épouses, et de leurs enfants.

2 Or, beaucoup de femmes et d'enfants avaient été tués par l'épée, et aussi beaucoup de leurs troupeaux de gros et de petit bétail ; et beaucoup de leurs champs de grain avaient aussi été détruits, car ils avaient été piétinés par les armées des hommes.

3 Et alors, tous les Lamanites et Amlicites qui avaient été tués sur la rive du fleuve Sidon furent jetés dans les eaux de Sidon ; et voici, leurs os sont dans les profondeurs de la mer, et ils sont nombreux.

4 Et les Amlicites se distinguaient des Néphites, car ils s'étaient marqués de rouge au front, à la manière des Lamanites ; néanmoins, ils ne s'étaient pas rasé la tête comme les Lamanites.

5 Or, les Lamanites avaient la tête rasée ; et ils étaient nus, à part la peau dont ils se ceignaient les reins, et aussi leur armure, dont

also their armor, which was girded about them, and their bows, and their arrows, and their stones, and their slings, and so forth.

6 And the skins of the Lamanites were dark, according to the mark which was set upon their fathers, which was a curse upon them because of their transgression and their rebellion against their brethren, who consisted of Nephi, Jacob, and Joseph, and Sam, who were just and holy men.

7 And their brethren sought to destroy them, therefore they were cursed; and the Lord God set a mark upon them, yea, upon Laman and Lemuel, and also the sons of Ishmael, and Ishmaelitish women.

8 And this was done that their seed might be distinguished from the seed of their brethren, that thereby the Lord God might preserve his people, that they might not mix and believe in incorrect traditions which would prove their destruction.

9 And it came to pass that whosoever did mingle his seed with that of the Lamanites did bring the same curse upon his seed.

10 Therefore, whosoever suffered himself to be led away by the Lamanites was called under that head, and there was a mark set upon him.

11 And it came to pass that whosoever would not believe in the tradition of the Lamanites, but believed those records which were brought out of the land of Jerusalem, and also in the tradition of their fathers, which were correct, who believed in the commandments of God and kept them, were called the Nephites, or the people of Nephi, from that time forth—

12 And it is they who have kept the records which are true of their people, and also of the people of the Lamanites.

13 Now we will return again to the Amlicites, for they also had a mark set upon them; yea, they set the mark upon themselves, yea, even a mark of red upon their foreheads.

14 Thus the word of God is fulfilled, for these are the words which he said to Nephi: Behold, the Lamanites have I cursed, and I will set a mark on them that they and their seed may be separated from thee and thy seed, from this time henceforth and forever, except they repent of their wickedness and

ils se ceignaient, et leurs arcs, et leurs flèches, et leurs pierres, et leurs frondes, et ainsi de suite.

6 Et la peau des Lamanites était sombre, selon la marque qui avait été mise sur leurs pères, qui était une malédiction sur eux à cause de leur transgression et de leur rébellion contre leurs frères, qui se composaient de Néphi, de Jacob et de Joseph, et de Sam, qui étaient des hommes justes et saints.

7 Et leurs frères cherchèrent à les faire périr, c'est pourquoi ils furent maudits ; et le Seigneur Dieu mit une marque sur eux, oui, sur Laman et Lémuel, et aussi sur les fils d'Ismaël, et les femmes ismaélites.

8 Et cela fut fait pour que leur postérité puisse être distinguée de la postérité de leurs frères, afin que le Seigneur Dieu puisse ainsi préserver son peuple, afin qu'ils ne se mélangent pas et ne croient pas en des traditions incorrectes qui causeraient leur destruction.

9 Et il arriva que quiconque mêlait sa postérité à celle des Lamanites entraînait la même malédiction sur sa postérité.

10 C'est pourquoi, quiconque se laissait entraîner par les Lamanites était appelé de ce nom, et une marque était mise sur lui.

11 Et il arriva que tous ceux qui ne voulaient pas croire en la tradition des Lamanites, mais croyaient en ces annales qui furent apportées du pays de Jérusalem et aussi en la tradition de leurs pères, qui étaient correctes, qui croyaient aux commandements de Dieu et les gardaient, furent appelés, à partir de ce moment-là, les Néphites, ou le peuple de Néphi —

12 et ce sont eux qui ont tenu les annales qui racontent l'histoire véritable de leur peuple et aussi du peuple des Lamanites.

13 Nous allons maintenant revenir aux Amlicites, car une marque avait aussi été mise sur eux ; oui, ils se mirent la marque sur eux-mêmes, oui, une marque rouge sur le front.

14 Ainsi, la parole de Dieu s'est accomplie, car voici les paroles qu'il dit à Néphi : Voici, j'ai maudit les Lamanites, et je mettrai une marque sur eux, afin qu'eux et leurs descendants soient séparés de toi et de ta postérité, dorénavant et à jamais, à moins qu'ils ne se repentent de leur méchanceté et

turn to me that I may have mercy upon them.

15 And again: I will set a mark upon him that mingleth his seed with thy brethren, that they may be cursed also.

16 And again: I will set a mark upon him that fighteth against thee and thy seed.

17 And again, I say he that departeth from thee shall no more be called thy seed; and I will bless thee, and whomsoever shall be called thy seed, henceforth and forever; and these were the promises of the Lord unto Nephi and to his seed.

18 Now the Amlicites knew not that they were fulfilling the words of God when they began to mark themselves in their foreheads; nevertheless they had come out in open rebellion against God; therefore it was expedient that the curse should fall upon them.

19 Now I would that ye should see that they brought upon themselves the curse; and even so doth every man that is cursed bring upon himself his own condemnation.

20 Now it came to pass that not many days after the battle which was fought in the land of Zarahemla, by the Lamanites and the Amlicites, that there was another army of the Lamanites came in upon the people of Nephi, in the same place where the first army met the Amlicites.

21 And it came to pass that there was an army sent to drive them out of their land.

22 Now Alma himself being afflicted with a wound did not go up to battle at this time against the Lamanites;

23 But he sent up a numerous army against them; and they went up and slew many of the Lamanites, and drove the remainder of them out of the borders of their land.

24 And then they returned again and began to establish peace in the land, being troubled no more for a time with their enemies.

25 Now all these things were done, yea, all these wars and contentions were commenced and ended in the fifth year of the reign of the judges.

26 And in one year were thousands and tens of thousands of souls sent to the eternal world, that they might reap their rewards

ne se tournent vers moi, pour que je sois miséricordieux envers eux.

15 Et encore : Je mettrai une marque sur celui qui mêle sa postérité à tes frères, afin qu'elle soit maudite aussi.

16 Et encore : Je mettrai une marque sur celui qui te combat, toi et ta postérité.

17 Et encore, je dis que celui qui s'écarte de toi ne sera plus appelé ta postérité ; et je te bénirai, toi, et quiconque sera appelé ta postérité, dorénavant et à jamais ; et ce furent là les promesses du Seigneur à Néphi et à sa postérité.

18 Or, les Amlicites ne savaient pas qu'ils accomplissaient les paroles de Dieu lorsqu'ils commencèrent à se marquer au front ; néanmoins, ils étaient entrés en rébellion ouverte contre Dieu ; c'est pourquoi il était nécessaire que la malédiction tombât sur eux.

19 Maintenant, je voudrais que vous voyiez qu'ils s'attirèrent la malédiction ; et de même, quiconque est maudit s'attire sa propre condamnation.

20 Alors il arriva, peu de jours après la bataille qui fut livrée au pays de Zarahemla par les Lamanites et les Amlicites, qu'il y eut une autre armée de Lamanites qui vint contre le peuple de Néphi, au même endroit où la première armée avait rencontré les Amlicites.

21 Et il arriva qu'une armée fut envoyée les chasser de leur pays.

22 Or, Alma lui-même, affligé d'une blessure, ne monta pas cette fois-là livrer bataille aux Lamanites ;

23 Mais il fit monter une nombreuse armée contre eux ; et ils montèrent et tuèrent beaucoup de Lamanites, et chassèrent le reste d'entre eux hors des frontières de leur pays.

24 Et puis ils revinrent et commencèrent à faire régner la paix dans le pays, n'étant plus inquiétés pendant un certain temps par leurs ennemis.

25 Or, toutes ces choses se firent, oui, toutes ces guerres et ces querelles commencèrent et finirent dans la cinquième année du règne des juges.

26 Et en un an des milliers et des dizaines de milliers d'âmes furent envoyées dans le

according to their works, whether they were good or whether they were bad, to reap eternal happiness or eternal misery, according to the spirit which they listed to obey, whether it be a good spirit or a bad one.

27 For every man receiveth wages of him whom he listeth to obey, and this according to the words of the spirit of prophecy; therefore let it be according to the truth. And thus endeth the fifth year of the reign of the judges.

CHAPTER 4

Alma baptizes thousands of converts—Iniquity enters the Church, and the Church's progress is hindered—Nephihah is appointed chief judge—Alma, as high priest, devotes himself to the ministry. About 86–83 B.C.

1 Now it came to pass in the sixth year of the reign of the judges over the people of Nephi, there were no contentions nor wars in the land of Zarahemla;

2 But the people were afflicted, yea, greatly afflicted for the loss of their brethren, and also for the loss of their flocks and herds, and also for the loss of their fields of grain, which were trodden under foot and destroyed by the Lamanites.

3 And so great were their afflictions that every soul had cause to mourn; and they believed that it was the judgments of God sent upon them because of their wickedness and their abominations; therefore they were awakened to a remembrance of their duty.

4 And they began to establish the church more fully; yea, and many were baptized in the waters of Sidon and were joined to the church of God; yea, they were baptized by the hand of Alma, who had been consecrated the high priest over the people of the church, by the hand of his father Alma.

5 And it came to pass in the seventh year of the reign of the judges there were about three thousand five hundred souls that united themselves to the church of God and were baptized. And thus ended the seventh

monde éternel, afin de récolter leur récompense, selon leurs œuvres, qu'elles fussent bonnes ou qu'elles fussent mauvaises, pour récolter le bonheur éternel ou la misère éternelle, selon l'esprit auquel elles avaient trouvé bon d'obéir, que ce fût un bon esprit ou un mauvais.

27 Car chacun reçoit un salaire de celui à qui il trouve bon d'obéir, et cela, selon les paroles de l'esprit de prophétie ; c'est pourquoi qu'il en soit selon la vérité. Et ainsi finit la cinquième année du règne des juges.

CHAPITRE 4

Alma baptise des milliers de convertis — L'iniquité entre dans l'Église, et la progression de l'Église est gênée — Néphihah est désigné comme grand juge — Alma, en sa qualité de grand prêtre, se consacre au ministère. Vers 86–83 av. J.-C.

1 Or, il arriva, la sixième année du règne des juges sur le peuple de Néphi, qu'il n'y eut pas de querelles ni de guerres dans le pays de Zarahemla ;

2 mais le peuple était affligé, oui, profondément affligé de la perte de ses frères, et aussi de la perte de ses troupeaux de gros et de petit bétail, et aussi de la perte de ses champs de grain qui avaient été foulés aux pieds et détruits par les Lamanites.

3 Et si grandes étaient ses afflictions, que chaque âme avait lieu d'élever des plaintes ; et ils croyaient que c'étaient les jugements de Dieu envoyés sur eux à cause de leur méchanceté et de leurs abominations ; c'est pourquoi, cela éveilla en eux le souvenir de leur devoir.

4 Et ils commencèrent à établir plus complètement l'Église ; oui, et beaucoup furent baptisés dans les eaux de Sidon et furent unis à l'Église de Dieu ; oui, ils furent baptisés par la main d'Alma, qui avait été consacré grand prêtre du peuple de l'Église par la main de son père Alma.

5 Et il arriva, la septième année du règne des juges, qu'environ trois mille cinq cents âmes s'unirent à l'Église de Dieu et furent baptisées. Et ainsi finit la septième année du règne des juges sur le peuple de Néphi ; et il

year of the reign of the judges over the people of Nephi; and there was continual peace in all that time.

6 And it came to pass in the eighth year of the reign of the judges, that the people of the church began to wax proud, because of their exceeding riches, and their fine silks, and their fine-twined linen, and because of their many flocks and herds, and their gold and their silver, and all manner of precious things, which they had obtained by their industry; and in all these things were they lifted up in the pride of their eyes, for they began to wear very costly apparel.

7 Now this was the cause of much affliction to Alma, yea, and to many of the people whom Alma had consecrated to be teachers, and priests, and elders over the church; yea, many of them were sorely grieved for the wickedness which they saw had begun to be among their people.

8 For they saw and beheld with great sorrow that the people of the church began to be lifted up in the pride of their eyes, and to set their hearts upon riches and upon the vain things of the world, that they began to be scornful, one towards another, and they began to persecute those that did not believe according to their own will and pleasure.

9 And thus, in this eighth year of the reign of the judges, there began to be great contentions among the people of the church; yea, there were envyings, and strife, and malice, and persecutions, and pride, even to exceed the pride of those who did not belong to the church of God.

10 And thus ended the eighth year of the reign of the judges; and the wickedness of the church was a great stumbling-block to those who did not belong to the church; and thus the church began to fail in its progress.

11 And it came to pass in the commencement of the ninth year, Alma saw the wickedness of the church, and he saw also that the example of the church began to lead those who were unbelievers on from one piece of iniquity to another, thus bringing on the destruction of the people.

12 Yea, he saw great inequality among the people, some lifting themselves up with

y eut une paix continuelle pendant tout ce temps.

6 Et il arriva, la huitième année du règne des juges, que le peuple de l'Église commença à devenir orgueilleux à cause de son extrême richesse, et de ses fines soieries, et de son fin lin retors, et à cause de ses nombreux troupeaux de gros et de petit bétail, et de son or et de son argent, et de toutes sortes de choses précieuses qu'il avait obtenues par son industrie ; et dans toutes ces choses il fut enflé dans l'orgueil de ses yeux, car il commença à porter des habits très somptueux.

7 Or, c'était là une cause de grande affliction pour Alma, oui, et pour beaucoup parmi le peuple qu'Alma avait consacrés pour être instructeurs, et prêtres, et anciens de l'Église ; oui, beaucoup d'entre eux furent profondément peinés de la méchanceté qui, ils le voyaient, avait commencé à exister parmi leur peuple.

8 Car ils voyaient et observaient avec une grande tristesse que ceux du peuple de l'Église commençaient à être enflés dans l'orgueil de leurs yeux, et à mettre leur cœur dans les richesses et dans les choses vaines du monde, et qu'ils commençaient à être dédaigneux les uns envers les autres, et qu'ils commençaient à persécuter ceux qui ne croyaient pas selon leur bon plaisir.

9 Et ainsi, cette huitième année du règne des juges, il commença à y avoir de grandes querelles parmi le peuple de l'Église ; oui, il y eut de l'envie, et de la discorde, et de la malice, et des persécutions, et de l'orgueil, au point même de dépasser l'orgueil de ceux qui n'appartenaient pas à l'Église de Dieu.

10 Et ainsi finit la huitième année du règne des juges ; et la méchanceté de l'Église était une grande pierre d'achoppement pour ceux qui n'appartenaient pas à l'Église ; et ainsi, l'Église commença à fléchir dans ses progrès.

11 Et il arriva, au commencement de la neuvième année, qu'Alma vit la méchanceté de l'Église, et il vit aussi que l'exemple de l'Église commençait à entraîner ceux qui étaient incrédules d'une iniquité à une autre, provoquant ainsi la destruction du peuple.

12 Oui, il vit une grande inégalité parmi le peuple, les uns s'exaltant dans leur orgueil,

their pride, despising others, turning their backs upon the needy and the naked and those who were hungry, and those who were athirst, and those who were sick and afflicted.

13 Now this was a great cause for lamentations among the people, while others were abasing themselves, succoring those who stood in need of their succor, such as imparting their substance to the poor and the needy, feeding the hungry, and suffering all manner of afflictions, for Christ's sake, who should come according to the spirit of prophecy;

14 Looking forward to that day, thus retaining a remission of their sins; being filled with great joy because of the resurrection of the dead, according to the will and power and deliverance of Jesus Christ from the bands of death.

15 And now it came to pass that Alma, having seen the afflictions of the humble followers of God, and the persecutions which were heaped upon them by the remainder of his people, and seeing all their inequality, began to be very sorrowful; nevertheless the Spirit of the Lord did not fail him.

16 And he selected a wise man who was among the elders of the church, and gave him power according to the voice of the people, that he might have power to enact laws according to the laws which had been given, and to put them in force according to the wickedness and the crimes of the people.

17 Now this man's name was Nephihah, and he was appointed chief judge; and he sat in the judgment-seat to judge and to govern the people.

18 Now Alma did not grant unto him the office of being high priest over the church, but he retained the office of high priest unto himself; but he delivered the judgment-seat unto Nephihah.

19 And this he did that he himself might go forth among his people, or among the people of Nephi, that he might preach the word of God unto them, to stir them up in remembrance of their duty, and that he might pull down, by the word of God, all the pride and craftiness and all the contentions which were among his people, seeing no way that he might reclaim them save it were in bearing down in pure testimony against them.

méprisant les autres, tournant le dos aux nécessiteux, et aux nus, et à ceux qui avaient faim, et à ceux qui avaient soif, et à ceux qui étaient malades et affligés.

13 Or, c'était une grande cause de lamentations parmi le peuple, tandis que d'autres s'humiliaient, secourant ceux qui avaient besoin de leur secours, donnant de leurs biens aux pauvres et aux nécessiteux, nourrissant les affamés, et souffrant toutes sortes d'afflictions pour l'amour du Christ qui allait venir, selon l'esprit de prophétie ;

14 attendant ce jour-là, conservant ainsi le pardon de leurs péchés, étant remplis d'une grande joie à cause de la résurrection des morts, selon la volonté, et le pouvoir de Jésus-Christ, et sa délivrance des liens de la mort.

15 Et alors, il arriva qu'Alma, ayant vu les afflictions des humbles disciples de Dieu, et les persécutions dont les accablait le reste de son peuple, et voyant toute leur inégalité, commença à être très attristé ; néanmoins, l'Esprit du Seigneur ne l'abandonna pas.

16 Et il choisit un homme sage, qui était parmi les anciens de l'Église, et lui donna du pouvoir, selon la voix du peuple, pour qu'il eût le pouvoir de décréter des lois, selon les lois qui avaient été données, et de les mettre en vigueur, selon la méchanceté et les crimes du peuple.

17 Or, le nom de cet homme était Néphihah, et il fut désigné comme grand juge et s'assit sur le siège du jugement pour juger et pour gouverner le peuple.

18 Or, Alma ne lui accorda pas l'office de grand prêtre de l'Église, mais il conserva l'office de grand prêtre pour lui-même ; mais il remit le siège du jugement à Néphihah.

19 Et cela, il le fit afin de pouvoir aller lui-même parmi son peuple, ou parmi le peuple de Néphi, afin de lui prêcher la parole de Dieu, pour l'inciter à se souvenir de son devoir, et afin d'abattre, par la parole de Dieu, tout l'orgueil et la fourberie, et toutes les querelles qui étaient parmi son peuple, ne voyant aucun autre moyen de le ramener qu'en lui opposant un témoignage pur.

20 And thus in the commencement of the ninth year of the reign of the judges over the people of Nephi, Alma delivered up the judgment-seat to Nephihah, and confined himself wholly to the high priesthood of the holy order of God, to the testimony of the word, according to the spirit of revelation and prophecy.

20 Et ainsi, au commencement de la neuvième année du règne des juges sur le peuple de Néphi, Alma remit le siège du jugement à Néphihah, et se limita entièrement à la haute prêtrise du saint ordre de Dieu, au témoignage de la parole, selon l'esprit de révélation et de prophétie.

The words which Alma, the High Priest according to the holy order of God, delivered to the people in their cities and villages throughout the land.

Paroles qu'Alma, le grand prêtre selon le saint ordre de Dieu, adressa au peuple dans ses villes et ses villages dans tout le pays.

Beginning with chapter 5.

Chapitre 5.

CHAPTER 5

CHAPITRE 5

To gain salvation, men must repent and keep the commandments, be born again, cleanse their garments through the blood of Christ, be humble and strip themselves of pride and envy, and do the works of righteousness—The Good Shepherd calls His people—Those who do evil works are children of the devil—Alma testifies of the truth of his doctrine and commands men to repent—The names of the righteous will be written in the book of life. About 83 B.C.

Pour obtenir le salut, les hommes doivent se repentir et garder les commandements, naître de nouveau, purifier leurs vêtements par le sang du Christ, être humbles et se dépouiller de l'orgueil et de l'envie, et accomplir les œuvres de la justice — Le bon berger appelle son peuple — Ceux qui font des œuvres mauvaises sont enfants du diable — Alma témoigne de la véracité de sa doctrine et commande aux hommes de se repentir — Le nom des justes sera écrit dans le livre de vie. Vers 83 av. J.-C.

1 Now it came to pass that Alma began to deliver the word of God unto the people, first in the land of Zarahemla, and from thence throughout all the land.

1 Alors, il arriva qu'Alma commença à annoncer la parole de Dieu au peuple, tout d'abord au pays de Zarahemla, et de là dans tout le pays.

2 And these are the words which he spake to the people in the church which was established in the city of Zarahemla, according to his own record, saying:

2 Et voici, selon ses annales, les paroles qu'il dit au peuple de l'Église qui était établie dans la ville de Zarahemla, disant :

3 I, Alma, having been consecrated by my father, Alma, to be a high priest over the church of God, he having power and authority from God to do these things, behold, I say unto you that he began to establish a church in the land which was in the borders of Nephi; yea, the land which was called the land of Mormon; yea, and he did baptize his brethren in the waters of Mormon.

3 Moi, Alma, ayant été consacré pour être grand prêtre de l'Église de Dieu par mon père, Alma, lui-même ayant pouvoir et autorité de Dieu de faire ces choses, voici, je vous dis qu'il commença à établir une Église dans le pays qui était dans les régions frontières de Néphi ; oui, le pays qui était appelé pays de Mormon ; oui, et il baptisa ses frères dans les eaux de Mormon.

4 And behold, I say unto you, they were delivered out of the hands of the people of king Noah, by the mercy and power of God.

4 Et voici, je vous le dis, ils furent délivrés des mains du peuple du roi Noé par la miséricorde et le pouvoir de Dieu.

5 And behold, after that, they were brought into bondage by the hands of the Lamanites in the wilderness; yea, I say unto you, they were in captivity, and again the Lord did deliver them out of bondage by the power of his word; and we were brought into this land, and here we began to establish the church of God throughout this land also.

6 And now behold, I say unto you, my brethren, you that belong to this church, have you sufficiently retained in remembrance the captivity of your fathers? Yea, and have you sufficiently retained in remembrance his mercy and long-suffering towards them? And moreover, have ye sufficiently retained in remembrance that he has delivered their souls from hell?

7 Behold, he changed their hearts; yea, he awakened them out of a deep sleep, and they awoke unto God. Behold, they were in the midst of darkness; nevertheless, their souls were illuminated by the light of the everlasting word; yea, they were encircled about by the bands of death, and the chains of hell, and an everlasting destruction did await them.

8 And now I ask of you, my brethren, were they destroyed? Behold, I say unto you, Nay, they were not.

9 And again I ask, were the bands of death broken, and the chains of hell which encircled them about, were they loosed? I say unto you, Yea, they were loosed, and their souls did expand, and they did sing redeeming love. And I say unto you that they are saved.

10 And now I ask of you on what conditions are they saved? Yea, what grounds had they to hope for salvation? What is the cause of their being loosed from the bands of death, yea, and also the chains of hell?

11 Behold, I can tell you—did not my father Alma believe in the words which were delivered by the mouth of Abinadi? And was he not a holy prophet? Did he not speak the words of God, and my father Alma believe them?

12 And according to his faith there was a mighty change wrought in his heart. Behold I say unto you that this is all true.

13 And behold, he preached the word unto your fathers, and a mighty change was also wrought in their hearts, and they humbled

5 Et voici, après cela, ils furent réduits en servitude par les mains des Lamanites dans le désert ; oui, je vous le dis, ils furent en captivité, et le Seigneur les délivra de nouveau de la servitude par le pouvoir de sa parole ; et nous avons été amenés dans ce pays, et ici nous avons aussi commencé à établir l'Église de Dieu partout dans ce pays.

6 Et maintenant, voici, je vous le dis, mes frères, vous qui appartenez à cette Église, avez-vous suffisamment conservé le souvenir de la captivité de vos pères ? Oui, et avez-vous suffisamment conservé le souvenir de sa miséricorde et de sa longanimité à leur égard ? Et de plus, avez-vous suffisamment conservé le souvenir de ce qu'il a délivré leur âme de l'enfer ?

7 Voici, il a changé leur cœur ; oui, il les a éveillés d'un profond sommeil, et ils se sont éveillés à Dieu. Voici, ils étaient au milieu des ténèbres ; néanmoins, leur âme a été illuminée par la lumière de la parole éternelle ; oui, ils étaient enserrés par les liens de la mort et les chaînes de l'enfer, et une destruction éternelle les attendait.

8 Et maintenant, je vous le demande, mes frères, ont-ils été détruits ? Voici, je vous dis que non, ils ne l'ont pas été.

9 Et encore, je le demande : les liens de la mort ont-ils été rompus, et les chaînes de l'enfer, qui les enserraient, ont-elles été détachées ? Je vous dis que oui, elles ont été détachées, et leur âme s'est épanouie, et ils ont chanté l'amour rédempteur. Et je vous dis qu'ils sont sauvés.

10 Et maintenant, je vous le demande, à quelles conditions sont-ils sauvés ? Oui, quelles raisons avaient-ils d'espérer le salut ? Pour quelle raison ont-ils été délivrés des liens de la mort, oui, et aussi des chaînes de l'enfer ?

11 Voici, je peux vous le dire : Mon père Alma n'a-t-il pas cru aux paroles qui ont été prononcées par la bouche d'Abinadi ? Et n'était-il pas un saint prophète ? Ne disait-il pas les paroles de Dieu, et mon père Alma n'y a-t-il pas cru ?

12 Et selon sa foi, un grand changement s'est produit dans son cœur. Voici, je vous dis que tout cela est vrai.

13 Et voici, il a prêché la parole à vos pères, et un grand changement s'est aussi produit dans leur cœur, et ils se sont humiliés et ils

themselves and put their trust in the true and living God. And behold, they were faithful until the end; therefore they were saved.

14 And now behold, I ask of you, my brethren of the church, have ye spiritually been born of God? Have ye received his image in your countenances? Have ye experienced this mighty change in your hearts?

15 Do ye exercise faith in the redemption of him who created you? Do you look forward with an eye of faith, and view this mortal body raised in immortality, and this corruption raised in incorruption, to stand before God to be judged according to the deeds which have been done in the mortal body?

16 I say unto you, can you imagine to yourselves that ye hear the voice of the Lord, saying unto you, in that day: Come unto me ye blessed, for behold, your works have been the works of righteousness upon the face of the earth?

17 Or do ye imagine to yourselves that ye can lie unto the Lord in that day, and say—Lord, our works have been righteous works upon the face of the earth—and that he will save you?

18 Or otherwise, can ye imagine yourselves brought before the tribunal of God with your souls filled with guilt and remorse, having a remembrance of all your guilt, yea, a perfect remembrance of all your wickedness, yea, a remembrance that ye have set at defiance the commandments of God?

19 I say unto you, can ye look up to God at that day with a pure heart and clean hands? I say unto you, can you look up, having the image of God engraven upon your countenances?

20 I say unto you, can ye think of being saved when you have yielded yourselves to become subjects to the devil?

21 I say unto you, ye will know at that day that ye cannot be saved; for there can no man be saved except his garments are washed white; yea, his garments must be purified until they are cleansed from all stain, through the blood of him of whom it has been spoken by our fathers, who should come to redeem his people from their sins.

22 And now I ask of you, my brethren, how will any of you feel, if ye shall stand before

ont placé leur confiance dans le Dieu vrai et vivant. Et voici, ils ont été fidèles jusqu'à la fin ; c'est pourquoi ils ont été sauvés.

14 Et maintenant, voici, je vous demande, mes frères de l'Église, êtes-vous nés spirituellement de Dieu ? Votre visage est-il empreint de son image ? Avez-vous éprouvé ce grand changement dans votre cœur ?

15 Faites-vous preuve de foi en la rédemption de celui qui vous a créés ? Regardez-vous vers l'avenir avec l'œil de la foi, et voyez-vous ce corps mortel ressuscité à l'immortalité et ce corps corruptible ressuscité à l'incorruptibilité, pour vous tenir devant Dieu pour être jugés selon les actes qui ont été accomplis dans le corps mortel ?

16 Je vous le dis, pouvez-vous vous imaginer entendre la voix du Seigneur vous dire en ce jour-là : Venez à moi, vous qui êtes bénis, car voici, vos œuvres ont été les œuvres de la justice sur la surface de la terre ?

17 Ou vous imaginez-vous que vous pourrez mentir au Seigneur en ce jour-là et dire : Seigneur, nos œuvres ont été des œuvres justes sur la surface de la terre, et qu'il vous sauvera ?

18 Ou autrement, pouvez-vous vous imaginer, amenés devant le tribunal de Dieu, l'âme remplie de culpabilité et de remords, avec le souvenir de toute votre culpabilité, oui, le souvenir parfait de toute votre méchanceté, oui, le souvenir que vous avez défié les commandements de Dieu ?

19 Je vous le dis, pourrez-vous lever les yeux vers Dieu ce jour-là, le cœur pur et les mains nettes ? Je vous le dis, pourrez-vous lever les yeux, ayant l'image de Dieu gravée sur le visage ?

20 Je vous le dis, pouvez-vous penser être sauvés, alors que vous vous êtes livrés pour devenir sujets du diable ?

21 Je vous le dis, vous saurez, ce jour-là, que vous ne pouvez être sauvés ; car aucun homme ne peut être sauvé si ses vêtements ne sont pas blanchis ; oui, ses vêtements doivent être purifiés jusqu'à ce qu'ils soient nettoyés de toute tache, par le sang de celui dont il a été parlé par nos pères, qui doit venir racheter son peuple de ses péchés.

22 Et maintenant, je vous le demande, mes frères, comment vous sentirez-vous, si vous

the bar of God, having your garments stained with blood and all manner of filthiness? Behold, what will these things testify against you?

23 Behold will they not testify that ye are murderers, yea, and also that ye are guilty of all manner of wickedness?

24 Behold, my brethren, do ye suppose that such an one can have a place to sit down in the kingdom of God, with Abraham, with Isaac, and with Jacob, and also all the holy prophets, whose garments are cleansed and are spotless, pure and white?

25 I say unto you, Nay; except ye make our Creator a liar from the beginning, or suppose that he is a liar from the beginning, ye cannot suppose that such can have place in the kingdom of heaven; but they shall be cast out for they are the children of the kingdom of the devil.

26 And now behold, I say unto you, my brethren, if ye have experienced a change of heart, and if ye have felt to sing the song of redeeming love, I would ask, can ye feel so now?

27 Have ye walked, keeping yourselves blameless before God? Could ye say, if ye were called to die at this time, within yourselves, that ye have been sufficiently humble? That your garments have been cleansed and made white through the blood of Christ, who will come to redeem his people from their sins?

28 Behold, are ye stripped of pride? I say unto you, if ye are not ye are not prepared to meet God. Behold ye must prepare quickly; for the kingdom of heaven is soon at hand, and such an one hath not eternal life.

29 Behold, I say, is there one among you who is not stripped of envy? I say unto you that such an one is not prepared; and I would that he should prepare quickly, for the hour is close at hand, and he knoweth not when the time shall come; for such an one is not found guiltless.

30 And again I say unto you, is there one among you that doth make a mock of his brother, or that heapeth upon him persecutions?

vous tenez devant la barre de Dieu, les vêtements tachés de sang et de toutes sortes de souillures ? Voici, de quoi ces choses témoigneront-elles contre vous ?

23 Voici, cela ne témoignera-t-il pas que vous êtes des meurtriers, oui, et aussi que vous êtes coupables de toute sorte de méchanceté ?

24 Voici, mes frères, pensez-vous qu'un tel homme puisse avoir une place pour s'asseoir dans le royaume de Dieu avec Abraham, avec Isaac et avec Jacob, et aussi avec tous les saints prophètes, dont les vêtements sont nettoyés et sont sans tache, purs et blancs ?

25 Je vous le dis, non ; à moins de faire de votre Créateur un menteur depuis le commencement, ou de penser qu'il est menteur depuis le commencement, vous ne pouvez penser que de tels hommes puissent avoir une place dans le royaume des cieux ; mais ils seront rejetés, car ils sont les enfants du royaume du diable.

26 Et maintenant, voici, je vous le dis, mes frères, si vous avez connu un changement de cœur, et si vous avez ressenti le désir de chanter le cantique de l'amour rédempteur, je vous le demande : pouvez-vous le ressentir maintenant ?

27 Avez-vous marché en restant innocents devant Dieu ? Pourriez-vous dire en vous-mêmes, si vous étiez appelés à mourir en ce moment, que vous avez été suffisamment humbles ? Que vos vêtements ont été nettoyés et blanchis par le sang du Christ, qui viendra racheter son peuple de ses péchés ?

28 Voici, êtes-vous dépouillés de l'orgueil ? Je vous le dis, si vous ne l'êtes pas, vous n'êtes pas préparés à rencontrer Dieu. Voici, vous devez vous préparer rapidement ; car le royaume des cieux est proche, et un tel homme n'a pas la vie éternelle.

29 Voici, je le dis, y en a-t-il un parmi vous qui n'est pas dépouillé de l'envie ? Je vous dis qu'un tel homme n'est pas préparé ; et je voudrais qu'il se prépare rapidement, car l'heure est proche, et il ne sait pas quand le moment viendra ; car un tel homme n'est pas tenu pour innocent.

30 Et je vous le dis encore, y en a-t-il un parmi vous qui se moque de son frère ou qui l'accable de persécutions ?

31 Wo unto such an one, for he is not prepared, and the time is at hand that he must repent or he cannot be saved!

32 Yea, even wo unto all ye workers of iniquity; repent, repent, for the Lord God hath spoken it!

33 Behold, he sendeth an invitation unto all men, for the arms of mercy are extended towards them, and he saith: Repent, and I will receive you.

34 Yea, he saith: Come unto me and ye shall partake of the fruit of the tree of life; yea, ye shall eat and drink of the bread and the waters of life freely;

35 Yea, come unto me and bring forth works of righteousness, and ye shall not be hewn down and cast into the fire—

36 For behold, the time is at hand that whosoever bringeth forth not good fruit, or whosoever doeth not the works of righteousness, the same have cause to wail and mourn.

37 O ye workers of iniquity; ye that are puffed up in the vain things of the world, ye that have professed to have known the ways of righteousness nevertheless have gone astray, as sheep having no shepherd, notwithstanding a shepherd hath called after you and is still calling after you, but ye will not hearken unto his voice!

38 Behold, I say unto you, that the good shepherd doth call you; yea, and in his own name he doth call you, which is the name of Christ; and if ye will not hearken unto the voice of the good shepherd, to the name by which ye are called, behold, ye are not the sheep of the good shepherd.

39 And now if ye are not the sheep of the good shepherd, of what fold are ye? Behold, I say unto you, that the devil is your shepherd, and ye are of his fold; and now, who can deny this? Behold, I say unto you, whosoever denieth this is a liar and a child of the devil.

40 For I say unto you that whatsoever is good cometh from God, and whatsoever is evil cometh from the devil.

41 Therefore, if a man bringeth forth good works he hearkeneth unto the voice of the good shepherd, and he doth follow him; but whosoever bringeth forth evil works, the same becometh a child of the devil, for he

31 Malheur à un tel homme, car il n'est pas préparé, et le moment est proche où il doit se repentir, sinon il ne peut être sauvé !

32 Oui, malheur à vous tous qui commettez l'iniquité ; repentez-vous, repentez-vous, car le Seigneur Dieu l'a dit !

33 Voici, il envoie une invitation à tous les hommes, car les bras de la miséricorde sont étendus vers eux, et il dit : Repentez-vous, et je vous recevrai.

34 Oui, il dit : Venez à moi, et vous prendrez du fruit de l'arbre de vie ; oui, vous mangerez et boirez librement du pain et des eaux de la vie ;

35 oui, venez à moi et produisez des œuvres de justice, et vous ne serez pas coupés et jetés au feu —

36 car voici, le moment est proche où quiconque ne produit pas de bons fruits ou ne fait pas les œuvres de la justice, celui-là aura lieu de se lamenter et de pleurer.

37 Ô vous qui commettez l'iniquité, vous qui êtes boursouflés des choses vaines du monde, vous qui avez professé connaître les voies de la justice et vous êtes néanmoins égarés comme des brebis n'ayant pas de berger, en dépit du fait qu'un berger vous ait appelés et vous appelle toujours, mais vous ne voulez pas écouter sa voix !

38 Voici, je vous dis que le bon Berger vous appelle ; oui, et il vous appelle en son nom, qui est le nom du Christ ; et si vous ne voulez pas écouter la voix du bon Berger, le nom par lequel vous êtes appelés, voici, vous n'êtes pas les brebis du bon Berger.

39 Et maintenant, si vous n'êtes pas les brebis du bon Berger, de quel troupeau êtes-vous ? Voici, je vous dis que le diable est votre berger, et que vous êtes de son troupeau ; et maintenant, qui peut nier cela ? Voici, je vous le dis, quiconque nie cela est un menteur et un enfant du diable.

40 Car je vous dis que tout ce qui est bien vient de Dieu, et tout ce qui est mal vient du diable.

41 C'est pourquoi, si un homme produit de bonnes œuvres, il écoute la voix du bon Berger et il le suit ; mais quiconque produit des œuvres mauvaises, celui-là devient enfant du diable, car il écoute sa voix et il le suit.

hearkeneth unto his voice, and doth follow him.

42 And whosoever doeth this must receive his wages of him; therefore, for his wages he receiveth death, as to things pertaining unto righteousness, being dead unto all good works.

43 And now, my brethren, I would that ye should hear me, for I speak in the energy of my soul; for behold, I have spoken unto you plainly that ye cannot err, or have spoken according to the commandments of God.

44 For I am called to speak after this manner, according to the holy order of God, which is in Christ Jesus; yea, I am commanded to stand and testify unto this people the things which have been spoken by our fathers concerning the things which are to come.

45 And this is not all. Do ye not suppose that I know of these things myself? Behold, I testify unto you that I do know that these things whereof I have spoken are true. And how do ye suppose that I know of their surety?

46 Behold, I say unto you they are made known unto me by the Holy Spirit of God. Behold, I have fasted and prayed many days that I might know these things of myself. And now I do know of myself that they are true; for the Lord God hath made them manifest unto me by his Holy Spirit; and this is the spirit of revelation which is in me.

47 And moreover, I say unto you that it has thus been revealed unto me, that the words which have been spoken by our fathers are true, even so according to the spirit of prophecy which is in me, which is also by the manifestation of the Spirit of God.

48 I say unto you, that I know of myself that whatsoever I shall say unto you, concerning that which is to come, is true; and I say unto you, that I know that Jesus Christ shall come, yea, the Son, the Only Begotten of the Father, full of grace, and mercy, and truth. And behold, it is he that cometh to take away the sins of the world, yea, the sins of every man who steadfastly believeth on his name.

49 And now I say unto you that this is the order after which I am called, yea, to preach unto my beloved brethren, yea, and every one that dwelleth in the land; yea, to preach

42 Et quiconque fait cela doit recevoir son salaire de lui ; c'est pourquoi, pour salaire il reçoit la mort quant à ce qui a trait à la justice, étant mort à toute bonne œuvre.

43 Et maintenant, mes frères, je voudrais que vous m'entendiez, car je parle avec l'énergie de mon âme ; car voici, je vous ai parlé clairement pour que vous ne puissiez pas errer, ou : j'ai parlé selon les commandements de Dieu.

44 Car je suis appelé à parler de cette manière, selon le saint ordre de Dieu, qui est dans le Christ Jésus ; oui, il m'est commandé de me lever et de témoigner à ce peuple des choses qui ont été dites par nos pères concernant les choses qui sont à venir.

45 Et ce n'est pas tout. Ne pensez-vous pas que je sais ces choses moi-même ? Voici, je vous témoigne que je sais que ces choses dont j'ai parlé sont vraies. Et comment, selon vous, sais-je qu'elles sont certaines ?

46 Voici, je vous dis qu'elles me sont révélées par l'Esprit-Saint de Dieu. Voici, j'ai jeûné et prié de nombreux jours afin de connaître ces choses par moi-même. Et maintenant, je sais par moi-même qu'elles sont vraies ; car le Seigneur Dieu me les a manifestées par son Esprit-Saint ; et c'est là l'esprit de révélation qui est en moi.

47 Et de plus, je vous dis qu'il m'a ainsi été révélé que les paroles qui ont été dites par nos pères sont vraies, selon l'esprit de prophétie qui est en moi, lequel est aussi par la manifestation de l'Esprit de Dieu.

48 Je vous dis que je sais par moi-même que tout ce que je vais vous dire concernant ce qui est à venir est vrai ; et je vous dis que je sais que Jésus-Christ viendra, oui, le Fils unique du Père, plein de grâce, et de miséricorde, et de vérité. Et voici, c'est lui qui vient pour ôter les péchés du monde, oui, les péchés de tout homme qui croit avec constance en son nom.

49 Et maintenant, je vous dis que c'est là l'ordre selon lequel je suis appelé, oui, pour prêcher à mes frères bien-aimés, oui, et à tous ceux qui demeurent dans le pays ; oui,

unto all, both old and young, both bond and free; yea, I say unto you the aged, and also the middle aged, and the rising generation; yea, to cry unto them that they must repent and be born again.

50 Yea, thus saith the Spirit: Repent, all ye ends of the earth, for the kingdom of heaven is soon at hand; yea, the Son of God cometh in his glory, in his might, majesty, power, and dominion. Yea, my beloved brethren, I say unto you, that the Spirit saith: Behold the glory of the King of all the earth; and also the King of heaven shall very soon shine forth among all the children of men.

51 And also the Spirit saith unto me, yea, crieth unto me with a mighty voice, saying: Go forth and say unto this people—Repent, for except ye repent ye can in nowise inherit the kingdom of heaven.

52 And again I say unto you, the Spirit saith: Behold, the ax is laid at the root of the tree; therefore every tree that bringeth not forth good fruit shall be hewn down and cast into the fire, yea, a fire which cannot be consumed, even an unquenchable fire. Behold, and remember, the Holy One hath spoken it.

53 And now my beloved brethren, I say unto you, can ye withstand these sayings; yea, can ye lay aside these things, and trample the Holy One under your feet; yea, can ye be puffed up in the pride of your hearts; yea, will ye still persist in the wearing of costly apparel and setting your hearts upon the vain things of the world, upon your riches?

54 Yea, will ye persist in supposing that ye are better one than another; yea, will ye persist in the persecution of your brethren, who humble themselves and do walk after the holy order of God, wherewith they have been brought into this church, having been sanctified by the Holy Spirit, and they do bring forth works which are meet for repentance—

55 Yea, and will you persist in turning your backs upon the poor, and the needy, and in withholding your substance from them?

56 And finally, all ye that will persist in your wickedness, I say unto you that these are they who shall be hewn down and cast into the fire except they speedily repent.

57 And now I say unto you, all you that are desirous to follow the voice of the good

pour prêcher à tous, aussi bien jeunes que vieux, aussi bien esclaves que libres ; oui, je vous le dis, à ceux qui sont âgés, et aussi à ceux qui sont mûrs, et à la génération montante ; oui, pour leur crier qu'ils doivent se repentir et naître de nouveau.

50 Oui, ainsi dit l'Esprit : Repentez-vous, toutes les extrémités de la terre, car le royaume des cieux est proche ; oui, le Fils de Dieu vient dans sa gloire, dans sa puissance, sa majesté, son pouvoir et sa domination. Oui, mes frères bien-aimés, je vous dis que l'Esprit dit : Voici la gloire du Roi de toute la terre ; et aussi : le Roi du ciel brillera bientôt parmi tous les enfants des hommes.

51 Et l'Esprit me dit aussi, oui, me crie d'une voix puissante, disant : Va et dis à ce peuple : Repentez-vous, car si vous ne vous repentez pas, vous ne pouvez en aucune façon hériter le royaume des cieux.

52 Et je vous le dis encore, l'Esprit dit : Voici, la cognée est mise à la racine de l'arbre ; c'est pourquoi tout arbre qui ne produit pas de bons fruits sera coupé et jeté au feu, oui, un feu qui ne peut être consumé, un feu qui ne s'éteint pas. Voici, et souvenez-vous, le Saint l'a dit.

53 Et maintenant, mes frères bien-aimés, je vous le dis, pouvez-vous résister à ces paroles ? Oui, pouvez-vous mettre ces choses de côté, et fouler le Saint aux pieds ? Oui, pouvez-vous être boursouflés dans l'orgueil de votre cœur ? Oui, allez-vous persister à porter des habits somptueux et à mettre votre cœur dans les choses vaines du monde, dans vos richesses ?

54 Oui, persisterez-vous à penser que vous êtes meilleurs l'un que l'autre ? Oui, persisterez-vous à persécuter vos frères, qui s'humilient et marchent selon le saint ordre de Dieu par lequel ils ont été amenés dans cette Église, ayant été sanctifiés par l'Esprit-Saint, et ils produisent des œuvres qui sont dignes du repentir —

55 oui, et persisterez-vous à tourner le dos aux pauvres, et aux nécessiteux, et à leur refuser vos biens ?

56 Et finalement, vous tous qui persisterez dans votre méchanceté, je vous dis que ceux-là sont ceux qui seront coupés et jetés au feu, s'ils ne se repentent pas rapidement.

57 Et maintenant, je vous dis, à vous tous qui désirez suivre la voix du bon Berger,

shepherd, come ye out from the wicked, and be ye separate, and touch not their unclean things; and behold, their names shall be blotted out, that the names of the wicked shall not be numbered among the names of the righteous, that the word of God may be fulfilled, which saith: The names of the wicked shall not be mingled with the names of my people;

58 For the names of the righteous shall be written in the book of life, and unto them will I grant an inheritance at my right hand. And now, my brethren, what have ye to say against this? I say unto you, if ye speak against it, it matters not, for the word of God must be fulfilled.

59 For what shepherd is there among you having many sheep doth not watch over them, that the wolves enter not and devour his flock? And behold, if a wolf enter his flock doth he not drive him out? Yea, and at the last, if he can, he will destroy him.

60 And now I say unto you that the good shepherd doth call after you; and if you will hearken unto his voice he will bring you into his fold, and ye are his sheep; and he commandeth you that ye suffer no ravenous wolf to enter among you, that ye may not be destroyed.

61 And now I, Alma, do command you in the language of him who hath commanded me, that ye observe to do the words which I have spoken unto you.

62 I speak by way of command unto you that belong to the church; and unto those who do not belong to the church I speak by way of invitation, saying: Come and be baptized unto repentance, that ye also may be partakers of the fruit of the tree of life.

CHAPTER 6

The Church in Zarahemla is cleansed and set in order—Alma goes to Gideon to preach. About 83 B.C.

1 And now it came to pass that after Alma had made an end of speaking unto the people of the church, which was established in the city of Zarahemla, he ordained priests and elders, by laying on his hands according

---

sortez d'entre les méchants, et soyez séparés, et ne touchez pas leurs choses impures ; et voici, leur nom sera effacé, de sorte que le nom des méchants ne sera pas compté parmi les noms des justes, afin que s'accomplisse la parole de Dieu qui dit : Le nom des méchants ne sera pas mêlé aux noms de mon peuple ;

58 car le nom des justes sera écrit dans le livre de vie, et je leur accorderai un héritage à ma droite. Et maintenant, mes frères, qu'avez-vous à dire contre cela ? Je vous le dis, si vous parlez contre cela, cela n'a pas d'importance, car la parole de Dieu doit s'accomplir.

59 Car, quel est parmi vous le berger qui, ayant beaucoup de brebis, ne veille pas sur elles, pour que les loups n'entrent pas dévorer son troupeau ? Et voici, si un loup entre dans son troupeau, ne le chasse-t-il pas ? Oui, et à la fin, s'il le peut, il le fait périr.

60 Et maintenant, je vous dis que le bon Berger vous appelle ; et si vous voulez écouter sa voix, il vous amènera dans sa bergerie, et vous êtes ses brebis ; et il vous commande de ne permettre à aucun loup féroce d'entrer parmi vous, afin que vous ne soyez pas détruits.

61 Et maintenant, moi, Alma, je vous commande, dans le langage de celui qui m'a commandé, de vous appliquer à accomplir les paroles que je vous ai dites.

62 Je parle à titre de commandement, à vous qui appartenez à l'Église ; et à ceux qui n'appartiennent pas à l'Église, je parle à titre d'invitation, disant : Venez et soyez baptisés au repentir, afin que vous puissiez aussi manger du fruit de l'arbre de vie.

CHAPITRE 6

L'Église de Zarahemla est purifiée et mise en ordre — Alma va prêcher à Gédéon. Vers 83 av. J.-C.

1 Et alors, il arriva que lorsqu'il eut fini de parler au peuple de l'Église qui était établie dans la ville de Zarahemla, Alma ordonna des prêtres et des anciens, en leur imposant les mains selon l'ordre de Dieu, pour présider et veiller sur l'Église.

to the order of God, to preside and watch over the church.

2 And it came to pass that whosoever did not belong to the church who repented of their sins were baptized unto repentance, and were received into the church.

3 And it also came to pass that whosoever did belong to the church that did not repent of their wickedness and humble themselves before God—I mean those who were lifted up in the pride of their hearts—the same were rejected, and their names were blotted out, that their names were not numbered among those of the righteous.

4 And thus they began to establish the order of the church in the city of Zarahemla.

5 Now I would that ye should understand that the word of God was liberal unto all, that none were deprived of the privilege of assembling themselves together to hear the word of God.

6 Nevertheless the children of God were commanded that they should gather themselves together oft, and join in fasting and mighty prayer in behalf of the welfare of the souls of those who knew not God.

7 And now it came to pass that when Alma had made these regulations he departed from them, yea, from the church which was in the city of Zarahemla, and went over upon the east of the river Sidon, into the valley of Gideon, there having been a city built, which was called the city of Gideon, which was in the valley that was called Gideon, being called after the man who was slain by the hand of Nehor with the sword.

8 And Alma went and began to declare the word of God unto the church which was established in the valley of Gideon, according to the revelation of the truth of the word which had been spoken by his fathers, and according to the spirit of prophecy which was in him, according to the testimony of Jesus Christ, the Son of God, who should come to redeem his people from their sins, and the holy order by which he was called. And thus it is written. Amen.

2 Et il arriva que ceux qui n'appartenaient pas à l'Église, qui se repentaient de leurs péchés, furent baptisés au repentir et furent reçus dans l'Église.

3 Et il arriva aussi que tous ceux qui appartenaient à l'Église, qui ne se repentaient pas de leur méchanceté et ne s'humiliaient pas devant Dieu — je veux dire ceux qui étaient enflés dans l'orgueil de leur cœur — ceux-là furent rejetés, et leur nom fut effacé, de sorte que leur nom ne fut plus compté parmi ceux des justes.

4 Et ainsi, ils commencèrent à établir l'ordre de l'Église dans la ville de Zarahemla.

5 Or, je voudrais que vous compreniez que la parole de Dieu était accessible à tous, que nul n'était privé du droit de s'assembler pour entendre la parole de Dieu.

6 Néanmoins, il était commandé aux enfants de Dieu de se réunir souvent et de s'unir dans le jeûne et la prière fervente en faveur du bien-être de l'âme de ceux qui ne connaissaient pas Dieu.

7 Et alors, il arriva que lorsqu'Alma eut établi ces règles, il les quitta, oui, il quitta l'Église qui était dans la ville de Zarahemla, et passa à l'est du fleuve Sidon dans la vallée de Gédéon, où avait été construite une ville qui était appelée la ville de Gédéon, qui était dans la vallée qui était appelée Gédéon, appelée du nom de l'homme qui fut tué par l'épée de la main de Néhor.

8 Et Alma alla et commença à annoncer la parole de Dieu à l'Église qui était établie dans la vallée de Gédéon, selon la révélation de la vérité de la parole qui avait été dite par ses pères, et selon l'esprit de prophétie qui était en lui, selon le témoignage de Jésus-Christ, le Fils de Dieu, qui viendrait racheter son peuple de ses péchés, et le saint ordre par lequel il était appelé. Et c'est ainsi que c'est écrit. Amen.

The words of Alma which he delivered to the people in Gideon, according to his own record.

Paroles qu'Alma adressa au peuple de Gédéon, selon ses annales.

Comprising chapter 7.

Chapitre 7.

CHAPTER 7

CHAPITRE 7

Christ will be born of Mary—He will loose the bands of death and bear the sins of His people— Those who repent, are baptized, and keep the commandments will have eternal life—Filthiness cannot inherit the kingdom of God—Humility, faith, hope, and charity are required. About 83 B.C.

Le Christ naîtra de Marie — Il détachera les liens de la mort et portera les péchés de son peuple — Ceux qui se repentent, sont baptisés et gardent les commandements auront la vie éternelle — Ce qui est souillé ne peut hériter le royaume de Dieu — L'humilité, la foi, l'espérance et la charité sont requises. Vers 83 av. J.-C.

1 Behold my beloved brethren, seeing that I have been permitted to come unto you, therefore I attempt to address you in my language; yea, by my own mouth, seeing that it is the first time that I have spoken unto you by the words of my mouth, I having been wholly confined to the judgment-seat, having had much business that I could not come unto you.

1 Voici, mes frères bien-aimés, étant donné qu'il m'a été permis de venir à vous, je tente de m'adresser à vous dans mon langage ; oui, par ma propre bouche, étant donné que c'est la première fois que je vous parle par les paroles de ma bouche, parce que j'ai été entièrement retenu au siège du jugement et que j'ai eu tant de travail que je n'ai pas pu venir à vous.

2 And even I could not have come now at this time were it not that the judgment-seat hath been given to another, to reign in my stead; and the Lord in much mercy hath granted that I should come unto you.

2 Et je n'aurais même pas pu venir en ce moment, si le siège du jugement n'avait pas été donné à un autre pour qu'il règne à ma place ; et le Seigneur, dans sa grande miséricorde, m'a accordé de venir à vous.

3 And behold, I have come having great hopes and much desire that I should find that ye had humbled yourselves before God, and that ye had continued in the supplicating of his grace, that I should find that ye were blameless before him, that I should find that ye were not in the awful dilemma that our brethren were in at Zarahemla.

3 Et voici, je suis venu, ayant de grandes espérances et le grand désir de constater que vous vous êtes humiliés devant Dieu et que vous avez continué à implorer sa grâce, de constater que vous êtes innocents devant lui, de constater que vous n'êtes pas dans l'affreux dilemme où étaient nos frères de Zarahemla.

4 But blessed be the name of God, that he hath given me to know, yea, hath given unto me the exceedingly great joy of knowing that they are established again in the way of his righteousness.

4 Mais béni soit le nom de Dieu, car il m'a donné de savoir, oui, m'a donné la joie extrêmement grande de savoir qu'ils sont remis sur le chemin de sa justice.

5 And I trust, according to the Spirit of God which is in me, that I shall also have joy over you; nevertheless I do not desire that my joy over you should come by the cause of so much afflictions and sorrow which I have had for the brethren at Zarahemla, for behold, my joy cometh over them after wading through much affliction and sorrow.

5 Et j'espère, selon l'Esprit de Dieu qui est en moi, que j'aurai aussi de la joie à votre sujet ; néanmoins, je ne désire pas que ma joie à votre sujet passe par ce qui m'a causé tant d'afflictions et de tristesse pour les frères de Zarahemla, car voici, ma joie à leur sujet me vient après avoir traversé beaucoup d'affliction et de tristesse.

6 But behold, I trust that ye are not in a state of so much unbelief as were your brethren; I trust that ye are not lifted up in the pride of your hearts; yea, I trust that ye have not set

6 Mais voici, j'espère que vous n'êtes pas dans un état d'incrédulité aussi grand que vos frères ; j'espère que vous n'êtes pas

your hearts upon riches and the vain things of the world; yea, I trust that you do not worship idols, but that ye do worship the true and the living God, and that ye look forward for the remission of your sins, with an everlasting faith, which is to come.

7 For behold, I say unto you there be many things to come; and behold, there is one thing which is of more importance than they all—for behold, the time is not far distant that the Redeemer liveth and cometh among his people.

8 Behold, I do not say that he will come among us at the time of his dwelling in his mortal tabernacle; for behold, the Spirit hath not said unto me that this should be the case. Now as to this thing I do not know; but this much I do know, that the Lord God hath power to do all things which are according to his word.

9 But behold, the Spirit hath said this much unto me, saying: Cry unto this people, saying—Repent ye, and prepare the way of the Lord, and walk in his paths, which are straight; for behold, the kingdom of heaven is at hand, and the Son of God cometh upon the face of the earth.

10 And behold, he shall be born of Mary, at Jerusalem which is the land of our forefathers, she being a virgin, a precious and chosen vessel, who shall be overshadowed and conceive by the power of the Holy Ghost, and bring forth a son, yea, even the Son of God.

11 And he shall go forth, suffering pains and afflictions and temptations of every kind; and this that the word might be fulfilled which saith he will take upon him the pains and the sicknesses of his people.

12 And he will take upon him death, that he may loose the bands of death which bind his people; and he will take upon him their infirmities, that his bowels may be filled with mercy, according to the flesh, that he may know according to the flesh how to succor his people according to their infirmities.

13 Now the Spirit knoweth all things; nevertheless the Son of God suffereth according to the flesh that he might take upon him the sins of his people, that he might blot out their transgressions according to the power

enflés dans l'orgueil de votre cœur ; oui, j'espère que vous n'avez pas mis votre cœur dans les richesses et dans les choses vaines du monde ; oui, j'espère que vous n'adorez pas les idoles, mais que vous adorez le Dieu vrai et vivant, et que vous attendez, avec une foi éternelle, le pardon de vos péchés qui est à venir.

7 Car voici, je vous dis qu'il y a beaucoup de choses à venir ; et voici, il y a une chose qui a plus d'importance qu'elles toutes : car voici, le temps n'est pas très éloigné où le Rédempteur vivra et viendra parmi son peuple.

8 Voici, je ne dis pas qu'il viendra parmi nous au moment où il demeurera dans son tabernacle mortel ; car voici, l'Esprit ne m'a pas dit que ce serait le cas. Je ne le sais donc pas ; mais ce que je sais, c'est que le Seigneur Dieu a le pouvoir de faire tout ce qui est selon sa parole.

9 Mais voici, l'Esprit m'a dit ceci : Crie à ce peuple, disant : Repentez-vous, et préparez le chemin du Seigneur, et marchez dans ses sentiers, qui sont droits ; car voici, le royaume des cieux est proche, et le Fils de Dieu vient sur la surface de la terre.

10 Et voici, il naîtra de Marie, à Jérusalem, qui est le pays de nos ancêtres ; elle-même sera vierge, vase précieux et élu, qui sera couverte de l'ombre du Saint-Esprit et concevra par son pouvoir, et enfantera un Fils, oui, le Fils de Dieu.

11 Et il ira, subissant des souffrances, et des afflictions, et des tentations de toute espèce ; et cela, afin que s'accomplisse la parole qui dit qu'il prendra sur lui les souffrances et les maladies de son peuple.

12 Et il prendra sur lui la mort, afin de détacher les liens de la mort qui lient son peuple ; et il prendra sur lui ses infirmités, afin que ses entrailles soient remplies de miséricorde, selon la chair, afin qu'il sache, selon la chair, comment secourir son peuple selon ses infirmités.

13 Or, l'Esprit sait tout ; néanmoins, le Fils de Dieu souffre selon la chair, afin de prendre sur lui les péchés de son peuple, afin d'effacer ses transgressions, selon le pouvoir de sa délivrance ; et voici, tel est le témoignage qui est en moi.

of his deliverance; and now behold, this is the testimony which is in me.

14 Now I say unto you that ye must repent, and be born again; for the Spirit saith if ye are not born again ye cannot inherit the kingdom of heaven; therefore come and be baptized unto repentance, that ye may be washed from your sins, that ye may have faith on the Lamb of God, who taketh away the sins of the world, who is mighty to save and to cleanse from all unrighteousness.

15 Yea, I say unto you come and fear not, and lay aside every sin, which easily doth beset you, which doth bind you down to destruction, yea, come and go forth, and show unto your God that ye are willing to repent of your sins and enter into a covenant with him to keep his commandments, and witness it unto him this day by going into the waters of baptism.

16 And whosoever doeth this, and keepeth the commandments of God from thenceforth, the same will remember that I say unto him, yea, he will remember that I have said unto him, he shall have eternal life, according to the testimony of the Holy Spirit, which testifieth in me.

17 And now my beloved brethren, do you believe these things? Behold, I say unto you, yea, I know that ye believe them; and the way that I know that ye believe them is by the manifestation of the Spirit which is in me. And now because your faith is strong concerning that, yea, concerning the things which I have spoken, great is my joy.

18 For as I said unto you from the beginning, that I had much desire that ye were not in the state of dilemma like your brethren, even so I have found that my desires have been gratified.

19 For I perceive that ye are in the paths of righteousness; I perceive that ye are in the path which leads to the kingdom of God; yea, I perceive that ye are making his paths straight.

20 I perceive that it has been made known unto you, by the testimony of his word, that he cannot walk in crooked paths; neither doth he vary from that which he hath said; neither hath he a shadow of turning from the right to the left, or from that which is right to that which is wrong; therefore, his course is one eternal round.

14 Or, je vous dis que vous devez vous repentir et naître de nouveau, car l'Esprit dit que si vous ne naissez pas de nouveau, vous ne pouvez hériter le royaume des cieux ; c'est pourquoi, venez et soyez baptisés au repentir, afin d'être lavés de vos péchés, afin d'avoir foi en l'Agneau de Dieu, qui ôte les péchés du monde, qui est puissant à sauver et à purifier de toute injustice.

15 Oui, je vous le dis, venez et ne craignez pas, et mettez de côté tout péché qui vous enveloppe facilement, qui vous entrave pour la destruction ; oui, venez et allez, et montrez à votre Dieu que vous êtes disposés à vous repentir de vos péchés et à faire alliance avec lui de garder ses commandements, et témoignez-le-lui aujourd'hui en entrant dans les eaux du baptême.

16 Et quiconque fait cela et garde dorénavant les commandements de Dieu, celui-là se souviendra que je lui dis, oui, il se souviendra que je lui ai dit qu'il aura la vie éternelle, selon le témoignage de l'Esprit-Saint qui témoigne en moi.

17 Et maintenant, mes frères bien-aimés, croyez-vous ces choses ? Voici, je vous le dis, oui, je sais que vous les croyez ; et si je sais que vous les croyez, c'est par la manifestation de l'Esprit qui est en moi. Et maintenant, parce que votre foi est forte à ce sujet, oui, au sujet des choses que j'ai dites, ma joie est grande.

18 Car, comme je vous l'ai dit dès le commencement, que j'avais le grand désir que vous ne fussiez pas dans une situation de dilemme comme vos frères, de même j'ai constaté que mon désir a été satisfait.

19 Car je vois que vous êtes sur les sentiers de la justice ; je vois que vous êtes sur le sentier qui mène au royaume de Dieu ; oui, je vois que vous rendez droits ses sentiers.

20 Je vois qu'il vous a été révélé, par le témoignage de sa parole, qu'il ne peut marcher dans des sentiers tortueux ; et il ne dévie pas non plus de ce qu'il a dit ; et il n'a pas non plus la moindre tendance à tourner de la droite vers la gauche, ou de ce qui est bien vers ce qui est mal ; c'est pourquoi, son chemin est une même ronde éternelle.

21 And he doth not dwell in unholy temples; neither can filthiness or anything which is unclean be received into the kingdom of God; therefore I say unto you the time shall come, yea, and it shall be at the last day, that he who is filthy shall remain in his filthiness.

22 And now my beloved brethren, I have said these things unto you that I might awaken you to a sense of your duty to God, that ye may walk blameless before him, that ye may walk after the holy order of God, after which ye have been received.

23 And now I would that ye should be humble, and be submissive and gentle; easy to be entreated; full of patience and long-suffering; being temperate in all things; being diligent in keeping the commandments of God at all times; asking for whatsoever things ye stand in need, both spiritual and temporal; always returning thanks unto God for whatsoever things ye do receive.

24 And see that ye have faith, hope, and charity, and then ye will always abound in good works.

25 And may the Lord bless you, and keep your garments spotless, that ye may at last be brought to sit down with Abraham, Isaac, and Jacob, and the holy prophets who have been ever since the world began, having your garments spotless even as their garments are spotless, in the kingdom of heaven to go no more out.

26 And now my beloved brethren, I have spoken these words unto you according to the Spirit which testifieth in me; and my soul doth exceedingly rejoice, because of the exceeding diligence and heed which ye have given unto my word.

27 And now, may the peace of God rest upon you, and upon your houses and lands, and upon your flocks and herds, and all that you possess, your women and your children, according to your faith and good works, from this time forth and forever. And thus I have spoken. Amen.

CHAPTER 8

Alma preaches and baptizes in Melek—He is rejected in Ammonihah and leaves—An angel commands him to return and cry repentance unto

21 Et il ne demeure pas dans des temples qui ne sont pas saints ; et ce qui est souillé, ou tout ce qui est impur, ne peut pas non plus être reçu dans le royaume de Dieu ; c'est pourquoi je vous dis que le temps viendra, oui, et ce sera au dernier jour, où celui qui est souillé restera dans sa souillure.

22 Et maintenant, mes frères bien-aimés, je vous ai dit ces choses afin de vous éveiller au sentiment de votre devoir envers Dieu, afin que vous marchiez innocents devant lui, afin que vous marchiez selon le saint ordre de Dieu, selon lequel vous avez été reçus.

23 Et maintenant, je voudrais que vous soyez humbles, et que vous soyez soumis et doux, faciles à supplier, pleins de patience et de longanimité, modérés en tout, diligents à garder en tout temps les commandements de Dieu, demandant tout ce dont vous avez besoin, tant spirituellement que temporellement, rendant toujours grâces à Dieu de tout ce que vous recevez.

24 Et veillez à avoir la foi, l'espérance et la charité, et alors vous abonderez toujours en bonnes œuvres.

25 Et que le Seigneur vous bénisse, et gardez vos vêtements sans tache, afin que, avec Abraham, Isaac, et Jacob, et les saints prophètes qui ont été depuis le commencement du monde, vous soyez enfin amenés à vous asseoir dans le royaume des cieux, pour ne plus en sortir, ayant vos vêtements sans tache tout comme leurs vêtements sont sans tache.

26 Et maintenant, mes frères bien-aimés, je vous ai dit ces paroles selon l'Esprit qui témoigne en moi ; et mon âme se réjouit abondamment à cause de la diligence et de l'attention extrêmes que vous avez accordées à ma parole.

27 Et maintenant, que la paix de Dieu repose sur vous, et sur vos maisons et vos terres, et sur vos troupeaux de gros et de petit bétail, et sur tout ce que vous possédez, vos femmes et vos enfants, selon votre foi et vos bonnes œuvres, dorénavant et à jamais. Et c'est ainsi que j'ai parlé. Amen.

CHAPITRE 8

Alma prêche et baptise à Mélek — Il est rejeté à Ammonihah et s'en va — Un ange lui com-

the people—He is received by Amulek, and the two of them preach in Ammonihah. About 82 B.C.

mande d'y retourner et d'appeler le peuple au repentir — Il est reçu par Amulek, et ils prêchent tous deux à Ammonihah. Vers 82 av. J.-C.

1 And now it came to pass that Alma returned from the land of Gideon, after having taught the people of Gideon many things which cannot be written, having established the order of the church, according as he had before done in the land of Zarahemla, yea, he returned to his own house at Zarahemla to rest himself from the labors which he had performed.

2 And thus ended the ninth year of the reign of the judges over the people of Nephi.

3 And it came to pass in the commencement of the tenth year of the reign of the judges over the people of Nephi, that Alma departed from thence and took his journey over into the land of Melek, on the west of the river Sidon, on the west by the borders of the wilderness.

4 And he began to teach the people in the land of Melek according to the holy order of God, by which he had been called; and he began to teach the people throughout all the land of Melek.

5 And it came to pass that the people came to him throughout all the borders of the land which was by the wilderness side. And they were baptized throughout all the land;

6 So that when he had finished his work at Melek he departed thence, and traveled three days' journey on the north of the land of Melek; and he came to a city which was called Ammonihah.

7 Now it was the custom of the people of Nephi to call their lands, and their cities, and their villages, yea, even all their small villages, after the name of him who first possessed them; and thus it was with the land of Ammonihah.

8 And it came to pass that when Alma had come to the city of Ammonihah he began to preach the word of God unto them.

9 Now Satan had gotten great hold upon the hearts of the people of the city of Ammonihah; therefore they would not hearken unto the words of Alma.

10 Nevertheless Alma labored much in the spirit, wrestling with God in mighty prayer, that he would pour out his Spirit upon the people who were in the city; that he would

1 Et alors, il arriva qu'Alma retourna du pays de Gédéon, après avoir enseigné au peuple de Gédéon beaucoup de choses qui ne peuvent être écrites, ayant établi l'ordre de l'Église comme il l'avait fait précédemment au pays de Zarahemla ; oui, il retourna dans sa maison à Zarahemla pour se reposer des travaux qu'il avait accomplis.

2 Et ainsi finit la neuvième année du règne des juges sur le peuple de Néphi.

3 Et il arriva qu'au commencement de la dixième année du règne des juges sur le peuple de Néphi, Alma partit de là et se mit en route pour passer au pays de Mélek, à l'ouest du fleuve Sidon, à l'ouest, près des régions frontières du désert.

4 Et il commença à instruire le peuple du pays de Mélek, selon le saint ordre de Dieu, par lequel il avait été appelé ; et il commença à instruire le peuple dans tout le pays de Mélek.

5 Et il arriva que le peuple vint à lui dans toutes les régions frontières du pays qui était au bord du désert. Et ils furent baptisés dans tout le pays,

6 de sorte que lorsqu'il eut fini son œuvre à Mélek, il partit de là et fit un voyage de trois jours au nord du pays de Mélek ; et il arriva à une ville qui était appelée Ammonihah.

7 Or, le peuple de Néphi avait coutume d'appeler ses pays, et ses villes, et ses villages, oui, même tous ses petits villages, du nom de celui qui les avait possédés en premier lieu ; et il en était ainsi du pays d'Ammonihah.

8 Et il arriva que lorsqu'Alma fut arrivé à la ville d'Ammonihah, il commença à lui prêcher la parole de Dieu.

9 Or, Satan avait obtenu une grande emprise sur le cœur du peuple de la ville d'Ammonihah ; c'est pourquoi celui-ci ne voulut pas écouter les paroles d'Alma.

10 Néanmoins, Alma travailla beaucoup en esprit, luttant avec Dieu en des prières ferventes pour qu'il déversât son Esprit sur le

also grant that he might baptize them unto repentance.

11 Nevertheless, they hardened their hearts, saying unto him: Behold, we know that thou art Alma; and we know that thou art high priest over the church which thou hast established in many parts of the land, according to your tradition; and we are not of thy church, and we do not believe in such foolish traditions.

12 And now we know that because we are not of thy church we know that thou hast no power over us; and thou hast delivered up the judgment-seat unto Nephihah; therefore thou art not the chief judge over us.

13 Now when the people had said this, and withstood all his words, and reviled him, and spit upon him, and caused that he should be cast out of their city, he departed thence and took his journey towards the city which was called Aaron.

14 And it came to pass that while he was journeying thither, being weighed down with sorrow, wading through much tribulation and anguish of soul, because of the wickedness of the people who were in the city of Ammonihah, it came to pass while Alma was thus weighed down with sorrow, behold an angel of the Lord appeared unto him, saying:

15 Blessed art thou, Alma; therefore, lift up thy head and rejoice, for thou hast great cause to rejoice; for thou hast been faithful in keeping the commandments of God from the time which thou receivedst thy first message from him. Behold, I am he that delivered it unto you.

16 And behold, I am sent to command thee that thou return to the city of Ammonihah, and preach again unto the people of the city; yea, preach unto them. Yea, say unto them, except they repent the Lord God will destroy them.

17 For behold, they do study at this time that they may destroy the liberty of thy people, (for thus saith the Lord) which is contrary to the statutes, and judgments, and commandments which he has given unto his people.

18 Now it came to pass that after Alma had received his message from the angel of the Lord he returned speedily to the land of

peuple qui était dans la ville, pour qu'il lui accordât aussi de le baptiser au repentir.

11 Néanmoins, ils s'endurcirent le cœur, lui disant : Voici, nous savons que tu es Alma, et nous savons que tu es grand prêtre de l'Église que tu as établie en beaucoup d'endroits du pays, selon ta tradition ; mais nous ne sommes pas de ton Église, et nous ne croyons pas en des traditions aussi insensées.

12 Et maintenant, nous savons que, parce que nous ne sommes pas de ton Église, nous savons que tu n'as pas de pouvoir sur nous ; et tu as remis le siège du jugement à Néphihah ; c'est pourquoi tu n'es pas notre grand juge.

13 Alors, lorsque le peuple eut dit cela, et eut résisté à toutes ses paroles, et l'eut injurié, et eut craché sur lui, et l'eut fait chasser de sa ville, il partit de là et se mit en route pour la ville qui était appelée Aaron.

14 Et il arriva que tandis qu'il s'y rendait, accablé de tristesse, traversant beaucoup de tribulations, et l'âme remplie d'angoisse à cause de la méchanceté du peuple qui était dans la ville d'Ammonihah, il arriva que, tandis qu'Alma était ainsi accablé de tristesse, voici, un ange du Seigneur lui apparut, disant :

15 Tu es béni, Alma ; c'est pourquoi, lève la tête et réjouis-toi, car tu as tout lieu de te réjouir ; car tu as été fidèle à garder les commandements de Dieu depuis le moment où tu as reçu ton premier message de lui. Voici, c'est moi qui te l'ai remis.

16 Et voici, je suis envoyé pour te commander de retourner à la ville d'Ammonihah et de prêcher de nouveau au peuple de la ville ; oui, prêche-lui. Oui, dis-lui que s'il ne se repent pas, le Seigneur Dieu le détruira.

17 Car voici, il envisage en ce moment de détruire la liberté de ton peuple (car ainsi dit le Seigneur), ce qui est contraire aux lois et aux ordonnances, et aux commandements qu'il a donnés à son peuple.

18 Alors, il arriva que lorsqu'Alma eut reçu son message de l'ange du Seigneur, il retourna rapidement au pays d'Ammonihah. Et il entra dans la ville par un autre chemin,

Ammonihah. And he entered the city by another way, yea, by the way which is on the south of the city of Ammonihah.

19 And as he entered the city he was an hungered, and he said to a man: Will ye give to an humble servant of God something to eat?

20 And the man said unto him: I am a Nephite, and I know that thou art a holy prophet of God, for thou art the man whom an angel said in a vision: Thou shalt receive. Therefore, go with me into my house and I will impart unto thee of my food; and I know that thou wilt be a blessing unto me and my house.

21 And it came to pass that the man received him into his house; and the man was called Amulek; and he brought forth bread and meat and set before Alma.

22 And it came to pass that Alma ate bread and was filled; and he blessed Amulek and his house, and he gave thanks unto God.

23 And after he had eaten and was filled he said unto Amulek: I am Alma, and am the high priest over the church of God throughout the land.

24 And behold, I have been called to preach the word of God among all this people, according to the spirit of revelation and prophecy; and I was in this land and they would not receive me, but they cast me out and I was about to set my back towards this land forever.

25 But behold, I have been commanded that I should turn again and prophesy unto this people, yea, and to testify against them concerning their iniquities.

26 And now, Amulek, because thou hast fed me and taken me in, thou art blessed; for I was an hungered, for I had fasted many days.

27 And Alma tarried many days with Amulek before he began to preach unto the people.

28 And it came to pass that the people did wax more gross in their iniquities.

29 And the word came to Alma, saying: Go; and also say unto my servant Amulek, go forth and prophesy unto this people, saying—Repent ye, for thus saith the Lord, except ye repent I will visit this people in mine anger; yea, and I will not turn my fierce anger away.

oui, par le chemin qui est au sud de la ville d'Ammonihah.

19 Et comme il entrait dans la ville, il eut faim, et il dit à un homme : Veux-tu donner quelque chose à manger à un humble serviteur de Dieu ?

20 Et l'homme lui dit : Je suis Néphite, et je sais que tu es un saint prophète de Dieu, car tu es l'homme dont un ange m'a dit dans une vision : Tu le recevras. C'est pourquoi, viens avec moi dans ma maison, et je te donnerai de ma nourriture ; et je sais que tu seras une bénédiction pour moi et ma maison.

21 Et il arriva que l'homme le reçut dans sa maison ; et l'homme s'appelait Amulek, et il apporta du pain et de la viande, et les mit devant Alma.

22 Et il arriva qu'Alma mangea du pain et fut rassasié ; et il bénit Amulek et sa maison, et il rendit grâces à Dieu.

23 Et lorsqu'il eut mangé et fut rassasié, il dit à Amulek : Je suis Alma, et je suis le grand prêtre de l'Église de Dieu dans tout le pays.

24 Et voici, j'ai été appelé à prêcher la parole de Dieu parmi tout ce peuple, selon l'esprit de révélation et de prophétie ; et j'ai été dans ce pays, et ils n'ont pas voulu me recevoir, mais ils m'ont chassé, et j'étais sur le point de tourner le dos à ce pays pour toujours.

25 Mais voici, il m'a été commandé de faire demi-tour et de prophétiser à ce peuple, oui, et de témoigner contre lui concernant ses iniquités.

26 Et maintenant, Amulek, parce que tu m'as nourri et que tu m'as pris chez toi, tu es béni ; car j'avais faim, car j'avais jeûné de nombreux jours.

27 Et Alma demeura de nombreux jours avec Amulek avant de commencer à prêcher au peuple.

28 Et il arriva que le peuple devint plus grossier dans ses iniquités.

29 Et la parole parvint à Alma, disant : Va ; et dis aussi à mon serviteur Amulek : Va et prophétise à ce peuple, disant : Repentez-vous, car ainsi dit le Seigneur, si vous ne vous repentez pas, j'interviendrai contre ce peuple dans ma colère ; oui, et je ne détournerai pas mon ardente colère.

30 And Alma went forth, and also Amulek, among the people, to declare the words of God unto them; and they were filled with the Holy Ghost.

31 And they had power given unto them, insomuch that they could not be confined in dungeons; neither was it possible that any man could slay them; nevertheless they did not exercise their power until they were bound in bands and cast into prison. Now, this was done that the Lord might show forth his power in them.

32 And it came to pass that they went forth and began to preach and to prophesy unto the people, according to the spirit and power which the Lord had given them.

The words of Alma, and also the words of Amulek, which were declared unto the people who were in the land of Ammonihah. And also they are cast into prison, and delivered by the miraculous power of God which was in them, according to the record of Alma.

Comprising chapters 9 through 14.

CHAPTER 9

Alma commands the people of Ammonihah to repent—The Lord will be merciful to the Lamanites in the last days—If the Nephites forsake the light, they will be destroyed by the Lamanites—The Son of God will come soon—He will redeem those who repent, are baptized, and have faith in His name. About 82 B.C.

1 And again, I, Alma, having been commanded of God that I should take Amulek and go forth and preach again unto this people, or the people who were in the city of Ammonihah, it came to pass as I began to preach unto them, they began to contend with me, saying:

2 Who art thou? Suppose ye that we shall believe the testimony of one man, although he should preach unto us that the earth should pass away?

---

30 Et Alma alla, et aussi Amulek, parmi le peuple, pour lui annoncer les paroles de Dieu ; et ils étaient remplis du Saint-Esprit.

31 Et du pouvoir leur fut donné, de sorte qu'on ne pouvait les enfermer dans des cachots, et il n'était pas non plus possible à quiconque de les tuer ; néanmoins, ils n'exerçaient leur pouvoir que lorsqu'ils étaient liés de liens et jetés en prison. Or, cela se faisait pour que le Seigneur pût montrer son pouvoir en eux.

32 Et il arriva qu'ils allèrent et commencèrent à prêcher et à prophétiser au peuple, selon l'Esprit et le pouvoir que le Seigneur leur avait donnés.

Paroles d'Alma, et aussi paroles d'Amulek, qui furent annoncées au peuple qui était au pays d'Ammonihah. Ils sont jetés en prison et délivrés par la puissance miraculeuse de Dieu qui était en eux, selon les annales d'Alma.

Chapitres 9 à 14.

CHAPITRE 9

Alma commande au peuple d'Ammonihah de se repentir — Le Seigneur sera miséricordieux envers les Lamanites dans les derniers jours — Si les Néphites abandonnent la lumière, ils seront détruits par les Lamanites — Le Fils de Dieu viendra bientôt — Il rachètera ceux qui se repentent, sont baptisés et ont foi en son nom. Vers 82 av. J.-C.

1 Et en outre, moi, Alma, ayant reçu de Dieu le commandement de prendre Amulek et d'aller prêcher de nouveau à ce peuple, ou au peuple qui était dans la ville d'Ammonihah, il arriva que tandis que je commençais à leur prêcher, ils commencèrent à s'opposer à moi, disant :

2 Qui es-tu ? Penses-tu que nous allons croire au témoignage d'un seul homme, quand bien même il nous prêcherait que la terre va passer ?

3 Now they understood not the words which they spake; for they knew not that the earth should pass away.

4 And they said also: We will not believe thy words if thou shouldst prophesy that this great city should be destroyed in one day.

5 Now they knew not that God could do such marvelous works, for they were a hard-hearted and a stiffnecked people.

6 And they said: Who is God, that sendeth no more authority than one man among this people, to declare unto them the truth of such great and marvelous things?

7 And they stood forth to lay their hands on me; but behold, they did not. And I stood with boldness to declare unto them, yea, I did boldly testify unto them, saying:

8 Behold, O ye wicked and perverse generation, how have ye forgotten the tradition of your fathers; yea, how soon ye have forgotten the commandments of God.

9 Do ye not remember that our father, Lehi, was brought out of Jerusalem by the hand of God? Do ye not remember that they were all led by him through the wilderness?

10 And have ye forgotten so soon how many times he delivered our fathers out of the hands of their enemies, and preserved them from being destroyed, even by the hands of their own brethren?

11 Yea, and if it had not been for his matchless power, and his mercy, and his long-suffering towards us, we should unavoidably have been cut off from the face of the earth long before this period of time, and perhaps been consigned to a state of endless misery and woe.

12 Behold, now I say unto you that he commandeth you to repent; and except ye repent, ye can in nowise inherit the kingdom of God. But behold, this is not all—he has commanded you to repent, or he will utterly destroy you from off the face of the earth; yea, he will visit you in his anger, and in his fierce anger he will not turn away.

13 Behold, do ye not remember the words which he spake unto Lehi, saying that: Inasmuch as ye shall keep my commandments, ye shall prosper in the land? And again it is

3 Or, ils ne comprenaient pas les paroles qu'ils disaient, car ils ne savaient pas que la terre va passer.

4 Et ils dirent aussi : Nous ne croirons pas en tes paroles, même si tu prophétises que cette grande ville sera détruite en un seul jour.

5 Or, ils ne savaient pas que Dieu peut accomplir des œuvres aussi merveilleuses, car ils étaient un peuple au cœur dur et au cou roide.

6 Et ils dirent : Qui est Dieu, qui n'envoie pas plus d'autorité qu'un seul homme parmi ce peuple, pour lui annoncer la vérité de choses aussi grandes et merveilleuses ?

7 Et ils s'avancèrent pour porter la main sur moi ; mais voici, ils ne le firent pas. Et je me tins avec hardiesse pour leur annoncer, oui, je leur témoignai hardiment, disant :

8 Voici, ô génération méchante et perverse, comment avez-vous oublié la tradition de vos pères ? Oui, comme vous avez vite oublié les commandements de Dieu !

9 Ne vous souvenez-vous pas que notre père, Léhi, a été emmené de Jérusalem par la main de Dieu ? Ne vous souvenez-vous pas qu'ils ont tous été conduits par lui à travers le désert ?

10 Et avez-vous si vite oublié combien de fois il a délivré nos pères des mains de leurs ennemis et les a préservés de la destruction, des mains de leurs propres frères ?

11 Oui, et s'il n'y avait pas eu sa puissance incomparable, et sa miséricorde, et sa longanimité envers nous, nous aurions été retranchés de la surface de la terre longtemps avant notre époque, et nous aurions peut-être été condamnés à un état de misère et de malheur sans fin.

12 Voici, maintenant je vous dis qu'il vous commande de vous repentir ; et si vous ne vous repentez pas, vous ne pouvez en aucune façon hériter le royaume de Dieu. Mais voici, ce n'est pas tout : il vous a commandé de vous repentir, ou il vous détruira totalement de la surface de la terre ; oui, il vous châtiera dans sa colère, et, dans son ardente colère, il ne se détournera pas.

13 Voici, ne vous souvenez-vous pas des paroles qu'il a dites à Léhi, à savoir : Si vous gardez mes commandements, vous prospérerez dans le pays ? Et encore, il est dit :

said that: Inasmuch as ye will not keep my commandments ye shall be cut off from the presence of the Lord.

14 Now I would that ye should remember, that inasmuch as the Lamanites have not kept the commandments of God, they have been cut off from the presence of the Lord. Now we see that the word of the Lord has been verified in this thing, and the Lamanites have been cut off from his presence, from the beginning of their transgressions in the land.

15 Nevertheless I say unto you, that it shall be more tolerable for them in the day of judgment than for you, if ye remain in your sins, yea, and even more tolerable for them in this life than for you, except ye repent.

16 For there are many promises which are extended to the Lamanites; for it is because of the traditions of their fathers that caused them to remain in their state of ignorance; therefore the Lord will be merciful unto them and prolong their existence in the land.

17 And at some period of time they will be brought to believe in his word, and to know of the incorrectness of the traditions of their fathers; and many of them will be saved, for the Lord will be merciful unto all who call on his name.

18 But behold, I say unto you that if ye persist in your wickedness that your days shall not be prolonged in the land, for the Lamanites shall be sent upon you; and if ye repent not they shall come in a time when you know not, and ye shall be visited with utter destruction; and it shall be according to the fierce anger of the Lord.

19 For he will not suffer you that ye shall live in your iniquities, to destroy his people. I say unto you, Nay; he would rather suffer that the Lamanites might destroy all his people who are called the people of Nephi, if it were possible that they could fall into sins and transgressions, after having had so much light and so much knowledge given unto them of the Lord their God;

20 Yea, after having been such a highly favored people of the Lord; yea, after having been favored above every other nation, kindred, tongue, or people; after having had all things made known unto them, according to their desires, and their faith, and prayers, of

Si vous ne gardez pas mes commandements, vous serez retranchés de la présence du Seigneur.

14 Or, je voudrais que vous vous souveniez que puisque les Lamanites n'ont pas gardé les commandements de Dieu, ils ont été retranchés de la présence du Seigneur. Or, nous voyons que la parole du Seigneur s'est confirmée en cela, et les Lamanites ont été retranchés de sa présence, depuis le commencement de leurs transgressions dans le pays.

15 Néanmoins, je vous dis que ce sera plus tolérable pour eux le jour du jugement que pour vous, si vous restez dans vos péchés, oui, et encore plus tolérable pour eux dans cette vie que pour vous, à moins que vous ne vous repentiez.

16 Car beaucoup de promesses sont faites aux Lamanites ; car c'est à cause des traditions de leurs pères, qui les ont fait rester dans leur état d'ignorance ; c'est pourquoi le Seigneur sera miséricordieux envers eux et prolongera leur existence dans le pays.

17 Et à une certaine époque, ils seront amenés à croire en sa parole et à savoir que les traditions de leurs pères sont incorrectes ; et beaucoup d'entre eux seront sauvés, car le Seigneur sera miséricordieux envers tous ceux qui invoquent son nom.

18 Mais voici, je vous dis que si vous persistez dans votre méchanceté, vos jours ne se prolongeront pas dans le pays, car les Lamanites seront envoyés contre vous ; et si vous ne vous repentez pas, ils viendront à un moment que vous ne connaissez pas, et vous serez frappés d'une destruction totale ; et ce sera selon l'ardente colère du Seigneur.

19 Car il ne souffrira pas que vous viviez dans vos iniquités, pour détruire ce peuple. Je vous le dis, non ; il souffrirait plutôt que les Lamanites détruisent tout son peuple, qui est appelé le peuple de Néphi, s'il était possible qu'il pût tomber dans des péchés et des transgressions après s'être vu accorder tant de lumière et tant de connaissance par le Seigneur, son Dieu ;

20 oui, après avoir été un peuple si hautement favorisé par le Seigneur ; oui, après avoir été favorisé par-dessus toutes les autres nations, tribus, langues ou peuples ; après que tout lui ait été révélé, selon son

that which has been, and which is, and which is to come;

21 Having been visited by the Spirit of God; having conversed with angels, and having been spoken unto by the voice of the Lord; and having the spirit of prophecy, and the spirit of revelation, and also many gifts, the gift of speaking with tongues, and the gift of preaching, and the gift of the Holy Ghost, and the gift of translation;

22 Yea, and after having been delivered of God out of the land of Jerusalem, by the hand of the Lord; having been saved from famine, and from sickness, and all manner of diseases of every kind; and they having waxed strong in battle, that they might not be destroyed; having been brought out of bondage time after time, and having been kept and preserved until now; and they have been prospered until they are rich in all manner of things—

23 And now behold I say unto you, that if this people, who have received so many blessings from the hand of the Lord, should transgress contrary to the light and knowledge which they do have, I say unto you that if this be the case, that if they should fall into transgression, it would be far more tolerable for the Lamanites than for them.

24 For behold, the promises of the Lord are extended to the Lamanites, but they are not unto you if ye transgress; for has not the Lord expressly promised and firmly decreed, that if ye will rebel against him that ye shall utterly be destroyed from off the face of the earth?

25 And now for this cause, that ye may not be destroyed, the Lord has sent his angel to visit many of his people, declaring unto them that they must go forth and cry mightily unto this people, saying: Repent ye, for the kingdom of heaven is nigh at hand;

26 And not many days hence the Son of God shall come in his glory; and his glory shall be the glory of the Only Begotten of the Father, full of grace, equity, and truth, full of patience, mercy, and long-suffering, quick to hear the cries of his people and to answer their prayers.

27 And behold, he cometh to redeem those who will be baptized unto repentance, through faith on his name.

désir, et sa foi, et ses prières, de ce qui a été, et qui est, et qui est à venir ;

21 ayant été visité par l'Esprit de Dieu, ayant conversé avec des anges et ayant entendu la voix du Seigneur lui parler ; et ayant l'esprit de prophétie, et l'esprit de révélation, et aussi beaucoup de dons, le don de parler en langues, et le don de prédication, et le don du Saint-Esprit, et le don de traduction ;

22 oui, et après avoir été délivré par Dieu du pays de Jérusalem, par la main du Seigneur, avoir été sauvé de la famine, et de la maladie, et de toutes sortes d'affections de toute espèce, et être devenu fort à la bataille, afin de ne pas être détruit, et avoir été sorti maintes et maintes fois de la servitude, et avoir été gardé et préservé jusqu'à maintenant, et avoir été rendu prospère jusqu'à être riche de toutes sortes de choses —

23 Et maintenant, voici, je vous dis que si ce peuple, qui a reçu tant de bénédictions de la main du Seigneur, venait à transgresser à l'encontre de la lumière et de la connaissance qu'il a, je vous dis que si c'était le cas, que s'il tombait dans la transgression, ce serait beaucoup plus tolérable pour les Lamanites que pour lui.

24 Car voici, les promesses du Seigneur sont faites aux Lamanites, mais elles ne le sont pas à vous si vous transgressez, car le Seigneur n'a-t-il pas expressément promis et fermement décrété que si vous vous rebellez contre lui, vous serez totalement détruits de la surface de la terre ?

25 Et maintenant, c'est à cause de cela, pour que vous ne soyez pas détruits, que le Seigneur a envoyé son ange visiter beaucoup d'entre son peuple, leur annonçant qu'ils doivent aller crier d'une voix forte à ce peuple, disant : Repentez-vous, car le royaume des cieux est proche ;

26 et il ne se passera pas beaucoup de jours que le Fils de Dieu ne vienne dans sa gloire ; et sa gloire sera la gloire du Fils unique du Père, plein de grâce, d'équité et de vérité, plein de patience, de miséricorde et de longanimité, prompt à écouter les supplications de son peuple et à répondre à ses prières.

27 Et voici, il vient racheter ceux qui seront baptisés au repentir, par la foi en son nom.

28 Therefore, prepare ye the way of the Lord, for the time is at hand that all men shall reap a reward of their works, according to that which they have been—if they have been righteous they shall reap the salvation of their souls, according to the power and deliverance of Jesus Christ; and if they have been evil they shall reap the damnation of their souls, according to the power and captivation of the devil.

29 Now behold, this is the voice of the angel, crying unto the people.

30 And now, my beloved brethren, for ye are my brethren, and ye ought to be beloved, and ye ought to bring forth works which are meet for repentance, seeing that your hearts have been grossly hardened against the word of God, and seeing that ye are a lost and a fallen people.

31 Now it came to pass that when I, Alma, had spoken these words, behold, the people were wroth with me because I said unto them that they were a hard-hearted and a stiffnecked people.

32 And also because I said unto them that they were a lost and a fallen people they were angry with me, and sought to lay their hands upon me, that they might cast me into prison.

33 But it came to pass that the Lord did not suffer them that they should take me at that time and cast me into prison.

34 And it came to pass that Amulek went and stood forth, and began to preach unto them also. And now the words of Amulek are not all written, nevertheless a part of his words are written in this book.

CHAPTER 10

Lehi descended from Manasseh—Amulek recounts the angelic command that he care for Alma—The prayers of the righteous cause the people to be spared—Unrighteous lawyers and judges lay the foundation of the destruction of the people. About 82 B.C.

1 Now these are the words which Amulek preached unto the people who were in the land of Ammonihah, saying:

28 C'est pourquoi, préparez le chemin du Seigneur, car le temps est proche où tous les hommes récolteront la récompense de leurs œuvres, selon ce qu'elles ont été : si elles ont été justes, ils récolteront le salut de leur âme, selon le pouvoir et la délivrance de Jésus-Christ ; et si elles ont été mauvaises, ils récolteront la damnation de leur âme, selon le pouvoir du diable et la captivité imposée par lui.

29 Or, voici, telle est la voix de l'ange, criant au peuple.

30 Et maintenant, mes frères bien-aimés, car vous êtes mes frères, et vous devriez être bien-aimés, et vous devriez produire des œuvres dignes du repentir, étant donné que votre cœur s'est extrêmement endurci contre la parole de Dieu, et attendu que vous êtes un peuple perdu et déchu.

31 Alors, il arriva que lorsque moi, Alma, j'eus dit ces paroles, voici, le peuple fut furieux contre moi, parce que je lui disais qu'il était un peuple au cœur dur et au cou roide.

32 Et aussi, parce que je lui disais qu'il était un peuple perdu et déchu, il fut en colère contre moi, et chercha à porter la main sur moi, afin de me jeter en prison.

33 Mais il arriva que le Seigneur ne lui permit pas de me prendre à ce moment-là et de me jeter en prison.

34 Et il arriva qu'Amulek alla et s'avança, et commença à lui prêcher aussi. Et maintenant, les paroles d'Amulek ne sont pas toutes écrites, néanmoins, une partie de ses paroles est écrite dans ce livre.

CHAPITRE 10

Léhi descend de Manassé — Amulek raconte qu'un ange lui a commandé de prendre soin d'Alma — Les prières des justes font que le peuple est épargné — Les docteurs de la loi et les juges injustes posent les fondations de la destruction du peuple. Vers 82 av. J.-C.

1 Et maintenant, voici les paroles qu'Amulek prêcha au peuple qui était au pays d'Ammonihah, disant :

2 I am Amulek; I am the son of Giddonah, who was the son of Ishmael, who was a descendant of Aminadi; and it was that same Aminadi who interpreted the writing which was upon the wall of the temple, which was written by the finger of God.

3 And Aminadi was a descendant of Nephi, who was the son of Lehi, who came out of the land of Jerusalem, who was a descendant of Manasseh, who was the son of Joseph who was sold into Egypt by the hands of his brethren.

4 And behold, I am also a man of no small reputation among all those who know me; yea, and behold, I have many kindreds and friends, and I have also acquired much riches by the hand of my industry.

5 Nevertheless, after all this, I never have known much of the ways of the Lord, and his mysteries and marvelous power. I said I never had known much of these things; but behold, I mistake, for I have seen much of his mysteries and his marvelous power; yea, even in the preservation of the lives of this people.

6 Nevertheless, I did harden my heart, for I was called many times and I would not hear; therefore I knew concerning these things, yet I would not know; therefore I went on rebelling against God, in the wickedness of my heart, even until the fourth day of this seventh month, which is in the tenth year of the reign of the judges.

7 As I was journeying to see a very near kindred, behold an angel of the Lord appeared unto me and said: Amulek, return to thine own house, for thou shalt feed a prophet of the Lord; yea, a holy man, who is a chosen man of God; for he has fasted many days because of the sins of this people, and he is an hungered, and thou shalt receive him into thy house and feed him, and he shall bless thee and thy house; and the blessing of the Lord shall rest upon thee and thy house.

8 And it came to pass that I obeyed the voice of the angel, and returned towards my house. And as I was going thither I found the man whom the angel said unto me: Thou shalt receive into thy house—and behold it was this same man who has been speaking unto you concerning the things of God.

2 Je suis Amulek ; je suis fils de Giddonah, qui était fils d'Ismaël, qui était descendant d'Aminadi ; et ce fut ce même Aminadi qui interpréta l'écriture qui était sur le mur du temple, qui fut écrite par le doigt de Dieu.

3 Et Aminadi était un descendant de Néphi, qui était fils de Léhi, qui sortit du pays de Jérusalem, qui était descendant de Manassé, qui était fils de Joseph, qui fut vendu en Égypte par les mains de ses frères.

4 Et voici, je suis aussi un homme dont la réputation n'est pas des moindres parmi tous ceux qui me connaissent ; oui, et voici, j'ai beaucoup de parents et d'amis, et j'ai aussi acquis beaucoup de richesses par mon industrie.

5 Néanmoins, après tout cela, je n'ai jamais su grand-chose des voies du Seigneur, et de ses mystères, et de son pouvoir merveilleux. J'ai dit que je n'en ai jamais su grand-chose ; mais voici, je me trompe, car j'ai vu beaucoup de ses mystères et de son pouvoir merveilleux ; oui, dans la préservation de la vie de ce peuple.

6 Néanmoins, je me suis endurci le cœur, car j'ai été appelé de nombreuses fois et je n'ai pas voulu entendre ; c'est pourquoi je savais tout cela, et cependant je ne voulais pas savoir ; c'est pourquoi j'ai continué à me rebeller contre Dieu, dans la méchanceté de mon cœur, jusqu'au quatrième jour de ce septième mois, qui est dans la dixième année du règne des juges.

7 Tandis que je voyageais pour voir un très proche parent, voici, un ange du Seigneur m'apparut et dit : Amulek, retourne dans ta maison, car tu vas nourrir un prophète du Seigneur ; oui, un saint homme, qui est un élu de Dieu ; car il a jeûné de nombreux jours à cause des péchés de ce peuple, et il a faim, et tu le recevras dans ta maison, et le nourriras, et il te bénira, toi et ta maison ; et la bénédiction du Seigneur reposera sur toi et sur ta maison.

8 Et il arriva que j'obéis à la voix de l'ange et retournai vers ma maison ; et comme je m'y rendais, je trouvai l'homme dont l'ange m'avait dit : Tu le recevras dans ta maison — et voici, c'était ce même homme qui vient de vous parler concernant les choses de Dieu.

9 And the angel said unto me he is a holy man; wherefore I know he is a holy man because it was said by an angel of God.

10 And again, I know that the things whereof he hath testified are true; for behold I say unto you, that as the Lord liveth, even so has he sent his angel to make these things manifest unto me; and this he has done while this Alma hath dwelt at my house.

11 For behold, he hath blessed mine house, he hath blessed me, and my women, and my children, and my father and my kinsfolk; yea, even all my kindred hath he blessed, and the blessing of the Lord hath rested upon us according to the words which he spake.

12 And now, when Amulek had spoken these words the people began to be astonished, seeing there was more than one witness who testified of the things whereof they were accused, and also of the things which were to come, according to the spirit of prophecy which was in them.

13 Nevertheless, there were some among them who thought to question them, that by their cunning devices they might catch them in their words, that they might find witness against them, that they might deliver them to their judges that they might be judged according to the law, and that they might be slain or cast into prison, according to the crime which they could make appear or witness against them.

14 Now it was those men who sought to destroy them, who were lawyers, who were hired or appointed by the people to administer the law at their times of trials, or at the trials of the crimes of the people before the judges.

15 Now these lawyers were learned in all the arts and cunning of the people; and this was to enable them that they might be skilful in their profession.

16 And it came to pass that they began to question Amulek, that thereby they might make him cross his words, or contradict the words which he should speak.

17 Now they knew not that Amulek could know of their designs. But it came to pass as they began to question him, he perceived their thoughts, and he said unto them: O ye wicked and perverse generation, ye lawyers

9 Et l'ange m'a dit que c'est un saint homme ; c'est pourquoi je sais que c'est un saint homme, parce que cela a été dit par un ange de Dieu.

10 Et encore une fois, je sais que les choses dont il a témoigné sont vraies ; car voici, je vous dis qu'aussi vrai que le Seigneur vit, il a envoyé son ange pour me les manifester ; et cela, il l'a fait pendant que cet Alma demeurait dans ma maison.

11 Car voici, il a béni ma maison, il m'a béni, moi, et mes femmes, et mes enfants, et mon père, et mes proches, oui, il a même béni toute ma parenté, et la bénédiction du Seigneur a reposé sur nous, selon les paroles qu'il a dites.

12 Et alors, quand Amulek eut dit ces paroles, le peuple commença à être étonné, voyant qu'il y avait plus d'un témoin pour témoigner des choses dont il était accusé, et aussi des choses qui étaient à venir, selon l'esprit de prophétie qui était en eux.

13 Néanmoins, il y en eut parmi eux qui eurent la pensée de les interroger, afin de les surprendre, par stratagème, dans leurs paroles, afin de trouver un témoignage contre eux, afin de les livrer à leurs juges, afin qu'ils fussent jugés selon la loi, et qu'ils fussent mis à mort ou jetés en prison, selon le crime qu'ils pourraient faire apparaître ou dont ils pourraient témoigner contre eux.

14 Or, c'étaient ces hommes qui cherchaient à les faire périr qui étaient docteurs de la loi, qui étaient engagés ou désignés par le peuple pour administrer la loi au moment des procès, ou aux procès des crimes du peuple devant les juges.

15 Or, ces docteurs de la loi étaient savants dans tous les arts et dans toute la ruse du peuple ; et cela était pour les rendre capables, pour qu'ils fussent qualifiés.

16 Et il arriva qu'ils commencèrent à interroger Amulek, afin de l'amener ainsi à se contredire dans ses paroles, ou à contredire les paroles qu'il dirait.

17 Or, ils ne savaient pas qu'Amulek pouvait connaître leurs desseins. Mais il arriva, comme ils commençaient à l'interroger, qu'il perçut leurs pensées, et il leur dit : Ô génération méchante et perverse, docteurs de la loi et hypocrites, car vous posez les

and hypocrites, for ye are laying the foundations of the devil; for ye are laying traps and snares to catch the holy ones of God.

18 Ye are laying plans to pervert the ways of the righteous, and to bring down the wrath of God upon your heads, even to the utter destruction of this people.

19 Yea, well did Mosiah say, who was our last king, when he was about to deliver up the kingdom, having no one to confer it upon, causing that this people should be governed by their own voices—yea, well did he say that if the time should come that the voice of this people should choose iniquity, that is, if the time should come that this people should fall into transgression, they would be ripe for destruction.

20 And now I say unto you that well doth the Lord judge of your iniquities; well doth he cry unto this people, by the voice of his angels: Repent ye, repent, for the kingdom of heaven is at hand.

21 Yea, well doth he cry, by the voice of his angels that: I will come down among my people, with equity and justice in my hands.

22 Yea, and I say unto you that if it were not for the prayers of the righteous, who are now in the land, that ye would even now be visited with utter destruction; yet it would not be by flood, as were the people in the days of Noah, but it would be by famine, and by pestilence, and the sword.

23 But it is by the prayers of the righteous that ye are spared; now therefore, if ye will cast out the righteous from among you then will not the Lord stay his hand; but in his fierce anger he will come out against you; then ye shall be smitten by famine, and by pestilence, and by the sword; and the time is soon at hand except ye repent.

24 And now it came to pass that the people were more angry with Amulek, and they cried out, saying: This man doth revile against our laws which are just, and our wise lawyers whom we have selected.

25 But Amulek stretched forth his hand, and cried the mightier unto them, saying: O ye wicked and perverse generation, why hath Satan got such great hold upon your hearts? Why will ye yield yourselves unto him that he may have power over you, to blind your

fondations du diable ; car vous posez des traquenards et des pièges pour surprendre les saints de Dieu.

18 Vous faites des plans pour pervertir les voies des justes et pour attirer la colère de Dieu sur votre tête jusqu'à la destruction totale de ce peuple.

19 Oui, c'est à juste titre que Mosiah, qui était notre dernier roi, a dit, lorsqu'il était sur le point de remettre le royaume, n'ayant personne à qui le conférer, voulant que ce peuple fût gouverné par sa propre voix — oui, c'est à juste titre qu'il a dit que si le temps venait où la voix de ce peuple choisirait l'iniquité, c'est-à-dire, si le temps venait où ce peuple tomberait dans la transgression, il serait mûr pour la destruction.

20 Et maintenant, je vous dis que c'est à juste titre que le Seigneur juge de vos iniquités ; c'est à juste titre qu'il crie à ce peuple, par la voix de ses anges : Repentez-vous, repentez-vous, car le royaume des cieux est proche.

21 Oui, c'est à juste titre qu'il crie, par la voix de ses anges : Je descendrai parmi mon peuple, avec l'équité et la justice dans mes mains.

22 Oui, et je vous dis que sans les prières des justes, qui sont maintenant dans le pays, vous seriez, dès maintenant, châtiés par une destruction totale ; cependant, ce ne serait pas par le déluge, comme le fut le peuple du temps de Noé, mais ce serait par la famine, et par la peste, et par l'épée.

23 Mais c'est par les prières des justes que vous êtes épargnés ; c'est pourquoi, si vous chassez les justes de parmi vous, alors le Seigneur n'arrêtera plus sa main ; mais, dans son ardente colère, il sortira contre vous ; alors vous serez frappés par la famine, et par la peste, et par l'épée ; et le temps est proche, à moins que vous ne vous repentiez.

24 Et alors, il arriva que le peuple fut encore plus en colère contre Amulek, et il s'écria, disant : Cet homme insulte nos lois, qui sont justes, et nos sages docteurs de la loi, que nous avons choisis.

25 Mais Amulek étendit la main, et lui cria d'autant plus fort, disant : Ô génération méchante et perverse, pourquoi Satan a-t-il une si grande emprise sur votre cœur ? Pourquoi vous abandonnez-vous à lui pour qu'il ait pouvoir sur vous, pour aveugler vos

eyes, that ye will not understand the words which are spoken, according to their truth?

26 For behold, have I testified against your law? Ye do not understand; ye say that I have spoken against your law; but I have not, but I have spoken in favor of your law, to your condemnation.

27 And now behold, I say unto you, that the foundation of the destruction of this people is beginning to be laid by the unrighteousness of your lawyers and your judges.

28 And now it came to pass that when Amulek had spoken these words the people cried out against him, saying: Now we know that this man is a child of the devil, for he hath lied unto us; for he hath spoken against our law. And now he says that he has not spoken against it.

29 And again, he has reviled against our lawyers, and our judges.

30 And it came to pass that the lawyers put it into their hearts that they should remember these things against him.

31 And there was one among them whose name was Zeezrom. Now he was the foremost to accuse Amulek and Alma, he being one of the most expert among them, having much business to do among the people.

32 Now the object of these lawyers was to get gain; and they got gain according to their employ.

CHAPTER 11

The Nephite monetary system is set forth—Amulek contends with Zeezrom—Christ will not save people in their sins—Only those who inherit the kingdom of heaven are saved—All men will rise in immortality—There is no death after the Resurrection. About 82 B.C.

1 Now it was in the law of Mosiah that every man who was a judge of the law, or those who were appointed to be judges, should receive wages according to the time which they labored to judge those who were brought before them to be judged.

2 Now if a man owed another, and he would not pay that which he did owe, he was com-

---

yeux, de sorte que vous ne comprenez pas les paroles qui sont dites, selon leur vérité ?

26 Car voici, ai-je témoigné contre votre loi ? Vous ne comprenez pas ; vous dites que j'ai parlé contre votre loi ; mais ce n'est pas cela que j'ai fait, mais j'ai parlé en faveur de votre loi, pour votre condamnation.

27 Et maintenant, voici, je vous dis que les fondements de la destruction de ce peuple commencent à être posés par l'injustice de vos docteurs de la loi et de vos juges.

28 Et alors, il arriva que lorsqu'Amulek eut dit ces paroles, le peuple le hua, disant : Or, nous savons que cet homme est un enfant du diable, car il nous a menti ; car il a parlé contre notre loi. Et maintenant, il dit qu'il n'a pas parlé contre elle.

29 Et de plus, il a insulté nos docteurs de la loi et nos juges.

30 Et il arriva que les docteurs de la loi leur mirent dans le cœur qu'ils devaient se souvenir de ces choses contre lui.

31 Et il y en avait un parmi eux dont le nom était Zeezrom. Or, il était le tout premier à accuser Amulek et Alma, étant l'un des plus experts parmi eux, ayant beaucoup d'affaires à traiter parmi le peuple.

32 Or, le but de ces docteurs de la loi était d'obtenir du gain ; et ils obtenaient du gain selon leur emploi.

CHAPITRE 11

Description du système monétaire néphite — Amulek combat Zeezrom — Le Christ ne sauvera pas les gens dans leurs péchés — Seuls ceux qui héritent le royaume des cieux sont sauvés — Tous les hommes ressusciteront à l'immortalité — Il n'y a pas de mort après la résurrection. Vers 82 av. J.-C.

1 Or, il était mis dans la loi de Mosiah que tout homme qui était juge de la loi, ou ceux qui étaient désignés pour être juges, devaient recevoir un salaire selon le temps pendant lequel ils travaillaient pour juger ceux qui étaient amenés devant eux pour être jugés.

2 Or, si un homme devait à un autre, et qu'il ne voulait pas payer ce qu'il devait, plainte était déposée contre lui devant le juge ; et le

plained of to the judge; and the judge executed authority, and sent forth officers that the man should be brought before him; and he judged the man according to the law and the evidences which were brought against him, and thus the man was compelled to pay that which he owed, or be stripped, or be cast out from among the people as a thief and a robber.

3 And the judge received for his wages according to his time—a senine of gold for a day, or a senum of silver, which is equal to a senine of gold; and this is according to the law which was given.

4 Now these are the names of the different pieces of their gold, and of their silver, according to their value. And the names are given by the Nephites, for they did not reckon after the manner of the Jews who were at Jerusalem; neither did they measure after the manner of the Jews; but they altered their reckoning and their measure, according to the minds and the circumstances of the people, in every generation, until the reign of the judges, they having been established by king Mosiah.

5 Now the reckoning is thus—a senine of gold, a seon of gold, a shum of gold, and a limnah of gold.

6 A senum of silver, an amnor of silver, an ezrom of silver, and an onti of silver.

7 A senum of silver was equal to a senine of gold, and either for a measure of barley, and also for a measure of every kind of grain.

8 Now the amount of a seon of gold was twice the value of a senine.

9 And a shum of gold was twice the value of a seon.

10 And a limnah of gold was the value of them all.

11 And an amnor of silver was as great as two senums.

12 And an ezrom of silver was as great as four senums.

13 And an onti was as great as them all.

14 Now this is the value of the lesser numbers of their reckoning—

15 A shiblon is half of a senum; therefore, a shiblon for half a measure of barley.

juge exerçait son autorité, et envoyait des officiers pour que l'homme fût amené devant lui ; et il jugeait l'homme selon la loi et les preuves qui étaient apportées contre lui, et ainsi l'homme était obligé de payer ce qu'il devait, ou était dépouillé, ou chassé de parmi le peuple comme voleur et brigand.

3 Et le juge recevait comme salaire selon son temps : une sénine d'or pour un jour, ou un sénum d'argent, qui est égal à une sénine d'or ; et cela est selon la loi qui était donnée.

4 Or, voici les noms des différentes pièces de leur or et de leur argent, selon leur valeur. Et les noms sont donnés par les Néphites, car ils ne comptaient pas à la manière des Juifs qui étaient à Jérusalem ; ils ne mesuraient pas non plus à la manière des Juifs ; mais ils changeaient leur calcul et leur mesure, selon la volonté et les circonstances du peuple, à chaque génération, jusqu'au règne des juges, ceux-ci ayant été établis par le roi Mosiah.

5 Or, le calcul se fait comme ceci : une sénine d'or, un séon d'or, un shum d'or et un limnah d'or.

6 Un sénum d'argent, un amnor d'argent, un ezrom d'argent, et un onti d'argent.

7 Un sénum d'argent était égal à une sénine d'or, soit pour une mesure d'orge, et aussi pour une mesure de toute espèce de grain.

8 Or, le montant d'un séon d'or était de deux fois la valeur d'une sénine.

9 Et un shum d'or était de deux fois la valeur d'un séon.

10 Et un limnah d'or avait la valeur de tous les autres.

11 Et un amnor d'argent était aussi grand que deux sénums.

12 Et un ezrom d'argent était aussi grand que quatre sénums.

13 Et un onti était aussi grand que tous les autres.

14 Or, voici la valeur de leurs plus petites unités de mesure, selon leur manière de compter.

15 Un shiblon est la moitié d'un sénum ; c'est pourquoi, on a un shiblon pour une demi-mesure d'orge.

16 And a shiblum is a half of a shiblon.

17 And a leah is the half of a shiblum.

18 Now this is their number, according to their reckoning.

19 Now an antion of gold is equal to three shiblons.

20 Now, it was for the sole purpose to get gain, because they received their wages according to their employ, therefore, they did stir up the people to riotings, and all manner of disturbances and wickedness, that they might have more employ, that they might get money according to the suits which were brought before them; therefore they did stir up the people against Alma and Amulek.

21 And this Zeezrom began to question Amulek, saying: Will ye answer me a few questions which I shall ask you? Now Zeezrom was a man who was expert in the devices of the devil, that he might destroy that which was good; therefore, he said unto Amulek: Will ye answer the questions which I shall put unto you?

22 And Amulek said unto him: Yea, if it be according to the Spirit of the Lord, which is in me; for I shall say nothing which is contrary to the Spirit of the Lord. And Zeezrom said unto him: Behold, here are six onties of silver, and all these will I give thee if thou wilt deny the existence of a Supreme Being.

23 Now Amulek said: O thou child of hell, why tempt ye me? Knowest thou that the righteous yieldeth to no such temptations?

24 Believest thou that there is no God? I say unto you, Nay, thou knowest that there is a God, but thou lovest that lucre more than him.

25 And now thou hast lied before God unto me. Thou saidst unto me—Behold these six onties, which are of great worth, I will give unto thee—when thou hadst it in thy heart to retain them from me; and it was only thy desire that I should deny the true and living God, that thou mightest have cause to destroy me. And now behold, for this great evil thou shalt have thy reward.

26 And Zeezrom said unto him: Thou sayest there is a true and living God?

27 And Amulek said: Yea, there is a true and living God.

16 Et un shiblum est la moitié d'un shiblon.

17 Et un léah est la moitié d'un shiblum.

18 Or, ce sont leurs unités de mesure, selon leur manière de compter.

19 Or, un antion d'or est égal à trois shiblons.

20 Or, c'était dans le seul but d'obtenir du gain, parce qu'ils recevaient leur salaire selon l'emploi qu'ils avaient, qu'ils excitaient le peuple à des émeutes et à toutes sortes de troubles et de méchanceté, afin d'être plus employés, afin d'obtenir de l'argent selon les actions en justice qui étaient portées devant eux ; c'est pourquoi, ils excitèrent le peuple contre Alma et Amulek.

21 Et ce Zeezrom commença à interroger Amulek, disant : Veux-tu me répondre à quelques questions que je vais te poser ? Or, Zeezrom était un homme qui était expert dans les stratagèmes du diable, afin de détruire ce qui était bon ; c'est pourquoi, il dit à Amulek : Veux-tu répondre aux questions que je vais te poser ?

22 Et Amulek lui dit : Oui, si c'est selon l'Esprit du Seigneur qui est en moi ; car je ne dirai rien qui soit contraire à l'Esprit du Seigneur. Et Zeezrom lui dit : Voici, j'ai ici six ontis d'argent, et je te les donnerai tous si tu nies l'existence d'un Être suprême.

23 Alors Amulek dit : Ô enfant de l'enfer, pourquoi me tentes-tu ? Sais-tu que le juste ne cède pas à de telles tentations ?

24 Crois-tu qu'il n'y a pas de Dieu ? Je te le dis, non, tu sais qu'il y a un Dieu, mais tu aimes le lucre plus que lui.

25 Et maintenant, tu m'as menti devant Dieu. Tu m'as dit : Voici, ces six ontis, qui ont une grande valeur, je te les donnerai, alors que l'intention de ton cœur était de me les refuser ; et ton seul désir était que je nie le Dieu vrai et vivant, pour avoir une raison de me faire périr. Et maintenant, voici, pour ce grand mal tu auras ta récompense.

26 Et Zeezrom lui dit : Tu dis qu'il y a un Dieu vrai et vivant ?

27 Et Amulek dit : Oui, il y a un Dieu vrai et vivant.

28 Now Zeezrom said: Is there more than one God?

29 And he answered, No.

30 Now Zeezrom said unto him again: How knowest thou these things?

31 And he said: An angel hath made them known unto me.

32 And Zeezrom said again: Who is he that shall come? Is it the Son of God?

33 And he said unto him, Yea.

34 And Zeezrom said again: Shall he save his people in their sins? And Amulek answered and said unto him: I say unto you he shall not, for it is impossible for him to deny his word.

35 Now Zeezrom said unto the people: See that ye remember these things; for he said there is but one God; yet he saith that the Son of God shall come, but he shall not save his people—as though he had authority to command God.

36 Now Amulek saith again unto him: Behold thou hast lied, for thou sayest that I spake as though I had authority to command God because I said he shall not save his people in their sins.

37 And I say unto you again that he cannot save them in their sins; for I cannot deny his word, and he hath said that no unclean thing can inherit the kingdom of heaven; therefore, how can ye be saved, except ye inherit the kingdom of heaven? Therefore, ye cannot be saved in your sins.

38 Now Zeezrom saith again unto him: Is the Son of God the very Eternal Father?

39 And Amulek said unto him: Yea, he is the very Eternal Father of heaven and of earth, and all things which in them are; he is the beginning and the end, the first and the last;

40 And he shall come into the world to redeem his people; and he shall take upon him the transgressions of those who believe on his name; and these are they that shall have eternal life, and salvation cometh to none else.

41 Therefore the wicked remain as though there had been no redemption made, except it be the loosing of the bands of death; for behold, the day cometh that all shall rise from the dead and stand before God, and be judged according to their works.

28 Alors Zeezrom dit : Y a-t-il plus qu'un seul Dieu ?

29 Et il répondit : Non.

30 Alors Zeezrom lui dit encore : Comment sais-tu ces choses ?

31 Et il dit : Un ange me les a révélées.

32 Et Zeezrom dit encore : Qui est celui qui va venir ? Est-ce le Fils de Dieu ?

33 Et il lui dit : Oui.

34 Et Zeezrom dit encore : Sauvera-t-il son peuple dans ses péchés ? Et Amulek répondit et lui dit : Je te dis que non, car il lui est impossible de nier sa parole.

35 Alors Zeezrom dit au peuple : Veillez à vous souvenir de ces choses ; car il a dit qu'il n'y a qu'un seul Dieu ; pourtant il dit que le Fils de Dieu viendra, mais qu'il ne sauvera pas son peuple, comme s'il avait l'autorité de commander à Dieu.

36 Alors Amulek lui dit encore : Voici, tu as menti, car tu dis que j'ai parlé comme si j'avais l'autorité de commander à Dieu, parce que j'ai dit qu'il ne sauvera pas son peuple dans ses péchés.

37 Et je te dis encore qu'il ne peut le sauver dans ses péchés ; car je ne peux nier sa parole, et il a dit que rien d'impur ne peut hériter le royaume des cieux ; comment pouvez-vous donc être sauvés, si vous n'héritez pas le royaume des cieux ? C'est pourquoi, vous ne pouvez être sauvés dans vos péchés.

38 Alors Zeezrom lui dit encore : Le Fils de Dieu est-il le Père éternel même ?

39 Et Amulek lui dit : Oui, il est le Père éternel même du ciel et de la terre, et de tout ce qui s'y trouve ; il est le commencement et la fin, le premier et le dernier ;

40 et il viendra au monde pour racheter son peuple ; et il prendra sur lui les transgressions de ceux qui croient en son nom ; et ce sont ceux-là qui auront la vie éternelle, et le salut ne vient à personne d'autre.

41 C'est pourquoi les méchants restent comme si aucune rédemption n'avait été faite, si ce n'est que les liens de la mort seront détachés ; car voici, le jour vient où tous

42 Now, there is a death which is called a temporal death; and the death of Christ shall loose the bands of this temporal death, that all shall be raised from this temporal death.

43 The spirit and the body shall be reunited again in its perfect form; both limb and joint shall be restored to its proper frame, even as we now are at this time; and we shall be brought to stand before God, knowing even as we know now, and have a bright recollection of all our guilt.

44 Now, this restoration shall come to all, both old and young, both bond and free, both male and female, both the wicked and the righteous; and even there shall not so much as a hair of their heads be lost; but every thing shall be restored to its perfect frame, as it is now, or in the body, and shall be brought and be arraigned before the bar of Christ the Son, and God the Father, and the Holy Spirit, which is one Eternal God, to be judged according to their works, whether they be good or whether they be evil.

45 Now, behold, I have spoken unto you concerning the death of the mortal body, and also concerning the resurrection of the mortal body. I say unto you that this mortal body is raised to an immortal body, that is from death, even from the first death unto life, that they can die no more; their spirits uniting with their bodies, never to be divided; thus the whole becoming spiritual and immortal, that they can no more see corruption.

46 Now, when Amulek had finished these words the people began again to be astonished, and also Zeezrom began to tremble. And thus ended the words of Amulek, or this is all that I have written.

CHAPTER 12

Alma speaks to Zeezrom—The mysteries of God can be given only to the faithful—Men are judged by their thoughts, beliefs, words, and works—The wicked will suffer a spiritual death—This mortal life is a probationary state—The plan of redemption brings to pass the

ressusciteront des morts, et se tiendront devant Dieu, et serontjugés selon leurs œuvres.

42 Or, il y a une mort qui est appelée mort temporelle ; et la mort du Christ détachera les liens de cette mort temporelle, de sorte que tous ressusciteront de cette mort temporelle.

43 L'esprit et le corps seront de nouveau réunis sous leur forme parfaite ; membres et jointures seront rendus à leur forme propre, comme nous sommes maintenant, en ce moment ; et nous serons amenés à nous tenir devant Dieu, connaissant comme nous connaissons maintenant, et ayant le souvenir vif de toute notre culpabilité.

44 Or, ce rétablissement se fera pour tous, jeunes et vieux, esclaves et libres, hommes et femmes, méchants et justes ; et pas même un seul cheveu de leur tête qui sera perdu ; mais chaque chose sera rendue à sa forme parfaite, comme elle est maintenant, ou dans le corps, et ils seront amenés et traduits devant la barre du Christ, le Fils, et de Dieu le Père, et de l'Esprit-Saint, qui sont un seul Dieu éternel, pour être jugés selon leurs œuvres, qu'elles soient bonnes ou qu'elles soient mauvaises.

45 Or, voici, je vous ai parlé de la mort du corps mortel, et aussi de la résurrection du corps mortel. Je vous dis que ce corps mortel est ressuscité à un corps immortel, c'est-à-dire de la mort, à savoir, de la première mort, à la vie, de sorte qu'ils ne peuvent plus mourir ; leur esprit s'unissant à leur corps, pour ne jamais être séparés ; le tout devenant ainsi spirituel et immortel, de sorte qu'ils ne peuvent plus voir la corruption.

46 Alors, quand Amulek eut fini ces paroles, le peuple recommença à être étonné, et Zeezrom commença aussi à trembler. Et ainsi finirent les paroles d'Amulek, ou : c'est là tout ce que j'ai écrit.

CHAPITRE 12

Alma parle à Zeezrom — Les mystères de Dieu ne peuvent être donnés qu'aux fidèles — Les hommes sont jugés selon leurs pensées, leurs croyances, leurs paroles et leurs œuvres — Les méchants subiront une mort spirituelle — La vie

Resurrection and, through faith, a remission of sins—The repentant have a claim on mercy through the Only Begotten Son. About 82 B.C.

mortelle est un état probatoire — Le plan de rédemption réalise la résurrection et, par la foi, le pardon des péchés — Ceux qui sont repentants ont droit à la miséricorde par l'intermédiaire du Fils unique. Vers 82 av. J.-C.

1 Now Alma, seeing that the words of Amulek had silenced Zeezrom, for he beheld that Amulek had caught him in his lying and deceiving to destroy him, and seeing that he began to tremble under a consciousness of his guilt, he opened his mouth and began to speak unto him, and to establish the words of Amulek, and to explain things beyond, or to unfold the scriptures beyond that which Amulek had done.

2 Now the words that Alma spake unto Zeezrom were heard by the people round about; for the multitude was great, and he spake on this wise:

3 Now Zeezrom, seeing that thou hast been taken in thy lying and craftiness, for thou hast not lied unto men only but thou hast lied unto God; for behold, he knows all thy thoughts, and thou seest that thy thoughts are made known unto us by his Spirit;

4 And thou seest that we know that thy plan was a very subtle plan, as to the subtlety of the devil, for to lie and to deceive this people that thou mightest set them against us, to revile us and to cast us out—

5 Now this was a plan of thine adversary, and he hath exercised his power in thee. Now I would that ye should remember that what I say unto thee I say unto all.

6 And behold I say unto you all that this was a snare of the adversary, which he has laid to catch this people, that he might bring you into subjection unto him, that he might encircle you about with his chains, that he might chain you down to everlasting destruction, according to the power of his captivity.

7 Now when Alma had spoken these words, Zeezrom began to tremble more exceedingly, for he was convinced more and more of the power of God; and he was also convinced that Alma and Amulek had a knowledge of him, for he was convinced that they knew the thoughts and intents of his heart; for power was given unto them that they might know of these things according to the spirit of prophecy.

1 Alors Alma, voyant que les paroles d'Amulek avaient réduit Zeezrom au silence, car il voyait qu'Amulek l'avait surpris dans ses mensonges et ses tromperies pour le faire périr, et voyant qu'il commençait à trembler à la prise de conscience de sa culpabilité, il ouvrit la bouche et commença à lui parler, et à confirmer les paroles d'Amulek, et à expliquer les choses au-delà, ou à dévoiler les Écritures au-delà de ce qu'Amulek avait fait.

2 Or, les paroles qu'Alma dit à Zeezrom furent entendues par le peuple alentour ; car la multitude était grande, et il parla de cette façon :

3 Or, Zeezrom, étant donné que tu as été pris dans tes mensonges et ta fourberie, car tu n'as pas seulement menti aux hommes, mais tu as menti à Dieu ; car voici, il connaît toutes tes pensées, et tu vois que tes pensées nous sont révélées par son Esprit ;

4 et tu vois que nous savons que ton plan était un plan très astucieux quant à l'astuce du diable, pour mentir et pour tromper ce peuple, afin de le tourner contre nous, pour nous injurier et pour nous chasser —

5 Or, c'était un plan de ton adversaire, et il a exercé son pouvoir en toi. Or, je voudrais que tu te souviennes que ce que je te dis, à toi, je le dis à tous.

6 Et voici, je vous dis à tous que c'était là un piège de l'adversaire, qu'il a tendu pour prendre ce peuple, afin de vous assujettir à lui, afin de vous enserrer de ses chaînes, afin de vous enchaîner à la destruction éternelle, selon le pouvoir de sa captivité.

7 Alors, quand Alma eut dit ces paroles, Zeezrom commença à trembler d'une manière plus extrême encore, car il était de plus en plus convaincu du pouvoir de Dieu ; et il était aussi convaincu qu'Alma et Amulek le connaissaient, car il était convaincu qu'ils connaissaient les pensées et les intentions de son cœur ; car le pouvoir leur était donné de connaître ces choses, selon l'esprit de prophétie.

8 And Zeezrom began to inquire of them diligently, that he might know more concerning the kingdom of God. And he said unto Alma: What does this mean which Amulek hath spoken concerning the resurrection of the dead, that all shall rise from the dead, both the just and the unjust, and are brought to stand before God to be judged according to their works?

9 And now Alma began to expound these things unto him, saying: It is given unto many to know the mysteries of God; nevertheless they are laid under a strict command that they shall not impart only according to the portion of his word which he doth grant unto the children of men, according to the heed and diligence which they give unto him.

10 And therefore, he that will harden his heart, the same receiveth the lesser portion of the word; and he that will not harden his heart, to him is given the greater portion of the word, until it is given unto him to know the mysteries of God until he know them in full.

11 And they that will harden their hearts, to them is given the lesser portion of the word until they know nothing concerning his mysteries; and then they are taken captive by the devil, and led by his will down to destruction. Now this is what is meant by the chains of hell.

12 And Amulek hath spoken plainly concerning death, and being raised from this mortality to a state of immortality, and being brought before the bar of God, to be judged according to our works.

13 Then if our hearts have been hardened, yea, if we have hardened our hearts against the word, insomuch that it has not been found in us, then will our state be awful, for then we shall be condemned.

14 For our words will condemn us, yea, all our works will condemn us; we shall not be found spotless; and our thoughts will also condemn us; and in this awful state we shall not dare to look up to our God; and we would fain be glad if we could command the rocks and the mountains to fall upon us to hide us from his presence.

15 But this cannot be; we must come forth and stand before him in his glory, and in his

8 Et Zeezrom commença à les interroger diligemment, afin d'en savoir plus concernant le royaume de Dieu. Et il dit à Alma : Que signifie ce qu'Amulek a dit concernant la résurrection des morts, que tous ressusciteront d'entre les morts, tant les justes que les injustes, et seront amenés à se tenir devant Dieu pour être jugés selon leurs œuvres ?

9 Et alors, Alma commença à lui expliquer ces choses, disant : Il est donné à beaucoup de connaître les mystères de Dieu ; néanmoins, le commandement strict leur est imposé de n'en rien communiquer si ce n'est selon la partie de sa parole qu'il accorde aux enfants des hommes, selon l'attention et la diligence qu'ils lui apportent.

10 Et c'est pourquoi, celui qui s'endurcit le cœur, celui-là reçoit la plus petite partie de la parole ; et celui qui ne s'endurcit pas le cœur, la plus grande partie de la parole lui est donnée, jusqu'à ce qu'il lui soit donné de connaître les mystères de Dieu, jusqu'à ce qu'il les connaisse pleinement.

11 Et ceux qui s'endurcissent le cœur, la plus petite partie de la parole leur est donnée, jusqu'à ce qu'ils ne connaissent rien de ses mystères ; et ensuite, ils sont faits captifs par le diable, et entraînés par sa volonté sur la pente de la destruction. Voilà ce que l'on entend par les chaînes de l'enfer.

12 Et Amulek a parlé clairement de la mort, et du fait que nous serons ressuscités de cette mortalité à un état d'immortalité, et serons amenés devant la barre de Dieu pour être jugés selon nos œuvres.

13 Alors, si notre cœur s'est endurci, oui, si nous nous sommes endurci le cœur contre la parole au point qu'elle ne s'est pas trouvée en nous, alors notre état sera affreux, car alors nous serons condamnés.

14 Car nos paroles nous condamneront, oui, toutes nos œuvres nous condamneront ; nous ne serons pas considérés comme étant sans tache, et nos pensées nous condamneront aussi ; et dans cet état affreux, nous n'oserons pas lever les yeux vers notre Dieu, et nous serions heureux si nous pouvions commander aux rochers et aux montagnes de tomber sur nous pour nous cacher de sa présence.

15 Mais cela ne peut être : nous devons nous lever et nous tenir devant lui dans sa gloire,

power, and in his might, majesty, and dominion, and acknowledge to our everlasting shame that all his judgments are just; that he is just in all his works, and that he is merciful unto the children of men, and that he has all power to save every man that believeth on his name and bringeth forth fruit meet for repentance.

16 And now behold, I say unto you then cometh a death, even a second death, which is a spiritual death; then is a time that whosoever dieth in his sins, as to a temporal death, shall also die a spiritual death; yea, he shall die as to things pertaining unto righteousness.

17 Then is the time when their torments shall be as a lake of fire and brimstone, whose flame ascendeth up forever and ever; and then is the time that they shall be chained down to an everlasting destruction, according to the power and captivity of Satan, he having subjected them according to his will.

18 Then, I say unto you, they shall be as though there had been no redemption made; for they cannot be redeemed according to God's justice; and they cannot die, seeing there is no more corruption.

19 Now it came to pass that when Alma had made an end of speaking these words, the people began to be more astonished;

20 But there was one Antionah, who was a chief ruler among them, came forth and said unto him: What is this that thou hast said, that man should rise from the dead and be changed from this mortal to an immortal state, that the soul can never die?

21 What does the scripture mean, which saith that God placed cherubim and a flaming sword on the east of the garden of Eden, lest our first parents should enter and partake of the fruit of the tree of life, and live forever? And thus we see that there was no possible chance that they should live forever.

22 Now Alma said unto him: This is the thing which I was about to explain. Now we see that Adam did fall by the partaking of the forbidden fruit, according to the word of God; and thus we see, that by his fall, all mankind became a lost and fallen people.

et dans son pouvoir, et dans sa puissance, sa majesté et sa domination, et reconnaître, à notre honte éternelle, que tous ses jugements sont justes, qu'il est juste dans toutes ses œuvres et qu'il est miséricordieux envers les enfants des hommes, et qu'il a tout pouvoir de sauver tout homme qui croit en son nom et produit du fruit digne du repentir.

16 Et maintenant, voici, je vous dis qu'alors vient une mort, une seconde mort, qui est une mort spirituelle ; alors, c'est le moment où quiconque meurt dans ses péchés, quant à une mort temporelle, mourra aussi d'une mort spirituelle ; oui, il mourra quant à ce qui a trait à la justice.

17 Ce sera alors le moment où leurs tourments seront comme un étang de feu et de soufre, dont la flamme monte pour toujours et à jamais ; et ce sera alors le moment où ils seront enchaînés à une destruction éternelle, selon le pouvoir et la captivité de Satan, celui-ci les ayant assujettis selon sa volonté.

18 Alors, je vous le dis, ils seront comme si aucune rédemption n'avait été faite : car, selon la justice de Dieu, ils ne peuvent être rachetés ; et ils ne peuvent mourir, attendu qu'il n'y a plus de corruption.

19 Alors, il arriva que lorsqu'Alma eut fini de dire ces paroles, le peuple commença à être plus étonné ;

20 mais il y avait un certain Antionah, qui était un de leurs principaux dirigeants, qui s'avança et lui dit : Qu'est-ce que tu as dit là, que l'homme se lèvera d'entre les morts et sera changé de ce corps mortel à un état immortel, que l'âme ne peut jamais mourir ?

21 Que veut dire l'Écriture qui dit que Dieu plaça des chérubins et une épée flamboyante à l'est du jardin d'Éden, de peur que nos premiers parents n'entrent et ne mangent du fruit de l'arbre de vie, et ne vivent à jamais ? Et ainsi, nous voyons qu'il n'y avait aucune possibilité qu'ils vivent à jamais.

22 Alors Alma lui dit : C'est ce que j'étais sur le point d'expliquer. Or, nous voyons qu'Adam tomba en mangeant du fruit défendu, selon la parole de Dieu ; et ainsi, nous voyons que par sa chute, toute l'humanité est devenue un peuple perdu et déchu.

23 And now behold, I say unto you that if it had been possible for Adam to have partaken of the fruit of the tree of life at that time, there would have been no death, and the word would have been void, making God a liar, for he said: If thou eat thou shalt surely die.

24 And we see that death comes upon mankind, yea, the death which has been spoken of by Amulek, which is the temporal death; nevertheless there was a space granted unto man in which he might repent; therefore this life became a probationary state; a time to prepare to meet God; a time to prepare for that endless state which has been spoken of by us, which is after the resurrection of the dead.

25 Now, if it had not been for the plan of redemption, which was laid from the foundation of the world, there could have been no resurrection of the dead; but there was a plan of redemption laid, which shall bring to pass the resurrection of the dead, of which has been spoken.

26 And now behold, if it were possible that our first parents could have gone forth and partaken of the tree of life they would have been forever miserable, having no preparatory state; and thus the plan of redemption would have been frustrated, and the word of God would have been void, taking none effect.

27 But behold, it was not so; but it was appointed unto men that they must die; and after death, they must come to judgment, even that same judgment of which we have spoken, which is the end.

28 And after God had appointed that these things should come unto man, behold, then he saw that it was expedient that man should know concerning the things whereof he had appointed unto them;

29 Therefore he sent angels to converse with them, who caused men to behold of his glory.

30 And they began from that time forth to call on his name; therefore God conversed with men, and made known unto them the plan of redemption, which had been prepared from the foundation of the world; and this he made known unto them according to their faith and repentance and their holy works.

23 Et maintenant, voici, je te dis que s'il avait été possible à Adam de manger du fruit de l'arbre de vie à ce moment-là, il n'y aurait pas eu de mort, et la parole aurait été nulle, faisant de Dieu un menteur, car il a dit : Si tu manges, tu mourras.

24 Et nous voyons que la mort s'abat sur l'humanité, oui, la mort dont a parlé Amulek, qui est la mort temporelle ; néanmoins, un temps a été accordé à l'homme pour se repentir ; c'est pourquoi cette vie est devenue un état probatoire, un temps pour se préparer à rencontrer Dieu, un temps pour se préparer pour cet état sans fin dont nous avons parlé, qui suit la résurrection des morts.

25 Or, s'il n'y avait pas eu le plan de rédemption qui fut prévu dès la fondation du monde, il n'aurait pu y avoir de résurrection des morts ; mais un plan de rédemption a été prévu, qui réalisera la résurrection des morts dont il a été parlé.

26 Et maintenant, voici, s'il avait été possible à nos premiers parents de s'avancer et de manger de l'arbre de vie, ils auraient été malheureux à jamais, n'ayant pas d'état préparatoire ; et ainsi, le plan de rédemption aurait été contrarié, et la parole de Dieu aurait été nulle, n'ayant aucun effet.

27 Mais voici, il n'en a pas été ainsi ; mais il a été décrété que les hommes doivent mourir, et qu'après la mort ils doivent passer en jugement, ce même jugement dont nous avons parlé, qui est la fin.

28 Et après avoir décrété que cela arriverait à l'homme, voici, Dieu vit alors qu'il était nécessaire que l'homme eût la connaissance de ce qu'il avait décrété à son sujet ;

29 c'est pourquoi il envoya des anges converser avec eux, et ils firent voir aux hommes une partie de sa gloire.

30 Et ils commencèrent, à partir de ce moment-là, à invoquer son nom ; c'est pourquoi Dieu conversa avec les hommes et leur fit connaître le plan de rédemption qui avait été préparé dès la fondation du monde ; et cela, il le leur fit connaître selon leur foi, et leur repentir, et leurs œuvres saintes.

31 Wherefore, he gave commandments unto men, they having first transgressed the first commandments as to things which were temporal, and becoming as gods, knowing good from evil, placing themselves in a state to act, or being placed in a state to act according to their wills and pleasures, whether to do evil or to do good—

32 Therefore God gave unto them commandments, after having made known unto them the plan of redemption, that they should not do evil, the penalty thereof being a second death, which was an everlasting death as to things pertaining unto righteousness; for on such the plan of redemption could have no power, for the works of justice could not be destroyed, according to the supreme goodness of God.

33 But God did call on men, in the name of his Son, (this being the plan of redemption which was laid) saying: If ye will repent, and harden not your hearts, then will I have mercy upon you, through mine Only Begotten Son;

34 Therefore, whosoever repenteth, and hardeneth not his heart, he shall have claim on mercy through mine Only Begotten Son, unto a remission of his sins; and these shall enter into my rest.

35 And whosoever will harden his heart and will do iniquity, behold, I swear in my wrath that he shall not enter into my rest.

36 And now, my brethren, behold I say unto you, that if ye will harden your hearts ye shall not enter into the rest of the Lord; therefore your iniquity provoketh him that he sendeth down his wrath upon you as in the first provocation, yea, according to his word in the last provocation as well as the first, to the everlasting destruction of your souls; therefore, according to his word, unto the last death, as well as the first.

37 And now, my brethren, seeing we know these things, and they are true, let us repent, and harden not our hearts, that we provoke not the Lord our God to pull down his wrath upon us in these his second commandments which he has given unto us; but let us enter into the rest of God, which is prepared according to his word.

31 C'est pourquoi, il donna des commandements aux hommes, ceux-ci ayant tout d'abord transgressé les premiers commandements quant aux choses qui étaient temporelles, et, devenant comme des dieux, discernant le bien du mal, se mettant en état d'agir, ou étant mis en état d'agir selon leur volonté et leur bon plaisir, que ce fût pour faire le mal ou pour faire le bien —

32 c'est pourquoi Dieu leur donna des commandements, après leur avoir fait connaître le plan de rédemption, qu'ils ne devaient pas faire le mal, le châtiment en étant une seconde mort, qui était une mort éternelle quant à ce qui avait trait à la justice ; car sur ceux-là le plan de rédemption ne pouvait avoir aucun pouvoir, car, selon la bonté suprême de Dieu, les œuvres de la justice ne pouvaient être détruites.

33 Mais Dieu appela tous les hommes, au nom de son Fils (ceci étant le plan de rédemption qui était prévu), disant : Si vous vous repentez et ne vous endurcissez pas le cœur, alors je serai miséricordieux envers vous, par l'intermédiaire de mon Fils unique.

34 C'est pourquoi, celui qui se repent et ne s'endurcit pas le cœur aura droit à la miséricorde, par l'intermédiaire de mon Fils unique, pour le pardon de ses péchés ; et celui-là entrera dans mon repos.

35 Et celui qui s'endurcit le cœur et commet l'iniquité, voici, je jure dans ma colère qu'il n'entrera pas dans mon repos.

36 Et maintenant, mes frères, voici, je vous dis que si vous vous endurcissez le cœur, vous n'entrerez pas dans le repos du Seigneur ; c'est pourquoi votre iniquité le provoque à faire tomber sa colère sur vous, comme lors de la première provocation, oui, selon sa parole, dans la dernière provocation aussi bien que dans la première, pour la destruction éternelle de votre âme ; c'est pourquoi, selon sa parole, pour la dernière mort aussi bien que la première.

37 Et maintenant, mes frères, étant donné que nous savons ces choses, et qu'elles sont vraies, repentons-nous, et ne nous endurcissons pas le cœur, afin de ne pas provoquer le Seigneur, notre Dieu, à faire tomber sur nous sa colère dans ces commandements, qui sont les seconds qu'il nous a donnés ; mais entrons dans le repos de Dieu, qui est préparé selon sa parole.

CHAPTER 13

Men are called as high priests because of their exceeding faith and good works—They are to teach the commandments—Through righteousness they are sanctified and enter into the rest of the Lord—Melchizedek was one of these—Angels are declaring glad tidings throughout the land—They will declare the actual coming of Christ. About 82 B.C.

1 And again, my brethren, I would cite your minds forward to the time when the Lord God gave these commandments unto his children; and I would that ye should remember that the Lord God ordained priests, after his holy order, which was after the order of his Son, to teach these things unto the people.

2 And those priests were ordained after the order of his Son, in a manner that thereby the people might know in what manner to look forward to his Son for redemption.

3 And this is the manner after which they were ordained—being called and prepared from the foundation of the world according to the foreknowledge of God, on account of their exceeding faith and good works; in the first place being left to choose good or evil; therefore they having chosen good, and exercising exceedingly great faith, are called with a holy calling, yea, with that holy calling which was prepared with, and according to, a preparatory redemption for such.

4 And thus they have been called to this holy calling on account of their faith, while others would reject the Spirit of God on account of the hardness of their hearts and blindness of their minds, while, if it had not been for this they might have had as great privilege as their brethren.

5 Or in fine, in the first place they were on the same standing with their brethren; thus this holy calling being prepared from the foundation of the world for such as would not harden their hearts, being in and through the atonement of the Only Begotten Son, who was prepared—

6 And thus being called by this holy calling, and ordained unto the high priesthood of

CHAPITRE 13

Des hommes sont appelés comme grands prêtres du fait de leur foi extrême et de leurs bonnes œuvres — Ils doivent enseigner les commandements — Par leur justice, ils sont sanctifiés et entrent dans le repos du Seigneur — Melchisédek était l'un d'eux — Des anges annoncent de bonnes nouvelles dans tout le pays — Ils annonceront la venue du Christ lorsqu'elle se produira. Vers 82 av. J.-C.

1 Et en outre, mes frères, je voudrais ramener votre esprit au moment où le Seigneur Dieu a donné ces commandements à ses enfants ; et je voudrais que vous vous souveniez que le Seigneur Dieu a ordonné des prêtres, selon son saint ordre, qui était selon l'ordre de son Fils, pour enseigner ces choses au peuple.

2 Et ces prêtres étaient ordonnés selon l'ordre de son Fils, d'une manière telle que le peuple pût savoir de quelle manière attendre son Fils pour avoir la rédemption.

3 Et voici de quelle manière ils étaient ordonnés : Ils étaient appelés et préparés dès la fondation du monde, selon la prescience de Dieu, à cause de leur foi extrême et de leurs bonnes œuvres ; ils étaient laissés libres, dès le départ, de choisir le bien ou le mal ; et ayant alors choisi le bien et exerçant une foi extrêmement grande, ils sont appelés d'un saint appel, oui, de ce saint appel qui fut préparé avec, et selon, une rédemption préparatoire pour de telles personnes.

4 Et ainsi, ils ont été appelés à ce saint appel à cause de leur foi, tandis que d'autres rejetaient l'Esprit de Dieu à cause de l'endurcissement de leur cœur et de l'aveuglement de leur esprit, alors que, sans cela, ils auraient pu avoir une bénédiction aussi grande que leurs frères.

5 En bref, au départ, ils étaient sur le même pied que leurs frères ; ainsi, ce saint appel fut préparé dès la fondation du monde pour ceux qui ne s'endurciraient pas le cœur, dans et par l'expiation du Fils unique, qui a été préparé —

6 et ainsi, ils sont appelés par ce saint appel, et ordonnés à la haute prêtrise du saint or-

the holy order of God, to teach his commandments unto the children of men, that they also might enter into his rest—

7 This high priesthood being after the order of his Son, which order was from the foundation of the world; or in other words, being without beginning of days or end of years, being prepared from eternity to all eternity, according to his foreknowledge of all things—

8 Now they were ordained after this manner—being called with a holy calling, and ordained with a holy ordinance, and taking upon them the high priesthood of the holy order, which calling, and ordinance, and high priesthood, is without beginning or end—

9 Thus they become high priests forever, after the order of the Son, the Only Begotten of the Father, who is without beginning of days or end of years, who is full of grace, equity, and truth. And thus it is. Amen.

10 Now, as I said concerning the holy order, or this high priesthood, there were many who were ordained and became high priests of God; and it was on account of their exceeding faith and repentance, and their righteousness before God, they choosing to repent and work righteousness rather than to perish;

11 Therefore they were called after this holy order, and were sanctified, and their garments were washed white through the blood of the Lamb.

12 Now they, after being sanctified by the Holy Ghost, having their garments made white, being pure and spotless before God, could not look upon sin save it were with abhorrence; and there were many, exceedingly great many, who were made pure and entered into the rest of the Lord their God.

13 And now, my brethren, I would that ye should humble yourselves before God, and bring forth fruit meet for repentance, that ye may also enter into that rest.

14 Yea, humble yourselves even as the people in the days of Melchizedek, who was also a high priest after this same order which I have spoken, who also took upon him the high priesthood forever.

15 And it was this same Melchizedek to whom Abraham paid tithes; yea, even our

dre de Dieu, pour enseigner ses commandements aux enfants des hommes, afin qu'eux aussi entrent dans son repos —

7 cette haute prêtrise est selon l'ordre de son Fils, ordre qui était dès la fondation du monde ; ou, en d'autres termes, elle est sans commencement de jours ou fin d'années, préparée d'éternité à toute éternité, selon sa prescience de toutes choses —

8 Or, c'est donc ainsi qu'ils étaient ordonnés : ils étaient appelés par un saint appel, et ordonnés par une sainte ordonnance, et prenaient sur eux la haute prêtrise du saint ordre, lesquels appel, et ordonnance, et haute prêtrise sont sans commencement ni fin —

9 ainsi, ils deviennent grands prêtres à jamais, selon l'ordre du Fils unique du Père, qui est sans commencement de jours ou fin d'années, qui est plein de grâce, d'équité et de vérité. Et ainsi en est-il. Amen.

10 Or, comme je l'ai dit concernant le saint ordre, ou cette haute prêtrise, il y en eut beaucoup qui furent ordonnés et devinrent grands prêtres de Dieu, et c'est à cause de leur foi et de leur repentir extrêmes, et de leur justice devant Dieu, car ils choisirent de se repentir et de faire ce qui est juste plutôt que de périr ;

11 c'est pourquoi ils étaient appelés selon ce saint ordre, et étaient sanctifiés, et leurs vêtements étaient blanchis par le sang de l'Agneau.

12 Or, après avoir été sanctifiés par le Saint-Esprit, ayant les vêtements blanchis, étant purs et sans tache devant Dieu, ils ne pouvaient considérer le péché qu'avec aversion ; et il y en eut beaucoup, un nombre extrêmement grand, qui furent rendus purs et entrèrent dans le repos du Seigneur, leur Dieu.

13 Et maintenant, mes frères, je voudrais que vous vous humiliiez devant Dieu, et produisiez du fruit digne du repentir, afin que vous entriez aussi dans ce repos.

14 Oui, humiliez-vous comme le peuple du temps de Melchisédek qui était aussi grand prêtre selon ce même ordre dont j'ai parlé, qui prit aussi sur lui la haute prêtrise à jamais.

15 Et ce fut ce même Melchisédek à qui Abraham paya la dîme ; oui, notre père

father Abraham paid tithes of one-tenth part of all he possessed.

16 Now these ordinances were given after this manner, that thereby the people might look forward on the Son of God, it being a type of his order, or it being his order, and this that they might look forward to him for a remission of their sins, that they might enter into the rest of the Lord.

17 Now this Melchizedek was a king over the land of Salem; and his people had waxed strong in iniquity and abomination; yea, they had all gone astray; they were full of all manner of wickedness;

18 But Melchizedek having exercised mighty faith, and received the office of the high priesthood according to the holy order of God, did preach repentance unto his people. And behold, they did repent; and Melchizedek did establish peace in the land in his days; therefore he was called the prince of peace, for he was the king of Salem; and he did reign under his father.

19 Now, there were many before him, and also there were many afterwards, but none were greater; therefore, of him they have more particularly made mention.

20 Now I need not rehearse the matter; what I have said may suffice. Behold, the scriptures are before you; if ye will wrest them it shall be to your own destruction.

21 And now it came to pass that when Alma had said these words unto them, he stretched forth his hand unto them and cried with a mighty voice, saying: Now is the time to repent, for the day of salvation draweth nigh;

22 Yea, and the voice of the Lord, by the mouth of angels, doth declare it unto all nations; yea, doth declare it, that they may have glad tidings of great joy; yea, and he doth sound these glad tidings among all his people, yea, even to them that are scattered abroad upon the face of the earth; wherefore they have come unto us.

23 And they are made known unto us in plain terms, that we may understand, that we cannot err; and this because of our being wanderers in a strange land; therefore, we are thus highly favored, for we have these glad tidings declared unto us in all parts of our vineyard.

Abraham paya comme dîme le dixième de tout ce qu'il possédait.

16 Or, ces ordonnances furent données de cette manière, pour que le peuple pût ainsi attendre le Fils de Dieu, car c'était une figure de son ordre, ou c'était son ordre, et cela afin qu'il l'attendît pour le pardon de ses péchés, afin d'entrer dans le repos du Seigneur.

17 Or, ce Melchisédek était roi du pays de Salem ; et son peuple était devenu fort dans l'iniquité et l'abomination ; oui, ils s'étaient tous égarés ; ils étaient remplis de toute sorte de méchanceté ;

18 mais Melchisédek, ayant exercé une grande foi et reçu l'office de la haute prêtrise selon le saint ordre de Dieu, prêcha le repentir à son peuple. Et voici, il se repentit ; et Melchisédek, de son vivant, fit régner la paix dans le pays ; c'est pourquoi il fut appelé le prince de la paix, car il était roi de Salem ; et il régna sous son père.

19 Or, il y en eut beaucoup avant lui, et il y en eut aussi beaucoup après, mais aucun ne fut plus grand ; c'est pourquoi, c'est lui que l'on mentionne plus particulièrement.

20 Je n'ai donc pas besoin de m'étendre sur le sujet ; ce que j'ai dit peut suffire. Voici, les Écritures sont devant vous ; si vous voulez en fausser le sens, ce sera pour votre propre destruction.

21 Et alors, il arriva que lorsqu'il leur eut dit ces paroles, Alma étendit la main vers eux et cria d'une voix forte, disant : C'est maintenant qu'est le moment de vous repentir, car le jour du salut approche ;

22 oui, et la voix du Seigneur, par la bouche d'anges, le proclame à toutes les nations ; oui, le proclame, afin qu'elles aient de bonnes nouvelles d'une grande joie ; oui, et il fait retentir ces bonnes nouvelles parmi tout son peuple, oui, à ceux qui sont dispersés au loin sur la surface de la terre ; c'est pourquoi elles sont parvenues jusqu'à nous.

23 Et elles nous sont révélées en termes clairs, afin que nous comprenions, afin que nous ne puissions pas nous tromper ; et cela, parce que nous sommes errants dans un pays inconnu ; c'est pourquoi, nous sommes ainsi hautement favorisés, car nous avons

ces bonnes nouvelles qui nous sont annoncées dans toutes les parties de notre vigne.

24 For behold, angels are declaring it unto many at this time in our land; and this is for the purpose of preparing the hearts of the children of men to receive his word at the time of his coming in his glory.

24 Car voici, des anges l'annoncent à beaucoup en ce moment dans notre pays ; et c'est dans le but de préparer le cœur des enfants des hommes à recevoir sa parole au moment de sa venue dans sa gloire.

25 And now we only wait to hear the joyful news declared unto us by the mouth of angels, of his coming; for the time cometh, we know not how soon. Would to God that it might be in my day; but let it be sooner or later, in it I will rejoice.

25 Et maintenant, nous attendons seulement d'entendre que la joyeuse nouvelle de sa venue nous soit annoncée par la bouche d'anges ; car le temps vient, nous ne savons pas avec quelle rapidité. Plût à Dieu que ce fût de mon vivant ; mais que ce soit tôt ou tard, je m'en réjouirai.

26 And it shall be made known unto just and holy men, by the mouth of angels, at the time of his coming, that the words of our fathers may be fulfilled, according to that which they have spoken concerning him, which was according to the spirit of prophecy which was in them.

26 Et elle sera révélée à des hommes justes et saints, par la bouche d'anges, au moment de sa venue, afin que les paroles de nos pères s'accomplissent, selon ce qu'ils ont dit à son sujet, qui était selon l'esprit de prophétie qui était en eux.

27 And now, my brethren, I wish from the inmost part of my heart, yea, with great anxiety even unto pain, that ye would hearken unto my words, and cast off your sins, and not procrastinate the day of your repentance;

27 Et maintenant, mes frères, je souhaite, du plus profond de mon cœur, oui, avec une grande anxiété, et même jusqu'à la souffrance, que vous écoutiez mes paroles et rejetiez vos péchés, et ne remettiez pas à plus tard le jour de votre repentir ;

28 But that ye would humble yourselves before the Lord, and call on his holy name, and watch and pray continually, that ye may not be tempted above that which ye can bear, and thus be led by the Holy Spirit, becoming humble, meek, submissive, patient, full of love and all long-suffering;

28 mais que vous vous humiliiez devant le Seigneur, et invoquiez son saint nom, et veilliez et priiez continuellement, afin de ne pas être tentés au-delà de ce que vous pouvez supporter, et d'être ainsi conduits par l'Esprit-Saint, devenant humbles, doux, soumis, patients, pleins d'amour et de longanimité,

29 Having faith on the Lord; having a hope that ye shall receive eternal life; having the love of God always in your hearts, that ye may be lifted up at the last day and enter into his rest.

29 ayant foi au Seigneur, ayant l'espérance que vous recevrez la vie éternelle, ayant toujours l'amour de Dieu dans votre cœur, afin d'être élevés au dernier jour et d'entrer dans son repos.

30 And may the Lord grant unto you repentance, that ye may not bring down his wrath upon you, that ye may not be bound down by the chains of hell, that ye may not suffer the second death.

30 Et que le Seigneur vous accorde le repentir, afin que vous ne fassiez pas tomber sa colère sur vous, afin que vous ne soyez pas entravés par les chaînes de l'enfer, afin que vous ne souffriez pas la seconde mort.

31 And Alma spake many more words unto the people, which are not written in this book.

31 Et Alma dit encore au peuple beaucoup de paroles qui ne sont pas écrites dans ce livre.

CHAPTER 14

CHAPITRE 14

Alma and Amulek are imprisoned and smitten—The believers and their holy scriptures are burned by fire—These martyrs are received by the Lord in glory—The prison walls are rent and fall—Alma and Amulek are delivered, and their persecutors are slain. About 82–81 B.C.

Alma et Amulek sont emprisonnés et frappés — Les croyants et leurs Saintes Écritures sont brûlés par le feu — Ces martyrs sont reçus par le Seigneur dans la gloire — Les murs de la prison se fendent et tombent — Alma et Amulek sont délivrés, et leurs persécuteurs sont tués. Vers 82–81 av. J.-C.

1 And it came to pass after he had made an end of speaking unto the people many of them did believe on his words, and began to repent, and to search the scriptures.

2 But the more part of them were desirous that they might destroy Alma and Amulek; for they were angry with Alma, because of the plainness of his words unto Zeezrom; and they also said that Amulek had lied unto them, and had reviled against their law and also against their lawyers and judges.

3 And they were also angry with Alma and Amulek; and because they had testified so plainly against their wickedness, they sought to put them away privily.

4 But it came to pass that they did not; but they took them and bound them with strong cords, and took them before the chief judge of the land.

5 And the people went forth and witnessed against them—testifying that they had reviled against the law, and their lawyers and judges of the land, and also of all the people that were in the land; and also testified that there was but one God, and that he should send his Son among the people, but he should not save them; and many such things did the people testify against Alma and Amulek. Now this was done before the chief judge of the land.

6 And it came to pass that Zeezrom was astonished at the words which had been spoken; and he also knew concerning the blindness of the minds, which he had caused among the people by his lying words; and his soul began to be harrowed up under a consciousness of his own guilt; yea, he began to be encircled about by the pains of hell.

7 And it came to pass that he began to cry unto the people, saying: Behold, I am guilty, and these men are spotless before God. And he began to plead for them from that time

1 Et il arriva que lorsqu'il eut fini de parler au peuple, beaucoup d'entre eux crurent en ses paroles et commencèrent à se repentir et à sonder les Écritures.

2 Mais la majeure partie d'entre eux désirait faire périr Alma et Amulek ; car ils étaient en colère contre Alma à cause de la clarté des paroles qu'il avait dites à Zeezrom ; et ils disaient aussi qu'Amulek leur avait menti, et avait insulté leur loi, et aussi leurs docteurs de la loi, et leurs juges.

3 Et ils étaient aussi en colère contre Alma et Amulek ; et parce qu'ils avaient témoigné si clairement contre leur méchanceté, ils cherchaient à se défaire secrètement d'eux.

4 Mais il arriva qu'ils ne le firent pas, mais ils les prirent, et les lièrent de fortes cordes, et les emmenèrent devant le grand juge du pays.

5 Et le peuple alla témoigner contre eux, attestant qu'ils avaient insulté la loi, et leurs docteurs de la loi, et leurs juges du pays, et aussi tout le peuple qui était dans le pays ; et aussi qu'ils avaient attesté qu'il n'y avait qu'un seul Dieu et qu'il enverrait son Fils parmi le peuple, mais qu'il ne le sauverait pas ; et le peuple attesta beaucoup de choses de ce genre contre Alma et Amulek. Or, cela se fit devant le grand juge du pays.

6 Et il arriva que Zeezrom fut étonné des paroles qui avaient été dites ; et il connaissait aussi l'aveuglement d'esprit qu'il avait causé parmi le peuple par ses paroles mensongères ; et son âme commença à être déchirée par la prise de conscience de sa culpabilité ; oui, il commença à être enserré par les souffrances de l'enfer.

7 Et il arriva qu'il commença à crier au peuple, disant : Voici, je suis coupable, et ces hommes sont sans tache devant Dieu. Et il commença, à partir de ce moment-là, à

forth; but they reviled him, saying: Art thou also possessed with the devil? And they spit upon him, and cast him out from among them, and also all those who believed in the words which had been spoken by Alma and Amulek; and they cast them out, and sent men to cast stones at them.

8 And they brought their wives and children together, and whosoever believed or had been taught to believe in the word of God they caused that they should be cast into the fire; and they also brought forth their records which contained the holy scriptures, and cast them into the fire also, that they might be burned and destroyed by fire.

9 And it came to pass that they took Alma and Amulek, and carried them forth to the place of martyrdom, that they might witness the destruction of those who were consumed by fire.

10 And when Amulek saw the pains of the women and children who were consuming in the fire, he also was pained; and he said unto Alma: How can we witness this awful scene? Therefore let us stretch forth our hands, and exercise the power of God which is in us, and save them from the flames.

11 But Alma said unto him: The Spirit constraineth me that I must not stretch forth mine hand; for behold the Lord receiveth them up unto himself, in glory; and he doth suffer that they may do this thing, or that the people may do this thing unto them, according to the hardness of their hearts, that the judgments which he shall exercise upon them in his wrath may be just; and the blood of the innocent shall stand as a witness against them, yea, and cry mightily against them at the last day.

12 Now Amulek said unto Alma: Behold, perhaps they will burn us also.

13 And Alma said: Be it according to the will of the Lord. But, behold, our work is not finished; therefore they burn us not.

14 Now it came to pass that when the bodies of those who had been cast into the fire were consumed, and also the records which were cast in with them, the chief judge of the land came and stood before Alma and Amulek, as they were bound; and he smote them with his hand upon their cheeks, and said unto them: After what ye have seen, will ye

plaider pour eux ; mais ils l'injurièrent, disant : Es-tu aussi possédé du diable ? Et ils crachèrent sur lui, et le chassèrent de parmi eux, et aussi tous ceux qui croyaient aux paroles qui avaient été dites par Alma et Amulek ; et ils les chassèrent et envoyèrent des hommes leur jeter des pierres.

8 Et ils rassemblèrent leurs épouses et leurs enfants, et tous ceux qui croyaient, ou à qui il avait été enseigné à croire en la parole de Dieu, ils les firent jeter au feu ; et ils firent aussi apporter leurs annales, qui contenaient les Saintes Écritures, et les jetèrent aussi au feu, afin qu'elles fussent brûlées et détruites par le feu.

9 Et il arriva qu'ils prirent Alma et Amulek et les transportèrent jusqu'au lieu du martyre, afin qu'ils fussent témoins de la destruction de ceux qui étaient consumés par le feu.

10 Et lorsqu'il vit les souffrances des femmes et des enfants qui se consumaient dans le feu, Amulek éprouva aussi de la souffrance ; et il dit à Alma : Comment pouvons-nous être témoins de cette scène affreuse ? Étendons donc la main, et exerçons le pouvoir de Dieu qui est en nous, et sauvons-les des flammes.

11 Mais Alma lui dit : L'Esprit me contraint à ne pas étendre la main ; car voici, le Seigneur les reçoit à lui en gloire ; et il souffre qu'ils fassent cela, ou que le peuple leur fasse cela, selon l'endurcissement de leur cœur, afin que les jugements qu'il exercera contre eux, dans sa colère, soient justes ; et le sang des innocents témoignera contre eux, oui, et criera avec force contre eux au dernier jour.

12 Alors Amulek dit à Alma : Voici, peut-être qu'ils nous brûleront aussi.

13 Et Alma dit : Qu'il en soit selon la volonté du Seigneur. Mais voici, notre œuvre n'est pas finie ; c'est pour cela qu'ils ne nous brûlent pas.

14 Alors, il arriva que lorsque les corps de ceux qui avaient été jetés au feu furent consumés, ainsi que les annales qui y avaient été jetées avec eux, le grand juge du pays vint se tenir devant Alma et Amulek, qui étaient liés ; et il leur frappa les joues de la main et

preach again unto this people, that they shall be cast into a lake of fire and brimstone?

15 Behold, ye see that ye had not power to save those who had been cast into the fire; neither has God saved them because they were of thy faith. And the judge smote them again upon their cheeks, and asked: What say ye for yourselves?

16 Now this judge was after the order and faith of Nehor, who slew Gideon.

17 And it came to pass that Alma and Amulek answered him nothing; and he smote them again, and delivered them to the officers to be cast into prison.

18 And when they had been cast into prison three days, there came many lawyers, and judges, and priests, and teachers, who were of the profession of Nehor; and they came in unto the prison to see them, and they questioned them about many words; but they answered them nothing.

19 And it came to pass that the judge stood before them, and said: Why do ye not answer the words of this people? Know ye not that I have power to deliver you up unto the flames? And he commanded them to speak; but they answered nothing.

20 And it came to pass that they departed and went their ways, but came again on the morrow; and the judge also smote them again on their cheeks. And many came forth also, and smote them, saying: Will ye stand again and judge this people, and condemn our law? If ye have such great power why do ye not deliver yourselves?

21 And many such things did they say unto them, gnashing their teeth upon them, and spitting upon them, and saying: How shall we look when we are damned?

22 And many such things, yea, all manner of such things did they say unto them; and thus they did mock them for many days. And they did withhold food from them that they might hunger, and water that they might thirst; and they also did take from them their clothes that they were naked; and thus they were bound with strong cords, and confined in prison.

23 And it came to pass after they had thus suffered for many days, (and it was on the twelfth day, in the tenth month, in the tenth

leur dit : Après ce que vous avez vu, prêcherez-vous encore à ce peuple qu'il sera jeté dans un étang de feu et de soufre ?

15 Voici, vous voyez que vous n'avez pas eu le pouvoir de sauver ceux qui ont été jetés au feu ; et Dieu ne les a pas sauvés non plus parce qu'ils étaient de votre foi. Et le juge les frappa de nouveau sur les joues et demanda : Que dites-vous pour vous-mêmes ?

16 Or, ce juge était selon l'ordre et la doctrine de Néhor, qui tua Gédéon.

17 Et il arriva qu'Alma et Amulek ne lui répondirent rien ; il les frappa de nouveau, et les livra aux officiers pour être jetés en prison.

18 Et lorsqu'ils eurent été jetés en prison pendant trois jours, il vint beaucoup de docteurs de la loi, et de juges, et de prêtres, et d'instructeurs qui étaient de la confession de Néhor ; et ils entrèrent dans la prison pour les voir, et ils les interrogèrent sur beaucoup de paroles ; mais ils ne leur répondirent rien.

19 Et il arriva que le juge se tint devant eux et dit : Pourquoi ne répondez-vous pas aux paroles de ce peuple ? Ne savez-vous pas que j'ai le pouvoir de vous livrer aux flammes ? Et il leur commanda de parler ; mais ils ne répondirent rien.

20 Et il arriva qu'ils partirent et allèrent chacun de son côté, mais revinrent le lendemain ; et le juge les frappa de nouveau sur les joues. Et beaucoup s'avancèrent aussi, et les frappèrent, disant : Vous lèverez-vous de nouveau, et jugerez-vous ce peuple, et condamnerez-vous notre loi ? Si vous avez un aussi grand pouvoir, pourquoi ne vous délivrez-vous pas ?

21 Et ils leur dirent beaucoup de choses de ce genre, grinçant des dents contre eux, et crachant sur eux, et disant : Quel air aurons-nous lorsque nous serons damnés ?

22 Et ils leur dirent beaucoup de choses de ce genre, oui, toutes sortes de choses de ce genre ; et c'est ainsi qu'ils se moquèrent d'eux pendant de nombreux jours. Et ils leur refusèrent la nourriture pour qu'ils eussent faim, et l'eau pour qu'ils eussent soif ; et ils leur enlevèrent aussi leurs vêtements, de sorte qu'ils furent nus ; et ainsi, ils furent liés de fortes cordes et enfermés en prison.

23 Et il arriva que lorsqu'ils eurent ainsi souffert de nombreux jours (et c'était le douzième jour du dixième mois de la

year of the reign of the judges over the people of Nephi) that the chief judge over the land of Ammonihah and many of their teachers and their lawyers went in unto the prison where Alma and Amulek were bound with cords.

24 And the chief judge stood before them, and smote them again, and said unto them: If ye have the power of God deliver yourselves from these bands, and then we will believe that the Lord will destroy this people according to your words.

25 And it came to pass that they all went forth and smote them, saying the same words, even until the last; and when the last had spoken unto them the power of God was upon Alma and Amulek, and they rose and stood upon their feet.

26 And Alma cried, saying: How long shall we suffer these great afflictions, O Lord? O Lord, give us strength according to our faith which is in Christ, even unto deliverance. And they broke the cords with which they were bound; and when the people saw this, they began to flee, for the fear of destruction had come upon them.

27 And it came to pass that so great was their fear that they fell to the earth, and did not obtain the outer door of the prison; and the earth shook mightily, and the walls of the prison were rent in twain, so that they fell to the earth; and the chief judge, and the lawyers, and priests, and teachers, who smote upon Alma and Amulek, were slain by the fall thereof.

28 And Alma and Amulek came forth out of the prison, and they were not hurt; for the Lord had granted unto them power, according to their faith which was in Christ. And they straightway came forth out of the prison; and they were loosed from their bands; and the prison had fallen to the earth, and every soul within the walls thereof, save it were Alma and Amulek, was slain; and they straightway came forth into the city.

29 Now the people having heard a great noise came running together by multitudes to know the cause of it; and when they saw Alma and Amulek coming forth out of the prison, and the walls thereof had fallen to the earth, they were struck with great fear, and fled from the presence of Alma and Amulek even as a goat fleeth with her young

dixième année du règne des juges sur le peuple de Néphi), le grand juge du pays d'Ammonihah et beaucoup de leurs instructeurs et de leurs docteurs de la loi entrèrent dans la prison où Alma et Amulek étaient liés de cordes.

24 Et le grand juge se tint devant eux, et les frappa de nouveau, et leur dit : Si vous avez le pouvoir de Dieu, délivrez-vous de ces liens, et alors nous croirons que le Seigneur détruira ce peuple, selon vos paroles.

25 Et il arriva qu'ils s'avancèrent tous et les frappèrent, disant les mêmes paroles, jusqu'au dernier ; et lorsque le dernier leur eut parlé, le pouvoir de Dieu fut sur Alma et Amulek, et ils se levèrent et se tinrent sur leurs pieds.

26 Et Alma cria, disant : Combien de temps souffrirons-nous ces grandes afflictions, ô Seigneur ? Ô Seigneur, donne-nous de la force, selon notre foi qui est dans le Christ pour la délivrance. Et ils rompirent les cordes dont ils étaient liés ; et lorsque le peuple vit cela, il commença à fuir, car la crainte de la destruction s'était abattue sur lui.

27 Et il arriva que leur crainte était si grande qu'ils tombèrent par terre et ne parvinrent pas à la porte extérieure de la prison ; et la terre trembla violemment, et les murs de la prison furent fendus en deux, de sorte qu'ils tombèrent par terre ; et le grand juge, et les docteurs de la loi, et les prêtres, et les instructeurs, qui avaient frappé Alma et Amulek, furent tués par leur chute.

28 Et Alma et Amulek sortirent de la prison, et ils n'étaient pas blessés, car le Seigneur leur avait accordé du pouvoir, selon leur foi qui était dans le Christ. Et ils sortirent aussitôt de la prison ; et ils étaient libérés de leurs liens ; et la prison était tombée par terre, et toutes les âmes qui se trouvaient dans ses murs, à l'exception d'Alma et d'Amulek, étaient tuées ; et ils sortirent aussitôt dans la ville.

29 Or, le peuple, ayant entendu un grand bruit, accourut en foule pour en connaître la cause ; et lorsqu'il vit Alma et Amulek sortir de la prison, et que les murs en étaient tombés par terre, il fut frappé d'une grande crainte et s'enfuit de la présence d'Alma et d'Amulek, comme une chèvre fuit avec ses petits devant deux lions ; et c'est ainsi qu'ils

from two lions; and thus they did flee from the presence of Alma and Amulek.

s'enfuirent de la présence d'Alma et d'Amulek.

CHAPTER 15

CHAPITRE 15

Alma and Amulek go to Sidom and establish a church—Alma heals Zeezrom, who joins the Church—Many are baptized, and the Church prospers—Alma and Amulek go to Zarahemla. About 81 B.C.

Alma et Amulek vont à Sidom et établissent une Église — Alma guérit Zeezrom, qui devient membre de l'Église — Beaucoup sont baptisés, et l'Église prospère — Alma et Amulek vont à Zarahemla. Vers 81 av. J.-C.

1 And it came to pass that Alma and Amulek were commanded to depart out of that city; and they departed, and came out even into the land of Sidom; and behold, there they found all the people who had departed out of the land of Ammonihah, who had been cast out and stoned, because they believed in the words of Alma.

2 And they related unto them all that had happened unto their wives and children, and also concerning themselves, and of their power of deliverance.

3 And also Zeezrom lay sick at Sidom, with a burning fever, which was caused by the great tribulations of his mind on account of his wickedness, for he supposed that Alma and Amulek were no more; and he supposed that they had been slain because of his iniquity. And this great sin, and his many other sins, did harrow up his mind until it did become exceedingly sore, having no deliverance; therefore he began to be scorched with a burning heat.

4 Now, when he heard that Alma and Amulek were in the land of Sidom, his heart began to take courage; and he sent a message immediately unto them, desiring them to come unto him.

5 And it came to pass that they went immediately, obeying the message which he had sent unto them; and they went in unto the house unto Zeezrom; and they found him upon his bed, sick, being very low with a burning fever; and his mind also was exceedingly sore because of his iniquities; and when he saw them he stretched forth his hand, and besought them that they would heal him.

6 And it came to pass that Alma said unto him, taking him by the hand: Believest thou in the power of Christ unto salvation?

1 Et il arriva qu'il fut commandé à Alma et à Amulek de quitter cette ville ; et ils s'en allèrent, et sortirent pour passer au pays de Sidom ; et voici, ils y trouvèrent tout le peuple qui avait quitté le pays d'Ammonihah, qui avait été chassé et lapidé parce qu'il croyait aux paroles d'Alma.

2 Et ils leur racontèrent tout ce qui était arrivé à leurs épouses et à leurs enfants, et aussi ce qui les concernait eux-mêmes, et leur pouvoir de délivrance.

3 Et aussi, Zeezrom était couché, malade, à Sidom, avec une fièvre ardente, qui était causée par les grandes tribulations de son esprit à cause de sa méchanceté, car il pensait qu'Alma et Amulek n'étaient plus ; et il pensait qu'ils avaient été tués à cause de son iniquité. Et ce grand péché et ses nombreux autres péchés lui déchiraient l'esprit, jusqu'à ce que celui-ci devînt extrêmement douloureux, n'ayant pas de délivrance ; c'est pourquoi il commença à être dévoré par une chaleur ardente.

4 Alors, quand il apprit qu'Alma et Amulek étaient au pays de Sidom, son cœur commença à prendre courage, et il leur envoya immédiatement un message, désirant qu'ils viennent à lui.

5 Et il arriva qu'ils allèrent immédiatement, obéissant au message qu'il leur avait envoyé ; et ils entrèrent dans la maison auprès de Zeezrom, et ils le trouvèrent sur son lit, malade, très bas à cause d'une fièvre ardente ; et son esprit était aussi extrêmement douloureux à cause de ses iniquités ; et lorsqu'il les vit, il tendit la main et les supplia de le guérir.

6 Et il arriva qu'Alma lui dit, lui prenant la main : Crois-tu au pouvoir du Christ pour le salut ?

7 And he answered and said: Yea, I believe all the words that thou hast taught.

8 And Alma said: If thou believest in the redemption of Christ thou canst be healed.

9 And he said: Yea, I believe according to thy words.

10 And then Alma cried unto the Lord, saying: O Lord our God, have mercy on this man, and heal him according to his faith which is in Christ.

11 And when Alma had said these words, Zeezrom leaped upon his feet, and began to walk; and this was done to the great astonishment of all the people; and the knowledge of this went forth throughout all the land of Sidom.

12 And Alma baptized Zeezrom unto the Lord; and he began from that time forth to preach unto the people.

13 And Alma established a church in the land of Sidom, and consecrated priests and teachers in the land, to baptize unto the Lord whosoever were desirous to be baptized.

14 And it came to pass that they were many; for they did flock in from all the region round about Sidom, and were baptized.

15 But as to the people that were in the land of Ammonihah, they yet remained a hard-hearted and a stiffnecked people; and they repented not of their sins, ascribing all the power of Alma and Amulek to the devil; for they were of the profession of Nehor, and did not believe in the repentance of their sins.

16 And it came to pass that Alma and Amulek, Amulek having forsaken all his gold, and silver, and his precious things, which were in the land of Ammonihah, for the word of God, he being rejected by those who were once his friends and also by his father and his kindred;

17 Therefore, after Alma having established the church at Sidom, seeing a great check, yea, seeing that the people were checked as to the pride of their hearts, and began to humble themselves before God, and began to assemble themselves together at their sanctuaries to worship God before the altar, watching and praying continually, that they might be delivered from Satan, and from death, and from destruction—

7 Et il répondit et dit : Oui, je crois à toutes les paroles que tu as enseignées.

8 Et Alma dit : Si tu crois en la rédemption du Christ, tu peux être guéri.

9 Et il dit : Oui, je crois selon tes paroles.

10 Et alors, Alma cria au Seigneur, disant : Ô Seigneur, notre Dieu, sois miséricordieux envers cet homme, et guéris-le selon sa foi, qui est dans le Christ.

11 Et lorsqu'Alma eut dit ces paroles, Zeezrom se leva d'un bond et commença à marcher ; et cela se fit au grand étonnement de tout le peuple ; et la connaissance s'en répandit dans tout le pays de Sidom.

12 Et Alma baptisa Zeezrom pour le Seigneur ; et il commença, à partir de ce moment-là, à prêcher au peuple.

13 Et Alma établit une Église au pays de Sidom, et consacra des prêtres et des instructeurs dans le pays, pour baptiser pour le Seigneur tous ceux qui désiraient être baptisés.

14 Et il arriva qu'ils furent nombreux ; car ils accouraient de toute la région autour de Sidom et étaient baptisés.

15 Mais pour ce qui est du peuple qui était au pays d'Ammonihah, il n'en resta pas moins un peuple au cœur endurci et au cou roide, et il ne se repentit pas de ses péchés, attribuant tout le pouvoir d'Alma et d'Amulek au diable ; car il était de la confession de Néhor et ne croyait pas qu'il devait se repentir de ses péchés.

16 Et il arriva qu'Alma et Amulek, Amulek ayant abandonné tout son or, et son argent, et ses choses précieuses, qui étaient au pays d'Ammonihah, pour la parole de Dieu, étant rejeté par ceux qui étaient jadis ses amis et aussi par son père et par sa famille ;

17 c'est pourquoi, lorsqu'Alma eut établi l'Église à Sidom, voyant un grand arrêt, oui, voyant que le peuple était arrêté quant à l'orgueil de son cœur, et commençait à s'humilier devant Dieu, et commençait à s'assembler dans ses sanctuaires pour adorer Dieu devant l'autel, veillant et priant continuellement, afin d'être délivré de Satan, et de la mort, et de la destruction —

18 Now as I said, Alma having seen all these things, therefore he took Amulek and came over to the land of Zarahemla, and took him to his own house, and did administer unto him in his tribulations, and strengthened him in the Lord.

19 And thus ended the tenth year of the reign of the judges over the people of Nephi.

CHAPTER 16

The Lamanites destroy the people of Ammonihah—Zoram leads the Nephites to victory over the Lamanites—Alma and Amulek and many others preach the word—They teach that after His Resurrection Christ will appear to the Nephites. About 81–77 B.C.

1 And it came to pass in the eleventh year of the reign of the judges over the people of Nephi, on the fifth day of the second month, there having been much peace in the land of Zarahemla, there having been no wars nor contentions for a certain number of years, even until the fifth day of the second month in the eleventh year, there was a cry of war heard throughout the land.

2 For behold, the armies of the Lamanites had come in upon the wilderness side, into the borders of the land, even into the city of Ammonihah, and began to slay the people and destroy the city.

3 And now it came to pass, before the Nephites could raise a sufficient army to drive them out of the land, they had destroyed the people who were in the city of Ammonihah, and also some around the borders of Noah, and taken others captive into the wilderness.

4 Now it came to pass that the Nephites were desirous to obtain those who had been carried away captive into the wilderness.

5 Therefore, he that had been appointed chief captain over the armies of the Nephites, (and his name was Zoram, and he had two sons, Lehi and Aha)—now Zoram and his two sons, knowing that Alma was high priest over the church, and having heard that he had the spirit of prophecy, therefore they went unto him and desired of him to know whither the Lord would that they should go into the wilderness in search of

18 Or, comme je l'ai dit, Alma ayant vu toutes ces choses, prit alors Amulek et passa au pays de Zarahemla, et le prit chez lui, et s'occupa de lui dans ses tribulations, et le fortifia dans le Seigneur.

19 Et ainsi finit la dixième année du règne des juges sur le peuple de Néphi.

CHAPITRE 16

Les Lamanites détruisent le peuple d'Ammonihah — Zoram conduit les Néphites à la victoire sur les Lamanites — Alma et Amulek, et beaucoup d'autres, prêchent la parole — Ils enseignent qu'après sa résurrection, le Christ apparaîtra aux Néphites. Vers 81–77 av. J.-C.

1 Et il arriva que la onzième année du règne des juges sur le peuple de Néphi, le cinquième jour du deuxième mois, une grande paix ayant régné au pays de Zarahemla, aucune guerre ni aucune querelle n'ayant eu lieu pendant un certain nombre d'années, jusqu'au cinquième jour du deuxième mois de la onzième année, un cri de guerre se fit entendre dans tout le pays.

2 Car voici, les armées des Lamanites étaient entrées par le côté du désert, dans les régions frontières du pays, dans la ville d'Ammonihah, et commencèrent à tuer le peuple et à détruire la ville.

3 Et alors, il arriva qu'avant que les Néphites puissent lever une armée suffisante pour les chasser du pays, ils avaient détruit le peuple qui était dans la ville d'Ammonihah, et aussi un certain nombre autour des régions frontières de Noé, et en avaient emmené d'autres captifs dans le désert.

4 Or, il arriva que les Néphites désirèrent reprendre ceux qui avaient été emmenés captifs dans le désert.

5 C'est pourquoi, celui qui avait été désigné comme capitaine en chef des armées des Néphites (et son nom était Zoram, et il avait deux fils, Léhi et Aha) — or, Zoram et ses deux fils, sachant qu'Alma était grand prêtre de l'Église, et ayant appris qu'il avait l'esprit de prophétie, allèrent donc auprès de lui et désirèrent apprendre de lui où le Seigneur voulait qu'ils aillent dans le désert, à

their brethren, who had been taken captive by the Lamanites.

6 And it came to pass that Alma inquired of the Lord concerning the matter. And Alma returned and said unto them: Behold, the Lamanites will cross the river Sidon in the south wilderness, away up beyond the borders of the land of Manti. And behold there shall ye meet them, on the east of the river Sidon, and there the Lord will deliver unto thee thy brethren who have been taken captive by the Lamanites.

7 And it came to pass that Zoram and his sons crossed over the river Sidon, with their armies, and marched away beyond the borders of Manti into the south wilderness, which was on the east side of the river Sidon.

8 And they came upon the armies of the Lamanites, and the Lamanites were scattered and driven into the wilderness; and they took their brethren who had been taken captive by the Lamanites, and there was not one soul of them had been lost that were taken captive. And they were brought by their brethren to possess their own lands.

9 And thus ended the eleventh year of the judges, the Lamanites having been driven out of the land, and the people of Ammonihah were destroyed; yea, every living soul of the Ammonihahites was destroyed, and also their great city, which they said God could not destroy, because of its greatness.

10 But behold, in one day it was left desolate; and the carcasses were mangled by dogs and wild beasts of the wilderness.

11 Nevertheless, after many days their dead bodies were heaped up upon the face of the earth, and they were covered with a shallow covering. And now so great was the scent thereof that the people did not go in to possess the land of Ammonihah for many years. And it was called Desolation of Nehors; for they were of the profession of Nehor, who were slain; and their lands remained desolate.

12 And the Lamanites did not come again to war against the Nephites until the fourteenth year of the reign of the judges over the people of Nephi. And thus for three years did the people of Nephi have continual peace in all the land.

la recherche de leurs frères qui avaient été faits captifs par les Lamanites.

6 Et il arriva qu'Alma interrogea le Seigneur à ce sujet. Et Alma revint et leur dit : Voici, les Lamanites traverseront le fleuve Sidon dans le désert du sud, là-haut, au-delà des régions frontières du pays de Manti. Et voici, c'est là que vous les rencontrerez, à l'est du fleuve Sidon, et c'est là que le Seigneur vous livrera vos frères qui ont été faits captifs par les Lamanites.

7 Et il arriva que Zoram et ses fils traversèrent le fleuve Sidon avec leurs armées, et marchèrent jusqu'au-delà des régions frontières de Manti, et entrèrent dans le désert du sud, qui était du côté est du fleuve Sidon.

8 Et ils tombèrent sur les armées des Lamanites, et les Lamanites furent dispersés et chassés dans le désert ; et ils prirent leurs frères, qui avaient été faits captifs par les Lamanites, et il n'y avait pas une seule âme d'entre eux qui eût été perdue parmi celles qui avaient été faites captives. Et ils furent amenés par leurs frères pour posséder leurs terres.

9 Et ainsi finit la onzième année des juges, les Lamanites ayant été chassés hors du pays, et le peuple d'Ammonihah détruit ; oui, toute âme vivante des Ammonihahites fut détruite, et aussi leur grande ville, qu'ils disaient que Dieu ne pouvait pas détruire à cause de sa grandeur.

10 Mais voici, en un seul jour, elle fut laissée désolée ; et les cadavres furent mutilés par les chiens et les bêtes sauvages du désert.

11 Néanmoins, après de nombreux jours, leurs cadavres furent entassés sur la surface de la terre, et ils furent légèrement recouverts. Et alors, la puanteur en était si grande que le peuple n'entra plus pendant de nombreuses années pour posséder le pays d'Ammonihah. Et il fut appelé Désolation des Néhors ; car ceux qui avaient été tués étaient de la confession de Néhor, et leurs terres demeurèrent désolées.

12 Et les Lamanites ne revinrent pas faire la guerre aux Néphites avant la quatorzième année du règne des juges sur le peuple de Néphi. Et c'est ainsi que pendant trois ans, le peuple de Néphi eut une paix continuelle dans tout le pays.

13 And Alma and Amulek went forth preaching repentance to the people in their temples, and in their sanctuaries, and also in their synagogues, which were built after the manner of the Jews.

14 And as many as would hear their words, unto them they did impart the word of God, without any respect of persons, continually.

15 And thus did Alma and Amulek go forth, and also many more who had been chosen for the work, to preach the word throughout all the land. And the establishment of the church became general throughout the land, in all the region round about, among all the people of the Nephites.

16 And there was no inequality among them; the Lord did pour out his Spirit on all the face of the land to prepare the minds of the children of men, or to prepare their hearts to receive the word which should be taught among them at the time of his coming—

17 That they might not be hardened against the word, that they might not be unbelieving, and go on to destruction, but that they might receive the word with joy, and as a branch be grafted into the true vine, that they might enter into the rest of the Lord their God.

18 Now those priests who did go forth among the people did preach against all lyings, and deceivings, and envyings, and strifes, and malice, and revilings, and stealing, robbing, plundering, murdering, committing adultery, and all manner of lasciviousness, crying that these things ought not so to be—

19 Holding forth things which must shortly come; yea, holding forth the coming of the Son of God, his sufferings and death, and also the resurrection of the dead.

20 And many of the people did inquire concerning the place where the Son of God should come; and they were taught that he would appear unto them after his resurrection; and this the people did hear with great joy and gladness.

21 And now after the church had been established throughout all the land—having got the victory over the devil, and the word of God being preached in its purity in all the land, and the Lord pouring out his blessings

13 Et Alma et Amulek allèrent prêcher le repentir au peuple dans ses temples et dans ses sanctuaires et aussi dans ses synagogues, qui étaient construites à la manière des Juifs.

14 Et tous ceux qui voulaient écouter leurs paroles, ils leur communiquaient continuellement la parole de Dieu, sans acception de personnes.

15 Et c'est ainsi qu'Alma et Amulek allèrent, et aussi beaucoup d'autres qui avaient été choisis pour l'œuvre, prêcher la parole dans tout le pays. Et l'établissement de l'Église devint général dans tout le pays, dans toute la région alentour, parmi tout le peuple des Néphites.

16 Et il n'y avait pas d'inégalité parmi eux ; le Seigneur déversa son Esprit sur toute la surface du pays, pour préparer l'esprit des enfants des hommes, ou pour préparer leur cœur à recevoir la parole qui serait enseignée parmi eux au moment de sa venue —

17 afin qu'ils ne soient pas endurcis contre la parole, afin qu'ils ne soient pas incrédules, et ne continuent pas jusqu'à la destruction, mais afin qu'ils reçoivent la parole avec joie, et soient greffés, comme une branche, sur la vraie vigne, afin qu'ils entrent dans le repos du Seigneur, leur Dieu.

18 Or, les prêtres qui allaient parmi le peuple prêchaient contre tout ce qui était mensonges, et tromperies, et envies, et discordes, et malices, et injures, et vols, brigandages, pillages, meurtres, adultères et toute espèce de lasciveté, criant que ces choses-là ne devaient pas être —

19 prêchant concernant les choses qui allaient venir sous peu ; oui, prêchant concernant la venue du Fils de Dieu, ses souffrances et sa mort, et aussi la résurrection des morts.

20 Et beaucoup d'entre le peuple demandèrent en quel endroit le Fils de Dieu viendrait ; et on leur enseigna qu'il leur apparaîtrait après sa résurrection ; et cela, le peuple l'entendit avec une grande joie et beaucoup de réjouissance.

21 Et alors, quand l'Église eut été établie dans tout le pays — ayant remporté la victoire sur le diable, et la parole de Dieu étant prêchée dans sa pureté dans tout le pays, et le Seigneur déversant ses bénédictions sur

upon the people—thus ended the fourteenth year of the reign of the judges over the people of Nephi.

le peuple — ainsi finit la quatorzième année du règne des juges sur le peuple de Néphi.

An account of the sons of Mosiah, who rejected their rights to the kingdom for the word of God, and went up to the land of Nephi to preach to the Lamanites; their sufferings and deliverance—according to the record of Alma.

Histoire des fils de Mosiah, qui rejetèrent leurs droits au royaume pour la parole de Dieu, et montèrent au pays de Néphi prêcher aux Lamanites ; leurs souffrances et leur délivrance — selon les annales d'Alma.

Comprising chapters 17 through 27.

Chapitres 17 à 27.

CHAPTER 17

CHAPITRE 17

The sons of Mosiah have the spirit of prophecy and of revelation—They go their several ways to declare the word to the Lamanites—Ammon goes to the land of Ishmael and becomes the servant of King Lamoni—Ammon saves the king's flocks and slays his enemies at the water of Sebus. Verses 1–3, about 77 B.C.; verse 4, about 91–77 B.C.; and verses 5–39, about 91 B.C.

Les fils de Mosiah ont l'esprit de prophétie et de révélation — Ils vont, chacun de son côté, annoncer la parole aux Lamanites — Ammon va au pays d'Ismaël et devient serviteur du roi Lamoni — Il sauve les troupeaux du roi et tue ses ennemis aux eaux de Sébus. Versets 1–3, environ 77 av. J.-C. ; verset 4, environ 91–77 av. J.-C. ; et versets 5–39, environ 91 av. J.-C.

1 And now it came to pass that as Alma was journeying from the land of Gideon southward, away to the land of Manti, behold, to his astonishment, he met with the sons of Mosiah journeying towards the land of Zarahemla.

1 Et alors, il arriva que comme Alma voyageait du pays de Gédéon en direction du sud, s'éloignant vers le pays de Manti, voici, à son étonnement, il rencontra les fils de Mosiah en route pour le pays de Zarahemla.

2 Now these sons of Mosiah were with Alma at the time the angel first appeared unto him; therefore Alma did rejoice exceedingly to see his brethren; and what added more to his joy, they were still his brethren in the Lord; yea, and they had waxed strong in the knowledge of the truth; for they were men of a sound understanding and they had searched the scriptures diligently, that they might know the word of God.

2 Or, ces fils de Mosiah étaient avec Alma au moment où l'ange lui apparut pour la première fois ; c'est pourquoi Alma se réjouit extrêmement de voir ses frères ; et ce qui ajouta encore à sa joie, c'est qu'ils étaient toujours ses frères dans le Seigneur ; oui, et ils étaient devenus forts dans la connaissance de la vérité, car ils étaient des hommes d'une saine intelligence et ils avaient sondé diligemment les Écritures afin de connaître la parole de Dieu.

3 But this is not all; they had given themselves to much prayer, and fasting; therefore they had the spirit of prophecy, and the spirit of revelation, and when they taught, they taught with power and authority of God.

3 Mais ce n'est pas tout : ils s'étaient beaucoup livrés à la prière et au jeûne ; c'est pourquoi ils avaient l'esprit de prophétie, et l'esprit de révélation, et lorsqu'ils enseignaient, ils enseignaient avec une puissance et une autorité venant de Dieu.

4 And they had been teaching the word of God for the space of fourteen years among the Lamanites, having had much success in

4 Et ils avaient enseigné la parole de Dieu pendant quatorze ans parmi les Lamanites, ayant eu beaucoup de succès et en ayant

bringing many to the knowledge of the truth; yea, by the power of their words many were brought before the altar of God, to call on his name and confess their sins before him.

5 Now these are the circumstances which attended them in their journeyings, for they had many afflictions; they did suffer much, both in body and in mind, such as hunger, thirst and fatigue, and also much labor in the spirit.

6 Now these were their journeyings: Having taken leave of their father, Mosiah, in the first year of the judges; having refused the kingdom which their father was desirous to confer upon them, and also this was the minds of the people;

7 Nevertheless they departed out of the land of Zarahemla, and took their swords, and their spears, and their bows, and their arrows, and their slings; and this they did that they might provide food for themselves while in the wilderness.

8 And thus they departed into the wilderness with their numbers which they had selected, to go up to the land of Nephi, to preach the word of God unto the Lamanites.

9 And it came to pass that they journeyed many days in the wilderness, and they fasted much and prayed much that the Lord would grant unto them a portion of his Spirit to go with them, and abide with them, that they might be an instrument in the hands of God to bring, if it were possible, their brethren, the Lamanites, to the knowledge of the truth, to the knowledge of the baseness of the traditions of their fathers, which were not correct.

10 And it came to pass that the Lord did visit them with his Spirit, and said unto them: Be comforted. And they were comforted.

11 And the Lord said unto them also: Go forth among the Lamanites, thy brethren, and establish my word; yet ye shall be patient in long-suffering and afflictions, that ye may show forth good examples unto them in me, and I will make an instrument of thee in my hands unto the salvation of many souls.

12 And it came to pass that the hearts of the sons of Mosiah, and also those who were with them, took courage to go forth unto

amené beaucoup à la connaissance de la vérité ; oui, par la puissance de leurs paroles, beaucoup furent amenés devant l'autel de Dieu, pour invoquer son nom et confesser leurs péchés devant lui.

5 Or, voici les circonstances dans lesquelles ils se trouvèrent dans leurs voyages, car ils eurent beaucoup d'afflictions ; ils souffrirent beaucoup, tant dans leur corps que dans leur esprit, la faim, la soif et la fatigue, et aussi beaucoup de tribulations en esprit.

6 Voici maintenant leurs voyages : ayant pris congé de leur père, Mosiah, la première année des juges, ayant refusé le royaume que leur père désirait leur conférer — et c'était là aussi la volonté du peuple —

7 Ils quittèrent néanmoins le pays de Zarahemla, et prirent leurs épées, et leurs lances, et leurs arcs, et leurs flèches, et leurs frondes ; et cela, ils le firent afin de se procurer de la nourriture pendant qu'ils étaient dans le désert.

8 Et ainsi ils entrèrent dans le désert avec ceux qu'ils avaient choisis, pour monter au pays de Néphi prêcher la parole de Dieu aux Lamanites.

9 Et il arriva qu'ils voyagèrent de nombreux jours dans le désert, et ils jeûnèrent beaucoup et prièrent beaucoup, afin que le Seigneur accordât qu'une part de son Esprit les accompagnât et demeurât avec eux, afin qu'ils fussent un instrument entre les mains de Dieu pour amener, si c'était possible, leurs frères, les Lamanites, à la connaissance de la vérité, à la connaissance de la bassesse des traditions de leurs pères, qui n'étaient pas correctes.

10 Et il arriva que le Seigneur les visita par son Esprit et leur dit : Soyez consolés. Et ils furent consolés.

11 Et le Seigneur leur dit aussi : Allez parmi les Lamanites, vos frères, et établissez ma parole ; néanmoins, vous serez patients et longanimes dans les afflictions, afin de leur donner le bon exemple en moi, et je ferai de vous un instrument entre mes mains pour le salut de beaucoup d'âmes.

12 Et il arriva que le cœur des fils de Mosiah, et aussi de ceux qui étaient avec eux, prit courage pour aller vers les Lamanites pour leur annoncer la parole de Dieu.

the Lamanites to declare unto them the word of God.

13 And it came to pass when they had arrived in the borders of the land of the Lamanites, that they separated themselves and departed one from another, trusting in the Lord that they should meet again at the close of their harvest; for they supposed that great was the work which they had undertaken.

14 And assuredly it was great, for they had undertaken to preach the word of God to a wild and a hardened and a ferocious people; a people who delighted in murdering the Nephites, and robbing and plundering them; and their hearts were set upon riches, or upon gold and silver, and precious stones; yet they sought to obtain these things by murdering and plundering, that they might not labor for them with their own hands.

15 Thus they were a very indolent people, many of whom did worship idols, and the curse of God had fallen upon them because of the traditions of their fathers; notwithstanding the promises of the Lord were extended unto them on the conditions of repentance.

16 Therefore, this was the cause for which the sons of Mosiah had undertaken the work, that perhaps they might bring them unto repentance; that perhaps they might bring them to know of the plan of redemption.

17 Therefore they separated themselves one from another, and went forth among them, every man alone, according to the word and power of God which was given unto him.

18 Now Ammon being the chief among them, or rather he did administer unto them, and he departed from them, after having blessed them according to their several stations, having imparted the word of God unto them, or administered unto them before his departure; and thus they took their several journeys throughout the land.

19 And Ammon went to the land of Ishmael, the land being called after the sons of Ishmael, who also became Lamanites.

20 And as Ammon entered the land of Ishmael, the Lamanites took him and bound him, as was their custom to bind all the Nephites who fell into their hands, and carry

13 Et il arriva que lorsqu'ils furent arrivés dans les régions frontières du pays des Lamanites, ils se séparèrent et se quittèrent, confiants dans le Seigneur qu'ils se reverraient à la fin de leur moisson ; car ils pensaient que l'œuvre qu'ils avaient entreprise était grande.

14 Et assurément elle était grande, car ils avaient entrepris de prêcher la parole de Dieu à un peuple sauvage, et endurci, et féroce ; un peuple qui mettait son plaisir à assassiner les Néphites, et à se livrer à des actes de brigandage sur eux, et à les piller ; et leur cœur était tourné vers les richesses, ou vers l'or et l'argent, et les pierres précieuses ; cependant, ils cherchaient à obtenir ces choses par le meurtre et le pillage, afin de ne pas travailler de leurs propres mains pour les avoir.

15 Ainsi, ils étaient un peuple très indolent, dont beaucoup adoraient les idoles, et la malédiction de Dieu était tombée sur eux à cause des traditions de leurs pères ; néanmoins, les promesses du Seigneur leur étaient offertes, à condition de se repentir.

16 C'est pourquoi, c'était la raison pour laquelle les fils de Mosiah avaient entrepris l'œuvre, afin de les amener peut-être au repentir, afin de les amener peut-être à connaître le plan de la rédemption.

17 C'est pourquoi ils se séparèrent et s'en allèrent parmi eux, chacun de son côté, selon la parole et le pouvoir de Dieu qui lui étaient donnés.

18 Or, Ammon était le chef parmi eux, ou plutôt il pourvoyait à leurs besoins ; et il les quitta, après les avoir bénis selon leurs postes respectifs, leur ayant communiqué la parole de Dieu, ou pourvu à leurs besoins avant son départ ; et ainsi, ils entreprirent leurs voyages respectifs dans tout le pays.

19 Et Ammon alla au pays d'Ismaël, pays appelé du nom des fils d'Ismaël, qui étaient aussi devenus Lamanites.

20 Et comme Ammon entrait dans le pays d'Ismaël, les Lamanites le prirent et le lièrent, comme c'était leur coutume de lier tous les Néphites qui tombaient entre leurs

them before the king; and thus it was left to the pleasure of the king to slay them, or to retain them in captivity, or to cast them into prison, or to cast them out of his land, according to his will and pleasure.

21 And thus Ammon was carried before the king who was over the land of Ishmael; and his name was Lamoni; and he was a descendant of Ishmael.

22 And the king inquired of Ammon if it were his desire to dwell in the land among the Lamanites, or among his people.

23 And Ammon said unto him: Yea, I desire to dwell among this people for a time; yea, and perhaps until the day I die.

24 And it came to pass that king Lamoni was much pleased with Ammon, and caused that his bands should be loosed; and he would that Ammon should take one of his daughters to wife.

25 But Ammon said unto him: Nay, but I will be thy servant. Therefore Ammon became a servant to king Lamoni. And it came to pass that he was set among other servants to watch the flocks of Lamoni, according to the custom of the Lamanites.

26 And after he had been in the service of the king three days, as he was with the Lamanitish servants going forth with their flocks to the place of water, which was called the water of Sebus, and all the Lamanites drive their flocks hither, that they may have water—

27 Therefore, as Ammon and the servants of the king were driving forth their flocks to this place of water, behold, a certain number of the Lamanites, who had been with their flocks to water, stood and scattered the flocks of Ammon and the servants of the king, and they scattered them insomuch that they fled many ways.

28 Now the servants of the king began to murmur, saying: Now the king will slay us, as he has our brethren because their flocks were scattered by the wickedness of these men. And they began to weep exceedingly, saying: Behold, our flocks are scattered already.

29 Now they wept because of the fear of being slain. Now when Ammon saw this his heart was swollen within him with joy; for,

mains et de les transporter devant le roi ; et ainsi, il était laissé au bon plaisir du roi de les tuer, ou de les garder en captivité, ou de les jeter en prison, ou de les chasser de son pays, selon sa volonté et son plaisir.

21 Et ainsi, Ammon fut amené devant le roi qui régnait sur le pays d'Ismaël ; et son nom était Lamoni, et il était descendant d'Ismaël.

22 Et le roi demanda à Ammon si son désir était de demeurer dans le pays parmi les Lamanites, ou parmi son peuple.

23 Et Ammon lui dit : Oui, je désire demeurer un certain temps parmi ce peuple ; oui, et peut-être jusqu'au jour où je mourrai.

24 Et il arriva qu'Ammon plut beaucoup au roi Lamoni, et celui-ci fit détacher ses liens ; et il voulait qu'Ammon prît une de ses filles pour femme.

25 Mais Ammon lui dit : Non, mais je serai ton serviteur. C'est pourquoi Ammon devint serviteur du roi Lamoni. Et il arriva qu'il fut placé parmi d'autres serviteurs pour surveiller les troupeaux de Lamoni, selon la coutume des Lamanites.

26 Et lorsqu'il eut été trois jours au service du roi, comme il était avec les serviteurs lamanites, se rendant avec leurs troupeaux au point d'eau qui était appelé l'eau de Sébus, et tous les Lamanites y conduisent leurs troupeaux, afin qu'ils aient de l'eau —

27 ainsi donc, comme Ammon et les serviteurs du roi conduisaient leurs troupeaux à ce point d'eau, voici, un certain nombre de Lamanites, qui avaient été avec leurs troupeaux pour les abreuver, se tenaient là et dispersèrent les troupeaux d'Ammon et des serviteurs du roi, et ils les dispersèrent, de sorte qu'ils s'enfuirent dans de nombreuses directions.

28 Alors, les serviteurs du roi commencèrent à murmurer, disant : Maintenant le roi va nous tuer, comme il a tué nos frères, parce que leurs troupeaux étaient dispersés par la méchanceté de ces hommes. Et ils commencèrent à pleurer extrêmement, disant : Voici, nos troupeaux sont déjà dispersés.

29 Or, ils pleuraient à cause de la peur d'être tués. Alors, quand Ammon vit cela, son cœur se gonfla de joie en lui ; car, dit-il, je

said he, I will show forth my power unto these my fellow-servants, or the power which is in me, in restoring these flocks unto the king, that I may win the hearts of these my fellow-servants, that I may lead them to believe in my words.

30 And now, these were the thoughts of Ammon, when he saw the afflictions of those whom he termed to be his brethren.

31 And it came to pass that he flattered them by his words, saying: My brethren, be of good cheer and let us go in search of the flocks, and we will gather them together and bring them back unto the place of water; and thus we will preserve the flocks unto the king and he will not slay us.

32 And it came to pass that they went in search of the flocks, and they did follow Ammon, and they rushed forth with much swiftness and did head the flocks of the king, and did gather them together again to the place of water.

33 And those men again stood to scatter their flocks; but Ammon said unto his brethren: Encircle the flocks round about that they flee not; and I go and contend with these men who do scatter our flocks.

34 Therefore, they did as Ammon commanded them, and he went forth and stood to contend with those who stood by the waters of Sebus; and they were in number not a few.

35 Therefore they did not fear Ammon, for they supposed that one of their men could slay him according to their pleasure, for they knew not that the Lord had promised Mosiah that he would deliver his sons out of their hands; neither did they know anything concerning the Lord; therefore they delighted in the destruction of their brethren; and for this cause they stood to scatter the flocks of the king.

36 But Ammon stood forth and began to cast stones at them with his sling; yea, with mighty power he did sling stones amongst them; and thus he slew a certain number of them insomuch that they began to be astonished at his power; nevertheless they were angry because of the slain of their brethren, and they were determined that he should fall; therefore, seeing that they could not hit

vais montrer ma force à ceux-ci qui sont mes compagnons de service, ou le pouvoir qui est en moi, de rendre ces troupeaux au roi, afin de gagner le cœur de ceux-ci qui sont mes compagnons de service, afin de les amener à croire en mes paroles.

30 Et c'étaient là les pensées d'Ammon lorsqu'il vit les afflictions de ceux qu'il appelait ses frères.

31 Et il arriva qu'il les flatta par ses paroles, disant : Mes frères, prenez courage et allons à la recherche des troupeaux, et nous les rassemblerons et les ramènerons au point d'eau ; et ainsi, nous préserverons les troupeaux pour le roi, et il ne nous tuera pas.

32 Et il arriva qu'ils allèrent à la recherche des troupeaux, et ils suivirent Ammon, et ils se précipitèrent avec une grande rapidité, et ils interceptèrent les troupeaux du roi et les rassemblèrent de nouveau au point d'eau.

33 Et ces hommes se tenaient de nouveau là pour disperser les troupeaux ; mais Ammon dit à ses frères : Encerclez les troupeaux pour qu'ils ne s'enfuient pas ; et moi, je vais combattre ces hommes qui dispersent nos troupeaux.

34 Ils firent donc ce qu'Ammon leur commandait, et il s'avança et se tint pour combattre ceux qui se tenaient près des eaux de Sébus ; et ils n'étaient pas peu nombreux.

35 C'est pourquoi ils ne craignaient pas Ammon, car ils pensaient qu'un seul de leurs hommes pouvait le tuer selon leur plaisir, car ils ne savaient pas que le Seigneur avait promis à Mosiah qu'il délivrerait ses fils de leurs mains ; et ils ne savaient rien non plus du Seigneur ; c'est pourquoi, ils mettaient leurs délices dans la destruction de leurs frères ; et c'est pour cette raison qu'ils se tenaient là pour disperser les troupeaux du roi.

36 Mais Ammon s'avança et commença à leur jeter des pierres avec sa fronde ; oui, il lança, avec une grande force, des pierres parmi eux ; et ainsi, il en tua un certain nombre, de sorte qu'ils commencèrent à être étonnés de sa force ; néanmoins, ils furent en colère à cause de ceux de leurs frères qui avaient été tués, et ils étaient décidés à le faire tomber ; c'est pourquoi, voyant qu'ils ne pouvaient pas l'atteindre de leurs pierres,

him with their stones, they came forth with clubs to slay him.

37 But behold, every man that lifted his club to smite Ammon, he smote off their arms with his sword; for he did withstand their blows by smiting their arms with the edge of his sword, insomuch that they began to be astonished, and began to flee before him; yea, and they were not few in number; and he caused them to flee by the strength of his arm.

38 Now six of them had fallen by the sling, but he slew none save it were their leader with his sword; and he smote off as many of their arms as were lifted against him, and they were not a few.

39 And when he had driven them afar off, he returned and they watered their flocks and returned them to the pasture of the king, and then went in unto the king, bearing the arms which had been smitten off by the sword of Ammon, of those who sought to slay him; and they were carried in unto the king for a testimony of the things which they had done.

CHAPTER 18

King Lamoni supposes that Ammon is the Great Spirit—Ammon teaches the king about the Creation, God's dealings with men, and the redemption that comes through Christ—Lamoni believes and falls to the earth as if dead. About 90 B.C.

1 And it came to pass that king Lamoni caused that his servants should stand forth and testify to all the things which they had seen concerning the matter.

2 And when they had all testified to the things which they had seen, and he had learned of the faithfulness of Ammon in preserving his flocks, and also of his great power in contending against those who sought to slay him, he was astonished exceedingly, and said: Surely, this is more than a man. Behold, is not this the Great Spirit who doth send such great punishments upon this people, because of their murders?

3 And they answered the king, and said: Whether he be the Great Spirit or a man, we know not; but this much we do know, that he cannot be slain by the enemies of the

---

ils s'avancèrent avec des gourdins pour le tuer.

37 Mais voici, à tous les hommes qui levaient leur gourdin pour le frapper, Ammon tranchait le bras de son épée ; car il résistait à leurs coups en leur frappant le bras avec le tranchant de son épée, de sorte qu'ils commencèrent à être étonnés et commencèrent à fuir devant lui ; oui, et ils n'étaient pas peu nombreux ; et il les fit fuir par la force de son bras.

38 Or, six d'entre eux étaient tombés par la fronde, mais il n'en tua aucun de son épée, si ce n'est leur chef ; et il trancha tous ceux de leurs bras qui étaient levés contre lui, et ils n'étaient pas peu nombreux.

39 Et lorsqu'il les eut chassés au loin, il retourna et ils abreuvèrent leurs troupeaux et les ramenèrent au pâturage du roi, et entrèrent alors auprès du roi, portant les bras qui avaient été tranchés par l'épée d'Ammon, de ceux qui avaient cherché à le tuer ; et ils furent apportés au roi en témoignage des choses qu'ils avaient faites.

CHAPITRE 18

Le roi Lamoni pense qu'Ammon est le Grand Esprit — Ammon instruit le roi sur la création, sur la manière d'agir de Dieu avec les hommes et sur la rédemption qui vient par l'intermédiaire du Christ — Lamoni croit et tombe comme mort sur le sol. Vers 90 av. J.-C.

1 Et il arriva que le roi Lamoni fit avancer ses serviteurs et les fit témoigner de toutes les choses qu'ils avaient vues à ce sujet.

2 Et lorsqu'ils eurent tous témoigné des choses qu'ils avaient vues et qu'il eut appris la fidélité avec laquelle Ammon avait préservé ses troupeaux, et aussi la grande force avec laquelle il avait combattu ceux qui cherchaient à le tuer, il fut extrêmement étonné, et dit : Assurément celui-ci est plus qu'un homme. Voici, n'est-ce pas là le Grand Esprit qui envoie de si grands châtiments sur ce peuple à cause de ses meurtres ?

3 Et ils répondirent au roi, et dirent : S'il est le Grand Esprit ou un homme, nous ne savons ; mais ce que nous savons, c'est qu'il ne peut être tué par les ennemis du roi ; ils

king; neither can they scatter the king's flocks when he is with us, because of his expertness and great strength; therefore, we know that he is a friend to the king. And now, O king, we do not believe that a man has such great power, for we know he cannot be slain.

4 And now, when the king heard these words, he said unto them: Now I know that it is the Great Spirit; and he has come down at this time to preserve your lives, that I might not slay you as I did your brethren. Now this is the Great Spirit of whom our fathers have spoken.

5 Now this was the tradition of Lamoni, which he had received from his father, that there was a Great Spirit. Notwithstanding they believed in a Great Spirit, they supposed that whatsoever they did was right; nevertheless, Lamoni began to fear exceedingly, with fear lest he had done wrong in slaying his servants;

6 For he had slain many of them because their brethren had scattered their flocks at the place of water; and thus, because they had had their flocks scattered they were slain.

7 Now it was the practice of these Lamanites to stand by the waters of Sebus to scatter the flocks of the people, that thereby they might drive away many that were scattered unto their own land, it being a practice of plunder among them.

8 And it came to pass that king Lamoni inquired of his servants, saying: Where is this man that has such great power?

9 And they said unto him: Behold, he is feeding thy horses. Now the king had commanded his servants, previous to the time of the watering of their flocks, that they should prepare his horses and chariots, and conduct him forth to the land of Nephi; for there had been a great feast appointed at the land of Nephi, by the father of Lamoni, who was king over all the land.

10 Now when king Lamoni heard that Ammon was preparing his horses and his chariots he was more astonished, because of the faithfulness of Ammon, saying: Surely there has not been any servant among all my servants that has been so faithful as this man; for even he doth remember all my commandments to execute them.

ne peuvent pas non plus disperser les troupeaux du roi lorsqu'il est avec nous, à cause de son habileté et de sa grande force ; c'est pourquoi, nous savons qu'il est ami du roi. Et maintenant, ô roi, nous ne croyons pas qu'un homme ait un aussi grand pouvoir, car nous savons qu'il ne peut être tué.

4 Et alors, quand le roi entendit ces paroles, il leur dit : Maintenant je sais que c'est le Grand Esprit ; et il est descendu à ce moment-ci pour vous préserver la vie, afin que je ne vous tue pas comme j'ai tué vos frères. Or, c'est là le Grand Esprit dont nos pères ont parlé.

5 Or, c'était là la tradition de Lamoni, qu'il avait reçue de son père, qu'il y avait un Grand Esprit. En dépit du fait qu'ils croyaient en un Grand Esprit, ils pensaient que tout ce qu'ils faisaient était juste ; néanmoins, Lamoni commença à craindre extrêmement d'avoir mal agi en tuant ses serviteurs ;

6 car il en avait tué beaucoup, parce que leurs frères avaient dispersé leurs troupeaux au point d'eau ; et ainsi, parce qu'ils avaient laissé disperser leurs troupeaux, ils avaient été tués.

7 Or, ces Lamanites avaient pour pratique de se tenir près des eaux de Sébus pour disperser les troupeaux du peuple, afin de pouvoir ainsi en chasser beaucoup qui étaient dispersés vers leur propre pays, étant donné que c'était une pratique de piller parmi eux.

8 Et il arriva que le roi Lamoni interrogea ses serviteurs, disant : Où est cet homme qui a un si grand pouvoir ?

9 Et ils lui dirent : Voici, il est occupé à nourrir tes chevaux. Or, le roi avait commandé à ses serviteurs, avant le moment où ils devaient abreuver leurs troupeaux, de préparer ses chevaux et ses chars, et de le conduire au pays de Néphi ; car une grande fête avait été déclarée au pays de Néphi par le père de Lamoni, qui était roi de tout le pays.

10 Alors, quand le roi Lamoni apprit qu'Ammon était occupé à préparer ses chevaux et ses chars, il fut encore plus étonné, à cause de la fidélité d'Ammon, disant : Assurément, il n'y a jamais eu de serviteur, parmi tous mes serviteurs, qui ait été aussi fidèle que cet homme ; car il se souvient même de tous mes commandements pour les exécuter.

11 Now I surely know that this is the Great Spirit, and I would desire him that he come in unto me, but I durst not.

12 And it came to pass that when Ammon had made ready the horses and the chariots for the king and his servants, he went in unto the king, and he saw that the countenance of the king was changed; therefore he was about to return out of his presence.

13 And one of the king's servants said unto him, Rabbanah, which is, being interpreted, powerful or great king, considering their kings to be powerful; and thus he said unto him: Rabbanah, the king desireth thee to stay.

14 Therefore Ammon turned himself unto the king, and said unto him: What wilt thou that I should do for thee, O king? And the king answered him not for the space of an hour, according to their time, for he knew not what he should say unto him.

15 And it came to pass that Ammon said unto him again: What desirest thou of me? But the king answered him not.

16 And it came to pass that Ammon, being filled with the Spirit of God, therefore he perceived the thoughts of the king. And he said unto him: Is it because thou hast heard that I defended thy servants and thy flocks, and slew seven of their brethren with the sling and with the sword, and smote off the arms of others, in order to defend thy flocks and thy servants; behold, is it this that causeth thy marvelings?

17 I say unto you, what is it, that thy marvelings are so great? Behold, I am a man, and am thy servant; therefore, whatsoever thou desirest which is right, that will I do.

18 Now when the king had heard these words, he marveled again, for he beheld that Ammon could discern his thoughts; but notwithstanding this, king Lamoni did open his mouth, and said unto him: Who art thou? Art thou that Great Spirit, who knows all things?

19 Ammon answered and said unto him: I am not.

20 And the king said: How knowest thou the thoughts of my heart? Thou mayest speak boldly, and tell me concerning these things; and also tell me by what power ye slew and

11 Maintenant je sais avec certitude qu'il s'agit du Grand Esprit, et je voudrais bien qu'il vienne à moi, mais je n'ose pas.

12 Et il arriva que lorsqu'il eut préparé les chevaux et les chars pour le roi et ses serviteurs, Ammon entra auprès du roi, et il vit que le visage du roi avait changé ; c'est pourquoi, il était sur le point de retourner hors de sa présence.

13 Et un des serviteurs du roi lui dit : Rabbanah, ce qui veut dire, par interprétation, puissant ou grand roi, considérant que leurs rois étaient puissants ; et ainsi il lui dit : Rabbanah, le roi désire que tu restes.

14 C'est pourquoi Ammon se tourna vers le roi et lui dit : Que veux-tu que je fasse pour toi, ô roi ? Et le roi ne lui répondit pas pendant une heure, selon leur temps, car il ne savait pas ce qu'il devait lui dire.

15 Et il arriva qu'Ammon lui dit encore : Que désires-tu de moi ? Mais le roi ne lui répondit pas.

16 Et il arriva qu'Ammon, rempli de l'Esprit de Dieu, perçut alors les pensées du roi. Et il lui dit : Est-ce parce que tu as appris que j'ai défendu tes serviteurs et tes troupeaux, et que j'ai tué sept de leurs frères avec la fronde et avec l'épée, et que j'ai tranché le bras à d'autres pour défendre tes troupeaux et tes serviteurs, voici, est-ce cela qui cause ton étonnement ?

17 Je te le dis, qu'est-ce qui fait que ton étonnement est si grand ? Voici, je suis un homme, et je suis ton serviteur ; c'est pourquoi, tout ce que tu désires de juste, je le ferai.

18 Alors, quand le roi eut entendu ces paroles, il s'étonna de nouveau, car il voyait qu'Ammon pouvait discerner ses pensées ; mais malgré cela, le roi Lamoni ouvrit la bouche, et lui dit : Qui es-tu ? Es-tu ce Grand Esprit qui sait tout ?

19 Ammon répondit et lui dit : Je ne le suis pas.

20 Et le roi dit : Comment connais-tu les pensées de mon cœur ? Tu peux parler hardiment, et me parler de ces choses ; et aussi me dire par quel pouvoir tu as tué et tranché

smote off the arms of my brethren that scattered my flocks—

21 And now, if thou wilt tell me concerning these things, whatsoever thou desirest I will give unto thee; and if it were needed, I would guard thee with my armies; but I know that thou art more powerful than all they; nevertheless, whatsoever thou desirest of me I will grant it unto thee.

22 Now Ammon being wise, yet harmless, he said unto Lamoni: Wilt thou hearken unto my words, if I tell thee by what power I do these things? And this is the thing that I desire of thee.

23 And the king answered him, and said: Yea, I will believe all thy words. And thus he was caught with guile.

24 And Ammon began to speak unto him with boldness, and said unto him: Believest thou that there is a God?

25 And he answered, and said unto him: I do not know what that meaneth.

26 And then Ammon said: Believest thou that there is a Great Spirit?

27 And he said, Yea.

28 And Ammon said: This is God. And Ammon said unto him again: Believest thou that this Great Spirit, who is God, created all things which are in heaven and in the earth?

29 And he said: Yea, I believe that he created all things which are in the earth; but I do not know the heavens.

30 And Ammon said unto him: The heavens is a place where God dwells and all his holy angels.

31 And king Lamoni said: Is it above the earth?

32 And Ammon said: Yea, and he looketh down upon all the children of men; and he knows all the thoughts and intents of the heart; for by his hand were they all created from the beginning.

33 And king Lamoni said: I believe all these things which thou hast spoken. Art thou sent from God?

34 Ammon said unto him: I am a man; and man in the beginning was created after the image of God, and I am called by his Holy Spirit to teach these things unto this people, that they may be brought to a knowledge of that which is just and true;

le bras à mes frères qui dispersaient mes troupeaux —

21 Et maintenant, si tu veux me parler de ces choses, tout ce que tu désires, je te le donnerai ; et si c'était nécessaire, je te ferais garder par mes armées ; mais je sais que tu es plus fort qu'elles toutes ; néanmoins, tout ce que tu désires de moi, je te l'accorderai.

22 Or, Ammon, qui était sage, et cependant inoffensif, dit à Lamoni : Écouteras-tu mes paroles si je te dis par quel pouvoir je fais ces choses ? Et c'est là ce que je désire de toi.

23 Et le roi lui répondit, et dit : Oui, je croirai à toutes tes paroles. Et c'est ainsi qu'il fut pris par stratagème.

24 Et Ammon commença à lui parler avec hardiesse, et lui dit : Crois-tu qu'il y a un Dieu ?

25 Et il répondit, et lui dit : Je ne sais pas ce que cela veut dire.

26 Et alors Ammon dit : Crois-tu qu'il y a un Grand Esprit ?

27 Et il dit : Oui.

28 Et Ammon dit : C'est Dieu. Et Ammon lui dit encore : Crois-tu que ce Grand Esprit, qui est Dieu, a créé tout ce qui est dans le ciel et sur la terre ?

29 Et il dit : Oui, je crois qu'il a créé tout ce qui est sur la terre ; mais je ne connais pas les cieux.

30 Et Ammon lui dit : Les cieux sont un lieu où Dieu demeure, ainsi que tous ses saints anges.

31 Et le roi Lamoni dit : Est-ce au-dessus de la terre ?

32 Et Ammon dit : Oui, et il regarde d'en haut tous les enfants des hommes ; et il connaît toutes les pensées et toutes les intentions du cœur ; car c'est par sa main que tous ont été créés dès le commencement.

33 Et le roi Lamoni dit : Je crois toutes ces choses que tu as dites. Es-tu envoyé de Dieu ?

34 Ammon lui dit : Je suis un homme ; et l'homme, au commencement, a été créé à l'image de Dieu, et je suis appelé par son Esprit-Saint à enseigner ces choses à ce peuple, afin qu'il soit amené à la connaissance de ce qui est juste et vrai ;

35 And a portion of that Spirit dwelleth in me, which giveth me knowledge, and also power according to my faith and desires which are in God.

36 Now when Ammon had said these words, he began at the creation of the world, and also the creation of Adam, and told him all the things concerning the fall of man, and rehearsed and laid before him the records and the holy scriptures of the people, which had been spoken by the prophets, even down to the time that their father, Lehi, left Jerusalem.

37 And he also rehearsed unto them (for it was unto the king and to his servants) all the journeyings of their fathers in the wilderness, and all their sufferings with hunger and thirst, and their travail, and so forth.

38 And he also rehearsed unto them concerning the rebellions of Laman and Lemuel, and the sons of Ishmael, yea, all their rebellions did he relate unto them; and he expounded unto them all the records and scriptures from the time that Lehi left Jerusalem down to the present time.

39 But this is not all; for he expounded unto them the plan of redemption, which was prepared from the foundation of the world; and he also made known unto them concerning the coming of Christ, and all the works of the Lord did he make known unto them.

40 And it came to pass that after he had said all these things, and expounded them to the king, that the king believed all his words.

41 And he began to cry unto the Lord, saying: O Lord, have mercy; according to thy abundant mercy which thou hast had upon the people of Nephi, have upon me, and my people.

42 And now, when he had said this, he fell unto the earth, as if he were dead.

43 And it came to pass that his servants took him and carried him in unto his wife, and laid him upon a bed; and he lay as if he were dead for the space of two days and two nights; and his wife, and his sons, and his daughters mourned over him, after the manner of the Lamanites, greatly lamenting his loss.

35 et une part de cet Esprit demeure en moi, ce qui me donne de la connaissance, et aussi du pouvoir, selon ma foi et mes désirs qui sont en Dieu.

36 Alors, quand il eut dit ces paroles, Ammon commença à la création du monde, et aussi à la création d'Adam, et lui dit tout ce qui concernait la chute de l'homme, et lui exposa et plaça devant lui les annales et les saintes Écritures du peuple, qui avaient été dites par les prophètes, jusqu'au moment où leur père, Léhi, quitta Jérusalem.

37 Et il leur exposa aussi (car c'était au roi et à ses serviteurs) tous les voyages de leurs pères dans le désert, et toutes leurs souffrances causées par la faim, et la soif, et leur labeur, et ainsi de suite.

38 Et il leur exposa aussi ce qui concernait les rébellions de Laman et de Lémuel, et des fils d'Ismaël, oui, il leur raconta toutes leurs rébellions ; et il leur expliqua toutes les annales et toutes les Écritures depuis le moment où Léhi quitta Jérusalem jusqu'au temps présent.

39 Mais ce n'est pas tout, car il leur expliqua le plan de rédemption, qui fut préparé dès la fondation du monde ; et il leur fit connaître ce qui concernait la venue du Christ ; et toutes les œuvres du Seigneur, il les leur fit connaître.

40 Et il arriva que lorsqu'il eut dit toutes ces choses, et les eut expliquées au roi, le roi crut toutes ses paroles.

41 Et il commença à crier au Seigneur, disant : Ô Seigneur, sois miséricordieux ; selon l'abondante miséricorde que tu as eue pour le peuple de Néphi, sois miséricordieux envers moi et mon peuple.

42 Et alors, lorsqu'il eut dit cela, il tomba sur le sol, comme s'il était mort.

43 Et il arriva que ses serviteurs le prirent et le portèrent auprès de son épouse, et le couchèrent sur un lit ; et il resta étendu comme s'il était mort, pendant deux jours et deux nuits ; et son épouse, et ses fils, et ses filles pleurèrent sur lui, à la manière des Lamanites, se lamentant grandement sur sa perte.

CHAPTER 19

CHAPITRE 19

Lamoni receives the light of everlasting life and sees the Redeemer—His household falls into a trance, and many see angels—Ammon is preserved miraculously—He baptizes many and establishes a church among them. About 90 B.C.

Lamoni reçoit la lumière de la vie éternelle et voit le Rédempteur — Les gens de sa maison tombent sur le sol, accablés par l'Esprit, et beaucoup voient des anges — Ammon est préservé miraculeusement — Il en baptise beaucoup et établit une Église parmi eux. Vers 90 av. J.-C.

1 And it came to pass that after two days and two nights they were about to take his body and lay it in a sepulchre, which they had made for the purpose of burying their dead.

2 Now the queen having heard of the fame of Ammon, therefore she sent and desired that he should come in unto her.

3 And it came to pass that Ammon did as he was commanded, and went in unto the queen, and desired to know what she would that he should do.

4 And she said unto him: The servants of my husband have made it known unto me that thou art a prophet of a holy God, and that thou hast power to do many mighty works in his name;

5 Therefore, if this is the case, I would that ye should go in and see my husband, for he has been laid upon his bed for the space of two days and two nights; and some say that he is not dead, but others say that he is dead and that he stinketh, and that he ought to be placed in the sepulchre; but as for myself, to me he doth not stink.

6 Now, this was what Ammon desired, for he knew that king Lamoni was under the power of God; he knew that the dark veil of unbelief was being cast away from his mind, and the light which did light up his mind, which was the light of the glory of God, which was a marvelous light of his goodness—yea, this light had infused such joy into his soul, the cloud of darkness having been dispelled, and that the light of everlasting life was lit up in his soul, yea, he knew that this had overcome his natural frame, and he was carried away in God—

7 Therefore, what the queen desired of him was his only desire. Therefore, he went in to see the king according as the queen had desired him; and he saw the king, and he knew that he was not dead.

1 Et il arriva qu'après deux jours et deux nuits, ils étaient sur le point de prendre son corps et de le déposer dans un sépulcre qu'ils avaient fait dans le but d'enterrer leurs morts.

2 Or, la reine, ayant entendu parler de la renommée d'Ammon, lui envoya donc quelqu'un et désira qu'il entrât auprès d'elle.

3 Et il arriva qu'Ammon fit ce qui lui était commandé, et entra auprès de la reine, et désira savoir ce qu'elle voulait qu'il fît.

4 Et elle lui dit : Les serviteurs de mon mari m'ont fait savoir que tu es un prophète d'un saint Dieu et que tu as le pouvoir de faire beaucoup de grandes œuvres en son nom ;

5 c'est pourquoi, si c'est le cas, je voudrais que tu entres et voies mon mari, car il est couché sur son lit depuis deux jours et deux nuits ; et les uns disent qu'il n'est pas mort, mais d'autres disent qu'il est mort et qu'il sent, et qu'il devrait être placé dans le sépulcre ; mais en ce qui me concerne, pour moi il ne sent pas.

6 Or, c'était ce qu'Ammon désirait, car il savait que le roi Lamoni était sous le pouvoir de Dieu ; il savait que le sombre voile de l'incrédulité était en train d'être chassé de son esprit, et que la lumière qui éclairait son esprit, qui était la lumière de la gloire de Dieu, qui était la lumière merveilleuse de sa bonté — oui, cette lumière avait infusé une telle joie dans son âme, que la nuée de ténèbres avait été dissipée, et que la lumière de la vie éternelle était allumée dans son âme, oui, il savait que cela avait accablé son corps naturel et qu'il était ravi en Dieu —

7 c'est pourquoi, ce que la reine désirait de lui était son seul désir. Il entra donc voir le roi, comme la reine l'avait désiré de lui ; et il vit le roi, et il sut qu'il n'était pas mort.

8 And he said unto the queen: He is not dead, but he sleepeth in God, and on the morrow he shall rise again; therefore bury him not.

9 And Ammon said unto her: Believest thou this? And she said unto him: I have had no witness save thy word, and the word of our servants; nevertheless I believe that it shall be according as thou hast said.

10 And Ammon said unto her: Blessed art thou because of thy exceeding faith; I say unto thee, woman, there has not been such great faith among all the people of the Nephites.

11 And it came to pass that she watched over the bed of her husband, from that time even until that time on the morrow which Ammon had appointed that he should rise.

12 And it came to pass that he arose, according to the words of Ammon; and as he arose, he stretched forth his hand unto the woman, and said: Blessed be the name of God, and blessed art thou.

13 For as sure as thou livest, behold, I have seen my Redeemer; and he shall come forth, and be born of a woman, and he shall redeem all mankind who believe on his name. Now, when he had said these words, his heart was swollen within him, and he sunk again with joy; and the queen also sunk down, being overpowered by the Spirit.

14 Now Ammon seeing the Spirit of the Lord poured out according to his prayers upon the Lamanites, his brethren, who had been the cause of so much mourning among the Nephites, or among all the people of God because of their iniquities and their traditions, he fell upon his knees, and began to pour out his soul in prayer and thanksgiving to God for what he had done for his brethren; and he was also overpowered with joy; and thus they all three had sunk to the earth.

15 Now, when the servants of the king had seen that they had fallen, they also began to cry unto God, for the fear of the Lord had come upon them also, for it was they who had stood before the king and testified unto him concerning the great power of Ammon.

16 And it came to pass that they did call on the name of the Lord, in their might, even until they had all fallen to the earth, save it were one of the Lamanitish women, whose name was Abish, she having been converted

8 Et il dit à la reine : Il n'est pas mort, mais il dort en Dieu, et demain, il se relèvera ; c'est pourquoi ne l'enterre pas.

9 Et Ammon lui dit : Crois-tu cela ? Et elle lui dit : Je n'ai eu d'autre témoignage que ta parole et la parole de nos serviteurs ; néanmoins, je crois qu'il en sera comme tu l'as dit.

10 Et Ammon lui dit : Tu es bénie à cause de ta foi extrême ; je te le dis, femme, il n'y a pas eu de foi aussi grande parmi tout le peuple des Néphites.

11 Et il arriva qu'elle veilla sur le lit de son mari, à partir de ce moment-là jusqu'à ce moment, le lendemain, qu'Ammon avait désigné, où il devait se lever.

12 Et il arriva qu'il se leva, selon les paroles d'Ammon ; et comme il se levait, il étendit la main vers la femme et dit : Béni soit le nom de Dieu, et bénie es-tu !

13 Car aussi sûrement que tu vis, voici, j'ai vu mon Rédempteur ; et il viendra et naîtra d'une femme, et il rachètera toute l'humanité qui croit en son nom. Alors, quand il eut dit ces paroles, son cœur étant gonflé au-dedans de lui, il s'affaissa de nouveau de joie ; et la reine s'affaissa aussi, accablée par l'Esprit.

14 Alors Ammon, voyant l'Esprit du Seigneur déversé, selon ses prières, sur les Lamanites, ses frères, qui avaient été la cause de tant de deuil parmi les Néphites, ou parmi tout le peuple de Dieu, à cause de leurs iniquités et de leurs traditions, tomba à genoux et commença à déverser son âme en prière et en actions de grâces à Dieu pour ce qu'il avait fait pour ses frères ; et il fut aussi accablé de joie ; et ainsi ils s'étaient affaissés tous les trois sur le sol.

15 Alors, quand les serviteurs du roi eurent vu qu'ils étaient tombés, ils commencèrent aussi à crier à Dieu, car la crainte du Seigneur était venue sur eux aussi, car c'étaient eux qui s'étaient tenus devant le roi et lui avaient témoigné du grand pouvoir d'Ammon.

16 Et il arriva qu'ils invoquèrent le nom du Seigneur de toutes leurs forces jusqu'à ce qu'ils fussent tous tombés sur le sol, sauf une des femmes lamanites, dont le nom était Abish, qui était convertie au Seigneur

unto the Lord for many years, on account of a remarkable vision of her father—

17 Thus, having been converted to the Lord, and never having made it known, therefore, when she saw that all the servants of Lamoni had fallen to the earth, and also her mistress, the queen, and the king, and Ammon lay prostrate upon the earth, she knew that it was the power of God; and supposing that this opportunity, by making known unto the people what had happened among them, that by beholding this scene it would cause them to believe in the power of God, therefore she ran forth from house to house, making it known unto the people.

18 And they began to assemble themselves together unto the house of the king. And there came a multitude, and to their astonishment, they beheld the king, and the queen, and their servants prostrate upon the earth, and they all lay there as though they were dead; and they also saw Ammon, and behold, he was a Nephite.

19 And now the people began to murmur among themselves; some saying that it was a great evil that had come upon them, or upon the king and his house, because he had suffered that the Nephite should remain in the land.

20 But others rebuked them, saying: The king hath brought this evil upon his house, because he slew his servants who had had their flocks scattered at the waters of Sebus.

21 And they were also rebuked by those men who had stood at the waters of Sebus and scattered the flocks which belonged to the king, for they were angry with Ammon because of the number which he had slain of their brethren at the waters of Sebus, while defending the flocks of the king.

22 Now, one of them, whose brother had been slain with the sword of Ammon, being exceedingly angry with Ammon, drew his sword and went forth that he might let it fall upon Ammon, to slay him; and as he lifted the sword to smite him, behold, he fell dead.

23 Now we see that Ammon could not be slain, for the Lord had said unto Mosiah, his father: I will spare him, and it shall be unto him according to thy faith—therefore, Mosiah trusted him unto the Lord.

24 And it came to pass that when the multitude beheld that the man had fallen dead, who lifted the sword to slay Ammon, fear

depuis de nombreuses années à cause d'une vision remarquable de son père —

17 Ainsi, ayant été convertie au Seigneur, et ne l'ayant jamais fait savoir, alors, lorsqu'elle vit que tous les serviteurs de Lamoni étaient tombés sur le sol, et aussi que sa maîtresse, la reine, et le roi, et Ammon étaient étendus sur le sol, elle sut que c'était le pouvoir de Dieu ; et, pensant que c'était l'occasion de faire savoir au peuple ce qui était arrivé parmi eux, et qu'en voyant cette scène cela les amènerait à croire au pouvoir de Dieu, elle courut donc de maison en maison, le faisant savoir au peuple.

18 Et ils commencèrent à s'assembler à la maison du roi. Et il vint une multitude et, à son étonnement, elle vit le roi, et la reine, et leurs serviteurs étendus sur le sol, et ils étaient tous couchés là comme s'ils étaient morts ; et elle vit aussi Ammon, et voici, c'était un Néphite.

19 Et alors, les gens commencèrent à murmurer entre eux, les uns disant que c'était un grand mal qui était tombé sur eux, ou sur le roi et sa maison, parce qu'il avait permis que le Néphite demeurât dans le pays.

20 Mais d'autres les reprenaient, disant : Le roi a attiré ce mal sur sa maison, parce qu'il a tué ses serviteurs qui avaient laissé disperser leurs troupeaux aux eaux de Sébus.

21 Et ils étaient aussi repris par ces hommes qui s'étaient tenus aux eaux de Sébus et avaient dispersé les troupeaux qui appartenaient au roi, car ils étaient en colère contre Ammon, à cause du nombre de leurs frères qu'il avait tués aux eaux de Sébus, tandis qu'il défendait les troupeaux du roi.

22 Alors l'un d'eux, dont le frère avait été tué par l'épée d'Ammon, étant extrêmement en colère contre Ammon, tira son épée et s'avança pour la faire tomber sur Ammon, pour le tuer ; et comme il levait l'épée pour le frapper, voici, il tomba mort.

23 Or, nous voyons qu'Ammon ne pouvait être tué, car le Seigneur avait dit à Mosiah, son père : Je l'épargnerai, et il en sera pour lui selon ta foi ; c'est pourquoi, Mosiah le confia au Seigneur.

24 Et il arriva que lorsque la multitude vit que l'homme qui avait levé l'épée pour tuer Ammon était tombé mort, la crainte tomba

came upon them all, and they durst not put forth their hands to touch him or any of those who had fallen; and they began to marvel again among themselves what could be the cause of this great power, or what all these things could mean.

25 And it came to pass that there were many among them who said that Ammon was the Great Spirit, and others said he was sent by the Great Spirit;

26 But others rebuked them all, saying that he was a monster, who had been sent from the Nephites to torment them.

27 And there were some who said that Ammon was sent by the Great Spirit to afflict them because of their iniquities; and that it was the Great Spirit that had always attended the Nephites, who had ever delivered them out of their hands; and they said that it was this Great Spirit who had destroyed so many of their brethren, the Lamanites.

28 And thus the contention began to be exceedingly sharp among them. And while they were thus contending, the woman servant who had caused the multitude to be gathered together came, and when she saw the contention which was among the multitude she was exceedingly sorrowful, even unto tears.

29 And it came to pass that she went and took the queen by the hand, that perhaps she might raise her from the ground; and as soon as she touched her hand she arose and stood upon her feet, and cried with a loud voice, saying: O blessed Jesus, who has saved me from an awful hell! O blessed God, have mercy on this people!

30 And when she had said this, she clasped her hands, being filled with joy, speaking many words which were not understood; and when she had done this, she took the king, Lamoni, by the hand, and behold he arose and stood upon his feet.

31 And he, immediately, seeing the contention among his people, went forth and began to rebuke them, and to teach them the words which he had heard from the mouth of Ammon; and as many as heard his words believed, and were converted unto the Lord.

sur eux tous, et ils n'osèrent pas avancer la main pour le toucher, ni aucun de ceux qui étaient tombés ; et ils commencèrent à s'étonner de nouveau entre eux de ce qui pouvait être la cause de ce grand pouvoir, ou de ce que toutes ces choses pouvaient signifier.

25 Et il arriva qu'il y en eut beaucoup parmi eux qui dirent qu'Ammon était le Grand Esprit, et d'autres dirent qu'il était envoyé par le Grand Esprit ;

26 mais d'autres les reprenaient tous, disant que c'était un monstre qui leur avait été envoyé de la part des Néphites pour les tourmenter.

27 Et il y en avait qui disaient qu'Ammon était envoyé par le Grand Esprit pour les affliger à cause de leurs iniquités, et que c'était le Grand Esprit qui avait toujours accompagné les Néphites, qui les avait toujours délivrés de leurs mains ; et ils disaient que c'était ce Grand Esprit qui avait fait périr tant de leurs frères, les Lamanites.

28 Et c'est ainsi que la querelle commença à être extrêmement vive parmi eux. Et tandis qu'ils étaient ainsi occupés à se quereller, la servante qui avait fait rassembler la multitude vint, et lorsqu'elle vit la querelle qui existait parmi la multitude, elle en fut extrêmement attristée, oui, jusqu'aux larmes.

29 Et il arriva qu'elle alla prendre la reine par la main, afin de pouvoir peut-être la faire lever du sol ; et dès qu'elle lui toucha la main, elle se leva et se tint sur ses pieds, et s'écria d'une voix forte, disant : Ô Jésus béni, qui m'as sauvée d'un enfer affreux ! Ô Dieu béni, sois miséricordieux envers ce peuple !

30 Et lorsqu'elle eut dit cela, elle joignit les mains, remplie de joie, disant de nombreuses paroles qui ne furent pas comprises ; et lorsqu'elle eut fait cela, elle prit la main du roi Lamoni, et voici, il se leva et se tint sur ses pieds.

31 Et lui, immédiatement, voyant la querelle parmi son peuple, s'avança et commença à le réprimander, et à lui enseigner les paroles qu'il avait entendues de la bouche d'Ammon ; et tous ceux qui entendirent ses paroles crurent et furent convertis au Seigneur.

32 But there were many among them who would not hear his words; therefore they went their way.

33 And it came to pass that when Ammon arose he also administered unto them, and also did all the servants of Lamoni; and they did all declare unto the people the selfsame thing—that their hearts had been changed; that they had no more desire to do evil.

34 And behold, many did declare unto the people that they had seen angels and had conversed with them; and thus they had told them things of God, and of his righteousness.

35 And it came to pass that there were many that did believe in their words; and as many as did believe were baptized; and they became a righteous people, and they did establish a church among them.

36 And thus the work of the Lord did commence among the Lamanites; thus the Lord did begin to pour out his Spirit upon them; and we see that his arm is extended to all people who will repent and believe on his name.

CHAPTER 20

The Lord sends Ammon to Middoni to deliver his imprisoned brethren—Ammon and Lamoni meet Lamoni's father, who is king over all the land—Ammon compels the old king to approve the release of his brethren. About 90 B.C.

1 And it came to pass that when they had established a church in that land, that king Lamoni desired that Ammon should go with him to the land of Nephi, that he might show him unto his father.

2 And the voice of the Lord came to Ammon, saying: Thou shalt not go up to the land of Nephi, for behold, the king will seek thy life; but thou shalt go to the land of Middoni; for behold, thy brother Aaron, and also Muloki and Ammah are in prison.

3 Now it came to pass that when Ammon had heard this, he said unto Lamoni: Behold, my brother and brethren are in prison at Middoni, and I go that I may deliver them.

4 Now Lamoni said unto Ammon: I know, in the strength of the Lord thou canst do all

32 Mais il y en eut beaucoup parmi eux qui ne voulurent pas entendre ses paroles ; c'est pourquoi ils passèrent leur chemin.

33 Et il arriva que lorsqu'il se fut levé, Ammon les instruisit aussi, et c'est ce que firent aussi tous les serviteurs de Lamoni ; et ils annoncèrent tous au peuple exactement la même chose : que leur cœur avait été changé, qu'ils n'avaient plus de désir de faire le mal.

34 Et voici, beaucoup annoncèrent au peuple qu'ils avaient vu des anges et avaient conversé avec eux ; et ainsi, ils leur avaient dit des choses de Dieu et de sa justice.

35 Et il arriva qu'il y en eut beaucoup qui crurent en leurs paroles ; et tous ceux qui crurent furent baptisés ; et ils devinrent un peuple juste, et ils établirent une Église parmi eux.

36 Et ainsi, l'œuvre du Seigneur commença parmi les Lamanites ; ainsi, le Seigneur commença à déverser son Esprit sur eux ; et nous voyons que son bras est étendu sur tous ceux qui se repentent et croient en son nom.

CHAPITRE 20

Le Seigneur envoie Ammon à Middoni délivrer ses frères emprisonnés — Ammon et Lamoni rencontrent le père de Lamoni, qui est roi de tout le pays — Ammon oblige le vieux roi à approuver la libération de ses frères. Vers 90 av. J.-C.

1 Et il arriva que lorsqu'ils eurent établi une Église dans ce pays, le roi Lamoni désira qu'Ammon l'accompagnât au pays de Néphi afin de le montrer à son père.

2 Et la voix du Seigneur parvint à Ammon, disant : Tu ne monteras pas au pays de Néphi, car voici, le roi cherchera à t'ôter la vie ; mais tu iras au pays de Middoni ; car voici, ton frère Aaron, et aussi Muloki et Ammah sont en prison.

3 Alors, il arriva que lorsqu'il eut entendu cela, Ammon dit à Lamoni : Voici, mon frère et mes frères sont en prison à Middoni, et je m'en vais les délivrer.

4 Alors, Lamoni dit à Ammon : Je sais qu'avec la force du Seigneur tu peux tout

things. But behold, I will go with thee to the land of Middoni; for the king of the land of Middoni, whose name is Antiomno, is a friend unto me; therefore I go to the land of Middoni, that I may flatter the king of the land, and he will cast thy brethren out of prison. Now Lamoni said unto him: Who told thee that thy brethren were in prison?

5 And Ammon said unto him: No one hath told me, save it be God; and he said unto me—Go and deliver thy brethren, for they are in prison in the land of Middoni.

6 Now when Lamoni had heard this he caused that his servants should make ready his horses and his chariots.

7 And he said unto Ammon: Come, I will go with thee down to the land of Middoni, and there I will plead with the king that he will cast thy brethren out of prison.

8 And it came to pass that as Ammon and Lamoni were journeying thither, they met the father of Lamoni, who was king over all the land.

9 And behold, the father of Lamoni said unto him: Why did ye not come to the feast on that great day when I made a feast unto my sons, and unto my people?

10 And he also said: Whither art thou going with this Nephite, who is one of the children of a liar?

11 And it came to pass that Lamoni rehearsed unto him whither he was going, for he feared to offend him.

12 And he also told him all the cause of his tarrying in his own kingdom, that he did not go unto his father to the feast which he had prepared.

13 And now when Lamoni had rehearsed unto him all these things, behold, to his astonishment, his father was angry with him, and said: Lamoni, thou art going to deliver these Nephites, who are sons of a liar. Behold, he robbed our fathers; and now his children are also come amongst us that they may, by their cunning and their lyings, deceive us, that they again may rob us of our property.

14 Now the father of Lamoni commanded him that he should slay Ammon with the sword. And he also commanded him that he should not go to the land of Middoni, but that he should return with him to the land of Ishmael.

faire. Mais voici, j'irai avec toi au pays de Middoni, car le roi du pays de Middoni, dont le nom est Antiomno, est un ami à moi ; c'est pourquoi je vais aller au pays de Middoni, afin de flatter le roi du pays, et il fera sortir tes frères de prison. Alors Lamoni lui dit : Qui t'a dit que tes frères étaient en prison ?

5 Et Ammon lui dit : Personne ne me l'a dit, si ce n'est Dieu ; et il m'a dit : Va, délivre tes frères, car ils sont en prison au pays de Middoni.

6 Alors, quand il eut entendu cela, Lamoni commanda à ses serviteurs de préparer ses chevaux et ses chars.

7 Et il dit à Ammon : Viens, je descendrai avec toi au pays de Middoni, et là je plaiderai avec le roi pour qu'il fasse sortir tes frères de prison.

8 Et il arriva que tandis qu'ils se rendaient là-bas, Ammon et Lamoni rencontrèrent le père de Lamoni, qui était roi de tout le pays.

9 Et voici, le père de Lamoni lui dit : Pourquoi n'es-tu pas venu à la fête en ce grand jour où j'ai fait une fête pour mes fils et pour mon peuple ?

10 Et il dit aussi : Où vas-tu avec ce Néphite, qui est un des enfants d'un menteur ?

11 Et il arriva que Lamoni lui raconta où il allait, car il craignait de l'offenser.

12 Et il lui dit aussi toute la raison pour laquelle il s'était attardé dans son royaume, de sorte qu'il n'était pas allé auprès de son père à la fête qu'il avait préparée.

13 Et alors, quand Lamoni lui eut exposé toutes ces choses, voici, à son étonnement, son père fut en colère contre lui, et dit : Lamoni, tu vas délivrer ces Néphites, qui sont les fils d'un menteur. Voici, il s'est livré au brigandage contre nos pères ; et maintenant ses enfants sont aussi venus parmi nous, afin de nous tromper par leur ruse et leurs mensonges, afin de pouvoir de nouveau se livrer au brigandage contre nos biens.

14 Alors le père de Lamoni lui commanda de tuer Ammon par l'épée. Et il lui commanda aussi de ne pas aller au pays de Middoni, mais de retourner avec lui au pays d'Ismaël.

15 But Lamoni said unto him: I will not slay Ammon, neither will I return to the land of Ishmael, but I go to the land of Middoni that I may release the brethren of Ammon, for I know that they are just men and holy prophets of the true God.

16 Now when his father had heard these words, he was angry with him, and he drew his sword that he might smite him to the earth.

17 But Ammon stood forth and said unto him: Behold, thou shalt not slay thy son; nevertheless, it were better that he should fall than thee, for behold, he has repented of his sins; but if thou shouldst fall at this time, in thine anger, thy soul could not be saved.

18 And again, it is expedient that thou shouldst forbear; for if thou shouldst slay thy son, he being an innocent man, his blood would cry from the ground to the Lord his God, for vengeance to come upon thee; and perhaps thou wouldst lose thy soul.

19 Now when Ammon had said these words unto him, he answered him, saying: I know that if I should slay my son, that I should shed innocent blood; for it is thou that hast sought to destroy him.

20 And he stretched forth his hand to slay Ammon. But Ammon withstood his blows, and also smote his arm that he could not use it.

21 Now when the king saw that Ammon could slay him, he began to plead with Ammon that he would spare his life.

22 But Ammon raised his sword, and said unto him: Behold, I will smite thee except thou wilt grant unto me that my brethren may be cast out of prison.

23 Now the king, fearing he should lose his life, said: If thou wilt spare me I will grant unto thee whatsoever thou wilt ask, even to half of the kingdom.

24 Now when Ammon saw that he had wrought upon the old king according to his desire, he said unto him: If thou wilt grant that my brethren may be cast out of prison, and also that Lamoni may retain his kingdom, and that ye be not displeased with him, but grant that he may do according to his own desires in whatsoever thing he thinketh, then will I spare thee; otherwise I will smite thee to the earth.

15 Mais Lamoni lui dit : Je ne tuerai pas Ammon, et je ne retournerai pas non plus au pays d'Ismaël, mais j'irai au pays de Middoni afin de libérer les frères d'Ammon, car je sais que ce sont des hommes justes et de saints prophètes du vrai Dieu.

16 Alors, quand il eut entendu ces paroles, son père fut en colère contre lui, et il tira son épée afin de l'abattre à ses pieds.

17 Mais Ammon s'avança et lui dit : Voici, tu ne tueras pas ton fils ; néanmoins, il vaudrait mieux qu'il tombe que toi, car voici, il s'est repenti de ses péchés ; mais si tu tombais en ce moment, dans ta colère, ton âme ne pourrait être sauvée.

18 Et de plus, il est nécessaire que tu t'abstiennes, car si tu tuais ton fils, comme il est innocent, son sang crierait de la terre vers le Seigneur, son Dieu, pour que la vengeance s'abatte sur toi ; et tu perdrais peut-être ton âme.

19 Alors, quand Ammon lui eut dit ces paroles, il lui répondit, disant : Je sais que si je tuais mon fils, je répandrais le sang innocent ; car c'est toi qui as cherché à le faire périr.

20 Et il étendit la main pour tuer Ammon. Mais Ammon résista à ses coups et lui frappa aussi le bras, de sorte qu'il ne put l'utiliser.

21 Alors, quand le roi vit qu'Ammon pouvait le tuer, il commença à supplier Ammon de lui épargner la vie.

22 Mais Ammon leva son épée, et lui dit : Voici, je vais te frapper, à moins que tu ne m'accordes que mes frères sortent de prison.

23 Alors le roi, craignant de perdre la vie, dit : Si tu m'épargnes, je t'accorderai tout ce que tu demanderas, même jusqu'à la moitié du royaume.

24 Alors, quand il vit qu'il avait agi sur le vieux roi selon son désir, Ammon lui dit : Si tu accordes que mes frères sortent de prison, et aussi que Lamoni conserve son royaume, et que tu ne sois pas mécontent de lui, mais accordes qu'il agisse selon son désir dans tout ce qu'il pense, alors je t'épargnerai ; sinon je t'abattrai à mes pieds.

25 Now when Ammon had said these words, the king began to rejoice because of his life.

26 And when he saw that Ammon had no desire to destroy him, and when he also saw the great love he had for his son Lamoni, he was astonished exceedingly, and said: Because this is all that thou hast desired, that I would release thy brethren, and suffer that my son Lamoni should retain his kingdom, behold, I will grant unto you that my son may retain his kingdom from this time and forever; and I will govern him no more—

27 And I will also grant unto thee that thy brethren may be cast out of prison, and thou and thy brethren may come unto me, in my kingdom; for I shall greatly desire to see thee. For the king was greatly astonished at the words which he had spoken, and also at the words which had been spoken by his son Lamoni, therefore he was desirous to learn them.

28 And it came to pass that Ammon and Lamoni proceeded on their journey towards the land of Middoni. And Lamoni found favor in the eyes of the king of the land; therefore the brethren of Ammon were brought forth out of prison.

29 And when Ammon did meet them he was exceedingly sorrowful, for behold they were naked, and their skins were worn exceedingly because of being bound with strong cords. And they also had suffered hunger, thirst, and all kinds of afflictions; nevertheless they were patient in all their sufferings.

30 And, as it happened, it was their lot to have fallen into the hands of a more hardened and a more stiffnecked people; therefore they would not hearken unto their words, and they had cast them out, and had smitten them, and had driven them from house to house, and from place to place, even until they had arrived in the land of Middoni; and there they were taken and cast into prison, and bound with strong cords, and kept in prison for many days, and were delivered by Lamoni and Ammon.

25 Alors, quand Ammon eut dit ces paroles, le roi commença à se réjouir à cause de sa vie.

26 Et lorsqu'il vit qu'Ammon n'avait pas le désir de le faire périr, et lorsqu'il vit aussi le grand amour qu'il avait pour son fils Lamoni, il fut extrêmement étonné et dit : Parce que c'est là tout ce que tu as désiré, que je libère tes frères et souffre que mon fils Lamoni conserve son royaume, voici, je t'accorderai que mon fils conserve son royaume dorénavant et à jamais ; et je ne le gouvernerai plus ;

27 et je t'accorderai aussi que tes frères soient sortis de prison, et que toi et tes frères veniez auprès de moi, dans mon royaume ; car je désirerai grandement te voir. Car le roi était grandement étonné des paroles qu'il avait dites, et aussi des paroles qui avaient été dites par son fils Lamoni ; c'est pourquoi il désirait les apprendre.

28 Et il arriva qu'Ammon et Lamoni poursuivirent leur voyage vers le pays de Middoni. Et Lamoni trouva grâce aux yeux du roi du pays ; c'est pourquoi les frères d'Ammon sortirent de prison.

29 Et lorsqu'il les rencontra, Ammon fut extrêmement attristé, car voici, ils étaient nus, et ils avaient la peau extrêmement écorchée, parce qu'ils avaient été liés de fortes cordes. Et ils avaient aussi souffert de la faim, de la soif et de toutes sortes d'afflictions ; néanmoins, ils avaient été patients dans toutes leurs souffrances.

30 Et il se trouva que le sort les avait fait tomber entre les mains d'un peuple plus endurci et au cou plus roide ; c'est pourquoi celui-ci n'avait pas voulu écouter leurs paroles, et il les avait chassés, et les avait frappés, et les avait pourchassés de maison en maison, et de lieu en lieu jusqu'à ce qu'ils fussent arrivés au pays de Middoni ; et là ils avaient été pris et jetés en prison, et liés de fortes cordes, et gardés de nombreux jours en prison, et ils furent délivrés par Lamoni et Ammon.

An account of the preaching of Aaron, and Muloki, and their brethren, to the Lamanites.

Récit de la prédication d'Aaron, de Muloki, et de leurs frères, aux Lamanites.

Comprising chapters 21 through 25.   *Chapitres 21 à 25.*

CHAPTER 21

CHAPITRE 21

Aaron teaches the Amalekites about Christ and His Atonement—Aaron and his brethren are imprisoned in Middoni—After their deliverance, they teach in the synagogues and make many converts—Lamoni grants religious freedom to the people in the land of Ishmael. About 90–77 B.C.

Aaron instruit les Amalékites concernant le Christ et son expiation — Aaron et ses frères sont emprisonnés à Middoni — Après leur délivrance, ils enseignent dans les synagogues et font beaucoup de convertis — Lamoni accorde la liberté religieuse au peuple du pays d'Ismaël. Vers 90–77 av. J.-C.

1 Now when Ammon and his brethren separated themselves in the borders of the land of the Lamanites, behold Aaron took his journey towards the land which was called by the Lamanites, Jerusalem, calling it after the land of their fathers' nativity; and it was away joining the borders of Mormon.

2 Now the Lamanites and the Amalekites and the people of Amulon had built a great city, which was called Jerusalem.

3 Now the Lamanites of themselves were sufficiently hardened, but the Amalekites and the Amulonites were still harder; therefore they did cause the Lamanites that they should harden their hearts, that they should wax strong in wickedness and their abominations.

4 And it came to pass that Aaron came to the city of Jerusalem, and first began to preach to the Amalekites. And he began to preach to them in their synagogues, for they had built synagogues after the order of the Nehors; for many of the Amalekites and the Amulonites were after the order of the Nehors.

5 Therefore, as Aaron entered into one of their synagogues to preach unto the people, and as he was speaking unto them, behold there arose an Amalekite and began to contend with him, saying: What is that thou hast testified? Hast thou seen an angel? Why do not angels appear unto us? Behold are not this people as good as thy people?

6 Thou also sayest, except we repent we shall perish. How knowest thou the thought and intent of our hearts? How knowest thou that we have cause to repent? How knowest

1 Alors, lorsqu'Ammon et ses frères se séparèrent dans les régions frontières du pays des Lamanites, voici, Aaron se mit en route pour le pays que les Lamanites appelaient Jérusalem, l'appelant du nom du pays où leurs pères étaient nés ; et il était au loin, touchant les régions frontières de Mormon.

2 Or, les Lamanites, et les Amalékites, et le peuple d'Amulon avaient construit une grande ville, qui était appelée Jérusalem.

3 Or, les Lamanites, par eux-mêmes, étaient suffisamment endurcis, mais les Amalékites et les Amulonites étaient encore plus durs ; c'est pourquoi ils firent en sorte que les Lamanites s'endurcissent le cœur, qu'ils deviennent forts dans la méchanceté et dans leurs abominations.

4 Et il arriva qu'Aaron se rendit à la ville de Jérusalem et commença par prêcher tout d'abord aux Amalékites. Et il commença à leur prêcher dans leurs synagogues, car ils avaient construit des synagogues selon l'ordre des Néhors, car beaucoup d'Amalékites et d'Amulonites étaient selon l'ordre des Néhors.

5 Ainsi, comme Aaron entrait dans une de leurs synagogues pour prêcher au peuple, et tandis qu'il lui parlait, voici, un Amalékite se leva et entra en contestation avec lui, disant : Qu'est-ce que cette chose dont tu témoignes ? As-tu vu un ange ? Pourquoi des anges ne nous apparaissent-ils pas ? Voici, ce peuple n'est-il pas aussi bon que ton peuple ?

6 Tu dis aussi : Si nous ne nous repentons pas, nous périrons. Comment connais-tu les pensées et l'intention de notre cœur ? Comment sais-tu que nous avons lieu de nous repentir ? Comment sais-tu que nous ne

thou that we are not a righteous people? Behold, we have built sanctuaries, and we do assemble ourselves together to worship God. We do believe that God will save all men.

7 Now Aaron said unto him: Believest thou that the Son of God shall come to redeem mankind from their sins?

8 And the man said unto him: We do not believe that thou knowest any such thing. We do not believe in these foolish traditions. We do not believe that thou knowest of things to come, neither do we believe that thy fathers and also that our fathers did know concerning the things which they spake, of that which is to come.

9 Now Aaron began to open the scriptures unto them concerning the coming of Christ, and also concerning the resurrection of the dead, and that there could be no redemption for mankind save it were through the death and sufferings of Christ, and the atonement of his blood.

10 And it came to pass as he began to expound these things unto them they were angry with him, and began to mock him; and they would not hear the words which he spake.

11 Therefore, when he saw that they would not hear his words, he departed out of their synagogue, and came over to a village which was called Ani-Anti, and there he found Muloki preaching the word unto them; and also Ammah and his brethren. And they contended with many about the word.

12 And it came to pass that they saw that the people would harden their hearts, therefore they departed and came over into the land of Middoni. And they did preach the word unto many, and few believed on the words which they taught.

13 Nevertheless, Aaron and a certain number of his brethren were taken and cast into prison, and the remainder of them fled out of the land of Middoni unto the regions round about.

14 And those who were cast into prison suffered many things, and they were delivered by the hand of Lamoni and Ammon, and they were fed and clothed.

sommes pas un peuple juste ? Voici, nous avons construit des sanctuaires, et nous nous assemblons pour adorer Dieu. Nous croyons que Dieu sauvera tous les hommes.

7 Alors Aaron lui dit : Crois-tu que le Fils de Dieu viendra racheter l'humanité de ses péchés ?

8 Et l'homme lui dit : Nous ne croyons pas que tu connaisses rien de pareil. Nous ne croyons pas en ces traditions insensées. Nous ne croyons pas que tu saches des choses qui sont à venir, et nous ne croyons pas non plus que tes pères et aussi que nos pères savaient de quoi ils parlaient à propos de ce qui est à venir.

9 Alors Aaron commença à leur ouvrir les Écritures concernant la venue du Christ, et aussi concernant la résurrection des morts, et dit qu'il ne pouvait pas y avoir de rédemption pour l'humanité, si ce n'était par la mort et les souffrances du Christ, et par l'expiation de son sang.

10 Et il arriva que comme il commençait à leur expliquer ces choses, ils furent en colère contre lui, et commencèrent à se moquer de lui ; et ils ne voulurent pas écouter les paroles qu'il disait.

11 C'est pourquoi, lorsqu'il vit qu'ils ne voulaient pas entendre ses paroles, il quitta leur synagogue, passa dans un village qui était appelé Ani-Anti, et là il trouva Muloki occupé à leur prêcher la parole ; et aussi Ammah et ses frères. Et ils débattirent de la parole avec beaucoup.

12 Et il arriva qu'ils virent que le peuple s'endurcirait le cœur ; c'est pourquoi ils s'en allèrent et passèrent au pays de Middoni. Et ils prêchèrent la parole à beaucoup, et peu crurent aux paroles qu'ils enseignaient.

13 Néanmoins, Aaron et un certain nombre de ses frères furent pris et jetés en prison, et le reste d'entre eux s'enfuit du pays de Middoni vers les régions alentour.

14 Et ceux qui furent jetés en prison souffrirent beaucoup, et ils furent délivrés par la main de Lamoni et d'Ammon, et ils furent nourris et vêtus.

15 And they went forth again to declare the word, and thus they were delivered for the first time out of prison; and thus they had suffered.

16 And they went forth whithersoever they were led by the Spirit of the Lord, preaching the word of God in every synagogue of the Amalekites, or in every assembly of the Lamanites where they could be admitted.

17 And it came to pass that the Lord began to bless them, insomuch that they brought many to the knowledge of the truth; yea, they did convince many of their sins, and of the traditions of their fathers, which were not correct.

18 And it came to pass that Ammon and Lamoni returned from the land of Middoni to the land of Ishmael, which was the land of their inheritance.

19 And king Lamoni would not suffer that Ammon should serve him, or be his servant.

20 But he caused that there should be synagogues built in the land of Ishmael; and he caused that his people, or the people who were under his reign, should assemble themselves together.

21 And he did rejoice over them, and he did teach them many things. And he did also declare unto them that they were a people who were under him, and that they were a free people, that they were free from the oppressions of the king, his father; for that his father had granted unto him that he might reign over the people who were in the land of Ishmael, and in all the land round about.

22 And he also declared unto them that they might have the liberty of worshiping the Lord their God according to their desires, in whatsoever place they were in, if it were in the land which was under the reign of king Lamoni.

23 And Ammon did preach unto the people of king Lamoni; and it came to pass that he did teach them all things concerning things pertaining to righteousness. And he did exhort them daily, with all diligence; and they gave heed unto his word, and they were zealous for keeping the commandments of God.

15 Et ils allèrent de nouveau annoncer la parole, et ainsi ils furent délivrés pour la première fois de prison ; et c'est ainsi qu'ils avaient souffert.

16 Et ils allaient partout où ils étaient conduits par l'Esprit du Seigneur, prêchant la parole de Dieu dans toutes les synagogues des Amalékites, ou dans toutes les assemblées des Lamanites où ils pouvaient être admis.

17 Et il arriva que le Seigneur commença à les bénir, de sorte qu'ils en amenèrent beaucoup à la connaissance de la vérité ; oui, ils en convainquirent beaucoup qu'ils étaient dans le péché et que les traditions de leurs pères n'étaient pas correctes.

18 Et il arriva qu'Ammon et Lamoni retournèrent du pays de Middoni au pays d'Ismaël, qui était le pays de leur héritage.

19 Et le roi Lamoni ne permit pas qu'Ammon le servît ou fût son serviteur.

20 Mais il fit construire des synagogues dans le pays d'Ismaël ; et il commanda à son peuple, ou au peuple qui était sous son règne, de s'assembler.

21 Et il se réjouit à son sujet, et il lui enseigna beaucoup de choses. Et il lui annonça aussi qu'il était un peuple qui était sous lui, et qu'il était un peuple libre, qu'il était libre des oppressions du roi, son père ; car son père lui avait accordé de régner sur le peuple qui était au pays d'Ismaël et dans tout le pays alentour.

22 Et il lui annonça aussi qu'il pourrait avoir la liberté d'adorer le Seigneur, son Dieu, selon son désir, partout où il se trouvait, si c'était dans le pays qui était sous le règne du roi Lamoni.

23 Et Ammon prêcha au peuple du roi Lamoni ; et il arriva qu'il lui enseigna tout ce qui concernait les choses relatives à la justice. Et il l'exhorta quotidiennement en toute diligence ; et ils faisaient attention à sa parole, et ils étaient zélés à garder les commandements de Dieu.

CHAPTER 22   CHAPITRE 22

Aaron teaches Lamoni's father about the Creation, the Fall of Adam, and the plan of redemption through Christ—The king and all his household are converted—The division of the land between the Nephites and the Lamanites is explained. About 90–77 B.C.

Aaron enseigne au père de Lamoni la création, la chute d'Adam et le plan de rédemption par le Christ — Le roi et toute sa maison sont convertis — Comment le pays était divisé entre les Néphites et les Lamanites. Vers 90–77 av. J.-C.

1 Now, as Ammon was thus teaching the people of Lamoni continually, we will return to the account of Aaron and his brethren; for after he departed from the land of Middoni he was led by the Spirit to the land of Nephi, even to the house of the king which was over all the land save it were the land of Ishmael; and he was the father of Lamoni.

1 Or, tandis qu'Ammon instruisait ainsi continuellement le peuple de Lamoni, nous allons retourner au récit d'Aaron et de ses frères ; car lorsqu'il eut quitté le pays de Middoni, il fut conduit par l'Esprit au pays de Néphi, à la maison du roi qui régnait sur tout le pays à l'exception du pays d'Ismaël ; et c'était le père de Lamoni.

2 And it came to pass that he went in unto him into the king's palace, with his brethren, and bowed himself before the king, and said unto him: Behold, O king, we are the brethren of Ammon, whom thou hast delivered out of prison.

2 Et il arriva qu'il entra auprès de lui dans le palais du roi, avec ses frères, et se prosterna devant le roi, et lui dit : Voici, ô roi, nous sommes les frères d'Ammon, que tu as délivrés de prison.

3 And now, O king, if thou wilt spare our lives, we will be thy servants. And the king said unto them: Arise, for I will grant unto you your lives, and I will not suffer that ye shall be my servants; but I will insist that ye shall administer unto me; for I have been somewhat troubled in mind because of the generosity and the greatness of the words of thy brother Ammon; and I desire to know the cause why he has not come up out of Middoni with thee.

3 Et maintenant, ô roi, si tu veux nous épargner la vie, nous serons tes serviteurs. Et le roi leur dit : Levez-vous, car je vous accorde la vie, et je ne souffrirai pas que vous soyez mes serviteurs ; mais j'insisterai pour que vous m'instruisiez ; car j'ai eu le cœur quelque peu troublé à cause de la générosité et de la grandeur des paroles de votre frère Ammon ; et je désire savoir pourquoi il n'est pas monté de Middoni avec vous.

4 And Aaron said unto the king: Behold, the Spirit of the Lord has called him another way; he has gone to the land of Ishmael, to teach the people of Lamoni.

4 Et Aaron dit au roi : Voici, l'Esprit du Seigneur l'a appelé ailleurs ; il est allé au pays d'Ismaël, pour instruire le peuple de Lamoni.

5 Now the king said unto them: What is this that ye have said concerning the Spirit of the Lord? Behold, this is the thing which doth trouble me.

5 Alors le roi leur dit : Qu'est-ce que vous avez dit là concernant l'Esprit du Seigneur ? Voici, c'est cela qui me trouble.

6 And also, what is this that Ammon said— If ye will repent ye shall be saved, and if ye will not repent, ye shall be cast off at the last day?

6 Et aussi, qu'est-ce qu'Ammon a dit là : Si vous vous repentez, vous serez sauvés, et si vous ne vous repentez pas, vous serez rejetés au dernier jour ?

7 And Aaron answered him and said unto him: Believest thou that there is a God? And the king said: I know that the Amalekites say that there is a God, and I have granted unto them that they should build sanctuar-

7 Et Aaron lui répondit et lui dit : Crois-tu qu'il y a un Dieu ? Et le roi dit : Je sais que les Amalékites disent qu'il y a un Dieu, et je leur ai accordé de construire des sanctuaires, afin de s'assembler pour l'adorer. Et si

ies, that they may assemble themselves together to worship him. And if now thou sayest there is a God, behold I will believe.

8 And now when Aaron heard this, his heart
began to rejoice, and he said: Behold, assuredly as thou livest, O king, there is a God.

9 And the king said: Is God that Great Spirit
that brought our fathers out of the land of
Jerusalem?

10 And Aaron said unto him: Yea, he is that
Great Spirit, and he created all things both
in heaven and in earth. Believest thou this?

11 And he said: Yea, I believe that the Great
Spirit created all things, and I desire that ye
should tell me concerning all these things,
and I will believe thy words.

12 And it came to pass that when Aaron saw
that the king would believe his words, he
began from the creation of Adam, reading
the scriptures unto the king—how God created man after his own image, and that God
gave him commandments, and that because
of transgression, man had fallen.

13 And Aaron did expound unto him the
scriptures from the creation of Adam, laying
the fall of man before him, and their carnal
state and also the plan of redemption, which
was prepared from the foundation of the
world, through Christ, for all whosoever
would believe on his name.

14 And since man had fallen he could not
merit anything of himself; but the sufferings
and death of Christ atone for their sins,
through faith and repentance, and so forth;
and that he breaketh the bands of death, that
the grave shall have no victory, and that the
sting of death should be swallowed up in the
hopes of glory; and Aaron did expound all
these things unto the king.

15 And it came to pass that after Aaron had
expounded these things unto him, the king
said: What shall I do that I may have this
eternal life of which thou hast spoken? Yea,
what shall I do that I may be born of God,
having this wicked spirit rooted out of my
breast, and receive his Spirit, that I may be
filled with joy, that I may not be cast off at
the last day? Behold, said he, I will give up
all that I possess, yea, I will forsake my
kingdom, that I may receive this great joy.

tu dis maintenant qu'il y a un Dieu, voici, je
croirai.

8 Et alors, quand Aaron entendit cela, son
cœur commença à se réjouir, et il dit : Voici,
assurément, comme tu vis, ô roi, il y a un
Dieu.

9 Et le roi dit : Dieu est-il ce Grand Esprit
qui a fait sortir nos pères du pays de Jérusalem ?

10 Et Aaron lui dit : Oui, il est ce Grand Esprit, et il a tout créé, tant dans le ciel que sur
la terre. Crois-tu cela ?

11 Et il dit : Oui, je crois que le Grand Esprit
a tout créé, et je désire que tu me parles de
toutes ces choses, et je croirai en tes paroles.

12 Et il arriva que lorsqu'il vit que le roi
croirait en ses paroles, Aaron commença à
partir de la création d'Adam, lisant les Écritures au roi, lui expliquant comment Dieu
créa l'homme à son image, et que Dieu lui
donna des commandements, et que pour
cause de transgression, l'homme était
tombé.

13 Et Aaron lui expliqua les Écritures
depuis la création d'Adam, lui présentant la
chute de l'homme, et son état charnel, et
aussi le plan de rédemption qui fut préparé
dès la fondation du monde par le Christ pour
tous ceux qui croiraient en son nom.

14 Et puisque l'homme était déchu, il ne
pouvait rien mériter par lui-même ; mais les
souffrances et la mort du Christ expient ses
péchés, par la foi et le repentir, et ainsi de
suite ; et il rompt les liens de la mort, de
sorte que la tombe n'aura pas de victoire, et
que l'aiguillon de la mort sera englouti dans
l'espérance de la gloire ; et Aaron expliqua
toutes ces choses au roi.

15 Et il arriva que lorsqu'Aaron lui eut exposé ces choses, le roi dit : Que ferai-je pour
avoir cette vie éternelle dont tu as parlé ?
Oui, que ferai-je afin de naître de Dieu, ce
mauvais esprit ayant été déraciné de mon
sein, et de recevoir son Esprit, afin d'être
rempli de joie, afin de ne pas être rejeté au
dernier jour ? Voici, dit-il, je renoncerai à
tout ce que je possède, oui, j'abandonnerai
mon royaume pour recevoir cette grande
joie.

16 But Aaron said unto him: If thou desirest this thing, if thou wilt bow down before God, yea, if thou wilt repent of all thy sins, and will bow down before God, and call on his name in faith, believing that ye shall receive, then shalt thou receive the hope which thou desirest.

17 And it came to pass that when Aaron had said these words, the king did bow down before the Lord, upon his knees; yea, even he did prostrate himself upon the earth, and cried mightily, saying:

18 O God, Aaron hath told me that there is a God; and if there is a God, and if thou art God, wilt thou make thyself known unto me, and I will give away all my sins to know thee, and that I may be raised from the dead, and be saved at the last day. And now when the king had said these words, he was struck as if he were dead.

19 And it came to pass that his servants ran and told the queen all that had happened unto the king. And she came in unto the king; and when she saw him lay as if he were dead, and also Aaron and his brethren standing as though they had been the cause of his fall, she was angry with them, and commanded that her servants, or the servants of the king, should take them and slay them.

20 Now the servants had seen the cause of the king's fall, therefore they durst not lay their hands on Aaron and his brethren; and they pled with the queen saying: Why commandest thou that we should slay these men, when behold one of them is mightier than us all? Therefore we shall fall before them.

21 Now when the queen saw the fear of the servants she also began to fear exceedingly, lest there should some evil come upon her. And she commanded her servants that they should go and call the people, that they might slay Aaron and his brethren.

22 Now when Aaron saw the determination of the queen, he, also knowing the hardness of the hearts of the people, feared lest that a multitude should assemble themselves together, and there should be a great contention and a disturbance among them; therefore he put forth his hand and raised the king from the earth, and said unto him: Stand. And he stood upon his feet, receiving his strength.

16 Mais Aaron lui dit : Si tu désires cela, si tu te prosternes devant Dieu, oui, si tu te repens de tous tes péchés, et te prosternes devant Dieu, et invoques son nom avec foi, croyant que tu recevras, alors tu recevras l'espérance que tu désires.

17 Et il arriva que lorsqu'Aaron eut dit ces paroles, le roi se prosterna devant le Seigneur, à genoux ; oui, il se jeta même sur le sol, et cria avec force, disant :

18 Ô Dieu, Aaron m'a dit qu'il y a un Dieu ; et s'il y a un Dieu, et si tu es Dieu, veuille te faire connaître à moi, et je délaisserai tous mes péchés pour te connaître, et pour être ressuscité des morts, et pour être sauvé au dernier jour. Et alors, quand il eut dit ces paroles, le roi fut frappé comme s'il était mort.

19 Et il arriva que ses serviteurs coururent dire à la reine tout ce qui était arrivé au roi. Et elle entra auprès du roi ; et lorsqu'elle le vit couché comme s'il était mort, et aussi Aaron et ses frères debout comme s'ils avaient été la cause de sa chute, elle fut en colère contre eux, et commanda à ses serviteurs, ou aux serviteurs du roi, de les prendre et de les tuer.

20 Or, les serviteurs avaient vu la cause de la chute du roi, c'est pourquoi ils n'osaient pas porter la main sur Aaron et ses frères ; et ils supplièrent la reine, disant : Pourquoi nous commandes-tu de tuer ces hommes, car voici, l'un d'eux est plus puissant que nous tous ? C'est pourquoi nous tomberons devant eux.

21 Alors, quand la reine vit la crainte des serviteurs, elle commença aussi à craindre extrêmement que quelque chose de mal ne s'abattît sur elle. Et elle commanda à ses serviteurs d'aller appeler le peuple, afin qu'il tuât Aaron et ses frères.

22 Alors, quand Aaron vit la détermination de la reine, connaissant aussi l'endurcissement de cœur du peuple, il craignit qu'une multitude ne s'assemblât et qu'il n'y eût une grande querelle et des troubles parmi eux ; c'est pourquoi il avança la main, et releva le roi du sol, et il lui dit : Lève-toi. Et il se tint sur ses pieds, retrouvant sa force.

23 Now this was done in the presence of the queen and many of the servants. And when they saw it they greatly marveled, and began to fear. And the king stood forth, and began to minister unto them. And he did minister unto them, insomuch that his whole household were converted unto the Lord.

24 Now there was a multitude gathered together because of the commandment of the queen, and there began to be great murmurings among them because of Aaron and his brethren.

25 But the king stood forth among them and administered unto them. And they were pacified towards Aaron and those who were with him.

26 And it came to pass that when the king saw that the people were pacified, he caused that Aaron and his brethren should stand forth in the midst of the multitude, and that they should preach the word unto them.

27 And it came to pass that the king sent a proclamation throughout all the land, amongst all his people who were in all his land, who were in all the regions round about, which was bordering even to the sea, on the east and on the west, and which was divided from the land of Zarahemla by a narrow strip of wilderness, which ran from the sea east even to the sea west, and round about on the borders of the seashore, and the borders of the wilderness which was on the north by the land of Zarahemla, through the borders of Manti, by the head of the river Sidon, running from the east towards the west—and thus were the Lamanites and the Nephites divided.

28 Now, the more idle part of the Lamanites lived in the wilderness, and dwelt in tents; and they were spread through the wilderness on the west, in the land of Nephi; yea, and also on the west of the land of Zarahemla, in the borders by the seashore, and on the west in the land of Nephi, in the place of their fathers' first inheritance, and thus bordering along by the seashore.

29 And also there were many Lamanites on the east by the seashore, whither the Nephites had driven them. And thus the Nephites were nearly surrounded by the Lamanites; nevertheless the Nephites had taken possession of all the northern parts of the land bordering on the wilderness, at the

23 Or, cela se fit en présence de la reine et de beaucoup de serviteurs. Et lorsqu'ils le virent, ils s'étonnèrent grandement et commencèrent à craindre. Et le roi s'avança et commença à les instruire. Et il les instruisit, de sorte que toute sa maison fut convertie au Seigneur.

24 Or, il y avait une multitude qui était assemblée à cause du commandement de la reine, et il commença à y avoir de grands murmures parmi eux à cause d'Aaron et de ses frères.

25 Mais le roi s'avança parmi eux et les instruisit. Et ils furent pacifiés à l'égard d'Aaron et de ceux qui étaient avec lui.

26 Et il arriva que lorsque le roi vit que le peuple était pacifié, il fit avancer Aaron et ses frères au milieu de la multitude, et leur fit prêcher la parole.

27 Et il arriva que le roi envoya une proclamation dans tout le pays, parmi tout son peuple qui était dans tout son pays, qui était dans toutes les régions alentour, lequel pays touchait même à la mer, à l'est et à l'ouest, et qui était séparé du pays de Zarahemla par une étroite bande de désert, qui allait de la mer de l'est jusqu'à la mer de l'ouest, et tout autour dans les régions frontières du bord de la mer, et les régions frontières du désert qui était au nord près du pays de Zarahemla, à travers les régions frontières de Manti, près de la source du fleuve Sidon, allant de l'est vers l'ouest — et c'était ainsi que les Lamanites et les Néphites étaient séparés.

28 Or, la partie la plus indolente des Lamanites vivait dans le désert et demeurait dans des tentes ; et ils étaient répandus dans tout le désert à l'ouest, dans le pays de Néphi ; oui, et aussi à l'ouest du pays de Zarahemla, dans les régions frontières près du bord de la mer, et à l'ouest dans le pays de Néphi, à l'endroit du premier héritage de leurs pères, leurs frontières s'étirant ainsi près du bord de la mer.

29 Et aussi, il y avait beaucoup de Lamanites à l'est, près du bord de la mer, là où les Néphites les avaient chassés. Et ainsi, les Néphites étaient presque encerclés par les Lamanites ; néanmoins, les Néphites avaient pris possession de toutes les parties nord du pays bordant le désert, à la source du fleuve

head of the river Sidon, from the east to the west, round about on the wilderness side; on the north, even until they came to the land which they called Bountiful.

30 And it bordered upon the land which they called Desolation, it being so far northward that it came into the land which had been peopled and been destroyed, of whose bones we have spoken, which was discovered by the people of Zarahemla, it being the place of their first landing.

31 And they came from there up into the south wilderness. Thus the land on the northward was called Desolation, and the land on the southward was called Bountiful, it being the wilderness which is filled with all manner of wild animals of every kind, a part of which had come from the land northward for food.

32 And now, it was only the distance of a day and a half's journey for a Nephite, on the line Bountiful and the land Desolation, from the east to the west sea; and thus the land of Nephi and the land of Zarahemla were nearly surrounded by water, there being a small neck of land between the land northward and the land southward.

33 And it came to pass that the Nephites had inhabited the land Bountiful, even from the east unto the west sea, and thus the Nephites in their wisdom, with their guards and their armies, had hemmed in the Lamanites on the south, that thereby they should have no more possession on the north, that they might not overrun the land northward.

34 Therefore the Lamanites could have no more possessions only in the land of Nephi, and the wilderness round about. Now this was wisdom in the Nephites—as the Lamanites were an enemy to them, they would not suffer their afflictions on every hand, and also that they might have a country whither they might flee, according to their desires.

35 And now I, after having said this, return again to the account of Ammon and Aaron, Omner and Himni, and their brethren.

Sidon, de l'est jusqu'à l'ouest, alentour du côté du désert ; au nord, jusqu'à ce qu'ils arrivent au pays qu'ils appelaient Abondance.

30 Et il touchait au pays qu'ils appelaient Désolation, celui-ci étant si loin du côté du nord qu'il entrait dans le pays qui avait été peuplé et avait été détruit, dont nous avons mentionné les ossements, qui fut découvert par le peuple de Zarahemla, car il était le lieu de leur premier débarquement.

31 Et ils étaient venus de là et étaient montés dans le désert du sud. Ainsi, le pays situé du côté du nord était appelé Désolation, et le pays situé du côté du sud était appelé Abondance, car c'est le désert qui est rempli de toutes sortes d'animaux sauvages de toute espèce, dont une partie était venue du pays situé du côté du nord pour trouver de la nourriture.

32 Et maintenant, la distance n'était que d'un jour et demi de voyage pour un Néphite, sur la ligne entre Abondance et le pays de Désolation, de l'est à la mer de l'ouest ; et c'est ainsi que le pays de Néphi et le pays de Zarahemla étaient presque entourés d'eau, une étroite bande de terre existant entre le pays situé du côté du nord et le pays situé du côté du sud.

33 Et il arriva que les Néphites avaient habité le pays d'Abondance, de l'est jusqu'à la mer de l'ouest, et ainsi, les Néphites, dans leur sagesse, avec leurs gardes et leurs armées, contenaient les Lamanites au sud, afin qu'ainsi, ils n'eussent plus de possessions au nord, afin qu'ils ne pussent envahir le pays situé du côté du nord.

34 C'est pourquoi les Lamanites ne pouvaient pas avoir d'autres possessions que dans le pays de Néphi et dans le désert alentour. Or, c'était sagesse de la part des Néphites : comme les Lamanites étaient leurs ennemis, ils ne voulaient pas qu'ils les harcèlent de toutes parts, et ils le faisaient aussi pour avoir un pays où ils pourraient fuir selon leur désir.

35 Et maintenant, moi, après avoir dit cela, je reviens au récit d'Ammon et d'Aaron, d'Omner et de Himni, et de leurs frères.

CHAPTER 23   CHAPITRE 23

Religious freedom is proclaimed—The Lamanites in seven lands and cities are converted—They call themselves Anti-Nephi-Lehies and are freed from the curse—The Amalekites and the Amulonites reject the truth. About 90–77 B.C.

Proclamation de la liberté religieuse — Les Lamanites de sept pays et villes sont convertis — Ils se donnent le nom d'Anti-Néphi-Léhis et sont délivrés de la malédiction — Les Amalékites et les Amulonites rejettent la vérité. Vers 90–77 av. J.-C.

1 Behold, now it came to pass that the king of the Lamanites sent a proclamation among all his people, that they should not lay their hands on Ammon, or Aaron, or Omner, or Himni, nor either of their brethren who should go forth preaching the word of God, in whatsoever place they should be, in any part of their land.

1 Voici, alors il arriva que le roi des Lamanites envoya une proclamation parmi tout son peuple, qu'ils ne devaient pas porter la main sur Ammon, ou Aaron, ou Omner, ou Himni, ni sur aucun de leurs frères qui iraient prêcher la parole de Dieu, en quelque lieu qu'ils fussent, dans n'importe quel endroit de leur pays.

2 Yea, he sent a decree among them, that they should not lay their hands on them to bind them, or to cast them into prison; neither should they spit upon them, nor smite them, nor cast them out of their synagogues, nor scourge them; neither should they cast stones at them, but that they should have free access to their houses, and also their temples, and their sanctuaries.

2 Oui, il envoya un décret parmi eux, qu'ils ne devaient pas porter la main sur eux pour les lier, ou pour les jeter en prison ; ils ne devaient pas non plus cracher sur eux, ni les frapper, ni les chasser de leurs synagogues, ni les flageller ; ils ne devaient pas non plus leur jeter des pierres, mais ils devaient avoir libre accès à leurs maisons, et aussi à leurs temples et à leurs sanctuaires.

3 And thus they might go forth and preach the word according to their desires, for the king had been converted unto the Lord, and all his household; therefore he sent his proclamation throughout the land unto his people, that the word of God might have no obstruction, but that it might go forth throughout all the land, that his people might be convinced concerning the wicked traditions of their fathers, and that they might be convinced that they were all brethren, and that they ought not to murder, nor to plunder, nor to steal, nor to commit adultery, nor to commit any manner of wickedness.

3 Et ainsi, ils pouvaient aller prêcher la parole selon leur désir, car le roi avait été converti au Seigneur, et toute sa maison ; c'est pourquoi, il envoya sa proclamation dans tout le pays à son peuple, afin que la parole de Dieu ne rencontrât pas d'obstacle, mais qu'elle pût aller dans tout le pays, que son peuple fût convaincu des méchantes traditions de leurs pères, et qu'ils fussent convaincus qu'ils étaient tous frères et qu'ils ne devaient pas commettre de meurtre, ni de pillage, ni de vol, ni commettre d'adultère, ni commettre aucune espèce de méchanceté.

4 And now it came to pass that when the king had sent forth this proclamation, that Aaron and his brethren went forth from city to city, and from one house of worship to another, establishing churches, and consecrating priests and teachers throughout the land among the Lamanites, to preach and to teach the word of God among them; and thus they began to have great success.

4 Et alors, il arriva que lorsque le roi eut envoyé cette proclamation, Aaron et ses frères allèrent de ville en ville, et d'une maison de culte à l'autre, établissant des Églises et consacrant des prêtres et des instructeurs dans tout le pays parmi les Lamanites, pour prêcher et enseigner la parole de Dieu parmi eux ; et ainsi, ils commencèrent à avoir un grand succès.

5 And thousands were brought to the knowledge of the Lord, yea, thousands were brought to believe in the traditions of the Nephites; and they were taught the records

5 Et des milliers furent amenés à la connaissance du Seigneur, oui, des milliers furent amenés à croire aux traditions des Néphites ; et on leur enseigna les annales et

and prophecies which were handed down even to the present time.

6 And as sure as the Lord liveth, so sure as many as believed, or as many as were brought to the knowledge of the truth, through the preaching of Ammon and his brethren, according to the spirit of revelation and of prophecy, and the power of God working miracles in them—yea, I say unto you, as the Lord liveth, as many of the Lamanites as believed in their preaching, and were converted unto the Lord, never did fall away.

7 For they became a righteous people; they did lay down the weapons of their rebellion, that they did not fight against God any more, neither against any of their brethren.

8 Now, these are they who were converted unto the Lord:

9 The people of the Lamanites who were in the land of Ishmael;

10 And also of the people of the Lamanites who were in the land of Middoni;

11 And also of the people of the Lamanites who were in the city of Nephi;

12 And also of the people of the Lamanites who were in the land of Shilom, and who were in the land of Shemlon, and in the city of Lemuel, and in the city of Shimnilom.

13 And these are the names of the cities of the Lamanites which were converted unto the Lord; and these are they that laid down the weapons of their rebellion, yea, all their weapons of war; and they were all Lamanites.

14 And the Amalekites were not converted, save only one; neither were any of the Amulonites; but they did harden their hearts, and also the hearts of the Lamanites in that part of the land wheresoever they dwelt, yea, and all their villages and all their cities.

15 Therefore, we have named all the cities of the Lamanites in which they did repent and come to the knowledge of the truth, and were converted.

16 And now it came to pass that the king and those who were converted were desirous that they might have a name, that thereby they might be distinguished from their brethren; therefore the king consulted with Aaron and many of their priests, concerning the name that they should take

les prophéties qui avaient été transmises jusqu'au temps présent.

6 Et aussi sûr que le Seigneur vit, aussi sûr que cela, tous ceux qui crurent, ou tous ceux qui furent amenés à la connaissance de la vérité par la prédication d'Ammon et de ses frères, selon l'esprit de révélation et de prophétie, et le pouvoir de Dieu accomplissant des miracles en eux — oui, je vous le dis, comme le Seigneur vit, tous ceux des Lamanites qui crurent en la prédication et furent convertis au Seigneur n'apostasièrent jamais.

7 Car ils devinrent un peuple juste ; ils déposèrent les armes de leur rébellion, de sorte qu'ils ne combattirent plus Dieu ni aucun de leurs frères.

8 Or, voici ceux qui furent convertis au Seigneur :

9 le peuple des Lamanites qui était au pays d'Ismaël ;

10 et aussi une partie du peuple des Lamanites qui était au pays de Middoni ;

11 et aussi une partie du peuple des Lamanites qui était dans la ville de Néphi ;

12 et aussi une partie du peuple des Lamanites qui était au pays de Shilom, et qui était au pays de Shemlon, et dans la ville de Lémuel, et dans la ville de Shimnilom.

13 Et ce sont là les noms des villes des Lamanites qui furent converties au Seigneur ; et ce sont là ceux qui déposèrent les armes de leur rébellion, oui, toutes leurs armes de guerre ; et ils étaient tous Lamanites.

14 Mais les Amalékites ne furent pas convertis, à l'exception d'un seul ; ni aucun des Amulonites ; mais ils s'endurcirent le cœur et endurcirent aussi le cœur des Lamanites dans toutes les parties du pays où ils demeuraient, oui, et tous leurs villages et toutes leurs villes.

15 Nous avons ainsi nommé toutes les villes des Lamanites où ils se repentirent, et parvinrent à la connaissance de la vérité, et furent convertis.

16 Et alors, il arriva que le roi et ceux qui étaient convertis désirèrent avoir un nom, afin qu'on pût les distinguer de leurs frères ; c'est pourquoi, le roi consulta Aaron et beaucoup de leurs prêtres concernant le nom qu'ils prendraient sur eux, afin qu'on pût les distinguer.

upon them, that they might be distinguished.

17 And it came to pass that they called their names Anti-Nephi-Lehies; and they were called by this name and were no more called Lamanites.

18 And they began to be a very industrious people; yea, and they were friendly with the Nephites; therefore, they did open a correspondence with them, and the curse of God did no more follow them.

CHAPTER 24

The Lamanites come against the people of God—The Anti-Nephi-Lehies rejoice in Christ and are visited by angels—They choose to suffer death rather than to defend themselves—More Lamanites are converted. About 90–77 B.C.

1 And it came to pass that the Amalekites and the Amulonites and the Lamanites who were in the land of Amulon, and also in the land of Helam, and who were in the land of Jerusalem, and in fine, in all the land round about, who had not been converted and had not taken upon them the name of Anti-Nephi-Lehi, were stirred up by the Amalekites and by the Amulonites to anger against their brethren.

2 And their hatred became exceedingly sore against them, even insomuch that they began to rebel against their king, insomuch that they would not that he should be their king; therefore, they took up arms against the people of Anti-Nephi-Lehi.

3 Now the king conferred the kingdom upon his son, and he called his name Anti-Nephi-Lehi.

4 And the king died in that selfsame year that the Lamanites began to make preparations for war against the people of God.

5 Now when Ammon and his brethren and all those who had come up with him saw the preparations of the Lamanites to destroy their brethren, they came forth to the land of Midian, and there Ammon met all his brethren; and from thence they came to the land of Ishmael that they might hold a council with Lamoni and also with his brother Anti-Nephi-Lehi, what they should do to defend themselves against the Lamanites.

6 Now there was not one soul among all the people who had been converted unto the Lord that would take up arms against their brethren; nay, they would not even make any preparations for war; yea, and also their king commanded them that they should not.

7 Now, these are the words which he said unto the people concerning the matter: I thank my God, my beloved people, that our great God has in goodness sent these our brethren, the Nephites, unto us to preach unto us, and to convince us of the traditions of our wicked fathers.

8 And behold, I thank my great God that he has given us a portion of his Spirit to soften our hearts, that we have opened a correspondence with these brethren, the Nephites.

9 And behold, I also thank my God, that by opening this correspondence we have been convinced of our sins, and of the many murders which we have committed.

10 And I also thank my God, yea, my great God, that he hath granted unto us that we might repent of these things, and also that he hath forgiven us of those our many sins and murders which we have committed, and taken away the guilt from our hearts, through the merits of his Son.

11 And now behold, my brethren, since it has been all that we could do (as we were the most lost of all mankind) to repent of all our sins and the many murders which we have committed, and to get God to take them away from our hearts, for it was all we could do to repent sufficiently before God that he would take away our stain—

12 Now, my best beloved brethren, since God hath taken away our stains, and our swords have become bright, then let us stain our swords no more with the blood of our brethren.

13 Behold, I say unto you, Nay, let us retain our swords that they be not stained with the blood of our brethren; for perhaps, if we should stain our swords again they can no more be washed bright through the blood of the Son of our great God, which shall be shed for the atonement of our sins.

14 And the great God has had mercy on us, and made these things known unto us that we might not perish; yea, and he has made

6 Or, il n'y avait pas une seule âme parmi tout le peuple qui avait été converti au Seigneur qui voulût prendre les armes contre ses frères ; non, ils ne voulaient même pas faire de préparatifs de guerre ; oui, et aussi, le roi leur commanda de ne pas le faire.

7 Or, voici les paroles qu'il dit au peuple à ce sujet : Je remercie mon Dieu, mon peuple bien-aimé, de ce que notre grand Dieu ait envoyé, dans sa bonté, ceux-ci qui sont nos frères, les Néphites, pour nous prêcher et nous convaincre des traditions de nos méchants pères.

8 Et voici, je remercie mon grand Dieu de ce qu'il nous a donné une part de son Esprit pour adoucir notre cœur, de sorte que nous sommes entrés en relation avec ces frères, les Néphites.

9 Et voici, je remercie aussi mon Dieu de ce qu'en entamant ces relations, nous avons été convaincus de nos péchés et des nombreux meurtres que nous avons commis.

10 Et je remercie aussi mon Dieu, oui, mon grand Dieu, de ce qu'il nous a accordé de nous en repentir, et aussi de ce qu'il nous a pardonné les nombreux péchés et meurtres que nous avons commis, et a ôté la culpabilité de notre cœur par les mérites de son Fils.

11 Et maintenant, voici, mes frères, puisque cela a été tout ce que nous pouvions faire (puisque nous étions les plus perdus de toute l'humanité) pour nous repentir de nos péchés et des nombreux meurtres que nous avons commis, et pour amener Dieu à les ôter de notre cœur, car c'était tout ce que nous pouvions faire pour nous repentir suffisamment devant Dieu pour qu'il ôtât notre tache —

12 Or, mes frères profondément aimés, puisque Dieu a ôté nos taches, et que nos épées sont devenues brillantes, ne tachons plus nos épées du sang de nos frères.

13 Voici, je vous dis que non, retenons nos épées, afin qu'elles ne soient pas tachées du sang de nos frères ; car peut-être que si nous tachons de nouveau nos épées, elles ne pourront plus être lavées et rendues brillantes par le sang du Fils de notre grand Dieu, qui sera versé pour l'expiation de nos péchés.

14 Et le grand Dieu a été miséricordieux envers nous, et nous a fait savoir ces choses pour que nous ne périssions pas ; oui, et il

these things known unto us beforehand, because he loveth our souls as well as he loveth our children; therefore, in his mercy he doth visit us by his angels, that the plan of salvation might be made known unto us as well as unto future generations.

15 Oh, how merciful is our God! And now behold, since it has been as much as we could do to get our stains taken away from us, and our swords are made bright, let us hide them away that they may be kept bright, as a testimony to our God at the last day, or at the day that we shall be brought to stand before him to be judged, that we have not stained our swords in the blood of our brethren since he imparted his word unto us and has made us clean thereby.

16 And now, my brethren, if our brethren seek to destroy us, behold, we will hide away our swords, yea, even we will bury them deep in the earth, that they may be kept bright, as a testimony that we have never used them, at the last day; and if our brethren destroy us, behold, we shall go to our God and shall be saved.

17 And now it came to pass that when the king had made an end of these sayings, and all the people were assembled together, they took their swords, and all the weapons which were used for the shedding of man's blood, and they did bury them up deep in the earth.

18 And this they did, it being in their view a testimony to God, and also to men, that they never would use weapons again for the shedding of man's blood; and this they did, vouching and covenanting with God, that rather than shed the blood of their brethren they would give up their own lives; and rather than take away from a brother they would give unto him; and rather than spend their days in idleness they would labor abundantly with their hands.

19 And thus we see that, when these Lamanites were brought to believe and to know the truth, they were firm, and would suffer even unto death rather than commit sin; and thus we see that they buried their weapons of peace, or they buried the weapons of war, for peace.

20 And it came to pass that their brethren, the Lamanites, made preparations for war, and came up to the land of Nephi for the

nous a fait savoir ces choses d'avance, parce qu'il aime notre âme aussi bien qu'il aime nos enfants ; c'est pourquoi, dans sa miséricorde, il nous rend visite par ses anges, afin que le plan de salut nous soit révélé, à nous, aussi bien qu'aux générations futures.

15 Oh ! comme notre Dieu est miséricordieux ! Or, voici, puisque c'est tout ce que nous avons pu faire pour que nos taches nous soient enlevées, et que nos épées sont rendues brillantes, cachons-les afin qu'elles restent brillantes, en témoignage à notre Dieu au dernier jour, ou au jour où nous serons amenés à nous tenir devant lui pour être jugés, de ce que nous n'avons pas taché nos épées dans le sang de nos frères depuis qu'il nous a fait connaître sa parole et nous a ainsi rendus purs.

16 Et maintenant, mes frères, si nos frères cherchent à nous détruire, voici, nous cacherons nos épées, oui, nous les enterrerons profondément dans la terre, afin qu'elles restent brillantes, en témoignage, au dernier jour, que nous ne les avons jamais utilisées ; et si nos frères nous détruisent, voici, nous irons à notre Dieu et serons sauvés.

17 Et alors, il arriva que lorsque le roi eut fini ces paroles et que tout le peuple fut assemblé, ils prirent leurs épées, et toutes les armes qui étaient utilisées pour l'effusion du sang de l'homme, et ils les enterrèrent profondément dans la terre.

18 Et cela, ils le firent parce que c'était à leurs yeux un témoignage à Dieu, et aussi aux hommes, qu'ils n'utiliseraient plus jamais d'armes pour l'effusion du sang de l'homme ; et cela, ils le firent, attestant et faisant alliance avec Dieu que plutôt que de verser le sang de leurs frères, ils donneraient leur vie ; et plutôt que d'ôter à un frère, ils lui donneraient ; et plutôt que de passer leurs jours dans l'indolence, ils travailleraient abondamment de leurs mains.

19 Et ainsi, nous voyons que lorsque ces Lamanites étaient amenés à croire et à connaître la vérité, ils étaient fermes et étaient disposés à souffrir jusqu'à la mort, plutôt que de commettre le péché ; et ainsi, nous voyons qu'ils enterrèrent leurs armes de paix, ou ils enterrèrent les armes de guerre, pour la paix.

20 Et il arriva que leurs frères, les Lamanites, firent des préparatifs de guerre, et montèrent au pays de Néphi dans le but de

purpose of destroying the king, and to place another in his stead, and also of destroying the people of Anti-Nephi-Lehi out of the land.

21 Now when the people saw that they were coming against them they went out to meet them, and prostrated themselves before them to the earth, and began to call on the name of the Lord; and thus they were in this attitude when the Lamanites began to fall upon them, and began to slay them with the sword.

22 And thus without meeting any resistance, they did slay a thousand and five of them; and we know that they are blessed, for they have gone to dwell with their God.

23 Now when the Lamanites saw that their brethren would not flee from the sword, neither would they turn aside to the right hand or to the left, but that they would lie down and perish, and praised God even in the very act of perishing under the sword—

24 Now when the Lamanites saw this they did forbear from slaying them; and there were many whose hearts had swollen in them for those of their brethren who had fallen under the sword, for they repented of the things which they had done.

25 And it came to pass that they threw down their weapons of war, and they would not take them again, for they were stung for the murders which they had committed; and they came down even as their brethren, relying upon the mercies of those whose arms were lifted to slay them.

26 And it came to pass that the people of God were joined that day by more than the number who had been slain; and those who had been slain were righteous people, therefore we have no reason to doubt but what they were saved.

27 And there was not a wicked man slain among them; but there were more than a thousand brought to the knowledge of the truth; thus we see that the Lord worketh in many ways to the salvation of his people.

28 Now the greatest number of those of the Lamanites who slew so many of their brethren were Amalekites and Amulonites, the greatest number of whom were after the order of the Nehors.

faire périr le roi, et d'en mettre un autre à sa place, et aussi d'exterminer le peuple d'Anti-Néphi-Léhi du pays.

21 Alors, quand le peuple vit qu'ils montaient contre lui, il alla à leur rencontre, et se prosterna devant eux à terre, et commença à invoquer le nom du Seigneur ; et c'est dans cette attitude qu'il était lorsque les Lamanites commencèrent à s'abattre sur lui, et commencèrent à le tuer par l'épée.

22 Et c'est ainsi que sans rencontrer aucune résistance, ils en tuèrent mille cinq ; et nous savons qu'ils sont bénis, car ils sont allés demeurer avec leur Dieu.

23 Or, lorsque les Lamanites virent que leurs frères ne fuyaient pas devant l'épée, et qu'ils ne tournaient ni à droite ni à gauche, mais qu'ils se couchaient et périssaient, et louaient Dieu au moment même où ils périssaient sous l'épée —

24 or, lorsque les Lamanites virent cela, ils se retinrent de les tuer ; et il y en eut beaucoup dont le cœur s'était gonflé au-dedans d'eux pour ceux de leurs frères qui étaient tombés sous l'épée, car ils se repentaient des choses qu'ils avaient faites.

25 Et il arriva qu'ils jetèrent leurs armes de guerre et ne voulurent plus les reprendre, car ils avaient du remords pour les meurtres qu'ils avaient commis ; et ils se prosternèrent comme leurs frères, se confiant en la miséricorde de ceux dont le bras était levé pour les tuer.

26 Et il arriva que le peuple de Dieu fut rejoint ce jour-là par un nombre plus grand que le nombre de ceux qui avaient été tués ; et ceux qui avaient été tués étaient des justes, c'est pourquoi nous n'avons pas lieu de douter qu'ils étaient sauvés.

27 Et il n'y eut pas un homme méchant tué parmi eux ; mais il y en eut plus de mille qui furent amenés à la connaissance de la vérité ; nous voyons ainsi que le Seigneur agit de nombreuses façons pour le salut de son peuple.

28 Or, la majeure partie des Lamanites qui tuèrent tant de leurs frères étaient Amalékites et Amulonites, dont la majeure partie était selon l'ordre des Néhors.

29 Now, among those who joined the people of the Lord, there were none who were Amalekites or Amulonites, or who were of the order of Nehor, but they were actual descendants of Laman and Lemuel.

30 And thus we can plainly discern, that after a people have been once enlightened by the Spirit of God, and have had great knowledge of things pertaining to righteousness, and then have fallen away into sin and transgression, they become more hardened, and thus their state becomes worse than though they had never known these things.

CHAPTER 25

Lamanite aggressions spread—The seed of the priests of Noah perish as Abinadi prophesied—Many Lamanites are converted and join the people of Anti-Nephi-Lehi—They believe in Christ and keep the law of Moses. About 90–77 B.C.

1 And behold, now it came to pass that those Lamanites were more angry because they had slain their brethren; therefore they swore vengeance upon the Nephites; and they did no more attempt to slay the people of Anti-Nephi-Lehi at that time.

2 But they took their armies and went over into the borders of the land of Zarahemla, and fell upon the people who were in the land of Ammonihah and destroyed them.

3 And after that, they had many battles with the Nephites, in the which they were driven and slain.

4 And among the Lamanites who were slain were almost all the seed of Amulon and his brethren, who were the priests of Noah, and they were slain by the hands of the Nephites;

5 And the remainder, having fled into the east wilderness, and having usurped the power and authority over the Lamanites, caused that many of the Lamanites should perish by fire because of their belief—

6 For many of them, after having suffered much loss and so many afflictions, began to be stirred up in remembrance of the words which Aaron and his brethren had preached to them in their land; therefore they began

29 Or, parmi ceux qui se joignirent au peuple du Seigneur, il n'y en eut aucun qui fût Amalékite ou Amulonite, ou qui fût de l'ordre de Néhor, mais ils étaient de véritables descendants de Laman et de Lémuel.

30 Et ainsi, nous pouvons discerner clairement que lorsqu'un peuple a été une fois éclairé par l'Esprit de Dieu, et a eu une grande connaissance des choses qui ont trait à la justice, et est ensuite tombé dans le péché et la transgression, il devient plus endurci, et ainsi son état devient pire que s'il n'avait jamais connu ces choses.

CHAPITRE 25

Les agressions lamanites se répandent — La postérité des prêtres de Noé périt, comme Abinadi l'a prophétisé — Beaucoup de Lamanites se convertissent et se joignent au peuple d'Anti-Néphi-Léhi — Ils croient au Christ et gardent la loi de Moïse. Vers 90–77 av. J.-C.

1 Et voici, alors il arriva que ces Lamanites furent dans une plus grande colère parce qu'ils avaient tué leurs frères ; c'est pourquoi, ils jurèrent de se venger des Néphites ; ils ne tentèrent plus de tuer le peuple d'Anti-Néphi-Léhi à ce moment-là.

2 Mais ils prirent leurs armées et passèrent dans les régions frontières du pays de Zarahemla, et tombèrent sur le peuple qui était au pays d'Ammonihah et le détruisirent.

3 Et après cela, ils eurent beaucoup de batailles avec les Néphites, dans lesquelles ils furent chassés et tués.

4 Et parmi les Lamanites qui furent tués se trouvait presque toute la postérité d'Amulon et de ses frères, qui étaient les prêtres de Noé, et ils furent tués par les mains des Néphites ;

5 et le reste, ayant fui dans le désert de l'est, et ayant usurpé le pouvoir et l'autorité sur les Lamanites, fit périr beaucoup de Lamanites par le feu à cause de leur croyance —

6 car beaucoup d'entre eux, après avoir subi beaucoup de pertes et tant d'afflictions, commencèrent à être incités à se souvenir des paroles qu'Aaron et ses frères leur avaient prêchées dans leur pays ; c'est pourquoi, ils

to disbelieve the traditions of their fathers, and to believe in the Lord, and that he gave great power unto the Nephites; and thus there were many of them converted in the wilderness.

7 And it came to pass that those rulers who were the remnant of the children of Amulon caused that they should be put to death, yea, all those that believed in these things.

8 Now this martyrdom caused that many of their brethren should be stirred up to anger; and there began to be contention in the wilderness; and the Lamanites began to hunt the seed of Amulon and his brethren and began to slay them; and they fled into the east wilderness.

9 And behold they are hunted at this day by the Lamanites. Thus the words of Abinadi were brought to pass, which he said concerning the seed of the priests who caused that he should suffer death by fire.

10 For he said unto them: What ye shall do unto me shall be a type of things to come.

11 And now Abinadi was the first that suffered death by fire because of his belief in God; now this is what he meant, that many should suffer death by fire, according as he had suffered.

12 And he said unto the priests of Noah that their seed should cause many to be put to death, in the like manner as he was, and that they should be scattered abroad and slain, even as a sheep having no shepherd is driven and slain by wild beasts; and now behold, these words were verified, for they were driven by the Lamanites, and they were hunted, and they were smitten.

13 And it came to pass that when the Lamanites saw that they could not overpower the Nephites they returned again to their own land; and many of them came over to dwell in the land of Ishmael and the land of Nephi, and did join themselves to the people of God, who were the people of Anti-Nephi-Lehi.

14 And they did also bury their weapons of war, according as their brethren had, and they began to be a righteous people; and they did walk in the ways of the Lord, and did observe to keep his commandments and his statutes.

15 Yea, and they did keep the law of Moses; for it was expedient that they should keep

commencèrent à cesser de croire aux traditions de leurs pères, et à croire au Seigneur, à croire qu'il donnait un grand pouvoir aux Néphites ; et ainsi il y en eut beaucoup parmi eux qui furent convertis dans le désert.

7 Et il arriva que ces gouverneurs, qui étaient le reste des enfants d'Amulon, les firent mettre à mort, oui, tous ceux qui croyaient en ces choses.

8 Or, ce martyre fit que beaucoup de leurs frères furent excités à la colère ; et il commença à y avoir des querelles dans le désert ; et les Lamanites commencèrent à traquer la postérité d'Amulon et de ses frères et commencèrent à les tuer ; et ils s'enfuirent dans le désert de l'est.

9 Et voici, ils sont traqués à ce jour par les Lamanites. C'est ainsi que se réalisèrent les paroles d'Abinadi concernant la postérité des prêtres qui lui firent subir la mort par le feu.

10 Car il leur dit : Ce que vous me ferez sera une figure de choses à venir.

11 Et maintenant, Abinadi fut le premier à subir la mort par le feu à cause de sa croyance en Dieu ; or, c'est cela qu'il voulait dire, que beaucoup subiraient la mort par le feu, comme il l'avait subie.

12 Et il dit aux prêtres de Noé que leur postérité en ferait mettre beaucoup à mort, de la même manière que lui, et qu'ils seraient dispersés en tous sens et tués, tout comme une brebis qui n'a pas de berger est chassée et tuée par les bêtes sauvages ; et maintenant, voici, ces paroles s'accomplirent, car ils furent chassés par les Lamanites, et ils furent traqués, et ils furent frappés.

13 Et il arriva que lorsque les Lamanites virent qu'ils ne pouvaient pas avoir le dessus sur les Néphites, ils retournèrent de nouveau dans leur pays ; et beaucoup d'entre eux passèrent au pays d'Ismaël et au pays de Néphi pour y demeurer, et se joignirent au peuple de Dieu, qui était le peuple d'Anti-Néphi-Léhi.

14 Et ils enterrèrent aussi leurs armes de guerre, comme leurs frères l'avaient fait, et ils commencèrent à être un peuple juste ; et ils marchèrent dans les voies du Seigneur et s'appliquèrent à garder ses commandements et ses ordonnances.

15 Oui, et ils gardèrent la loi de Moïse ; car il était opportun qu'ils gardent encore la loi

the law of Moses as yet, for it was not all fulfilled. But notwithstanding the law of Moses, they did look forward to the coming of Christ, considering that the law of Moses was a type of his coming, and believing that they must keep those outward performances until the time that he should be revealed unto them.

16 Now they did not suppose that salvation came by the law of Moses; but the law of Moses did serve to strengthen their faith in Christ; and thus they did retain a hope through faith, unto eternal salvation, relying upon the spirit of prophecy, which spake of those things to come.

17 And now behold, Ammon, and Aaron, and Omner, and Himni, and their brethren did rejoice exceedingly, for the success which they had had among the Lamanites, seeing that the Lord had granted unto them according to their prayers, and that he had also verified his word unto them in every particular.

CHAPTER 26

Ammon glories in the Lord—The faithful are strengthened by the Lord and are given knowledge—By faith men may bring thousands of souls unto repentance—God has all power and comprehends all things. About 90–77 B.C.

1 And now, these are the words of Ammon to his brethren, which say thus: My brothers and my brethren, behold I say unto you, how great reason have we to rejoice; for could we have supposed when we started from the land of Zarahemla that God would have granted unto us such great blessings?

2 And now, I ask, what great blessings has he bestowed upon us? Can ye tell?

3 Behold, I answer for you; for our brethren, the Lamanites, were in darkness, yea, even in the darkest abyss, but behold, how many of them are brought to behold the marvelous light of God! And this is the blessing which hath been bestowed upon us, that we have been made instruments in the hands of God to bring about this great work.

de Moïse, car elle n'était pas entièrement accomplie. Mais malgré la loi de Moïse, ils attendaient la venue du Christ, considérant que la loi de Moïse était une figure de sa venue et croyant qu'ils devaient garder ces observances extérieures jusqu'au moment où il leur serait révélé.

16 Or, ils ne pensaient pas que le salut venait par la loi de Moïse, mais la loi de Moïse servait à fortifier leur foi au Christ ; et c'est ainsi qu'ils conservèrent l'espérance par la foi, pour le salut éternel, s'appuyant sur l'esprit de prophétie, qui parlait de ces choses à venir.

17 Et alors, voici, Ammon, et Aaron, et Omner, et Himni, et leurs frères se réjouirent extrêmement à cause du succès qu'ils avaient eu parmi les Lamanites, voyant que le Seigneur leur avait accordé ce qu'ils avaient demandé dans leurs prières, et qu'il avait aussi réalisé dans tous les détails la parole qu'il leur avait adressée.

CHAPITRE 26

Ammon se glorifie dans le Seigneur — Les fidèles sont fortifiés par le Seigneur et reçoivent la connaissance — Par la foi, les hommes peuvent amener des milliers d'âmes au repentir — Dieu a tout pouvoir et comprend tout. Vers 90–77 av. J.-C.

1 Et maintenant, voici les paroles d'Ammon à ses frères, qui disent ceci : Mes frères de sang et mes frères en la foi, voici, je vous le dis, comme nous avons lieu de nous réjouir ! Car aurions-nous pu penser, lorsque nous sommes partisdu pays de Zarahemla, que Dieu nous aurait accordé d'aussi grandes bénédictions ?

2 Et maintenant, je vous le demande, quelles grandes bénédictions nous a-t-il conférées ? Pouvez-vous le dire ?

3 Voici, je réponds pour vous ; car nos frères, les Lamanites, étaient dans les ténèbres, oui, dans l'abîme le plus sombre, mais voici, combien d'entre eux sont amenés à contempler la lumière merveilleuse de Dieu ! Et c'est là la bénédiction qui nous a été conférée : nous sommes devenus des instruments entre les mains de Dieu pour réaliser cette grande œuvre.

4 Behold, thousands of them do rejoice, and have been brought into the fold of God.

5 Behold, the field was ripe, and blessed are ye, for ye did thrust in the sickle, and did reap with your might, yea, all the day long did ye labor; and behold the number of your sheaves! And they shall be gathered into the garners, that they are not wasted.

6 Yea, they shall not be beaten down by the storm at the last day; yea, neither shall they be harrowed up by the whirlwinds; but when the storm cometh they shall be gathered together in their place, that the storm cannot penetrate to them; yea, neither shall they be driven with fierce winds whithersoever the enemy listeth to carry them.

7 But behold, they are in the hands of the Lord of the harvest, and they are his; and he will raise them up at the last day.

8 Blessed be the name of our God; let us sing to his praise, yea, let us give thanks to his holy name, for he doth work righteousness forever.

9 For if we had not come up out of the land of Zarahemla, these our dearly beloved brethren, who have so dearly beloved us, would still have been racked with hatred against us, yea, and they would also have been strangers to God.

10 And it came to pass that when Ammon had said these words, his brother Aaron rebuked him, saying: Ammon, I fear that thy joy doth carry thee away unto boasting.

11 But Ammon said unto him: I do not boast in my own strength, nor in my own wisdom; but behold, my joy is full, yea, my heart is brim with joy, and I will rejoice in my God.

12 Yea, I know that I am nothing; as to my strength I am weak; therefore I will not boast of myself, but I will boast of my God, for in his strength I can do all things; yea, behold, many mighty miracles we have wrought in this land, for which we will praise his name forever.

13 Behold, how many thousands of our brethren has he loosed from the pains of hell; and they are brought to sing redeeming love, and this because of the power of his

4 Voici, des milliers d'entre eux se réjouissent et ont été amenés dans la bergerie de Dieu.

5 Voici, le champ était mûr, et vous êtes bénis, car vous avez lancé la faucille et vous avez moissonné de toutes vos forces, oui, vous avez travaillé tout le jour ; et voyez le nombre de vos gerbes ! Et elles seront rassemblées dans les greniers, afin de ne pas être gaspillées.

6 Oui, elles ne seront pas couchées par la tempête au dernier jour ; oui, elles ne seront pas non plus déchirées par les tourbillons ; mais lorsque la tempête viendra, elles seront rassemblées en leur lieu propre, afin que la tempête ne puisse pénétrer jusqu'à elles ; oui, elles ne seront pas non plus chassées par des vents impétueux là où l'ennemi trouve bon de les transporter.

7 Mais voici, elles sont entre les mains du Seigneur de la moisson, et elles lui appartiennent ; et il les ressuscitera au dernier jour.

8 Béni soit le nom de notre Dieu ! Chantons ses louanges, oui, rendons grâces à son saint nom ! Car il accomplit ce qui est juste à jamais.

9 Car si nous n'étions pas montés hors du pays de Zarahemla, ceux-ci, qui sont nos frères tendrement aimés, qui nous ont si tendrement aimés, auraient toujours été tenaillés par la haine à notre égard, oui, et ils auraient aussi été étrangers à Dieu.

10 Et il arriva que lorsqu'Ammon eut dit ces paroles, son frère Aaron le réprimanda, disant : Ammon, je crains que ta joie ne t'entraîne à te vanter.

11 Mais Ammon lui dit : Je ne me vante pas de ma force, ni de ma sagesse ; mais voici, ma joie est pleine, oui, mon cœur déborde de joie, et je me réjouirai à cause de mon Dieu.

12 Oui, je sais que je ne suis rien ; pour ce qui est de ma force, je suis faible ; c'est pourquoi je ne me vanterai pas de moi-même, mais je me vanterai de mon Dieu, car, avec sa force, je peux tout faire ; oui, voici, nous avons accompli, dans ce pays, beaucoup de grands miracles pour lesquels nous louerons son nom à jamais.

13 Voici, combien de milliers de nos frères n'a-t-il pas déliés des souffrances de l'enfer ; et ils sont amenés à chanter l'amour rédempteur, et cela à cause du pouvoir de sa

word which is in us, therefore have we not great reason to rejoice?

14 Yea, we have reason to praise him forever, for he is the Most High God, and has loosed our brethren from the chains of hell.

15 Yea, they were encircled about with everlasting darkness and destruction; but behold, he has brought them into his everlasting light, yea, into everlasting salvation; and they are encircled about with the matchless bounty of his love; yea, and we have been instruments in his hands of doing this great and marvelous work.

16 Therefore, let us glory, yea, we will glory in the Lord; yea, we will rejoice, for our joy is full; yea, we will praise our God forever. Behold, who can glory too much in the Lord? Yea, who can say too much of his great power, and of his mercy, and of his long-suffering towards the children of men? Behold, I say unto you, I cannot say the smallest part which I feel.

17 Who could have supposed that our God would have been so merciful as to have snatched us from our awful, sinful, and polluted state?

18 Behold, we went forth even in wrath, with mighty threatenings to destroy his church.

19 Oh then, why did he not consign us to an awful destruction, yea, why did he not let the sword of his justice fall upon us, and doom us to eternal despair?

20 Oh, my soul, almost as it were, fleeth at the thought. Behold, he did not exercise his justice upon us, but in his great mercy hath brought us over that everlasting gulf of death and misery, even to the salvation of our souls.

21 And now behold, my brethren, what natural man is there that knoweth these things? I say unto you, there is none that knoweth these things, save it be the penitent.

22 Yea, he that repenteth and exerciseth faith, and bringeth forth good works, and prayeth continually without ceasing—unto such it is given to know the mysteries of God; yea, unto such it shall be given to reveal things which never have been revealed;

14 Oui, nous avons lieu de le louer à jamais, car il est le Dieu Très-Haut et a délié nos frères des chaînes de l'enfer.

15 Oui, ils étaient enveloppés par les ténèbres et la destruction éternelles ; mais voici, il les a amenés à sa lumière éternelle, oui, au salut éternel ; et ils sont enveloppés par la générosité sans pareille de son amour ; oui, et nous avons été des instruments entre ses mains pour accomplir cette œuvre grande et merveilleuse.

16 C'est pourquoi, glorifions-nous, oui, nous nous glorifierons dans le Seigneur ; oui, nous nous réjouirons, car notre joie est pleine ; oui, nous louerons notre Dieu à jamais. Voici, qui peut trop se glorifier dans le Seigneur ? Oui, qui peut en dire trop sur sa grande puissance, et sur sa miséricorde, et sur sa longanimité à l'égard des enfants des hommes ? Voici, je vous le dis, je ne peux pas dire la plus petite partie de ce que je ressens.

17 Qui aurait pu penser que notre Dieu aurait été miséricordieux au point de nous arracher à notre état affreux, pécheur et souillé ?

18 Voici, nous allions avec colère, proférant de grandes menaces de détruire son Église.

19 Oh alors, pourquoi ne nous a-t-il pas condamnés à une affreuse destruction, oui, pourquoi n'a-t-il pas fait tomber sur nous l'épée de sa justice et ne nous a-t-il pas condamnés au désespoir éternel ?

20 Oh, mon âme s'enfuit presque, pour ainsi dire, à cette pensée. Voici, il n'a pas exercé sa justice contre nous, mais, dans sa grande miséricorde, il nous a amenés au-delà de ce gouffre éternel de mort et de misère pour le salut de notre âme.

21 Et maintenant, voici, mes frères, quel est l'homme naturel qui connaît ces choses-là ? Je vous le dis, il n'y en a aucun qui connaît ces choses-là, si ce n'est le pénitent.

22 Oui, à celui qui se repent, et fait preuve de foi, et produit de bonnes œuvres, et prie continuellement, sans cesse, à celui-là il est donné de connaître les mystères de Dieu ; oui, à celui-là il sera donné de révéler des choses qui n'ont jamais été révélées ; oui, et

yea, and it shall be given unto such to bring thousands of souls to repentance, even as it has been given unto us to bring these our brethren to repentance.

23 Now do ye remember, my brethren, that we said unto our brethren in the land of Zarahemla, we go up to the land of Nephi, to preach unto our brethren, the Lamanites, and they laughed us to scorn?

24 For they said unto us: Do ye suppose that ye can bring the Lamanites to the knowledge of the truth? Do ye suppose that ye can convince the Lamanites of the incorrectness of the traditions of their fathers, as stiffnecked a people as they are; whose hearts delight in the shedding of blood; whose days have been spent in the grossest iniquity; whose ways have been the ways of a transgressor from the beginning? Now my brethren, ye remember that this was their language.

25 And moreover they did say: Let us take up arms against them, that we destroy them and their iniquity out of the land, lest they overrun us and destroy us.

26 But behold, my beloved brethren, we came into the wilderness not with the intent to destroy our brethren, but with the intent that perhaps we might save some few of their souls.

27 Now when our hearts were depressed, and we were about to turn back, behold, the Lord comforted us, and said: Go amongst thy brethren, the Lamanites, and bear with patience thine afflictions, and I will give unto you success.

28 And now behold, we have come, and been forth amongst them; and we have been patient in our sufferings, and we have suffered every privation; yea, we have traveled from house to house, relying upon the mercies of the world—not upon the mercies of the world alone but upon the mercies of God.

29 And we have entered into their houses and taught them, and we have taught them in their streets; yea, and we have taught them upon their hills; and we have also entered into their temples and their synagogues and taught them; and we have been cast out, and mocked, and spit upon, and smote upon our cheeks; and we have been

c'est à celui-là qu'il sera donné d'amener des milliers d'âmes au repentir, tout comme il nous a été donné d'amener ceux-ci, qui sont nos frères, au repentir.

23 Or, vous souvenez-vous, mes frères, que nous avons dit à nos frères au pays de Zarahemla : Nous montons au pays de Néphi, pour prêcher à nos frères, les Lamanites, et ils nous ont tournés en dérision ?

24 Car ils nous ont dit : Pensez-vous que vous pouvez amener les Lamanites à la connaissance de la vérité ? Pensez-vous que vous pouvez convaincre un peuple au cou aussi roide que les Lamanites de l'inexactitude des traditions de leurs pères, eux dont le cœur met ses délices dans l'effusion du sang, dont les jours se sont passés dans l'iniquité la plus grossière, dont les voies ont été les voies de quelqu'un qui transgresse depuis le commencement ? Or, mes frères, vous vous souvenez que tel était leur langage.

25 Et de plus ils ont dit : Prenons les armes contre eux, afin de les détruire, eux et leur iniquité, dans le pays, de peur qu'ils ne nous envahissent et ne nous détruisent.

26 Mais voici, mes frères bien-aimés, nous sommes venus dans le désert, non dans l'intention de détruire nos frères, mais dans l'intention de sauver peut-être un petit nombre de leurs âmes.

27 Or, lorsque notre cœur était déprimé et que nous étions sur le point de faire demi-tour, voici, le Seigneur nous a consolés et a dit : Allez parmi vos frères, les Lamanites, et supportez avec patience vos afflictions, et je vous donnerai du succès.

28 Et maintenant, voici, nous sommes venus, et sommes allés parmi eux ; et nous avons été patients dans nos souffrances, et nous avons souffert toutes les privations ; oui, nous avons voyagé de maison en maison, nous confiant en la miséricorde du monde — non pas en la miséricorde du monde seulement, mais en la miséricorde de Dieu.

29 Et nous sommes entrés dans leurs maisons et les avons instruits, et nous les avons instruits dans leurs rues ; oui, et nous les avons instruits sur leurs collines ; et nous sommes aussi entrés dans leurs temples et leurs synagogues, et les avons instruits ; et nous avons été chassés, et on s'est moqué de nous, et on a craché sur nous, et on nous a

stoned, and taken and bound with strong cords, and cast into prison; and through the power and wisdom of God we have been delivered again.

30 And we have suffered all manner of afflictions, and all this, that perhaps we might be the means of saving some soul; and we supposed that our joy would be full if perhaps we could be the means of saving some.

31 Now behold, we can look forth and see the fruits of our labors; and are they few? I say unto you, Nay, they are many; yea, and we can witness of their sincerity, because of their love towards their brethren and also towards us.

32 For behold, they had rather sacrifice their lives than even to take the life of their enemy; and they have buried their weapons of war deep in the earth, because of their love towards their brethren.

33 And now behold I say unto you, has there been so great love in all the land? Behold, I say unto you, Nay, there has not, even among the Nephites.

34 For behold, they would take up arms against their brethren; they would not suffer themselves to be slain. But behold how many of these have laid down their lives; and we know that they have gone to their God, because of their love and of their hatred to sin.

35 Now have we not reason to rejoice? Yea, I say unto you, there never were men that had so great reason to rejoice as we, since the world began; yea, and my joy is carried away, even unto boasting in my God; for he has all power, all wisdom, and all understanding; he comprehendeth all things, and he is a merciful Being, even unto salvation, to those who will repent and believe on his name.

36 Now if this is boasting, even so will I boast; for this is my life and my light, my joy and my salvation, and my redemption from everlasting wo. Yea, blessed is the name of my God, who has been mindful of this people, who are a branch of the tree of Israel, and has been lost from its body in a strange land; yea, I say, blessed be the name of my God, who has been mindful of us, wanderers in a strange land.

frappés aux joues ; et nous avons été lapidés, et pris et liés de fortes cordes, et jetés en prison ; et par le pouvoir et la sagesse de Dieu, nous avons encore été délivrés.

30 Et nous avons souffert toutes sortes d'afflictions, et tout cela afin d'être, peut-être, le moyen de sauver quelque âme ; et nous pensions que notre joie serait pleine si nous pouvions, peut-être, être le moyen d'en sauver quelques-unes.

31 Or, voici, nous pouvons étendre nos regards et voir les fruits de nos travaux ; et sont-ils peu nombreux ? Je vous le dis, non, ils sont nombreux ; oui, et nous pouvons témoigner de leur sincérité, à cause de leur amour envers leurs frères et aussi envers nous.

32 Car voici, ils ont préféré sacrifier leur vie plutôt que d'ôter la vie à leur ennemi ; et ils ont enterré leurs armes de guerre profondément dans la terre à cause de leur amour pour leurs frères.

33 Or, voici, je vous le dis, y a-t-il eu un aussi grand amour dans tout le pays ? Voici, je vous dis que non, il n'y en a pas eu, même parmi les Néphites.

34 Car voici, ils prendraient les armes contre leurs frères, ils ne souffriraient pas qu'on les tuât. Mais voici, combien de ceux-ci ont donné leur vie ; et nous savons qu'ils sont allés à leur Dieu, à cause de leur amour, et de leur haine du péché.

35 Alors, n'avons-nous pas lieu de nous réjouir ? Oui, je vous le dis, il n'y a jamais eu d'hommes qui aient eu autant lieu de se réjouir que nous depuis le commencement du monde ; oui, et je suis transporté de joie, au point de me vanter de mon Dieu ; car il a tout pouvoir, toute sagesse et toute intelligence ; il comprend tout, et il est un Être miséricordieux pour le salut, pour ceux qui se repentent et croient en son nom.

36 Or, si c'est là se vanter, alors je me vanterai ; car c'est là ma vie et ma lumière, ma joie et mon salut, et ma rédemption d'une misère éternelle. Oui, béni est le nom de mon Dieu, qui s'est souvenu de ce peuple, qui est une branchede l'arbre d'Israël qui a été perdue loin de son tronc dans un pays inconnu ; oui, je le dis, béni soit le nom de mon Dieu, qui s'est souvenu de nous, errants dans un pays inconnu.

37 Now my brethren, we see that God is mindful of every people, whatsoever land they may be in; yea, he numbereth his people, and his bowels of mercy are over all the earth. Now this is my joy, and my great thanksgiving; yea, and I will give thanks unto my God forever. Amen.

37 Or, mes frères, nous voyons que Dieu se souvient de tous les peuples, dans quelque pays qu'ils soient ; oui, il dénombre son peuple, et ses entrailles de miséricorde sont sur toute la terre. Or, c'est cela ma joie, et mes grandes actions de grâces ; oui, et je rendrai grâces à mon Dieu à jamais. Amen.

CHAPTER 27

The Lord commands Ammon to lead the people of Anti-Nephi-Lehi to safety—Upon meeting Alma, Ammon's joy exhausts his strength—The Nephites give the Anti-Nephi-Lehies the land of Jershon—They are called the people of Ammon. About 90–77 B.C.

CHAPITRE 27

Le Seigneur commande à Ammon de conduire le peuple d'Anti-Néphi-Léhi en sûreté — Lorsqu'il rencontre Alma, Ammon éprouve une joie qui épuise ses forces — Les Néphites donnent aux Anti-Néphi-Léhis le pays de Jershon — On lui donne le nom de peuple d'Ammon. Vers 90–77 av. J.-C.

1 Now it came to pass that when those Lamanites who had gone to war against the Nephites had found, after their many struggles to destroy them, that it was in vain to seek their destruction, they returned again to the land of Nephi.

1 Alors, il arriva que lorsque les Lamanites qui étaient allés à la guerre contre les Néphites eurent constaté, après leurs nombreux efforts pour les détruire, qu'il était vain de chercher leur destruction, ils retournèrent au pays de Néphi.

2 And it came to pass that the Amalekites, because of their loss, were exceedingly angry. And when they saw that they could not seek revenge from the Nephites, they began to stir up the people in anger against their brethren, the people of Anti-Nephi-Lehi; therefore they began again to destroy them.

2 Et il arriva que les Amalékites étaient extrêmement en colère à cause de leurs pertes. Et lorsqu'ils virent qu'ils ne pouvaient pas se venger sur les Néphites, ils commencèrent à exciter le peuple à la colère contre ses frères, le peuple d'Anti-Néphi-Léhi. C'est pourquoi, ils recommencèrent à le détruire.

3 Now this people again refused to take their arms, and they suffered themselves to be slain according to the desires of their enemies.

3 Or, ce peuple refusa de nouveau de prendre les armes, et il se laissa tuer selon le désir de ses ennemis.

4 Now when Ammon and his brethren saw this work of destruction among those whom they so dearly beloved, and among those who had so dearly beloved them—for they were treated as though they were angels sent from God to save them from everlasting destruction—therefore, when Ammon and his brethren saw this great work of destruction, they were moved with compassion, and they said unto the king:

4 Alors, quand Ammon et ses frères virent cette œuvre de destruction parmi ceux qu'ils aimaient tant et parmi ceux qui les avaient tant aimés — car ils étaient traités comme s'ils étaient des anges envoyés de la part de Dieu pour les sauver de la destruction éternelle — c'est pourquoi, lorsqu'Ammon et ses frères virent cette grande œuvre de destruction, ils furent émus de compassion et dirent au roi :

5 Let us gather together this people of the Lord, and let us go down to the land of Zarahemla to our brethren the Nephites, and flee out of the hands of our enemies, that we be not destroyed.

5 Rassemblons ce peuple du Seigneur, et descendons au pays de Zarahemla auprès de nos frères, les Néphites, et fuyons hors des mains de nos ennemis, afin de ne pas être détruits.

6 But the king said unto them: Behold, the Nephites will destroy us, because of the

6 Mais le roi leur dit : Voici, les Néphites nous détruiront, à cause des nombreux

many murders and sins we have committed against them.

7 And Ammon said: I will go and inquire of the Lord, and if he say unto us, go down unto our brethren, will ye go?

8 And the king said unto him: Yea, if the Lord saith unto us go, we will go down unto our brethren, and we will be their slaves until we repair unto them the many murders and sins which we have committed against them.

9 But Ammon said unto him: It is against the law of our brethren, which was established by my father, that there should be any slaves among them; therefore let us go down and rely upon the mercies of our brethren.

10 But the king said unto him: Inquire of the Lord, and if he saith unto us go, we will go; otherwise we will perish in the land.

11 And it came to pass that Ammon went and inquired of the Lord, and the Lord said unto him:

12 Get this people out of this land, that they perish not; for Satan has great hold on the hearts of the Amalekites, who do stir up the Lamanites to anger against their brethren to slay them; therefore get thee out of this land; and blessed are this people in this generation, for I will preserve them.

13 And now it came to pass that Ammon went and told the king all the words which the Lord had said unto him.

14 And they gathered together all their people, yea, all the people of the Lord, and did gather together all their flocks and herds, and departed out of the land, and came into the wilderness which divided the land of Nephi from the land of Zarahemla, and came over near the borders of the land.

15 And it came to pass that Ammon said unto them: Behold, I and my brethren will go forth into the land of Zarahemla, and ye shall remain here until we return; and we will try the hearts of our brethren, whether they will that ye shall come into their land.

16 And it came to pass that as Ammon was going forth into the land, that he and his brethren met Alma, over in the place of which has been spoken; and behold, this was a joyful meeting.

17 Now the joy of Ammon was so great even that he was full; yea, he was swallowed up

meurtres et des nombreux péchés que nous avons commis contre eux.

7 Et Ammon dit : Je vais consulter le Seigneur, et s'il nous dit de descendre vers nos frères, irez-vous ?

8 Et le roi lui dit : Oui, si le Seigneur nous dit : Allez, nous descendrons vers nos frères, et nous serons leurs esclaves jusqu'à ce que nous ayons réparé pour eux les nombreux meurtres et les nombreux péchés que nous avons commis contre eux.

9 Mais Ammon lui dit : Il est contre la loi de nos frères, qui a été établie par mon père, qu'il y ait des esclaves parmi eux ; c'est pourquoi, descendons et confions-nous à la miséricorde de nos frères.

10 Mais le roi lui dit : Consulte le Seigneur, et s'il nous dit : Allez, nous irons ; sinon nous périrons dans le pays.

11 Et il arriva qu'Ammon alla consulter le Seigneur, et le Seigneur lui dit :

12 Fais sortir ce peuple de ce pays, afin qu'il ne périsse pas ; car Satan a une grande emprise sur le cœur des Amalékites, qui excitent les Lamanites à la colère contre leurs frères pour qu'ils les tuent ; c'est pourquoi, sors de ce pays, et béni est ce peuple dans cette génération, car je le préserverai.

13 Et alors, il arriva qu'Ammon alla dire au roi toutes les paroles que le Seigneur lui avait dites.

14 Et ils rassemblèrent tout leur peuple, oui, tout le peuple du Seigneur, et rassemblèrent tous leurs troupeaux de gros et de petit bétail, et quittèrent le pays, et vinrent dans le désert qui séparait le pays de Néphi du pays de Zarahemla, et arrivèrent près des régions frontières du pays.

15 Et il arriva qu'Ammon leur dit : Voici, moi et mes frères irons au pays de Zarahemla, et vous resterez ici jusqu'à ce que nous revenions ; et nous mettrons à l'épreuve le cœur de nos frères, pour savoir s'ils veulent que vous entriez dans leur pays.

16 Et il arriva que comme Ammon entrait dans le pays, lui et ses frères rencontrèrent Alma dans le lieu dont il a été parlé ; et voici, ce fut une joyeuse rencontre.

17 Or, la joie d'Ammon était si grande qu'il en fut rempli ; oui, il fut absorbé dans la joie

in the joy of his God, even to the exhausting of his strength; and he fell again to the earth.

18 Now was not this exceeding joy? Behold, this is joy which none receiveth save it be the truly penitent and humble seeker of happiness.

19 Now the joy of Alma in meeting his brethren was truly great, and also the joy of Aaron, of Omner, and Himni; but behold their joy was not that to exceed their strength.

20 And now it came to pass that Alma conducted his brethren back to the land of Zarahemla; even to his own house. And they went and told the chief judge all the things that had happened unto them in the land of Nephi, among their brethren, the Lamanites.

21 And it came to pass that the chief judge sent a proclamation throughout all the land, desiring the voice of the people concerning the admitting their brethren, who were the people of Anti-Nephi-Lehi.

22 And it came to pass that the voice of the people came, saying: Behold, we will give up the land of Jershon, which is on the east by the sea, which joins the land Bountiful, which is on the south of the land Bountiful; and this land Jershon is the land which we will give unto our brethren for an inheritance.

23 And behold, we will set our armies between the land Jershon and the land Nephi, that we may protect our brethren in the land Jershon; and this we do for our brethren, on account of their fear to take up arms against their brethren lest they should commit sin; and this their great fear came because of their sore repentance which they had, on account of their many murders and their awful wickedness.

24 And now behold, this will we do unto our brethren, that they may inherit the land Jershon; and we will guard them from their enemies with our armies, on condition that they will give us a portion of their substance to assist us that we may maintain our armies.

25 Now, it came to pass that when Ammon had heard this, he returned to the people of Anti-Nephi-Lehi, and also Alma with him, into the wilderness, where they had pitched their tents, and made known unto them all

de son Dieu jusqu'à l'épuisement de ses forces ; et il tomba de nouveau par terre.

18 Or, n'était-ce pas là une joie extrême ? Voici, c'est là une joie que nul ne reçoit, si ce n'est celui qui est vraiment pénitent et recherche humblement le bonheur.

19 Or, la joie d'Alma à rencontrer ses frères était vraiment grande, et aussi la joie d'Aaron, d'Omner et d'Himni ; mais voici, leur joie n'était pas grande au point de dépasser leur force.

20 Et alors, il arriva qu'Alma reconduisit ses frères au pays de Zarahemla, dans sa maison. Et ils allèrent dire au grand juge tout ce qui leur était arrivé au pays de Néphi, parmi leurs frères, les Lamanites.

21 Et il arriva que le grand juge envoya une proclamation dans tout le pays, désirant la voix du peuple concernant l'admission de ses frères, qui étaient le peuple d'Anti-Néphi-Léhi.

22 Et il arriva que la voix du peuple vint, disant : Voici, nous céderons le pays de Jershon, qui est à l'est près de la mer, qui touche le pays d'Abondance, qui est au sud du pays d'Abondance ; et ce pays de Jershon est le pays que nous donnerons en héritage à nos frères.

23 Et voici, nous placerons nos armées entre le pays de Jershon et le pays de Néphi, afin de protéger nos frères au pays de Jershon ; et cela, nous le faisons pour nos frères, à cause de leur crainte de prendre les armes contre leurs frères, de peur de commettre un péché ; et cette grande crainte qui est la leur est venue à cause du profond repentir qu'ils ont éprouvé pour leurs nombreux meurtres et leur affreuse méchanceté.

24 Et voici, cela nous le ferons pour nos frères, afin qu'ils héritent le pays de Jershon ; et nous les garderons de leurs ennemis avec nos armées, à condition qu'ils nous donnent une part de leurs biens pour nous aider, afin que nous puissions entretenir nos armées.

25 Alors, il arriva que lorsqu'il eut entendu cela, Ammon retourna auprès du peuple d'Anti-Néphi-Léhi, et aussi Alma avec lui, dans le désert, où il avait dressé ses tentes, et lui communiqua toutes ces choses. Et

these things. And Alma also related unto them his conversion, with Ammon and Aaron, and his brethren.

26 And it came to pass that it did cause great joy among them. And they went down into the land of Jershon, and took possession of the land of Jershon; and they were called by the Nephites the people of Ammon; therefore they were distinguished by that name ever after.

27 And they were among the people of Nephi, and also numbered among the people who were of the church of God. And they were also distinguished for their zeal towards God, and also towards men; for they were perfectly honest and upright in all things; and they were firm in the faith of Christ, even unto the end.

28 And they did look upon shedding the blood of their brethren with the greatest abhorrence; and they never could be prevailed upon to take up arms against their brethren; and they never did look upon death with any degree of terror, for their hope and views of Christ and the resurrection; therefore, death was swallowed up to them by the victory of Christ over it.

29 Therefore, they would suffer death in the most aggravating and distressing manner which could be inflicted by their brethren, before they would take the sword or cimeter to smite them.

30 And thus they were a zealous and beloved people, a highly favored people of the Lord.

CHAPTER 28

The Lamanites are defeated in a tremendous battle—Tens of thousands are slain—The wicked are consigned to a state of endless woe; the righteous attain a never-ending happiness. About 77–76 B.C.

1 And now it came to pass that after the people of Ammon were established in the land of Jershon, and a church also established in the land of Jershon, and the armies of the Nephites were set round about the land of Jershon, yea, in all the borders round about the land of Zarahemla; behold the armies of

Alma lui raconta aussi sa conversion, avec Ammon et Aaron, et ses frères.

26 Et il arriva que cela causa une grande joie parmi eux. Et ils descendirent au pays de Jershon, et prirent possession du pays de Jershon ; et ils furent appelés, par les Néphites, le peuple d'Ammon ; c'est pourquoi, ils furent dorénavant distingués par ce nom.

27 Et ils étaient parmi le peuple de Néphi, et également comptés parmi le peuple qui était de l'Église de Dieu. Et ils se distinguaient aussi par leur zèle envers Dieu, et aussi envers les hommes ; car ils étaient parfaitement honnêtes et droits en tout ; et ils furent fermes dans la foi du Christ jusqu'à la fin.

28 Et ils considéraient l'effusion du sang de leurs frères avec la plus grande aversion ; et on ne put jamais les persuader de prendre les armes contre leurs frères ; et ils ne considérèrent jamais la mort avec le moindre sentiment de terreur, à cause de leur espérance et de leurs convictions concernant le Christ et la résurrection. C'est pourquoi, la mort était engloutie pour eux par la victoire du Christ sur elle.

29 C'est pourquoi, ils préféraient souffrir la mort de la manière la plus pénible et la plus atroce que leurs frères pouvaient leur infliger, plutôt que de prendre l'épée ou le cimeterre pour les frapper.

30 Et ainsi, ils étaient un peuple zélé et bien-aimé, un peuple hautement favorisé par le Seigneur.

CHAPITRE 28

Les Lamanites sont battus au cours d'une épouvantable bataille — Des dizaines de milliers sont tués — Les méchants sont condamnés à un état de malheur sans fin ; les justes parviennent à un bonheur qui n'a pas de fin. Vers 77–76 av. J.-C.

1 Et alors, il arriva que lorsque le peuple d'Ammon eut été établi au pays de Jershon, et qu'une Église eut aussi été établie au pays de Jershon, oui, dans toutes les régions frontières autour du pays de Zarahemla, voici,

the Lamanites had followed their brethren into the wilderness.

2 And thus there was a tremendous battle; yea, even such an one as never had been known among all the people in the land from the time Lehi left Jerusalem; yea, and tens of thousands of the Lamanites were slain and scattered abroad.

3 Yea, and also there was a tremendous slaughter among the people of Nephi; nevertheless, the Lamanites were driven and scattered, and the people of Nephi returned again to their land.

4 And now this was a time that there was a great mourning and lamentation heard throughout all the land, among all the people of Nephi—

5 Yea, the cry of widows mourning for their husbands, and also of fathers mourning for their sons, and the daughter for the brother, yea, the brother for the father; and thus the cry of mourning was heard among all of them, mourning for their kindred who had been slain.

6 And now surely this was a sorrowful day; yea, a time of solemnity, and a time of much fasting and prayer.

7 And thus endeth the fifteenth year of the reign of the judges over the people of Nephi;

8 And this is the account of Ammon and his brethren, their journeyings in the land of Nephi, their sufferings in the land, their sorrows, and their afflictions, and their incomprehensible joy, and the reception and safety of the brethren in the land of Jershon. And now may the Lord, the Redeemer of all men, bless their souls forever.

9 And this is the account of the wars and contentions among the Nephites, and also the wars between the Nephites and the Lamanites; and the fifteenth year of the reign of the judges is ended.

10 And from the first year to the fifteenth has brought to pass the destruction of many thousand lives; yea, it has brought to pass an awful scene of bloodshed.

11 And the bodies of many thousands are laid low in the earth, while the bodies of many thousands are moldering in heaps upon the face of the earth; yea, and many thousands are mourning for the loss of their

les armées des Lamanites avaient suivi leurs frères dans le désert.

2 Et ainsi, il y eut une épouvantable bataille ; oui, telle qu'on n'en avait jamais connu de pareille parmi tout le peuple du pays depuis le moment où Léhi quitta Jérusalem ; oui, et des dizaines de milliers de Lamanites furent tués et dispersés au loin.

3 Oui, et il y eut aussi un massacre épouvantable parmi le peuple de Néphi ; néanmoins, les Lamanites furent chassés et dispersés, et le peuple de Néphi retourna dans son pays.

4 Et alors, ce fut un moment où de grands pleurs et de grandes lamentations se firent entendre dans tout le pays, parmi tout le peuple de Néphi —

5 oui, le cri des veuves pleurant leurs maris, et aussi des pères pleurant leurs fils, et la fille le frère, oui, le frère le père ; et ainsi, le cri des pleurs se fit entendre parmi eux tous, pleurant ceux des leurs qui avaient été tués.

6 Et maintenant, assurément ce fut un jour de tristesse ; oui, une époque de solennité, et une époque de nombreux jeûnes et de nombreuses prières.

7 Et ainsi finit la quinzième année du règne des juges sur le peuple de Néphi ;

8 et tel est le récit d'Ammon et de ses frères, de leurs voyages au pays de Néphi, de leurs souffrances dans le pays, de leurs tristesses, et de leurs afflictions, et de leur joie qui dépasse toute compréhension, et la réception et la sécurité des frères au pays de Jershon. Et maintenant, que le Seigneur, le Rédempteur de tous les hommes, bénisse leur âme à jamais.

9 Et tel est le récit des guerres et des querelles parmi les Néphites, et aussi des guerres entre les Néphites et les Lamanites ; et la quinzième année du règne des juges est finie.

10 Et de la première année à la quinzième s'est produite la destruction de nombreux milliers de vies ; oui, il s'est produit une affreuse scène d'effusion de sang.

11 Et les corps de nombreux milliers sont ensevelis dans la terre, tandis que les corps de nombreux milliers pourrissent par monceaux sur la surface de la terre ; oui, et de nombreux milliers pleurent la perte des

kindred, because they have reason to fear, according to the promises of the Lord, that they are consigned to a state of endless wo.

12 While many thousands of others truly mourn for the loss of their kindred, yet they rejoice and exult in the hope, and even know, according to the promises of the Lord, that they are raised to dwell at the right hand of God, in a state of never-ending happiness.

13 And thus we see how great the inequality of man is because of sin and transgression, and the power of the devil, which comes by the cunning plans which he hath devised to ensnare the hearts of men.

14 And thus we see the great call of diligence of men to labor in the vineyards of the Lord; and thus we see the great reason of sorrow, and also of rejoicing—sorrow because of death and destruction among men, and joy because of the light of Christ unto life.

CHAPTER 29

Alma desires to cry repentance with angelic zeal—The Lord grants teachers for all nations—Alma glories in the Lord's work and in the success of Ammon and his brethren. About 76 B.C.

1 O that I were an angel, and could have the wish of mine heart, that I might go forth and speak with the trump of God, with a voice to shake the earth, and cry repentance unto every people!

2 Yea, I would declare unto every soul, as with the voice of thunder, repentance and the plan of redemption, that they should repent and come unto our God, that there might not be more sorrow upon all the face of the earth.

3 But behold, I am a man, and do sin in my wish; for I ought to be content with the things which the Lord hath allotted unto me.

4 I ought not to harrow up in my desires the firm decree of a just God, for I know that he granteth unto men according to their desire, whether it be unto death or unto life; yea, I know that he allotteth unto men, yea, de-

leurs, parce qu'ils ont lieu de craindre, selon les promesses du Seigneur, qu'ils ne soient condamnés à un état de malheur sans fin.

12 Tandis que de nombreux milliers d'autres pleurent vraiment la perte des leurs, néanmoins, ils se réjouissent et exultent dans l'espérance, et même savent, selon les promesses du Seigneur, qu'ils sont ressuscités pour demeurer à la droite de Dieu, dans un état de bonheur qui n'a pas de fin.

13 Et ainsi, nous voyons comme l'inégalité de l'homme est grande à cause du péché, et de la transgression, et du pouvoir du diable, qui vient des plans rusés qu'il a inventés pour prendre au piège le cœur des hommes.

14 Et ainsi, nous voyons le grand appel à la diligence pour que les hommes travaillent dans les vignes du Seigneur ; et ainsi, nous voyons la grande raison de la tristesse, et aussi de la joie — de la tristesse à cause de la mort et de la destruction parmi les hommes, et de la joie à cause de la lumière du Christ qui mène à la vie.

CHAPITRE 29

Alma désire appeler au repentir avec un zèle d'ange — Le Seigneur accorde des instructeurs à toutes les nations — Alma met sa gloire dans l'œuvre du Seigneur et dans le succès d'Ammon et de ses frères. Vers 76 av. J.-C.

1 Oh, que je voudrais être un ange et satisfaire le souhait de mon cœur, d'aller et de parler avec la trompette de Dieu, d'une voix qui fait trembler la terre, et d'appeler tous les peuples au repentir !

2 Oui, j'annoncerais à toute âme, comme avec la voix du tonnerre, le repentir et le plan de rédemption, afin qu'elle se repente et vienne à notre Dieu, afin qu'il n'y ait plus de tristesse sur toute la surface de la terre.

3 Mais voici, je suis un homme, et je pèche dans mon souhait ; car je devrais me contenter des choses que le Seigneur m'a assignées.

4 Je ne devrais pas perturber, dans mon désir, le ferme décret d'un Dieu juste, car je sais qu'il accorde aux hommes selon leur désir, que ce soit pour la mort ou pour la vie ; oui, je sais qu'il assigne aux hommes, oui,

creeth unto them decrees which are unalterable, according to their wills, whether they be unto salvation or unto destruction.

5 Yea, and I know that good and evil have come before all men; he that knoweth not good from evil is blameless; but he that knoweth good and evil, to him it is given according to his desires, whether he desireth good or evil, life or death, joy or remorse of conscience.

6 Now, seeing that I know these things, why should I desire more than to perform the work to which I have been called?

7 Why should I desire that I were an angel, that I could speak unto all the ends of the earth?

8 For behold, the Lord doth grant unto all nations, of their own nation and tongue, to teach his word, yea, in wisdom, all that he seeth fit that they should have; therefore we see that the Lord doth counsel in wisdom, according to that which is just and true.

9 I know that which the Lord hath commanded me, and I glory in it. I do not glory of myself, but I glory in that which the Lord hath commanded me; yea, and this is my glory, that perhaps I may be an instrument in the hands of God to bring some soul to repentance; and this is my joy.

10 And behold, when I see many of my brethren truly penitent, and coming to the Lord their God, then is my soul filled with joy; then do I remember what the Lord has done for me, yea, even that he hath heard my prayer; yea, then do I remember his merciful arm which he extended towards me.

11 Yea, and I also remember the captivity of my fathers; for I surely do know that the Lord did deliver them out of bondage, and by this did establish his church; yea, the Lord God, the God of Abraham, the God of Isaac, and the God of Jacob, did deliver them out of bondage.

12 Yea, I have always remembered the captivity of my fathers; and that same God who delivered them out of the hands of the Egyptians did deliver them out of bondage.

13 Yea, and that same God did establish his church among them; yea, and that same God hath called me by a holy calling, to preach

décrète pour eux des décrets qui sont inaltérables, selon leur volonté, qu'ils soient pour le salut ou pour la destruction.

5 Oui, et je sais que le bien et le mal sont présents devant tous les hommes ; celui qui ne connaît pas la différence entre le bien et le mal est innocent ; mais à celui qui connaît le bien et le mal, il est donné selon son désir, qu'il désire le bien ou le mal, la vie ou la mort, la joie ou le remords de conscience.

6 Or, puisque je sais ces choses, pourquoi désirerais-je davantage qu'accomplir l'œuvre à laquelle j'ai été appelé ?

7 Pourquoi désirerais-je être un ange, afin de pouvoir parler à toutes les extrémités de la terre ?

8 Car voici, le Seigneur accorde à toutes les nations des gens de leur propre nation et de leur propre langue, pour enseigner sa parole, oui, avec sa sagesse, tout ce qu'il juge bon qu'elles aient ; c'est pourquoi, nous voyons que le Seigneur instruit avec sagesse, selon ce qui est juste et vrai.

9 Je sais ce que le Seigneur m'a commandé, et j'y mets ma gloire. Mais je ne me glorifie pas de moi-même, mais je tire ma gloire de ce que le Seigneur m'a commandé ; oui, et c'est là ma gloire, de pouvoir, peut-être, être un instrument entre les mains de Dieu pour amener quelque âme au repentir ; et c'est là ma joie.

10 Et voici, lorsque je vois beaucoup de mes frères vraiment pénitents, et venant au Seigneur, leur Dieu, alors mon âme est remplie de joie ; alors je me souviens de ce que le Seigneur a fait pour moi ; oui, qu'il a entendu ma prière ; oui, alors je me souviens de son bras miséricordieux qu'il a étendu vers moi.

11 Oui, et je me souviens aussi de la captivité de mes pères ; car je sais assurément que le Seigneur les a délivrés de la servitude et a établi ainsi son Église ; oui, le Seigneur Dieu, le Dieu d'Abraham, le Dieu d'Isaac, et le Dieu de Jacob les a délivrés de la servitude.

12 Oui, je me suis toujours souvenu de la captivité de mes pères ; et ce même Dieu, qui les a délivrés des mains des Égyptiens, les a délivrés de la servitude.

13 Oui, et ce même Dieu a établi son Église parmi eux ; oui, et ce même Dieu m'a appelé, par un saint appel, à prêcher la parole à ce

the word unto this people, and hath given me much success, in the which my joy is full.

14 But I do not joy in my own success alone, but my joy is more full because of the success of my brethren, who have been up to the land of Nephi.

15 Behold, they have labored exceedingly, and have brought forth much fruit; and how great shall be their reward!

16 Now, when I think of the success of these my brethren my soul is carried away, even to the separation of it from the body, as it were, so great is my joy.

17 And now may God grant unto these, my brethren, that they may sit down in the kingdom of God; yea, and also all those who are the fruit of their labors that they may go no more out, but that they may praise him forever. And may God grant that it may be done according to my words, even as I have spoken. Amen.

CHAPTER 30

Korihor, the anti-Christ, ridicules Christ, the Atonement, and the spirit of prophecy—He teaches that there is no God, no fall of man, no penalty for sin, and no Christ—Alma testifies that Christ will come and that all things denote there is a God—Korihor demands a sign and is struck dumb—The devil had appeared to Korihor as an angel and taught him what to say—Korihor is trodden down and dies. About 76–74 B.C.

1 Behold, now it came to pass that after the people of Ammon were established in the land of Jershon, yea, and also after the Lamanites were driven out of the land, and their dead were buried by the people of the land—

2 Now their dead were not numbered because of the greatness of their numbers; neither were the dead of the Nephites numbered—but it came to pass after they had buried their dead, and also after the days of fasting, and mourning, and prayer, (and it was in the sixteenth year of the reign of the judges over the people of Nephi) there began to be continual peace throughout all the land.

3 Yea, and the people did observe to keep the commandments of the Lord; and they were strict in observing the ordinances of

peuple, et m'a donné beaucoup de succès, en quoi ma joie est pleine.

14 Mais je ne me réjouis pas seulement de mon succès, mais ma joie est encore plus pleine à cause du succès de mes frères, qui sont montés au pays de Néphi.

15 Voici, ils ont travaillé extrêmement et ont produit beaucoup de fruits ; et comme leur récompense sera grande !

16 Or, lorsque je pense au succès de ceux-ci qui sont mes frères, mon âme est ravie jusqu'à sa séparation du corps, pour ainsi dire, si grande est ma joie.

17 Et maintenant, que Dieu accorde à ceux-ci, mes frères, de s'asseoir dans le royaume de Dieu ; oui, et aussi à tous ceux qui sont le fruit de leurs travaux, de n'en plus sortir, mais de le louer à jamais. Et veuille Dieu que cela se fasse selon mes paroles, oui, comme je l'ai dit. Amen.

CHAPITRE 30

Korihor, l'antéchrist, ridiculise le Christ, l'expiation et l'esprit de prophétie — Il enseigne qu'il n'y a pas de Dieu, pas de chute de l'homme, pas de châtiment pour le péché, ni de Christ — Alma témoigne que le Christ viendra et que tout montre qu'il y a un Dieu — Korihor réclame un signe et est frappé de mutisme — Le diable était apparu à Korihor sous la forme d'un ange et lui avait enseigné ce qu'il devait dire — Korihor est foulé aux pieds et meurt. Vers 76–74 av. J.-C.

1 Voici, alors, il arriva que lorsque le peuple d'Ammon fut établi au pays de Jershon, oui, et aussi lorsque les Lamanites eurent été chassés du pays, et que leurs morts eurent été enterrés par le peuple du pays —

2 Or, leurs morts ne furent pas comptés à cause de la grandeur de leur nombre ; et les morts des Néphites ne furent pas comptés non plus — mais il arriva que lorsqu'ils eurent enterré leurs morts, et aussi après les jours de jeûne, et de deuil, et de prière (et c'était la seizième année du règne des juges sur le peuple de Néphi), il commença à y avoir une paix continuelle dans tout le pays.

3 Oui, et le peuple s'appliqua à garder les commandements du Seigneur ; et il était strict à observer les ordonnances de Dieu,

God, according to the law of Moses; for they were taught to keep the law of Moses until it should be fulfilled.

4 And thus the people did have no disturbance in all the sixteenth year of the reign of the judges over the people of Nephi.

5 And it came to pass that in the commencement of the seventeenth year of the reign of the judges, there was continual peace.

6 But it came to pass in the latter end of the seventeenth year, there came a man into the land of Zarahemla, and he was Anti-Christ, for he began to preach unto the people against the prophecies which had been spoken by the prophets, concerning the coming of Christ.

7 Now there was no law against a man's belief; for it was strictly contrary to the commands of God that there should be a law which should bring men on to unequal grounds.

8 For thus saith the scripture: Choose ye this day, whom ye will serve.

9 Now if a man desired to serve God, it was his privilege; or rather, if he believed in God it was his privilege to serve him; but if he did not believe in him there was no law to punish him.

10 But if he murdered he was punished unto death; and if he robbed he was also punished; and if he stole he was also punished; and if he committed adultery he was also punished; yea, for all this wickedness they were punished.

11 For there was a law that men should be judged according to their crimes. Nevertheless, there was no law against a man's belief; therefore, a man was punished only for the crimes which he had done; therefore all men were on equal grounds.

12 And this Anti-Christ, whose name was Korihor, (and the law could have no hold upon him) began to preach unto the people that there should be no Christ. And after this manner did he preach, saying:

13 O ye that are bound down under a foolish and a vain hope, why do ye yoke yourselves with such foolish things? Why do ye look for a Christ? For no man can know of anything which is to come.

selon la loi de Moïse ; car il lui était enseigné de garder la loi de Moïse jusqu'à ce qu'elle fût accomplie.

4 Et ainsi, le peuple n'eut pas de troubles toute la seizième année du règne des juges sur le peuple de Néphi.

5 Et il arriva qu'au commencement de la dix-septième année du règne des juges, il y eut une paix continuelle.

6 Mais il arriva que tout à la fin de la dix-septième année, il vint un homme au pays de Zarahemla, et il était l'antéchrist, car il commença à prêcher au peuple contre les prophéties qui avaient été dites par les prophètes concernant la venue du Christ.

7 Or, il n'y avait pas de loi contre la croyance d'un homme, car il était strictement contraire aux commandements de Dieu qu'il y eût une loi qui mît les hommes sur un pied d'inégalité.

8 Car ainsi dit l'Écriture : Choisissez aujourd'hui qui vous voulez servir.

9 Or, si un homme désirait servir Dieu, c'était son droit ; ou plutôt, s'il croyait en Dieu, il avait le droit de le servir ; mais s'il ne croyait pas en lui, il n'y avait pas de loi pour le punir.

10 Mais s'il commettait le meurtre, il était puni de mort ; et s'il commettait des actes de brigandage, il était également puni ; et s'il volait, il était également puni ; et s'il commettait l'adultère, il était également puni ; oui, pour toute cette méchanceté, ils étaient punis.

11 Car il y avait une loi stipulant que les hommes devaient être jugés selon leurs crimes. Néanmoins, il n'y avait pas de loi contre la croyance d'un homme ; un homme n'était donc puni que pour les crimes qu'il avait commis ; c'est pourquoi, tous les hommes étaient sur un pied d'égalité.

12 Et cet antéchrist, dont le nom était Korihor (et la loi n'avait aucune prise sur lui), commença à prêcher au peuple qu'il n'y aurait pas de Christ. Et il prêchait de cette manière, disant :

13 Ô vous qui êtes entravés par une espérance insensée et vaine, pourquoi vous mettez-vous sous le joug de choses aussi insensées ? Pourquoi attendez-vous un Christ ? Car nul ne peut rien savoir de ce qui est à venir.

14 Behold, these things which ye call prophecies, which ye say are handed down by holy prophets, behold, they are foolish traditions of your fathers.

15 How do ye know of their surety? Behold, ye cannot know of things which ye do not see; therefore ye cannot know that there shall be a Christ.

16 Ye look forward and say that ye see a remission of your sins. But behold, it is the effect of a frenzied mind; and this derangement of your minds comes because of the traditions of your fathers, which lead you away into a belief of things which are not so.

17 And many more such things did he say unto them, telling them that there could be no atonement made for the sins of men, but every man fared in this life according to the management of the creature; therefore every man prospered according to his genius, and that every man conquered according to his strength; and whatsoever a man did was no crime.

18 And thus he did preach unto them, leading away the hearts of many, causing them to lift up their heads in their wickedness, yea, leading away many women, and also men, to commit whoredoms—telling them that when a man was dead, that was the end thereof.

19 Now this man went over to the land of Jershon also, to preach these things among the people of Ammon, who were once the people of the Lamanites.

20 But behold they were more wise than many of the Nephites; for they took him, and bound him, and carried him before Ammon, who was a high priest over that people.

21 And it came to pass that he caused that he should be carried out of the land. And he came over into the land of Gideon, and began to preach unto them also; and here he did not have much success, for he was taken and bound and carried before the high priest, and also the chief judge over the land.

22 And it came to pass that the high priest said unto him: Why do ye go about perverting the ways of the Lord? Why do ye teach this people that there shall be no Christ, to interrupt their rejoicings? Why do ye speak against all the prophecies of the holy prophets?

14 Voici, ces choses que vous appelez prophéties, que vous dites transmises par de saints prophètes, voici, ce sont des traditions insensées de vos pères.

15 Comment savez-vous qu'elles sont sûres ? Voici, vous ne pouvez pas connaître des choses que vous ne voyez pas ; c'est pourquoi, vous ne pouvez savoir qu'il y aura un Christ.

16 Vous regardez vers l'avenir et dites que vous voyez une rémission de vos péchés. Mais voici, c'est l'effet d'un esprit en délire, et ce dérangement de votre esprit vient des traditions de vos pères, qui vous entraînent à croire des choses qui ne sont pas.

17 Et il leur dit beaucoup d'autres choses de ce genre, leur disant qu'il ne pouvait être fait d'expiation pour les péchés des hommes, mais que ce qu'il advenait de tout homme dans cette vie dépendait de la façon dont il se gouvernait ; c'est pourquoi, tout homme prospérait selon son génie, et tout homme conquérait selon sa force, et tout ce qu'un homme faisait n'était pas un crime.

18 Et c'est ainsi qu'il leur prêchait, égarant le cœur de beaucoup, leur faisant redresser la tête dans leur méchanceté, oui, entraînant beaucoup de femmes, et aussi d'hommes, à commettre la fornication — leur disant que lorsqu'un homme était mort, c'en était fini.

19 Or, cet homme passa aussi dans le pays de Jershon pour prêcher ces choses parmi le peuple d'Ammon, qui fut jadis le peuple des Lamanites.

20 Mais voici, ils furent plus sages que beaucoup de Néphites ; car ils le prirent, et le lièrent, et l'amenèrent devant Ammon, qui était grand prêtre de ce peuple.

21 Et il arriva qu'il le fit emmener hors du pays. Et il passa dans le pays de Gédéon, et commença à leur prêcher aussi ; et là il n'eut pas beaucoup de succès, car il fut pris, et lié, et amené devant le grand prêtre, et aussi le grand juge du pays.

22 Et il arriva que le grand prêtre lui dit : Pourquoi vas-tu partout pervertir les voies du Seigneur ? Pourquoi enseignes-tu à ce peuple qu'il n'y aura pas de Christ, pour interrompre sa joie ? Pourquoi parles-tu contre toutes les prophéties des saints prophètes ?

23 Now the high priest's name was Giddonah. And Korihor said unto him: Because I do not teach the foolish traditions of your fathers, and because I do not teach this people to bind themselves down under the foolish ordinances and performances which are laid down by ancient priests, to usurp power and authority over them, to keep them in ignorance, that they may not lift up their heads, but be brought down according to thy words.

24 Ye say that this people is a free people. Behold, I say they are in bondage. Ye say that those ancient prophecies are true. Behold, I say that ye do not know that they are true.

25 Ye say that this people is a guilty and a fallen people, because of the transgression of a parent. Behold, I say that a child is not guilty because of its parents.

26 And ye also say that Christ shall come. But behold, I say that ye do not know that there shall be a Christ. And ye say also that he shall be slain for the sins of the world—

27 And thus ye lead away this people after the foolish traditions of your fathers, and according to your own desires; and ye keep them down, even as it were in bondage, that ye may glut yourselves with the labors of their hands, that they durst not look up with boldness, and that they durst not enjoy their rights and privileges.

28 Yea, they durst not make use of that which is their own lest they should offend their priests, who do yoke them according to their desires, and have brought them to believe, by their traditions and their dreams and their whims and their visions and their pretended mysteries, that they should, if they did not do according to their words, offend some unknown being, who they say is God—a being who never has been seen or known, who never was nor ever will be.

29 Now when the high priest and the chief judge saw the hardness of his heart, yea, when they saw that he would revile even against God, they would not make any reply to his words; but they caused that he should be bound; and they delivered him up into the hands of the officers, and sent him to the land of Zarahemla, that he might be brought before Alma, and the chief judge who was governor over all the land.

23 Or, le nom du grand prêtre était Giddonah. Et Korihor lui dit : Parce que je n'enseigne pas les traditions insensées de vos pères, et parce que je n'enseigne pas à ce peuple de se laisser entraver par les ordonnances et les observances insensées qui sont prescrites par des prêtres d'autrefois, pour usurper le pouvoir et l'autorité sur eux, pour les garder dans l'ignorance, afin qu'ils ne relèvent pas la tête, mais soient abaissés selon tes paroles.

24 Vous dites que ce peuple est un peuple libre. Voici, je dis qu'il est dans la servitude. Vous dites que ces prophéties d'autrefois sont vraies. Voici, je dis que vous ne savez pas qu'elles sont vraies.

25 Vous dites que ce peuple est un peuple coupable et déchu, à cause de la transgression d'un de ses parents. Voici, je dis qu'un enfant n'est pas coupable à cause de ses parents.

26 Et vous dites aussi que le Christ viendra. Mais voici, je dis que vous ne savez pas qu'il y aura un Christ. Et vous dites aussi qu'il sera tué pour les péchés du monde —

27 et ainsi, vous entraînez ce peuple dans les traditions insensées de vos pères, et selon votre propre désir ; et vous le gardez abaissé, comme si c'était en servitude, afin de vous gorger des travaux de leurs mains, afin qu'ils n'osent pas lever les yeux avec hardiesse, et afin qu'ils n'osent pas jouir de leurs droits et de leurs libertés.

28 Oui, ils n'osent pas faire usage de ce qui est à eux de peur d'offenser leurs prêtres, qui leur imposent leur joug selon leur désir, et les ont amenés à croire, par leurs traditions, et leurs rêves, et leurs caprices, et leurs visions, et leurs prétendus mystères, que s'ils n'agissaient pas selon leurs paroles, ils offenseraient quelque être inconnu, qui, disent-ils, est Dieu — un être qui n'a jamais été vu ou connu, qui n'a jamais été ni ne sera jamais.

29 Alors, quand le grand prêtre et le grand juge virent l'endurcissement de son cœur, oui, lorsqu'ils virent qu'il était capable d'injurier même Dieu, ils ne voulurent faire aucune réponse à ses paroles ; mais ils le firent lier, et ils le remirent entre les mains des officiers, et l'envoyèrent au pays de Zarahemla, afin qu'il fût amené devant Alma et le grand juge qui était gouverneur de tout le pays.

30 And it came to pass that when he was brought before Alma and the chief judge, he did go on in the same manner as he did in the land of Gideon; yea, he went on to blaspheme.

31 And he did rise up in great swelling words before Alma, and did revile against the priests and teachers, accusing them of leading away the people after the silly traditions of their fathers, for the sake of glutting on the labors of the people.

32 Now Alma said unto him: Thou knowest that we do not glut ourselves upon the labors of this people; for behold I have labored even from the commencement of the reign of the judges until now, with mine own hands for my support, notwithstanding my many travels round about the land to declare the word of God unto my people.

33 And notwithstanding the many labors which I have performed in the church, I have never received so much as even one senine for my labor; neither has any of my brethren, save it were in the judgment-seat; and then we have received only according to law for our time.

34 And now, if we do not receive anything for our labors in the church, what doth it profit us to labor in the church save it were to declare the truth, that we may have rejoicings in the joy of our brethren?

35 Then why sayest thou that we preach unto this people to get gain, when thou, of thyself, knowest that we receive no gain? And now, believest thou that we deceive this people, that causes such joy in their hearts?

36 And Korihor answered him, Yea.

37 And then Alma said unto him: Believest thou that there is a God?

38 And he answered, Nay.

39 Now Alma said unto him: Will ye deny again that there is a God, and also deny the Christ? For behold, I say unto you, I know there is a God, and also that Christ shall come.

40 And now what evidence have ye that there is no God, or that Christ cometh not? I say unto you that ye have none, save it be your word only.

41 But, behold, I have all things as a testimony that these things are true; and ye also have all things as a testimony unto you that

30 Et il arriva que lorsqu'il fut amené devant Alma et le grand juge, il continua de la même manière que dans le pays de Gédéon ; oui, il continua à blasphémer.

31 Et il s'éleva en discours enflés de vanité devant Alma, et injuria les prêtres et les instructeurs, les accusant d'entraîner le peuple dans les sottes traditions de leurs pères, en vue de se gorger des travaux du peuple.

32 Alors Alma lui dit : Tu sais que nous ne nous gorgeons pas des travaux de ce peuple ; car voici, j'ai travaillé de mes propres mains depuis le commencement du règne des juges jusqu'à maintenant pour assurer mon entretien, malgré mes nombreux voyages partout dans le pays pour annoncer la parole de Dieu à mon peuple.

33 Et malgré les nombreux travaux que j'ai accomplis dans l'Église, je n'ai jamais reçu ne fût-ce même qu'une sénine pour mon travail ; et aucun de mes frères non plus, sauf pour le siège du jugement ; et là, nous n'avons reçu, pour notre temps, que selon la loi.

34 Et maintenant, si nous ne recevons rien pour nos travaux dans l'Église, à quoi cela nous sert-il de travailler dans l'Église, si ce n'est pour annoncer la vérité, afin de nous réjouir de la joie de nos frères ?

35 Alors pourquoi dis-tu que nous prêchons à ce peuple pour obtenir du gain, alors que tu sais, par toi-même, que nous ne recevons pas de gain ? Et maintenant, crois-tu que nous trompons ce peuple et que c'est cela qui cause une telle joie dans son cœur ?

36 Et Korihor lui répondit : Oui.

37 Et alors Alma lui dit : Crois-tu qu'il y a un Dieu ?

38 Et il répondit : Non.

39 Alors Alma lui dit : Nieras-tu encore qu'il y a un Dieu, et nieras-tu aussi le Christ ? Car voici, je te le dis, je sais qu'il y a un Dieu, et aussi que le Christ viendra.

40 Et maintenant, quelle preuve as-tu de ce qu'il n'y a pas de Dieu, ou de ce que le Christ ne vient pas ? Je te dis que tu n'en as aucune, si ce n'est ta seule parole.

41 Mais voici, j'ai tout pour témoigner que ces choses sont vraies ; et toi aussi, tu as tout pour te témoigner qu'elles sont vraies ; et les

they are true; and will ye deny them? Believest thou that these things are true?

42 Behold, I know that thou believest, but thou art possessed with a lying spirit, and ye have put off the Spirit of God that it may have no place in you; but the devil has power over you, and he doth carry you about, working devices that he may destroy the children of God.

43 And now Korihor said unto Alma: If thou wilt show me a sign, that I may be convinced that there is a God, yea, show unto me that he hath power, and then will I be convinced of the truth of thy words.

44 But Alma said unto him: Thou hast had signs enough; will ye tempt your God? Will ye say, Show unto me a sign, when ye have the testimony of all these thy brethren, and also all the holy prophets? The scriptures are laid before thee, yea, and all things denote there is a God; yea, even the earth, and all things that are upon the face of it, yea, and its motion, yea, and also all the planets which move in their regular form do witness that there is a Supreme Creator.

45 And yet do ye go about, leading away the hearts of this people, testifying unto them there is no God? And yet will ye deny against all these witnesses? And he said: Yea, I will deny, except ye shall show me a sign.

46 And now it came to pass that Alma said unto him: Behold, I am grieved because of the hardness of your heart, yea, that ye will still resist the spirit of the truth, that thy soul may be destroyed.

47 But behold, it is better that thy soul should be lost than that thou shouldst be the means of bringing many souls down to destruction, by thy lying and by thy flattering words; therefore if thou shalt deny again, behold God shall smite thee, that thou shalt become dumb, that thou shalt never open thy mouth any more, that thou shalt not deceive this people any more.

48 Now Korihor said unto him: I do not deny the existence of a God, but I do not believe that there is a God; and I say also, that ye do not know that there is a God; and except ye show me a sign, I will not believe.

49 Now Alma said unto him: This will I give unto thee for a sign, that thou shalt be struck dumb, according to my words; and I

nieras-tu ? Crois-tu que ces choses sont vraies ?

42 Voici, je sais que tu crois, mais tu es possédé d'un esprit menteur, et tu as écarté l'Esprit de Dieu, afin qu'il n'ait pas de place en toi ; mais le diable a pouvoir sur toi ; et il t'emmène çà et là, inventant des ruses pour détruire les enfants de Dieu.

43 Et alors Korihor dit à Alma : Si tu me montres un signe, afin que je sois convaincu qu'il y a un Dieu, oui, montre-moi qu'il a du pouvoir, et alors je serai convaincu de la véracité de tes paroles.

44 Mais Alma lui dit : Tu as eu assez de signes ; tenteras-tu ton Dieu ? Diras-tu : Montre-moi un signe, alors que tu as le témoignage de tous ceux-ci, qui sont tes frères, et aussi de tous les saints prophètes ? Les Écritures sont placées devant toi, oui, et tout montre qu'il y a un Dieu ; oui, la terre et tout ce qui se trouve sur sa surface, oui, et son mouvement, oui, et aussi toutes les planètes qui se meuvent dans leur ordre régulier témoignent qu'il y a un Créateur suprême.

45 Et pourtant, tu vas çà et là, égarant le cœur de ce peuple, lui témoignant qu'il n'y a pas de Dieu. Et pourtant, nieras-tu face à tous ces témoins ? Et il dit : Oui, je nierai, à moins que tu ne me montres un signe.

46 Et alors, il arriva qu'Alma lui dit : Voici, je suis peiné de l'endurcissement de ton cœur, oui, de ce que tu persistes à résister à l'esprit de vérité, afin que ton âme soit détruite.

47 Mais voici, il vaut mieux que ton âme soit perdue que de te laisser être le moyen d'amener beaucoup d'âmes à la destruction par tes mensonges et par tes paroles flatteuses ; c'est pourquoi, si tu nies encore, voici, Dieu te frappera, de sorte que tu deviendras muet, de sorte que tu n'ouvriras plus jamais la bouche, de sorte que tu ne tromperas plus ce peuple.

48 Alors Korihor lui dit : Je ne nie pas l'existence d'un Dieu, mais je ne crois pas qu'il y ait un Dieu ; et je dis aussi que tu ne sais pas qu'il y a un Dieu ; et si tu ne me montres un signe, je ne croirai pas.

49 Alors Alma lui dit : Je vais te donner ceci pour signe : tu seras frappé de mutisme, selon mes paroles ; et je dis qu'au nom de

say, that in the name of God, ye shall be struck dumb, that ye shall no more have utterance.

50 Now when Alma had said these words, Korihor was struck dumb, that he could not have utterance, according to the words of Alma.

51 And now when the chief judge saw this, he put forth his hand and wrote unto Korihor, saying: Art thou convinced of the power of God? In whom did ye desire that Alma should show forth his sign? Would ye that he should afflict others, to show unto thee a sign? Behold, he has showed unto you a sign; and now will ye dispute more?

52 And Korihor put forth his hand and wrote, saying: I know that I am dumb, for I cannot speak; and I know that nothing save it were the power of God could bring this upon me; yea, and I always knew that there was a God.

53 But behold, the devil hath deceived me; for he appeared unto me in the form of an angel, and said unto me: Go and reclaim this people, for they have all gone astray after an unknown God. And he said unto me: There is no God; yea, and he taught me that which I should say. And I have taught his words; and I taught them because they were pleasing unto the carnal mind; and I taught them, even until I had much success, insomuch that I verily believed that they were true; and for this cause I withstood the truth, even until I have brought this great curse upon me.

54 Now when he had said this, he besought that Alma should pray unto God, that the curse might be taken from him.

55 But Alma said unto him: If this curse should be taken from thee thou wouldst again lead away the hearts of this people; therefore, it shall be unto thee even as the Lord will.

56 And it came to pass that the curse was not taken off of Korihor; but he was cast out, and went about from house to house begging for his food.

57 Now the knowledge of what had happened unto Korihor was immediately published throughout all the land; yea, the proclamation was sent forth by the chief judge to all the people in the land, declaring unto those who had believed in the words of

Dieu, tu seras frappé de mutisme, de sorte que tu ne pourras plus t'exprimer.

50 Alors, quand Alma eut dit ces paroles, Korihor fut frappé de mutisme, de sorte qu'il ne put plus s'exprimer, conformément aux paroles d'Alma.

51 Et alors, quand le grand juge vit cela, il avança la main et écrivit à Korihor, disant : Es-tu convaincu du pouvoir de Dieu ? En qui désirais-tu qu'Alma montre son signe ? Voulais-tu qu'il en afflige d'autres pour te montrer un signe ? Voici, il t'a montré un signe ; et maintenant, contesteras-tu encore ?

52 Et Korihor avança la main et écrivit, disant : Je sais que je suis muet, car je ne peux pas parler ; et je sais qu'il n'y avait que le pouvoir de Dieu qui pouvait faire tomber cela sur moi ; oui, et j'ai toujours su qu'il y avait un Dieu.

53 Mais voici, le diable m'a trompé, car il m'est apparu sous la forme d'un ange et m'a dit : Va et ramène ce peuple, car ils se sont tous égarés derrière un Dieu inconnu. Et il m'a dit : Il n'y a pas de Dieu ; oui, et il m'a enseigné ce que je devais dire. Et j'ai enseigné ses paroles ; et je les ai enseignées parce qu'elles étaient agréables à l'esprit charnel ; et je les ai enseignées jusqu'à avoir beaucoup de succès, de sorte que j'ai vraiment cru qu'elles étaient vraies ; et c'est pour cela que j'ai résisté à la vérité jusqu'à faire tomber cette grande malédiction sur moi.

54 Alors, lorsqu'il eut dit cela, il supplia Alma de prier Dieu, afin que la malédiction lui fût enlevée.

55 Mais Alma lui dit : Si cette malédiction t'était enlevée, tu égarerais de nouveau le cœur de ce peuple ; c'est pourquoi, il te sera fait comme le Seigneur le veut.

56 Et il arriva que la malédiction ne fut pas enlevée à Korihor ; mais il fut chassé et alla de maison en maison, mendiant sa nourriture.

57 Alors la connaissance de ce qui était arrivé à Korihor fut immédiatement publiée partout dans le pays ; oui, la proclamation fut envoyée par le grand juge à tout le peuple du pays, annonçant à ceux qui

Korihor that they must speedily repent, lest the same judgments would come unto them.

58 And it came to pass that they were all convinced of the wickedness of Korihor; therefore they were all converted again unto the Lord; and this put an end to the iniquity after the manner of Korihor. And Korihor did go about from house to house, begging food for his support.

59 And it came to pass that as he went forth among the people, yea, among a people who had separated themselves from the Nephites and called themselves Zoramites, being led by a man whose name was Zoram—and as he went forth amongst them, behold, he was run upon and trodden down, even until he was dead.

60 And thus we see the end of him who perverteth the ways of the Lord; and thus we see that the devil will not support his children at the last day, but doth speedily drag them down to hell.

CHAPTER 31

Alma heads a mission to reclaim the apostate Zoramites—The Zoramites deny Christ, believe in a false concept of election, and worship with set prayers—The missionaries are filled with the Holy Spirit—Their afflictions are swallowed up in the joy of Christ. About 74 B.C.

1 Now it came to pass that after the end of Korihor, Alma having received tidings that the Zoramites were perverting the ways of the Lord, and that Zoram, who was their leader, was leading the hearts of the people to bow down to dumb idols, his heart again began to sicken because of the iniquity of the people.

2 For it was the cause of great sorrow to Alma to know of iniquity among his people; therefore his heart was exceedingly sorrowful because of the separation of the Zoramites from the Nephites.

3 Now the Zoramites had gathered themselves together in a land which they called Antionum, which was east of the land of Zarahemla, which lay nearly bordering upon the seashore, which was south of the

---

avaient cru aux paroles de Korihor qu'ils devaient se repentir rapidement, de peur que les mêmes jugements ne s'abattent sur eux.

58 Et il arriva qu'ils furent tous convaincus de la méchanceté de Korihor ; c'est pourquoi ils furent tous de nouveau convertis au Seigneur ; et cela mit fin à l'iniquité à la manière de Korihor. Et Korihor alla de maison en maison, mendiant de la nourriture pour vivre.

59 Et il arriva que tandis qu'il allait parmi le peuple, oui, parmi un peuple qui s'était séparé des Néphites et se donnait le nom de Zoramites, conduit par un homme dont le nom était Zoram — tandis qu'il allait parmi eux, voici, il fut renversé et piétiné jusqu'à ce qu'il mourût.

60 Et ainsi, nous voyons la fin de celui qui pervertit les voies du Seigneur ; et ainsi, nous voyons que le diable ne soutiendra pas ses enfants au dernier jour, mais les entraîne rapidement sur la pente de l'enfer.

CHAPITRE 31

Alma prend la tête d'une mission pour ramener les Zoramites apostats — Les Zoramites nient le Christ, croient en une fausse conception de l'élection et pratiquent leur culte à l'aide de prières fixes — Les missionnaires sont remplis du Saint-Esprit — Leurs afflictions sont englouties dans la joie du Christ. Vers 74 av. J.-C.

1 Alors, il arriva qu'après la fin de Korihor, Alma reçut la nouvelle que les Zoramites pervertissaient les voies du Seigneur, et que Zoram, qui était leur chef, entraînait le cœur du peuple à se prosterner devant des idoles muettes ; et son cœur recommença à éprouver un profond chagrin à cause de l'iniquité du peuple.

2 Car c'était une cause de grand chagrin pour Alma de savoir qu'il y avait de l'iniquité parmi son peuple ; c'est pourquoi, son cœur était extrêmement attristé, parce que les Zoramites s'étaient séparés des Néphites.

3 Or, les Zoramites s'étaient rassemblés dans un pays qu'ils appelaient Antionum, qui était à l'est du pays de Zarahemla, qui bordait presque la mer, qui était au sud du

land of Jershon, which also bordered upon the wilderness south, which wilderness was full of the Lamanites.

4 Now the Nephites greatly feared that the Zoramites would enter into a correspondence with the Lamanites, and that it would be the means of great loss on the part of the Nephites.

5 And now, as the preaching of the word had a great tendency to lead the people to do that which was just—yea, it had had more powerful effect upon the minds of the people than the sword, or anything else, which had happened unto them—therefore Alma thought it was expedient that they should try the virtue of the word of God.

6 Therefore he took Ammon, and Aaron, and Omner; and Himni he did leave in the church in Zarahemla; but the former three he took with him, and also Amulek and Zeezrom, who were at Melek; and he also took two of his sons.

7 Now the eldest of his sons he took not with him, and his name was Helaman; but the names of those whom he took with him were Shiblon and Corianton; and these are the names of those who went with him among the Zoramites, to preach unto them the word.

8 Now the Zoramites were dissenters from the Nephites; therefore they had had the word of God preached unto them.

9 But they had fallen into great errors, for they would not observe to keep the commandments of God, and his statutes, according to the law of Moses.

10 Neither would they observe the performances of the church, to continue in prayer and supplication to God daily, that they might not enter into temptation.

11 Yea, in fine, they did pervert the ways of the Lord in very many instances; therefore, for this cause, Alma and his brethren went into the land to preach the word unto them.

12 Now, when they had come into the land, behold, to their astonishment they found that the Zoramites had built synagogues, and that they did gather themselves together on one day of the week, which day they did call the day of the Lord; and they did worship after a manner which Alma and his brethren had never beheld;

pays de Jershon, qui bordait aussi le désert au sud, désert qui était rempli de Lamanites.

4 Or, les Néphites craignaient beaucoup que les Zoramites n'entrent en relation avec les Lamanites, et que cela soit la cause d'une grande perte pour les Néphites.

5 Et maintenant, comme la prédication de la parole avait une grande tendance à amener le peuple à faire ce qui était juste — oui, elle avait eu un effet plus puissant sur l'esprit du peuple que l'épée ou quoi que ce fût d'autre qui lui fût arrivé — Alma pensa qu'il était opportun d'essayer la vertu de la parole de Dieu.

6 C'est pourquoi il prit Ammon, et Aaron, et Omner ; et Himni, il le laissa à l'Église de Zarahemla ; mais les trois premiers, il les prit avec lui, et aussi Amulek et Zeezrom, qui étaient à Mélek ; et il prit aussi deux de ses fils.

7 Or, l'aîné de ses fils, il ne le prit pas avec lui, et son nom était Hélaman ; mais les noms de ceux qu'il prit avec lui étaient Shiblon et Corianton ; et ce sont là les noms de ceux qui allèrent avec lui parmi les Zoramites pour leur prêcher la parole.

8 Or, les Zoramites étaient des dissidents des Néphites. C'est pourquoi la parole de Dieu leur avait été prêchée.

9 Mais ils étaient tombés dans de grandes erreurs, car ils ne voulaient pas s'appliquer à garder les commandements de Dieu ni ses prescriptions, selon la loi de Moïse.

10 Ils ne voulaient pas non plus respecter les observances de l'Église, c'est-à-dire persévérer dans la prière et la supplication quotidiennes à Dieu, afin de ne pas entrer en tentation.

11 Oui, en bref, ils pervertissaient les voies du Seigneur dans de très nombreux cas ; c'est pourquoi Alma et ses frères allèrent dans le pays leur prêcher la parole.

12 Or, lorsqu'ils furent entrés dans le pays, voici, à leur grand étonnement, ils découvrirent que les Zoramites avaient construit des synagogues, et qu'ils se rassemblaient un jour de la semaine, qu'ils appelaient le jour du Seigneur ; et ils pratiquaient leur culte d'une manière qu'Alma et ses frères n'avaient jamais vue ;

13 For they had a place built up in the center of their synagogue, a place for standing, which was high above the head; and the top thereof would only admit one person.

14 Therefore, whosoever desired to worship must go forth and stand upon the top thereof, and stretch forth his hands towards heaven, and cry with a loud voice, saying:

15 Holy, holy God; we believe that thou art God, and we believe that thou art holy, and that thou wast a spirit, and that thou art a spirit, and that thou wilt be a spirit forever.

16 Holy God, we believe that thou hast separated us from our brethren; and we do not believe in the tradition of our brethren, which was handed down to them by the childishness of their fathers; but we believe that thou hast elected us to be thy holy children; and also thou hast made it known unto us that there shall be no Christ.

17 But thou art the same yesterday, today, and forever; and thou hast elected us that we shall be saved, whilst all around us are elected to be cast by thy wrath down to hell; for the which holiness, O God, we thank thee; and we also thank thee that thou hast elected us, that we may not be led away after the foolish traditions of our brethren, which doth bind them down to a belief of Christ, which doth lead their hearts to wander far from thee, our God.

18 And again we thank thee, O God, that we are a chosen and a holy people. Amen.

19 Now it came to pass that after Alma and his brethren and his sons had heard these prayers, they were astonished beyond all measure.

20 For behold, every man did go forth and offer up these same prayers.

21 Now the place was called by them Rameumptom, which, being interpreted, is the holy stand.

22 Now, from this stand they did offer up, every man, the selfsame prayer unto God, thanking their God that they were chosen of him, and that he did not lead them away after the tradition of their brethren, and that their hearts were not stolen away to believe in things to come, which they knew nothing about.

13 car ils avaient élevé un lieu au centre de leur synagogue, un lieu pour se tenir debout, qui dominait de beaucoup la tête ; et son sommet ne pouvait recevoir qu'une seule personne.

14 C'est pourquoi, quiconque désirait pratiquer son culte devait aller se tenir sur son sommet, et étendre les mains vers le ciel, et crier d'une voix forte, disant :

15 Saint, saint Dieu : nous croyons que tu es Dieu, et nous croyons que tu es saint, et que tu étais un esprit, et que tu es un esprit, et que tu seras un esprit à jamais.

16 Saint Dieu, nous croyons que tu nous as séparés de nos frères ; et nous ne croyons pas à la tradition de nos frères, qui leur a été transmise par la puérilité de leurs pères ; mais nous croyons que tu nous as élus pour être tes saintsenfants ; et aussi, tu nous as fait connaître qu'il n'y aura pas de Christ.

17 Mais tu es le même hier, aujourd'hui et à jamais ; et tu nous as élus pour que nous soyons sauvés, tandis que tous autour de nous sont élus pour être précipités, par ta colère, en enfer ; sainteté pour laquelle, ô Dieu, nous te remercions ; et nous te remercions aussi de ce que tu nous as élus, afin que nous ne soyons pas entraînés dans les traditions insensées de nos frères, ce qui les enchaîne à la croyance au Christ, ce qui entraîne leur cœur à errer loin de toi, notre Dieu.

18 Et encore, nous te remercions, ô Dieu, de ce que nous sommes un peuple élu et saint. Amen.

19 Alors, il arriva que lorsqu'Alma, et ses frères, et ses fils eurent entendu ces prières, ils furent étonnés au-delà de toute mesure.

20 Car voici, chaque homme s'avançait et faisait ces mêmes prières.

21 Or, le lieu était appelé par eux Raméumptom, ce qui, par interprétation, est la sainte chaire.

22 Or, du haut de cette chaire, ils faisaient, chacun, identiquement la même prière à Dieu, remerciant leur Dieu d'être élus par lui, et de ce qu'il ne les entraînait pas dans les traditions de leurs frères, et de ce que leur cœur n'était pas séduit au point de croire en des choses à venir, dont ils ne savaient rien.

23 Now, after the people had all offered up thanks after this manner, they returned to their homes, never speaking of their God again until they had assembled themselves together again to the holy stand, to offer up thanks after their manner.

24 Now when Alma saw this his heart was grieved; for he saw that they were a wicked and a perverse people; yea, he saw that their hearts were set upon gold, and upon silver, and upon all manner of fine goods.

25 Yea, and he also saw that their hearts were lifted up unto great boasting, in their pride.

26 And he lifted up his voice to heaven, and cried, saying: O, how long, O Lord, wilt thou suffer that thy servants shall dwell here below in the flesh, to behold such gross wickedness among the children of men?

27 Behold, O God, they cry unto thee, and yet their hearts are swallowed up in their pride. Behold, O God, they cry unto thee with their mouths, while they are puffed up, even to greatness, with the vain things of the world.

28 Behold, O my God, their costly apparel, and their ringlets, and their bracelets, and their ornaments of gold, and all their precious things which they are ornamented with; and behold, their hearts are set upon them, and yet they cry unto thee and say— We thank thee, O God, for we are a chosen people unto thee, while others shall perish.

29 Yea, and they say that thou hast made it known unto them that there shall be no Christ.

30 O Lord God, how long wilt thou suffer that such wickedness and infidelity shall be among this people? O Lord, wilt thou give me strength, that I may bear with mine infirmities. For I am infirm, and such wickedness among this people doth pain my soul.

31 O Lord, my heart is exceedingly sorrowful; wilt thou comfort my soul in Christ. O Lord, wilt thou grant unto me that I may have strength, that I may suffer with patience these afflictions which shall come upon me, because of the iniquity of this people.

23 Alors, lorsque le peuple tout entier avait présenté de cette manière ses remerciements, il rentrait chez lui, ne parlant absolument plus de son Dieu, jusqu'à ce qu'il se fût de nouveau assemblé à la sainte chaire pour rendre grâces à sa manière.

24 Alors, lorsqu'Alma vit cela, son cœur fut peiné ; car il voyait qu'ils étaient un peuple méchant et pervers ; oui, il voyait qu'ils avaient le cœur tourné vers l'or, et vers l'argent, et vers toutes sortes de choses raffinées.

25 Oui, et il vit aussi qu'ils avaient le cœur enflé au point de se livrer, dans leur orgueil, à de grandes vantardises.

26 Et il éleva la voix au ciel, et s'écria, disant : Oh, combien de temps, ô Seigneur, souffriras-tu que tes serviteurs demeurent ici-bas dans la chair, pour voir une aussi affreuse méchanceté parmi les enfants des hommes ?

27 Voici, ô Dieu, ils crient vers toi, et cependant leur cœur est englouti dans leur orgueil. Voici, ô Dieu, ils crient vers toi de la bouche, tandis qu'ils sont démesurément boursouflés des choses vaines du monde.

28 Vois, ô mon Dieu, leurs habits somptueux, et leurs annelets, et leurs bracelets, et leurs ornements d'or, et toutes leurs choses précieuses, dont ils sont parés ; et voici, ils ont le cœur tourné vers cela, et néanmoins ils t'invoquent, et disent : Nous te remercions, ô Dieu, car nous sommes un peuple élu pour toi, tandis que d'autres périront.

29 Oui, et ils disent que tu leur as fait connaître qu'il n'y aura pas de Christ.

30 Ô Seigneur Dieu, combien de temps souffriras-tu qu'une telle méchanceté et une telle infidélité soient parmi ce peuple ? Ô Seigneur, veuille me donner de la force afin que je puisse supporter mes infirmités. Car je suis infirme, et une telle méchanceté parmi ce peuple peine mon âme.

31 Ô Seigneur, j'ai le cœur extrêmement attristé ; veuille consoler mon âme dans le Christ. Ô Seigneur, veuille m'accorder d'avoir de la force afin que je souffre avec patience ces afflictions qui vont tomber sur moi à cause de l'iniquité de ce peuple.

32 O Lord, wilt thou comfort my soul, and give unto me success, and also my fellow laborers who are with me—yea, Ammon, and Aaron, and Omner, and also Amulek and Zeezrom, and also my two sons—yea, even all these wilt thou comfort, O Lord. Yea, wilt thou comfort their souls in Christ.

33 Wilt thou grant unto them that they may have strength, that they may bear their afflictions which shall come upon them because of the iniquities of this people.

34 O Lord, wilt thou grant unto us that we may have success in bringing them again unto thee in Christ.

35 Behold, O Lord, their souls are precious, and many of them are our brethren; therefore, give unto us, O Lord, power and wisdom that we may bring these, our brethren, again unto thee.

36 Now it came to pass that when Alma had said these words, that he clapped his hands upon all them who were with him. And behold, as he clapped his hands upon them, they were filled with the Holy Spirit.

37 And after that they did separate themselves one from another, taking no thought for themselves what they should eat, or what they should drink, or what they should put on.

38 And the Lord provided for them that they should hunger not, neither should they thirst; yea, and he also gave them strength, that they should suffer no manner of afflictions, save it were swallowed up in the joy of Christ. Now this was according to the prayer of Alma; and this because he prayed in faith.

32 Ô Seigneur, veuille consoler mon âme et me donner le succès, ainsi qu'à mes compagnons de travail qui sont avec moi — oui, Ammon, et Aaron, et Omner, et aussi Amulek, et Zeezrom, et aussi mes deux fils — oui, veuille consoler tous ceux-là, ô Seigneur. Oui, veuille consoler leur âme dans le Christ.

33 Veuille leur accorder d'avoir de la force, afin qu'ils supportent les afflictions qui tomberont sur eux à cause des iniquités de ce peuple.

34 Ô Seigneur, veuille nous accorder de réussir à te les ramener dans le Christ.

35 Voici, ô Seigneur, leur âme est précieuse, et beaucoup d'entre eux sont nos frères ; c'est pourquoi, donne-nous, ô Seigneur, du pouvoir et de la sagesse, afin que nous te ramenions ceux-ci, qui sont nos frères.

36 Alors, il arriva que lorsqu'il eut dit ces paroles, Alma posa les mains sur tous ceux qui étaient avec lui. Et voici, comme il posait les mains sur eux, ils furent remplis de l'Esprit-Saint.

37 Et après cela, ils se séparèrent, ne s'inquiétant pas pour eux-mêmes de ce qu'ils mangeraient, ou de ce qu'ils boiraient, ou de quoi ils seraient vêtus.

38 Et le Seigneur pourvut à leurs besoins, afin qu'ils n'aient pas faim et qu'ils n'aient pas soif ; oui, il leur donna aussi de la force, afin qu'ils ne souffrent aucune sorte d'affliction sans qu'elle ne soit engloutie dans la joie du Christ. Or, cela se fit selon la prière d'Alma ; et cela, parce qu'il avait prié avec foi.

CHAPTER 32

Alma teaches the poor whose afflictions had humbled them—Faith is a hope in that which is not seen which is true—Alma testifies that angels minister to men, women, and children—Alma compares the word unto a seed—It must be planted and nourished—Then it grows into a tree from which the fruit of eternal life is picked. About 74 B.C.

1 And it came to pass that they did go forth, and began to preach the word of God unto the people, entering into their synagogues,

CHAPITRE 32

Alma instruit les pauvres, que leurs afflictions avaient rendus humbles — La foi est l'espérance en ce qui n'est pas vu, qui est vrai — Alma témoigne que des anges instruisent les hommes, les femmes et les enfants — Il compare la parole à une semence — Elle doit être plantée et nourrie — Alors elle devient un arbre où l'on cueille le fruit de la vie éternelle. Vers 74 av. J.-C.

1 Et il arriva qu'ils allèrent et commencèrent à prêcher la parole de Dieu au peuple, entrant dans leurs synagogues et

and into their houses; yea, and even they did preach the word in their streets.

2 And it came to pass that after much labor among them, they began to have success among the poor class of people; for behold, they were cast out of the synagogues because of the coarseness of their apparel—

3 Therefore they were not permitted to enter into their synagogues to worship God, being esteemed as filthiness; therefore they were poor; yea, they were esteemed by their brethren as dross; therefore they were poor as to things of the world; and also they were poor in heart.

4 Now, as Alma was teaching and speaking unto the people upon the hill Onidah, there came a great multitude unto him, who were those of whom we have been speaking, of whom were poor in heart, because of their poverty as to the things of the world.

5 And they came unto Alma; and the one who was the foremost among them said unto him: Behold, what shall these my brethren do, for they are despised of all men because of their poverty, yea, and more especially by our priests; for they have cast us out of our synagogues which we have labored abundantly to build with our own hands; and they have cast us out because of our exceeding poverty; and we have no place to worship our God; and behold, what shall we do?

6 And now when Alma heard this, he turned him about, his face immediately towards him, and he beheld with great joy; for he beheld that their afflictions had truly humbled them, and that they were in a preparation to hear the word.

7 Therefore he did say no more to the other multitude; but he stretched forth his hand, and cried unto those whom he beheld, who were truly penitent, and said unto them:

8 I behold that ye are lowly in heart; and if so, blessed are ye.

9 Behold thy brother hath said, What shall we do?—for we are cast out of our synagogues, that we cannot worship our God.

10 Behold I say unto you, do ye suppose that ye cannot worship God save it be in your synagogues only?

dans leurs maisons ; oui, et ils prêchèrent même la parole dans leurs rues.

2 Et il arriva qu'après avoir beaucoup travaillé parmi eux, ils commencèrent à avoir du succès parmi la classe pauvre du peuple ; car voici, ils étaient chassés des synagogues à cause de la grossièreté de leurs habits ;

3 c'est pourquoi il ne leur était pas permis d'entrer dans leurs synagogues pour adorer Dieu, étant considérés comme de la souillure ; c'est pourquoi, ils étaient pauvres ; oui, ils étaient considérés par leurs frères comme du rebut ; c'est pourquoi, ils étaient pauvres quant aux choses du monde, et ils étaient également pauvres de cœur.

4 Or, comme Alma enseignait et parlait au peuple sur la colline Onidah, une grande multitude vint à lui, et c'étaient ceux dont nous venons de parler, qui étaient pauvres de cœur à cause de leur pauvreté quant aux choses du monde.

5 Et ils vinrent à Alma ; et celui qui était le premier parmi eux lui dit : Voici, que feront ceux-ci, qui sont mes frères, car ils sont méprisés de tous les hommes à cause de leur pauvreté, oui, et plus spécialement par nos prêtres ; car ils nous ont chassés de nos synagogues, que nous avons abondamment travaillé à construire de nos mains ; et ils nous ont chassés à cause de notre extrême pauvreté ; et nous n'avons aucun lieu pour adorer notre Dieu ; et voici, queferons-nous ?

6 Et alors, quand Alma entendit cela, il fit demi-tour, le visage directement tourné vers lui, et il regarda avec une grande joie ; car il voyait que leurs afflictions les avaient réellement rendus humbles, et qu'ils étaient prêts à entendre la parole.

7 C'est pourquoi il ne dit plus rien à l'autre multitude ; mais il étendit la main et cria à ceux qu'il voyait, qui étaient vraiment pénitents, et leur dit :

8 Je vois que vous êtes humbles de cœur ; et s'il en est ainsi, bénis êtes-vous.

9 Voici, votre frère a dit : Que ferons-nous ? — car nous sommes chassés de nos synagogues, de sorte que nous ne pouvons adorer notre Dieu.

10 Voici, je vous le dis, pensez-vous que vous ne puissiez pas adorer Dieu, si ce n'est dans vos synagogues uniquement ?

11 And moreover, I would ask, do ye suppose that ye must not worship God only once in a week?

12 I say unto you, it is well that ye are cast out of your synagogues, that ye may be humble, and that ye may learn wisdom; for it is necessary that ye should learn wisdom; for it is because that ye are cast out, that ye are despised of your brethren because of your exceeding poverty, that ye are brought to a lowliness of heart; for ye are necessarily brought to be humble.

13 And now, because ye are compelled to be humble blessed are ye; for a man sometimes, if he is compelled to be humble, seeketh repentance; and now surely, whosoever repenteth shall find mercy; and he that findeth mercy and endureth to the end the same shall be saved.

14 And now, as I said unto you, that because ye were compelled to be humble ye were blessed, do ye not suppose that they are more blessed who truly humble themselves because of the word?

15 Yea, he that truly humbleth himself, and repenteth of his sins, and endureth to the end, the same shall be blessed—yea, much more blessed than they who are compelled to be humble because of their exceeding poverty.

16 Therefore, blessed are they who humble themselves without being compelled to be humble; or rather, in other words, blessed is he that believeth in the word of God, and is baptized without stubbornness of heart, yea, without being brought to know the word, or even compelled to know, before they will believe.

17 Yea, there are many who do say: If thou wilt show unto us a sign from heaven, then we shall know of a surety; then we shall believe.

18 Now I ask, is this faith? Behold, I say unto you, Nay; for if a man knoweth a thing he hath no cause to believe, for he knoweth it.

19 And now, how much more cursed is he that knoweth the will of God and doeth it not, than he that only believeth, or only hath cause to believe, and falleth into transgression?

11 Et de plus, je vous le demande, pensez-vous que vous ne deviez adorer Dieu qu'une fois par semaine ?

12 Je vous le dis, il est bon que vous soyez chassés de vos synagogues, afin que vous soyez humbles et que vous appreniez la sagesse ; car il est nécessaire que vous appreniez la sagesse ; car c'est parce que vous êtes chassés, que vous êtes méprisés par vos frères, à cause de votre extrême pauvreté, que vous êtes amenés à l'humilité de cœur ; car vous êtes nécessairement amenés à être humbles.

13 Et maintenant, parce que vous êtes forcés d'être humbles, bénis êtes-vous ; car parfois, s'il est forcé d'être humble, l'homme cherche le repentir ; et maintenant, assurément, quiconque se repent trouve miséricorde ; et celui qui trouve miséricorde et persévère jusqu'à la fin, celui-là sera sauvé.

14 Et maintenant, comme je vous l'ai dit, parce que vous avez été forcés d'être humbles, vous êtes bénis ; ne pensez-vous pas que ceux qui s'humilient vraiment à cause de la parole sont encore plus bénis ?

15 Oui, celui qui s'humilie vraiment, et se repent de ses péchés, et persévère jusqu'à la fin, celui-là sera béni — oui, beaucoup plus béni que ceux qui sont forcés d'être humbles à cause de leur extrême pauvreté.

16 C'est pourquoi, bénis sont ceux qui s'humilient sans être forcés d'être humbles ; ou plutôt, en d'autres termes, béni est celui qui croit en la parole de Dieu et est baptisé sans obstination de cœur, oui, sans être amené à connaître la parole, ou même forcé de connaître, avant de croire.

17 Oui, il y en a beaucoup qui disent : Si tu nous montres un signe du ciel, alors nous saurons avec certitude ; alors nous croirons.

18 Or, je le demande : Est-ce là de la foi ? Voici, je vous dis que non ; car si un homme connaît une chose, il n'a pas lieu de croire, car il la connaît.

19 Et maintenant, n'est-il pas bien plus maudit, celui qui connaît la volonté de Dieu et ne la fait pas, que celui qui croit seulement, ou qui a seulement lieu de croire, et tombe en transgression ?

20 Now of this thing ye must judge. Behold, I say unto you, that it is on the one hand even as it is on the other; and it shall be unto every man according to his work.

21 And now as I said concerning faith— faith is not to have a perfect knowledge of things; therefore if ye have faith ye hope for things which are not seen, which are true.

22 And now, behold, I say unto you, and I would that ye should remember, that God is merciful unto all who believe on his name; therefore he desireth, in the first place, that ye should believe, yea, even on his word.

23 And now, he imparteth his word by angels unto men, yea, not only men but women also. Now this is not all; little children do have words given unto them many times, which confound the wise and the learned.

24 And now, my beloved brethren, as ye have desired to know of me what ye shall do because ye are afflicted and cast out—now I do not desire that ye should suppose that I mean to judge you only according to that which is true—

25 For I do not mean that ye all of you have been compelled to humble yourselves; for I verily believe that there are some among you who would humble themselves, let them be in whatsoever circumstances they might.

26 Now, as I said concerning faith—that it was not a perfect knowledge—even so it is with my words. Ye cannot know of their surety at first, unto perfection, any more than faith is a perfect knowledge.

27 But behold, if ye will awake and arouse your faculties, even to an experiment upon my words, and exercise a particle of faith, yea, even if ye can no more than desire to believe, let this desire work in you, even until ye believe in a manner that ye can give place for a portion of my words.

28 Now, we will compare the word unto a seed. Now, if ye give place, that a seed may be planted in your heart, behold, if it be a true seed, or a good seed, if ye do not cast it out by your unbelief, that ye will resist the Spirit of the Lord, behold, it will begin to swell within your breasts; and when you feel

20 Or, de cela vous devez juger. Voici, je vous dis que c'est d'un côté comme de l'autre, et il en sera pour tout homme selon son œuvre.

21 Et maintenant, comme je l'ai dit concernant la foi : la foi, ce n'est pas avoir la connaissance parfaite des choses ; c'est pourquoi, si vous avez la foi, vous espérez en des choses qui ne sont pas vues, qui sont vraies.

22 Et maintenant, voici, je vous dis, et je voudrais que vous vous en souveniez, que Dieu est miséricordieux envers tous ceux qui croient en son nom ; c'est pourquoi, il désire en premier lieu que vous croyiez, oui, en sa parole.

23 Et maintenant, il communique sa parole par des anges aux hommes, oui, non seulement aux hommes, mais aussi aux femmes. Or, ce n'est pas tout ; les petits enfants reçoivent bien des fois des paroles qui confondent les sages et les savants.

24 Et maintenant, mes frères bien-aimés, puisque vous avez désiré savoir de moi ce que vous ferez, parce que vous êtes affligés et chassés — or, je ne désire pas que vous pensiez que je veux vous juger, si ce n'est selon ce qui est vrai —

25 car je ne veux pas dire que vous avez tous été forcés de vous humilier ; car je crois, en vérité, qu'il y en a parmi vous qui s'humilieraient dans quelque situation qu'ils fussent.

26 Or, comme je l'ai dit concernant la foi — que ce n'était pas une connaissance parfaite — ainsi en est-il de mes paroles. Vous ne pouvez pas, dès l'abord, savoir à la perfection qu'elles sont sûres, pas plus que la foi n'est une connaissance parfaite.

27 Mais voici, si vous voulez vous éveiller et donner de l'essor à vos facultés, jusqu'à faire l'expérience de mes paroles, et faire preuve d'un tout petit peu de foi, oui, même si vous ne pouvez faire plus que désirer croire, laissez ce désir agir en vous jusqu'à ce que vous croyiez de manière à pouvoir faire place à une partie de mes paroles.

28 Maintenant, nous allons comparer la parole à une semence. Or, si vous faites de la place pour qu'une semence puisse être plantée dans votre cœur, voici, si c'est une vraie semence, ou une bonne semence, si vous ne la chassez pas par votre incrédulité en résis-

these swelling motions, ye will begin to say within yourselves—It must needs be that this is a good seed, or that the word is good, for it beginneth to enlarge my soul; yea, it beginneth to enlighten my understanding, yea, it beginneth to be delicious to me.

29 Now behold, would not this increase your faith? I say unto you, Yea; nevertheless it hath not grown up to a perfect knowledge.

30 But behold, as the seed swelleth, and sprouteth, and beginneth to grow, then you must needs say that the seed is good; for behold it swelleth, and sprouteth, and beginneth to grow. And now, behold, will not this strengthen your faith? Yea, it will strengthen your faith: for ye will say I know that this is a good seed; for behold it sprouteth and beginneth to grow.

31 And now, behold, are ye sure that this is a good seed? I say unto you, Yea; for every seed bringeth forth unto its own likeness.

32 Therefore, if a seed groweth it is good, but if it groweth not, behold it is not good, therefore it is cast away.

33 And now, behold, because ye have tried the experiment, and planted the seed, and it swelleth and sprouteth, and beginneth to grow, ye must needs know that the seed is good.

34 And now, behold, is your knowledge perfect? Yea, your knowledge is perfect in that thing, and your faith is dormant; and this because you know, for ye know that the word hath swelled your souls, and ye also know that it hath sprouted up, that your understanding doth begin to be enlightened, and your mind doth begin to expand.

35 O then, is not this real? I say unto you, Yea, because it is light; and whatsoever is light, is good, because it is discernible, therefore ye must know that it is good; and now behold, after ye have tasted this light is your knowledge perfect?

tant à l'Esprit du Seigneur, voici, elle commencera à gonfler dans votre sein ; et lorsque vous sentirez ces mouvements de gonflement, vous commencerez à dire en vous-mêmes : Il faut nécessairement que ce soit une bonne semence, ou que la parole soit bonne, car elle commence à m'épanouir l'âme ; oui, elle commence à m'éclairer l'intelligence, oui, elle commence à m'être délicieuse.

29 Or, voici, cela n'augmenterait-il pas votre foi ? Je vous dis que oui ; néanmoins, elle n'a pas grandi jusqu'à être une connaissance parfaite.

30 Mais voici, une fois que la semence gonfle, et germe, et commence à pousser, alors vous devez nécessairement dire que la semence est bonne ; car voici elle gonfle, et germe, et commence à pousser. Et maintenant, voici, cela ne va-t-il pas fortifier votre foi ? Oui, cela va fortifier votre foi, car vous direz : Je sais que c'est là une bonne semence ; car voici, elle germe et commence à pousser.

31 Et maintenant, voici, êtes-vous sûrs que c'est une bonne semence ? Je vous dis que oui ; car toute semence produit à sa ressemblance.

32 C'est pourquoi, si une semence pousse, elle est bonne, mais si elle ne pousse pas, voici, elle n'est pas bonne, c'est pourquoi on la jette.

33 Et maintenant, voici, parce que vous avez tenté l'expérience, et planté la semence, et qu'elle gonfle, et germe, et commence à pousser, vous devez nécessairement savoir que la semence est bonne.

34 Et maintenant, voici, votre connaissance est-elle parfaite ? Oui, votre connaissance est parfaite en cela, et votre foi sommeille ; et cela, parce que vous savez, car vous savez que la parole vous a gonflé l'âme, et vous savez aussi qu'elle a germé, que votre intelligence commence à être éclairée, et que votre esprit commence à s'épanouir.

35 Oh alors, cela n'est-il pas réel ? Je vous dis que oui, parce que cela est lumière ; et ce qui est lumière est bon parce qu'on peut le discerner : c'est pourquoi vous devez savoir que c'est bon ; et maintenant, voici, lorsque vous avez goûté cette lumière, votre connaissance est-elle parfaite ?

36 Behold I say unto you, Nay; neither must ye lay aside your faith, for ye have only exercised your faith to plant the seed that ye might try the experiment to know if the seed was good.

37 And behold, as the tree beginneth to grow, ye will say: Let us nourish it with great care, that it may get root, that it may grow up, and bring forth fruit unto us. And now behold, if ye nourish it with much care it will get root, and grow up, and bring forth fruit.

38 But if ye neglect the tree, and take no thought for its nourishment, behold it will not get any root; and when the heat of the sun cometh and scorcheth it, because it hath no root it withers away, and ye pluck it up and cast it out.

39 Now, this is not because the seed was not good, neither is it because the fruit thereof would not be desirable; but it is because your ground is barren, and ye will not nourish the tree, therefore ye cannot have the fruit thereof.

40 And thus, if ye will not nourish the word, looking forward with an eye of faith to the fruit thereof, ye can never pluck of the fruit of the tree of life.

41 But if ye will nourish the word, yea, nourish the tree as it beginneth to grow, by your faith with great diligence, and with patience, looking forward to the fruit thereof, it shall take root; and behold it shall be a tree springing up unto everlasting life.

42 And because of your diligence and your faith and your patience with the word in nourishing it, that it may take root in you, behold, by and by ye shall pluck the fruit thereof, which is most precious, which is sweet above all that is sweet, and which is white above all that is white, yea, and pure above all that is pure; and ye shall feast upon this fruit even until ye are filled, that ye hunger not, neither shall ye thirst.

43 Then, my brethren, ye shall reap the rewards of your faith, and your diligence, and patience, and long-suffering, waiting for the tree to bring forth fruit unto you.

36 Voici, je vous dis que non ; et vous ne devez pas non plus mettre de côté votre foi, car vous n'avez exercé votre foi que pour planter la semence, afin de tenter l'expérience pour savoir si la semence était bonne.

37 Et voici, lorsque l'arbre commencera à pousser, vous direz : nourrissons-le avec grand soin, afin qu'il prenne racine, afin qu'il pousse et nous donne du fruit. Or voici, si vous le nourrissez avec beaucoup de soin, il prendra racine, et poussera, et produira du fruit.

38 Mais si vous négligez l'arbre et n'accordez aucune pensée à sa nourriture, voici, il ne prendra pas racine ; et lorsque la chaleur du soleil viendra et le brûlera, parce qu'il n'a pas de racine, il se desséchera, et vous l'arracherez et le rejetterez.

39 Or, ce n'est pas parce que la semence n'était pas bonne, ce n'est pas non plus parce que le fruit n'en serait pas désirable ; mais c'est parce que votre terrain est aride et que vous ne voulez pas nourrir l'arbre ; c'est pourquoi vous ne pouvez pas en avoir le fruit.

40 Et ainsi, si vous ne voulez pas nourrir la parole, attendant avec l'œil de la foi d'en avoir le fruit, vous ne pourrez absolument pas cueillir du fruit de l'arbre de vie.

41 Mais si vous nourrissez la parole, oui, nourrissez l'arbre lorsqu'il commence à pousser, par votre foi, avec grande diligence et avec patience, attendant d'en avoir le fruit, il prendra racine ; et voici, ce sera un arbre jaillissant jusque dans la vie éternelle.

42 Et à cause de votre diligence, et de votre foi, et de votre patience à l'égard de la parole pour la nourrir, afin qu'elle prenne racine en vous, voici, vous en cueillerez bientôt le fruit, qui est extrêmement précieux, qui est doux par-dessus tout ce qui est doux, et qui est blanc par-dessus tout ce qui est blanc, oui, et pur par-dessus tout ce qui est pur ; et vous vous ferez un festin de ce fruit jusqu'à ce que vous soyez rassasiés, de sorte que vous n'aurez ni faim ni soif.

43 Alors, mes frères, vous récolterez les récompenses de votre foi, et de votre diligence, et de votre patience, et de votre longanimité, attendant que l'arbre vous donne du fruit.

CHAPTER 33

CHAPITRE 33

Zenos taught that men should pray and worship in all places, and that judgments are turned away because of the Son—Zenock taught that mercy is bestowed because of the Son—Moses had lifted up in the wilderness a type of the Son of God. About 74 B.C.

Zénos enseigne que les hommes doivent prier et pratiquer leur culte en tous lieux, et que les jugements sont détournés à cause du Fils — Zénock enseigne que la miséricorde est accordée à cause du Fils — Moïse a élevé dans le désert une figure du Fils de Dieu. Vers 74 av. J.-C.

1 Now after Alma had spoken these words, they sent forth unto him desiring to know whether they should believe in one God, that they might obtain this fruit of which he had spoken, or how they should plant the seed, or the word of which he had spoken, which he said must be planted in their hearts; or in what manner they should begin to exercise their faith.

1 Alors, quand Alma eut dit ces paroles, ils envoyèrent des gens vers lui, désirant savoir s'ils devaient croire en un seul Dieu, afin d'obtenir ce fruit dont il avait parlé, ou comment ils devaient planter la semence, ou la parole dont il avait parlé, dont il avait dit qu'elle devait être plantée dans leur cœur ; ou de quelle manière ils devaient commencer à exercer leur foi.

2 And Alma said unto them: Behold, ye have said that ye could not worship your God because ye are cast out of your synagogues. But behold, I say unto you, if ye suppose that ye cannot worship God, ye do greatly err, and ye ought to search the scriptures; if ye suppose that they have taught you this, ye do not understand them.

2 Et Alma leur dit : Voici, vous avez dit que vous ne pouviez pas adorer votre Dieu parce que vous êtes chassés de vos synagogues. Mais voici, je vous le dis, si vous pensez que vous ne pouvez pas adorer Dieu, vous êtes grandement dans l'erreur, et vous devriez sonder les Écritures ; si vous pensez qu'elles vous ont enseigné cela, vous ne les comprenez pas.

3 Do ye remember to have read what Zenos, the prophet of old, has said concerning prayer or worship?

3 Vous souvenez-vous avoir lu ce que Zénos, le prophète d'autrefois, a dit concernant la prière ou le culte ?

4 For he said: Thou art merciful, O God, for thou hast heard my prayer, even when I was in the wilderness; yea, thou wast merciful when I prayed concerning those who were mine enemies, and thou didst turn them to me.

4 Car il a dit : Tu es miséricordieux, ô Dieu, car tu as entendu ma prière lorsque j'étais dans le désert ; oui, tu as été miséricordieux lorsque j'ai prié concernant ceux qui étaient mes ennemis, et tu les as tournés vers moi.

5 Yea, O God, and thou wast merciful unto me when I did cry unto thee in my field; when I did cry unto thee in my prayer, and thou didst hear me.

5 Oui, ô Dieu, tu as été miséricordieux envers moi lorsque j'ai crié à toi dans mon champ ; lorsque j'ai crié à toi pendant ma prière, tu m'as entendu.

6 And again, O God, when I did turn to my house thou didst hear me in my prayer.

6 Et encore, ô Dieu, lorsque je me suis rendu dans ma maison, tu m'as entendu dans ma prière.

7 And when I did turn unto my closet, O Lord, and prayed unto thee, thou didst hear me.

7 Et lorsque je me suis rendu dans ma chambre, ô Seigneur, et t'ai prié, tu m'as entendu.

8 Yea, thou art merciful unto thy children when they cry unto thee, to be heard of thee and not of men, and thou wilt hear them.

8 Oui, tu es miséricordieux envers tes enfants lorsqu'ils crient à toi pour être entendus de toi et non des hommes, et tu les entendras.

9 Yea, O God, thou hast been merciful unto me, and heard my cries in the midst of thy congregations.

10 Yea, and thou hast also heard me when I have been cast out and have been despised by mine enemies; yea, thou didst hear my cries, and wast angry with mine enemies, and thou didst visit them in thine anger with speedy destruction.

11 And thou didst hear me because of mine afflictions and my sincerity; and it is because of thy Son that thou hast been thus merciful unto me, therefore I will cry unto thee in all mine afflictions, for in thee is my joy; for thou hast turned thy judgments away from me, because of thy Son.

12 And now Alma said unto them: Do ye believe those scriptures which have been written by them of old?

13 Behold, if ye do, ye must believe what Zenos said; for, behold he said: Thou hast turned away thy judgments because of thy Son.

14 Now behold, my brethren, I would ask if ye have read the scriptures? If ye have, how can ye disbelieve on the Son of God?

15 For it is not written that Zenos alone spake of these things, but Zenock also spake of these things—

16 For behold, he said: Thou art angry, O Lord, with this people, because they will not understand thy mercies which thou hast bestowed upon them because of thy Son.

17 And now, my brethren, ye see that a second prophet of old has testified of the Son of God, and because the people would not understand his words they stoned him to death.

18 But behold, this is not all; these are not the only ones who have spoken concerning the Son of God.

19 Behold, he was spoken of by Moses; yea, and behold a type was raised up in the wilderness, that whosoever would look upon it might live. And many did look and live.

20 But few understood the meaning of those things, and this because of the hardness of their hearts. But there were many who were so hardened that they would not look, therefore they perished. Now the reason they would not look is because they did not believe that it would heal them.

9 Oui, ô Dieu, tu as été miséricordieux envers moi et as entendu mes supplications au milieu de tes assemblées.

10 Oui, et tu m'as aussi entendu lorsque j'ai été chassé et que j'ai été méprisé par mes ennemis ; oui, tu as entendu mes supplications et as été en colère contre mes ennemis, et tu les a châtiés, dans ta colère, par une destruction rapide.

11 Et tu m'as entendu à cause de mes afflictions et de ma sincérité ; et c'est à cause de ton Fils que tu as été aussi miséricordieux envers moi ; c'est pourquoi je crierai vers toi dans toutes mes afflictions, car en toi est ma joie ; car tu as détourné tes jugements de moi à cause de ton Fils.

12 Et alors, Alma leur dit : Croyez-vous à ces Écritures qui ont été écrites par ceux d'autrefois ?

13 Voici, si oui, vous devez croire ce que Zénos a dit, car voici, il a dit : Tu as détourné tes jugements à cause de ton Fils.

14 Or, voici, mes frères, je voudrais demander si vous avez lu les Écritures ? Si oui, comment pouvez-vous ne pas croire au Fils de Dieu ?

15 Car il n'est pas écrit que Zénos seul a parlé de ces choses, mais Zénock a aussi parlé de ces choses :

16 Car voici, il a dit : Tu es en colère, ô Seigneur, contre ce peuple, parce qu'il ne veut pas comprendre la miséricorde que tu lui as accordée à cause de ton Fils.

17 Et maintenant, mes frères, vous voyez qu'un deuxième prophète d'autrefois a témoigné du Fils de Dieu, et parce que le peuple ne voulait pas comprendre ses paroles, ils l'ont lapidé à mort.

18 Mais voici, ce n'est pas tout ; ceux-là ne sont pas les seuls qui aient parlé concernant le Fils de Dieu.

19 Voici, Moïse a parlé de lui ; oui, et voici, une figure fut élevée dans le désert, afin que quiconque la regarderait vécût. Et beaucoup regardèrent et vécurent.

20 Mais peu comprirent la signification de ces choses-là, et cela à cause de l'endurcissement de leur cœur. Mais il y en eut beaucoup qui étaient si endurcis qu'ils ne voulurent pas regarder, c'est pourquoi ils périrent. Or, la raison pour laquelle ils ne

21 O my brethren, if ye could be healed by merely casting about your eyes that ye might be healed, would ye not behold quickly, or would ye rather harden your hearts in unbelief, and be slothful, that ye would not cast about your eyes, that ye might perish?

22 If so, wo shall come upon you; but if not so, then cast about your eyes and begin to believe in the Son of God, that he will come to redeem his people, and that he shall suffer and die to atone for their sins; and that he shall rise again from the dead, which shall bring to pass the resurrection, that all men shall stand before him, to be judged at the last and judgment day, according to their works.

23 And now, my brethren, I desire that ye shall plant this word in your hearts, and as it beginneth to swell even so nourish it by your faith. And behold, it will become a tree, springing up in you unto everlasting life. And then may God grant unto you that your burdens may be light, through the joy of his Son. And even all this can ye do if ye will. Amen.

CHAPTER 34

Amulek testifies that the word is in Christ unto salvation—Unless an atonement is made, all mankind must perish—The whole law of Moses points toward the sacrifice of the Son of God—The eternal plan of redemption is based on faith and repentance—Pray for temporal and spiritual blessings—This life is the time for men to prepare to meet God—Work out your salvation with fear before God. About 74 B.C.

1 And now it came to pass that after Alma had spoken these words unto them he sat down upon the ground, and Amulek arose and began to teach them, saying:

2 My brethren, I think that it is impossible that ye should be ignorant of the things which have been spoken concerning the coming of Christ, who is taught by us to be the Son of God; yea, I know that these

---

voulaient pas regarder, c'est parce qu'ils ne croyaient pas que cela les guérirait.

21 Ô mes frères, si vous pouviez être guéris rien qu'en jetant les regards autour de vous afin d'être guéris, ne regarderiez-vous pas rapidement, ou préféreriez-vous vous endurcir le cœur dans l'incrédulité et être paresseux, de sorte que vous ne jetteriez pas les regards autour de vous, de sorte que vous péririez ?

22 S'il en est ainsi, le malheur s'abattra sur vous ; mais s'il n'en est pas ainsi, alors jetez les regards autour de vous et commencez à croire au Fils de Dieu, à croire qu'il viendra racheter son peuple, et qu'il souffrira et mourra pour expier ses péchés, et qu'il se relèvera d'entre les morts, ce qui réalisera la résurrection, que tous les hommes se tiendront devant lui pour être jugés au dernier jour, jour du jugement, selon leurs œuvres.

23 Et maintenant, mes frères, je désire que vous plantiez cette parole dans votre cœur, et lorsqu'elle commencera à gonfler, alors nourrissez-la par votre foi. Et voici, elle deviendra un arbre, jaillissant en vous jusqu'à la vie éternelle. Et alors, que Dieu vous accorde que vos fardeaux soient légers par la joie de son Fils. Et même tout cela, vous pouvez le faire si vous voulez. Amen.

CHAPITRE 34

Amulek témoigne que la parole est dans le Christ pour le salut — Si une expiation n'est pas faite, toute l'humanité va périr — La loi de Moïse tout entière annonce le sacrifice du Fils de Dieu — Le plan éternel de la rédemption est basé sur la foi et le repentir — Priez pour les bénédictions temporelles et spirituelles — Cette vie est le moment où les hommes doivent se préparer à rencontrer Dieu — Travaillez à votre salut avec crainte devant Dieu. Vers 74 av. J.-C.

1 Et alors, il arriva que lorsqu'il leur eut dit ces paroles, Alma s'assit sur le sol, et Amulek se leva et commença à les instruire, disant :

2 Mes frères, je pense qu'il est impossible que vous soyez ignorants des choses qui ont été dites concernant la venue du Christ, que nous enseignons être le Fils de Dieu ; oui, je sais que ces choses vous ont été enseignées

things were taught unto you bountifully before your dissension from among us.

3 And as ye have desired of my beloved brother that he should make known unto you what ye should do, because of your afflictions; and he hath spoken somewhat unto you to prepare your minds; yea, and he hath exhorted you unto faith and to patience—

4 Yea, even that ye would have so much faith as even to plant the word in your hearts, that ye may try the experiment of its goodness.

5 And we have beheld that the great question which is in your minds is whether the word be in the Son of God, or whether there shall be no Christ.

6 And ye also beheld that my brother has proved unto you, in many instances, that the word is in Christ unto salvation.

7 My brother has called upon the words of Zenos, that redemption cometh through the Son of God, and also upon the words of Zenock; and also he has appealed unto Moses, to prove that these things are true.

8 And now, behold, I will testify unto you of myself that these things are true. Behold, I say unto you, that I do know that Christ shall come among the children of men, to take upon him the transgressions of his people, and that he shall atone for the sins of the world; for the Lord God hath spoken it.

9 For it is expedient that an atonement should be made; for according to the great plan of the Eternal God there must be an atonement made, or else all mankind must unavoidably perish; yea, all are hardened; yea, all are fallen and are lost, and must perish except it be through the atonement which it is expedient should be made.

10 For it is expedient that there should be a great and last sacrifice; yea, not a sacrifice of man, neither of beast, neither of any manner of fowl; for it shall not be a human sacrifice; but it must be an infinite and eternal sacrifice.

11 Now there is not any man that can sacrifice his own blood which will atone for the sins of another. Now, if a man murdereth, behold will our law, which is just, take the life of his brother? I say unto you, Nay.

abondamment avant votre dissidence par rapport à nous.

3 Et puisque vous avez désiré de mon frère bien-aimé qu'il vous fasse connaître ce que vous devez faire, à cause de vos afflictions, et il vous a parlé quelque peu pour vous préparer l'esprit ; oui, et il vous a exhortés à la foi et à la patience —

4 oui, à avoir assez de foi pour planter la parole dans votre cœur, afin de tenter l'expérience de voir si elle est bonne.

5 Et nous avons vu que la grande question que vous avez à l'esprit est de savoir si la parole est dans le Fils de Dieu, ou s'il n'y aura pas de Christ.

6 Et vous avez vu aussi que mon frère vous a prouvé, par beaucoup d'exemples, que la parole est dans le Christ pour le salut.

7 Mon frère a fait appel aux paroles de Zénos, selon lesquelles la rédemption vient par l'intermédiaire du Fils de Dieu, et aussi aux paroles de Zénock ; et il a fait appel à Moïse, pour prouver que ces choses sont vraies.

8 Et maintenant, voici, je vais vous témoigner par moi-même que ces choses sont vraies. Voici, je vous dis que je sais que le Christ viendra parmi les enfants des hommes pour prendre sur lui les transgressions de son peuple, et qu'il expiera les péchés du monde, car le Seigneur Dieu l'a dit.

9 Car il est nécessaire qu'une expiation soit accomplie ; car, selon le grand plan du Dieu éternel, il faut qu'une expiation soit faite, sinon toute l'humanité va périr ; oui, tous sont endurcis ; oui, tous sont déchus et perdus, et, sans l'expiation qu'il est nécessaire de faire, ils périront.

10 Car il est nécessaire qu'il y ait un grand et dernier sacrifice ; oui, pas un sacrifice d'homme, ni d'animal, ni d'aucune sorte d'oiseau, car ce ne sera pas un sacrifice humain ; mais ce doit être un sacrifice infini et éternel.

11 Or, il n'y a aucun homme qui puisse sacrifier son sang pour que cela expie les péchés d'un autre. Or, si un homme commet un meurtre, voici, notre loi, qui est juste, ôtera-t-elle la vie à son frère ? Je vous dis que non.

12 But the law requireth the life of him who hath murdered; therefore there can be nothing which is short of an infinite atonement which will suffice for the sins of the world.

13 Therefore, it is expedient that there should be a great and last sacrifice, and then shall there be, or it is expedient there should be, a stop to the shedding of blood; then shall the law of Moses be fulfilled; yea, it shall be all fulfilled, every jot and tittle, and none shall have passed away.

14 And behold, this is the whole meaning of the law, every whit pointing to that great and last sacrifice; and that great and last sacrifice will be the Son of God, yea, infinite and eternal.

15 And thus he shall bring salvation to all those who shall believe on his name; this being the intent of this last sacrifice, to bring about the bowels of mercy, which overpowereth justice, and bringeth about means unto men that they may have faith unto repentance.

16 And thus mercy can satisfy the demands of justice, and encircles them in the arms of safety, while he that exercises no faith unto repentance is exposed to the whole law of the demands of justice; therefore only unto him that has faith unto repentance is brought about the great and eternal plan of redemption.

17 Therefore may God grant unto you, my brethren, that ye may begin to exercise your faith unto repentance, that ye begin to call upon his holy name, that he would have mercy upon you;

18 Yea, cry unto him for mercy; for he is mighty to save.

19 Yea, humble yourselves, and continue in prayer unto him.

20 Cry unto him when ye are in your fields, yea, over all your flocks.

21 Cry unto him in your houses, yea, over all your household, both morning, mid-day, and evening.

22 Yea, cry unto him against the power of your enemies.

23 Yea, cry unto him against the devil, who is an enemy to all righteousness.

12 Mais la loi exige la vie de celui qui a commis le meurtre ; c'est pourquoi il n'est rien moins qu'une expiation infinie qui suffise pour les péchés du monde.

13 C'est pourquoi, il est nécessaire qu'il y ait un grand et dernier sacrifice, et alors il y aura — ou il convient qu'il y ait — une fin à l'effusion du sang ; alors la loi de Moïse sera accomplie ; oui, elle sera entièrement accomplie, chaque iota et chaque trait de lettre, et rien n'aura passé.

14 Et voici, c'est là toute la signification de la loi, tout jusqu'au moindre détail annonçant ce grand et dernier sacrifice ; et ce grand et dernier sacrifice, oui ce sacrifice infini et éternel, sera le Fils de Dieu.

15 Et ainsi il apportera le salut à tous ceux qui croiront en son nom ; ceci étant le but de ce dernier sacrifice : réaliser les entrailles de miséricorde, ce qui l'emporte sur la justice et fournit aux hommes le moyen d'avoir la foi qui produit le repentir.

16 Et ainsi la miséricorde peut satisfaire aux exigences de la justice et les enserre dans les bras de la sécurité, tandis que celui qui n'exerce aucune foi qui produit le repentir est exposé à toute la loi des exigences de la justice ; c'est pourquoi, ce n'est que pour celui qui a la foi qui produit le repentir qu'est réalisé le plan, grand et éternel, de la rédemption.

17 C'est pourquoi, que Dieu vous accorde, mes frères, de commencer à exercer votre foi qui produit le repentir, afin de commencer à implorer son saint nom, afin qu'il soit miséricordieux envers vous ;

18 oui, criez vers lui pour avoir la miséricorde, car il est puissant à sauver.

19 Oui, humiliez-vous et persévérez dans la prière vers lui.

20 Criez vers lui lorsque vous êtes dans vos champs, oui, pour tous vos troupeaux.

21 Criez vers lui dans vos maisons, oui, pour toute votre maison, le matin, à midi et le soir.

22 Oui, criez vers lui contre la puissance de vos ennemis.

23 Oui, criez vers lui contre le diable, qui est l'ennemi de toute justice.

24 Cry unto him over the crops of your fields, that ye may prosper in them.

25 Cry over the flocks of your fields, that they may increase.

26 But this is not all; ye must pour out your souls in your closets, and your secret places, and in your wilderness.

27 Yea, and when you do not cry unto the Lord, let your hearts be full, drawn out in prayer unto him continually for your welfare, and also for the welfare of those who are around you.

28 And now behold, my beloved brethren, I say unto you, do not suppose that this is all; for after ye have done all these things, if ye turn away the needy, and the naked, and visit not the sick and afflicted, and impart of your substance, if ye have, to those who stand in need—I say unto you, if ye do not any of these things, behold, your prayer is vain, and availeth you nothing, and ye are as hypocrites who do deny the faith.

29 Therefore, if ye do not remember to be charitable, ye are as dross, which the refiners do cast out, (it being of no worth) and is trodden under foot of men.

30 And now, my brethren, I would that, after ye have received so many witnesses, seeing that the holy scriptures testify of these things, ye come forth and bring fruit unto repentance.

31 Yea, I would that ye would come forth and harden not your hearts any longer; for behold, now is the time and the day of your salvation; and therefore, if ye will repent and harden not your hearts, immediately shall the great plan of redemption be brought about unto you.

32 For behold, this life is the time for men to prepare to meet God; yea, behold the day of this life is the day for men to perform their labors.

33 And now, as I said unto you before, as ye have had so many witnesses, therefore, I beseech of you that ye do not procrastinate the day of your repentance until the end; for after this day of life, which is given us to prepare for eternity, behold, if we do not improve our time while in this life, then

24 Criez vers lui pour les cultures de vos champs, afin que vous en retiriez la prospérité.

25 Criez vers lui pour les troupeaux de vos champs, afin qu'ils s'accroissent.

26 Mais ce n'est pas tout ; vous devez déverser votre âme dans vos chambres, et dans vos lieux secrets, et dans votre désert.

27 Oui, et lorsque vous ne criez pas au Seigneur, que votre cœur soit rempli, continuellement tourné vers lui dans la prière pour votre bien-être, et aussi pour le bien-être de ceux qui sont autour de vous.

28 Et maintenant voici, mes frères bien-aimés, je vous le dis, ne pensez pas que ce soit là tout ; car lorsque vous avez fait toutes ces choses, si vous renvoyez les nécessiteux et les nus, et ne visitez pas les malades et les affligés, et ne donnez pas de vos biens, si vous en avez, à ceux qui sont dans le besoin — je vous le dis, si vous ne faites rien de cela, voici, votre prière est vaine et ne vous sert de rien, et vous êtes comme des hypocrites qui renient la foi.

29 C'est pourquoi, si vous ne vous souvenez pas d'être charitables, vous êtes comme du rebut que les raffineurs rejettent (parce qu'il n'a pas de valeur) et qui est foulé aux pieds des hommes.

30 Et maintenant, mes frères, je voudrais qu'après avoir reçu tant de témoignages, voyant que les saintes Écritures témoignent de ces choses, vous vous avanciez et produisiez du fruit digne du repentir.

31 Oui, je voudrais que vous vous avanciez et ne vous endurcissiez plus le cœur, car voici, c'est maintenant le moment et le jour de votre salut ; et c'est pourquoi, si vous vous repentez et ne vous endurcissez pas le cœur, c'est immédiatement que le grand plan de rédemption se réalisera pour vous.

32 Car voici, cette vie est le moment où les hommes doivent se préparer à rencontrer Dieu ; oui, voici, le jour de cette vie est le jour où les hommes doivent accomplir leurs œuvres.

33 Et maintenant, comme je vous l'ai dit précédemment, puisque vous avez eu tant de témoignages, je vous supplie donc de ne pas différer le jour de votre repentir jusqu'à la fin ; car après ce jour de vie, qui nous est donné pour nous préparer pour l'éternité, voici, si nous ne faisons pas meilleur usage

cometh the night of darkness wherein there can be no labor performed.

34 Ye cannot say, when ye are brought to that awful crisis, that I will repent, that I will return to my God. Nay, ye cannot say this; for that same spirit which doth possess your bodies at the time that ye go out of this life, that same spirit will have power to possess your body in that eternal world.

35 For behold, if ye have procrastinated the day of your repentance even until death, behold, ye have become subjected to the spirit of the devil, and he doth seal you his; therefore, the Spirit of the Lord hath withdrawn from you, and hath no place in you, and the devil hath all power over you; and this is the final state of the wicked.

36 And this I know, because the Lord hath said he dwelleth not in unholy temples, but in the hearts of the righteous doth he dwell; yea, and he has also said that the righteous shall sit down in his kingdom, to go no more out; but their garments should be made white through the blood of the Lamb.

37 And now, my beloved brethren, I desire that ye should remember these things, and that ye should work out your salvation with fear before God, and that ye should no more deny the coming of Christ;

38 That ye contend no more against the Holy Ghost, but that ye receive it, and take upon you the name of Christ; that ye humble yourselves even to the dust, and worship God, in whatsoever place ye may be in, in spirit and in truth; and that ye live in thanksgiving daily, for the many mercies and blessings which he doth bestow upon you.

39 Yea, and I also exhort you, my brethren, that ye be watchful unto prayer continually, that ye may not be led away by the temptations of the devil, that he may not overpower you, that ye may not become his subjects at the last day; for behold, he rewardeth you no good thing.

40 And now my beloved brethren, I would exhort you to have patience, and that ye bear with all manner of afflictions; that ye do not revile against those who do cast you out because of your exceeding poverty, lest ye become sinners like unto them;

de notre temps pendant que nous sommes dans cette vie, alors vient la nuit de ténèbres où aucun travail ne peut être accompli.

34 Vous ne pouvez pas dire, lorsque vous êtes amenés à cette crise affreuse : Je vais me repentir, je vais retourner à mon Dieu. Non, vous ne pouvez pas le dire ; car ce même esprit qui possède votre corps au moment où vous quittez cette vie, ce même esprit aura le pouvoir de posséder votre corps dans le monde éternel.

35 Car voici, si vous avez différé le jour de votre repentir jusqu'à la mort, voici, vous vous êtes assujettis à l'esprit du diable, et il vous scelle comme siens ; c'est pourquoi, l'Esprit du Seigneur s'est retiré de vous et n'a pas de place en vous, et le diable a tout pouvoir sur vous ; et c'est là l'état final des méchants.

36 Et cela je le sais, parce que le Seigneur a dit qu'il ne demeure pas dans des temples qui ne sont pas saints, mais c'est dans le cœur des justes qu'il demeure ; oui, et il a dit aussi que les justes s'assiéront dans son royaume, pour ne plus en sortir ; mais leurs vêtements seront blanchis par le sang de l'Agneau.

37 Et maintenant, mes frères bien-aimés, je désire que vous vous souveniez de ces choses, et que vous travailliez à votre salut avec crainte devant Dieu, et que vous ne niiez plus la venue du Christ ;

38 que vous ne combattiez plus le Saint-Esprit, mais que vous le receviez et preniez sur vous le nom du Christ ; que vous vous humiliiez jusqu'à la poussière, et adoriez Dieu, en quelque lieu que vous vous trouviez, en esprit et en vérité ; et que vous viviez quotidiennement dans les actions de grâces pour les miséricordes et les nombreuses bénédictions qu'il vous accorde.

39 Oui, et je vous exhorte aussi, mes frères, à veiller à prier continuellement, afin de ne pas être égarés par les tentations du diable, afin qu'il n'ait pas le dessus sur vous, afin de ne pas devenir ses sujets au dernier jour ; car voici, il ne vous donne rien de bon en récompense.

40 Et maintenant, mes frères bien-aimés, je voudrais vous exhorter à avoir de la patience et à supporter les afflictions de toutes sortes, à ne pas injurier ceux qui vous chassent à cause de votre extrême pauvreté, de

peur que vous ne deveniez pécheurs comme eux,

41 But that ye have patience, and bear with those afflictions, with a firm hope that ye shall one day rest from all your afflictions.

41 mais à avoir de la patience et à supporter ces afflictions dans la ferme espérance que vous vous reposerez un jour de toutes vos afflictions.

CHAPTER 35

CHAPITRE 35

The preaching of the word destroys the craft of the Zoramites—They expel the converts, who then join the people of Ammon in Jershon— Alma sorrows because of the wickedness of the people. About 74 B.C.

La prédication de la parole détruit les artifices des Zoramites — Ils expulsent les convertis, qui se joignent alors au peuple d'Ammon à Jershon — Alma est attristé de la méchanceté du peuple. Vers 74 av. J.-C.

1 Now it came to pass that after Amulek had made an end of these words, they withdrew themselves from the multitude and came over into the land of Jershon.

1 Et alors, il arriva que lorsqu'Amulek eut cessé de dire ces paroles, ils se retirèrent de la multitude et passèrent au pays de Jershon.

2 Yea, and the rest of the brethren, after they had preached the word unto the Zoramites, also came over into the land of Jershon.

2 Oui, et le reste des frères, lorsqu'ils eurent prêché la parole aux Zoramites, passa aussi au pays de Jershon.

3 And it came to pass that after the more popular part of the Zoramites had consulted together concerning the words which had been preached unto them, they were angry because of the word, for it did destroy their craft; therefore they would not hearken unto the words.

3 Et il arriva que lorsque la partie des Zoramites qui avait le plus de popularité eut tenu conseil concernant les paroles qui leur avaient été prêchées, ils furent en colère à cause de la parole, car elle détruisait leurs artifices ; c'est pourquoi, ils ne voulurent pas écouter les paroles.

4 And they sent and gathered together throughout all the land all the people, and consulted with them concerning the words which had been spoken.

4 Et ils envoyèrent des gens, et rassemblèrent tout le peuple dans tout le pays, et tinrent conseil avec lui concernant les paroles qui avaient été dites.

5 Now their rulers and their priests and their teachers did not let the people know concerning their desires; therefore they found out privily the minds of all the people.

5 Or, leurs gouverneurs, et leurs prêtres, et leurs instructeurs n'informèrent pas le peuple de leur désir ; c'est pourquoi ils découvrirent secrètement l'opinion de tout le peuple.

6 And it came to pass that after they had found out the minds of all the people, those who were in favor of the words which had been spoken by Alma and his brethren were cast out of the land; and they were many; and they came over also into the land of Jershon.

6 Et il arriva que lorsqu'ils eurent découvert l'opinion de tout le peuple, ceux qui étaient en faveur des paroles qui avaient été dites par Alma et ses frères furent chassés du pays ; et ils étaient nombreux, et ils passèrent aussi au pays de Jershon.

7 And it came to pass that Alma and his brethren did minister unto them.

7 Et il arriva qu'Alma et ses frères pourvurent à leurs besoins.

8 Now the people of the Zoramites were angry with the people of Ammon who were in Jershon, and the chief ruler of the Zoramites, being a very wicked man, sent

8 Alors, le peuple des Zoramites fut en colère contre le peuple d'Ammon qui était à Jershon, et le gouverneur principal des Zoramites, un très méchant homme, envoya

over unto the people of Ammon desiring them that they should cast out of their land all those who came over from them into their land.

9 And he breathed out many threatenings against them. And now the people of Ammon did not fear their words; therefore they did not cast them out, but they did receive all the poor of the Zoramites that came over unto them; and they did nourish them, and did clothe them, and did give unto them lands for their inheritance; and they did administer unto them according to their wants.

10 Now this did stir up the Zoramites to anger against the people of Ammon, and they began to mix with the Lamanites and to stir them up also to anger against them.

11 And thus the Zoramites and the Lamanites began to make preparations for war against the people of Ammon, and also against the Nephites.

12 And thus ended the seventeenth year of the reign of the judges over the people of Nephi.

13 And the people of Ammon departed out of the land of Jershon, and came over into the land of Melek, and gave place in the land of Jershon for the armies of the Nephites, that they might contend with the armies of the Lamanites and the armies of the Zoramites; and thus commenced a war betwixt the Lamanites and the Nephites, in the eighteenth year of the reign of the judges; and an account shall be given of their wars hereafter.

14 And Alma, and Ammon, and their brethren, and also the two sons of Alma returned to the land of Zarahemla, after having been instruments in the hands of God of bringing many of the Zoramites to repentance; and as many as were brought to repentance were driven out of their land; but they have lands for their inheritance in the land of Jershon, and they have taken up arms to defend themselves, and their wives, and children, and their lands.

15 Now Alma, being grieved for the iniquity of his people, yea for the wars, and the bloodsheds, and the contentions which were among them; and having been to declare the word, or sent to declare the word, among all the people in every city; and seeing that the hearts of the people began to wax hard, and

des gens auprès du peuple d'Ammon, pour lui demander de chasser de son pays tous ceux qui étaient venus de chez eux dans son pays.

9 Et il proféra beaucoup de menaces contre lui. Mais le peuple d'Ammon ne craignait pas ses paroles, c'est pourquoi il ne les chassa pas, mais il reçut tous les pauvres des Zoramites qui passèrent chez lui ; et il les nourrit, et les vêtit, et leur donna des terres pour leur héritage ; et il pourvut à leurs besoins, selon ce qui leur était nécessaire.

10 Alors cela excita les Zoramites à la colère contre le peuple d'Ammon, et ils commencèrent à se mêler aux Lamanites et à les exciter aussi à la colère contre lui.

11 Et ainsi les Zoramites et les Lamanites commencèrent à faire des préparatifs de guerre contre le peuple d'Ammon, et aussi contre les Néphites.

12 Et ainsi finit la dix-septième année du règne des juges sur le peuple de Néphi.

13 Et le peuple d'Ammon sortit du pays de Jershon, et passa au pays de Mélek, et laissa place au pays de Jershon aux armées des Néphites, afin qu'elles combattent les armées des Lamanites et les armées des Zoramites ; et ainsi, une guerre commença entre les Lamanites et les Néphites la dix-huitième année du règne des juges ; et le récit de leurs guerres sera fait plus loin.

14 Et Alma, et Ammon, et leurs frères, et aussi les deux fils d'Alma retournèrent au pays de Zarahemla, après avoir été les instruments entre les mains de Dieu pour amener beaucoup de Zoramites au repentir ; et tous ceux qui furent amenés au repentir furent chassés de leur pays ; mais ils ont des terres pour leur héritage au pays de Jershon, et ils ont pris les armes pour se défendre, eux, et leurs épouses, et leurs enfants, et leurs terres.

15 Or, Alma, peiné de l'iniquité de son peuple, oui, des guerres, et des effusions de sang, et des querelles qui existaient parmi eux, et étant allé annoncer la parole, ou envoyé annoncer la parole, parmi tout le peuple dans toutes les villes, et voyant que le cœur du peuple commençait à s'endurcir

that they began to be offended because of the strictness of the word, his heart was exceedingly sorrowful.

16 Therefore, he caused that his sons should be gathered together, that he might give unto them every one his charge, separately, concerning the things pertaining unto righteousness. And we have an account of his commandments, which he gave unto them according to his own record.

The commandments of Alma to his son Helaman.

Comprising chapters 36 and 37.

CHAPTER 36

Alma testifies to Helaman of his conversion after seeing an angel—He suffered the pains of a damned soul; he called upon the name of Jesus, and was then born of God—Sweet joy filled his soul—He saw concourses of angels praising God—Many converts have tasted and seen as he has tasted and seen. About 74 B.C.

1 My son, give ear to my words; for I swear unto you, that inasmuch as ye shall keep the commandments of God ye shall prosper in the land.

2 I would that ye should do as I have done, in remembering the captivity of our fathers; for they were in bondage, and none could deliver them except it was the God of Abraham, and the God of Isaac, and the God of Jacob; and he surely did deliver them in their afflictions.

3 And now, O my son Helaman, behold, thou art in thy youth, and therefore, I beseech of thee that thou wilt hear my words and learn of me; for I do know that whosoever shall put their trust in God shall be supported in their trials, and their troubles, and their afflictions, and shall be lifted up at the last day.

4 And I would not that ye think that I know of myself—not of the temporal but of the spiritual, not of the carnal mind but of God.

---

et qu'il commençait à être offensé à cause du caractère strict de la parole, eut le cœur extrêmement attristé.

16 C'est pourquoi, il fit rassembler ses fils afin de donner à chacun séparément sa charge concernant les choses relatives à la justice. Et nous avons le récit des commandements qu'il leur donna, selon ses propres annales.

Commandements d'Alma à son fils Hélaman.

Chapitres 36 et 37.

CHAPITRE 36

Alma témoigne à Hélaman qu'il fut converti après avoir vu un ange — Il connut les souffrances d'une âme damnée ; il invoqua le nom de Jésus et naquit alors de Dieu — Une douce joie lui remplit l'âme — Il vit des multitudes d'anges louer Dieu — Beaucoup de convertis ont goûté et vu comme lui. Vers 74 av. J.-C.

1 Mon fils, prête l'oreille à mes paroles ; car je te jure que si tu gardes les commandements de Dieu, tu prospéreras dans le pays.

2 Je voudrais que tu fasses comme moi et que tu te souviennes de la captivité de nos pères ; car ils étaient dans la servitude, et nul ne pouvait les délivrer, si ce n'est le Dieu d'Abraham, et le Dieu d'Isaac, et le Dieu de Jacob, et il les a assurément délivrés dans leurs afflictions.

3 Et maintenant, ô mon fils Hélaman, voici, tu es dans ta jeunesse, et c'est pourquoi je te supplie d'entendre mes paroles et d'apprendre de moi ; car je sais que quiconque place sa confiance en Dieu sera soutenu dans ses épreuves, et ses difficultés, et ses afflictions, et sera élevé au dernier jour.

4 Et je ne voudrais pas que tu penses que je connais par moi-même : non par le temporel,

5 Now, behold, I say unto you, if I had not been born of God I should not have known these things; but God has, by the mouth of his holy angel, made these things known unto me, not of any worthiness of myself;

6 For I went about with the sons of Mosiah, seeking to destroy the church of God; but behold, God sent his holy angel to stop us by the way.

7 And behold, he spake unto us, as it were the voice of thunder, and the whole earth did tremble beneath our feet; and we all fell to the earth, for the fear of the Lord came upon us.

8 But behold, the voice said unto me: Arise. And I arose and stood up, and beheld the angel.

9 And he said unto me: If thou wilt of thyself be destroyed, seek no more to destroy the church of God.

10 And it came to pass that I fell to the earth; and it was for the space of three days and three nights that I could not open my mouth, neither had I the use of my limbs.

11 And the angel spake more things unto me, which were heard by my brethren, but I did not hear them; for when I heard the words—If thou wilt be destroyed of thyself, seek no more to destroy the church of God—I was struck with such great fear and amazement lest perhaps I should be destroyed, that I fell to the earth and I did hear no more.

12 But I was racked with eternal torment, for my soul was harrowed up to the greatest degree and racked with all my sins.

13 Yea, I did remember all my sins and iniquities, for which I was tormented with the pains of hell; yea, I saw that I had rebelled against my God, and that I had not kept his holy commandments.

14 Yea, and I had murdered many of his children, or rather led them away unto destruction; yea, and in fine so great had been my iniquities, that the very thought of coming into the presence of my God did rack my soul with inexpressible horror.

15 Oh, thought I, that I could be banished and become extinct both soul and body, that

mais par le spirituel, non par l'esprit charnel, mais par Dieu.

5 Or, voici, je te le dis, si je n'étais pas né de Dieu, je n'aurais pas connu ces choses ; mais, par la bouche de son saint ange, Dieu me les a fait connaître, non pas à cause d'une quelconque dignité de ma part,

6 car j'allais partout avec les fils de Mosiah, cherchant à détruire l'Église de Dieu ; mais voici, Dieu envoya son saint ange nous arrêter en chemin.

7 Et voici, il nous parla, comme si c'était la voix du tonnerre, et la terre entière trembla sous nos pieds ; et nous tombâmes tous par terre, car la crainte du Seigneur s'était abattue sur nous.

8 Mais voici, la voix me dit : Lève-toi. Et je me levai, et me tins debout, et vis l'ange.

9 Et il me dit : Si tu veux de toi-même être détruit, ne cherche plus à détruire l'Église de Dieu.

10 Et il arriva que je tombai par terre ; et ce fut pendant trois jours et trois nuits que je ne pus ouvrir la bouche, ni n'eus l'usage de mes membres.

11 Et l'ange me dit encore des choses qui furent entendues par mes frères, mais je ne les entendis pas ; car lorsque j'entendis les mots : si tu veux être détruit de toi-même, ne cherche plus à détruire l'Église de Dieu, je fus frappé d'une crainte et d'un étonnement si grands, de peur d'être peut-être détruit, que je tombai par terre et que je n'entendis plus rien.

12 Mais j'étais torturé d'un tourment éternel, car mon âme était déchirée au plus haut degré et torturée par tous mes péchés.

13 Oui, je me souvenais de tous mes péchés et de toutes mes iniquités, et à cause de cela, j'étais tourmenté par les souffrances de l'enfer ; oui, je voyais que je m'étais rebellé contre mon Dieu et que je n'avais pas gardé ses saints commandements.

14 Oui, et j'avais assassiné beaucoup de ses enfants, ou plutôt les avais entraînés à la destruction ; oui, en bref, si grandes avaient été mes iniquités, que la pensée même de retourner en la présence de mon Dieu torturait mon âme d'une horreur inexprimable.

15 Oh, pensais-je, si je pouvais être banni et être anéanti corps et âme, afin de ne pas être

I might not be brought to stand in the presence of my God, to be judged of my deeds.

16 And now, for three days and for three nights was I racked, even with the pains of a damned soul.

17 And it came to pass that as I was thus racked with torment, while I was harrowed up by the memory of my many sins, behold, I remembered also to have heard my father prophesy unto the people concerning the coming of one Jesus Christ, a Son of God, to atone for the sins of the world.

18 Now, as my mind caught hold upon this thought, I cried within my heart: O Jesus, thou Son of God, have mercy on me, who am in the gall of bitterness, and am encircled about by the everlasting chains of death.

19 And now, behold, when I thought this, I could remember my pains no more; yea, I was harrowed up by the memory of my sins no more.

20 And oh, what joy, and what marvelous light I did behold; yea, my soul was filled with joy as exceeding as was my pain!

21 Yea, I say unto you, my son, that there could be nothing so exquisite and so bitter as were my pains. Yea, and again I say unto you, my son, that on the other hand, there can be nothing so exquisite and sweet as was my joy.

22 Yea, methought I saw, even as our father Lehi saw, God sitting upon his throne, surrounded with numberless concourses of angels, in the attitude of singing and praising their God; yea, and my soul did long to be there.

23 But behold, my limbs did receive their strength again, and I stood upon my feet, and did manifest unto the people that I had been born of God.

24 Yea, and from that time even until now, I have labored without ceasing, that I might bring souls unto repentance; that I might bring them to taste of the exceeding joy of which I did taste; that they might also be born of God, and be filled with the Holy Ghost.

25 Yea, and now behold, O my son, the Lord doth give me exceedingly great joy in the fruit of my labors;

amené à me tenir en la présence de mon Dieu pour être jugé de mes actions !

16 Et alors, pendant trois jours et pendant trois nuits, je fus torturé par les souffrances d'une âme damnée.

17 Et il arriva que comme j'étais ainsi torturé par le tourment, tandis que j'étais déchiré par le souvenir de mes nombreux péchés, voici, je me souvins aussi d'avoir entendu mon père prophétiser au peuple concernant la venue d'un certain Jésus-Christ, un Fils de Dieu, pour expier les péchés du monde.

18 Alors, quand mon esprit s'empara de cette pensée, je m'écriai au-dedans de mon cœur : Ô Jésus, Fils de Dieu, sois miséricordieux envers moi qui suis dans le fiel de l'amertume et suis enserré par les chaînes éternelles de la mort.

19 Et alors, voici, lorsque je pensai cela, je ne pus plus me souvenir de mes souffrances ; oui, je n'étais plus déchiré par le souvenir de mes péchés.

20 Et oh quelle joie, et quelle lumière merveilleuse je vis ! Oui, mon âme était remplie d'une joie aussi extrême que l'avait été ma souffrance.

21 Oui, je te le dis, mon fils, qu'il ne pouvait rien y avoir d'aussi raffiné ni d'aussi cruel que mes souffrances. Oui, et je te le dis encore, mon fils, que d'autre part, il ne peut rien y avoir d'aussi raffiné ni d'aussi doux que ma joie.

22 Oui, je pensai voir, tout comme notre père Léhi, Dieu assis sur son trône, entouré d'un concours innombrable d'anges, qui paraissaient chanter et louer leur Dieu ; oui, et mon âme aspirait à être là-bas.

23 Mais voici, mes membres reçurent de nouveau leur force, et je me tins debout, et manifestai au peuple que j'étais né de Dieu.

24 Oui, et à partir de ce moment-là jusqu'à maintenant, j'ai travaillé sans cesse, afin d'amener des âmes au repentir, afin de les amener à goûter à la joie extrême à laquelle j'ai goûté, afin qu'elles naissent aussi de Dieu et soient remplies du Saint-Esprit.

25 Oui, et maintenant, voici, ô mon fils, le Seigneur me donne une joie extrêmement grande à cause du fruit de mes labeurs ;

26 For because of the word which he has imparted unto me, behold, many have been born of God, and have tasted as I have tasted, and have seen eye to eye as I have seen; therefore they do know of these things of which I have spoken, as I do know; and the knowledge which I have is of God.

27 And I have been supported under trials and troubles of every kind, yea, and in all manner of afflictions; yea, God has delivered me from prison, and from bonds, and from death; yea, and I do put my trust in him, and he will still deliver me.

28 And I know that he will raise me up at the last day, to dwell with him in glory; yea, and I will praise him forever, for he has brought our fathers out of Egypt, and he has swallowed up the Egyptians in the Red Sea; and he led them by his power into the promised land; yea, and he has delivered them out of bondage and captivity from time to time.

29 Yea, and he has also brought our fathers out of the land of Jerusalem; and he has also, by his everlasting power, delivered them out of bondage and captivity, from time to time even down to the present day; and I have always retained in remembrance their captivity; yea, and ye also ought to retain in remembrance, as I have done, their captivity.

30 But behold, my son, this is not all; for ye ought to know as I do know, that inasmuch as ye shall keep the commandments of God ye shall prosper in the land; and ye ought to know also, that inasmuch as ye will not keep the commandments of God ye shall be cut off from his presence. Now this is according to his word.

26 car à cause de la parole qu'il m'a donnée, voici, beaucoup sont nés de Dieu, et ont goûté comme j'ai goûté, et ont vu de leurs propres yeux, comme j'ai vu ; c'est pourquoi ils connaissent les choses dont je viens de parler, comme je les connais ; et la connaissance que j'ai est de Dieu.

27 Et j'ai été soutenu dans des épreuves et des difficultés de toute espèce, oui, et dans toutes sortes d'afflictions ; oui, Dieu m'a délivré de prison, et des liens, et de la mort ; oui, et je place ma confiance en lui, et il me délivrera encore.

28 Et je sais qu'il me ressuscitera au dernier jour, pour demeurer avec lui en gloire ; oui, et je le louerai à jamais, car il a fait sortir nos pères d'Égypte et il a englouti les Égyptiens dans la mer Rouge ; et il les a conduits par son pouvoir dans la terre promise ; oui, et il les a délivrés de temps en temps de la servitude et de la captivité.

29 Oui, et il a aussi emmené nos pères du pays de Jérusalem ; et il les a aussi délivrés de temps en temps, par son pouvoir éternel, de la servitude et de la captivité, jusqu'à ce jour ; et j'ai toujours gardé le souvenir de leur captivité ; oui, et tu devrais aussi, comme moi, garder le souvenir de leur captivité.

30 Mais voici, mon fils, ce n'est pas tout ; car tu devrais savoir, comme je le sais, que si tu gardes les commandements de Dieu, tu prospéreras dans le pays ; et tu devrais savoir aussi que si tu ne gardes pas les commandements de Dieu, tu seras retranché de sa présence. Or, cela est selon sa parole.

CHAPTER 37

CHAPITRE 37

The plates of brass and other scriptures are preserved to bring souls to salvation—The Jaredites were destroyed because of their wickedness—Their secret oaths and covenants must be kept from the people—Counsel with the Lord in all your doings—As the Liahona guided the Nephites, so the word of Christ leads men to eternal life. About 74 B.C.

Les plaques d'airain et les autres Écritures sont préservées pour amener les âmes au salut — Les Jarédites ont été détruits à cause de leur méchanceté — Leurs serments et leurs alliances secrets doivent être cachés au peuple — Consultez le Seigneur dans tout ce que vous faites — Comme le Liahona a guidé les Néphites, ainsi la parole du Christ conduit les hommes à la vie éternelle. Vers 74 av. J.-C.

1 And now, my son Helaman, I command you that ye take the records which have been entrusted with me;

2 And I also command you that ye keep a record of this people, according as I have done, upon the plates of Nephi, and keep all these things sacred which I have kept, even as I have kept them; for it is for a wise purpose that they are kept.

3 And these plates of brass, which contain these engravings, which have the records of the holy scriptures upon them, which have the genealogy of our forefathers, even from the beginning—

4 Behold, it has been prophesied by our fathers, that they should be kept and handed down from one generation to another, and be kept and preserved by the hand of the Lord until they should go forth unto every nation, kindred, tongue, and people, that they shall know of the mysteries contained thereon.

5 And now behold, if they are kept they must retain their brightness; yea, and they will retain their brightness; yea, and also shall all the plates which do contain that which is holy writ.

6 Now ye may suppose that this is foolishness in me; but behold I say unto you, that by small and simple things are great things brought to pass; and small means in many instances doth confound the wise.

7 And the Lord God doth work by means to bring about his great and eternal purposes; and by very small means the Lord doth confound the wise and bringeth about the salvation of many souls.

8 And now, it has hitherto been wisdom in God that these things should be preserved; for behold, they have enlarged the memory of this people, yea, and convinced many of the error of their ways, and brought them to the knowledge of their God unto the salvation of their souls.

9 Yea, I say unto you, were it not for these things that these records do contain, which are on these plates, Ammon and his brethren could not have convinced so many thousands of the Lamanites of the incorrect tradition of their fathers; yea, these records and their words brought them unto repentance; that is, they brought them to the knowledge

1 Et maintenant, mon fils Hélaman, je te commande de prendre les annales qui m'ont été confiées ;

2 et je te commande aussi de tenir les annales de ce peuple, comme je l'ai fait, sur les plaques de Néphi, et de garder sacrées toutes ces choses que j'ai gardées, tout comme je les ai gardées ; car c'est dans un but sage qu'elles sont gardées.

3 Et ces plaques d'airain, qui contiennent ces inscriptions gravées, sur lesquelles se trouvent les annales des Saintes Écritures, qui ont la généalogie de nos ancêtres depuis le commencement —

4 voici, il a été prophétisé par nos pères qu'elles seraient gardées et transmises d'une génération à l'autre, et seraient gardées et préservées par la main du Seigneur, jusqu'à ce qu'elles aillent à toutes les nations, tribus, langues et peuples, afin qu'ils connaissent les mystères qui y sont contenus.

5 Et maintenant voici, si elles sont gardées, elles vont conserver leur éclat ; oui, et elles conserveront leur éclat ; oui, et aussi toutes les plaques qui contiennent ce qui est Écriture sainte.

6 Or, il se peut que tu penses que c'est là folie de ma part ; mais voici, je te dis que c'est par des choses petites et simples que de grandes choses sont réalisées ; et de petits moyens confondent, dans de nombreux cas, les sages.

7 Et le Seigneur Dieu fait usage de moyens pour réaliser ses grands et éternels desseins ; et c'est par de très petits moyens que le Seigneur confond les sages et réalise le salut de nombreuses âmes.

8 Et maintenant, il a jusqu'à présent été de la sagesse de Dieu que ces choses-là soient préservées ; car voici, elles ont accru la mémoire de ce peuple, oui, et en ont convaincu beaucoup de l'erreur de leurs voies et les ont fait parvenir à la connaissance de leur Dieu, pour le salut de leur âme.

9 Oui, je vous le dis, s'il n'y avait pas ce que contiennent ces annales, qui est sur ces plaques, Ammon et ses frères n'auraient pas pu convaincre tant de milliers de Lamanites que la tradition de leurs pères était incorrecte ; oui, ces annales et leurs paroles les ont amenés au repentir ; c'est-à-dire qu'elles

of the Lord their God, and to rejoice in Jesus Christ their Redeemer.

10 And who knoweth but what they will be the means of bringing many thousands of them, yea, and also many thousands of our stiffnecked brethren, the Nephites, who are now hardening their hearts in sin and iniquities, to the knowledge of their Redeemer?

11 Now these mysteries are not yet fully made known unto me; therefore I shall forbear.

12 And it may suffice if I only say they are preserved for a wise purpose, which purpose is known unto God; for he doth counsel in wisdom over all his works, and his paths are straight, and his course is one eternal round.

13 O remember, remember, my son Helaman, how strict are the commandments of God. And he said: If ye will keep my commandments ye shall prosper in the land—but if ye keep not his commandments ye shall be cut off from his presence.

14 And now remember, my son, that God has entrusted you with these things, which are sacred, which he has kept sacred, and also which he will keep and preserve for a wise purpose in him, that he may show forth his power unto future generations.

15 And now behold, I tell you by the spirit of prophecy, that if ye transgress the commandments of God, behold, these things which are sacred shall be taken away from you by the power of God, and ye shall be delivered up unto Satan, that he may sift you as chaff before the wind.

16 But if ye keep the commandments of God, and do with these things which are sacred according to that which the Lord doth command you, (for you must appeal unto the Lord for all things whatsoever ye must do with them) behold, no power of earth or hell can take them from you, for God is powerful to the fulfilling of all his words.

17 For he will fulfil all his promises which he shall make unto you, for he has fulfilled his promises which he has made unto our fathers.

les ont amenés à la connaissance du Seigneur, leur Dieu, et à se réjouir de Jésus-Christ, leur Rédempteur.

10 Et qui sait si ce ne sera pas le moyen d'amener de nombreux milliers d'entre eux, oui, et aussi de nombreux milliers de nos frères au cou roide, les Néphites, qui s'endurcissent maintenant le cœur dans le péché et les iniquités, à connaître leur Rédempteur ?

11 Or, ces mystères ne me sont pas encore pleinement révélés ; c'est pourquoi je m'abstiendrai.

12 Et il peut suffire que je dise seulement qu'elles sont préservées dans un but sage, lequel but est connu de Dieu ; car il exerce avec sagesse son conseil sur toutes ses œuvres, et ses sentiers sont droits, et son chemin est une même ronde éternelle.

13 Ô souviens-toi, souviens-toi, mon fils Hélaman, comme les commandements de Dieu sont stricts. Et il a dit : Si vous gardez mes commandements, vous prospérerez dans le pays ; mais si vous ne gardez pas ses commandements, vous serez retranchés de sa présence.

14 Et maintenant, souviens-toi, mon fils, que Dieu t'a confié ces choses qui sont sacrées, qu'il a gardées sacrées, et aussi qu'il gardera et préservera dans un sage dessein qui lui est propre, afin de montrer son pouvoir aux générations futures.

15 Et maintenant, voici, je te dis, par l'esprit de prophétie, que si tu transgresses les commandements de Dieu, voici, ces choses qui sont sacrées te seront enlevées par le pouvoir de Dieu, et tu seras livré à Satan afin qu'il te crible comme la balle devant le vent.

16 Mais si tu gardes les commandements de Dieu, et fais de ces choses qui sont sacrées ce que le Seigneur te commande (car tu dois faire appel au Seigneur pour tout ce que tu dois en faire), voici, aucune puissance de la terre ou de l'enfer ne pourra te les enlever, car Dieu est puissant à accomplir toutes ses paroles.

17 Car il accomplira toutes les promesses qu'il te fera, car il a accompli les promesses qu'il a faites à nos pères.

18 For he promised unto them that he would preserve these things for a wise purpose in him, that he might show forth his power unto future generations.

19 And now behold, one purpose hath he fulfilled, even to the restoration of many thousands of the Lamanites to the knowledge of the truth; and he hath shown forth his power in them, and he will also still show forth his power in them unto future generations; therefore they shall be preserved.

20 Therefore I command you, my son Helaman, that ye be diligent in fulfilling all my words, and that ye be diligent in keeping the commandments of God as they are written.

21 And now, I will speak unto you concerning those twenty-four plates, that ye keep them, that the mysteries and the works of darkness, and their secret works, or the secret works of those people who have been destroyed, may be made manifest unto this people; yea, all their murders, and robbings, and their plunderings, and all their wickedness and abominations, may be made manifest unto this people; yea, and that ye preserve these interpreters.

22 For behold, the Lord saw that his people began to work in darkness, yea, work secret murders and abominations; therefore the Lord said, if they did not repent they should be destroyed from off the face of the earth.

23 And the Lord said: I will prepare unto my servant Gazelem, a stone, which shall shine forth in darkness unto light, that I may discover unto my people who serve me, that I may discover unto them the works of their brethren, yea, their secret works, their works of darkness, and their wickedness and abominations.

24 And now, my son, these interpreters were prepared that the word of God might be fulfilled, which he spake, saying:

25 I will bring forth out of darkness unto light all their secret works and their abominations; and except they repent I will destroy them from off the face of the earth; and I will bring to light all their secrets and abominations, unto every nation that shall hereafter possess the land.

18 Car il leur a promis qu'il préserverait ces choses dans un dessein sage qui lui est propre, afin de montrer son pouvoir aux générations futures.

19 Et maintenant voici, il y a un dessein qu'il a accompli pour le retour de nombreux milliers de Lamanites à la connaissance de la vérité ; et il a montré son pouvoir en eux, et il montrera encore son pouvoir en eux aux générationsfutures ; c'est pourquoi elles seront préservées.

20 C'est pourquoi je te commande, mon fils Hélaman, d'être diligent à accomplir toutes mes paroles, et d'être diligent à garder les commandements de Dieu tels qu'ils sont écrits.

21 Et maintenant, je vais te parler de ces vingt-quatre plaques, afin que tu les gardes, afin que les mystères et les œuvres des ténèbres, et leurs œuvres secrètes, ou les œuvres secrètes de ces gens qui ont été détruits, soient manifestés à ce peuple ; oui, que tous leurs meurtres, et leurs brigandages, et leurs pillages, et toute leur méchanceté et toutes leurs abominations soient manifestés à ce peuple ; oui, et que tu préserves ces interprètes.

22 Car voici, le Seigneur vit que son peuple commençait à travailler dans les ténèbres, oui, à commettre des abominations et des meurtres secrets ; c'est pourquoi le Seigneur dit que s'il ne se repentait pas, il serait détruit de la surface de la terre.

23 Et le Seigneur dit : Je préparerai, pour mon serviteur Gazélem, une pierre qui brillera dans les ténèbres de manière à apporter la lumière, afin que je puisse découvrir à mon peuple qui me sert, afin que je puisse lui découvrir les œuvres de ses frères, oui, leurs œuvres secrètes, leurs œuvres de ténèbres, et leur méchanceté, et leurs abominations.

24 Et maintenant, mon fils, ces interprètes ont été préparés afin que s'accomplisse la parole que Dieu a exprimée, disant :

25 Je ferai sortir des ténèbres à la lumière toutes leurs œuvres secrètes et leurs abominations ; et à moins qu'ils ne se repentent, je les détruirai de la surface de la terre ; et je ferai paraître à la lumière tous leurs secrets et toutes leurs abominations, à toutes les nations qui posséderont plus tard le pays.

26 And now, my son, we see that they did not repent; therefore they have been destroyed, and thus far the word of God has been fulfilled; yea, their secret abominations have been brought out of darkness and made known unto us.

27 And now, my son, I command you that ye retain all their oaths, and their covenants, and their agreements in their secret abominations; yea, and all their signs and their wonders ye shall keep from this people, that they know them not, lest peradventure they should fall into darkness also and be destroyed.

28 For behold, there is a curse upon all this land, that destruction shall come upon all those workers of darkness, according to the power of God, when they are fully ripe; therefore I desire that this people might not be destroyed.

29 Therefore ye shall keep these secret plans of their oaths and their covenants from this people, and only their wickedness and their murders and their abominations shall ye make known unto them; and ye shall teach them to abhor such wickedness and abominations and murders; and ye shall also teach them that these people were destroyed on account of their wickedness and abominations and their murders.

30 For behold, they murdered all the prophets of the Lord who came among them to declare unto them concerning their iniquities; and the blood of those whom they murdered did cry unto the Lord their God for vengeance upon those who were their murderers; and thus the judgments of God did come upon these workers of darkness and secret combinations.

31 Yea, and cursed be the land forever and ever unto those workers of darkness and secret combinations, even unto destruction, except they repent before they are fully ripe.

32 And now, my son, remember the words which I have spoken unto you; trust not those secret plans unto this people, but teach them an everlasting hatred against sin and iniquity.

33 Preach unto them repentance, and faith on the Lord Jesus Christ; teach them to humble themselves and to be meek and lowly in heart; teach them to withstand

26 Et maintenant, mon fils, nous voyons qu'ils ne se sont pas repentis ; c'est pourquoi ils ont été détruits, et, jusqu'à présent, la parole de Dieu s'est accomplie ; oui, leurs abominations secrètes ont été sorties des ténèbres et nous ont été révélées.

27 Et maintenant, mon fils, je te commande de garder pour toi tous leurs serments, et leurs alliances, et leurs accords dans leurs abominations secrètes ; oui, et tous leurs signes, et leurs prodiges, tu les soustrairas à ce peuple, afin qu'il ne les connaisse pas, de peur qu'il ne tombe dans les ténèbres aussi et ne soit détruit.

28 Car voici, il y a une malédiction sur tout ce pays, selon laquelle la destruction tombera, selon le pouvoir de Dieu, sur tous ces ouvriers des ténèbres, lorsqu'ils seront tout à fait mûrs ; c'est pourquoi je désire que ce peuple ne soit pas détruit.

29 C'est pourquoi tu soustrairas à ce peuple ces plans secrets de leurs serments et de leurs alliances, et tu ne lui feras connaître que leur méchanceté, et leurs meurtres, et leurs abominations ; et tu lui enseigneras à détester une telle méchanceté, et de telles abominations, et de tels meurtres ; et tu lui enseigneras aussi que ces gens ont été détruits à cause de leur méchanceté, et de leurs abominations, et de leurs meurtres.

30 Car voici, ils ont assassiné tous les prophètes du Seigneur qui sont venus parmi eux pour dénoncer leurs iniquités ; et le sang de ceux qu'ils ont assassinés a crié au Seigneur, leur Dieu, pour demander vengeance contre ceux qui étaient leurs assassins ; et ainsi les jugements de Dieu sont tombés sur ces ouvriers des ténèbres et des combinaisons secrètes.

31 Oui, et maudit soit le pays pour toujours et à jamais pour ces ouvriers des ténèbres et des combinaisons secrètes jusqu'à la destruction, à moins qu'ils ne se repentent avant d'être tout à fait mûrs.

32 Et maintenant, mon fils, souviens-toi des paroles que je t'ai dites ; ne confie pas ces plans secrets à ce peuple, mais enseigne-lui la haine éternelle du péché et de l'iniquité.

33 Prêche-lui le repentir et la foi au Seigneur Jésus-Christ ; enseigne-lui à s'humilier et à être doux et humble de cœur ; enseigne-lui à résister à toutes les tentations

every temptation of the devil, with their faith on the Lord Jesus Christ.

34 Teach them to never be weary of good works, but to be meek and lowly in heart; for such shall find rest to their souls.

35 O, remember, my son, and learn wisdom in thy youth; yea, learn in thy youth to keep the commandments of God.

36 Yea, and cry unto God for all thy support; yea, let all thy doings be unto the Lord, and whithersoever thou goest let it be in the Lord; yea, let all thy thoughts be directed unto the Lord; yea, let the affections of thy heart be placed upon the Lord forever.

37 Counsel with the Lord in all thy doings, and he will direct thee for good; yea, when thou liest down at night lie down unto the Lord, that he may watch over you in your sleep; and when thou risest in the morning let thy heart be full of thanks unto God; and if ye do these things, ye shall be lifted up at the last day.

38 And now, my son, I have somewhat to say concerning the thing which our fathers call a ball, or director—or our fathers called it Liahona, which is, being interpreted, a compass; and the Lord prepared it.

39 And behold, there cannot any man work after the manner of so curious a workmanship. And behold, it was prepared to show unto our fathers the course which they should travel in the wilderness.

40 And it did work for them according to their faith in God; therefore, if they had faith to believe that God could cause that those spindles should point the way they should go, behold, it was done; therefore they had this miracle, and also many other miracles wrought by the power of God, day by day.

41 Nevertheless, because those miracles were worked by small means it did show unto them marvelous works. They were slothful, and forgot to exercise their faith and diligence and then those marvelous works ceased, and they did not progress in their journey;

42 Therefore, they tarried in the wilderness, or did not travel a direct course, and were

du diable par sa foi au Seigneur Jésus-Christ.

34 Enseigne-lui à ne jamais se lasser des bonnes œuvres, mais à être doux et humble de cœur ; car ceux-là trouveront du repos pour leur âme.

35 Oh ! souviens-toi, mon fils, et apprends la sagesse dans ta jeunesse ; oui, apprends dans ta jeunesse à garder les commandements de Dieu.

36 Oui, et crie à Dieu pour tout ton entretien ; oui, que toutes tes actions soient pour le Seigneur, et, en quelque lieu que tu ailles, que ce soit dans le Seigneur ; oui, que toutes tes pensées soient dirigées vers le Seigneur ; oui, que les affections de ton cœur soient placées à jamais dans le Seigneur.

37 Consulte le Seigneur dans toutes tes actions, et il te dirigera dans le bien ; oui, lorsque tu te couches le soir, couche-toi dans le Seigneur, afin qu'il veille sur toi dans ton sommeil ; et lorsque tu te lèves le matin, que ton cœur soit plein d'actions de grâces envers Dieu ; et si tu fais ces choses, tu seras élevé au dernier jour.

38 Et maintenant, mon fils, je dois parler quelque peu de l'objet que nos pères appellent boule, ou directeur ; ou, nos pères l'appelaient Liahona, ce qui est, par interprétation, un compas ; et c'est le Seigneur qui l'a préparé.

39 Et voici, il n'est pas d'homme qui puisse réaliser une exécution aussi habile. Et voici, il fut préparé pour montrer à nos pères le chemin qu'ils devaient suivre dans le désert.

40 Et il marchait pour eux selon leur foi en Dieu ; c'est pourquoi, s'ils avaient la foi pour croire que Dieu pouvait faire que ces aiguilles indiquent le chemin qu'ils devaient suivre, voici, cela se faisait ; c'est pourquoi ils voyaient, jour après jour, ce miracle et aussi beaucoup d'autres miracles s'accomplir par le pouvoir de Dieu.

41 Néanmoins, parce que tous ces miracles étaient accomplis par de petits moyens, cela leur montrait des œuvres merveilleuses. Ils étaient paresseux et oubliaient d'exercer leur foi et leur diligence, et alors ces œuvres merveilleuses cessaient, et ils ne progressaient pas dans leur voyage ;

42 c'est pourquoi, ils s'attardaient dans le désert, ou ne suivaient pas un chemin direct

afflicted with hunger and thirst, because of their transgressions.

43 And now, my son, I would that ye should understand that these things are not without a shadow; for as our fathers were slothful to give heed to this compass (now these things were temporal) they did not prosper; even so it is with things which are spiritual.

44 For behold, it is as easy to give heed to the word of Christ, which will point to you a straight course to eternal bliss, as it was for our fathers to give heed to this compass, which would point unto them a straight course to the promised land.

45 And now I say, is there not a type in this thing? For just as surely as this director did bring our fathers, by following its course, to the promised land, shall the words of Christ, if we follow their course, carry us beyond this vale of sorrow into a far better land of promise.

46 O my son, do not let us be slothful because of the easiness of the way; for so was it with our fathers; for so was it prepared for them, that if they would look they might live; even so it is with us. The way is prepared, and if we will look we may live forever.

47 And now, my son, see that ye take care of these sacred things, yea, see that ye look to God and live. Go unto this people and declare the word, and be sober. My son, farewell.

The commandments of Alma to his son Shiblon.

Comprising chapter 38.

CHAPTER 38

Shiblon was persecuted for righteousness' sake— Salvation is in Christ, who is the life and the light of the world—Bridle all your passions. About 74 B.C.

et étaient affligés par la faim et la soif à cause de leurs transgressions.

43 Et maintenant, mon fils, je voudrais que tu comprennes que ces choses ne sont pas sans avoir un sens figuratif ; car lorsque nos pères étaient paresseux à prêter attention à ce compas (or c'était là quelque chose de temporel), ils ne prospéraient pas ; de même en est-il des choses qui sont spirituelles.

44 Car voici, il est aussi facile de prêter attention à la parole du Christ, qui t'indiquera le chemin direct de la félicité éternelle, que pour nos pères de prêter attention à ce compas, qui leur indiquerait le chemin direct de la terre promise.

45 Et maintenant, je le dis, n'y a-t-il pas là une figure ? Car tout aussi sûrement que ce directeur a amené nos pères, lorsqu'ils ont suivi sa direction, à la terre promise, de même les paroles du Christ, si nous suivons leur direction, nous transporteront au-delà de cette vallée de tristesse dans une terre de promission bien meilleure.

46 Ô mon fils, ne soyons pas paresseux à cause de la facilité du chemin ; car il en fut ainsi pour nos pères ; car il était préparé pour eux de telle sorte que, s'ils regardaient, ils pourraient vivre ; de même en est-il pour nous. Le chemin est préparé, et si nous regardons, nous pouvons vivre à jamais.

47 Et maintenant, mon fils, veille à prendre soin de ces objets sacrés, oui, veille à regarder vers Dieu et à vivre. Va vers ce peuple et annonce la parole, et sois sérieux. Mon fils, adieu.

Commandements d'Alma à son fils Shiblon.

Chapitre 38.

CHAPITRE 38

Shiblon était persécuté à cause de la justice — Le salut est dans le Christ, qui est la vie et la lumière du monde — Tenez toutes vos passions en bride. Vers 74 av. J.-C.

1 My son, give ear to my words, for I say unto you, even as I said unto Helaman, that inasmuch as ye shall keep the commandments of God ye shall prosper in the land; and inasmuch as ye will not keep the commandments of God ye shall be cut off from his presence.

2 And now, my son, I trust that I shall have great joy in you, because of your steadiness and your faithfulness unto God; for as you have commenced in your youth to look to the Lord your God, even so I hope that you will continue in keeping his commandments; for blessed is he that endureth to the end.

3 I say unto you, my son, that I have had great joy in thee already, because of thy faithfulness and thy diligence, and thy patience and thy long-suffering among the people of the Zoramites.

4 For I know that thou wast in bonds; yea, and I also know that thou wast stoned for the word's sake; and thou didst bear all these things with patience because the Lord was with thee; and now thou knowest that the Lord did deliver thee.

5 And now my son, Shiblon, I would that ye should remember, that as much as ye shall put your trust in God even so much ye shall be delivered out of your trials, and your troubles, and your afflictions, and ye shall be lifted up at the last day.

6 Now, my son, I would not that ye should think that I know these things of myself, but it is the Spirit of God which is in me which maketh these things known unto me; for if I had not been born of God I should not have known these things.

7 But behold, the Lord in his great mercy sent his angel to declare unto me that I must stop the work of destruction among his people; yea, and I have seen an angel face to face, and he spake with me, and his voice was as thunder, and it shook the whole earth.

8 And it came to pass that I was three days and three nights in the most bitter pain and anguish of soul; and never, until I did cry out unto the Lord Jesus Christ for mercy, did I receive a remission of my sins. But behold, I did cry unto him and I did find peace to my soul.

1 Mon fils, prête l'oreille à mes paroles, car je te dis, comme j'ai dit à Hélaman, que si tu gardes les commandements de Dieu, tu prospéreras dans le pays ; et si tu ne gardes pas les commandements de Dieu, tu seras retranché de sa présence.

2 Et maintenant, mon fils, j'ai l'assurance que tu seras pour moi une grande joie, à cause de ta stabilité et de ta fidélité à Dieu ; car de même que tu as commencé dans ta jeunesse à regarder vers le Seigneur, ton Dieu, de même j'espère que tu continueras à garder ses commandements ; car béni est celui qui persévère jusqu'à la fin.

3 Je te dis, mon fils, que tu as déjà été une grande joie pour moi à cause de ta fidélité, et de ta diligence, et de ta patience, et de ta longanimité parmi le peuple des Zoramites.

4 Car je sais que tu as été dans les liens ; oui, et je sais aussi que tu as été lapidé pour l'amour de la parole ; et tu as supporté tout cela avec patience, parce que le Seigneur était avec toi ; et maintenant tu sais que le Seigneur t'a délivré.

5 Et maintenant, mon fils Shiblon, je voudrais que tu te souviennes que dans la mesure où tu placeras ta confiance en Dieu, dans cette même mesure tu seras délivré de tes épreuves, et de tes difficultés, et de tes afflictions, et tu seras élevé au dernier jour.

6 Or, mon fils, je ne voudrais pas que tu penses que je connais ces choses par moi-même, mais c'est l'Esprit de Dieu, qui est en moi, qui me fait connaître ces choses ; car si je n'étais pas né de Dieu, je n'aurais pas connu ces choses.

7 Mais voici, le Seigneur, dans sa grande miséricorde, a envoyé son ange m'annoncer que je devais arrêter l'œuvre de destruction parmi son peuple ; oui, et j'ai vu un ange face à face, et il a parlé avec moi, et sa voix était comme le tonnerre, et elle a fait trembler la terre tout entière.

8 Et il arriva que je fus trois jours et trois nuits l'âme remplie des souffrances et des angoisses les plus cruelles ; et ce ne fut que lorsque je criai au Seigneur Jésus-Christ pour implorer miséricorde que je reçus le pardon de mes péchés. Mais voici, je criai vers lui et je trouvai la paix pour mon âme.

9 And now, my son, I have told you this that ye may learn wisdom, that ye may learn of me that there is no other way or means whereby man can be saved, only in and through Christ. Behold, he is the life and the light of the world. Behold, he is the word of truth and righteousness.

10 And now, as ye have begun to teach the word even so I would that ye should continue to teach; and I would that ye would be diligent and temperate in all things.

11 See that ye are not lifted up unto pride; yea, see that ye do not boast in your own wisdom, nor of your much strength.

12 Use boldness, but not overbearance; and also see that ye bridle all your passions, that ye may be filled with love; see that ye refrain from idleness.

13 Do not pray as the Zoramites do, for ye have seen that they pray to be heard of men, and to be praised for their wisdom.

14 Do not say: O God, I thank thee that we are better than our brethren; but rather say: O Lord, forgive my unworthiness, and remember my brethren in mercy—yea, acknowledge your unworthiness before God at all times.

15 And may the Lord bless your soul, and receive you at the last day into his kingdom, to sit down in peace. Now go, my son, and teach the word unto this people. Be sober. My son, farewell.

The commandments of Alma to his son Corianton.

Comprising chapters 39 through 42.

CHAPTER 39

Sexual sin is an abomination—Corianton's sins kept the Zoramites from receiving the word— Christ's redemption is retroactive in saving the faithful who preceded it. About 74 B.C.

9 Et maintenant, mon fils, je t'ai dit cela afin que tu apprennes la sagesse, afin que tu apprennes de moi qu'il n'y a pas d'autre chemin ni de moyen par lequel l'homme puisse être sauvé, si ce n'est dans et par l'intermédiaire du Christ. Voici, il est la vie et la lumière du monde. Voici, il est la parole de vérité et de justice.

10 Et maintenant, comme tu as commencé à enseigner la parole, de même je voudrais que tu continues à enseigner ; et je voudrais que tu sois diligent et modéré en tout.

11 Veille à ne pas être enflé dans l'orgueil ; oui, veille à ne pas te vanter de ta sagesse ni de ta grande force.

12 Use de hardiesse, mais pas d'arrogance ; et veille aussi à tenir toutes tes passions en bride, afin d'être rempli d'amour ; veille à t'abstenir de l'oisiveté.

13 Ne prie pas comme font les Zoramites, car tu as vu qu'ils prient pour être entendus des hommes et pour être loués pour leur sagesse.

14 Ne dis pas : Ô Dieu, je te remercie de ce que nous sommes meilleurs que nos frères ; mais dis plutôt : Ô Seigneur, pardonne mon indignité, et souviens-toi de mes frères avec miséricorde — oui, reconnais en tout temps ton indignité devant Dieu.

15 Et que le Seigneur bénisse ton âme et te reçoive au dernier jour dans son royaume, pour t'asseoir en paix. Or, va, mon fils, et enseigne la parole à ce peuple. Sois sérieux. Mon fils, adieu.

Commandements d'Alma à son fils Corianton.

Chapitres 39 à 42.

CHAPITRE 39

Le péché sexuel est une abomination — Les péchés de Corianton ont empêché les Zoramites de recevoir la parole — La rédemption du Christ est rétroactive en ce qu'elle sauve les fidèles qui l'ont précédée. Vers 74 av. J.-C.

1 And now, my son, I have somewhat more to say unto thee than what I said unto thy brother; for behold, have ye not observed the steadiness of thy brother, his faithfulness, and his diligence in keeping the commandments of God? Behold, has he not set a good example for thee?

2 For thou didst not give so much heed unto my words as did thy brother, among the people of the Zoramites. Now this is what I have against thee; thou didst go on unto boasting in thy strength and thy wisdom.

3 And this is not all, my son. Thou didst do that which was grievous unto me; for thou didst forsake the ministry, and did go over into the land of Siron among the borders of the Lamanites, after the harlot Isabel.

4 Yea, she did steal away the hearts of many; but this was no excuse for thee, my son. Thou shouldst have tended to the ministry wherewith thou wast entrusted.

5 Know ye not, my son, that these things are an abomination in the sight of the Lord; yea, most abominable above all sins save it be the shedding of innocent blood or denying the Holy Ghost?

6 For behold, if ye deny the Holy Ghost when it once has had place in you, and ye know that ye deny it, behold, this is a sin which is unpardonable; yea, and whosoever murdereth against the light and knowledge of God, it is not easy for him to obtain forgiveness; yea, I say unto you, my son, that it is not easy for him to obtain a forgiveness.

7 And now, my son, I would to God that ye had not been guilty of so great a crime. I would not dwell upon your crimes, to harrow up your soul, if it were not for your good.

8 But behold, ye cannot hide your crimes from God; and except ye repent they will stand as a testimony against you at the last day.

9 Now my son, I would that ye should repent and forsake your sins, and go no more after the lusts of your eyes, but cross yourself in all these things; for except ye do this ye can in nowise inherit the kingdom of God. Oh, remember, and take it upon you, and cross yourself in these things.

1 Et maintenant, mon fils, j'ai quelque chose de plus à te dire que ce que j'ai dit à ton frère ; car voici, n'as-tu pas observé la stabilité de ton frère, sa fidélité et sa diligence à garder les commandements de Dieu ? Voici, ne t'a-t-il pas donné le bon exemple ?

2 Car tu n'as pas prêté autant attention à mes paroles que ton frère parmi le peuple des Zoramites. Or, voici ce que j'ai contre toi : tu as continué à te vanter de ta force et de ta sagesse.

3 Et ce n'est pas tout, mon fils. Tu as fait ce qui était affligeant pour moi, car tu as délaissé le ministère et tu es passé au pays de Siron, parmi les régions frontières des Lamanites, à la suite de la prostituée Isabel.

4 Oui, elle a séduit le cœur de beaucoup ; mais ce n'était pas une excuse pour toi, mon fils. Tu aurais dû t'occuper du ministère qui t'était confié.

5 Ne sais-tu pas, mon fils, que ces choses-là sont une abomination aux yeux du Seigneur ; oui, extrêmement abominables par-dessus tous les péchés, si ce n'est l'effusion du sang innocent ou le reniement du Saint-Esprit ?

6 Car voici, si tu renies le Saint-Esprit une fois qu'il a eu place en toi, et que tu sais que tu le renies, voici, c'est un péché qui est impardonnable ; oui, et quiconque commet le meurtre, à l'encontre de la lumière et de la connaissance de Dieu, il ne lui est pas facile d'obtenir le pardon ; oui, je te dis, mon fils, qu'il ne lui est pas facile d'obtenir le pardon.

7 Et maintenant, mon fils, plût à Dieu que tu n'eusses pas été coupable d'un si grand crime. Je ne m'attarderais pas sur tes crimes pour te déchirer l'âme, si ce n'était pour ton bien.

8 Mais voici, tu ne peux cacher tes crimes à Dieu ; et si tu ne te repens pas, ils resteront comme témoignage contre toi au dernier jour.

9 Or, mon fils, je voudrais que tu te repentes et délaisses tes péchés, et ne suives plus la convoitise de tes yeux, mais renonces à toi-même dans toutes ces choses ; car si tu ne le fais pas, tu ne peux en aucune façon hériter le royaume de Dieu. Oh, souviens-toi, et prends cela sur toi, et renonce à toi-même dans ces choses-là.

10 And I command you to take it upon you to counsel with your elder brothers in your undertakings; for behold, thou art in thy youth, and ye stand in need to be nourished by your brothers. And give heed to their counsel.

11 Suffer not yourself to be led away by any vain or foolish thing; suffer not the devil to lead away your heart again after those wicked harlots. Behold, O my son, how great iniquity ye brought upon the Zoramites; for when they saw your conduct they would not believe in my words.

12 And now the Spirit of the Lord doth say unto me: Command thy children to do good, lest they lead away the hearts of many people to destruction; therefore I command you, my son, in the fear of God, that ye refrain from your iniquities;

13 That ye turn to the Lord with all your mind, might, and strength; that ye lead away the hearts of no more to do wickedly; but rather return unto them, and acknowledge your faults and that wrong which ye have done.

14 Seek not after riches nor the vain things of this world; for behold, you cannot carry them with you.

15 And now, my son, I would say somewhat unto you concerning the coming of Christ. Behold, I say unto you, that it is he that surely shall come to take away the sins of the world; yea, he cometh to declare glad tidings of salvation unto his people.

16 And now, my son, this was the ministry unto which ye were called, to declare these glad tidings unto this people, to prepare their minds; or rather that salvation might come unto them, that they may prepare the minds of their children to hear the word at the time of his coming.

17 And now I will ease your mind somewhat on this subject. Behold, you marvel why these things should be known so long beforehand. Behold, I say unto you, is not a soul at this time as precious unto God as a soul will be at the time of his coming?

18 Is it not as necessary that the plan of redemption should be made known unto this people as well as unto their children?

10 Et je te commande de prendre sur toi de tenir conseil avec tes frères aînés dans tes entreprises ; car voici, tu es dans ta jeunesse, et tu as besoin d'être nourri par tes frères. Et prête attention à leurs recommandations.

11 Ne te laisse pas entraîner par quoi que ce soit de vain ou d'insensé ; ne souffre pas que le diable entraîne de nouveau ton cœur vers ces prostituées perverses. Voici, ô mon fils, quelle grande iniquité tu as amenée sur les Zoramites ! Car lorsqu'ils ont vu ta conduite, ils n'ont pas voulu croire en mes paroles.

12 Et maintenant l'Esprit du Seigneur me dit : Commande à tes enfants de faire le bien, de peur qu'ils n'entraînent le cœur de beaucoup de gens vers la destruction ; c'est pourquoi je te commande, mon fils, dans la crainte de Dieu, de t'abstenir de tes iniquités,

13 de te tourner vers le Seigneur de tout ton esprit, de tout ton pouvoir et de toute ta force ; de ne plus entraîner le cœur de personne à faire le mal, mais retourne plutôt vers eux et reconnais tes fautes et ce mal que tu as fait.

14 Ne recherche pas la richesse ni les choses vaines de ce monde : car voici, tu ne peux les emporter avec toi.

15 Et maintenant, mon fils, je voudrais te parler quelque peu concernant la venue du Christ. Voici, je te dis que c'est lui qui viendra assurément ôter les péchés du monde ; oui, il vient annoncer la bonne nouvelle du salut à son peuple.

16 Et maintenant, mon fils, tel était le ministère auquel tu étais appelé : annoncer cette bonne nouvelle à ce peuple pour lui préparer l'esprit ; ou plutôt que le salut lui parvienne afin qu'il prépare l'esprit de ses enfants à entendre la parole au moment de sa venue.

17 Et maintenant, je vais soulager quelque peu ton esprit à ce sujet. Voici, tu te demandes pourquoi ces choses sont connues si longtemps à l'avance. Voici, je te le dis, une âme à ce moment-ci n'est-elle pas tout aussi précieuse pour Dieu que le sera une âme au moment de sa venue ?

18 N'est-il pas tout aussi nécessaire que le plan de rédemption soit révélé à ce peuple qu'à ses enfants ?

19 Is it not as easy at this time for the Lord to send his angel to declare these glad tidings unto us as unto our children, or as after the time of his coming?

19 N'est-il pas tout aussi facile pour le Seigneur d'envoyer à ce moment-ci son ange nous annoncer cette bonne nouvelle qu'à nos enfants ou qu'après le temps de sa venue ?

CHAPTER 40

CHAPITRE 40

Christ brings to pass the resurrection of all men—The righteous dead go to paradise and the wicked to outer darkness to await the day of their resurrection—All things will be restored to their proper and perfect frame in the Resurrection. About 74 B.C.

Le Christ réalise la résurrection de tous les hommes — Les morts qui sont justes vont au paradis et les méchants dans les ténèbres du dehors attendre le jour de leur résurrection — Dans la résurrection, tout sera restitué à sa forme propre et parfaite. Vers 74 av. J.-C.

1 Now my son, here is somewhat more I would say unto thee; for I perceive that thy mind is worried concerning the resurrection of the dead.

1 Or, mon fils, voici encore quelque chose que je voudrais te dire ; car je vois que ton esprit est préoccupé par la résurrection des morts.

2 Behold, I say unto you, that there is no resurrection—or, I would say, in other words, that this mortal does not put on immortality, this corruption does not put on incorruption—until after the coming of Christ.

2 Voici, je te dis qu'il n'y a pas de résurrection — ou, dirai-je, en d'autres termes, que ce corps mortel ne revêt l'immortalité, cette corruption ne revêt l'incorruptibilité qu'après la venue du Christ.

3 Behold, he bringeth to pass the resurrection of the dead. But behold, my son, the resurrection is not yet. Now, I unfold unto you a mystery; nevertheless, there are many mysteries which are kept, that no one knoweth them save God himself. But I show unto you one thing which I have inquired diligently of God that I might know—that is concerning the resurrection.

3 Voici, il réalise la résurrection des morts. Mais voici, mon fils, la résurrection n'est pas encore arrivée. Maintenant, je te dévoile un mystère ; néanmoins, il y a beaucoup de mystères qui sont gardés, de sorte que personne ne les connaît, si ce n'est Dieu lui-même. Mais je te montre une chose que j'ai demandé diligemment à Dieu de connaître : c'est ce qui concerne la résurrection.

4 Behold, there is a time appointed that all shall come forth from the dead. Now when this time cometh no one knows; but God knoweth the time which is appointed.

4 Voici, il y a un temps fixé où tous se lèveront d'entre les morts. Or, quand le moment viendra, nul ne le sait ; mais Dieu connaît le moment qui est désigné.

5 Now, whether there shall be one time, or a second time, or a third time, that men shall come forth from the dead, it mattereth not; for God knoweth all these things; and it sufficeth me to know that this is the case—that there is a time appointed that all shall rise from the dead.

5 Or, s'il y aura un seul temps, ou un deuxième temps, ou un troisième temps où les hommes se lèveront d'entre les morts, cela n'a pas d'importance ; car Dieu connaît tout cela ; et il me suffit de savoir que tel est le cas : qu'il y a un temps fixé où tous se lèveront d'entre les morts.

6 Now there must needs be a space betwixt the time of death and the time of the resurrection.

6 Or, il faut nécessairement qu'il y ait un intervalle entre le moment de la mort et le moment de la résurrection.

7 And now I would inquire what becometh of the souls of men from this time of death to the time appointed for the resurrection?

7 Et maintenant, je le demande, qu'advient-il de l'âme des hommes entre le moment de la mort jusqu'au moment fixé pour la résurrection ?

8 Now whether there is more than one time appointed for men to rise it mattereth not; for all do not die at once, and this mattereth not; all is as one day with God, and time only is measured unto men.

9 Therefore, there is a time appointed unto men that they shall rise from the dead; and there is a space between the time of death and the resurrection. And now, concerning this space of time, what becometh of the souls of men is the thing which I have inquired diligently of the Lord to know; and this is the thing of which I do know.

10 And when the time cometh when all shall rise, then shall they know that God knoweth all the times which are appointed unto man.

11 Now, concerning the state of the soul between death and the resurrection—Behold, it has been made known unto me by an angel, that the spirits of all men, as soon as they are departed from this mortal body, yea, the spirits of all men, whether they be good or evil, are taken home to that God who gave them life.

12 And then shall it come to pass, that the spirits of those who are righteous are received into a state of happiness, which is called paradise, a state of rest, a state of peace, where they shall rest from all their troubles and from all care, and sorrow.

13 And then shall it come to pass, that the spirits of the wicked, yea, who are evil—for behold, they have no part nor portion of the Spirit of the Lord; for behold, they chose evil works rather than good; therefore the spirit of the devil did enter into them, and take possession of their house—and these shall be cast out into outer darkness; there shall be weeping, and wailing, and gnashing of teeth, and this because of their own iniquity, being led captive by the will of the devil.

14 Now this is the state of the souls of the wicked, yea, in darkness, and a state of awful, fearful looking for the fiery indignation of the wrath of God upon them; thus they remain in this state, as well as the righteous in paradise, until the time of their resurrection.

15 Now, there are some that have understood that this state of happiness and this

8 Or, qu'il y ait plus d'un temps désigné pour la résurrection des hommes, cela n'a pas d'importance ; car tous ne meurent pas en même temps, et cela n'a pas d'importance ; tout est comme un jour pour Dieu, et le temps n'est mesuré que pour les hommes.

9 C'est pourquoi, il y a un temps fixé aux hommes où ils ressusciteront d'entre les morts ; et il y a un intervalle entre le moment de la mort et la résurrection. Or, en ce qui concerne cet intervalle de temps, ce qu'il advient de l'âme des hommes, c'est là-dessus que j'ai diligemment interrogé le Seigneur ; et voici ce que je sais.

10 Et lorsque viendra le temps où tous ressusciteront, alors ils sauront que Dieu connaît tous les temps qui sont fixés à l'homme.

11 Or, en ce qui concerne l'état de l'âme entre la mort et la résurrection : Voici, il m'a été révélé par un ange que les esprits de tous les hommes, dès qu'ils quittent ce corps mortel, oui, les esprits de tous les hommes, qu'ils soient bons ou mauvais, sont ramenés auprès de ce Dieu qui leur a donné la vie.

12 Et alors, il arrivera que les esprits de ceux qui sont justes seront reçus dans un état de bonheur, qui est appelé paradis, un état de repos, un état de paix, où ils se reposeront de toutes leurs difficultés, et de tous les soucis, et de toute tristesse.

13 Et alors, il arrivera que les esprits des méchants, oui, qui sont mauvais — car voici, ils n'ont ni part ni portion de l'Esprit du Seigneur ; car voici, ils ont choisi les œuvres mauvaises plutôt que les bonnes ; c'est pourquoi, l'esprit du diable est entré en eux et a pris possession de leur maison — et ceux-là seront chassés dans les ténèbres du dehors ; il y aura des pleurs, et des lamentations, et des grincements de dents, et cela à cause de leur iniquité, étant menés captifs par la volonté du diable.

14 Or, tel est l'état de l'âme des méchants, oui, dans les ténèbres, et dans un état d'attente affreuse et terrible de l'indignation ardente de la colère de Dieu contre eux ; ainsi, ils restent dans cet état, de même que les justes dans le paradis, jusqu'au moment de leur résurrection.

15 Or, il y en a qui ont compris que cet état de bonheur et cet état de misère de l'âme,

state of misery of the soul, before the resurrection, was a first resurrection. Yea, I admit it may be termed a resurrection, the raising of the spirit or the soul and their consignment to happiness or misery, according to the words which have been spoken.

16 And behold, again it hath been spoken, that there is a first resurrection, a resurrection of all those who have been, or who are, or who shall be, down to the resurrection of Christ from the dead.

17 Now, we do not suppose that this first resurrection, which is spoken of in this manner, can be the resurrection of the souls and their consignment to happiness or misery. Ye cannot suppose that this is what it meaneth.

18 Behold, I say unto you, Nay; but it meaneth the reuniting of the soul with the body, of those from the days of Adam down to the resurrection of Christ.

19 Now, whether the souls and the bodies of those of whom has been spoken shall all be reunited at once, the wicked as well as the righteous, I do not say; let it suffice, that I say that they all come forth; or in other words, their resurrection cometh to pass before the resurrection of those who die after the resurrection of Christ.

20 Now, my son, I do not say that their resurrection cometh at the resurrection of Christ; but behold, I give it as my opinion, that the souls and the bodies are reunited, of the righteous, at the resurrection of Christ, and his ascension into heaven.

21 But whether it be at his resurrection or after, I do not say; but this much I say, that there is a space between death and the resurrection of the body, and a state of the soul in happiness or in misery until the time which is appointed of God that the dead shall come forth, and be reunited, both soul and body, and be brought to stand before God, and be judged according to their works.

22 Yea, this bringeth about the restoration of those things of which has been spoken by the mouths of the prophets.

23 The soul shall be restored to the body, and the body to the soul; yea, and every limb and joint shall be restored to its body; yea, even a hair of the head shall not be lost; but

avant la résurrection, était une première résurrection. Oui, j'admets que l'on puisse appeler résurrection la résurrection de l'esprit ou de l'âme et leur affectation au bonheur ou à la misère, selon les paroles qui ont été dites.

16 Et voici, il a encore été dit qu'il y a une première résurrection, une résurrection de tous ceux qui ont été, ou qui sont, ou qui seront, jusqu'à la résurrection du Christ d'entre les morts.

17 Or, nous ne pensons pas que cette première résurrection, dont il est parlé de cette manière, puisse être la résurrection des âmes et leur affectation au bonheur ou à la misère. Tu ne peux pas penser que c'est cela que cela veut dire.

18 Voici, je te dis que non ; mais cela signifie la réunion de l'âme avec le corps, de ceux qui ont été depuis le temps d'Adam jusqu'à la résurrection du Christ.

19 Or, que les âmes et les corps de ceux dont il a été parlé seront tous réunis immédiatement, les méchants aussi bien que les justes, je ne le dis pas ; qu'il suffise que je dise qu'ils ressuscitent tous ; ou, en d'autres termes, leur résurrection se produit avant la résurrection de ceux qui meurent après la résurrection du Christ.

20 Or, mon fils, je ne dis pas que leur résurrection se produit à la résurrection du Christ ; mais voici, je le donne comme mon opinion, que l'âme et le corps des justes sont réunis à la résurrection du Christ et à son ascension au ciel.

21 Mais si c'est à sa résurrection ou après, je ne le dis pas ; mais ce que je dis, c'est qu'il y a un intervalle entre la mort et la résurrection du corps, et un état de l'âme dans le bonheur ou dans la misère, jusqu'au moment qui est désigné par Dieu, où les morts se lèveront et seront réunis, corps et âme, et amenés à se tenir devant Dieu et à être jugés selon leurs œuvres.

22 Oui, cela réalise la restauration de ce dont il a été parlé par la bouche des prophètes.

23 L'âme sera restituée au corps, et le corps à l'âme ; oui, et chaque membre et jointure sera restitué à son corps ; oui, même un cheveu de la tête ne sera pas perdu ; mais

all things shall be restored to their proper and perfect frame.

24 And now, my son, this is the restoration of which has been spoken by the mouths of the prophets—

25 And then shall the righteous shine forth in the kingdom of God.

26 But behold, an awful death cometh upon the wicked; for they die as to things pertaining to things of righteousness; for they are unclean, and no unclean thing can inherit the kingdom of God; but they are cast out, and consigned to partake of the fruits of their labors or their works, which have been evil; and they drink the dregs of a bitter cup.

CHAPTER 41

In the Resurrection men come forth to a state of endless happiness or endless misery—Wickedness never was happiness—Carnal men are without God in the world—Every person receives again in the Restoration the characteristics and attributes acquired in mortality. About 74 B.C.

1 And now, my son, I have somewhat to say concerning the restoration of which has been spoken; for behold, some have wrested the scriptures, and have gone far astray because of this thing. And I perceive that thy mind has been worried also concerning this thing. But behold, I will explain it unto thee.

2 I say unto thee, my son, that the plan of restoration is requisite with the justice of God; for it is requisite that all things should be restored to their proper order. Behold, it is requisite and just, according to the power and resurrection of Christ, that the soul of man should be restored to its body, and that every part of the body should be restored to itself.

3 And it is requisite with the justice of God that men should be judged according to their works; and if their works were good in this life, and the desires of their hearts were good, that they should also, at the last day, be restored unto that which is good.

4 And if their works are evil they shall be restored unto them for evil. Therefore, all things shall be restored to their proper or-

tout sera restitué à sa forme propre et parfaite.

24 Et maintenant, mon fils, c'est là la restauration dont il a été parlé par la bouche des prophètes.

25 Et alors les justes brilleront dans le royaume de Dieu.

26 Mais voici, une mort affreuse s'abat sur les méchants ; car ils meurent quant à ce qui a trait aux choses de la justice ; car ils sont impurs, et rien d'impur ne peut hériter le royaume de Dieu ; mais ils sont rejetés et condamnés à manger les fruits de leurs travaux ou de leurs œuvres, qui ont été mauvais ; et ils boivent la lie d'une coupe amère.

CHAPITRE 41

À la résurrection, les hommes se lèvent dans un état de bonheur sans fin ou de misère sans fin — La méchanceté n'a jamais été le bonheur — Les hommes charnels sont sans Dieu dans le monde — Chacun reçoit de nouveau, dans la Restauration, les caractéristiques et les attributs acquis dans la condition mortelle. Vers 74 av. J.-C.

1 Et maintenant, mon fils, je dois t'entretenir quelque peu de la restauration dont il a été parlé ; car voici, certains ont faussé le sens des Écritures et se sont considérablement égarés à cause de cela. Et je vois que ton esprit a aussi été préoccupé par ce sujet. Mais voici, je vais te l'expliquer.

2 Je te dis, mon fils, que le plan de restauration est requis par la justice de Dieu ; car il est requis que tout soit rendu à son ordre propre. Voici, il est requis et juste, selon le pouvoir et la résurrection du Christ, que l'âme de l'homme soit rendue à son corps, et que chaque partie du corps soit rendue à elle-même.

3 Et il est requis, par la justice de Dieu, que les hommes soient jugés selon leurs œuvres ; et si leurs œuvres ont été bonnes dans cette vie, et que les désirs de leur cœur ont été bons, qu'ils soient rendus aussi au dernier jour à ce qui est bon.

4 Et si leurs œuvres sont mauvaises, elles leur seront rendues pour le mal. C'est pourquoi, tout sera rendu à son ordre propre,

der, every thing to its natural frame—mortality raised to immortality, corruption to incorruption—raised to endless happiness to inherit the kingdom of God, or to endless misery to inherit the kingdom of the devil, the one on one hand, the other on the other—

5 The one raised to happiness according to his desires of happiness, or good according to his desires of good; and the other to evil according to his desires of evil; for as he has desired to do evil all the day long even so shall he have his reward of evil when the night cometh.

6 And so it is on the other hand. If he hath repented of his sins, and desired righteousness until the end of his days, even so he shall be rewarded unto righteousness.

7 These are they that are redeemed of the Lord; yea, these are they that are taken out, that are delivered from that endless night of darkness; and thus they stand or fall; for behold, they are their own judges, whether to do good or do evil.

8 Now, the decrees of God are unalterable; therefore, the way is prepared that whosoever will may walk therein and be saved.

9 And now behold, my son, do not risk one more offense against your God upon those points of doctrine, which ye have hitherto risked to commit sin.

10 Do not suppose, because it has been spoken concerning restoration, that ye shall be restored from sin to happiness. Behold, I say unto you, wickedness never was happiness.

11 And now, my son, all men that are in a state of nature, or I would say, in a carnal state, are in the gall of bitterness and in the bonds of iniquity; they are without God in the world, and they have gone contrary to the nature of God; therefore, they are in a state contrary to the nature of happiness.

12 And now behold, is the meaning of the word restoration to take a thing of a natural state and place it in an unnatural state, or to place it in a state opposite to its nature?

13 O, my son, this is not the case; but the meaning of the word restoration is to bring back again evil for evil, or carnal for carnal,

chaque chose à sa forme naturelle — la mortalité ressuscitée à l'immortalité, la corruption à l'incorruptibilité — ressuscitée pour le bonheur sans fin, pour hériter le royaume de Dieu, ou pour la misère sans fin, pour hériter le royaume du diable, l'un d'un côté, l'autre de l'autre —

5 l'un ressuscité pour le bonheur, selon son désir de bonheur, ou pour le bien, selon son désir de bien ; et l'autre pour le mal, selon son désir de mal ; car, comme il a désiré faire le mal tout le jour, de même sa récompense sera le mal lorsque viendra la nuit.

6 Et ainsi en est-il de l'autre côté. S'il s'est repenti de ses péchés et a désiré la justice jusqu'à la fin de ses jours, de même sa récompense sera la justice.

7 Ce sont ceux qui sont rachetés par le Seigneur ; oui, ce sont ceux qui sont sortis, qui sont délivrés de la nuit de ténèbres sans fin ; et ainsi ils se tiennent debout ou tombent ; car voici, ils sont leurs propres juges, que ce soit pour faire le bien ou pour faire le mal.

8 Or, les décrets de Dieu sont inaltérables. C'est pourquoi, le chemin est préparé pour que quiconque le veut puisse y marcher et être sauvé.

9 Et maintenant, voici, mon fils, ne risque pas une seule offense de plus contre ton Dieu sur ces points de doctrine, dans lesquels tu as risqué jusqu'à présent de commettre le péché.

10 Ne pense pas, parce qu'il a été parlé de restauration, que tu seras rendu du péché au bonheur. Voici, je te le dis, la méchanceté n'a jamais été le bonheur.

11 Et maintenant, mon fils, tous les hommes qui sont dans un état naturel, ou, dirais-je, dans un état charnel, sont dans le fiel de l'amertume et dans les liens de l'iniquité ; ils sont sans Dieu dans le monde et ils sont allés à l'encontre de la nature de Dieu ; c'est pourquoi, ils sont dans un état contraire à la nature du bonheur.

12 Et maintenant voici, la signification du mot restauration est-elle de prendre une chose d'un état naturel et de la mettre dans un état non naturel, ou de la placer dans un état opposé à sa nature ?

13 Ô mon fils, ce n'est pas le cas ; mais la signification du mot restauration est de ramener le mal au mal, ou le charnel au

or devilish for devilish—good for that which is good; righteous for that which is righteous; just for that which is just; merciful for that which is merciful.

14 Therefore, my son, see that you are merciful unto your brethren; deal justly, judge righteously, and do good continually; and if ye do all these things then shall ye receive your reward; yea, ye shall have mercy restored unto you again; ye shall have justice restored unto you again; ye shall have a righteous judgment restored unto you again; and ye shall have good rewarded unto you again.

15 For that which ye do send out shall return unto you again, and be restored; therefore, the word restoration more fully condemneth the sinner, and justifieth him not at all.

CHAPTER 42

Mortality is a probationary time to enable man to repent and serve God—The Fall brought temporal and spiritual death upon all mankind—Redemption comes through repentance—God Himself atones for the sins of the world—Mercy is for those who repent—All others are subject to God's justice—Mercy comes because of the Atonement—Only the truly penitent are saved. About 74 B.C.

1 And now, my son, I perceive there is somewhat more which doth worry your mind, which ye cannot understand—which is concerning the justice of God in the punishment of the sinner; for ye do try to suppose that it is injustice that the sinner should be consigned to a state of misery.

2 Now behold, my son, I will explain this thing unto thee. For behold, after the Lord God sent our first parents forth from the garden of Eden, to till the ground, from whence they were taken—yea, he drew out the man, and he placed at the east end of the garden of Eden, cherubim, and a flaming sword which turned every way, to keep the tree of life—

3 Now, we see that the man had become as God, knowing good and evil; and lest he should put forth his hand, and take also of

charnel, ou le diabolique au diabolique — le bien à ce qui est bien, le droit à ce qui est droit, le juste à ce qui est juste, le miséricordieux à ce qui est miséricordieux.

14 C'est pourquoi, mon fils, veille à être miséricordieux envers tes frères ; agis avec justice, juge avec droiture et fais continuellement le bien ; et si tu fais toutes ces choses, alors tu recevras ta récompense ; oui, la miséricorde te sera rendue ; la justice te sera rendue, un jugement droit te sera rendu, et le bien te sera rendu en récompense.

15 Car ce que tu envoies au dehors reviendra vers toi et sera rendu ; c'est pourquoi, le mot restauration condamne plus complètement le pécheur et ne le justifie pas du tout.

CHAPITRE 42

La vie terrestre est un temps d'épreuve pour permettre à l'homme de se repentir et de servir Dieu — La chute a amené la mort temporelle et spirituelle sur toute l'humanité — La rédemption s'obtient par le repentir — Dieu lui-même expie les péchés du monde — La miséricorde est pour ceux qui se repentent — Tous les autres sont assujettis à la justice de Dieu — La miséricorde est accordée à cause de l'Expiation — Seuls ceux qui sont vraiment pénitents seront sauvés. Vers 74 av. J.-C.

1 Et maintenant, mon fils, je vois qu'il y a encore quelque chose qui te préoccupe l'esprit, que tu ne peux pas comprendre, qui concerne la justice de Dieu dans la punition du pécheur ; car tu essaies de penser que c'est une injustice de condamner le pécheur à un état de misère.

2 Or voici, mon fils, je vais te l'expliquer. Car voici, lorsque le Seigneur Dieu eut chassé nos premiers parents du jardin d'Éden, pour cultiver le sol d'où ils avaient été pris — oui, il en fit sortir l'homme, et il mit, à l'extrémité orientale du jardin d'Eden, des chérubins et une épée flamboyante qui tournait dans toutes les directions, pour garder l'arbre de vie —

3 Or, nous voyons que l'homme était devenu comme Dieu, connaissant le bien et le mal ; et de peur qu'il n'étendît la main et ne prît

the tree of life, and eat and live forever, the Lord God placed cherubim and the flaming sword, that he should not partake of the fruit—

4 And thus we see, that there was a time granted unto man to repent, yea, a probationary time, a time to repent and serve God.

5 For behold, if Adam had put forth his hand immediately, and partaken of the tree of life, he would have lived forever, according to the word of God, having no space for repentance; yea, and also the word of God would have been void, and the great plan of salvation would have been frustrated.

6 But behold, it was appointed unto man to die—therefore, as they were cut off from the tree of life they should be cut off from the face of the earth—and man became lost forever, yea, they became fallen man.

7 And now, ye see by this that our first parents were cut off both temporally and spiritually from the presence of the Lord; and thus we see they became subjects to follow after their own will.

8 Now behold, it was not expedient that man should be reclaimed from this temporal death, for that would destroy the great plan of happiness.

9 Therefore, as the soul could never die, and the fall had brought upon all mankind a spiritual death as well as a temporal, that is, they were cut off from the presence of the Lord, it was expedient that mankind should be reclaimed from this spiritual death.

10 Therefore, as they had become carnal, sensual, and devilish, by nature, this probationary state became a state for them to prepare; it became a preparatory state.

11 And now remember, my son, if it were not for the plan of redemption, (laying it aside) as soon as they were dead their souls were miserable, being cut off from the presence of the Lord.

12 And now, there was no means to reclaim men from this fallen state, which man had brought upon himself because of his own disobedience;

aussi de l'arbre de vie, et ne mangeât, et ne vécût à jamais, le Seigneur Dieu plaça des chérubins et une épée flamboyante, afin qu'il ne mangeât pas du fruit —

4 et ainsi, nous voyons qu'il y eut un temps accordé à l'homme pour se repentir, oui, un temps probatoire, un temps pour se repentir et servir Dieu.

5 Car voici, si Adam avait étendu immédiatement la main et mangé de l'arbre de vie, il aurait vécu à jamais, selon la parole de Dieu, n'ayant aucun temps pour le repentir ; oui, et aussi, la parole de Dieu aurait été vaine, et le grand plan de salut aurait été contrarié.

6 Mais voici, il était décrété que l'homme mourrait — c'est pourquoi, comme ils étaient retranchés de l'arbre de vie, ils devaient être retranchés de la surface de la terre — et l'homme devint perdu à jamais, oui, ils devinrent l'homme déchu.

7 Et maintenant, tu vois par là que nos premiers parents furent retranchés à la fois temporellement et spirituellement de la présence du Seigneur ; et ainsi, nous voyons qu'ils en furent réduits à suivre leur propre volonté.

8 Or, voici, il n'était pas opportun que l'homme fût racheté de cette mort temporelle, car cela détruirait le grand plan du bonheur.

9 C'est pourquoi, comme l'âme ne pouvait jamais mourir, et que la chute avait amené sur toute l'humanité une mort spirituelle aussi bien qu'une mort temporelle, c'est-à-dire qu'elle était retranchée de la présence du Seigneur, il était nécessaire que l'humanité fût rachetée de cette mort spirituelle.

10 C'est pourquoi, comme elle était devenue charnelle, sensuelle et diabolique par nature, cet état probatoire devint pour elle un état pour se préparer ; il devint un état préparatoire.

11 Et maintenant, souviens-toi, mon fils, s'il n'y avait pas le plan de la rédemption (si on le mettait de côté), dès que les hommes seraient morts, leur âme aurait été misérable, étant retranchée de la présence du Seigneur.

12 Et maintenant, il n'y avait aucun moyen de racheter les hommes de cet état déchu que l'homme s'était attiré à cause de sa désobéissance ;

13 Therefore, according to justice, the plan of redemption could not be brought about, only on conditions of repentance of men in this probationary state, yea, this preparatory state; for except it were for these conditions, mercy could not take effect except it should destroy the work of justice. Now the work of justice could not be destroyed; if so, God would cease to be God.

14 And thus we see that all mankind were fallen, and they were in the grasp of justice; yea, the justice of God, which consigned them forever to be cut off from his presence.

15 And now, the plan of mercy could not be brought about except an atonement should be made; therefore God himself atoneth for the sins of the world, to bring about the plan of mercy, to appease the demands of justice, that God might be a perfect, just God, and a merciful God also.

16 Now, repentance could not come unto men except there were a punishment, which also was eternal as the life of the soul should be, affixed opposite to the plan of happiness, which was as eternal also as the life of the soul.

17 Now, how could a man repent except he should sin? How could he sin if there was no law? How could there be a law save there was a punishment?

18 Now, there was a punishment affixed, and a just law given, which brought remorse of conscience unto man.

19 Now, if there was no law given—if a man murdered he should die—would he be afraid he would die if he should murder?

20 And also, if there was no law given against sin men would not be afraid to sin.

21 And if there was no law given, if men sinned what could justice do, or mercy either, for they would have no claim upon the creature?

22 But there is a law given, and a punishment affixed, and a repentance granted; which repentance, mercy claimeth; otherwise, justice claimeth the creature and executeth the law, and the law inflicteth the punishment; if not so, the works of justice

13 c'est pourquoi, selon la justice, le plan de la rédemption ne pouvait pas être réalisé, si ce n'est à condition que les hommes se repentent dans cet état probatoire, oui, cet état préparatoire ; car sans cette condition, la miséricorde ne pouvait prendre effet, sous peine de détruire l'œuvre de la justice. Or, l'œuvre de la justice ne pouvait être détruite ; si oui, Dieu cesserait d'être Dieu.

14 Et ainsi, nous voyons que toute l'humanité était déchue, et qu'elle était sous l'emprise de la justice ; oui, la justice de Dieu, qui la condamnait à jamais à être retranchée de sa présence.

15 Et maintenant, le plan de la miséricorde ne pouvait être réalisé que si une expiation était faite ; c'est pourquoi Dieu lui-même expie les péchés du monde, pour réaliser le plan de la miséricorde, pour apaiser les exigences de la justice, afin que Dieu soit un Dieu parfait et juste, et aussi un Dieu miséricordieux.

16 Or, le repentir ne pouvait être accordé aux hommes que s'il y avait une punition, qui était aussi éternelle que devait l'être la vie de l'âme, attachée en opposition au plan du bonheur, qui était, lui aussi, aussi éternel que la vie de l'âme.

17 Or, comment un homme pourrait-il se repentir, s'il ne péchait pas ? Comment pourrait-il pécher, s'il n'y avait pas de loi ? Comment pourrait-il y avoir une loi, s'il n'y avait pas de punition ?

18 Or, une punition fut attachée, et une loi juste fut donnée, qui apportèrent le remords de conscience à l'homme.

19 Or, si aucune loi n'était donnée, stipulant que si un homme commettait le meurtre il mourrait, aurait-il peur de mourir s'il commettait le meurtre ?

20 Et en outre, si aucune loi n'était donnée contre le péché, les hommes n'auraient pas peur de pécher.

21 Et si aucune loi n'était donnée, si les hommes péchaient, que pourrait faire la justice, ou même la miséricorde, car elles n'auraient aucun droit sur la créature ?

22 Mais une loi est donnée, et une punition est attachée, et un repentir est accordé ; et ce repentir, la miséricorde le réclame ; sinon, la justice réclame la créature et exécute la loi, et la loi inflige la punition ; s'il n'en était

would be destroyed, and God would cease to be God.

23 But God ceaseth not to be God, and mercy claimeth the penitent, and mercy cometh because of the atonement; and the atonement bringeth to pass the resurrection of the dead; and the resurrection of the dead bringeth back men into the presence of God; and thus they are restored into his presence, to be judged according to their works, according to the law and justice.

24 For behold, justice exerciseth all his demands, and also mercy claimeth all which is her own; and thus, none but the truly penitent are saved.

25 What, do ye suppose that mercy can rob justice? I say unto you, Nay; not one whit. If so, God would cease to be God.

26 And thus God bringeth about his great and eternal purposes, which were prepared from the foundation of the world. And thus cometh about the salvation and the redemption of men, and also their destruction and misery.

27 Therefore, O my son, whosoever will come may come and partake of the waters of life freely; and whosoever will not come the same is not compelled to come; but in the last day it shall be restored unto him according to his deeds.

28 If he has desired to do evil, and has not repented in his days, behold, evil shall be done unto him, according to the restoration of God.

29 And now, my son, I desire that ye should let these things trouble you no more, and only let your sins trouble you, with that trouble which shall bring you down unto repentance.

30 O my son, I desire that ye should deny the justice of God no more. Do not endeavor to excuse yourself in the least point because of your sins, by denying the justice of God; but do you let the justice of God, and his mercy, and his long-suffering have full sway in your heart; and let it bring you down to the dust in humility.

31 And now, O my son, ye are called of God to preach the word unto this people. And now, my son, go thy way, declare the word with truth and soberness, that thou mayest bring souls unto repentance, that the great

pas ainsi, les œuvres de la justice seraient détruites, et Dieu cesserait d'être Dieu.

23 Mais Dieu ne cesse pas d'être Dieu, et la miséricorde réclame le pénitent, et la miséricorde est accordée à cause de l'expiation ; et l'expiation réalise la résurrection des morts ; et la résurrection des morts ramène les hommes en la présence de Dieu ; et ainsi ils sont ramenés en sa présence pour être jugés selon leurs œuvres, selon la loi et la justice.

24 Car voici, la justice exerce toutes ses exigences, et la miséricorde réclame aussi tous les siens ; et ainsi nul n'est sauvé, sauf ceux qui sont vraiment pénitents.

25 Quoi, penses-tu que la miséricorde puisse frustrer la justice ? Je te dis que non, en aucune façon. S'il en était ainsi, Dieu cesserait d'être Dieu.

26 Et ainsi, Dieu réalise ses grands et éternels desseins, qui ont été préparés dès la fondation du monde. Et ainsi se réalise le salut et la rédemption des hommes, et aussi leur destruction et leur misère.

27 C'est pourquoi, ô mon fils, quiconque veut venir, peut venir prendre des eaux de la vie gratuitement ; et quiconque ne veut pas venir, celui-là n'est pas forcé de venir ; mais au dernier jour, il lui sera rendu selon ses actes.

28 S'il a désiré faire le mal, et ne s'est pas repenti de son vivant, voici, le mal lui sera fait selon la restitution de Dieu.

29 Et maintenant, mon fils, je désire que tu ne laisses plus ces choses-là te troubler, et que tu ne te laisses troubler que par tes péchés, de ce trouble qui t'abaissera au repentir.

30 Ô mon fils, je désire que tu ne nies plus la justice de Dieu. Ne t'efforce pas de t'excuser si peu que ce soit à cause de tes péchés, en niant la justice de Dieu ; mais laisse la justice de Dieu, et sa miséricorde, et sa longanimité régner pleinement dans ton cœur, et que cela t'abaisse jusqu'à la poussière dans l'humilité.

31 Et maintenant, ô mon fils, tu es appelé par Dieu à prêcher la parole à ce peuple. Et maintenant, mon fils, va donc ton chemin, annonce la parole avec vérité et sagesse, afin d'amener les âmes au repentir, afin que le

plan of mercy may have claim upon them. And may God grant unto you even according to my words. Amen.

grand plan de miséricorde ait droit sur elles. Et que Dieu t'accorde selon mes paroles. Amen.

CHAPTER 43

CHAPITRE 43

Alma and his sons preach the word—The Zoramites and other Nephite dissenters become Lamanites—The Lamanites come against the Nephites in war—Moroni arms the Nephites with defensive armor—The Lord reveals to Alma the strategy of the Lamanites—The Nephites defend their homes, liberties, families, and religion—The armies of Moroni and Lehi surround the Lamanites. About 74 B.C.

Alma et ses fils prêchent la parole — Les Zoramites et les autres dissidents néphites deviennent Lamanites — Les Lamanites font la guerre aux Néphites — Moroni arme les Néphites d'armures défensives — Le Seigneur révèle à Alma la stratégie des Lamanites — Les Néphites défendent leurs maisons, leurs libertés, leurs familles et leur religion — Les armées de Moroni et de Léhi encerclent les Lamanites. Vers 74 av. J.-C.

1 And now it came to pass that the sons of Alma did go forth among the people, to declare the word unto them. And Alma, also, himself, could not rest, and he also went forth.

1 Et alors, il arriva que les fils d'Alma allèrent parmi le peuple pour lui annoncer la parole. Et Alma lui-même ne put rester en repos, et il y alla aussi.

2 Now we shall say no more concerning their preaching, except that they preached the word, and the truth, according to the spirit of prophecy and revelation; and they preached after the holy order of God by which they were called.

2 Or, nous n'en dirons pas plus concernant leur prédication, si ce n'est qu'ils prêchèrent la parole et la vérité, selon l'esprit de prophétie et de révélation ; et ils prêchèrent selon le saint ordre de Dieu par lequel ils étaient appelés.

3 And now I return to an account of the wars between the Nephites and the Lamanites, in the eighteenth year of the reign of the judges.

3 Et maintenant je reviens au récit des guerres entre les Néphites et les Lamanites, la dix-huitième année du règne des juges.

4 For behold, it came to pass that the Zoramites became Lamanites; therefore, in the commencement of the eighteenth year the people of the Nephites saw that the Lamanites were coming upon them; therefore they made preparations for war; yea, they gathered together their armies in the land of Jershon.

4 Car voici, il arriva que les Zoramites devinrent Lamanites ; c'est pourquoi, au commencement de la dix-huitième année, le peuple des Néphites vit que les Lamanites marchaient contre eux ; c'est pourquoi, ils firent des préparatifs de guerre ; oui, ils rassemblèrent leurs armées au pays de Jershon.

5 And it came to pass that the Lamanites came with their thousands; and they came into the land of Antionum, which is the land of the Zoramites; and a man by the name of Zerahemnah was their leader.

5 Et il arriva que les Lamanites vinrent avec leurs milliers ; et ils entrèrent au pays d'Antionum, qui est le pays des Zoramites ; et un homme du nom de Zérahemnah était leur chef.

6 And now, as the Amalekites were of a more wicked and murderous disposition than the Lamanites were, in and of themselves, therefore, Zerahemnah appointed chief captains over the Lamanites, and they were all Amalekites and Zoramites.

6 Et maintenant, comme les Amalékites avaient en eux-mêmes des dispositions plus méchantes et plus meurtrières que les Lamanites, Zérahemnah désigna des capitaines en chef sur les Lamanites, et ils étaient tous Amalékites et Zoramites.

7 Now this he did that he might preserve their hatred towards the Nephites, that he might bring them into subjection to the accomplishment of his designs.

8 For behold, his designs were to stir up the Lamanites to anger against the Nephites; this he did that he might usurp great power over them, and also that he might gain power over the Nephites by bringing them into bondage.

9 And now the design of the Nephites was to support their lands, and their houses, and their wives, and their children, that they might preserve them from the hands of their enemies; and also that they might preserve their rights and their privileges, yea, and also their liberty, that they might worship God according to their desires.

10 For they knew that if they should fall into the hands of the Lamanites, that whosoever should worship God in spirit and in truth, the true and the living God, the Lamanites would destroy.

11 Yea, and they also knew the extreme hatred of the Lamanites towards their brethren, who were the people of Anti-Nephi-Lehi, who were called the people of Ammon—and they would not take up arms, yea, they had entered into a covenant and they would not break it—therefore, if they should fall into the hands of the Lamanites they would be destroyed.

12 And the Nephites would not suffer that they should be destroyed; therefore they gave them lands for their inheritance.

13 And the people of Ammon did give unto the Nephites a large portion of their substance to support their armies; and thus the Nephites were compelled, alone, to withstand against the Lamanites, who were a compound of Laman and Lemuel, and the sons of Ishmael, and all those who had dissented from the Nephites, who were Amalekites and Zoramites, and the descendants of the priests of Noah.

14 Now those descendants were as numerous, nearly, as were the Nephites; and thus the Nephites were obliged to contend with their brethren, even unto bloodshed.

15 And it came to pass as the armies of the Lamanites had gathered together in the land of Antionum, behold, the armies of the

7 Or, cela, il le fit afin d'entretenir leur haine à l'égard des Néphites, afin de les assujettir à l'accomplissement de ses desseins.

8 Car voici, ses desseins étaient d'exciter les Lamanites à la colère contre les Néphites ; cela, il le fit afin d'usurper un grand pouvoir sur eux, et aussi afin d'obtenir du pouvoir sur les Néphites en les réduisant en servitude.

9 Et maintenant, le dessein des Néphites était de défendre leurs terres, et leurs maisons, et leurs épouses, et leurs enfants, afin de les préserver des mains de leurs ennemis ; et aussi, afin de préserver leurs droits et leurs garanties, oui, et aussi leur liberté, afin d'adorer Dieu selon leur désir.

10 Car ils savaient que s'ils tombaient entre les mains des Lamanites, quiconque adorerait Dieu en esprit et en vérité, le Dieu vrai et vivant, les Lamanites le feraient périr.

11 Oui, et ils connaissaient aussi la haine extrême des Lamanites à l'égard de leurs frères qui étaient le peuple d'Anti-Néphi-Léhi, qui était appelé le peuple d'Ammon — et ils ne voulaient pas prendre les armes, oui, ils avaient contracté une alliance et ils ne voulaient pas la rompre — c'est pourquoi, s'ils tombaient entre les mains des Lamanites, ils seraient détruits.

12 Et les Néphites ne voulaient pas souffrir qu'ils fussent détruits ; c'est pourquoi ils leur donnèrent des terres pour leur héritage.

13 Et le peuple d'Ammon donna aux Néphites une grande partie de ses biens pour entretenir leurs armées ; et ainsi, les Néphites furent forcés de résister seuls aux Lamanites, qui étaient un composé de Laman et de Lémuel, et des fils d'Ismaël, et de tous ceux qui étaient entrés en dissidence avec les Néphites, qui étaient Amalékites et Zoramites, et les descendants des prêtres de Noé.

14 Or, ces descendants étaient presque aussi nombreux que les Néphites ; et ainsi, les Néphites furent obligés de combattre leurs frères jusqu'à l'effusion du sang.

15 Et il arriva que comme les armées des Lamanites étaient assemblées au pays d'Antionum, voici, les armées des Néphites

Nephites were prepared to meet them in the land of Jershon.

16 Now, the leader of the Nephites, or the man who had been appointed to be the chief captain over the Nephites—now the chief captain took the command of all the armies of the Nephites—and his name was Moroni;

17 And Moroni took all the command, and the government of their wars. And he was only twenty and five years old when he was appointed chief captain over the armies of the Nephites.

18 And it came to pass that he met the Lamanites in the borders of Jershon, and his people were armed with swords, and with cimeters, and all manner of weapons of war.

19 And when the armies of the Lamanites saw that the people of Nephi, or that Moroni, had prepared his people with breastplates and with arm-shields, yea, and also shields to defend their heads, and also they were dressed with thick clothing—

20 Now the army of Zerahemnah was not prepared with any such thing; they had only their swords and their cimeters, their bows and their arrows, their stones and their slings; and they were naked, save it were a skin which was girded about their loins; yea, all were naked, save it were the Zoramites and the Amalekites;

21 But they were not armed with breastplates, nor shields—therefore, they were exceedingly afraid of the armies of the Nephites because of their armor, notwithstanding their number being so much greater than the Nephites.

22 Behold, now it came to pass that they durst not come against the Nephites in the borders of Jershon; therefore they departed out of the land of Antionum into the wilderness, and took their journey round about in the wilderness, away by the head of the river Sidon, that they might come into the land of Manti and take possession of the land; for they did not suppose that the armies of Moroni would know whither they had gone.

23 But it came to pass, as soon as they had departed into the wilderness Moroni sent spies into the wilderness to watch their camp; and Moroni, also, knowing of the prophecies of Alma, sent certain men unto him, desiring him that he should inquire of

étaient préparées à les rencontrer au pays de Jershon.

16 Or, le chef des Néphites, ou l'homme qui avait été désigné pour être le capitaine en chef des Néphites — or, le capitaine en chef prit le commandement de toutes les armées des Néphites — et son nom était Moroni ;

17 et Moroni prit tout le commandement et toute la direction de leurs guerres. Et il n'avait que vingt-cinq ans lorsqu'il fut désigné comme capitaine en chef des armées des Néphites.

18 Et il arriva qu'il rencontra les Lamanites dans les régions frontières de Jershon, et son peuple était armé d'épées, et de cimeterres, et de toutes sortes d'armes de guerre.

19 Et lorsque les armées des Lamanites virent que le peuple de Néphi, ou que Moroni avait préparé son peuple avec des plastrons de cuirasse, et avec des boucliers pour le bras, et aussi des boucliers pour se défendre la tête, et ils étaient aussi habillés de vêtements épais —

20 or, l'armée de Zérahemnah n'était pourvue d'aucune de ces choses ; ils n'avaient que leurs épées et leurs cimeterres, leurs arcs et leurs flèches, leurs pierres et leurs frondes ; et ils étaient nus, à l'exception d'une peau dont ils se ceignaient les reins ; oui, tous étaient nus, sauf les Zoramites et les Amalékites ;

21 mais ils n'étaient pas armés de plastrons de cuirasse, ni de boucliers : c'est pourquoi, ils eurent extrêmement peur des armées des Néphites à cause de leurs armures, en dépit du fait que leur nombre était tellement plus grand que celui des Néphites.

22 Voici, alors, il arriva qu'ils n'osèrent pas venir contre les Néphites dans les régions frontières de Jershon ; c'est pourquoi ils partirent du pays d'Antionum, entrèrent dans le désert et entreprirent leur voyage en faisant un détour dans le désert, au loin, près de la source du fleuve Sidon, afin d'entrer au pays de Manti et de prendre possession du pays ; car ils ne pensaient pas que les armées de Moroni sauraient où ils étaient allés.

23 Mais il arriva que dès qu'ils furent partis dans le désert, Moroni envoya des espions dans le désert pour observer leur camp ; et Moroni, connaissant aussi les prophéties d'Alma, envoya certains hommes vers lui, désirant qu'il demandât au Seigneur où les

the Lord whither the armies of the Nephites should go to defend themselves against the Lamanites.

24 And it came to pass that the word of the Lord came unto Alma, and Alma informed the messengers of Moroni, that the armies of the Lamanites were marching round about in the wilderness, that they might come over into the land of Manti, that they might commence an attack upon the weaker part of the people. And those messengers went and delivered the message unto Moroni.

25 Now Moroni, leaving a part of his army in the land of Jershon, lest by any means a part of the Lamanites should come into that land and take possession of the city, took the remaining part of his army and marched over into the land of Manti.

26 And he caused that all the people in that quarter of the land should gather themselves together to battle against the Lamanites, to defend their lands and their country, their rights and their liberties; therefore they were prepared against the time of the coming of the Lamanites.

27 And it came to pass that Moroni caused that his army should be secreted in the valley which was near the bank of the river Sidon, which was on the west of the river Sidon in the wilderness.

28 And Moroni placed spies round about, that he might know when the camp of the Lamanites should come.

29 And now, as Moroni knew the intention of the Lamanites, that it was their intention to destroy their brethren, or to subject them and bring them into bondage that they might establish a kingdom unto themselves over all the land;

30 And he also knowing that it was the only desire of the Nephites to preserve their lands, and their liberty, and their church, therefore he thought it no sin that he should defend them by stratagem; therefore, he found by his spies which course the Lamanites were to take.

31 Therefore, he divided his army and brought a part over into the valley, and concealed them on the east, and on the south of the hill Riplah;

32 And the remainder he concealed in the west valley, on the west of the river Sidon,

armées des Néphites devaient aller pour se défendre contre les Lamanites.

24 Et il arriva que la parole du Seigneur parvint à Alma, et Alma informa les messagers de Moroni que les armées des Lamanites marchaient en faisant un détour dans le désert, afin de passer au pays de Manti, afin de lancer une attaque contre la partie la plus faible du peuple. Et ces messagers allèrent remettre le message à Moroni.

25 Alors Moroni, laissant une partie de son armée au pays de Jershon, de peur que, d'une façon ou d'une autre, une partie des Lamanites ne vînt dans ce pays et ne prît possession de la ville, prit la partie restante de son armée et passa au pays de Manti.

26 Et il fit rassembler tous les habitants de cette partie du pays pour livrer bataille aux Lamanites, pour défendre leurs terres et leur pays, leurs droits et leurs libertés ; c'est pourquoi ils étaient préparés pour le moment où les Lamanites viendraient.

27 Et il arriva que Moroni fit cacher son armée dans la vallée qui était au bord du fleuve Sidon, qui était à l'ouest du fleuve Sidon dans le désert.

28 Et Moroni plaça des espions alentour afin de connaître le moment où le camp des Lamanites viendrait.

29 Et maintenant, comme Moroni connaissait l'intention des Lamanites, intention qui était de détruire leurs frères, ou de les assujettir et de les réduire en servitude, afin de fonder un royaume pour eux-mêmes sur tout le pays ;

30 Et sachant aussi que le seul désir des Néphites était de préserver leurs terres, et leur liberté, et leur Église, il ne considéra pas que c'était un péché de les défendre par stratagème ; c'est pourquoi, il découvrit par ses espions quelle direction les Lamanites devaient prendre.

31 C'est pourquoi, il divisa son armée, et en amena une partie dans la vallée, et la cacha à l'est et au sud de la colline Riplah ;

32 Et le reste, il le cacha dans la vallée de l'ouest, à l'ouest du fleuve Sidon, et ainsi en

and so down into the borders of the land Manti.

33 And thus having placed his army according to his desire, he was prepared to meet them.

34 And it came to pass that the Lamanites came up on the north of the hill, where a part of the army of Moroni was concealed.

35 And as the Lamanites had passed the hill Riplah, and came into the valley, and began to cross the river Sidon, the army which was concealed on the south of the hill, which was led by a man whose name was Lehi, and he led his army forth and encircled the Lamanites about on the east in their rear.

36 And it came to pass that the Lamanites, when they saw the Nephites coming upon them in their rear, turned them about and began to contend with the army of Lehi.

37 And the work of death commenced on both sides, but it was more dreadful on the part of the Lamanites, for their nakedness was exposed to the heavy blows of the Nephites with their swords and their cimeters, which brought death almost at every stroke.

38 While on the other hand, there was now and then a man fell among the Nephites, by their swords and the loss of blood, they being shielded from the more vital parts of the body, or the more vital parts of the body being shielded from the strokes of the Lamanites, by their breastplates, and their armshields, and their head-plates; and thus the Nephites did carry on the work of death among the Lamanites.

39 And it came to pass that the Lamanites became frightened, because of the great destruction among them, even until they began to flee towards the river Sidon.

40 And they were pursued by Lehi and his men; and they were driven by Lehi into the waters of Sidon, and they crossed the waters of Sidon. And Lehi retained his armies upon the bank of the river Sidon that they should not cross.

41 And it came to pass that Moroni and his army met the Lamanites in the valley, on the other side of the river Sidon, and began to fall upon them and to slay them.

42 And the Lamanites did flee again before them, towards the land of Manti; and they were met again by the armies of Moroni.

descendant jusque dans les régions frontières du pays de Manti.

33 Et ainsi, ayant placé son armée selon son désir, il était préparé à les rencontrer.

34 Et il arriva que les Lamanites montèrent au nord de la colline, où une partie de l'armée de Moroni était cachée.

35 Et lorsque les Lamanites eurent dépassé la colline Riplah, et entrèrent dans la vallée, et commencèrent à traverser le fleuve Sidon, l'armée qui était cachée au sud de la colline, dirigée par un homme du nom de Léhi, sortit ; et il conduisit son armée et encercla les Lamanites, à l'est, sur leurs arrières.

36 Et il arriva que les Lamanites, lorsqu'ils virent les Néphites tomber sur eux sur leurs arrières, firent demi-tour et commencèrent à combattre l'armée de Léhi.

37 Et l'œuvre de mort commença des deux côtés, mais elle était plus terrible pour les Lamanites, car leur nudité les exposait aux coups violents des Néphites, avec leurs épées et leurs cimeterres, qui donnaient la mort presque à chaque coup,

38 tandis que, d'autre part, il y avait de temps en temps un homme qui tombait parmi les Néphites, par l'épée et la perte de sang, car ils étaient protégés des parties les plus vitales du corps, ou les parties les plus vitales du corps étaient protégées des coups des Lamanites, par leurs plastrons de cuirasse, et leurs boucliers pour le bras, et leurs casques ; et c'est ainsi que les Néphites accomplirent l'œuvre de mort parmi les Lamanites.

39 Et il arriva que les Lamanites prirent peur à cause de la grande destruction parmi eux, au point qu'ils commencèrent à s'enfuir vers le fleuve Sidon.

40 Et ils furent poursuivis par Léhi et ses hommes ; et ils furent chassés par Léhi dans les eaux de Sidon, et ils traversèrent les eaux de Sidon. Et Léhi retint ses armées sur le bord du fleuve Sidon, pour qu'elles ne traversent pas.

41 Et il arriva que Moroni et son armée rencontrèrent les Lamanites dans la vallée, de l'autre côté du fleuve Sidon, et commencèrent à tomber sur eux et à les tuer.

42 Et les Lamanites s'enfuirent de nouveau devant eux, vers le pays de Manti ; et ils

43 Now in this case the Lamanites did fight exceedingly; yea, never had the Lamanites been known to fight with such exceedingly great strength and courage, no, not even from the beginning.

44 And they were inspired by the Zoramites and the Amalekites, who were their chief captains and leaders, and by Zerahemnah, who was their chief captain, or their chief leader and commander; yea, they did fight like dragons, and many of the Nephites were slain by their hands, yea, for they did smite in two many of their head-plates, and they did pierce many of their breastplates, and they did smite off many of their arms; and thus the Lamanites did smite in their fierce anger.

45 Nevertheless, the Nephites were inspired by a better cause, for they were not fighting for monarchy nor power but they were fighting for their homes and their liberties, their wives and their children, and their all, yea, for their rites of worship and their church.

46 And they were doing that which they felt was the duty which they owed to their God; for the Lord had said unto them, and also unto their fathers, that: Inasmuch as ye are not guilty of the first offense, neither the second, ye shall not suffer yourselves to be slain by the hands of your enemies.

47 And again, the Lord has said that: Ye shall defend your families even unto bloodshed. Therefore for this cause were the Nephites contending with the Lamanites, to defend themselves, and their families, and their lands, their country, and their rights, and their religion.

48 And it came to pass that when the men of Moroni saw the fierceness and the anger of the Lamanites, they were about to shrink and flee from them. And Moroni, perceiving their intent, sent forth and inspired their hearts with these thoughts—yea, the thoughts of their lands, their liberty, yea, their freedom from bondage.

49 And it came to pass that they turned upon the Lamanites, and they cried with one voice unto the Lord their God, for their liberty and their freedom from bondage.

furent de nouveau attaqués par les armées de Moroni.

43 Or, cette fois-ci, les Lamanites se battirent extrêmement ; oui, jamais on n'avait vu les Lamanites se battre avec une force et un courage aussi extrêmes, non, même pas depuis le commencement.

44 Et ils étaient inspirés par les Zoramites et les Amalékites, qui étaient leurs capitaines en chef et leurs dirigeants, et par Zérahemnah, qui était leur capitaine en chef, ou leur dirigeant et commandant en chef ; oui, ils se battirent comme des dragons, et beaucoup de Néphites furent tués de leurs mains, oui, car ils fendirent en deux beaucoup de leurs casques, et ils percèrent beaucoup de leurs plastrons de cuirasse, et ils coupèrent beaucoup de leurs bras ; et ainsi les Lamanites frappaient dans leur ardente colère.

45 Néanmoins, les Néphites étaient inspirés par une meilleure cause, car ils ne se battaient pas pour la monarchie, ni le pouvoir, mais ils se battaient pour leurs maisons et leurs libertés, leurs épouses et leurs enfants, et tout ce qu'ils avaient, oui, pour les rites de leur culte et leur Église.

46 Et ils faisaient ce qu'ils estimaient être le devoir dont ils étaient redevables envers leur Dieu ; car le Seigneur leur avait dit, et aussi à leurs pères : Si vous n'êtes pas coupables de la première offense, ni de la seconde, vous ne vous laisserez pas tuer par les mains de vos ennemis.

47 En outre, le Seigneur a dit : Vous défendrez vos familles jusqu'à l'effusion du sang. C'est pour cette raison que les Néphites combattaient les Lamanites, pour se défendre, eux, et leurs familles, et leurs terres, leur pays, et leurs droits, et leur religion.

48 Et il arriva que lorsque les hommes de Moroni virent l'acharnement et la colère des Lamanites, ils étaient sur le point de reculer et de fuir devant eux. Et Moroni, voyant leur intention, envoya des gens en avant et inspira leur cœur de ces pensées : oui, la pensée de leurs terres, de leur liberté, oui, et de leur indépendance de la servitude.

49 Et il arriva qu'ils se jetèrent sur les Lamanites, et crièrent d'une seule voix au Seigneur, leur Dieu, pour leur liberté et leur indépendance de la servitude.

50 And they began to stand against the Lamanites with power; and in that selfsame hour that they cried unto the Lord for their freedom, the Lamanites began to flee before them; and they fled even to the waters of Sidon.

51 Now, the Lamanites were more numerous, yea, by more than double the number of the Nephites; nevertheless, they were driven insomuch that they were gathered together in one body in the valley, upon the bank by the river Sidon.

52 Therefore the armies of Moroni encircled them about, yea, even on both sides of the river, for behold, on the east were the men of Lehi.

53 Therefore when Zerahemnah saw the men of Lehi on the east of the river Sidon, and the armies of Moroni on the west of the river Sidon, that they were encircled about by the Nephites, they were struck with terror.

54 Now Moroni, when he saw their terror, commanded his men that they should stop shedding their blood.

CHAPTER 44

Moroni commands the Lamanites to make a covenant of peace or be destroyed—Zerahemnah rejects the offer, and the battle resumes—Moroni's armies defeat the Lamanites. About 74–73 B.C.

1 And it came to pass that they did stop and withdrew a pace from them. And Moroni said unto Zerahemnah: Behold, Zerahemnah, that we do not desire to be men of blood. Ye know that ye are in our hands, yet we do not desire to slay you.

2 Behold, we have not come out to battle against you that we might shed your blood for power; neither do we desire to bring any one to the yoke of bondage. But this is the very cause for which ye have come against us; yea, and ye are angry with us because of our religion.

3 But now, ye behold that the Lord is with us; and ye behold that he has delivered you into our hands. And now I would that ye should understand that this is done unto us because of our religion and our faith in

50 Et ils commencèrent à résister avec puissance aux Lamanites ; et en cette même heure où ils criaient au Seigneur pour leur liberté, les Lamanites commencèrent à fuir devant eux ; et ils s'enfuirent jusqu'aux eaux de Sidon.

51 Or, les Lamanites étaient plus nombreux, oui, de plus du double des Néphites ; néanmoins, ils furent chassés au point qu'ils furent rassemblés en un seul corps dans la vallée, sur la rive près du fleuve Sidon.

52 C'est pourquoi les armées de Moroni les encerclèrent, oui, des deux côtés du fleuve, car voici, à l'est se trouvaient les hommes de Léhi.

53 C'est pourquoi, lorsque Zérahemnah vit les hommes de Léhi à l'est du fleuve Sidon, et les armées de Moroni à l'ouest du fleuve Sidon, et qu'ils étaient encerclés par les Néphites, ils furent frappés de terreur.

54 Alors Moroni, lorsqu'il vit leur terreur, commanda à ses hommes de cesser de verser leur sang.

CHAPITRE 44

Moroni commande aux Lamanites de contracter une alliance de paix, sinon ils seront détruits — Zérahemnah rejette l'offre, et la bataille reprend — Les armées de Moroni battent les Lamanites. Vers 74–73 av. J.-C.

1 Et il arriva qu'ils s'arrêtèrent et reculèrent d'un pas devant eux. Et Moroni dit à Zérahemnah : Voici, Zérahemnah, nous ne désirons pas être des hommes de sang. Vous savez que vous êtes entre nos mains ; néanmoins, nous ne désirons pas vous tuer.

2 Voici, nous ne sommes pas sortis vous livrer bataille afin de verser votre sang pour avoir du pouvoir ; nous ne désirons pas non plus amener qui que ce soit sous le joug de la servitude. Mais c'est là la raison même pour laquelle vous êtes venus contre nous ; oui, et vous êtes en colère contre nous à cause de notre religion.

3 Or, vous voyez que le Seigneur est avec nous ; et vous voyez qu'il vous a livrés entre nos mains. Et maintenant, je voudrais que vous compreniez que cela nous est fait à cause de notre religion et de notre foi au

Christ. And now ye see that ye cannot destroy this our faith.

4 Now ye see that this is the true faith of God; yea, ye see that God will support, and keep, and preserve us, so long as we are faithful unto him, and unto our faith, and our religion; and never will the Lord suffer that we shall be destroyed except we should fall into transgression and deny our faith.

5 And now, Zerahemnah, I command you, in the name of that all-powerful God, who has strengthened our arms that we have gained power over you, by our faith, by our religion, and by our rites of worship, and by our church, and by the sacred support which we owe to our wives and our children, by that liberty which binds us to our lands and our country; yea, and also by the maintenance of the sacred word of God, to which we owe all our happiness; and by all that is most dear unto us—

6 Yea, and this is not all; I command you by all the desires which ye have for life, that ye deliver up your weapons of war unto us, and we will seek not your blood, but we will spare your lives, if ye will go your way and come not again to war against us.

7 And now, if ye do not this, behold, ye are in our hands, and I will command my men that they shall fall upon you, and inflict the wounds of death in your bodies, that ye may become extinct; and then we will see who shall have power over this people; yea, we will see who shall be brought into bondage.

8 And now it came to pass that when Zerahemnah had heard these sayings he came forth and delivered up his sword and his cimeter, and his bow into the hands of Moroni, and said unto him: Behold, here are our weapons of war; we will deliver them up unto you, but we will not suffer ourselves to take an oath unto you, which we know that we shall break, and also our children; but take our weapons of war, and suffer that we may depart into the wilderness; otherwise we will retain our swords, and we will perish or conquer.

9 Behold, we are not of your faith; we do not believe that it is God that has delivered us into your hands; but we believe that it is your cunning that has preserved you from our swords. Behold, it is your breastplates and your shields that have preserved you.

Christ. Et maintenant, vous voyez que vous ne pouvez détruire cette foi qui est la nôtre.

4 Ainsi, vous voyez que ceci est la vraie doctrine de Dieu ; oui, vous voyez que Dieu nous soutient, nous garde et nous préserve tant que nous lui sommes fidèles, à lui, et à notre foi, et à notre religion ; et jamais le Seigneur ne souffrira que nous soyons détruits, à moins que nous ne tombions en transgression et ne reniions notre foi.

5 Et maintenant, Zérahemnah, je te commande, au nom de ce Dieu Tout-Puissant qui a fortifié notre bras, de sorte que nous avons acquis du pouvoir sur vous, par notre foi, par notre religion et par les rites de notre culte, et par notre Église, et par le soutien sacré que nous devons à nos épouses et à nos enfants, par cette liberté qui nous lie à nos terres et à notre pays ; oui, et aussi par l'observance de la parole sacrée de Dieu à laquelle nous devons tout notre bonheur ; et par tout ce qui nous est très cher —

6 Oui, et ce n'est pas tout : je te commande, par tout le désir que vous avez de vivre, de nous livrer vos armes de guerre, et nous ne chercherons pas votre sang, mais nous vous épargnerons la vie, si vous passez votre chemin et ne revenez plus nous faire la guerre.

7 Et maintenant, si vous ne le faites pas, voici, vous êtes entre nos mains, et je commanderai à mes hommes de tomber sur vous et d'infliger les blessures de la mort à votre corps, afin que vous soyez frappés d'extinction ; et alors nous verrons qui aura pouvoir sur ce peuple ; oui, nous verrons qui sera conduit en servitude.

8 Et alors, il arriva que lorsque Zérahemnah eut entendu ces paroles, il s'avança et livra son épée, et son cimeterre, et son arc entre les mains de Moroni, et lui dit : Voilà nos armes de guerre ; nous vous les livrerons, mais nous n'accepterons pas de vous faire un serment que nous savons que nous enfreindrons, et nos enfants aussi ; mais prenez nos armes de guerre, et souffrez que nous partions dans le désert, sinon nous garderons nos épées, et nous périrons ou vaincrons.

9 Voici, nous ne sommes pas de votre foi ; nous ne croyons pas que c'est Dieu qui nous a livrés entre vos mains ; mais nous croyons que c'est votre ruse qui vous a préservés de nos épées. Voici, ce sont vos plastrons de

cuirasse et vos boucliers qui vous ont préservés.

10 And now when Zerahemnah had made an end of speaking these words, Moroni returned the sword and the weapons of war, which he had received, unto Zerahemnah, saying: Behold, we will end the conflict.

11 Now I cannot recall the words which I have spoken, therefore as the Lord liveth, ye shall not depart except ye depart with an oath that ye will not return again against us to war. Now as ye are in our hands we will spill your blood upon the ground, or ye shall submit to the conditions which I have proposed.

12 And now when Moroni had said these words, Zerahemnah retained his sword, and he was angry with Moroni, and he rushed forward that he might slay Moroni; but as he raised his sword, behold, one of Moroni's soldiers smote it even to the earth, and it broke by the hilt; and he also smote Zerahemnah that he took off his scalp and it fell to the earth. And Zerahemnah withdrew from before them into the midst of his soldiers.

13 And it came to pass that the soldier who stood by, who smote off the scalp of Zerahemnah, took up the scalp from off the ground by the hair, and laid it upon the point of his sword, and stretched it forth unto them, saying unto them with a loud voice:

14 Even as this scalp has fallen to the earth, which is the scalp of your chief, so shall ye fall to the earth except ye will deliver up your weapons of war and depart with a covenant of peace.

15 Now there were many, when they heard these words and saw the scalp which was upon the sword, that were struck with fear; and many came forth and threw down their weapons of war at the feet of Moroni, and entered into a covenant of peace. And as many as entered into a covenant they suffered to depart into the wilderness.

16 Now it came to pass that Zerahemnah was exceedingly wroth, and he did stir up the remainder of his soldiers to anger, to contend more powerfully against the Nephites.

10 Et alors, quand Zérahemnah eut fini de dire ces paroles, Moroni lui rendit l'épée et les armes de guerre qu'il avait reçues, disant : Voici, nous allons finir le conflit.

11 Or, je ne peux pas rétracter les paroles que j'ai dites ; c'est pourquoi, comme le Seigneur vit, vous ne partirez pas, si vous ne partez avec le serment que vous ne reviendrez pas contre nous nous faire la guerre. Or, comme vous êtes entre nos mains, nous verserons votre sang sur le sol, ou vous vous soumettrez aux conditions que j'ai proposées.

12 Et alors, quand Moroni eut dit ces paroles, Zérahemnah conserva son épée, et il fut en colère contre Moroni, et il se précipita pour tuer Moroni ; mais comme il levait son épée, voici, un des soldats de Moroni la frappa et la fit tomber par terre, et elle se brisa près de la poignée ; et il frappa aussi Zérahemnah, de sorte qu'il lui enleva son scalp, et celui-ci tomba par terre. Et Zérahemnah se retira de devant eux au milieu de ses soldats.

13 Et il arriva que le soldat qui se tenait tout près, qui avait enlevé le scalp de Zérahemnah, ramassa le scalp sur le sol par les cheveux, et le posa sur la pointe de son épée, et le tendit vers eux, leur disant d'une voix forte :

14 Tout comme ce scalp, qui est le scalp de votre chef, est tombé par terre, de même vous tomberez par terre, si vous ne livrez pas vos armes de guerre et ne partez pas avec une alliance de paix.

15 Or, il y en eut beaucoup, lorsqu'ils entendirent ces mots et virent le scalp qui était sur l'épée, qui furent frappés de crainte ; et beaucoup s'avancèrent et jetèrent leurs armes de guerre aux pieds de Moroni, et conclurent une alliancede paix. Et tous ceux qui conclurent l'alliance, ils les laissèrent partir dans le désert.

16 Alors, il arriva que Zérahemnah fut extrêmement furieux, et il excita le reste de ses soldats à la colère, pour qu'ils combattent plus puissamment les Néphites.

17 And now Moroni was angry, because of the stubbornness of the Lamanites; therefore he commanded his people that they should fall upon them and slay them. And it came to pass that they began to slay them; yea, and the Lamanites did contend with their swords and their might.

18 But behold, their naked skins and their bare heads were exposed to the sharp swords of the Nephites; yea, behold they were pierced and smitten, yea, and did fall exceedingly fast before the swords of the Nephites; and they began to be swept down, even as the soldier of Moroni had prophesied.

19 Now Zerahemnah, when he saw that they were all about to be destroyed, cried mightily unto Moroni, promising that he would covenant and also his people with them, if they would spare the remainder of their lives, that they never would come to war again against them.

20 And it came to pass that Moroni caused that the work of death should cease again among the people. And he took the weapons of war from the Lamanites; and after they had entered into a covenant with him of peace they were suffered to depart into the wilderness.

21 Now the number of their dead was not numbered because of the greatness of the number; yea, the number of their dead was exceedingly great, both on the Nephites and on the Lamanites.

22 And it came to pass that they did cast their dead into the waters of Sidon, and they have gone forth and are buried in the depths of the sea.

23 And the armies of the Nephites, or of Moroni, returned and came to their houses and their lands.

24 And thus ended the eighteenth year of the reign of the judges over the people of Nephi. And thus ended the record of Alma, which was written upon the plates of Nephi.

The account of the people of Nephi, and their wars and dissensions, in the days of Helaman, according to the record of Helaman, which he kept in his days.

17 Et alors, Moroni fut en colère à cause de l'obstination des Lamanites ; c'est pourquoi il commanda à son peuple de tomber sur eux et de les tuer. Et il arriva qu'ils commencèrent à les tuer ; oui, et les Lamanites combattirent avec leurs épées et leur force.

18 Mais voici, leur peau nue et leur tête découverte étaient exposées aux épées tranchantes des Néphites ; oui, voici, ils furent percés et frappés, oui, et tombèrent extrêmement vite sous les épées des Néphites ; et ils commencèrent à être fauchés comme le soldat de Moroni l'avait prophétisé.

19 Alors Zérahemnah, lorsqu'il vit qu'ils étaient tous sur le point d'être détruits, cria d'une voix forte vers Moroni, promettant qu'ils feraient alliance, son peuple et lui, que s'ils épargnaient la vie au reste d'entre eux, ils ne reviendraient plus jamais à la guerre contre eux.

20 Et il arriva que Moroni fit de nouveau cesser l'œuvre de mort parmi le peuple. Et il prit les armes de guerre aux Lamanites ; et lorsqu'ils eurent conclu avec lui une alliance de paix, il leur fut permis de partir dans le désert.

21 Or, on ne compta pas le nombre de leurs morts, à cause de la grandeur du nombre ; oui, le nombre de leurs morts était extrêmement grand, tant du côté des Néphites que du côté des Lamanites.

22 Et il arriva qu'ils jetèrent leurs morts dans les eaux de Sidon, et ils s'en sont allés et sont ensevelis dans les profondeurs de la mer.

23 Et les armées des Néphites, ou de Moroni, retournèrent et allèrent dans leurs maisons et dans leurs terres.

24 Et ainsi finit la dix-huitième année du règne des juges sur le peuple de Néphi. Et ainsi finirent les annales d'Alma, qui furent écrites sur les plaques de Néphi.

Histoire du peuple de Néphi, de ses guerres et de ses dissensions du temps d'Hélaman, selon les annales qu'Hélaman tint de son vivant.

Comprising chapters 45 through 62.

Chapitres 45 à 62.

CHAPTER 45

CHAPITRE 45

Helaman believes the words of Alma—Alma prophesies the destruction of the Nephites—He blesses and curses the land—Alma may have been taken up by the Spirit, even as Moses—Dissension grows in the Church. About 73 B.C.

Hélaman croit aux paroles d'Alma — Alma prophétise la destruction des Néphites — Il bénit et maudit le pays — Il a peut-être été enlevé par l'Esprit, tout comme Moïse — Les dissensions grandissent dans l'Église. Vers 73 av. J.-C.

1 Behold, now it came to pass that the people of Nephi were exceedingly rejoiced, because the Lord had again delivered them out of the hands of their enemies; therefore they gave thanks unto the Lord their God; yea, and they did fast much and pray much, and they did worship God with exceedingly great joy.

1 Or donc, voici, il arriva que le peuple de Néphi se réjouit extrêmement, parce que le Seigneur l'avait de nouveau délivré des mains de ses ennemis ; c'est pourquoi, ils rendirent grâces au Seigneur, leur Dieu ; oui, et ils jeûnèrentbeaucoup et prièrent beaucoup, et ils adorèrent Dieu avec une joie extrêmement grande.

2 And it came to pass in the nineteenth year of the reign of the judges over the people of Nephi, that Alma came unto his son Helaman and said unto him: Believest thou the words which I spake unto thee concerning those records which have been kept?

2 Et il arriva, la dix-neuvième année du règne des juges sur le peuple de Néphi, qu'Alma se rendit auprès de son fils Hélaman et lui dit : Crois-tu aux paroles que je t'ai dites concernant ces annales qui ont été tenues ?

3 And Helaman said unto him: Yea, I believe.

3 Et Hélaman lui dit : Oui, j'y crois.

4 And Alma said again: Believest thou in Jesus Christ, who shall come?

4 Et Alma dit encore : Crois-tu en Jésus-Christ, qui viendra ?

5 And he said: Yea, I believe all the words which thou hast spoken.

5 Et il dit : Oui, je crois à toutes les paroles que tu as dites.

6 And Alma said unto him again: Will ye keep my commandments?

6 Et Alma lui dit encore : Garderas-tu mes commandements ?

7 And he said: Yea, I will keep thy commandments with all my heart.

7 Et il dit : Oui, je garderai tes commandements de tout mon cœur.

8 Then Alma said unto him: Blessed art thou; and the Lord shall prosper thee in this land.

8 Alors Alma lui dit : Béni es-tu ; le Seigneur te fera prospérer dans ce pays.

9 But behold, I have somewhat to prophesy unto thee; but what I prophesy unto thee ye shall not make known; yea, what I prophesy unto thee shall not be made known, even until the prophecy is fulfilled; therefore write the words which I shall say.

9 Mais voici, j'ai à te prophétiser quelque peu ; mais ce que je te prophétise, tu ne le feras pas connaître ; oui, ce que je te prophétise ne sera pas révélé, et ce, pas avant que la prophétie ne soit accomplie ; c'est pourquoi, écris les paroles que je vais dire.

10 And these are the words: Behold, I perceive that this very people, the Nephites, according to the spirit of revelation which is in me, in four hundred years from the time that Jesus Christ shall manifest himself unto them, shall dwindle in unbelief.

10 Et voici les paroles. Voici, je vois que ce peuple même, les Néphites, selon l'Esprit de révélation qui est en moi, quatre cents ans après le moment où Jésus-Christ se manifestera à lui, dégénérera dans l'incrédulité.

11 Yea, and then shall they see wars and pestilences, yea, famines and bloodshed,

11 Oui, et alors il verra des guerres et des pestes, oui, des famines et des effusions de

even until the people of Nephi shall become extinct—

12 Yea, and this because they shall dwindle in unbelief and fall into the works of darkness, and lasciviousness, and all manner of iniquities; yea, I say unto you, that because they shall sin against so great light and knowledge, yea, I say unto you, that from that day, even the fourth generation shall not all pass away before this great iniquity shall come.

13 And when that great day cometh, behold, the time very soon cometh that those who are now, or the seed of those who are now numbered among the people of Nephi, shall no more be numbered among the people of Nephi.

14 But whosoever remaineth, and is not destroyed in that great and dreadful day, shall be numbered among the Lamanites, and shall become like unto them, all, save it be a few who shall be called the disciples of the Lord; and them shall the Lamanites pursue even until they shall become extinct. And now, because of iniquity, this prophecy shall be fulfilled.

15 And now it came to pass that after Alma had said these things to Helaman, he blessed him, and also his other sons; and he also blessed the earth for the righteous' sake.

16 And he said: Thus saith the Lord God— Cursed shall be the land, yea, this land, unto every nation, kindred, tongue, and people, unto destruction, which do wickedly, when they are fully ripe; and as I have said so shall it be; for this is the cursing and the blessing of God upon the land, for the Lord cannot look upon sin with the least degree of allowance.

17 And now, when Alma had said these words he blessed the church, yea, all those who should stand fast in the faith from that time henceforth.

18 And when Alma had done this he departed out of the land of Zarahemla, as if to go into the land of Melek. And it came to pass that he was never heard of more; as to his death or burial we know not of.

19 Behold, this we know, that he was a righteous man; and the saying went abroad in the church that he was taken up by the Spirit, or buried by the hand of the Lord, even as Moses. But behold, the scriptures

sang jusqu'à ce que le peuple de Néphi soit frappé d'extinction —

12 oui, et cela parce qu'ils dégénéreront dans l'incrédulité et tomberont dans les œuvres des ténèbres, et dans la lasciveté, et dans toutes sortes d'iniquités ; oui, je te dis que parce qu'ils pécheront contre une si grande lumière et une si grande connaissance, oui, je te dis qu'à partir de ce jour-là, même la quatrième génération ne passera pas avant que cette grande iniquité ne se produise.

13 Et lorsque ce grand jour viendra, voici, le temps viendra bientôt où ceux qui sont maintenant, ou la postérité de ceux qui sont maintenant comptés parmi le peuple de Néphi, ne seront plus comptés parmi le peuple de Néphi.

14 Mais quiconque demeure, et ne périt pas en ce jour grand et redoutable, sera compté parmi les Lamanites, et deviendra semblable à eux, tous sauf quelques-uns, qui seront appelés les disciples du Seigneur, et ceux-là, les Lamanites les poursuivront jusqu'à ce qu'ils soient frappés d'extinction. Et maintenant, c'est à cause de l'iniquité que cette prophétie s'accomplira.

15 Et alors, il arriva que lorsqu'il eut dit ces choses à Hélaman, Alma le bénit, et aussi ses autres fils ; et il bénit aussi la terre pour l'amour des justes.

16 Et il dit : Ainsi dit le Seigneur Dieu : Maudit sera le pays, oui, ce pays, pour toutes les nations, tribus, langues et peuples qui font le mal, pour leur destruction, lorsqu'ils seront pleinement mûrs ; et il en sera comme je l'ai dit : car telle est la malédiction et la bénédiction de Dieu sur le pays, car le Seigneur ne peut considérer le péché avec la moindre indulgence.

17 Et alors, quand il eut dit ces paroles, Alma bénit l'Église, oui, tous ceux qui, à partir de ce moment-là, demeureraient fermes dans la foi.

18 Et lorsqu'il eut fait cela, Alma quitta le pays de Zarahemla, comme pour aller au pays de Mélek. Et il arriva qu'on n'entendit plus jamais parler de lui ; nous ne savons rien de sa mort ni de son ensevelissement.

19 Voici, ce que nous savons, c'est que c'était un juste ; et le bruit se répandit dans l'Église qu'il avait été enlevé par l'Esprit, ou enseveli par la main du Seigneur, tout comme Moïse.

saith the Lord took Moses unto himself; and we suppose that he has also received Alma in the spirit, unto himself; therefore, for this cause we know nothing concerning his death and burial.

20 And now it came to pass in the commencement of the nineteenth year of the reign of the judges over the people of Nephi, that Helaman went forth among the people to declare the word unto them.

21 For behold, because of their wars with the Lamanites and the many little dissensions and disturbances which had been among the people, it became expedient that the word of God should be declared among them, yea, and that a regulation should be made throughout the church.

22 Therefore, Helaman and his brethren went forth to establish the church again in all the land, yea, in every city throughout all the land which was possessed by the people of Nephi. And it came to pass that they did appoint priests and teachers throughout all the land, over all the churches.

23 And now it came to pass that after Helaman and his brethren had appointed priests and teachers over the churches that there arose a dissension among them, and they would not give heed to the words of Helaman and his brethren;

24 But they grew proud, being lifted up in their hearts, because of their exceedingly great riches; therefore they grew rich in their own eyes, and would not give heed to their words, to walk uprightly before God.

Mais voici, les Écritures disent que le Seigneur prit Moïse à lui ; et nous pensons qu'il a aussi reçu Alma en esprit à lui ; nous ne savons donc rien de sa mort ni de son ensevelissement.

20 Et alors, il arriva, au commencement de la dix-neuvième année du règne des juges sur le peuple de Néphi, qu'Hélaman alla parmi le peuple lui annoncer la parole.

21 Car voici, à cause de leurs guerres avec les Lamanites et des nombreuses petites dissensions et des troubles qui avaient été parmi le peuple, il devenait opportun d'annoncer la parole de Dieu parmi eux, oui, et d'établir une réglementation dans toute l'Église.

22 C'est pourquoi, Hélaman et ses frères allèrent établir de nouveau l'Église dans tout le pays, oui, dans toutes les villes, dans tout le pays qui était possédé par le peuple de Néphi. Et il arriva qu'ils désignèrent des prêtres et des instructeurs dans tout le pays, sur toutes les Églises.

23 Et alors, il arriva que lorsque Hélaman et ses frères eurent désigné des prêtres et des instructeurs pour diriger les Églises, il se produisit une dissension parmi eux, et ils ne voulurent pas prêter attention aux paroles d'Hélaman et de ses frères ;

24 mais ils devinrent orgueilleux, enflés dans leur cœur à cause de leur richesse extrêmement grande ; c'est pourquoi ils devinrent riches à leurs propres yeux, et ils ne voulurent pas prêter attention à leurs paroles pour marcher en droiture devant Dieu.

CHAPTER 46

Amalickiah conspires to be king—Moroni raises the title of liberty—He rallies the people to defend their religion—True believers are called Christians—A remnant of Joseph will be preserved—Amalickiah and the dissenters flee to the land of Nephi—Those who will not support the cause of freedom are put to death. About 73–72 B.C.

1 And it came to pass that as many as would not hearken to the words of Helaman and his brethren were gathered together against their brethren.

CHAPITRE 46

Amalickiah conspire pour être roi — Moroni dresse l'étendard de la liberté — Il rallie le peuple pour que celui-ci défende sa religion — Les vrais croyants sont appelés chrétiens — Un reste de Joseph sera préservé — Amalickiah et les dissidents fuient au pays de Néphi — Ceux qui ne veulent pas soutenir la cause de la liberté sont mis à mort. Vers 73–72 av. J.-C.

1 Et il arriva que tous ceux qui ne voulurent pas écouter les paroles d'Hélaman et de ses frères furent rassemblés contre leurs frères.

2 And now behold, they were exceedingly wroth, insomuch that they were determined to slay them.

3 Now the leader of those who were wroth against their brethren was a large and a strong man; and his name was Amalickiah.

4 And Amalickiah was desirous to be a king; and those people who were wroth were also desirous that he should be their king; and they were the greater part of them the lower judges of the land, and they were seeking for power.

5 And they had been led by the flatteries of Amalickiah, that if they would support him and establish him to be their king that he would make them rulers over the people.

6 Thus they were led away by Amalickiah to dissensions, notwithstanding the preaching of Helaman and his brethren, yea, notwithstanding their exceedingly great care over the church, for they were high priests over the church.

7 And there were many in the church who believed in the flattering words of Amalickiah, therefore they dissented even from the church; and thus were the affairs of the people of Nephi exceedingly precarious and dangerous, notwithstanding their great victory which they had had over the Lamanites, and their great rejoicings which they had had because of their deliverance by the hand of the Lord.

8 Thus we see how quick the children of men do forget the Lord their God, yea, how quick to do iniquity, and to be led away by the evil one.

9 Yea, and we also see the great wickedness one very wicked man can cause to take place among the children of men.

10 Yea, we see that Amalickiah, because he was a man of cunning device and a man of many flattering words, that he led away the hearts of many people to do wickedly; yea, and to seek to destroy the church of God, and to destroy the foundation of liberty which God had granted unto them, or which blessing God had sent upon the face of the land for the righteous' sake.

11 And now it came to pass that when Moroni, who was the chief commander of the

2 Et maintenant, voici, ils étaient extrêmement furieux, à tel point qu'ils étaient décidés à les tuer.

3 Or, le chef de ceux qui étaient furieux contre leurs frères était un homme grand et fort ; et son nom était Amalickiah.

4 Et Amalickiah désirait être roi ; et ceux qui étaient furieux désiraient aussi qu'il soit leur roi, et ils étaient pour la plupart les juges inférieurs du pays, et ils cherchaient le pouvoir.

5 Et ils avaient été entraînés par les flatteries d'Amalickiah à croire que s'ils le soutenaient et faisaient de lui leur roi, il les ferait gouverneurs du peuple.

6 C'est ainsi qu'ils furent entraînés par Amalickiah à des dissensions, malgré la prédication d'Hélaman et de ses frères, oui, malgré le soin extrêmement grand avec lequel ils veillaient sur l'Église, car ils étaient grands prêtres de l'Église.

7 Et il y en eut beaucoup dans l'Église qui crurent aux paroles flatteuses d'Amalickiah ; c'est pourquoi ils entrèrent en dissidence avec l'Église ; et ainsi, les affaires du peuple de Néphi étaient extrêmement précaires et dangereuses, malgré la grande victoire qu'ils avaient remportée sur les Lamanites, et les grandes réjouissances qu'ils avaient eues, parce qu'ils avaient été délivrés par la main du Seigneur.

8 Ainsi, nous voyons comme les enfants des hommes sont prompts à oublier le Seigneur, leur Dieu, oui, comme ils sont prompts à commettre l'iniquité et à se laisser entraîner par le Malin.

9 Oui, et nous voyons aussi la grande méchanceté qu'un seul homme très méchant peut produire parmi les enfants des hommes.

10 Oui, nous voyons que, parce qu'Amalickiah était un homme aux manœuvres subtiles, et un homme aux nombreuses paroles flatteuses, il entraîna le cœur de beaucoup de gens à faire le mal ; oui, et à chercher à détruire l'Église de Dieu, et à détruire les fondements de la liberté que Dieu leur avait accordée, ou la bénédiction que Dieu avait envoyée sur la surface du pays pour l'amour des justes.

11 Et alors, il arriva que lorsque Moroni, qui était le commandant en chef des armées

armies of the Nephites, had heard of these dissensions, he was angry with Amalickiah.

12 And it came to pass that he rent his coat; and he took a piece thereof, and wrote upon it—In memory of our God, our religion, and freedom, and our peace, our wives, and our children—and he fastened it upon the end of a pole.

13 And he fastened on his head-plate, and his breastplate, and his shields, and girded on his armor about his loins; and he took the pole, which had on the end thereof his rent coat, (and he called it the title of liberty) and he bowed himself to the earth, and he prayed mightily unto his God for the blessings of liberty to rest upon his brethren, so long as there should a band of Christians remain to possess the land—

14 For thus were all the true believers of Christ, who belonged to the church of God, called by those who did not belong to the church.

15 And those who did belong to the church were faithful; yea, all those who were true believers in Christ took upon them, gladly, the name of Christ, or Christians as they were called, because of their belief in Christ who should come.

16 And therefore, at this time, Moroni prayed that the cause of the Christians, and the freedom of the land might be favored.

17 And it came to pass that when he had poured out his soul to God, he named all the land which was south of the land Desolation, yea, and in fine, all the land, both on the north and on the south—A chosen land, and the land of liberty.

18 And he said: Surely God shall not suffer that we, who are despised because we take upon us the name of Christ, shall be trodden down and destroyed, until we bring it upon us by our own transgressions.

19 And when Moroni had said these words, he went forth among the people, waving the rent part of his garment in the air, that all might see the writing which he had written upon the rent part, and crying with a loud voice, saying:

20 Behold, whosoever will maintain this title upon the land, let them come forth in the strength of the Lord, and enter into a covenant that they will maintain their rights,

des Néphites, eut entendu parler de ces dissensions, il fut en colère contre Amalickiah.

12 Et il arriva qu'il déchira son manteau ; et il en prit un morceau et écrivit dessus : En souvenir de notre Dieu, de notre religion, et de notre liberté, et de notre paix, de nos épouses, et de nos enfants — et il l'attacha au bout d'une perche.

13 Et il attacha son casque, et son plastron de cuirasse, et ses boucliers, et se ceignit de son armure ; et il prit la perche, qui avait à son extrémité son manteau déchiré (et il l'appela l'étendard de la liberté), et il se prosterna par terre, et il pria de toutes ses forces son Dieu pour que les bénédictions de la liberté reposent sur ses frères, tant qu'il resterait un groupe de chrétiens pour posséder le pays —

14 car c'est ainsi qu'étaient appelés, par ceux qui n'appartenaient pas à l'Église, tous les vrais croyants au Christ, qui appartenaient à l'Église de Dieu.

15 Et ceux qui appartenaient à l'Église étaient fidèles ; oui, tous ceux qui étaient de vrais croyants au Christ furent heureux de prendre sur eux le nom du Christ, ou de chrétiens comme on les appelait, à cause de leur croyance au Christ qui allait venir.

16 Et c'est pourquoi, à ce moment-là, Moroni pria pour que la cause des chrétiens et de la liberté du pays fût favorisée.

17 Et il arriva que lorsqu'il eut déversé son âme à Dieu, il appela tout le pays qui était au sud du pays de Désolation, oui, en bref, tout le pays, tant au nord qu'au sud, pays de choix et pays de liberté.

18 Et il dit : Assurément Dieu ne souffrira pas que nous, qui sommes méprisés parce que nous prenons sur nous le nom du Christ, soyons piétinés et détruits avant que nous n'attirions cela sur nous par nos transgressions.

19 Et lorsque Moroni eut dit ces paroles, il s'en alla parmi le peuple, agitant en l'air la partie déchirée de son vêtement, afin que tous pussent voir l'inscription qu'il avait écrite sur la partie déchirée, et criant d'une voix forte, disant :

20 Voici, quiconque veut conserver cet étendard dans le pays, qu'il s'avance avec la force du Seigneur et conclue l'alliance qu'il

and their religion, that the Lord God may bless them.

21 And it came to pass that when Moroni had proclaimed these words, behold, the people came running together with their armor girded about their loins, rending their garments in token, or as a covenant, that they would not forsake the Lord their God; or, in other words, if they should transgress the commandments of God, or fall into transgression, and be ashamed to take upon them the name of Christ, the Lord should rend them even as they had rent their garments.

22 Now this was the covenant which they made, and they cast their garments at the feet of Moroni, saying: We covenant with our God, that we shall be destroyed, even as our brethren in the land northward, if we shall fall into transgression; yea, he may cast us at the feet of our enemies, even as we have cast our garments at thy feet to be trodden under foot, if we shall fall into transgression.

23 Moroni said unto them: Behold, we are a remnant of the seed of Jacob; yea, we are a remnant of the seed of Joseph, whose coat was rent by his brethren into many pieces; yea, and now behold, let us remember to keep the commandments of God, or our garments shall be rent by our brethren, and we be cast into prison, or be sold, or be slain.

24 Yea, let us preserve our liberty as a remnant of Joseph; yea, let us remember the words of Jacob, before his death, for behold, he saw that a part of the remnant of the coat of Joseph was preserved and had not decayed. And he said—Even as this remnant of garment of my son hath been preserved, so shall a remnant of the seed of my son be preserved by the hand of God, and be taken unto himself, while the remainder of the seed of Joseph shall perish, even as the remnant of his garment.

25 Now behold, this giveth my soul sorrow; nevertheless, my soul hath joy in my son, because of that part of his seed which shall be taken unto God.

26 Now behold, this was the language of Jacob.

27 And now who knoweth but what the remnant of the seed of Joseph, which shall perish as his garment, are those who have

défendra ses droits, et sa religion, afin que le Seigneur Dieu le bénisse.

21 Et il arriva que lorsque Moroni eut proclamé ces paroles, voici, le peuple accourut, ceint de ses armures, déchirant ses vêtements en signe, ou comme alliance, qu'il n'abandonnerait pas le Seigneur, son Dieu ; ou, en d'autres termes, s'il transgressait les commandements de Dieu, ou tombait dans la transgression, et avait honte de prendre sur lui le nom du Christ, le Seigneur le déchirerait comme il avait déchiré ses vêtements.

22 Or, telle fut l'alliance qu'ils firent, et ils jetèrent leurs vêtements aux pieds de Moroni, disant : Nous faisons alliance avec notre Dieu que nous serons détruits comme nos frères dans le pays situé du côté du nord, si nous tombons dans la transgression ; oui, il peut nous jeter aux pieds de nos ennemis comme nous avons jeté nos vêtements à tes pieds pour être foulés aux pieds, si nous tombons dans la transgression.

23 Moroni leur dit : Voici, nous sommes un reste de la postérité de Jacob ; oui, nous sommes un reste de la postérité de Joseph, dont la tunique fut déchirée par ses frères en de nombreux morceaux ; oui, et maintenant, voici, souvenons-nous de garder les commandements de Dieu, ou nos vêtements seront déchirés par nos frères, et nous serons jetés en prison, ou vendus, ou tués.

24 Oui, préservons notre liberté en tant que reste de Joseph ; oui, souvenons-nous des paroles de Jacob avant sa mort, car voici, il vit qu'une partie du reste de la tunique de Joseph avait été préservée et ne s'était pas décomposée. Et il dit : Comme ce reste de vêtement de mon fils a été préservé, de même un reste de la postérité de mon fils sera préservé par la main de Dieu et sera pris en son sein, tandis que le reste de la postérité de Joseph périra, tout comme le reste de son vêtement.

25 Or, voici, cela donne de la tristesse à mon âme ; néanmoins, mon âme se réjouit de mon fils, à cause de cette partie de sa postérité qui sera prise dans le sein de Dieu.

26 Or, voici, tel fut donc le langage de Jacob.

27 Et maintenant, qui sait si le reste de la postérité de Joseph, qui périra comme ce vêtement, ne sont pas ceux qui sont entrés

dissented from us? Yea, and even it shall be ourselves if we do not stand fast in the faith of Christ.

28 And now it came to pass that when Moroni had said these words he went forth, and also sent forth in all the parts of the land where there were dissensions, and gathered together all the people who were desirous to maintain their liberty, to stand against Amalickiah and those who had dissented, who were called Amalickiahites.

29 And it came to pass that when Amalickiah saw that the people of Moroni were more numerous than the Amalickiahites— and he also saw that his people were doubtful concerning the justice of the cause in which they had undertaken—therefore, fearing that he should not gain the point, he took those of his people who would and departed into the land of Nephi.

30 Now Moroni thought it was not expedient that the Lamanites should have any more strength; therefore he thought to cut off the people of Amalickiah, or to take them and bring them back, and put Amalickiah to death; yea, for he knew that he would stir up the Lamanites to anger against them, and cause them to come to battle against them; and this he knew that Amalickiah would do that he might obtain his purposes.

31 Therefore Moroni thought it was expedient that he should take his armies, who had gathered themselves together, and armed themselves, and entered into a covenant to keep the peace—and it came to pass that he took his army and marched out with his tents into the wilderness, to cut off the course of Amalickiah in the wilderness.

32 And it came to pass that he did according to his desires, and marched forth into the wilderness, and headed the armies of Amalickiah.

33 And it came to pass that Amalickiah fled with a small number of his men, and the remainder were delivered up into the hands of Moroni and were taken back into the land of Zarahemla.

34 Now, Moroni being a man who was appointed by the chief judges and the voice of the people, therefore he had power according to his will with the armies of the Nephites, to establish and to exercise authority over them.

en dissidence avec nous ? Oui, et ce sera même nous, si nous ne demeurons pas fermes dans la foi du Christ.

28 Et alors, il arriva que lorsque Moroni eut dit ces paroles, il alla, et envoya aussi des gens dans toutes les parties du pays où il y avait des dissensions, et rassembla tous ceux qui voulaient conserver leur liberté, pour s'opposer à Amalickiah et à ceux qui étaient entrés en dissidence, qui étaient appelés Amalickiahites.

29 Et il arriva que lorsqu'Amalickiah vit que le peuple de Moroni était plus nombreux que les Amalickiahites — et il vit aussi que son peuple doutait de la justice de la cause qu'ils avaient embrassée — c'est pourquoi, craignant de ne pas atteindre son but, il prit ceux de son peuple qui voulaient le suivre et partit au pays de Néphi.

30 Or, Moroni pensa qu'il n'était pas opportun que les Lamanites eussent davantage de forces ; c'est pourquoi il pensa couper la route au peuple d'Amalickiah, ou le prendre et le ramener, et mettre Amalickiah à mort ; oui, car il savait qu'il exciterait les Lamanites à la colère contre eux, et les amènerait à leur livrer bataille ; et cela, il savait qu'Amalickiah le ferait, afin de réaliser ses desseins.

31 C'est pourquoi Moroni pensa qu'il était opportun de prendre ses armées, qui s'étaient rassemblées, et s'étaient armées, et avaient conclu l'alliance de maintenir la paix — et il arriva qu'il prit son armée et sortit avec ses tentes dans le désert, pour couper la route à Amalickiah dans le désert.

32 Et il arriva qu'il fit selon son désir et entra dans le désert, et devança les armées d'Amalickiah.

33 Et il arriva qu'Amalickiah s'enfuit avec un petit nombre de ses hommes, et le reste fut livré entre les mains de Moroni et fut ramené au pays de Zarahemla.

34 Or, Moroni, étant un homme qui avait été désigné par les principaux juges et par la voix du peuple, avait donc le pouvoir d'agir selon sa volonté avec les armées des Néphites, pour établir et pour exercer l'autorité sur elles.

35 And it came to pass that whomsoever of the Amalickiahites that would not enter into a covenant to support the cause of freedom, that they might maintain a free government, he caused to be put to death; and there were but few who denied the covenant of freedom.

36 And it came to pass also, that he caused the title of liberty to be hoisted upon every tower which was in all the land, which was possessed by the Nephites; and thus Moroni planted the standard of liberty among the Nephites.

37 And they began to have peace again in the land; and thus they did maintain peace in the land until nearly the end of the nineteenth year of the reign of the judges.

38 And Helaman and the high priests did also maintain order in the church; yea, even for the space of four years did they have much peace and rejoicing in the church.

39 And it came to pass that there were many who died, firmly believing that their souls were redeemed by the Lord Jesus Christ; thus they went out of the world rejoicing.

40 And there were some who died with fevers, which at some seasons of the year were very frequent in the land—but not so much so with fevers, because of the excellent qualities of the many plants and roots which God had prepared to remove the cause of diseases, to which men were subject by the nature of the climate—

41 But there were many who died with old age; and those who died in the faith of Christ are happy in him, as we must needs suppose.

CHAPTER 47

Amalickiah uses treachery, murder, and intrigue to become king of the Lamanites—The Nephite dissenters are more wicked and ferocious than the Lamanites. About 72 B.C.

1 Now we will return in our record to Amalickiah and those who had fled with him into the wilderness; for, behold, he had taken those who went with him, and went up in the land of Nephi among the Lamanites, and did stir up the Lamanites to anger against

35 Et il arriva que ceux des Amalickiahites qui ne voulurent pas conclure l'alliance de soutenir la cause de la liberté, afin de conserver un gouvernement libre, il les fit mettre à mort ; et il n'y en eut que peu qui renièrent l'alliance de la liberté.

36 Et il arriva aussi qu'il fit hisser l'étendard de la liberté sur toutes les tours qui étaient dans le pays que possédaient les Néphites ; et ainsi, Moroni planta l'étendard de la liberté parmi les Néphites.

37 Et ils commencèrent à avoir de nouveau la paix dans le pays ; et c'est ainsi qu'ils conservèrent la paix dans le pays presque jusqu'à la fin de la dix-neuvième année du règne des juges.

38 Et Hélaman et les grands prêtres conservèrent aussi l'ordre dans l'Église ; oui, pendant quatre ans, ils eurent beaucoup de paix et de réjouissance dans l'Église.

39 Et il arriva qu'il y en eut beaucoup qui moururent, croyant fermement que leur âme était rachetée par le Seigneur Jésus-Christ ; c'est ainsi qu'ils quittèrent le monde en se réjouissant.

40 Et il y en eut qui moururent des fièvres qui, à certaines saisons de l'année, étaient très fréquentes dans le pays — mais pas tellement des fièvres, à cause des excellentes qualités des nombreuses plantes et racines que Dieu avait préparées pour éloigner la cause des maladies auxquelles les hommes étaient sujets de par la nature du climat —

41 mais il y en eut beaucoup qui moururent de vieillesse ; et ceux qui moururent dans la foi du Christ sont heureux en lui, comme nous devons nécessairement le penser.

CHAPITRE 47

Amalickiah a recours à la traîtrise, au meurtre et à l'intrigue pour devenir roi des Lamanites — Les dissidents néphites sont plus méchants et plus féroces que les Lamanites. Vers 72 av. J.-C.

1 Nous allons maintenant revenir, dans nos annales, à Amalickiah et à ceux qui avaient fui avec lui dans le désert ; car voici, il avait emmené ceux qui étaient allés avec lui et monta au pays de Néphi parmi les Lamanites, et excita les Lamanites à la colère contre

the people of Nephi, insomuch that the king of the Lamanites sent a proclamation throughout all his land, among all his people, that they should gather themselves together again to go to battle against the Nephites.

2 And it came to pass that when the proclamation had gone forth among them they were exceedingly afraid; yea, they feared to displease the king, and they also feared to go to battle against the Nephites lest they should lose their lives. And it came to pass that they would not, or the more part of them would not, obey the commandments of the king.

3 And now it came to pass that the king was wroth because of their disobedience; therefore he gave Amalickiah the command of that part of his army which was obedient unto his commands, and commanded him that he should go forth and compel them to arms.

4 Now behold, this was the desire of Amalickiah; for he being a very subtle man to do evil therefore he laid the plan in his heart to dethrone the king of the Lamanites.

5 And now he had got the command of those parts of the Lamanites who were in favor of the king; and he sought to gain favor of those who were not obedient; therefore he went forward to the place which was called Onidah, for thither had all the Lamanites fled; for they discovered the army coming, and, supposing that they were coming to destroy them, therefore they fled to Onidah, to the place of arms.

6 And they had appointed a man to be a king and a leader over them, being fixed in their minds with a determined resolution that they would not be subjected to go against the Nephites.

7 And it came to pass that they had gathered themselves together upon the top of the mount which was called Antipas, in preparation to battle.

8 Now it was not Amalickiah's intention to give them battle according to the commandments of the king; but behold, it was his intention to gain favor with the armies of the Lamanites, that he might place himself at their head and dethrone the king and take possession of the kingdom.

le peuple de Néphi, au point que le roi des Lamanites envoya une proclamation dans tout son pays, parmi tout son peuple, qu'ils devaient se rassembler de nouveau pour aller livrer bataille aux Néphites.

2 Et il arriva que lorsque la proclamation fut allée parmi eux, ils furent extrêmement effrayés ; oui, ils craignaient de déplaire au roi, et ils craignaient aussi d'aller livrer bataille aux Néphites de peur de perdre la vie. Et il arriva qu'ils ne voulurent pas, ou que la plupart d'entre eux ne voulurent pas obéir aux commandements du roi.

3 Et alors, il arriva que le roi fut furieux à cause de leur désobéissance ; c'est pourquoi il donna à Amalickiah le commandement de cette partie de son armée qui obéissait à ses commandements et lui commanda d'aller les forcer à prendre les armes.

4 Or, voici, c'était là le désir d'Amalickiah ; car, étant un homme très subtil pour faire le mal, il avait donc conçu dans son cœur le plan de détrôner le roi des Lamanites.

5 Et il avait donc obtenu le commandement de cette partie des Lamanites qui était en faveur du roi ; et il chercha à obtenir la faveur de ceux qui n'étaient pas obéissants ; c'est pourquoi il s'en alla au lieu qui était appelé Onidah, car c'est là que les Lamanites s'étaient enfuis ; car ils avaient découvert l'arrivée de l'armée ; et, pensant qu'elle venait les détruire, alors ils s'enfuirent à Onidah, lieu des armes.

6 Et ils avaient désigné un homme pour être leur roi et leur chef, décidés, dans leur esprit, avec une ferme résolution, à ne pas se laisser obliger à aller contre les Néphites.

7 Et il arriva qu'ils s'étaient rassemblés au sommet de la montagne qui était appelée Antipas pour se préparer à la bataille.

8 Or, Amalickiah n'avait pas l'intention de leur livrer bataille, selon les commandements du roi ; mais voici, son intention était d'obtenir la faveur des armées des Lamanites, afin de se mettre à leur tête et de détrôner le roi, et de prendre possession du royaume.

9 And behold, it came to pass that he caused his army to pitch their tents in the valley which was near the mount Antipas.

10 And it came to pass that when it was night he sent a secret embassy into the mount Antipas, desiring that the leader of those who were upon the mount, whose name was Lehonti, that he should come down to the foot of the mount, for he desired to speak with him.

11 And it came to pass that when Lehonti received the message he durst not go down to the foot of the mount. And it came to pass that Amalickiah sent again the second time, desiring him to come down. And it came to pass that Lehonti would not; and he sent again the third time.

12 And it came to pass that when Amalickiah found that he could not get Lehonti to come down off from the mount, he went up into the mount, nearly to Lehonti's camp; and he sent again the fourth time his message unto Lehonti, desiring that he would come down, and that he would bring his guards with him.

13 And it came to pass that when Lehonti had come down with his guards to Amalickiah, that Amalickiah desired him to come down with his army in the night-time, and surround those men in their camps over whom the king had given him command, and that he would deliver them up into Lehonti's hands, if he would make him (Amalickiah) a second leader over the whole army.

14 And it came to pass that Lehonti came down with his men and surrounded the men of Amalickiah, so that before they awoke at the dawn of day they were surrounded by the armies of Lehonti.

15 And it came to pass that when they saw that they were surrounded, they pled with Amalickiah that he would suffer them to fall in with their brethren, that they might not be destroyed. Now this was the very thing which Amalickiah desired.

16 And it came to pass that he delivered his men, contrary to the commands of the king. Now this was the thing that Amalickiah desired, that he might accomplish his designs in dethroning the king.

9 Et voici, il arriva qu'il commanda à son armée de dresser ses tentes dans la vallée qui était près du mont Antipas.

10 Et il arriva que lorsqu'il fit nuit, il envoya une ambassade secrète sur le mont Antipas, désirant que le chef de ceux qui étaient sur la montagne, dont le nom était Léhonti, descendît au pied de la montagne, car il désirait parler avec lui.

11 Et il arriva que lorsqu'il reçut le message, Léhonti n'osa pas descendre au pied de la montagne. Et il arriva qu'Amalickiah envoya une deuxième fois quelqu'un, désirant qu'il descendît. Et il arriva que Léhonti ne voulut pas ; et il envoya de nouveau quelqu'un pour la troisième fois.

12 Et il arriva que lorsqu'il découvrit qu'il ne pouvait pas amener Léhonti à descendre de la montagne, Amalickiah monta sur la montagne, presque jusqu'au camp de Léhonti, et il envoya de nouveau, pour la quatrième fois, son message à Léhonti, désirant qu'il descendît et qu'il amenât ses gardes avec lui.

13 Et il arriva que lorsque Léhonti fut descendu avec ses gardes jusqu'à Amalickiah, Amalickiah désira qu'il descendît avec son armée durant la nuit et encerclât dans leurs camps ces hommes sur lesquels le roi lui avait donné le commandement, et il les livrerait entre les mains de Léhonti, s'il faisait de lui (Amalickiah) le chef en second de toute l'armée.

14 Et il arriva que Léhonti descendit avec ses hommes et encercla les hommes d'Amalickiah, de sorte qu'avant qu'ils ne s'éveillent à l'aube du jour, ils étaient encerclés par les armées de Léhonti.

15 Et il arriva que lorsqu'ils virent qu'ils étaient encerclés, ils supplièrent Amalickiah de les laisser se joindre à leurs frères, afin de ne pas être détruits. Or, c'était là exactement ce qu'Amalickiah désirait.

16 Et il arriva qu'il livra ses hommes, contrairement aux commandements du roi. Or, c'était ce qu'Amalickiah désirait, afin de réaliser son dessein de détrôner le roi.

17 Now it was the custom among the Lamanites, if their chief leader was killed, to appoint the second leader to be their chief leader.

18 And it came to pass that Amalickiah caused that one of his servants should administer poison by degrees to Lehonti, that he died.

19 Now, when Lehonti was dead, the Lamanites appointed Amalickiah to be their leader and their chief commander.

20 And it came to pass that Amalickiah marched with his armies (for he had gained his desires) to the land of Nephi, to the city of Nephi, which was the chief city.

21 And the king came out to meet him with his guards, for he supposed that Amalickiah had fulfilled his commands, and that Amalickiah had gathered together so great an army to go against the Nephites to battle.

22 But behold, as the king came out to meet him Amalickiah caused that his servants should go forth to meet the king. And they went and bowed themselves before the king, as if to reverence him because of his greatness.

23 And it came to pass that the king put forth his hand to raise them, as was the custom with the Lamanites, as a token of peace, which custom they had taken from the Nephites.

24 And it came to pass that when he had raised the first from the ground, behold he stabbed the king to the heart; and he fell to the earth.

25 Now the servants of the king fled; and the servants of Amalickiah raised a cry, saying:

26 Behold, the servants of the king have stabbed him to the heart, and he has fallen and they have fled; behold, come and see.

27 And it came to pass that Amalickiah commanded that his armies should march forth and see what had happened to the king; and when they had come to the spot, and found the king lying in his gore, Amalickiah pretended to be wroth, and said: Whosoever loved the king, let him go forth, and pursue his servants that they may be slain.

28 And it came to pass that all they who loved the king, when they heard these words, came forth and pursued after the servants of the king.

17 Or, il était de coutume parmi les Lamanites, si leur chef principal était tué, de nommer le chef en second comme chef principal.

18 Et il arriva qu'Amalickiah commanda à l'un de ses serviteurs d'administrer peu à peu du poison à Léhonti, de sorte qu'il mourut.

19 Alors, quand Léhonti fut mort, les Lamanites nommèrent Amalickiah pour être leur chef et leur commandant en chef.

20 Et il arriva qu'Amalickiah marcha avec ses armées (car il avait obtenu ce qu'il désirait) sur le pays de Néphi, sur la ville de Néphi, qui était la ville principale.

21 Et le roi sortit avec ses gardes à sa rencontre, car il pensait qu'Amalickiah avait accompli ses commandements et qu'Amalickiah avait rassemblé une si grande armée pour aller livrer bataille aux Néphites.

22 Mais voici, comme le roi sortait à sa rencontre, Amalickiah fit avancer ses serviteurs à la rencontre du roi. Et ils allèrent et se prosternèrent devant le roi, comme pour le révérer à cause de sa grandeur.

23 Et il arriva que le roi avança la main pour les faire lever, en signe de paix, comme il était de coutume chez les Lamanites, coutume qu'ils avaient empruntée aux Néphites.

24 Et il arriva que lorsqu'il eut fait lever le premier du sol, voici, il poignarda le roi au cœur ; et il tomba sur le sol.

25 Alors les serviteurs du roi s'enfuirent ; et les serviteurs d'Amalickiah poussèrent un cri, disant :

26 Voici, les serviteurs du roi l'ont poignardé au cœur, et il est tombé, et ils se sont enfuis ; voici, venez voir.

27 Et il arriva qu'Amalickiah commanda à ses armées de s'avancer et de voir ce qui était arrivé au roi ; et lorsqu'elles furent arrivées à l'endroit et découvrirent le roi couché dans son sang, Amalickiah fit semblant d'être furieux, et dit : Que quiconque aimait le roi s'avance et poursuive ses serviteurs, afin qu'ils soient tués.

28 Et il arriva que tous ceux qui aimaient le roi, lorsqu'ils entendirent ces paroles, s'avancèrent et poursuivirent les serviteurs du roi.

29 Now when the servants of the king saw an army pursuing after them, they were frightened again, and fled into the wilderness, and came over into the land of Zarahemla and joined the people of Ammon.

30 And the army which pursued after them returned, having pursued after them in vain; and thus Amalickiah, by his fraud, gained the hearts of the people.

31 And it came to pass on the morrow he entered the city Nephi with his armies, and took possession of the city.

32 And now it came to pass that the queen, when she had heard that the king was slain—for Amalickiah had sent an embassy to the queen informing her that the king had been slain by his servants, that he had pursued them with his army, but it was in vain, and they had made their escape—

33 Therefore, when the queen had received this message she sent unto Amalickiah, desiring him that he would spare the people of the city; and she also desired him that he should come in unto her; and she also desired him that he should bring witnesses with him to testify concerning the death of the king.

34 And it came to pass that Amalickiah took the same servant that slew the king, and all them who were with him, and went in unto the queen, unto the place where she sat; and they all testified unto her that the king was slain by his own servants; and they said also: They have fled; does not this testify against them? And thus they satisfied the queen concerning the death of the king.

35 And it came to pass that Amalickiah sought the favor of the queen, and took her unto him to wife; and thus by his fraud, and by the assistance of his cunning servants, he obtained the kingdom; yea, he was acknowledged king throughout all the land, among all the people of the Lamanites, who were composed of the Lamanites and the Lemuelites and the Ishmaelites, and all the dissenters of the Nephites, from the reign of Nephi down to the present time.

36 Now these dissenters, having the same instruction and the same information of the Nephites, yea, having been instructed in the same knowledge of the Lord, nevertheless, it is strange to relate, not long after their dissensions they became more hardened and

29 Alors, quand les serviteurs du roi virent une armée les poursuivre, ils furent de nouveau effrayés et s'enfuirent dans le désert, et passèrent au pays de Zarahemla, et se joignirent au peuple d'Ammon.

30 Et l'armée qui les poursuivait revint, les ayant poursuivis en vain ; et ainsi Amalickiah, par sa fourberie, gagna le cœur du peuple.

31 Et il arriva que, le lendemain, il entra dans la ville de Néphi avec ses armées et prit possession de la ville.

32 Et alors, il arriva que la reine, lorsqu'elle eut appris que le roi avait été tué — car Amalickiah avait envoyé une ambassade à la reine, l'informant que le roi avait été tué par ses serviteurs, qu'il les avait poursuivis avec son armée, mais que c'était en vain, et qu'ils avaient réussi à s'enfuir.

33 C'est pourquoi, lorsque la reine eut reçu ce message, elle envoya quelqu'un à Amalickiah, désirant qu'il épargnât le peuple de la ville ; et elle désira aussi qu'il vînt à elle ; et elle désira aussi qu'il amenât des témoins pour témoigner concernant la mort du roi —

34 Et il arriva qu'Amalickiah prit le même serviteur qui avait tué le roi, et tous ceux qui étaient avec lui, et entra auprès de la reine, dans le lieu où elle était assise ; et ils lui témoignèrent tous que le roi avait été tué par ses propres serviteurs ; et ils dirent aussi : Ils se sont enfuis ; cela ne témoigne-t-il pas contre eux ? Et ainsi, ils satisfirent la reine concernant la mort du roi.

35 Et il arriva qu'Amalickiah chercha la faveur de la reine et la prit pour femme ; et ainsi, par sa fourberie et avec l'aide de ses rusés serviteurs, il obtint le royaume ; oui, il fut le roi reconnu de tout le pays, parmi tout le peuple des Lamanites, qui était composé des Lamanites, et des Lémuélites, et des Ismaélites, et de tous les dissidents des Néphites, depuis le règne de Néphi jusqu'au temps présent.

36 Or, ces dissidents, qui avaient la même instruction et la même information que les Néphites, oui, qui avaient été instruits de la même connaissance du Seigneur, néanmoins, chose étrange à relater, peu de temps après leur dissidence, ils devinrent plus endurcis, et plus impénitents, et plus

impenitent, and more wild, wicked and ferocious than the Lamanites—drinking in with
the traditions of the Lamanites; giving way
to indolence, and all manner of lasciviousness; yea, entirely forgetting the Lord their
God.

CHAPTER 48

*Amalickiah incites the Lamanites against the
Nephites—Moroni prepares his people to defend
the cause of the Christians—He rejoices in liberty and freedom and is a mighty man of God.
About 72 B.C.*

1 And now it came to pass that, as soon as
Amalickiah had obtained the kingdom he
began to inspire the hearts of the Lamanites
against the people of Nephi; yea, he did appoint men to speak unto the Lamanites from
their towers, against the Nephites.

2 And thus he did inspire their hearts
against the Nephites, insomuch that in the
latter end of the nineteenth year of the reign
of the judges, he having accomplished his
designs thus far, yea, having been made
king over the Lamanites, he sought also to
reign over all the land, yea, and all the people who were in the land, the Nephites as
well as the Lamanites.

3 Therefore he had accomplished his design,
for he had hardened the hearts of the Lamanites and blinded their minds, and stirred
them up to anger, insomuch that he had
gathered together a numerous host to go to
battle against the Nephites.

4 For he was determined, because of the
greatness of the number of his people, to
overpower the Nephites and to bring them
into bondage.

5 And thus he did appoint chief captains of
the Zoramites, they being the most acquainted with the strength of the Nephites,
and their places of resort, and the weakest
parts of their cities; therefore he appointed
them to be chief captains over his armies.

6 And it came to pass that they took their
camp, and moved forth toward the land of
Zarahemla in the wilderness.

7 Now it came to pass that while Amalickiah
had thus been obtaining power by fraud and
deceit, Moroni, on the other hand, had been

sauvages, méchants et féroces que les Lamanites — s'abreuvant des traditions des
Lamanites, cédant à l'indolence et à toute
sorte de lasciveté ; oui, oubliant entièrement
le Seigneur, leur Dieu.

CHAPITRE 48

*Amalickiah excite les Lamanites contre les
Néphites — Moroni prépare son peuple à défendre la cause des chrétiens — Il se réjouit de la
liberté et est un puissant homme de Dieu. Vers 72
av. J.-C.*

1 Et alors, il arriva que dès qu'il eut obtenu
le royaume, Amalickiah commença à exciter
le cœur des Lamanites contre le peuple de
Néphi ; oui, il désigna des hommes pour
parler aux Lamanites du haut de leurs tours
contre les Néphites.

2 Et ainsi, il inspira leur cœur contre les
Néphites, au point que tout à la fin de la dix-
neuvième année du règne des juges, ayant
réalisé ses desseins jusque-là, oui, ayant été
fait roi des Lamanites, il chercha aussi à régner sur tout le pays, oui, et sur tous les
gens qui étaient dans le pays, les Néphites
aussi bien que les Lamanites.

3 Il avait donc réalisé son dessein, car il
avait endurci le cœur des Lamanites, et
aveuglé leur esprit, et les avait excités à la
colère, au point qu'il avait rassemblé une
nombreuse armée pour aller livrer bataille
aux Néphites.

4 Car il était décidé, à cause de la grandeur
du nombre de son peuple, à avoir le dessus
sur les Néphites et à les réduire en servitude.

5 Et ainsi, il nomma des capitaines en chef
parmi les Zoramites, ceux-ci étant ceux qui
connaissaient le mieux la force des Néphites,
et leurs lieux de refuge, et les parties les plus
faibles de leurs villes ; c'est pourquoi il les
nomma pour être capitaines en chef de ses
armées.

6 Et il arriva qu'ils levèrent leur camp, et se
dirigèrent vers le pays de Zarahemla dans le
désert.

7 Or, il arriva que pendant qu'Amalickiah
s'assurait ainsi le pouvoir par la fourberie et
la tromperie, Moroni, d'autre part, avait

preparing the minds of the people to be faithful unto the Lord their God.

8 Yea, he had been strengthening the armies of the Nephites, and erecting small forts, or places of resort; throwing up banks of earth round about to enclose his armies, and also building walls of stone to encircle them about, round about their cities and the borders of their lands; yea, all round about the land.

9 And in their weakest fortifications he did place the greater number of men; and thus he did fortify and strengthen the land which was possessed by the Nephites.

10 And thus he was preparing to support their liberty, their lands, their wives, and their children, and their peace, and that they might live unto the Lord their God, and that they might maintain that which was called by their enemies the cause of Christians.

11 And Moroni was a strong and a mighty man; he was a man of a perfect understanding; yea, a man that did not delight in bloodshed; a man whose soul did joy in the liberty and the freedom of his country, and his brethren from bondage and slavery;

12 Yea, a man whose heart did swell with thanksgiving to his God, for the many privileges and blessings which he bestowed upon his people; a man who did labor exceedingly for the welfare and safety of his people.

13 Yea, and he was a man who was firm in the faith of Christ, and he had sworn with an oath to defend his people, his rights, and his country, and his religion, even to the loss of his blood.

14 Now the Nephites were taught to defend themselves against their enemies, even to the shedding of blood if it were necessary; yea, and they were also taught never to give an offense, yea, and never to raise the sword except it were against an enemy, except it were to preserve their lives.

15 And this was their faith, that by so doing God would prosper them in the land, or in other words, if they were faithful in keeping the commandments of God that he would prosper them in the land; yea, warn them to flee, or to prepare for war, according to their danger;

préparé l'esprit du peuple à être fidèle au Seigneur, son Dieu.

8 Oui, il avait fortifié les armées des Néphites et érigé de petits forts, ou lieux de refuge, élevant des bancs de terre tout autour de ses armées, et construisant aussi des murailles de pierre pour les entourer, tout autour de leurs villes et des régions frontières de leurs pays, oui, tout autour du pays.

9 Et c'est dans leurs fortifications les plus faibles qu'il mit le plus grand nombre d'hommes ; et ainsi, il fortifia et renforça le pays qui était possédé par les Néphites.

10 Et ainsi, il se préparait à soutenir leur liberté, leurs terres, leurs épouses, et leurs enfants, et leur paix, et afin qu'ils vivent pour le Seigneur, leur Dieu, et qu'ils puissent défendre ce que leurs ennemis appelaient la cause des chrétiens.

11 Et Moroni était un homme fort et puissant ; c'était un homme qui avait une compréhension parfaite ; oui, un homme qui ne mettait pas ses délices dans l'effusion du sang ; un homme dont l'âme se réjouissait de voir son pays et ses frères libres et indépendants de la servitude et de l'esclavage ;

12 un homme dont le cœur se gonflait d'actions de grâces envers son Dieu pour les nombreuses garanties et les nombreuses bénédictions qu'il conférait à son peuple ; un homme qui travaillait énormément au bien-être et à la sécurité de son peuple.

13 Oui, et c'était un homme qui était ferme dans sa foi au Christ, et il avait juré avec serment de défendre son peuple, ses droits, et son pays, et sa religion, même jusqu'à la perte de son sang.

14 Or, on enseignait aux Néphites à se défendre contre leurs ennemis jusqu'à l'effusion du sang, si c'était nécessaire ; oui, et on leur enseignait aussi à ne jamais provoquer personne, oui, et à ne jamais lever l'épée, si ce n'était contre un ennemi, si ce n'était pour préserver leur vie.

15 Et c'était là leur foi que, s'ils le faisaient, Dieu les rendrait prospères dans le pays, ou, en d'autres termes, que s'ils étaient fidèles à garder les commandements de Dieu, il les rendrait prospères dans le pays, oui, les avertirait de fuir, ou de se préparer pour la guerre, en fonction du danger ;

16 And also, that God would make it known unto them whither they should go to defend themselves against their enemies, and by so doing, the Lord would deliver them; and this was the faith of Moroni, and his heart did glory in it; not in the shedding of blood but in doing good, in preserving his people, yea, in keeping the commandments of God, yea, and resisting iniquity.

17 Yea, verily, verily I say unto you, if all men had been, and were, and ever would be, like unto Moroni, behold, the very powers of hell would have been shaken forever; yea, the devil would never have power over the hearts of the children of men.

18 Behold, he was a man like unto Ammon, the son of Mosiah, yea, and even the other sons of Mosiah, yea, and also Alma and his sons, for they were all men of God.

19 Now behold, Helaman and his brethren were no less serviceable unto the people than was Moroni; for they did preach the word of God, and they did baptize unto repentance all men whosoever would hearken unto their words.

20 And thus they went forth, and the people did humble themselves because of their words, insomuch that they were highly favored of the Lord, and thus they were free from wars and contentions among themselves, yea, even for the space of four years.

21 But, as I have said, in the latter end of the nineteenth year, yea, notwithstanding their peace amongst themselves, they were compelled reluctantly to contend with their brethren, the Lamanites.

22 Yea, and in fine, their wars never did cease for the space of many years with the Lamanites, notwithstanding their much reluctance.

23 Now, they were sorry to take up arms against the Lamanites, because they did not delight in the shedding of blood; yea, and this was not all—they were sorry to be the means of sending so many of their brethren out of this world into an eternal world, unprepared to meet their God.

24 Nevertheless, they could not suffer to lay down their lives, that their wives and their children should be massacred by the barbarous cruelty of those who were once their

16 et aussi, que Dieu leur ferait savoir où ils devraient aller pour se défendre de leurs ennemis, et, ce faisant, le Seigneur les délivrerait ; et c'était là la foi de Moroni, et son cœur y mettait sa gloire ; non dans l'effusion du sang, mais à faire le bien, à préserver son peuple, oui, à garder les commandements de Dieu, oui, et à résister à l'iniquité.

17 Oui, en vérité, en vérité je vous le dis, si tous les hommes avaient été, et étaient, et devaient être un jour semblables à Moroni, voici, les puissances mêmes de l'enfer auraient été ébranlées à jamais ; oui, le diable n'aurait jamais eu de pouvoir sur le cœur des enfants des hommes.

18 Voici, c'était un homme semblable à Ammon, le fils de Mosiah, oui, et même aux autres fils de Mosiah, oui, et aussi à Alma et à ses fils, car c'étaient tous des hommes de Dieu.

19 Or, voici, Hélaman et ses frères n'étaient pas moins utiles au peuple que Moroni, car ils prêchaient la parole de Dieu et ils baptisaient en vue du repentir tous les hommes qui écoutaient leurs paroles.

20 Et ainsi, ils allaient de l'avant, et le peuple s'humiliait à cause de leurs paroles, au point qu'il était hautement favorisé par le Seigneur, et ainsi, il fut libre de guerres et de querelles intestines, oui, pendant quatre ans.

21 Mais, comme je l'ai dit, tout à la fin de la dix-neuvième année, oui, malgré leur paix entre eux, ils furent contraints, à contre-cœur, de combattre leurs frères, les Lamanites.

22 Oui, en bref, malgré leur grande répugnance, leurs guerres avec les Lamanites ne cessèrent jamais pendant de nombreuses années.

23 Or, ils étaient désolés de prendre les armes contre les Lamanites, parce qu'ils ne mettaient pas leurs délices dans l'effusion du sang ; oui, et ce n'était pas tout : ils étaient désolés d'être le moyen d'envoyer tant de leurs frères hors de ce monde dans un monde éternel, sans qu'ils fussent préparés à rencontrer leur Dieu.

24 Néanmoins, ils ne pouvaient pas souffrir de donner leur vie, parce que leurs épouses et leurs enfants seraient massacrés par la cruauté barbare de ceux qui avaient jadis été

brethren, yea, and had dissented from their church, and had left them and had gone to destroy them by joining the Lamanites.

25 Yea, they could not bear that their brethren should rejoice over the blood of the Nephites, so long as there were any who should keep the commandments of God, for the promise of the Lord was, if they should keep his commandments they should prosper in the land.

CHAPTER 49

The invading Lamanites are unable to take the fortified cities of Ammonihah and Noah— Amalickiah curses God and swears to drink the blood of Moroni—Helaman and his brethren continue to strengthen the Church. About 72 B.C.

1 And now it came to pass in the eleventh month of the nineteenth year, on the tenth day of the month, the armies of the Lamanites were seen approaching towards the land of Ammonihah.

2 And behold, the city had been rebuilt, and Moroni had stationed an army by the borders of the city, and they had cast up dirt round about to shield them from the arrows and the stones of the Lamanites; for behold, they fought with stones and with arrows.

3 Behold, I said that the city of Ammonihah had been rebuilt. I say unto you, yea, that it was in part rebuilt; and because the Lamanites had destroyed it once because of the iniquity of the people, they supposed that it would again become an easy prey for them.

4 But behold, how great was their disappointment; for behold, the Nephites had dug up a ridge of earth round about them, which was so high that the Lamanites could not cast their stones and their arrows at them that they might take effect, neither could they come upon them save it was by their place of entrance.

5 Now at this time the chief captains of the Lamanites were astonished exceedingly, because of the wisdom of the Nephites in preparing their places of security.

leurs frères, oui, et étaient entrés en dissidence avec leur Église, et les avaient quittés, et étaient partis pour les détruire en se joignant aux Lamanites.

25 Oui, ils ne pouvaient pas supporter que leurs frères se réjouissent du sang des Néphites, tant qu'il y en avait qui gardaient les commandements de Dieu, car la promesse du Seigneur était que, s'ils gardaient ses commandements, ils prospéreraient dans le pays.

CHAPITRE 49

Les envahisseurs lamanites sont incapables de prendre les villes fortifiées d'Ammonihah et de Noé — Amalickiah maudit Dieu et jure de boire le sang de Moroni — Hélaman et ses frères continuent à fortifier l'Église. Vers 72 av. J.-C.

1 Et alors, il arriva, le onzième mois de la dix-neuvième année, le dixième jour du mois, que l'on vit les armées des Lamanites approcher du pays d'Ammonihah.

2 Et voici, la ville avait été reconstruite, et Moroni avait posté une armée près des régions frontières de la ville, et ils avaient entassé de la terre alentour pour les protéger des flèches et des pierres des Lamanites ; car voici, ils se battaient avec des pierres et avec des flèches.

3 Voici, j'ai dit que la ville d'Ammonihah avait été reconstruite. Je vous le dis, oui, qu'elle était reconstruite en partie ; et parce qu'ils l'avaient détruite une fois à cause de l'iniquité du peuple, les Lamanites pensaient qu'elle deviendrait de nouveau une proie facile pour eux.

4 Mais voici, quelle ne fut pas leur déception ! Car voici, les Néphites avaient élevé tout autour d'eux un rempart de terre qui était si haut que les Lamanites ne pouvaient pas jeter leurs pierres et leurs flèches vers eux, de manière qu'elles eussent de l'effet, et ils ne pouvaient pas non plus tomber sur eux, si ce n'était par leur lieu d'entrée.

5 Alors, à ce moment-là, les capitaines en chef des Lamanites furent extrêmement étonnés de la sagesse avec laquelle les Néphites avaient préparé leurs lieux de sécurité.

6 Now the leaders of the Lamanites had supposed, because of the greatness of their numbers, yea, they supposed that they should be privileged to come upon them as they had hitherto done; yea, and they had also prepared themselves with shields, and with breastplates; and they had also prepared themselves with garments of skins, yea, very thick garments to cover their nakedness.

7 And being thus prepared they supposed that they should easily overpower and subject their brethren to the yoke of bondage, or slay and massacre them according to their pleasure.

8 But behold, to their uttermost astonishment, they were prepared for them, in a manner which never had been known among the children of Lehi. Now they were prepared for the Lamanites, to battle after the manner of the instructions of Moroni.

9 And it came to pass that the Lamanites, or the Amalickiahites, were exceedingly astonished at their manner of preparation for war.

10 Now, if king Amalickiah had come down out of the land of Nephi, at the head of his army, perhaps he would have caused the Lamanites to have attacked the Nephites at the city of Ammonihah; for behold, he did care not for the blood of his people.

11 But behold, Amalickiah did not come down himself to battle. And behold, his chief captains durst not attack the Nephites at the city of Ammonihah, for Moroni had altered the management of affairs among the Nephites, insomuch that the Lamanites were disappointed in their places of retreat and they could not come upon them.

12 Therefore they retreated into the wilderness, and took their camp and marched towards the land of Noah, supposing that to be the next best place for them to come against the Nephites.

13 For they knew not that Moroni had fortified, or had built forts of security, for every city in all the land round about; therefore, they marched forward to the land of Noah with a firm determination; yea, their chief captains came forward and took an oath that they would destroy the people of that city.

14 But behold, to their astonishment, the city of Noah, which had hitherto been a

6 Or, les chefs des Lamanites avaient pensé, à cause de la grandeur de leur nombre, oui, ils pensaient qu'ils auraient la possibilité de tomber sur eux, comme ils l'avaient fait jusqu'à présent ; oui, et ils s'étaient aussi préparés avec des boucliers et avec des plastrons de cuirasse ; et ils s'étaient aussi préparés avec des vêtements de peaux, oui, des vêtements très épais pour couvrir leur nudité.

7 Et étant ainsi préparés, ils pensaient qu'ils prendraient facilement le dessus et assujettiraient leurs frères au joug de la servitude, ou les tueraient et les massacreraient selon leur bon plaisir.

8 Mais voici, à leur extrême étonnement, ils étaient préparés à les recevoir d'une manière qu'on n'avait jamais connue parmi les enfants de Léhi. Or, ils étaient préparés à recevoir les Lamanites, à se battre à la manière des instructions de Moroni.

9 Et il arriva que les Lamanites, ou les Amalickiahites, furent extrêmement étonnés de la manière dont ils s'étaient préparés pour la guerre.

10 Or, si le roi Amalickiah était descendu du pays de Néphi, à la tête de son armée, il aurait peut-être obligé les Lamanites à attaquer les Néphites à la ville d'Ammonihah ; car voici, il ne se souciait pas du sang de son peuple.

11 Mais voici, Amalickiah ne descendit pas lui-même livrer bataille. Et voici, ses capitaines en chef n'osèrent pas attaquer les Néphites à la ville d'Ammonihah, car Moroni avait changé la conduite des affaires parmi les Néphites, au point que les Lamanites furent déçus de leurs lieux de retraite et ne purent tomber sur eux.

12 C'est pourquoi ils se retirèrent dans le désert, et prirent leur camp et marchèrent vers le pays de Noé, pensant que c'était le meilleur endroit, après Ammonihah, pour aller contre les Néphites.

13 Car ils ne savaient pas que Moroni avait fortifié, ou avait construit des forts de sécurité, pour toutes les villes du pays alentour ; c'est pourquoi, ils marchèrent sur le pays de Noé avec une ferme détermination ; oui, leurs capitaines en chef s'avancèrent et firent serment qu'ils détruiraient le peuple de cette ville.

14 Mais voici, à leur étonnement, la ville de Noé, qui avait été jusqu'alors un lieu faible,

weak place, had now, by the means of Moroni, become strong, yea, even to exceed the strength of the city Ammonihah.

15 And now, behold, this was wisdom in Moroni; for he had supposed that they would be frightened at the city Ammonihah; and as the city of Noah had hitherto been the weakest part of the land, therefore they would march thither to battle; and thus it was according to his desires.

16 And behold, Moroni had appointed Lehi to be chief captain over the men of that city; and it was that same Lehi who fought with the Lamanites in the valley on the east of the river Sidon.

17 And now behold it came to pass, that when the Lamanites had found that Lehi commanded the city they were again disappointed, for they feared Lehi exceedingly; nevertheless their chief captains had sworn with an oath to attack the city; therefore, they brought up their armies.

18 Now behold, the Lamanites could not get into their forts of security by any other way save by the entrance, because of the highness of the bank which had been thrown up, and the depth of the ditch which had been dug round about, save it were by the entrance.

19 And thus were the Nephites prepared to destroy all such as should attempt to climb up to enter the fort by any other way, by casting over stones and arrows at them.

20 Thus they were prepared, yea, a body of their strongest men, with their swords and their slings, to smite down all who should attempt to come into their place of security by the place of entrance; and thus were they prepared to defend themselves against the Lamanites.

21 And it came to pass that the captains of the Lamanites brought up their armies before the place of entrance, and began to contend with the Nephites, to get into their place of security; but behold, they were driven back from time to time, insomuch that they were slain with an immense slaughter.

22 Now when they found that they could not obtain power over the Nephites by the pass, they began to dig down their banks of earth that they might obtain a pass to their

était maintenant, par les soins de Moroni, devenue forte, oui, même au point de dépasser la force de la ville d'Ammonihah.

15 Et maintenant, voici, Moroni avait jugé sage de faire cela ; car il pensait qu'ils seraient effrayés devant la ville d'Ammonihah ; et comme la ville de Noé avait été jusqu'alors la partie la plus faible du pays, alors ils marcheraient sur elle pour livrer bataille ; et il en fut ainsi, selon son désir.

16 Et voici, Moroni avait désigné Léhi pour être capitaine en chef des hommes de cette ville ; et c'était ce même Léhi qui avait combattu les Lamanites dans la vallée à l'est du fleuve Sidon.

17 Et maintenant, voici, il arriva que lorsque les Lamanites eurent découvert que Léhi commandait la ville, ils furent de nouveau déçus, car ils craignaient extrêmement Léhi ; néanmoins, leurs capitaines en chef avaient juré avec serment d'attaquer la ville ; c'est pourquoi ils firent avancer leurs armées.

18 Or, voici, les Lamanites ne pouvaient entrer dans leurs forts de sécurité par aucun autre chemin que l'entrée, à cause de la hauteur du talus qui avait été élevé et de la profondeur du fossé qui avait été creusé tout autour si ce n'était à l'entrée.

19 Et c'est ainsi que les Néphites étaient préparés à détruire tous ceux qui tenteraient de grimper pour entrer dans le fort par un autre chemin, en leur jetant par-dessus des pierres et des flèches.

20 Ainsi, ils étaient préparés, oui, un corps de leurs hommes les plus forts, avec leurs épées et leurs frondes, à abattre tous ceux qui tenteraient d'entrer dans leur lieu de sécurité par le lieu de l'entrée ; et ainsi, ils étaient préparés à se défendre contre les Lamanites.

21 Et il arriva que les capitaines des Lamanites amenèrent leurs armées devant le lieu de l'entrée et commencèrent à combattre les Néphites, pour entrer dans leur lieu de sécurité ; mais voici, ils furent repoussés à chaque fois, au point qu'ils furent tués en un immense massacre.

22 Alors, quand ils découvrirent qu'ils ne pouvaient l'emporter sur les Néphites par le passage, ils commencèrent à abattre leurs talus de terre, afin d'ouvrir un passage à

armies, that they might have an equal chance to fight; but behold, in these attempts they were swept off by the stones and arrows which were thrown at them; and instead of filling up their ditches by pulling down the banks of earth, they were filled up in a measure with their dead and wounded bodies.

23 Thus the Nephites had all power over their enemies; and thus the Lamanites did attempt to destroy the Nephites until their chief captains were all slain; yea, and more than a thousand of the Lamanites were slain; while, on the other hand, there was not a single soul of the Nephites which was slain.

24 There were about fifty who were wounded, who had been exposed to the arrows of the Lamanites through the pass, but they were shielded by their shields, and their breastplates, and their head-plates, insomuch that their wounds were upon their legs, many of which were very severe.

25 And it came to pass, that when the Lamanites saw that their chief captains were all slain they fled into the wilderness. And it came to pass that they returned to the land of Nephi, to inform their king, Amalickiah, who was a Nephite by birth, concerning their great loss.

26 And it came to pass that he was exceedingly angry with his people, because he had not obtained his desire over the Nephites; he had not subjected them to the yoke of bondage.

27 Yea, he was exceedingly wroth, and he did curse God, and also Moroni, swearing with an oath that he would drink his blood; and this because Moroni had kept the commandments of God in preparing for the safety of his people.

28 And it came to pass, that on the other hand, the people of Nephi did thank the Lord their God, because of his matchless power in delivering them from the hands of their enemies.

29 And thus ended the nineteenth year of the reign of the judges over the people of Nephi.

30 Yea, and there was continual peace among them, and exceedingly great prosperity in the church because of their heed and diligence which they gave unto the

leurs armées, afin d'avoir une chance égale de se battre ; mais voici, dans ces tentatives, ils furent balayés par les pierres et les flèches qui leur étaient lancées ; et au lieu de remplir leurs fossés en y faisant tomber les bancs de terre, ils les remplirent dans une certaine mesure de leurs cadavres et de leurs blessés.

23 Ainsi, les Néphites avaient tout pouvoir sur leurs ennemis ; et ainsi, les Lamanites essayèrent de détruire les Néphites jusqu'à ce que leurs capitaines en chef fussent tous tués ; oui, et plus d'un millier de Lamanites furent tués ; tandis que, d'autre part, il n'y eut pas une seule âme d'entre les Néphites qui fut tuée.

24 Il y en eut environ cinquante qui furent blessés, qui avaient été exposés aux flèches des Lamanites dans le passage, mais ils étaient protégés par leurs boucliers, et leurs plastrons de cuirasse, et leurs casques, de sorte qu'ils avaient leurs blessures aux jambes, et beaucoup d'entre elles étaient très graves.

25 Et il arriva que lorsque les Lamanites virent que leurs capitaines en chef étaient tous tués, ils s'enfuirent dans le désert. Et il arriva qu'ils retournèrent au pays de Néphi, pour informer leur roi, Amalickiah, qui était Néphite de naissance, de leur grande perte.

26 Et il arriva qu'il fut extrêmement en colère contre son peuple, parce qu'il n'avait pas obtenu ce qu'il désirait au sujet des Néphites ; il ne les avait pas assujettis au joug de la servitude.

27 Oui, il était extrêmement furieux, et il maudit Dieu, et aussi Moroni, jurant avec serment qu'il boirait son sang ; et cela parce que Moroni avait gardé les commandements de Dieu en se préparant pour la sécurité de son peuple.

28 Et il arriva que, d'autre part, le peuple de Néphi remercia le Seigneur, son Dieu, à cause du pouvoir incomparable avec lequel il l'avait délivré des mains de ses ennemis.

29 Et ainsi finit la dix-neuvième année du règne des juges sur le peuple de Néphi.

30 Oui, et il y eut une paix continuelle parmi eux, et une prospérité extrêmement grande dans l'Église, à cause de l'attention et de la diligence qu'ils apportaient à la parole de

word of God, which was declared unto them by Helaman, and Shiblon, and Corianton, and Ammon and his brethren, yea, and by all those who had been ordained by the holy order of God, being baptized unto repentance, and sent forth to preach among the people.

Dieu, qui leur était annoncée par Hélaman, et Shiblon, et Corianton, et Ammon, et ses frères, oui, et par tous ceux qui avaient été ordonnés par le saint ordre de Dieu, étant baptisés en vue du repentir et envoyés prêcher parmi le peuple.

CHAPTER 50

CHAPITRE 50

Moroni fortifies the lands of the Nephites— They build many new cities—Wars and destructions befell the Nephites in the days of their wickedness and abominations—Morianton and his dissenters are defeated by Teancum—Nephihah dies, and his son Pahoran fills the judgment seat. About 72–67 B.C.

Moroni fortifie les pays des Néphites — Ils construisent beaucoup de villes — Des guerres et des destructions s'abattaient sur les Néphites aux jours de leur méchanceté et de leurs abominations — Morianton et ses dissidents sont battus par Téancum — Néphihah meurt et son fils Pahoran occupe le siège du jugement. Vers 72–67 av. J.-C.

1 And now it came to pass that Moroni did not stop making preparations for war, or to defend his people against the Lamanites; for he caused that his armies should commence in the commencement of the twentieth year of the reign of the judges, that they should commence in digging up heaps of earth round about all the cities, throughout all the land which was possessed by the Nephites.

1 Et alors, il arriva que Moroni ne cessa pas de faire des préparatifs de guerre, ou de défendre son peuple contre les Lamanites ; car au commencement de la vingtième année du règne des juges, il fit entreprendre, par ses armées, l'élévation de monceaux de terre tout autour de toutes les villes, dans tout le pays que possédaient les Néphites.

2 And upon the top of these ridges of earth he caused that there should be timbers, yea, works of timbers built up to the height of a man, round about the cities.

2 Et sur le sommet de ces bancs de terre, il fit mettre des bois de construction, oui, des ouvrages en bois de construction dressés jusqu'à hauteur d'homme, tout autour des villes.

3 And he caused that upon those works of timbers there should be a frame of pickets built upon the timbers round about; and they were strong and high.

3 Et sur ces ouvrages en bois de construction, il fit dresser une structure de piquets sur les bois de construction, alentour ; et ils étaient forts et hauts.

4 And he caused towers to be erected that overlooked those works of pickets, and he caused places of security to be built upon those towers, that the stones and the arrows of the Lamanites could not hurt them.

4 Et il fit ériger des tours qui dominaient ces ouvrages de piquets, et il fit construire des lieux de sécurité sur ces tours, de sorte que les pierres et les flèches des Lamanites ne pouvaient pas les blesser.

5 And they were prepared that they could cast stones from the top thereof, according to their pleasure and their strength, and slay him who should attempt to approach near the walls of the city.

5 Et elles étaient préparées de manière qu'ils pussent jeter des pierres de leur sommet, selon leur plaisir et leur force, et tuer quiconque tentait d'approcher des murs de la ville.

6 Thus Moroni did prepare strongholds against the coming of their enemies, round about every city in all the land.

6 Ainsi, Moroni prépara, tout autour de toutes les villes de tout le pays, des places fortes, en prévision de la venue de leurs ennemis.

7 And it came to pass that Moroni caused that his armies should go forth into the east

7 Et il arriva que Moroni fit avancer ses armées dans le désert de l'est ; oui, et elles

wilderness; yea, and they went forth and drove all the Lamanites who were in the east wilderness into their own lands, which were south of the land of Zarahemla.

8 And the land of Nephi did run in a straight course from the east sea to the west.

9 And it came to pass that when Moroni had driven all the Lamanites out of the east wilderness, which was north of the lands of their own possessions, he caused that the inhabitants who were in the land of Zarahemla and in the land round about should go forth into the east wilderness, even to the borders by the seashore, and possess the land.

10 And he also placed armies on the south, in the borders of their possessions, and caused them to erect fortifications that they might secure their armies and their people from the hands of their enemies.

11 And thus he cut off all the strongholds of the Lamanites in the east wilderness, yea, and also on the west, fortifying the line between the Nephites and the Lamanites, between the land of Zarahemla and the land of Nephi, from the west sea, running by the head of the river Sidon—the Nephites possessing all the land northward, yea, even all the land which was northward of the land Bountiful, according to their pleasure.

12 Thus Moroni, with his armies, which did increase daily because of the assurance of protection which his works did bring forth unto them, did seek to cut off the strength and the power of the Lamanites from off the lands of their possessions, that they should have no power upon the lands of their possession.

13 And it came to pass that the Nephites began the foundation of a city, and they called the name of the city Moroni; and it was by the east sea; and it was on the south by the line of the possessions of the Lamanites.

14 And they also began a foundation for a city between the city of Moroni and the city of Aaron, joining the borders of Aaron and Moroni; and they called the name of the city, or the land, Nephihah.

15 And they also began in that same year to build many cities on the north, one in a particular manner which they called Lehi, which was in the north by the borders of the seashore.

s'avancèrent et chassèrent tous les Lamanites qui étaient dans le désert de l'est, jusque dans leur propre pays, qui était au sud du pays de Zarahemla.

8 Et le pays de Néphi s'étendait en ligne droite de la mer de l'est à l'ouest.

9 Et il arriva que lorsqu'il eut chassé tous les Lamanites du désert de l'est, qui était au nord des terres de leurs possessions, Moroni commanda aux habitants qui étaient au pays de Zarahemla et dans le pays alentour d'aller dans le désert de l'est, dans les régions frontières près du bord de la mer, et de posséder le pays.

10 Et il plaça aussi des armées au sud, dans les régions frontières de leurs possessions, et leur fit ériger des fortifications afin de protéger leurs armées et leur peuple des mains de leurs ennemis.

11 Et ainsi, il isola toutes les places fortes des Lamanites dans le désert de l'est, oui, et aussi à l'ouest, fortifiant la ligne entre les Néphites et les Lamanites, entre le pays de Zarahemla et le pays de Néphi, depuis la mer de l'ouest en passant par la source du fleuve Sidon — les Néphites possédant tout le pays situé du côté du nord, oui, tout le pays qui était situé du côté du nord par rapport au pays d'Abondance, selon leur bon plaisir.

12 Ainsi, Moroni, avec ses armées, qui augmentaient quotidiennement à cause de l'assurance de protection que ses ouvrages leur apportaient, cherchait à éliminer la force et la puissance des Lamanites des pays de leurs possessions, afin qu'ils n'eussent aucun pouvoir sur les pays de leur possession.

13 Et il arriva que les Néphites commencèrent la fondation d'une ville, et ils appelèrent la ville du nom de Moroni ; et elle était près de la mer de l'est ; et elle était au sud près de la ligne des possessions des Lamanites.

14 Et ils commencèrent aussi la fondation d'une ville entre la ville de Moroni et la ville d'Aaron, unissant les régions frontières d'Aaron et de Moroni ; et ils appelèrent la ville, ou le pays, du nom de Néphihah.

15 Et ils commencèrent aussi, cette même année, à construire beaucoup de villes au nord, l'une d'une manière particulière, qu'ils appelèrent Léhi, qui était au nord, près des régions frontières du bord de la mer.

16 And thus ended the twentieth year.

17 And in these prosperous circumstances were the people of Nephi in the commencement of the twenty and first year of the reign of the judges over the people of Nephi.

18 And they did prosper exceedingly, and they became exceedingly rich; yea, and they did multiply and wax strong in the land.

19 And thus we see how merciful and just are all the dealings of the Lord, to the fulfilling of all his words unto the children of men; yea, we can behold that his words are verified, even at this time, which he spake unto Lehi, saying:

20 Blessed art thou and thy children; and they shall be blessed, inasmuch as they shall keep my commandments they shall prosper in the land. But remember, inasmuch as they will not keep my commandments they shall be cut off from the presence of the Lord.

21 And we see that these promises have been verified to the people of Nephi; for it has been their quarrelings and their contentions, yea, their murderings, and their plunderings, their idolatry, their whoredoms, and their abominations, which were among themselves, which brought upon them their wars and their destructions.

22 And those who were faithful in keeping the commandments of the Lord were delivered at all times, whilst thousands of their wicked brethren have been consigned to bondage, or to perish by the sword, or to dwindle in unbelief, and mingle with the Lamanites.

23 But behold there never was a happier time among the people of Nephi, since the days of Nephi, than in the days of Moroni, yea, even at this time, in the twenty and first year of the reign of the judges.

24 And it came to pass that the twenty and second year of the reign of the judges also ended in peace; yea, and also the twenty and third year.

25 And it came to pass that in the commencement of the twenty and fourth year of the reign of the judges, there would also have been peace among the people of Nephi had it not been for a contention which took place among them concerning the land of Lehi, and the land of Morianton, which

16 Et ainsi finit la vingtième année.

17 Et c'est dans cette situation prospère qu'était le peuple de Néphi au commencement de la vingt et unième année du règne des juges sur le peuple de Néphi.

18 Et ils prospérèrent extrêmement, et ils devinrent extrêmement riches ; oui, et ils se multiplièrent et devinrent forts dans le pays.

19 Et ainsi, nous voyons à quel point toutes les manières d'agir du Seigneur sont miséricordieuses et justes, au point d'accomplir toutes ses paroles à l'égard des enfants des hommes ; oui, nous pouvons voir que se confirment, même encore maintenant, les paroles qu'il adressa à Léhi, disant :

20 Bénis êtes-vous, toi et tes enfants ; et ils seront bénis ; s'ils gardent mes commandements, ils prospéreront dans le pays. Mais souviens-toi : s'ils ne gardent pas mes commandements, ils seront retranchés de la présence du Seigneur.

21 Et nous voyons que ces promesses se sont confirmées pour le peuple de Néphi ; car ce furent leurs querelles et leurs conflits, oui, leurs meurtres, et leurs pillages, leur idolâtrie, leurs fornications, et les abominations qui existaient parmi eux, qui attirèrent sur eux leurs guerres et leurs destructions.

22 Et ceux qui étaient fidèles à garder les commandements du Seigneur furent délivrés en tout temps, alors que des milliers de leurs frères méchants étaient condamnés à la servitude, ou à périr par l'épée, ou à dégénérer dans l'incrédulité et à se mêler aux Lamanites.

23 Mais voici, il n'y a jamais eu d'époque plus heureuse parmi le peuple de Néphi, depuis les jours de Néphi, que du temps de Moroni, oui, à cette époque, la vingt et unième année du règne des juges.

24 Et il arriva que la vingt-deuxième année du règne des juges finit aussi dans la paix ; oui, et aussi la vingt-troisième année.

25 Et il arriva qu'au commencement de la vingt-quatrième année du règne des juges, il y aurait eu aussi la paix parmi le peuple de Néphi, si une querelle ne s'était pas produite entre eux concernant le pays de Léhi et le pays de Morianton, qui touchait aux régions frontières de Léhi ; les deux se trouvant

joined upon the borders of Lehi; both of which were on the borders by the seashore.

26 For behold, the people who possessed the land of Morianton did claim a part of the land of Lehi; therefore there began to be a warm contention between them, insomuch that the people of Morianton took up arms against their brethren, and they were determined by the sword to slay them.

27 But behold, the people who possessed the land of Lehi fled to the camp of Moroni, and appealed unto him for assistance; for behold they were not in the wrong.

28 And it came to pass that when the people of Morianton, who were led by a man whose name was Morianton, found that the people of Lehi had fled to the camp of Moroni, they were exceedingly fearful lest the army of Moroni should come upon them and destroy them.

29 Therefore, Morianton put it into their hearts that they should flee to the land which was northward, which was covered with large bodies of water, and take possession of the land which was northward.

30 And behold, they would have carried this plan into effect, (which would have been a cause to have been lamented) but behold, Morianton being a man of much passion, therefore he was angry with one of his maid servants, and he fell upon her and beat her much.

31 And it came to pass that she fled, and came over to the camp of Moroni, and told Moroni all things concerning the matter, and also concerning their intentions to flee into the land northward.

32 Now behold, the people who were in the land Bountiful, or rather Moroni, feared that they would hearken to the words of Morianton and unite with his people, and thus he would obtain possession of those parts of the land, which would lay a foundation for serious consequences among the people of Nephi, yea, which consequences would lead to the overthrow of their liberty.

33 Therefore Moroni sent an army, with their camp, to head the people of Morianton, to stop their flight into the land northward.

34 And it came to pass that they did not head them until they had come to the borders of the land Desolation; and there they

dans les régions frontières près du bord de la mer.

26 Car voici, le peuple qui possédait le pays de Morianton réclamait une partie du pays de Léhi ; c'est pourquoi, il commença à y avoir une vive querelle entre eux, au point que le peuple de Morianton prit les armes contre ses frères et qu'il était décidé à les tuer par l'épée.

27 Mais voici, le peuple qui possédait le pays de Léhi s'enfuit dans le camp de Moroni et fit appel à son aide ; car voici, il n'était pas dans son tort.

28 Et il arriva que lorsque le peuple de Morianton, qui était dirigé par un homme dont le nom était Morianton, constata que le peuple de Léhi s'était enfui dans le camp de Moroni, il fut dans une crainte extrême que l'armée de Moroni ne vînt contre lui et ne le détruisît.

29 C'est pourquoi, Morianton leur mit dans le cœur de fuir au pays qui était situé du côté du nord, qui était couvert de grandes étendues d'eau, et de prendre possession du pays qui était situé du côté du nord.

30 Et voici, ils auraient mis ce plan à exécution (ce qui aurait été une situation déplorable), si Morianton, homme très irascible, ne s'était pas mis en colère contre une de ses servantes, et ne s'était jeté sur elle et ne l'avait beaucoup battue.

31 Et il arriva qu'elle s'enfuit, et passa dans le camp de Moroni, et raconta à Moroni tout ce qui avait trait à l'affaire, et aussi ce qui avait trait à leur intention de fuir dans le pays situé du côté du nord.

32 Or, voici, le peuple qui était au pays d'Abondance, ou plutôt Moroni, craignit qu'ils n'écoutent les paroles de Morianton et ne s'unissent à son peuple, et ainsi, il obtiendrait la possession de ces parties du pays, ce qui créerait une situation lourde de conséquences parmi le peuple de Néphi, oui, conséquences qui conduiraient au renversement de leur liberté.

33 C'est pourquoi Moroni envoya une armée, avec son camp, devancer le peuple de Morianton pour arrêter sa fuite dans le pays situé du côté du nord.

34 Et il arriva qu'ils ne les devancèrent que lorsqu'ils furent arrivés dans les régions frontières du pays de Désolation ; et là ils les

did head them, by the narrow pass which led by the sea into the land northward, yea, by the sea, on the west and on the east.

35 And it came to pass that the army which was sent by Moroni, which was led by a man whose name was Teancum, did meet the people of Morianton; and so stubborn were the people of Morianton, (being inspired by his wickedness and his flattering words) that a battle commenced between them, in the which Teancum did slay Morianton and defeat his army, and took them prisoners, and returned to the camp of Moroni. And thus ended the twenty and fourth year of the reign of the judges over the people of Nephi.

36 And thus were the people of Morianton brought back. And upon their covenanting to keep the peace they were restored to the land of Morianton, and a union took place between them and the people of Lehi; and they were also restored to their lands.

37 And it came to pass that in the same year that the people of Nephi had peace restored unto them, that Nephihah, the second chief judge, died, having filled the judgment-seat with perfect uprightness before God.

38 Nevertheless, he had refused Alma to take possession of those records and those things which were esteemed by Alma and his fathers to be most sacred; therefore Alma had conferred them upon his son, Helaman.

39 Behold, it came to pass that the son of Nephihah was appointed to fill the judgment-seat, in the stead of his father; yea, he was appointed chief judge and governor over the people, with an oath and sacred ordinance to judge righteously, and to keep the peace and the freedom of the people, and to grant unto them their sacred privileges to worship the Lord their God, yea, to support and maintain the cause of God all his days, and to bring the wicked to justice according to their crime.

40 Now behold, his name was Pahoran. And Pahoran did fill the seat of his father, and did commence his reign in the end of the twenty and fourth year, over the people of Nephi.

devancèrent, près du passage étroit qui menait près de la mer jusque dans le pays situé du côté du nord, oui, près de la mer, à l'ouest et à l'est.

35 Et il arriva que l'armée qui fut envoyée par Moroni, qui était dirigée par un homme dont le nom était Téancum, rencontra le peuple de Morianton ; et le peuple de Morianton était si obstiné (car il était inspiré par sa méchanceté et ses paroles flatteuses), qu'une bataille s'engagea entre eux, dans laquelle Téancum tua Morianton et battit son armée, et la fit prisonnière, et revint au camp de Moroni. Et ainsi finit la vingt-quatrième année du règne des juges sur le peuple de Néphi.

36 Et ainsi, le peuple de Morianton fut ramené. Et lorsqu'il eut fait alliance de respecter la paix, il fut rétabli dans le pays de Morianton, et une union eut lieu entre lui et le peuple de Léhi ; et il fut aussi rétabli dans ses terres.

37 Et il arriva que la même année où le peuple de Néphi retrouva la paix, Néphihah, le deuxième grand juge, mourut, ayant occupé le siège du jugement avec une droiture parfaite devant Dieu.

38 Néanmoins, il avait refusé à Alma de prendre possession de ces annales et des choses qu'Alma et ses pères estimaient être très sacrées ; c'est pourquoi, Alma les avait confiées à son fils, Hélaman.

39 Voici, il arriva que le fils de Néphihah fut nommé pour occuper le siège du jugement à la place de son père ; oui, il fut nommé grand juge et gouverneur du peuple, avec le serment et l'ordonnance sacrée de juger en justice, et de garder la paix et la liberté du peuple, et de lui assurer ses garanties sacrées d'adorer le Seigneur, son Dieu, oui, de soutenir et de défendre la cause de Dieu toute sa vie, et de faire comparaître les méchants devant la justice, selon leur crime.

40 Or, voici, son nom était Pahoran. Et Pahoran occupa le siège de son père et commença, à la fin de la vingt-quatrième année, son règne sur le peuple de Néphi.

CHAPTER 51   CHAPITRE 51

The king-men seek to change the law and set up a king—Pahoran and the freemen are supported by the voice of the people—Moroni compels the king-men to defend their country or be put to death—Amalickiah and the Lamanites capture many fortified cities—Teancum repels the Lamanite invasion and slays Amalickiah in his tent. About 67–66 B.C.

Les hommes-du-roi cherchent à changer la loi et à installer un roi — Pahoran et les hommes-libres sont soutenus par la voix du peuple — Moroni oblige les hommes-du-roi à défendre leur pays sous peine de mort — Amalickiah et les Lamanites s'emparent de beaucoup de villes fortifiées — Téancum repousse l'invasion lamanite et tue Amalickiah dans sa tente. Vers 67–66 av. J.-C.

1 And now it came to pass in the commencement of the twenty and fifth year of the reign of the judges over the people of Nephi, they having established peace between the people of Lehi and the people of Morianton concerning their lands, and having commenced the twenty and fifth year in peace;

2 Nevertheless, they did not long maintain an entire peace in the land, for there began to be a contention among the people concerning the chief judge Pahoran; for behold, there were a part of the people who desired that a few particular points of the law should be altered.

3 But behold, Pahoran would not alter nor suffer the law to be altered; therefore, he did not hearken to those who had sent in their voices with their petitions concerning the altering of the law.

4 Therefore, those who were desirous that the law should be altered were angry with him, and desired that he should no longer be chief judge over the land; therefore there arose a warm dispute concerning the matter, but not unto bloodshed.

5 And it came to pass that those who were desirous that Pahoran should be dethroned from the judgment-seat were called king-men, for they were desirous that the law should be altered in a manner to overthrow the free government and to establish a king over the land.

6 And those who were desirous that Pahoran should remain chief judge over the land took upon them the name of freemen; and thus was the division among them, for the freemen had sworn or covenanted to maintain their rights and the privileges of their religion by a free government.

7 And it came to pass that this matter of their contention was settled by the voice of

1 Et alors, il arriva, au commencement de la vingt-cinquième année du règne des juges sur le peuple de Néphi, que ceux-ci avaient fait régner la paix entre le peuple de Léhi et le peuple de Morianton concernant leurs terres, et avaient commencé la vingt-cinquième année dans la paix ;

2 néanmoins, ils ne conservèrent pas longtemps une paix entière dans le pays, car il commença à y avoir une querelle parmi le peuple concernant le grand juge Pahoran ; car voici, il y avait une partie du peuple qui désirait que l'on changeât un petit nombre de points particuliers de la loi.

3 Mais voici, Pahoran ne voulut pas changer ni permettre que l'on changeât la loi ; il n'écouta donc pas ceux qui avaient envoyé leur voix avec leur pétition pour le changement de la loi.

4 C'est pourquoi ceux qui voulaient que la loi fût changée furent en colère contre lui et désirèrent qu'il ne fût plus le grand juge du pays ; c'est pourquoi, il se produisit une vive dispute à ce sujet, mais sans aller jusqu'à l'effusion du sang.

5 Et il arriva que ceux qui voulaient que Pahoran fût détrôné du siège du jugement furent appelés hommes-du-roi, car ils étaient désireux de voir la loi changée de manière à renverser le gouvernement libre et à établir un roi sur le pays.

6 Et ceux qui voulaient que Pahoran demeurât grand juge du pays prirent sur eux le nom d'hommes-libres ; et c'est ainsi qu'il y eut une division parmi eux, car les hommes-libres avaient juré ou fait alliance de défendre leurs droits et les garanties de leur religion par un gouvernement libre.

7 Et il arriva que le sujet de leur querelle fut réglé par la voix du peuple. Et il arriva que

the people. And it came to pass that the voice of the people came in favor of the free-men, and Pahoran retained the judgment-seat, which caused much rejoicing among the brethren of Pahoran and also many of the people of liberty, who also put the king-men to silence, that they durst not oppose but were obliged to maintain the cause of freedom.

8 Now those who were in favor of kings were those of high birth, and they sought to be kings; and they were supported by those who sought power and authority over the people.

9 But behold, this was a critical time for such contentions to be among the people of Nephi; for behold, Amalickiah had again stirred up the hearts of the people of the Lamanites against the people of the Ne-phites, and he was gathering together sol-diers from all parts of his land, and arming them, and preparing for war with all dili-gence; for he had sworn to drink the blood of Moroni.

10 But behold, we shall see that his promise which he made was rash; nevertheless, he did prepare himself and his armies to come to battle against the Nephites.

11 Now his armies were not so great as they had hitherto been, because of the many thousands who had been slain by the hand of the Nephites; but notwithstanding their great loss, Amalickiah had gathered to-gether a wonderfully great army, insomuch that he feared not to come down to the land of Zarahemla.

12 Yea, even Amalickiah did himself come down, at the head of the Lamanites. And it was in the twenty and fifth year of the reign of the judges; and it was at the same time that they had begun to settle the affairs of their contentions concerning the chief judge, Pahoran.

13 And it came to pass that when the men who were called king-men had heard that the Lamanites were coming down to battle against them, they were glad in their hearts; and they refused to take up arms, for they were so wroth with the chief judge, and also with the people of liberty, that they would not take up arms to defend their country.

14 And it came to pass that when Moroni saw this, and also saw that the Lamanites

la voix du peuple se prononça en faveur des hommes-libres, et Pahoran conserva le siège du jugement, ce qui causa beaucoup de ré-jouissance parmi les frères de Pahoran et aussi chez beaucoup d'entre le peuple de la liberté, qui réduisirent aussi les hommes-du-roi au silence, de sorte qu'ils n'osèrent pas s'opposer, mais furent obligés de dé-fendre la cause de la liberté.

8 Or, ceux qui étaient en faveur des rois étaient des gens de haute naissance, et ils cherchaient à être rois ; et ils étaient soutenus par ceux qui cherchaient le pou-voir et l'autorité sur le peuple.

9 Mais voici, de telles dissensions parmi le peuple de Néphi survenaient à une époque fort critique ; car voici, Amalickiah avait de nouveau excité le cœur du peuple des Lam-anites contre le peuple des Néphites, et il rassemblait des soldats de toutes les parties de son pays, et les armait, et se préparait en toute diligence pour la guerre ; car il avait juré de boire le sang de Moroni.

10 Mais voici, nous verrons que la promesse qu'il fit là était téméraire ; néanmoins, il se prépara, lui et ses armées, à livrer bataille aux Néphites.

11 Or, ses armées n'étaient pas aussi grandes qu'elles l'avaient été jusqu'à pré-sent, à cause des nombreux milliers qui avaient été tués de la main des Néphites ; mais malgré leurs grandes pertes, Amalick-iah avait rassemblé une armée étonnam-ment grande, au point qu'il ne craignait pas de descendre au pays de Zarahemla.

12 Oui, Amalickiah alla jusqu'à descendre lui-même à la tête des Lamanites. Et c'était la vingt-cinquième année du règne des juges ; et c'était au même moment où ils avaient commencé à régler les affaires de leurs querelles concernant le grand juge Pa-horan.

13 Et il arriva que lorsque les hommes qui étaient appelés hommes-du-roi apprirent que les Lamanites descendaient leur livrer bataille, ils se réjouirent dans leur cœur ; et ils refusèrent de prendre les armes, car ils étaient si furieux contre le grand juge, et aussi contre le peuple de la liberté, qu'ils ne voulurent pas prendre les armes pour dé-fendre leur pays.

14 Et il arriva que lorsque Moroni vit cela et vit aussi que les Lamanites entraient dans

were coming into the borders of the land, he was exceedingly wroth because of the stubbornness of those people whom he had labored with so much diligence to preserve; yea, he was exceedingly wroth; his soul was filled with anger against them.

15 And it came to pass that he sent a petition, with the voice of the people, unto the governor of the land, desiring that he should read it, and give him (Moroni) power to compel those dissenters to defend their country or to put them to death.

16 For it was his first care to put an end to such contentions and dissensions among the people; for behold, this had been hitherto a cause of all their destruction. And it came to pass that it was granted according to the voice of the people.

17 And it came to pass that Moroni commanded that his army should go against those king-men, to pull down their pride and their nobility and level them with the earth, or they should take up arms and support the cause of liberty.

18 And it came to pass that the armies did march forth against them; and they did pull down their pride and their nobility, insomuch that as they did lift their weapons of war to fight against the men of Moroni they were hewn down and leveled to the earth.

19 And it came to pass that there were four thousand of those dissenters who were hewn down by the sword; and those of their leaders who were not slain in battle were taken and cast into prison, for there was no time for their trials at this period.

20 And the remainder of those dissenters, rather than be smitten down to the earth by the sword, yielded to the standard of liberty, and were compelled to hoist the title of liberty upon their towers, and in their cities, and to take up arms in defence of their country.

21 And thus Moroni put an end to those king-men, that there were not any known by the appellation of king-men; and thus he put an end to the stubbornness and the pride of those people who professed the blood of nobility; but they were brought down to humble themselves like unto their brethren, and to fight valiantly for their freedom from bondage.

22 Behold, it came to pass that while Moroni was thus breaking down the wars and

les régions frontières du pays, il fut extrêmement furieux à cause de l'obstination de ces gens qu'il avait travaillé à protéger avec tant de diligence ; oui, il fut extrêmement furieux ; son âme était remplie de colère contre eux.

15 Et il arriva qu'il envoya une pétition, avec la voix du peuple, au gouverneur du pays, désirant qu'il la lût, et lui donnât (à lui, Moroni), le pouvoir d'obliger ces dissidents à défendre leur pays sous peine de mort.

16 Car son premier souci était de mettre fin à de telles querelles et à de telles dissensions parmi le peuple ; car voici, elles avaient été jusqu'alors la cause de toute leur destruction. Et il arriva que cela fut accordé, selon la voix du peuple.

17 Et il arriva que Moroni commanda à son armée d'aller contre ces hommes-du-roi, pour abattre leur orgueil et leur noblesse et les abaisser jusqu'à terre, ou alors ils devaient prendre les armes et soutenir la cause de la liberté.

18 Et il arriva que les armées marchèrent contre eux ; et elles abattirent leur orgueil et leur noblesse, de sorte que lorsqu'ils levèrent leurs armes de guerre pour combattre les hommes de Moroni, ils furent abattus et abaissés jusqu'à terre.

19 Et il arriva qu'il y eut quatre mille de ces dissidents qui furent abattus par l'épée ; et ceux de leurs chefs qui ne furent pas tués à la bataille furent pris et jetés en prison, car on n'avait pas le temps de les juger à ce moment-là.

20 Et le reste de ces dissidents, plutôt que d'être abattus sur le sol par l'épée, cédèrent à l'étendard de la liberté et furent forcés de hisser l'étendard de la liberté sur leurs tours et dans leurs villes et de prendre les armes pour défendre leur pays.

21 Et ainsi, Moroni mit fin à ces hommes-du-roi, de sorte que l'on n'en connut plus sous l'appellation hommes-du-roi ; et ainsi, il mit fin à l'obstination et à l'orgueil de ces gens qui professaient avoir le sang de la noblesse ; mais ils furent contraints à s'humilier comme leurs frères et à combattre vaillamment pour être libérés de la servitude.

22 Voici, il arriva que pendant que Moroni brisait ainsi les guerres et les querelles

contentions among his own people, and subjecting them to peace and civilization, and making regulations to prepare for war against the Lamanites, behold, the Lamanites had come into the land of Moroni, which was in the borders by the seashore.

23 And it came to pass that the Nephites were not sufficiently strong in the city of Moroni; therefore Amalickiah did drive them, slaying many. And it came to pass that Amalickiah took possession of the city, yea, possession of all their fortifications.

24 And those who fled out of the city of Moroni came to the city of Nephihah; and also the people of the city of Lehi gathered themselves together, and made preparations and were ready to receive the Lamanites to battle.

25 But it came to pass that Amalickiah would not suffer the Lamanites to go against the city of Nephihah to battle, but kept them down by the seashore, leaving men in every city to maintain and defend it.

26 And thus he went on, taking possession of many cities, the city of Nephihah, and the city of Lehi, and the city of Morianton, and the city of Omner, and the city of Gid, and the city of Mulek, all of which were on the east borders by the seashore.

27 And thus had the Lamanites obtained, by the cunning of Amalickiah, so many cities, by their numberless hosts, all of which were strongly fortified after the manner of the fortifications of Moroni; all of which afforded strongholds for the Lamanites.

28 And it came to pass that they marched to the borders of the land Bountiful, driving the Nephites before them and slaying many.

29 But it came to pass that they were met by Teancum, who had slain Morianton and had headed his people in his flight.

30 And it came to pass that he headed Amalickiah also, as he was marching forth with his numerous army that he might take possession of the land Bountiful, and also the land northward.

31 But behold he met with a disappointment by being repulsed by Teancum and his men, for they were great warriors; for every man

parmi son peuple, et lui imposait la paix et la civilisation, et faisait des règlements pour se préparer à la guerre contre les Lamanites, voici, les Lamanites étaient entrés au pays de Moroni, qui était dans les régions frontières près du bord de la mer.

23 Et il arriva que les Néphites n'étaient pas suffisamment forts dans la ville de Moroni ; c'est pourquoi Amalickiah les chassa, en en tuant beaucoup. Et il arriva qu'Amalickiah prit possession de la ville, oui, possession de toutes leurs fortifications.

24 Et ceux qui s'enfuirent de la ville de Moroni vinrent à la ville de Néphihah ; et le peuple de la ville de Léhi se rassembla aussi, et fit des préparatifs, et était prêt à recevoir les Lamanites à la bataille.

25 Mais il arriva qu'Amalickiah ne voulut pas que les Lamanites aillent livrer bataille à la ville de Néphihah, mais les garda en bas, près du bord de la mer, laissant des hommes dans toutes les villes pour les conserver et les défendre.

26 Et ainsi, il continua, prenant possession de beaucoup de villes, la ville de Néphihah, et la ville de Léhi, et la ville de Morianton, et la ville d'Omner, et la ville de Gid, et la ville de Mulek, qui étaient toutes dans les régions frontières de l'est, près du bord de la mer.

27 Et ainsi, les Lamanites avaient obtenu, par la ruse d'Amalickiah, par leurs armées innombrables, tant de villes, qui toutes étaient considérablement fortifiées à la manière des fortifications de Moroni ; et toutes offraient des places fortes aux Lamanites.

28 Et il arriva qu'ils marchèrent sur les régions frontières du pays d'Abondance, repoussant les Néphites devant eux et en tuant beaucoup.

29 Mais il arriva qu'ils rencontrèrent Téancum, qui avait tué Morianton et avait devancé son peuple dans sa fuite.

30 Et il arriva qu'il devança Amalickiah aussi, tandis que celui-ci avançait avec sa nombreuse armée pour prendre possession du pays d'Abondance et aussi du pays situé du côté du nord.

31 Mais voici, il eut la déception de se voir repoussé par Téancum et ses hommes, car c'étaient de grands guerriers ; car tous les

of Teancum did exceed the Lamanites in their strength and in their skill of war, insomuch that they did gain advantage over the Lamanites.

32 And it came to pass that they did harass them, insomuch that they did slay them even until it was dark. And it came to pass that Teancum and his men did pitch their tents in the borders of the land Bountiful; and Amalickiah did pitch his tents in the borders on the beach by the seashore, and after this manner were they driven.

33 And it came to pass that when the night had come, Teancum and his servant stole forth and went out by night, and went into the camp of Amalickiah; and behold, sleep had overpowered them because of their much fatigue, which was caused by the labors and heat of the day.

34 And it came to pass that Teancum stole privily into the tent of the king, and put a javelin to his heart; and he did cause the death of the king immediately that he did not awake his servants.

35 And he returned again privily to his own camp, and behold, his men were asleep, and he awoke them and told them all the things that he had done.

36 And he caused that his armies should stand in readiness, lest the Lamanites had awakened and should come upon them.

37 And thus endeth the twenty and fifth year of the reign of the judges over the people of Nephi; and thus endeth the days of Amalickiah.

CHAPTER 52

Ammoron succeeds Amalickiah as king of the Lamanites—Moroni, Teancum, and Lehi lead the Nephites in a victorious war against the Lamanites—The city of Mulek is retaken, and Jacob the Zoramite is slain. About 66–64 B.C.

1 And now, it came to pass in the twenty and sixth year of the reign of the judges over the people of Nephi, behold, when the Lamanites awoke on the first morning of the first month, behold, they found Amalickiah was dead in his own tent; and they also saw that Teancum was ready to give them battle on that day.

hommes de Téancum dépassaient les Lamanites dans leur force et dans leur habileté à la guerre, de sorte qu'ils prirent l'avantage sur les Lamanites.

32 Et il arriva qu'ils les harcelèrent, de sorte qu'ils les tuèrent jusqu'à la nuit. Et il arriva que Téancum et ses hommes dressèrent leurs tentes dans les régions frontières du pays d'Abondance ; et Amalickiah dressa ses tentes dans les régions frontières sur la plage près du bord de la mer, et c'est de cette manière qu'ils furent chassés.

33 Et il arriva que lorsque la nuit fut venue, Téancum et son serviteur s'avancèrent silencieusement et sortirent de nuit, et entrèrent dans le camp d'Amalickiah ; et voici, le sommeil les avait écrasés du fait de leur grande fatigue, qui était causée par les travaux et la chaleur du jour.

34 Et il arriva que Téancum se glissa secrètement dans la tente du roi et lui enfonça un javelot dans le cœur ; et il causa immédiatement la mort du roi, de sorte qu'il n'éveilla pas ses serviteurs.

35 Et il retourna en secret dans son propre camp, et voici, ses hommes étaient endormis, et il les éveilla et leur dit tout ce qu'il avait fait.

36 Et il commanda à ses armées de se tenir prêtes, de peur que les Lamanites ne se soient éveillés et ne viennent contre eux.

37 Et ainsi finit la vingt-cinquième année du règne des juges sur le peuple de Néphi ; et ainsi finirent les jours d'Amalickiah.

CHAPITRE 52

Ammoron succède à Amalickiah comme roi des Lamanites — Moroni, Téancum et Léhi mènent les Néphites dans une guerre victorieuse contre les Lamanites — La ville de Mulek est reprise, et Jacob le Zoramite est tué. Vers 66–64 av. J.-C.

1 Et alors, voici, il arriva, la vingt-sixième année du règne des juges sur le peuple de Néphi, que lorsque les Lamanites s'éveillèrent, le premier matin du premier mois, voici, ils trouvèrent Amalickiah mort dans sa tente ; et ils virent aussi que Téancum était prêt à leur livrer bataille ce jour-là.

2 And now, when the Lamanites saw this they were affrighted; and they abandoned their design in marching into the land northward, and retreated with all their army into the city of Mulek, and sought protection in their fortifications.

3 And it came to pass that the brother of Amalickiah was appointed king over the people; and his name was Ammoron; thus king Ammoron, the brother of king Amalickiah, was appointed to reign in his stead.

4 And it came to pass that he did command that his people should maintain those cities, which they had taken by the shedding of blood; for they had not taken any cities save they had lost much blood.

5 And now, Teancum saw that the Lamanites were determined to maintain those cities which they had taken, and those parts of the land which they had obtained possession of; and also seeing the enormity of their number, Teancum thought it was not expedient that he should attempt to attack them in their forts.

6 But he kept his men round about, as if making preparations for war; yea, and truly he was preparing to defend himself against them, by casting up walls round about and preparing places of resort.

7 And it came to pass that he kept thus preparing for war until Moroni had sent a large number of men to strengthen his army.

8 And Moroni also sent orders unto him that he should retain all the prisoners who fell into his hands; for as the Lamanites had taken many prisoners, that he should retain all the prisoners of the Lamanites as a ransom for those whom the Lamanites had taken.

9 And he also sent orders unto him that he should fortify the land Bountiful, and secure the narrow pass which led into the land northward, lest the Lamanites should obtain that point and should have power to harass them on every side.

10 And Moroni also sent unto him, desiring him that he would be faithful in maintaining that quarter of the land, and that he would seek every opportunity to scourge the Lamanites in that quarter, as much as was in his power, that perhaps he might take again by stratagem or some other way those cities which had been taken out of their hands; and

2 Et alors, quand les Lamanites virent cela, ils furent terrifiés ; et ils abandonnèrent leur dessein de marcher jusqu'au pays situé du côté du nord, et se retirèrent avec toute leur armée dans la ville de Mulek, et cherchèrent protection dans leurs fortifications.

3 Et il arriva que le frère d'Amalickiah fut désigné comme roi du peuple ; et son nom était Ammoron ; ainsi, le roi Ammoron, frère du roi Amalickiah, fut désigné pour régner à sa place.

4 Et il arriva qu'il commanda à son peuple de conserver ces villes qu'ils avaient prises par l'effusion du sang ; car ils n'avaient pris aucune ville sans avoir perdu beaucoup de sang.

5 Et alors, Téancum vit que les Lamanites étaient décidés à conserver les villes qu'ils avaient prises et les parties du pays dont ils avaient pris possession ; et voyant aussi l'immensité de leur nombre, Téancum pensa qu'il n'était pas opportun d'essayer de les attaquer dans leurs forts.

6 Mais il garda ses hommes alentour, comme s'ils faisaient des préparatifs de guerre ; oui, et il se préparait, en vérité, à se défendre contre eux, en dressant des murs alentour et en préparant des lieux de refuge.

7 Et il arriva qu'il continua ainsi à se préparer pour la guerre jusqu'à ce que Moroni eût envoyé un grand nombre d'hommes pour renforcer son armée.

8 Et Moroni lui envoya aussi l'ordre de garder tous les prisonniers qui lui tombaient entre les mains ; car, les Lamanites ayant fait beaucoup de prisonniers, il devait retenir tous les prisonniers lamanites en rançon pour ceux que les Lamanites avaient pris.

9 Et il lui envoya aussi l'ordre de fortifier le pays d'Abondance et de s'assurer le passage étroit qui menait au pays situé du côté du nord, de peur que les Lamanites ne s'emparent de ce point-là et n'aient le pouvoir de les harceler de toutes parts.

10 Et Moroni envoya aussi des gens vers lui, désirant qu'il fût fidèle à défendre cette région du pays et qu'il cherchât toutes les occasions de harceler les Lamanites dans cette région, dans la mesure où c'était en son pouvoir, afin de pouvoir peut-être reprendre par stratagème ou d'une autre manière les villes qui leur avaient été enlevées des mains ; et

that he also would fortify and strengthen the cities round about, which had not fallen into the hands of the Lamanites.

11 And he also said unto him, I would come unto you, but behold, the Lamanites are upon us in the borders of the land by the west sea; and behold, I go against them, therefore I cannot come unto you.

12 Now, the king (Ammoron) had departed out of the land of Zarahemla, and had made known unto the queen concerning the death of his brother, and had gathered together a large number of men, and had marched forth against the Nephites on the borders by the west sea.

13 And thus he was endeavoring to harass the Nephites, and to draw away a part of their forces to that part of the land, while he had commanded those whom he had left to possess the cities which he had taken, that they should also harass the Nephites on the borders by the east sea, and should take possession of their lands as much as it was in their power, according to the power of their armies.

14 And thus were the Nephites in those dangerous circumstances in the ending of the twenty and sixth year of the reign of the judges over the people of Nephi.

15 But behold, it came to pass in the twenty and seventh year of the reign of the judges, that Teancum, by the command of Moroni—who had established armies to protect the south and the west borders of the land, and had begun his march towards the land Bountiful, that he might assist Teancum with his men in retaking the cities which they had lost—

16 And it came to pass that Teancum had received orders to make an attack upon the city of Mulek, and retake it if it were possible.

17 And it came to pass that Teancum made preparations to make an attack upon the city of Mulek, and march forth with his army against the Lamanites; but he saw that it was impossible that he could overpower them while they were in their fortifications; therefore he abandoned his designs and returned again to the city Bountiful, to wait for the coming of Moroni, that he might receive strength to his army.

18 And it came to pass that Moroni did arrive with his army at the land of Bountiful,

qu'il fortifiât et renforçât aussi les villes alentour qui n'étaient pas tombées entre les mains des Lamanites.

11 Et il lui dit aussi : Je serais bien venu, mais voici, les Lamanites tombent sur nous dans les régions frontières du pays près de la mer de l'ouest ; et voici, je vais contre eux ; c'est pourquoi je ne peux pas venir vers toi.

12 Or, le roi (Ammoron) était parti du pays de Zarahemla, et avait informé la reine de la mort de son frère, et avait rassemblé un grand nombre d'hommes, et avait marché contre les Néphites sur les régions frontières près de la mer de l'ouest.

13 Et il s'efforçait ainsi de harceler les Néphites et d'entraîner une partie de leurs forces vers cette partie du pays, alors qu'il avait commandé à ceux qu'il avait laissés pour posséder les villes qu'il avait prises, de harceler également les Néphites sur les régions frontières de la mer de l'est et de prendre possession de leurs pays dans la mesure où c'était en leur pouvoir, selon la puissance de leurs armées.

14 Et ainsi, les Néphites étaient dans cette situation dangereuse à la fin de la vingt-sixième année du règne des juges sur le peuple de Néphi.

15 Mais voici, il arriva, la vingt-septième année du règne des juges, que Téancum, sur l'ordre de Moroni — qui avait établi des armées pour protéger les régions frontières sud et ouest du pays, et avait commencé sa marche vers le pays d'Abondance, afin d'aider Téancum, avec ses hommes, à reprendre les villes qu'ils avaient perdues —

16 et il arriva que Téancum avait reçu l'ordre de lancer une attaque contre la ville de Mulek et de la reprendre, si c'était possible.

17 Et il arriva que Téancum fit des préparatifs pour lancer une attaque contre la ville de Mulek et marcher avec son armée contre les Lamanites ; mais il vit qu'il était impossible d'avoir le dessus sur eux pendant qu'ils étaient dans leurs fortifications ; c'est pourquoi, il abandonna ses desseins et retourna à la ville d'Abondance pour attendre la venue de Moroni, afin de recevoir des renforts pour son armée.

18 Et il arriva que Moroni arriva avec son armée au pays d'Abondance, tout à la fin de

in the latter end of the twenty and seventh year of the reign of the judges over the people of Nephi.

19 And in the commencement of the twenty and eighth year, Moroni and Teancum and many of the chief captains held a council of war—what they should do to cause the Lamanites to come out against them to battle; or that they might by some means flatter them out of their strongholds, that they might gain advantage over them and take again the city of Mulek.

20 And it came to pass they sent embassies to the army of the Lamanites, which protected the city of Mulek, to their leader, whose name was Jacob, desiring him that he would come out with his armies to meet them upon the plains between the two cities. But behold, Jacob, who was a Zoramite, would not come out with his army to meet them upon the plains.

21 And it came to pass that Moroni, having no hopes of meeting them upon fair grounds, therefore, he resolved upon a plan that he might decoy the Lamanites out of their strongholds.

22 Therefore he caused that Teancum should take a small number of men and march down near the seashore; and Moroni and his army, by night, marched in the wilderness, on the west of the city Mulek; and thus, on the morrow, when the guards of the Lamanites had discovered Teancum, they ran and told it unto Jacob, their leader.

23 And it came to pass that the armies of the Lamanites did march forth against Teancum, supposing by their numbers to overpower Teancum because of the smallness of his numbers. And as Teancum saw the armies of the Lamanites coming out against him he began to retreat down by the seashore, northward.

24 And it came to pass that when the Lamanites saw that he began to flee, they took courage and pursued them with vigor. And while Teancum was thus leading away the Lamanites who were pursuing them in vain, behold, Moroni commanded that a part of his army who were with him should march forth into the city, and take possession of it.

25 And thus they did, and slew all those who had been left to protect the city, yea, all

la vingt-septième année du règne des juges sur le peuple de Néphi.

19 Et au commencement de la vingt-huitième année, Moroni, et Téancum, et un grand nombre de capitaines en chef tinrent un conseil de guerre pour savoir ce qu'ils feraient pour amener les Lamanites à sortir pour leur livrer bataille ; ou s'ils pouvaient trouver le moyen de les faire sortir, par la ruse, de leurs places fortes, afin d'obtenir l'avantage sur eux et de reprendre la ville de Mulek.

20 Et il arriva qu'ils envoyèrent des ambassades à l'armée des Lamanites, qui protégeait la ville de Mulek, à leur chef, dont le nom était Jacob, lui demandant de sortir avec ses armées les rencontrer dans les plaines entre les deux villes. Mais voici, Jacob, qui était Zoramite, ne voulut pas sortir avec son armée les rencontrer dans les plaines.

21 Et il arriva que Moroni, n'ayant aucun espoir de les rencontrer sur un pied d'égalité, décida donc d'un plan pour leurrer les Lamanites et les faire sortir de leurs places fortes.

22 C'est pourquoi, il commanda à Téancum de prendre un petit nombre d'hommes et de descendre près du bord de la mer ; et Moroni et son armée marchèrent dans le désert, la nuit, à l'ouest de la ville de Mulek ; et ainsi, le matin, lorsque les gardes des Lamanites eurent découvert Téancum, ils coururent le dire à Jacob, leur chef.

23 Et il arriva que les armées des Lamanites marchèrent contre Téancum, pensant que, par leur nombre, ils pourraient avoir le dessus sur Téancum, à cause de la petitesse du nombre de ses hommes. Et lorsque Téancum vit les armées des Lamanites sortir contre lui, il commença à se retirer en descendant près du bord de la mer, vers le nord.

24 Et il arriva que lorsque les Lamanites virent qu'il commençait à fuir, ils prirent courage et le poursuivirent avec vigueur. Et pendant que Téancum éloignait ainsi les Lamanites, qui le poursuivaient en vain, voici, Moroni commanda qu'une partie de son armée qui était avec lui entrât dans la ville et en prît possession.

25 Et c'est ce qu'ils firent, et ils tuèrent tous ceux qui avaient été laissés pour protéger la

those who would not yield up their weapons of war.

26 And thus Moroni had obtained possession of the city Mulek with a part of his army, while he marched with the remainder to meet the Lamanites when they should return from the pursuit of Teancum.

27 And it came to pass that the Lamanites did pursue Teancum until they came near the city Bountiful, and then they were met by Lehi and a small army, which had been left to protect the city Bountiful.

28 And now behold, when the chief captains of the Lamanites had beheld Lehi with his army coming against them, they fled in much confusion, lest perhaps they should not obtain the city Mulek before Lehi should overtake them; for they were wearied because of their march, and the men of Lehi were fresh.

29 Now the Lamanites did not know that Moroni had been in their rear with his army; and all they feared was Lehi and his men.

30 Now Lehi was not desirous to overtake them till they should meet Moroni and his army.

31 And it came to pass that before the Lamanites had retreated far they were surrounded by the Nephites, by the men of Moroni on one hand, and the men of Lehi on the other, all of whom were fresh and full of strength; but the Lamanites were wearied because of their long march.

32 And Moroni commanded his men that they should fall upon them until they had given up their weapons of war.

33 And it came to pass that Jacob, being their leader, being also a Zoramite, and having an unconquerable spirit, he led the Lamanites forth to battle with exceeding fury against Moroni.

34 Moroni being in their course of march, therefore Jacob was determined to slay them and cut his way through to the city of Mulek. But behold, Moroni and his men were more powerful; therefore they did not give way before the Lamanites.

35 And it came to pass that they fought on both hands with exceeding fury; and there were many slain on both sides; yea, and Moroni was wounded and Jacob was killed.

ville, oui, tous ceux qui ne voulurent pas livrer leurs armes de guerre.

26 Et ainsi, Moroni avait pris possession de la ville de Mulek avec une partie de son armée, tandis qu'il marchait avec le reste pour rencontrer les Lamanites, lorsqu'ils reviendraient de leur poursuite de Téancum.

27 Et il arriva que les Lamanites poursuivirent Téancum jusqu'à ce qu'ils arrivent près de la ville d'Abondance, et à ce moment-là, ils rencontrèrent Léhi et une petite armée, qui avait été laissée pour protéger la ville d'Abondance.

28 Et alors, voici, lorsqu'ils virent Léhi venir contre eux avec son armée, les capitaines en chef des Lamanites s'enfuirent dans une grande confusion, craignant de ne pas parvenir à la ville de Mulek avant que Léhi ne les eût rattrapés ; car ils étaient fatigués à cause de leur marche, et les hommes de Léhi étaient frais.

29 Or, les Lamanites ne savaient pas que Moroni était sur leurs arrières avec son armée ; et tout ce qu'ils craignaient, c'était Léhi et ses hommes.

30 Or, Léhi ne souhaitait pas les rattraper avant qu'ils eussent rencontré Moroni et son armée.

31 Et il arriva qu'avant que les Lamanites ne fussent allés loin dans leur retraite, ils furent encerclés par les Néphites, par les hommes de Moroni d'un côté et les hommes de Léhi de l'autre, qui tous étaient frais et pleins de force ; mais les Lamanites étaient fatigués à cause de leur longue marche.

32 Et Moroni commanda à ses hommes de tomber sur eux jusqu'à ce qu'ils eussent livré leurs armes de guerre.

33 Et il arriva que Jacob, qui était leur chef, et était aussi Zoramite, et avait un caractère indomptable, conduisit les Lamanites à la bataille avec une colère extrême contre Moroni.

34 Moroni se trouvant sur leur chemin, Jacob était décidé à les tuer et à se frayer un chemin jusqu'à la ville de Mulek. Mais voici, Moroni et ses hommes étaient plus forts ; c'est pourquoi ils ne cédèrent pas devant les Lamanites.

35 Et il arriva qu'ils combattirent de part et d'autre avec une furie extrême ; et il y eut beaucoup de tués des deux côtés ; oui, et Moroni fut blessé et Jacob fut tué.

36 And Lehi pressed upon their rear with such fury with his strong men, that the Lamanites in the rear delivered up their weapons of war; and the remainder of them, being much confused, knew not whither to go or to strike.

37 Now Moroni seeing their confusion, he said unto them: If ye will bring forth your weapons of war and deliver them up, behold we will forbear shedding your blood.

38 And it came to pass that when the Lamanites had heard these words, their chief captains, all those who were not slain, came forth and threw down their weapons of war at the feet of Moroni, and also commanded their men that they should do the same.

39 But behold, there were many that would not; and those who would not deliver up their swords were taken and bound, and their weapons of war were taken from them, and they were compelled to march with their brethren forth into the land Bountiful.

40 And now the number of prisoners who were taken exceeded more than the number of those who had been slain, yea, more than those who had been slain on both sides.

CHAPTER 53

The Lamanite prisoners are used to fortify the city Bountiful—Dissensions among the Nephites give rise to Lamanite victories—Helaman takes command of the two thousand stripling sons of the people of Ammon. About 64–63 B.C.

1 And it came to pass that they did set guards over the prisoners of the Lamanites, and did compel them to go forth and bury their dead, yea, and also the dead of the Nephites who were slain; and Moroni placed men over them to guard them while they should perform their labors.

2 And Moroni went to the city of Mulek with Lehi, and took command of the city and gave it unto Lehi. Now behold, this Lehi was a man who had been with Moroni in the more part of all his battles; and he was a man like unto Moroni, and they rejoiced in each other's safety; yea, they were beloved by each other, and also beloved by all the people of Nephi.

36 Et Léhi les pressait sur leurs arrières avec une telle furie avec ses hommes puissants, que les Lamanites à l'arrière déposèrent leurs armes de guerre ; et le reste d'entre eux, tout à fait dans la confusion, ne savait où aller ni où frapper.

37 Alors, Moroni, voyant leur confusion, leur dit : Si vous apportez vos armes de guerre et les déposez, voici, nous nous abstiendrons de verser votre sang.

38 Et il arriva que lorsque les Lamanites eurent entendu ces paroles, leurs capitaines en chef, tous ceux qui n'avaient pas été tués, s'avancèrent et jetèrent leurs armes de guerre aux pieds de Moroni, et commandèrent aussi à leurs hommes de faire de même.

39 Mais voici, il y en eut beaucoup qui ne voulurent pas ; et ceux qui ne voulurent pas déposer leurs épées furent pris et liés, et leurs armes de guerre leur furent enlevées, et ils furent forcés de marcher avec leurs frères jusqu'au pays d'Abondance.

40 Et maintenant, le nombre de prisonniers qui fut fait dépassait le nombre de ceux qui avaient été tués, oui, de ceux qui avaient été tués de part et d'autre.

CHAPITRE 53

Les prisonniers lamanites sont utilisés pour fortifier la ville d'Abondance — Les dissensions parmi les Néphites donnent lieu à des victoires lamanites — Hélaman prend le commandement des deux mille jeunes fils du peuple d'Ammon. Vers 64–63 av. J.-C.

1 Et il arriva qu'ils mirent des gardes sur les prisonniers lamanites et les forcèrent à aller enterrer leurs morts, oui, et aussi les morts des Néphites qui avaient été tués ; et Moroni plaça des hommes pour les garder pendant qu'ils accomplissaient leurs travaux.

2 Et Moroni alla à la ville de Mulek avec Léhi, et prit le commandement de la ville et le donna à Léhi. Or, voici, ce Léhi était un homme qui avait été avec Moroni dans la plupart de ses batailles ; et c'était un homme semblable à Moroni, et chacun se réjouissait de la sécurité de l'autre ; oui, ils s'aimaient et étaient aussi aimés de tout le peuple de Néphi.

3 And it came to pass that after the Lamanites had finished burying their dead and also the dead of the Nephites, they were marched back into the land Bountiful; and Teancum, by the orders of Moroni, caused that they should commence laboring in digging a ditch round about the land, or the city, Bountiful.

4 And he caused that they should build a breastwork of timbers upon the inner bank of the ditch; and they cast up dirt out of the ditch against the breastwork of timbers; and thus they did cause the Lamanites to labor until they had encircled the city of Bountiful round about with a strong wall of timbers and earth, to an exceeding height.

5 And this city became an exceeding stronghold ever after; and in this city they did guard the prisoners of the Lamanites; yea, even within a wall which they had caused them to build with their own hands. Now Moroni was compelled to cause the Lamanites to labor, because it was easy to guard them while at their labor; and he desired all his forces when he should make an attack upon the Lamanites.

6 And it came to pass that Moroni had thus gained a victory over one of the greatest of the armies of the Lamanites, and had obtained possession of the city of Mulek, which was one of the strongest holds of the Lamanites in the land of Nephi; and thus he had also built a stronghold to retain his prisoners.

7 And it came to pass that he did no more attempt a battle with the Lamanites in that year, but he did employ his men in preparing for war, yea, and in making fortifications to guard against the Lamanites, yea, and also delivering their women and their children from famine and affliction, and providing food for their armies.

8 And now it came to pass that the armies of the Lamanites, on the west sea, south, while in the absence of Moroni on account of some intrigue amongst the Nephites, which caused dissensions amongst them, had gained some ground over the Nephites, yea, insomuch that they had obtained possession of a number of their cities in that part of the land.

9 And thus because of iniquity amongst themselves, yea, because of dissensions and

3 Et il arriva que lorsque les Lamanites eurent fini d'enterrer leurs morts et aussi les morts des Néphites, ils furent ramenés au pays d'Abondance ; et Téancum, sur l'ordre de Moroni, les mit à l'ouvrage et les fit commencer à creuser un fossé autour du pays, ou de la ville d'Abondance.

4 Et il leur fit construire un parapet de bois de construction sur le talus intérieur du fossé ; et ils jetèrent la terre du fossé contre le parapet de bois de construction ; et ils firent ainsi travailler les Lamanites jusqu'à ce qu'ils eussent enfermé la ville d'Abondance dans un puissant mur de bois de construction et de terre, sur une hauteur extrême.

5 Et cette ville devint à partir de ce moment-là une place extrêmement forte ; et dans cette ville, ils gardèrent les prisonniers lamanites ; oui, à l'intérieur du mur qu'ils leur avaient fait construire de leurs propres mains. Or, Moroni était forcé de faire travailler les Lamanites, parce qu'il était facile de les garder pendant qu'ils étaient au travail ; et il voulait disposer de toutes ses forces lorsqu'il lancerait une attaque contre les Lamanites.

6 Et il arriva que Moroni avait ainsi remporté une victoire sur une des plus grandes armées lamanites et avait obtenu la possession de la ville de Mulek, qui était une des places les plus fortes des Lamanites au pays de Néphi ; et ainsi, il avait aussi édifié une place forte pour garder ses prisonniers.

7 Et il arriva qu'il ne tenta plus de livrer bataille aux Lamanites cette année-là, mais il employa ses hommes à se préparer pour la guerre, oui, et à faire des fortifications pour se protéger des Lamanites, oui, et aussi à délivrer leurs femmes et leurs enfants de la famine et de l'affliction, et à fournir de la nourriture pour leurs armées.

8 Et alors, il arriva que les armées des Lamanites, sur la mer de l'ouest, au sud, pendant que Moroni était absent à cause d'une intrigue chez les Néphites, qui causait des dissensions parmi eux, avaient gagné du terrain sur les Néphites, oui, de sorte qu'ils avaient obtenu la possession d'un certain nombre de leurs villes dans cette partie du pays.

9 Et ainsi, à cause de l'iniquité qui existait parmi eux, oui, à cause des dissensions et des

intrigue among themselves they were placed in the most dangerous circumstances.

10 And now behold, I have somewhat to say concerning the people of Ammon, who, in the beginning, were Lamanites; but by Ammon and his brethren, or rather by the power and word of God, they had been converted unto the Lord; and they had been brought down into the land of Zarahemla, and had ever since been protected by the Nephites.

11 And because of their oath they had been kept from taking up arms against their brethren; for they had taken an oath that they never would shed blood more; and according to their oath they would have perished; yea, they would have suffered themselves to have fallen into the hands of their brethren, had it not been for the pity and the exceeding love which Ammon and his brethren had had for them.

12 And for this cause they were brought down into the land of Zarahemla; and they ever had been protected by the Nephites.

13 But it came to pass that when they saw the danger, and the many afflictions and tribulations which the Nephites bore for them, they were moved with compassion and were desirous to take up arms in the defence of their country.

14 But behold, as they were about to take their weapons of war, they were overpowered by the persuasions of Helaman and his brethren, for they were about to break the oath which they had made.

15 And Helaman feared lest by so doing they should lose their souls; therefore all those who had entered into this covenant were compelled to behold their brethren wade through their afflictions, in their dangerous circumstances at this time.

16 But behold, it came to pass they had many sons, who had not entered into a covenant that they would not take their weapons of war to defend themselves against their enemies; therefore they did assemble themselves together at this time, as many as were able to take up arms, and they called themselves Nephites.

17 And they entered into a covenant to fight for the liberty of the Nephites, yea, to protect the land unto the laying down of their lives; yea, even they covenanted that they

intrigues qui existaient parmi eux, ils furent placés dans une situation des plus dangereuses.

10 Et maintenant, voici, j'ai un certain nombre de choses à dire concernant le peuple d'Ammon qui, au commencement, était lamanite ; mais grâce à Ammon et à ses frères, ou plutôt grâce au pouvoir et à la parole de Dieu, ils avaient été convertis au Seigneur ; et on les avait fait descendre dans le pays de Zarahemla, et, depuis lors, ils étaient protégés par les Néphites.

11 Et à cause de leur serment, ils avaient été empêchés de prendre les armes contre leurs frères ; car ils avaient fait serment de ne plus jamais verser le sang ; et, selon leur serment, ils auraient péri ; oui, ils auraient souffert de tomber entre les mains de leurs frères, s'il n'y avait pas eu la pitié et l'amour extrême qu'Ammon et ses frères avaient eus pour eux.

12 Et, pour cette raison, on les fit descendre au pays de Zarahemla ; et ils avaient toujours été protégés par les Néphites.

13 Mais il arriva que lorsqu'ils virent le danger, et les afflictions et les tribulations nombreuses que les Néphites enduraient pour eux, ils furent émus de compassion et voulurent prendre les armes pour la défense de leur pays.

14 Mais voici, comme ils étaient sur le point de prendre leurs armes de guerre, la force de persuasion d'Hélaman et de ses frères eut le dessus sur eux, car ils étaient sur le point de rompre le serment qu'ils avaient fait.

15 Et Hélaman craignait que, ce faisant, ils ne perdent leur âme ; c'est pourquoi tous ceux qui avaient conclu cette alliance furent forcés de voir leurs frères traverser leurs afflictions, dans la situation dangereuse où ils étaient à ce moment-là.

16 Mais voici, il arriva qu'ils avaient beaucoup de fils qui n'avaient pas conclu l'alliance de ne pas prendre leurs armes de guerre pour se défendre contre leurs ennemis ; c'est pourquoi, ils s'assemblèrent à ce moment-là, tous ceux qui étaient capables de prendre les armes, et ils se donnèrent le nom de Néphites.

17 Et ils conclurent l'alliance de se battre pour la liberté des Néphites, oui, pour protéger le pays jusqu'à donner leur vie ; oui, ils

never would give up their liberty, but they would fight in all cases to protect the Nephites and themselves from bondage.

18 Now behold, there were two thousand of those young men, who entered into this covenant and took their weapons of war to defend their country.

19 And now behold, as they never had hitherto been a disadvantage to the Nephites, they became now at this period of time also a great support; for they took their weapons of war, and they would that Helaman should be their leader.

20 And they were all young men, and they were exceedingly valiant for courage, and also for strength and activity; but behold, this was not all—they were men who were true at all times in whatsoever thing they were entrusted.

21 Yea, they were men of truth and soberness, for they had been taught to keep the commandments of God and to walk uprightly before him.

22 And now it came to pass that Helaman did march at the head of his two thousand stripling soldiers, to the support of the people in the borders of the land on the south by the west sea.

23 And thus ended the twenty and eighth year of the reign of the judges over the people of Nephi.

CHAPTER 54

Ammoron and Moroni negotiate for the exchange of prisoners—Moroni demands that the Lamanites withdraw and cease their murderous attacks—Ammoron demands that the Nephites lay down their arms and become subject to the Lamanites. About 63 B.C.

1 And now it came to pass in the commencement of the twenty and ninth year of the judges, that Ammoron sent unto Moroni desiring that he would exchange prisoners.

2 And it came to pass that Moroni felt to rejoice exceedingly at this request, for he desired the provisions which were imparted for the support of the Lamanite prisoners for the support of his own people; and he

---

firent même alliance de ne jamais abandonner leur liberté, mais de se battre dans tous les cas pour protéger les Néphites et eux-mêmes de la servitude.

18 Or, voici, il y eut deux mille de ces jeunes hommes qui conclurent cette alliance et prirent leurs armes de guerre pour défendre leur pays.

19 Et maintenant, voici, de même qu'ils n'avaient jamais été un désavantage pour les Néphites jusqu'à présent, de même ils devenaient maintenant, en cette période particulière, un grand soutien aussi ; car ils prirent leurs armes de guerre, et ils voulurent qu'Hélaman fût leur chef.

20 Et c'étaient tous de jeunes hommes, et ils étaient extrêmement vaillants dans leur courage, et aussi dans leur force et leur activité ; mais voici, ce n'était pas tout : c'étaient des hommes qui étaient fidèles en tout temps dans tout ce qui leur était confié.

21 Oui, c'étaient des hommes pleins de vérité et de sérieux, car on leur avait enseigné à garder les commandements de Dieu et à marcher en droiture devant lui.

22 Et alors, il arriva qu'Hélaman marcha à la tête de ses deux mille jeunes soldats, pour soutenir le peuple dans les régions frontières du pays au sud près de la mer de l'ouest.

23 Et ainsi finit la vingt-huitième année du règne des juges sur le peuple de Néphi.

CHAPITRE 54

Ammoron et Moroni négocient l'échange des prisonniers — Moroni exige que les Lamanites se retirent et cessent leurs attaques meurtrières — Ammoron exige que les Néphites déposent les armes et s'assujettissent aux Lamanites. Vers 63 av. J.-C.

1 Et alors, il arriva, au commencement de la vingt-neuvième année des juges, qu'Ammoron envoya un serviteur à Moroni, lui demandant d'échanger des prisonniers.

2 Et il arriva que Moroni se réjouit extrêmement de cette demande, car il désirait, pour l'entretien de son peuple, les provisions qui étaient affectées à l'entretien des prisonniers lamanites ; et il désirait aussi

also desired his own people for the strengthening of his army.

3 Now the Lamanites had taken many women and children, and there was not a woman nor a child among all the prisoners of Moroni, or the prisoners whom Moroni had taken; therefore Moroni resolved upon a stratagem to obtain as many prisoners of the Nephites from the Lamanites as it were possible.

4 Therefore he wrote an epistle, and sent it by the servant of Ammoron, the same who had brought an epistle to Moroni. Now these are the words which he wrote unto Ammoron, saying:

5 Behold, Ammoron, I have written unto you somewhat concerning this war which ye have waged against my people, or rather which thy brother hath waged against them, and which ye are still determined to carry on after his death.

6 Behold, I would tell you somewhat concerning the justice of God, and the sword of his almighty wrath, which doth hang over you except ye repent and withdraw your armies into your own lands, or the land of your possessions, which is the land of Nephi.

7 Yea, I would tell you these things if ye were capable of hearkening unto them; yea, I would tell you concerning that awful hell that awaits to receive such murderers as thou and thy brother have been, except ye repent and withdraw your murderous purposes, and return with your armies to your own lands.

8 But as ye have once rejected these things, and have fought against the people of the Lord, even so I may expect you will do it again.

9 And now behold, we are prepared to receive you; yea, and except you withdraw your purposes, behold, ye will pull down the wrath of that God whom you have rejected upon you, even to your utter destruction.

10 But, as the Lord liveth, our armies shall come upon you except ye withdraw, and ye shall soon be visited with death, for we will retain our cities and our lands; yea, and we will maintain our religion and the cause of our God.

11 But behold, it supposeth me that I talk to you concerning these things in vain; or it

son peuple pour le renforcement de son armée.

3 Or, les Lamanites avaient pris beaucoup de femmes et d'enfants, et il n'y avait pas une femme ni un enfant parmi tous les prisonniers de Moroni, ou les prisonniers que Moroni avait faits ; c'est pourquoi, Moroni décida d'un stratagème pour obtenir de la part des Lamanites le plus de prisonniers néphites possible.

4 C'est pourquoi, il écrivit une épître, et l'envoya par le serviteur d'Ammoron, celui-là même qui avait apporté une épître à Moroni. Or, voici les paroles qu'il écrivit à Ammoron, disant :

5 Voici, Ammoron, je t'ai écrit quelque peu concernant la guerre que tu as menée contre mon peuple, ou plutôt que ton frère a menée contre lui, et que tu es toujours décidé à poursuivre après sa mort.

6 Voici, je te dirais quelque chose concernant la justice de Dieu et l'épée de sa colère toute-puissante qui est suspendue au-dessus de toi, à moins que tu ne te repentes et ne retires tes armées dans tes terres, ou le pays de tes possessions, qui est le pays de Néphi.

7 Oui, je te dirais ces choses, si tu étais capable de les écouter ; oui, je te parlerais de l'enfer affreux qui attend de recevoir des meurtriers tels que vous l'avez été, ton frère et toi, à moins que vous ne vous repentiez et ne renonciez à vos desseins meurtriers, et ne retourniez avec vos armées dans vos terres.

8 Mais comme tu as jadis rejeté ces choses-là et as combattu le peuple du Seigneur, je m'attends à ce que tu le fasses encore.

9 Et maintenant, voici, nous sommes prêts à te recevoir ; oui, et si tu ne renonces pas à tes desseins, voici, tu feras tomber sur toi la colère de ce Dieu que tu as rejeté, jusqu'à ta destruction totale.

10 Mais, comme le Seigneur vit, nos armées viendront sur toi, à moins que tu ne te retires, et tu seras bientôt puni de mort, car nous conserverons nos villes et nos terres ; oui, et nous défendrons notre religion et la cause de notre Dieu.

11 Mais voici, je pense que c'est en vain que je te parle de ces choses ; ou je pense que tu

supposeth me that thou art a child of hell; therefore I will close my epistle by telling you that I will not exchange prisoners, save it be on conditions that ye will deliver up a man and his wife and his children, for one prisoner; if this be the case that ye will do it, I will exchange.

12 And behold, if ye do not this, I will come against you with my armies; yea, even I will arm my women and my children, and I will come against you, and I will follow you even into your own land, which is the land of our first inheritance; yea, and it shall be blood for blood, yea, life for life; and I will give you battle even until you are destroyed from off the face of the earth.

13 Behold, I am in my anger, and also my people; ye have sought to murder us, and we have only sought to defend ourselves. But behold, if ye seek to destroy us more we will seek to destroy you; yea, and we will seek our land, the land of our first inheritance.

14 Now I close my epistle. I am Moroni; I am a leader of the people of the Nephites.

15 Now it came to pass that Ammoron, when he had received this epistle, was angry; and he wrote another epistle unto Moroni, and these are the words which he wrote, saying:

16 I am Ammoron, the king of the Lamanites; I am the brother of Amalickiah whom ye have murdered. Behold, I will avenge his blood upon you, yea, and I will come upon you with my armies for I fear not your threatenings.

17 For behold, your fathers did wrong their brethren, insomuch that they did rob them of their right to the government when it rightly belonged unto them.

18 And now behold, if ye will lay down your arms, and subject yourselves to be governed by those to whom the government doth rightly belong, then will I cause that my people shall lay down their weapons and shall be at war no more.

19 Behold, ye have breathed out many threatenings against me and my people; but behold, we fear not your threatenings.

es un enfant de l'enfer ; c'est pourquoi je terminerai mon épître en te disant que je n'échangerai de prisonniers qu'à condition que tu livres un homme, et sa femme, et ses enfants pour un seul prisonnier ; si c'est le cas, je ferai l'échange.

12 Et voici, si tu ne le fais pas, je viendrai contre toi avec mes armées, oui, j'armerai même mes femmes et mes enfants, et je viendrai contre toi, et je te suivrai dans ton pays, qui est le pays de notre premier héritage ; oui, et ce sera sang pour sang, oui, vie pour vie ; et je te livrerai bataille jusqu'à ce que tu sois détruit de la surface de la terre.

13 Voici, je suis en colère, et mon peuple aussi ; vous avez cherché à nous assassiner, et nous n'avons cherché qu'à nous défendre. Mais voici, si vous cherchez à nous détruire davantage, nous chercherons à vous détruire ; oui, et nous chercherons à reconquérir notre pays, le pays de notre premier héritage.

14 Maintenant, je termine mon épître. Je suis Moroni ; je suis un chef du peuple des Néphites.

15 Or, il arriva qu'Ammoron, lorsqu'il eut reçu cette épître, fut en colère ; et il écrivit encore une épître à Moroni, et voici les paroles qu'il écrivit, disant :

16 Je suis Ammoron, roi des Lamanites ; je suis le frère d'Amalickiah que tu as assassiné. Voici, je vengerai son sang sur toi, oui, et je viendrai sur toi avec mes armées, car je ne crains pas tes menaces.

17 Car voici, tes pères ont lésé leurs frères, de sorte qu'ils les ont dépouillés de leur droit au gouvernement, alors qu'il leur appartenait de droit.

18 Et maintenant, voici, si vous déposez les armes et vous assujettissez pour être gouvernés par ceux à qui le gouvernement appartient de droit, alors je commanderai à mon peuple de déposer les armes et ne serai plus en guerre.

19 Voici, tu as proféré beaucoup de menaces contre moi et mon peuple ; mais voici, nous ne craignons pas tes menaces.

20 Nevertheless, I will grant to exchange prisoners according to your request, gladly, that I may preserve my food for my men of war; and we will wage a war which shall be eternal, either to the subjecting the Nephites to our authority or to their eternal extinction.

21 And as concerning that God whom ye say we have rejected, behold, we know not such a being; neither do ye; but if it so be that there is such a being, we know not but that he hath made us as well as you.

22 And if it so be that there is a devil and a hell, behold will he not send you there to dwell with my brother whom ye have murdered, whom ye have hinted that he hath gone to such a place? But behold these things matter not.

23 I am Ammoron, and a descendant of Zoram, whom your fathers pressed and brought out of Jerusalem.

24 And behold now, I am a bold Lamanite; behold, this war hath been waged to avenge their wrongs, and to maintain and to obtain their rights to the government; and I close my epistle to Moroni.

CHAPTER 55

Moroni refuses to exchange prisoners—The Lamanite guards are enticed to become drunk, and the Nephite prisoners are freed—The city of Gid is taken without bloodshed. About 63–62 B.C.

1 Now it came to pass that when Moroni had received this epistle he was more angry, because he knew that Ammoron had a perfect knowledge of his fraud; yea, he knew that Ammoron knew that it was not a just cause that had caused him to wage a war against the people of Nephi.

2 And he said: Behold, I will not exchange prisoners with Ammoron save he will withdraw his purpose, as I have stated in my epistle; for I will not grant unto him that he shall have any more power than what he hath got.

3 Behold, I know the place where the Lamanites do guard my people whom they have taken prisoners; and as Ammoron would not

20 Néanmoins, j'échangerai volontiers les prisonniers selon ta demande, afin de conserver ma nourriture pour mes hommes de guerre ; et nous mènerons une guerre qui sera éternelle, soit jusqu'à l'assujettissement des Néphites à notre autorité, soit jusqu'à leur extinction éternelle.

21 Et en ce qui concerne ce Dieu dont tu dis que nous l'avons rejeté, voici, nous ne connaissons pas un tel être, et vous non plus ; mais s'il existe un tel être, nous ne voyons pas pourquoi il ne nous aurait pas faits aussi bien que vous.

22 Et s'il y a un diable et un enfer, voici, ne t'y enverra-t-il pas demeurer avec mon frère que tu as assassiné, que tu insinues être allé en un tel lieu ? Mais voici, ces choses n'ont pas d'importance.

23 Je suis Ammoron, et un descendant de Zoram, que tes pères ont enrôlé de force et ont fait sortir de Jérusalem.

24 Et voici, maintenant, je suis un fier Lamanite ; voici, cette guerre a été menée pour venger les torts qu'on leur avait faits et pour conserver et obtenir leurs droits au gouvernement ; et je termine mon épître à Moroni.

CHAPITRE 55

Moroni refuse d'échanger les prisonniers — Les gardes lamanites sont incités à l'ivresse, et les prisonniers néphites sont libérés — La ville de Gid est prise sans effusion de sang. Vers 63–62 av. J.-C.

1 Alors, il arriva que lorsqu'il eut reçu cette épître, Moroni fut encore plus en colère, parce qu'il savait qu'Ammoron avait la connaissance parfaite de sa duplicité ; oui, il savait qu'Ammoron savait que ce n'était pas une cause juste qui l'avait poussé à faire la guerre au peuple de Néphi.

2 Et il dit : Voici, je n'échangerai les prisonniers avec Ammoron que s'il retire son dessein, comme je l'ai dit dans mon épître ; car je ne lui accorderai pas d'avoir plus de forces qu'il n'en a.

3 Voici, je sais où les Lamanites gardent mon peuple qu'ils ont fait prisonnier ; et puisqu'Ammoron n'a pas voulu m'accorder ce

grant unto me mine epistle, behold, I will give unto him according to my words; yea, I will seek death among them until they shall sue for peace.

4 And now it came to pass that when Moroni had said these words, he caused that a search should be made among his men, that perhaps he might find a man who was a descendant of Laman among them.

5 And it came to pass that they found one, whose name was Laman; and he was one of the servants of the king who was murdered by Amalickiah.

6 Now Moroni caused that Laman and a small number of his men should go forth unto the guards who were over the Nephites.

7 Now the Nephites were guarded in the city of Gid; therefore Moroni appointed Laman and caused that a small number of men should go with him.

8 And when it was evening Laman went to the guards who were over the Nephites, and behold, they saw him coming and they hailed him; but he saith unto them: Fear not; behold, I am a Lamanite. Behold, we have escaped from the Nephites, and they sleep; and behold we have taken of their wine and brought with us.

9 Now when the Lamanites heard these words they received him with joy; and they said unto him: Give us of your wine, that we may drink; we are glad that ye have thus taken wine with you for we are weary.

10 But Laman said unto them: Let us keep of our wine till we go against the Nephites to battle. But this saying only made them more desirous to drink of the wine;

11 For, said they: We are weary, therefore let us take of the wine, and by and by we shall receive wine for our rations, which will strengthen us to go against the Nephites.

12 And Laman said unto them: You may do according to your desires.

13 And it came to pass that they did take of the wine freely; and it was pleasant to their taste, therefore they took of it more freely; and it was strong, having been prepared in its strength.

14 And it came to pass they did drink and were merry, and by and by they were all drunken.

que je demande dans mon épître, voici, je vais lui donner selon mes paroles ; oui, je vais répandre la mort parmi eux jusqu'à ce qu'ils sollicitent la paix.

4 Et alors, il arriva que lorsqu'il eut dit ces paroles, Moroni fit faire des recherches parmi ses hommes, dans l'espoir de trouver un homme parmi eux qui fût descendant de Laman.

5 Et il arriva qu'ils en trouvèrent un, dont le nom était Laman ; et c'était un des serviteurs du roi assassiné par Amalickiah.

6 Alors, Moroni envoya Laman et un petit nombre de ses hommes auprès des gardes qui avaient la charge des Néphites.

7 Or, les Néphites étaient gardés dans la ville de Gid ; c'est pourquoi, Moroni désigna Laman et le fit accompagner d'un petit nombre d'hommes.

8 Et lorsque le soir fut venu, Laman alla auprès des gardes qui avaient la charge des Néphites, et voici, ils le virent venir et le hélèrent ; mais il leur dit : Ne craignez pas ; voici, je suis Lamanite. Voici, nous avons échappé aux Néphites, et ils dorment ; et voici, nous avons pris de leur vin et l'avons emporté.

9 Alors, quand les Lamanites entendirent ces paroles, ils le reçurent avec joie ; et ils lui dirent : Donne-nous de ton vin, afin que nous buvions ; nous sommes contents que tu aies ainsi emporté du vin, car nous sommes las.

10 Mais Laman leur dit : Gardons notre vin jusqu'à ce que nous allions livrer bataille aux Néphites. Mais cette parole leur donna encore plus envie de boire du vin ;

11 car, disaient-ils, nous sommes las ; c'est pourquoi prenons le vin, et bientôt nous recevrons le vin de nos rations qui nous fortifiera pour aller contre les Néphites.

12 Et Laman leur dit : Vous pouvez faire selon votre désir.

13 Et il arriva qu'ils prirent abondamment du vin ; et il était agréable à leur goût, c'est pourquoi, ils en prirent plus abondamment ; et il était fort, ayant été préparé dans sa force.

14 Et il arriva qu'ils burent et furent joyeux, et bientôt ils étaient tous ivres.

15 And now when Laman and his men saw that they were all drunken, and were in a deep sleep, they returned to Moroni and told him all the things that had happened.

16 And now this was according to the design of Moroni. And Moroni had prepared his men with weapons of war; and he went to the city Gid, while the Lamanites were in a deep sleep and drunken, and cast in weapons of war unto the prisoners, insomuch that they were all armed;

17 Yea, even to their women, and all those of their children, as many as were able to use a weapon of war, when Moroni had armed all those prisoners; and all those things were done in a profound silence.

18 But had they awakened the Lamanites, behold they were drunken and the Nephites could have slain them.

19 But behold, this was not the desire of Moroni; he did not delight in murder or bloodshed, but he delighted in the saving of his people from destruction; and for this cause he might not bring upon him injustice, he would not fall upon the Lamanites and destroy them in their drunkenness.

20 But he had obtained his desires; for he had armed those prisoners of the Nephites who were within the wall of the city, and had given them power to gain possession of those parts which were within the walls.

21 And then he caused the men who were with him to withdraw a pace from them, and surround the armies of the Lamanites.

22 Now behold this was done in the nighttime, so that when the Lamanites awoke in the morning they beheld that they were surrounded by the Nephites without, and that their prisoners were armed within.

23 And thus they saw that the Nephites had power over them; and in these circumstances they found that it was not expedient that they should fight with the Nephites; therefore their chief captains demanded their weapons of war, and they brought them forth and cast them at the feet of the Nephites, pleading for mercy.

24 Now behold, this was the desire of Moroni. He took them prisoners of war, and took possession of the city, and caused that all the prisoners should be liberated, who

15 Et alors, quand ils virent qu'ils étaient tous ivres et dans un profond sommeil, Laman et ses hommes retournèrent auprès de Moroni et lui dirent tout ce qui était arrivé.

16 Or, cela était conforme au dessein de Moroni. Et Moroni avait préparé ses hommes avec des armes de guerre ; et il alla à la ville de Gid pendant que les Lamanites étaient dans un profond sommeil et ivres, et lança à l'intérieur des armes de guerre aux prisonniers, de sorte qu'ils étaient tous armés ;

17 oui, jusqu'à leurs femmes et tous ceux de leurs enfants qui étaient capables d'utiliser une arme de guerre, Moroni ayant armé tous ces prisonniers ; et toutes ces choses se firent dans un profond silence.

18 Mais s'ils avaient éveillé les Lamanites, voici ceux-ci étaient ivres, et les Néphites auraient pu les tuer.

19 Mais voici, ce n'était pas le désir de Moroni ; il ne mettait pas ses délices dans le meurtre ou l'effusion de sang, mais il mettait ses délices à sauver son peuple de la destruction ; et afin de ne pas se couvrir d'injustice, il ne voulait pas tomber sur les Lamanites et les faire périr dans leur ivresse.

20 Mais il avait obtenu ce qu'il désirait ; car il avait armé ces prisonniers néphites qui étaient dans les murs de la ville, et leur avait donné le pouvoir d'acquérir la possession des parties de la ville qui étaient à l'intérieur des murs.

21 Et alors, il commanda aux hommes qui étaient avec lui de reculer d'un pas et d'encercler les armées des Lamanites.

22 Or, voici, cela se fit durant la nuit, de sorte que lorsque les Lamanites s'éveillèrent le matin, ils virent qu'ils étaient encerclés par les Néphites à l'extérieur et que leurs prisonniers étaient armés à l'intérieur.

23 Et ainsi, ils virent que les Néphites avaient pouvoir sur eux ; et dans ces circonstances, ils estimèrent qu'il n'était pas opportun de combattre les Néphites ; c'est pourquoi leurs capitaines en chef réclamèrent leurs armes de guerre, et les amenèrent et les jetèrent aux pieds des Néphites, demandant miséricorde.

24 Or, voici, c'était là le désir de Moroni. Il les fit prisonniers de guerre, et prit possession de la ville, et fit libérer tous les prisonniers qui étaient Néphites ; et ils se

were Nephites; and they did join the army of Moroni, and were a great strength to his army.

25 And it came to pass that he did cause the Lamanites, whom he had taken prisoners, that they should commence a labor in strengthening the fortifications round about the city Gid.

26 And it came to pass that when he had fortified the city Gid, according to his desires, he caused that his prisoners should be taken to the city Bountiful; and he also guarded that city with an exceedingly strong force.

27 And it came to pass that they did, notwithstanding all the intrigues of the Lamanites, keep and protect all the prisoners whom they had taken, and also maintain all the ground and the advantage which they had retaken.

28 And it came to pass that the Nephites began again to be victorious, and to reclaim their rights and their privileges.

29 Many times did the Lamanites attempt to encircle them about by night, but in these attempts they did lose many prisoners.

30 And many times did they attempt to administer of their wine to the Nephites, that they might destroy them with poison or with drunkenness.

31 But behold, the Nephites were not slow to remember the Lord their God in this their time of affliction. They could not be taken in their snares; yea, they would not partake of their wine, save they had first given to some of the Lamanite prisoners.

32 And they were thus cautious that no poison should be administered among them; for if their wine would poison a Lamanite it would also poison a Nephite; and thus they did try all their liquors.

33 And now it came to pass that it was expedient for Moroni to make preparations to attack the city Morianton; for behold, the Lamanites had, by their labors, fortified the city Morianton until it had become an exceeding stronghold.

joignirent à l'armée de Moroni et furent une grande force pour son armée.

25 Et il arriva qu'il commanda que les Lamanites qui avaient été faits prisonniers commencent à travailler à renforcer les fortifications alentour de la ville de Gid.

26 Et il arriva que lorsqu'il eut fortifié la ville de Gid selon son désir, il commanda que ses prisonniers fussent emmenés à la ville d'Abondance ; et il garda aussi cette ville par des forces extrêmement considérables.

27 Et il arriva que, malgré toutes les intrigues des Lamanites, ils gardèrent et protégèrent tous les prisonniers qu'ils avaient faits et conservèrent aussi tout le terrain et l'avantage qu'ils avaient repris.

28 Et il arriva que les Néphites recommencèrent à être victorieux et à récupérer leurs droits et leurs garanties.

29 De nombreuses fois, les Lamanites tentèrent de les encercler la nuit, mais, dans ces tentatives, ils perdirent beaucoup de prisonniers.

30 Et de nombreuses fois, ils tentèrent de donner de leur vin aux Néphites, afin de les détruire par le poison ou par l'ivresse.

31 Mais voici, les Néphites n'étaient pas lents à se souvenir du Seigneur, leur Dieu, dans ce temps, qui était leur temps d'affliction. Ils ne se laissaient pas prendre à leurs pièges ; oui, ils ne prenaient pas de leur vin sans en avoir tout d'abord donné à certains des prisonniers lamanites.

32 Et ils prenaient ainsi leurs précautions pour qu'aucun poison ne fût administré parmi eux ; car si leur vin empoisonnait un Lamanite, il empoisonnerait aussi un Néphite ; et c'est ainsi qu'ils essayaient toutes leurs boissons fortes.

33 Et alors, il arriva que Moroni se trouva dans la nécessité de faire des préparatifs pour attaquer la ville de Morianton ; car voici, les Lamanites avaient, par leurs travaux, fortifié la ville de Morianton au point qu'elle était devenue une place extrêmement forte.

34 And they were continually bringing new forces into that city, and also new supplies of provisions.

35 And thus ended the twenty and ninth year of the reign of the judges over the people of Nephi.

CHAPTER 56

Helaman sends an epistle to Moroni, recounting the state of the war with the Lamanites—Antipus and Helaman gain a great victory over the Lamanites—Helaman's two thousand stripling sons fight with miraculous power, and none of them are slain. Verse 1, about 62 B.C.; verses 2–19, about 66 B.C.; and verses 20–57, about 65–64 B.C.

1 And now it came to pass in the commencement of the thirtieth year of the reign of the judges, on the second day in the first month, Moroni received an epistle from Helaman, stating the affairs of the people in that quarter of the land.

2 And these are the words which he wrote, saying: My dearly beloved brother, Moroni, as well in the Lord as in the tribulations of our warfare; behold, my beloved brother, I have somewhat to tell you concerning our warfare in this part of the land.

3 Behold, two thousand of the sons of those men whom Ammon brought down out of the land of Nephi—now ye have known that these were descendants of Laman, who was the eldest son of our father Lehi;

4 Now I need not rehearse unto you concerning their traditions or their unbelief, for thou knowest concerning all these things—

5 Therefore it sufficeth me that I tell you that two thousand of these young men have taken their weapons of war, and would that I should be their leader; and we have come forth to defend our country.

6 And now ye also know concerning the covenant which their fathers made, that they would not take up their weapons of war against their brethren to shed blood.

7 But in the twenty and sixth year, when they saw our afflictions and our tribulations

34 Et ils amenaient continuellement de nouvelles forces dans cette ville, et aussi de nouvelles réserves de provisions.

35 Et ainsi finit la vingt-neuvième année du règne des juges sur le peuple de Néphi.

CHAPITRE 56

Hélaman envoie à Moroni une épître relatant l'état de la guerre contre les Lamanites — Antipus et Hélaman remportent une grande victoire sur les Lamanites — Les deux mille jeunes fils d'Hélaman se battent avec une puissance miraculeuse et aucun d'eux n'est tué. Verset 1, environ 62 av. J.-C. ; versets 2–19, environ 66 av. J.-C. ; et versets 20–57, environ 65–64 av. J.-C.

1 Et alors, il arriva, au commencement de la trentième année du règne des juges, le deuxième jour du premier mois, que Moroni reçut une épître d'Hélaman, décrivant la situation du peuple dans cette partie-là du pays.

2 Et voici les paroles qu'il écrivit, disant : Mon frère Moroni tendrement aimé, aussi bien dans le Seigneur que dans les tribulations de notre guerre, voici, mon frère bien-aimé, j'ai quelque chose à te raconter concernant notre guerre dans cette partie-ci du pays.

3 Voici, deux mille des fils de ces hommes qu'Ammon fit descendre du pays de Néphi — or, tu sais que ceux-ci étaient descendants de Laman, qui était le fils aîné de notre père Léhi ;

4 Or, je n'ai pas besoin de te rappeler leurs traditions ou leur incrédulité, car tu sais toutes ces choses —

5 C'est pourquoi il suffit que je te dise que deux mille de ces jeunes gens ont pris leurs armes de guerre et ont voulu que je sois leur chef ; et nous sommes allés défendre notre pays.

6 Et maintenant, tu connais aussi l'alliance que leurs pères ont conclue de ne pas prendre leurs armes de guerre contre leurs frères pour verser le sang.

7 Mais la vingt-sixième année, lorsqu'ils ont vu nos afflictions et nos tribulations pour

for them, they were about to break the covenant which they had made and take up their weapons of war in our defence.

8 But I would not suffer them that they should break this covenant which they had made, supposing that God would strengthen us, insomuch that we should not suffer more because of the fulfilling the oath which they had taken.

9 But behold, here is one thing in which we may have great joy. For behold, in the twenty and sixth year, I, Helaman, did march at the head of these two thousand young men to the city of Judea, to assist Antipus, whom ye had appointed a leader over the people of that part of the land.

10 And I did join my two thousand sons, (for they are worthy to be called sons) to the army of Antipus, in which strength Antipus did rejoice exceedingly; for behold, his army had been reduced by the Lamanites because their forces had slain a vast number of our men, for which cause we have to mourn.

11 Nevertheless, we may console ourselves in this point, that they have died in the cause of their country and of their God, yea, and they are happy.

12 And the Lamanites had also retained many prisoners, all of whom are chief captains, for none other have they spared alive. And we suppose that they are now at this time in the land of Nephi; it is so if they are not slain.

13 And now these are the cities of which the Lamanites have obtained possession by the shedding of the blood of so many of our valiant men:

14 The land of Manti, or the city of Manti, and the city of Zeezrom, and the city of Cumeni, and the city of Antiparah.

15 And these are the cities which they possessed when I arrived at the city of Judea; and I found Antipus and his men toiling with their might to fortify the city.

16 Yea, and they were depressed in body as well as in spirit, for they had fought valiantly by day and toiled by night to maintain their cities; and thus they had suffered great afflictions of every kind.

eux, ils étaient sur le point de rompre l'alliance qu'ils avaient faite et de prendre leurs armes de guerre pour nous défendre.

8 Mais je ne leur permis pas de rompre cette alliance qu'ils avaient faite, pensant que Dieu nous fortifierait, de sorte que nous ne souffririons pas plus à cause du respect du serment qu'ils avaient fait.

9 Mais voici, il y a ici une chose dont nous pouvons retirer une grande joie. Car voici, la vingt-sixième année, moi, Hélaman, je marchai à la tête de ces deux mille jeunes hommes vers la ville de Judéa, pour aider Antipus, que tu avais désigné comme chef du peuple dans cette partie-là du pays.

10 Et j'unis mes deux mille fils (car ils sont dignes d'être appelés fils) à l'armée d'Antipus, renfort dont Antipus se réjouit extrêmement ; car voici, son armée avait été réduite par les Lamanites, parce que leurs forces avaient tué un grand nombre de nos hommes, ce qui est pour nous un sujet de deuil.

11 Néanmoins, nous pouvons nous consoler en ceci, qu'ils sont morts pour la cause de leur pays et de leur Dieu, oui, et ils sont heureux.

12 Et les Lamanites avaient aussi fait beaucoup de prisonniers, qui tous sont des capitaines en chef, car ils n'ont laissé la vie à personne d'autre. Et nous pensons qu'ils sont en ce moment au pays de Néphi ; il en est ainsi s'ils n'ont pas été tués.

13 Et maintenant, voici les villes dont les Lamanites ont pris possession par l'effusion du sang d'un si grand nombre de nos hommes vaillants :

14 le pays de Manti, ou la ville de Manti, et la ville de Zeezrom, et la ville de Cumeni, et la ville d'Antiparah.

15 Et ce sont là les villes qu'ils possédaient lorsque je suis arrivé à la ville de Judéa ; et j'ai trouvé Antipus et ses hommes occupés à travailler de toutes leurs forces à fortifier la ville.

16 Oui, et ils étaient déprimés de corps aussi bien que d'esprit, car ils avaient combattu vaillamment de jour et travaillé dur la nuit pour conserver leurs villes ; et ainsi, ils avaient subi de grandes afflictions de toute espèce.

17 And now they were determined to conquer in this place or die; therefore you may well suppose that this little force which I brought with me, yea, those sons of mine, gave them great hopes and much joy.

18 And now it came to pass that when the Lamanites saw that Antipus had received a greater strength to his army, they were compelled by the orders of Ammoron to not come against the city of Judea, or against us, to battle.

19 And thus were we favored of the Lord; for had they come upon us in this our weakness they might have perhaps destroyed our little army; but thus were we preserved.

20 They were commanded by Ammoron to maintain those cities which they had taken. And thus ended the twenty and sixth year. And in the commencement of the twenty and seventh year we had prepared our city and ourselves for defence.

21 Now we were desirous that the Lamanites should come upon us; for we were not desirous to make an attack upon them in their strongholds.

22 And it came to pass that we kept spies out round about, to watch the movements of the Lamanites, that they might not pass us by night nor by day to make an attack upon our other cities which were on the northward.

23 For we knew in those cities they were not sufficiently strong to meet them; therefore we were desirous, if they should pass by us, to fall upon them in their rear, and thus bring them up in the rear at the same time they were met in the front. We supposed that we could overpower them; but behold, we were disappointed in this our desire.

24 They durst not pass by us with their whole army, neither durst they with a part, lest they should not be sufficiently strong and they should fall.

25 Neither durst they march down against the city of Zarahemla; neither durst they cross the head of Sidon, over to the city of Nephihah.

26 And thus, with their forces, they were determined to maintain those cities which they had taken.

17 Et maintenant, ils étaient décidés à vaincre en ce lieu ou à mourir ; c'est pourquoi, tu penses bien que cette petite force que j'amenais, oui, ceux-là qui étaient mes fils, leur donna de grandes espérances et beaucoup de joie.

18 Et alors, il arriva que lorsque les Lamanites virent qu'Antipus avait reçu des renforts pour son armée, ils furent contraints, par ordre d'Ammoron, à ne livrer bataille ni à la ville de Judéa ni à nous.

19 Et ainsi, nous fûmes favorisés par le Seigneur ; car s'ils étaient venus contre nous dans cette faiblesse qui était la nôtre, ils auraient peut-être pu détruire notre petite armée ; mais ainsi, nous fûmes préservés.

20 Ammoron leur avait commandé de conserver les villes qu'ils avaient prises. Et c'est ainsi que finit la vingt-sixième année. Et au commencement de la vingt-septième année, nous avions préparé notre ville et nous nous étions préparés pour la défense.

21 Or, nous désirions que les Lamanites viennent contre nous ; car nous ne désirions pas lancer une attaque contre eux dans leurs places fortes.

22 Et il arriva que nous gardâmes des espions alentour, pour observer les mouvements des Lamanites, afin qu'ils ne pussent passer à côté de nous, la nuit ou le jour, pour lancer une attaque contre d'autres villes qui étaient du côté du nord.

23 Car nous savions que, dans ces villes, ils n'étaient pas suffisamment forts pour les affronter ; c'est pourquoi nous désirions, s'ils passaient à côté de nous, tomber sur eux sur leurs arrières et, ainsi, leur fermer la marche à l'arrière au moment même où ils seraient attaqués de front. Nous pensions que nous pouvions avoir le dessus sur eux, mais voici, nous fûmes déçus dans notre désir.

24 Ils n'osaient pas passer à côté de nous avec leur armée entière, et ils n'osaient pas non plus avec une partie, de peur de ne pas être suffisamment forts et de tomber.

25 Ils n'osaient pas non plus descendre contre la ville de Zarahemla ; et ils n'osaient pas non plus traverser la source du fleuve Sidon pour passer à la ville de Néphihah.

26 Et ainsi, avec leurs forces, ils étaient décidés à conserver les villes qu'ils avaient prises.

27 And now it came to pass in the second month of this year, there was brought unto us many provisions from the fathers of those my two thousand sons.

28 And also there were sent two thousand men unto us from the land of Zarahemla. And thus we were prepared with ten thousand men, and provisions for them, and also for their wives and their children.

29 And the Lamanites, thus seeing our forces increase daily, and provisions arrive for our support, they began to be fearful, and began to sally forth, if it were possible to put an end to our receiving provisions and strength.

30 Now when we saw that the Lamanites began to grow uneasy on this wise, we were desirous to bring a stratagem into effect upon them; therefore Antipus ordered that I should march forth with my little sons to a neighboring city, as if we were carrying provisions to a neighboring city.

31 And we were to march near the city of Antiparah, as if we were going to the city beyond, in the borders by the seashore.

32 And it came to pass that we did march forth, as if with our provisions, to go to that city.

33 And it came to pass that Antipus did march forth with a part of his army, leaving the remainder to maintain the city. But he did not march forth until I had gone forth with my little army, and came near the city Antiparah.

34 And now, in the city Antiparah were stationed the strongest army of the Lamanites; yea, the most numerous.

35 And it came to pass that when they had been informed by their spies, they came forth with their army and marched against us.

36 And it came to pass that we did flee before them, northward. And thus we did lead away the most powerful army of the Lamanites;

37 Yea, even to a considerable distance, insomuch that when they saw the army of Antipus pursuing them, with their might, they did not turn to the right nor to the left, but

27 Et alors, il arriva que le deuxième mois de cette année, de nombreuses provisions furent apportées de la part des pères de mes deux mille fils.

28 Et aussi deux mille hommes nous furent envoyés du pays de Zarahemla. Et ainsi, nous étions préparés avec dix mille hommes, et des provisions pour eux, et aussi pour leurs épouses et leurs enfants.

29 Et les Lamanites, voyant ainsi nos forces augmenter quotidiennement, et des provisions arriver pour notre entretien, commencèrent à prendre peur et commencèrent à faire des sorties pour tenter de mettre fin, si possible, à l'arrivée de nos provisions et de nos renforts.

30 Alors, quand nous vîmes que les Lamanites commençaient à être mal à l'aise de la sorte, nous voulûmes user d'un stratagème à leur égard ; c'est pourquoi Antipus me commanda de me mettre en marche avec mes jeunes fils vers une ville voisine, comme si nous transportions des provisions à une ville voisine.

31 Et notre marche devait nous conduire près de la ville d'Antiparah, comme si nous allions vers la ville qui se trouvait au-delà, dans la région frontière près du bord de la mer.

32 Et il arriva que nous nous mîmes en marche, comme avec nos provisions, pour aller vers cette ville.

33 Et il arriva qu'Antipus sortit avec une partie de son armée, laissant le reste pour conserver la ville. Mais il ne sortit que lorsque je fus allé avec ma petite armée et fus arrivé près de la ville d'Antiparah.

34 Et maintenant, dans la ville d'Antiparah était stationnée la plus forte armée des Lamanites ; oui, la plus nombreuse.

35 Et il arriva que lorsqu'ils en eurent été informés par leurs espions, ils sortirent avec leur armée et marchèrent contre nous.

36 Et il arriva que nous nous enfuîmes devant eux vers le nord. Et ainsi, nous entraînâmes l'armée la plus puissante des Lamanites ;

37 Oui, sur une distance considérable, de sorte que lorsqu'ils virent l'armée d'Antipus les poursuivre de toutes leurs forces, ils ne tournèrent ni à droite ni à gauche, mais

pursued their march in a straight course after us; and, as we suppose, it was their intent to slay us before Antipus should overtake them, and this that they might not be surrounded by our people.

38 And now Antipus, beholding our danger, did speed the march of his army. But behold, it was night; therefore they did not overtake us, neither did Antipus overtake them; therefore we did camp for the night.

39 And it came to pass that before the dawn of the morning, behold, the Lamanites were pursuing us. Now we were not sufficiently strong to contend with them; yea, I would not suffer that my little sons should fall into their hands; therefore we did continue our march, and we took our march into the wilderness.

40 Now they durst not turn to the right nor to the left lest they should be surrounded; neither would I turn to the right nor to the left lest they should overtake me, and we could not stand against them, but be slain, and they would make their escape; and thus we did flee all that day into the wilderness, even until it was dark.

41 And it came to pass that again, when the light of the morning came we saw the Lamanites upon us, and we did flee before them.

42 But it came to pass that they did not pursue us far before they halted; and it was in the morning of the third day of the seventh month.

43 And now, whether they were overtaken by Antipus we knew not, but I said unto my men: Behold, we know not but they have halted for the purpose that we should come against them, that they might catch us in their snare;

44 Therefore what say ye, my sons, will ye go against them to battle?

45 And now I say unto you, my beloved brother Moroni, that never had I seen so great courage, nay, not amongst all the Nephites.

46 For as I had ever called them my sons (for they were all of them very young) even so they said unto me: Father, behold our God is with us, and he will not suffer that we should fall; then let us go forth; we would not slay our brethren if they would

poursuivirent leur marche en ligne droite derrière nous ; et, comme nous le pensons, leur intention était de nous tuer avant qu'Antipus les rattrapât, et cela afin de ne pas être encerclés par notre peuple.

38 Et alors, Antipus, voyant notre danger, hâta la marche de son armée. Mais voici, c'était la nuit ; c'est pourquoi ils ne nous rattrapèrent pas, et Antipus ne les rattrapa pas non plus ; c'est pourquoi nous campâmes pour la nuit.

39 Et il arriva que le matin, avant l'aube, voici, les Lamanites nous poursuivaient. Or, nous n'étions pas suffisamment forts pour les combattre ; oui, je ne voulus pas permettre que mes jeunes fils tombent entre leurs mains ; c'est pourquoi nous continuâmes notre marche et commençâmes notre marche dans le désert.

40 Or, ils n'osaient tourner ni à droite ni à gauche, de peur d'être encerclés ; et je ne voulais pas non plus tourner ni à droite ni à gauche, de peur qu'ils ne me rattrapent, et nous ne pourrions pas leur résister, mais serions tués, et ils s'échapperaient ; ainsi, nous nous enfuîmes pendant toute cette journée-là dans le désert jusqu'à ce qu'il fasse noir.

41 Et il arriva que de nouveau, lorsque la lumière du matin vint, nous vîmes les Lamanites arriver sur nous, et nous fuîmes devant eux.

42 Mais il arriva qu'ils ne nous poursuivirent pas longtemps avant de s'arrêter ; et c'était le matin du troisième jour du septième mois.

43 Et maintenant, nous ne savions pas s'ils étaient rattrapés par Antipus, mais je dis à mes hommes : Voici, nous ne savons pas s'ils ne se sont pas arrêtés pour que nous tombions sur eux, afin de nous prendre dans leur piège.

44 C'est pourquoi, que dites-vous, mes fils, irez-vous leur livrer bataille ?

45 Et maintenant, je te le dis, mon frère Moroni bien-aimé, que jamais je n'avais vu un aussi grand courage, non, pas parmi tous les Néphites.

46 Car, de même que je les avais toujours appelés mes fils (car ils étaient tous très jeunes), de même ils me dirent : Père, voici, notre Dieu est avec nous, et il ne souffrira pas que nous tombions ; allons donc ; nous

let us alone; therefore let us go, lest they should overpower the army of Antipus.

47 Now they never had fought, yet they did not fear death; and they did think more upon the liberty of their fathers than they did upon their lives; yea, they had been taught by their mothers, that if they did not doubt, God would deliver them.

48 And they rehearsed unto me the words of their mothers, saying: We do not doubt our mothers knew it.

49 And it came to pass that I did return with my two thousand against these Lamanites who had pursued us. And now behold, the armies of Antipus had overtaken them, and a terrible battle had commenced.

50 The army of Antipus being weary, because of their long march in so short a space of time, were about to fall into the hands of the Lamanites; and had I not returned with my two thousand they would have obtained their purpose.

51 For Antipus had fallen by the sword, and many of his leaders, because of their weariness, which was occasioned by the speed of their march—therefore the men of Antipus, being confused because of the fall of their leaders, began to give way before the Lamanites.

52 And it came to pass that the Lamanites took courage, and began to pursue them; and thus were the Lamanites pursuing them with great vigor when Helaman came upon their rear with his two thousand, and began to slay them exceedingly, insomuch that the whole army of the Lamanites halted and turned upon Helaman.

53 Now when the people of Antipus saw that the Lamanites had turned them about, they gathered together their men and came again upon the rear of the Lamanites.

54 And now it came to pass that we, the people of Nephi, the people of Antipus, and I with my two thousand, did surround the Lamanites, and did slay them; yea, insomuch that they were compelled to deliver up their weapons of war and also themselves as prisoners of war.

ne tuerions pas nos frères s'ils nous laissaient tranquilles ; c'est pourquoi allons, de peur qu'ils n'aient le dessus sur l'armée d'Antipus.

47 Or, ils n'avaient jamais combattu ; néanmoins ils ne craignaient pas la mort ; et ils pensaient plus à la liberté de leurs pères qu'à leur vie ; oui, ils avaient appris de leurs mères que, s'ils ne doutaient pas, Dieu les délivrerait.

48 Et ils me répétèrent les paroles de leurs mères, disant : Nous ne doutons pas que nos mères le savaient.

49 Et il arriva que je retournai avec mes deux mille contre ces Lamanites qui nous avaient poursuivis. Or, voici, les armées d'Antipus les avaient rattrapés et une terrible bataille avait commencé.

50 L'armée d'Antipus, lasse à cause de sa longue marche en un temps aussi court, était sur le point de tomber entre les mains des Lamanites, et si je n'étais pas revenu avec mes deux mille, ils seraient parvenus à leur fin.

51 Car Antipus était tombé par l'épée, ainsi que beaucoup de ses chefs, à cause de leur lassitude, qui était occasionnée par la rapidité de leur marche — c'est pourquoi, les hommes d'Antipus, dans la confusion à cause de la chute de leurs chefs, commencèrent à céder devant les Lamanites.

52 Et il arriva que les Lamanites prirent courage et commencèrent à les poursuivre ; et ainsi, les Lamanites les poursuivaient avec une grande vigueur, lorsque Hélaman tomba sur leurs arrières avec ses deux mille, et commença à les tuer en très grand nombre, de sorte que l'armée entière des Lamanites s'arrêta et se retourna contre Hélaman.

53 Alors, quand le peuple d'Antipus vit que les Lamanites avaient fait demi-tour, ils rassemblèrent leurs hommes et tombèrent de nouveau sur les arrières des Lamanites.

54 Et alors, il arriva que nous, le peuple de Néphi, le peuple d'Antipus, et moi avec mes deux mille, encerclâmes les Lamanites et les tuâmes, oui, au point qu'ils furent forcés de livrer leurs armes de guerre et de se livrer aussi comme prisonniers de guerre.

55 And now it came to pass that when they had surrendered themselves up unto us, behold, I numbered those young men who had fought with me, fearing lest there were many of them slain.

56 But behold, to my great joy, there had not one soul of them fallen to the earth; yea, and they had fought as if with the strength of God; yea, never were men known to have fought with such miraculous strength; and with such mighty power did they fall upon the Lamanites, that they did frighten them; and for this cause did the Lamanites deliver themselves up as prisoners of war.

57 And as we had no place for our prisoners, that we could guard them to keep them from the armies of the Lamanites, therefore we sent them to the land of Zarahemla, and a part of those men who were not slain of Antipus, with them; and the remainder I took and joined them to my stripling Ammonites, and took our march back to the city of Judea.

CHAPTER 57

Helaman recounts the taking of Antiparah and the surrender and later the defense of Cumeni— His Ammonite striplings fight valiantly; all are wounded, but none are slain—Gid reports the slaying and the escape of the Lamanite prisoners. About 63 B.C.

1 And now it came to pass that I received an epistle from Ammoron, the king, stating that if I would deliver up those prisoners of war whom we had taken that he would deliver up the city of Antiparah unto us.

2 But I sent an epistle unto the king, that we were sure our forces were sufficient to take the city of Antiparah by our force; and by delivering up the prisoners for that city we should suppose ourselves unwise, and that we would only deliver up our prisoners on exchange.

3 And Ammoron refused mine epistle, for he would not exchange prisoners; therefore we began to make preparations to go against the city of Antiparah.

4 But the people of Antiparah did leave the city, and fled to their other cities, which

55 Et maintenant, il arriva que lorsqu'ils se furent rendus à nous, voici, je comptai ces jeunes hommes qui avaient combattu avec moi, craignant que beaucoup d'entre eux n'eussent été tués.

56 Mais voici, à ma grande joie, pas une seule âme d'entre eux n'était tombée ; oui, et ils avaient combattu comme avec la force de Dieu ; oui, jamais on n'avait vu des hommes combattre avec une force aussi miraculeuse ; et ils étaient tombés sur les Lamanites avec une puissance tellement grande qu'ils les avaient terrifiés ; c'est à cause de cela que les Lamanites se livrèrent comme prisonniers de guerre.

57 Et comme nous n'avions pas de place pour nos prisonniers, de manière à les garder pour les tenir à l'écart des armées des Lamanites, nous les envoyâmes au pays de Zarahemla, et, avec eux, une partie des hommes d'Antipus qui n'avaient pas été tués ; et je pris le reste et l'unis à mes jeunes Ammonites, et nous entreprîmes notre marche de retour vers la ville de Judéa.

CHAPITRE 57

Hélaman raconte la prise d'Antiparah et la reddition et, plus tard, la défense de Cumeni — Ses jeunes Ammonites se battent vaillamment et tous sont blessés, mais aucun n'est tué — Gid rapporte le massacre et la fuite des prisonniers lamanites. Vers 63 av. J.-C.

1 Et alors, il arriva que je reçus une épître d'Ammoron, le roi, disant que si je livrais les prisonniers de guerre que nous avions pris, il nous livrerait la ville d'Antiparah.

2 Mais j'envoyai une épître au roi, disant que nous étions certains que nos forces étaient suffisantes pour prendre la ville d'Antiparah par la force, et qu'en livrant les prisonniers en échange de cette ville, nous nous considérerions comme peu sages, et que nous ne livrerions nos prisonniers que par échange.

3 Et Ammoron refusa mon épître, car il ne voulait pas échanger les prisonniers ; c'est pourquoi, nous commençâmes à faire des préparatifs pour aller contre la ville d'Antiparah.

4 Mais les habitants d'Antiparah quittèrent la ville et s'enfuirent vers leurs autres villes,

they had possession of, to fortify them; and thus the city of Antiparah fell into our hands.

5 And thus ended the twenty and eighth year of the reign of the judges.

6 And it came to pass that in the commencement of the twenty and ninth year, we received a supply of provisions, and also an addition to our army, from the land of Zarahemla, and from the land round about, to the number of six thousand men, besides sixty of the sons of the Ammonites who had come to join their brethren, my little band of two thousand. And now behold, we were strong, yea, and we had also plenty of provisions brought unto us.

7 And it came to pass that it was our desire to wage a battle with the army which was placed to protect the city Cumeni.

8 And now behold, I will show unto you that we soon accomplished our desire; yea, with our strong force, or with a part of our strong force, we did surround, by night, the city Cumeni, a little before they were to receive a supply of provisions.

9 And it came to pass that we did camp round about the city for many nights; but we did sleep upon our swords, and keep guards, that the Lamanites could not come upon us by night and slay us, which they attempted many times; but as many times as they attempted this their blood was spilt.

10 At length their provisions did arrive, and they were about to enter the city by night. And we, instead of being Lamanites, were Nephites; therefore, we did take them and their provisions.

11 And notwithstanding the Lamanites being cut off from their support after this manner, they were still determined to maintain the city; therefore it became expedient that we should take those provisions and send them to Judea, and our prisoners to the land of Zarahemla.

12 And it came to pass that not many days had passed away before the Lamanites began to lose all hopes of succor; therefore they yielded up the city unto our hands; and thus we had accomplished our designs in obtaining the city Cumeni.

dont ils avaient pris possession pour les fortifier ; et ainsi, la ville d'Antiparah tomba entre nos mains.

5 Et ainsi finit la vingt-huitième année du règne des juges.

6 Et il arriva qu'au commencement de la vingt-neuvième année, nous reçûmes, du pays de Zarahemla et du pays alentour, une réserve de provisions, et aussi des renforts pour notre armée, au nombre de six mille hommes, outre soixante des fils des Ammonites, qui étaient venus se joindre à leurs frères, ma petite troupe de deux mille. Et maintenant voici, nous étions forts, oui, et d'abondantes provisions nous avaient aussi été apportées.

7 Et il arriva que nous désirâmes livrer bataille à l'armée qui était placée pour protéger la ville de Cumeni.

8 Et maintenant, voici, je vais te montrer que nous ne tardâmes pas à réaliser notre désir ; oui, avec nos grandes forces, ou avec une partie de nos grandes forces, nous encerclâmes, de nuit, la ville de Cumeni, un peu avant qu'ils ne dussent recevoir une réserve de provisions.

9 Et il arriva que nous campâmes de nombreuses nuits autour de la ville ; mais nous dormions sur nos épées et maintenions des gardes, afin que les Lamanites ne pussent venir sur nous la nuit nous tuer, ce qu'ils tentèrent de nombreuses fois ; mais toutes les fois qu'ils le tentèrent, leur sang fut versé.

10 Finalement, leurs provisions arrivèrent, et ils étaient sur le point d'entrer de nuit dans la ville. Et nous, au lieu d'être des Lamanites, nous étions des Néphites ; c'est pourquoi, nous les prîmes, eux et leurs provisions.

11 Mais en dépit du fait qu'ils étaient de cette manière coupés de leur ravitaillement, les Lamanites étaient quand même décidés à conserver la ville ; c'est pourquoi il devint nécessaire pour nous de prendre ces provisions et de les envoyer à Judéa, et nos prisonniers au pays de Zarahemla.

12 Et il arriva qu'il ne se passa pas beaucoup de jours que les Lamanites ne commencent à perdre toute espérance d'obtenir du secours ; c'est pourquoi ils remirent la ville entre nos mains ; et ainsi, nous avions réalisé notre dessein de prendre la ville de Cumeni.

13 But it came to pass that our prisoners were so numerous that, notwithstanding the enormity of our numbers, we were obliged to employ all our force to keep them, or to put them to death.

14 For behold, they would break out in great numbers, and would fight with stones, and with clubs, or whatsoever thing they could get into their hands, insomuch that we did slay upwards of two thousand of them after they had surrendered themselves prisoners of war.

15 Therefore it became expedient for us, that we should put an end to their lives, or guard them, sword in hand, down to the land of Zarahemla; and also our provisions were not any more than sufficient for our own people, notwithstanding that which we had taken from the Lamanites.

16 And now, in those critical circumstances, it became a very serious matter to determine concerning these prisoners of war; nevertheless, we did resolve to send them down to the land of Zarahemla; therefore we selected a part of our men, and gave them charge over our prisoners to go down to the land of Zarahemla.

17 But it came to pass that on the morrow they did return. And now behold, we did not inquire of them concerning the prisoners; for behold, the Lamanites were upon us, and they returned in season to save us from falling into their hands. For behold, Ammoron had sent to their support a new supply of provisions and also a numerous army of men.

18 And it came to pass that those men whom we sent with the prisoners did arrive in season to check them, as they were about to overpower us.

19 But behold, my little band of two thousand and sixty fought most desperately; yea, they were firm before the Lamanites, and did administer death unto all those who opposed them.

20 And as the remainder of our army were about to give way before the Lamanites, behold, those two thousand and sixty were firm and undaunted.

21 Yea, and they did obey and observe to perform every word of command with exactness; yea, and even according to their

13 Mais il arriva que nos prisonniers étaient si nombreux que, malgré l'immensité de notre nombre, nous fûmes obligés d'employer toutes nos forces pour les garder, ou de les mettre à mort.

14 Car voici, ils se soulevaient en grand nombre, et se battaient avec des pierres, et avec des bâtons, et avec tout ce qui leur tombait sous la main, de sorte que nous en tuâmes plus de deux mille après qu'ils se fussent rendus comme prisonniers de guerre.

15 Nous nous trouvâmes donc dans la nécessité de mettre fin à leur vie, ou de les garder, l'épée à la main, jusqu'à ce que nous fussions descendus au pays de Zarahemla ; et en outre, nos provisions étaient tout juste suffisantes pour notre propre peuple, malgré ce qui avait été pris aux Lamanites.

16 Et alors, dans ces circonstances critiques, ce devint un problème très sérieux que de décider de ce qu'il fallait faire de ces prisonniers de guerre ; néanmoins, nous résolûmes de les faire descendre au pays de Zarahemla ; c'est pourquoi nous choisîmes une partie de nos hommes et leur donnâmes la charge de nos prisonniers pour descendre au pays de Zarahemla.

17 Mais il arriva que, le lendemain, ils revinrent. Or, voici, nous ne les interrogeâmes pas concernant les prisonniers ; car voici, les Lamanites étaient sur nous, et ils revenaient à temps pour nous empêcher de tomber entre leurs mains. Car voici, Ammoron avait envoyé, pour les soutenir, une nouvelle réserve de provisions et aussi une nombreuse armée d'hommes.

18 Et il arriva que ces hommes que nous avions envoyés avec les prisonniers arrivèrent à temps pour les arrêter, car ils étaient sur le point d'avoir le dessus sur nous.

19 Mais voici, ma petite troupe de deux mille soixante combattit avec l'énergie du désespoir ; oui, ils furent fermes devant les Lamanites et infligèrent la mort à tous ceux qui s'opposaient à eux.

20 Et tandis que le reste de notre armée était sur le point de céder devant les Lamanites, voici, ces deux mille soixante furent fermes et inébranlables.

21 Oui, et ils obéirent et s'appliquèrent à accomplir avec exactitude chaque commandement ; oui, et il leur fut fait selon leur foi ; et

faith it was done unto them; and I did remember the words which they said unto me that their mothers had taught them.

22 And now behold, it was these my sons, and those men who had been selected to convey the prisoners, to whom we owe this great victory; for it was they who did beat the Lamanites; therefore they were driven back to the city of Manti.

23 And we retained our city Cumeni, and were not all destroyed by the sword; nevertheless, we had suffered great loss.

24 And it came to pass that after the Lamanites had fled, I immediately gave orders that my men who had been wounded should be taken from among the dead, and caused that their wounds should be dressed.

25 And it came to pass that there were two hundred, out of my two thousand and sixty, who had fainted because of the loss of blood; nevertheless, according to the goodness of God, and to our great astonishment, and also the joy of our whole army, there was not one soul of them who did perish; yea, and neither was there one soul among them who had not received many wounds.

26 And now, their preservation was astonishing to our whole army, yea, that they should be spared while there was a thousand of our brethren who were slain. And we do justly ascribe it to the miraculous power of God, because of their exceeding faith in that which they had been taught to believe—that there was a just God, and whosoever did not doubt, that they should be preserved by his marvelous power.

27 Now this was the faith of these of whom I have spoken; they are young, and their minds are firm, and they do put their trust in God continually.

28 And now it came to pass that after we had thus taken care of our wounded men, and had buried our dead and also the dead of the Lamanites, who were many, behold, we did inquire of Gid concerning the prisoners whom they had started to go down to the land of Zarahemla with.

29 Now Gid was the chief captain over the band who was appointed to guard them down to the land.

je me souvins des paroles qu'ils m'avaient dit que leurs mères leur avaient enseignées.

22 Et maintenant, voici, c'est à ceux-ci, qui étaient mes fils, et à ces hommes, qui avaient été choisis pour accompagner les prisonniers, que nous devons cette grande victoire ; car ce furent eux qui battirent les Lamanites ; c'est pourquoi ils furent repoussés vers la ville de Manti.

23 Et nous conservâmes notre ville de Cumeni et ne fûmes pas tous détruits par l'épée ; néanmoins, nous avions subi de lourdes pertes.

24 Et il arriva que lorsque les Lamanites se furent enfuis, je donnai immédiatement l'ordre de retirer de parmi les morts mes hommes qui avaient été blessés et fis panser leurs blessures.

25 Et il arriva qu'il y en eut deux cents, sur mes deux mille soixante, qui s'étaient évanouis à cause de la perte de sang ; néanmoins, selon la bonté de Dieu, et à notre grand étonnement, et aussi à la joie de toute notre armée, il n'y eut pas une seule âme d'entre eux qui périt ; oui, il n'y eut pas non plus une seule âme parmi eux qui n'eût pas reçu de nombreuses blessures.

26 Et maintenant, leur préservation étonna toute notre armée, oui, le fait qu'ils étaient épargnés, alors qu'un millier de nos frères avaient été tués. Et nous l'attribuons à juste titre au pouvoir miraculeux de Dieu, à cause de leur foi extrême en ce qu'on leur avait enseigné à croire : qu'il y avait un Dieu juste et que quiconque ne doutait pas serait préservé par son pouvoir merveilleux.

27 Or, telle était la foi de ceux dont j'ai parlé ; ils sont jeunes, et leur esprit est ferme, et ils placent continuellement leur confiance en Dieu.

28 Et alors, il arriva que lorsque nous eûmes ainsi pris soin de nos blessés, et eûmes enterré nos morts et aussi les morts des Lamanites, qui étaient nombreux, voici, nous interrogeâmes Gid à propos des prisonniers avec lesquels ils avaient commencé à descendre au pays de Zarahemla.

29 Or, Gid était le capitaine en chef de la troupe qui était chargée de les garder jusqu'à ce qu'ils fussent descendus au pays.

30 And now, these are the words which Gid said unto me: Behold, we did start to go down to the land of Zarahemla with our prisoners. And it came to pass that we did meet the spies of our armies, who had been sent out to watch the camp of the Lamanites.

31 And they cried unto us, saying—Behold, the armies of the Lamanites are marching towards the city of Cumeni; and behold, they will fall upon them, yea, and will destroy our people.

32 And it came to pass that our prisoners did hear their cries, which caused them to take courage; and they did rise up in rebellion against us.

33 And it came to pass because of their rebellion we did cause that our swords should come upon them. And it came to pass that they did in a body run upon our swords, in the which, the greater number of them were slain; and the remainder of them broke through and fled from us.

34 And behold, when they had fled and we could not overtake them, we took our march with speed towards the city Cumeni; and behold, we did arrive in time that we might assist our brethren in preserving the city.

35 And behold, we are again delivered out of the hands of our enemies. And blessed is the name of our God; for behold, it is he that has delivered us; yea, that has done this great thing for us.

36 Now it came to pass that when I, Helaman, had heard these words of Gid, I was filled with exceeding joy because of the goodness of God in preserving us, that we might not all perish; yea, and I trust that the souls of them who have been slain have entered into the rest of their God.

CHAPTER 58

Helaman, Gid, and Teomner take the city of Manti by a stratagem—The Lamanites withdraw—The sons of the people of Ammon are preserved as they stand fast in defense of their liberty and faith. About 63–62 B.C.

1 And behold, now it came to pass that our next object was to obtain the city of Manti; but behold, there was no way that we could

lead them out of the city by our small bands. For behold, they remembered that which we had hitherto done; therefore we could not decoy them away from their strongholds.

2 And they were so much more numerous than was our army that we durst not go forth and attack them in their strongholds.

3 Yea, and it became expedient that we should employ our men to the maintaining those parts of the land which we had regained of our possessions; therefore it became expedient that we should wait, that we might receive more strength from the land of Zarahemla and also a new supply of provisions.

4 And it came to pass that I thus did send an embassy to the governor of our land, to acquaint him concerning the affairs of our people. And it came to pass that we did wait to receive provisions and strength from the land of Zarahemla.

5 But behold, this did profit us but little; for the Lamanites were also receiving great strength from day to day, and also many provisions; and thus were our circumstances at this period of time.

6 And the Lamanites were sallying forth against us from time to time, resolving by stratagem to destroy us; nevertheless we could not come to battle with them, because of their retreats and their strongholds.

7 And it came to pass that we did wait in these difficult circumstances for the space of many months, even until we were about to perish for the want of food.

8 But it came to pass that we did receive food, which was guarded to us by an army of two thousand men to our assistance; and this is all the assistance which we did receive, to defend ourselves and our country from falling into the hands of our enemies, yea, to contend with an enemy which was innumerable.

9 And now the cause of these our embarrassments, or the cause why they did not send more strength unto us, we knew not; therefore we were grieved and also filled with fear, lest by any means the judgments of God should come upon our land, to our overthrow and utter destruction.

les faire sortir de la ville avec nos petites troupes. Car voici, ils se souvenaient de ce que nous avions fait jusqu'alors ; c'est pourquoi nous ne pouvions les leurrer pour les faire sortir de leurs places fortes.

2 Et ils étaient tellement plus nombreux que notre armée que nous n'osions pas aller les attaquer dans leurs places fortes.

3 Oui, et il devint nécessaire d'employer nos hommes à conserver les parties du pays dont nous avions repris possession ; c'est pourquoi il devint nécessaire d'attendre de recevoir davantage de forces du pays de Zarahemla et aussi une nouvelle réserve de provisions.

4 Et il arriva que j'envoyai ainsi une ambassade au gouverneur de notre pays, pour l'informer des affaires de notre peuple. Et il arriva que nous attendîmes de recevoir des provisions et des forces du pays de Zarahemla.

5 Mais voici, cela ne nous profita guère ; car les Lamanites recevaient aussi de jour en jour de grandes forces, et aussi beaucoup de provisions ; et telle était notre situation à ce moment-là.

6 Et les Lamanites faisaient de temps en temps des sorties contre nous, résolus à nous détruire par stratagème ; néanmoins, nous ne pouvions aller leur livrer bataille, à cause de leurs lieux de retraite et de leurs places fortes.

7 Et il arriva que nous attendîmes, dans cette situation difficile, pendant de nombreux mois jusqu'à ce que nous fussions sur le point de périr par manque de nourriture.

8 Mais il arriva que nous reçûmes de la nourriture, qui était gardée pour nous par une armée de deux mille hommes venus nous aider ; et c'est toute l'aide que nous reçûmes pour nous empêcher, nous et notre pays, de tomber entre les mains de nos ennemis, oui, pour combattre un ennemi qui était innombrable.

9 Or, la cause de cet embarras qui était le nôtre, ou la raison pour laquelle on ne nous envoyait pas davantage de forces, nous ne la connaissions pas ; c'est pourquoi nous étions peinés et aussi remplis de la crainte que, d'une façon ou d'une autre, les jugements de Dieu ne tombent sur notre pays pour nous renverser et nous détruire totalement.

10 Therefore we did pour out our souls in prayer to God, that he would strengthen us and deliver us out of the hands of our enemies, yea, and also give us strength that we might retain our cities, and our lands, and our possessions, for the support of our people.

11 Yea, and it came to pass that the Lord our God did visit us with assurances that he would deliver us; yea, insomuch that he did speak peace to our souls, and did grant unto us great faith, and did cause us that we should hope for our deliverance in him.

12 And we did take courage with our small force which we had received, and were fixed with a determination to conquer our enemies, and to maintain our lands, and our possessions, and our wives, and our children, and the cause of our liberty.

13 And thus we did go forth with all our might against the Lamanites, who were in the city of Manti; and we did pitch our tents by the wilderness side, which was near to the city.

14 And it came to pass that on the morrow, that when the Lamanites saw that we were in the borders by the wilderness which was near the city, that they sent out their spies round about us that they might discover the number and the strength of our army.

15 And it came to pass that when they saw that we were not strong, according to our numbers, and fearing that we should cut them off from their support except they should come out to battle against us and kill us, and also supposing that they could easily destroy us with their numerous hosts, therefore they began to make preparations to come out against us to battle.

16 And when we saw that they were making preparations to come out against us, behold, I caused that Gid, with a small number of men, should secrete himself in the wilderness, and also that Teomner and a small number of men should secrete themselves also in the wilderness.

17 Now Gid and his men were on the right and the others on the left; and when they had thus secreted themselves, behold, I remained, with the remainder of my army, in that same place where we had first pitched our tents against the time that the Lamanites should come out to battle.

10 C'est pourquoi nous déversâmes notre âme en prières à Dieu, pour qu'il nous fortifiât et nous délivrât des mains de nos ennemis, oui, et nous donnât aussi de la force, afin de pouvoir conserver nos villes, et nos terres, et nos possessions, pour le soutien de notre peuple.

11 Oui, et il arriva que le Seigneur, notre Dieu, nous donna l'assurance qu'il nous délivrerait ; oui, au point qu'il apaisa notre âme, et nous accorda une grande foi, et nous fit espérer obtenir notre délivrance en lui.

12 Et nous prîmes courage avec les petites forces que nous avions reçues, et prîmes la ferme détermination de vaincre nos ennemis, et de conserver nos terres, et nos possessions, et nos épouses, et nos enfants, et la cause de notre liberté.

13 Et ainsi, nous marchâmes de toutes nos forces contre les Lamanites qui étaient dans la ville de Manti ; et nous dressâmes nos tentes près du côté du désert, qui était proche de la ville.

14 Et il arriva que, le matin, lorsque les Lamanites virent que nous étions dans les régions frontières près du désert qui était proche de la ville, ils envoyèrent des espions tout autour de nous, afin de découvrir le nombre et la force de notre armée.

15 Et il arriva que lorsqu'ils virent que nous n'étions pas forts quant au nombre, et craignant que nous ne les coupions de leur ravitaillement, s'ils ne sortaient pas nous livrer bataille et nous tuer, et pensant aussi qu'ils pouvaient facilement nous détruire avec leurs nombreuses armées, ils commencèrent donc à faire des préparatifs pour sortir nous livrer bataille.

16 Et lorsque nous vîmes qu'ils faisaient des préparatifs pour sortir contre nous, voici, je fis cacher Gid avec un petit nombre d'hommes dans le désert, et je fis aussi cacher Téomner et un petit nombre d'hommes dans le désert.

17 Or, Gid et ses hommes étaient à droite et les autres à gauche ; et lorsqu'ils se furent ainsi cachés, voici, je demeurai, avec le reste de mon armée, au même endroit où nous avions tout d'abord dressé nos tentes en vue du moment où les Lamanites sortiraient nous livrer bataille.

18 And it came to pass that the Lamanites did come out with their numerous army against us. And when they had come and were about to fall upon us with the sword, I caused that my men, those who were with me, should retreat into the wilderness.

19 And it came to pass that the Lamanites did follow after us with great speed, for they were exceedingly desirous to overtake us that they might slay us; therefore they did follow us into the wilderness; and we did pass by in the midst of Gid and Teomner, insomuch that they were not discovered by the Lamanites.

20 And it came to pass that when the Lamanites had passed by, or when the army had passed by, Gid and Teomner did rise up from their secret places, and did cut off the spies of the Lamanites that they should not return to the city.

21 And it came to pass that when they had cut them off, they ran to the city and fell upon the guards who were left to guard the city, insomuch that they did destroy them and did take possession of the city.

22 Now this was done because the Lamanites did suffer their whole army, save a few guards only, to be led away into the wilderness.

23 And it came to pass that Gid and Teomner by this means had obtained possession of their strongholds. And it came to pass that we took our course, after having traveled much in the wilderness towards the land of Zarahemla.

24 And when the Lamanites saw that they were marching towards the land of Zarahemla, they were exceedingly afraid, lest there was a plan laid to lead them on to destruction; therefore they began to retreat into the wilderness again, yea, even back by the same way which they had come.

25 And behold, it was night and they did pitch their tents, for the chief captains of the Lamanites had supposed that the Nephites were weary because of their march; and supposing that they had driven their whole army therefore they took no thought concerning the city of Manti.

26 Now it came to pass that when it was night, I caused that my men should not sleep, but that they should march forward by another way towards the land of Manti.

18 Et il arriva que les Lamanites sortirent contre nous avec leur nombreuse armée. Et lorsqu'ils furent venus et furent sur le point de tomber sur nous avec l'épée, je commandai à mes hommes, à ceux qui étaient avec moi, de battre en retraite dans le désert.

19 Et il arriva que les Lamanites nous poursuivirent avec une grande rapidité, car ils étaient extrêmement désireux de nous rattraper afin de nous tuer ; c'est pourquoi ils nous suivirent dans le désert ; et nous passâmes entre Gid et Téomner, de sorte qu'ils ne furent pas découverts par les Lamanites.

20 Et il arriva que lorsque les Lamanites furent passés, ou que l'armée fut passée, Gid et Téomner sortirent de leurs lieux secrets, et interceptèrent les espions des Lamanites pour qu'ils ne retournent pas à la ville.

21 Et il arriva que lorsqu'ils les eurent interceptés, ils coururent à la ville et tombèrent sur les gardes qui étaient laissés pour garder la ville, de sorte qu'ils les détruisirent et prirent possession de la ville.

22 Or, cela se fit parce que les Lamanites avaient permis que leur armée tout entière, sauf un petit nombre de gardes, fût entraînée dans le désert.

23 Et il arriva que Gid et Téomner prirent, par ce moyen, possession de leurs places fortes. Et il arriva qu'après avoir beaucoup voyagé dans le désert, nous prîmes la direction du pays de Zarahemla.

24 Et lorsque les Lamanites virent qu'ils se dirigeaient vers le pays de Zarahemla, ils eurent extrêmement peur qu'un plan n'eût été préparé pour les conduire à leur destruction ; c'est pourquoi ils commencèrent à se retirer de nouveau dans le désert, oui, en retournant par le chemin d'où ils étaient venus.

25 Et voici, c'était la nuit, et ils dressèrent leurs tentes, car les capitaines en chef des Lamanites pensaient que les Néphites étaient las à cause de leur marche ; et pensant que c'était leur armée tout entière qu'ils pourchassaient, ils ne se firent pas de souci pour la ville de Manti.

26 Alors, il arriva que lorsqu'il fit nuit, j'empêchai mes hommes de dormir, mais les fis marcher par un autre chemin vers le pays de Manti.

27 And because of this our march in the night-time, behold, on the morrow we were beyond the Lamanites, insomuch that we did arrive before them at the city of Manti.

28 And thus it came to pass, that by this stratagem we did take possession of the city of Manti without the shedding of blood.

29 And it came to pass that when the armies of the Lamanites did arrive near the city, and saw that we were prepared to meet them, they were astonished exceedingly and struck with great fear, insomuch that they did flee into the wilderness.

30 Yea, and it came to pass that the armies of the Lamanites did flee out of all this quarter of the land. But behold, they have carried with them many women and children out of the land.

31 And those cities which had been taken by the Lamanites, all of them are at this period of time in our possession; and our fathers and our women and our children are returning to their homes, all save it be those who have been taken prisoners and carried off by the Lamanites.

32 But behold, our armies are small to maintain so great a number of cities and so great possessions.

33 But behold, we trust in our God who has given us victory over those lands, insomuch that we have obtained those cities and those lands, which were our own.

34 Now we do not know the cause that the government does not grant us more strength; neither do those men who came up unto us know why we have not received greater strength.

35 Behold, we do not know but what ye are unsuccessful, and ye have drawn away the forces into that quarter of the land; if so, we do not desire to murmur.

36 And if it is not so, behold, we fear that there is some faction in the government, that they do not send more men to our assistance; for we know that they are more numerous than that which they have sent.

37 But, behold, it mattereth not—we trust God will deliver us, notwithstanding the weakness of our armies, yea, and deliver us out of the hands of our enemies.

27 Et à cause de notre marche nocturne, voici, le matin, nous étions au-delà des Lamanites, de sorte que nous arrivâmes avant eux à la ville de Manti.

28 Et ainsi, il arriva que, par ce stratagème, nous prîmes possession de la ville de Manti sans verser de sang.

29 Et il arriva que lorsque les armées des Lamanites arrivèrent près de la ville et virent que nous étions prêts à les affronter, ils furent extrêmement étonnés et frappés d'une grande crainte, de sorte qu'ils s'enfuirent dans le désert.

30 Oui, et il arriva que les armées des Lamanites s'enfuirent de toute cette partie du pays. Mais voici, ils ont emmené beaucoup de femmes et d'enfants hors du pays.

31 Et les villes qui avaient été prises par les Lamanites, sont toutes en ce moment en notre possession ; et nos pères, et nos femmes, et nos enfants retournent chez eux, tous sauf ceux qui ont été faits prisonniers et emmenés par les Lamanites.

32 Mais voici, nos armées sont petites pour conserver un si grand nombre de villes et d'aussi grandes possessions.

33 Mais voici, nous nous fions à notre Dieu, qui nous a donné la victoire sur ces terres, de sorte que nous avons pris ces villes et ces terres qui étaient les nôtres.

34 Or, nous ne connaissons pas la cause pour laquelle le gouvernement ne nous accorde pas plus de forces ; et les hommes qui sont venus à nous ne savent pas non plus pourquoi nous n'avons pas reçu davantage de forces.

35 Voici, nous ne savons pas si tu n'as pas échoué, et si ce n'est pas toi qui as entraîné les forces dans cette partie-là du pays ; s'il en est ainsi, nous ne désirons pas murmurer.

36 Et s'il n'en est pas ainsi, voici, nous craignons qu'il y ait une faction dans le gouvernement, de sorte qu'on n'envoie pas davantage d'hommes à notre aide ; car nous savons qu'ils sont plus nombreux que ce qu'on nous a envoyé.

37 Mais voici, cela n'a pas d'importance : nous avons l'assurance que Dieu nous délivrera malgré la faiblesse de nos armées, oui, et nous délivrera des mains de nos ennemis.

38 Behold, this is the twenty and ninth year, in the latter end, and we are in the possession of our lands; and the Lamanites have fled to the land of Nephi.

39 And those sons of the people of Ammon, of whom I have so highly spoken, are with me in the city of Manti; and the Lord has supported them, yea, and kept them from falling by the sword, insomuch that even one soul has not been slain.

40 But behold, they have received many wounds; nevertheless they stand fast in that liberty wherewith God has made them free; and they are strict to remember the Lord their God from day to day; yea, they do observe to keep his statutes, and his judgments, and his commandments continually; and their faith is strong in the prophecies concerning that which is to come.

41 And now, my beloved brother, Moroni, may the Lord our God, who has redeemed us and made us free, keep you continually in his presence; yea, and may he favor this people, even that ye may have success in obtaining the possession of all that which the Lamanites have taken from us, which was for our support. And now, behold, I close mine epistle. I am Helaman, the son of Alma.

CHAPTER 59

Moroni asks Pahoran to strengthen the forces of Helaman—The Lamanites take the city of Nephihah—Moroni is angry with the government. About 62 B.C.

1 Now it came to pass in the thirtieth year of the reign of the judges over the people of Nephi, after Moroni had received and had read Helaman's epistle, he was exceedingly rejoiced because of the welfare, yea, the exceeding success which Helaman had had, in obtaining those lands which were lost.

2 Yea, and he did make it known unto all his people, in all the land round about in that part where he was, that they might rejoice also.

3 And it came to pass that he immediately sent an epistle to Pahoran, desiring that he should cause men to be gathered together to strengthen Helaman, or the armies of Helaman, insomuch that he might with ease

38 Voici, nous sommes tout à la fin de la vingt-neuvième année et nous sommes en possession de nos terres ; et les Lamanites ont fui au pays de Néphi.

39 Et ces fils du peuple d'Ammon, dont j'ai parlé d'une manière si élogieuse, sont avec moi dans la ville de Manti ; et le Seigneur les a soutenus, oui, et les a empêchés de tomber par l'épée, au point que pas même une âme n'a été tuée.

40 Mais voici, ils ont reçu beaucoup de blessures ; néanmoins, ils restent fermes dans cette liberté par laquelle Dieu les a rendus libres ; et ils sont stricts à se souvenir, de jour en jour, du Seigneur, leur Dieu ; oui, ils s'appliquent à garder continuellement ses lois, et ses ordonnances, et ses commandements ; et leur foi dans les prophéties concernant ce qui est à venir est forte.

41 Et maintenant, mon frère bien-aimé, Moroni, que le Seigneur, notre Dieu, qui nous a rachetés et nous a rendus libres, te garde continuellement dans sa présence ; oui, et puisse-t-il favoriser ce peuple, au point que tu réussisses à prendre possession de tout ce que les Lamanites nous ont enlevé, qui était pour notre soutien. Et maintenant, voici, je termine mon épître. Je suis Hélaman, fils d'Alma.

CHAPITRE 59

Moroni demande à Pahoran d'envoyer des renforts à Hélaman — Les Lamanites prennent la ville de Néphihah — Moroni est en colère contre le gouvernement. Vers 62 av. J.-C.

1 Or, il arriva, la trentième année du règne des juges sur le peuple de Néphi, lorsque Moroni eut reçu et lu l'épître d'Hélaman, qu'il se réjouit extrêmement du bien-être, oui, de l'extrême succès avec lequel Hélaman avait repris les terres qui avaient été perdues.

2 Oui, et il le fit savoir à tout son peuple, dans tout le pays alentour dans cette région où il se trouvait, afin qu'il se réjouît aussi.

3 Et il arriva qu'il envoya immédiatement une épître à Pahoran, désirant qu'il fît rassembler des hommes pour renforcer Hélaman, ou les armées d'Hélaman, afin qu'il pût conserver facilement cette partie du

maintain that part of the land which he had been so miraculously prospered in regaining.

4 And it came to pass when Moroni had sent this epistle to the land of Zarahemla, he began again to lay a plan that he might obtain the remainder of those possessions and cities which the Lamanites had taken from them.

5 And it came to pass that while Moroni was thus making preparations to go against the Lamanites to battle, behold, the people of Nephihah, who were gathered together from the city of Moroni and the city of Lehi and the city of Morianton, were attacked by the Lamanites.

6 Yea, even those who had been compelled to flee from the land of Manti, and from the land round about, had come over and joined the Lamanites in this part of the land.

7 And thus being exceedingly numerous, yea, and receiving strength from day to day, by the command of Ammoron they came forth against the people of Nephihah, and they did begin to slay them with an exceedingly great slaughter.

8 And their armies were so numerous that the remainder of the people of Nephihah were obliged to flee before them; and they came even and joined the army of Moroni.

9 And now as Moroni had supposed that there should be men sent to the city of Nephihah, to the assistance of the people to maintain that city, and knowing that it was easier to keep the city from falling into the hands of the Lamanites than to retake it from them, he supposed that they would easily maintain that city.

10 Therefore he retained all his force to maintain those places which he had recovered.

11 And now, when Moroni saw that the city of Nephihah was lost he was exceedingly sorrowful, and began to doubt, because of the wickedness of the people, whether they should not fall into the hands of their brethren.

12 Now this was the case with all his chief captains. They doubted and marveled also because of the wickedness of the people, and this because of the success of the Lamanites over them.

pays qu'il avait si miraculeusement aidé à reconquérir.

4 Et il arriva que lorsqu'il eut envoyé cette épître au pays de Zarahemla, Moroni recommença à préparer un plan pour conquérir le reste des possessions et des villes que les Lamanites leur avaient enlevées.

5 Et il arriva que pendant que Moroni faisait ainsi des préparatifs pour aller livrer bataille aux Lamanites, voici, le peuple de Néphihah, qui s'était rassemblé de la ville de Moroni, et de la ville de Léhi, et de la ville de Morianton, fut attaqué par les Lamanites.

6 Oui, ceux qui avaient été forcés de fuir du pays de Manti, et du pays alentour, étaient venus rejoindre les Lamanites dans cette partie du pays.

7 Et ainsi, étant extrêmement nombreux, oui, et recevant des forces jour après jour, sur le commandement d'Ammoron, ils marchèrent sur le peuple de Néphihah, et ils commencèrent à le tuer en un massacre extrêmement grand.

8 Et leurs armées étaient si nombreuses que le reste du peuple de Néphihah fut obligé de fuir devant elles ; et il vint rejoindre l'armée de Moroni.

9 Et maintenant, Moroni, croyant que des hommes seraient envoyés à la ville de Néphihah pour aider le peuple à conserver cette ville, et sachant qu'il était plus facile d'empêcher la ville de tomber entre les mains des Lamanites que de la leur reprendre, pensait qu'ils conserveraient facilement cette ville.

10 C'est pourquoi, il garda toutes ses forces pour conserver les lieux qu'il avait repris.

11 Et alors, lorsque Moroni vit que la ville de Néphihah était perdue, il fut extrêmement attristé et commença à se demander si, à cause de la méchanceté du peuple, ils n'allaient pas tomber entre les mains de leurs frères.

12 Or, il en était de même de tous ses capitaines en chef. Ils se posaient aussi des questions et s'étonnaient aussi de la méchanceté du peuple, et cela à cause du succès des Lamanites sur eux.

13 And it came to pass that Moroni was angry with the government, because of their indifference concerning the freedom of their country.

13 Et il arriva que Moroni fut en colère contre le gouvernement à cause de son indifférence à l'égard de la liberté de son pays.

CHAPTER 60

CHAPITRE 60

Moroni complains to Pahoran of the government's neglect of the armies—The Lord suffers the righteous to be slain—The Nephites must use all of their power and means to deliver themselves from their enemies—Moroni threatens to fight against the government unless help is supplied to his armies. About 62 B.C.

Moroni se plaint à Pahoran de la négligence du gouvernement à l'égard des armées — Le Seigneur permet que les justes soient tués — Les Néphites doivent employer tout leur pouvoir et tous leurs moyens pour se libérer de leurs ennemis — Moroni menace de combattre le gouvernement si de l'aide n'est pas fournie à ses armées. Vers 62 av. J.-C.

1 And it came to pass that he wrote again to the governor of the land, who was Pahoran, and these are the words which he wrote, saying: Behold, I direct mine epistle to Pahoran, in the city of Zarahemla, who is the chief judge and the governor over the land, and also to all those who have been chosen by this people to govern and manage the affairs of this war.

1 Et il arriva qu'il écrivit de nouveau au gouverneur du pays, qui était Pahoran, et voici les paroles qu'il écrivit, disant : Voici, j'adresse mon épître à Pahoran, dans la ville de Zarahemla, grand juge et gouverneur du pays, et aussi à tous ceux qui ont été choisis par ce peuple pour gouverner et conduire les affaires de cette guerre.

2 For behold, I have somewhat to say unto them by the way of condemnation; for behold, ye yourselves know that ye have been appointed to gather together men, and arm them with swords, and with cimeters, and all manner of weapons of war of every kind, and send forth against the Lamanites, in whatsoever parts they should come into our land.

2 Car voici, j'ai quelque chose à leur dire sous forme de condamnation ; car voici, vous savez vous-mêmes que vous avez été désignés pour rassembler des hommes et les armer d'épées, et de cimeterres, et de toutes sortes d'armes de guerre de toute espèce, et de les envoyer contre les Lamanites, dans toutes les régions où ils entreraient dans notre pays.

3 And now behold, I say unto you that myself, and also my men, and also Helaman and his men, have suffered exceedingly great sufferings; yea, even hunger, thirst, and fatigue, and all manner of afflictions of every kind.

3 Et maintenant, voici, je vous dis que moi-même, et aussi mes hommes, et aussi Hélaman et ses hommes, avons souffert des souffrances extrêmement grandes ; oui, la faim, la soif et la fatigue, et toutes sortes d'afflictions.

4 But behold, were this all we had suffered we would not murmur nor complain.

4 Mais voici, si c'était là tout ce que nous avions souffert, nous ne murmurerions pas ni ne nous plaindrions.

5 But behold, great has been the slaughter among our people; yea, thousands have fallen by the sword, while it might have otherwise been if ye had rendered unto our armies sufficient strength and succor for them. Yea, great has been your neglect towards us.

5 Mais voici, grand a été le massacre parmi notre peuple ; oui, des milliers sont tombés par l'épée, alors qu'il aurait pu en être autrement si vous aviez apporté à nos armées suffisamment de forces et de secours. Oui, grande a été votre négligence à notre égard.

6 And now behold, we desire to know the cause of this exceedingly great neglect; yea, we desire to know the cause of your thoughtless state.

7 Can you think to sit upon your thrones in a state of thoughtless stupor, while your enemies are spreading the work of death around you? Yea, while they are murdering thousands of your brethren—

8 Yea, even they who have looked up to you for protection, yea, have placed you in a situation that ye might have succored them, yea, ye might have sent armies unto them, to have strengthened them, and have saved thousands of them from falling by the sword.

9 But behold, this is not all—ye have withheld your provisions from them, insomuch that many have fought and bled out their lives because of their great desires which they had for the welfare of this people; yea, and this they have done when they were about to perish with hunger, because of your exceedingly great neglect towards them.

10 And now, my beloved brethren—for ye ought to be beloved; yea, and ye ought to have stirred yourselves more diligently for the welfare and the freedom of this people; but behold, ye have neglected them insomuch that the blood of thousands shall come upon your heads for vengeance; yea, for known unto God were all their cries, and all their sufferings—

11 Behold, could ye suppose that ye could sit upon your thrones, and because of the exceeding goodness of God ye could do nothing and he would deliver you? Behold, if ye have supposed this ye have supposed in vain.

12 Do ye suppose that, because so many of your brethren have been killed it is because of their wickedness? I say unto you, if ye have supposed this ye have supposed in vain; for I say unto you, there are many who have fallen by the sword; and behold it is to your condemnation;

13 For the Lord suffereth the righteous to be slain that his justice and judgment may come upon the wicked; therefore ye need not suppose that the righteous are lost because they are slain; but behold, they do enter into the rest of the Lord their God.

6 Et maintenant, voici, nous désirons connaître la cause de cette négligence extrêmement grande ; oui, nous désirons connaître la cause de votre insensibilité.

7 Pouvez-vous envisager de siéger sur vos trônes dans un état de stupeur insensible, pendant que vos ennemis répandent l'œuvre de mort autour de vous ? Oui, pendant qu'ils assassinent des milliers de vos frères —

8 oui, ceux-là même qui ont levé les yeux vers vous pour obtenir protection, oui, vous ont placés dans une situation où vous auriez pu les secourir ; oui, vous auriez pu leur envoyer des armées pour les fortifier, et vous auriez épargné à des milliers d'entre eux de tomber par l'épée.

9 Mais voici, ce n'est pas tout : vous leur avez refusé vos provisions, de sorte que beaucoup ont combattu et perdu leur sang et, avec lui, leur vie, à cause du grand désir qu'ils avaient pour le bien-être de ce peuple ; oui, et cela, ils l'ont fait lorsqu'ils étaient sur le point de périr de faim, à cause de votre négligence extrêmement grande à leur égard.

10 Et maintenant, mes frères bien-aimés, car vous devriez être bien-aimés ; oui, et vous auriez dû vous démener davantage pour le bien-être et la liberté de ce peuple ; mais voici, vous les avez négligés, de sorte que le sang de milliers d'hommes retombera sur votre tête pour les venger ; oui, car tous leurs cris et toutes leurs souffrances étaient connus de Dieu —

11 voici, pouviez-vous penser que vous pourriez siéger sur vos trônes, et qu'à cause de l'extrême bonté de Dieu, vous pourriez ne rien faire et qu'il vous délivrerait ? Voici, si vous avez pensé cela, vous avez pensé en vain.

12 Pensez-vous que, parce que tant de vos frères ont été tués, c'est à cause de leur méchanceté ? Je vous le dis, si vous avez pensé cela, vous avez pensé en vain ; car je vous dis qu'il y en a beaucoup qui sont tombés par l'épée ; et voici, c'est pour votre condamnation ;

13 car le Seigneur souffre que les justes soient tués, afin que sa justice et son jugement tombent sur les méchants ; c'est pourquoi vous ne devez pas penser que les justes sont perdus parce qu'ils sont tués ; mais voici, ils entrent dans le repos du Seigneur, leur Dieu.

14 And now behold, I say unto you, I fear exceedingly that the judgments of God will come upon this people, because of their exceeding slothfulness, yea, even the slothfulness of our government, and their exceedingly great neglect towards their brethren, yea, towards those who have been slain.

15 For were it not for the wickedness which first commenced at our head, we could have withstood our enemies that they could have gained no power over us.

16 Yea, had it not been for the war which broke out among ourselves; yea, were it not for these king-men, who caused so much bloodshed among ourselves; yea, at the time we were contending among ourselves, if we had united our strength as we hitherto have done; yea, had it not been for the desire of power and authority which those king-men had over us; had they been true to the cause of our freedom, and united with us, and gone forth against our enemies, instead of taking up their swords against us, which was the cause of so much bloodshed among ourselves; yea, if we had gone forth against them in the strength of the Lord, we should have dispersed our enemies, for it would have been done, according to the fulfilling of his word.

17 But behold, now the Lamanites are coming upon us, taking possession of our lands, and they are murdering our people with the sword, yea, our women and our children, and also carrying them away captive, causing them that they should suffer all manner of afflictions, and this because of the great wickedness of those who are seeking for power and authority, yea, even those king-men.

18 But why should I say much concerning this matter? For we know not but what ye yourselves are seeking for authority. We know not but what ye are also traitors to your country.

19 Or is it that ye have neglected us because ye are in the heart of our country and ye are surrounded by security, that ye do not cause food to be sent unto us, and also men to strengthen our armies?

20 Have ye forgotten the commandments of the Lord your God? Yea, have ye forgotten

14 Et maintenant, voici, je vous le dis, je crains extrêmement que les jugements de Dieu ne s'abattent sur ce peuple à cause de son extrême indolence, oui, l'indolence de notre gouvernement, et de sa négligence extrêmement grande à l'égard de ses frères, oui, à l'égard de ceux qui ont été tués.

15 Car s'il n'y avait pas eu la méchanceté qui a tout d'abord commencé à notre tête, nous aurions pu résister à nos ennemis, de sorte qu'ils n'auraient pu obtenir aucun pouvoir sur nous.

16 Oui, s'il n'y avait pas eu la guerre qui éclata entre nous, oui, s'il n'y avait pas eu ces hommes-du-roi, qui causèrent tant d'effusion de sang parmi nous ; oui, au moment où nous combattions entre nous, si nous avions uni nos forces, comme nous l'avons fait jusqu'à présent ; oui, s'il n'y avait pas eu le désir de pouvoir et d'autorité sur nous que ces hommes-du-roi avaient ; s'ils avaient été fidèles à la cause de notre liberté, et s'étaient unis à nous, et étaient allés contre nos ennemis, au lieu de prendre l'épée contre nous, ce qui fut la cause de tant d'effusion de sang parmi nous ; oui, si nous étions allés contre eux avec la force du Seigneur, nous aurions dispersé nos ennemis, car cela se serait fait selon l'accomplissement de sa parole.

17 Mais voici, maintenant les Lamanites tombent sur nous, prennent possession de nos terres, et ils assassinent notre peuple par l'épée, oui, nos femmes et nos enfants, les emmenant aussi captifs, leur faisant souffrir toutes sortes d'afflictions, et cela à cause de la grande méchanceté de ceux qui cherchent le pouvoir et l'autorité, oui, ces hommes-du-roi.

18 Mais pourquoi parlerais-je beaucoup de ce sujet ? Car nous ne savons pas si vous-mêmes ne recherchez pas l'autorité. Nous ne savons pas si vous n'êtes pas aussi traîtres à votre pays.

19 Ou est-ce que vous nous avez négligés, parce que vous êtes au cœur même de notre pays et êtes entourés par la sécurité, de sorte que vous ne nous faites pas envoyer de la nourriture et aussi des hommes pour fortifier nos armées ?

20 Avez-vous oublié les commandements du Seigneur, votre Dieu ? Oui, avez-vous oublié la captivité de nos pères ? Avez-vous

the captivity of our fathers? Have ye forgotten the many times we have been delivered out of the hands of our enemies?

21 Or do ye suppose that the Lord will still deliver us, while we sit upon our thrones and do not make use of the means which the Lord has provided for us?

22 Yea, will ye sit in idleness while ye are surrounded with thousands of those, yea, and tens of thousands, who do also sit in idleness, while there are thousands round about in the borders of the land who are falling by the sword, yea, wounded and bleeding?

23 Do ye suppose that God will look upon you as guiltless while ye sit still and behold these things? Behold I say unto you, Nay. Now I would that ye should remember that God has said that the inward vessel shall be cleansed first, and then shall the outer vessel be cleansed also.

24 And now, except ye do repent of that which ye have done, and begin to be up and doing, and send forth food and men unto us, and also unto Helaman, that he may support those parts of our country which he has regained, and that we may also recover the remainder of our possessions in these parts, behold it will be expedient that we contend no more with the Lamanites until we have first cleansed our inward vessel, yea, even the great head of our government.

25 And except ye grant mine epistle, and come out and show unto me a true spirit of freedom, and strive to strengthen and fortify our armies, and grant unto them food for their support, behold I will leave a part of my freemen to maintain this part of our land, and I will leave the strength and the blessings of God upon them, that none other power can operate against them—

26 And this because of their exceeding faith, and their patience in their tribulations—

27 And I will come unto you, and if there be any among you that has a desire for freedom, yea, if there be even a spark of freedom remaining, behold I will stir up insurrections among you, even until those who have

oublié les nombreuses fois où nous avons été délivrés des mains de nos ennemis ?

21 Ou pensez-vous que le Seigneur nous délivrera encore, tandis que nous sommes assis sur nos trônes et ne faisons pas usage des moyens que le Seigneur nous a fournis ?

22 Oui, resterez-vous assis dans l'oisiveté pendant que vous êtes entourés de milliers de gens, oui, et de dizaines de milliers, qui sont aussi assis dans l'oisiveté, pendant qu'il y en a des milliers tout autour, dans les régions frontières du pays, qui tombent par l'épée, oui, blessés et sanglants ?

23 Pensez-vous que Dieu vous considérera comme innocents pendant que vous êtes assis, immobiles, et voyez toutes ces choses ? Voici, je vous dis que non. Et je voudrais que vous vous souveniez que Dieu a dit que l'intérieur du vase sera purifié en premier, et qu'ensuite l'extérieur du vase sera purifié aussi.

24 Et maintenant, à moins que vous ne vous repentiez de ce que vous avez fait, et ne commenciez à vous mettre à l'ouvrage, et ne nous envoyiez de la nourriture et des hommes, ainsi qu'à Hélaman, afin qu'il puisse défendre les parties du pays qu'il a reconquises, et que nous puissions aussi reprendre le reste de nos possessions dans ces régions, voici, il sera nécessaire que nous ne combattions plus les Lamanites avant d'avoir tout d'abord purifié l'intérieur de notre vase, c'est-à-dire la grande tête de notre gouvernement.

25 Et à moins que vous ne m'accordiez ce que je vous demande dans mon épître, et ne sortiez, et ne me montriez un véritable esprit de liberté, et ne vous efforciez de renforcer et de fortifier nos armées, et ne leur accordiez de la nourriture pour leur soutien, voici, je laisserai une partie de mes hommes-libres pour défendre cette partie de notre pays, et je laisserai la force et les bénédictions de Dieu sur eux, afin qu'aucun autre pouvoir ne puisse agir contre eux —

26 et cela à cause de leur foi extrême et de leur patience dans leurs tribulations —

27 et je viendrai à vous, et s'il en est parmi vous qui ont un désir de liberté, oui, s'il reste ne fût-ce qu'une étincelle de liberté, voici, je susciterai des insurrections parmi vous jusqu'à ce que ceux qui ont le désir d'usurper

desires to usurp power and authority shall become extinct.

28 Yea, behold I do not fear your power nor your authority, but it is my God whom I fear; and it is according to his commandments that I do take my sword to defend the cause of my country, and it is because of your iniquity that we have suffered so much loss.

29 Behold it is time, yea, the time is now at hand, that except ye do bestir yourselves in the defence of your country and your little ones, the sword of justice doth hang over you; yea, and it shall fall upon you and visit you even to your utter destruction.

30 Behold, I wait for assistance from you; and, except ye do administer unto our relief, behold, I come unto you, even in the land of Zarahemla, and smite you with the sword, insomuch that ye can have no more power to impede the progress of this people in the cause of our freedom.

31 For behold, the Lord will not suffer that ye shall live and wax strong in your iniquities to destroy his righteous people.

32 Behold, can you suppose that the Lord will spare you and come out in judgment against the Lamanites, when it is the tradition of their fathers that has caused their hatred, yea, and it has been redoubled by those who have dissented from us, while your iniquity is for the cause of your love of glory and the vain things of the world?

33 Ye know that ye do transgress the laws of God, and ye do know that ye do trample them under your feet. Behold, the Lord saith unto me: If those whom ye have appointed your governors do not repent of their sins and iniquities, ye shall go up to battle against them.

34 And now behold, I, Moroni, am constrained, according to the covenant which I have made to keep the commandments of my God; therefore I would that ye should adhere to the word of God, and send speedily unto me of your provisions and of your men, and also to Helaman.

35 And behold, if ye will not do this I come unto you speedily; for behold, God will not suffer that we should perish with hunger; therefore he will give unto us of your food,

le pouvoir et l'autorité soient frappés d'extinction.

28 Oui, voici, je ne crains pas votre pouvoir ni votre autorité, mais c'est mon Dieu que je crains ; et c'est selon ses commandements que je prends l'épée pour défendre la cause de mon pays, et c'est à cause de votre iniquité que nous avons subi tant de pertes.

29 Voici, il est temps, oui, le moment est maintenant proche où, à moins que vous ne vous démeniez pour la défense de votre pays et de vos enfants, l'épée de la justice est suspendue au-dessus de vous ; oui, et elle tombera sur vous et vous châtiera jusqu'à votre destruction totale.

30 Voici, j'attends de l'aide de vous, et si vous ne nous apportez pas un soulagement, voici, je viendrai vers vous, au pays de Zarahemla, et vous frapperai par l'épée, de sorte que vous ne pourrez plus avoir le pouvoir de gêner la progression de ce peuple dans la cause de notre liberté.

31 Car voici, le Seigneur ne souffrira pas que vous viviez et deveniez forts dans vos iniquités pour détruire son peuple juste.

32 Voici, pouvez-vous penser que le Seigneur vous épargnera et viendra en jugement contre les Lamanites, alors que c'est la tradition de leurs pères qui a causé leur haine, oui, et elle a été redoublée par ceux qui sont entrés en dissidence avec nous, tandis que votre iniquité est causée par votre amour de la gloire et des choses vaines du monde ?

33 Vous savez que vous transgressez les lois de Dieu, et vous savez que vous les foulez sous vos pieds. Voici, le Seigneur me dit : Si ceux que vous avez désignés pour être vos gouverneurs ne se repentent pas de leurs péchés et de leurs iniquités, vous monterez leur livrer bataille.

34 Et maintenant, voici, moi, Moroni, je suis contraint, selon l'alliance que j'ai faite de garder les commandements de mon Dieu ; c'est pourquoi je voudrais que vous adhériez à la parole de Dieu et m'envoyiez rapidement de vos provisions et de vos hommes, et aussi à Hélaman.

35 Et voici, si vous ne le faites pas, je viens rapidement vers vous ; car voici, Dieu ne souffrira pas que nous périssions de faim ; c'est pourquoi il nous donnera de votre nourriture, même si ce doit être par l'épée.

even if it must be by the sword. Now see that ye fulfil the word of God.

36 Behold, I am Moroni, your chief captain. I seek not for power, but to pull it down. I seek not for honor of the world, but for the glory of my God, and the freedom and welfare of my country. And thus I close mine epistle.

CHAPTER 61

Pahoran tells Moroni of the insurrection and rebellion against the government—The king-men take Zarahemla and are in league with the Lamanites—Pahoran asks for military aid against the rebels. About 62 B.C.

1 Behold, now it came to pass that soon after Moroni had sent his epistle unto the chief governor, he received an epistle from Pahoran, the chief governor. And these are the words which he received:

2 I, Pahoran, who am the chief governor of this land, do send these words unto Moroni, the chief captain over the army. Behold, I say unto you, Moroni, that I do not joy in your great afflictions, yea, it grieves my soul.

3 But behold, there are those who do joy in your afflictions, yea, insomuch that they have risen up in rebellion against me, and also those of my people who are freemen, yea, and those who have risen up are exceedingly numerous.

4 And it is those who have sought to take away the judgment-seat from me that have been the cause of this great iniquity; for they have used great flattery, and they have led away the hearts of many people, which will be the cause of sore affliction among us; they have withheld our provisions, and have daunted our freemen that they have not come unto you.

5 And behold, they have driven me out before them, and I have fled to the land of Gideon, with as many men as it were possible that I could get.

6 And behold, I have sent a proclamation throughout this part of the land; and behold, they are flocking to us daily, to their arms, in the defence of their country and their freedom, and to avenge our wrongs.

Maintenant veillez à accomplir la parole de Dieu.

36 Voici, je suis Moroni, votre capitaine en chef. Je ne cherche pas le pouvoir, mais je cherche à l'abattre. Je ne cherche pas les honneurs du monde, mais la gloire de mon Dieu, et la liberté et le bien-être de mon pays. Et ainsi je termine mon épître.

CHAPITRE 61

Pahoran informe Moroni de l'insurrection et de la rébellion fomentées contre le gouvernement — Les hommes-du-roi prennent Zarahemla et se liguent avec les Lamanites — Pahoran demande une aide militaire contre les rebelles. Vers 62 av. J.-C.

1 Voici, alors, il arriva que, peu après avoir envoyé son épître au gouverneur en chef, Moroni reçut une épître de Pahoran, le gouverneur en chef. Et voici les paroles qu'il reçut :

2 Moi, Pahoran, qui suis le gouverneur en chef de ce pays, envoie ces paroles à Moroni, capitaine en chef de l'armée. Voici, je te dis, Moroni, que je ne me réjouis pas de tes grandes afflictions, oui, cela me peine l'âme.

3 Mais voici, il y en a qui se réjouissent de tes afflictions, oui, de sorte qu'ils se sont soulevés en rébellion contre moi, et aussi contre ceux de mon peuple qui sont hommes-libres, oui, et ceux qui se sont soulevés sont extrêmement nombreux.

4 Et ce sont ceux qui ont cherché à m'enlever le siège du jugement qui ont été la cause de cette grande iniquité ; car ils ont fait usage de grandes flatteries, et ils ont égaré le cœur de beaucoup de gens, ce qui sera la cause d'une affliction cruelle parmi nous ; ils ont retenu nos provisions et ont intimidé nos hommes-libres, de sorte qu'ils ne sont pas venus vers toi.

5 Et voici, ils m'ont chassé devant eux, et j'ai fui au pays de Gédéon avec tous les hommes qu'il m'était possible d'obtenir.

6 Et voici, j'ai envoyé une proclamation dans toute cette partie du pays ; et voici, ils affluent quotidiennement vers nous pour prendre leurs armes pour la défense de leur

7 And they have come unto us, insomuch that those who have risen up in rebellion against us are set at defiance, yea, insomuch that they do fear us and durst not come out against us to battle.

8 They have got possession of the land, or the city, of Zarahemla; they have appointed a king over them, and he hath written unto the king of the Lamanites, in the which he hath joined an alliance with him; in the which alliance he hath agreed to maintain the city of Zarahemla, which maintenance he supposeth will enable the Lamanites to conquer the remainder of the land, and he shall be placed king over this people when they shall be conquered under the Lamanites.

9 And now, in your epistle you have censured me, but it mattereth not; I am not angry, but do rejoice in the greatness of your heart. I, Pahoran, do not seek for power, save only to retain my judgment-seat that I may preserve the rights and the liberty of my people. My soul standeth fast in that liberty in the which God hath made us free.

10 And now, behold, we will resist wickedness even unto bloodshed. We would not shed the blood of the Lamanites if they would stay in their own land.

11 We would not shed the blood of our brethren if they would not rise up in rebellion and take the sword against us.

12 We would subject ourselves to the yoke of bondage if it were requisite with the justice of God, or if he should command us so to do.

13 But behold he doth not command us that we shall subject ourselves to our enemies, but that we should put our trust in him, and he will deliver us.

14 Therefore, my beloved brother, Moroni, let us resist evil, and whatsoever evil we cannot resist with our words, yea, such as rebellions and dissensions, let us resist them with our swords, that we may retain our freedom, that we may rejoice in the great privilege of our church, and in the cause of our Redeemer and our God.

pays et de leur liberté et pour venger les torts que nous avons subis.

7 Et ils sont venus vers nous, de sorte que ceux qui se sont soulevés et sont entrés en rébellion contre nous sont mis au défi, oui, de sorte qu'ils nous craignent et n'osent pas sortir nous livrer bataille.

8 Ils ont pris possession du pays, ou de la ville, de Zarahemla ; ils ont établi un roi sur eux, et il a écrit au roi des Lamanites une lettre dans laquelle il a fait alliance avec lui ; alliance selon laquelle il a accepté de conserver la ville de Zarahemla, et il pense qu'en la conservant il permettra aux Lamanites de conquérir le reste du pays et qu'il sera fait roi de ce peuple, lorsque celui-ci sera sous la domination des Lamanites.

9 Et maintenant, dans ton épître, tu m'as censuré, mais cela n'a pas d'importance ; je ne suis pas fâché, mais me réjouis de la grandeur de ton cœur. Moi, Pahoran, je ne recherche pas le pouvoir, si ce n'est pour conserver le siège du jugement, afin de préserver les droits et la liberté de mon peuple. Mon âme demeure ferme dans cette liberté dans laquelle Dieu nous a rendus libres.

10 Et maintenant, voici, nous résisterons à la méchanceté jusqu'à l'effusion du sang. Nous ne verserions pas le sang des Lamanites s'ils restaient dans leur pays.

11 Nous ne verserions pas le sang de nos frères s'ils ne se soulevaient, et n'entraient en rébellion, et ne prenaient l'épée contre nous.

12 Nous nous soumettrions au joug de la servitude si c'était requis par la justice de Dieu ou s'il nous commandait de le faire.

13 Mais voici, il ne nous commande pas de nous assujettir à nos ennemis, mais de placer notre confiance en lui, et il nous délivrera.

14 C'est pourquoi, mon frère bien-aimé, Moroni, résistons au mal, et le mal auquel nous ne pouvons pas résister par nos paroles, oui, comme les rébellions et les dissensions, résistons-y par nos épées, afin de conserver notre liberté, afin de nous réjouir des grandes garanties accordées à notre Église et de la cause de notre Rédempteur et de notre Dieu.

15 Therefore, come unto me speedily with a few of your men, and leave the remainder in the charge of Lehi and Teancum; give unto them power to conduct the war in that part of the land, according to the Spirit of God, which is also the spirit of freedom which is in them.

16 Behold I have sent a few provisions unto them, that they may not perish until ye can come unto me.

17 Gather together whatsoever force ye can upon your march hither, and we will go speedily against those dissenters, in the strength of our God according to the faith which is in us.

18 And we will take possession of the city of Zarahemla, that we may obtain more food to send forth unto Lehi and Teancum; yea, we will go forth against them in the strength of the Lord, and we will put an end to this great iniquity.

19 And now, Moroni, I do joy in receiving your epistle, for I was somewhat worried concerning what we should do, whether it should be just in us to go against our brethren.

20 But ye have said, except they repent the Lord hath commanded you that ye should go against them.

21 See that ye strengthen Lehi and Teancum in the Lord; tell them to fear not, for God will deliver them, yea, and also all those who stand fast in that liberty wherewith God hath made them free. And now I close mine epistle to my beloved brother, Moroni.

CHAPTER 62

Moroni marches to the aid of Pahoran in the land of Gideon—The king-men who refuse to defend their country are put to death—Pahoran and Moroni retake Nephihah—Many Lamanites join the people of Ammon—Teancum slays Ammoron and is in turn slain—The Lamanites are driven from the land, and peace is established—Helaman returns to the ministry and builds up the Church. About 62–57 B.C.

1 And now it came to pass that when Moroni had received this epistle his heart did

15 C'est pourquoi, viens rapidement vers moi avec un petit nombre de tes hommes, et laisse le reste sous les ordres de Léhi et de Téancum ; donne-leur le pouvoir de mener la guerre dans cette partie-là du pays, selon l'Esprit de Dieu, qui est aussi l'esprit de liberté qui est en eux.

16 Voici, je leur ai envoyé quelques provisions afin qu'ils ne périssent pas, jusqu'à ce que tu puisses venir vers moi.

17 Rassemble toutes les forces que tu peux pendant ta marche vers ce lieu, et nous irons rapidement contre ces dissidents, avec la force de notre Dieu, selon la foi qui est en nous.

18 Et nous prendrons possession de la ville de Zarahemla afin d'obtenir plus de nourriture à envoyer à Léhi et à Téancum ; oui, nous marcherons sur eux avec la force du Seigneur et nous mettrons fin à cette grande iniquité.

19 Et maintenant, Moroni, je suis heureux de recevoir ton épître, car j'étais quelque peu préoccupé par ce que nous devions faire, si ce serait juste de notre part d'aller contre nos frères.

20 Mais tu as dit : À moins qu'ils ne se repentent, le Seigneur t'a commandé d'aller contre eux.

21 Veille à fortifier Léhi et Téancum dans le Seigneur ; dis-leur de ne pas craindre, car Dieu les délivrera, oui, et aussi tous ceux qui demeurent fermes dans cette liberté par laquelle Dieu les a rendus libres. Et maintenant, je termine mon épître à mon frère bien-aimé, Moroni.

CHAPITRE 62

Moroni marche au secours de Pahoran au pays de Gédéon — Les hommes-du-roi qui refusent de défendre leur pays sont mis à mort — Pahoran et Moroni reprennent Néphihah — Beaucoup de Lamanites se joignent au peuple d'Ammon — Téancum tue Ammoron et est tué à son tour — Les Lamanites sont chassés du pays et la paix règne de nouveau — Hélaman retourne au ministère et édifie l'Église. Vers 62–57 av. J.-C.

1 Et alors, il arriva que lorsque Moroni eut reçu cette épître, son cœur prit courage et fut rempli d'une joie extrêmement grande à

take courage, and was filled with exceedingly great joy because of the faithfulness of Pahoran, that he was not also a traitor to the freedom and cause of his country.

2 But he did also mourn exceedingly because of the iniquity of those who had driven Pahoran from the judgment-seat, yea, in fine because of those who had rebelled against their country and also their God.

3 And it came to pass that Moroni took a small number of men, according to the desire of Pahoran, and gave Lehi and Teancum command over the remainder of his army, and took his march towards the land of Gideon.

4 And he did raise the standard of liberty in whatsoever place he did enter, and gained whatsoever force he could in all his march towards the land of Gideon.

5 And it came to pass that thousands did flock unto his standard, and did take up their swords in the defence of their freedom, that they might not come into bondage.

6 And thus, when Moroni had gathered together whatsoever men he could in all his march, he came to the land of Gideon; and uniting his forces with those of Pahoran they became exceedingly strong, even stronger than the men of Pachus, who was the king of those dissenters who had driven the freemen out of the land of Zarahemla and had taken possession of the land.

7 And it came to pass that Moroni and Pahoran went down with their armies into the land of Zarahemla, and went forth against the city, and did meet the men of Pachus, insomuch that they did come to battle.

8 And behold, Pachus was slain and his men were taken prisoners, and Pahoran was restored to his judgment-seat.

9 And the men of Pachus received their trial, according to the law, and also those kingmen who had been taken and cast into prison; and they were executed according to the law; yea, those men of Pachus and those king-men, whosoever would not take up arms in the defence of their country, but would fight against it, were put to death.

10 And thus it became expedient that this law should be strictly observed for the safety of their country; yea, and whosoever

cause de la fidélité de Pahoran, de ce qu'il n'était pas, lui aussi, traître à la liberté et à la cause de son pays.

2 Mais il se lamenta aussi extrêmement à cause de l'iniquité de ceux qui avaient chassé Pahoran du siège du jugement, oui, en bref, à cause de ceux qui s'étaient rebellés contre leur pays et aussi contre leur Dieu.

3 Et il arriva que Moroni prit un petit nombre d'hommes, selon le désir de Pahoran, et donna à Léhi et à Téancum le commandement du reste de son armée, et entreprit sa marche vers le pays de Gédéon.

4 Et il dressa l'étendard de la liberté dans tous les lieux où il entra et acquit toutes les forces qu'il put pendant toute sa marche vers le pays de Gédéon.

5 Et il arriva que des milliers accoururent sous son étendard et prirent leurs épées pour la défense de leur liberté, afin de ne pas tomber dans la servitude.

6 Et ainsi, lorsqu'il eut rassemblé tous les hommes qu'il pouvait pendant toute sa marche, Moroni arriva au pays de Gédéon ; et lorsqu'il eut uni ses forces à celles de Pahoran, ils devinrent extrêmement forts, oui, plus forts que les hommes de Pachus, qui était le roi de ces dissidents qui avaient chassé les hommes-libres du pays de Zarahemla et avaient pris possession du pays.

7 Et il arriva que Moroni et Pahoran descendirent avec leurs armées au pays de Zarahemla, et allèrent contre la ville, et rencontrèrent les hommes de Pachus, de sorte qu'ils leur livrèrent bataille.

8 Et voici, Pachus fut tué et ses hommes furent faits prisonniers, et Pahoran fut remis sur son siège du jugement.

9 Et les hommes de Pachus reçurent leur jugement, selon la loi, et aussi ces hommes-du-roi qui avaient été pris et mis en prison ; et ils furent exécutés selon la loi ; oui, ces hommes de Pachus et ces hommes-du-roi, tous ceux qui ne voulaient pas prendre les armes pour la défense de leur pays, mais voulaient se battre contre lui, furent mis à mort.

10 Et ainsi, il devint nécessaire que cette loi fût observée strictement pour la sécurité de leur pays ; oui, et quiconque était surpris à

was found denying their freedom was speedily executed according to the law.

11 And thus ended the thirtieth year of the reign of the judges over the people of Nephi; Moroni and Pahoran having restored peace to the land of Zarahemla, among their own people, having inflicted death upon all those who were not true to the cause of freedom.

12 And it came to pass in the commencement of the thirty and first year of the reign of the judges over the people of Nephi, Moroni immediately caused that provisions should be sent, and also an army of six thousand men should be sent unto Helaman, to assist him in preserving that part of the land.

13 And he also caused that an army of six thousand men, with a sufficient quantity of food, should be sent to the armies of Lehi and Teancum. And it came to pass that this was done to fortify the land against the Lamanites.

14 And it came to pass that Moroni and Pahoran, leaving a large body of men in the land of Zarahemla, took their march with a large body of men towards the land of Nephihah, being determined to overthrow the Lamanites in that city.

15 And it came to pass that as they were marching towards the land, they took a large body of men of the Lamanites, and slew many of them, and took their provisions and their weapons of war.

16 And it came to pass after they had taken them, they caused them to enter into a covenant that they would no more take up their weapons of war against the Nephites.

17 And when they had entered into this covenant they sent them to dwell with the people of Ammon, and they were in number about four thousand who had not been slain.

18 And it came to pass that when they had sent them away they pursued their march towards the land of Nephihah. And it came to pass that when they had come to the city of Nephihah, they did pitch their tents in the plains of Nephihah, which is near the city of Nephihah.

19 Now Moroni was desirous that the Lamanites should come out to battle against them, upon the plains; but the Lamanites,

nier leur liberté était rapidement exécuté selon la loi.

11 Et ainsi finit la trentième année du règne des juges sur le peuple de Néphi, Moroni et Pahoran ayant fait de nouveau régner la paix au pays de Zarahemla, parmi leur propre peuple, ayant infligé la mort à tous ceux qui n'étaient pas fidèles à la cause de la liberté.

12 Et il arriva qu'au commencement de la trente et unième année du règne des juges sur le peuple de Néphi, Moroni fit immédiatement envoyer des provisions et fit aussi envoyer une armée de six mille hommes à Hélaman pour l'aider à conserver cette partie du pays.

13 Et il fit aussi envoyer une armée de six mille hommes, avec une quantité suffisante de nourriture, aux armées de Léhi et de Téancum. Et il arriva que cela se fit pour fortifier le pays contre les Lamanites.

14 Et il arriva que Moroni et Pahoran, laissant un important corps de troupes au pays de Zarahemla, entreprirent leur marche, avec un important corps de troupes, vers le pays de Néphihah, décidés à chasser les Lamanites de cette ville.

15 Et il arriva qu'en marchant vers le pays, ils prirent un important corps de troupes d'entre les Lamanites, et en tuèrent beaucoup, et prirent leurs provisions et leurs armes de guerre.

16 Et il arriva que lorsqu'ils les eurent pris, ils leur firent conclure l'alliance qu'ils ne prendraient plus leurs armes de guerre contre les Néphites.

17 Et lorsqu'ils eurent conclu cette alliance, ils les envoyèrent demeurer avec le peuple d'Ammon, et ils étaient au nombre d'environ quatre mille hommes à ne pas avoir été tués.

18 Et il arriva que lorsqu'ils les eurent renvoyés, ils poursuivirent leur marche vers le pays de Néphihah. Et il arriva que lorsqu'ils furent arrivés à la ville de Néphihah, ils dressèrent leurs tentes dans les plaines de Néphihah, qui sont proches de la ville de Néphihah.

19 Or, Moroni désirait que les Lamanites sortent leur livrer bataille dans les plaines ;

knowing of their exceedingly great courage, and beholding the greatness of their numbers, therefore they durst not come out against them; therefore they did not come to battle in that day.

20 And when the night came, Moroni went forth in the darkness of the night, and came upon the top of the wall to spy out in what part of the city the Lamanites did camp with their army.

21 And it came to pass that they were on the east, by the entrance; and they were all asleep. And now Moroni returned to his army, and caused that they should prepare in haste strong cords and ladders, to be let down from the top of the wall into the inner part of the wall.

22 And it came to pass that Moroni caused that his men should march forth and come upon the top of the wall, and let themselves down into that part of the city, yea, even on the west, where the Lamanites did not camp with their armies.

23 And it came to pass that they were all let down into the city by night, by the means of their strong cords and their ladders; thus when the morning came they were all within the walls of the city.

24 And now, when the Lamanites awoke and saw that the armies of Moroni were within the walls, they were affrighted exceedingly, insomuch that they did flee out by the pass.

25 And now when Moroni saw that they were fleeing before him, he did cause that his men should march forth against them, and slew many, and surrounded many others, and took them prisoners; and the remainder of them fled into the land of Moroni, which was in the borders by the seashore.

26 Thus had Moroni and Pahoran obtained the possession of the city of Nephihah without the loss of one soul; and there were many of the Lamanites who were slain.

27 Now it came to pass that many of the Lamanites that were prisoners were desirous to join the people of Ammon and become a free people.

28 And it came to pass that as many as were desirous, unto them it was granted according to their desires.

mais les Lamanites, connaissant leur courage extrêmement grand et voyant la grandeur de leur nombre, n'osèrent donc pas sortir contre eux ; c'est pourquoi ils ne livrèrent pas bataille ce jour-là.

20 Et lorsque vint la nuit, Moroni s'avança dans les ténèbres de la nuit, et monta au sommet du mur pour découvrir dans quelle partie de la ville les Lamanites campaient avec leur armée.

21 Et il arriva qu'ils étaient à l'est, près de l'entrée ; et ils étaient tous endormis. Et alors, Moroni retourna auprès de son armée, et leur fit préparer en hâte de fortes cordes et des échelles qu'ils feraient descendre du sommet du mur vers l'intérieur du mur.

22 Et il arriva que Moroni fit avancer ses hommes, et les fit monter au sommet du mur et descendre dans cette partie de la ville, oui, à l'ouest, où les Lamanites ne campaient pas avec leurs armées.

23 Et il arriva qu'ils se laissèrent tous descendre dans la ville pendant la nuit, à l'aide de leurs fortes cordes et de leurs échelles ; ainsi, lorsque le matin arriva, ils étaient tous dans les murs de la ville.

24 Et alors, quand les Lamanites s'éveillèrent et virent que les armées de Moroni étaient dans les murs, ils furent extrêmement effrayés, de sorte qu'ils s'enfuirent par le passage.

25 Et alors, quand Moroni vit qu'ils fuyaient devant lui, il fit avancer ses hommes contre eux, et en tua beaucoup, et en encercla beaucoup d'autres, et les fit prisonniers ; et le reste d'entre eux s'enfuit au pays de Moroni, qui était dans les régions frontières près du bord de la mer.

26 C'est ainsi que Moroni et Pahoran avaient pris possession de la ville de Néphihah sans perdre une seule âme ; et il y en eut beaucoup parmi les Lamanites qui furent tués.

27 Or, il arriva que beaucoup de Lamanites qui étaient prisonniers désirèrent se joindre au peuple d'Ammon et devenir un peuple libre.

28 Et il arriva qu'à tous ceux qui le désiraient, il leur fut accordé selon leur désir.

29 Therefore, all the prisoners of the Lamanites did join the people of Ammon, and did begin to labor exceedingly, tilling the ground, raising all manner of grain, and flocks and herds of every kind; and thus were the Nephites relieved from a great burden; yea, insomuch that they were relieved from all the prisoners of the Lamanites.

30 Now it came to pass that Moroni, after he had obtained possession of the city of Nephihah, having taken many prisoners, which did reduce the armies of the Lamanites exceedingly, and having regained many of the Nephites who had been taken prisoners, which did strengthen the army of Moroni exceedingly; therefore Moroni went forth from the land of Nephihah to the land of Lehi.

31 And it came to pass that when the Lamanites saw that Moroni was coming against them, they were again frightened and fled before the army of Moroni.

32 And it came to pass that Moroni and his army did pursue them from city to city, until they were met by Lehi and Teancum; and the Lamanites fled from Lehi and Teancum, even down upon the borders by the seashore, until they came to the land of Moroni.

33 And the armies of the Lamanites were all gathered together, insomuch that they were all in one body in the land of Moroni. Now Ammoron, the king of the Lamanites, was also with them.

34 And it came to pass that Moroni and Lehi and Teancum did encamp with their armies round about in the borders of the land of Moroni, insomuch that the Lamanites were encircled about in the borders by the wilderness on the south, and in the borders by the wilderness on the east.

35 And thus they did encamp for the night. For behold, the Nephites and the Lamanites also were weary because of the greatness of the march; therefore they did not resolve upon any stratagem in the night-time, save it were Teancum; for he was exceedingly angry with Ammoron, insomuch that he considered that Ammoron, and Amalickiah his brother, had been the cause of this great and lasting war between them and the Lamanites, which had been the cause of so much war and bloodshed, yea, and so much famine.

29 C'est pourquoi, tous les prisonniers lamanites se joignirent au peuple d'Ammon et commencèrent à travailler extrêmement, cultivant le sol, produisant toutes sortes de grains et des troupeaux de gros et de petit bétail de toute espèce ; et ainsi les Néphites furent soulagés d'un grand fardeau ; oui, de sorte qu'ils furent soulagés de tous les prisonniers lamanites.

30 Or, il arriva qu'après avoir pris possession de la ville de Néphihah, avoir fait beaucoup de prisonniers, ce qui réduisit extrêmement les armées des Lamanites, et avoir regagné un grand nombre de Néphites qui avaient été faits prisonniers, ce qui fortifia extrêmement son armée, Moroni alla du pays de Néphihah au pays de Léhi.

31 Et il arriva que lorsque les Lamanites virent que Moroni venait contre eux, ils eurent de nouveau peur et s'enfuirent devant son armée.

32 Et il arriva que Moroni et son armée les poursuivirent de ville en ville, jusqu'à ce qu'ils rencontrent Léhi et Téancum, et les Lamanites s'enfuirent devant Léhi et Téancum en descendant dans les zones frontières près du bord de la mer, jusqu'à ce qu'ils arrivent au pays de Moroni.

33 Et les armées des Lamanites étaient toutes rassemblées, de sorte qu'elles étaient toutes en un seul corps au pays de Moroni. Or, Ammoron, le roi des Lamanites, était aussi avec elles.

34 Et il arriva que Moroni, et Léhi, et Téancum campèrent avec leurs armées alentour dans les régions frontières du pays de Moroni, de sorte que les Lamanites étaient encerclés dans les régions frontières par le désert au sud et dans les régions frontières par le désert à l'est.

35 Et ainsi, ils campèrent pour la nuit. Car voici, les Néphites et les Lamanites aussi étaient las à cause de la longueur de la marche ; c'est pourquoi ils ne décidèrent d'aucun stratagème pendant la nuit, si ce n'est Téancum ; car il était extrêmement en colère contre Ammoron, étant donné qu'il considérait qu'Ammoron, et Amalickiah, son frère, avaient été la cause de cette grande et interminable guerre entre eux et les Lamanites, ce qui avait été la cause d'une telle guerre et d'une telle effusion de sang, oui, et d'une telle famine.

36 And it came to pass that Teancum in his anger did go forth into the camp of the Lamanites, and did let himself down over the walls of the city. And he went forth with a cord, from place to place, insomuch that he did find the king; and he did cast a javelin at him, which did pierce him near the heart. But behold, the king did awaken his servants before he died, insomuch that they did pursue Teancum, and slew him.

37 Now it came to pass that when Lehi and Moroni knew that Teancum was dead they were exceedingly sorrowful; for behold, he had been a man who had fought valiantly for his country, yea, a true friend to liberty; and he had suffered very many exceedingly sore afflictions. But behold, he was dead, and had gone the way of all the earth.

38 Now it came to pass that Moroni marched forth on the morrow, and came upon the Lamanites, insomuch that they did slay them with a great slaughter; and they did drive them out of the land; and they did flee, even that they did not return at that time against the Nephites.

39 And thus ended the thirty and first year of the reign of the judges over the people of Nephi; and thus they had had wars, and bloodsheds, and famine, and affliction, for the space of many years.

40 And there had been murders, and contentions, and dissensions, and all manner of iniquity among the people of Nephi; nevertheless for the righteous' sake, yea, because of the prayers of the righteous, they were spared.

41 But behold, because of the exceedingly great length of the war between the Nephites and the Lamanites many had become hardened, because of the exceedingly great length of the war; and many were softened because of their afflictions, insomuch that they did humble themselves before God, even in the depth of humility.

42 And it came to pass that after Moroni had fortified those parts of the land which were most exposed to the Lamanites, until they were sufficiently strong, he returned to the city of Zarahemla; and also Helaman returned to the place of his inheritance; and there was once more peace established among the people of Nephi.

36 Et il arriva que Téancum, dans sa colère, entra dans le camp des Lamanites et se laissa descendre par-dessus les murs de la ville. Et il s'avança avec une corde, de lieu en lieu, de sorte qu'il trouva le roi ; et il lui lança un javelot, qui le perça près du cœur. Mais voici, le roi éveilla ses serviteurs avant de mourir, de sorte qu'ils poursuivirent Téancum et le tuèrent.

37 Alors, il arriva que lorsque Léhi et Moroni surent que Téancum était mort, ils furent extrêmement attristés ; car voici, il avait été un homme qui s'était vaillamment battu pour son pays, oui, un véritable ami de la liberté ; et il avait souffert un très grand nombre d'afflictions extrêmement cruelles. Mais voici, il était mort et était allé où va tout ce qui est terrestre.

38 Alors, il arriva que Moroni se mit en marche, le matin, et tomba sur les Lamanites, de sorte qu'ils les tuèrent en un grand massacre ; et ils les chassèrent du pays ; et ils s'enfuirent, au point qu'ils ne revinrent pas, en ce temps-là, contre les Néphites.

39 Et ainsi finit la trente et unième année du règne des juges sur le peuple de Néphi ; et ainsi, ils avaient eu des guerres, et des effusions de sang, et des famines, et des afflictions pendant de nombreuses années.

40 Et il y avait eu des meurtres, et des querelles, et des dissensions, et toutes sortes d'iniquités parmi le peuple de Néphi ; néanmoins, pour l'amour des justes, oui, à cause des prières des justes, ils furent épargnés.

41 Mais voici, à cause de la durée extrêmement longue de la guerre entre les Néphites et les Lamanites, beaucoup s'étaient endurcis, à cause de la durée extrêmement longue de la guerre ; et beaucoup furent adoucis à cause de leurs afflictions, de sorte qu'ils s'humilièrent devant Dieu dans les profondeurs de l'humilité.

42 Et il arriva que lorsqu'il eut fortifié les parties du pays qui étaient les plus exposées aux Lamanites, jusqu'à ce qu'elles fussent suffisamment fortes, Moroni retourna à la ville de Zarahemla ; et Hélaman retourna aussi au lieu de son héritage ; et la paix régna une fois de plus parmi le peuple de Néphi.

43 And Moroni yielded up the command of his armies into the hands of his son, whose name was Moronihah; and he retired to his own house that he might spend the remainder of his days in peace.

44 And Pahoran did return to his judgment-seat; and Helaman did take upon him again to preach unto the people the word of God; for because of so many wars and contentions it had become expedient that a regulation should be made again in the church.

45 Therefore, Helaman and his brethren went forth, and did declare the word of God with much power unto the convincing of many people of their wickedness, which did cause them to repent of their sins and to be baptized unto the Lord their God.

46 And it came to pass that they did establish again the church of God, throughout all the land.

47 Yea, and regulations were made concerning the law. And their judges, and their chief judges were chosen.

48 And the people of Nephi began to prosper again in the land, and began to multiply and to wax exceedingly strong again in the land. And they began to grow exceedingly rich.

49 But notwithstanding their riches, or their strength, or their prosperity, they were not lifted up in the pride of their eyes; neither were they slow to remember the Lord their God; but they did humble themselves exceedingly before him.

50 Yea, they did remember how great things the Lord had done for them, that he had delivered them from death, and from bonds, and from prisons, and from all manner of afflictions, and he had delivered them out of the hands of their enemies.

51 And they did pray unto the Lord their God continually, insomuch that the Lord did bless them, according to his word, so that they did wax strong and prosper in the land.

52 And it came to pass that all these things were done. And Helaman died, in the thirty and fifth year of the reign of the judges over the people of Nephi.

43 Et Moroni remit le commandement de ses armées entre les mains de son fils, dont le nom était Moronihah ; et il se retira dans sa maison, afin de passer le reste de ses jours en paix.

44 Et Pahoran retourna au siège du jugement ; et Hélaman entreprit de nouveau de prêcher au peuple la parole de Dieu, car à cause de tant de guerres et de querelles, il était devenu nécessaire de remettre de l'ordre dans l'Église.

45 C'est pourquoi, Hélaman et ses frères allèrent annoncer la parole de Dieu avec beaucoup de puissance, au point de convaincre beaucoup de gens de leur méchanceté, ce qui les amena à se repentir de leurs péchés et à être baptisés pour le Seigneur, leur Dieu.

46 Et il arriva qu'ils établirent de nouveau l'Église de Dieu dans tout le pays.

47 Oui, et des règlements furent faits concernant la loi. Et leurs juges et leurs grands juges furent choisis.

48 Et le peuple de Néphi recommença à prospérer dans le pays et commença à se multiplier et à redevenir extrêmement fort dans le pays. Et ils commencèrent à devenir extrêmement riches.

49 Mais malgré leur richesse, ou leur force, ou leur prospérité, ils n'étaient pas enflés dans l'orgueil de leurs yeux ; ils n'étaient pas non plus lents à se souvenir du Seigneur, leur Dieu, mais ils s'humiliaient extrêmement devant lui.

50 Oui, ils se souvenaient des grandes choses que le Seigneur avait faites pour eux, de ce qu'il les avait délivrés de la mort, et des liens, et des prisons, et de toutes sortes d'afflictions, et de ce qu'il les avait délivrés des mains de leurs ennemis.

51 Et ils priaient continuellement le Seigneur, leur Dieu, de sorte que le Seigneur les bénit selon sa parole, de sorte qu'ils devinrent forts et prospérèrent dans le pays.

52 Et il arriva que toutes ces choses se firent. Et Hélaman mourut la trente-cinquième année du règne des juges sur le peuple de Néphi.

CHAPTER 63

CHAPITRE 63

Shiblon and later Helaman take possession of the sacred records—Many Nephites travel to the land northward—Hagoth builds ships, which sail forth in the west sea—Moronihah defeats the Lamanites in battle. About 56–52 B.C.

Shiblon et plus tard Hélaman prennent possession des annales sacrées — Beaucoup de Néphites voyagent jusqu'au pays situé du côté du nord — Hagoth construit des navires qui font voile sur la mer de l'ouest — Moronihah bat les Lamanites au cours d'une bataille. Vers 56–52 av. J.-C.

1 And it came to pass in the commencement of the thirty and sixth year of the reign of the judges over the people of Nephi, that Shiblon took possession of those sacred things which had been delivered unto Helaman by Alma.

1 Et il arriva qu'au commencement de la trente-sixième année du règne des juges sur le peuple de Néphi, Shiblon prit possession des objets sacrés qui avaient été remis par Alma à Hélaman.

2 And he was a just man, and he did walk uprightly before God; and he did observe to do good continually, to keep the commandments of the Lord his God; and also did his brother.

2 Et c'était un homme juste, et il marchait en droiture devant Dieu ; et il s'appliquait à faire continuellement le bien, à garder les commandements du Seigneur, son Dieu ; et son frère aussi.

3 And it came to pass that Moroni died also. And thus ended the thirty and sixth year of the reign of the judges.

3 Et il arriva que Moroni mourut aussi. Et ainsi finit la trente-sixième année du règne des juges.

4 And it came to pass that in the thirty and seventh year of the reign of the judges, there was a large company of men, even to the amount of five thousand and four hundred men, with their wives and their children, departed out of the land of Zarahemla into the land which was northward.

4 Et il arriva que la trente-septième année du règne des juges, une grande compagnie d'hommes, au nombre de cinq mille quatre cents hommes, avec leurs épouses et leurs enfants, partit du pays de Zarahemla pour aller au pays qui était situé du côté du nord.

5 And it came to pass that Hagoth, he being an exceedingly curious man, therefore he went forth and built him an exceedingly large ship, on the borders of the land Bountiful, by the land Desolation, and launched it forth into the west sea, by the narrow neck which led into the land northward.

5 Et il arriva que Hagoth, homme extrêmement habile, s'en fut construire un navire extrêmement grand dans les régions frontières du pays d'Abondance, près du pays de Désolation, et le lança dans la mer de l'ouest, près de la langueétroite qui menait au pays situé du côté du nord.

6 And behold, there were many of the Nephites who did enter therein and did sail forth with much provisions, and also many women and children; and they took their course northward. And thus ended the thirty and seventh year.

6 Et voici, beaucoup de Néphites y entrèrent et partirent avec beaucoup de provisions, et aussi beaucoup de femmes et d'enfants ; et ils prirent la direction du nord. Et ainsi finit la trente-septième année.

7 And in the thirty and eighth year, this man built other ships. And the first ship did also return, and many more people did enter into it; and they also took much provisions, and set out again to the land northward.

7 Et la trente-huitième année, cet homme construisit d'autres navires. Et le premier navire revint aussi, et beaucoup d'autres personnes y entrèrent ; et ils prirent aussi beaucoup de provisions et partirent de nouveau vers le pays qui est situé du côté du nord.

8 And it came to pass that they were never heard of more. And we suppose that they

8 Et il arriva qu'on n'entendit plus jamais parler d'eux. Et nous pensons qu'ils ont été

were drowned in the depths of the sea. And it came to pass that one other ship also did sail forth; and whither she did go we know not.

9 And it came to pass that in this year there were many people who went forth into the land northward. And thus ended the thirty and eighth year.

10 And it came to pass in the thirty and ninth year of the reign of the judges, Shiblon died also, and Corianton had gone forth to the land northward in a ship, to carry forth provisions unto the people who had gone forth into that land.

11 Therefore it became expedient for Shiblon to confer those sacred things, before his death, upon the son of Helaman, who was called Helaman, being called after the name of his father.

12 Now behold, all those engravings which were in the possession of Helaman were written and sent forth among the children of men throughout all the land, save it were those parts which had been commanded by Alma should not go forth.

13 Nevertheless, these things were to be kept sacred, and handed down from one generation to another; therefore, in this year, they had been conferred upon Helaman, before the death of Shiblon.

14 And it came to pass also in this year that there were some dissenters who had gone forth unto the Lamanites; and they were stirred up again to anger against the Nephites.

15 And also in this same year they came down with a numerous army to war against the people of Moronihah, or against the army of Moronihah, in the which they were beaten and driven back again to their own lands, suffering great loss.

16 And thus ended the thirty and ninth year of the reign of the judges over the people of Nephi.

17 And thus ended the account of Alma, and Helaman his son, and also Shiblon, who was his son.

noyés dans les profondeurs de la mer. Et il arriva qu'un autre navire partit aussi ; et nous ne savons pas où il est allé.

9 Et il arriva que, cette année-là, il y eut beaucoup de gens qui allèrent dans le pays qui est situé du côté du nord. Et ainsi finit la trente-huitième année.

10 Et il arriva, la trente-neuvième année du règne des juges, que Shiblon mourut aussi, et Corianton était parti avec un navire vers le pays situé du côté du nord, pour porter des provisions à ceux qui étaient allés dans ce pays.

11 C'est pourquoi, Shiblon se trouva dans la nécessité de conférer, avant sa mort, ces objets sacrés au fils d'Hélaman, appelé Hélaman, du nom de son père.

12 Or, voici, toutes ces inscriptions gravées, qui étaient en la possession d'Hélaman, furent écrites et envoyées parmi les enfants des hommes dans tout le pays, sauf les parties qu'Alma avait commandé de ne pas envoyer.

13 Néanmoins, ces choses devaient être tenues pour sacrées, et transmises d'une génération à l'autre ; c'est pourquoi, cette année-là, elles avaient été conférées à Hélaman, avant la mort de Shiblon.

14 Et il arriva aussi, cette année-là, qu'il y eut quelques dissidents qui étaient passés chez les Lamanites ; et ceux-ci furent de nouveau excités à la colère contre les Néphites.

15 Et aussi, cette même année, ils descendirent avec une nombreuse armée engager contre le peuple de Moronihah, ou contre l'armée de Moronihah, une guerre au cours de laquelle ils furent battus et repoussés dans leurs terres, subissant de lourdes pertes.

16 Et ainsi finit la trente-neuvième année du règne des juges sur le peuple de Néphi.

17 Et ainsi finit le récit d'Alma, et d'Hélaman, son fils, et aussi de Shiblon, qui était son fils.

THE BOOK OF HELAMAN

LIVRE D'HÉLAMAN

An account of the Nephites. Their wars and contentions, and their dissensions. And also the prophecies of many holy prophets, before the coming of Christ, according to the records of Helaman, who was the son of Helaman, and also according to the records of his sons, even down to the coming of Christ. And also many of the Lamanites are converted. An account of their conversion. An account of the righteousness of the Lamanites, and the wickedness and abominations of the Nephites, according to the record of Helaman and his sons, even down to the coming of Christ, which is called the book of Helaman, and so forth.

Histoire des Néphites. Leurs guerres, et leurs querelles, et leurs dissensions. Prophéties de beaucoup de saints prophètes, avant la venue du Christ, selon les annales d'Hélaman, qui était fils d'Hélaman, et aussi selon les annales de ses fils jusqu'à la venue du Christ. Beaucoup de Lamanites sont convertis. Histoire de leur conversion. Histoire de la justice des Lamanites et de la méchanceté et des abominations des Néphites, selon les annales d'Hélaman et de ses fils jusqu'à la venue du Christ, ce qui constitue le livre d'Hélaman. Et ainsi de suite.

CHAPTER 1

CHAPITRE 1

Pahoran the second becomes chief judge and is murdered by Kishkumen—Pacumeni fills the judgment seat—Coriantumr leads the Lamanite armies, takes Zarahemla, and slays Pacumeni—Moronihah defeats the Lamanites and retakes Zarahemla, and Coriantumr is slain. About 52–50 B.C.

Pahoran II devient grand juge et est assassiné par Kishkumen — Pacumeni occupe le siège du jugement — Coriantumr conduit les armées lamanites, prend Zarahemla et tue Pacumeni — Moronihah bat les Lamanites, reprend Zarahemla, et Coriantumr est tué. Vers 52–50 av. J.-C.

1 And now behold, it came to pass in the commencement of the fortieth year of the reign of the judges over the people of Nephi, there began to be a serious difficulty among the people of the Nephites.

1 Et maintenant, voici, il arriva qu'au commencement de la quarantième année du règne des juges sur le peuple de Néphi, il commença à y avoir une grave difficulté parmi le peuple des Néphites.

2 For behold, Pahoran had died, and gone the way of all the earth; therefore there began to be a serious contention concerning who should have the judgment-seat among the brethren, who were the sons of Pahoran.

2 Car voici, Pahoran était mort et était allé où va tout ce qui est terrestre ; c'est pourquoi il commença à y avoir une grave querelle concernant le point de savoir qui aurait le siège du jugement parmi les frères qui étaient les fils de Pahoran.

3 Now these are their names who did contend for the judgment-seat, who did also cause the people to contend: Pahoran, Paanchi, and Pacumeni.

3 Or, voici les noms de ceux qui se querellaient pour le siège du jugement, qui firent se quereller le peuple : Pahoran, Paanchi et Pacumeni.

4 Now these are not all the sons of Pahoran (for he had many), but these are they who did contend for the judgment-seat; therefore, they did cause three divisions among the people.

4 Or, ce ne sont pas là tous les fils de Pahoran (car il en avait beaucoup), mais ce sont ceux qui se querellèrent pour le siège du jugement ; c'est pourquoi, ils causèrent trois divisions parmi le peuple.

5 Nevertheless, it came to pass that Pahoran was appointed by the voice of the people to be chief judge and a governor over the people of Nephi.

5 Néanmoins, il arriva que Pahoran fut désigné par la voix du peuple pour être grand juge et gouverneur du peuple de Néphi.

6 And it came to pass that Pacumeni, when he saw that he could not obtain the judgment-seat, he did unite with the voice of the people.

7 But behold, Paanchi, and that part of the people that were desirous that he should be their governor, was exceedingly wroth; therefore, he was about to flatter away those people to rise up in rebellion against their brethren.

8 And it came to pass as he was about to do this, behold, he was taken, and was tried according to the voice of the people, and condemned unto death; for he had raised up in rebellion and sought to destroy the liberty of the people.

9 Now when those people who were desirous that he should be their governor saw that he was condemned unto death, therefore they were angry, and behold, they sent forth one Kishkumen, even to the judgment-seat of Pahoran, and murdered Pahoran as he sat upon the judgment-seat.

10 And he was pursued by the servants of Pahoran; but behold, so speedy was the flight of Kishkumen that no man could overtake him.

11 And he went unto those that sent him, and they all entered into a covenant, yea, swearing by their everlasting Maker, that they would tell no man that Kishkumen had murdered Pahoran.

12 Therefore, Kishkumen was not known among the people of Nephi, for he was in disguise at the time that he murdered Pahoran. And Kishkumen and his band, who had covenanted with him, did mingle themselves among the people, in a manner that they all could not be found; but as many as were found were condemned unto death.

13 And now behold, Pacumeni was appointed, according to the voice of the people, to be a chief judge and a governor over the people, to reign in the stead of his brother Pahoran; and it was according to his right. And all this was done in the fortieth year of the reign of the judges; and it had an end.

14 And it came to pass in the forty and first year of the reign of the judges, that the Lamanites had gathered together an innumerable army of men, and armed them with swords, and with cimeters and with bows, and with arrows, and with head-plates, and

6 Et il arriva que Pacumeni, lorsqu'il vit qu'il ne pouvait obtenir le siège du jugement, s'unit à la voix du peuple.

7 Mais voici, Paanchi et la partie du peuple qui désirait qu'il fût son gouverneur étaient extrêmement furieux ; c'est pourquoi, il était sur le point d'amener ces gens par la flatterie à entrer en rébellion contre leurs frères.

8 Et il arriva que, comme il était sur le point de le faire, voici, il fut pris, et fut jugé selon la voix du peuple, et condamné à mort ; car il était entré en rébellion et avait cherché à détruire la liberté du peuple.

9 Or, lorsque ces gens, qui désiraient qu'il fût leur gouverneur, virent qu'il était condamné à mort, ils furent en colère, et voici, ils envoyèrent un certain Kishkumen au siège du jugement de Pahoran, et assassinèrent Pahoran tandis qu'il était assis sur le siège du jugement.

10 Et il fut poursuivi par les serviteurs de Pahoran ; mais voici, la fuite de Kishkumen fut si rapide que nul ne put le rattraper.

11 Et il alla vers ceux qui l'avaient envoyé, et ils conclurent tous une alliance, oui, jurant, par leur Créateur éternel, qu'ils ne diraient à personne que Kishkumen avait assassiné Pahoran.

12 C'est pourquoi, Kishkumen ne fut pas connu parmi le peuple de Néphi, car il était déguisé au moment où il assassina Pahoran. Et Kishkumen et sa bande qui avait fait alliance avec lui, se mêlèrent au peuple, de telle manière qu'on ne put les trouver tous ; mais tous ceux qui furent trouvés furent condamnés à mort.

13 Et alors, voici, Pacumeni fut nommé, selon la voix du peuple, grand juge et gouverneur du peuple, pour régner à la place de son frère Pahoran ; et c'était selon son droit. Et tout cela se fit la quarantième année du règne des juges ; et elle prit fin.

14 Et il arriva que la quarante et unième année du règne des juges, les Lamanites avaient rassemblé une armée innombrable d'hommes et les avaient armés d'épées, et de cimeterres, et d'arcs, et de flèches, et de casques, et de plastrons de cuirasse, et de toutes sortes de boucliers de toute espèce.

with breastplates, and with all manner of shields of every kind.

15 And they came down again that they might pitch battle against the Nephites. And they were led by a man whose name was Coriantumr; and he was a descendant of Zarahemla; and he was a dissenter from among the Nephites; and he was a large and a mighty man.

16 Therefore, the king of the Lamanites, whose name was Tubaloth, who was the son of Ammoron, supposing that Coriantumr, being a mighty man, could stand against the Nephites, with his strength and also with his great wisdom, insomuch that by sending him forth he should gain power over the Nephites—

17 Therefore he did stir them up to anger, and he did gather together his armies, and he did appoint Coriantumr to be their leader, and did cause that they should march down to the land of Zarahemla to battle against the Nephites.

18 And it came to pass that because of so much contention and so much difficulty in the government, that they had not kept sufficient guards in the land of Zarahemla; for they had supposed that the Lamanites durst not come into the heart of their lands to attack that great city Zarahemla.

19 But it came to pass that Coriantumr did march forth at the head of his numerous host, and came upon the inhabitants of the city, and their march was with such exceedingly great speed that there was no time for the Nephites to gather together their armies.

20 Therefore Coriantumr did cut down the watch by the entrance of the city, and did march forth with his whole army into the city, and they did slay every one who did oppose them, insomuch that they did take possession of the whole city.

21 And it came to pass that Pacumeni, who was the chief judge, did flee before Coriantumr, even to the walls of the city. And it came to pass that Coriantumr did smite him against the wall, insomuch that he died. And thus ended the days of Pacumeni.

22 And now when Coriantumr saw that he was in possession of the city of Zarahemla, and saw that the Nephites had fled before them, and were slain, and were taken, and

15 Et ils descendirent de nouveau, afin de livrer bataille aux Néphites. Et ils étaient conduits par un homme dont le nom était Coriantumr ; et il était descendant de Zarahemla ; et c'était un dissident des Néphites ; et c'était un homme grand et puissant.

16 C'est pourquoi, le roi des Lamanites, dont le nom était Tubaloth, qui était fils d'Ammoron, pensant que Coriantumr, homme puissant, pouvait tenir tête aux Néphites par sa force et aussi par sa grande sagesse, de sorte qu'en l'envoyant, il pourrait obtenir du pouvoir sur les Néphites,

17 pour cette raison, il les excita à la colère, et il rassembla ses armées, et il nomma Coriantumr pour être leur chef, et il les fit descendre au pays de Zarahemla pour livrer bataille aux Néphites.

18 Et il arriva qu'à cause de toutes ces querelles et de toutes ces difficultés au gouvernement, ils n'avaient pas maintenu suffisamment de gardes au pays de Zarahemla, car ils pensaient que les Lamanites n'oseraient pas entrer au cœur de leurs terres pour attaquer la grande ville de Zarahemla.

19 Mais il arriva que Coriantumr s'avança à la tête de sa nombreuse armée et tomba sur les habitants de la ville, et sa marche fut tellement rapide que les Néphites n'eurent pas le temps de rassembler leurs armées.

20 C'est pourquoi Coriantumr abattit la garde près de l'entrée de la ville et entra avec son armée tout entière dans la ville, et ils tuèrent tous ceux qui s'opposaient à eux, de sorte qu'ils prirent possession de toute la ville.

21 Et il arriva que Pacumeni, qui était le grand juge, s'enfuit devant Coriantumr jusqu'aux murailles de la ville. Et il arriva que Coriantumr le frappa contre la muraille, de sorte qu'il mourut. Et ainsi finirent les jours de Pacumeni.

22 Et maintenant, lorsque Coriantumr vit qu'il était en possession de la ville de Zarahemla et que les Néphites avaient fui devant lui, et étaient tués, et étaient pris, et

were cast into prison, and that he had obtained the possession of the strongest hold in all the land, his heart took courage insomuch that he was about to go forth against all the land.

23 And now he did not tarry in the land of Zarahemla, but he did march forth with a large army, even towards the city of Bountiful; for it was his determination to go forth and cut his way through with the sword, that he might obtain the north parts of the land.

24 And, supposing that their greatest strength was in the center of the land, therefore he did march forth, giving them no time to assemble themselves together save it were in small bodies; and in this manner they did fall upon them and cut them down to the earth.

25 But behold, this march of Coriantumr through the center of the land gave Moronihah great advantage over them, notwithstanding the greatness of the number of the Nephites who were slain.

26 For behold, Moronihah had supposed that the Lamanites durst not come into the center of the land, but that they would attack the cities round about in the borders as they had hitherto done; therefore Moronihah had caused that their strong armies should maintain those parts round about by the borders.

27 But behold, the Lamanites were not frightened according to his desire, but they had come into the center of the land, and had taken the capital city which was the city of Zarahemla, and were marching through the most capital parts of the land, slaying the people with a great slaughter, both men, women, and children, taking possession of many cities and of many strongholds.

28 But when Moronihah had discovered this, he immediately sent forth Lehi with an army round about to head them before they should come to the land Bountiful.

29 And thus he did; and he did head them before they came to the land Bountiful, and gave unto them battle, insomuch that they began to retreat back towards the land of Zarahemla.

30 And it came to pass that Moronihah did head them in their retreat, and did give unto

étaient jetés en prison, et qu'il avait obtenu la possession de la place la plus forte de tout le pays, son cœur prit courage, de sorte qu'il était sur le point de marcher contre tout le pays.

23 Aussi ne s'attarda-t-il pas au pays de Zarahemla, mais marcha avec une grande armée vers la ville d'Abondance ; car il était décidé à aller de l'avant et à se frayer un chemin par l'épée, afin d'obtenir les parties nord du pays.

24 Et, pensant que leur force la plus grande était au centre du pays, il alla de l'avant, ne leur donnant pas le temps de se rassembler, si ce n'est en petites troupes ; et, de cette manière, il tomba sur eux et les tailla en pièces.

25 Mais voici, cette marche de Coriantumr à travers le centre du pays donna à Moronihah un grand avantage sur lui, malgré la grandeur du nombre de Néphites qui furent tués.

26 Car voici, Moronihah avait pensé que les Lamanites n'oseraient pas venir dans le centre du pays, mais qu'ils attaqueraient les villes alentour dans les régions frontières, comme ils l'avaient fait jusqu'à présent ; c'est pourquoi Moronihah avait fait garder par ses puissantes armées les régions qui se trouvaient alentour dans les régions frontières.

27 Mais voici, les Lamanites n'avaient pas été effrayés selon son désir, mais ils étaient venus dans le centre du pays, et avaient pris la capitale, qui était la ville de Zarahemla, et traversaient les parties les plus capitales du pays, tuant les gens en un grand massacre, hommes, femmes et enfants, prenant possession de beaucoup de villes et de beaucoup de places fortes.

28 Mais lorsque Moronihah eut découvert cela, il envoya immédiatement Léhi avec une armée alentour pour les devancer au pays d'Abondance.

29 Et c'est ce qu'il fit ; et il les devança au pays d'Abondance, et leur livra bataille, de sorte qu'ils commencèrent à battre en retraite vers le pays de Zarahemla.

30 Et il arriva que Moronihah les devança dans leur retraite et leur livra bataille, de

them battle, insomuch that it became an exceedingly bloody battle; yea, many were slain, and among the number who were slain Coriantumr was also found.

31 And now, behold, the Lamanites could not retreat either way, neither on the north, nor on the south, nor on the east, nor on the west, for they were surrounded on every hand by the Nephites.

32 And thus had Coriantumr plunged the Lamanites into the midst of the Nephites, insomuch that they were in the power of the Nephites, and he himself was slain, and the Lamanites did yield themselves into the hands of the Nephites.

33 And it came to pass that Moronihah took possession of the city of Zarahemla again, and caused that the Lamanites who had been taken prisoners should depart out of the land in peace.

34 And thus ended the forty and first year of the reign of the judges.

CHAPTER 2

Helaman, the son of Helaman, becomes chief judge—Gadianton leads the band of Kishkumen—Helaman's servant slays Kishkumen, and the Gadianton band flees into the wilderness. About 50–49 B.C.

1 And it came to pass in the forty and second year of the reign of the judges, after Moronihah had established again peace between the Nephites and the Lamanites, behold there was no one to fill the judgment-seat; therefore there began to be a contention again among the people concerning who should fill the judgment-seat.

2 And it came to pass that Helaman, who was the son of Helaman, was appointed to fill the judgment-seat, by the voice of the people.

3 But behold, Kishkumen, who had murdered Pahoran, did lay wait to destroy Helaman also; and he was upheld by his band, who had entered into a covenant that no one should know his wickedness.

4 For there was one Gadianton, who was exceedingly expert in many words, and also in his craft, to carry on the secret work of

sorte que cela devint une bataille extrêmement sanglante ; oui, beaucoup furent tués, et parmi les morts, on trouva aussi Coriantumr.

31 Et maintenant, voici, les Lamanites ne pouvaient faire retraite ni dans un sens ni dans l'autre, ni vers le nord, ni vers le sud, ni vers l'est, ni vers l'ouest, car ils étaient encerclés de toutes parts par les Néphites.

32 Et ainsi, Coriantumr avait plongé les Lamanites au milieu des Néphites, de sorte qu'ils étaient tombés au pouvoir des Néphites, et lui-même avait été tué, et les Lamanites se livrèrent entre les mains des Néphites.

33 Et il arriva que Moronihah reprit possession de la ville de Zarahemla et laissa les Lamanites qui avaient été faits prisonniers quitter le pays en paix.

34 Et ainsi finit la quarante et unième année du règne des juges.

CHAPITRE 2

Hélaman, fils d'Hélaman, devient grand juge — Gadianton dirige la bande de Kishkumen — Le serviteur d'Hélaman tue Kishkumen, et la bande de Gadianton s'enfuit dans le désert. Vers 50–49 av. J.-C.

1 Et il arriva que la quarante-deuxième année du règne des juges, lorsque Moronihah eut de nouveau fait régner la paix entre les Néphites et les Lamanites, voici, il n'y avait personne pour occuper le siège du jugement ; c'est pourquoi une querelle s'éleva de nouveau parmi le peuple sur le point de savoir qui occuperait le siège du jugement.

2 Et il arriva qu'Hélaman, qui était fils d'Hélaman, fut nommé par la voix du peuple pour occuper le siège du jugement.

3 Mais voici, Kishkumen, qui avait assassiné Pahoran, dressa une embuscade pour faire périr Hélaman aussi ; et il était soutenu par sa bande, qui avait conclu l'alliance que personne ne connaîtrait sa méchanceté.

4 Car il y avait un certain Gadianton, qui était extrêmement expert en paroles, et aussi en artifices, pour continuer l'œuvre secrète de meurtres et de brigandage ; c'est

murder and of robbery; therefore he became the leader of the band of Kishkumen.

5 Therefore he did flatter them, and also Kishkumen, that if they would place him in the judgment-seat he would grant unto those who belonged to his band that they should be placed in power and authority among the people; therefore Kishkumen sought to destroy Helaman.

6 And it came to pass as he went forth towards the judgment-seat to destroy Helaman, behold one of the servants of Helaman, having been out by night, and having obtained, through disguise, a knowledge of those plans which had been laid by this band to destroy Helaman—

7 And it came to pass that he met Kishkumen, and he gave unto him a sign; therefore Kishkumen made known unto him the object of his desire, desiring that he would conduct him to the judgment-seat that he might murder Helaman.

8 And when the servant of Helaman had known all the heart of Kishkumen, and how that it was his object to murder, and also that it was the object of all those who belonged to his band to murder, and to rob, and to gain power, (and this was their secret plan, and their combination) the servant of Helaman said unto Kishkumen: Let us go forth unto the judgment-seat.

9 Now this did please Kishkumen exceedingly, for he did suppose that he should accomplish his design; but behold, the servant of Helaman, as they were going forth unto the judgment-seat, did stab Kishkumen even to the heart, that he fell dead without a groan. And he ran and told Helaman all the things which he had seen, and heard, and done.

10 And it came to pass that Helaman did send forth to take this band of robbers and secret murderers, that they might be executed according to the law.

11 But behold, when Gadianton had found that Kishkumen did not return he feared lest that he should be destroyed; therefore he caused that his band should follow him. And they took their flight out of the land, by a secret way, into the wilderness; and thus when Helaman sent forth to take them they could nowhere be found.

pourquoi il devint le chef de la bande de Kishkumen.

5 C'est pourquoi il les flatta, et Kishkumen aussi, leur disant que s'ils le mettaient sur le siège du jugement, il accorderait à ceux qui appartenaient à sa bande des postes de pouvoir et d'autorité parmi le peuple ; c'est pourquoi Kishkumen chercha à faire périr Hélaman.

6 Et il arriva que tandis qu'il se dirigeait vers le siège du jugement pour faire périr Hélaman, voici, un des serviteurs d'Hélaman, étant sorti de nuit et ayant obtenu, grâce à un déguisement, la connaissance du plan qui avait été fait par cette bande pour faire périr Hélaman,

7 il arriva qu'il rencontra Kishkumen et lui donna un signe ; c'est pourquoi Kishkumen lui fit connaître l'objet de son désir, et le pria de le conduire au siège du jugement, afin qu'il pût assassiner Hélaman.

8 Et lorsque le serviteur d'Hélaman connut tout le cœur de Kishkumen, et sut que son but était d'assassiner, et aussi que le but de tous ceux qui appartenaient à sa bande était d'assassiner, et de commettre des actes de brigandage, et d'obtenir du pouvoir (et c'était leur plan secret et leur combinaison), le serviteur d'Hélaman dit à Kishkumen : Allons au siège du jugement.

9 Or, cela plut extrêmement à Kishkumen, car il pensait qu'il allait accomplir son dessein ; mais voici, tandis qu'ils se rendaient au siège du jugement, le serviteur d'Hélaman poignarda Kishkumen au cœur, de sorte qu'il tomba mort sans un gémissement. Et il courut dire à Hélaman toutes les choses qu'il avait vues, et entendues, et faites.

10 Et il arriva qu'Hélaman envoya des gens pour prendre cette bande de brigands et d'assassins occultes, afin qu'ils fussent exécutés selon la loi.

11 Mais voici, lorsque Gadianton constata que Kishkumen ne revenait pas, il craignit qu'on ne l'eût fait périr ; c'est pourquoi il commanda à sa bande de le suivre. Et ils prirent la fuite hors du pays, par un chemin secret, dans le désert ; et ainsi, lorsque Hélaman envoya des gens pour les prendre, on ne put les trouver nulle part.

12 And more of this Gadianton shall be spoken hereafter. And thus ended the forty and second year of the reign of the judges over the people of Nephi.

13 And behold, in the end of this book ye shall see that this Gadianton did prove the overthrow, yea, almost the entire destruction of the people of Nephi.

14 Behold I do not mean the end of the book of Helaman, but I mean the end of the book of Nephi, from which I have taken all the account which I have written.

CHAPTER 3

Many Nephites migrate to the land northward—They build houses of cement and keep many records—Tens of thousands are converted and baptized—The word of God leads men to salvation—Nephi the son of Helaman fills the judgment seat. About 49–39 B.C.

1 And now it came to pass in the forty and third year of the reign of the judges, there was no contention among the people of Nephi save it were a little pride which was in the church, which did cause some little dissensions among the people, which affairs were settled in the ending of the forty and third year.

2 And there was no contention among the people in the forty and fourth year; neither was there much contention in the forty and fifth year.

3 And it came to pass in the forty and sixth, yea, there was much contention and many dissensions; in the which there were an exceedingly great many who departed out of the land of Zarahemla, and went forth unto the land northward to inherit the land.

4 And they did travel to an exceedingly great distance, insomuch that they came to large bodies of water and many rivers.

5 Yea, and even they did spread forth into all parts of the land, into whatever parts it had not been rendered desolate and without timber, because of the many inhabitants who had before inherited the land.

12 Et on reparlera de ce Gadianton plus tard. Et ainsi finit la quarante-deuxième année du règne des juges sur le peuple de Néphi.

13 Et voici, à la fin de ce livre, vous verrez que ce Gadianton se révéla être la chute, oui, presque l'entière destruction du peuple de Néphi.

14 Voici, je ne veux pas dire la fin du livre d'Hélaman, mais je veux dire la fin du livre de Néphi, d'où j'ai tiré tout le récit que j'ai écrit.

CHAPITRE 3

Beaucoup de Néphites émigrent vers le pays situé du côté du nord — Ils construisent des maisons de ciment et tiennent beaucoup d'annales — Des dizaines de milliers sont convertis et baptisés — La parole de Dieu conduit les hommes au salut — Néphi, fils d'Hélaman, occupe le siège du jugement. Vers 49–39 av. J.-C.

1 Et alors, il arriva que la quarante-troisième année du règne des juges, il n'y eut pas de querelles parmi le peuple de Néphi, sauf un peu d'orgueil qui était dans l'Église, qui causa quelques petites dissensions parmi le peuple, affaires qui furent réglées à la fin de la quarante-troisième année.

2 Et il n'y eut pas de querelles parmi le peuple la quarante-quatrième année, et il n'y eut pas non plus beaucoup de querelles la quarante-cinquième année.

3 Et il arriva que la quarante-sixième année, il y eut beaucoup de querelles et beaucoup de dissensions ; à cause d'elles, un nombre extrêmement grand quitta le pays de Zarahemla et alla dans le pays situé du côté du nord pour hériter le pays.

4 Et ils voyagèrent sur une distance extrêmement grande, de sorte qu'ils arrivèrent à de grandes étendues d'eau et à beaucoup de rivières.

5 Oui, et ils se répandirent même dans toutes les parties du pays, dans toutes les parties qui n'avaient pas été rendues désolées et sans bois de construction à cause des nombreux habitants qui avaient précédemment hérité le pays.

6 And now no part of the land was desolate, save it were for timber; but because of the greatness of the destruction of the people who had before inhabited the land it was called desolate.

7 And there being but little timber upon the face of the land, nevertheless the people who went forth became exceedingly expert in the working of cement; therefore they did build houses of cement, in the which they did dwell.

8 And it came to pass that they did multiply and spread, and did go forth from the land southward to the land northward, and did spread insomuch that they began to cover the face of the whole earth, from the sea south to the sea north, from the sea west to the sea east.

9 And the people who were in the land northward did dwell in tents, and in houses of cement, and they did suffer whatsoever tree should spring up upon the face of the land that it should grow up, that in time they might have timber to build their houses, yea, their cities, and their temples, and their synagogues, and their sanctuaries, and all manner of their buildings.

10 And it came to pass as timber was exceedingly scarce in the land northward, they did send forth much by the way of shipping.

11 And thus they did enable the people in the land northward that they might build many cities, both of wood and of cement.

12 And it came to pass that there were many of the people of Ammon, who were Lamanites by birth, did also go forth into this land.

13 And now there are many records kept of the proceedings of this people, by many of this people, which are particular and very large, concerning them.

14 But behold, a hundredth part of the proceedings of this people, yea, the account of the Lamanites and of the Nephites, and their wars, and contentions, and dissensions, and their preaching, and their prophecies, and their shipping and their building of ships, and their building of temples, and of synagogues and their sanctuaries, and their righteousness, and their wickedness, and their murders, and their robbings, and their plundering, and all manner of abominations

6 Et maintenant, aucune partie du pays n'était désolée, sauf en ce qui concerne le bois de construction ; mais à cause de la grandeur de la destruction du peuple qui avait précédemment habité le pays, on l'appelait désolé.

7 Et comme il n'y avait que peu de bois de construction sur la surface du pays, le peuple qui s'y rendit devint extrêmement expert dans le travail du ciment ; c'est pourquoi il construisit des maisons de ciment, dans lesquelles il demeura.

8 Et il arriva qu'il se multiplia, et se répandit, et alla du pays situé du côté du sud au pays situé du côté du nord, et se répandit au point qu'il commença à couvrir la surface de toute la terre, depuis la mer au sud jusqu'à la mer au nord, depuis la mer à l'ouest jusqu'à la mer à l'est.

9 Et le peuple qui était dans le pays situé du côté du nord demeura dans des tentes et dans des maisons de ciment, et il laissa pousser tous les arbres qui germaient à la surface du pays, afin d'avoir, avec le temps, du bois de construction pour construire ses maisons, oui, ses villes, et ses temples, et ses synagogues, et ses sanctuaires, et ses édifices de toute sorte.

10 Et il arriva que, comme le bois de construction était extrêmement rare dans le pays situé du côté du nord, on en envoya beaucoup par bateau.

11 Et on permit ainsi au peuple du pays situé du côté du nord de construire beaucoup de villes, tant de bois que de ciment.

12 Et il arriva qu'il y en eut beaucoup parmi le peuple d'Ammon, qui étaient Lamanites de naissance, qui allèrent aussi dans ce pays.

13 Et maintenant, il y a beaucoup d'annales qui sont tenues concernant les actions de ce peuple, par beaucoup de personnes de ce peuple, annales qui sont détaillées et très volumineuses à son sujet.

14 Mais voici, la centième partie des actions de ce peuple, oui, l'histoire des Lamanites et des Néphites, et leurs guerres, et leurs querelles, et leurs dissensions, et leurs prédications, et leurs prophéties, et leurs transports par bateau et leur construction de bateaux, et leur construction de temples, et de synagogues, et leurs sanctuaires, et leur justice, et leur méchanceté, et leurs meurtres, et leurs brigandages, et leurs pillages, et

and whoredoms, cannot be contained in this work.

15 But behold, there are many books and many records of every kind, and they have been kept chiefly by the Nephites.

16 And they have been handed down from one generation to another by the Nephites, even until they have fallen into transgression and have been murdered, plundered, and hunted, and driven forth, and slain, and scattered upon the face of the earth, and mixed with the Lamanites until they are no more called the Nephites, becoming wicked, and wild, and ferocious, yea, even becoming Lamanites.

17 And now I return again to mine account; therefore, what I have spoken had passed after there had been great contentions, and disturbances, and wars, and dissensions, among the people of Nephi.

18 The forty and sixth year of the reign of the judges ended;

19 And it came to pass that there was still great contention in the land, yea, even in the forty and seventh year, and also in the forty and eighth year.

20 Nevertheless Helaman did fill the judgment-seat with justice and equity; yea, he did observe to keep the statutes, and the judgments, and the commandments of God; and he did do that which was right in the sight of God continually; and he did walk after the ways of his father, insomuch that he did prosper in the land.

21 And it came to pass that he had two sons. He gave unto the eldest the name of Nephi, and unto the youngest, the name of Lehi. And they began to grow up unto the Lord.

22 And it came to pass that the wars and contentions began to cease, in a small degree, among the people of the Nephites, in the latter end of the forty and eighth year of the reign of the judges over the people of Nephi.

23 And it came to pass in the forty and ninth year of the reign of the judges, there was continual peace established in the land, all save it were the secret combinations which Gadianton the robber had established in the more settled parts of the land, which at that time were not known unto those who were

toutes sortes d'abominations et de fornications ne peuvent être contenus dans cet ouvrage.

15 Mais voici, il y a beaucoup de livres et beaucoup d'annales de toute espèce, et ils ont été tenus principalement par les Néphites.

16 Et ils ont été transmis d'une génération à l'autre par les Néphites jusqu'à ce qu'ils soient tombés dans la transgression et aient été assassinés, et dépouillés, et traqués, et chassés, et tués, et dispersés sur la surface de la terre, et mêlés aux Lamanites, jusqu'à ce qu'ils ne soient plus appelés Néphites, devenant méchants, et sauvages, et féroces, oui, devenant même Lamanites.

17 Et maintenant, j'en reviens à mon récit ; ainsi donc, ce que j'ai dit s'était passé après qu'il se fût produit de grandes querelles, et des troubles, et des guerres, et des dissensions parmi le peuple de Néphi.

18 La quarante-sixième année du règne des juges finit ;

19 et il arriva qu'il y eut encore de grandes querelles dans le pays, oui, la quarante-septième année, et aussi la quarante-huitième année.

20 Néanmoins, Hélaman occupa le siège du jugement avec justice et équité ; oui, il s'appliqua à garder les lois, et les ordonnances, et les commandements de Dieu ; et il fit continuellement ce qui était droit aux yeux de Dieu ; et il marcha dans les voies de son père, de sorte qu'il prospéra dans le pays.

21 Et il arriva qu'il eut deux fils. Il donna à l'aîné le nom de Néphi et au cadet le nom de Léhi. Et ils commencèrent à grandir pour le Seigneur.

22 Et il arriva que les guerres et les querelles commencèrent à cesser dans une faible mesure, parmi le peuple des Néphites, tout à la fin de la quarante-huitième année du règne des juges sur le peuple des Néphites.

23 Et il arriva que la quarante-neuvième année du règne des juges, une paix continuelle régna dans tout le pays, à l'exception des combinaisons secrètes que Gadianton, le brigand, avait mises sur pied dans les parties plus peuplées du pays, combinaisons qui, à l'époque, n'étaient pas connues de ceux qui

at the head of government; therefore they were not destroyed out of the land.

24 And it came to pass that in this same year there was exceedingly great prosperity in the church, insomuch that there were thousands who did join themselves unto the church and were baptized unto repentance.

25 And so great was the prosperity of the church, and so many the blessings which were poured out upon the people, that even the high priests and the teachers were themselves astonished beyond measure.

26 And it came to pass that the work of the Lord did prosper unto the baptizing and uniting to the church of God, many souls, yea, even tens of thousands.

27 Thus we may see that the Lord is merciful unto all who will, in the sincerity of their hearts, call upon his holy name.

28 Yea, thus we see that the gate of heaven is open unto all, even to those who will believe on the name of Jesus Christ, who is the Son of God.

29 Yea, we see that whosoever will may lay hold upon the word of God, which is quick and powerful, which shall divide asunder all the cunning and the snares and the wiles of the devil, and lead the man of Christ in a strait and narrow course across that everlasting gulf of misery which is prepared to engulf the wicked—

30 And land their souls, yea, their immortal souls, at the right hand of God in the kingdom of heaven, to sit down with Abraham, and Isaac, and with Jacob, and with all our holy fathers, to go no more out.

31 And in this year there was continual rejoicing in the land of Zarahemla, and in all the regions round about, even in all the land which was possessed by the Nephites.

32 And it came to pass that there was peace and exceedingly great joy in the remainder of the forty and ninth year; yea, and also there was continual peace and great joy in the fiftieth year of the reign of the judges.

33 And in the fifty and first year of the reign of the judges there was peace also, save it were the pride which began to enter into the church—not into the church of God, but

étaient à la tête du gouvernement ; c'est pourquoi, elles ne furent pas détruites et balayées du pays.

24 Et il arriva que, cette même année, il y eut une prospérité extrêmement grande dans l'Église, de sorte qu'il y en eut des milliers qui se joignirent à l'Église et furent baptisés en vue du repentir.

25 Et si grande était la prospérité de l'Église et si nombreuses les bénédictions qui étaient déversées sur le peuple, que les grands prêtres et les instructeurs en étaient eux-mêmes étonnés au-delà de toute mesure.

26 Et il arriva que l'œuvre du Seigneur prospéra au point que l'on baptisa et unit à l'Église de Dieu beaucoup d'âmes, oui, des dizaines de milliers.

27 Nous pouvons voir ainsi que le Seigneur est miséricordieux envers tous ceux qui, dans la sincérité de leur cœur, invoquent son saint nom.

28 Oui, nous voyons ainsi que la porte du ciel est ouverte à tous, à ceux qui croient au nom de Jésus-Christ, qui est le Fils de Dieu.

29 Oui, nous voyons que quiconque le veut peut se saisir de la parole de Dieu, qui est vivante et puissante, qui divisera toute la ruse, et les pièges, et les artifices du diable et conduira l'homme du Christ, selon un itinéraire étroit et resserré, de l'autre côté de ce gouffre éternel de misère qui est préparé pour engouffrer les méchants,

30 et déposera son âme, oui, son âme immortelle, à la droite de Dieu, dans le royaume des cieux, pour s'asseoir avec Abraham, et Isaac, et avec Jacob, et avec tous les saints hommes qui furent nos pères, pour n'en plus sortir.

31 Et cette année-là, il y eut des réjouissances continuelles dans le pays de Zarahemla et dans toutes les régions alentour, dans tout le pays que possédaient les Néphites.

32 Et il arriva qu'il y eut la paix et une joie extrêmement grande pendant le reste de la quarante-neuvième année ; oui, et il y eut aussi une paix continuelle et une grande joie la cinquantième année du règne des juges.

33 Et la cinquante et unième année du règne des juges, il y eut aussi la paix, à l'exception de l'orgueil qui commençait à entrer dans l'Église — non pas dans l'Église de Dieu,

into the hearts of the people who professed to belong to the church of God—

34 And they were lifted up in pride, even to the persecution of many of their brethren. Now this was a great evil, which did cause the more humble part of the people to suffer great persecutions, and to wade through much affliction.

35 Nevertheless they did fast and pray oft, and did wax stronger and stronger in their humility, and firmer and firmer in the faith of Christ, unto the filling their souls with joy and consolation, yea, even to the purifying and the sanctification of their hearts, which sanctification cometh because of their yielding their hearts unto God.

36 And it came to pass that the fifty and second year ended in peace also, save it were the exceedingly great pride which had gotten into the hearts of the people; and it was because of their exceedingly great riches and their prosperity in the land; and it did grow upon them from day to day.

37 And it came to pass in the fifty and third year of the reign of the judges, Helaman died, and his eldest son Nephi began to reign in his stead. And it came to pass that he did fill the judgment-seat with justice and equity; yea, he did keep the commandments of God, and did walk in the ways of his father.

CHAPTER 4

Nephite dissenters and the Lamanites join forces and take the land of Zarahemla—The Nephites' defeats come because of their wickedness—The Church dwindles, and the people become weak like the Lamanites. About 38–30 B.C.

1 And it came to pass in the fifty and fourth year there were many dissensions in the church, and there was also a contention among the people, insomuch that there was much bloodshed.

2 And the rebellious part were slain and driven out of the land, and they did go unto the king of the Lamanites.

3 And it came to pass that they did endeavor to stir up the Lamanites to war against the Nephites; but behold, the Lamanites were exceedingly afraid, insomuch that they

mais dans le cœur de ceux qui professaient appartenir à l'Église de Dieu —

34 et ils étaient enflés dans l'orgueil, au point de persécuter beaucoup de leurs frères. Or, c'était là un grand mal, qui fit souffrir de grandes persécutions à cette partie du peuple qui était plus humble, et lui fit traverser beaucoup d'affliction.

35 Néanmoins, ils jeûnaient et priaient souvent, et devenaient de plus en plus forts dans leur humilité, et de plus en plus fermes dans la foi au Christ, au point que cela leur remplissait l'âme de joie et de consolation, oui, au point que cela leur purifiait et leur sanctifiait le cœur, sanctification qui venait de ce qu'ils avaient livré leur cœur à Dieu.

36 Et il arriva que la cinquante-deuxième année finit aussi dans la paix, à l'exception de l'orgueil extrêmement grand qui était entré dans le cœur du peuple ; et c'était à cause de ses richesses extrêmement grandes et de sa prospérité dans le pays ; et cet orgueil croissait en lui de jour en jour.

37 Et il arriva que la cinquante-troisième année du règne des juges, Hélaman mourut, et son fils aîné, Néphi, commença à régner à sa place. Et il arriva qu'il occupa le siège du jugement avec justice et équité ; oui, il garda les commandements de Dieu et marcha dans la voie de son père.

CHAPITRE 4

Les dissidents néphites et les Lamanites unissent leurs forces et prennent le pays de Zarahemla — Les défaites des Néphites sont le résultat de leur méchanceté — L'Église diminue et le peuple devient faible comme les Lamanites. Vers 38–30 av. J.-C.

1 Et il arriva que la cinquante-quatrième année, il y eut beaucoup de dissensions dans l'Église, et il y eut aussi une querelle parmi le peuple, de sorte qu'il y eut une grande effusion de sang.

2 Et la partie rebelle fut tuée et chassée du pays, et elle alla auprès du roi des Lamanites.

3 Et il arriva qu'ils s'efforcèrent d'exciter les Lamanites à la guerre contre les Néphites ; mais voici, les Lamanites avaient extrêmement peur, de sorte qu'ils ne

would not hearken to the words of those dissenters.

4 But it came to pass in the fifty and sixth year of the reign of the judges, there were dissenters who went up from the Nephites unto the Lamanites; and they succeeded with those others in stirring them up to anger against the Nephites; and they were all that year preparing for war.

5 And in the fifty and seventh year they did come down against the Nephites to battle, and they did commence the work of death; yea, insomuch that in the fifty and eighth year of the reign of the judges they succeeded in obtaining possession of the land of Zarahemla; yea, and also all the lands, even unto the land which was near the land Bountiful.

6 And the Nephites and the armies of Moronihah were driven even into the land of Bountiful;

7 And there they did fortify against the Lamanites, from the west sea, even unto the east; it being a day's journey for a Nephite, on the line which they had fortified and stationed their armies to defend their north country.

8 And thus those dissenters of the Nephites, with the help of a numerous army of the Lamanites, had obtained all the possession of the Nephites which was in the land southward. And all this was done in the fifty and eighth and ninth years of the reign of the judges.

9 And it came to pass in the sixtieth year of the reign of the judges, Moronihah did succeed with his armies in obtaining many parts of the land; yea, they regained many cities which had fallen into the hands of the Lamanites.

10 And it came to pass in the sixty and first year of the reign of the judges they succeeded in regaining even the half of all their possessions.

11 Now this great loss of the Nephites, and the great slaughter which was among them, would not have happened had it not been for their wickedness and their abomination which was among them; yea, and it was among those also who professed to belong to the church of God.

12 And it was because of the pride of their hearts, because of their exceeding riches,

voulurent pas écouter les paroles de ces dissidents.

4 Mais il arriva que la cinquante-sixième année du règne des juges, il y eut des dissidents qui montèrent de chez les Néphites auprès des Lamanites ; et, unis aux autres, ils réussirent à les exciter à la colère contre les Néphites ; et ils passèrent toute cette année-là à se préparer à la guerre.

5 Et la cinquante-septième année, ils descendirent livrer bataille aux Néphites, et ils commencèrent l'œuvre de mort ; oui, de sorte que la cinquante-huitième année du règne des juges, ils réussirent à obtenir la possession du pays de Zarahemla ; oui, et aussi de toutes les terres jusqu'au pays qui était près du pays d'Abondance.

6 Et les Néphites et les armées de Moronihah furent chassés jusqu'au pays d'Abondance ;

7 et là ils se fortifièrent contre les Lamanites, depuis la mer de l'ouest jusqu'à l'est ; et cette ligne qu'ils avaient fortifiée et où ils avaient posté leurs armées pour défendre leur pays du nord correspondait à une journée de marche pour un Néphite.

8 Et ainsi ces Néphites dissidents, avec l'aide d'une nombreuse armée de Lamanites, avaient obtenu toutes les possessions des Néphites qui étaient dans le pays situé du côté du sud. Et tout cela se fit les cinquante-huitième et cinquante-neuvième années du règne des juges.

9 Et il arriva que la soixantième année du règne des juges, Moronihah réussit, avec ses armées, à reprendre possession de beaucoup de parties du pays ; oui, ils reprirent beaucoup de villes qui étaient tombées entre les mains des Lamanites.

10 Et il arriva que la soixante et unième année du règne des juges, ils réussirent à reprendre jusqu'à la moitié de toutes leurs possessions.

11 Or, cette grande perte des Néphites et le grand massacre qui s'était produit parmi eux ne seraient pas arrivés, s'il n'y avait pas eu la méchanceté et les abominations qui étaient parmi eux ; oui, et elles étaient aussi parmi ceux qui professaient appartenir à l'Église de Dieu.

12 Et c'était à cause de l'orgueil de leur cœur, à cause de leur extrême richesse, oui,

yea, it was because of their oppression to the poor, withholding their food from the hungry, withholding their clothing from the naked, and smiting their humble brethren upon the cheek, making a mock of that which was sacred, denying the spirit of prophecy and of revelation, murdering, plundering, lying, stealing, committing adultery, rising up in great contentions, and deserting away into the land of Nephi, among the Lamanites—

13 And because of this their great wickedness, and their boastings in their own strength, they were left in their own strength; therefore they did not prosper, but were afflicted and smitten, and driven before the Lamanites, until they had lost possession of almost all their lands.

14 But behold, Moronihah did preach many things unto the people because of their iniquity, and also Nephi and Lehi, who were the sons of Helaman, did preach many things unto the people, yea, and did prophesy many things unto them concerning their iniquities, and what should come unto them if they did not repent of their sins.

15 And it came to pass that they did repent, and inasmuch as they did repent they did begin to prosper.

16 For when Moronihah saw that they did repent he did venture to lead them forth from place to place, and from city to city, even until they had regained the one-half of their property and the one-half of all their lands.

17 And thus ended the sixty and first year of the reign of the judges.

18 And it came to pass in the sixty and second year of the reign of the judges, that Moronihah could obtain no more possessions over the Lamanites.

19 Therefore they did abandon their design to obtain the remainder of their lands, for so numerous were the Lamanites that it became impossible for the Nephites to obtain more power over them; therefore Moronihah did employ all his armies in maintaining those parts which he had taken.

20 And it came to pass, because of the greatness of the number of the Lamanites the Nephites were in great fear, lest they should be overpowered, and trodden down, and slain, and destroyed.

c'était parce qu'ils opprimaient les pauvres, refusaient leur nourriture aux affamés, refusaient leurs vêtements à ceux qui étaient nus, et frappaient sur la joue leurs frères humbles, se moquaient de ce qui était sacré, niaient l'esprit de prophétie et de révélation, assassinaient, pillaient, mentaient, volaient, commettaient l'adultère, se soulevaient en de grandes querelles et désertaient vers le pays de Néphi, chez les Lamanites —

13 et à cause de cette grande méchanceté qui était la leur, et parce qu'ils se vantaient de leur force, ils furent abandonnés à leur force ; c'est pourquoi ils ne prospérèrent pas, mais furent affligés et frappés, et chassés devant les Lamanites, jusqu'à ce qu'ils eussent perdu la possession de presque toutes leurs terres.

14 Mais voici, Moronihah prêcha beaucoup de choses au peuple à cause de son iniquité, et Néphi et Léhi, qui étaient les fils d'Hélaman, prêchèrent aussi beaucoup de choses au peuple, oui, et lui prophétisèrent beaucoup de choses concernant ses iniquités et ce qui lui arriverait s'il ne se repentait pas de ses péchés.

15 Et il arriva qu'il se repentit, et, dans la mesure où il se repentit, il commença à prospérer.

16 Car, lorsqu'il vit qu'il se repentait, Moronihah s'aventura à le conduire de lieu en lieu, et de ville en ville, jusqu'à ce qu'ils eussent repris la moitié de leurs biens et la moitié de toutes leurs terres.

17 Et ainsi finit la soixante et unième année du règne des juges.

18 Et il arriva que la soixante-deuxième année du règne des juges, Moronihah ne put plus reprendre de possessions aux Lamanites.

19 C'est pourquoi ils abandonnèrent leur dessein de reprendre le reste de leurs terres, car les Lamanites étaient si nombreux qu'il devint impossible aux Néphites d'obtenir plus de pouvoir sur eux ; c'est pourquoi Moronihah employa toutes ses armées à conserver les parties qu'il avait prises.

20 Et il arriva qu'à cause de la grandeur du nombre des Lamanites, les Néphites avaient une grande crainte d'avoir le dessous, et d'être piétinés, et tués, et détruits.

21 Yea, they began to remember the prophecies of Alma, and also the words of Mosiah; and they saw that they had been a stiffnecked people, and that they had set at naught the commandments of God;

22 And that they had altered and trampled under their feet the laws of Mosiah, or that which the Lord commanded him to give unto the people; and they saw that their laws had become corrupted, and that they had become a wicked people, insomuch that they were wicked even like unto the Lamanites.

23 And because of their iniquity the church had begun to dwindle; and they began to disbelieve in the spirit of prophecy and in the spirit of revelation; and the judgments of God did stare them in the face.

24 And they saw that they had become weak, like unto their brethren, the Lamanites, and that the Spirit of the Lord did no more preserve them; yea, it had withdrawn from them because the Spirit of the Lord doth not dwell in unholy temples—

25 Therefore the Lord did cease to preserve them by his miraculous and matchless power, for they had fallen into a state of unbelief and awful wickedness; and they saw that the Lamanites were exceedingly more numerous than they, and except they should cleave unto the Lord their God they must unavoidably perish.

26 For behold, they saw that the strength of the Lamanites was as great as their strength, even man for man. And thus had they fallen into this great transgression; yea, thus had they become weak, because of their transgression, in the space of not many years.

CHAPTER 5

Nephi and Lehi devote themselves to preaching—Their names invite them to pattern their lives after their forebears—Christ redeems those who repent—Nephi and Lehi make many converts and are imprisoned, and fire encircles them—A cloud of darkness overshadows three hundred people—The earth shakes, and a voice commands men to repent—Nephi and Lehi converse with angels, and the multitude is encircled by fire. About 30 B.C.

21 Oui, ils commencèrent à se souvenir des prophéties d'Alma, et aussi des paroles de Mosiah ; et ils virent qu'ils avaient été un peuple au cou roide, et qu'ils avaient méprisé les commandements de Dieu ;

22 et qu'ils avaient changé et foulé aux pieds les lois de Mosiah, ou ce que le Seigneur lui avait commandé de donner au peuple ; et ils virent que leurs lois s'étaient corrompues, et qu'ils étaient devenus un peuple méchant, de sorte qu'ils étaient aussi méchants que les Lamanites.

23 Et à cause de leur iniquité, l'Église avait commencé à diminuer ; et ils commençaient à ne plus croire en l'esprit de prophétie ni en l'esprit de révélation ; et le spectre des jugements de Dieu se dressait devant eux.

24 Et ils voyaient qu'ils étaient devenus faibles comme leurs frères, les Lamanites, et que l'Esprit du Seigneur ne les préservait plus ; oui, il s'était retiré d'eux, parce que l'Esprit du Seigneur ne demeure pas dans des temples qui ne sont pas saints.

25 C'est pourquoi le Seigneur avait cessé de les préserver par son pouvoir miraculeux et incomparable, car ils étaient tombés dans un état d'incrédulité et d'affreuse méchanceté ; et ils voyaient que les Lamanites étaient infiniment plus nombreux qu'eux et que s'ils ne s'attachaient pas au Seigneur, leur Dieu, ils allaient périr.

26 Car voici, ils voyaient que la force des Lamanites était aussi grande que leur force, un homme en valant un autre. Et ainsi, ils étaient tombés dans cette grande transgression ; oui, ainsi, ils étaient devenus faibles, en peu d'années, à cause de leur transgression.

CHAPITRE 5

Néphi et Léhi se consacrent à la prédication — Leur nom les invite à modeler leur vie sur celle de leurs ancêtres — Le Christ rachète ceux qui se repentent — Néphi et Léhi font beaucoup de convertis et sont emprisonnés — Ils sont environnés de feu — Une nuée de ténèbres recouvre trois cents personnes — La terre tremble, et une voix commande aux hommes de se repentir — Néphi et Léhi conversent avec des anges, et la multitude est environnée de feu. Vers 30 av. J.-C.

1 And it came to pass that in this same year, behold, Nephi delivered up the judgment-seat to a man whose name was Cezoram.

2 For as their laws and their governments were established by the voice of the people, and they who chose evil were more numerous than they who chose good, therefore they were ripening for destruction, for the laws had become corrupted.

3 Yea, and this was not all; they were a stiff-necked people, insomuch that they could not be governed by the law nor justice, save it were to their destruction.

4 And it came to pass that Nephi had become weary because of their iniquity; and he yielded up the judgment-seat, and took it upon him to preach the word of God all the remainder of his days, and his brother Lehi also, all the remainder of his days;

5 For they remembered the words which their father Helaman spake unto them. And these are the words which he spake:

6 Behold, my sons, I desire that ye should remember to keep the commandments of God; and I would that ye should declare unto the people these words. Behold, I have given unto you the names of our first parents who came out of the land of Jerusalem; and this I have done that when you remember your names ye may remember them; and when ye remember them ye may remember their works; and when ye remember their works ye may know how that it is said, and also written, that they were good.

7 Therefore, my sons, I would that ye should do that which is good, that it may be said of you, and also written, even as it has been said and written of them.

8 And now my sons, behold I have somewhat more to desire of you, which desire is, that ye may not do these things that ye may boast, but that ye may do these things to lay up for yourselves a treasure in heaven, yea, which is eternal, and which fadeth not away; yea, that ye may have that precious gift of eternal life, which we have reason to suppose hath been given to our fathers.

9 O remember, remember, my sons, the words which king Benjamin spake unto his people; yea, remember that there is no other way nor means whereby man can be saved,

1 Et il arriva que cette même année, voici, Néphi remit le siège du jugement à un homme dont le nom était Cézoram.

2 Car, comme leurs lois et leurs gouvernements étaient établis par la voix du peuple, et que ceux qui choisissaient le mal étaient plus nombreux que ceux qui choisissaient le bien, ils devenaient mûrs pour la destruction, car ils avaient corrompu les lois.

3 Oui, et ce n'était pas tout ; ils étaient un peuple au cou roide, de sorte qu'ils ne pouvaient être gouvernés ni par la loi ni par la justice, si ce n'est pour leur destruction.

4 Et il arriva que Néphi s'était lassé de leur iniquité ; et il céda le siège du jugement et prit sur lui de prêcher la parole de Dieu pendant tout le reste de ses jours, et son frère Léhi aussi, tout le reste de ses jours ;

5 car ils se souvenaient des paroles que leur père Hélaman leur avait dites. Et voici les paroles qu'il dit :

6 Voici, mes fils, je désire que vous vous souveniez de garder les commandements de Dieu ; et je voudrais que vous annonciez ces paroles au peuple. Voici, je vous ai donné le nom de nos premiers parents qui sortirent du pays de Jérusalem ; et cela, je l'ai fait afin que, lorsque vous vous souvenez de vos noms, vous vous souveniez d'eux ; et que lorsque vous vous souvenez d'eux, vous vous souveniez de leurs œuvres ; et lorsque vous vous souvenez de leurs œuvres, vous sachiez qu'il est dit, et aussi écrit, qu'elles étaient bonnes.

7 C'est pourquoi, mes fils, je voudrais que vous fassiez ce qui est bien, afin que l'on puisse dire de vous, et aussi écrire, ce qui a été dit et écrit à leur sujet.

8 Et maintenant, mes fils, voici, j'ai encore quelque chose à désirer de vous, désir qui est que vous ne fassiez pas ces choses afin de vous vanter, mais que vous fassiez ces choses afin de vous amasser un trésor dans le ciel, oui, qui est éternel, et qui ne se dissipe pas ; oui, afin que vous ayez ce don précieux de la vie éternelle, qui, nous avons des raisons de le penser, a été donné à nos pères.

9 Oh ! souvenez-vous, souvenez-vous, mes fils, des paroles que le roi Benjamin a dites à son peuple ; oui, souvenez-vous qu'il n'y a aucune autre manière ni aucun autre moyen

only through the atoning blood of Jesus Christ, who shall come; yea, remember that he cometh to redeem the world.

10 And remember also the words which Amulek spake unto Zeezrom, in the city of Ammonihah; for he said unto him that the Lord surely should come to redeem his people, but that he should not come to redeem them in their sins, but to redeem them from their sins.

11 And he hath power given unto him from the Father to redeem them from their sins because of repentance; therefore he hath sent his angels to declare the tidings of the conditions of repentance, which bringeth unto the power of the Redeemer, unto the salvation of their souls.

12 And now, my sons, remember, remember that it is upon the rock of our Redeemer, who is Christ, the Son of God, that ye must build your foundation; that when the devil shall send forth his mighty winds, yea, his shafts in the whirlwind, yea, when all his hail and his mighty storm shall beat upon you, it shall have no power over you to drag you down to the gulf of misery and endless wo, because of the rock upon which ye are built, which is a sure foundation, a foundation whereon if men build they cannot fall.

13 And it came to pass that these were the words which Helaman taught to his sons; yea, he did teach them many things which are not written, and also many things which are written.

14 And they did remember his words; and therefore they went forth, keeping the commandments of God, to teach the word of God among all the people of Nephi, beginning at the city Bountiful;

15 And from thenceforth to the city of Gid; and from the city of Gid to the city of Mulek;

16 And even from one city to another, until they had gone forth among all the people of Nephi who were in the land southward; and from thence into the land of Zarahemla, among the Lamanites.

17 And it came to pass that they did preach with great power, insomuch that they did confound many of those dissenters who had gone over from the Nephites, insomuch that they came forth and did confess their sins

par lesquels l'homme puisse être sauvé, si ce n'est par le sang expiatoire de Jésus-Christ, qui viendra ; oui, souvenez-vous qu'il vient racheter le monde.

10 Et souvenez-vous aussi des paroles qu'Amulek dit à Zeezrom dans la ville d'Ammonihah ; car il lui dit que le Seigneur viendrait certainement racheter son peuple, mais qu'il ne viendrait pas le racheter dans ses péchés, mais le racheter de ses péchés.

11 Et il a reçu du Père le pouvoir de les racheter de leurs péchés à cause du repentir ; c'est pourquoi il a envoyé ses anges annoncer la nouvelle des conditions du repentir, qui amènent au pouvoir du Rédempteur, pour le salut de leur âme.

12 Et maintenant, mes fils, souvenez-vous, souvenez-vous que c'est sur le roc de notre Rédempteur, qui est le Christ, le Fils de Dieu, que vous devez bâtir votre fondation ; afin que lorsque le diable enverra ses vents puissants, oui, ses traits dans le tourbillon, oui, lorsque toute sa grêle et sa puissante tempête s'abattront sur vous, cela n'ait aucun pouvoir sur vous, pour vous entraîner en bas jusqu'au gouffre de misère et de malheur sans fin, à cause du roc sur lequel vous êtes bâtis, qui est une fondation sûre, une fondation telle que si les hommes construisent sur elle, ils ne peuvent tomber.

13 Et il arriva que ce furent là les paroles qu'Hélaman enseigna à ses fils ; oui, il leur enseigna beaucoup de choses qui ne sont pas écrites et aussi beaucoup de choses qui sont écrites.

14 Et ils se souvinrent de ses paroles ; et c'est pourquoi ils allèrent, gardant les commandements de Dieu, enseigner la parole de Dieu parmi tout le peuple de Néphi, en commençant par la ville d'Abondance ;

15 et de là à la ville de Gid ; et de la ville de Gid à la ville de Mulek ;

16 et même d'une ville à l'autre, jusqu'à ce qu'ils fussent allés parmi tout le peuple de Néphi qui était dans le pays situé du côté du sud ; et de là au pays de Zarahemla, parmi les Lamanites.

17 Et il arriva qu'ils prêchèrent avec une grande puissance, de sorte qu'ils confondirent beaucoup de ces dissidents qui avaient quitté les Néphites, de sorte que ceux-ci s'avancèrent et confessèrent leurs

and were baptized unto repentance, and immediately returned to the Nephites to endeavor to repair unto them the wrongs which they had done.

18 And it came to pass that Nephi and Lehi did preach unto the Lamanites with such great power and authority, for they had power and authority given unto them that they might speak, and they also had what they should speak given unto them—

19 Therefore they did speak unto the great astonishment of the Lamanites, to the convincing them, insomuch that there were eight thousand of the Lamanites who were in the land of Zarahemla and round about baptized unto repentance, and were convinced of the wickedness of the traditions of their fathers.

20 And it came to pass that Nephi and Lehi did proceed from thence to go to the land of Nephi.

21 And it came to pass that they were taken by an army of the Lamanites and cast into prison; yea, even in that same prison in which Ammon and his brethren were cast by the servants of Limhi.

22 And after they had been cast into prison many days without food, behold, they went forth into the prison to take them that they might slay them.

23 And it came to pass that Nephi and Lehi were encircled about as if by fire, even insomuch that they durst not lay their hands upon them for fear lest they should be burned. Nevertheless, Nephi and Lehi were not burned; and they were as standing in the midst of fire and were not burned.

24 And when they saw that they were encircled about with a pillar of fire, and that it burned them not, their hearts did take courage.

25 For they saw that the Lamanites durst not lay their hands upon them; neither durst they come near unto them, but stood as if they were struck dumb with amazement.

26 And it came to pass that Nephi and Lehi did stand forth and began to speak unto them, saying: Fear not, for behold, it is God that has shown unto you this marvelous thing, in the which is shown unto you that ye cannot lay your hands on us to slay us.

péchés, et furent baptisés en vue du repentir, et retournèrent immédiatement auprès des Néphites pour s'efforcer de réparer auprès d'eux les torts qu'ils avaient causés.

18 Et il arriva que Néphi et Léhi prêchèrent aux Lamanites avec une si grande puissance et une si grande autorité, car du pouvoir et de l'autorité leur avaient été donnés, afin qu'ils pussent parler, et ce qu'ils devaient dire leur était aussi donné —

19 c'est pourquoi ils parlèrent au grand étonnement des Lamanites, au point de les convaincre, de sorte qu'il y eut huit mille d'entre les Lamanites qui étaient au pays de Zarahemla et alentour, qui furent baptisés en vue du repentir et furent convaincus de la méchanceté des traditions de leurs pères.

20 Et il arriva que Néphi et Léhi partirent de là pour aller au pays de Néphi.

21 Et il arriva qu'ils furent pris par une armée de Lamanites et jetés en prison ; oui, cette même prison dans laquelle Ammon et ses frères avaient été jetés par les serviteurs de Limhi.

22 Et après qu'ils eurent été jetés en prison sans nourriture pendant de nombreux jours, voici, ils entrèrent dans la prison pour les prendre afin de les tuer.

23 Et il arriva que Néphi et Léhi furent environnés comme par du feu, de telle sorte qu'ils n'osèrent pas porter la main sur eux de peur d'être brûlés. Néanmoins, Néphi et Léhi n'étaient pas brûlés ; et ils étaient comme s'ils se tenaient debout au milieu du feu et n'étaient pas brûlés.

24 Et lorsqu'ils virent qu'ils étaient environnés par une colonne de feu et qu'elle ne les brûlait pas, leur cœur prit courage.

25 Car ils voyaient que les Lamanites n'osaient pas porter la main sur eux ; ils n'osaient pas non plus s'approcher d'eux, mais se tenaient là comme s'ils étaient frappés de mutisme par l'étonnement.

26 Et il arriva que Néphi et Léhi s'avancèrent et commencèrent à leur parler, disant : Ne craignez pas, car voici, c'est Dieu qui vous a montré cette chose merveilleuse dans laquelle il vous est montré que vous ne pouvez pas porter la main sur nous pour nous tuer.

27 And behold, when they had said these words, the earth shook exceedingly, and the walls of the prison did shake as if they were about to tumble to the earth; but behold, they did not fall. And behold, they that were in the prison were Lamanites and Nephites who were dissenters.

28 And it came to pass that they were overshadowed with a cloud of darkness, and an awful solemn fear came upon them.

29 And it came to pass that there came a voice as if it were above the cloud of darkness, saying: Repent ye, repent ye, and seek no more to destroy my servants whom I have sent unto you to declare good tidings.

30 And it came to pass when they heard this voice, and beheld that it was not a voice of thunder, neither was it a voice of a great tumultuous noise, but behold, it was a still voice of perfect mildness, as if it had been a whisper, and it did pierce even to the very soul—

31 And notwithstanding the mildness of the voice, behold the earth shook exceedingly, and the walls of the prison trembled again, as if it were about to tumble to the earth; and behold the cloud of darkness, which had overshadowed them, did not disperse—

32 And behold the voice came again, saying: Repent ye, repent ye, for the kingdom of heaven is at hand; and seek no more to destroy my servants. And it came to pass that the earth shook again, and the walls trembled.

33 And also again the third time the voice came, and did speak unto them marvelous words which cannot be uttered by man; and the walls did tremble again, and the earth shook as if it were about to divide asunder.

34 And it came to pass that the Lamanites could not flee because of the cloud of darkness which did overshadow them; yea, and also they were immovable because of the fear which did come upon them.

35 Now there was one among them who was a Nephite by birth, who had once belonged to the church of God but had dissented from them.

36 And it came to pass that he turned him about, and behold, he saw through the cloud of darkness the faces of Nephi and Lehi; and

27 Et voici, lorsqu'ils eurent dit ces paroles, la terre trembla extrêmement, et les murs de la prison tremblèrent comme s'ils étaient sur le point de s'écrouler par terre ; mais voici, ils ne tombèrent pas. Et voici, ceux qui étaient dans la prison étaient des Lamanites et des Néphites dissidents.

28 Et il arriva qu'ils furent recouverts d'une nuée de ténèbres, et une crainte solennelle et terrible s'abattit sur eux.

29 Et il arriva qu'une voix se fit entendre, comme si elle était au-dessus de la nuée de ténèbres, disant : Repentez-vous, repentez-vous, et ne cherchez plus à faire périr mes serviteurs que je vous ai envoyés annoncer de bonnes nouvelles.

30 Et il arriva que lorsqu'ils entendirent cette voix et virent qu'elle n'était pas une voix de tonnerre, ni la voix de grands bruits tumultueux, mais voici, que c'était une voix douce, d'une douceur parfaite, comme si cela avait été un chuchotement, et elle perçait jusqu'à l'âme même —

31 et malgré la douceur de la voix, voici, la terre trembla extrêmement, et les murs de la prison tremblèrent de nouveau, comme si elle était sur le point de s'écrouler par terre ; et voici, la nuée de ténèbres, qui les avait recouverts, ne se dissipait pas —

32 et voici, la voix se fit entendre de nouveau, disant : Repentez-vous, repentez-vous, car le royaume des cieux est proche ; et ne cherchez plus à faire périr mes serviteurs. Et il arriva que la terre trembla de nouveau, et les murs furent ébranlés.

33 Et la voix se fit aussi entendre pour la troisième fois, et leur dit des paroles merveilleuses qui ne peuvent être exprimées par l'homme ; et les murs furent de nouveau ébranlés, et la terre trembla comme si elle était sur le point de se fendre.

34 Et il arriva que les Lamanites ne purent fuir à cause de la nuée de ténèbres qui les recouvrait ; oui, et aussi, ils étaient immobilisés à cause de la crainte qui s'était abattue sur eux.

35 Or, il y en avait un parmi eux qui était Néphite de naissance, qui avait jadis appartenu à l'Église de Dieu mais en était un dissident.

36 Et il arriva qu'il se retourna, et voici, il vit, à travers la nuée de ténèbres, le visage

behold, they did shine exceedingly, even as the faces of angels. And he beheld that they did lift their eyes to heaven; and they were in the attitude as if talking or lifting their voices to some being whom they beheld.

37 And it came to pass that this man did cry unto the multitude, that they might turn and look. And behold, there was power given unto them that they did turn and look; and they did behold the faces of Nephi and Lehi.

38 And they said unto the man: Behold, what do all these things mean, and who is it with whom these men do converse?

39 Now the man's name was Aminadab. And Aminadab said unto them: They do converse with the angels of God.

40 And it came to pass that the Lamanites said unto him: What shall we do, that this cloud of darkness may be removed from overshadowing us?

41 And Aminadab said unto them: You must repent, and cry unto the voice, even until ye shall have faith in Christ, who was taught unto you by Alma, and Amulek, and Zeezrom; and when ye shall do this, the cloud of darkness shall be removed from overshadowing you.

42 And it came to pass that they all did begin to cry unto the voice of him who had shaken the earth; yea, they did cry even until the cloud of darkness was dispersed.

43 And it came to pass that when they cast their eyes about, and saw that the cloud of darkness was dispersed from overshadowing them, behold, they saw that they were encircled about, yea every soul, by a pillar of fire.

44 And Nephi and Lehi were in the midst of them; yea, they were encircled about; yea, they were as if in the midst of a flaming fire, yet it did harm them not, neither did it take hold upon the walls of the prison; and they were filled with that joy which is unspeakable and full of glory.

45 And behold, the Holy Spirit of God did come down from heaven, and did enter into their hearts, and they were filled as if with fire, and they could speak forth marvelous words.

46 And it came to pass that there came a voice unto them, yea, a pleasant voice, as if it were a whisper, saying:

de Néphi et Léhi ; et voici, il brillait extrêmement, comme un visage d'ange. Et il vit qu'ils levaient les yeux vers le ciel ; et ils semblaient, par leur attitude, parler ou élever la voix vers un être qu'ils voyaient.

37 Et il arriva que cet homme cria vers la multitude, afin qu'elle se retournât et regardât. Et voici, ils reçurent le pouvoir de se retourner et de regarder ; et ils virent le visage de Néphi et de Léhi.

38 Et ils dirent à l'homme : Voici, que signifient toutes ces choses, et avec qui ces hommes conversent-ils ?

39 Or, le nom de l'homme était Aminadab. Et Aminadab leur dit : Ils conversent avec les anges de Dieu.

40 Et il arriva que les Lamanites lui dirent : Que ferons-nous pour que cette nuée de ténèbres soit enlevée et ne nous recouvre plus ?

41 Et Aminadab leur dit : Vous devez vous repentir, et crier vers la voix jusqu'à ce que vous ayez foi au Christ qui vous a été enseigné par Alma, et Amulek, et Zeezrom ; et lorsque vous ferez cela, la nuée de ténèbres sera enlevée et ne vous recouvrira plus.

42 Et il arriva qu'ils commencèrent tous à crier vers la voix de celui qui avait fait trembler la terre ; oui, ils crièrent jusqu'à ce que la nuée de ténèbres fût dissipée.

43 Et il arriva que lorsqu'ils jetèrent les regards alentour et virent que la nuée de ténèbres était dissipée et ne les recouvrait plus, voici, ils virent qu'ils étaient environnés, oui, chaque âme, par une colonne de feu.

44 Et Néphi et Léhi étaient au milieu d'eux ; oui, ils étaient environnés ; oui, ils étaient comme au milieu d'un feu embrasé, et cependant il ne leur faisait pas de mal, ni ne s'attaquait aux murs de la prison ; et ils étaient remplis de cette joie qui est ineffable et pleine de gloire.

45 Et voici, l'Esprit-Saint de Dieu descendit du ciel et entra dans leur cœur, et ils furent remplis comme de feu, et ils pouvaient prononcer des paroles merveilleuses.

46 Et il arriva qu'une voix leur parvint, oui, une voix agréable, comme si c'était un chuchotement, disant :

47 Peace, peace be unto you, because of your faith in my Well Beloved, who was from the foundation of the world.

48 And now, when they heard this they cast up their eyes as if to behold from whence the voice came; and behold, they saw the heavens open; and angels came down out of heaven and ministered unto them.

49 And there were about three hundred souls who saw and heard these things; and they were bidden to go forth and marvel not, neither should they doubt.

50 And it came to pass that they did go forth, and did minister unto the people, declaring throughout all the regions round about all the things which they had heard and seen, insomuch that the more part of the Lamanites were convinced of them, because of the greatness of the evidences which they had received.

51 And as many as were convinced did lay down their weapons of war, and also their hatred and the tradition of their fathers.

52 And it came to pass that they did yield up unto the Nephites the lands of their possession.

CHAPTER 6

The righteous Lamanites preach to the wicked Nephites—Both peoples prosper during an era of peace and plenty—Lucifer, the author of sin, stirs up the hearts of the wicked and the Gadianton robbers in murder and wickedness—The robbers take over the Nephite government. About 29–23 B.C.

1 And it came to pass that when the sixty and second year of the reign of the judges had ended, all these things had happened and the Lamanites had become, the more part of them, a righteous people, insomuch that their righteousness did exceed that of the Nephites, because of their firmness and their steadiness in the faith.

2 For behold, there were many of the Nephites who had become hardened and impenitent and grossly wicked, insomuch that they did reject the word of God and all the preaching and prophesying which did come among them.

47 La paix, la paix soit sur vous, à cause de votre foi en mon Bien-aimé, qui était dès la fondation du monde.

48 Et alors, quand ils entendirent cela, ils levèrent les yeux comme pour voir d'où venait la voix ; et voici, ils virent les cieux s'ouvrir, et des anges descendirent du ciel et les servirent.

49 Et il y eut environ trois cents âmes qui virent et entendirent ces choses ; et il leur fut commandé d'aller et de ne pas s'étonner, et ils ne devaient pas non plus douter.

50 Et il arriva qu'ils allèrent instruire le peuple, annonçant dans toutes les régions alentour toutes les choses qu'ils avaient entendues et vues, de sorte que la plus grande partie des Lamanites en furent convaincus à cause de la grandeur des preuves qu'ils avaient reçues.

51 Et tous ceux qui furent convaincus déposèrent leurs armes de guerre, et aussi leur haine et la tradition de leurs pères.

52 Et il arriva qu'ils cédèrent aux Néphites les pays de leur possession.

CHAPITRE 6

Les Lamanites justes prêchent aux Néphites méchants — Les deux peuples prospèrent pendant une ère de paix et d'abondance — Lucifer, auteur du péché, excite le cœur des méchants et les brigands de Gadianton au meurtre et à la méchanceté — Les brigands s'emparent du gouvernement néphite. Vers 29–23 av. J.-C.

1 Et il arriva que lorsque la soixante-deuxième année du règne des juges fut terminée, toutes ces choses étaient arrivées, et les Lamanites étaient devenus, pour la plupart, un peuple juste, de sorte que leur justice dépassait celle des Néphites à cause de leur fermeté et de leur constance dans la foi.

2 Car voici, il y avait beaucoup de Néphites qui s'étaient endurcis et étaient devenus impénitents et fort méchants, de sorte qu'ils rejetaient la parole de Dieu, et toute la prédication, et toutes les prophéties qui venaient parmi eux.

3 Nevertheless, the people of the church did have great joy because of the conversion of the Lamanites, yea, because of the church of God, which had been established among them. And they did fellowship one with another, and did rejoice one with another, and did have great joy.

4 And it came to pass that many of the Lamanites did come down into the land of Zarahemla, and did declare unto the people of the Nephites the manner of their conversion, and did exhort them to faith and repentance.

5 Yea, and many did preach with exceedingly great power and authority, unto the bringing down many of them into the depths of humility, to be the humble followers of God and the Lamb.

6 And it came to pass that many of the Lamanites did go into the land northward; and also Nephi and Lehi went into the land northward, to preach unto the people. And thus ended the sixty and third year.

7 And behold, there was peace in all the land, insomuch that the Nephites did go into whatsoever part of the land they would, whether among the Nephites or the Lamanites.

8 And it came to pass that the Lamanites did also go whithersoever they would, whether it were among the Lamanites or among the Nephites; and thus they did have free intercourse one with another, to buy and to sell, and to get gain, according to their desire.

9 And it came to pass that they became exceedingly rich, both the Lamanites and the Nephites; and they did have an exceeding plenty of gold, and of silver, and of all manner of precious metals, both in the land south and in the land north.

10 Now the land south was called Lehi, and the land north was called Mulek, which was after the son of Zedekiah; for the Lord did bring Mulek into the land north, and Lehi into the land south.

11 And behold, there was all manner of gold in both these lands, and of silver, and of precious ore of every kind; and there were also curious workmen, who did work all kinds of ore and did refine it; and thus they did become rich.

3 Néanmoins, le peuple de l'Église eut une grande joie à cause de la conversion des Lamanites, oui, à cause de l'Église de Dieu, qui avait été établie parmi eux. Et ils fraternisèrent, et se réjouirent ensemble, et eurent une grande joie.

4 Et il arriva que beaucoup de Lamanites descendirent au pays de Zarahemla, et annoncèrent au peuple des Néphites la façon dont ils avaient été convertis, et l'exhortèrent à la foi et au repentir.

5 Oui, et beaucoup prêchèrent avec une puissance et une autorité extrêmement grandes, au point d'amener beaucoup d'entre eux dans les profondeurs de l'humilité, à être les humbles disciples de Dieu et de l'Agneau.

6 Et il arriva que beaucoup de Lamanites allèrent au pays situé du côté du nord ; et Néphi et Léhi allèrent aussi au pays situé du côté du nord, prêcher au peuple. Et ainsi finit la soixante-troisième année.

7 Et voici, il y eut la paix dans tout le pays, de sorte que les Néphites allaient dans toutes les parties du pays où ils le voulaient, que ce fût parmi les Néphites ou les Lamanites.

8 Et il arriva que les Lamanites allaient aussi partout où ils le voulaient, que ce fût parmi les Lamanites ou parmi les Néphites ; et ainsi, ils avaient des échanges libres, pour acheter et vendre, et pour obtenir du gain, selon leur désir.

9 Et il arriva qu'ils devinrent extrêmement riches, tant les Lamanites que les Néphites ; et ils eurent une abondance extrême d'or, et d'argent, et de toutes sortes de métaux précieux, tant dans le pays au sud que dans le pays au nord.

10 Or, le pays au sud était appelé Léhi, et le pays au nord était appelé Mulek, d'après le nom du fils de Sédécias ; car le Seigneur avait amené Mulek dans le pays au nord et Léhi dans le pays au sud.

11 Et voici, il y avait toutes sortes d'or dans ces deux pays, et d'argent, et de métaux précieux de toute espèce ; et il y avait aussi des ouvriers habiles, qui travaillaient des métaux de toute espèce, et les raffinaient ; et ainsi, ils devinrent riches.

12 They did raise grain in abundance, both in the north and in the south; and they did flourish exceedingly, both in the north and in the south. And they did multiply and wax exceedingly strong in the land. And they did raise many flocks and herds, yea, many fatlings.

13 Behold their women did toil and spin, and did make all manner of cloth, of fine-twined linen and cloth of every kind, to clothe their nakedness. And thus the sixty and fourth year did pass away in peace.

14 And in the sixty and fifth year they did also have great joy and peace, yea, much preaching and many prophecies concerning that which was to come. And thus passed away the sixty and fifth year.

15 And it came to pass that in the sixty and sixth year of the reign of the judges, behold, Cezoram was murdered by an unknown hand as he sat upon the judgment-seat. And it came to pass that in the same year, that his son, who had been appointed by the people in his stead, was also murdered. And thus ended the sixty and sixth year.

16 And in the commencement of the sixty and seventh year the people began to grow exceedingly wicked again.

17 For behold, the Lord had blessed them so long with the riches of the world that they had not been stirred up to anger, to wars, nor to bloodshed; therefore they began to set their hearts upon their riches; yea, they began to seek to get gain that they might be lifted up one above another; therefore they began to commit secret murders, and to rob and to plunder, that they might get gain.

18 And now behold, those murderers and plunderers were a band who had been formed by Kishkumen and Gadianton. And now it had come to pass that there were many, even among the Nephites, of Gadianton's band. But behold, they were more numerous among the more wicked part of the Lamanites. And they were called Gadianton's robbers and murderers.

19 And it was they who did murder the chief judge Cezoram, and his son, while in the judgment-seat; and behold, they were not found.

12 Et ils cultivèrent du grain en abondance, tant dans le nord que dans le sud ; et ils prospérèrent extrêmement, tant dans le nord que dans le sud. Et ils se multiplièrent et devinrent extrêmement forts dans le pays. Et ils élevèrent beaucoup de troupeaux de gros et de petit bétail, oui, beaucoup de bétail engraissé.

13 Voici, leurs femmes travaillaient et filaient, et faisaient toutes sortes de tissus, du fin lin retors et des tissus de toute espèce pour revêtir leur nudité. Et ainsi, la soixante-quatrième année passa dans la paix.

14 Et la soixante-cinquième année, ils eurent aussi beaucoup de joie et de paix, oui, beaucoup de prédications et beaucoup de prophéties concernant ce qui devait venir. Et ainsi passa la soixante-cinquième année.

15 Et il arriva que la soixante-sixième année du règne des juges, voici, Cézoram fut assassiné par une main inconnue, tandis qu'il était assis sur le siège du jugement. Et il arriva que la même année, son fils, qui avait été nommé à sa place par le peuple, fut aussi assassiné. Et ainsi finit la soixante-sixième année.

16 Et au commencement de la soixante-septième année, le peuple commença à redevenir extrêmement méchant.

17 Car voici, le Seigneur les avait si longtemps bénis en leur donnant les richesses du monde qu'ils n'avaient pas été excités à la colère, aux guerres, ni à l'effusion du sang ; c'est pourquoi ils commencèrent à mettre leur cœur dans leurs richesses ; oui, ils commencèrent à chercher à obtenir du gain, afin de s'élever l'un au-dessus de l'autre ; c'est pourquoi ils commencèrent à commettre des meurtres secrets, et à commettre des actes de brigandage et à piller, afin d'obtenir du gain.

18 Or, voici, ces assassins et ces pillards étaient une bande qui avait été formée par Kishkumen et Gadianton. Or, il était arrivé qu'il y en avait beaucoup parmi les Néphites qui étaient de la bande de Gadianton. Mais voici, ils étaient plus nombreux parmi la partie la plus méchante des Lamanites. Et ils étaient appelés les brigands et les assassins de Gadianton.

19 Et c'étaient eux qui avaient assassiné le grand juge Cézoram, et son fils, tandis qu'ils étaient sur le siège du jugement ; et voici, on ne les trouva pas.

20 And now it came to pass that when the Lamanites found that there were robbers among them they were exceedingly sorrowful; and they did use every means in their power to destroy them off the face of the earth.

21 But behold, Satan did stir up the hearts of the more part of the Nephites, insomuch that they did unite with those bands of robbers, and did enter into their covenants and their oaths, that they would protect and preserve one another in whatsoever difficult circumstances they should be placed, that they should not suffer for their murders, and their plunderings, and their stealings.

22 And it came to pass that they did have their signs, yea, their secret signs, and their secret words; and this that they might distinguish a brother who had entered into the covenant, that whatsoever wickedness his brother should do he should not be injured by his brother, nor by those who did belong to his band, who had taken this covenant.

23 And thus they might murder, and plunder, and steal, and commit whoredoms and all manner of wickedness, contrary to the laws of their country and also the laws of their God.

24 And whosoever of those who belonged to their band should reveal unto the world of their wickedness and their abominations, should be tried, not according to the laws of their country, but according to the laws of their wickedness, which had been given by Gadianton and Kishkumen.

25 Now behold, it is these secret oaths and covenants which Alma commanded his son should not go forth unto the world, lest they should be a means of bringing down the people unto destruction.

26 Now behold, those secret oaths and covenants did not come forth unto Gadianton from the records which were delivered unto Helaman; but behold, they were put into the heart of Gadianton by that same being who did entice our first parents to partake of the forbidden fruit—

27 Yea, that same being who did plot with Cain, that if he would murder his brother Abel it should not be known unto the world. And he did plot with Cain and his followers from that time forth.

28 And also it is that same being who put it into the hearts of the people to build a tower

20 Et alors, il arriva que lorsque les Lamanites découvrirent qu'il y avait des brigands parmi eux, ils en furent extrêmement attristés, et ils utilisèrent tous les moyens qui étaient en leur pouvoir pour les exterminer de la surface de la terre.

21 Mais voici, Satan excita le cœur de la plus grande partie des Néphites, de sorte qu'ils s'unirent à ces bandes de brigands, et firent leurs alliances et leurs serments de se protéger et de se préserver mutuellement dans toutes les circonstances difficiles dans lesquelles ils seraient placés, afin de ne pas souffrir pour leurs meurtres, et leurs pillages, et leurs vols.

22 Et il arriva qu'ils eurent leurs signes, oui, leurs signes secrets, et leurs mots secrets ; et cela, afin de distinguer un frère qui avait conclu l'alliance, afin que, quelle que fût la méchanceté que son frère commettait, il ne fût pas lésé par son frère, ni par ceux qui appartenaient à sa bande, qui avaient conclu cette alliance.

23 Et ainsi, ils pouvaient assassiner, et piller, et voler, et commettre des fornications et toutes sortes de méchanceté, à l'encontre des lois de leur pays et aussi des lois de leur Dieu.

24 Et quiconque appartenait à leur bande et révélait au monde leur méchanceté et leurs abominations devait être jugé, non selon les lois de leur pays, mais selon les lois de leur méchanceté, qui avaient été données par Gadianton et Kishkumen.

25 Or, voici, ce sont ces serments et ces alliances secrets qu'Alma avait commandé à son fils de ne pas révéler au monde, de peur qu'ils fussent le moyen d'amener le peuple à sa destruction.

26 Or, voici, ces serments et ces alliances secrets n'étaient pas parvenus à Gadianton par les annales qui avaient été remises à Hélaman ; mais voici, ils furent mis dans le cœur de Gadianton par ce même être qui séduisit nos premiers parents pour qu'ils mangeassent du fruit défendu —

27 oui, ce même être qui complota avec Caïn que s'il assassinait son frère Abel, ce ne serait pas connu du monde. Et il complota avec Caïn et avec ses disciples à partir de ce moment-là.

28 Et aussi, c'est ce même être qui mit dans le cœur du peuple de construire une tour

sufficiently high that they might get to heaven. And it was that same being who led on the people who came from that tower into this land; who spread the works of darkness and abominations over all the face of the land, until he dragged the people down to an entire destruction, and to an everlasting hell.

29 Yea, it is that same being who put it into the heart of Gadianton to still carry on the work of darkness, and of secret murder; and he has brought it forth from the beginning of man even down to this time.

30 And behold, it is he who is the author of all sin. And behold, he doth carry on his works of darkness and secret murder, and doth hand down their plots, and their oaths, and their covenants, and their plans of awful wickedness, from generation to generation according as he can get hold upon the hearts of the children of men.

31 And now behold, he had got great hold upon the hearts of the Nephites; yea, insomuch that they had become exceedingly wicked; yea, the more part of them had turned out of the way of righteousness, and did trample under their feet the commandments of God, and did turn unto their own ways, and did build up unto themselves idols of their gold and their silver.

32 And it came to pass that all these iniquities did come unto them in the space of not many years, insomuch that a more part of it had come unto them in the sixty and seventh year of the reign of the judges over the people of Nephi.

33 And they did grow in their iniquities in the sixty and eighth year also, to the great sorrow and lamentation of the righteous.

34 And thus we see that the Nephites did begin to dwindle in unbelief, and grow in wickedness and abominations, while the Lamanites began to grow exceedingly in the knowledge of their God; yea, they did begin to keep his statutes and commandments, and to walk in truth and uprightness before him.

35 And thus we see that the Spirit of the Lord began to withdraw from the Nephites, because of the wickedness and the hardness of their hearts.

suffisamment haute pour arriver jusqu'au ciel. Et ce fut ce même être qui séduisit le peuple qui vint de cette tour dans ce pays ; qui répandit les œuvres de ténèbres et d'abominations sur toute la surface du pays, jusqu'à entraîner le peuple dans une destruction complète et dans un enfer éternel.

29 Oui, c'est ce même être qui mit dans le cœur de Gadianton de poursuivre l'œuvre de ténèbres et de meurtres secrets ; et il l'a révélée depuis le commencement de l'homme jusqu'à ce jour.

30 Et voici, c'est lui qui est l'auteur de tout péché. Et voici, il continue ses œuvres de ténèbres et de meurtres secrets, et transmet, de génération en génération, leurs complots, et leurs serments, et leurs alliances, et leurs plans d'une affreuse méchanceté, dans la mesure où il peut obtenir de l'emprise sur le cœur des enfants des hommes.

31 Et maintenant, voici, il avait obtenu une grande emprise sur le cœur des Néphites ; oui, de sorte qu'ils étaient devenus extrêmement méchants ; oui, la plus grande partie d'entre eux s'étaient détournés du chemin de la justice, et foulaient aux pieds les commandements de Dieu, et s'engageaient dans leurs propres voies, et se construisaient des idoles avec leur or et leur argent.

32 Et il arriva que toutes ces iniquités se produisirent chez eux en peu d'années, de sorte que la plupart d'entre elles s'étaient produites chez eux la soixante-septième année du règne des juges sur le peuple de Néphi.

33 Et ils progressèrent dans leurs iniquités la soixante-huitième année aussi, à la grande tristesse et au milieu des lamentations des justes.

34 Et ainsi, nous voyons que les Néphites commençaient à dégénérer dans l'incrédulité, et à progresser dans la méchanceté et les abominations, tandis que les Lamanites commençaient à progresser extrêmement dans la connaissance de leur Dieu ; oui, ils commençaient à garder ses prescriptions et ses commandements et à marcher dans la vérité et la droiture devant lui.

35 Et ainsi, nous voyons que l'Esprit du Seigneur commençait à se retirer des Néphites à cause de la méchanceté et de l'endurcissement de leur cœur.

36 And thus we see that the Lord began to pour out his Spirit upon the Lamanites, because of their easiness and willingness to believe in his words.

37 And it came to pass that the Lamanites did hunt the band of robbers of Gadianton; and they did preach the word of God among the more wicked part of them, insomuch that this band of robbers was utterly destroyed from among the Lamanites.

38 And it came to pass on the other hand, that the Nephites did build them up and support them, beginning at the more wicked part of them, until they had overspread all the land of the Nephites, and had seduced the more part of the righteous until they had come down to believe in their works and partake of their spoils, and to join with them in their secret murders and combinations.

39 And thus they did obtain the sole management of the government, insomuch that they did trample under their feet and smite and rend and turn their backs upon the poor and the meek, and the humble followers of God.

40 And thus we see that they were in an awful state, and ripening for an everlasting destruction.

41 And it came to pass that thus ended the sixty and eighth year of the reign of the judges over the people of Nephi.

THE PROPHECY OF NEPHI, THE SON OF HELAMAN—God threatens the people of Nephi that he will visit them in his anger, to their utter destruction except they repent of their wickedness. God smiteth the people of Nephi with pestilence; they repent and turn unto him. Samuel, a Lamanite, prophesies unto the Nephites.

Comprising chapters 7 through 16.

CHAPTER 7

Nephi is rejected in the north and returns to Zarahemla—He prays upon his garden tower and then calls upon the people to repent or perish. About 23–21 B.C.

36 Et ainsi, nous voyons que le Seigneur commençait à déverser son Esprit sur les Lamanites, à cause de leur docilité et de leur bonne volonté à croire en ses paroles.

37 Et il arriva que les Lamanites traquèrent la bande des brigands de Gadianton ; et ils prêchèrent la parole de Dieu parmi la partie la plus méchante d'entre eux, de sorte que cette bande de brigands fut totalement détruite parmi les Lamanites.

38 Et il arriva, d'autre part, que les Néphites les encouragèrent et les soutinrent, en commençant par la partie la plus méchante d'entre eux, jusqu'à ce qu'ils eussent envahi tout le pays des Néphites et eussent séduit la plus grande partie des justes, au point qu'ils s'étaient abaissés à croire en leurs œuvres, et à participer à leurs butins, et à se joindre à eux dans les meurtres et les combinaisons auxquelles ils se livraient en secret.

39 Et ainsi, ils obtinrent la direction exclusive du gouvernement, de sorte qu'ils foulaient aux pieds, et frappaient, et déchiraient les pauvres et les doux, et les humbles disciples de Dieu et leur tournaient le dos.

40 Et ainsi, nous voyons qu'ils étaient dans un état affreux et devenaient mûrs pour la destruction éternelle.

41 Et il arriva qu'ainsi finit la soixante-huitième année du règne des juges sur le peuple de Néphi.

PROPHÉTIE DE NÉPHI, FILS D'HÉLAMAN — Dieu menace le peuple de Néphi d'intervenir contre lui dans sa colère, pour sa destruction totale, à moins qu'il ne se repente de sa méchanceté. Dieu frappe le peuple de Néphi de la peste ; celui-ci se repent et se tourne vers lui. Samuel, un Lamanite, prophétise aux Néphites.

Chapitres 7 à 16.

CHAPITRE 7

Néphi est rejeté dans le nord et retourne à Zarahemla — Il prie sur la tour de son jardin et invite ensuite le peuple à se repentir sous peine de périr. Vers 23–21 av. J.-C.

1 Behold, now it came to pass in the sixty and ninth year of the reign of the judges over the people of the Nephites, that Nephi, the son of Helaman, returned to the land of Zarahemla from the land northward.

2 For he had been forth among the people who were in the land northward, and did preach the word of God unto them, and did prophesy many things unto them;

3 And they did reject all his words, insomuch that he could not stay among them, but returned again unto the land of his nativity.

4 And seeing the people in a state of such awful wickedness, and those Gadianton robbers filling the judgment-seats—having usurped the power and authority of the land; laying aside the commandments of God, and not in the least aright before him; doing no justice unto the children of men;

5 Condemning the righteous because of their righteousness; letting the guilty and the wicked go unpunished because of their money; and moreover to be held in office at the head of government, to rule and do according to their wills, that they might get gain and glory of the world, and, moreover, that they might the more easily commit adultery, and steal, and kill, and do according to their own wills—

6 Now this great iniquity had come upon the Nephites, in the space of not many years; and when Nephi saw it, his heart was swollen with sorrow within his breast; and he did exclaim in the agony of his soul:

7 Oh, that I could have had my days in the days when my father Nephi first came out of the land of Jerusalem, that I could have joyed with him in the promised land; then were his people easy to be entreated, firm to keep the commandments of God, and slow to be led to do iniquity; and they were quick to hearken unto the words of the Lord—

8 Yea, if my days could have been in those days, then would my soul have had joy in the righteousness of my brethren.

9 But behold, I am consigned that these are my days, and that my soul shall be filled with sorrow because of this the wickedness of my brethren.

1 Voici, alors, il arriva, la soixante-neuvième année du règne des juges sur le peuple des Néphites, que Néphi, fils d'Hélaman, retourna du pays situé du côté du nord au pays de Zarahemla.

2 Car il était allé parmi le peuple qui était dans le pays situé du côté du nord, et lui avait prêché la parole de Dieu, et lui avait prophétisé beaucoup de choses ;

3 et ils avaient rejeté toutes ses paroles, de sorte qu'il n'avait pas pu rester parmi eux, mais était revenu au pays de sa naissance.

4 Et lorsqu'il vit que le peuple était dans un état de méchanceté aussi terrible, et que ces brigands de Gadianton occupaient les sièges du jugement — ayant usurpé le pouvoir et l'autorité existant dans le pays, mettant de côté les commandements de Dieu et n'étant en aucune façon droits devant lui, ne faisant pas justice du tout aux enfants des hommes,

5 condamnant les justes à cause de leur justice, laissant les coupables et les méchants impunis à cause de leur argent, étant, de plus, maintenus en fonction à la tête du gouvernement, pour gouverner et faire selon leur volonté, afin d'obtenir du gain et la gloire du monde, et, de plus, afin de commettre plus facilement l'adultère, et de voler, et de tuer, et de faire selon leur volonté —

6 or, cette grande iniquité s'était abattue sur les Néphites en peu d'années ; et lorsque Néphi la vit, il eut le cœur gonflé de tristesse au-dedans de lui ; et il s'exclama dans l'angoisse de son âme :

7 Oh ! que n'ai-je vécu aux jours où mon père Néphi sortit du pays de Jérusalem ! Je me serais réjoui avec lui dans la terre promise ! Alors son peuple était facile à supplier, ferme à garder les commandements de Dieu et lent à être entraîné dans l'iniquité ; et il était prompt à écouter les paroles du Seigneur —

8 oui, si j'avais pu vivre en ces jours, mon âme se serait réjouie de la justice de mes frères.

9 Mais voici, je suis condamné à vivre en ces jours-ci et à avoir l'âme remplie de tristesse à cause de cette méchanceté qui est celle de mes frères.

10 And behold, now it came to pass that it was upon a tower, which was in the garden of Nephi, which was by the highway which led to the chief market, which was in the city of Zarahemla; therefore, Nephi had bowed himself upon the tower which was in his garden, which tower was also near unto the garden gate by which led the highway.

11 And it came to pass that there were certain men passing by and saw Nephi as he was pouring out his soul unto God upon the tower; and they ran and told the people what they had seen, and the people came together in multitudes that they might know the cause of so great mourning for the wickedness of the people.

12 And now, when Nephi arose he beheld the multitudes of people who had gathered together.

13 And it came to pass that he opened his mouth and said unto them: Behold, why have ye gathered yourselves together? That I may tell you of your iniquities?

14 Yea, because I have got upon my tower that I might pour out my soul unto my God, because of the exceeding sorrow of my heart, which is because of your iniquities!

15 And because of my mourning and lamentation ye have gathered yourselves together, and do marvel; yea, and ye have great need to marvel; yea, ye ought to marvel because ye are given away that the devil has got so great hold upon your hearts.

16 Yea, how could you have given way to the enticing of him who is seeking to hurl away your souls down to everlasting misery and endless wo?

17 O repent ye, repent ye! Why will ye die? Turn ye, turn ye unto the Lord your God. Why has he forsaken you?

18 It is because you have hardened your hearts; yea, ye will not hearken unto the voice of the good shepherd; yea, ye have provoked him to anger against you.

19 And behold, instead of gathering you, except ye will repent, behold, he shall scatter you forth that ye shall become meat for dogs and wild beasts.

10 Or, voici, il arriva que c'était sur une tour dans le jardin de Néphi, près de la grande route qui menait au marché principal de la ville de Zarahemla ; c'est pourquoi, Néphi s'était prosterné sur la tour qui était dans son jardin, tour qui était également près de la porte du jardin où passait la grande route.

11 Et il arriva qu'il y eut des hommes qui passaient par là et qui virent Néphi tandis qu'il déversait son âme à Dieu sur la tour ; et ils coururent dire au peuple ce qu'ils avaient vu, et le peuple s'assembla en multitudes, afin de connaître la cause d'un aussi grand deuil pour la méchanceté du peuple.

12 Et alors, lorsque Néphi se leva, il vit les multitudes de gens qui s'étaient rassemblées.

13 Et il arriva qu'il ouvrit la bouche et leur dit : Voici, pourquoi vous êtes-vous rassemblés ? Pour que je vous parle de vos iniquités ?

14 Oui, parce que je suis monté sur ma tour, afin de déverser mon âme à mon Dieu, à cause de la tristesse extrême de mon cœur, qui vient de vos iniquités !

15 Et à cause de mon deuil et de mes lamentations, vous vous êtes rassemblés et vous vous étonnez ; oui, et vous avez grand besoin de vous étonner ; oui, vous devriez vous étonner, parce que vous vous êtes laissés aller, de sorte que le diable a obtenu une telle emprise sur votre cœur.

16 Oui, comment avez-vous pu céder aux séductions de celui qui cherche à précipiter votre âme dans une misère éternelle et un malheur sans fin ?

17 Oh ! repentez-vous, repentez-vous ! Pourquoi voulez-vous mourir ? Tournez-vous, tournez-vous vers le Seigneur, votre Dieu. Pourquoi vous a-t-il abandonnés ?

18 C'est parce que vous vous êtes endurci le cœur ; oui, vous ne voulez pas écouter la voix du bon berger ; oui, vous l'avez provoqué à la colère contre vous.

19 Et voici, au lieu de vous rassembler, à moins que vous ne vous repentiez, voici, il vous dispersera, de sorte que vous deviendrez de la nourriture pour les chiens et pour les bêtes sauvages.

20 O, how could you have forgotten your God in the very day that he has delivered you?

21 But behold, it is to get gain, to be praised of men, yea, and that ye might get gold and silver. And ye have set your hearts upon the riches and the vain things of this world, for the which ye do murder, and plunder, and steal, and bear false witness against your neighbor, and do all manner of iniquity.

22 And for this cause wo shall come unto you except ye shall repent. For if ye will not repent, behold, this great city, and also all those great cities which are round about, which are in the land of our possession, shall be taken away that ye shall have no place in them; for behold, the Lord will not grant unto you strength, as he has hitherto done, to withstand against your enemies.

23 For behold, thus saith the Lord: I will not show unto the wicked of my strength, to one more than the other, save it be unto those who repent of their sins, and hearken unto my words. Now therefore, I would that ye should behold, my brethren, that it shall be better for the Lamanites than for you except ye shall repent.

24 For behold, they are more righteous than you, for they have not sinned against that great knowledge which ye have received; therefore the Lord will be merciful unto them; yea, he will lengthen out their days and increase their seed, even when thou shalt be utterly destroyed except thou shalt repent.

25 Yea, wo be unto you because of that great abomination which has come among you; and ye have united yourselves unto it, yea, to that secret band which was established by Gadianton!

26 Yea, wo shall come unto you because of that pride which ye have suffered to enter your hearts, which has lifted you up beyond that which is good because of your exceedingly great riches!

27 Yea, wo be unto you because of your wickedness and abominations!

28 And except ye repent ye shall perish; yea, even your lands shall be taken from you, and ye shall be destroyed from off the face of the earth.

20 Oh ! comment avez-vous pu oublier votre Dieu le jour même où il vous a délivrés ?

21 Mais voici, c'est pour obtenir du gain, pour être loués des hommes, oui, et afin d'obtenir de l'or et de l'argent. Et vous avez mis votre cœur dans les richesses et les choses vaines de ce monde, pour lesquelles vous commettez des meurtres, et pillez, et volez, et portez de faux témoignages contre votre prochain, et commettez toutes sortes d'iniquités.

22 Et pour cette raison, le malheur s'abattra sur vous, à moins que vous ne vous repentiez. Car si vous ne vous repentez pas, voici, cette grande ville, et aussi toutes les grandes villes qui sont alentour, qui sont dans le pays de notre possession, seront enlevées, de sorte que vous n'aurez pas de place en elles ; car voici, le Seigneur ne vous accordera pas de force, comme il l'a fait jusqu'à présent, pour résister à vos ennemis.

23 Car voici, ainsi dit le Seigneur : Je ne montrerai pas ma force aux méchants, pas plus à l'un qu'à l'autre, sauf à ceux qui se repentent de leurs péchés et écoutent mes paroles. C'est pourquoi, je voudrais que vous voyiez, mes frères, que ce sera mieux pour les Lamanites que pour vous, à moins que vous ne vous repentiez.

24 Car voici, ils sont plus justes que vous, car ils n'ont pas péché contre la grande connaissance que vous avez reçue ; c'est pourquoi le Seigneur sera miséricordieux envers eux ; oui, il prolongera leurs jours et augmentera leur postérité lorsque vous serez totalement détruits, à moins que vous ne vous repentiez.

25 Oui, malheur à vous à cause de cette grande abomination qui s'est introduite parmi vous ; et vous vous êtes unis à elle, oui, à cette bande secrète qui a été fondée par Gadianton !

26 Oui, le malheur s'abattra sur vous à cause de l'orgueil que vous avez laissé entrer dans votre cœur, qui vous a enflés au-delà de ce qui est bien, à cause de vos richesses extrêmement grandes !

27 Oui, malheur à vous à cause de votre méchanceté et de vos abominations !

28 Et à moins que vous ne vous repentiez, vous périrez ; oui, vos terres vous seront enlevées, et vous serez détruits de la surface de la terre.

29 Behold now, I do not say that these things shall be, of myself, because it is not of myself that I know these things; but behold, I know that these things are true because the Lord God has made them known unto me, therefore I testify that they shall be.

29 Voici, maintenant, ce n'est pas de moi-même que je dis que ces choses seront, parce que ce n'est pas de moi-même que je sais ces choses ; mais voici, je sais que ces choses sont vraies parce que le Seigneur Dieu me les a révélées, c'est pourquoi je témoigne qu'elles seront.

CHAPTER 8

Corrupt judges seek to incite the people against Nephi—Abraham, Moses, Zenos, Zenock, Ezias, Isaiah, Jeremiah, Lehi, and Nephi all testified of Christ—By inspiration Nephi announces the murder of the chief judge. About 23–21 B.C.

1 And now it came to pass that when Nephi had said these words, behold, there were men who were judges, who also belonged to the secret band of Gadianton, and they were angry, and they cried out against him, saying unto the people: Why do ye not seize upon this man and bring him forth, that he may be condemned according to the crime which he has done?

2 Why seest thou this man, and hearest him revile against this people and against our law?

3 For behold, Nephi had spoken unto them concerning the corruptness of their law; yea, many things did Nephi speak which cannot be written; and nothing did he speak which was contrary to the commandments of God.

4 And those judges were angry with him because he spake plainly unto them concerning their secret works of darkness; nevertheless, they durst not lay their own hands upon him, for they feared the people lest they should cry out against them.

5 Therefore they did cry unto the people, saying: Why do you suffer this man to revile against us? For behold he doth condemn all this people, even unto destruction; yea, and also that these our great cities shall be taken from us, that we shall have no place in them.

6 And now we know that this is impossible, for behold, we are powerful, and our cities great, therefore our enemies can have no power over us.

CHAPITRE 8

Des juges corrompus cherchent à exciter le peuple contre Néphi — Abraham, Moïse, Zénos, Zénock, Ézias, Ésaïe, Jérémie, Léhi et Néphi ont tous témoigné du Christ — Par inspiration, Néphi annonce le meurtre du grand juge. Vers 23–21 av. J.-C.

1 Et alors, il arriva que lorsque Néphi eut dit ces paroles, voici, il y avait des hommes qui étaient juges, qui appartenaient aussi à la bande secrète de Gadianton, et ils furent en colère, et ils le huèrent, disant au peuple : Pourquoi ne vous saisissez-vous pas de cet homme et ne l'amenez-vous pas, afin qu'il soit condamné selon le crime qu'il a commis ?

2 Pourquoi regardez-vous cet homme et l'écoutez-vous insulter ce peuple et notre loi ?

3 Car voici, Néphi leur avait parlé du caractère corrompu de leur loi ; oui, Néphi dit beaucoup de choses qui ne peuvent être écrites ; et il ne disait rien qui fût contraire aux commandements de Dieu.

4 Et ces juges étaient en colère contre lui, parce qu'il leur parlait clairement de leurs œuvres secrètes de ténèbres ; néanmoins, ils n'osaient pas porter la main sur lui, car ils craignaient que le peuple ne les huât.

5 C'est pourquoi ils crièrent au peuple, disant : Pourquoi souffrez-vous que cet homme nous insulte ? Car voici, il condamne tout ce peuple à la destruction ; oui, et il prétend que ces grandes villes qui sont les nôtres nous seront enlevées, de sorte que nous n'aurons pas de place en elles.

6 Et maintenant, nous savons que cela est impossible, car voici, nous sommes puissants, et nos villes sont grandes, et c'est pourquoi nos ennemis ne peuvent avoir aucun pouvoir sur nous.

7 And it came to pass that thus they did stir up the people to anger against Nephi, and raised contentions among them; for there were some who did cry out: Let this man alone, for he is a good man, and those things which he saith will surely come to pass except we repent;

8 Yea, behold, all the judgments will come upon us which he has testified unto us; for we know that he has testified aright unto us concerning our iniquities. And behold they are many, and he knoweth as well all things which shall befall us as he knoweth of our iniquities;

9 Yea, and behold, if he had not been a prophet he could not have testified concerning those things.

10 And it came to pass that those people who sought to destroy Nephi were compelled because of their fear, that they did not lay their hands on him; therefore he began again to speak unto them, seeing that he had gained favor in the eyes of some, insomuch that the remainder of them did fear.

11 Therefore he was constrained to speak more unto them saying: Behold, my brethren, have ye not read that God gave power unto one man, even Moses, to smite upon the waters of the Red Sea, and they parted hither and thither, insomuch that the Israelites, who were our fathers, came through upon dry ground, and the waters closed upon the armies of the Egyptians and swallowed them up?

12 And now behold, if God gave unto this man such power, then why should ye dispute among yourselves, and say that he hath given unto me no power whereby I may know concerning the judgments that shall come upon you except ye repent?

13 But, behold, ye not only deny my words, but ye also deny all the words which have been spoken by our fathers, and also the words which were spoken by this man, Moses, who had such great power given unto him, yea, the words which he hath spoken concerning the coming of the Messiah.

14 Yea, did he not bear record that the Son of God should come? And as he lifted up the brazen serpent in the wilderness, even so shall he be lifted up who should come.

15 And as many as should look upon that serpent should live, even so as many as

7 Et il arriva qu'ils excitèrent ainsi le peuple à la colère contre Néphi et suscitèrent des querelles parmi eux ; car il y en avait qui criaient : Laissez cet homme tranquille, car c'est un homme de bien, et les choses qu'il dit arriveront sûrement, à moins que nous ne nous repentions ;

8 oui, voici, tous les jugements dont il a témoigné s'abattront sur nous, car nous savons qu'il a témoigné correctement concernant nos iniquités. Et voici, elles sont nombreuses, et il connaît aussi bien tout ce qui va nous arriver que nos iniquités ;

9 oui, et voici, s'il n'avait pas été prophète, il n'aurait pas pu témoigner de ces choses.

10 Et il arriva que ceux qui cherchaient à faire périr Néphi furent empêchés, à cause de leur crainte, de porter la main sur lui ; c'est pourquoi il recommença à leur parler, voyant qu'il avait trouvé faveur aux yeux de certains, de sorte que le reste d'entre eux éprouvait de la crainte.

11 C'est pourquoi il fut contraint de leur parler davantage, disant : Voici, mes frères, n'avez-vous pas lu que Dieu a donné à un seul homme, Moïse, le pouvoir de frapper les eaux de la mer Rouge, et elles se partagèrent çà et là, de sorte que les Israélites, qui étaient nos pères, passèrent à pied sec, et les eaux se refermèrent sur les armées des Égyptiens et les engloutirent ?

12 Et maintenant, voici, si Dieu a donné tant de pouvoir à cet homme, alors pourquoi contestez-vous entre vous et dites-vous qu'il ne m'a donné aucun pouvoir par lequel je puisse connaître les jugements qui s'abattront sur vous, à moins que vous ne vous repentiez ?

13 Mais voici, non seulement vous niez mes paroles, mais vous niez aussi toutes les paroles qui ont été dites par nos pères, et aussi les paroles qui ont été dites par cet homme, Moïse, à qui un si grand pouvoir fut donné, oui, les paroles qu'il a dites concernant la venue du Messie.

14 Oui, n'a-t-il pas témoigné que le Fils de Dieu viendrait ? Et de même qu'il éleva le serpent d'airain dans le désert, de même serait élevé celui qui viendrait.

15 Et de même que tous ceux qui lèveraient les regards vers ce serpent vivraient, de

should look upon the Son of God with faith, having a contrite spirit, might live, even unto that life which is eternal.

16 And now behold, Moses did not only testify of these things, but also all the holy prophets, from his days even to the days of Abraham.

17 Yea, and behold, Abraham saw of his coming, and was filled with gladness and did rejoice.

18 Yea, and behold I say unto you, that Abraham not only knew of these things, but there were many before the days of Abraham who were called by the order of God; yea, even after the order of his Son; and this that it should be shown unto the people, a great many thousand years before his coming, that even redemption should come unto them.

19 And now I would that ye should know, that even since the days of Abraham there have been many prophets that have testified these things; yea, behold, the prophet Zenos did testify boldly; for the which he was slain.

20 And behold, also Zenock, and also Ezias, and also Isaiah, and Jeremiah, (Jeremiah being that same prophet who testified of the destruction of Jerusalem) and now we know that Jerusalem was destroyed according to the words of Jeremiah. O then why not the Son of God come, according to his prophecy?

21 And now will you dispute that Jerusalem was destroyed? Will ye say that the sons of Zedekiah were not slain, all except it were Mulek? Yea, and do ye not behold that the seed of Zedekiah are with us, and they were driven out of the land of Jerusalem? But behold, this is not all—

22 Our father Lehi was driven out of Jerusalem because he testified of these things. Nephi also testified of these things, and also almost all of our fathers, even down to this time; yea, they have testified of the coming of Christ, and have looked forward, and have rejoiced in his day which is to come.

23 And behold, he is God, and he is with them, and he did manifest himself unto them, that they were redeemed by him; and they gave unto him glory, because of that which is to come.

même ceux qui lèveraient les regards avec foi vers le Fils de Dieu, ayant l'esprit contrit, pourraient vivre pour cette vie qui est éternelle.

16 Et maintenant, voici, ce n'est pas seulement Moïse qui a témoigné de ces choses, mais aussi tous les saints prophètes, depuis son temps jusqu'au temps d'Abraham.

17 Oui, et voici, Abraham vit sa venue, et fut rempli de joie et d'allégresse.

18 Oui, et voici, je vous dis que non seulement Abraham savait ces choses, mais il y en eut beaucoup avant le temps d'Abraham qui furent appelés par l'ordre de Dieu ; oui, selon l'ordre de son Fils ; et cela, afin qu'il fût montré au peuple, un grand nombre de milliers d'années avant sa venue, qu'en vérité la rédemption lui serait apportée.

19 Et maintenant, je voudrais que vous sachiez que, depuis le temps même d'Abraham, il y a eu beaucoup de prophètes qui ont témoigné de ces choses ; oui, voici, le prophète Zénos témoigna hardiment ; et pour cela, il fut mis à mort.

20 Et voici, Zénock aussi, et aussi Ézias, et aussi Ésaïe, et Jérémie (Jérémie étant ce même prophète qui témoigna de la destruction de Jérusalem), or, nous savons que Jérusalem a été détruite selon les paroles de Jérémie. Oh ! alors, pourquoi le Fils de Dieu ne viendrait-il pas selon sa prophétie ?

21 Et maintenant, allez-vous contester que Jérusalem fut détruite ? Direz-vous que les fils de Sédécias n'ont pas été tués, tous excepté Mulek ? Oui, et ne voyez-vous pas que la postérité de Sédécias est avec nous, et qu'elle a été chassée du pays de Jérusalem ? Mais voici, ce n'est pas tout —

22 Notre père Léhi a été chassé de Jérusalem parce qu'il témoignait de ces choses. Néphi a aussi témoigné de ces choses, et aussi presque tous nos pères jusqu'à présent ; oui, ils ont témoigné de la venue du Christ, et ont regardé vers l'avenir, et se sont réjouis de son jour, jour qui est à venir.

23 Et voici, il est Dieu, et il est avec eux, et il s'est manifesté à eux, de sorte qu'ils ont été rachetés par lui ; et ils lui ont rendu gloire à cause de ce qui est à venir.

24 And now, seeing ye know these things and cannot deny them except ye shall lie, therefore in this ye have sinned, for ye have rejected all these things, notwithstanding so many evidences which ye have received; yea, even ye have received all things, both things in heaven, and all things which are in the earth, as a witness that they are true.

25 But behold, ye have rejected the truth, and rebelled against your holy God; and even at this time, instead of laying up for yourselves treasures in heaven, where nothing doth corrupt, and where nothing can come which is unclean, ye are heaping up for yourselves wrath against the day of judgment.

26 Yea, even at this time ye are ripening, because of your murders and your fornication and wickedness, for everlasting destruction; yea, and except ye repent it will come unto you soon.

27 Yea, behold it is now even at your doors; yea, go ye in unto the judgment-seat, and search; and behold, your judge is murdered, and he lieth in his blood; and he hath been murdered by his brother, who seeketh to sit in the judgment-seat.

28 And behold, they both belong to your secret band, whose author is Gadianton and the evil one who seeketh to destroy the souls of men.

CHAPTER 9

Messengers find the chief judge dead at the judgment seat—They are imprisoned and later released—By inspiration Nephi identifies Seantum as the murderer—Nephi is accepted by some as a prophet. About 23–21 B.C.

1 Behold, now it came to pass that when Nephi had spoken these words, certain men who were among them ran to the judgment-seat; yea, even there were five who went, and they said among themselves, as they went:

2 Behold, now we will know of a surety whether this man be a prophet and God hath commanded him to prophesy such marvelous things unto us. Behold, we do not

24 Et maintenant, étant donné que vous savez ces choses et ne pouvez les nier sans mentir, vous avez péché en cela, car vous avez rejeté toutes ces choses, malgré les preuves si nombreuses que vous avez reçues ; oui, en vérité, vous avez tout reçu, à la fois ce qui est dans le ciel, et tout ce qui est sur la terre, comme témoignage de ce que c'est vrai.

25 Mais voici, vous avez rejeté la vérité et vous vous êtes rebellés contre votre saint Dieu ; et en ce moment même, au lieu de vous amasser des trésors dans le ciel, où rien ne corrompt et où rien d'impur ne peut entrer, vous vous amassez la colère pour le jour du jugement.

26 Oui, en ce moment même vous mûrissez, à cause de vos meurtres, et de votre fornication, et de votre méchanceté, pour la destruction éternelle ; oui, et, à moins que vous ne vous repentiez, elle s'abattra bientôt sur vous.

27 Oui, voici, elle est en ce moment même à votre porte ; oui, allez au siège du jugement et cherchez ; et voici, votre juge est assassiné, et il est couché dans son sang ; et il a été assassiné par son frère, qui cherche à s'asseoir sur le siège du jugement.

28 Et voici, ils appartiennent tous deux à votre bande secrète, dont l'auteur est Gadianton, ainsi que le Malin, lequel cherche à détruire l'âme des hommes.

CHAPITRE 9

Les messagers trouvent le grand juge mort au siège du jugement — Ils sont emprisonnés et, plus tard, relâchés — Par inspiration, Néphi identifie Séantum comme étant l'assassin — Néphi est accepté par certains comme prophète. Vers 23–21 av. J.-C.

1 Voici, il arriva alors que quand Néphi eut dit ces paroles, certains hommes qui étaient parmi eux coururent au siège du jugement ; oui, il y en eut cinq qui allèrent, et ils se dirent entre eux, tandis qu'ils allaient :

2 Voici, nous allons maintenant savoir avec certitude si cet homme est un prophète et si Dieu lui a commandé de nous prophétiser des choses aussi étonnantes. Voici, nous ne

believe that he hath; yea, we do not believe that he is a prophet; nevertheless, if this thing which he has said concerning the chief judge be true, that he be dead, then will we believe that the other words which he has spoken are true.

3 And it came to pass that they ran in their might, and came in unto the judgment-seat; and behold, the chief judge had fallen to the earth, and did lie in his blood.

4 And now behold, when they saw this they were astonished exceedingly, insomuch that they fell to the earth; for they had not believed the words which Nephi had spoken concerning the chief judge.

5 But now, when they saw they believed, and fear came upon them lest all the judgments which Nephi had spoken should come upon the people; therefore they did quake, and had fallen to the earth.

6 Now, immediately when the judge had been murdered—he being stabbed by his brother by a garb of secrecy, and he fled, and the servants ran and told the people, raising the cry of murder among them;

7 And behold the people did gather themselves together unto the place of the judgment-seat—and behold, to their astonishment they saw those five men who had fallen to the earth.

8 And now behold, the people knew nothing concerning the multitude who had gathered together at the garden of Nephi; therefore they said among themselves: These men are they who have murdered the judge, and God has smitten them that they could not flee from us.

9 And it came to pass that they laid hold on them, and bound them and cast them into prison. And there was a proclamation sent abroad that the judge was slain, and that the murderers had been taken and were cast into prison.

10 And it came to pass that on the morrow the people did assemble themselves together to mourn and to fast, at the burial of the great chief judge who had been slain.

11 And thus also those judges who were at the garden of Nephi, and heard his words, were also gathered together at the burial.

12 And it came to pass that they inquired among the people, saying: Where are the five who were sent to inquire concerning

croyons pas qu'il l'ait fait ; oui, nous ne croyons pas qu'il soit prophète ; néanmoins, si ce qu'il a dit concernant le grand juge est vrai, qu'il est mort, alors nous croirons que les autres paroles qu'il a dites sont vraies.

3 Et il arriva qu'ils coururent de toutes leurs forces et entrèrent au siège du jugement ; et voici, le grand juge était tombé par terre et était couché dans son sang.

4 Et alors, voici, lorsqu'ils virent cela, ils furent extrêmement étonnés, de sorte qu'ils tombèrent par terre ; car ils n'avaient pas cru les paroles que Néphi avait dites concernant le grand juge.

5 Mais alors, quand ils virent, ils crurent, et ils furent envahis par la crainte que les jugements dont Néphi avait parlé ne s'abattent sur le peuple ; c'est pourquoi ils tremblaient et étaient tombés par terre.

6 Or, aussitôt que le grand juge eut été assassiné, poignardé par son frère sous le couvert du secret, celui-ci s'enfuit, et les serviteurs coururent le dire au peuple, criant au meurtre parmi eux ;

7 et voici, le peuple se rassembla au lieu du siège du jugement, et voici, à son étonnement, il vit ces cinq hommes qui étaient tombés par terre.

8 Et maintenant, voici, le peuple ne savait rien de la multitude qui s'était rassemblée au jardin de Néphi ; c'est pourquoi ils se dirent entre eux : Ces hommes sont ceux qui ont assassiné le juge, et Dieu les a frappés pour qu'ils ne puissent fuir devant nous.

9 Et il arriva qu'ils s'emparèrent d'eux, et les lièrent, et les jetèrent en prison. Et une proclamation fut envoyée partout, disant que le juge avait été assassiné, et que les meurtriers avaient été pris et jetés en prison.

10 Et il arriva que le peuple s'assembla le lendemain pour pleurer et jeûner à l'enterrement de l'éminent grand juge qui avait été tué.

11 Et ainsi, ces juges aussi qui étaient au jardin de Néphi et avaient entendu ses paroles étaient aussi rassemblés à l'enterrement.

12 Et il arriva qu'ils s'enquirent parmi le peuple, disant : Où sont les cinq qui ont été envoyés s'enquérir à propos du grand juge

the chief judge whether he was dead? And they answered and said: Concerning this five whom ye say ye have sent, we know not; but there are five who are the murderers, whom we have cast into prison.

13 And it came to pass that the judges desired that they should be brought; and they were brought, and behold they were the five who were sent; and behold the judges inquired of them to know concerning the matter, and they told them all that they had done, saying:

14 We ran and came to the place of the judgment-seat, and when we saw all things even as Nephi had testified, we were astonished insomuch that we fell to the earth; and when we were recovered from our astonishment, behold they cast us into prison.

15 Now, as for the murder of this man, we know not who has done it; and only this much we know, we ran and came according as ye desired, and behold he was dead, according to the words of Nephi.

16 And now it came to pass that the judges did expound the matter unto the people, and did cry out against Nephi, saying: Behold, we know that this Nephi must have agreed with some one to slay the judge, and then he might declare it unto us, that he might convert us unto his faith, that he might raise himself to be a great man, chosen of God, and a prophet.

17 And now behold, we will detect this man, and he shall confess his fault and make known unto us the true murderer of this judge.

18 And it came to pass that the five were liberated on the day of the burial. Nevertheless, they did rebuke the judges in the words which they had spoken against Nephi, and did contend with them one by one, insomuch that they did confound them.

19 Nevertheless, they caused that Nephi should be taken and bound and brought before the multitude, and they began to question him in divers ways that they might cross him, that they might accuse him to death—

20 Saying unto him: Thou art confederate; who is this man that hath done this murder? Now tell us, and acknowledge thy fault; saying, Behold here is money; and also we will

pour savoir s'il était mort ? Et ils répondirent et dirent : Nous ne savons rien de ces cinq que vous dites avoir envoyés ; mais il y en a cinq qui sont les assassins, que nous avons jetés en prison.

13 Et il arriva que les juges désirèrent qu'on les amenât ; et ils furent amenés ; et voici, c'étaient les cinq qui avaient été envoyés ; et voici, les juges s'enquirent auprès d'eux pour être informés de l'affaire, et ils leur dirent tout ce qu'ils avaient fait, disant :

14 Nous avons couru et sommes arrivés au lieu du siège du jugement, et lorsque nous avons vu que tout était comme Néphi en avait témoigné, nous avons été étonnés, de sorte que nous sommes tombés par terre ; et lorsque nous sommes revenus de notre étonnement, voici, on nous a jetés en prison.

15 Or, pour ce qui est du meurtre de cet homme, nous ne savons pas qui l'a fait ; et nous ne savons qu'une chose, c'est que nous avons couru et sommes venus comme vous le désiriez, et voici, il était mort, selon les paroles de Néphi.

16 Et alors, il arriva que les juges expliquèrent l'affaire au peuple et élevèrent la voix contre Néphi, disant : Voici, nous savons que ce Néphi doit être convenu avec quelqu'un de tuer le juge, et alors il pourrait nous l'annoncer, afin de nous convertir à sa foi, afin de s'élever pour être un grand homme, choisi par Dieu, et un prophète.

17 Et maintenant, voici, nous allons démasquer cet homme, et il va confesser sa faute et nous faire connaître le véritable meurtrier de ce juge.

18 Et il arriva que les cinq furent libérés le jour de l'enterrement. Néanmoins, ils reprirent les juges pour les paroles qu'ils avaient dites contre Néphi, et contestèrent avec eux un par un, de sorte qu'ils les confondirent.

19 Néanmoins, ils firent prendre et lier Néphi et le firent amener devant la multitude, et ils commencèrent à le questionner de diverses manières, afin de l'amener à se contredire, afin de l'accuser pour le faire mourir,

20 lui disant : Tu es complice ; qui est cet homme qui a commis ce meurtre ? Maintenant, dis-le nous, et reconnais ta

grant unto thee thy life if thou wilt tell us, and acknowledge the agreement which thou hast made with him.

21 But Nephi said unto them: O ye fools, ye uncircumcised of heart, ye blind, and ye stiffnecked people, do ye know how long the Lord your God will suffer you that ye shall go on in this your way of sin?

22 O ye ought to begin to howl and mourn, because of the great destruction which at this time doth await you, except ye shall repent.

23 Behold ye say that I have agreed with a man that he should murder Seezoram, our chief judge. But behold, I say unto you, that this is because I have testified unto you that ye might know concerning this thing; yea, even for a witness unto you, that I did know of the wickedness and abominations which are among you.

24 And because I have done this, ye say that I have agreed with a man that he should do this thing; yea, because I showed unto you this sign ye are angry with me, and seek to destroy my life.

25 And now behold, I will show unto you another sign, and see if ye will in this thing seek to destroy me.

26 Behold I say unto you: Go to the house of Seantum, who is the brother of Seezoram, and say unto him—

27 Has Nephi, the pretended prophet, who doth prophesy so much evil concerning this people, agreed with thee, in the which ye have murdered Seezoram, who is your brother?

28 And behold, he shall say unto you, Nay.

29 And ye shall say unto him: Have ye murdered your brother?

30 And he shall stand with fear, and wist not what to say. And behold, he shall deny unto you; and he shall make as if he were astonished; nevertheless, he shall declare unto you that he is innocent.

31 But behold, ye shall examine him, and ye shall find blood upon the skirts of his cloak.

32 And when ye have seen this, ye shall say: From whence cometh this blood? Do we not know that it is the blood of your brother?

---

faute ; disant : Voilà de l'argent ; et nous t'accorderons aussi la vie si tu nous le dis et reconnais l'arrangement que tu as pris avec lui.

21 Mais Néphi leur dit : Ô insensés, incirconcis de cœur, aveugles, et toi, peuple au cou roide, savez-vous combien de temps le Seigneur, votre Dieu, souffrira que vous continuiez dans cette voie du péché qui est la vôtre ?

22 Oh ! vous devriez commencer à hurler et à pleurer, à cause de la grande destruction qui vous attend maintenant, à moins que vous ne vous repentiez.

23 Voici, vous dites que j'ai pris un arrangement avec un homme pour qu'il assassine Seezoram, notre grand juge. Mais voici, je vous dis qu'il en est ainsi parce que je vous ai témoigné, afin que vous soyez informés de la chose ; oui, comme témoignage pour vous que j'étais informé de la méchanceté et des abominations qui sont parmi vous.

24 Et parce que j'ai fait cela, vous dites que j'ai pris un arrangement avec un homme pour qu'il fasse cela ; oui, parce que je vous ai montré ce signe, vous êtes en colère contre moi et cherchez à m'ôter la vie.

25 Et maintenant, voici, je vais vous donner un autre signe, et je vais voir si en ceci vous chercherez à me faire périr.

26 Voici, je vous le dis : Allez à la maison de Séantum, qui est le frère de Seezoram, et dites-lui :

27 Néphi, le soi-disant prophète, qui prophétise tant de mal concernant ce peuple, a-t-il fait un arrangement avec toi pour que tu assassines Seezoram, qui est ton frère ?

28 Et voici, il vous dira : Non.

29 Et vous lui direz : As-tu assassiné ton frère ?

30 Et il sera saisi de crainte et ne saura que dire. Et voici, il niera devant vous ; et il fera l'étonné ; néanmoins, il vous déclarera qu'il est innocent.

31 Mais voici, vous l'examinerez et vous trouverez du sang sur les pans de son manteau.

32 Et lorsque vous aurez vu cela, vous direz : D'où vient ce sang ? Ne savons-nous pas que c'est le sang de ton frère ?

33 And then shall he tremble, and shall look pale, even as if death had come upon him.

34 And then shall ye say: Because of this fear and this paleness which has come upon your face, behold, we know that thou art guilty.

35 And then shall greater fear come upon him; and then shall he confess unto you, and deny no more that he has done this murder.

36 And then shall he say unto you, that I, Nephi, know nothing concerning the matter save it were given unto me by the power of God. And then shall ye know that I am an honest man, and that I am sent unto you from God.

37 And it came to pass that they went and did, even according as Nephi had said unto them. And behold, the words which he had said were true; for according to the words he did deny; and also according to the words he did confess.

38 And he was brought to prove that he himself was the very murderer, insomuch that the five were set at liberty, and also was Nephi.

39 And there were some of the Nephites who believed on the words of Nephi; and there were some also, who believed because of the testimony of the five, for they had been converted while they were in prison.

40 And now there were some among the people, who said that Nephi was a prophet.

41 And there were others who said: Behold, he is a god, for except he was a god he could not know of all things. For behold, he has told us the thoughts of our hearts, and also has told us things; and even he has brought unto our knowledge the true murderer of our chief judge.

CHAPTER 10

The Lord gives Nephi the sealing power—He is empowered to bind and loose on earth and in heaven—He commands the people to repent or perish—The Spirit carries him from multitude to multitude. About 21–20 B.C.

1 And it came to pass that there arose a division among the people, insomuch that they divided hither and thither and went

33 Et alors, il tremblera et sera pâle comme si la mort était venue sur lui.

34 Alors, vous direz : À cause de cette crainte et de cette pâleur qui est venue sur ton visage, voici, nous savons que tu es coupable.

35 Et alors, une crainte plus grande viendra sur lui ; et alors, il vous confessera et ne niera plus qu'il a commis ce meurtre.

36 Et alors, il vous dira que moi, Néphi, je ne sais rien de l'affaire, sauf si cela m'a été donné par le pouvoir de Dieu. Et alors, vous saurez que je suis un honnête homme et que je suis envoyé vers vous de la part de Dieu.

37 Et il arriva qu'ils allèrent et firent ce que Néphi leur avait dit. Et voici, les paroles qu'il avait dites étaient vraies ; car, selon les paroles, il nia ; et aussi, selon les paroles, il confessa.

38 Et il fut amené à prouver qu'il était lui-même le véritable meurtrier, de sorte que les cinq furent mis en liberté, et Néphi aussi.

39 Et il y en eut parmi les Néphites qui crurent aux paroles de Néphi ; et il y en eut aussi qui crurent à cause du témoignage des cinq, car ils avaient été convertis pendant qu'ils étaient en prison.

40 Et alors, il y en eut parmi le peuple qui dirent que Néphi était un prophète.

41 Et il y en eut d'autres qui dirent : Voici, c'est un dieu, car s'il n'était un dieu il ne pourrait être informé de tout. Car voici, il nous a dit les pensées de notre cœur, et il nous a aussi appris des choses ; et il nous a même fait connaître le véritable meurtrier de notre grand juge.

CHAPITRE 10

Le Seigneur donne à Néphi le pouvoir de scellement — Il est investi du pouvoir de lier et de délier sur la terre et au ciel — Il commande au peuple de se repentir sous peine de périr — L'Esprit l'emporte de multitude en multitude. Vers 21–20 av. J.-C.

1 Et il arriva qu'il se produisit une division parmi le peuple, de sorte qu'ils se séparèrent

their ways, leaving Nephi alone, as he was standing in the midst of them.

2 And it came to pass that Nephi went his way towards his own house, pondering upon the things which the Lord had shown unto him.

3 And it came to pass as he was thus pondering—being much cast down because of the wickedness of the people of the Nephites, their secret works of darkness, and their murderings, and their plunderings, and all manner of iniquities—and it came to pass as he was thus pondering in his heart, behold, a voice came unto him saying:

4 Blessed art thou, Nephi, for those things which thou hast done; for I have beheld how thou hast with unwearyingness declared the word, which I have given unto thee, unto this people. And thou hast not feared them, and hast not sought thine own life, but hast sought my will, and to keep my commandments.

5 And now, because thou hast done this with such unwearyingness, behold, I will bless thee forever; and I will make thee mighty in word and in deed, in faith and in works; yea, even that all things shall be done unto thee according to thy word, for thou shalt not ask that which is contrary to my will.

6 Behold, thou art Nephi, and I am God. Behold, I declare it unto thee in the presence of mine angels, that ye shall have power over this people, and shall smite the earth with famine, and with pestilence, and destruction, according to the wickedness of this people.

7 Behold, I give unto you power, that whatsoever ye shall seal on earth shall be sealed in heaven; and whatsoever ye shall loose on earth shall be loosed in heaven; and thus shall ye have power among this people.

8 And thus, if ye shall say unto this temple it shall be rent in twain, it shall be done.

9 And if ye shall say unto this mountain, Be thou cast down and become smooth, it shall be done.

10 And behold, if ye shall say that God shall smite this people, it shall come to pass.

11 And now behold, I command you, that ye shall go and declare unto this people, that thus saith the Lord God, who is the Almighty: Except ye repent ye shall be smitten, even unto destruction.

 çà et là et s'en allèrent, laissant Néphi seul, tandis qu'il se tenait au milieu d'eux.

2 Et il arriva que Néphi s'en alla vers sa maison, méditant sur les choses que le Seigneur lui avait montrées.

3 Et il arriva que tandis qu'il méditait ainsi — fort abattu à cause de la méchanceté du peuple des Néphites, de leurs œuvres secrètes de ténèbres, et de leurs meurtres, et de leurs pillages, et de toutes sortes d'iniquités — et il arriva que tandis qu'il méditait ainsi dans son cœur, voici, une voix lui parvint, disant :

4 Béni es-tu, Néphi, pour les choses que tu as faites ; car j'ai vu comment tu as annoncé inlassablement à ce peuple la parole que je t'ai donnée. Et tu ne l'as pas craint et n'as pas cherché à préserver ta propre vie, mais tu as cherché à faire ma volonté et à garder mes commandements.

5 Et maintenant, parce que tu as fait cela aussi inlassablement, voici, je te bénirai à jamais ; et je te rendrai puissant en paroles et en actes, en foi et en œuvres ; oui, de sorte que tout te sera fait selon ta parole, car tu ne demanderas pas ce qui est contraire à ma volonté.

6 Voici, tu es Néphi, et je suis Dieu. Voici, je te déclare, en la présence de mes anges, que tu auras du pouvoir sur ce peuple et frapperas la terre de famine, et de peste, et de destruction, selon la méchanceté de ce peuple.

7 Voici, je te donne du pouvoir pour que tout ce que tu scelleras sur la terre soit scellé au ciel, et que tout ce que tu délieras sur la terre soit délié au ciel ; et ainsi, tu auras du pouvoir parmi ce peuple.

8 Et ainsi, si tu dis à ce temple qu'il sera fendu en deux, cela se fera.

9 Et si tu dis à cette montagne : Sois abaissée et nivelle-toi, ce sera fait.

10 Et voici, si tu dis que Dieu frappera ce peuple, cela arrivera.

11 Et maintenant, voici, je te commande d'aller annoncer à ce peuple : Ainsi dit le Seigneur Dieu, qui est le Tout-Puissant : À moins que vous ne vous repentiez, vous serez frappés jusqu'à la destruction.

12 And behold, now it came to pass that when the Lord had spoken these words unto Nephi, he did stop and did not go unto his own house, but did return unto the multitudes who were scattered about upon the face of the land, and began to declare unto them the word of the Lord which had been spoken unto him, concerning their destruction if they did not repent.

13 Now behold, notwithstanding that great miracle which Nephi had done in telling them concerning the death of the chief judge, they did harden their hearts and did not hearken unto the words of the Lord.

14 Therefore Nephi did declare unto them the word of the Lord, saying: Except ye repent, thus saith the Lord, ye shall be smitten even unto destruction.

15 And it came to pass that when Nephi had declared unto them the word, behold, they did still harden their hearts and would not hearken unto his words; therefore they did revile against him, and did seek to lay their hands upon him that they might cast him into prison.

16 But behold, the power of God was with him, and they could not take him to cast him into prison, for he was taken by the Spirit and conveyed away out of the midst of them.

17 And it came to pass that thus he did go forth in the Spirit, from multitude to multitude, declaring the word of God, even until he had declared it unto them all, or sent it forth among all the people.

18 And it came to pass that they would not hearken unto his words; and there began to be contentions, insomuch that they were divided against themselves and began to slay one another with the sword.

19 And thus ended the seventy and first year of the reign of the judges over the people of Nephi.

CHAPTER 11

Nephi persuades the Lord to replace their war with a famine—Many people perish—They repent, and Nephi importunes the Lord for rain—Nephi and Lehi receive many revelations—The Gadianton robbers entrench themselves in the land. About 20–6 B.C.

12 Et voici, alors, il arriva que lorsque le Seigneur lui eut dit ces paroles, Néphi s'arrêta et n'alla pas vers sa maison, mais retourna vers les multitudes qui étaient dispersées sur la surface du pays et commença à leur annoncer la parole que le Seigneur lui avait dite concernant leur destruction, si elles ne se repentaient pas.

13 Or, voici, malgré ce grand miracle que Néphi avait fait en leur parlant de la mort de leur grand juge, elles s'endurcirent le cœur et n'écoutèrent pas les paroles du Seigneur.

14 C'est pourquoi Néphi leur annonça la parole du Seigneur, disant : À moins que vous ne vous repentiez, ainsi dit le Seigneur, vous serez frappées jusqu'à la destruction.

15 Et il arriva que lorsque Néphi leur eut annoncé la parole, voici, elles s'endurcirent le cœur malgré tout et ne voulurent pas écouter ses paroles ; c'est pourquoi elles l'injurièrent et cherchèrent à porter la main sur lui, afin de le jeter en prison.

16 Mais voici, le pouvoir de Dieu était avec lui, et elles ne purent le prendre pour le jeter en prison, car il fut pris par l'Esprit et emporté du milieu d'elles.

17 Et il arriva qu'il alla ainsi dans l'Esprit, de multitude en multitude, annonçant la parole de Dieu jusqu'à ce qu'il la leur eût annoncée à toutes, ou l'eût envoyée parmi tout le peuple.

18 Et il arriva qu'elles ne voulurent pas écouter sa parole ; et il commença à y avoir des querelles, de sorte qu'elles furent divisées entre elles et commencèrent à s'entretuer par l'épée.

19 Et ainsi finit la soixante et onzième année du règne des juges sur le peuple de Néphi.

CHAPITRE 11

Néphi persuade le Seigneur de remplacer leur guerre par une famine — Beaucoup de gens périssent — Ils se repentent, et Néphi importune le Seigneur pour qu'il envoie la pluie — Néphi et Léhi reçoivent beaucoup de révélations — Les brigands de Gadianton s'incrustent dans le pays. Vers 20–6 av. J.-C.

1 And now it came to pass in the seventy and second year of the reign of the judges that the contentions did increase, insomuch that there were wars throughout all the land among all the people of Nephi.

2 And it was this secret band of robbers who did carry on this work of destruction and wickedness. And this war did last all that year; and in the seventy and third year it did also last.

3 And it came to pass that in this year Nephi did cry unto the Lord, saying:

4 O Lord, do not suffer that this people shall be destroyed by the sword; but O Lord, rather let there be a famine in the land, to stir them up in remembrance of the Lord their God, and perhaps they will repent and turn unto thee.

5 And so it was done, according to the words of Nephi. And there was a great famine upon the land, among all the people of Nephi. And thus in the seventy and fourth year the famine did continue, and the work of destruction did cease by the sword but became sore by famine.

6 And this work of destruction did also continue in the seventy and fifth year. For the earth was smitten that it was dry, and did not yield forth grain in the season of grain; and the whole earth was smitten, even among the Lamanites as well as among the Nephites, so that they were smitten that they did perish by thousands in the more wicked parts of the land.

7 And it came to pass that the people saw that they were about to perish by famine, and they began to remember the Lord their God; and they began to remember the words of Nephi.

8 And the people began to plead with their chief judges and their leaders, that they would say unto Nephi: Behold, we know that thou art a man of God, and therefore cry unto the Lord our God that he turn away from us this famine, lest all the words which thou hast spoken concerning our destruction be fulfilled.

9 And it came to pass that the judges did say unto Nephi, according to the words which had been desired. And it came to pass that when Nephi saw that the people had repented and did humble themselves in sackcloth, he cried again unto the Lord, saying:

1 Et alors, il arriva, la soixante-douzième année du règne des juges, que les querelles augmentèrent, de sorte qu'il y eut des guerres dans tout le pays, parmi tout le peuple de Néphi.

2 Et c'était cette bande secrète de brigands qui accomplissait cette œuvre de destruction et de méchanceté. Et cette guerre dura toute cette année-là ; et elle dura aussi la soixante-treizième année.

3 Et il arriva que, cette année-là, Néphi cria au Seigneur, disant :

4 Ô Seigneur, ne souffre pas que ce peuple soit détruit par l'épée ; mais, ô Seigneur, qu'il y ait plutôt une famine dans le pays, pour l'inciter à se souvenir du Seigneur, son Dieu, et peut-être se repentira-t-il et se tournera-t-il vers toi.

5 Et il en fut ainsi, selon les paroles de Néphi. Et il y eut une grande famine dans le pays, parmi tout le peuple de Néphi. Et ainsi, la soixante-quatorzième année, la famine continua, et l'œuvre de destruction cessa par l'épée, mais elle s'aggrava par la famine.

6 Et cette œuvre de destruction continua aussi la soixante-quinzième année. Car la terre était frappée, de sorte qu'elle était sèche et ne donnait pas de grain dans la saison du grain ; et la terre entière était frappée tant parmi les Lamanites que parmi les Néphites, de sorte qu'ils étaient frappés et périssaient par milliers dans les parties les plus méchantes du pays.

7 Et il arriva que le peuple vit qu'il était sur le point de périr par la famine, et il commença à se souvenir du Seigneur, son Dieu ; et il commença à se souvenir des paroles de Néphi.

8 Et le peuple commença à supplier ses grands juges et ses chefs de dire à Néphi : Voici, nous savons que tu es un homme de Dieu, et pour cette raison crie au Seigneur, notre Dieu, afin qu'il détourne de nous cette famine, de peur que toutes les paroles que tu as dites concernant notre destruction ne s'accomplissent.

9 Et il arriva que les juges dirent à Néphi les paroles qu'on leur avait demandé de dire. Et il arriva que lorsque Néphi vit que le peuple s'était repenti et s'humiliait, revêtu de sacs, il invoqua de nouveau le Seigneur, disant :

10 O Lord, behold this people repenteth; and they have swept away the band of Gadianton from amongst them insomuch that they have become extinct, and they have concealed their secret plans in the earth.

11 Now, O Lord, because of this their humility wilt thou turn away thine anger, and let thine anger be appeased in the destruction of those wicked men whom thou hast already destroyed.

12 O Lord, wilt thou turn away thine anger, yea, thy fierce anger, and cause that this famine may cease in this land.

13 O Lord, wilt thou hearken unto me, and cause that it may be done according to my words, and send forth rain upon the face of the earth, that she may bring forth her fruit, and her grain in the season of grain.

14 O Lord, thou didst hearken unto my words when I said, Let there be a famine, that the pestilence of the sword might cease; and I know that thou wilt, even at this time, hearken unto my words, for thou saidst that: If this people repent I will spare them.

15 Yea, O Lord, and thou seest that they have repented, because of the famine and the pestilence and destruction which has come unto them.

16 And now, O Lord, wilt thou turn away thine anger, and try again if they will serve thee? And if so, O Lord, thou canst bless them according to thy words which thou hast said.

17 And it came to pass that in the seventy and sixth year the Lord did turn away his anger from the people, and caused that rain should fall upon the earth, insomuch that it did bring forth her fruit in the season of her fruit. And it came to pass that it did bring forth her grain in the season of her grain.

18 And behold, the people did rejoice and glorify God, and the whole face of the land was filled with rejoicing; and they did no more seek to destroy Nephi, but they did esteem him as a great prophet, and a man of God, having great power and authority given unto him from God.

19 And behold, Lehi, his brother, was not a whit behind him as to things pertaining to righteousness.

20 And thus it did come to pass that the people of Nephi began to prosper again in the

10 Ô Seigneur, voici, ce peuple se repent ; et il a balayé la bande de Gadianton de son sein, de sorte qu'elle s'est éteinte, et elle a caché ses plans secrets dans la terre.

11 Maintenant, ô Seigneur, à cause de cette humilité qui est la sienne, veuille détourner ta colère, et que ta colère soit apaisée par la destruction de ces hommes méchants que tu as déjà détruits.

12 Seigneur, veuille détourner ta colère, oui, ton ardente colère, et faire que cette famine cesse dans ce pays.

13 Ô Seigneur, veuille m'écouter, et faire en sorte qu'il soit fait selon mes paroles, et envoyer la pluie sur la surface de la terre, afin qu'elle produise ses fruits, et son grain en la saison du grain.

14 Ô Seigneur, tu as écouté mes paroles lorsque j'ai dit : Qu'il y ait une famine afin que la destruction par l'épée cesse ; et je sais que, même en ce moment, tu écouteras mes paroles, car tu as dit : Si ce peuple se repent, je l'épargnerai.

15 Oui, ô Seigneur, et tu vois qu'il s'est repenti, à cause de la famine, et de la peste, et de la destruction qui sont tombées sur lui.

16 Et maintenant, ô Seigneur, veux-tu détourner ta colère et essayer de nouveau pour voir s'ils te serviront ? Et si oui, ô Seigneur, tu peux les bénir, selon les paroles que tu as dites.

17 Et il arriva que la soixante-seizième année, le Seigneur détourna sa colère du peuple et fit tomber la pluie sur la terre, de sorte qu'elle produisit des fruits en la saison des fruits. Et il arriva qu'elle produisit du grain en la saison du grain.

18 Et voici, le peuple se réjouit et glorifia Dieu, et le pays tout entier fut rempli de joie ; et ils ne cherchèrent plus à faire périr Néphi, mais ils l'estimèrent comme un grand prophète et un homme de Dieu, ayant reçu de Dieu un grand pouvoir et une grande autorité.

19 Et voici, Léhi, son frère, ne le lui cédait en rien quant aux choses relatives à la justice.

20 Et ainsi, il arriva que le peuple de Néphi recommença à prospérer dans le pays, et

land, and began to build up their waste places, and began to multiply and spread, even until they did cover the whole face of the land, both on the northward and on the southward, from the sea west to the sea east.

21 And it came to pass that the seventy and sixth year did end in peace. And the seventy and seventh year began in peace; and the church did spread throughout the face of all the land; and the more part of the people, both the Nephites and the Lamanites, did belong to the church; and they did have exceedingly great peace in the land; and thus ended the seventy and seventh year.

22 And also they had peace in the seventy and eighth year, save it were a few contentions concerning the points of doctrine which had been laid down by the prophets.

23 And in the seventy and ninth year there began to be much strife. But it came to pass that Nephi and Lehi, and many of their brethren who knew concerning the true points of doctrine, having many revelations daily, therefore they did preach unto the people, insomuch that they did put an end to their strife in that same year.

24 And it came to pass that in the eightieth year of the reign of the judges over the people of Nephi, there were a certain number of the dissenters from the people of Nephi, who had some years before gone over unto the Lamanites, and taken upon themselves the name of Lamanites, and also a certain number who were real descendants of the Lamanites, being stirred up to anger by them, or by those dissenters, therefore they commenced a war with their brethren.

25 And they did commit murder and plunder; and then they would retreat back into the mountains, and into the wilderness and secret places, hiding themselves that they could not be discovered, receiving daily an addition to their numbers, inasmuch as there were dissenters that went forth unto them.

26 And thus in time, yea, even in the space of not many years, they became an exceedingly great band of robbers; and they did search out all the secret plans of Gadianton; and thus they became robbers of Gadianton.

27 Now behold, these robbers did make great havoc, yea, even great destruction

commença à rebâtir ses lieux dévastés, et commença à se multiplier et à se répandre jusqu'à ce qu'il couvrît toute la surface du pays, tant du côté du nord que du côté du sud, de la mer à l'ouest à la mer à l'est.

21 Et il arriva que la soixante-seizième année finit dans la paix. Et la soixante-dix-septième année commença dans la paix ; et l'Église se répandit sur toute la surface du pays ; et la plus grande partie du peuple, tant les Néphites que les Lamanites, appartenaient à l'Église ; et ils eurent une paix extrêmement grande dans le pays ; et ainsi finit la soixante-dix-septième année.

22 Et ils eurent aussi la paix la soixante-dix-huitième année, si ce n'est quelques querelles concernant les points de doctrine qui avaient été fixés par les prophètes.

23 Et la soixante-dix-neuvième année, il commença à y avoir beaucoup de discordes. Mais il arriva que Néphi et Léhi, et beaucoup de leurs frères, qui, ayant quotidiennement beaucoup de révélations, s'y connaissaient dans les vrais points de la doctrine, prêchèrent alors au peuple, de sorte qu'ils mirent fin, cette même année, à leurs discordes.

24 Et il arriva que la quatre-vingtième année du règne des juges sur le peuple de Néphi, il y eut un certain nombre de dissidents néphites qui, quelques années auparavant, étaient passés aux Lamanites, et avaient pris sur eux le nom de Lamanites, ainsi qu'un certain nombre de vrais descendants des Lamanites, excités à la colère par ces dissidents, qui entamèrent une guerre contre leurs frères.

25 Et ils commettaient le meurtre et le pillage ; et puis ils se retiraient dans les montagnes, et dans le désert, et les lieux secrets, se cachant, de sorte qu'on ne pouvait les découvrir, voyant quotidiennement leur nombre grandir, étant donné qu'il y avait des dissidents qui allaient vers eux.

26 Et ainsi, avec le temps, oui, en peu d'années, ils devinrent une bande de brigands extrêmement grande ; et ils retrouvèrent tous les plans secrets de Gadianton ; et ainsi, ils devinrent brigands de Gadianton.

27 Or, voici, ces brigands firent de grands ravages, oui, une grande destruction parmi

among the people of Nephi, and also among the people of the Lamanites.

28 And it came to pass that it was expedient that there should be a stop put to this work of destruction; therefore they sent an army of strong men into the wilderness and upon the mountains to search out this band of robbers, and to destroy them.

29 But behold, it came to pass that in that same year they were driven back even into their own lands. And thus ended the eightieth year of the reign of the judges over the people of Nephi.

30 And it came to pass in the commencement of the eighty and first year they did go forth again against this band of robbers, and did destroy many; and they were also visited with much destruction.

31 And they were again obliged to return out of the wilderness and out of the mountains unto their own lands, because of the exceeding greatness of the numbers of those robbers who infested the mountains and the wilderness.

32 And it came to pass that thus ended this year. And the robbers did still increase and wax strong, insomuch that they did defy the whole armies of the Nephites, and also of the Lamanites; and they did cause great fear to come unto the people upon all the face of the land.

33 Yea, for they did visit many parts of the land, and did do great destruction unto them; yea, did kill many, and did carry away others captive into the wilderness, yea, and more especially their women and their children.

34 Now this great evil, which came unto the people because of their iniquity, did stir them up again in remembrance of the Lord their God.

35 And thus ended the eighty and first year of the reign of the judges.

36 And in the eighty and second year they began again to forget the Lord their God. And in the eighty and third year they began to wax strong in iniquity. And in the eighty and fourth year they did not mend their ways.

37 And it came to pass in the eighty and fifth year they did wax stronger and stronger in their pride, and in their wickedness; and

le peuple de Néphi, et aussi parmi le peuple des Lamanites.

28 Et il arriva qu'il fut nécessaire de mettre fin à cette œuvre de destruction ; c'est pourquoi ils envoyèrent une armée d'hommes forts dans le désert et sur les montagnes pour découvrir cette bande de brigands et les détruire.

29 Mais voici, il arriva que cette même année, ils furent repoussés dans leurs propres terres. Et ainsi finit la quatre-vingtième année du règne des juges sur le peuple de Néphi.

30 Et il arriva qu'au commencement de la quatre-vingt-unième année, ils allèrent de nouveau contre cette bande de brigands et en détruisirent beaucoup ; et ils connurent aussi une grande destruction.

31 Et ils furent de nouveau obligés de revenir du désert et des montagnes dans leurs terres, à cause du nombre extrêmement grand de ces brigands qui infestaient les montagnes et le désert.

32 Et il arriva qu'ainsi finit cette année. Et les brigands continuaient à augmenter et à devenir forts, de sorte qu'ils défièrent les armées tout entières des Néphites et aussi des Lamanites ; et ils firent tomber une grande crainte sur le peuple sur toute la surface du pays.

33 Oui, car ils se rendirent dans beaucoup de parties du pays et y causèrent de grandes destructions ; oui, ils en tuèrent beaucoup, et en emmenèrent d'autres captifs dans le désert, oui, et plus spécialement leurs femmes et leurs enfants.

34 Or, ce grand mal, qui s'abattait sur le peuple à cause de son iniquité, l'incita à se souvenir du Seigneur, son Dieu.

35 Et ainsi finit la quatre-vingt-unième année du règne des juges.

36 Et la quatre-vingt-deuxième année, ils recommencèrent à oublier le Seigneur, leur Dieu. Et la quatre-vingt-troisième année, ils commencèrent à devenir forts dans l'iniquité. Et la quatre-vingt-quatrième année, ils ne réformèrent pas leurs voies.

37 Et il arriva que la quatre-vingt-cinquième année, ils devinrent de plus en plus

thus they were ripening again for destruction.

38 And thus ended the eighty and fifth year.

CHAPTER 12

Men are unstable and foolish and quick to do evil—The Lord chastens His people—The nothingness of men is compared with the power of God—In the day of judgment, men will gain everlasting life or everlasting damnation. About 6 B.C.

1 And thus we can behold how false, and also the unsteadiness of the hearts of the children of men; yea, we can see that the Lord in his great infinite goodness doth bless and prosper those who put their trust in him.

2 Yea, and we may see at the very time when he doth prosper his people, yea, in the increase of their fields, their flocks and their herds, and in gold, and in silver, and in all manner of precious things of every kind and art; sparing their lives, and delivering them out of the hands of their enemies; softening the hearts of their enemies that they should not declare wars against them; yea, and in fine, doing all things for the welfare and happiness of his people; yea, then is the time that they do harden their hearts, and do forget the Lord their God, and do trample under their feet the Holy One—yea, and this because of their ease, and their exceedingly great prosperity.

3 And thus we see that except the Lord doth chasten his people with many afflictions, yea, except he doth visit them with death and with terror, and with famine and with all manner of pestilence, they will not remember him.

4 O how foolish, and how vain, and how evil, and devilish, and how quick to do iniquity, and how slow to do good, are the children of men; yea, how quick to hearken unto the words of the evil one, and to set their hearts upon the vain things of the world!

5 Yea, how quick to be lifted up in pride; yea, how quick to boast, and do all manner of

---

forts dans leur orgueil et dans leur méchanceté ; et ainsi, ils mûrissaient de nouveau pour la destruction.

38 Et ainsi finit la quatre-vingt-cinquième année.

CHAPITRE 12

Les hommes sont instables, insensés et prompts à faire le mal — Le Seigneur châtie son peuple — Le néant des hommes comparé au pouvoir de Dieu — Le jour du jugement, les hommes recevront la vie éternelle ou la damnation éternelle. Vers 6 av. J.-C.

1 Et ainsi, nous pouvons voir combien est faux et inconstant le cœur des enfants des hommes ; oui, nous pouvons voir que le Seigneur, dans sa grande et infinie bonté, bénit et fait prospérer ceux qui placent leur confiance en lui.

2 Oui, et nous pouvons voir qu'au moment même où il fait prospérer son peuple, oui, dans l'accroissement de ses champs, de ses troupeaux de gros et de petit bétail, et dans l'or, et dans l'argent, et dans toutes sortes de choses précieuses de toute espèce et de tout art, lui épargnant la vie et le délivrant des mains de ses ennemis, adoucissant le cœur de ses ennemis, afin qu'ils ne lui déclarent pas la guerre, oui, en bref, faisant tout pour le bien-être et le bonheur de son peuple, oui, c'est à ce moment-là qu'il s'endurcit le cœur, et oublie le Seigneur, son Dieu, et foule aux pieds le Saint — oui, et c'est à cause de son aisance et de son extrême prospérité.

3 Et nous voyons ainsi qu'à moins que le Seigneur ne châtie son peuple par de nombreuses afflictions, oui, à moins qu'il n'intervienne contre lui par la mort et la terreur, et par la famine, et par toutes sortes de fléaux, il ne se souvient pas de lui.

4 Oh ! comme ils sont insensés, et comme ils sont vaniteux, et comme ils sont mauvais, et diaboliques, et comme ils sont prompts à commettre l'iniquité, et comme ils sont lents à faire le bien, les enfants des hommes ; oui, comme ils sont prompts à écouter les paroles du Malin et à mettre leur cœur dans les choses vaines du monde !

5 Oui, comme ils sont prompts à s'exalter dans l'orgueil ; oui, comme ils sont prompts

that which is iniquity; and how slow are they to remember the Lord their God, and to give ear unto his counsels, yea, how slow to walk in wisdom's paths!

6 Behold, they do not desire that the Lord their God, who hath created them, should rule and reign over them; notwithstanding his great goodness and his mercy towards them, they do set at naught his counsels, and they will not that he should be their guide.

7 O how great is the nothingness of the children of men; yea, even they are less than the dust of the earth.

8 For behold, the dust of the earth moveth hither and thither, to the dividing asunder, at the command of our great and everlasting God.

9 Yea, behold at his voice do the hills and the mountains tremble and quake.

10 And by the power of his voice they are broken up, and become smooth, yea, even like unto a valley.

11 Yea, by the power of his voice doth the whole earth shake;

12 Yea, by the power of his voice, do the foundations rock, even to the very center.

13 Yea, and if he say unto the earth—Move—it is moved.

14 Yea, if he say unto the earth—Thou shalt go back, that it lengthen out the day for many hours—it is done;

15 And thus, according to his word the earth goeth back, and it appeareth unto man that the sun standeth still; yea, and behold, this is so; for surely it is the earth that moveth and not the sun.

16 And behold, also, if he say unto the waters of the great deep—Be thou dried up—it is done.

17 Behold, if he say unto this mountain—Be thou raised up, and come over and fall upon that city, that it be buried up—behold it is done.

18 And behold, if a man hide up a treasure in the earth, and the Lord shall say—Let it be accursed, because of the iniquity of him who hath hid it up—behold, it shall be accursed.

à se vanter et à se livrer à toutes sortes d'iniquités ; et comme ils sont lents à se souvenir du Seigneur, leur Dieu, et à prêter l'oreille à ses recommandations, oui, comme ils sont lents à marcher dans les sentiers de la sagesse !

6 Voici, ils ne désirent pas que le Seigneur, leur Dieu, qui les a créés, gouverne et règne sur eux ; malgré sa grande bonté et sa miséricorde à leur égard, ils méprisent ses recommandations, et ils ne veulent pas qu'il soit leur guide.

7 Oh ! comme il est grand le néant des enfants des hommes ; oui, ils sont moins que la poussière de la terre.

8 Car voici, la poussière de la terre se meut çà et là, pour se diviser au commandement de notre grand Dieu éternel.

9 Oui, voici, à sa voix, les collines et les montagnes frémissent et tremblent.

10 Et par la puissance de sa voix, elles sont fragmentées et nivelées, oui, comme une vallée.

11 Oui, par la puissance de sa voix, la terre entière tremble ;

12 oui, par la puissance de sa voix, les fondations sont ébranlées jusqu'au centre même.

13 Oui, et s'il dit à la terre : Déplace-toi, elle est déplacée.

14 Oui, et s'il dit à la terre : Tu reculeras, pour allonger le jour de nombreuses heures, cela se fait ;

15 et ainsi, selon sa parole, la terre recule, et il semble à l'homme que le soleil s'arrête ; oui, et voici, il en est ainsi ; car assurément c'est la terre qui se déplace et non le soleil.

16 Et voici, aussi, s'il dit aux eaux du grand abîme : Soyez asséchées, cela se fait.

17 Voici, s'il dit à cette montagne : Sois soulevée et viens au-dessus de cette ville et tombe sur elle afin qu'elle soit ensevelie, voici, cela se fait.

18 Et voici, si un homme cache un trésor dans la terre, et que le Seigneur dise : Qu'il soit maudit à cause de l'iniquité de celui qui l'a caché, voici, il sera maudit.

19 And if the Lord shall say—Be thou accursed, that no man shall find thee from this time henceforth and forever—behold, no man getteth it henceforth and forever.

20 And behold, if the Lord shall say unto a man—Because of thine iniquities, thou shalt be accursed forever—it shall be done.

21 And if the Lord shall say—Because of thine iniquities thou shalt be cut off from my presence—he will cause that it shall be so.

22 And wo unto him to whom he shall say this, for it shall be unto him that will do iniquity, and he cannot be saved; therefore, for this cause, that men might be saved, hath repentance been declared.

23 Therefore, blessed are they who will repent and hearken unto the voice of the Lord their God; for these are they that shall be saved.

24 And may God grant, in his great fulness, that men might be brought unto repentance and good works, that they might be restored unto grace for grace, according to their works.

25 And I would that all men might be saved. But we read that in the great and last day there are some who shall be cast out, yea, who shall be cast off from the presence of the Lord;

26 Yea, who shall be consigned to a state of endless misery, fulfilling the words which say: They that have done good shall have everlasting life; and they that have done evil shall have everlasting damnation. And thus it is. Amen.

19 Et si le Seigneur dit : Sois maudit pour que nul homme ne te trouve dorénavant et à jamais, voici, nul homme ne l'obtient dorénavant et à jamais.

20 Et voici, si le Seigneur dit à un homme : À cause de tes iniquités, tu seras maudit à jamais, ce sera fait.

21 Et si le Seigneur dit : À cause de tes iniquités, tu seras retranché de ma présence, il fera qu'il en soit ainsi.

22 Et malheur à celui à qui il dira cela, car ce sera à celui qui commet l'iniquité, et il ne peut pas être sauvé ; c'est pourquoi, à cause de cela, afin que les hommes soient sauvés, le repentir a été annoncé.

23 C'est pourquoi, bénis sont ceux qui se repentent et écoutent la voix du Seigneur, leur Dieu ; car ce sont ceux-là qui seront sauvés.

24 Et puisse Dieu accorder, dans sa grande plénitude, que les hommes soient amenés au repentir et aux bonnes œuvres, afin qu'il leur soit rendu grâce pour grâce, selon leurs œuvres.

25 Et je voudrais que tous les hommes soient sauvés. Mais nous lisons qu'au grand et dernier jour, il y en aura qui seront chassés, oui, qui seront rejetés de la présence du Seigneur ;

26 oui, qui seront condamnés à un état de misère sans fin, accomplissant les paroles qui disent : Ceux qui ont fait le bien auront la vie éternelle, et ceux qui ont fait le mal auront la damnation éternelle. Et ainsi en est-il. Amen.

The prophecy of Samuel, the Lamanite, to the Nephites.

Comprising chapters 13 through 15.

Prophétie de Samuel, le Lamanite, aux Néphites.

Chapitres 13 à 15.

CHAPTER 13

CHAPITRE 13

Samuel the Lamanite prophesies the destruction of the Nephites unless they repent—They and their riches are cursed—They reject and stone the prophets, are encircled about by demons, and seek for happiness in doing iniquity. About 6 B.C.

Samuel, le Lamanite, prophétise la destruction des Néphites, à moins qu'ils ne se repentent — Ils sont maudits, eux et leurs richesses — Ils rejettent et lapident les prophètes, sont environnés par les démons et cherchent le bonheur en commettant l'iniquité. Vers 6 av. J.-C.

1 And now it came to pass in the eighty and sixth year, the Nephites did still remain in wickedness, yea, in great wickedness, while the Lamanites did observe strictly to keep the commandments of God, according to the law of Moses.

2 And it came to pass that in this year there was one Samuel, a Lamanite, came into the land of Zarahemla, and began to preach unto the people. And it came to pass that he did preach, many days, repentance unto the people, and they did cast him out, and he was about to return to his own land.

3 But behold, the voice of the Lord came unto him, that he should return again, and prophesy unto the people whatsoever things should come into his heart.

4 And it came to pass that they would not suffer that he should enter into the city; therefore he went and got upon the wall thereof, and stretched forth his hand and cried with a loud voice, and prophesied unto the people whatsoever things the Lord put into his heart.

5 And he said unto them: Behold, I, Samuel, a Lamanite, do speak the words of the Lord which he doth put into my heart; and behold he hath put it into my heart to say unto this people that the sword of justice hangeth over this people; and four hundred years pass not away save the sword of justice falleth upon this people.

6 Yea, heavy destruction awaiteth this people, and it surely cometh unto this people, and nothing can save this people save it be repentance and faith on the Lord Jesus Christ, who surely shall come into the world, and shall suffer many things and shall be slain for his people.

7 And behold, an angel of the Lord hath declared it unto me, and he did bring glad tidings to my soul. And behold, I was sent unto you to declare it unto you also, that ye might have glad tidings; but behold ye would not receive me.

8 Therefore, thus saith the Lord: Because of the hardness of the hearts of the people of the Nephites, except they repent I will take away my word from them, and I will withdraw my Spirit from them, and I will suffer them no longer, and I will turn the hearts of their brethren against them.

1 Et alors, il arriva que la quatre-vingt-sixième année, les Néphites restèrent toujours dans la méchanceté, oui, dans une grande méchanceté, tandis que les Lamanites s'appliquaient strictement à garder les commandements de Dieu, selon la loi de Moïse.

2 Et il arriva que, cette année-là, il y eut un certain Samuel, un Lamanite, qui vint au pays de Zarahemla et commença à prêcher au peuple. Et il arriva qu'il prêcha de nombreux jours le repentir au peuple, et ils le chassèrent, et il était sur le point de retourner dans son pays.

3 Mais voici, la voix du Seigneur lui parvint, et lui dit de retourner prophétiser au peuple tout ce qui lui viendrait dans le cœur.

4 Et il arriva qu'ils ne voulurent pas lui permettre d'entrer dans la ville ; c'est pourquoi, il monta sur la muraille, et étendit la main, et cria d'une voix forte, et prophétisa au peuple ce que le Seigneur lui mettait dans le cœur.

5 Et il leur dit : Voici, moi, Samuel, Lamanite, je dis les paroles que le Seigneur met dans mon cœur ; et voici, il a mis dans mon cœur de dire à ce peuple que l'épée de la justice est suspendue au-dessus de ce peuple ; et il ne se passera pas quatre cents ans que l'épée de la justice ne tombe sur ce peuple.

6 Oui, une grande destruction attend ce peuple, et elle s'abattra certainement sur ce peuple, et rien ne peut sauver ce peuple, si ce n'est le repentir et la foi au Seigneur Jésus-Christ, qui viendra certainement dans le monde, et qui souffrira beaucoup de choses et sera tué pour son peuple.

7 Et voici, un ange du Seigneur me l'a annoncé, et il a apporté de bonnes nouvelles à mon âme. Et voici, je vous ai été envoyé pour vous l'annoncer aussi, afin que vous ayez de bonnes nouvelles ; mais voici, vous n'avez pas voulu me recevoir.

8 C'est pourquoi, ainsi dit le Seigneur : À cause de l'endurcissement de cœur du peuple des Néphites, à moins qu'ils ne se repentent, je leur enlèverai ma parole et je retirerai d'eux mon Esprit, et je ne les supporterai plus, et je tournerai le cœur de leurs frères contre eux.

9 And four hundred years shall not pass away before I will cause that they shall be smitten; yea, I will visit them with the sword and with famine and with pestilence.

10 Yea, I will visit them in my fierce anger, and there shall be those of the fourth generation who shall live, of your enemies, to behold your utter destruction; and this shall surely come except ye repent, saith the Lord; and those of the fourth generation shall visit your destruction.

11 But if ye will repent and return unto the Lord your God I will turn away mine anger, saith the Lord; yea, thus saith the Lord, blessed are they who will repent and turn unto me, but wo unto him that repenteth not.

12 Yea, wo unto this great city of Zarahemla; for behold, it is because of those who are righteous that it is saved; yea, wo unto this great city, for I perceive, saith the Lord, that there are many, yea, even the more part of this great city, that will harden their hearts against me, saith the Lord.

13 But blessed are they who will repent, for them will I spare. But behold, if it were not for the righteous who are in this great city, behold, I would cause that fire should come down out of heaven and destroy it.

14 But behold, it is for the righteous' sake that it is spared. But behold, the time cometh, saith the Lord, that when ye shall cast out the righteous from among you, then shall ye be ripe for destruction; yea, wo be unto this great city, because of the wickedness and abominations which are in her.

15 Yea, and wo be unto the city of Gideon, for the wickedness and abominations which are in her.

16 Yea, and wo be unto all the cities which are in the land round about, which are possessed by the Nephites, because of the wickedness and abominations which are in them.

17 And behold, a curse shall come upon the land, saith the Lord of Hosts, because of the people's sake who are upon the land, yea, because of their wickedness and their abominations.

18 And it shall come to pass, saith the Lord of Hosts, yea, our great and true God, that

9 Et il ne se passera pas quatre cents ans que je ne fasse en sorte qu'ils soient frappés ; oui, j'interviendrai contre eux par l'épée, et par la famine, et par la peste.

10 Oui, j'interviendrai contre eux dans ma colère ardente, et il y en aura parmi la quatrième génération de vos ennemis qui vivront pour voir votre destruction totale ; et cela se produira certainement, à moins que vous ne vous repentiez, dit le Seigneur ; et ceux de la quatrième génération causeront votre destruction.

11 Mais si vous vous repentez et retournez au Seigneur, votre Dieu, je détournerai ma colère, dit le Seigneur ; oui, ainsi dit le Seigneur, bénis sont ceux qui se repentent et se tournent vers moi, mais malheur à celui qui ne se repent pas.

12 Oui, malheur à cette grande ville de Zarahemla ; car voici, c'est à cause de ceux qui sont justes qu'elle est sauvée ; oui, malheur à cette grande ville, car je vois, dit le Seigneur, qu'il y en a beaucoup, oui, la plus grande partie de cette grande ville, qui s'endurciront le cœur contre moi, dit le Seigneur.

13 Mais bénis sont ceux qui se repentiront, car je les épargnerai. Mais voici, s'il n'y avait pas les justes qui sont dans cette grande ville, voici, je ferais en sorte que le feu descende du ciel et la détruise.

14 Mais voici, c'est à cause des justes qu'elle est épargnée. Mais voici, le temps vient, dit le Seigneur, où, lorsque vous chasserez les justes de parmi vous, vous serez mûrs pour la destruction ; oui, malheur à cette grande ville à cause de la méchanceté et des abominations qui sont en elle.

15 Oui, et malheur à la ville de Gédéon à cause de la méchanceté et des abominations qui sont en elle.

16 Oui, et malheur à toutes les villes qui sont dans le pays alentour, qui sont possédées par les Néphites, à cause de la méchanceté et des abominations qui sont en elles.

17 Et voici, une malédiction s'abattra sur le pays, dit le Seigneur des armées, à cause du peuple qui est dans le pays, oui, à cause de sa méchanceté et de ses abominations.

18 Et il arrivera, dit le Seigneur des armées, oui, notre Dieu grand et vrai, que quiconque

whoso shall hide up treasures in the earth shall find them again no more, because of the great curse of the land, save he be a righteous man and shall hide it up unto the Lord.

19 For I will, saith the Lord, that they shall hide up their treasures unto me; and cursed be they who hide not up their treasures unto me; for none hideth up their treasures unto me save it be the righteous; and he that hideth not up his treasures unto me, cursed is he, and also the treasure, and none shall redeem it because of the curse of the land.

20 And the day shall come that they shall hide up their treasures, because they have set their hearts upon riches; and because they have set their hearts upon their riches, and will hide up their treasures when they shall flee before their enemies; because they will not hide them up unto me, cursed be they and also their treasures; and in that day shall they be smitten, saith the Lord.

21 Behold ye, the people of this great city, and hearken unto my words; yea, hearken unto the words which the Lord saith; for behold, he saith that ye are cursed because of your riches, and also are your riches cursed because ye have set your hearts upon them, and have not hearkened unto the words of him who gave them unto you.

22 Ye do not remember the Lord your God in the things with which he hath blessed you, but ye do always remember your riches, not to thank the Lord your God for them; yea, your hearts are not drawn out unto the Lord, but they do swell with great pride, unto boasting, and unto great swelling, envyings, strifes, malice, persecutions, and murders, and all manner of iniquities.

23 For this cause hath the Lord God caused that a curse should come upon the land, and also upon your riches, and this because of your iniquities.

24 Yea, wo unto this people, because of this time which has arrived, that ye do cast out the prophets, and do mock them, and cast stones at them, and do slay them, and do all manner of iniquity unto them, even as they did of old time.

25 And now when ye talk, ye say: If our days had been in the days of our fathers of old, we

cachera des trésors dans la terre ne les trouvera plus à cause de la grande malédiction du pays, à moins qu'il ne s'agisse d'un juste et qu'il ne les cache pour le Seigneur.

19 Car je veux, dit le Seigneur, qu'ils cachent leurs trésors pour moi ; et maudits soient ceux qui ne cachent pas leurs trésors pour moi ; car nul ne cache ses trésors pour moi si ce n'est le juste ; et celui qui ne cache pas ses trésors pour moi, maudit est-il, et aussi le trésor, et nul ne le rachètera à cause de la malédiction du pays.

20 Et le jour viendra où ils cacheront leurs trésors, parce qu'ils ont mis leur cœur dans les richesses ; et parce qu'ils ont mis leur cœur dans leurs richesses et cacheront leurs trésors lorsqu'ils fuiront devant leurs ennemis, parce qu'ils ne les cacheront pas pour moi, maudits soient-ils et aussi leurs trésors ; et ce jour-là, ils seront frappés, dit le Seigneur.

21 Soyez attentifs, peuple de cette grande ville, et écoutez mes paroles ; oui, écoutez les paroles que dit le Seigneur ; car voici, il dit que vous êtes maudits à cause de vos richesses, et aussi, vos richesses sont maudites parce que vous avez mis votre cœur en elles et n'avez pas écouté les paroles de celui qui vous les a données.

22 Vous ne vous souvenez pas du Seigneur, votre Dieu, dans les bénédictions qu'il vous a données, mais vous vous souvenez toujours de vos richesses, mais pas pour en remercier le Seigneur, votre Dieu ; oui, votre cœur n'est pas tourné vers le Seigneur, mais il est enflé d'un grand orgueil, jusqu'à la vantardise, et jusqu'à une grande suffisance, l'envie, la discorde, la malice, les persécutions, et les meurtres, et toutes sortes d'iniquités.

23 Pour cette raison, le Seigneur Dieu a fait en sorte qu'une malédiction s'abatte sur le pays, et aussi sur vos richesses, et cela à cause de vos iniquités.

24 Oui, malheur à ce peuple à cause de ce moment qui est arrivé où vous chassez les prophètes, et vous moquez d'eux, et leur jetez des pierres, et les tuez, et commettez toutes sortes d'iniquités à leur égard, comme on le faisait dans les temps anciens.

25 Et maintenant, lorsque vous parlez, vous dites : Si nous avions vécu du temps de nos pères d'autrefois, nous n'aurions pas tué les

would not have slain the prophets; we would not have stoned them, and cast them out.

26 Behold ye are worse than they; for as the Lord liveth, if a prophet come among you and declareth unto you the word of the Lord, which testifieth of your sins and iniquities, ye are angry with him, and cast him out and seek all manner of ways to destroy him; yea, you will say that he is a false prophet, and that he is a sinner, and of the devil, because he testifieth that your deeds are evil.

27 But behold, if a man shall come among you and shall say: Do this, and there is no iniquity; do that and ye shall not suffer; yea, he will say: Walk after the pride of your own hearts; yea, walk after the pride of your eyes, and do whatsoever your heart desireth— and if a man shall come among you and say this, ye will receive him, and say that he is a prophet.

28 Yea, ye will lift him up, and ye will give unto him of your substance; ye will give unto him of your gold, and of your silver, and ye will clothe him with costly apparel; and because he speaketh flattering words unto you, and he saith that all is well, then ye will not find fault with him.

29 O ye wicked and ye perverse generation; ye hardened and ye stiffnecked people, how long will ye suppose that the Lord will suffer you? Yea, how long will ye suffer yourselves to be led by foolish and blind guides? Yea, how long will ye choose darkness rather than light?

30 Yea, behold, the anger of the Lord is already kindled against you; behold, he hath cursed the land because of your iniquity.

31 And behold, the time cometh that he curseth your riches, that they become slippery, that ye cannot hold them; and in the days of your poverty ye cannot retain them.

32 And in the days of your poverty ye shall cry unto the Lord; and in vain shall ye cry, for your desolation is already come upon you, and your destruction is made sure; and then shall ye weep and howl in that day, saith the Lord of Hosts. And then shall ye lament, and say:

33 O that I had repented, and had not killed the prophets, and stoned them, and cast them out. Yea, in that day ye shall say: O

prophètes ; nous ne les aurions pas lapidés ni chassés.

26 Voici, vous êtes pires qu'eux ; car, comme le Seigneur vit, si un prophète vient parmi vous et vous annonce la parole du Seigneur, qui témoigne de vos péchés et de vos iniquités, vous êtes en colère contre lui, et le chassez, et cherchez toutes sortes de façons de le faire périr ; oui, vous dites que c'est un faux prophète, et qu'il est pécheur, et du diable, parce qu'il témoigne que vos actions sont mauvaises.

27 Mais voici, si un homme vient parmi vous et dit : Faites ceci, et il n'y a pas d'iniquité ; faites cela, et vous ne souffrirez pas ; oui, il dit : Marchez selon l'orgueil de votre cœur ; oui, marchez selon l'orgueil de vos yeux, et faites tout ce que votre cœur désire — et si un homme vient parmi vous et dit cela, vous le recevez et dites qu'il est prophète.

28 Oui, vous l'exaltez et lui donnez de vos biens ; vous lui donnez de votre or, et de votre argent, et vous le revêtez d'habits somptueux, et parce qu'il vous dit des paroles flatteuses et dit que tout est bien, vous ne le censurez pas.

29 Ô génération méchante et perverse, peuple endurci et au cou roide, combien de temps pensez-vous que le Seigneur vous supportera ? Oui, combien de temps vous laisserez-vous conduire par des guides insensés et aveugles ? Oui, combien de temps choisirez-vous les ténèbres plutôt que la lumière ?

30 Oui, voici, la colère du Seigneur est déjà allumée contre vous ; voici, il a maudit le pays à cause de votre iniquité.

31 Et voici, le temps vient où il maudit vos richesses, de sorte qu'elles vous glissent entre les doigts, de sorte que vous ne pouvez les tenir ; et aux jours de votre pauvreté, vous ne pouvez les retenir.

32 Et aux jours de votre pauvreté, vous crierez au Seigneur ; et c'est en vain que vous crierez, car votre désolation s'est déjà abattue sur vous, et votre destruction est assurée ; et alors, vous pleurerez et hurlerez ce jour-là, dit le Seigneur des armées. Et alors, vous vous lamenterez et direz :

33 Oh ! si je m'étais repenti, et n'avais pas tué les prophètes, et ne les avais pas lapidés et chassés. Oui, ce jour-là, vous direz : Oh !

that we had remembered the Lord our God in the day that he gave us our riches, and then they would not have become slippery that we should lose them; for behold, our riches are gone from us.

34 Behold, we lay a tool here and on the morrow it is gone; and behold, our swords are taken from us in the day we have sought them for battle.

35 Yea, we have hid up our treasures and they have slipped away from us, because of the curse of the land.

36 O that we had repented in the day that the word of the Lord came unto us; for behold the land is cursed, and all things are become slippery, and we cannot hold them.

37 Behold, we are surrounded by demons, yea, we are encircled about by the angels of him who hath sought to destroy our souls. Behold, our iniquities are great. O Lord, canst thou not turn away thine anger from us? And this shall be your language in those days.

38 But behold, your days of probation are past; ye have procrastinated the day of your salvation until it is everlastingly too late, and your destruction is made sure; yea, for ye have sought all the days of your lives for that which ye could not obtain; and ye have sought for happiness in doing iniquity, which thing is contrary to the nature of that righteousness which is in our great and Eternal Head.

39 O ye people of the land, that ye would hear my words! And I pray that the anger of the Lord be turned away from you, and that ye would repent and be saved.

CHAPTER 14

Samuel predicts light during the night and a new star at Christ's birth—Christ redeems men from temporal and spiritual death—The signs of His death include three days of darkness, the rending of the rocks, and great upheavals of nature. About 6 B.C.

1 And now it came to pass that Samuel, the Lamanite, did prophesy a great many more things which cannot be written.

si nous nous étions souvenus du Seigneur, notre Dieu, le jour où il nous a donné nos richesses, alors elles ne nous auraient pas glissé entre les doigts, de sorte que nous les perdions ; car voici, nos richesses se sont éloignées de nous.

34 Voici, nous posons un outil ici et le lendemain il est parti ; et voici, nos épées nous sont prises le jour où nous les cherchons pour la bataille.

35 Oui, nous avons caché nos trésors et ils nous ont glissé entre les doigts, à cause de la malédiction du pays.

36 Oh ! si nous nous étions repentis le jour où la parole de Dieu nous est parvenue ; car voici, le pays est maudit, et tout nous glisse entre les doigts, et nous ne pouvons plus rien tenir.

37 Voici, nous sommes environnés de démons, oui, nous sommes entourés par les anges de celui qui a cherché à détruire notre âme. Voici, nos iniquités sont grandes. Ô Seigneur, ne peux-tu pas détourner ta colère de nous ? Et tel sera votre langage en ces jours-là.

38 Mais voici, les jours de votre épreuve sont passés ; vous avez différé le jour de votre salut jusqu'à ce qu'il soit éternellement trop tard, et votre destruction est assurée ; oui, car vous avez cherché tous les jours de votre vie ce que vous ne pouviez pas obtenir ; et vous avez recherché le bonheur en commettant l'iniquité, ce qui est contraire à la nature de cette justice qui est dans notre grand Chef éternel.

39 Ô peuple du pays, si tu voulais entendre mes paroles ! Et je prie que la colère du Seigneur se détourne de toi et que tu te repentes et sois sauvé.

CHAPITRE 14

Samuel prédit la lumière pendant la nuit et une nouvelle étoile à la naissance du Christ — Le Christ rachète les hommes de la mort temporelle et spirituelle — Les signes de sa mort consistent en trois jours de ténèbres, des rochers qui se fendront et de grands bouleversements de la nature. Vers 6 av. J.-C.

1 Et alors, il arriva que Samuel, le Lamanite, prophétisa encore un grand nombre de choses qui ne peuvent être écrites.

2 And behold, he said unto them: Behold, I give unto you a sign; for five years more cometh, and behold, then cometh the Son of God to redeem all those who shall believe on his name.

3 And behold, this will I give unto you for a sign at the time of his coming; for behold, there shall be great lights in heaven, insomuch that in the night before he cometh there shall be no darkness, insomuch that it shall appear unto man as if it was day.

4 Therefore, there shall be one day and a night and a day, as if it were one day and there were no night; and this shall be unto you for a sign; for ye shall know of the rising of the sun and also of its setting; therefore they shall know of a surety that there shall be two days and a night; nevertheless the night shall not be darkened; and it shall be the night before he is born.

5 And behold, there shall a new star arise, such an one as ye never have beheld; and this also shall be a sign unto you.

6 And behold this is not all, there shall be many signs and wonders in heaven.

7 And it shall come to pass that ye shall all be amazed, and wonder, insomuch that ye shall fall to the earth.

8 And it shall come to pass that whosoever shall believe on the Son of God, the same shall have everlasting life.

9 And behold, thus hath the Lord commanded me, by his angel, that I should come and tell this thing unto you; yea, he hath commanded that I should prophesy these things unto you; yea, he hath said unto me: Cry unto this people, repent and prepare the way of the Lord.

10 And now, because I am a Lamanite, and have spoken unto you the words which the Lord hath commanded me, and because it was hard against you, ye are angry with me and do seek to destroy me, and have cast me out from among you.

11 And ye shall hear my words, for, for this intent have I come up upon the walls of this city, that ye might hear and know of the judgments of God which do await you because of your iniquities, and also that ye might know the conditions of repentance;

2 Et voici, il leur dit : Voici, je vous donne un signe ; car il y aura encore cinq années, et voici, alors le Fils de Dieu viendra racheter tous ceux qui croiront en son nom.

3 Et voici, je vais vous donner ceci comme signe du moment de sa venue ; car voici, il y aura de grandes lumières dans le ciel, de sorte que pendant la nuit qui précédera sa venue, il n'y aura pas de ténèbres, de sorte qu'il semblera à l'homme qu'il fait jour.

4 C'est pourquoi, il y aura un jour, et une nuit, et un jour, comme si c'était un seul jour et comme s'il n'y avait pas de nuit ; et cela vous sera donné comme signe ; car vous saurez que le soleil se lève et aussi qu'il se couche ; c'est pourquoi, vous saurez avec certitude qu'il y aura deux jours et une nuit ; néanmoins, la nuit ne sera pas assombrie ; et ce sera la nuit précédant sa naissance.

5 Et voici, une nouvelle étoile se lèvera, une étoile comme vous n'en avez jamais vue ; et ce sera aussi un signe pour vous.

6 Et voici, ce n'est pas tout : il y aura beaucoup de signes et de prodiges dans le ciel.

7 Et il arrivera que vous serez tous stupéfaits et étonnés, de sorte que vous tomberez par terre.

8 Et il arrivera que quiconque croira au Fils de Dieu aura la vie éternelle.

9 Et voici, c'est cela que le Seigneur, par son ange, m'a commandé de venir vous dire ; oui, c'est cela qu'il a commandé que je vous prophétise ; oui, il m'a dit : Crie à ce peuple : Repentez-vous et préparez le chemin du Seigneur.

10 Et maintenant, parce que je suis Lamanite, et vous ai dit les paroles que le Seigneur m'a commandées, et parce que c'était dur à votre égard, vous êtes en colère contre moi, et cherchez à me faire périr, et m'avez chassé de parmi vous.

11 Et vous entendrez mes paroles, car c'est dans ce but que je suis monté sur les murailles de cette ville, afin que vous entendiez, et soyez au courant des jugements de Dieu qui vous attendent à cause de vos iniquités, et aussi afin que vous connaissiez les conditions du repentir ;

12 And also that ye might know of the coming of Jesus Christ, the Son of God, the Father of heaven and of earth, the Creator of all things from the beginning; and that ye might know of the signs of his coming, to the intent that ye might believe on his name.

13 And if ye believe on his name ye will repent of all your sins, that thereby ye may have a remission of them through his merits.

14 And behold, again, another sign I give unto you, yea, a sign of his death.

15 For behold, he surely must die that salvation may come; yea, it behooveth him and becometh expedient that he dieth, to bring to pass the resurrection of the dead, that thereby men may be brought into the presence of the Lord.

16 Yea, behold, this death bringeth to pass the resurrection, and redeemeth all mankind from the first death—that spiritual death; for all mankind, by the fall of Adam being cut off from the presence of the Lord, are considered as dead, both as to things temporal and to things spiritual.

17 But behold, the resurrection of Christ redeemeth mankind, yea, even all mankind, and bringeth them back into the presence of the Lord.

18 Yea, and it bringeth to pass the condition of repentance, that whosoever repenteth the same is not hewn down and cast into the fire; but whosoever repenteth not is hewn down and cast into the fire; and there cometh upon them again a spiritual death, yea, a second death, for they are cut off again as to things pertaining to righteousness.

19 Therefore repent ye, repent ye, lest by knowing these things and not doing them ye shall suffer yourselves to come under condemnation, and ye are brought down unto this second death.

20 But behold, as I said unto you concerning another sign, a sign of his death, behold, in that day that he shall suffer death the sun shall be darkened and refuse to give his light unto you; and also the moon and the stars; and there shall be no light upon the face of this land, even from the time that he shall suffer death, for the space of three days, to the time that he shall rise again from the dead.

12 et aussi, afin que vous soyez informés de la venue de Jésus-Christ, le Fils de Dieu, le Père du ciel et de la terre, le Créateur de tout depuis le commencement, et que vous soyez informés des signes de sa venue, pour que vous croyiez en son nom.

13 Et si vous croyez en son nom, vous vous repentirez de tous vos péchés, afin d'avoir, ainsi, leur pardon par ses mérites.

14 Et voici, je vous donne encore un autre signe, oui, un signe de sa mort.

15 Car voici, il doit sûrement mourir pour que le salut puisse venir ; oui, il lui convient et il devient nécessaire qu'il meure, pour réaliser la résurrection des morts, afin qu'ainsi, les hommes soient amenés en la présence du Seigneur.

16 Oui, voici, cette mort réalise la résurrection et rachète toute l'humanité de la première mort, de cette mort spirituelle ; car toute l'humanité, étant retranchée, par la chute d'Adam, de la présence du Seigneur, est considérée comme morte, tant en ce qui concerne les choses temporelles qu'en ce qui concerne les choses spirituelles.

17 Mais voici, la résurrection du Christ rachète l'humanité, oui, toute l'humanité, et la ramène en la présence du Seigneur.

18 Oui, et elle réalise la condition du repentir, de sorte que quiconque se repent n'est pas coupé ni jeté au feu ; mais quiconque ne se repent pas est coupé et jeté au feu ; et une mort spirituelle s'abat de nouveau sur lui, oui, une seconde mort, car il est de nouveau retranché de ce qui a trait à la justice.

19 C'est pourquoi repentez-vous, repentez-vous, de peur que, sachant ces choses et ne les faisant pas, vous vous laissiez tomber sous la condamnation et soyez entraînés vers cette seconde mort.

20 Mais voici, comme je vous l'ai dit concernant un autre signe, un signe de sa mort, voici, en ce jour où il souffrira la mort, le soleil sera obscurci et refusera de vous donner sa lumière ; et aussi, la lune et les étoiles ; et il n'y aura pas de lumière sur la surface de ce pays à partir du moment où il souffrira la mort, pendant trois jours, jusqu'au moment où il ressuscitera d'entre les morts.

21 Yea, at the time that he shall yield up the ghost there shall be thunderings and lightnings for the space of many hours, and the earth shall shake and tremble; and the rocks which are upon the face of this earth, which are both above the earth and beneath, which ye know at this time are solid, or the more part of it is one solid mass, shall be broken up;

22 Yea, they shall be rent in twain, and shall ever after be found in seams and in cracks, and in broken fragments upon the face of the whole earth, yea, both above the earth and beneath.

23 And behold, there shall be great tempests, and there shall be many mountains laid low, like unto a valley, and there shall be many places which are now called valleys which shall become mountains, whose height is great.

24 And many highways shall be broken up, and many cities shall become desolate.

25 And many graves shall be opened, and shall yield up many of their dead; and many saints shall appear unto many.

26 And behold, thus hath the angel spoken unto me; for he said unto me that there should be thunderings and lightnings for the space of many hours.

27 And he said unto me that while the thunder and the lightning lasted, and the tempest, that these things should be, and that darkness should cover the face of the whole earth for the space of three days.

28 And the angel said unto me that many shall see greater things than these, to the intent that they might believe that these signs and these wonders should come to pass upon all the face of this land, to the intent that there should be no cause for unbelief among the children of men—

29 And this to the intent that whosoever will believe might be saved, and that whosoever will not believe, a righteous judgment might come upon them; and also if they are condemned they bring upon themselves their own condemnation.

30 And now remember, remember, my brethren, that whosoever perisheth, perisheth unto himself; and whosoever doeth iniquity, doeth it unto himself; for behold, ye

21 Oui, au moment où il rendra l'esprit, il y aura des tonnerres et des éclairs pendant de nombreuses heures, et la terre frémira et tremblera ; et les rochers qui sont à la surface de cette terre, qui sont à la fois au-dessus de la terre et en-dessous, que vous savez en ce moment être massifs, ou : la plus grande partie d'entre eux est une seule masse solide, seront fragmentés ;

22 ils seront fendus en deux, et on les trouvera dorénavant pleins de fissures, et de crevasses, et de fragments brisés sur la surface de toute la terre, oui, tant au-dessus de la terre que dessous.

23 Et voici, il y aura de grandes tempêtes, et il y aura beaucoup de montagnes qui seront abaissées, comme une vallée, et il y aura beaucoup de lieux, qui sont maintenant appelés vallées, qui deviendront des montagnes, dont la hauteur sera grande.

24 Et beaucoup de grandes routes seront fragmentées, et beaucoup de villes deviendront désolées.

25 Et beaucoup de tombes s'ouvriront et rendront beaucoup de leurs morts ; et beaucoup de saints apparaîtront à beaucoup.

26 Et voici, ainsi m'a parlé l'ange ; car il m'a dit qu'il y aurait des tonnerres et des éclairs pendant de nombreuses heures.

27 Et il m'a dit que ces choses arriveraient pendant que le tonnerre, et les éclairs, et la tempête dureraient, et que des ténèbres couvriraient la surface de toute la terre pendant trois jours.

28 Et l'ange me dit que beaucoup verraient des choses plus grandes que celles-là, afin qu'ils croient que ces signes et ces prodiges se produiraient sur toute la surface de ce pays, pour qu'il n'y ait aucune cause d'incrédulité parmi les enfants des hommes —

29 et cela afin que quiconque croit soit sauvé et que quiconque ne croit pas, un jugement juste s'abatte sur lui ; et aussi, s'ils sont condamnés, c'est qu'ils s'attirent leur propre condamnation.

30 Et maintenant, souvenez-vous, souvenez-vous, mes frères, que quiconque périt, périt à lui-même ; et quiconque commet l'iniquité, la commet contre lui-même ; car voici, vous êtes libres ; il vous est permis

are free; ye are permitted to act for your-selves; for behold, God hath given unto you a knowledge and he hath made you free.

31 He hath given unto you that ye might know good from evil, and he hath given unto you that ye might choose life or death; and ye can do good and be restored unto that which is good, or have that which is good restored unto you; or ye can do evil, and have that which is evil restored unto you.

d'agir par vous-mêmes ; car voici, Dieu vous a donné la connaissance et il vous a rendus libres.

31 Il vous a donné de discerner le bien du mal, et il vous a donné de choisir la vie ou la mort ; et vous pouvez faire le bien et être rendus à ce qui est bien, ou faire en sorte que ce qui est bien vous soit rendu ; ou vous pouvez faire le mal, et faire en sorte que ce qui est mal vous soit rendu.

CHAPTER 15

The Lord chastened the Nephites because He loved them—Converted Lamanites are firm and steadfast in the faith—The Lord will be merci-ful unto the Lamanites in the latter days. About 6 B.C.

1 And now, my beloved brethren, behold, I declare unto you that except ye shall repent your houses shall be left unto you desolate.

2 Yea, except ye repent, your women shall have great cause to mourn in the day that they shall give suck; for ye shall attempt to flee and there shall be no place for refuge; yea, and wo unto them which are with child, for they shall be heavy and cannot flee; therefore, they shall be trodden down and shall be left to perish.

3 Yea, wo unto this people who are called the people of Nephi except they shall repent, when they shall see all these signs and won-ders which shall be showed unto them; for behold, they have been a chosen people of the Lord; yea, the people of Nephi hath he loved, and also hath he chastened them; yea, in the days of their iniquities hath he chas-tened them because he loveth them.

4 But behold my brethren, the Lamanites hath he hated because their deeds have been evil continually, and this because of the in-iquity of the tradition of their fathers. But behold, salvation hath come unto them through the preaching of the Nephites; and for this intent hath the Lord prolonged their days.

5 And I would that ye should behold that the more part of them are in the path of their duty, and they do walk circumspectly before

CHAPITRE 15

Le Seigneur châtie les Néphites parce qu'il les aime — Les Lamanites convertis sont fermes et constants dans la foi — Le Seigneur sera mi-séricordieux envers les Lamanites dans les der-niers jours. Vers 6 av. J.-C.

1 Et maintenant, mes frères bien-aimés, voici, je vous déclare qu'à moins que vous ne vous repentiez, vos maisons vous seront laissées désertes.

2 Oui, à moins que vous ne vous repentiez, vos femmes auront grand sujet de pleurer le jour où elles allaiteront ; car vous tenterez de fuir, et il n'y aura pas de lieu de refuge ; oui, et malheur à celles qui seront enceintes, car elles seront pesantes et ne pourront fuir ; c'est pourquoi, elles seront piétinées et ser-ont abandonnées pour périr.

3 Oui, malheur à ce peuple, qui est appelé le peuple de Néphi, à moins qu'il ne se repente, lorsqu'il verra tous ces signes et tous ces prodiges qui lui seront montrés ; car voici, il a été un peuple élu du Seigneur ; oui, le Sei-gneur a aimé le peuple de Néphi, et il l'a aussi châtié ; oui, dans les jours de ses iniqui-tés, il l'a châtié parce qu'il l'aime.

4 Mais voici, mes frères, il a haï les Lamani-tes, parce que leurs actions ont été contin-uellement mauvaises, et cela à cause de l'in-iquité de la tradition de leurs pères. Mais voici, le salut est venu à eux par la prédica-tion des Néphites ; et c'est pour cela que le Seigneur a prolongé leurs jours.

5 Et je voudrais que vous voyiez que la plu-part d'entre eux sont dans le chemin de leur devoir, et qu'ils marchent avec circonspec-tion devant Dieu, et qu'ils s'appliquent à

God, and they do observe to keep his commandments and his statutes and his judgments according to the law of Moses.

6 Yea, I say unto you, that the more part of them are doing this, and they are striving with unwearied diligence that they may bring the remainder of their brethren to the knowledge of the truth; therefore there are many who do add to their numbers daily.

7 And behold, ye do know of yourselves, for ye have witnessed it, that as many of them as are brought to the knowledge of the truth, and to know of the wicked and abominable traditions of their fathers, and are led to believe the holy scriptures, yea, the prophecies of the holy prophets, which are written, which leadeth them to faith on the Lord, and unto repentance, which faith and repentance bringeth a change of heart unto them—

8 Therefore, as many as have come to this, ye know of yourselves are firm and steadfast in the faith, and in the thing wherewith they have been made free.

9 And ye know also that they have buried their weapons of war, and they fear to take them up lest by any means they should sin; yea, ye can see that they fear to sin—for behold they will suffer themselves that they be trodden down and slain by their enemies, and will not lift their swords against them, and this because of their faith in Christ.

10 And now, because of their steadfastness when they do believe in that thing which they do believe, for because of their firmness when they are once enlightened, behold, the Lord shall bless them and prolong their days, notwithstanding their iniquity—

11 Yea, even if they should dwindle in unbelief the Lord shall prolong their days, until the time shall come which hath been spoken of by our fathers, and also by the prophet Zenos, and many other prophets, concerning the restoration of our brethren, the Lamanites, again to the knowledge of the truth—

12 Yea, I say unto you, that in the latter times the promises of the Lord have been extended to our brethren, the Lamanites; and notwithstanding the many afflictions which they shall have, and notwithstanding they shall be driven to and fro upon the face of the earth, and be hunted, and shall be smitten and scattered abroad, having no

garder ses commandements, et ses lois, et ses ordonnances, selon la loi de Moïse.

6 Oui, je vous dis que la plupart d'entre eux font cela, et ils s'efforcent, avec une diligence inlassable, d'amener le reste de leurs frères à la connaissance de la vérité ; c'est pourquoi il y en a beaucoup qui s'ajoutent quotidiennement à leur nombre.

7 Et voici, vous savez par vous-mêmes, car vous en avez été témoins, que tous ceux qui sont amenés à la connaissance de la vérité, et à la connaissance de ce que les traditions de leurs pères sont méchantes et abominables, et sont amenés à croire aux Écritures saintes, oui, aux prophéties des saints prophètes, qui sont écrites, ce qui les conduit à la foi au Seigneur et au repentir, lesquels foi et repentir produisent un changement de cœur chez eux,

8 c'est pourquoi, tous ceux qui en sont arrivés là, vous savez par vous-mêmes qu'ils sont fermes et constants dans la foi, et dans ce qui les a rendus libres.

9 Et vous savez aussi qu'ils ont enterré leurs armes de guerre, et ils craignent de les prendre de peur de pécher d'une façon ou d'une autre ; oui, vous pouvez voir qu'ils craignent de pécher, car voici, ils se laissent piétiner et tuer par leurs ennemis, et ne lèvent pas l'épée contre eux, et cela à cause de leur foi au Christ.

10 Et maintenant, à cause de leur constance lorsqu'ils croient en ce qu'ils croient, car, à cause de leur fermeté, une fois qu'ils sont éclairés, voici, le Seigneur les bénira et prolongera leurs jours, malgré leur iniquité —

11 oui, même s'ils dégénèrent dans l'incrédulité, le Seigneur prolongera leurs jours, jusqu'à ce que vienne le moment dont il a été parlé par nos pères, et aussi par le prophète Zénos, et beaucoup d'autres prophètes, concernant le retour de nos frères, les Lamanites, à la connaissance de la vérité —

12 oui, je vous dis que, dans les derniers temps, les promesses du Seigneur ont été offertes à nos frères, les Lamanites ; et malgré les nombreuses afflictions qu'ils auront, et en dépit du fait qu'ils seront chassés çà et là sur la surface de la terre, et seront traqués, et seront frappés, et dispersés au dehors,

place for refuge, the Lord shall be merciful unto them.

13 And this is according to the prophecy, that they shall again be brought to the true knowledge, which is the knowledge of their Redeemer, and their great and true shepherd, and be numbered among his sheep.

14 Therefore I say unto you, it shall be better for them than for you except ye repent.

15 For behold, had the mighty works been shown unto them which have been shown unto you, yea, unto them who have dwindled in unbelief because of the traditions of their fathers, ye can see of yourselves that they never would again have dwindled in unbelief.

16 Therefore, saith the Lord: I will not utterly destroy them, but I will cause that in the day of my wisdom they shall return again unto me, saith the Lord.

17 And now behold, saith the Lord, concerning the people of the Nephites: If they will not repent, and observe to do my will, I will utterly destroy them, saith the Lord, because of their unbelief notwithstanding the many mighty works which I have done among them; and as surely as the Lord liveth shall these things be, saith the Lord.

CHAPTER 16

The Nephites who believe Samuel are baptized by Nephi—Samuel cannot be slain with the arrows and stones of the unrepentant Nephites—Some harden their hearts, and others see angels—The unbelievers say it is not reasonable to believe in Christ and His coming in Jerusalem. About 6–1 B.C.

1 And now, it came to pass that there were many who heard the words of Samuel, the Lamanite, which he spake upon the walls of the city. And as many as believed on his word went forth and sought for Nephi; and when they had come forth and found him they confessed unto him their sins and denied not, desiring that they might be baptized unto the Lord.

2 But as many as there were who did not believe in the words of Samuel were angry with him; and they cast stones at him upon

---

n'ayant aucun lieu de refuge, le Seigneur sera miséricordieux envers eux.

13 Et cela est conforme à la prophétie qu'ils seront amenés à la vraie connaissance, qui est la connaissance de leur Rédempteur, et de leur grand et véritable berger, et seront comptés parmi ses brebis.

14 C'est pourquoi je vous le dis, ce sera mieux pour eux que pour vous, à moins que vous ne vous repentiez.

15 Car voici, si les œuvres merveilleuses qui vous ont été montrées leur avaient été montrées, oui, à eux qui ont dégénéré dans l'incrédulité à cause des traditions de leurs pères, vous pouvez voir par vous-mêmes qu'ils n'auraient plus jamais dégénéré dans l'incrédulité.

16 C'est pourquoi, dit le Seigneur, je ne les détruirai pas totalement, mais je ferai en sorte qu'au jour de ma sagesse, ils reviennent à moi, dit le Seigneur.

17 Et maintenant, voici, dit le Seigneur, concernant le peuple des Néphites : S'ils ne se repentent pas et ne s'appliquent pas à faire ma volonté, je les détruirai totalement, dit le Seigneur, à cause de leur incrédulité, malgré les nombreuses œuvres merveilleuses que j'ai faites parmi eux ; et aussi sûrement que le Seigneur vit, ces choses seront, dit le Seigneur.

CHAPITRE 16

Les Néphites qui croient Samuel sont baptisés par Néphi — Samuel ne peut être tué ni par les flèches ni par les pierres des Néphites non-repentants — Certains s'endurcissent le cœur, et d'autres voient des anges — Les incrédules disent qu'il n'est pas raisonnable de croire au Christ et à sa venue à Jérusalem. Vers 6–1 av. J.-C.

1 Et alors, il arriva qu'il y en eut beaucoup qui entendirent les paroles que Samuel, le Lamanite, dit sur les murailles de la ville. Et tous ceux qui crurent en sa parole allèrent à la recherche de Néphi ; et lorsqu'ils se furent avancés et l'eurent trouvé, ils lui confessèrent leurs péchés et ne les nièrent pas, désirant être baptisés pour le Seigneur.

2 Mais tous ceux qui ne crurent pas aux paroles de Samuel furent en colère contre lui ; et ils lui jetèrent des pierres sur la muraille,

the wall, and also many shot arrows at him as he stood upon the wall; but the Spirit of the Lord was with him, insomuch that they could not hit him with their stones neither with their arrows.

3 Now when they saw that they could not hit him, there were many more who did believe on his words, insomuch that they went away unto Nephi to be baptized.

4 For behold, Nephi was baptizing, and prophesying, and preaching, crying repentance unto the people, showing signs and wonders, working miracles among the people, that they might know that the Christ must shortly come—

5 Telling them of things which must shortly come, that they might know and remember at the time of their coming that they had been made known unto them beforehand, to the intent that they might believe; therefore as many as believed on the words of Samuel went forth unto him to be baptized, for they came repenting and confessing their sins.

6 But the more part of them did not believe in the words of Samuel; therefore when they saw that they could not hit him with their stones and their arrows, they cried unto their captains, saying: Take this fellow and bind him, for behold he hath a devil; and because of the power of the devil which is in him we cannot hit him with our stones and our arrows; therefore take him and bind him, and away with him.

7 And as they went forth to lay their hands on him, behold, he did cast himself down from the wall, and did flee out of their lands, yea, even unto his own country, and began to preach and to prophesy among his own people.

8 And behold, he was never heard of more among the Nephites; and thus were the affairs of the people.

9 And thus ended the eighty and sixth year of the reign of the judges over the people of Nephi.

10 And thus ended also the eighty and seventh year of the reign of the judges, the more part of the people remaining in their pride and wickedness, and the lesser part walking more circumspectly before God.

et beaucoup aussi lui tirèrent des flèches tandis qu'il se tenait sur la muraille ; mais l'Esprit du Seigneur était avec lui, de sorte qu'ils ne pouvaient l'atteindre de leurs pierres ni de leurs flèches.

3 Alors, lorsqu'ils virent qu'ils ne pouvaient l'atteindre, il y en eut beaucoup plus qui crurent en ses paroles, de sorte qu'ils s'en allèrent trouver Néphi pour être baptisés.

4 Car voici, Néphi baptisait, et prophétisait, et prêchait, appelant le peuple au repentir, montrant des signes et des prodiges, accomplissant des miracles parmi le peuple, afin qu'il sût que le Christ devait venir sous peu —

5 lui parlant des choses qui devaient venir sous peu, afin qu'il sût et se souvînt, au moment où elles se produiraient, qu'elles lui avaient été révélées d'avance, afin qu'il crût ; c'est pourquoi tous ceux qui crurent aux paroles de Samuel allèrent vers lui pour être baptisés, car ils venaient en se repentant et en confessant leurs péchés.

6 Mais la plupart d'entre eux ne crurent pas aux paroles de Samuel ; c'est pourquoi, lorsqu'ils virent qu'ils ne pouvaient l'atteindre de leurs pierres et de leurs flèches, ils crièrent à leurs capitaines, disant : Prenez cet homme et liez-le, car voici, il a un démon ; et à cause du pouvoir du démon qui est en lui, nous ne pouvons l'atteindre de nos pierres et de nos flèches ; c'est pourquoi prenez-le et liez-le, et qu'on l'emmène.

7 Et comme ils s'avançaient pour porter la main sur lui, voici, il se jeta en bas de la muraille, et s'enfuit de leurs terres, oui, dans son propre pays, et commença à prêcher et à prophétiser parmi son peuple.

8 Et voici, on n'entendit plus jamais parler de lui chez les Néphites ; et telles étaient les affaires du peuple.

9 Et ainsi finit la quatre-vingt-sixième année du règne des juges sur le peuple de Néphi.

10 Et ainsi finit aussi la quatre-vingt-septième année du règne des juges, la plus grande partie du peuple restant dans son orgueil et sa méchanceté, et la plus petite partie marchant avec plus de circonspection devant Dieu.

11 And these were the conditions also, in the eighty and eighth year of the reign of the judges.

12 And there was but little alteration in the affairs of the people, save it were the people began to be more hardened in iniquity, and do more and more of that which was contrary to the commandments of God, in the eighty and ninth year of the reign of the judges.

13 But it came to pass in the ninetieth year of the reign of the judges, there were great signs given unto the people, and wonders; and the words of the prophets began to be fulfilled.

14 And angels did appear unto men, wise men, and did declare unto them glad tidings of great joy; thus in this year the scriptures began to be fulfilled.

15 Nevertheless, the people began to harden their hearts, all save it were the most believing part of them, both of the Nephites and also of the Lamanites, and began to depend upon their own strength and upon their own wisdom, saying:

16 Some things they may have guessed right, among so many; but behold, we know that all these great and marvelous works cannot come to pass, of which has been spoken.

17 And they began to reason and to contend among themselves, saying:

18 That it is not reasonable that such a being as a Christ shall come; if so, and he be the Son of God, the Father of heaven and of earth, as it has been spoken, why will he not show himself unto us as well as unto them who shall be at Jerusalem?

19 Yea, why will he not show himself in this land as well as in the land of Jerusalem?

20 But behold, we know that this is a wicked tradition, which has been handed down unto us by our fathers, to cause us that we should believe in some great and marvelous thing which should come to pass, but not among us, but in a land which is far distant, a land which we know not; therefore they can keep us in ignorance, for we cannot witness with our own eyes that they are true.

11 Et telle fut aussi la situation la quatre-vingt-huitième année du règne des juges.

12 Et il n'y eut que peu de changements dans les affaires du peuple, si ce n'est que le peuple commença à s'endurcir davantage dans l'iniquité et à faire de plus en plus ce qui était contraire aux commandements de Dieu, la quatre-vingt-neuvième année du règne des juges.

13 Mais il arriva, la quatre-vingt-dixième année du règne des juges, que de grands signes furent donnés au peuple, et des prodiges, et les paroles des prophètes commencèrent à s'accomplir.

14 Et des anges apparurent à des hommes, à des sages, et leur annoncèrent la bonne nouvelle d'une grande joie ; ainsi, cette année-là, les Écritures commencèrent à s'accomplir.

15 Néanmoins, le peuple commença à s'endurcir le cœur, tous sauf la partie la plus croyante d'entre eux, tant des Néphites que des Lamanites, et ils commencèrent à se fier à leur propre force et à leur propre sagesse, disant :

16 Parmi tant de choses, il y en a qu'ils ont pu deviner correctement ; mais voici, nous savons que toutes ces œuvres grandes et merveilleuses dont on a parlé ne peuvent arriver.

17 Et ils commencèrent à raisonner et à contester entre eux, disant :

18 Il n'est pas raisonnable qu'un être tel qu'un Christ vienne ; s'il en est ainsi, et s'il est le Fils de Dieu, le Père du ciel et de la terre, comme on l'a dit, pourquoi ne se montre-t-il pas à nous aussi bien qu'à ceux qui seront à Jérusalem ?

19 Oui, pourquoi ne se montre-t-il pas dans ce pays aussi bien que dans le pays de Jérusalem ?

20 Mais voici, nous savons que c'est là une tradition perverse, qui nous a été transmise par nos pères, pour nous faire croire en une chose grande et merveilleuse qui doit arriver, mais pas chez nous, mais dans un pays qui est très lointain, un pays que nous ne connaissons pas ; c'est pourquoi ils peuvent nous garder dans l'ignorance, car nous ne pouvons être témoins, de nos propres yeux, que c'est vrai.

21 And they will, by the cunning and the mysterious arts of the evil one, work some great mystery which we cannot understand, which will keep us down to be servants to their words, and also servants unto them, for we depend upon them to teach us the word; and thus will they keep us in ignorance if we will yield ourselves unto them, all the days of our lives.

22 And many more things did the people imagine up in their hearts, which were foolish and vain; and they were much disturbed, for Satan did stir them up to do iniquity continually; yea, he did go about spreading rumors and contentions upon all the face of the land, that he might harden the hearts of the people against that which was good and against that which should come.

23 And notwithstanding the signs and the wonders which were wrought among the people of the Lord, and the many miracles which they did, Satan did get great hold upon the hearts of the people upon all the face of the land.

24 And thus ended the ninetieth year of the reign of the judges over the people of Nephi.

25 And thus ended the book of Helaman, according to the record of Helaman and his sons.

21 Et, par la ruse et les arts mystérieux du Malin, ils accompliront quelque grand mystère que nous ne pouvons comprendre, qui nous gardera dans l'abaissement pour être serviteurs de leurs paroles et aussi leurs serviteurs, car nous dépendons d'eux pour l'enseignement de la parole ; et ainsi, ils nous garderont dans l'ignorance tous les jours de notre vie, si nous leur cédons.

22 Et le peuple imagina dans son cœur beaucoup d'autres choses qui étaient insensées et vaines ; et il était très troublé, car Satan l'excitait continuellement à commettre l'iniquité ; oui, il allait partout répandre des rumeurs et des querelles sur toute la surface du pays, afin d'endurcir le cœur du peuple contre ce qui était bon et contre ce qui devait venir.

23 Et malgré les signes et les prodiges qui étaient accomplis parmi le peuple du Seigneur, et les nombreux miracles qu'ils accomplissaient, Satan acquit une grande emprise sur le cœur du peuple sur toute la surface du pays.

24 Et ainsi finit la quatre-vingt-dixième année du règne des juges sur le peuple de Néphi.

25 Et ainsi finit le livre d'Hélaman, selon les annales d'Hélaman et de ses fils.

THIRD NEPHI
THE BOOK OF NEPHI

THE SON OF NEPHI, WHO WAS THE SON OF HELAMAN

And Helaman was the son of Helaman, who was the son of Alma, who was the son of Alma, being a descendant of Nephi who was the son of Lehi, who came out of Jerusalem in the first year of the reign of Zedekiah, the king of Judah.

TROIS NÉPHI
LIVRE DE NÉPHI

FILS DE NÉPHI, QUI ÉTAIT FILS D'HÉLAMAN

Et Hélaman était fils d'Hélaman, qui était fils d'Alma, qui était fils d'Alma, descendant de Néphi, qui était fils de Léhi, lequel sortit de Jérusalem la première année du règne de Sédécias, roi de Juda.

CHAPTER 1

Nephi, the son of Helaman, departs out of the land, and his son Nephi keeps the records— Though signs and wonders abound, the wicked

CHAPITRE 1

Néphi, fils d'Hélaman, quitte le pays, et son fils Néphi tient les annales — Bien que les signes et les prodiges abondent, les méchants envisagent de

plan to slay the righteous—The night of Christ's birth arrives—The sign is given, and a new star arises—Lyings and deceivings increase, and the Gadianton robbers slaughter many. About A.D. 1–4.

tuer les justes — La nuit de la naissance du Christ arrive — Le signe est donné et une nouvelle étoile se lève — Les mensonges et les tromperies augmentent, et les brigands de Gadianton massacrent beaucoup de gens. Vers 1–4 apr. J.-C.

1 Now it came to pass that the ninety and first year had passed away and it was six hundred years from the time that Lehi left Jerusalem; and it was in the year that Lachoneus was the chief judge and the governor over the land.

1 Or, il arriva que la quatre-vingt-onzième année était passée, et il y avait six cents ans que Léhi avait quitté Jérusalem ; et c'était l'année où Lachonéus était grand juge et gouverneur du pays.

2 And Nephi, the son of Helaman, had departed out of the land of Zarahemla, giving charge unto his son Nephi, who was his eldest son, concerning the plates of brass, and all the records which had been kept, and all those things which had been kept sacred from the departure of Lehi out of Jerusalem.

2 Et Néphi, fils d'Hélaman, avaient quitté le pays de Zarahemla, donnant ses ordres à son fils Néphi, qui était son fils aîné, concernant les plaques d'airain, et toutes les annales qui avaient été tenues, et toutes les choses qui avaient été tenues pour sacrées depuis que Léhi avait quitté Jérusalem.

3 Then he departed out of the land, and whither he went, no man knoweth; and his son Nephi did keep the records in his stead, yea, the record of this people.

3 Puis il quitta le pays, et nul ne sait où il est allé ; et son fils Néphi tint les annales à sa place, oui, les annales de ce peuple.

4 And it came to pass that in the commencement of the ninety and second year, behold, the prophecies of the prophets began to be fulfilled more fully; for there began to be greater signs and greater miracles wrought among the people.

4 Et il arriva qu'au commencement de la quatre-vingt-douzième année, voici, les prophéties des prophètes commencèrent à s'accomplir plus complètement ; car de plus grands signes et de plus grands miracles commencèrent à se produire parmi le peuple.

5 But there were some who began to say that the time was past for the words to be fulfilled, which were spoken by Samuel, the Lamanite.

5 Mais il y en eut qui commencèrent à dire que le temps était passé pour l'accomplissement des paroles qui avaient été dites par Samuel, le Lamanite.

6 And they began to rejoice over their brethren, saying: Behold the time is past, and the words of Samuel are not fulfilled; therefore, your joy and your faith concerning this thing hath been vain.

6 Et ils commencèrent à se réjouir au sujet de leurs frères, disant : Voici, le temps est passé, et les paroles de Samuel ne se sont pas accomplies ; c'est pourquoi, votre joie et votre foi concernant cette chose ont été vaines.

7 And it came to pass that they did make a great uproar throughout the land; and the people who believed began to be very sorrowful, lest by any means those things which had been spoken might not come to pass.

7 Et il arriva qu'ils causèrent un grand tumulte dans tout le pays ; et ceux qui croyaient commencèrent à être très tristes, craignant que, d'une façon ou d'une autre, les choses dont il avait été parlé n'arrivent pas.

8 But behold, they did watch steadfastly for that day and that night and that day which should be as one day as if there were no night, that they might know that their faith had not been vain.

8 Mais voici, ils attendaient avec constance ce jour, et cette nuit, et ce jour qui seraient comme un seul jour, comme s'il n'y avait pas de nuit, afin de savoir que leur foi n'avait pas été vaine.

9 Now it came to pass that there was a day set apart by the unbelievers, that all those

9 Or, il arriva qu'il y eut un jour fixé par les incrédules où tous ceux qui croyaient en ces

who believed in those traditions should be put to death except the sign should come to pass, which had been given by Samuel the prophet.

10 Now it came to pass that when Nephi, the son of Nephi, saw this wickedness of his people, his heart was exceedingly sorrowful.

11 And it came to pass that he went out and bowed himself down upon the earth, and cried mightily to his God in behalf of his people, yea, those who were about to be destroyed because of their faith in the tradition of their fathers.

12 And it came to pass that he cried mightily unto the Lord all that day; and behold, the voice of the Lord came unto him, saying:

13 Lift up your head and be of good cheer; for behold, the time is at hand, and on this night shall the sign be given, and on the morrow come I into the world, to show unto the world that I will fulfil all that which I have caused to be spoken by the mouth of my holy prophets.

14 Behold, I come unto my own, to fulfil all things which I have made known unto the children of men from the foundation of the world, and to do the will, both of the Father and of the Son—of the Father because of me, and of the Son because of my flesh. And behold, the time is at hand, and this night shall the sign be given.

15 And it came to pass that the words which came unto Nephi were fulfilled, according as they had been spoken; for behold, at the going down of the sun there was no darkness; and the people began to be astonished because there was no darkness when the night came.

16 And there were many, who had not believed the words of the prophets, who fell to the earth and became as if they were dead, for they knew that the great plan of destruction which they had laid for those who believed in the words of the prophets had been frustrated; for the sign which had been given was already at hand.

17 And they began to know that the Son of God must shortly appear; yea, in fine, all the people upon the face of the whole earth from the west to the east, both in the land north and in the land south, were so exceedingly astonished that they fell to the earth.

traditions seraient mis à mort, à moins que le signe qui avait été donné par Samuel, le prophète, n'arrivât.

10 Alors, il arriva que lorsque Néphi, fils de Néphi, vit la méchanceté de son peuple, son cœur fut extrêmement attristé.

11 Et il arriva qu'il sortit, et se prosterna à terre, et implora avec ferveur son Dieu en faveur de son peuple, oui, de ceux qui étaient sur le point d'être détruits à cause de leur foi en la tradition de leurs pères.

12 Et il arriva qu'il implora tout ce jour-là avec ferveur le Seigneur ; et voici, la voix du Seigneur lui parvint, disant :

13 Lève la tête et prends courage, car voici, le moment est proche, et cette nuit le signe sera donné, et demain je viens au monde, pour montrer au monde que j'accomplirai tout ce que j'ai fait dire par la bouche de mes saints prophètes.

14 Voici, je viens chez les miens pour accomplir toutes les choses que j'ai fait connaître aux enfants des hommes depuis la fondation du monde et pour faire la volonté tant du Père que du Fils : du Père à cause de moi, et du Fils à cause de ma chair. Et voici, le moment est proche, et cette nuit le signe sera donné.

15 Et il arriva que les paroles qui parvinrent à Néphi s'accomplirent comme elles avaient été dites ; car voici, au coucher du soleil, il n'y eut pas de ténèbres ; et le peuple commença à être étonné, parce qu'il n'y avait pas de ténèbres lorsque la nuit vint.

16 Et il y en eut beaucoup, qui n'avaient pas cru aux paroles des prophètes, qui tombèrent par terre et devinrent comme morts, car ils savaient que le grand plan de destruction qu'ils avaient tramé contre ceux qui croyaient aux paroles des prophètes avait été contrarié ; car le signe qui avait été donné était déjà là.

17 Et ils commencèrent à savoir que le Fils de Dieu allait apparaître sous peu ; oui, en bref, tout le peuple qui était sur la surface de toute la terre, de l'ouest à l'est, tant dans le pays au nord que dans le pays au sud, fut tellement étonné qu'il tomba par terre.

18 For they knew that the prophets had testified of these things for many years, and that the sign which had been given was already at hand; and they began to fear because of their iniquity and their unbelief.

19 And it came to pass that there was no darkness in all that night, but it was as light as though it was mid-day. And it came to pass that the sun did rise in the morning again, according to its proper order; and they knew that it was the day that the Lord should be born, because of the sign which had been given.

20 And it had come to pass, yea, all things, every whit, according to the words of the prophets.

21 And it came to pass also that a new star did appear, according to the word.

22 And it came to pass that from this time forth there began to be lyings sent forth among the people, by Satan, to harden their hearts, to the intent that they might not believe in those signs and wonders which they had seen; but notwithstanding these lyings and deceivings the more part of the people did believe, and were converted unto the Lord.

23 And it came to pass that Nephi went forth among the people, and also many others, baptizing unto repentance, in the which there was a great remission of sins. And thus the people began again to have peace in the land.

24 And there were no contentions, save it were a few that began to preach, endeavoring to prove by the scriptures that it was no more expedient to observe the law of Moses. Now in this thing they did err, having not understood the scriptures.

25 But it came to pass that they soon became converted, and were convinced of the error which they were in, for it was made known unto them that the law was not yet fulfilled, and that it must be fulfilled in every whit; yea, the word came unto them that it must be fulfilled; yea, that one jot or tittle should not pass away till it should all be fulfilled; therefore in this same year were they brought to a knowledge of their error and did confess their faults.

26 And thus the ninety and second year did pass away, bringing glad tidings unto the

18 Car ils savaient que les prophètes témoignaient de ces choses depuis de nombreuses années, et que le signe qui avait été donné était déjà là ; et ils commencèrent à craindre à cause de leur iniquité et de leur incrédulité.

19 Et il arriva qu'il n'y eut pas de ténèbres pendant toute cette nuit-là, mais il faisait aussi clair qu'en plein midi. Et il arriva que le soleil se leva de nouveau le matin, selon son ordre propre ; et ils surent que c'était le jour où le Seigneur naîtrait, à cause du signe qui avait été donné.

20 Et c'était arrivé, oui, tout, en tous points, selon les paroles des prophètes.

21 Et il arriva aussi qu'une nouvelle étoile apparut, selon la parole.

22 Et il arriva qu'à partir de ce moment-là, des mensonges commencèrent à être envoyés parmi le peuple par Satan, pour lui endurcir le cœur, dans l'intention de l'empêcher de croire en ces signes et ces prodiges qu'il avait vus ; mais malgré ces mensonges et ces tromperies, la plus grande partie du peuple crut et fut convertie au Seigneur.

23 Et il arriva que Néphi alla parmi le peuple, et beaucoup d'autres aussi, baptisant en vue du repentir, ce qui entraîna une grande rémission de péchés. Et ainsi, le peuple recommença à être en paix dans le pays.

24 Et il n'y avait pas de querelles, si ce n'est qu'il y en eut quelques-uns qui commencèrent à prêcher, s'efforçant de prouver par les Écritures qu'il n'était plus nécessaire d'observer la loi de Moïse. Or, ils étaient dans l'erreur en cela, n'ayant pas compris les Écritures.

25 Mais il arriva qu'ils furent bientôt convertis et furent convaincus de l'erreur dans laquelle ils étaient, car on leur fit connaître que la loi n'était pas encore accomplie, et qu'elle devait s'accomplir en tous points ; oui, la parole leur parvint qu'elle devait s'accomplir ; oui, que pas un iota ni un trait de lettre ne passeraient avant qu'elle fût toute accomplie ; c'est pourquoi, cette même année, ils furent amenés à la connaissance de leur erreur et confessèrent leurs fautes.

26 Et ainsi passa la quatre-vingt-douzième année, apportant de bonnes nouvelles au

people because of the signs which did come to pass, according to the words of the prophecy of all the holy prophets.

27 And it came to pass that the ninety and third year did also pass away in peace, save it were for the Gadianton robbers, who dwelt upon the mountains, who did infest the land; for so strong were their holds and their secret places that the people could not overpower them; therefore they did commit many murders, and did do much slaughter among the people.

28 And it came to pass that in the ninety and fourth year they began to increase in a great degree, because there were many dissenters of the Nephites who did flee unto them, which did cause much sorrow unto those Nephites who did remain in the land.

29 And there was also a cause of much sorrow among the Lamanites; for behold, they had many children who did grow up and began to wax strong in years, that they became for themselves, and were led away by some who were Zoramites, by their lyings and their flattering words, to join those Gadianton robbers.

30 And thus were the Lamanites afflicted also, and began to decrease as to their faith and righteousness, because of the wickedness of the rising generation.

CHAPTER 2

Wickedness and abominations increase among the people—The Nephites and Lamanites unite to defend themselves against the Gadianton robbers—Converted Lamanites become white and are called Nephites. About A.D. 5–16.

1 And it came to pass that thus passed away the ninety and fifth year also, and the people began to forget those signs and wonders which they had heard, and began to be less and less astonished at a sign or a wonder from heaven, insomuch that they began to be hard in their hearts, and blind in their minds, and began to disbelieve all which they had heard and seen—

2 Imagining up some vain thing in their hearts, that it was wrought by men and by

peuple à cause des signes qui étaient arrivés, selon les paroles de la prophétie de tous les saints prophètes.

27 Et il arriva que la quatre-vingt-treizième année passa aussi dans la paix, sauf en ce qui concerne les brigands de Gadianton, qui demeuraient dans les montagnes, qui infestaient le pays ; car leurs places fortes et leurs lieux secrets étaient si puissants que le peuple ne pouvait pas avoir le dessus sur eux ; c'est pourquoi, ils commettaient beaucoup de meurtres et causaient de grands massacres parmi le peuple.

28 Et il arriva que la quatre-vingt-quatorzième année, ils commencèrent à augmenter considérablement, parce qu'il y avait beaucoup de dissidents néphites qui fuyaient vers eux, ce qui causa beaucoup de tristesse aux Néphites qui restaient dans le pays.

29 Et il y avait aussi une cause de grande tristesse chez les Lamanites ; car voici, ils avaient beaucoup d'enfants qui grandissaient et commençaient à devenir forts au fil des années, de sorte qu'ils devenaient indépendants et étaient entraînés par certains, qui étaient Zoramites, par leurs mensonges et leurs paroles flatteuses, à se joindre à ces brigands de Gadianton.

30 Et c'est ainsi que les Lamanites étaient affligés aussi et commençaient à diminuer quant à leur foi et à leur justice, à cause de la méchanceté de la génération montante.

CHAPITRE 2

La méchanceté et les abominations augmentent parmi le peuple — Les Néphites et les Lamanites s'unissent pour se défendre contre les brigands de Gadianton — Les Lamanites convertis deviennent blancs et sont appelés Néphites. Vers 5–16 apr. J.-C.

1 Et il arriva que la quatre-vingt-quinzième année passa de même, et le peuple commença à oublier les signes et les prodiges qu'il avait entendus, et commença à être de moins en moins étonné devant un signe ou un prodige venu du ciel, de sorte qu'il commença à être dur de cœur et aveugle d'esprit, et commença à ne plus croire à tout ce qu'il avait entendu et vu —

2 imaginant quelque vaine chose en son cœur, se disant que cela était fait par les

the power of the devil, to lead away and deceive the hearts of the people; and thus did Satan get possession of the hearts of the people again, insomuch that he did blind their eyes and lead them away to believe that the doctrine of Christ was a foolish and a vain thing.

3 And it came to pass that the people began to wax strong in wickedness and abominations; and they did not believe that there should be any more signs or wonders given; and Satan did go about, leading away the hearts of the people, tempting them and causing them that they should do great wickedness in the land.

4 And thus did pass away the ninety and sixth year; and also the ninety and seventh year; and also the ninety and eighth year; and also the ninety and ninth year;

5 And also an hundred years had passed away since the days of Mosiah, who was king over the people of the Nephites.

6 And six hundred and nine years had passed away since Lehi left Jerusalem.

7 And nine years had passed away from the time when the sign was given, which was spoken of by the prophets, that Christ should come into the world.

8 Now the Nephites began to reckon their time from this period when the sign was given, or from the coming of Christ; therefore, nine years had passed away.

9 And Nephi, who was the father of Nephi, who had the charge of the records, did not return to the land of Zarahemla, and could nowhere be found in all the land.

10 And it came to pass that the people did still remain in wickedness, notwithstanding the much preaching and prophesying which was sent among them; and thus passed away the tenth year also; and the eleventh year also passed away in iniquity.

11 And it came to pass in the thirteenth year there began to be wars and contentions throughout all the land; for the Gadianton robbers had become so numerous, and did slay so many of the people, and did lay waste so many cities, and did spread so much death and carnage throughout the land, that it became expedient that all the people, both the Nephites and the Lamanites, should take up arms against them.

hommes et par le pouvoir du diable pour égarer et tromper le cœur du peuple ; et c'est ainsi que Satan prit de nouveau possession du cœur du peuple, de sorte qu'il lui aveugla les yeux et l'entraîna à croire que la doctrine du Christ était quelque chose d'insensé et de vain.

3 Et il arriva que le peuple commença à devenir fort dans la méchanceté et les abominations ; et il ne croyait pas qu'il y aurait encore des signes ou des prodiges qui seraient donnés ; et Satan allait partout, égarant le cœur du peuple, le tentant et l'amenant à accomplir de grandes méchancetés dans le pays.

4 Et ainsi passa la quatre-vingt-seizième année ; et aussi la quatre-vingt-dix-septième année ; et aussi la quatre-vingt-dix-huitième année ; et aussi la quatre-vingt-dix-neuvième année ;

5 et aussi, cent ans étaient passés depuis le temps de Mosiah, qui fut roi du peuple des Néphites.

6 Et six cent neuf ans étaient passés depuis que Léhi avait quitté Jérusalem.

7 Et neuf ans étaient passés depuis le moment où avait été donné le signe dont avaient parlé les prophètes, que le Christ viendrait au monde.

8 Or, les Néphites commencèrent à compter leur temps à partir de cette période où le signe fut donné, ou à partir de la venue du Christ ; neuf ans étaient donc passés.

9 Et Néphi, qui était le père de Néphi, qui avait la charge des annales, ne revint pas au pays de Zarahemla, et on ne put le trouver nulle part dans tout le pays.

10 Et il arriva que le peuple demeurait toujours dans la méchanceté, malgré toute la prédication et toutes les prophéties qui étaient envoyées en son sein ; et ainsi passa aussi la dixième année ; et la onzième année passa aussi dans l'iniquité.

11 Et il arriva que la treizième année, il commença à y avoir des guerres et des querelles dans tout le pays ; car les brigands de Gadianton étaient devenus si nombreux, et tuaient tant de gens, et dévastaient tant de villes, et répandaient tant de mort et de carnage dans tout le pays, qu'il devint nécessaire pour tout le peuple, tant les Néphites que les Lamanites, de prendre les armes contre eux.

12 Therefore, all the Lamanites who had become converted unto the Lord did unite with their brethren, the Nephites, and were compelled, for the safety of their lives and their women and their children, to take up arms against those Gadianton robbers, yea, and also to maintain their rights, and the privileges of their church and of their worship, and their freedom and their liberty.

13 And it came to pass that before this thirteenth year had passed away the Nephites were threatened with utter destruction because of this war, which had become exceedingly sore.

14 And it came to pass that those Lamanites who had united with the Nephites were numbered among the Nephites;

15 And their curse was taken from them, and their skin became white like unto the Nephites;

16 And their young men and their daughters became exceedingly fair, and they were numbered among the Nephites, and were called Nephites. And thus ended the thirteenth year.

17 And it came to pass in the commencement of the fourteenth year, the war between the robbers and the people of Nephi did continue and did become exceedingly sore; nevertheless, the people of Nephi did gain some advantage of the robbers, insomuch that they did drive them back out of their lands into the mountains and into their secret places.

18 And thus ended the fourteenth year. And in the fifteenth year they did come forth against the people of Nephi; and because of the wickedness of the people of Nephi, and their many contentions and dissensions, the Gadianton robbers did gain many advantages over them.

19 And thus ended the fifteenth year, and thus were the people in a state of many afflictions; and the sword of destruction did hang over them, insomuch that they were about to be smitten down by it, and this because of their iniquity.

CHAPTER 3

Giddianhi, the Gadianton leader, demands that Lachoneus and the Nephites surrender themselves and their lands—Lachoneus appoints

12 C'est pourquoi, tous les Lamanites qui s'étaient convertis au Seigneur s'unirent à leurs frères, les Néphites, et furent forcés, pour la sécurité de leur vie et celle de leurs femmes et de leurs enfants, de prendre les armes contre ces brigands de Gadianton, oui, et aussi pour défendre leurs droits et les garanties de leur Église et de leur culte, et leur indépendance et leur liberté.

13 Et il arriva qu'avant que cette treizième année fût passée, les Néphites étaient menacés de destruction totale, à cause de cette guerre qui était devenue extrêmement furieuse.

14 Et il arriva que ces Lamanites qui s'étaient unis aux Néphites furent comptés parmi les Néphites ;

15 et leur malédiction leur fut enlevée, et leur peau devint blanche comme celle des Néphites ;

16 et leurs jeunes hommes et leurs filles devinrent extrêmement beaux, et ils furent comptés parmi les Néphites et furent appelés Néphites. Et ainsi finit la treizième année.

17 Et il arriva qu'au commencement de la quatorzième année, la guerre entre les brigands et le peuple de Néphi continua et devint extrêmement furieuse ; néanmoins, le peuple de Néphi obtint un certain avantage sur les brigands, de sorte qu'il les repoussa hors de ses terres dans les montagnes et dans leurs lieux secrets.

18 Et ainsi finit la quatorzième année. Et la quinzième année, ils marchèrent contre le peuple de Néphi ; et à cause de la méchanceté du peuple de Néphi, et de ses nombreuses querelles, et de ses nombreuses dissensions, les brigands de Gadianton obtinrent beaucoup d'avantages sur lui.

19 Et ainsi finit la quinzième année, et ainsi le peuple était dans un état de nombreuses afflictions ; et l'épée de la destruction était suspendue au-dessus de lui, de sorte qu'il était sur le point d'être abattu par elle, et cela à cause de son iniquité.

CHAPITRE 3

Giddianhi, chef des brigands de Gadianton, exige que Lachonéus et les Néphites se livrent, eux et leurs terres — Lachonéus nomme Gidgiddoni

Gidgiddoni as chief captain of the armies—The Nephites assemble in Zarahemla and Bountiful to defend themselves. About A.D. 16–18.

capitaine en chef des armées — Les Néphites s'assemblent à Zarahemla et à Abondance pour se défendre. Vers 16–18 apr. J.-C.

1 And now it came to pass that in the sixteenth year from the coming of Christ, Lachoneus, the governor of the land, received an epistle from the leader and the governor of this band of robbers; and these were the words which were written, saying:

2 Lachoneus, most noble and chief governor of the land, behold, I write this epistle unto you, and do give unto you exceedingly great praise because of your firmness, and also the firmness of your people, in maintaining that which ye suppose to be your right and liberty; yea, ye do stand well, as if ye were supported by the hand of a god, in the defence of your liberty, and your property, and your country, or that which ye do call so.

3 And it seemeth a pity unto me, most noble Lachoneus, that ye should be so foolish and vain as to suppose that ye can stand against so many brave men who are at my command, who do now at this time stand in their arms, and do await with great anxiety for the word—Go down upon the Nephites and destroy them.

4 And I, knowing of their unconquerable spirit, having proved them in the field of battle, and knowing of their everlasting hatred towards you because of the many wrongs which ye have done unto them, therefore if they should come down against you they would visit you with utter destruction.

5 Therefore I have written this epistle, sealing it with mine own hand, feeling for your welfare, because of your firmness in that which ye believe to be right, and your noble spirit in the field of battle.

6 Therefore I write unto you, desiring that ye would yield up unto this my people, your cities, your lands, and your possessions, rather than that they should visit you with the sword and that destruction should come upon you.

7 Or in other words, yield yourselves up unto us, and unite with us and become acquainted with our secret works, and become our brethren that ye may be like unto us—not our slaves, but our brethren and partners of all our substance.

1 Et alors, il arriva que la seizième année depuis la venue du Christ, Lachonéus, le gouverneur du pays, reçut une épître du chef et gouverneur de cette bande de brigands ; et voici les paroles qui étaient écrites :

2 Lachonéus, très noble gouverneur en chef du pays, voici, je t'écris cette épître et te loue extrêmement de ta fermeté et aussi de la fermeté de ton peuple à défendre ce que vous supposez être votre droit et votre liberté ; oui, vous tenez bon, comme si vous étiez soutenus par la main d'un dieu, pour la défense de votre liberté, et de vos biens, et de votre pays, ou de ce que vous appelez ainsi.

3 Et il me semble dommage, très noble Lachonéus, que vous soyez assez insensés et assez vaniteux pour penser pouvoir résister à tous ces hommes courageux qui sont sous mes ordres, qui sont en ce moment en armes et attendent avec une grande impatience le signal : Descendez contre les Néphites et détruisez-les.

4 Et moi, connaissant leur courage indomptable, les ayant mis à l'épreuve sur le champ de bataille, et connaissant leur haine éternelle envers vous à cause des nombreux torts que vous leur avez causés, alors je sais que s'ils descendaient contre vous, ils vous frapperaient d'une destruction totale.

5 C'est pourquoi j'ai écrit cette épître, la scellant de ma main, éprouvant de la sympathie pour votre bien-être à cause de votre fermeté dans ce que vous croyez être juste et de votre noble courage sur le champ de bataille.

6 C'est pourquoi je vous écris, désirant que vous livriez à ce peuple qui est le mien, vos villes, vos terres et vos possessions, plutôt que de le laisser venir contre vous avec l'épée et de laisser la destruction s'abattre sur vous.

7 Ou, en d'autres termes, livrez-vous à nous, et unissez-vous à nous, et faites la connaissance de nos œuvres secrètes, et devenez nos frères, afin d'être semblables à nous : non pas nos esclaves, mais nos frères et associés à tous nos biens.

8 And behold, I swear unto you, if ye will do this, with an oath, ye shall not be destroyed; but if ye will not do this, I swear unto you with an oath, that on the morrow month I will command that my armies shall come down against you, and they shall not stay their hand and shall spare not, but shall slay you, and shall let fall the sword upon you even until ye shall become extinct.

9 And behold, I am Giddianhi; and I am the governor of this the secret society of Gadianton; which society and the works thereof I know to be good; and they are of ancient date and they have been handed down unto us.

10 And I write this epistle unto you, Lachoneus, and I hope that ye will deliver up your lands and your possessions, without the shedding of blood, that this my people may recover their rights and government, who have dissented away from you because of your wickedness in retaining from them their rights of government, and except ye do this, I will avenge their wrongs. I am Giddianhi.

11 And now it came to pass when Lachoneus received this epistle he was exceedingly astonished, because of the boldness of Giddianhi demanding the possession of the land of the Nephites, and also of threatening the people and avenging the wrongs of those that had received no wrong, save it were they had wronged themselves by dissenting away unto those wicked and abominable robbers.

12 Now behold, this Lachoneus, the governor, was a just man, and could not be frightened by the demands and the threatenings of a robber; therefore he did not hearken to the epistle of Giddianhi, the governor of the robbers, but he did cause that his people should cry unto the Lord for strength against the time that the robbers should come down against them.

13 Yea, he sent a proclamation among all the people, that they should gather together their women, and their children, their flocks and their herds, and all their substance, save it were their land, unto one place.

14 And he caused that fortifications should be built round about them, and the strength thereof should be exceedingly great. And he caused that armies, both of the Nephites and of the Lamanites, or of all them who were numbered among the Nephites, should be

8 Et voici, je vous jure avec serment que si vous faites cela, vous ne serez pas détruits ; mais si vous ne le faites pas, je vous jure avec serment que, le mois prochain, je commanderai à mes armées de descendre contre vous, et elles ne retiendront pas la main et ne vous épargneront pas, mais vous tueront, et feront tomber l'épée sur vous jusqu'à ce que vous soyez frappés d'extinction.

9 Et voici, je suis Giddianhi ; et je suis le gouverneur de cette société qui est la société secrète de Gadianton ; et je sais que cette société et ses œuvres sont bonnes ; et elles existent de longue date et elles nous ont été transmises.

10 Et je t'écris cette épître, Lachonéus, et j'espère que vous livrerez vos terres et vos possessions sans effusion de sang, afin que ce peuple qui est le mien, qui a fait dissidence à cause de la méchanceté que vous avez manifestée en lui refusant ses droits au gouvernement, puisse recouvrer ses droits et son gouvernement ; et si vous ne le faites pas, je vengerai les torts qui lui ont été causés. Je suis Giddianhi.

11 Et alors, il arriva que lorsque Lachonéus reçut cette épître, il fut extrêmement étonné de l'audace de Giddianhi à exiger la possession du pays des Néphites, et aussi à menacer le peuple, et à vouloir venger les torts de ceux à qui aucun tort n'avait été fait, si ce n'est qu'ils s'étaient fait du tort à eux-mêmes en faisant dissidence pour se joindre à ces brigands pervers et abominables.

12 Or, voici, ce Lachonéus, le gouverneur, était un juste, et les exigences et les menaces d'un brigand ne pouvaient l'effrayer ; c'est pourquoi il ne prêta pas attention à l'épître de Giddianhi, gouverneur des brigands, mais commanda à son peuple de crier au Seigneur pour avoir de la force pour le moment où les brigands descendraient contre lui.

13 Oui, il envoya une proclamation parmi tout le peuple, lui disant de rassembler ses femmes et ses enfants, ses troupeaux de gros et de petit bétail, et tous ses biens, à l'exception de ses terres, en un seul lieu.

14 Et il fit construire des fortifications tout autour d'eux, et la force devait en être extrêmement grande. Et il fit placer, tout autour, des armées, tant de Néphites que de Lamanites, ou de tous ceux qui étaient comptés parmi les Néphites, comme gardes

placed as guards round about to watch them, and to guard them from the robbers day and night.

15 Yea, he said unto them: As the Lord liveth, except ye repent of all your iniquities, and cry unto the Lord, ye will in nowise be delivered out of the hands of those Gadianton robbers.

16 And so great and marvelous were the words and prophecies of Lachoneus that they did cause fear to come upon all the people; and they did exert themselves in their might to do according to the words of Lachoneus.

17 And it came to pass that Lachoneus did appoint chief captains over all the armies of the Nephites, to command them at the time that the robbers should come down out of the wilderness against them.

18 Now the chiefest among all the chief captains and the great commander of all the armies of the Nephites was appointed, and his name was Gidgiddoni.

19 Now it was the custom among all the Nephites to appoint for their chief captains, (save it were in their times of wickedness) some one that had the spirit of revelation and also prophecy; therefore, this Gidgiddoni was a great prophet among them, as also was the chief judge.

20 Now the people said unto Gidgiddoni: Pray unto the Lord, and let us go up upon the mountains and into the wilderness, that we may fall upon the robbers and destroy them in their own lands.

21 But Gidgiddoni saith unto them: The Lord forbid; for if we should go up against them the Lord would deliver us into their hands; therefore we will prepare ourselves in the center of our lands, and we will gather all our armies together, and we will not go against them, but we will wait till they shall come against us; therefore as the Lord liveth, if we do this he will deliver them into our hands.

22 And it came to pass in the seventeenth year, in the latter end of the year, the proclamation of Lachoneus had gone forth throughout all the face of the land, and they had taken their horses, and their chariots, and their cattle, and all their flocks, and their herds, and their grain, and all their substance, and did march forth by thousands and by tens of thousands, until they

pour les surveiller et pour les protéger, jour et nuit, des brigands.

15 Oui, il leur dit : Comme le Seigneur vit, si vous ne vous repentez pas de toutes vos iniquités et ne criez pas au Seigneur, vous ne serez en aucune façon délivrés des mains de ces brigands de Gadianton.

16 Et si grandes et merveilleuses furent les paroles et les prophéties de Lachonéus, qu'elles remplirent de crainte tout le peuple ; et il mit toute sa force à faire selon les paroles de Lachonéus.

17 Et il arriva que Lachonéus nomma des capitaines en chef sur toutes les armées des Néphites, pour les commander au moment où les brigands descendraient du désert contre eux.

18 Or, le principal de tous les capitaines en chef et commandant suprême de toutes les armées néphites fut nommé, et son nom était Gidgiddoni.

19 Or, il était de coutume parmi tous les Néphites de nommer comme capitaine en chef (sauf à leurs époques de méchanceté) quelqu'un qui avait l'esprit de révélation et aussi de prophétie ; c'est pourquoi, ce Gidgiddoni était un grand prophète parmi eux, comme l'était aussi le grand juge.

20 Alors, le peuple dit à Gidgiddoni : Prie le Seigneur, et montons sur les montagnes et dans le désert, afin de tomber sur les brigands et de les détruire dans leurs terres.

21 Mais Gidgiddoni leur dit : À Dieu ne plaise : car si nous montions contre eux, le Seigneur nous livrerait entre leurs mains ; c'est pourquoi, nous nous préparerons au centre de nos terres, et nous rassemblerons toutes nos armées, et nous n'irons pas contre eux, mais nous attendrons qu'ils viennent contre nous ; et comme le Seigneur vit, si nous faisons cela, il les livrera entre nos mains.

22 Et il arriva que la dix-septième année, vers la fin de l'année, la proclamation de Lachonéus s'était répandue sur toute la surface du pays, et ils avaient pris leurs chevaux, et leurs chars, et leurs bêtes, et tous leurs troupeaux de gros et de petit bétail, et leur grain, et tous leurs biens, et s'étaient mis en marche par milliers et par dizaines de

had all gone forth to the place which had been appointed that they should gather themselves together, to defend themselves against their enemies.

23 And the land which was appointed was the land of Zarahemla, and the land which was between the land Zarahemla and the land Bountiful, yea, to the line which was between the land Bountiful and the land Desolation.

24 And there were a great many thousand people who were called Nephites, who did gather themselves together in this land. Now Lachoneus did cause that they should gather themselves together in the land southward, because of the great curse which was upon the land northward.

25 And they did fortify themselves against their enemies; and they did dwell in one land, and in one body, and they did fear the words which had been spoken by Lachoneus, insomuch that they did repent of all their sins; and they did put up their prayers unto the Lord their God, that he would deliver them in the time that their enemies should come down against them to battle.

26 And they were exceedingly sorrowful because of their enemies. And Gidgiddoni did cause that they should make weapons of war of every kind, and they should be strong with armor, and with shields, and with bucklers, after the manner of his instruction.

CHAPTER 4

The Nephite armies defeat the Gadianton robbers—Giddianhi is slain, and his successor, Zemnarihah, is hanged—The Nephites praise the Lord for their victories. About A.D. 19–22.

1 And it came to pass that in the latter end of the eighteenth year those armies of robbers had prepared for battle, and began to come down and to sally forth from the hills, and out of the mountains, and the wilderness, and their strongholds, and their secret places, and began to take possession of the lands, both which were in the land south and which were in the land north, and began to take possession of all the lands which had been deserted by the Nephites, and the cities which had been left desolate.

milliers, jusqu'à ce qu'ils se fussent tous rendus au lieu qui avait été désigné pour leur rassemblement, pour se défendre contre leurs ennemis.

23 Et le pays qui fut désigné fut le pays de Zarahemla et le pays qui était entre le pays de Zarahemla et le pays d'Abondance, oui, jusqu'à la ligne qui était entre le pays d'Abondance et le pays de Désolation.

24 Et il y eut des milliers et des milliers de personnes, qui étaient appelées Néphites, qui se rassemblèrent dans ce pays. Alors, Lachonéus les fit se rassembler dans le pays situé du côté du sud, à cause de la grande malédiction qui était sur le pays situé du côté du nord.

25 Et ils se fortifièrent contre leurs ennemis ; et ils demeuraient dans un seul pays, et en un seul corps, et ils craignaient les paroles qui avaient été dites par Lachonéus, de sorte qu'ils se repentirent de tous leurs péchés ; et ils élevèrent leurs prières vers le Seigneur, leur Dieu, afin qu'il les délivrât au moment où leurs ennemis descendraient leur livrer bataille.

26 Et ils étaient extrêmement attristés à cause de leurs ennemis. Et Gidgiddoni leur fit faire des armes de guerre de toutes sortes, et ils devaient être forts grâce aux armures, et aux petits et aux grands boucliers, selon ses instructions.

CHAPITRE 4

Les armées néphites battent les brigands de Gadianton — Giddianhi est tué, et son successeur, Zemnarihah, est pendu — Les Néphites louent le Seigneur pour leurs victoires. Vers 19– 22 apr. J.-C.

1 Et il arriva que vers la fin de la dix- huitième année, ces armées de brigands, s'étant préparées pour la bataille, commencèrent à descendre et à faire des sorties hors des collines, et hors des montagnes, et du désert, et de leurs places fortes, et de leurs lieux secrets, et commencèrent à prendre possession des terres, tant celles qui étaient dans le pays au sud que celles qui étaient dans le pays au nord, et commencèrent à prendre possession de toutes les terres qui avaient été désertées par les

Néphites et des villes qui avaient été laissées désolées.

2 But behold, there were no wild beasts nor game in those lands which had been deserted by the Nephites, and there was no game for the robbers save it were in the wilderness.

3 And the robbers could not exist save it were in the wilderness, for the want of food; for the Nephites had left their lands desolate, and had gathered their flocks and their herds and all their substance, and they were in one body.

4 Therefore, there was no chance for the robbers to plunder and to obtain food, save it were to come up in open battle against the Nephites; and the Nephites being in one body, and having so great a number, and having reserved for themselves provisions, and horses and cattle, and flocks of every kind, that they might subsist for the space of seven years, in the which time they did hope to destroy the robbers from off the face of the land; and thus the eighteenth year did pass away.

5 And it came to pass that in the nineteenth year Giddianhi found that it was expedient that he should go up to battle against the Nephites, for there was no way that they could subsist save it were to plunder and rob and murder.

6 And they durst not spread themselves upon the face of the land insomuch that they could raise grain, lest the Nephites should come upon them and slay them; therefore Giddianhi gave commandment unto his armies that in this year they should go up to battle against the Nephites.

7 And it came to pass that they did come up to battle; and it was in the sixth month; and behold, great and terrible was the day that they did come up to battle; and they were girded about after the manner of robbers; and they had a lamb-skin about their loins, and they were dyed in blood, and their heads were shorn, and they had head-plates upon them; and great and terrible was the appearance of the armies of Giddianhi, because of their armor, and because of their being dyed in blood.

8 And it came to pass that the armies of the Nephites, when they saw the appearance of the army of Giddianhi, had all fallen to the earth, and did lift their cries to the Lord

2 Mais voici, il n'y avait pas de bêtes sauvages ni de gibier dans ces terres qui avaient été désertées par les Néphites, et il n'y avait pas de gibier pour les brigands, sauf dans le désert.

3 Et les brigands ne pouvaient exister que dans le désert, à cause du manque de nourriture ; car les Néphites avaient laissé leurs terres désolées, et avaient rassemblé leurs troupeaux de gros et de petit bétail et tous leurs biens, et ils étaient en un seul corps.

4 C'est pourquoi, les brigands n'avaient pas l'occasion de piller et de se procurer de la nourriture, si ce n'est en livrant ouvertement bataille aux Néphites ; et les Néphites étaient en un seul corps, et étaient très nombreux, et s'étaient réservé des provisions, et des chevaux, et du bétail, et des troupeaux de toute espèce, afin de subsister pendant sept ans, temps pendant lequel ils espéraient détruire les brigands de la surface du pays ; et ainsi passa la dix-huitième année.

5 Et il arriva que la dix-neuvième année, Giddianhi s'aperçut qu'il était nécessaire d'aller livrer bataille aux Néphites, car ils n'avaient aucun moyen de subsister, si ce n'est en pillant, et en commettant des actes de brigandage et des meurtres.

6 Et ils n'osaient pas se répandre sur la surface du pays de manière à pouvoir faire pousser du grain, de peur que les Néphites ne tombent sur eux et ne les tuent ; c'est pourquoi Giddianhi donna à ses armées le commandement d'aller, cette année-là, livrer bataille aux Néphites.

7 Et il arriva qu'ils allèrent livrer bataille ; et c'était le sixième mois ; et voici, grand et terrible fut le jour où ils vinrent livrer bataille ; et ils étaient ceints à la manière des brigands ; et ils avaient une peau d'agneau autour des reins, et ils s'étaient teints de sang, et ils avaient la tête rasée et couverte d'un casque ; et grand et terrible était l'aspect des armées de Giddianhi, à cause de leurs armures et à cause du sang dont elles s'étaient teintes.

8 Et il arriva que les armées des Néphites, lorsqu'elles virent l'aspect de l'armée de Giddianhi, tombèrent toutes à terre et élevèrent leurs supplications au Seigneur,

their God, that he would spare them and deliver them out of the hands of their enemies.

9 And it came to pass that when the armies of Giddianhi saw this they began to shout with a loud voice, because of their joy, for they had supposed that the Nephites had fallen with fear because of the terror of their armies.

10 But in this thing they were disappointed, for the Nephites did not fear them; but they did fear their God and did supplicate him for protection; therefore, when the armies of Giddianhi did rush upon them they were prepared to meet them; yea, in the strength of the Lord they did receive them.

11 And the battle commenced in this the sixth month; and great and terrible was the battle thereof, yea, great and terrible was the slaughter thereof, insomuch that there never was known so great a slaughter among all the people of Lehi since he left Jerusalem.

12 And notwithstanding the threatenings and the oaths which Giddianhi had made, behold, the Nephites did beat them, insomuch that they did fall back from before them.

13 And it came to pass that Gidgiddoni commanded that his armies should pursue them as far as the borders of the wilderness, and that they should not spare any that should fall into their hands by the way; and thus they did pursue them and did slay them, to the borders of the wilderness, even until they had fulfilled the commandment of Gidgiddoni.

14 And it came to pass that Giddianhi, who had stood and fought with boldness, was pursued as he fled; and being weary because of his much fighting he was overtaken and slain. And thus was the end of Giddianhi the robber.

15 And it came to pass that the armies of the Nephites did return again to their place of security. And it came to pass that this nineteenth year did pass away, and the robbers did not come again to battle; neither did they come again in the twentieth year.

16 And in the twenty and first year they did not come up to battle, but they came up on all sides to lay siege round about the people of Nephi; for they did suppose that if they should cut off the people of Nephi from their

leur Dieu, pour qu'il les épargnât et les délivrât des mains de leurs ennemis.

9 Et il arriva que lorsque les armées de Giddianhi virent cela, elles commencèrent à crier d'une voix forte, à cause de leur joie, car elles pensaient que les Néphites étaient tombés de crainte à cause de la terreur qu'inspiraient leurs armées.

10 Mais en cela elles furent déçues, car les Néphites ne les craignaient pas, mais ils craignaient leur Dieu et le suppliaient pour qu'il leur accordât protection ; c'est pourquoi, lorsque les armées de Giddianhi se jetèrent sur eux, ils étaient prêts à les affronter ; oui, c'est dans la force du Seigneur qu'ils les reçurent.

11 Et la bataille commença ce mois-là, qui était le sixième ; et grande et terrible fut la bataille, oui, grand et terrible fut le massacre, de sorte qu'on n'avait jamais connu d'aussi grand massacre parmi tout le peuple de Léhi depuis qu'il avait quitté Jérusalem.

12 Et malgré les menaces et les serments que Giddianhi avait faits, voici, les Néphites les battirent, de sorte qu'ils se replièrent devant eux.

13 Et il arriva que Gidgiddoni commanda à ses armées de les poursuivre jusqu'aux régions frontières du désert et de n'épargner aucun de ceux qui leur tomberaient entre les mains en chemin ; et ainsi, ils les poursuivirent et les tuèrent, jusqu'aux régions frontières du désert jusqu'à ce qu'ils eussent accompli le commandement de Gidgiddoni.

14 Et il arriva que Giddianhi, qui avait résisté et s'était battu avec hardiesse, fut poursuivi tandis qu'il fuyait ; et, fatigué parce qu'il s'était beaucoup battu, il fut rattrapé et tué. Et telle fut la fin de Giddianhi, le brigand.

15 Et il arriva que les armées des Néphites retournèrent dans leur lieu de sécurité. Et il arriva que cette dix-neuvième année passa, et les brigands ne revinrent plus livrer bataille ; et ils ne revinrent pas non plus la vingtième année.

16 Et la vingt et unième année, ils ne vinrent pas livrer bataille, mais ils s'approchèrent de tous côtés pour mettre le siège autour du peuple de Néphi ; car ils pensaient que s'ils coupaient le peuple de Néphi

lands, and should hem them in on every side, and if they should cut them off from all their outward privileges, that they could cause them to yield themselves up according to their wishes.

17 Now they had appointed unto themselves another leader, whose name was Zemnarihah; therefore it was Zemnarihah that did cause that this siege should take place.

18 But behold, this was an advantage to the Nephites; for it was impossible for the robbers to lay siege sufficiently long to have any effect upon the Nephites, because of their much provision which they had laid up in store,

19 And because of the scantiness of provisions among the robbers; for behold, they had nothing save it were meat for their subsistence, which meat they did obtain in the wilderness;

20 And it came to pass that the wild game became scarce in the wilderness insomuch that the robbers were about to perish with hunger.

21 And the Nephites were continually marching out by day and by night, and falling upon their armies, and cutting them off by thousands and by tens of thousands.

22 And thus it became the desire of the people of Zemnarihah to withdraw from their design, because of the great destruction which came upon them by night and by day.

23 And it came to pass that Zemnarihah did give command unto his people that they should withdraw themselves from the siege, and march into the furthermost parts of the land northward.

24 And now, Gidgiddoni being aware of their design, and knowing of their weakness because of the want of food, and the great slaughter which had been made among them, therefore he did send out his armies in the night-time, and did cut off the way of their retreat, and did place his armies in the way of their retreat.

25 And this did they do in the night-time, and got on their march beyond the robbers, so that on the morrow, when the robbers began their march, they were met by the armies of the Nephites both in their front and in their rear.

de ses terres et le cernaient de tous les côtés, et s'ils le coupaient de toutes ses possibilités à l'extérieur, ils pourraient l'amener à se rendre, selon leur désir.

17 Or, ils s'étaient désigné un autre chef, dont le nom était Zemnarihah ; ce fut donc Zemnarihah qui fit mettre ce siège.

18 Mais voici, c'était un avantage pour les Néphites ; car il était impossible aux brigands de mettre le siège suffisamment longtemps pour que cela eût un effet sur les Néphites, à cause des nombreuses provisions qu'ils avaient mises en réserve,

19 et à cause de la rareté des provisions parmi les brigands ; car voici, ils n'avaient que de la viande pour leur subsistance, viande qu'ils se procuraient dans le désert ;

20 et il arriva que le gibier sauvage devint rare dans le désert, de sorte que les brigands étaient sur le point de périr de faim.

21 Et les Néphites sortaient continuellement de jour et de nuit, et tombaient sur leurs armées, et les massacraient par milliers et par dizaines de milliers.

22 Et ainsi, le peuple de Zemnarihah fut pris du désir de renoncer à son dessein, à cause de la grande destruction qui s'abattait jour et nuit sur lui.

23 Et il arriva que Zemnarihah donna à son peuple le commandement de lever le siège et de marcher jusqu'aux parties les plus reculées du pays situé du côté du nord.

24 Et alors, Gidgiddoni, informé de leur dessein, et connaissant leur faiblesse à cause du manque de nourriture et du grand massacre qu'ils avaient subi, envoya ses armées pendant la nuit, et leur coupa la retraite, et plaça ses armées sur le chemin de leur retraite.

25 Et cela, ils le firent pendant la nuit, et parvinrent, dans leur marche, au-delà des brigands, de sorte que le lendemain, lorsque les brigands entreprirent leur marche, ils furent attaqués par les armées des Néphites, tant sur leurs avants que sur leurs arrières.

26 And the robbers who were on the south were also cut off in their places of retreat. And all these things were done by command of Gidgiddoni.

27 And there were many thousands who did yield themselves up prisoners unto the Nephites, and the remainder of them were slain.

28 And their leader, Zemnarihah, was taken and hanged upon a tree, yea, even upon the top thereof until he was dead. And when they had hanged him until he was dead they did fell the tree to the earth, and did cry with a loud voice, saying:

29 May the Lord preserve his people in righteousness and in holiness of heart, that they may cause to be felled to the earth all who shall seek to slay them because of power and secret combinations, even as this man hath been felled to the earth.

30 And they did rejoice and cry again with one voice, saying: May the God of Abraham, and the God of Isaac, and the God of Jacob, protect this people in righteousness, so long as they shall call on the name of their God for protection.

31 And it came to pass that they did break forth, all as one, in singing, and praising their God for the great thing which he had done for them, in preserving them from falling into the hands of their enemies.

32 Yea, they did cry: Hosanna to the Most High God. And they did cry: Blessed be the name of the Lord God Almighty, the Most High God.

33 And their hearts were swollen with joy, unto the gushing out of many tears, because of the great goodness of God in delivering them out of the hands of their enemies; and they knew it was because of their repentance and their humility that they had been delivered from an everlasting destruction.

CHAPTER 5

The Nephites repent and forsake their sins— Mormon writes the history of his people and declares the everlasting word to them—Israel will be gathered in from her long dispersion. About A.D. 22–26.

26 Et les brigands qui étaient au sud furent également coupés dans leurs lieux de retraite. Et toutes ces choses se firent sur commandement de Gidgiddoni.

27 Et il y en eut des milliers qui se livrèrent comme prisonniers aux Néphites, et le reste d'entre eux fut tué.

28 Et leur chef, Zemnarihah, fut pris et pendu à un arbre, oui, à son sommet, jusqu'à ce qu'il fût mort. Et lorsqu'ils l'eurent pendu jusqu'à ce qu'il fût mort, ils abattirent l'arbre et crièrent d'une voix forte, disant :

29 Que le Seigneur préserve son peuple dans la justice et dans la sainteté de cœur, afin qu'il puisse faire abattre tous ceux qui chercheront à le tuer pour le pouvoir et à cause des combinaisons secrètes, tout comme cet homme a été abattu.

30 Et ils se réjouirent et crièrent de nouveau d'une seule voix, disant : Que le Dieu d'Abraham, et le Dieu d'Isaac, et le Dieu de Jacob protège ce peuple dans la justice tant qu'il invoquera le nom de son Dieu pour avoir sa protection.

31 Et il arriva que tous, comme un seul homme, éclatèrent en chants et en louanges à leur Dieu pour la grande chose qu'il avait faite pour eux en les préservant de tomber entre les mains de leurs ennemis.

32 Oui, ils crièrent : Hosanna au Dieu Très-Haut. Et ils crièrent : Béni soit le nom du Seigneur Dieu Tout-Puissant, le Dieu Très-Haut.

33 Et ils avaient le cœur gonflé de joie, au point de verser beaucoup de larmes, à cause de la grande bonté de Dieu qui les avait délivrés des mains de leurs ennemis ; et ils savaient que c'était à cause de leur repentir et de leur humilité qu'ils avaient été délivrés d'une destruction éternelle.

CHAPITRE 5

Les Néphites se repentent et délaissent leurs péchés — Mormon écrit l'histoire de son peuple et lui annonce la parole éternelle — Israël sera rassemblé de sa longue dispersion. Vers 22–26 apr. J.-C.

1 And now behold, there was not a living soul among all the people of the Nephites who did doubt in the least the words of all the holy prophets who had spoken; for they knew that it must needs be that they must be fulfilled.

2 And they knew that it must be expedient that Christ had come, because of the many signs which had been given, according to the words of the prophets; and because of the things which had come to pass already they knew that it must needs be that all things should come to pass according to that which had been spoken.

3 Therefore they did forsake all their sins, and their abominations, and their whoredoms, and did serve God with all diligence day and night.

4 And now it came to pass that when they had taken all the robbers prisoners, insomuch that none did escape who were not slain, they did cast their prisoners into prison, and did cause the word of God to be preached unto them; and as many as would repent of their sins and enter into a covenant that they would murder no more were set at liberty.

5 But as many as there were who did not enter into a covenant, and who did still continue to have those secret murders in their hearts, yea, as many as were found breathing out threatenings against their brethren were condemned and punished according to the law.

6 And thus they did put an end to all those wicked, and secret, and abominable combinations, in the which there was so much wickedness, and so many murders committed.

7 And thus had the twenty and second year passed away, and the twenty and third year also, and the twenty and fourth, and the twenty and fifth; and thus had twenty and five years passed away.

8 And there had many things transpired which, in the eyes of some, would be great and marvelous; nevertheless, they cannot all be written in this book; yea, this book cannot contain even a hundredth part of what was done among so many people in the space of twenty and five years;

9 But behold there are records which do contain all the proceedings of this people;

1 Et maintenant, voici, il n'y avait pas une seule âme vivante parmi tout le peuple des Néphites qui doutât le moins du monde des paroles de tous les saints prophètes qui avaient parlé ; car ils savaient qu'il fallait qu'elles s'accomplissent.

2 Et ils savaient que le Christ avait nécessairement dû venir, à cause des nombreux signes qui avaient été donnés, selon les paroles des prophètes ; et à cause des choses qui étaient déjà arrivées, ils savaient qu'il fallait nécessairement que tout arrivât selon ce qui avait été dit.

3 C'est pourquoi, ils délaissèrent tous leurs péchés, et leurs abominations, et leurs fornications, et servirent Dieu jour et nuit en toute diligence.

4 Et alors, il arriva que lorsqu'ils eurent fait prisonniers tous les brigands, de sorte qu'aucun de ceux qui n'avaient pas été tués n'échappa, ils jetèrent leurs prisonniers en prison et leur firent prêcher la parole de Dieu ; et tous ceux qui se repentirent de leurs péchés et conclurent l'alliance de ne plus commettre de meurtres furent mis en liberté.

5 Mais tous ceux qui ne conclurent pas d'alliance et qui continuèrent à avoir ces meurtres secrets dans leur cœur, oui, tous ceux que l'on trouva proférant des menaces contre leurs frères furent condamnés et punis selon la loi.

6 Et ainsi, ils mirent fin à toutes ces combinaisons perverses, et secrètes, et abominables, dans lesquelles tant de méchanceté et tant de meurtres avaient été commis.

7 Et ainsi était passée la vingt-deuxième année ; et aussi la vingt-troisième année, et la vingt-quatrième, et la vingt-cinquième ; et ainsi, vingt-cinq ans étaient passés.

8 Et il s'était produit beaucoup de choses qui, aux yeux de certains, seraient grandes et merveilleuses ; néanmoins, on ne peut pas les écrire toutes dans ce livre ; oui, ce livre ne peut même pas contenir la centième partie de ce qui se fit parmi tant de gens en vingt-cinq ans ;

9 mais voici, il y a des annales qui contiennent toutes les actions de ce peuple ; et

and a shorter but true account was given by Nephi.

10 Therefore I have made my record of these things according to the record of Nephi, which was engraven on the plates which were called the plates of Nephi.

11 And behold, I do make the record on plates which I have made with mine own hands.

12 And behold, I am called Mormon, being called after the land of Mormon, the land in which Alma did establish the church among the people, yea, the first church which was established among them after their transgression.

13 Behold, I am a disciple of Jesus Christ, the Son of God. I have been called of him to declare his word among his people, that they might have everlasting life.

14 And it hath become expedient that I, according to the will of God, that the prayers of those who have gone hence, who were the holy ones, should be fulfilled according to their faith, should make a record of these things which have been done—

15 Yea, a small record of that which hath taken place from the time that Lehi left Jerusalem, even down until the present time.

16 Therefore I do make my record from the accounts which have been given by those who were before me, until the commencement of my day;

17 And then I do make a record of the things which I have seen with mine own eyes.

18 And I know the record which I make to be a just and a true record; nevertheless there are many things which, according to our language, we are not able to write.

19 And now I make an end of my saying, which is of myself, and proceed to give my account of the things which have been before me.

20 I am Mormon, and a pure descendant of Lehi. I have reason to bless my God and my Savior Jesus Christ, that he brought our fathers out of the land of Jerusalem, (and no one knew it save it were himself and those whom he brought out of that land) and that he hath given me and my people so much knowledge unto the salvation of our souls.

un récit plus court, mais vrai, a été fait par Néphi.

10 C'est pourquoi, j'ai fait mon récit de ces choses selon les annales de Néphi, qui étaient gravées sur les plaques qui étaient appelées les plaques de Néphi.

11 Et voici, je fais le récit sur des plaques que j'ai faites de mes mains.

12 Et voici, je m'appelle Mormon, du nom du pays de Mormon, le pays dans lequel Alma établit l'Église parmi le peuple, oui, la première Église qui fut établie parmi eux après leur transgression.

13 Voici, je suis disciple de Jésus-Christ, le Fils de Dieu. J'ai été appelé par lui pour annoncer sa parole parmi son peuple, afin qu'il ait la vie éternelle.

14 Et il est devenu opportun que, selon la volonté de Dieu, afin que les prières des saints qui s'en sont allés s'accomplissent selon leur foi, je fasse les annales de ce qui s'est passé —

15 oui, de brèves annales de ce qui s'est produit depuis le moment où Léhi quitta Jérusalem jusqu'au temps présent.

16 C'est pourquoi je fais mes annales d'après les récits qui ont été faits par ceux qui m'ont précédé, jusqu'au début de mon temps ;

17 et ensuite, je fais les annales des choses que j'ai vues de mes propres yeux.

18 Et je sais que les annales que je fais sont des annales justes et vraies ; néanmoins, il y a beaucoup de choses que, selon notre langue, nous ne sommes pas à même d'écrire.

19 Et maintenant, je finis de parler de moi, et je fais maintenant mon récit des choses qui ont été avant moi.

20 Je suis Mormon, pur descendant de Léhi. J'ai lieu de bénir mon Dieu et mon Sauveur, Jésus-Christ, de ce qu'il a fait sortir nos pères du pays de Jérusalem (et personne ne l'a su, si ce n'est lui-même et ceux qu'il a fait sortir de ce pays) et de ce qu'il m'a donné, ainsi qu'à mon peuple, tant de connaissance pour le salut de notre âme.

21 Surely he hath blessed the house of Jacob, and hath been merciful unto the seed of Joseph.

22 And insomuch as the children of Lehi have kept his commandments he hath blessed them and prospered them according to his word.

23 Yea, and surely shall he again bring a remnant of the seed of Joseph to the knowledge of the Lord their God.

24 And as surely as the Lord liveth, will he gather in from the four quarters of the earth all the remnant of the seed of Jacob, who are scattered abroad upon all the face of the earth.

25 And as he hath covenanted with all the house of Jacob, even so shall the covenant wherewith he hath covenanted with the house of Jacob be fulfilled in his own due time, unto the restoring all the house of Jacob unto the knowledge of the covenant that he hath covenanted with them.

26 And then shall they know their Redeemer, who is Jesus Christ, the Son of God; and then shall they be gathered in from the four quarters of the earth unto their own lands, from whence they have been dispersed; yea, as the Lord liveth so shall it be. Amen.

CHAPTER 6

The Nephites prosper—Pride, wealth, and class distinctions arise—The Church is rent with dissensions—Satan leads the people in open rebellion—Many prophets cry repentance and are slain—Their murderers conspire to take over the government. About A.D. 26–30.

1 And now it came to pass that the people of the Nephites did all return to their own lands in the twenty and sixth year, every man, with his family, his flocks and his herds, his horses and his cattle, and all things whatsoever did belong unto them.

2 And it came to pass that they had not eaten up all their provisions; therefore they did take with them all that they had not devoured, of all their grain of every kind, and their gold, and their silver, and all their precious things, and they did return to their

21 Assurément, il a béni la maison de Jacob et a été miséricordieux envers la postérité de Joseph.

22 Et dans la mesure où les enfants de Léhi ont gardé ses commandements, il les a bénis et les a rendus prospères, selon sa parole.

23 Oui, et assurément, il amènera un reste de la postérité de Joseph à la connaissance du Seigneur, son Dieu.

24 Et aussi certainement que le Seigneur vit, il rassemblera des quatre coins de la terre tout le reste de la postérité de Jacob, qui est dispersé au dehors sur toute la surface de la terre.

25 Et, de même qu'il a fait alliance avec toute la maison de Jacob, de même l'alliance qu'il a faite avec la maison de Jacob s'accomplira lorsqu'il le jugera bon, pour ramener toute la maison de Jacob à la connaissance de l'alliance qu'il a faite avec elle.

26 Et alors, ils connaîtront leur Rédempteur, qui est Jésus-Christ, le Fils de Dieu ; et alors, ils seront rassemblés des quatre coins de la terre dans leurs pays, d'où ils ont été dispersés ; oui, comme le Seigneur vit, ainsi en sera-t-il. Amen.

CHAPITRE 6

Les Néphites prospèrent — L'orgueil, la richesse et les distinctions de classe apparaissent — L'Église est déchirée par les dissensions — Satan conduit le peuple à une rébellion ouverte — Beaucoup de prophètes appellent au repentir et sont tués — Leurs assassins conspirent pour s'emparer du gouvernement. Vers 26–30 apr. J.-C.

1 Et alors, il arriva que le peuple des Néphites retourna dans ses terres la vingt-sixième année, chaque homme avec sa famille, ses troupeaux de gros et de petit bétail, ses chevaux et ses autres animaux, et tout ce qui lui appartenait.

2 Et il arriva qu'ils n'avaient pas mangé toutes leurs provisions ; c'est pourquoi ils prirent avec eux tout ce qu'ils n'avaient pas dévoré, de tout leur grain de toute espèce, et leur or, et leur argent, et toutes leurs choses précieuses, et ils retournèrent dans leurs

own lands and their possessions, both on the north and on the south, both on the land northward and on the land southward.

3 And they granted unto those robbers who had entered into a covenant to keep the peace of the land, who were desirous to remain Lamanites, lands, according to their numbers, that they might have, with their labors, wherewith to subsist upon; and thus they did establish peace in all the land.

4 And they began again to prosper and to wax great; and the twenty and sixth and seventh years passed away, and there was great order in the land; and they had formed their laws according to equity and justice.

5 And now there was nothing in all the land to hinder the people from prospering continually, except they should fall into transgression.

6 And now it was Gidgiddoni, and the judge, Lachoneus, and those who had been appointed leaders, who had established this great peace in the land.

7 And it came to pass that there were many cities built anew, and there were many old cities repaired.

8 And there were many highways cast up, and many roads made, which led from city to city, and from land to land, and from place to place.

9 And thus passed away the twenty and eighth year, and the people had continual peace.

10 But it came to pass in the twenty and ninth year there began to be some disputings among the people; and some were lifted up unto pride and boastings because of their exceedingly great riches, yea, even unto great persecutions;

11 For there were many merchants in the land, and also many lawyers, and many officers.

12 And the people began to be distinguished by ranks, according to their riches and their chances for learning; yea, some were ignorant because of their poverty, and others did receive great learning because of their riches.

13 Some were lifted up in pride, and others were exceedingly humble; some did return railing for railing, while others would receive railing and persecution and all manner of afflictions, and would not turn and revile

terres et leurs possessions, tant au nord qu'au sud, tant au pays situé du côté du nord qu'au pays situé du côté du sud.

3 Et ils accordèrent aux brigands qui avaient conclu l'alliance de respecter la paix du pays, qui désiraient rester Lamanites, des terres, selon leur nombre, afin qu'ils eussent, grâce à leur travail, de quoi subsister ; et ainsi, ils firent régner la paix dans tout le pays.

4 Et ils recommencèrent à prospérer et à devenir grands ; et les vingt-sixième et vingt-septième années passèrent, et il y eut un grand ordre dans le pays ; et ils avaient établi leurs lois selon l'équité et la justice.

5 Et maintenant, il n'y avait rien dans tout le pays pour empêcher le peuple de prospérer continuellement, sauf s'il tombait dans la transgression.

6 Et maintenant, c'étaient Gidgiddoni, et le juge, Lachonéus, et ceux qui avaient été désignés comme dirigeants, qui avaient fait régner cette grande paix dans le pays.

7 Et il arriva que beaucoup de villes furent reconstruites et que beaucoup de vieilles villes furent réparées.

8 Et beaucoup de grandes routes furent posées, et beaucoup de routes furent faites, qui menaient de ville en ville, et de pays en pays, et de lieu en lieu.

9 Et ainsi passa la vingt-huitième année, et le peuple eut une paix continuelle.

10 Mais il arriva que la vingt-neuvième année, il commença à y avoir des disputes parmi le peuple ; et certains étaient enflés jusqu'à l'orgueil et à la vantardise à cause de leurs richesses extrêmement grandes, oui, jusqu'à se livrer à de grandes persécutions ;

11 car il y avait beaucoup de marchands dans le pays, et aussi beaucoup de docteurs de la loi et beaucoup d'officiers.

12 Et le peuple commença à se distinguer par rangs, selon leur richesse et leurs possibilités de s'instruire ; oui, les uns étaient ignorants à cause de leur pauvreté, les autres recevaient une grande instruction à cause de leur richesse.

13 Les uns étaient enflés dans l'orgueil, les autres étaient extrêmement humbles ; les uns rendaient injure pour injure, tandis que les autres subissaient les injures, et les persécutions, et toutes sortes d'afflictions, et

again, but were humble and penitent before God.

14 And thus there became a great inequality in all the land, insomuch that the church began to be broken up; yea, insomuch that in the thirtieth year the church was broken up in all the land save it were among a few of the Lamanites who were converted unto the true faith; and they would not depart from it, for they were firm, and steadfast, and immovable, willing with all diligence to keep the commandments of the Lord.

15 Now the cause of this iniquity of the people was this—Satan had great power, unto the stirring up of the people to do all manner of iniquity, and to the puffing them up with pride, tempting them to seek for power, and authority, and riches, and the vain things of the world.

16 And thus Satan did lead away the hearts of the people to do all manner of iniquity; therefore they had enjoyed peace but a few years.

17 And thus, in the commencement of the thirtieth year—the people having been delivered up for the space of a long time to be carried about by the temptations of the devil whithersoever he desired to carry them, and to do whatsoever iniquity he desired they should—and thus in the commencement of this, the thirtieth year, they were in a state of awful wickedness.

18 Now they did not sin ignorantly, for they knew the will of God concerning them, for it had been taught unto them; therefore they did wilfully rebel against God.

19 And now it was in the days of Lachoneus, the son of Lachoneus, for Lachoneus did fill the seat of his father and did govern the people that year.

20 And there began to be men inspired from heaven and sent forth, standing among the people in all the land, preaching and testifying boldly of the sins and iniquities of the people, and testifying unto them concerning the redemption which the Lord would make for his people, or in other words, the resurrection of Christ; and they did testify boldly of his death and sufferings.

21 Now there were many of the people who were exceedingly angry because of those who testified of these things; and those who

ne rendaient pas les injures, mais étaient humbles et pénitents devant Dieu.

14 Et ainsi, il se produisit une grande inégalité dans tout le pays, de sorte que l'Église commença à se fragmenter ; oui, de sorte que la trentième année, l'Église était fragmentée dans tout le pays, sauf parmi un petit nombre de Lamanites qui étaient convertis à la vraie foi ; et ils ne voulaient pas s'en éloigner, car ils étaient fermes, et constants, et immuables, voulant, en toute diligence, garder les commandements du Seigneur.

15 Or, la cause de cette iniquité du peuple était celle-ci : Satan avait un grand pouvoir, au point d'exciter le peuple à commettre toutes sortes d'iniquités, et de l'enfler d'orgueil, le tentant à rechercher le pouvoir, et l'autorité, et la richesse, et les choses vaines du monde.

16 Et ainsi, Satan entraîna le cœur du peuple à commettre toutes sortes d'iniquités ; c'est pourquoi il n'avait joui de la paix qu'un petit nombre d'années.

17 Et ainsi, au commencement de la trentième année — le peuple ayant été livré à lui-même pendant un temps prolongé, pour être emporté çà et là par les tentations du diable partout où il désirait l'emporter, et pour commettre toutes les iniquités qu'il désirait — et ainsi, au commencement de cette année, qui était la trentième, il était dans un état d'affreuse méchanceté.

18 Or, il ne péchait pas par ignorance, car il connaissait la volonté de Dieu à son sujet, car elle lui avait été enseignée ; c'était donc volontairement qu'il se rebellait contre Dieu.

19 Et maintenant, c'était du temps de Lachonéus, fils de Lachonéus, car Lachonéus occupait le siège de son père et gouvernait le peuple cette année-là.

20 Et il commença à y avoir des hommes inspirés par le ciel, des envoyés, qui se tinrent parmi le peuple dans tout le pays, prêchant et témoignant hardiment concernant les péchés et les iniquités du peuple, et lui témoignant de la rédemption que le Seigneur accomplirait pour son peuple, ou, en d'autres termes, la résurrection du Christ ; et ils témoignaient hardiment de sa mort et de ses souffrances.

21 Or, il y en eut beaucoup parmi le peuple qui furent très en colère à cause de ceux qui témoignaient de ces choses ; et ceux qui

were angry were chiefly the chief judges, and they who had been high priests and lawyers; yea, all those who were lawyers were angry with those who testified of these things.

22 Now there was no lawyer nor judge nor high priest that could have power to condemn any one to death save their condemnation was signed by the governor of the land.

23 Now there were many of those who testified of the things pertaining to Christ who testified boldly, who were taken and put to death secretly by the judges, that the knowledge of their death came not unto the governor of the land until after their death.

24 Now behold, this was contrary to the laws of the land, that any man should be put to death except they had power from the governor of the land—

25 Therefore a complaint came up unto the land of Zarahemla, to the governor of the land, against these judges who had condemned the prophets of the Lord unto death, not according to the law.

26 Now it came to pass that they were taken and brought up before the judge, to be judged of the crime which they had done, according to the law which had been given by the people.

27 Now it came to pass that those judges had many friends and kindreds; and the remainder, yea, even almost all the lawyers and the high priests, did gather themselves together, and unite with the kindreds of those judges who were to be tried according to the law.

28 And they did enter into a covenant one with another, yea, even into that covenant which was given by them of old, which covenant was given and administered by the devil, to combine against all righteousness.

29 Therefore they did combine against the people of the Lord, and enter into a covenant to destroy them, and to deliver those who were guilty of murder from the grasp of justice, which was about to be administered according to the law.

30 And they did set at defiance the law and the rights of their country; and they did covenant one with another to destroy the governor, and to establish a king over the land,

étaient en colère étaient surtout les principaux juges et ceux qui avaient été grands prêtres et docteurs de la loi ; oui, tous ceux qui étaient docteurs de la loi étaient en colère contre ceux qui témoignaient de ces choses.

22 Or, il n'y avait aucun docteur de la loi, ni juge, ni grand prêtre qui pouvait avoir le pouvoir de condamner quelqu'un à mort, si sa condamnation n'était pas signée par le gouverneur du pays.

23 Or, il y en eut beaucoup de ceux qui témoignaient de ce qui avait trait au Christ, qui témoignaient hardiment, qui furent pris et secrètement mis à mort par les juges, afin que la connaissance de leur mort ne parvînt au gouverneur du pays qu'après leur mort.

24 Or, voici, il était contraire aux lois du pays qu'on mît un homme à mort, si on n'en avait pas reçu le pouvoir du gouverneur du pays —

25 c'est pourquoi une plainte fut adressée au pays de Zarahemla, au gouverneur du pays, contre ces juges qui avaient condamné les prophètes du Seigneur à mort, mais non selon la loi.

26 Alors, il arriva qu'ils furent pris et amenés devant le juge, pour être jugés du crime qu'ils avaient commis, selon la loi qui avait été donnée par le peuple.

27 Or, il arriva que ces juges avaient beaucoup d'amis et de parents ; et le reste, oui, c'est-à-dire presque tous les docteurs de la loi et les grands prêtres, se rassembla et s'unit aux parents de ces juges qui devaient être jugés selon la loi.

28 Et ils conclurent entre eux une alliance, oui, cette alliance qui avait été donnée par ceux d'autrefois, alliance que le diable avait donnée et fait contracter, pour se liguer contre toute justice.

29 C'est pourquoi ils se liguèrent contre le peuple du Seigneur et conclurent l'alliance de le détruire et de délivrer ceux qui étaient coupables de meurtre des mains de la justice, qui était sur le point d'être administrée selon la loi.

30 Et ils bravèrent la loi et les droits de leur pays et ils firent alliance les uns avec les au-

that the land should no more be at liberty but should be subject unto kings.

CHAPTER 7

The chief judge is murdered, the government is destroyed, and the people divide into tribes—Jacob, an anti-Christ, becomes king of a secret combination—Nephi preaches repentance and faith in Christ—Angels minister to him daily, and he raises his brother from the dead—Many repent and are baptized. About A.D. 30–33.

1 Now behold, I will show unto you that they did not establish a king over the land; but in this same year, yea, the thirtieth year, they did destroy upon the judgment-seat, yea, did murder the chief judge of the land.

2 And the people were divided one against another; and they did separate one from another into tribes, every man according to his family and his kindred and friends; and thus they did destroy the government of the land.

3 And every tribe did appoint a chief or a leader over them; and thus they became tribes and leaders of tribes.

4 Now behold, there was no man among them save he had much family and many kindreds and friends; therefore their tribes became exceedingly great.

5 Now all this was done, and there were no wars as yet among them; and all this iniquity had come upon the people because they did yield themselves unto the power of Satan.

6 And the regulations of the government were destroyed, because of the secret combination of the friends and kindreds of those who murdered the prophets.

7 And they did cause a great contention in the land, insomuch that the more righteous part of the people had nearly all become wicked; yea, there were but few righteous men among them.

8 And thus six years had not passed away since the more part of the people had turned from their righteousness, like the dog to his

tres de faire mourir le gouverneur et d'installer un roi sur le pays, afin que le pays ne fût plus libre mais fût assujetti à des rois.

CHAPITRE 7

Le grand juge est assassiné, le gouvernement est détruit, et le peuple se divise en tribus — Jacob, un antéchrist, devient roi d'une combinaison secrète — Néphi prêche le repentir et la foi au Christ — Des anges le servent quotidiennement, et il ressuscite son frère d'entre les morts — Beaucoup se repentent et sont baptisés. Vers 30–33 apr. J.-C.

1 Or, voici, je vais vous montrer qu'ils n'établirent pas de roi sur le pays ; mais cette même année, oui, la trentième année, ils firent mourir sur le siège du jugement, oui, assassinèrent le grand juge du pays.

2 Et le peuple fut divisé, les uns s'opposant aux autres ; et ils se séparèrent les uns des autres en tribus, chaque homme selon sa famille, et sa parenté, et ses amis ; et ainsi, ils détruisirent le gouvernement du pays.

3 Et chaque tribu se désigna un chef ou dirigeant ; et ainsi, ils devinrent tribus et dirigeants de tribus.

4 Or, voici, il n'y avait aucun homme parmi eux qui n'eût une grande famille, et une grande parenté, et beaucoup d'amis ; c'est pourquoi, leurs tribus devinrent extrêmement grandes.

5 Or, tout cela se fit, et il n'y avait pas encore de guerres parmi eux ; et toute cette iniquité s'était abattue sur le peuple parce qu'il s'était livré au pouvoir de Satan.

6 Et les règlements du gouvernement furent détruits à cause des combinaisons secrètes des amis et de la parenté de ceux qui avaient assassiné les prophètes.

7 Et ils causèrent une grande querelle dans le pays, de sorte que la partie la plus juste du peuple était presque entièrement devenue méchante ; oui, il n'y avait que peu de justes parmi eux.

8 Et ainsi, il ne s'était pas passé six ans que la plus grande partie du peuple s'était dé-

vomit, or like the sow to her wallowing in the mire.

9 Now this secret combination, which had brought so great iniquity upon the people, did gather themselves together, and did place at their head a man whom they did call Jacob;

10 And they did call him their king; therefore he became a king over this wicked band; and he was one of the chiefest who had given his voice against the prophets who testified of Jesus.

11 And it came to pass that they were not so strong in number as the tribes of the people, who were united together save it were their leaders did establish their laws, every one according to his tribe; nevertheless they were enemies; notwithstanding they were not a righteous people, yet they were united in the hatred of those who had entered into a covenant to destroy the government.

12 Therefore, Jacob seeing that their enemies were more numerous than they, he being the king of the band, therefore he commanded his people that they should take their flight into the northernmost part of the land, and there build up unto themselves a kingdom, until they were joined by dissenters, (for he flattered them that there would be many dissenters) and they become sufficiently strong to contend with the tribes of the people; and they did so.

13 And so speedy was their march that it could not be impeded until they had gone forth out of the reach of the people. And thus ended the thirtieth year; and thus were the affairs of the people of Nephi.

14 And it came to pass in the thirty and first year that they were divided into tribes, every man according to his family, kindred and friends; nevertheless they had come to an agreement that they would not go to war one with another; but they were not united as to their laws, and their manner of government, for they were established according to the minds of those who were their chiefs and their leaders. But they did establish very strict laws that one tribe should not trespass against another, insomuch that in some degree they had peace in the land; nevertheless, their hearts were turned from the Lord their God, and they did stone the prophets and did cast them out from among them.

tournée de sa justice, comme le chien retourne à ce qu'il a vomi, ou comme la truie va se vautrer dans le bourbier.

9 Or, cette combinaison secrète, qui avait attiré une si grande iniquité sur le peuple, se réunit et mit à sa tête un homme qu'elle appela Jacob ;

10 et ils l'appelèrent leur roi ; c'est pourquoi il devint roi de cette bande perverse ; et il était un des principaux de ceux qui avaient donné leur voix contre les prophètes qui témoignaient de Jésus.

11 Et il arriva qu'ils n'étaient pas aussi forts en nombre que les tribus du peuple, qui étaient unies les unes aux autres, si ce n'était que leurs dirigeants établissaient leurs lois, chacun selon sa tribu ; néanmoins, elles étaient ennemies ; bien que n'étant pas un peuple juste, elles étaient cependant unies dans la haine de ceux qui avaient conclu l'alliance de détruire le gouvernement.

12 C'est pourquoi, Jacob, roi de la bande, voyant que leurs ennemis étaient plus nombreux qu'eux, commanda à son peuple de prendre la fuite jusque dans la partie la plus septentrionale du pays, pour s'y édifier un royaume, jusqu'à ce qu'ils fussent rejoints par des dissidents (car il les flattait en leur disant qu'il y aurait beaucoup de dissidents) et qu'ils devinssent suffisamment forts pour combattre les tribus du peuple ; et ils firent ainsi.

13 Et leur marche fut si rapide qu'elle ne put être empêchée avant qu'ils ne fussent parvenus hors de portée du peuple. Et ainsi finit la trentième année ; et telles étaient les affaires du peuple de Néphi.

14 Et il arriva que la trente et unième année, ils étaient divisés en tribus, chaque homme selon sa famille, sa parenté et ses amis ; néanmoins, ils avaient conclu un accord de ne pas se faire la guerre ; mais ils n'étaient pas unis quant à leurs lois ni à leur forme de gouvernement, car ils étaient établis selon la volonté de ceux qui étaient leurs chefs et leurs dirigeants. Mais ils établirent des lois très strictes, selon lesquelles une tribu ne devait pas en léser une autre, de sorte que, dans une certaine mesure, ils eurent la paix dans le pays ; néanmoins, leur cœur s'était détourné du Seigneur, leur Dieu, et ils lapidaient les prophètes et les chassaient de parmi eux.

15 And it came to pass that Nephi—having been visited by angels and also the voice of the Lord, therefore having seen angels, and being eye-witness, and having had power given unto him that he might know concerning the ministry of Christ, and also being eye-witness to their quick return from righteousness unto their wickedness and abominations;

16 Therefore, being grieved for the hardness of their hearts and the blindness of their minds—went forth among them in that same year, and began to testify, boldly, repentance and remission of sins through faith on the Lord Jesus Christ.

17 And he did minister many things unto them; and all of them cannot be written, and a part of them would not suffice, therefore they are not written in this book. And Nephi did minister with power and with great authority.

18 And it came to pass that they were angry with him, even because he had greater power than they, for it were not possible that they could disbelieve his words, for so great was his faith on the Lord Jesus Christ that angels did minister unto him daily.

19 And in the name of Jesus did he cast out devils and unclean spirits; and even his brother did he raise from the dead, after he had been stoned and suffered death by the people.

20 And the people saw it, and did witness of it, and were angry with him because of his power; and he did also do many more miracles, in the sight of the people, in the name of Jesus.

21 And it came to pass that the thirty and first year did pass away, and there were but few who were converted unto the Lord; but as many as were converted did truly signify unto the people that they had been visited by the power and Spirit of God, which was in Jesus Christ, in whom they believed.

22 And as many as had devils cast out from them, and were healed of their sicknesses and their infirmities, did truly manifest unto the people that they had been wrought upon by the Spirit of God, and had been healed; and they did show forth signs also and did do some miracles among the people.

15 Et il arriva que Néphi fut visité par des anges et aussi par la voix du Seigneur ; ainsi donc, ayant vu des anges et étant témoin oculaire, et ayant reçu le pouvoir d'être informé sur le ministère du Christ, et étant aussi témoin oculaire de leur prompt retour de la justice à leur méchanceté et à leurs abominations ;

16 Pour cette raison, étant peiné de l'endurcissement de leur cœur et de l'aveuglement de leur esprit, il alla parmi eux cette même année et commença à témoigner hardiment du repentir et du pardon des péchés par la foi au Seigneur Jésus-Christ.

17 Et il leur enseigna beaucoup de choses ; et on ne peut les écrire toutes, et une partie d'entre elles ne suffirait pas, c'est pourquoi elles ne sont pas écrites dans ce livre. Et Néphi enseigna avec puissance et avec une grande autorité.

18 Et il arriva qu'ils furent en colère contre lui parce qu'il avait un plus grand pouvoir qu'eux, car il ne leur était pas possible d'être incrédules à l'égard de ses paroles, car si grande était sa foi au Seigneur Jésus-Christ que des anges le servaient chaque jour.

19 Et au nom de Jésus, il chassait les démons et les esprits impurs ; et il ressuscita même son frère d'entre les morts, après que celui-ci eut été lapidé et mis à mort par le peuple.

20 Et le peuple le vit, et en fut témoin, et fut en colère contre lui à cause de son pouvoir ; et il fit aussi beaucoup d'autres miracles aux yeux du peuple au nom de Jésus.

21 Et il arriva que la trente et unième année passa, et il n'y en eut que peu qui furent convertis au Seigneur ; mais tous ceux qui étaient convertis manifestèrent, en vérité, au peuple qu'ils avaient été visités par le pouvoir et l'Esprit de Dieu, qui étaient en Jésus-Christ, en qui ils croyaient.

22 Et tous ceux de qui les démons avaient été chassés, et qui étaient guéris de leurs maladies et de leurs infirmités, manifestèrent, en vérité, au peuple que l'Esprit de Dieu avait agi sur eux, et qu'ils avaient été guéris ; et ils montrèrent aussi des signes et firent quelques miracles parmi le peuple.

23 Thus passed away the thirty and second year also. And Nephi did cry unto the people in the commencement of the thirty and third year; and he did preach unto them repentance and remission of sins.

24 Now I would have you to remember also, that there were none who were brought unto repentance who were not baptized with water.

25 Therefore, there were ordained of Nephi, men unto this ministry, that all such as should come unto them should be baptized with water, and this as a witness and a testimony before God, and unto the people, that they had repented and received a remission of their sins.

26 And there were many in the commencement of this year that were baptized unto repentance; and thus the more part of the year did pass away.

CHAPTER 8

Tempests, earthquakes, fires, whirlwinds, and physical upheavals attest the crucifixion of Christ—Many people are destroyed—Darkness covers the land for three days—Those who remain bemoan their fate. About A.D. 33–34.

1 And now it came to pass that according to our record, and we know our record to be true, for behold, it was a just man who did keep the record—for he truly did many miracles in the name of Jesus; and there was not any man who could do a miracle in the name of Jesus save he were cleansed every whit from his iniquity—

2 And now it came to pass, if there was no mistake made by this man in the reckoning of our time, the thirty and third year had passed away;

3 And the people began to look with great earnestness for the sign which had been given by the prophet Samuel, the Lamanite, yea, for the time that there should be darkness for the space of three days over the face of the land.

4 And there began to be great doubtings and disputations among the people, notwithstanding so many signs had been given.

23 Ainsi passa aussi la trente-deuxième année. Et Néphi cria au peuple au commencement de la trente-troisième année ; et il lui prêcha le repentir et le pardon des péchés.

24 Or, je voudrais que vous vous souveniez aussi qu'il n'y en eut aucun de ceux qui avaient été amenés au repentir, qui ne fût baptisé d'eau.

25 C'est pourquoi, il y eut des hommes qui furent ordonnés par Néphi à ce ministère, afin que tous ceux qui viendraient à eux fussent baptisés d'eau, et cela pour témoigner et attester devant Dieu et au peuple qu'ils s'étaient repentis et avaient reçu le pardon de leurs péchés.

26 Et il y en eut beaucoup, au commencement de cette année-là, qui furent baptisés en vue du repentir ; et ainsi passa la plus grande partie de l'année.

CHAPITRE 8

Des tempêtes, des tremblements de terre, des incendies, des tourbillons et des cataclysmes attestent la crucifixion du Christ — Beaucoup de gens périssent — Les ténèbres recouvrent le pays pendant trois jours — Ceux qui restent se lamentent sur leur sort. Vers 33–34 apr. J.-C.

1 Et alors, il arriva que, selon nos annales, et nous savons que nos annales sont vraies, car voici, c'était un juste qui tenait les annales — car il fit, en vérité, beaucoup de miracles au nom de Jésus ; et il n'y avait aucun homme qui pouvait faire de miracle au nom de Jésus s'il n'était purifié en tous points de son iniquité —

2 et alors, il arriva que la trente-troisième année était passée — si cet homme n'a pas commis d'erreur dans le calcul de notre temps —

3 et le peuple commença à attendre avec une grande ferveur le signe qui avait été donné par le prophète Samuel, le Lamanite, oui, le moment où il y aurait des ténèbres pendant trois jours sur la surface du pays.

4 Et il commença à y avoir de grands doutes et de grandes controverses parmi le peuple, en dépit du fait que tant de signes eussent été donnés.

5 And it came to pass in the thirty and fourth year, in the first month, on the fourth day of the month, there arose a great storm, such an one as never had been known in all the land.

6 And there was also a great and terrible tempest; and there was terrible thunder, insomuch that it did shake the whole earth as if it was about to divide asunder.

7 And there were exceedingly sharp lightnings, such as never had been known in all the land.

8 And the city of Zarahemla did take fire.

9 And the city of Moroni did sink into the depths of the sea, and the inhabitants thereof were drowned.

10 And the earth was carried up upon the city of Moronihah, that in the place of the city there became a great mountain.

11 And there was a great and terrible destruction in the land southward.

12 But behold, there was a more great and terrible destruction in the land northward; for behold, the whole face of the land was changed, because of the tempest and the whirlwinds, and the thunderings and the lightnings, and the exceedingly great quaking of the whole earth;

13 And the highways were broken up, and the level roads were spoiled, and many smooth places became rough.

14 And many great and notable cities were sunk, and many were burned, and many were shaken till the buildings thereof had fallen to the earth, and the inhabitants thereof were slain, and the places were left desolate.

15 And there were some cities which remained; but the damage thereof was exceedingly great, and there were many in them who were slain.

16 And there were some who were carried away in the whirlwind; and whither they went no man knoweth, save they know that they were carried away.

17 And thus the face of the whole earth became deformed, because of the tempests, and the thunderings, and the lightnings, and the quaking of the earth.

18 And behold, the rocks were rent in twain; they were broken up upon the face of the

5 Et il arriva que la trente-quatrième année, le premier mois, le quatrième jour du mois, il s'éleva un grand orage, comme on n'en avait jamais connu de pareil dans tout le pays.

6 Et il y eut aussi une grande et terrible tempête, et il y eut un tonnerre terrible, de sorte qu'il fit trembler la terre entière, comme si elle était près de se fendre.

7 Et il y eut des éclairs extrêmement vifs, comme on n'en avait jamais connu dans tout le pays.

8 Et la ville de Zarahemla prit feu.

9 Et la ville de Moroni s'enfonça dans les profondeurs de la mer, et les habitants en furent noyés.

10 Et la terre fut soulevée sur la ville de Moronihah, de sorte qu'au lieu de la ville il y eut une grande montagne.

11 Et il y eut une grande et terrible destruction dans le pays situé du côté du sud.

12 Mais voici, il y eut une destruction encore plus grande et plus terrible dans le pays situé du côté du nord ; car voici, la surface tout entière du pays fut changée à cause de la tempête, et des tourbillons, et des tonnerres, et des éclairs, et du tremblement extrêmement grand de toute la terre ;

13 et les grandes routes furent fragmentées, et les routes plates furent abîmées, et beaucoup de lieux nivelés devinrent raboteux.

14 Et beaucoup de villes grandes et importantes furent englouties, et beaucoup furent brûlées, et beaucoup furent ébranlées jusqu'à ce que leurs bâtiments se fussent écroulés et que les habitants en fussent tués, et que les lieux fussent laissés désolés.

15 Et il y eut quelques villes qui restèrent ; mais les dégâts y étaient extrêmement grands, et beaucoup de leurs habitants furent tués.

16 Et il y en eut qui furent emportés dans le tourbillon ; et nul ne sait où ils sont allés ; on sait seulement qu'ils furent emportés.

17 Et ainsi, la surface de toute la terre se déforma à cause des tempêtes, et des tonnerres, et des éclairs, et des tremblements de la terre.

18 Et voici, les rochers furent fendus en deux ; ils furent fragmentés sur la surface de

whole earth, insomuch that they were found in broken fragments, and in seams and in cracks, upon all the face of the land.

19 And it came to pass that when the thunderings, and the lightnings, and the storm, and the tempest, and the quakings of the earth did cease—for behold, they did last for about the space of three hours; and it was said by some that the time was greater; nevertheless, all these great and terrible things were done in about the space of three hours—and then behold, there was darkness upon the face of the land.

20 And it came to pass that there was thick darkness upon all the face of the land, insomuch that the inhabitants thereof who had not fallen could feel the vapor of darkness;

21 And there could be no light, because of the darkness, neither candles, neither torches; neither could there be fire kindled with their fine and exceedingly dry wood, so that there could not be any light at all;

22 And there was not any light seen, neither fire, nor glimmer, neither the sun, nor the moon, nor the stars, for so great were the mists of darkness which were upon the face of the land.

23 And it came to pass that it did last for the space of three days that there was no light seen; and there was great mourning and howling and weeping among all the people continually; yea, great were the groanings of the people, because of the darkness and the great destruction which had come upon them.

24 And in one place they were heard to cry, saying: O that we had repented before this great and terrible day, and then would our brethren have been spared, and they would not have been burned in that great city Zarahemla.

25 And in another place they were heard to cry and mourn, saying: O that we had repented before this great and terrible day, and had not killed and stoned the prophets, and cast them out; then would our mothers and our fair daughters, and our children have been spared, and not have been buried up in that great city Moronihah. And thus were the howlings of the people great and terrible.

toute la terre, de sorte qu'on les trouva en fragments brisés, et en crevasses, et en fissures, sur toute la surface du pays.

19 Et il arriva que lorsque les tonnerres, et les éclairs, et l'orage, et la tempête, et les tremblements de la terre finirent — car voici, ils durèrent environ trois heures ; et certains dirent que le temps fut plus long ; néanmoins, toutes ces choses grandes et terribles se firent en trois heures environ — et alors, voici, il y eut des ténèbres sur la surface du pays.

20 Et il arriva qu'il y eut des ténèbres épaisses sur toute la surface du pays, de sorte que ceux de ses habitants qui n'étaient pas tombés pouvaient toucher la vapeur des ténèbres ;

21 et il ne pouvait y avoir aucune lumière à cause des ténèbres, ni lampes, ni torches ; et il était impossible d'allumer du feu avec leur bois fin et extrêmement sec, de sorte qu'il ne pouvait pas y avoir de lumière du tout.

22 Et on ne voyait aucune lumière, ni feu, ni lueur, ni le soleil, ni la lune, ni les étoiles, tant étaient grands les brouillards de ténèbres qui étaient sur la surface du pays.

23 Et il arriva que pendant trois jours, on ne vit aucune lumière ; et il y avait continuellement de grandes lamentations, et des hurlements, et des pleurs parmi tout le peuple ; oui, grands furent les gémissements du peuple, à cause des ténèbres et de la grande destruction qui s'était abattue sur lui.

24 Et en un certain lieu on les entendait crier, disant : Oh ! si nous nous étions repentis avant ce jour grand et terrible, alors nos frères auraient été épargnés et ils n'auraient pas été brûlés dans cette grande ville de Zarahemla !

25 Et dans un autre lieu, on les entendait crier et se lamenter, disant : Oh ! si nous nous étions repentis avant ce jour grand et terrible, et n'avions pas tué et lapidé les prophètes, et ne les avions pas chassés, alors nos mères et nos belles jeunes filles, et nos enfants auraient été épargnés, et n'auraient pas été ensevelis dans cette grande ville de Moronihah ! Et ainsi, les hurlements du peuple étaient grands et terribles.

CHAPTER 9

CHAPITRE 9

In the darkness, the voice of Christ proclaims the destruction of many people and cities for their wickedness—He also proclaims His divinity, announces that the law of Moses is fulfilled, and invites men to come unto Him and be saved. About A.D. 34.

Dans les ténèbres, la voix du Christ proclame la destruction de beaucoup de gens et de villes à cause de leur méchanceté — Il proclame également sa divinité, annonce que la loi de Moïse est accomplie et invite les hommes à venir à lui et à être sauvés. Vers 34 apr. J.-C.

1 And it came to pass that there was a voice heard among all the inhabitants of the earth, upon all the face of this land, crying:

2 Wo, wo, wo unto this people; wo unto the inhabitants of the whole earth except they shall repent; for the devil laugheth, and his angels rejoice, because of the slain of the fair sons and daughters of my people; and it is because of their iniquity and abominations that they are fallen!

3 Behold, that great city Zarahemla have I burned with fire, and the inhabitants thereof.

4 And behold, that great city Moroni have I caused to be sunk in the depths of the sea, and the inhabitants thereof to be drowned.

5 And behold, that great city Moronihah have I covered with earth, and the inhabitants thereof, to hide their iniquities and their abominations from before my face, that the blood of the prophets and the saints shall not come any more unto me against them.

6 And behold, the city of Gilgal have I caused to be sunk, and the inhabitants thereof to be buried up in the depths of the earth;

7 Yea, and the city of Onihah and the inhabitants thereof, and the city of Mocum and the inhabitants thereof, and the city of Jerusalem and the inhabitants thereof; and waters have I caused to come up in the stead thereof, to hide their wickedness and abominations from before my face, that the blood of the prophets and the saints shall not come up any more unto me against them.

8 And behold, the city of Gadiandi, and the city of Gadiomnah, and the city of Jacob, and the city of Gimgimno, all these have I caused to be sunk, and made hills and valleys in the places thereof; and the inhabitants thereof have I buried up in the depths of the earth, to hide their wickedness and

1 Et il arriva qu'une voix se fit entendre parmi tous les habitants de la terre, sur toute la surface de ce pays, criant :

2 Malheur, malheur, malheur à ce peuple ; malheur aux habitants de toute la terre, à moins qu'ils ne se repentent ; car le diable rit, et ses anges se réjouissent à cause des tués parmi les beaux jeunes fils et les belles jeunes filles de mon peuple ; et c'est à cause de leur iniquité et de leurs abominations qu'ils sont tombés !

3 Voici, la grande ville de Zarahemla, je l'ai brûlée par le feu, ainsi que ses habitants.

4 Et voici, la grande ville de Moroni, j'ai fait qu'elle s'enfonce dans les profondeurs de la mer et que les habitants en soient noyés.

5 Et voici, la grande ville de Moronihah, je l'ai recouverte de terre, ainsi que ses habitants, pour cacher leurs iniquités et leurs abominations de devant ma face, afin que le sang des prophètes et des saints ne monte plus vers moi contre eux.

6 Et voici, la ville de Guilgal, je l'ai fait engloutir, et j'en ai fait ensevelir les habitants dans les profondeurs de la terre ;

7 oui, et la ville d'Onihah et ses habitants, et la ville de Mocum et ses habitants, et la ville de Jérusalem et ses habitants ; et j'ai fait venir des eaux à leur place, pour cacher leur méchanceté et leurs abominations de devant ma face, afin que le sang des prophètes et des saints ne monte plus vers moi contre eux.

8 Et voici, la ville de Gadiandi, et la ville de Gadiomnah, et la ville de Jacob, et la ville de Gimgimno, je les ai toutes fait engloutir, et j'ai fait des collines et des vallées à leur place ; et leurs habitants, je les ai ensevelis dans les profondeurs de la terre, pour cacher leur méchanceté et leurs abominations de

abominations from before my face, that the blood of the prophets and the saints should not come up any more unto me against them.

9 And behold, that great city Jacobugath, which was inhabited by the people of king Jacob, have I caused to be burned with fire because of their sins and their wickedness, which was above all the wickedness of the whole earth, because of their secret murders and combinations; for it was they that did destroy the peace of my people and the government of the land; therefore I did cause them to be burned, to destroy them from before my face, that the blood of the prophets and the saints should not come up unto me any more against them.

10 And behold, the city of Laman, and the city of Josh, and the city of Gad, and the city of Kishkumen, have I caused to be burned with fire, and the inhabitants thereof, because of their wickedness in casting out the prophets, and stoning those whom I did send to declare unto them concerning their wickedness and their abominations.

11 And because they did cast them all out, that there were none righteous among them, I did send down fire and destroy them, that their wickedness and abominations might be hid from before my face, that the blood of the prophets and the saints whom I sent among them might not cry unto me from the ground against them.

12 And many great destructions have I caused to come upon this land, and upon this people, because of their wickedness and their abominations.

13 O all ye that are spared because ye were more righteous than they, will ye not now return unto me, and repent of your sins, and be converted, that I may heal you?

14 Yea, verily I say unto you, if ye will come unto me ye shall have eternal life. Behold, mine arm of mercy is extended towards you, and whosoever will come, him will I receive; and blessed are those who come unto me.

15 Behold, I am Jesus Christ the Son of God. I created the heavens and the earth, and all things that in them are. I was with the Father from the beginning. I am in the Father, and the Father in me; and in me hath the Father glorified his name.

devant ma face, afin que le sang des prophètes et des saints ne monte plus vers moi contre eux.

9 Et voici, la grande ville de Jacobugath, qui était habitée par le peuple du roi Jacob, je l'ai fait brûler par le feu à cause de ses péchés et de sa méchanceté, qui dépassait toute la méchanceté de toute la terre, à cause de ses combinaisons et de ses meurtres secrets ; car ce sont eux qui ont détruit la paix de mon peuple et le gouvernement du pays ; c'est pourquoi je les ai fait brûler, pour les détruire de devant ma face, afin que le sang des prophètes et des saints ne monte plus vers moi contre eux.

10 Et voici, la ville de Laman, et la ville de Josh, et la ville de Gad, et la ville de Kishkumen, je les ai fait brûler par le feu, ainsi que leurs habitants, à cause de la méchanceté avec laquelle ils ont chassé les prophètes et lapidé ceux que j'envoyais leur parler de leur méchanceté et de leurs abominations.

11 Et parce qu'ils les ont tous chassés, de sorte qu'il n'y avait plus aucun juste parmi eux, j'ai fait descendre le feu et les ai détruits, afin que leur méchanceté et leurs abominations soient cachées de devant ma face, afin que le sang des prophètes et des saints que j'ai envoyés parmi eux ne crie pas vers moi de la terre contre eux.

12 Et j'ai fait venir beaucoup de grandes destructions sur ce pays et sur ce peuple à cause de sa méchanceté et de ses abominations.

13 Ô vous tous qui êtes épargnés parce que vous étiez plus justes qu'eux, n'allez-vous pas maintenant revenir à moi, et vous repentir de vos péchés, et être convertis, afin que je vous guérisse ?

14 Oui, en vérité, je vous le dis, si vous venez à moi, vous aurez la vie éternelle. Voici, le bras de ma miséricorde est étendu vers vous, et celui qui viendra, je le recevrai ; et bénis sont ceux qui viennent à moi.

15 Voici, je suis Jésus-Christ, le Fils de Dieu. J'ai créé les cieux et la terre, et tout ce qui s'y trouve. J'étais avec le Père dès le commencement. Je suis dans le Père, et le Père est en moi ; et en moi, le Père a glorifié son nom.

16 I came unto my own, and my own received me not. And the scriptures concerning my coming are fulfilled.

17 And as many as have received me, to them have I given to become the sons of God; and even so will I to as many as shall believe on my name, for behold, by me redemption cometh, and in me is the law of Moses fulfilled.

18 I am the light and the life of the world. I am Alpha and Omega, the beginning and the end.

19 And ye shall offer up unto me no more the shedding of blood; yea, your sacrifices and your burnt offerings shall be done away, for I will accept none of your sacrifices and your burnt offerings.

20 And ye shall offer for a sacrifice unto me a broken heart and a contrite spirit. And whoso cometh unto me with a broken heart and a contrite spirit, him will I baptize with fire and with the Holy Ghost, even as the Lamanites, because of their faith in me at the time of their conversion, were baptized with fire and with the Holy Ghost, and they knew it not.

21 Behold, I have come unto the world to bring redemption unto the world, to save the world from sin.

22 Therefore, whoso repenteth and cometh unto me as a little child, him will I receive, for of such is the kingdom of God. Behold, for such I have laid down my life, and have taken it up again; therefore repent, and come unto me ye ends of the earth, and be saved.

16 Je suis venu chez les miens, et les miens ne m'ont pas reçu. Et les Écritures concernant ma venue se sont accomplies.

17 Et à tous ceux qui m'ont reçu, j'ai donné de devenir les fils de Dieu ; et je ferai de même à tous ceux qui croiront en mon nom, car voici, par moi vient la rédemption, et en moi la loi de Moïse est accomplie.

18 Je suis la lumière et la vie du monde. Je suis l'Alpha et l'Oméga, le commencement et la fin.

19 Et vous ne m'offrirez plus l'effusion du sang ; oui, vos sacrifices et vos holocaustes cesseront, car je n'accepterai aucun de vos sacrifices et de vos holocaustes.

20 Et vous m'offrirez en sacrifice un cœur brisé et un esprit contrit. Et quiconque vient à moi, le cœur brisé et l'esprit contrit, je le baptiserai de feu et du Saint-Esprit, tout comme les Lamanites, à cause de leur foi en moi au moment de leur conversion, ont été baptisés de feu et du Saint-Esprit, et ils ne le savaient pas.

21 Voici, je suis venu au monde pour apporter la rédemption au monde, pour sauver le monde du péché.

22 C'est pourquoi, quiconque se repent et vient à moi comme un petit enfant, je le recevrai, car le royaume de Dieu est pour ceux qui leur ressemblent. Voici, c'est pour ceux qui leur ressemblent que j'ai donné ma vie et l'ai reprise ; c'est pourquoi, repentez-vous, et venez à moi, extrémités de la terre, et soyez sauvées.

CHAPTER 10

CHAPITRE 10

There is silence in the land for many hours— The voice of Christ promises to gather His people as a hen gathers her chickens—The more righteous part of the people have been preserved. About A.D. 34–35.

Il y a un silence pendant de nombreuses heures dans le pays — La voix du Christ promet de rassembler son peuple comme une poule rassemble ses poussins — La partie la plus juste du peuple a été préservée. Vers 34–35 apr. J.-C.

1 And now behold, it came to pass that all the people of the land did hear these sayings, and did witness of it. And after these sayings there was silence in the land for the space of many hours;

1 Et alors, voici, il arriva que tout le peuple du pays entendit ces paroles et en fut témoin. Et après ces paroles, il y eut un silence pendant de nombreuses heures dans le pays ;

2 For so great was the astonishment of the people that they did cease lamenting and howling for the loss of their kindred which had been slain; therefore there was silence in all the land for the space of many hours.

3 And it came to pass that there came a voice again unto the people, and all the people did hear, and did witness of it, saying:

4 O ye people of these great cities which have fallen, who are descendants of Jacob, yea, who are of the house of Israel, how oft have I gathered you as a hen gathereth her chickens under her wings, and have nourished you.

5 And again, how oft would I have gathered you as a hen gathereth her chickens under her wings, yea, O ye people of the house of Israel, who have fallen; yea, O ye people of the house of Israel, ye that dwell at Jerusalem, as ye that have fallen; yea, how oft would I have gathered you as a hen gathereth her chickens, and ye would not.

6 O ye house of Israel whom I have spared, how oft will I gather you as a hen gathereth her chickens under her wings, if ye will repent and return unto me with full purpose of heart.

7 But if not, O house of Israel, the places of your dwellings shall become desolate until the time of the fulfilling of the covenant to your fathers.

8 And now it came to pass that after the people had heard these words, behold, they began to weep and howl again because of the loss of their kindred and friends.

9 And it came to pass that thus did the three days pass away. And it was in the morning, and the darkness dispersed from off the face of the land, and the earth did cease to tremble, and the rocks did cease to rend, and the dreadful groanings did cease, and all the tumultuous noises did pass away.

10 And the earth did cleave together again, that it stood; and the mourning, and the weeping, and the wailing of the people who were spared alive did cease; and their mourning was turned into joy, and their lamentations into the praise and thanksgiving unto the Lord Jesus Christ, their Redeemer.

2 car si grand était l'étonnement du peuple qu'il cessa de se lamenter et de hurler pour la perte de ceux des siens qui avaient été tués ; c'est pourquoi il y eut un silence pendant de nombreuses heures dans tout le pays.

3 Et il arriva qu'une voix parvint de nouveau au peuple, et tout le peuple l'entendit et en fut témoin. Elle dit :

4 Ô peuples de ces grandes villes qui sont tombées, qui êtes descendants de Jacob, oui, qui êtes de la maison d'Israël, combien de fois vous ai-je rassemblés, comme une poule rassemble ses poussins sous ses ailes, et vous ai-je nourris !

5 Et encore, combien de fois ai-je voulu vous rassembler, comme une poule rassemble ses poussins sous ses ailes, oui, ô peuples de la maison d'Israël, qui êtes tombés ; oui, ô peuples de la maison d'Israël, vous qui demeurez à Jérusalem, comme vous qui êtes tombés, oui, combien de fois ai-je voulu vous rassembler, comme une poule rassemble ses poussins, et vous ne l'avez pas voulu !

6 Ô maison d'Israël que j'ai épargnée, combien de fois vous rassemblerai-je, comme une poule rassemble ses poussins sous ses ailes, si vous vous repentez et revenez à moi d'un cœur pleinement résolu !

7 Sinon, ô maison d'Israël, les lieux de vos demeures deviendront déserts jusqu'au moment de l'accomplissement de l'alliance faite avec vos pères.

8 Et alors, il arriva que lorsque le peuple eut entendu ces paroles, voici, il commença à pleurer et à hurler de nouveau à cause de la perte de sa parenté et de ses amis.

9 Et il arriva que les trois jours passèrent ainsi. Et c'était le matin, et les ténèbres se dispersèrent de la surface du pays, et la terre cessa de trembler, et les rochers cessèrent de se fendre, et les terribles gémissements cessèrent, et tous les bruits tumultueux s'apaisèrent.

10 Et la terre se referma, de sorte qu'elle s'affermit ; et le deuil, et les pleurs, et les lamentations du peuple qui était épargné et vivant cessèrent ; et son deuil se transforma en joie, et ses lamentations en louanges et en actions de grâces au Seigneur Jésus-Christ, son Rédempteur.

11 And thus far were the scriptures fulfilled which had been spoken by the prophets.

12 And it was the more righteous part of the people who were saved, and it was they who received the prophets and stoned them not; and it was they who had not shed the blood of the saints, who were spared—

13 And they were spared and were not sunk and buried up in the earth; and they were not drowned in the depths of the sea; and they were not burned by fire, neither were they fallen upon and crushed to death; and they were not carried away in the whirlwind; neither were they overpowered by the vapor of smoke and of darkness.

14 And now, whoso readeth, let him understand; he that hath the scriptures, let him search them, and see and behold if all these deaths and destructions by fire, and by smoke, and by tempests, and by whirlwinds, and by the opening of the earth to receive them, and all these things are not unto the fulfilling of the prophecies of many of the holy prophets.

15 Behold, I say unto you, Yea, many have testified of these things at the coming of Christ, and were slain because they testified of these things.

16 Yea, the prophet Zenos did testify of these things, and also Zenock spake concerning these things, because they testified particularly concerning us, who are the remnant of their seed.

17 Behold, our father Jacob also testified concerning a remnant of the seed of Joseph. And behold, are not we a remnant of the seed of Joseph? And these things which testify of us, are they not written upon the plates of brass which our father Lehi brought out of Jerusalem?

18 And it came to pass that in the ending of the thirty and fourth year, behold, I will show unto you that the people of Nephi who were spared, and also those who had been called Lamanites, who had been spared, did have great favors shown unto them, and great blessings poured out upon their heads, insomuch that soon after the ascension of Christ into heaven he did truly manifest himself unto them—

11 Et jusque-là, les Écritures qui avaient été dites par les prophètes s'étaient accomplies.

12 Et c'était la partie la plus juste du peuple qui avait été sauvée, et c'étaient ceux qui avaient reçu les prophètes et ne les avaient pas lapidés, et c'étaient ceux qui n'avaient pas versé le sang des saints, qui avaient été épargnés —

13 et ils avaient été épargnés et n'avaient pas été engloutis et ensevelis dans la terre ; et ils n'avaient pas été noyés dans les profondeurs de la mer ; et ils n'avaient pas été brûlés par le feu, et ils n'avaient pas non plus été recouverts et écrasés au point d'en mourir ; et ils n'avaient pas été emportés dans le tourbillon ; ils n'avaient pas non plus été accablés par la vapeur de fumée et de ténèbres.

14 Et maintenant, que celui qui lit comprenne ; celui qui a les Écritures, qu'il les sonde, et voie et regarde si toutes ces morts et toutes ces destructions par le feu, et par la fumée, et par les tempêtes, et par les tourbillons, et par l'ouverture de la terre pour les recevoir, et toutes ces choses, ne sont pas pour accomplir les prophéties de beaucoup de saints prophètes.

15 Voici, je vous le dis : Oui, beaucoup ont témoigné de ces choses à la venue du Christ et ont été tués parce qu'ils témoignaient de ces choses.

16 Oui, le prophète Zénos a témoigné de ces choses, et Zénock aussi a parlé de ces choses, parce qu'ils témoignaient particulièrement à notre sujet, à nous qui sommes le reste de leur postérité.

17 Voici, notre père Jacob a aussi témoigné concernant un reste de la postérité de Joseph. Et voici, ne sommes-nous pas un reste de la postérité de Joseph ? Et ces choses qui témoignent de nous, ne sont-elles pas écrites sur les plaques d'airain que notre père Léhi a emportées de Jérusalem ?

18 Et il arriva qu'à la fin de la trente-quatrième année, voici, je vais vous montrer que le peuple de Néphi qui avait été épargné, et aussi ceux qui avaient été appelés Lamanites, qui avaient été épargnés, se virent accorder de grandes faveurs et déverser de grandes bénédictions sur leur tête, de sorte que peu après l'ascension du Christ au ciel, il se manifesta, en vérité, à eux —

19 Showing his body unto them, and ministering unto them; and an account of his ministry shall be given hereafter. Therefore for this time I make an end of my sayings.

19 leur montrant son corps et les instruisant ; et le récit de son ministère sera donné plus loin. C'est pourquoi, pour le moment, je finis mes paroles.

Jesus Christ did show himself unto the people of Nephi, as the multitude were gathered together in the land Bountiful, and did minister unto them; and on this wise did he show himself unto them.

Jésus-Christ se montra au peuple de Néphi, tandis que la multitude était rassemblée au pays d'Abondance, et l'instruisit ; et c'est de cette façon qu'il se montra à lui.

Comprising chapters 11 through 26.

Chapitres 11 à 26.

CHAPTER 11

CHAPITRE 11

The Father testifies of His Beloved Son—Christ appears and proclaims His Atonement—The people feel the wound marks in His hands and feet and side—They cry Hosanna—He sets forth the mode and manner of baptism—The spirit of contention is of the devil—Christ's doctrine is that men should believe and be baptized and receive the Holy Ghost. About A.D. 34.

Le Père témoigne de son Fils bien-aimé — Le Christ apparaît et proclame son expiation — Le peuple sent les marques des blessures dans ses mains, ses pieds et son côté — Le peuple crie Hosanna — Jésus explique la procédure du baptême — L'esprit de querelle est du diable — La doctrine du Christ est que les hommes doivent croire, être baptisés et recevoir le Saint-Esprit. Vers 34 apr. J.-C.

1 And now it came to pass that there were a great multitude gathered together, of the people of Nephi, round about the temple which was in the land Bountiful; and they were marveling and wondering one with another, and were showing one to another the great and marvelous change which had taken place.

1 Et alors, il arriva qu'une grande multitude du peuple de Néphi était rassemblée autour du temple qui était au pays d'Abondance ; et ils s'émerveillaient et s'étonnaient entre eux, et se montraient les uns aux autres le changementgrand et étonnant qui avait eu lieu.

2 And they were also conversing about this Jesus Christ, of whom the sign had been given concerning his death.

2 Et ils s'entretenaient aussi de ce Jésus-Christ, dont le signe de la mort avait été donné.

3 And it came to pass that while they were thus conversing one with another, they heard a voice as if it came out of heaven; and they cast their eyes round about, for they understood not the voice which they heard; and it was not a harsh voice, neither was it a loud voice; nevertheless, and notwithstanding it being a small voice it did pierce them that did hear to the center, insomuch that there was no part of their frame that it did not cause to quake; yea, it did pierce them to the very soul, and did cause their hearts to burn.

3 Et il arriva que tandis qu'ils s'entretenaient de la sorte, ils entendirent une voix paraissant venir du ciel ; et ils jetèrent les regards alentour, car ils ne comprenaient pas la voix qu'ils entendaient ; et ce n'était pas une voix dure, et ce n'était pas non plus une voix forte ; néanmoins, et malgré que ce fût une voix douce, elle perça ceux qui entendirent jusqu'au plus profond d'eux-mêmes, de sorte qu'il n'y eut pas une partie de leur corps qu'elle ne fît trembler ; oui, elle les perça jusqu'à l'âme même et fit brûler leur cœur.

4 And it came to pass that again they heard the voice, and they understood it not.

4 Et il arriva qu'ils entendirent de nouveau la voix et ils ne la comprirent pas.

5 And again the third time they did hear the voice, and did open their ears to hear it; and their eyes were towards the sound thereof; and they did look steadfastly towards heaven, from whence the sound came.

5 Et ils entendirent de nouveau la voix pour la troisième fois et ouvrirent les oreilles pour l'entendre ; et ils avaient les yeux tournés du côté du son ; et ils regardaient avec constance vers le ciel d'où le son venait.

6 And behold, the third time they did understand the voice which they heard; and it said unto them:

6 Et voici, la troisième fois, ils comprirent la voix qu'ils entendaient ; et elle leur disait :

7 Behold my Beloved Son, in whom I am well pleased, in whom I have glorified my name—hear ye him.

7 Voici mon Fils bien-aimé, en qui je me complais, en qui j'ai glorifié mon nom : écoutez-le.

8 And it came to pass, as they understood they cast their eyes up again towards heaven; and behold, they saw a Man descending out of heaven; and he was clothed in a white robe; and he came down and stood in the midst of them; and the eyes of the whole multitude were turned upon him, and they durst not open their mouths, even one to another, and wist not what it meant, for they thought it was an angel that had appeared unto them.

8 Et il arriva que lorsqu'ils comprirent, ils levèrent de nouveau les yeux vers le ciel ; et voici, ils virent un Homme descendre du ciel ; et il était vêtu d'une robe blanche ; et il descendit et se tint au milieu d'eux ; et les yeux de toute la multitude étaient tournés vers lui, et ils n'osaient pas ouvrir la bouche pour se parler, et ne savaient pas ce que cela voulait dire, car ils pensaient que c'était un ange qui leur était apparu.

9 And it came to pass that he stretched forth his hand and spake unto the people, saying:

9 Et il arriva qu'il étendit la main et parla au peuple, disant :

10 Behold, I am Jesus Christ, whom the prophets testified shall come into the world.

10 Voici, je suis Jésus-Christ, dont les prophètes ont témoigné qu'il viendrait au monde.

11 And behold, I am the light and the life of the world; and I have drunk out of that bitter cup which the Father hath given me, and have glorified the Father in taking upon me the sins of the world, in the which I have suffered the will of the Father in all things from the beginning.

11 Et voici, je suis la lumière et la vie du monde ; et j'ai bu à cette coupe amère que le Père m'a donnée, et j'ai glorifié le Père en prenant sur moi les péchés du monde, en quoi j'ai souffert la volonté du Père en tout depuis le commencement.

12 And it came to pass that when Jesus had spoken these words the whole multitude fell to the earth; for they remembered that it had been prophesied among them that Christ should show himself unto them after his ascension into heaven.

12 Et il arriva que lorsque Jésus eut dit ces paroles, toute la multitude tomba à terre ; car ils se souvenaient qu'il avait été prophétisé parmi eux que le Christ se montrerait à eux après son ascension au ciel.

13 And it came to pass that the Lord spake unto them saying:

13 Et il arriva que le Seigneur leur parla, disant :

14 Arise and come forth unto me, that ye may thrust your hands into my side, and also that ye may feel the prints of the nails in my hands and in my feet, that ye may know that I am the God of Israel, and the God of the whole earth, and have been slain for the sins of the world.

14 Levez-vous et venez à moi, afin de mettre la main dans mon côté, et aussi afin de toucher la marque des clous dans mes mains et dans mes pieds, afin que vous sachiez que je suis le Dieu d'Israël et le Dieu de toute la terre, et que j'ai été mis à mort pour les péchés du monde.

15 And it came to pass that the multitude went forth, and thrust their hands into his

15 Et il arriva que la multitude s'avança et mit la main dans son côté, et toucha la

side, and did feel the prints of the nails in his hands and in his feet; and this they did do, going forth one by one until they had all gone forth, and did see with their eyes and did feel with their hands, and did know of a surety and did bear record, that it was he, of whom it was written by the prophets, that should come.

16 And when they had all gone forth and had witnessed for themselves, they did cry out with one accord, saying:

17 Hosanna! Blessed be the name of the Most High God! And they did fall down at the feet of Jesus, and did worship him.

18 And it came to pass that he spake unto Nephi (for Nephi was among the multitude) and he commanded him that he should come forth.

19 And Nephi arose and went forth, and bowed himself before the Lord and did kiss his feet.

20 And the Lord commanded him that he should arise. And he arose and stood before him.

21 And the Lord said unto him: I give unto you power that ye shall baptize this people when I am again ascended into heaven.

22 And again the Lord called others, and said unto them likewise; and he gave unto them power to baptize. And he said unto them: On this wise shall ye baptize; and there shall be no disputations among you.

23 Verily I say unto you, that whoso repenteth of his sins through your words, and desireth to be baptized in my name, on this wise shall ye baptize them—Behold, ye shall go down and stand in the water, and in my name shall ye baptize them.

24 And now behold, these are the words which ye shall say, calling them by name, saying:

25 Having authority given me of Jesus Christ, I baptize you in the name of the Father, and of the Son, and of the Holy Ghost. Amen.

26 And then shall ye immerse them in the water, and come forth again out of the water.

27 And after this manner shall ye baptize in my name; for behold, verily I say unto you, that the Father, and the Son, and the Holy Ghost are one; and I am in the Father, and

marque des clous dans ses mains et dans ses pieds ; et cela, ils le firent, s'avançant un à un jusqu'à ce qu'ils se fussent tous avancés, et eussent vu de leurs yeux, et touché de leurs mains, et connussent avec certitude et eussent témoigné qu'il était celui à propos duquel les prophètes avaient écrit qu'il viendrait.

16 Et lorsqu'ils se furent tous avancés et eurent été eux-mêmes témoins, ils s'écrièrent d'un commun accord :

17 Hosanna ! Béni soit le nom du Dieu Très-Haut ! Et ils tombèrent aux pieds de Jésus et l'adorèrent.

18 Et il arriva qu'il parla à Néphi (car Néphi était parmi la multitude) et il lui commanda d'avancer.

19 Et Néphi se leva, et s'avança, et se prosterna devant le Seigneur, et lui baisa les pieds.

20 Et le Seigneur lui commanda de se lever. Et il se leva et se tint devant lui.

21 Et le Seigneur lui dit : Je te donne le pouvoir de baptiser ce peuple lorsque je serai remonté au ciel.

22 Et le Seigneur en appela encore d'autres et leur dit la même chose, et il leur donna le pouvoir de baptiser. Et il leur dit : Vous baptiserez de cette manière, et il n'y aura pas de controverses parmi vous :

23 En vérité, je vous dis que quiconque se repent de ses péchés à cause de vos paroles et désire être baptisé en mon nom, vous le baptiserez de cette manière : voici, vous descendrez et vous vous tiendrez dans l'eau, et vous le baptiserez en mon nom.

24 Et maintenant, voici, telles sont les paroles que vous direz, les appelant par leur nom, disant :

25 Ayant reçu l'autorité de Jésus-Christ, je te baptise au nom du Père, et du Fils, et du Saint-Esprit. Amen.

26 Et alors, vous les immergerez dans l'eau et ressortirez de l'eau.

27 Et c'est de cette manière que vous baptiserez en mon nom ; car voici, en vérité, je vous dis que le Père, et le Fils, et le Saint-Esprit sont un ; et je suis dans le Père, et le

the Father in me, and the Father and I are one.

28 And according as I have commanded you thus shall ye baptize. And there shall be no disputations among you, as there have hitherto been; neither shall there be disputations among you concerning the points of my doctrine, as there have hitherto been.

29 For verily, verily I say unto you, he that hath the spirit of contention is not of me, but is of the devil, who is the father of contention, and he stirreth up the hearts of men to contend with anger, one with another.

30 Behold, this is not my doctrine, to stir up the hearts of men with anger, one against another; but this is my doctrine, that such things should be done away.

31 Behold, verily, verily, I say unto you, I will declare unto you my doctrine.

32 And this is my doctrine, and it is the doctrine which the Father hath given unto me; and I bear record of the Father, and the Father beareth record of me, and the Holy Ghost beareth record of the Father and me; and I bear record that the Father commandeth all men, everywhere, to repent and believe in me.

33 And whoso believeth in me, and is baptized, the same shall be saved; and they are they who shall inherit the kingdom of God.

34 And whoso believeth not in me, and is not baptized, shall be damned.

35 Verily, verily, I say unto you, that this is my doctrine, and I bear record of it from the Father; and whoso believeth in me believeth in the Father also; and unto him will the Father bear record of me, for he will visit him with fire and with the Holy Ghost.

36 And thus will the Father bear record of me, and the Holy Ghost will bear record unto him of the Father and me; for the Father, and I, and the Holy Ghost are one.

37 And again I say unto you, ye must repent, and become as a little child, and be baptized in my name, or ye can in nowise receive these things.

38 And again I say unto you, ye must repent, and be baptized in my name, and become as a little child, or ye can in nowise inherit the kingdom of God.

Père est en moi, et le Père et moi sommes un.

28 Et vous baptiserez comme je vous l'ai commandé, et il n'y aura plus de controverses parmi vous, comme il y en a eu jusqu'à présent ; et il n'y aura plus non plus de controverses parmi vous concernant les points de ma doctrine, comme il y en a eu jusqu'à présent.

29 Car en vérité, en vérité, je vous le dis, celui qui a l'esprit de querelle n'est pas de moi, mais est du diable, qui est le père des querelles, et il excite le cœur des hommes à se quereller avec colère.

30 Voici, ce n'est pas ma doctrine d'exciter le cœur des hommes à la colère les uns contre les autres ; mais c'est ma doctrine que de telles choses soient abandonnées.

31 Voici, en vérité, en vérité, je vous le dis, je vais vous annoncer ma doctrine.

32 Et ceci est ma doctrine, et c'est la doctrine que le Père m'a donnée ; et je témoigne du Père, et le Père témoigne de moi, et le Saint-Esprit témoigne du Père et de moi ; et je témoigne que le Père commande à tous les hommes de partout de se repentir et de croire en moi.

33 Et quiconque croit en moi et est baptisé, celui-là sera sauvé ; et ce sont ceux-là qui hériteront le royaume de Dieu.

34 Et quiconque ne croit pas en moi et n'est pas baptisé, sera damné.

35 En vérité, en vérité, je vous dis que c'est là ma doctrine, et j'en témoigne de la part du Père ; et quiconque croit en moi croit aussi au Père ; et le Père lui témoignera de moi, car il le visitera de feu et du Saint-Esprit.

36 Et c'est ainsi que le Père témoignera de moi, et le Saint-Esprit lui témoignera du Père et de moi ; car le Père, et moi, et le Saint-Esprit, sommes un.

37 Et je vous dis encore : Vous devez vous repentir, et devenir semblables à un petit enfant, et être baptisés en mon nom, ou vous ne pouvez en aucune façon recevoir ces choses.

38 Et je vous le dis encore, vous devez vous repentir, et être baptisés en mon nom, et devenir semblables à un petit enfant, ou vous ne pouvez en aucune façon hériter le royaume de Dieu.

39 Verily, verily, I say unto you, that this is my doctrine, and whoso buildeth upon this buildeth upon my rock, and the gates of hell shall not prevail against them.

40 And whoso shall declare more or less than this, and establish it for my doctrine, the same cometh of evil, and is not built upon my rock; but he buildeth upon a sandy foundation, and the gates of hell stand open to receive such when the floods come and the winds beat upon them.

41 Therefore, go forth unto this people, and declare the words which I have spoken, unto the ends of the earth.

CHAPTER 12

Jesus calls and commissions the twelve disciples—He delivers to the Nephites a discourse similar to the Sermon on the Mount—He speaks the Beatitudes—His teachings transcend and take precedence over the law of Moses—Men are commanded to be perfect even as He and His Father are perfect—Compare Matthew 5. About A.D. 34.

1 And it came to pass that when Jesus had spoken these words unto Nephi, and to those who had been called, (now the number of them who had been called, and received power and authority to baptize, was twelve) and behold, he stretched forth his hand unto the multitude, and cried unto them, saying: Blessed are ye if ye shall give heed unto the words of these twelve whom I have chosen from among you to minister unto you, and to be your servants; and unto them I have given power that they may baptize you with water; and after that ye are baptized with water, behold, I will baptize you with fire and with the Holy Ghost; therefore blessed are ye if ye shall believe in me and be baptized, after that ye have seen me and know that I am.

2 And again, more blessed are they who shall believe in your words because that ye shall testify that ye have seen me, and that ye know that I am. Yea, blessed are they who shall believe in your words, and come down into the depths of humility and be baptized, for they shall be visited with fire and with the Holy Ghost, and shall receive a remission of their sins.

39 En vérité, en vérité, je vous dis que c'est ma doctrine, et quiconque bâtit là-dessus bâtit sur mon roc, et les portes de l'enfer ne prévaudront pas contre lui.

40 Et quiconque annonce plus ou moins que cela et l'établit comme étant ma doctrine, celui-là vient du mal et n'est pas bâti sur mon roc ; mais il construit sur une fondation de sable, et les portes de l'enfer seront ouvertes pour le recevoir lorsque les torrents viendront et que les vents s'abattront sur lui.

41 C'est pourquoi, allez vers ce peuple et annoncez les paroles que j'ai dites, jusqu'aux extrémités de la terre.

CHAPITRE 12

Jésus appelle les douze disciples et leur confère l'autorité — Il fait aux Néphites un discours semblable au sermon sur la montagne — Il dit les béatitudes — Ses enseignements transcendent la loi de Moïse et ont la préséance sur elle — Les hommes reçoivent le commandement d'être parfaits, tout comme son Père et lui sont parfaits — Comparez avec Matthieu 5. Vers 34 apr. J.-C.

1 Et il arriva que lorsque Jésus eut dit ces paroles à Néphi et à ceux qui avaient été appelés (or, le nombre de ceux qui avaient été appelés et avaient reçu le pouvoir et l'autorité de baptiser était de douze), voici, il étendit la main vers la multitude, et éleva la voix vers elle, disant : Bénis êtes-vous si vous prêtez attention aux paroles de ces douze que j'ai choisis parmi vous pour vous instruire et pour être vos serviteurs ; et je leur ai donné le pouvoir de vous baptiser d'eau ; et lorsque vous serez baptisés d'eau, voici, je vous baptiserai de feu et du Saint-Esprit ; c'est pourquoi, bénis êtes-vous, si vous croyez en moi et êtes baptisés, après m'avoir vu et avoir su que je suis.

2 Et en outre, plus bénis sont ceux qui croiront en vos paroles, parce que vous témoignerez que vous m'avez vu et que vous savez que je suis. Oui, bénis sont ceux qui croiront en vos paroles, et descendront dans les profondeurs de l'humilité, et seront baptisés, car ils seront visités de feu et du Saint-Esprit et recevront le pardon de leurs péchés.

3 Yea, blessed are the poor in spirit who come unto me, for theirs is the kingdom of heaven.

4 And again, blessed are all they that mourn, for they shall be comforted.

5 And blessed are the meek, for they shall inherit the earth.

6 And blessed are all they who do hunger and thirst after righteousness, for they shall be filled with the Holy Ghost.

7 And blessed are the merciful, for they shall obtain mercy.

8 And blessed are all the pure in heart, for they shall see God.

9 And blessed are all the peacemakers, for they shall be called the children of God.

10 And blessed are all they who are persecuted for my name's sake, for theirs is the kingdom of heaven.

11 And blessed are ye when men shall revile you and persecute, and shall say all manner of evil against you falsely, for my sake;

12 For ye shall have great joy and be exceedingly glad, for great shall be your reward in heaven; for so persecuted they the prophets who were before you.

13 Verily, verily, I say unto you, I give unto you to be the salt of the earth; but if the salt shall lose its savor wherewith shall the earth be salted? The salt shall be thenceforth good for nothing, but to be cast out and to be trodden under foot of men.

14 Verily, verily, I say unto you, I give unto you to be the light of this people. A city that is set on a hill cannot be hid.

15 Behold, do men light a candle and put it under a bushel? Nay, but on a candlestick, and it giveth light to all that are in the house;

16 Therefore let your light so shine before this people, that they may see your good works and glorify your Father who is in heaven.

17 Think not that I am come to destroy the law or the prophets. I am not come to destroy but to fulfil;

3 Oui, bénis sont les pauvres en esprit qui viennent à moi, car le royaume des cieux est à eux.

4 Et en outre, bénis sont tous ceux qui pleurent, car ils seront consolés.

5 Et bénis sont ceux qui sont doux, car ils hériteront la terre.

6 Et bénis sont tous ceux qui ont faim et soif de justice, car ils seront remplis du Saint-Esprit.

7 Et bénis sont les miséricordieux, car ils obtiendront miséricorde.

8 Et bénis sont tous ceux qui ont le cœur pur, car ils verront Dieu.

9 Et bénis sont tous ceux qui procurent la paix, car ils seront appelés enfants de Dieu.

10 Et bénis sont tous ceux qui sont persécutés à cause de mon nom, car le royaume des cieux est à eux.

11 Et bénis serez-vous lorsqu'on vous outragera, qu'on vous persécutera et qu'on dira faussement de vous toute sorte de mal, à cause de moi.

12 Réjouissez-vous et soyez dans l'allégresse, parce que votre récompense sera grande dans les cieux ; car c'est ainsi qu'on a persécuté les prophètes qui ont été avant vous.

13 En vérité, en vérité, je vous le dis, je vous donne d'être le sel de la terre. Mais si le sel perd sa saveur, avec quoi la terre sera-t-elle salée ? Le sel ne servira désormais qu'à être jeté dehors et foulé aux pieds par les hommes.

14 En vérité, en vérité, je vous le dis, je vous donne d'être la lumière de ce peuple. Une ville située sur une montagne ne peut être cachée.

15 Voici, les hommes allument-ils une lampe et la mettent-ils sous le boisseau ? Non, mais on la met sur le chandelier, et elle éclaire tous ceux qui sont dans la maison.

16 C'est pourquoi, que votre lumière luise ainsi devant ce peuple, afin qu'il voie vos bonnes œuvres et glorifie votre Père qui est dans les cieux.

17 Ne croyez pas que je sois venu pour abolir la loi ou les prophètes ; je suis venu non pour abolir, mais pour accomplir.

18 For verily I say unto you, one jot nor one tittle hath not passed away from the law, but in me it hath all been fulfilled.

19 And behold, I have given you the law and the commandments of my Father, that ye shall believe in me, and that ye shall repent of your sins, and come unto me with a broken heart and a contrite spirit. Behold, ye have the commandments before you, and the law is fulfilled.

20 Therefore come unto me and be ye saved; for verily I say unto you, that except ye shall keep my commandments, which I have commanded you at this time, ye shall in no case enter into the kingdom of heaven.

21 Ye have heard that it hath been said by them of old time, and it is also written before you, that thou shalt not kill, and whosoever shall kill shall be in danger of the judgment of God;

22 But I say unto you, that whosoever is angry with his brother shall be in danger of his judgment. And whosoever shall say to his brother, Raca, shall be in danger of the council; and whosoever shall say, Thou fool, shall be in danger of hell fire.

23 Therefore, if ye shall come unto me, or shall desire to come unto me, and rememberest that thy brother hath aught against thee—

24 Go thy way unto thy brother, and first be reconciled to thy brother, and then come unto me with full purpose of heart, and I will receive you.

25 Agree with thine adversary quickly while thou art in the way with him, lest at any time he shall get thee, and thou shalt be cast into prison.

26 Verily, verily, I say unto thee, thou shalt by no means come out thence until thou hast paid the uttermost senine. And while ye are in prison can ye pay even one senine? Verily, verily, I say unto you, Nay.

27 Behold, it is written by them of old time, that thou shalt not commit adultery;

28 But I say unto you, that whosoever looketh on a woman, to lust after her, hath committed adultery already in his heart.

29 Behold, I give unto you a commandment, that ye suffer none of these things to enter into your heart;

18 Car, je vous le dis en vérité, pas un seul iota, pas un seul trait de lettre n'est passé de la loi, mais en moi elle a été toute accomplie.

19 Et voici, je vous ai donné la loi et les commandements de mon Père, afin que vous croyiez en moi, et que vous vous repentiez de vos péchés et veniez à moi, le cœur brisé et l'esprit contrit. Voici, vous avez les commandements devant vous, et la loi est accomplie.

20 C'est pourquoi, venez à moi et soyez sauvés ; car, en vérité, je vous dis qu'à moins de garder les commandements, ce que je vous donne maintenant, vous n'entrerez en aucun cas dans le royaume des cieux.

21 Vous avez entendu qu'il a été dit aux anciens, et c'est aussi écrit devant vous : Tu ne tueras point ; celui qui tuera sera en danger du jugement de Dieu ;

22 mais moi, je vous dis que quiconque se met en colère contre son frère sera en danger de son jugement. Et que celui qui dira à son frère : Raca ! sera en danger du conseil ; et que celui qui lui dira : Insensé ! sera en danger du feu de l'enfer.

23 C'est pourquoi, si tu viens à moi, ou désires venir à moi, et que tu te souviennes que ton frère a quelque chose contre toi,

24 va trouver ton frère, et réconcilie-toi d'abord avec ton frère, et ensuite viens à moi d'un cœur pleinement résolu, et je te recevrai.

25 Accorde-toi promptement avec ton adversaire, pendant que tu es en chemin avec lui, de peur qu'à un moment donné il ne te saisisse, et que tu ne sois mis en prison.

26 En vérité, en vérité, je te le dis, tu ne sortiras pas de là que tu n'aies payé jusqu'à la dernière sénine. Et pendant que tu es en prison, peux-tu payer ne fût-ce qu'une seule sénine ? En vérité, en vérité, je te dis que non.

27 Voici, il est écrit par les anciens : Tu ne commettras point d'adultère.

28 Mais moi, je vous dis que quiconque regarde une femme pour la convoiter a déjà commis l'adultère dans son cœur.

29 Voici, je vous donne le commandement de ne permettre à aucune de ces choses d'entrer dans votre cœur ;

30 For it is better that ye should deny your- selves of these things, wherein ye will take up your cross, than that ye should be cast into hell.

31 It hath been written, that whosoever shall put away his wife, let him give her a writing of divorcement.

32 Verily, verily, I say unto you, that who- soever shall put away his wife, saving for the cause of fornication, causeth her to commit adultery; and whoso shall marry her who is divorced committeth adultery.

33 And again it is written, thou shalt not forswear thyself, but shalt perform unto the Lord thine oaths;

34 But verily, verily, I say unto you, swear not at all; neither by heaven, for it is God's throne;

35 Nor by the earth, for it is his footstool;

36 Neither shalt thou swear by thy head, be- cause thou canst not make one hair black or white;

37 But let your communication be Yea, yea; Nay, nay; for whatsoever cometh of more than these is evil.

38 And behold, it is written, an eye for an eye, and a tooth for a tooth;

39 But I say unto you, that ye shall not re- sist evil, but whosoever shall smite thee on thy right cheek, turn to him the other also;

40 And if any man will sue thee at the law and take away thy coat, let him have thy cloak also;

41 And whosoever shall compel thee to go a mile, go with him twain.

42 Give to him that asketh thee, and from him that would borrow of thee turn thou not away.

43 And behold it is written also, that thou shalt love thy neighbor and hate thine en- emy;

44 But behold I say unto you, love your en- emies, bless them that curse you, do good to them that hate you, and pray for them who despitefully use you and persecute you;

45 That ye may be the children of your Fa- ther who is in heaven; for he maketh his sun to rise on the evil and on the good.

30 car il vaut mieux que vous vous refusiez ces choses et vous chargiez en cela de votre croix, que d'être jetés en enfer.

31 Il a été écrit que celui qui répudie sa femme lui donne une lettre de divorce.

32 En vérité, en vérité, je vous dis que quiconque répudie sa femme, sauf pour cause d'infidélité, l'expose à devenir adultère ; et que celui qui épouse une femme répudiée commet un adultère.

33 Il est encore écrit : Tu ne te parjureras point, mais tu t'acquitteras envers le Sei- gneur de ce que tu as déclaré par serment.

34 Mais en vérité, en vérité, je vous le dis, ne jurez aucunement, ni par le ciel, parce que c'est le trône de Dieu ;

35 ni par la terre, parce que c'est son marchepied ;

36 tu ne jureras pas non plus par ta tête, car tu ne peux rendre blanc ou noir un seul cheveu ;

37 mais que votre parole soit oui, oui, non, non ; car tout ce qu'on y ajoute est mal.

38 Et voici, il est écrit : œil pour œil, et dent pour dent.

39 Mais moi, je vous dis de ne pas résister au méchant. Si quelqu'un te frappe sur la joue droite, présente-lui aussi l'autre.

40 Et si quelqu'un veut plaider contre toi, et prendre ta tunique, laisse-lui encore ton manteau.

41 Et si quelqu'un te force à faire un mille, fais-en deux avec lui.

42 Donne à celui qui te demande, et ne te détourne pas de celui qui veut emprunter de toi.

43 Et voici, il est aussi écrit que tu aimeras ton prochain, et que tu haïras ton ennemi.

44 Mais voici, je vous le dis : Aimez vos en- nemis, bénissez ceux qui vous maudissent, faites du bien à ceux qui vous haïssent, et priez pour ceux qui vous maltraitent et vous persécutent,

45 afin que vous soyez fils de votre Père qui est dans les cieux ; car il fait lever son soleil sur les méchants et sur les bons.

46 Therefore those things which were of old time, which were under the law, in me are all fulfilled.

47 Old things are done away, and all things have become new.

48 Therefore I would that ye should be perfect even as I, or your Father who is in heaven is perfect.

46 C'est pourquoi, les choses anciennes, qui étaient sous la loi, sont toutes accomplies en moi.

47 Les choses anciennes ont pris fin, et toutes choses sont devenues nouvelles.

48 C'est pourquoi, je voudrais que vous soyez parfaits tout comme moi, ou comme votre Père qui est dans les cieux est parfait.

CHAPTER 13

Jesus teaches the Nephites the Lord's Prayer— They are to lay up treasures in heaven—The twelve disciples in their ministry are commanded to take no thought for temporal things—Compare Matthew 6. About A.D. 34.

CHAPITRE 13

Jésus enseigne aux Néphites à prier — Ils doivent s'amasser des trésors dans le ciel — Les douze disciples reçoivent le commandement de ne pas s'inquiéter des choses temporelles pendant leur ministère — Comparez avec Matthieu 6. Vers 34 apr. J.-C.

1 Verily, verily, I say that I would that ye should do alms unto the poor; but take heed that ye do not your alms before men to be seen of them; otherwise ye have no reward of your Father who is in heaven.

1 En vérité, en vérité, je vous le dis : Je voudrais que vous fassiez des aumônes aux pauvres ; mais gardez-vous de faire vos aumônes devant les hommes pour en être vus ; autrement, vous n'aurez point de récompense auprès de votre Père qui est dans les cieux.

2 Therefore, when ye shall do your alms do not sound a trumpet before you, as will hypocrites do in the synagogues and in the streets, that they may have glory of men. Verily I say unto you, they have their reward.

2 C'est pourquoi, lorsque vous faites l'aumône, ne sonnez pas de la trompette devant vous, comme font les hypocrites dans les synagogues et dans les rues, afin d'être glorifiés par les hommes. En vérité, je vous le dis, ils reçoivent leur récompense.

3 But when thou doest alms let not thy left hand know what thy right hand doeth;

3 Mais quand tu fais l'aumône, que ta main gauche ne sache pas ce que fait ta droite,

4 That thine alms may be in secret; and thy Father who seeth in secret, himself shall reward thee openly.

4 afin que ton aumône se fasse en secret ; et ton Père, qui voit dans le secret, lui-même te récompensera ouvertement.

5 And when thou prayest thou shalt not do as the hypocrites, for they love to pray, standing in the synagogues and in the corners of the streets, that they may be seen of men. Verily I say unto you, they have their reward.

5 Et lorsque tu pries, ne sois pas comme les hypocrites, qui aiment à prier debout dans les synagogues et aux coins des rues, pour être vus des hommes. En vérité, je vous le dis, ils reçoivent leur récompense.

6 But thou, when thou prayest, enter into thy closet, and when thou hast shut thy door, pray to thy Father who is in secret; and thy Father, who seeth in secret, shall reward thee openly.

6 Mais quand tu pries, entre dans ta chambre, ferme ta porte, et prie ton Père qui est là dans le lieu secret ; et ton Père, qui voit dans le secret, te récompensera ouvertement.

7 But when ye pray, use not vain repetitions, as the heathen, for they think that they shall be heard for their much speaking.

7 En priant, ne multipliez pas de vaines paroles, comme les païens, qui s'imaginent qu'à force de paroles ils seront exaucés.

8 Be not ye therefore like unto them, for your Father knoweth what things ye have need of before ye ask him.

8 Ne leur ressemblez pas ; car votre Père sait de quoi vous avez besoin avant que vous le lui demandiez.

9 After this manner therefore pray ye: Our Father who art in heaven, hallowed be thy name.

9 Voici donc comment vous devez prier : Notre Père qui es aux cieux ! Que ton nom soit sanctifié ;

10 Thy will be done on earth as it is in heaven.

10 que ta volonté soit faite sur la terre comme au ciel.

11 And forgive us our debts, as we forgive our debtors.

11 Et pardonne-nous nos offenses, comme nous aussi nous pardonnons à ceux qui nous ont offensés.

12 And lead us not into temptation, but deliver us from evil.

12 Et ne nous induis pas en tentation, mais délivre-nous du Malin.

13 For thine is the kingdom, and the power, and the glory, forever. Amen.

13 Car c'est à toi qu'appartiennent, dans tous les siècles, le règne, la puissance et la gloire. Amen.

14 For, if ye forgive men their trespasses your heavenly Father will also forgive you;

14 Car, si vous pardonnez aux hommes leurs offenses, votre Père céleste vous pardonnera aussi ;

15 But if ye forgive not men their trespasses neither will your Father forgive your trespasses.

15 mais si vous ne pardonnez pas aux hommes, votre Père ne vous pardonnera pas non plus vos offenses.

16 Moreover, when ye fast be not as the hypocrites, of a sad countenance, for they disfigure their faces that they may appear unto men to fast. Verily I say unto you, they have their reward.

16 De plus, lorsque vous jeûnez, ne prenez pas un air triste, comme les hypocrites, qui se rendent le visage tout défait, pour montrer aux hommes qu'ils jeûnent. En vérité, je vous le dis, ils reçoivent leur récompense.

17 But thou, when thou fastest, anoint thy head, and wash thy face;

17 Mais quand tu jeûnes, parfume ta tête et lave ton visage,

18 That thou appear not unto men to fast, but unto thy Father, who is in secret; and thy Father, who seeth in secret, shall reward thee openly.

18 afin de ne pas montrer aux hommes que tu jeûnes, mais à ton Père qui est là dans le lieu secret ; et ton Père, qui voit dans le secret, te récompensera ouvertement.

19 Lay not up for yourselves treasures upon earth, where moth and rust doth corrupt, and thieves break through and steal;

19 Ne vous amassez pas des trésors sur la terre, où la teigne et la rouille détruisent, et où les voleurs percent et dérobent ;

20 But lay up for yourselves treasures in heaven, where neither moth nor rust doth corrupt, and where thieves do not break through nor steal.

20 mais amassez-vous des trésors dans le ciel, où la teigne et la rouille ne détruisent point, et où les voleurs ne percent ni ne dérobent.

21 For where your treasure is, there will your heart be also.

21 Car là où est ton trésor, là aussi sera ton cœur.

22 The light of the body is the eye; if, therefore, thine eye be single, thy whole body shall be full of light.

22 L'œil est la lampe du corps. Si ton œil est en bon état, tout ton corps sera éclairé.

23 But if thine eye be evil, thy whole body shall be full of darkness. If, therefore, the light that is in thee be darkness, how great is that darkness!

23 Mais si ton œil est en mauvais état, tout ton corps sera dans les ténèbres. Si donc la lumière qui est en toi est ténèbres, combien seront grandes ces ténèbres !

24 No man can serve two masters; for either he will hate the one and love the other, or else he will hold to the one and despise the other. Ye cannot serve God and Mammon.

25 And now it came to pass that when Jesus had spoken these words he looked upon the twelve whom he had chosen, and said unto them: Remember the words which I have spoken. For behold, ye are they whom I have chosen to minister unto this people. Therefore I say unto you, take no thought for your life, what ye shall eat, or what ye shall drink; nor yet for your body, what ye shall put on. Is not the life more than meat, and the body than raiment?

26 Behold the fowls of the air, for they sow not, neither do they reap nor gather into barns; yet your heavenly Father feedeth them. Are ye not much better than they?

27 Which of you by taking thought can add one cubit unto his stature?

28 And why take ye thought for raiment? Consider the lilies of the field how they grow; they toil not, neither do they spin;

29 And yet I say unto you, that even Solomon, in all his glory, was not arrayed like one of these.

30 Wherefore, if God so clothe the grass of the field, which today is, and tomorrow is cast into the oven, even so will he clothe you, if ye are not of little faith.

31 Therefore take no thought, saying, What shall we eat? or, What shall we drink? or, Wherewithal shall we be clothed?

32 For your heavenly Father knoweth that ye have need of all these things.

33 But seek ye first the kingdom of God and his righteousness, and all these things shall be added unto you.

34 Take therefore no thought for the morrow, for the morrow shall take thought for the things of itself. Sufficient is the day unto the evil thereof.

24 Nul ne peut servir deux maîtres. Car, ou il haïra l'un, et aimera l'autre ; ou il s'attachera à l'un, et méprisera l'autre. Vous ne pouvez servir Dieu et Mamon.

25 Et alors, il arriva que lorsque Jésus eut dit ces paroles, il posa les yeux sur les douze qu'il avait choisis et leur dit : Souvenez-vous des paroles que j'ai dites. Car voici, vous êtes ceux que j'ai choisis pour instruire ce peuple. C'est pourquoi je vous dis : Ne vous inquiétez pas pour votre vie de ce que vous mangerez ou de ce que vous boirez ; ni pour votre corps de quoi vous serez vêtus. La vie n'est-elle pas plus que la nourriture, et le corps plus que le vêtement ?

26 Regardez les oiseaux du ciel ; ils ne sèment ni ne moissonnent, et ils n'amassent rien dans des greniers ; et votre Père céleste les nourrit. Ne valez-vous pas beaucoup plus qu'eux ?

27 Qui de vous, par ses inquiétudes, peut ajouter une coudée à sa taille ?

28 Et pourquoi vous inquiéter au sujet du vêtement ? Considérez comment croissent les lis des champs ; ils ne travaillent ni ne filent ;

29 et cependant je vous dis que Salomon même, dans toute sa gloire, n'a pas été vêtu comme l'un d'eux.

30 C'est pourquoi, si Dieu revêt ainsi l'herbe des champs, qui existe aujourd'hui et qui demain sera jetée au four, de même il vous vêtira, si vous n'êtes pas de peu de foi.

31 Ne vous inquiétez donc point, et ne dites pas : Que mangerons-nous ? que boirons-nous ? de quoi serons-nous vêtus ?

32 Car votre Père céleste sait que vous avez besoin de toutes ces choses.

33 Mais cherchez premièrement le royaume et la justice de Dieu ; et toutes ces choses vous seront données par-dessus.

34 Ne vous inquiétez donc pas du lendemain ; car le lendemain aura soin de lui-même. À chaque jour suffit sa peine.

CHAPTER 14

CHAPITRE 14

Jesus commands: Judge not; ask of God; beware of false prophets—He promises salvation to those who do the will of the Father—Compare Matthew 7. About A.D. 34.

Jésus commande : Ne jugez pas ; demandez à Dieu ; prenez garde aux faux prophètes — Il promet le salut à ceux qui font la volonté du Père

1 And now it came to pass that when Jesus had spoken these words he turned again to the multitude, and did open his mouth unto them again, saying: Verily, verily, I say unto you, Judge not, that ye be not judged.

2 For with what judgment ye judge, ye shall be judged; and with what measure ye mete, it shall be measured to you again.

3 And why beholdest thou the mote that is in thy brother's eye, but considerest not the beam that is in thine own eye?

4 Or how wilt thou say to thy brother: Let me pull the mote out of thine eye—and behold, a beam is in thine own eye?

5 Thou hypocrite, first cast the beam out of thine own eye; and then shalt thou see clearly to cast the mote out of thy brother's eye.

6 Give not that which is holy unto the dogs, neither cast ye your pearls before swine, lest they trample them under their feet, and turn again and rend you.

7 Ask, and it shall be given unto you; seek, and ye shall find; knock, and it shall be opened unto you.

8 For every one that asketh, receiveth; and he that seeketh, findeth; and to him that knocketh, it shall be opened.

9 Or what man is there of you, who, if his son ask bread, will give him a stone?

10 Or if he ask a fish, will he give him a serpent?

11 If ye then, being evil, know how to give good gifts unto your children, how much more shall your Father who is in heaven give good things to them that ask him?

12 Therefore, all things whatsoever ye would that men should do to you, do ye even so to them, for this is the law and the prophets.

13 Enter ye in at the strait gate; for wide is the gate, and broad is the way, which leadeth to destruction, and many there be who go in thereat;

1 Et alors, il arriva que lorsqu'il eut dit ces paroles, Jésus se tourna de nouveau vers la multitude, et ouvrit de nouveau la bouche à son intention, disant : En vérité, en vérité, je vous le dis, ne jugez point, afin que vous ne soyez point jugés.

2 Car on vous jugera du jugement dont vous jugez, et l'on vous mesurera avec la mesure dont vous mesurez.

3 Et pourquoi vois-tu la paille qui est dans l'œil de ton frère, et n'aperçois-tu pas la poutre qui est dans ton œil ?

4 Ou comment peux-tu dire à ton frère : Laisse-moi ôter une paille de ton œil, toi qui as une poutre dans le tien ?

5 Hypocrite, ôte premièrement la poutre de ton œil ; et alors tu verras comment ôter la paille de l'œil de ton frère.

6 Ne donnez pas les choses saintes aux chiens, et ne jetez pas vos perles devant les pourceaux, de peur qu'ils ne les foulent aux pieds, ne se retournent et ne vous déchirent.

7 Demandez, et l'on vous donnera ; cherchez, et vous trouverez ; frappez, et l'on vous ouvrira.

8 Car quiconque demande reçoit, celui qui cherche trouve, et l'on ouvre à celui qui frappe.

9 Lequel de vous donnera une pierre à son fils, s'il lui demande du pain ?

10 Ou, s'il demande un poisson, lui donnera-t-il un serpent ?

11 Si donc, méchants comme vous l'êtes, vous savez donner de bonnes choses à vos enfants, à combien plus forte raison votre Père qui est dans les cieux donnera-t-il de bonnes choses à ceux qui les lui demandent.

12 Tout ce que vous voulez que les hommes fassent pour vous, faites-le de même pour eux, car c'est la loi et les prophètes.

13 Entrez par la porte étroite. Car large est la porte, spacieux est le chemin qui mènent à la perdition, et il y en a beaucoup qui entrent par là.

14 Because strait is the gate, and narrow is the way, which leadeth unto life, and few there be that find it.

15 Beware of false prophets, who come to you in sheep's clothing, but inwardly they are ravening wolves.

16 Ye shall know them by their fruits. Do men gather grapes of thorns, or figs of thistles?

17 Even so every good tree bringeth forth good fruit; but a corrupt tree bringeth forth evil fruit.

18 A good tree cannot bring forth evil fruit, neither a corrupt tree bring forth good fruit.

19 Every tree that bringeth not forth good fruit is hewn down, and cast into the fire.

20 Wherefore, by their fruits ye shall know them.

21 Not every one that saith unto me, Lord, Lord, shall enter into the kingdom of heaven; but he that doeth the will of my Father who is in heaven.

22 Many will say to me in that day: Lord, Lord, have we not prophesied in thy name, and in thy name have cast out devils, and in thy name done many wonderful works?

23 And then will I profess unto them: I never knew you; depart from me, ye that work iniquity.

24 Therefore, whoso heareth these sayings of mine and doeth them, I will liken him unto a wise man, who built his house upon a rock—

25 And the rain descended, and the floods came, and the winds blew, and beat upon that house; and it fell not, for it was founded upon a rock.

26 And every one that heareth these sayings of mine and doeth them not shall be likened unto a foolish man, who built his house upon the sand—

27 And the rain descended, and the floods came, and the winds blew, and beat upon that house; and it fell, and great was the fall of it.

14 Mais étroite est la porte, resserré le chemin qui mènent à la vie, et il y en a peu qui les trouvent.

15 Gardez-vous des faux prophètes. Ils viennent à vous en vêtements de brebis, mais au-dedans ce sont des loups ravisseurs.

16 Vous les reconnaîtrez à leurs fruits. Cueille-t-on des raisins sur des épines, ou des figues sur des chardons ?

17 Tout bon arbre porte de bons fruits, mais le mauvais arbre porte de mauvais fruits.

18 Un bon arbre ne peut porter de mauvais fruits, ni un mauvais arbre porter de bons fruits.

19 Tout arbre qui ne porte pas de bons fruits est coupé et jeté au feu.

20 C'est pourquoi, c'est à leurs fruits que vous les reconnaîtrez.

21 Ceux qui me disent : Seigneur, Seigneur ! n'entreront pas tous dans le royaume des cieux, mais celui-là seul qui fait la volonté de mon Père qui est dans les cieux.

22 Plusieurs me diront en ce jour-là : Seigneur, Seigneur, n'avons-nous pas prophétisé par ton nom ? n'avons-nous pas chassé des démons par ton nom ? et n'avons-nous pas fait beaucoup de miracles par ton nom ?

23 Et alors je leur dirai ouvertement : Je ne vous ai jamais connus, retirez-vous de moi, vous qui commettez l'iniquité.

24 C'est pourquoi, quiconque entend ces paroles que je dis et les met en pratique, sera semblable à un homme prudent qui a bâti sa maison sur le roc —

25 et la pluie est tombée, et les torrents sont venus, et les vents ont soufflé et se sont jetés contre cette maison ; et elle n'est point tombée, parce qu'elle était fondée sur le roc.

26 Et quiconque entend ces paroles que je dis, et ne les met pas en pratique, sera semblable à un homme insensé qui a bâti sa maison sur le sable —

27 et la pluie est tombée, et les torrents sont venus, et les vents ont soufflé et ont battu cette maison ; et elle est tombée, et sa ruine a été grande.

CHAPTER 15

Jesus announces that the law of Moses is fulfilled in Him—The Nephites are the other sheep of whom He spoke in Jerusalem—Because of iniquity, the Lord's people in Jerusalem do not know of the scattered sheep of Israel. About A.D. 34.

1 And now it came to pass that when Jesus had ended these sayings he cast his eyes round about on the multitude, and said unto them: Behold, ye have heard the things which I taught before I ascended to my Father; therefore, whoso remembereth these sayings of mine and doeth them, him will I raise up at the last day.

2 And it came to pass that when Jesus had said these words he perceived that there were some among them who marveled, and wondered what he would concerning the law of Moses; for they understood not the saying that old things had passed away, and that all things had become new.

3 And he said unto them: Marvel not that I said unto you that old things had passed away, and that all things had become new.

4 Behold, I say unto you that the law is fulfilled that was given unto Moses.

5 Behold, I am he that gave the law, and I am he who covenanted with my people Israel; therefore, the law in me is fulfilled, for I have come to fulfil the law; therefore it hath an end.

6 Behold, I do not destroy the prophets, for as many as have not been fulfilled in me, verily I say unto you, shall all be fulfilled.

7 And because I said unto you that old things have passed away, I do not destroy that which hath been spoken concerning things which are to come.

8 For behold, the covenant which I have made with my people is not all fulfilled; but the law which was given unto Moses hath an end in me.

9 Behold, I am the law, and the light. Look unto me, and endure to the end, and ye shall live; for unto him that endureth to the end will I give eternal life.

CHAPITRE 15

Jésus annonce que la loi de Moïse est accomplie en lui — Les Néphites sont les autres brebis dont il a parlé à Jérusalem — À cause de l'iniquité, le peuple du Seigneur à Jérusalem n'a pas connaissance des brebis dispersées d'Israël. Vers 34 apr. J.-C.

1 Et alors, il arriva que lorsqu'il eut fini ces paroles, Jésus jeta les yeux alentour sur la multitude et lui dit : Voici, vous avez entendu les choses que j'ai enseignées avant de monter vers mon Père ; c'est pourquoi, quiconque se souvient de ces paroles que je dis et les met en pratique, je le ressusciterai au dernier jour.

2 Et il arriva que lorsqu'il eut dit ces paroles, Jésus vit qu'il y en avait certains parmi eux qui s'étonnaient et se demandaient ce qu'il voulait concernant la loi de Moïse ; car ils ne comprenaient pas cette parole : que les choses anciennes avaient pris fin et que toutes choses étaient devenues nouvelles.

3 Et il leur dit : Ne vous étonnez pas que je vous aie dit que les choses anciennes ont pris fin et que toutes choses sont devenues nouvelles.

4 Voici, je vous dis que la loi qui fut donnée à Moïse est accomplie.

5 Voici, je suis celui qui a donné la loi, et je suis celui qui a fait alliance avec mon peuple d'Israël ; c'est pourquoi, la loi est accomplie en moi, car je suis venu pour accomplir la loi ; c'est pourquoi elle est finie.

6 Voici, je ne détruis pas les prophètes, car tous ceux qui n'ont pas été accomplis en moi, en vérité, je vous le dis, seront tous accomplis.

7 Et parce que je vous ai dit que les choses anciennes ont pris fin, je ne détruis pas ce qui a été dit concernant les choses qui sont à venir.

8 Car voici, l'alliance que j'ai faite avec mon peuple n'est pas toute accomplie ; mais la loi qui a été donnée à Moïse est finie en moi.

9 Voici, je suis la loi et la lumière. Regardez vers moi et persévérez jusqu'à la fin, et vous vivrez ; car à celui qui persévère jusqu'à la fin, je donnerai la vie éternelle.

10 Behold, I have given unto you the commandments; therefore keep my commandments. And this is the law and the prophets, for they truly testified of me.

11 And now it came to pass that when Jesus had spoken these words, he said unto those twelve whom he had chosen:

12 Ye are my disciples; and ye are a light unto this people, who are a remnant of the house of Joseph.

13 And behold, this is the land of your inheritance; and the Father hath given it unto you.

14 And not at any time hath the Father given me commandment that I should tell it unto your brethren at Jerusalem.

15 Neither at any time hath the Father given me commandment that I should tell unto them concerning the other tribes of the house of Israel, whom the Father hath led away out of the land.

16 This much did the Father command me, that I should tell unto them:

17 That other sheep I have which are not of this fold; them also I must bring, and they shall hear my voice; and there shall be one fold, and one shepherd.

18 And now, because of stiffneckedness and unbelief they understood not my word; therefore I was commanded to say no more of the Father concerning this thing unto them.

19 But, verily, I say unto you that the Father hath commanded me, and I tell it unto you, that ye were separated from among them because of their iniquity; therefore it is because of their iniquity that they know not of you.

20 And verily, I say unto you again that the other tribes hath the Father separated from them; and it is because of their iniquity that they know not of them.

21 And verily I say unto you, that ye are they of whom I said: Other sheep I have which are not of this fold; them also I must bring, and they shall hear my voice; and there shall be one fold, and one shepherd.

22 And they understood me not, for they supposed it had been the Gentiles; for they

10 Voici, je vous ai donné les commandements ; c'est pourquoi, gardez mes commandements. Et c'est là la loi et les prophètes, car, en vérité, ils ont témoigné de moi.

11 Et alors, il arriva que lorsqu'il eut dit ces paroles, Jésus dit à ces douze qu'il avait choisis :

12 Vous êtes mes disciples, et vous êtes une lumière pour ce peuple, qui est un reste de la maison de Joseph.

13 Et voici, ceci est le pays de votre héritage ; et le Père vous l'a donné.

14 Et jamais à aucun moment le Père ne m'a donné le commandement de le dire à vos frères à Jérusalem.

15 Et jamais non plus à aucun moment le Père ne m'a donné le commandement de leur parler des autres tribus de la maison d'Israël, que le Père a emmenées du pays.

16 Le Père m'a commandé de ne leur dire que ceci :

17 Que j'ai d'autres brebis qui ne sont pas de cette bergerie ; celles-là, il faut aussi que je les amène ; elles entendront ma voix ; et il y aura un seul troupeau, un seul berger.

18 Or, à cause de la roideur de leur cou et de leur incrédulité, ils n'ont pas compris ma parole ; c'est pourquoi il m'a été commandé par le Père de ne pas leur en dire davantage à ce sujet.

19 Mais, en vérité, je vous dis que le Père m'a commandé, et je vous le dis, que vous avez été séparés d'eux à cause de leur iniquité ; c'est pourquoi, c'est à cause de leur iniquité que vous leur êtes inconnus.

20 Et en vérité, je vous dis encore que le Père a séparé d'eux les autres tribus ; et c'est à cause de leur iniquité qu'elles leur sont inconnues.

21 Et en vérité, je vous dis que vous êtes ceux de qui j'ai dit : J'ai d'autres brebis qui ne sont pas de cette bergerie ; celles-là, il faut aussi que je les amène ; elles entendront ma voix ; et il y aura un seul troupeau, un seul berger.

22 Et ils ne m'ont pas compris, car ils pensaient que c'étaient les Gentils ; car ils ne

understood not that the Gentiles should be converted through their preaching.

23 And they understood me not that I said they shall hear my voice; and they understood me not that the Gentiles should not at any time hear my voice—that I should not manifest myself unto them save it were by the Holy Ghost.

24 But behold, ye have both heard my voice, and seen me; and ye are my sheep, and ye are numbered among those whom the Father hath given me.

CHAPTER 16

Jesus will visit others of the lost sheep of Israel— In the latter days the gospel will go to the Gentiles and then to the house of Israel—The Lord's people will see eye to eye when He brings again Zion. About A.D. 34.

1 And verily, verily, I say unto you that I have other sheep, which are not of this land, neither of the land of Jerusalem, neither in any parts of that land round about whither I have been to minister.

2 For they of whom I speak are they who have not as yet heard my voice; neither have I at any time manifested myself unto them.

3 But I have received a commandment of the Father that I shall go unto them, and that they shall hear my voice, and shall be numbered among my sheep, that there may be one fold and one shepherd; therefore I go to show myself unto them.

4 And I command you that ye shall write these sayings after I am gone, that if it so be that my people at Jerusalem, they who have seen me and been with me in my ministry, do not ask the Father in my name, that they may receive a knowledge of you by the Holy Ghost, and also of the other tribes whom they know not of, that these sayings which ye shall write shall be kept and shall be manifested unto the Gentiles, that through the fulness of the Gentiles, the remnant of their seed, who shall be scattered forth upon the face of the earth because of their unbelief, may be brought in, or may be brought to a knowledge of me, their Redeemer.

comprenaient pas que les Gentils seraient convertis par leur prédication.

23 Et ils ne m'ont pas compris lorsque j'ai dit qu'ils entendraient ma voix ; et ils n'ont pas compris que les Gentils n'entendraient jamais ma voix, que je ne me manifesterais pas à eux, si ce n'est par le Saint-Esprit.

24 Mais voici, vous avez entendu ma voix et m'avez vu ; et vous êtes mes brebis, et vous êtes comptés parmi ceux que le Père m'a donnés.

CHAPITRE 16

Jésus visitera d'autres brebis perdues d'Israël — Dans les derniers jours, l'Évangile ira aux Gentils et ensuite à la maison d'Israël — Le peuple du Seigneur verra de ses propres yeux qu'il ramène Sion. Vers 34 apr. J.-C.

1 Et en vérité, en vérité, je vous dis que j'ai d'autres brebis qui ne sont pas de ce pays, ni du pays de Jérusalem, ni d'aucune partie du pays alentour où je suis allé exercer mon ministère.

2 Car ceux dont je parle sont ceux qui n'ont pas encore entendu ma voix ; et je ne me suis encore jamais manifesté à eux.

3 Mais j'ai reçu du Père le commandement d'aller à eux, et ils entendront ma voix et seront comptés parmi mes brebis, afin qu'il y ait un seul troupeau, un seul berger ; c'est pourquoi je vais me montrer à eux.

4 Et je vous commande d'écrire ces paroles lorsque je serai parti, afin que si mon peuple de Jérusalem, ceux qui m'ont vu et ont été avec moi dans mon ministère, ne demandent pas au Père en mon nom, d'obtenir par le Saint-Esprit une connaissance de vous et aussi des autres tribus qui leur sont inconnues, ces paroles, que vous écrirez, soient gardées et soient manifestées aux Gentils, afin que par la plénitude des Gentils, le reste de leur postérité, qui sera dispersé sur la surface de la terre à cause de son incrédulité, soit ramené, ou soit amené à me connaître, moi, son Rédempteur.

5 And then will I gather them in from the four quarters of the earth; and then will I fulfil the covenant which the Father hath made unto all the people of the house of Israel.

6 And blessed are the Gentiles, because of their belief in me, in and of the Holy Ghost, which witnesses unto them of me and of the Father.

7 Behold, because of their belief in me, saith the Father, and because of the unbelief of you, O house of Israel, in the latter day shall the truth come unto the Gentiles, that the fulness of these things shall be made known unto them.

8 But wo, saith the Father, unto the unbelieving of the Gentiles—for notwithstanding they have come forth upon the face of this land, and have scattered my people who are of the house of Israel; and my people who are of the house of Israel have been cast out from among them, and have been trodden under feet by them;

9 And because of the mercies of the Father unto the Gentiles, and also the judgments of the Father upon my people who are of the house of Israel, verily, verily, I say unto you, that after all this, and I have caused my people who are of the house of Israel to be smitten, and to be afflicted, and to be slain, and to be cast out from among them, and to become hated by them, and to become a hiss and a byword among them—

10 And thus commandeth the Father that I should say unto you: At that day when the Gentiles shall sin against my gospel, and shall reject the fulness of my gospel, and shall be lifted up in the pride of their hearts above all nations, and above all the people of the whole earth, and shall be filled with all manner of lyings, and of deceits, and of mischiefs, and all manner of hypocrisy, and murders, and priestcrafts, and whoredoms, and of secret abominations; and if they shall do all those things, and shall reject the fulness of my gospel, behold, saith the Father, I will bring the fulness of my gospel from among them.

11 And then will I remember my covenant which I have made unto my people, O house of Israel, and I will bring my gospel unto them.

12 And I will show unto thee, O house of Israel, that the Gentiles shall not have

5 Et alors, je les rassemblerai des quatre coins de la terre ; et alors j'accomplirai l'alliance que le Père a faite avec tout le peuple de la maison d'Israël.

6 Et bénis sont les Gentils, à cause de leur croyance en moi, dans et par le Saint-Esprit, qui leur témoigne de moi et du Père.

7 Voici, à cause de leur croyance en moi, dit le Père, et à cause de ton incrédulité, ô maison d'Israël, dans les derniers jours, la vérité parviendra aux Gentils, afin que la plénitude de ces choses leur soit révélée.

8 Mais malheur, dit le Père, aux incrédules parmi les Gentils : car en dépit du fait qu'ils sont venus sur la surface de ce pays et ont dispersé mon peuple qui est de la maison d'Israël ; et mon peuple qui est de la maison d'Israël a été chassé de parmi eux et a été foulé aux pieds par eux ;

9 Et à cause de la miséricorde du Père envers les Gentils, et aussi des jugements du Père sur mon peuple qui est de la maison d'Israël, en vérité, en vérité, je vous dis qu'après tout cela, et j'ai fait en sorte que mon peuple qui est de la maison d'Israël soit frappé, et soit affligé, et soit tué, et soit chassé de parmi eux, et soit haï par eux, et devienne un sujet de sarcasme et de fable parmi eux —

10 Et voici ce que le Père m'a commandé de vous dire : En ce jour-là, lorsque les Gentils pécheront contre mon Évangile, et rejetteront la plénitude de mon Évangile, et seront enflés dans l'orgueil de leur cœur par-dessus toutes les nations, et par-dessus tous les peuples de toute la terre, et seront remplis de toutes sortes de mensonges, et de tromperies, et de malfaisance, et de toutes sortes d'hypocrisie, et de meurtres, et d'intrigues de prêtres, et de fornication, et d'abominations secrètes ; et s'ils font toutes ces choses et rejettent la plénitude de mon Évangile, voici, dit le Père, j'emporterai la plénitude de mon Évangile de parmi eux.

11 Et alors, je me souviendrai de mon alliance que j'ai faite avec mon peuple, ô maison d'Israël, et je lui apporterai mon Évangile.

12 Et je te montrerai, ô maison d'Israël, que les Gentils n'auront pas de pouvoir sur toi ;

power over you; but I will remember my covenant unto you, O house of Israel, and ye shall come unto the knowledge of the fulness of my gospel.

13 But if the Gentiles will repent and return unto me, saith the Father, behold they shall be numbered among my people, O house of Israel.

14 And I will not suffer my people, who are of the house of Israel, to go through among them, and tread them down, saith the Father.

15 But if they will not turn unto me, and hearken unto my voice, I will suffer them, yea, I will suffer my people, O house of Israel, that they shall go through among them, and shall tread them down, and they shall be as salt that hath lost its savor, which is thenceforth good for nothing but to be cast out, and to be trodden under foot of my people, O house of Israel.

16 Verily, verily, I say unto you, thus hath the Father commanded me—that I should give unto this people this land for their inheritance.

17 And then the words of the prophet Isaiah shall be fulfilled, which say:

18 Thy watchmen shall lift up the voice; with the voice together shall they sing, for they shall see eye to eye when the Lord shall bring again Zion.

19 Break forth into joy, sing together, ye waste places of Jerusalem; for the Lord hath comforted his people, he hath redeemed Jerusalem.

20 The Lord hath made bare his holy arm in the eyes of all the nations; and all the ends of the earth shall see the salvation of God.

mais je me souviendrai de mon alliance avec toi, ô maison d'Israël, et tu parviendras à la connaissance de la plénitude de mon Évangile.

13 Mais si les Gentils se repentent et reviennent à moi, dit le Père, voici, ils seront comptés parmi mon peuple, ô maison d'Israël.

14 Et je ne souffrirai pas que mon peuple, qui est de la maison d'Israël, passe au milieu d'eux et les foule aux pieds, dit le Père.

15 Mais s'ils ne se tournent pas vers moi et n'écoutent pas ma voix, je souffrirai, oui, je souffrirai que mon peuple, ô maison d'Israël, passe au milieu d'eux et les foule aux pieds, et ils seront comme du sel qui a perdu sa saveur, qui ne sert plus qu'à être jeté dehors, et foulé aux pieds par mon peuple, ô maison d'Israël.

16 En vérité, en vérité, je vous le dis, voici ce que m'a commandé le Père : que je dois donner à ce peuple ce pays pour héritage.

17 Et alors seront accomplies les paroles du prophète Ésaïe, qui disent :

18 La voix de tes sentinelles retentit ; elles élèvent la voix, elles poussent ensemble des cris d'allégresse ; car de leurs propres yeux elles voient que le Seigneur ramène Sion.

19 Eclatez ensemble en cris de joie, ruines de Jérusalem ! Car le Seigneur console son peuple, il rachète Jérusalem.

20 Le Seigneur découvre le bras de sa sainteté, aux yeux de toutes les nations ; et toutes les extrémités de la terre verront le salut de Dieu.

CHAPTER 17

CHAPITRE 17

Jesus directs the people to ponder His words and pray for understanding—He heals their sick—He prays for the people, using language that cannot be written—Angels minister to and fire encircles their little ones. About A.D. 34.

Jésus commande au peuple de méditer ses paroles et de prier pour les comprendre — Il guérit les malades — Il prie pour le peuple en utilisant un langage qui ne peut être écrit — Des anges servent et du feu environne leurs petits enfants. Vers 34 apr. J.-C.

1 Behold, now it came to pass that when Jesus had spoken these words he looked round about again on the multitude, and he said unto them: Behold, my time is at hand.

2 I perceive that ye are weak, that ye cannot understand all my words which I am commanded of the Father to speak unto you at this time.

3 Therefore, go ye unto your homes, and ponder upon the things which I have said, and ask of the Father, in my name, that ye may understand, and prepare your minds for the morrow, and I come unto you again.

4 But now I go unto the Father, and also to show myself unto the lost tribes of Israel, for they are not lost unto the Father, for he knoweth whither he hath taken them.

5 And it came to pass that when Jesus had thus spoken, he cast his eyes round about again on the multitude, and beheld they were in tears, and did look steadfastly upon him as if they would ask him to tarry a little longer with them.

6 And he said unto them: Behold, my bowels are filled with compassion towards you.

7 Have ye any that are sick among you? Bring them hither. Have ye any that are lame, or blind, or halt, or maimed, or leprous, or that are withered, or that are deaf, or that are afflicted in any manner? Bring them hither and I will heal them, for I have compassion upon you; my bowels are filled with mercy.

8 For I perceive that ye desire that I should show unto you what I have done unto your brethren at Jerusalem, for I see that your faith is sufficient that I should heal you.

9 And it came to pass that when he had thus spoken, all the multitude, with one accord, did go forth with their sick and their afflicted, and their lame, and with their blind, and with their dumb, and with all them that were afflicted in any manner; and he did heal them every one as they were brought forth unto him.

10 And they did all, both they who had been healed and they who were whole, bow down at his feet, and did worship him; and as many as could come for the multitude did kiss his feet, insomuch that they did bathe his feet with their tears.

11 And it came to pass that he commanded that their little children should be brought.

1 Voici, alors, il arriva que lorsqu'il eut dit ces paroles, Jésus posa de nouveau les regards alentour sur la multitude, et lui dit : Voici, mon temps est proche.

2 Je vois que vous êtes faibles, que vous ne pouvez comprendre toutes les paroles que mon Père me commande de vous dire maintenant.

3 C'est pourquoi, rentrez chez vous, et méditez les choses que j'ai dites, et demandez au Père, en mon nom, de pouvoir comprendre, et préparez votre esprit pour demain, et je viendrai de nouveau à vous.

4 Mais maintenant, je vais au Père, et aussi me montrer aux tribus perdues d'Israël, car elles ne sont pas perdues pour le Père, car il sait où il les a emmenées ;

5 et il arriva que lorsque Jésus eut ainsi parlé, il jeta de nouveau les regards alentour sur la multitude, et vit qu'elle était en larmes et avait les regards fixés sur lui, comme si elle voulait lui demander de demeurer encore un peu avec elle.

6 Et il lui dit : Voici, mes entrailles sont remplies de compassion envers vous.

7 En avez-vous parmi vous qui sont malades ? Amenez-les ici. En avez-vous qui sont estropiés, ou aveugles, ou boiteux, ou mutilés, ou lépreux, ou qui sont desséchés, qui sont sourds, ou qui sont affligés de toute autre manière ? Amenez-les ici et je les guérirai, car j'ai compassion de vous ; mes entrailles sont remplies de miséricorde.

8 Car je vois que vous désirez que je vous montre ce que j'ai fait à vos frères à Jérusalem, car je vois que votre foi est suffisante pour que je vous guérisse.

9 Et il arriva que lorsqu'il eut ainsi parlé, toute la multitude, d'un commun accord, s'avança avec ses malades, et ses affligés, et ses estropiés, et avec ses aveugles, et avec ses muets, et avec tous ceux qui étaient affligés de toute autre manière ; et il guérit chacun d'eux à mesure qu'on les lui amenait.

10 Et tous, tant ceux qui avaient été guéris que ceux qui étaient sains, se prosternèrent à ses pieds et l'adorèrent ; et tous ceux de cette multitude qui purent l'approcher lui baisèrent les pieds, de sorte qu'ils lui baignaient les pieds de leurs larmes.

11 Et il arriva qu'il commanda qu'on lui amenât les petits enfants.

12 So they brought their little children and set them down upon the ground round about him, and Jesus stood in the midst; and the multitude gave way till they had all been brought unto him.

13 And it came to pass that when they had all been brought, and Jesus stood in the midst, he commanded the multitude that they should kneel down upon the ground.

14 And it came to pass that when they had knelt upon the ground, Jesus groaned within himself, and said: Father, I am troubled because of the wickedness of the people of the house of Israel.

15 And when he had said these words, he himself also knelt upon the earth; and behold he prayed unto the Father, and the things which he prayed cannot be written, and the multitude did bear record who heard him.

16 And after this manner do they bear record: The eye hath never seen, neither hath the ear heard, before, so great and marvelous things as we saw and heard Jesus speak unto the Father;

17 And no tongue can speak, neither can there be written by any man, neither can the hearts of men conceive so great and marvelous things as we both saw and heard Jesus speak; and no one can conceive of the joy which filled our souls at the time we heard him pray for us unto the Father.

18 And it came to pass that when Jesus had made an end of praying unto the Father, he arose; but so great was the joy of the multitude that they were overcome.

19 And it came to pass that Jesus spake unto them, and bade them arise.

20 And they arose from the earth, and he said unto them: Blessed are ye because of your faith. And now behold, my joy is full.

21 And when he had said these words, he wept, and the multitude bare record of it, and he took their little children, one by one, and blessed them, and prayed unto the Father for them.

22 And when he had done this he wept again;

23 And he spake unto the multitude, and said unto them: Behold your little ones.

12 Ils amenèrent donc leurs petits enfants et les posèrent à terre tout autour de lui, et Jésus se tint au milieu d'eux ; et la multitude s'écarta jusqu'à ce qu'ils lui eussent tous été amenés.

13 Et il arriva que lorsqu'ils eurent tous été amenés, et qu'il se tint au milieu d'eux, Jésus commanda à la multitude de s'agenouiller à terre.

14 Et il arriva que lorsqu'ils se furent agenouillés à terre, Jésus gémit en lui-même, et dit : Père, je suis troublé à cause de la méchanceté du peuple de la maison d'Israël.

15 Et lorsqu'il eut dit ces paroles, lui-même s'agenouilla aussi par terre ; et voici, il pria le Père, et les choses qu'il dit dans sa prière ne peuvent être écrites, et la multitude qui l'entendit en témoigna.

16 Et c'est de cette manière qu'elle témoigne : L'œil n'a encore jamais vu, ni l'oreille entendu de choses aussi grandes et aussi merveilleuses que celles que nous vîmes et entendîmes Jésus dire au Père ;

17 et aucune langue ne peut exprimer, ni aucun homme ne peut écrire, ni le cœur des hommes concevoir des choses aussi grandes et aussi merveilleuses que celles que nous vîmes et entendîmes Jésus dire ; et nul ne peut concevoir la joie qui nous remplit l'âme lorsque nous l'entendîmes prier le Père pour nous.

18 Et il arriva que lorsque Jésus eut fini de prier le Père, il se leva ; et si grande était la joie de la multitude qu'elle était accablée.

19 Et il arriva que Jésus leur parla et leur commanda de se lever.

20 Et ils se levèrent, et il leur dit : Vous êtes bénis à cause de votre foi. Et maintenant, voici, ma joie est pleine.

21 Et lorsqu'il eut dit ces paroles, il pleura, et la multitude en témoigna, et il prit leurs petits enfants, un par un, et les bénit, et pria le Père pour eux.

22 Et lorsqu'il eut fait cela, il pleura de nouveau ;

23 et il parla à la multitude et lui dit : Voyez vos petits enfants.

24 And as they looked to behold they cast their eyes towards heaven, and they saw the heavens open, and they saw angels descending out of heaven as it were in the midst of fire; and they came down and encircled those little ones about, and they were encircled about with fire; and the angels did minister unto them.

25 And the multitude did see and hear and bear record; and they know that their record is true for they all of them did see and hear, every man for himself; and they were in number about two thousand and five hundred souls; and they did consist of men, women, and children.

CHAPTER 18

Jesus institutes the sacrament among the Nephites—They are commanded to pray always in His name—Those who eat His flesh and drink His blood unworthily are damned—The disciples are given power to confer the Holy Ghost. About A.D. 34.

1 And it came to pass that Jesus commanded his disciples that they should bring forth some bread and wine unto him.

2 And while they were gone for bread and wine, he commanded the multitude that they should sit themselves down upon the earth.

3 And when the disciples had come with bread and wine, he took of the bread and brake and blessed it; and he gave unto the disciples and commanded that they should eat.

4 And when they had eaten and were filled, he commanded that they should give unto the multitude.

5 And when the multitude had eaten and were filled, he said unto the disciples: Behold there shall one be ordained among you, and to him will I give power that he shall break bread and bless it and give it unto the people of my church, unto all those who shall believe and be baptized in my name.

6 And this shall ye always observe to do, even as I have done, even as I have broken bread and blessed it and given it unto you.

24 Et comme ils regardaient, ils jetèrent les regards vers le ciel, et ils virent les cieux ouverts, et ils virent des anges descendre du ciel comme au milieu d'un feu ; et ils descendirent et entourèrent ces petits enfants, et ils étaient environnés de feu ; et les anges les servirent.

25 Et la multitude vit, et entendit, et témoigna ; et ils savent que leur témoignage est vrai, car ils virent et entendirent tous, chacun pour lui-même ; et ils étaient au nombre d'environ deux mille cinq cents âmes, hommes, femmes et enfants.

CHAPITRE 18

Jésus institue la Sainte-Cène chez les Néphites — Il leur est commandé de toujours prier en son nom — Ceux qui mangent sa chair et boivent son sang indignement sont damnés — Les disciples reçoivent le pouvoir de conférer le Saint-Esprit. Vers 34 apr. J.-C.

1 Et il arriva que Jésus commanda à ses disciples de lui apporter du pain et du vin.

2 Et tandis qu'ils étaient partis chercher du pain et du vin, il commanda à la multitude de s'asseoir par terre.

3 Et lorsque les disciples furent venus avec du pain et du vin, il prit le pain, et le rompit, et le bénit ; et il en donna aux disciples et leur commanda de manger.

4 Et lorsqu'ils eurent mangé et furent rassasiés, il leur commanda d'en donner à la multitude.

5 Et lorsque la multitude eut mangé et fut rassasiée, il dit aux disciples : Voici, il y en aura un qui sera ordonné parmi vous, et je lui donnerai le pouvoir de rompre le pain et de le bénir, et de le donner au peuple de mon Église, à tous ceux qui croiront et seront baptisés en mon nom.

6 Et cela, vous vous appliquerez toujours à le faire comme je l'ai fait, c'est-à-dire comme j'ai rompu le pain et l'ai béni, et vous l'ai donné.

7 And this shall ye do in remembrance of my body, which I have shown unto you. And it shall be a testimony unto the Father that ye do always remember me. And if ye do always remember me ye shall have my Spirit to be with you.

8 And it came to pass that when he said these words, he commanded his disciples that they should take of the wine of the cup and drink of it, and that they should also give unto the multitude that they might drink of it.

9 And it came to pass that they did so, and did drink of it and were filled; and they gave unto the multitude, and they did drink, and they were filled.

10 And when the disciples had done this, Jesus said unto them: Blessed are ye for this thing which ye have done, for this is fulfilling my commandments, and this doth witness unto the Father that ye are willing to do that which I have commanded you.

11 And this shall ye always do to those who repent and are baptized in my name; and ye shall do it in remembrance of my blood, which I have shed for you, that ye may witness unto the Father that ye do always remember me. And if ye do always remember me ye shall have my Spirit to be with you.

12 And I give unto you a commandment that ye shall do these things. And if ye shall always do these things blessed are ye, for ye are built upon my rock.

13 But whoso among you shall do more or less than these are not built upon my rock, but are built upon a sandy foundation; and when the rain descends, and the floods come, and the winds blow, and beat upon them, they shall fall, and the gates of hell are ready open to receive them.

14 Therefore blessed are ye if ye shall keep my commandments, which the Father hath commanded me that I should give unto you.

15 Verily, verily, I say unto you, ye must watch and pray always, lest ye be tempted by the devil, and ye be led away captive by him.

16 And as I have prayed among you even so shall ye pray in my church, among my people who do repent and are baptized in my

7 Et cela, vous le ferez en souvenir de mon corps, que je vous ai montré. Et ce sera un témoignage pour le Père que vous vous souvenez toujours de moi. Et si vous vous souvenez toujours de moi, vous aurez mon Esprit avec vous.

8 Et il arriva que lorsqu'il eut dit ces paroles, il commanda à ses disciples de prendre du vin de la coupe et d'en boire, et d'en donner aussi à la multitude, afin qu'elle en bût.

9 Et il arriva qu'ils le firent, et en burent, et furent désaltérés ; et ils donnèrent à la multitude, et elle but, et elle fut désaltérée.

10 Et lorsque les disciples eurent fait cela, Jésus leur dit : Bénis êtes-vous pour ce que vous avez fait là, car cela accomplit mes commandements, et cela témoigne au Père que vous êtes disposés à faire ce que je vous ai commandé.

11 Et cela, vous le ferez toujours à ceux qui se repentent et sont baptisés en mon nom ; et vous le ferez en souvenir de mon sang, que j'ai versé pour vous, afin que vous témoigniez au Père que vous vous souvenez toujours de moi. Et si vous vous souvenez toujours de moi, vous aurez mon Esprit avec vous.

12 Et je vous donne le commandement de faire ces choses. Et si vous faites toujours ces choses, vous êtes bénis, car vous êtes bâtis sur mon roc.

13 Mais quiconque parmi vous fera plus ou moins que cela n'est pas bâti sur mon roc, mais est bâti sur une fondation de sable ; et lorsque la pluie tombera, et que les torrents viendront, et que les vents souffleront et s'abattront sur lui, il tombera, et les portes de l'enfer seront ouvertes, prêtes à le recevoir.

14 C'est pourquoi, vous êtes bénis si vous gardez les commandements que le Père m'a commandé de vous donner.

15 En vérité, en vérité, je vous le dis, vous devez toujours veiller à prier, de peur d'être tentés par le diable et d'être emmenés captifs par lui.

16 Et de même que j'ai prié parmi vous, de même vous prierez dans mon Église, parmi mon peuple qui se repent et est baptisé en

name. Behold I am the light; I have set an example for you.

17 And it came to pass that when Jesus had spoken these words unto his disciples, he turned again unto the multitude and said unto them:

18 Behold, verily, verily, I say unto you, ye must watch and pray always lest ye enter into temptation; for Satan desireth to have you, that he may sift you as wheat.

19 Therefore ye must always pray unto the Father in my name;

20 And whatsoever ye shall ask the Father in my name, which is right, believing that ye shall receive, behold it shall be given unto you.

21 Pray in your families unto the Father, always in my name, that your wives and your children may be blessed.

22 And behold, ye shall meet together oft; and ye shall not forbid any man from coming unto you when ye shall meet together, but suffer them that they may come unto you and forbid them not;

23 But ye shall pray for them, and shall not cast them out; and if it so be that they come unto you oft ye shall pray for them unto the Father, in my name.

24 Therefore, hold up your light that it may shine unto the world. Behold I am the light which ye shall hold up—that which ye have seen me do. Behold ye see that I have prayed unto the Father, and ye all have witnessed.

25 And ye see that I have commanded that none of you should go away, but rather have commanded that ye should come unto me, that ye might feel and see; even so shall ye do unto the world; and whosoever breaketh this commandment suffereth himself to be led into temptation.

26 And now it came to pass that when Jesus had spoken these words, he turned his eyes again upon the disciples whom he had chosen, and said unto them:

27 Behold verily, verily, I say unto you, I give unto you another commandment, and then I must go unto my Father that I may fulfil other commandments which he hath given me.

mon nom. Voici, je suis la lumière ; je vous ai donné l'exemple.

17 Et il arriva que lorsqu'il eut dit ces paroles à ses disciples, Jésus se tourna de nouveau vers la multitude et lui dit :

18 Voici, en vérité, en vérité, je vous le dis, vous devez toujours veiller et prier de peur d'entrer en tentation ; car Satan désire vous avoir, afin de vous passer au crible comme le blé.

19 C'est pourquoi vous devez toujours prier le Père en mon nom.

20 Et tout ce que vous demanderez de juste au Père, en mon nom, croyant le recevoir, voici, cela vous sera donné.

21 Priez le Père dans vos familles, toujours en mon nom, afin que vos épouses et vos enfants soient bénis.

22 Et voici, vous vous réunirez souvent ; et vous n'interdirez à personne de venir à vous lorsque vous vous réunirez, mais vous souffrirez qu'ils viennent à vous et ne le leur interdirez pas ;

23 mais vous prierez pour eux et ne les chasserez pas ; et s'ils viennent souvent chez vous, vous prierez le Père pour eux, en mon nom.

24 C'est pourquoi, élevez votre lumière, afin qu'elle brille pour le monde. Voici, je suis la lumière que vous élèverez : ce que vous m'avez vu faire. Voici, vous voyez que j'ai prié le Père, et vous en avez tous été témoins.

25 Et vous voyez que j'ai commandé qu'aucun de vous ne s'en aille, mais j'ai plutôt commandé que vous veniez à moi afin de toucher et de voir ; ainsi agirez-vous envers le monde ; et quiconque enfreint ce commandement se laisse conduire en tentation.

26 Et alors, il arriva que lorsqu'il eut dit ces paroles, Jésus tourna de nouveau les yeux vers les disciples qu'il avait choisis et leur dit :

27 Voici, en vérité, en vérité, je vous le dis, je vous donne encore un commandement, et ensuite je devrai aller à mon Père afin d'accomplir d'autres commandements qu'il m'a donnés.

28 And now behold, this is the commandment which I give unto you, that ye shall not suffer any one knowingly to partake of my flesh and blood unworthily, when ye shall minister it;

29 For whoso eateth and drinketh my flesh and blood unworthily eateth and drinketh damnation to his soul; therefore if ye know that a man is unworthy to eat and drink of my flesh and blood ye shall forbid him.

30 Nevertheless, ye shall not cast him out from among you, but ye shall minister unto him and shall pray for him unto the Father, in my name; and if it so be that he repenteth and is baptized in my name, then shall ye receive him, and shall minister unto him of my flesh and blood.

31 But if he repent not he shall not be numbered among my people, that he may not destroy my people, for behold I know my sheep, and they are numbered.

32 Nevertheless, ye shall not cast him out of your synagogues, or your places of worship, for unto such shall ye continue to minister; for ye know not but what they will return and repent, and come unto me with full purpose of heart, and I shall heal them; and ye shall be the means of bringing salvation unto them.

33 Therefore, keep these sayings which I have commanded you that ye come not under condemnation; for wo unto him whom the Father condemneth.

34 And I give you these commandments because of the disputations which have been among you. And blessed are ye if ye have no disputations among you.

35 And now I go unto the Father, because it is expedient that I should go unto the Father for your sakes.

36 And it came to pass that when Jesus had made an end of these sayings, he touched with his hand the disciples whom he had chosen, one by one, even until he had touched them all, and spake unto them as he touched them.

37 And the multitude heard not the words which he spake, therefore they did not bear record; but the disciples bare record that he gave them power to give the Holy Ghost. And I will show unto you hereafter that this record is true.

28 Et maintenant, voici, ceci est le commandement que je vous donne : que vous ne permettrez sciemment à personne de prendre ma chair et mon sang indignement, lorsque vous les bénirez ;

29 car quiconque mange et boit ma chair et mon sang indignement, mange et boit la damnation pour son âme ; c'est pourquoi, si vous savez qu'un homme est indigne de manger et de boire de ma chair et de mon sang, vous le lui interdirez.

30 Néanmoins, vous ne le chasserez pas de parmi vous, mais vous le servirez et prierez le Père pour lui, en mon nom ; et s'il se repent et est baptisé en mon nom, alors vous le recevrez et lui donnerez de ma chair et de mon sang.

31 Mais s'il ne se repent pas, il ne sera pas compté parmi mon peuple, afin qu'il ne détruise pas mon peuple, car voici, je connais mes brebis, et elles sont comptées.

32 Néanmoins, vous ne le chasserez pas de vos synagogues, ou de vos lieux de culte, car vous continuerez à servir de telles personnes ; car vous ne savez pas si elles ne reviendront pas et ne se repentiront pas, et ne viendront pas à moi d'un cœur pleinement résolu, et je les guérirai ; et vous serez le moyen qui leur apportera le salut.

33 C'est pourquoi, gardez ces commandements que je vous ai donnés afin de ne pas tomber sous la condamnation ; car malheur à celui que le Père condamne.

34 Et je vous donne ces commandements à cause des controverses qui se sont produites parmi vous. Et bénis êtes-vous si vous n'avez pas de controverses parmi vous.

35 Et maintenant, je vais au Père, parce qu'il est nécessaire que j'aille au Père à cause de vous.

36 Et il arriva que lorsqu'il eut fini de dire ces paroles, Jésus toucha, un par un, de la main, les disciples qu'il avait choisis, jusqu'à ce qu'il les eût touchés tous, et leur parla tandis qu'il les touchait.

37 Et la multitude n'entendit pas les paroles qu'il dit, c'est pourquoi elle ne témoigna pas ; mais les disciples témoignèrent qu'il leur donna le pouvoir de donner le Saint-Esprit. Et je vous montrerai plus loin que ce témoignage est vrai.

38 And it came to pass that when Jesus had touched them all, there came a cloud and overshadowed the multitude that they could not see Jesus.

39 And while they were overshadowed he departed from them, and ascended into heaven. And the disciples saw and did bear record that he ascended again into heaven.

CHAPTER 19

The twelve disciples minister unto the people and pray for the Holy Ghost—The disciples are baptized and receive the Holy Ghost and the ministering of angels—Jesus prays using words that cannot be written—He attests to the exceedingly great faith of these Nephites. About A.D. 34.

1 And now it came to pass that when Jesus had ascended into heaven, the multitude did disperse, and every man did take his wife and his children and did return to his own home.

2 And it was noised abroad among the people immediately, before it was yet dark, that the multitude had seen Jesus, and that he had ministered unto them, and that he would also show himself on the morrow unto the multitude.

3 Yea, and even all the night it was noised abroad concerning Jesus; and insomuch did they send forth unto the people that there were many, yea, an exceedingly great number, did labor exceedingly all that night, that they might be on the morrow in the place where Jesus should show himself unto the multitude.

4 And it came to pass that on the morrow, when the multitude was gathered together, behold, Nephi and his brother whom he had raised from the dead, whose name was Timothy, and also his son, whose name was Jonas, and also Mathoni, and Mathonihah, his brother, and Kumen, and Kumenonhi, and Jeremiah, and Shemnon, and Jonas, and Zedekiah, and Isaiah—now these were the names of the disciples whom Jesus had chosen—and it came to pass that they went forth and stood in the midst of the multitude.

38 Et il arriva que lorsque Jésus les eut tous touchés, une nuée vint et recouvrit la multitude, de sorte qu'elle ne put voir Jésus.

39 Et tandis qu'elle était recouverte, il la quitta et monta au ciel. Et les disciples virent et témoignèrent qu'il était remonté au ciel.

CHAPITRE 19

Les douze disciples exercent leur ministère auprès du peuple et prient pour que le Saint-Esprit vienne — Ils sont baptisés et reçoivent le Saint-Esprit et le ministère d'anges — Jésus prie, utilisant des paroles qui ne peuvent être écrites — Il atteste la foi extrêmement grande de ces Néphites. Vers 34 apr. J.-C.

1 Et alors, il arriva que lorsque Jésus fut monté au ciel, la multitude se dispersa, et chaque homme prit sa femme et ses enfants et retourna chez lui.

2 Et le bruit se répandit immédiatement parmi le peuple, avant même que la nuit fût tombée, que la multitude avait vu Jésus, et qu'il l'avait servie, et qu'il se montrerait aussi le lendemain à la multitude.

3 Oui, et le bruit concernant Jésus se répandit même toute la nuit ; et on envoya tant de messagers au peuple qu'il y en eut beaucoup, oui, un nombre extrêmement grand, qui travaillèrent de toutes leurs forces toute cette nuit-là, afin d'être le lendemain à l'endroit où Jésus se montrerait à la multitude.

4 Et il arriva que le lendemain, lorsque la multitude fut rassemblée, voici, Néphi, et son frère, qu'il avait ressuscité d'entre les morts, dont le nom était Timothée, et aussi son fils, dont le nom était Jonas, et aussi Mathoni, et Mathonihah, son frère, et Kumen, et Kumenonhi, et Jérémie, et Shemnon, et Jonas, et Sédécias, et Ésaïe — or, c'étaient là les noms des disciples que Jésus avait choisis — et il arriva qu'ils s'avancèrent et se tinrent au milieu de la multitude.

5 And behold, the multitude was so great that they did cause that they should be separated into twelve bodies.

6 And the twelve did teach the multitude; and behold, they did cause that the multitude should kneel down upon the face of the earth, and should pray unto the Father in the name of Jesus.

7 And the disciples did pray unto the Father also in the name of Jesus. And it came to pass that they arose and ministered unto the people.

8 And when they had ministered those same words which Jesus had spoken—nothing varying from the words which Jesus had spoken—behold, they knelt again and prayed to the Father in the name of Jesus.

9 And they did pray for that which they most desired; and they desired that the Holy Ghost should be given unto them.

10 And when they had thus prayed they went down unto the water's edge, and the multitude followed them.

11 And it came to pass that Nephi went down into the water and was baptized.

12 And he came up out of the water and began to baptize. And he baptized all those whom Jesus had chosen.

13 And it came to pass when they were all baptized and had come up out of the water, the Holy Ghost did fall upon them, and they were filled with the Holy Ghost and with fire.

14 And behold, they were encircled about as if it were by fire; and it came down from heaven, and the multitude did witness it, and did bear record; and angels did come down out of heaven and did minister unto them.

15 And it came to pass that while the angels were ministering unto the disciples, behold, Jesus came and stood in the midst and ministered unto them.

16 And it came to pass that he spake unto the multitude, and commanded them that they should kneel down again upon the earth, and also that his disciples should kneel down upon the earth.

17 And it came to pass that when they had all knelt down upon the earth, he commanded his disciples that they should pray.

5 Et voici, la multitude était si grande qu'ils la firent diviser en douze groupes.

6 Et les douze instruisirent la multitude ; et voici, ils dirent à la multitude de s'agenouiller sur la surface de la terre et de prier le Père au nom de Jésus.

7 Et les disciples prièrent aussi le Père au nom de Jésus. Et il arriva qu'ils se levèrent et servirent le peuple.

8 Et lorsqu'ils eurent enseigné ces mêmes paroles que Jésus avait dites, sans rien changer aux paroles que Jésus avait dites, voici, ils s'agenouillèrent de nouveau et prièrent le Père au nom de Jésus.

9 Et ils prièrent pour ce qu'ils désiraient le plus ; et ils désiraient que le Saint-Esprit leur fût donné.

10 Et lorsqu'ils eurent ainsi prié, ils descendirent au bord de l'eau, et la multitude les suivit.

11 Et il arriva que Néphi descendit dans l'eau et fut baptisé.

12 Et il sortit de l'eau et commença à baptiser. Et il baptisa tous ceux que Jésus avait choisis.

13 Et il arriva que lorsqu'ils furent tous baptisés et furent sortis de l'eau, le Saint-Esprit descendit sur eux, et ils furent remplis du Saint-Esprit et de feu.

14 Et voici, ils furent environnés comme par du feu ; et ce feu descendait du ciel, et la multitude le vit et en témoigna ; et des anges descendirent du ciel et les servirent.

15 Et il arriva que tandis que les anges servaient les disciples, voici, Jésus vint et se tint au milieu d'eux et les servit.

16 Et il arriva qu'il parla à la multitude, et lui commanda de s'agenouiller de nouveau à terre, et commanda aussi à ses disciples de s'agenouiller à terre.

17 Et il arriva que lorsqu'ils se furent tous agenouillés à terre, il commanda à ses disciples de prier.

18 And behold, they began to pray; and they did pray unto Jesus, calling him their Lord and their God.

19 And it came to pass that Jesus departed out of the midst of them, and went a little way off from them and bowed himself to the earth, and he said:

20 Father, I thank thee that thou hast given the Holy Ghost unto these whom I have chosen; and it is because of their belief in me that I have chosen them out of the world.

21 Father, I pray thee that thou wilt give the Holy Ghost unto all them that shall believe in their words.

22 Father, thou hast given them the Holy Ghost because they believe in me; and thou seest that they believe in me because thou hearest them, and they pray unto me; and they pray unto me because I am with them.

23 And now Father, I pray unto thee for them, and also for all those who shall believe on their words, that they may believe in me, that I may be in them as thou, Father, art in me, that we may be one.

24 And it came to pass that when Jesus had thus prayed unto the Father, he came unto his disciples, and behold, they did still continue, without ceasing, to pray unto him; and they did not multiply many words, for it was given unto them what they should pray, and they were filled with desire.

25 And it came to pass that Jesus blessed them as they did pray unto him; and his countenance did smile upon them, and the light of his countenance did shine upon them, and behold they were as white as the countenance and also the garments of Jesus; and behold the whiteness thereof did exceed all the whiteness, yea, even there could be nothing upon earth so white as the whiteness thereof.

26 And Jesus said unto them: Pray on; nevertheless they did not cease to pray.

27 And he turned from them again, and went a little way off and bowed himself to the earth; and he prayed again unto the Father, saying:

28 Father, I thank thee that thou hast purified those whom I have chosen, because of their faith, and I pray for them, and also for them who shall believe on their words, that they may be purified in me, through faith on their words, even as they are purified in me.

18 Et voici, ils commencèrent à prier ; et ils prièrent Jésus, l'appelant leur Seigneur et leur Dieu.

19 Et il arriva que Jésus sortit du milieu d'eux, et s'éloigna un peu d'eux, et se prosterna à terre, et il dit :

20 Père, je te remercie de ce que tu as donné le Saint-Esprit à ceux-ci que j'ai choisis ; et c'est à cause de leur croyance en moi que je les ai choisis de parmi le monde.

21 Père, je te prie pour que tu donnes le Saint-Esprit à tous ceux qui croiront en leurs paroles.

22 Père, tu leur as donné le Saint-Esprit parce qu'ils croient en moi ; et tu vois qu'ils croient en moi parce que tu les entends, et ils me prient ; et ils me prient parce que je suis avec eux.

23 Et maintenant, Père, je te prie pour eux, et aussi pour tous ceux qui croiront en leurs paroles, afin qu'ils croient en moi, afin que je puisse être en eux, comme toi, Père, tu es en moi, afin que nous soyons un.

24 Et il arriva que lorsque Jésus eut ainsi prié le Père, il vint vers ses disciples, et voici, ils continuaient toujours à le prier, sans cesser, et ils ne multipliaient pas les paroles, car ce qu'ils devaient dire dans leur prière leur était donné, et ils étaient remplis de désirs.

25 Et il arriva que Jésus les bénit tandis qu'ils le priaient ; et son visage leur sourit, et la lumière de son visage brilla sur eux, et voici, ils étaient aussi blancs que le visage et les vêtements de Jésus ; et voici, leur blancheur surpassait toute blancheur, oui, il ne pouvait rien y avoir sur la terre d'aussi blanc que leur blancheur.

26 Et Jésus leur dit : Continuez à prier ; et ils ne cessèrent pas de prier.

27 Et il se détourna de nouveau d'eux, et s'éloigna un peu, et se prosterna à terre ; et il pria de nouveau le Père, disant :

28 Père, je te remercie de ce que tu as purifié ceux que j'ai choisis, à cause de leur foi, et je prie pour eux et aussi pour ceux qui croiront en leurs paroles, afin que ceux-ci soient purifiés en moi par la foi en leurs paroles, comme ceux-là sont purifiés en moi.

29 Father, I pray not for the world, but for those whom thou hast given me out of the world, because of their faith, that they may be purified in me, that I may be in them as thou, Father, art in me, that we may be one, that I may be glorified in them.

30 And when Jesus had spoken these words he came again unto his disciples; and behold they did pray steadfastly, without ceasing, unto him; and he did smile upon them again; and behold they were white, even as Jesus.

31 And it came to pass that he went again a little way off and prayed unto the Father;

32 And tongue cannot speak the words which he prayed, neither can be written by man the words which he prayed.

33 And the multitude did hear and do bear record; and their hearts were open and they did understand in their hearts the words which he prayed.

34 Nevertheless, so great and marvelous were the words which he prayed that they cannot be written, neither can they be uttered by man.

35 And it came to pass that when Jesus had made an end of praying he came again to the disciples, and said unto them: So great faith have I never seen among all the Jews; wherefore I could not show unto them so great miracles, because of their unbelief.

36 Verily I say unto you, there are none of them that have seen so great things as ye have seen; neither have they heard so great things as ye have heard.

29 Père, je ne prie pas pour le monde, mais pour ceux que tu m'as donnés de parmi le monde, à cause de leur foi, afin qu'ils soient purifiés en moi, afin que je sois en eux, comme toi, Père, tu es en moi, afin que nous soyons un, afin que je sois glorifié en eux.

30 Et lorsqu'il eut dit ces paroles, Jésus revint vers ses disciples ; et voici, ils le priaient d'une manière constante, sans cesser ; et il leur sourit de nouveau ; et voici, ils étaient blancs, oui, comme Jésus.

31 Et il arriva qu'il s'éloigna de nouveau un peu et pria le Père ;

32 et la langue ne peut exprimer les paroles qu'il dit dans sa prière, et l'homme ne peut pas non plus écrire les paroles qu'il dit dans sa prière.

33 Et la multitude entendit, et elle en rend témoignage ; et elle eut le cœur ouvert et elle comprit dans son cœur les paroles qu'il dit dans sa prière.

34 Néanmoins, si grandes et merveilleuses étaient les paroles qu'il dit dans sa prière, qu'elles ne peuvent être écrites, et qu'elles ne peuvent pas non plus être exprimées par l'homme.

35 Et il arriva que lorsque Jésus eut fini de prier, il revint vers les disciples et leur dit : Je n'ai jamais vu une aussi grande foi parmi tous les Juifs ; c'est pourquoi je n'ai pas pu leur montrer d'aussi grands miracles à cause de leur incrédulité.

36 En vérité, je vous le dis, il n'y en a aucun parmi eux qui ait vu des choses aussi grandes que celles que vous avez vues ; et ils n'ont pas non plus entendu de choses aussi grandes que celles que vous avez entendues.

CHAPTER 20

CHAPITRE 20

Jesus provides bread and wine miraculously and again administers the sacrament unto the people—The remnant of Jacob will come to the knowledge of the Lord their God and will inherit the Americas—Jesus is the prophet like unto Moses, and the Nephites are children of the prophets—Others of the Lord's people will be gathered to Jerusalem. About A.D. 34.

Jésus fournit miraculeusement du pain et du vin, et bénit de nouveau la Sainte-Cène pour le peuple — Le reste de Jacob parviendra à la connaissance du Seigneur, son Dieu, et héritera l'Amérique — Jésus est le prophète semblable à Moïse, et les Néphites sont les enfants des prophètes — D'autres appartenant au peuple du Seigneur seront rassemblés à Jérusalem. Vers 34 apr. J.-C.

1 And it came to pass that he commanded the multitude that they should cease to pray, and also his disciples. And he commanded

1 Et il arriva qu'il commanda à la multitude et aussi à ses disciples de cesser de prier. Et

them that they should not cease to pray in their hearts.

2 And he commanded them that they should arise and stand up upon their feet. And they arose up and stood upon their feet.

3 And it came to pass that he brake bread again and blessed it, and gave to the disciples to eat.

4 And when they had eaten he commanded them that they should break bread, and give unto the multitude.

5 And when they had given unto the multitude he also gave them wine to drink, and commanded them that they should give unto the multitude.

6 Now, there had been no bread, neither wine, brought by the disciples, neither by the multitude;

7 But he truly gave unto them bread to eat, and also wine to drink.

8 And he said unto them: He that eateth this bread eateth of my body to his soul; and he that drinketh of this wine drinketh of my blood to his soul; and his soul shall never hunger nor thirst, but shall be filled.

9 Now, when the multitude had all eaten and drunk, behold, they were filled with the Spirit; and they did cry out with one voice, and gave glory to Jesus, whom they both saw and heard.

10 And it came to pass that when they had all given glory unto Jesus, he said unto them: Behold now I finish the commandment which the Father hath commanded me concerning this people, who are a remnant of the house of Israel.

11 Ye remember that I spake unto you, and said that when the words of Isaiah should be fulfilled—behold they are written, ye have them before you, therefore search them—

12 And verily, verily, I say unto you, that when they shall be fulfilled then is the fulfilling of the covenant which the Father hath made unto his people, O house of Israel.

13 And then shall the remnants, which shall be scattered abroad upon the face of the earth, be gathered in from the east and from the west, and from the south and from the north; and they shall be brought to the

---

il leur commanda de ne pas cesser de prier dans leur cœur.

2 Et il leur commanda de se lever et de se tenir debout. Et ils se levèrent et se tinrent debout.

3 Et il arriva qu'il rompit de nouveau le pain, et le bénit, et le donna à manger aux disciples.

4 Et lorsqu'ils eurent mangé, il leur commanda de rompre le pain et d'en donner à la multitude.

5 Et lorsqu'ils en eurent donné à la multitude, il leur donna aussi du vin à boire et leur commanda d'en donner à la multitude.

6 Or, ni les disciples ni la multitude n'avaient apporté de pain ou de vin ;

7 mais il leur donna, en vérité, du pain à manger et aussi du vin à boire.

8 Et il leur dit : Celui qui mange ce pain, mange de mon corps pour son âme ; et celui qui boit de ce vin, boit de mon sang pour son âme ; et son âme n'aura jamais faim ni soif, mais sera rassasiée.

9 Alors, quand toute la multitude eut mangé et bu, voici, elle fut remplie de l'Esprit ; et elle cria d'une seule voix et rendit gloire à Jésus, qu'elle voyait et entendait.

10 Et il arriva que lorsque tous lui eurent rendu gloire, Jésus leur dit : Voici, maintenant, je finis d'accomplir le commandement que le Père m'a donné concernant ce peuple, qui est un reste de la maison d'Israël.

11 Vous vous souvenez que je vous ai parlé et dit que lorsque les paroles d'Ésaïe s'accompliraient — voici, elles sont écrites, vous les avez devant vous, c'est pourquoi sondez-les —

12 et en vérité, en vérité, je vous dis que lorsqu'elles seront accomplies, alors s'accomplira l'alliance que le Père a faite avec son peuple, ô maison d'Israël.

13 Et alors, les restes, qui seront dispersés sur la surface de la terre, seront rassemblés de l'est, et de l'ouest, et du sud, et du nord ; et ils seront amenés à connaître le Seigneur, leur Dieu, qui les a rachetés.

knowledge of the Lord their God, who hath redeemed them.

14 And the Father hath commanded me that I should give unto you this land, for your inheritance.

15 And I say unto you, that if the Gentiles do not repent after the blessing which they shall receive, after they have scattered my people—

16 Then shall ye, who are a remnant of the house of Jacob, go forth among them; and ye shall be in the midst of them who shall be many; and ye shall be among them as a lion among the beasts of the forest, and as a young lion among the flocks of sheep, who, if he goeth through both treadeth down and teareth in pieces, and none can deliver.

17 Thy hand shall be lifted up upon thine adversaries, and all thine enemies shall be cut off.

18 And I will gather my people together as a man gathereth his sheaves into the floor.

19 For I will make my people with whom the Father hath covenanted, yea, I will make thy horn iron, and I will make thy hoofs brass. And thou shalt beat in pieces many people; and I will consecrate their gain unto the Lord, and their substance unto the Lord of the whole earth. And behold, I am he who doeth it.

20 And it shall come to pass, saith the Father, that the sword of my justice shall hang over them at that day; and except they repent it shall fall upon them, saith the Father, yea, even upon all the nations of the Gentiles.

21 And it shall come to pass that I will establish my people, O house of Israel.

22 And behold, this people will I establish in this land, unto the fulfilling of the covenant which I made with your father Jacob; and it shall be a New Jerusalem. And the powers of heaven shall be in the midst of this people; yea, even I will be in the midst of you.

23 Behold, I am he of whom Moses spake, saying: A prophet shall the Lord your God raise up unto you of your brethren, like unto me; him shall ye hear in all things whatsoever he shall say unto you. And it shall come to pass that every soul who will not hear that prophet shall be cut off from among the people.

14 Et le Père m'a commandé de vous donner ce pays en héritage.

15 Et je vous dis que si les Gentils ne se repentent pas après la bénédiction qu'ils recevront, lorsqu'ils auront dispersé mon peuple,

16 alors vous, qui êtes un reste de la maison de Jacob, vous irez parmi eux ; et vous serez au milieu d'eux, et ils seront nombreux ; et vous serez parmi eux comme un lion parmi les bêtes de la forêt, comme un lionceau parmi les troupeaux de brebis ; lorsqu'il passe, il foule et déchire, et personne ne délivre.

17 Ta main sera levée sur tes adversaires, et tous tes ennemis seront exterminés.

18 Et je rassemblerai mon peuple comme un homme rassemble ses gerbes dans l'aire.

19 Car je te ferai, à toi, mon peuple, avec qui le Père a fait alliance, oui, je te ferai une corne de fer et des ongles d'airain, et tu broieras des peuples nombreux ; je consacrerai leurs biens au Seigneur, et leurs richesses au Seigneur de toute la terre. Et voici, c'est moi qui le fais.

20 Et il arrivera, dit le Père, que l'épée de ma justice sera suspendue au-dessus d'eux en ce jour-là ; et à moins qu'ils ne se repentent, elle tombera sur eux, dit le Père, oui, sur toutes les nations des Gentils.

21 Et il arrivera que j'établirai mon peuple, ô maison d'Israël.

22 Et voici, j'établirai ce peuple dans ce pays, pour l'accomplissement de l'alliance que j'ai faite avec votre père Jacob ; et il sera une nouvelle Jérusalem. Et les puissances du ciel seront au milieu de ce peuple ; oui, je serai moi-même au milieu de vous.

23 Voici, je suis celui dont Moïse a parlé, disant : Le Seigneur, votre Dieu, vous suscitera, d'entre vos frères, un prophète comme moi ; vous l'écouterez en tout ce qu'il vous dira. Et il arrivera que toute âme qui n'écoute pas ce prophète sera retranchée du peuple.

24 Verily I say unto you, yea, and all the prophets from Samuel and those that follow after, as many as have spoken, have testified of me.

25 And behold, ye are the children of the prophets; and ye are of the house of Israel; and ye are of the covenant which the Father made with your fathers, saying unto Abraham: And in thy seed shall all the kindreds of the earth be blessed.

26 The Father having raised me up unto you first, and sent me to bless you in turning away every one of you from his iniquities; and this because ye are the children of the covenant—

27 And after that ye were blessed then fulfilleth the Father the covenant which he made with Abraham, saying: In thy seed shall all the kindreds of the earth be blessed—unto the pouring out of the Holy Ghost through me upon the Gentiles, which blessing upon the Gentiles shall make them mighty above all, unto the scattering of my people, O house of Israel.

28 And they shall be a scourge unto the people of this land. Nevertheless, when they shall have received the fulness of my gospel, then if they shall harden their hearts against me I will return their iniquities upon their own heads, saith the Father.

29 And I will remember the covenant which I have made with my people; and I have covenanted with them that I would gather them together in mine own due time, that I would give unto them again the land of their fathers for their inheritance, which is the land of Jerusalem, which is the promised land unto them forever, saith the Father.

30 And it shall come to pass that the time cometh, when the fulness of my gospel shall be preached unto them;

31 And they shall believe in me, that I am Jesus Christ, the Son of God, and shall pray unto the Father in my name.

32 Then shall their watchmen lift up their voice, and with the voice together shall they sing; for they shall see eye to eye.

33 Then will the Father gather them together again, and give unto them Jerusalem for the land of their inheritance.

34 Then shall they break forth into joy—Sing together, ye waste places of Jerusalem;

24 En vérité, je vous le dis, oui, et tous les prophètes depuis Samuel et ceux qui l'ont suivi, tous ceux qui ont parlé, ont témoigné de moi.

25 Et voici, vous êtes les enfants des prophètes ; et vous êtes de la maison d'Israël ; et vous êtes de l'alliance que le Père a faite avec vos pères, disant à Abraham : Toutes les nations de la terre seront bénies en ta postérité.

26 Le Père m'ayant ressuscité d'abord pour vous et m'ayant envoyé vous bénir en détournant chacun de vous de ses iniquités, et cela, parce que vous êtes les enfants de l'alliance —

27 et une fois que vous êtes bénis, le Père accomplit l'alliance qu'il a faite avec Abraham, disant : Toutes les nations de la terre seront bénies en ta postérité — au point que le Saint-Esprit sera déversé, par mon intermédiaire, sur les Gentils, bénédiction sur les Gentils qui les rendra puissants par-dessus tous, au point de disperser mon peuple, ô maison d'Israël.

28 Et ils seront un fléau pour le peuple de ce pays. Néanmoins, lorsqu'ils auront reçu la plénitude de mon Évangile, alors, s'ils s'endurcissent le cœur contre moi, je ferai retomber leurs iniquités sur leur tête, dit le Père.

29 Et je me souviendrai de l'alliance que j'ai faite avec mon peuple ; et j'ai fait alliance avec lui que je le rassemblerais lorsque je le jugerais bon, que je lui rendrais en héritage le pays de ses pères, qui est le pays de Jérusalem, qui est, pour lui, la terre promise à jamais, dit le Père.

30 Et il arrivera que le moment vient où la plénitude de mon Évangile lui sera prêchée ;

31 et il croira en moi, il croira que je suis Jésus-Christ, le Fils de Dieu, et priera le Père en mon nom.

32 La voix de leurs sentinelles retentit ; elles élèvent la voix, elles poussent ensemble des cris d'allégresse ; car de leurs propres yeux elles voient.

33 Alors le Père le rassemblera de nouveau, et lui donnera Jérusalem comme pays de son héritage.

34 Alors il éclatera de joie : Eclatez ensemble en cris de joie, ruines de Jérusalem ; car

for the Father hath comforted his people, he hath redeemed Jerusalem.

35 The Father hath made bare his holy arm in the eyes of all the nations; and all the ends of the earth shall see the salvation of the Father; and the Father and I are one.

36 And then shall be brought to pass that which is written: Awake, awake again, and put on thy strength, O Zion; put on thy beautiful garments, O Jerusalem, the holy city, for henceforth there shall no more come into thee the uncircumcised and the unclean.

37 Shake thyself from the dust; arise, sit down, O Jerusalem; loose thyself from the bands of thy neck, O captive daughter of Zion.

38 For thus saith the Lord: Ye have sold yourselves for naught, and ye shall be redeemed without money.

39 Verily, verily, I say unto you, that my people shall know my name; yea, in that day they shall know that I am he that doth speak.

40 And then shall they say: How beautiful upon the mountains are the feet of him that bringeth good tidings unto them, that publisheth peace; that bringeth good tidings unto them of good, that publisheth salvation; that saith unto Zion: Thy God reigneth!

41 And then shall a cry go forth: Depart ye, depart ye, go ye out from thence, touch not that which is unclean; go ye out of the midst of her; be ye clean that bear the vessels of the Lord.

42 For ye shall not go out with haste nor go by flight; for the Lord will go before you, and the God of Israel shall be your rearward.

43 Behold, my servant shall deal prudently; he shall be exalted and extolled and be very high.

44 As many were astonished at thee—his visage was so marred, more than any man, and his form more than the sons of men—

45 So shall he sprinkle many nations; the kings shall shut their mouths at him, for that which had not been told them shall they see; and that which they had not heard shall they consider.

le Père console son peuple, il rachète Jérusalem.

35 Le Père découvre le bras de sa sainteté, aux yeux de toutes les nations ; et toutes les extrémités de la terre verront le salut du Père ; et le Père et moi sommes un.

36 Et alors sera réalisé ce qui est écrit : Réveille-toi ! réveille-toi de nouveau, et revêts-toi de ta force, ô Sion ; revêts tes habits de fête, ô Jérusalem, ville sainte ! Car il n'entrera plus chez toi ni incirconcis ni impur.

37 Secoue ta poussière, lève-toi, mets-toi sur ton séant, Jérusalem ! Détache les liens de ton cou, captive, fille de Sion !

38 Car ainsi parle le Seigneur : C'est gratuitement que vous avez été vendus, et ce n'est pas à prix d'argent que vous serez rachetés.

39 En vérité, en vérité, je vous dis que mon peuple connaîtra mon nom ; oui, il saura, en ce jour, que c'est moi qui parle.

40 Et alors il dira : Qu'ils sont beaux sur les montagnes, les pieds de celui qui lui apporte de bonnes nouvelles, qui publie la paix ! De celui qui lui apporte de bonnes nouvelles, qui publie le salut ! De celui qui dit à Sion : Ton Dieu règne !

41 Et alors, s'élèvera un cri : Partez, partez, sortez de là ! Ne touchez rien d'impur ! Sortez du milieu d'elle ! Purifiez-vous, vous qui portez les vases du Seigneur !

42 Ne sortez pas avec précipitation, ne partez pas en fuyant ; car le Seigneur ira devant vous, et le Dieu d'Israël fermera votre marche.

43 Voici, mon serviteur prospérera ; il montera, il s'élèvera, il s'élèvera bien haut.

44 De même qu'il a été pour plusieurs un sujet d'effroi, tant son visage était défiguré, tant son aspect différait de celui des fils de l'homme,

45 de même il sera pour beaucoup de peuples un sujet de joie ; devant lui des rois fermeront la bouche ; car ils verront ce qui ne leur avait point été raconté, ils apprendront ce qu'ils n'avaient point entendu.

46 Verily, verily, I say unto you, all these things shall surely come, even as the Father hath commanded me. Then shall this covenant which the Father hath covenanted with his people be fulfilled; and then shall Jerusalem be inhabited again with my people, and it shall be the land of their inheritance.

46 En vérité, en vérité, je vous le dis, toutes ces choses arriveront certainement, comme le Père me l'a commandé. Alors cette alliance que le Père a faite avec son peuple sera accomplie ; et alors Jérusalem sera de nouveau habitée par mon peuple, et elle sera le pays de son héritage.

CHAPTER 21

CHAPITRE 21

Israel will be gathered when the Book of Mormon comes forth—The Gentiles will be established as a free people in America—They will be saved if they believe and obey; otherwise, they will be cut off and destroyed—Israel will build the New Jerusalem, and the lost tribes will return. About A.D. 34.

Israël sera rassemblé lorsque le Livre de Mormon paraîtra — Les Gentils seront installés comme peuple libre en Amérique — Ils seront sauvés s'ils croient et obéissent ; sinon, ils seront retranchés et détruits — Israël bâtira la nouvelle Jérusalem, et les tribus perdues reviendront. Vers 34 apr. J.-C.

1 And verily I say unto you, I give unto you a sign, that ye may know the time when these things shall be about to take place—that I shall gather in, from their long dispersion, my people, O house of Israel, and shall establish again among them my Zion;

1 Et en vérité, je vous le dis, je vous donne un signe afin que vous connaissiez le moment où ces choses seront sur le point de se produire — que je rassemblerai mon peuple de sa longue dispersion, ô maison d'Israël, et établirai de nouveau ma Sion parmi eux ;

2 And behold, this is the thing which I will give unto you for a sign—for verily I say unto you that when these things which I declare unto you, and which I shall declare unto you hereafter of myself, and by the power of the Holy Ghost which shall be given unto you of the Father, shall be made known unto the Gentiles that they may know concerning this people who are a remnant of the house of Jacob, and concerning this my people who shall be scattered by them;

2 et voici ce que je vous donnerai pour signe — car en vérité, je vous dis que lorsque ces choses que je vous annonce et que je vous annoncerai plus tard de moi-même et par le pouvoir du Saint-Esprit qui vous sera donné par le Père, seront révélées aux Gentils, afin qu'ils soient informés sur ce peuple, qui est un reste de la maison de Jacob et sur ce peuple, qui est le mien, qui sera dispersé par eux ;

3 Verily, verily, I say unto you, when these things shall be made known unto them of the Father, and shall come forth of the Father, from them unto you;

3 en vérité, en vérité, je vous le dis, lorsque ces choses leur seront révélées par le Père et viendront du Père, et d'eux à vous ;

4 For it is wisdom in the Father that they should be established in this land, and be set up as a free people by the power of the Father, that these things might come forth from them unto a remnant of your seed, that the covenant of the Father may be fulfilled which he hath covenanted with his people, O house of Israel;

4 car le Père juge sage qu'ils soient établis dans ce pays et installés comme peuple libre par le pouvoir du Père, afin que ces choses viennent d'eux à un reste de votre postérité, afin que soit accomplie l'alliance que le Père a conclue avec son peuple, ô maison d'Israël ;

5 Therefore, when these works and the works which shall be wrought among you

5 c'est pourquoi, lorsque ces œuvres et les œuvres qui seront accomplies plus tard parmi vous viendront des Gentils à votre

hereafter shall come forth from the Gentiles, unto your seed which shall dwindle in unbelief because of iniquity;

6 For thus it behooveth the Father that it should come forth from the Gentiles, that he may show forth his power unto the Gentiles, for this cause that the Gentiles, if they will not harden their hearts, that they may repent and come unto me and be baptized in my name and know of the true points of my doctrine, that they may be numbered among my people, O house of Israel;

7 And when these things come to pass that thy seed shall begin to know these things— it shall be a sign unto them, that they may know that the work of the Father hath already commenced unto the fulfilling of the covenant which he hath made unto the people who are of the house of Israel.

8 And when that day shall come, it shall come to pass that kings shall shut their mouths; for that which had not been told them shall they see; and that which they had not heard shall they consider.

9 For in that day, for my sake shall the Father work a work, which shall be a great and a marvelous work among them; and there shall be among them those who will not believe it, although a man shall declare it unto them.

10 But behold, the life of my servant shall be in my hand; therefore they shall not hurt him, although he shall be marred because of them. Yet I will heal him, for I will show unto them that my wisdom is greater than the cunning of the devil.

11 Therefore it shall come to pass that whosoever will not believe in my words, who am Jesus Christ, which the Father shall cause him to bring forth unto the Gentiles, and shall give unto him power that he shall bring them forth unto the Gentiles, (it shall be done even as Moses said) they shall be cut off from among my people who are of the covenant.

12 And my people who are a remnant of Jacob shall be among the Gentiles, yea, in the midst of them as a lion among the beasts of the forest, as a young lion among the flocks of sheep, who, if he go through both treadeth down and teareth in pieces, and none can deliver.

postérité, qui aura dégénéré dans l'incrédulité à cause de l'iniquité —

6 car c'est ainsi qu'il convient au Père que cela vienne des Gentils, pour montrer son pouvoir aux Gentils, afin que si les Gentils ne s'endurcissent pas le cœur, ils puissent se repentir, et venir à moi, et être baptisés en mon nom, et connaître les vrais points de ma doctrine, afin d'être comptés parmi mon peuple, ô maison d'Israël —

7 et lorsque ces choses arriveront, que ta postérité commencera à savoir ces choses — ce sera pour elle un signe, afin qu'elle sache que l'œuvre du Père a déjà commencé pour accomplir l'alliance qu'il a faite avec le peuple qui est de la maison d'Israël.

8 Et lorsque ce jour viendra, il arrivera que des rois fermeront la bouche ; car ils verront ce qui ne leur avait point été raconté, ils apprendront ce qu'ils n'avaient point entendu.

9 Car, en ce jour-là, le Père accomplira, à cause de moi, une œuvre qui sera une œuvre grande et merveilleuse parmi eux ; et il y en aura parmi eux qui n'y croiront pas, bien qu'un homme la leur annoncera.

10 Mais voici, la vie de mon serviteur sera dans ma main ; c'est pourquoi ils ne lui feront pas de mal, bien qu'il sera défiguré à cause d'eux. Néanmoins, je le guérirai, car je leur montrerai que ma sagesse est plus grande que la ruse du diable.

11 C'est pourquoi, il arrivera que quiconque ne croira pas en mes paroles, à moi, qui suis Jésus-Christ, paroles que le Père lui fera porter aux Gentils et lui donnera le pouvoir de porter aux Gentils (cela se fera comme Moïse l'a dit), celui-là sera retranché d'entre mon peuple qui est de l'alliance.

12 Et mon peuple, qui est un reste de Jacob, sera parmi les Gentils, oui, au milieu d'eux, comme un lion parmi les bêtes de la forêt, comme un lionceau parmi les troupeaux de brebis : lorsqu'il passe, il foule et déchire, et personne ne délivre.

13 Their hand shall be lifted up upon their adversaries, and all their enemies shall be cut off.

14 Yea, wo be unto the Gentiles except they repent; for it shall come to pass in that day, saith the Father, that I will cut off thy horses out of the midst of thee, and I will destroy thy chariots;

15 And I will cut off the cities of thy land, and throw down all thy strongholds;

16 And I will cut off witchcrafts out of thy land, and thou shalt have no more soothsayers;

17 Thy graven images I will also cut off, and thy standing images out of the midst of thee, and thou shalt no more worship the works of thy hands;

18 And I will pluck up thy groves out of the midst of thee; so will I destroy thy cities.

19 And it shall come to pass that all lyings, and deceivings, and envyings, and strifes, and priestcrafts, and whoredoms, shall be done away.

20 For it shall come to pass, saith the Father, that at that day whosoever will not repent and come unto my Beloved Son, them will I cut off from among my people, O house of Israel;

21 And I will execute vengeance and fury upon them, even as upon the heathen, such as they have not heard.

22 But if they will repent and hearken unto my words, and harden not their hearts, I will establish my church among them, and they shall come in unto the covenant and be numbered among this the remnant of Jacob, unto whom I have given this land for their inheritance;

23 And they shall assist my people, the remnant of Jacob, and also as many of the house of Israel as shall come, that they may build a city, which shall be called the New Jerusalem.

24 And then shall they assist my people that they may be gathered in, who are scattered upon all the face of the land, in unto the New Jerusalem.

25 And then shall the power of heaven come down among them; and I also will be in the midst.

13 Sa main sera levée sur ses adversaires, et tous ses ennemis seront retranchés.

14 Oui, malheur aux Gentils, à moins qu'ils ne se repentent ; car il arrivera, ce jour-là, dit le Père, que j'exterminerai du milieu de toi tes chevaux, et je détruirai tes chars ;

15 j'exterminerai les villes de ton pays, et je renverserai toutes tes forteresses ;

16 j'exterminerai de ton pays les enchantements, et tu n'auras plus de magiciens ;

17 j'exterminerai du milieu de toi tes idoles et tes statues, et tu ne te prosterneras plus devant l'ouvrage de tes mains ;

18 Et j'arracherai tes bosquets du milieu de toi ; de même je détruirai tes villes.

19 Et il arrivera que tous les mensonges, et les tromperies, et les envies, et les discordes, et les intrigues de prêtres, et les fornications seront abandonnés.

20 Car il arrivera, dit le Père, qu'en ce jour-là, quiconque ne se repentira pas et ne viendra pas à mon Fils bien-aimé, je le retrancherai du milieu de mon peuple, ô maison d'Israël ;

21 j'exercerai ma vengeance avec colère, avec fureur, sur les nations, comme elles n'en ont jamais entendu de pareilles.

22 Mais si elles se repentent, et écoutent mes paroles, et ne s'endurcissent pas le cœur, j'établirai mon Église parmi elles, et elles entreront dans l'alliance et seront comptées parmi ce reste, le reste de Jacob, à qui j'ai donné ce pays pour son héritage ;

23 et elles aideront mon peuple, le reste de Jacob, et aussi tous ceux de la maison d'Israël qui viendront, à bâtir une ville, qui sera appelée la nouvelle Jérusalem.

24 Et alors, ils aideront mon peuple, qui est dispersé sur toute la surface du pays, afin qu'il soit rassemblé à la nouvelle Jérusalem.

25 Et alors, le pouvoir du ciel descendra parmi eux, et je serai aussi au milieu.

26 And then shall the work of the Father commence at that day, even when this gospel shall be preached among the remnant of this people. Verily I say unto you, at that day shall the work of the Father commence among all the dispersed of my people, yea, even the tribes which have been lost, which the Father hath led away out of Jerusalem.

27 Yea, the work shall commence among all the dispersed of my people, with the Father to prepare the way whereby they may come unto me, that they may call on the Father in my name.

28 Yea, and then shall the work commence, with the Father among all nations in preparing the way whereby his people may be gathered home to the land of their inheritance.

29 And they shall go out from all nations; and they shall not go out in haste, nor go by flight, for I will go before them, saith the Father, and I will be their rearward.

CHAPTER 22

In the last days, Zion and her stakes will be established, and Israel will be gathered in mercy and tenderness—They will triumph—Compare Isaiah 54. About A.D. 34.

1 And then shall that which is written come to pass: Sing, O barren, thou that didst not bear; break forth into singing, and cry aloud, thou that didst not travail with child; for more are the children of the desolate than the children of the married wife, saith the Lord.

2 Enlarge the place of thy tent, and let them stretch forth the curtains of thy habitations; spare not, lengthen thy cords and strengthen thy stakes;

3 For thou shalt break forth on the right hand and on the left, and thy seed shall inherit the Gentiles and make the desolate cities to be inhabited.

4 Fear not, for thou shalt not be ashamed; neither be thou confounded, for thou shalt not be put to shame; for thou shalt forget the shame of thy youth, and shalt not remember the reproach of thy youth, and shalt not remember the reproach of thy widowhood any more.

26 Et alors, l'œuvre du Père commencera ce jour-là, c'est-à-dire lorsque cet Évangile sera prêché parmi le reste de ce peuple. En vérité, je vous le dis, ce jour-là, l'œuvre du Père commencera parmi tous les dispersés de mon peuple, oui, les tribus qui ont été perdues, que le Père a emmenées de Jérusalem.

27 Oui, l'œuvre du Père commencera, parmi tous les dispersés de mon peuple, pour préparer le chemin par lequel ils pourront venir à moi, afin de pouvoir invoquer le Père en mon nom.

28 Oui, et alors l'œuvre du Père commencera, parmi toutes les nations, pour préparer le chemin par lequel son peuple pourra être rassemblé chez lui au pays de son héritage.

29 Et ils sortiront de toutes les nations ; et ils ne sortiront pas avec précipitation ni ne partiront en fuyant, car j'irai devant eux, dit le Père, et je fermerai leur marche.

CHAPITRE 22

Dans les derniers jours, Sion et ses pieux seront établis, et Israël sera rassemblé dans la miséricorde et la tendresse — Il triomphera — Comparez avec Ésaïe 54. Vers 34 apr. J.-C.

1 Et alors arrivera ce qui est écrit : Réjouis-toi, stérile, toi qui n'enfantes plus ! Fais éclater ton allégresse et ta joie, toi qui n'as plus de douleurs ! Car les fils de la délaissée seront plus nombreux que les fils de celle qui est mariée, dit le Seigneur.

2 Élargis l'espace de ta tente ; qu'on déploie les couvertures de ta demeure : ne retiens pas ! Allonge tes cordages et affermis tes pieux !

3 Car tu te répandras à droite et à gauche ; ta postérité envahira des nations, et peuplera des villes désertes.

4 Ne crains pas, car tu ne seras point confondue ; ne rougis pas, car tu ne seras pas déshonorée ; mais tu oublieras la honte de ta jeunesse, et tu ne te souviendras plus de l'opprobre de ton veuvage.

5 For thy maker, thy husband, the Lord of Hosts is his name; and thy Redeemer, the Holy One of Israel—the God of the whole earth shall he be called.

6 For the Lord hath called thee as a woman forsaken and grieved in spirit, and a wife of youth, when thou wast refused, saith thy God.

7 For a small moment have I forsaken thee, but with great mercies will I gather thee.

8 In a little wrath I hid my face from thee for a moment, but with everlasting kindness will I have mercy on thee, saith the Lord thy Redeemer.

9 For this, the waters of Noah unto me, for as I have sworn that the waters of Noah should no more go over the earth, so have I sworn that I would not be wroth with thee.

10 For the mountains shall depart and the hills be removed, but my kindness shall not depart from thee, neither shall the covenant of my peace be removed, saith the Lord that hath mercy on thee.

11 O thou afflicted, tossed with tempest, and not comforted! Behold, I will lay thy stones with fair colors, and lay thy foundations with sapphires.

12 And I will make thy windows of agates, and thy gates of carbuncles, and all thy borders of pleasant stones.

13 And all thy children shall be taught of the Lord; and great shall be the peace of thy children.

14 In righteousness shalt thou be established; thou shalt be far from oppression for thou shalt not fear, and from terror for it shall not come near thee.

15 Behold, they shall surely gather together against thee, not by me; whosoever shall gather together against thee shall fall for thy sake.

16 Behold, I have created the smith that bloweth the coals in the fire, and that bringeth forth an instrument for his work; and I have created the waster to destroy.

17 No weapon that is formed against thee shall prosper; and every tongue that shall revile against thee in judgment thou shalt condemn. This is the heritage of the servants of the Lord, and their righteousness is of me, saith the Lord.

5 Car ton créateur est ton époux : le Seigneur des armées est son nom ; et ton Rédempteur est le Saint d'Israël : il se nomme Dieu de toute la terre.

6 Car le Seigneur te rappelle comme une femme délaissée et au cœur attristé, comme une épouse de la jeunesse qui a été répudiée, dit ton Dieu.

7 Quelques instants je t'avais abandonnée, mais avec une grande affection je t'accueillerai ;

8 Dans un instant de colère, je t'avais un moment dérobé ma face, mais avec un amour éternel j'aurai compassion de toi, dit ton Rédempteur, le Seigneur.

9 Il en sera pour moi comme des eaux de Noé ; j'avais juré que les eaux de Noé ne se répandraient plus sur la terre ; je jure de même de ne plus m'irriter contre toi.

10 Quand les montagnes s'éloigneraient, quand les collines chancelleraient, mon amour ne s'éloignera point de toi, et mon alliance de paix ne chancellera point, dit le Seigneur, qui a compassion de toi.

11 Malheureuse, battue de la tempête, et que nul ne console ! Voici, je garnirai tes pierres d'antimoine, et je te donnerai des fondements de saphir ;

12 je ferai tes créneaux de rubis, tes portes d'escarboucles, et toute ton enceinte de pierres précieuses.

13 Tous tes fils seront disciples du Seigneur, et grande sera la prospérité de tes fils.

14 Tu seras affermie par la justice ; bannis l'inquiétude, car tu n'as rien à craindre, et la frayeur, car elle n'approchera pas de toi.

15 Si l'on forme des complots, cela ne viendra pas de moi ; quiconque se liguera contre toi tombera sous ton pouvoir.

16 Voici, j'ai créé l'ouvrier qui souffle le charbon au feu, et qui fabrique une arme par son travail ; mais j'ai créé aussi le destructeur pour la briser.

17 Toute arme forgée contre toi sera sans effet ; et toute langue qui s'élèvera en jugement contre toi, tu la condamneras. Tel est l'héritage des serviteurs du Seigneur, tel est le salut qui leur viendra de moi, dit le Seigneur.

CHAPTER 23   CHAPITRE 23

Jesus approves the words of Isaiah—He commands the people to search the prophets—The words of Samuel the Lamanite concerning the Resurrection are added to their records. About A.D. 34.

Jésus approuve les paroles d'Ésaïe — Il commande au peuple de sonder les prophètes — Les paroles de Samuel, le Lamanite, concernant la résurrection sont ajoutées à leurs annales. Vers 34 apr. J.-C.

1 And now, behold, I say unto you, that ye ought to search these things. Yea, a commandment I give unto you that ye search these things diligently; for great are the words of Isaiah.

1 Et maintenant, voici, je vous dis que vous devriez sonder ces choses. Oui, je vous donne le commandement de sonder diligemment ces choses ; car grandes sont les paroles d'Ésaïe.

2 For surely he spake as touching all things concerning my people which are of the house of Israel; therefore it must needs be that he must speak also to the Gentiles.

2 Car, assurément, il a parlé de tout ce qui concerne mon peuple qui est de la maison d'Israël ; c'est pourquoi, il faut nécessairement qu'il parle aussi aux Gentils.

3 And all things that he spake have been and shall be, even according to the words which he spake.

3 Et tout ce qu'il a dit a été et sera selon les paroles qu'il a dites.

4 Therefore give heed to my words; write the things which I have told you; and according to the time and the will of the Father they shall go forth unto the Gentiles.

4 C'est pourquoi, prêtez attention à mes paroles ; écrivez les choses que je vous ai dites ; et selon le moment et la volonté du Père, cela ira aux Gentils.

5 And whosoever will hearken unto my words and repenteth and is baptized, the same shall be saved. Search the prophets, for many there be that testify of these things.

5 Et quiconque écoute mes paroles, et se repent, et est baptisé, celui-là sera sauvé. Sondez les prophètes, car il y en a beaucoup qui témoignent de ces choses.

6 And now it came to pass that when Jesus had said these words he said unto them again, after he had expounded all the scriptures unto them which they had received, he said unto them: Behold, other scriptures I would that ye should write, that ye have not.

6 Et alors, il arriva que lorsque Jésus eut dit ces paroles, il leur dit encore, après leur avoir expliqué toutes les Écritures qu'ils avaient reçues, il leur dit : Voici, il y a d'autres Écritures que je voudrais que vous écriviez, que vous n'avez pas.

7 And it came to pass that he said unto Nephi: Bring forth the record which ye have kept.

7 Et il arriva qu'il dit à Néphi : Apporte les annales que tu as tenues.

8 And when Nephi had brought forth the records, and laid them before him, he cast his eyes upon them and said:

8 Et lorsque Néphi eut apporté les annales et les eut posées devant lui, il jeta les yeux sur elles et dit :

9 Verily I say unto you, I commanded my servant Samuel, the Lamanite, that he should testify unto this people, that at the day that the Father should glorify his name in me that there were many saints who should arise from the dead, and should appear unto many, and should minister unto them. And he said unto them: Was it not so?

9 En vérité, je te le dis, j'ai commandé à mon serviteur Samuel, le Lamanite, de témoigner à ce peuple que le jour où le Père glorifierait son nom en moi, il y aurait beaucoup de saints qui ressusciteraient d'entre les morts, et apparaîtraient à un grand nombre, et les serviraient. Et il leur dit : N'en a-t-il pas été ainsi ?

10 And his disciples answered him and said: Yea, Lord, Samuel did prophesy according to thy words, and they were all fulfilled.

10 Et ses disciples lui répondirent et dirent : Oui, Seigneur, Samuel a prophétisé selon tes paroles, et elles se sont toutes accomplies.

11 And Jesus said unto them: How be it that ye have not written this thing, that many saints did arise and appear unto many and did minister unto them?

12 And it came to pass that Nephi remembered that this thing had not been written.

13 And it came to pass that Jesus commanded that it should be written; therefore it was written according as he commanded.

14 And now it came to pass that when Jesus had expounded all the scriptures in one, which they had written, he commanded them that they should teach the things which he had expounded unto them.

CHAPTER 24

The Lord's messenger will prepare the way for the Second Coming—Christ will sit in judgment—Israel is commanded to pay tithes and offerings—A book of remembrance is kept—Compare Malachi 3. About A.D. 34.

1 And it came to pass that he commanded them that they should write the words which the Father had given unto Malachi, which he should tell unto them. And it came to pass that after they were written he expounded them. And these are the words which he did tell unto them, saying: Thus said the Father unto Malachi—Behold, I will send my messenger, and he shall prepare the way before me, and the Lord whom ye seek shall suddenly come to his temple, even the messenger of the covenant, whom ye delight in; behold, he shall come, saith the Lord of Hosts.

2 But who may abide the day of his coming, and who shall stand when he appeareth? For he is like a refiner's fire, and like fuller's soap.

3 And he shall sit as a refiner and purifier of silver; and he shall purify the sons of Levi, and purge them as gold and silver, that they may offer unto the Lord an offering in righteousness.

4 Then shall the offering of Judah and Jerusalem be pleasant unto the Lord, as in the days of old, and as in former years.

11 Et Jésus leur dit : Comment se fait-il que vous n'ayez pas écrit cela, que beaucoup de saints sont ressuscités, et sont apparus à un grand nombre, et les ont servis ?

12 Et il arriva que Néphi se souvint que cela n'avait pas été écrit.

13 Et il arriva que Jésus commanda que cela fût écrit ; c'est pourquoi cela fut écrit comme il le commandait.

14 Et alors, il arriva que lorsque Jésus eut expliqué en une seule toutes les Écritures qu'ils avaient écrites, il leur commanda d'enseigner les choses qu'il leur avait expliquées.

CHAPITRE 24

Le messager du Seigneur préparera le chemin pour la Seconde Venue — Le Christ siégera en jugement — Il est commandé à Israël de payer la dîme et les offrandes — Un livre de souvenir est tenu — Comparez avec Malachie 3. Vers 34 apr. J.-C.

1 Et il arriva qu'il leur commanda d'écrire les paroles que le Père avait données à Malachie qu'il allait leur indiquer. Et il arriva que lorsqu'elles eurent été écrites, il les expliqua. Et voici les paroles qu'il leur dit : Ainsi dit le Père à Malachie : Voici, j'enverrai mon messager ; il préparera le chemin devant moi. Et soudain entrera dans son temple le Seigneur que vous cherchez ; et le messager de l'alliance que vous désirez, voici, il vient, dit le Seigneur des armées.

2 Qui pourra soutenir le jour de sa venue ? Qui restera debout quand il paraîtra ? Car il sera comme le feu du fondeur, comme la potasse des foulons.

3 Il s'assiéra, fondra et purifiera l'argent ; il purifiera les fils de Lévi, il les épurera comme on épure l'or et l'argent, et ils présenteront au Seigneur des offrandes avec justice.

4 Alors l'offrande de Juda et de Jérusalem sera agréable au Seigneur, comme aux anciens jours, comme aux années d'autrefois.

5 And I will come near to you to judgment; and I will be a swift witness against the sorcerers, and against the adulterers, and against false swearers, and against those that oppress the hireling in his wages, the widow and the fatherless, and that turn aside the stranger, and fear not me, saith the Lord of Hosts.

6 For I am the Lord, I change not; therefore ye sons of Jacob are not consumed.

7 Even from the days of your fathers ye are gone away from mine ordinances, and have not kept them. Return unto me and I will return unto you, saith the Lord of Hosts. But ye say: Wherein shall we return?

8 Will a man rob God? Yet ye have robbed me. But ye say: Wherein have we robbed thee? In tithes and offerings.

9 Ye are cursed with a curse, for ye have robbed me, even this whole nation.

10 Bring ye all the tithes into the storehouse, that there may be meat in my house; and prove me now herewith, saith the Lord of Hosts, if I will not open you the windows of heaven, and pour you out a blessing that there shall not be room enough to receive it.

11 And I will rebuke the devourer for your sakes, and he shall not destroy the fruits of your ground; neither shall your vine cast her fruit before the time in the fields, saith the Lord of Hosts.

12 And all nations shall call you blessed, for ye shall be a delightsome land, saith the Lord of Hosts.

13 Your words have been stout against me, saith the Lord. Yet ye say: What have we spoken against thee?

14 Ye have said: It is vain to serve God, and what doth it profit that we have kept his ordinances and that we have walked mournfully before the Lord of Hosts?

15 And now we call the proud happy; yea, they that work wickedness are set up; yea, they that tempt God are even delivered.

16 Then they that feared the Lord spake often one to another, and the Lord hearkened and heard; and a book of remembrance was written before him for them that feared the Lord, and that thought upon his name.

5 Je m'approcherai de vous pour le jugement, et je me hâterai de témoigner contre les enchanteurs et les adultères, contre ceux qui jurent faussement, contre ceux qui retiennent le salaire du mercenaire, qui opppriment la veuve et l'orphelin, qui font tort à l'étranger, et ne me craignent pas, dit le Seigneur des armées.

6 Car je suis le Seigneur, je ne change pas ; et vous, enfants de Jacob, vous n'avez pas été consumés.

7 Depuis le temps de vos pères, vous vous êtes écartés de mes ordonnances, vous ne les avez point observées. Revenez à moi, et je reviendrai à vous, dit le Seigneur des armées. Et vous dites : En quoi devons-nous revenir ?

8 Un homme trompe-t-il Dieu ? Car vous me trompez, et vous dites : En quoi t'avons-nous trompé ? Dans la dîme et les offrandes.

9 Vous êtes frappés par la malédiction, et vous me trompez, la nation tout entière !

10 Apportez à la maison du trésor toutes les dîmes, afin qu'il y ait de la nourriture dans ma maison ; mettez-moi de la sorte à l'épreuve, dit le Seigneur des armées, et vous verrez si je n'ouvre pas pour vous les écluses des cieux, si je ne répands pas sur vous la bénédiction en abondance.

11 Pour vous je menacerai celui qui dévore, et il ne vous détruira pas les fruits de la terre, et la vigne ne sera pas stérile dans vos campagnes, dit le Seigneur des armées.

12 Toutes les nations vous diront heureux, car vous serez un pays de délices, dit le Seigneur des armées.

13 Vos paroles sont rudes contre moi, dit le Seigneur. Et vous dites : Qu'avons-nous dit contre toi ?

14 Vous avez dit : C'est en vain que l'on sert Dieu ; qu'avons-nous gagné à observer ses préceptes et à marcher avec tristesse à cause du Seigneur des armées ?

15 Maintenant nous estimons heureux les hautains ; oui, les méchants prospèrent ; oui, ils tentent Dieu, et ils échappent !

16 Alors ceux qui craignent le Seigneur se parlèrent l'un à l'autre ; le Seigneur fut attentif, et il écouta ; et un livre de souvenir fut écrit devant lui pour ceux qui craignent le Seigneur et qui honorent son nom.

17 And they shall be mine, saith the Lord of Hosts, in that day when I make up my jewels; and I will spare them as a man spareth his own son that serveth him.

18 Then shall ye return and discern between the righteous and the wicked, between him that serveth God and him that serveth him not.

CHAPTER 25

At the Second Coming, the proud and wicked will be burned as stubble—Elijah will return before that great and dreadful day—Compare Malachi 4. About A.D. 34.

1 For behold, the day cometh that shall burn as an oven; and all the proud, yea, and all that do wickedly, shall be stubble; and the day that cometh shall burn them up, saith the Lord of Hosts, that it shall leave them neither root nor branch.

2 But unto you that fear my name, shall the Son of Righteousness arise with healing in his wings; and ye shall go forth and grow up as calves in the stall.

3 And ye shall tread down the wicked; for they shall be ashes under the soles of your feet in the day that I shall do this, saith the Lord of Hosts.

4 Remember ye the law of Moses, my servant, which I commanded unto him in Horeb for all Israel, with the statutes and judgments.

5 Behold, I will send you Elijah the prophet before the coming of the great and dreadful day of the Lord;

6 And he shall turn the heart of the fathers to the children, and the heart of the children to their fathers, lest I come and smite the earth with a curse.

CHAPTER 26

Jesus expounds all things from the beginning to the end—Babes and children utter marvelous things that cannot be written—Those in the Church of Christ have all things in common among them. About A.D. 34.

17 Ils seront à moi, dit le Seigneur des armées, ils m'appartiendront au jour où je rassemblerai mes joyaux ; j'aurai compassion d'eux, comme un homme a compassion de son fils qui le sert.

18 Et vous verrez de nouveau la différence entre le juste et le méchant, entre celui qui sert Dieu et celui qui ne le sert pas.

CHAPITRE 25

À la Seconde Venue, les orgueilleux et les méchants seront brûlés comme du chaume — Élie reviendra avant ce jour grand et redoutable — Comparez avec Malachie 4. Vers 34 apr. J.-C.

1 Car voici, le jour vient, ardent comme une fournaise. Tous les hautains et tous les méchants seront comme du chaume ; le jour qui vient les embrasera, dit le Seigneur des armées, il ne leur laissera ni racine ni rameau.

2 Mais pour vous qui craignez mon nom se lèvera le Fils de la Justice, et la guérison sera sous ses ailes ; vous sortirez, et vous sauterez comme des veaux d'une étable.

3 Et vous foulerez les méchants, car ils seront comme de la cendre sous la plante de vos pieds, au jour que je prépare, dit le Seigneur des armées.

4 Souvenez-vous de la loi de Moïse, mon serviteur, auquel j'ai prescrit en Horeb, pour tout Israël, des lois et des ordonnances.

5 Voici, je vous enverrai Élie, le prophète, avant que le jour du Seigneur arrive, ce jour grand et redoutable.

6 Il ramènera le cœur des pères à leurs enfants, et le cœur des enfants à leurs pères, de peur que je ne vienne frapper la terre de malédiction.

CHAPITRE 26

Jésus explique tout depuis le commencement jusqu'à la fin — Les nourrissons et les enfants prononcent des choses merveilleuses qui ne peuvent être écrites — Ceux qui sont dans l'Église du Christ ont tout en commun. Vers 34 apr. J.-C.

1 And now it came to pass that when Jesus had told these things he expounded them unto the multitude; and he did expound all things unto them, both great and small.

2 And he saith: These scriptures, which ye had not with you, the Father commanded that I should give unto you; for it was wisdom in him that they should be given unto future generations.

3 And he did expound all things, even from the beginning until the time that he should come in his glory—yea, even all things which should come upon the face of the earth, even until the elements should melt with fervent heat, and the earth should be wrapt together as a scroll, and the heavens and the earth should pass away;

4 And even unto the great and last day, when all people, and all kindreds, and all nations and tongues shall stand before God, to be judged of their works, whether they be good or whether they be evil—

5 If they be good, to the resurrection of everlasting life; and if they be evil, to the resurrection of damnation; being on a parallel, the one on the one hand and the other on the other hand, according to the mercy, and the justice, and the holiness which is in Christ, who was before the world began.

6 And now there cannot be written in this book even a hundredth part of the things which Jesus did truly teach unto the people;

7 But behold the plates of Nephi do contain the more part of the things which he taught the people.

8 And these things have I written, which are a lesser part of the things which he taught the people; and I have written them to the intent that they may be brought again unto this people, from the Gentiles, according to the words which Jesus hath spoken.

9 And when they shall have received this, which is expedient that they should have first, to try their faith, and if it shall so be that they shall believe these things then shall the greater things be made manifest unto them.

10 And if it so be that they will not believe these things, then shall the greater things be withheld from them, unto their condemnation.

1 Et alors, il arriva que lorsque Jésus eut dit ces choses, il les expliqua à la multitude ; et il lui expliqua tout, aussi bien les grandes choses que les petites.

2 Et il dit : Ces Écritures, que vous n'aviez pas avec vous, le Père a commandé que je vous les donne ; car il était dans sa sagesse qu'elles fussent données aux générations futures.

3 Et il expliqua tout depuis le commencement jusqu'au moment où il viendrait dans sa gloire, oui, tout ce qui se produirait sur la surface de la terre jusqu'à ce que les éléments fondent sous une chaleur ardente, et que la terre soit rouléecomme un livre, et que les cieux et la terre passent ;

4 et même jusqu'au grand et dernier jour, où tous les peuples, et toutes les tribus, et toutes les nations et langues se tiendront devant Dieu, pour être jugés selon leurs œuvres, qu'elles soient bonnes ou qu'elles soient mauvaises —

5 si elles sont bonnes, pour la résurrection de la vie éternelle ; et si elles sont mauvaises, pour la résurrection de la damnation ; étant en parallèle, l'une d'un côté et l'autre de l'autre côté, selon la miséricorde, et la justice, et la sainteté qui sont dans le Christ, qui était avant que le monde commence.

6 Or, on ne peut écrire dans ce livre ne serait-ce que la centième partie des choses que Jésus a, en vérité, enseignées au peuple ;

7 mais voici, les plaques de Néphi contiennent la plus grande partie des choses qu'il a enseignées au peuple.

8 Et ces choses que j'ai écrites, c'est la plus petite partie des choses qu'il a enseignées au peuple ; et je les ai écrites avec l'intention qu'elles soient ramenées à ce peuple, venant des Gentils, selon les paroles que Jésus a dites.

9 Et lorsqu'ils auront reçu ceci, qu'il est nécessaire qu'ils aient d'abord, pour éprouver leur foi, et s'ils croient ces choses, alors les choses qui sont plus grandes leur seront manifestées.

10 Et s'ils ne croient pas ces choses, alors les choses qui sont plus grandes leur seront refusées, pour leur condamnation.

11 Behold, I was about to write them, all which were engraven upon the plates of Nephi, but the Lord forbade it, saying: I will try the faith of my people.

12 Therefore I, Mormon, do write the things which have been commanded me of the Lord. And now I, Mormon, make an end of my sayings, and proceed to write the things which have been commanded me.

13 Therefore, I would that ye should behold that the Lord truly did teach the people, for the space of three days; and after that he did show himself unto them oft, and did break bread oft, and bless it, and give it unto them.

14 And it came to pass that he did teach and minister unto the children of the multitude of whom hath been spoken, and he did loose their tongues, and they did speak unto their fathers great and marvelous things, even greater than he had revealed unto the people; and he loosed their tongues that they could utter.

15 And it came to pass that after he had ascended into heaven—the second time that he showed himself unto them, and had gone unto the Father, after having healed all their sick, and their lame, and opened the eyes of their blind and unstopped the ears of the deaf, and even had done all manner of cures among them, and raised a man from the dead, and had shown forth his power unto them, and had ascended unto the Father—

16 Behold, it came to pass on the morrow that the multitude gathered themselves together, and they both saw and heard these children; yea, even babes did open their mouths and utter marvelous things; and the things which they did utter were forbidden that there should not any man write them.

17 And it came to pass that the disciples whom Jesus had chosen began from that time forth to baptize and to teach as many as did come unto them; and as many as were baptized in the name of Jesus were filled with the Holy Ghost.

18 And many of them saw and heard unspeakable things, which are not lawful to be written.

19 And they taught, and did minister one to another; and they had all things common among them, every man dealing justly, one with another.

11 Voici, j'étais sur le point de les écrire, toutes celles qui étaient gravées sur les plaques de Néphi, mais le Seigneur me l'interdit, disant : Je veux éprouver la foi de mon peuple.

12 C'est pourquoi, moi, Mormon, j'écris les choses qui m'ont été commandées par le Seigneur. Et maintenant, moi, Mormon, je finis de parler et me mets à écrire les choses qui m'ont été commandées.

13 C'est pourquoi, je voudrais que vous voyiez que le Seigneur instruisit, en vérité, le peuple pendant trois jours ; et après cela, il se montra souvent à lui, et rompit souvent le pain, et le bénit, et le lui donna.

14 Et il arriva qu'il instruisit et servit les enfants de la multitude dont il a été parlé, et il leur délia la langue, et ils dirent à leurs pères des choses grandes et merveilleuses, plus grandes que celles qu'il avait révélées au peuple ; et il leur délia la langue pour qu'ils pussent s'exprimer.

15 Et il arriva que lorsqu'il fut monté au ciel — la deuxième fois qu'il se montra à eux, et fut allé au Père, après avoir guéri tous leurs malades, et leurs estropiés, et avoir ouvert les yeux de leurs aveugles et les oreilles des sourds, et avoir opéré toutes sortes de guérisons parmi eux, et ressuscité un homme d'entre les morts, et leur avoir montré son pouvoir et être monté au Père —

16 voici, il arriva que, le matin, la multitude se rassembla, et vit et entendit ces enfants ; oui, même des petits enfants ouvrirent la bouche et dirent des choses merveilleuses ; et les choses qu'ils dirent, il fut interdit à tout homme de l'écrire.

17 Et il arriva que les disciples que Jésus avait choisis commencèrent, à partir de ce moment-là, à baptiser et à instruire tous ceux qui venaient à eux ; et tous ceux qui étaient baptisés au nom de Jésus étaient remplis du Saint-Esprit.

18 Et beaucoup d'entre eux virent et entendirent des choses indicibles, qu'il n'est pas permis d'écrire.

19 Et ils s'instruisaient et se servaient les uns les autres, et ils avaient tout en commun, tous agissant avec justice l'un envers l'autre.

20 And it came to pass that they did do all things even as Jesus had commanded them.

21 And they who were baptized in the name of Jesus were called the church of Christ.

CHAPTER 27

Jesus commands them to call the Church in His name—His mission and atoning sacrifice constitute His gospel—Men are commanded to repent and be baptized that they may be sanctified by the Holy Ghost—They are to be even as Jesus is. About A.D. 34–35.

1 And it came to pass that as the disciples of Jesus were journeying and were preaching the things which they had both heard and seen, and were baptizing in the name of Jesus, it came to pass that the disciples were gathered together and were united in mighty prayer and fasting.

2 And Jesus again showed himself unto them, for they were praying unto the Father in his name; and Jesus came and stood in the midst of them, and said unto them: What will ye that I shall give unto you?

3 And they said unto him: Lord, we will that thou wouldst tell us the name whereby we shall call this church; for there are disputations among the people concerning this matter.

4 And the Lord said unto them: Verily, verily, I say unto you, why is it that the people should murmur and dispute because of this thing?

5 Have they not read the scriptures, which say ye must take upon you the name of Christ, which is my name? For by this name shall ye be called at the last day;

6 And whoso taketh upon him my name, and endureth to the end, the same shall be saved at the last day.

7 Therefore, whatsoever ye shall do, ye shall do it in my name; therefore ye shall call the church in my name; and ye shall call upon the Father in my name that he will bless the church for my sake.

8 And how be it my church save it be called in my name? For if a church be called in Moses' name then it be Moses' church; or if it be called in the name of a man then it be the

20 Et il arriva qu'ils firent toutes les choses que Jésus leur avait commandées.

21 Et ceux qui furent baptisés au nom de Jésus-Christ furent appelés l'Église du Christ.

CHAPITRE 27

Jésus leur commande d'appeler l'Église de son nom — Sa mission et son sacrifice expiatoire constituent son Évangile — Il est commandé aux hommes de se repentir et d'être baptisés, afin d'être sanctifiés par le Saint-Esprit — Ils doivent être comme Jésus. Vers 34–35 apr. J.-C.

1 Et il arriva que comme les disciples de Jésus voyageaient, et prêchaient les choses qu'ils avaient à la fois entendues et vues, et baptisaient au nom de Jésus, il arriva que les disciples étaient rassemblés et étaient unis en une prière et un jeûne fervents.

2 Et Jésus se montra de nouveau à eux, car ils priaient le Père en son nom ; et Jésus vint, et se tint au milieu d'eux, et leur dit : Que voulez-vous que je vous donne ?

3 Et ils lui dirent : Seigneur, nous voulons que tu nous dises le nom par lequel nous appellerons cette Église ; car il y a des controverses à ce sujet parmi le peuple.

4 Et le Seigneur leur dit : En vérité, en vérité, je vous le dis, pourquoi le peuple murmure-t-il et se querelle-t-il à cause de cela ?

5 N'a-t-il pas lu les Écritures, qui disent que vous devez prendre sur vous le nom du Christ, qui est mon nom ? Car c'est de ce nom que vous serez appelés au dernier jour ;

6 et quiconque prend sur lui mon nom, et persévère jusqu'à la fin, celui-là sera sauvé au dernier jour.

7 C'est pourquoi, tout ce que vous ferez, vous le ferez en mon nom ; c'est pourquoi vous appellerez l'Église de mon nom ; et vous invoquerez le Père en mon nom, pour qu'il bénisse l'Église à cause de moi.

8 Et comment est-elle mon Église, si elle n'est pas appelée de mon nom ? Car si une Église est appelée du nom de Moïse, alors c'est l'Église de Moïse, ou si elle est appelée

church of a man; but if it be called in my name then it is my church, if it so be that they are built upon my gospel.

9 Verily I say unto you, that ye are built upon my gospel; therefore ye shall call whatsoever things ye do call, in my name; therefore if ye call upon the Father, for the church, if it be in my name the Father will hear you;

10 And if it so be that the church is built upon my gospel then will the Father show forth his own works in it.

11 But if it be not built upon my gospel, and is built upon the works of men, or upon the works of the devil, verily I say unto you they have joy in their works for a season, and by and by the end cometh, and they are hewn down and cast into the fire, from whence there is no return.

12 For their works do follow them, for it is because of their works that they are hewn down; therefore remember the things that I have told you.

13 Behold I have given unto you my gospel, and this is the gospel which I have given unto you—that I came into the world to do the will of my Father, because my Father sent me.

14 And my Father sent me that I might be lifted up upon the cross; and after that I had been lifted up upon the cross, that I might draw all men unto me, that as I have been lifted up by men even so should men be lifted up by the Father, to stand before me, to be judged of their works, whether they be good or whether they be evil—

15 And for this cause have I been lifted up; therefore, according to the power of the Father I will draw all men unto me, that they may be judged according to their works.

16 And it shall come to pass, that whoso repenteth and is baptized in my name shall be filled; and if he endureth to the end, behold, him will I hold guiltless before my Father at that day when I shall stand to judge the world.

17 And he that endureth not unto the end, the same is he that is also hewn down and cast into the fire, from whence they can no more return, because of the justice of the Father.

du nom d'un homme, alors c'est l'Église d'un homme ; mais si elle est appelée de mon nom, alors c'est mon Église, si elle est édifiée sur mon Évangile.

9 En vérité, je vous dis que vous êtes édifiés sur mon Évangile ; c'est pourquoi, tout ce que vous appellerez, vous l'appellerez de mon nom ; c'est pourquoi, si vous invoquez le Père, pour l'Église, si c'est en mon nom, le Père vous entendra ;

10 et si l'Église est édifiée sur mon Évangile, alors le Père montrera ses œuvres en elle.

11 Mais si elle n'est pas édifiée sur mon Évangile et est édifiée sur les œuvres des hommes, ou sur les œuvres du diable, en vérité, je vous dis qu'ils trouvent de la joie dans leurs œuvres pendant un certain temps, et bientôt la fin arrive, et ils sont abattus et jetés au feu, d'où il n'y a pas de retour.

12 Car leurs œuvres les suivent, car c'est à cause de leurs œuvres qu'ils sont abattus ; c'est pourquoi, souvenez-vous des choses que je vous ai dites.

13 Voici, je vous ai donné mon Évangile, et ceci est l'Évangile que je vous ai donné : que je suis venu au monde pour faire la volonté de mon Père, parce que mon Père m'a envoyé.

14 Et mon Père m'a envoyé pour que je sois élevé sur la croix ; et qu'après avoir été élevé sur la croix, j'attire tous les hommes à moi, afin que, comme j'ai été élevé par les hommes, de même les hommes soient élevés par le Père, pour se tenir devant moi, pour être jugés selon leurs œuvres, qu'elles soient bonnes ou qu'elles soient mauvaises —

15 et c'est pour cela que j'ai été élevé ; c'est pourquoi, selon le pouvoir du Père, j'attirerai tous les hommes à moi, afin qu'ils soient jugés selon leurs œuvres.

16 Et il arrivera que quiconque se repent et est baptisé en mon nom sera rassasié ; et s'il persévère jusqu'à la fin, voici, je le tiendrai pour innocent devant mon Père en ce jour où je me tiendrai pour juger le monde.

17 Et celui qui ne persévère pas jusqu'à la fin, c'est celui-là qui est abattu et jeté au feu, d'où il ne peut plus revenir à cause de la justice du Père.

18 And this is the word which he hath given unto the children of men. And for this cause he fulfilleth the words which he hath given, and he lieth not, but fulfilleth all his words.

19 And no unclean thing can enter into his kingdom; therefore nothing entereth into his rest save it be those who have washed their garments in my blood, because of their faith, and the repentance of all their sins, and their faithfulness unto the end.

20 Now this is the commandment: Repent, all ye ends of the earth, and come unto me and be baptized in my name, that ye may be sanctified by the reception of the Holy Ghost, that ye may stand spotless before me at the last day.

21 Verily, verily, I say unto you, this is my gospel; and ye know the things that ye must do in my church; for the works which ye have seen me do that shall ye also do; for that which ye have seen me do even that shall ye do;

22 Therefore, if ye do these things blessed are ye, for ye shall be lifted up at the last day.

23 Write the things which ye have seen and heard, save it be those which are forbidden.

24 Write the works of this people, which shall be, even as hath been written, of that which hath been.

25 For behold, out of the books which have been written, and which shall be written, shall this people be judged, for by them shall their works be known unto men.

26 And behold, all things are written by the Father; therefore out of the books which shall be written shall the world be judged.

27 And know ye that ye shall be judges of this people, according to the judgment which I shall give unto you, which shall be just. Therefore, what manner of men ought ye to be? Verily I say unto you, even as I am.

28 And now I go unto the Father. And verily I say unto you, whatsoever things ye shall ask the Father in my name shall be given unto you.

29 Therefore, ask, and ye shall receive; knock, and it shall be opened unto you; for he that asketh, receiveth; and unto him that knocketh, it shall be opened.

18 Et c'est là la parole qu'il a donnée aux enfants des hommes. Et c'est pour cette raison qu'il accomplit les paroles qu'il a données, et il ne ment pas, mais accomplit toutes ses paroles.

19 Et rien d'impur ne peut entrer dans son royaume ; c'est pourquoi, rien n'entre dans son repos, si ce n'est ceux qui ont lavé leurs vêtements dans mon sang, à cause de leur foi, et du repentir de tous leurs péchés, et de leur fidélité jusqu'à la fin.

20 Or, voici le commandement : Repentez-vous, toutes les extrémités de la terre, et venez à moi, et soyez baptisées en mon nom, afin d'être sanctifiées par la réception du Saint-Esprit, afin de vous tenir sans tache devant moi au dernier jour.

21 En vérité, en vérité, je vous le dis, c'est là mon Évangile ; et vous savez les choses que vous devez faire dans mon Église ; car les œuvres que vous m'avez vu faire, vous les ferez aussi ; car ce que vous m'avez vu faire, cela même vous le ferez ;

22 C'est pourquoi, si vous faites ces choses, bénis êtes-vous, car vous serez élevés au dernier jour.

23 Écrivez les choses que vous avez vues et entendues, sauf celles qui sont interdites.

24 Écrivez les œuvres de ce peuple, qui seront, comme on a écrit celles qui ont été.

25 Car voici, c'est d'après les livres qui ont été écrits et qui seront écrits que ce peuple sera jugé, car c'est par eux que ses œuvres seront connues des hommes.

26 Et voici, tout est écrit par le Père ; c'est pourquoi, c'est d'après les livres qui seront écrits que le monde sera jugé.

27 Et sachez que vous serez juges de ce peuple, selon le jugement que je vous donnerai, qui sera juste. C'est pourquoi, quelle sorte d'hommes devriez-vous être ? En vérité, je vous le dis, tels que je suis.

28 Et maintenant, je vais au Père. Et en vérité, je vous le dis, tout ce que vous demanderez au Père en mon nom vous sera donné.

29 C'est pourquoi, demandez, et vous recevrez ; frappez, et l'on vous ouvrira ; car quiconque demande, reçoit ; et l'on ouvre à celui qui frappe.

30 And now, behold, my joy is great, even unto fulness, because of you, and also this generation; yea, and even the Father rejoiceth, and also all the holy angels, because of you and this generation; for none of them are lost.

31 Behold, I would that ye should understand; for I mean them who are now alive of this generation; and none of them are lost; and in them I have fulness of joy.

32 But behold, it sorroweth me because of the fourth generation from this generation, for they are led away captive by him even as was the son of perdition; for they will sell me for silver and for gold, and for that which moth doth corrupt and which thieves can break through and steal. And in that day will I visit them, even in turning their works upon their own heads.

33 And it came to pass that when Jesus had ended these sayings he said unto his disciples: Enter ye in at the strait gate; for strait is the gate, and narrow is the way that leads to life, and few there be that find it; but wide is the gate, and broad the way which leads to death, and many there be that travel therein, until the night cometh, wherein no man can work.

CHAPTER 28

Nine of the twelve disciples desire and are promised an inheritance in Christ's kingdom when they die—The Three Nephites desire and are given power over death so as to remain on the earth until Jesus comes again—They are translated and see things not lawful to utter, and they are now ministering among men. About A.D. 34–35.

1 And it came to pass when Jesus had said these words, he spake unto his disciples, one by one, saying unto them: What is it that ye desire of me, after that I am gone to the Father?

2 And they all spake, save it were three, saying: We desire that after we have lived unto the age of man, that our ministry, wherein thou hast called us, may have an end, that we may speedily come unto thee in thy kingdom.

30 Et maintenant, voici, ma joie est grande jusqu'à la plénitude, à cause de vous et aussi de cette génération ; oui, et même le Père se réjouit, et aussi tous les saints anges, à cause de vous et de cette génération ; car aucun d'eux n'est perdu.

31 Voici, je voudrais que vous compreniez ; car je veux parler de ceux de cette génération qui sont maintenant en vie ; et aucun d'eux n'est perdu ; et en eux j'ai une plénitude de joie.

32 Mais voici, je suis attristé à cause de la quatrième génération après cette génération, car ils sont emmenés captifs par lui comme le fut le fils de perdition ; car ils me vendront pour de l'argent et pour de l'or, et pour ce que la teigne ronge et que les voleurs peuvent percer et dérober. Et ce jour-là, j'interviendrai contre eux en faisant retomber leurs œuvres sur leur tête.

33 Et il arriva que lorsqu'il eut fini ces paroles, Jésus dit à ses disciples : Entrez par la porte étroite ; car étroite est la porte, resserré le chemin qui mènent à la vie, et il y en a peu qui les trouvent ; mais large est la porte, spacieux est le chemin qui mènent à la mort, et il y en a beaucoup qui entrent par là, jusqu'à ce que vienne la nuit, dans laquelle nul homme ne peut travailler.

CHAPITRE 28

Neuf des douze disciples désirent et se voient promettre un héritage dans le royaume du Christ lorsqu'ils mourront — Les Trois Néphites désirent et reçoivent du pouvoir sur la mort, de manière à rester sur la terre jusqu'à ce que Jésus revienne — Ils sont transfigurés et voient des choses qu'il n'est pas permis d'exprimer, et ils exercent maintenant leur ministère parmi les hommes. Vers 34–35 apr. J.-C.

1 Et il arriva que lorsque Jésus eut dit ces paroles, il parla à ses disciples, un à un, leur disant : Que désirez-vous de moi, après que je serai allé au Père ?

2 Et ils dirent tous, sauf trois : Nous désirons que, lorsque nous aurons vécu jusqu'à l'âge de l'homme, le ministère auquel tu nous as appelés prenne fin, afin que nous allions rapidement à toi dans ton royaume.

3 And he said unto them: Blessed are ye because ye desired this thing of me; therefore, after that ye are seventy and two years old ye shall come unto me in my kingdom; and with me ye shall find rest.

4 And when he had spoken unto them, he turned himself unto the three, and said unto them: What will ye that I should do unto you, when I am gone unto the Father?

5 And they sorrowed in their hearts, for they durst not speak unto him the thing which they desired.

6 And he said unto them: Behold, I know your thoughts, and ye have desired the thing which John, my beloved, who was with me in my ministry, before that I was lifted up by the Jews, desired of me.

7 Therefore, more blessed are ye, for ye shall never taste of death; but ye shall live to behold all the doings of the Father unto the children of men, even until all things shall be fulfilled according to the will of the Father, when I shall come in my glory with the powers of heaven.

8 And ye shall never endure the pains of death; but when I shall come in my glory ye shall be changed in the twinkling of an eye from mortality to immortality; and then shall ye be blessed in the kingdom of my Father.

9 And again, ye shall not have pain while ye shall dwell in the flesh, neither sorrow save it be for the sins of the world; and all this will I do because of the thing which ye have desired of me, for ye have desired that ye might bring the souls of men unto me, while the world shall stand.

10 And for this cause ye shall have fulness of joy; and ye shall sit down in the kingdom of my Father; yea, your joy shall be full, even as the Father hath given me fulness of joy; and ye shall be even as I am, and I am even as the Father; and the Father and I are one;

11 And the Holy Ghost beareth record of the Father and me; and the Father giveth the Holy Ghost unto the children of men, because of me.

12 And it came to pass that when Jesus had spoken these words, he touched every one of them with his finger save it were the three who were to tarry, and then he departed.

3 Et il leur dit : Vous êtes bénis parce que vous avez désiré cela de moi ; c'est pourquoi, lorsque vous aurez eu soixante-douze ans, vous viendrez à moi dans mon royaume ; et avec moi, vous trouverez du repos.

4 Et lorsqu'il leur eut parlé, il se tourna vers les trois et leur dit : Que voulez-vous que je vous fasse, lorsque je serai allé au Père ?

5 Et ils étaient attristés dans leur cœur, car ils n'osaient pas lui dire ce qu'ils désiraient.

6 Et il leur dit : Voici, je connais vos pensées, et vous avez désiré ce que Jean, mon bien-aimé, qui était avec moi dans mon ministère avant que je fusse élevé par les Juifs, a désiré de moi.

7 C'est pourquoi, vous êtes bénis davantage, car vous ne goûterez jamais la mort ; mais vous vivrez pour voir toutes les actions du Père envers les enfants des hommes jusqu'à ce que tout soit accompli selon la volonté du Père, lorsque je viendrai dans ma gloire avec les puissances du ciel.

8 Et vous ne subirez jamais les souffrances de la mort ; mais lorsque je viendrai dans ma gloire, vous serez changés en un clin d'œil de la mortalité à l'immortalité ; et alors, vous serez bénis dans le royaume de mon Père.

9 En outre, vous ne connaîtrez pas la souffrance tandis que vous demeurerez dans la chair, ni la tristesse, si ce n'est pour les péchés du monde ; et tout cela, je le ferai à cause de ce que vous avez désiré de moi, car vous avez désiré m'amener les âmes des hommes tant que le monde demeurera.

10 Et à cause de cela, vous aurez une plénitude de joie ; et vous vous assiérez dans le royaume de mon Père ; oui, votre joie sera pleine, tout comme le Père m'a donné une plénitude de joie ; et vous serez tout comme je suis, et je suis tout comme le Père ; et le Père et moi sommes un ;

11 et le Saint-Esprit témoigne du Père et de moi ; et le Père donne le Saint-Esprit aux enfants des hommes à cause de moi.

12 Et il arriva que lorsqu'il eut dit ces paroles, Jésus toucha chacun d'eux de son doigt, sauf les trois qui devaient demeurer, et ensuite il partit.

13 And behold, the heavens were opened, and they were caught up into heaven, and saw and heard unspeakable things.

14 And it was forbidden them that they should utter; neither was it given unto them power that they could utter the things which they saw and heard;

15 And whether they were in the body or out of the body, they could not tell; for it did seem unto them like a transfiguration of them, that they were changed from this body of flesh into an immortal state, that they could behold the things of God.

16 But it came to pass that they did again minister upon the face of the earth; nevertheless they did not minister of the things which they had heard and seen, because of the commandment which was given them in heaven.

17 And now, whether they were mortal or immortal, from the day of their transfiguration, I know not;

18 But this much I know, according to the record which hath been given—they did go forth upon the face of the land, and did minister unto all the people, uniting as many to the church as would believe in their preaching; baptizing them, and as many as were baptized did receive the Holy Ghost.

19 And they were cast into prison by them who did not belong to the church. And the prisons could not hold them, for they were rent in twain.

20 And they were cast down into the earth; but they did smite the earth with the word of God, insomuch that by his power they were delivered out of the depths of the earth; and therefore they could not dig pits sufficient to hold them.

21 And thrice they were cast into a furnace and received no harm.

22 And twice were they cast into a den of wild beasts; and behold they did play with the beasts as a child with a suckling lamb, and received no harm.

23 And it came to pass that thus they did go forth among all the people of Nephi, and did preach the gospel of Christ unto all people upon the face of the land; and they were converted unto the Lord, and were united unto the church of Christ, and thus the people of that generation were blessed, according to the word of Jesus.

13 Et voici, les cieux s'ouvrirent, et ils furent enlevés au ciel, et virent et entendirent des choses ineffables.

14 Et il leur fut interdit d'en parler ; et le pouvoir ne leur fut pas donné d'exprimer les choses qu'ils avaient vues et entendues ;

15 et s'ils étaient dans le corps ou hors du corps, ils ne pouvaient le dire ; car il leur semblait qu'ils étaient transfigurés, de sorte qu'ils étaient changés de ce corps de chair en un état immortel, de sorte qu'ils pouvaient voir les choses de Dieu.

16 Mais il arriva qu'ils exercèrent de nouveau leur ministère sur la surface de la terre ; néanmoins, ils n'enseignèrent pas les choses qu'ils avaient entendues et vues, à cause du commandement qui leur avait été donné au ciel.

17 Et maintenant, s'ils furent mortels ou immortels à partir du jour de leur transfiguration, je ne sais ;

18 mais ce que je sais, selon les annales qui ont été données, c'est ceci : ils allèrent sur la surface du pays et exercèrent leur ministère auprès de tout le peuple, unissant à l'Église tous ceux qui croyaient en leur prédication, les baptisant, et tous ceux qui étaient baptisés recevaient le Saint-Esprit.

19 Et ils furent jetés en prison par ceux qui n'appartenaient pas à l'Église. Et les prisons ne pouvaient pas les retenir, car elles se fendaient en deux.

20 Et ils furent précipités dans la terre ; mais ils frappaient la terre par la parole de Dieu, de sorte que, par son pouvoir, ils étaient délivrés des profondeurs de la terre ; c'est pourquoi on ne pouvait creuser des fosses susceptibles de les retenir.

21 Et trois fois ils furent jetés dans une fournaise, et ils ne subirent aucun mal.

22 Et deux fois ils furent jetés dans un antre de bêtes sauvages, et voici, ils jouèrent avec les bêtes comme un enfant avec un agneau qui tète encore, et ne subirent aucun mal.

23 Et il arriva qu'ils allèrent ainsi parmi tout le peuple de Néphi et prêchèrent l'Évangile du Christ à tout le peuple à la surface du pays ; et il fut converti au Seigneur et fut uni à l'Église du Christ, et ainsi le peuple de cette génération fut béni, selon la parole de Jésus.

24 And now I, Mormon, make an end of speaking concerning these things for a time.

25 Behold, I was about to write the names of those who were never to taste of death, but the Lord forbade; therefore I write them not, for they are hid from the world.

26 But behold, I have seen them, and they have ministered unto me.

27 And behold they will be among the Gentiles, and the Gentiles shall know them not.

28 They will also be among the Jews, and the Jews shall know them not.

29 And it shall come to pass, when the Lord seeth fit in his wisdom that they shall minister unto all the scattered tribes of Israel, and unto all nations, kindreds, tongues and people, and shall bring out of them unto Jesus many souls, that their desire may be fulfilled, and also because of the convincing power of God which is in them.

30 And they are as the angels of God, and if they shall pray unto the Father in the name of Jesus they can show themselves unto whatsoever man it seemeth them good.

31 Therefore, great and marvelous works shall be wrought by them, before the great and coming day when all people must surely stand before the judgment-seat of Christ;

32 Yea even among the Gentiles shall there be a great and marvelous work wrought by them, before that judgment day.

33 And if ye had all the scriptures which give an account of all the marvelous works of Christ, ye would, according to the words of Christ, know that these things must surely come.

34 And wo be unto him that will not hearken unto the words of Jesus, and also to them whom he hath chosen and sent among them; for whoso receiveth not the words of Jesus and the words of those whom he hath sent receiveth not him; and therefore he will not receive them at the last day;

35 And it would be better for them if they had not been born. For do ye suppose that ye can get rid of the justice of an offended God, who hath been trampled under feet of men, that thereby salvation might come?

24 Et maintenant, moi, Mormon, je finis de parler de ces choses pendant un certain temps.

25 Voici, j'étais sur le point d'écrire les noms de ceux qui ne devaient jamais goûter la mort, mais le Seigneur l'interdit ; c'est pourquoi, je ne les écris pas, car ils sont cachés au monde.

26 Mais voici, je les ai vus, et ils m'ont servi.

27 Et voici, ils seront parmi les Gentils, et les Gentils ne les connaîtront pas.

28 Ils seront aussi parmi les Juifs, et les Juifs ne les connaîtront pas.

29 Et il arrivera, lorsque le Seigneur le jugera bon dans sa sagesse, qu'ils exerceront leur ministère auprès de toutes les tribus dispersées d'Israël, et auprès de toutes les nations, tribus, langues et peuples, et amèneront de parmi eux beaucoup d'âmes à Jésus, afin que leur désir s'accomplisse, et aussi à cause du pouvoir de conviction de Dieu, qui est en eux.

30 Et ils sont comme les anges de Dieu, et s'ils prient le Père au nom de Jésus, ils peuvent se montrer à n'importe qui, selon qu'il leur semble bon.

31 C'est pourquoi, ils accompliront des œuvres grandes et merveilleuses avant le grand jour à venir où tous les hommes devront sûrement se tenir devant le siège du jugement du Christ ;

32 oui, ils accompliront une œuvre grande et merveilleuse parmi les Gentils, avant ce jour du jugement.

33 Et si vous aviez toutes les Écritures qui font le récit de toutes les œuvres merveilleuses du Christ, vous sauriez, selon les paroles du Christ, que ces choses doivent certainement venir.

34 Et malheur à ceux qui n'écoutent pas les paroles de Jésus et aussi de ceux qu'il a choisis et envoyés parmi eux ; car tous ceux qui ne reçoivent pas les paroles de Jésus et les paroles de ceux qu'il a envoyés, ne le reçoivent pas ; et pour cette raison, il ne les recevra pas au dernier jour ;

35 et il aurait mieux valu pour eux qu'ils ne fussent pas nés. Car pensez-vous que vous puissiez vous débarrasser de la justice d'un Dieu offensé, qui a été foulé aux pieds des hommes, afin qu'ainsi le salut puisse venir ?

36 And now behold, as I spake concerning those whom the Lord hath chosen, yea, even three who were caught up into the heavens, that I knew not whether they were cleansed from mortality to immortality—

37 But behold, since I wrote, I have inquired of the Lord, and he hath made it manifest unto me that there must needs be a change wrought upon their bodies, or else it needs be that they must taste of death;

38 Therefore, that they might not taste of death there was a change wrought upon their bodies, that they might not suffer pain nor sorrow save it were for the sins of the world.

39 Now this change was not equal to that which shall take place at the last day; but there was a change wrought upon them, insomuch that Satan could have no power over them, that he could not tempt them; and they were sanctified in the flesh, that they were holy, and that the powers of the earth could not hold them.

40 And in this state they were to remain until the judgment day of Christ; and at that day they were to receive a greater change, and to be received into the kingdom of the Father to go no more out, but to dwell with God eternally in the heavens.

CHAPTER 29

The coming forth of the Book of Mormon is a sign that the Lord has commenced to gather Israel and fulfill His covenants—Those who reject His latter-day revelations and gifts will be cursed. About A.D. 34–35.

1 And now behold, I say unto you that when the Lord shall see fit, in his wisdom, that these sayings shall come unto the Gentiles according to his word, then ye may know that the covenant which the Father hath made with the children of Israel, concerning their restoration to the lands of their inheritance, is already beginning to be fulfilled.

2 And ye may know that the words of the Lord, which have been spoken by the holy prophets, shall all be fulfilled; and ye need not say that the Lord delays his coming unto the children of Israel.

36 Et maintenant, voici, comme je l'ai dit concernant ceux que le Seigneur a choisis, oui, trois qui furent enlevés dans les cieux, que je ne savais pas s'ils avaient été purifiés de la mortalité à l'immortalité —

37 mais voici, depuis que j'ai écrit, j'ai consulté le Seigneur, et il m'a manifesté qu'il fallait nécessairement qu'un changement fût opéré sur leur corps, sinon ils auraient nécessairement dû goûter la mort ;

38 c'est pourquoi, pour qu'ils ne dussent pas goûter la mort, un changement fut opéré sur leur corps, afin qu'ils ne connussent pas la souffrance ni la tristesse, si ce n'est pour les péchés du monde.

39 Or, ce changement n'était pas égal à celui qui se produira au dernier jour ; mais un changement fut opéré en eux, de sorte que Satan ne pouvait pas avoir de pouvoir sur eux, de sorte qu'il ne pouvait les tenter ; et ils furent sanctifiésdans la chair, de sorte qu'ils étaient saints, et que les pouvoirs de la terre ne pouvaient les retenir.

40 Et c'est dans cet état qu'ils devaient rester jusqu'au jour du jugement du Christ ; et ce jour-là, ils devaient recevoir un plus grand changement et être reçus dans le royaume du Père pour ne plus en sortir, mais pour demeurer éternellement avec Dieu dans les cieux.

CHAPITRE 29

La parution du Livre de Mormon est le signe que le Seigneur a commencé à rassembler Israël et à accomplir ses alliances — Ceux qui rejettent ses révélations et ses dons des derniers jours seront maudits. Vers 34–35 apr. J.-C.

1 Et maintenant, voici, je vous dis que lorsque le Seigneur jugera bon, dans sa sagesse, que ces paroles parviennent aux Gentils, selon sa parole, alors vous saurez que l'alliance que le Père a faite avec les enfants d'Israël concernant leur rétablissement dans les pays de leur héritage, commence déjà à s'accomplir.

2 Et vous pourrez savoir que les paroles du Seigneur, qui ont été dites par les saints prophètes, s'accompliront toutes ; et vous n'aurez pas lieu de dire que le Seigneur retarde sa venue auprès des enfants d'Israël.

3 And ye need not imagine in your hearts that the words which have been spoken are vain, for behold, the Lord will remember his covenant which he hath made unto his people of the house of Israel.

4 And when ye shall see these sayings coming forth among you, then ye need not any longer spurn at the doings of the Lord, for the sword of his justice is in his right hand; and behold, at that day, if ye shall spurn at his doings he will cause that it shall soon overtake you.

5 Wo unto him that spurneth at the doings of the Lord; yea, wo unto him that shall deny the Christ and his works!

6 Yea, wo unto him that shall deny the revelations of the Lord, and that shall say the Lord no longer worketh by revelation, or by prophecy, or by gifts, or by tongues, or by healings, or by the power of the Holy Ghost!

7 Yea, and wo unto him that shall say at that day, to get gain, that there can be no miracle wrought by Jesus Christ; for he that doeth this shall become like unto the son of perdition, for whom there was no mercy, according to the word of Christ!

8 Yea, and ye need not any longer hiss, nor spurn, nor make game of the Jews, nor any of the remnant of the house of Israel; for behold, the Lord remembereth his covenant unto them, and he will do unto them according to that which he hath sworn.

9 Therefore ye need not suppose that ye can turn the right hand of the Lord unto the left, that he may not execute judgment unto the fulfilling of the covenant which he hath made unto the house of Israel.

CHAPTER 30

The latter-day Gentiles are commanded to repent, come unto Christ, and be numbered with the house of Israel. About A.D. 34–35.

1 Hearken, O ye Gentiles, and hear the words of Jesus Christ, the Son of the living God, which he hath commanded me that I should speak concerning you, for, behold he commandeth me that I should write, saying:

3 Et vous n'aurez pas lieu de vous imaginer dans votre cœur que les paroles qui ont été dites sont vaines, car voici, le Seigneur se souviendra de l'alliance qu'il a faite avec son peuple de la maison d'Israël.

4 Et lorsque vous verrez ces paroles paraître parmi vous, alors vous n'aurez plus lieu de traiter avec mépris les actions du Seigneur, car l'épée de sa justice est dans sa main droite ; et voici, ce jour-là, si vous traitez avec mépris ses actions, il fera en sorte qu'elle vous rattrape bientôt.

5 Malheur à celui qui traite avec mépris les actions du Seigneur ; oui, malheur à celui qui niera le Christ et ses œuvres !

6 Oui, malheur à celui qui niera les révélations du Seigneur et qui dira que le Seigneur n'agit plus par révélation, ou par prophétie, ou par les dons, ou par les langues, ou par les guérisons, ou par le pouvoir du Saint-Esprit !

7 Oui, et malheur à celui qui dira, ce jour-là, pour obtenir du gain, que plus aucun miracle ne peut être accompli par Jésus-Christ ; car celui qui fait cela deviendra semblable au fils de perdition, pour qui il n'y eut pas de miséricorde, selon la parole du Christ !

8 Oui, et vous n'aurez plus lieu de siffler, ni de traiter avec mépris, ni de tourner en dérision les Juifs, ni personne parmi le reste de la maison d'Israël ; car voici, le Seigneur se souvient de son alliance avec eux, et il leur fera selon ce qu'il a juré.

9 C'est pourquoi vous n'avez pas lieu de penser que vous pouvez transformer la main droite du Seigneur en sa gauche, afin qu'il n'exécute pas le jugement pour accomplir l'alliance qu'il a faite avec la maison d'Israël.

CHAPITRE 30

Commandement est donné aux Gentils des derniers jours de se repentir, de venir au Christ et d'être comptés avec la maison d'Israël. Vers 34–35 apr. J.-C.

1 Écoutez, ô Gentils, et entendez les paroles de Jésus-Christ, le Fils du Dieu vivant, qu'il m'a commandé de dire à votre sujet, car, voici, il me commande d'écrire, disant :

2 Turn, all ye Gentiles, from your wicked ways; and repent of your evil doings, of your lyings and deceivings, and of your whoredoms, and of your secret abominations, and your idolatries, and of your murders, and your priestcrafts, and your envyings, and your strifes, and from all your wickedness and abominations, and come unto me, and be baptized in my name, that ye may receive a remission of your sins, and be filled with the Holy Ghost, that ye may be numbered with my people who are of the house of Israel.

2 Détournez-vous, tous les Gentils, de vos voies mauvaises ; et repentez-vous de vos mauvaises actions, de vos mensonges et de vos tromperies, et de vos fornications, et de vos abominations secrètes, et de vos idolâtries, et de vos meurtres, et de vos intrigues de prêtres, et de vos envies, et de vos discordes, et de toute votre méchanceté et de toutes vos abominations, et venez à moi, et soyez baptisés en mon nom, afin de recevoir le pardon de vos péchés et d'être remplis du Saint-Esprit, afin d'être comptés avec mon peuple qui est de la maison d'Israël.

FOURTH NEPHI
THE BOOK OF NEPHI

WHO IS THE SON OF NEPHI— ONE OF THE DISCIPLES OF JESUS CHRIST

An account of the people of Nephi, according to his record.

QUATRE NÉPHI
LIVRE DE NÉPHI

QUI EST FILS DE NÉPHI, UN DES DISCIPLES DE JÉSUS-CHRIST

Histoire du peuple de Néphi, selon ses annales

CHAPTER 1

CHAPITRE 1

The Nephites and the Lamanites are all converted unto the Lord—They have all things in common, work miracles, and prosper in the land—After two centuries, divisions, evils, false churches, and persecutions arise—After three hundred years, both the Nephites and the Lamanites are wicked—Ammaron hides up the sacred records. About A.D. 35–321.

Les Néphites et les Lamanites sont tous convertis au Seigneur — Ils ont tout en commun, accomplissent des miracles et prospèrent dans le pays — Après deux siècles, des divisions, des abus, de fausses Églises et des persécutions apparaissent — Après trois cents ans, les Néphites et les Lamanites sont, les uns comme les autres, mauvais — Ammaron cache les annales sacrées. Vers 35–321 apr. J.-C.

1 And it came to pass that the thirty and fourth year passed away, and also the thirty and fifth, and behold the disciples of Jesus had formed a church of Christ in all the lands round about. And as many as did come unto them, and did truly repent of their sins, were baptized in the name of Jesus; and they did also receive the Holy Ghost.

2 And it came to pass in the thirty and sixth year, the people were all converted unto the Lord, upon all the face of the land, both Nephites and Lamanites, and there were no

1 Et il arriva que la trente-quatrième année passa, et aussi la trente-cinquième, et voici, les disciples de Jésus avaient formé une Église du Christ dans les pays alentour. Et tous ceux qui venaient à eux et se repentaient vraiment de leurs péchés étaient baptisés au nom de Jésus ; et ils recevaient aussi le Saint-Esprit.

2 Et il arriva que la trente-sixième année, le peuple fut entièrement converti au Seigneur, sur toute la surface du pays, tant les Néphites que les Lamanites, et il n'y avait

contentions and disputations among them, and every man did deal justly one with another.

3 And they had all things common among them; therefore there were not rich and poor, bond and free, but they were all made free, and partakers of the heavenly gift.

4 And it came to pass that the thirty and seventh year passed away also, and there still continued to be peace in the land.

5 And there were great and marvelous works wrought by the disciples of Jesus, insomuch that they did heal the sick, and raise the dead, and cause the lame to walk, and the blind to receive their sight, and the deaf to hear; and all manner of miracles did they work among the children of men; and in nothing did they work miracles save it were in the name of Jesus.

6 And thus did the thirty and eighth year pass away, and also the thirty and ninth, and forty and first, and the forty and second, yea, even until forty and nine years had passed away, and also the fifty and first, and the fifty and second; yea, and even until fifty and nine years had passed away.

7 And the Lord did prosper them exceedingly in the land; yea, insomuch that they did build cities again where there had been cities burned.

8 Yea, even that great city Zarahemla did they cause to be built again.

9 But there were many cities which had been sunk, and waters came up in the stead thereof; therefore these cities could not be renewed.

10 And now, behold, it came to pass that the people of Nephi did wax strong, and did multiply exceedingly fast, and became an exceedingly fair and delightsome people.

11 And they were married, and given in marriage, and were blessed according to the multitude of the promises which the Lord had made unto them.

12 And they did not walk any more after the performances and ordinances of the law of Moses; but they did walk after the commandments which they had received from their Lord and their God, continuing in fasting and prayer, and in meeting together oft both to pray and to hear the word of the Lord.

pas de querelles ni de controverses parmi eux, et tous les hommes pratiquaient la justice les uns envers les autres.

3 Et ils avaient tout en commun ; c'est pourquoi il n'y avait ni riches ni pauvres, ni esclaves ni hommes libres, mais ils étaient tous affranchis et participants du don céleste.

4 Et il arriva que la trente-septième année passa aussi et il continuait à y avoir la paix dans le pays.

5 Et des œuvres grandes et merveilleuses furent accomplies par les disciples de Jésus, de sorte qu'ils guérissaient les malades, et ressuscitaient les morts, et faisaient marcher les estropiés, et rendaient la vue aux aveugles et l'ouïe aux sourds ; et ils accomplirent toutes sortes de miracles parmi les enfants des hommes ; et ils ne faisaient de miracles qu'au nom de Jésus.

6 Et ainsi passa la trente-huitième année, et aussi la trente-neuvième, et la quarante et unième, et la quarante-deuxième, oui, jusqu'à ce que quarante-neuf ans fussent passés, et aussi la cinquante et unième et la cinquante-deuxième ; oui, et même jusqu'à ce que cinquante-neuf ans fussent passés.

7 Et le Seigneur les fit prospérer extrêmement dans le pays ; oui, de sorte qu'ils reconstruisirent des villes là où des villes avaient été brûlées.

8 Oui, ils firent même reconstruire la grande ville de Zarahemla.

9 Mais il y avait beaucoup de villes qui avaient été englouties, et des eaux étaient montées à leur place ; c'est pourquoi ces villes ne purent être rebâties.

10 Et maintenant, voici, il arriva que le peuple de Néphi devint fort, et se multiplia extrêmement vite, et devint un peuple extrêmement beau et agréable.

11 Et ils se mariaient, et mariaient leurs enfants, et étaient bénis, selon la multitude des promesses que le Seigneur leur avait faites.

12 Et ils ne marchaient plus selon les observances et les ordonnances de la loi de Moïse ; mais ils marchaient selon les commandements qu'ils avaient reçus de leur Seigneur et de leur Dieu, persévérant dans le jeûne et la prière, et se réunissant souvent, à la fois pour prier et pour entendre la parole du Seigneur.

13 And it came to pass that there was no contention among all the people, in all the land; but there were mighty miracles wrought among the disciples of Jesus.

14 And it came to pass that the seventy and first year passed away, and also the seventy and second year, yea, and in fine, till the seventy and ninth year had passed away; yea, even an hundred years had passed away, and the disciples of Jesus, whom he had chosen, had all gone to the paradise of God, save it were the three who should tarry; and there were other disciples ordained in their stead; and also many of that generation had passed away.

15 And it came to pass that there was no contention in the land, because of the love of God which did dwell in the hearts of the people.

16 And there were no envyings, nor strifes, nor tumults, nor whoredoms, nor lyings, nor murders, nor any manner of lasciviousness; and surely there could not be a happier people among all the people who had been created by the hand of God.

17 There were no robbers, nor murderers, neither were there Lamanites, nor any manner of -ites; but they were in one, the children of Christ, and heirs to the kingdom of God.

18 And how blessed were they! For the Lord did bless them in all their doings; yea, even they were blessed and prospered until an hundred and ten years had passed away; and the first generation from Christ had passed away, and there was no contention in all the land.

19 And it came to pass that Nephi, he that kept this last record, (and he kept it upon the plates of Nephi) died, and his son Amos kept it in his stead; and he kept it upon the plates of Nephi also.

20 And he kept it eighty and four years, and there was still peace in the land, save it were a small part of the people who had revolted from the church and taken upon them the name of Lamanites; therefore there began to be Lamanites again in the land.

21 And it came to pass that Amos died also, (and it was an hundred and ninety and four years from the coming of Christ) and his son Amos kept the record in his stead; and he

13 Et il arriva qu'il n'y eut pas de querelles parmi tout le peuple dans tout le pays ; mais de grands miracles étaient accomplis parmi les disciples de Jésus.

14 Et il arriva que la soixante et onzième année passa, et aussi la soixante-douzième année, oui, en bref, jusqu'à ce que la soixante-dix-neuvième année fût passée ; oui, cent ans étaient passés, et les disciples que Jésus avait choisis étaient tous allés au paradis de Dieu, sauf les trois qui devaient demeurer ; et il y eut d'autres disciples ordonnés à leur place ; et aussi, beaucoup de cette génération avaient quitté cette vie.

15 Et il arriva qu'il n'y eut pas de querelles dans le pays, à cause de l'amour de Dieu qui demeurait dans le cœur du peuple.

16 Et il n'y avait pas d'envies, ni de discordes, ni de tumultes, ni de fornications, ni de mensonges, ni de meurtres, ni aucune sorte de lasciveté ; et assurément il ne pouvait y avoir de peuple plus heureux parmi tout le peuple qui avait été créé par la main de Dieu.

17 Il n'y avait pas de brigands, ni d'assassins, et il n'y avait pas non plus de Lamanites, ni aucune sorte d'-ites ; mais ils étaient un, enfants du Christ et héritiers du royaume de Dieu.

18 Et comme ils étaient bénis ! Car le Seigneur les bénissait dans toutes leurs actions ; oui, ils furent bénis et rendus prospères jusqu'à ce que cent dix ans fussent passés ; et la première génération depuis le Christ s'en était allée, et il n'y avait pas de querelles dans tout le pays.

19 Et il arriva que Néphi, celui qui avait tenu ces dernières annales (et il les tint sur les plaques de Néphi), mourut, et son fils Amos les tint à sa place ; et il les tint aussi sur les plaques de Néphi.

20 Et il les tint quatre-vingt-quatre ans, et il y avait toujours la paix dans le pays, sauf qu'une petite partie du peuple s'était révoltée, et avait quitté l'Église, et avait pris sur elle le nom de Lamanites ; c'est pourquoi il recommença à y avoir des Lamanites dans le pays.

21 Et il arriva qu'Amos mourut aussi (et c'était cent quatre-vingt-quatorze ans depuis la venue du Christ), et son fils Amos tint les annales à sa place ; et il les tint aussi

also kept it upon the plates of Nephi; and it was also written in the book of Nephi, which is this book.

22 And it came to pass that two hundred years had passed away; and the second generation had all passed away save it were a few.

23 And now I, Mormon, would that ye should know that the people had multiplied, insomuch that they were spread upon all the face of the land, and that they had become exceedingly rich, because of their prosperity in Christ.

24 And now, in this two hundred and first year there began to be among them those who were lifted up in pride, such as the wearing of costly apparel, and all manner of fine pearls, and of the fine things of the world.

25 And from that time forth they did have their goods and their substance no more common among them.

26 And they began to be divided into classes; and they began to build up churches unto themselves to get gain, and began to deny the true church of Christ.

27 And it came to pass that when two hundred and ten years had passed away there were many churches in the land; yea, there were many churches which professed to know the Christ, and yet they did deny the more parts of his gospel, insomuch that they did receive all manner of wickedness, and did administer that which was sacred unto him to whom it had been forbidden because of unworthiness.

28 And this church did multiply exceedingly because of iniquity, and because of the power of Satan who did get hold upon their hearts.

29 And again, there was another church which denied the Christ; and they did persecute the true church of Christ, because of their humility and their belief in Christ; and they did despise them because of the many miracles which were wrought among them.

30 Therefore they did exercise power and authority over the disciples of Jesus who did tarry with them, and they did cast them into prison; but by the power of the word of God, which was in them, the prisons were rent in twain, and they went forth doing mighty miracles among them.

sur les plaques de Néphi ; et elles furent aussi écrites dans le livre de Néphi, qui est ce livre.

22 Et il arriva que deux cents ans étaient passés ; et toute la deuxième génération avait quitté cette vie, sauf un petit nombre.

23 Et maintenant, moi, Mormon, je voudrais que vous sachiez que le peuple s'était multiplié, de sorte qu'il était répandu sur toute la surface du pays, et qu'il était devenu extrêmement riche à cause de sa prospérité dans le Christ.

24 Et alors, cette deux cent unième année, certains parmi eux commencèrent à être enflés dans l'orgueil, portant des vêtements somptueux, et toutes sortes de perles fines, et les choses raffinées du monde.

25 Et à partir de ce moment-là, ils n'eurent plus leurs biens et leur subsistance en commun.

26 Et ils commencèrent à être divisés en classes ; et ils commencèrent à s'édifier des Églises pour obtenir du gain et commencèrent à nier la vraie Église du Christ.

27 Et il arriva que lorsque deux cent dix ans furent passés, il y eut beaucoup d'Églises dans le pays ; oui il y eut beaucoup d'Églises qui professaient connaître le Christ, et cependant elles niaient la plus grande partie de son Évangile, de sorte qu'elles acceptaient toutes sortes de méchancetés et accordaient ce qui était sacré à ceux à qui cela avait été interdit pour cause d'indignité.

28 Et cette Église se multiplia extrêmement à cause de l'iniquité et à cause du pouvoir de Satan, qui obtenait de l'emprise sur leur cœur.

29 Et puis, il y eut une autre Église qui niait le Christ ; et elle persécuta la vraie Église du Christ, à cause de son humilité et de sa croyance au Christ ; et elle la méprisait à cause des nombreux miracles qui étaient accomplis en son sein.

30 C'est pourquoi elle exerça du pouvoir et de l'autorité sur les disciples de Jésus qui demeuraient avec elle, et elle les jeta en prison ; mais par le pouvoir de la parole de Dieu qui était en eux, les prisons se fendaient en deux, et ils s'en allaient, faisant de grands miracles en son sein.

31 Nevertheless, and notwithstanding all these miracles, the people did harden their hearts, and did seek to kill them, even as the Jews at Jerusalem sought to kill Jesus, according to his word.

32 And they did cast them into furnaces of fire, and they came forth receiving no harm.

33 And they also cast them into dens of wild beasts, and they did play with the wild beasts even as a child with a lamb; and they did come forth from among them, receiving no harm.

34 Nevertheless, the people did harden their hearts, for they were led by many priests and false prophets to build up many churches, and to do all manner of iniquity. And they did smite upon the people of Jesus; but the people of Jesus did not smite again. And thus they did dwindle in unbelief and wickedness, from year to year, even until two hundred and thirty years had passed away.

35 And now it came to pass in this year, yea, in the two hundred and thirty and first year, there was a great division among the people.

36 And it came to pass that in this year there arose a people who were called the Nephites, and they were true believers in Christ; and among them there were those who were called by the Lamanites—Jacobites, and Josephites, and Zoramites;

37 Therefore the true believers in Christ, and the true worshipers of Christ, (among whom were the three disciples of Jesus who should tarry) were called Nephites, and Jacobites, and Josephites, and Zoramites.

38 And it came to pass that they who rejected the gospel were called Lamanites, and Lemuelites, and Ishmaelites; and they did not dwindle in unbelief, but they did wilfully rebel against the gospel of Christ; and they did teach their children that they should not believe, even as their fathers, from the beginning, did dwindle.

39 And it was because of the wickedness and abomination of their fathers, even as it was in the beginning. And they were taught to hate the children of God, even as the Lamanites were taught to hate the children of Nephi from the beginning.

31 Néanmoins, et malgré tous ces miracles, le peuple s'endurcit le cœur, et chercha à les tuer, tout comme les Juifs à Jérusalem avaient cherché à tuer Jésus, selon sa parole.

32 Et on les jeta dans des fournaises ardentes, et ils en sortaient, n'ayant subi aucun mal.

33 Et on les jeta aussi dans des antres de bêtes sauvages, et ils jouaient avec les bêtes sauvages, comme un enfant avec un agneau ; et ils en sortaient sans avoir subi de mal.

34 Néanmoins, le peuple s'endurcit le cœur, car il était entraîné par beaucoup de prêtres et de faux prophètes à édifier beaucoup d'Églises et à commettre toutes sortes d'iniquités. Et il frappait le peuple de Jésus ; mais le peuple de Jésus ne frappait pas en retour. Et ainsi, ils dégénérèrent, d'année en année, dans l'incrédulité et la méchanceté, jusqu'à ce que deux cent trente ans fussent passés.

35 Et alors, il arriva, cette année-là, oui, la deux cent trente et unième année, qu'il y eut une grande division parmi le peuple.

36 Et il arriva que, cette année-là, s'éleva un peuple qui fut appelé les Néphites, et ils étaient de vrais croyants au Christ ; et parmi eux, il y avait ceux que les Lamanites appelaient Jacobites, et Joséphites, et Zoramites ;

37 c'est pourquoi les vrais croyants au Christ et les vrais adorateurs du Christ (parmi lesquels se trouvaient les trois disciples de Jésus qui devaient demeurer) furent appelés Néphites, et Jacobites, et Joséphites, et Zoramites.

38 Et il arriva que ceux qui rejetaient l'Évangile furent appelés Lamanites, et Lémuélites, et Ismaélites ; et ils ne dégénéraient pas dans l'incrédulité, mais ils se rebellaient volontairement contre l'Évangile du Christ ; et ils enseignaient à leurs enfants qu'ils ne devaient pas croire, comme l'avaient fait leurs pères, qui avaient dégénéré dès le commencement.

39 Et c'était à cause de la méchanceté et de l'abomination de leurs pères, comme c'était au commencement. Et on leur enseignait à haïr les enfants de Dieu, comme on avait enseigné aux Lamanites, depuis le commencement, à haïr les enfants de Néphi.

40 And it came to pass that two hundred and forty and four years had passed away, and thus were the affairs of the people. And the more wicked part of the people did wax strong, and became exceedingly more numerous than were the people of God.

41 And they did still continue to build up churches unto themselves, and adorn them with all manner of precious things. And thus did two hundred and fifty years pass away, and also two hundred and sixty years.

42 And it came to pass that the wicked part of the people began again to build up the secret oaths and combinations of Gadianton.

43 And also the people who were called the people of Nephi began to be proud in their hearts, because of their exceeding riches, and become vain like unto their brethren, the Lamanites.

44 And from this time the disciples began to sorrow for the sins of the world.

45 And it came to pass that when three hundred years had passed away, both the people of Nephi and the Lamanites had become exceedingly wicked one like unto another.

46 And it came to pass that the robbers of Gadianton did spread over all the face of the land; and there were none that were righteous save it were the disciples of Jesus. And gold and silver did they lay up in store in abundance, and did traffic in all manner of traffic.

47 And it came to pass that after three hundred and five years had passed away, (and the people did still remain in wickedness) Amos died; and his brother, Ammaron, did keep the record in his stead.

48 And it came to pass that when three hundred and twenty years had passed away, Ammaron, being constrained by the Holy Ghost, did hide up the records which were sacred—yea, even all the sacred records which had been handed down from generation to generation, which were sacred— even until the three hundred and twentieth year from the coming of Christ.

49 And he did hide them up unto the Lord, that they might come again unto the remnant of the house of Jacob, according to the prophecies and the promises of the Lord.

40 Et il arriva que deux cent quarante-quatre ans étaient passés, et telles étaient les affaires du peuple. Et la partie la plus méchante du peuple devint forte et devint beaucoup plus nombreuse que le peuple de Dieu.

41 Et ils continuaient toujours à s'édifier des Églises et à les orner de toutes sortes de choses précieuses. Et ainsi passèrent deux cent cinquante ans, et aussi deux cent soixante ans.

42 Et il arriva que la partie méchante du peuple recommença à mettre sur pied les combinaisons et les serments secrets de Gadianton.

43 Et aussi : le peuple qui était appelé le peuple de Néphi commença à être orgueilleux dans son cœur, à cause de son extrême richesse, et à devenir vaniteux comme ses frères, les Lamanites.

44 Et à partir de ce moment-là, les disciples commencèrent à s'attrister pour les péchés du monde.

45 Et il arriva que lorsque trois cents ans furent passés, le peuple de Néphi et les Lamanites étaient devenus extrêmement méchants, les uns comme les autres.

46 Et il arriva que les brigands de Gadianton se répandirent sur toute la surface du pays ; et il n'y en avait aucun qui fût juste, excepté les disciples de Jésus. Et ils amassaient de l'or et de l'argent en abondance et commerçaient dans toutes sortes de commerces.

47 Et il arriva que lorsque trois cent cinq ans furent passés (et le peuple restait toujours dans la méchanceté), Amos mourut ; et son frère, Ammaron, tint les annales à sa place.

48 Et il arriva que lorsque trois cent vingt ans furent passés, Ammaron, contraint par le Saint-Esprit, cacha les annales qui étaient sacrées, oui, toutes les annales sacrées qui avaient été transmises de génération en génération, qui étaient sacrées — et ce, jusqu'à la trois cent vingtième année depuis la venue du Christ.

49 Et il les cacha pour le Seigneur, afin qu'elles reviennent au reste de la maison de Jacob, selon les prophéties et les promesses du Seigneur. Et telle est la fin des annales d'Ammaron.

And thus is the end of the record of Ammaron.

THE BOOK OF MORMON

CHAPTER 1

Ammaron instructs Mormon concerning the sacred records—War commences between the Nephites and the Lamanites—The Three Nephites are taken away—Wickedness, unbelief, sorceries, and witchcraft prevail. About A.D. 321–26.

1 And now I, Mormon, make a record of the things which I have both seen and heard, and call it the Book of Mormon.

2 And about the time that Ammaron hid up the records unto the Lord, he came unto me, (I being about ten years of age, and I began to be learned somewhat after the manner of the learning of my people) and Ammaron said unto me: I perceive that thou art a sober child, and art quick to observe;

3 Therefore, when ye are about twenty and four years old I would that ye should remember the things that ye have observed concerning this people; and when ye are of that age go to the land Antum, unto a hill which shall be called Shim; and there have I deposited unto the Lord all the sacred engravings concerning this people.

4 And behold, ye shall take the plates of Nephi unto yourself, and the remainder shall ye leave in the place where they are; and ye shall engrave on the plates of Nephi all the things that ye have observed concerning this people.

5 And I, Mormon, being a descendant of Nephi, (and my father's name was Mormon) I remembered the things which Ammaron commanded me.

6 And it came to pass that I, being eleven years old, was carried by my father into the land southward, even to the land of Zarahemla.

7 The whole face of the land had become covered with buildings, and the people were as numerous almost, as it were the sand of the sea.

LIVRE DE MORMON

CHAPITRE 1

Ammaron donne des instructions à Mormon concernant les annales sacrées — La guerre commence entre les Néphites et les Lamanites — Les trois Néphites sont retirés — La méchanceté, l'incrédulité, les sorcelleries et les sortilèges règnent. Vers 321–326 apr. J.-C.

1 Et maintenant, moi, Mormon, je fais le récit des choses que j'ai vues et entendues, et je l'appelle le Livre de Mormon.

2 À l'époque où il cacha les annales pour le Seigneur, Ammaron vint à moi (j'avais environ dix ans et je commençais à être quelque peu instruit selon la science de mon peuple) et il me dit : Je vois que tu es un enfant sérieux et que tu es rapide à observer ;

3 c'est pourquoi, je voudrais qu'aux environs de ta vingt-quatrième année, tu te souviennes des choses que tu as observées concernant ce peuple ; et lorsque tu auras cet âge-là, va au pays d'Antum, à une colline qui sera appelée Shim ; et là j'ai déposé pour le Seigneur toutes les inscriptions sacrées concernant ce peuple.

4 Et voici, tu prendras les plaques de Néphi pour toi, et les autres, tu les laisseras dans le lieu où elles sont ; et tu graveras sur les plaques de Néphi toutes les choses que tu as observées concernant ce peuple.

5 Et moi, Mormon, descendant de Néphi (et le nom de mon père était Mormon), je me souvins des choses qu'Ammaron m'avait commandées.

6 Et il arriva qu'à l'âge de onze ans, je fus emmené par mon père dans le pays situé du côté du sud, au pays de Zarahemla.

7 Toute la surface du pays s'était couverte de bâtiments, et le peuple était presque aussi nombreux que le sable de la mer.

8 And it came to pass in this year there began to be a war between the Nephites, who consisted of the Nephites and the Jacobites and the Josephites and the Zoramites; and this war was between the Nephites, and the Lamanites and the Lemuelites and the Ishmaelites.

9 Now the Lamanites and the Lemuelites and the Ishmaelites were called Lamanites, and the two parties were Nephites and Lamanites.

10 And it came to pass that the war began to be among them in the borders of Zarahemla, by the waters of Sidon.

11 And it came to pass that the Nephites had gathered together a great number of men, even to exceed the number of thirty thousand. And it came to pass that they did have in this same year a number of battles, in which the Nephites did beat the Lamanites and did slay many of them.

12 And it came to pass that the Lamanites withdrew their design, and there was peace settled in the land; and peace did remain for the space of about four years, that there was no bloodshed.

13 But wickedness did prevail upon the face of the whole land, insomuch that the Lord did take away his beloved disciples, and the work of miracles and of healing did cease because of the iniquity of the people.

14 And there were no gifts from the Lord, and the Holy Ghost did not come upon any, because of their wickedness and unbelief.

15 And I, being fifteen years of age and being somewhat of a sober mind, therefore I was visited of the Lord, and tasted and knew of the goodness of Jesus.

16 And I did endeavor to preach unto this people, but my mouth was shut, and I was forbidden that I should preach unto them; for behold they had wilfully rebelled against their God; and the beloved disciples were taken away out of the land, because of their iniquity.

17 But I did remain among them, but I was forbidden to preach unto them, because of the hardness of their hearts; and because of the hardness of their hearts the land was cursed for their sake.

18 And these Gadianton robbers, who were among the Lamanites, did infest the land,

8 Et il arriva que cette année-là, il commença à y avoir une guerre entre les Néphites, qui étaient composés des Néphites, et des Jacobites, et des Joséphites, et des Zoramites ; et cette guerre fut entre les Néphites, et les Lamanites, et les Lémuélites, et les Ismaélites.

9 Or, les Lamanites, et les Lémuélites, et les Ismaélites étaient appelés Lamanites, et les deux partis étaient les Néphites et les Lamanites.

10 Et il arriva que la guerre commença entre eux dans les régions frontières de Zarahemla, près des eaux de Sidon.

11 Et il arriva que les Néphites avaient rassemblé un grand nombre d'hommes, au point de dépasser le nombre de trente mille. Et il arriva que, cette même année, ils eurent un certain nombre de batailles, dans lesquelles les Néphites battirent les Lamanites et en tuèrent beaucoup.

12 Et il arriva que les Lamanites renoncèrent à leur dessein, et la paix se fit dans le pays ; et la paix dura pendant environ quatre ans, de sorte qu'il n'y eut pas d'effusion de sang ;

13 mais la méchanceté régnait sur la surface de tout le pays, de sorte que le Seigneur retira ses disciples bien-aimés, et l'œuvre de miracles et de guérisons cessa à cause de l'iniquité du peuple.

14 Et il n'y eut plus de dons venant du Seigneur, et le Saint-Esprit ne descendit plus sur personne à cause de leur méchanceté et de leur incrédulité.

15 Et moi, ayant quinze ans et étant d'un esprit plutôt sérieux, je fus visité par le Seigneur, et goûtai et connus la bonté de Jésus.

16 Et je m'efforçai de prêcher à ce peuple, mais la bouche me fut fermée, et il me fut interdit de leur prêcher ; car voici, ils s'étaient volontairement rebellés contre leur Dieu ; et les disciples bien-aimés avaient été enlevés du pays à cause de leur iniquité.

17 Mais je restai parmi eux, mais il me fut interdit de leur prêcher, à cause de l'endurcissement de leur cœur ; et à cause de l'endurcissement de leur cœur, le pays fut maudit à cause d'eux.

18 Et ces brigands de Gadianton, qui étaient parmi les Lamanites, infestaient le pays, de

insomuch that the inhabitants thereof began to hide up their treasures in the earth; and they became slippery, because the Lord had cursed the land, that they could not hold them, nor retain them again.

19 And it came to pass that there were sorceries, and witchcrafts, and magics; and the power of the evil one was wrought upon all the face of the land, even unto the fulfilling of all the words of Abinadi, and also Samuel the Lamanite.

CHAPTER 2

Mormon leads the Nephite armies—Blood and carnage sweep the land—The Nephites lament and mourn with the sorrowing of the damned—Their day of grace is passed—Mormon obtains the plates of Nephi—Wars continue. About A.D. 327–50.

1 And it came to pass in that same year there began to be a war again between the Nephites and the Lamanites. And notwithstanding I being young, was large in stature; therefore the people of Nephi appointed me that I should be their leader, or the leader of their armies.

2 Therefore it came to pass that in my sixteenth year I did go forth at the head of an army of the Nephites, against the Lamanites; therefore three hundred and twenty and six years had passed away.

3 And it came to pass that in the three hundred and twenty and seventh year the Lamanites did come upon us with exceedingly great power, insomuch that they did frighten my armies; therefore they would not fight, and they began to retreat towards the north countries.

4 And it came to pass that we did come to the city of Angola, and we did take possession of the city, and make preparations to defend ourselves against the Lamanites. And it came to pass that we did fortify the city with our might; but notwithstanding all our fortifications the Lamanites did come upon us and did drive us out of the city.

5 And they did also drive us forth out of the land of David.

sorte que ses habitants commencèrent à cacher leurs trésors dans la terre ; et ils leur glissèrent entre les doigts, parce que le Seigneur avait maudit le pays, de sorte qu'ils ne pouvaient ni les conserver, ni les retenir.

19 Et il arriva qu'il y eut des sorcelleries, et des sortilèges, et de la magie ; et le pouvoir du Malin agit sur toute la surface du pays au point d'accomplir toutes les paroles d'Abinadi et aussi de Samuel, le Lamanite.

CHAPITRE 2

Mormon conduit les armées néphites — Le sang et le carnage se répandent dans tout le pays — Les Néphites se lamentent et pleurent de la tristesse des damnés — Leur jour de grâce est passé — Mormon obtient les plaques de Néphi — Les guerres continuent. Vers 327–350 apr. J.-C.

1 Et il arriva que, cette même année, la guerre éclata de nouveau entre les Néphites et les Lamanites. Et moi, malgré que je fusse jeune, j'étais d'une haute stature ; c'est pourquoi, le peuple de Néphi me nomma pour être son chef, ou le chef de ses armées.

2 C'est ainsi qu'il arriva que, dans ma seizième année, j'allai à la tête d'une armée de Néphites contre les Lamanites ; et trois cent vingt-six ans étaient passés.

3 Et il arriva que la trois cent vingt-septième année, les Lamanites tombèrent sur nous avec une puissance extrêmement grande, de sorte qu'ils effrayèrent mes armées ; c'est pourquoi, elles ne voulurent pas se battre et elles commencèrent à se retirer vers les régions du nord.

4 Et il arriva que nous arrivâmes à la ville d'Angola, et nous prîmes possession de la ville et fîmes des préparatifs pour nous défendre contre les Lamanites. Et il arriva que nous fortifiâmes la ville de toutes nos forces ; mais malgré toutes nos fortifications, les Lamanites tombèrent sur nous et nous chassèrent de la ville.

5 Et ils nous chassèrent aussi du pays de David.

6 And we marched forth and came to the land of Joshua, which was in the borders west by the seashore.

7 And it came to pass that we did gather in our people as fast as it were possible, that we might get them together in one body.

8 But behold, the land was filled with robbers and with Lamanites; and notwithstanding the great destruction which hung over my people, they did not repent of their evil doings; therefore there was blood and carnage spread throughout all the face of the land, both on the part of the Nephites and also on the part of the Lamanites; and it was one complete revolution throughout all the face of the land.

9 And now, the Lamanites had a king, and his name was Aaron; and he came against us with an army of forty and four thousand. And behold, I withstood him with forty and two thousand. And it came to pass that I beat him with my army that he fled before me. And behold, all this was done, and three hundred and thirty years had passed away.

10 And it came to pass that the Nephites began to repent of their iniquity, and began to cry even as had been prophesied by Samuel the prophet; for behold no man could keep that which was his own, for the thieves, and the robbers, and the murderers, and the magic art, and the witchcraft which was in the land.

11 Thus there began to be a mourning and a lamentation in all the land because of these things, and more especially among the people of Nephi.

12 And it came to pass that when I, Mormon, saw their lamentation and their mourning and their sorrow before the Lord, my heart did begin to rejoice within me, knowing the mercies and the long-suffering of the Lord, therefore supposing that he would be merciful unto them that they would again become a righteous people.

13 But behold this my joy was vain, for their sorrowing was not unto repentance, because of the goodness of God; but it was rather the sorrowing of the damned, because the Lord would not always suffer them to take happiness in sin.

14 And they did not come unto Jesus with broken hearts and contrite spirits, but they did curse God, and wish to die. Nevertheless

6 Et nous marchâmes et arrivâmes au pays de Josué, qui était dans les régions frontières, à l'ouest, près du bord de la mer.

7 Et il arriva que nous rassemblâmes notre peuple aussi vite que possible, afin de le réunir en un seul corps.

8 Mais voici, le pays était rempli de brigands et de Lamanites ; et malgré la grande destruction qui était suspendue au-dessus de mon peuple, il ne se repentait pas de ses mauvaises actions ; c'est pourquoi le sang et le carnage se répandirent sur toute la surface du pays, tant de la part des Néphites que de la part des Lamanites ; et ce fut une révolution complète sur toute la surface du pays.

9 Et maintenant, les Lamanites avaient un roi, et son nom était Aaron ; et il vint contre nous avec une armée de quarante-quatre mille. Et voici, je lui résistai avec quarante-deux mille. Et il arriva que je le battis avec mon armée, de sorte qu'il s'enfuit devant moi. Et voici, tout cela se fit, et trois cent trente années étaient passées.

10 Et il arriva que les Néphites commencèrent à se repentir de leur iniquité et commencèrent à crier comme l'avait prophétisé Samuel, le prophète ; car voici, nul ne pouvait garder ce qui était à lui, à cause des voleurs, et des brigands, et des assassins, et de la magie, et des sortilèges qui étaient dans le pays.

11 Ainsi, il commença à y avoir un deuil et une lamentation dans tout le pays à cause de ces choses, et plus spécialement parmi le peuple de Néphi.

12 Et il arriva que lorsque moi, Mormon, je vis leurs lamentations, et leur deuil, et leur tristesse devant le Seigneur, mon cœur commença à se réjouir au-dedans de moi, connaissant la miséricorde et la longanimité du Seigneur, et pensant, par conséquent, qu'il serait miséricordieux envers eux, de sorte qu'ils redeviendraient un peuple juste.

13 Mais voici, cette joie, qui était la mienne, fut vaine, car leur tristesse ne les portait pas au repentir, à cause de la bonté de Dieu ; mais c'était plutôt la tristesse des damnés, parce que le Seigneur n'allait plus leur permettre de trouver du bonheur dans le péché.

14 Et ils ne venaient pas à Jésus, le cœur brisé et l'esprit contrit, mais ils maudissaient Dieu et souhaitaient mourir.

they would struggle with the sword for their lives.

15 And it came to pass that my sorrow did return unto me again, and I saw that the day of grace was passed with them, both temporally and spiritually; for I saw thousands of them hewn down in open rebellion against their God, and heaped up as dung upon the face of the land. And thus three hundred and forty and four years had passed away.

16 And it came to pass that in the three hundred and forty and fifth year the Nephites did begin to flee before the Lamanites; and they were pursued until they came even to the land of Jashon, before it was possible to stop them in their retreat.

17 And now, the city of Jashon was near the land where Ammaron had deposited the records unto the Lord, that they might not be destroyed. And behold I had gone according to the word of Ammaron, and taken the plates of Nephi, and did make a record according to the words of Ammaron.

18 And upon the plates of Nephi I did make a full account of all the wickedness and abominations; but upon these plates I did forbear to make a full account of their wickedness and abominations, for behold, a continual scene of wickedness and abominations has been before mine eyes ever since I have been sufficient to behold the ways of man.

19 And wo is me because of their wickedness; for my heart has been filled with sorrow because of their wickedness, all my days; nevertheless, I know that I shall be lifted up at the last day.

20 And it came to pass that in this year the people of Nephi again were hunted and driven. And it came to pass that we were driven forth until we had come northward to the land which was called Shem.

21 And it came to pass that we did fortify the city of Shem, and we did gather in our people as much as it were possible, that perhaps we might save them from destruction.

22 And it came to pass in the three hundred and forty and sixth year they began to come upon us again.

23 And it came to pass that I did speak unto my people, and did urge them with great energy, that they would stand boldly before the Lamanites and fight for their wives, and

Néanmoins, ils se battaient avec l'épée pour défendre leur vie.

15 Et il arriva que la tristesse s'empara de nouveau de moi, et je vis que le jour de grâce était passé pour eux, à la fois temporellement et spirituellement ; car j'en voyais des milliers abattus, en rébellion ouverte contre leur Dieu et entassés comme du fumier sur la surface du pays. Et ainsi, trois cent quarante-quatre années étaient passées.

16 Et il arriva que la trois cent quarante-cinquième année, les Néphites commencèrent à fuir devant les Lamanites ; et ils furent poursuivis jusqu'à ce qu'ils arrivent au pays de Jashon, avant qu'il soit possible de les arrêter dans leur retraite.

17 Et maintenant, la ville de Jashon était près du pays où Ammaron avait déposé les annales pour le Seigneur, afin qu'elles ne fussent pas détruites. Et voici, j'étais allé, selon la parole d'Ammaron, prendre les plaques de Néphi, et je fis des annales, selon les paroles d'Ammaron.

18 Et sur les plaques de Néphi, je fis le récit complet de toute la méchanceté et de toutes les abominations ; mais sur ces plaques, je m'abstins de faire le récit complet de leur méchanceté et de leurs abominations, car voici, une scène continuelle de méchanceté et d'abominations est devant mes yeux depuis que je suis à même de contempler les voies de l'homme.

19 Et malheur à moi à cause de leur méchanceté ; car, toute ma vie, mon cœur a été rempli de tristesse à cause de leur méchanceté ; néanmoins, je sais que je serai élevé au dernier jour.

20 Et il arriva que cette année-là, le peuple de Néphi fut de nouveau traqué et chassé. Et il arriva que nous fûmes chassés jusqu'à ce que nous fussions arrivés dans la direction du nord au pays qui était appelé Sem.

21 Et il arriva que nous fortifiâmes la ville de Sem et nous rassemblâmes notre peuple autant qu'il était possible, afin de pouvoir peut-être le sauver de la destruction.

22 Et il arriva que la trois cent quarante-sixième année, ils nous attaquèrent de nouveau.

23 Et il arriva que je parlai à mon peuple et l'exhortai, avec une grande énergie, à résister hardiment devant les Lamanites et à se

their children, and their houses, and their homes.

24 And my words did arouse them somewhat to vigor, insomuch that they did not flee from before the Lamanites, but did stand with boldness against them.

25 And it came to pass that we did contend with an army of thirty thousand against an army of fifty thousand. And it came to pass that we did stand before them with such firmness that they did flee from before us.

26 And it came to pass that when they had fled we did pursue them with our armies, and did meet them again, and did beat them; nevertheless the strength of the Lord was not with us; yea, we were left to ourselves, that the Spirit of the Lord did not abide in us; therefore we had become weak like unto our brethren.

27 And my heart did sorrow because of this the great calamity of my people, because of their wickedness and their abominations. But behold, we did go forth against the Lamanites and the robbers of Gadianton, until we had again taken possession of the lands of our inheritance.

28 And the three hundred and forty and ninth year had passed away. And in the three hundred and fiftieth year we made a treaty with the Lamanites and the robbers of Gadianton, in which we did get the lands of our inheritance divided.

29 And the Lamanites did give unto us the land northward, yea, even to the narrow passage which led into the land southward. And we did give unto the Lamanites all the land southward.

CHAPTER 3

Mormon cries repentance unto the Nephites— They gain a great victory and glory in their own strength—Mormon refuses to lead them, and his prayers for them are without faith—The Book of Mormon invites the twelve tribes of Israel to believe the gospel. About A.D. 360–62.

1 And it came to pass that the Lamanites did not come to battle again until ten years more had passed away. And behold, I had

battre pour ses femmes, et ses enfants, et ses maisons, et ses foyers.

24 Et mes paroles l'excitèrent quelque peu à la vigueur, de sorte qu'il ne prit pas la fuite devant les Lamanites, mais leur résista avec hardiesse.

25 Et il arriva que nous combattîmes avec une armée de trente mille contre une armée de cinquante mille. Et il arriva que nous leur résistâmes avec une telle fermeté qu'ils s'enfuirent devant nous.

26 Et il arriva que lorsqu'ils eurent fui, nous les poursuivîmes avec nos armées, et les rencontrâmes de nouveau, et les battîmes ; néanmoins, la force du Seigneur n'était pas avec nous ; oui, nous étions livrés à nous-mêmes, de sorte que l'Esprit du Seigneur ne demeurait pas en nous ; c'est pourquoi nous étions devenus faibles comme nos frères.

27 Et mon cœur était attristé à cause de cette grande calamité qui était celle de mon peuple, à cause de sa méchanceté et de ses abominations. Mais voici, nous marchâmes sur les Lamanites et les brigands de Gadianton, jusqu'à ce que nous eussions de nouveau pris possession des pays de notre héritage.

28 Et la trois cent quarante-neuvième année était passée. Et la trois cent cinquantième année, nous conclûmes, avec les Lamanites et les brigands de Gadianton, un traité par lequel nous divisâmes les pays de notre héritage.

29 Et les Lamanites nous donnèrent le pays situé du côté du nord, oui, jusqu'au passage étroit qui menait au pays situé du côté du sud. Et nous donnâmes aux Lamanites tout le pays situé du côté du sud.

CHAPITRE 3

Mormon appelle les Néphites au repentir — Ils remportent une grande victoire et se glorifient de leur force — Mormon refuse de les diriger, et les prières qu'il fait pour eux sont dépourvues de foi — Le Livre de Mormon invite les douze tribus d'Israël à croire en l'Évangile. Vers 360–362 apr. J.-C.

1 Et il arriva que les Lamanites ne revinrent pas livrer bataille avant que dix autres années fussent passées. Et voici, j'avais employé mon peuple, les Néphites, à préparer

employed my people, the Nephites, in preparing their lands and their arms against the time of battle.

2 And it came to pass that the Lord did say unto me: Cry unto this people—Repent ye, and come unto me, and be ye baptized, and build up again my church, and ye shall be spared.

3 And I did cry unto this people, but it was in vain; and they did not realize that it was the Lord that had spared them, and granted unto them a chance for repentance. And behold they did harden their hearts against the Lord their God.

4 And it came to pass that after this tenth year had passed away, making, in the whole, three hundred and sixty years from the coming of Christ, the king of the Lamanites sent an epistle unto me, which gave unto me to know that they were preparing to come again to battle against us.

5 And it came to pass that I did cause my people that they should gather themselves together at the land Desolation, to a city which was in the borders, by the narrow pass which led into the land southward.

6 And there we did place our armies, that we might stop the armies of the Lamanites, that they might not get possession of any of our lands; therefore we did fortify against them with all our force.

7 And it came to pass that in the three hundred and sixty and first year the Lamanites did come down to the city of Desolation to battle against us; and it came to pass that in that year we did beat them, insomuch that they did return to their own lands again.

8 And in the three hundred and sixty and second year they did come down again to battle. And we did beat them again, and did slay a great number of them, and their dead were cast into the sea.

9 And now, because of this great thing which my people, the Nephites, had done, they began to boast in their own strength, and began to swear before the heavens that they would avenge themselves of the blood of their brethren who had been slain by their enemies.

10 And they did swear by the heavens, and also by the throne of God, that they would go up to battle against their enemies, and would cut them off from the face of the land.

ses terres et ses armes en vue du moment de la bataille.

2 Et il arriva que le Seigneur me dit : Crie à ce peuple : Repentez-vous et venez à moi, et soyez baptisés, et édifiez de nouveau mon Église, et vous serez épargnés.

3 Et je criai à ce peuple, mais ce fut en vain, et il ne se rendait pas compte que c'était le Seigneur qui l'avait épargné et lui accordait une occasion de se repentir. Et voici, il s'endurcit le cœur contre le Seigneur, son Dieu.

4 Et il arriva que lorsque cette dixième année fut passée, ce qui faisait en tout trois cent soixante années depuis la venue du Christ, le roi des Lamanites m'envoya une épître, qui me faisait savoir qu'ils se préparaient à revenir nous livrer bataille.

5 Et il arriva que je commandai à mon peuple de se rassembler au pays de Désolation, dans une ville qui était dans les régions frontières, près du passage étroit qui menait au pays situé du côté du sud.

6 Et nous plaçâmes là notre armée, afin d'arrêter les armées des Lamanites, afin qu'elles ne prennent possession d'aucune de nos terres ; c'est pourquoi nous nous fortifiâmes contre eux de toutes nos forces.

7 Et il arriva que la trois cent soixante et unième année, les Lamanites descendirent à la ville de Désolation pour nous livrer bataille ; et il arriva que, cette année-là, nous les battîmes, de sorte qu'ils retournèrent dans leurs terres.

8 Et la trois cent soixante-deuxième année, ils redescendirent livrer bataille. Et nous les battîmes de nouveau et en tuâmes un grand nombre, et leurs morts furent jetés dans la mer.

9 Et alors, à cause de cette grande chose que mon peuple, les Néphites, avait faite, ils commencèrent à se vanter de leur force et commencèrent à jurer devant les cieux qu'ils se vengeraient du sang de leurs frères qui avaient été tués par leurs ennemis.

10 Et ils jurèrent par les cieux, et aussi par le trône de Dieu, qu'ils iraient livrer bataille à leurs ennemis et les retrancheraient de la surface du pays.

11 And it came to pass that I, Mormon, did utterly refuse from this time forth to be a commander and a leader of this people, because of their wickedness and abomination.

12 Behold, I had led them, notwithstanding their wickedness I had led them many times to battle, and had loved them, according to the love of God which was in me, with all my heart; and my soul had been poured out in prayer unto my God all the day long for them; nevertheless, it was without faith, because of the hardness of their hearts.

13 And thrice have I delivered them out of the hands of their enemies, and they have repented not of their sins.

14 And when they had sworn by all that had been forbidden them by our Lord and Savior Jesus Christ, that they would go up unto their enemies to battle, and avenge themselves of the blood of their brethren, behold the voice of the Lord came unto me, saying:

15 Vengeance is mine, and I will repay; and because this people repented not after I had delivered them, behold, they shall be cut off from the face of the earth.

16 And it came to pass that I utterly refused to go up against mine enemies; and I did even as the Lord had commanded me; and I did stand as an idle witness to manifest unto the world the things which I saw and heard, according to the manifestations of the Spirit which had testified of things to come.

17 Therefore I write unto you, Gentiles, and also unto you, house of Israel, when the work shall commence, that ye shall be about to prepare to return to the land of your inheritance;

18 Yea, behold, I write unto all the ends of the earth; yea, unto you, twelve tribes of Israel, who shall be judged according to your works by the twelve whom Jesus chose to be his disciples in the land of Jerusalem.

19 And I write also unto the remnant of this people, who shall also be judged by the twelve whom Jesus chose in this land; and they shall be judged by the other twelve whom Jesus chose in the land of Jerusalem.

20 And these things doth the Spirit manifest unto me; therefore I write unto you all. And for this cause I write unto you, that ye may know that ye must all stand before the judgment-seat of Christ, yea, every soul who belongs to the whole human family of Adam;

11 Et il arriva que moi, Mormon, je refusai absolument, à partir de ce moment-là, d'être commandant et chef de ce peuple, à cause de sa méchanceté et de son abomination.

12 Voici, je les avais dirigés, malgré leur méchanceté je les avais conduits de nombreuses fois à la bataille et les avais aimés de tout mon cœur, selon l'amour de Dieu qui était en moi ; et mon âme s'était déversée tout le jour pour eux en prières à mon Dieu ; néanmoins, je le faisais sans la foi, à cause de l'endurcissement de leur cœur.

13 Et trois fois je les ai délivrés des mains de leurs ennemis, et ils ne se sont pas repentis de leurs péchés.

14 Et lorsqu'ils eurent juré par tout ce qui leur avait été interdit par notre Seigneur et Sauveur Jésus-Christ, qu'ils iraient livrer bataille à leurs ennemis, et venger le sang de leurs frères, voici, la voix du Seigneur me parvint, disant :

15 À moi la vengeance, c'est moi qui rétribuerai ; et parce que ce peuple ne s'est pas repenti après que je l'ai délivré, voici, il sera retranché de la surface de la terre.

16 Et il arriva que je refusai absolument de monter contre mes ennemis ; et je fis ce que le Seigneur m'avait commandé ; et je me tins en témoin passif pour manifester au monde les choses que je voyais et entendais, selon les manifestations de l'Esprit, qui avait témoigné des choses à venir.

17 C'est pourquoi je vous écris, à vous, les Gentils, et aussi à toi, maison d'Israël, qui seras sur le point de te préparer à retourner au pays de ton héritage lorsque l'œuvre commencera ;

18 oui, voici, j'écris à toutes les extrémités de la terre ; oui, à vous, les douze tribus d'Israël, qui serez jugées selon vos œuvres par les douze que Jésus a choisis pour être ses disciples au pays de Jérusalem.

19 Et j'écris aussi au reste de ce peuple, qui sera aussi jugé par les douze que Jésus a choisis dans ce pays ; et ils seront jugés par les douze autres que Jésus a choisis au pays de Jérusalem.

20 Et ces choses, l'Esprit me les manifeste ; c'est pourquoi je vous écris à tous. Et c'est pour cela que je vous écris, pour que vous sachiez que vous devrez tous vous tenir devant le siège du jugement du Christ, oui, toute âme qui appartient à toute la famille

and ye must stand to be judged of your works, whether they be good or evil;

21 And also that ye may believe the gospel of Jesus Christ, which ye shall have among you; and also that the Jews, the covenant people of the Lord, shall have other witness besides him whom they saw and heard, that Jesus, whom they slew, was the very Christ and the very God.

22 And I would that I could persuade all ye ends of the earth to repent and prepare to stand before the judgment-seat of Christ.

CHAPTER 4

War and carnage continue—The wicked punish the wicked—Greater wickedness prevails than ever before in all Israel—Women and children are sacrificed to idols—The Lamanites begin to sweep the Nephites before them. About A.D. 363–75.

1 And now it came to pass that in the three hundred and sixty and third year the Nephites did go up with their armies to battle against the Lamanites, out of the land Desolation.

2 And it came to pass that the armies of the Nephites were driven back again to the land of Desolation. And while they were yet weary, a fresh army of the Lamanites did come upon them; and they had a sore battle, insomuch that the Lamanites did take possession of the city Desolation, and did slay many of the Nephites, and did take many prisoners.

3 And the remainder did flee and join the inhabitants of the city Teancum. Now the city Teancum lay in the borders by the seashore; and it was also near the city Desolation.

4 And it was because the armies of the Nephites went up unto the Lamanites that they began to be smitten; for were it not for that, the Lamanites could have had no power over them.

5 But, behold, the judgments of God will overtake the wicked; and it is by the wicked that the wicked are punished; for it is the

humaine d'Adam ; et vous devez vous y tenir pour être jugés de vos œuvres, qu'elles soient bonnes ou mauvaises ;

21 et aussi, afin que vous croyiez en l'Évangile de Jésus-Christ, que vous aurez parmi vous ; et aussi afin que les Juifs, le peuple de l'alliance du Seigneur, aient un autre témoin que celui qu'ils ont vu et entendu, pour attester que Jésus, qu'ils ont mis à mort, était le Christ lui-même et Dieu lui-même.

22 Et je voudrais pouvoir vous persuader, vous toutes, extrémités de la terre, de vous repentir et de vous préparer à vous tenir devant le siège du jugement du Christ.

CHAPITRE 4

La guerre et le carnage continuent — Les méchants punissent les méchants — Il règne une méchanceté plus grande que jamais auparavant dans tout Israël — Des femmes et des enfants sont sacrifiés aux idoles — Les Lamanites commencent à balayer les Néphites devant eux. Vers 363–375 apr. J.-C.

1 Et alors, il arriva que la trois cent soixante-troisième année, les Néphites allèrent, avec leurs armées, livrer bataille aux Lamanites, en dehors du pays de Désolation.

2 Et il arriva que les armées des Néphites furent repoussées au pays de Désolation. Et pendant qu'elles étaient encore fatiguées, une armée fraîche de Lamanites tomba sur elles ; et ils eurent une furieuse bataille, de sorte que les Lamanites prirent possession de la ville de Désolation, et tuèrent beaucoup de Néphites, et firent beaucoup de prisonniers.

3 Et le reste s'enfuit et se joignit aux habitants de la ville de Téancum. Or, la ville de Téancum se trouvait dans les régions frontières près du bord de la mer ; et elle était également près de la ville de Désolation.

4 Et c'était parce que les armées des Néphites étaient allées livrer bataille aux Lamanites qu'elles commençaient à être frappées ; car sans cela, les Lamanites n'auraient pu avoir aucun pouvoir sur elles.

5 Mais voici, les jugements de Dieu viennent sur les méchants, et c'est par les méchants que les méchants sont punis ; car

wicked that stir up the hearts of the children of men unto bloodshed.

6 And it came to pass that the Lamanites did make preparations to come against the city Teancum.

7 And it came to pass in the three hundred and sixty and fourth year the Lamanites did come against the city Teancum, that they might take possession of the city Teancum also.

8 And it came to pass that they were repulsed and driven back by the Nephites. And when the Nephites saw that they had driven the Lamanites they did again boast of their own strength; and they went forth in their own might, and took possession again of the city Desolation.

9 And now all these things had been done, and there had been thousands slain on both sides, both the Nephites and the Lamanites.

10 And it came to pass that the three hundred and sixty and sixth year had passed away, and the Lamanites came again upon the Nephites to battle; and yet the Nephites repented not of the evil they had done, but persisted in their wickedness continually.

11 And it is impossible for the tongue to describe, or for man to write a perfect description of the horrible scene of the blood and carnage which was among the people, both of the Nephites and of the Lamanites; and every heart was hardened, so that they delighted in the shedding of blood continually.

12 And there never had been so great wickedness among all the children of Lehi, nor even among all the house of Israel, according to the words of the Lord, as was among this people.

13 And it came to pass that the Lamanites did take possession of the city Desolation, and this because their number did exceed the number of the Nephites.

14 And they did also march forward against the city Teancum, and did drive the inhabitants forth out of her, and did take many prisoners both women and children, and did offer them up as sacrifices unto their idol gods.

ce sont les méchants qui excitent le cœur des enfants des hommes à l'effusion du sang.

6 Et il arriva que les Lamanites firent des préparatifs pour attaquer la ville de Téancum.

7 Et il arriva que la trois cent soixante-quatrième année, les Lamanites attaquèrent la ville de Téancum, afin de prendre également possession de la ville de Téancum.

8 Et il arriva qu'ils furent repoussés et refoulés par les Néphites. Et lorsque les Néphites virent qu'ils avaient chassé les Lamanites, ils se vantèrent de nouveau de leur force ; et ils allèrent avec leur force et reprirent possession de la ville de Désolation.

9 Et maintenant, toutes ces choses avaient été faites, et des milliers d'hommes avaient été tués de part et d'autre, tant les Néphites que les Lamanites.

10 Et il arriva que la trois cent soixante-sixième année était passée, et les Lamanites vinrent de nouveau livrer bataille aux Néphites ; et cependant, les Néphites ne se repentaient pas du mal qu'ils avaient fait, mais persistaient continuellement dans leur méchanceté.

11 Et il est impossible à la langue de décrire ou à l'homme d'écrire une description parfaite de l'horrible spectacle de sang et de carnage qui était parmi le peuple, tant des Néphites que des Lamanites ; et tous les cœurs étaient endurcis, de sorte qu'ils prenaient plaisir à répandre continuellement le sang.

12 Et il n'y avait jamais eu une aussi grande méchanceté parmi tous les enfants de Léhi, ni même parmi toute la maison d'Israël, selon les paroles du Seigneur, que parmi ce peuple.

13 Et il arriva que les Lamanites prirent possession de la ville de Désolation, et cela parce que leur nombre dépassait le nombre des Néphites.

14 Et ils marchèrent aussi contre la ville de Téancum, et en chassèrent les habitants, et firent beaucoup de prisonniers, femmes et enfants, et les offrirent en sacrifice à leurs idoles.

15 And it came to pass that in the three hundred and sixty and seventh year, the Nephites being angry because the Lamanites had sacrificed their women and their children, that they did go against the Lamanites with exceedingly great anger, insomuch that they did beat again the Lamanites, and drive them out of their lands.

16 And the Lamanites did not come again against the Nephites until the three hundred and seventy and fifth year.

17 And in this year they did come down against the Nephites with all their powers; and they were not numbered because of the greatness of their number.

18 And from this time forth did the Nephites gain no power over the Lamanites, but began to be swept off by them even as a dew before the sun.

19 And it came to pass that the Lamanites did come down against the city Desolation; and there was an exceedingly sore battle fought in the land Desolation, in the which they did beat the Nephites.

20 And they fled again from before them, and they came to the city Boaz; and there they did stand against the Lamanites with exceeding boldness, insomuch that the Lamanites did not beat them until they had come again the second time.

21 And when they had come the second time, the Nephites were driven and slaughtered with an exceedingly great slaughter; their women and their children were again sacrificed unto idols.

22 And it came to pass that the Nephites did again flee from before them, taking all the inhabitants with them, both in towns and villages.

23 And now I, Mormon, seeing that the Lamanites were about to overthrow the land, therefore I did go to the hill Shim, and did take up all the records which Ammaron had hid up unto the Lord.

CHAPTER 5

Mormon again leads the Nephite armies in battles of blood and carnage—The Book of Mormon will come forth to convince all Israel that Jesus is the Christ—Because of their unbelief, the Lamanites will be scattered, and the Spirit will cease to strive with them—They will receive the

15 Et il arriva que la trois cent soixante-septième année, les Néphites, en colère parce que les Lamanites avaient sacrifié leurs femmes et leurs enfants, allèrent contre les Lamanites avec une colère extrêmement grande, de sorte qu'ils battirent de nouveau les Lamanites et les chassèrent de leurs pays.

16 Et les Lamanites ne revinrent plus contre les Néphites avant la trois cent soixante-quinzième année.

17 Et cette année-là, ils descendirent contre les Néphites avec toute leur puissance ; et on ne les compta pas à cause de leur grand nombre.

18 Et à partir de ce moment-là, les Néphites n'obtinrent plus de pouvoir sur les Lamanites, mais commencèrent à être balayés par eux comme la rosée devant le soleil.

19 Et il arriva que les Lamanites descendirent contre la ville de Désolation, et une bataille extrêmement furieuse fut livrée au pays de Désolation, au cours de laquelle ils battirent les Néphites.

20 Et ils s'enfuirent de nouveau devant eux, et ils arrivèrent à la ville de Boaz ; et là, ils résistèrent aux Lamanites avec une hardiesse extrême, de sorte que les Lamanites ne les battirent que lorsqu'ils revinrent une deuxième fois contre eux.

21 Et lorsqu'ils furent venus une deuxième fois, les Néphites furent chassés et massacrés en un massacre extrêmement grand ; de nouveau, leurs femmes et leurs enfants furent sacrifiés aux idoles.

22 Et il arriva que les Néphites s'enfuirent de nouveau devant eux, prenant tous les habitants avec eux, tant dans les bourgs que dans les villages.

23 Et alors, moi, Mormon, voyant que les Lamanites étaient sur le point de détruire le pays, j'allai à la colline de Shim et pris toutes les annales qu'Ammaron avait cachées pour le Seigneur.

CHAPITRE 5

Mormon conduit de nouveau les armées néphites dans des batailles marquées par le sang et le carnage — Le Livre de Mormon paraîtra pour convaincre tout Israël que Jésus est le Christ — À cause de leur incrédulité, les Lamanites seront dispersés, et l'Esprit cessera de lutter avec eux —

gospel from the Gentiles in the latter days. About
A.D. 375–84.

Dans les derniers jours, ils recevront l'Évangile
grâce aux Gentils. Vers 375–384 apr. J.-C.

1 And it came to pass that I did go forth among the Nephites, and did repent of the oath which I had made that I would no more assist them; and they gave me command again of their armies, for they looked upon me as though I could deliver them from their afflictions.

2 But behold, I was without hope, for I knew the judgments of the Lord which should come upon them; for they repented not of their iniquities, but did struggle for their lives without calling upon that Being who created them.

3 And it came to pass that the Lamanites did come against us as we had fled to the city of Jordan; but behold, they were driven back that they did not take the city at that time.

4 And it came to pass that they came against us again, and we did maintain the city. And there were also other cities which were maintained by the Nephites, which strongholds did cut them off that they could not get into the country which lay before us, to destroy the inhabitants of our land.

5 But it came to pass that whatsoever lands we had passed by, and the inhabitants thereof were not gathered in, were destroyed by the Lamanites, and their towns, and villages, and cities were burned with fire; and thus three hundred and seventy and nine years passed away.

6 And it came to pass that in the three hundred and eightieth year the Lamanites did come again against us to battle, and we did stand against them boldly; but it was all in vain, for so great were their numbers that they did tread the people of the Nephites under their feet.

7 And it came to pass that we did again take to flight, and those whose flight was swifter than the Lamanites' did escape, and those whose flight did not exceed the Lamanites' were swept down and destroyed.

8 And now behold, I, Mormon, do not desire to harrow up the souls of men in casting before them such an awful scene of blood and carnage as was laid before mine eyes; but I, knowing that these things must surely be

1 Et il arriva que j'allai parmi les Néphites et me repentis du serment que j'avais fait de ne plus les aider ; et ils me donnèrent de nouveau le commandement de leurs armées, car ils me considéraient comme quelqu'un qui pouvait les délivrer de leurs afflictions.

2 Mais voici, j'étais sans espoir, car je connaissais les jugements du Seigneur qui allaient s'abattre sur eux ; car ils ne se repentaient pas de leurs iniquités, mais luttaient pour conserver la vie, sans faire appel à cet Être qui les avait créés.

3 Et il arriva que les Lamanites vinrent contre nous, alors que nous nous étions enfuis à la ville de Jourdain ; mais voici, ils furent repoussés, de sorte qu'ils ne prirent pas la ville à ce moment-là.

4 Et il arriva qu'ils vinrent de nouveau contre nous, et nous conservâmes la ville. Et il y eut aussi d'autres villes qui furent conservées par les Néphites, places fortes qui les arrêtèrent, de sorte qu'ils ne purent entrer dans la région qui s'étendait devant nous, pour détruire les habitants de notre pays.

5 Mais il arriva que tous les pays à côté desquels nous étions passés et dont les habitants n'avaient pas été rassemblés, furent détruits par les Lamanites, et leurs bourgs, et leurs villages, et leurs villes furent brûlés par le feu ; et ainsi, trois cent soixante-dix-neuf ans étaient passés.

6 Et il arriva que la trois cent quatre-vingtième année, les Lamanites vinrent de nouveau nous livrer bataille, et nous leur résistâmes hardiment ; mais tout cela était en vain, car leur nombre était si grand qu'ils foulaient le peuple des Néphites sous leurs pieds.

7 Et il arriva que nous prîmes de nouveau la fuite, et ceux dont la fuite était plus rapide que l'avance des Lamanites échappèrent, et ceux dont la fuite ne dépassait pas l'avance des Lamanites furent balayés et détruits.

8 Et maintenant, voici, moi, Mormon, je ne désire pas déchirer l'âme des hommes en leur exposant l'affreux spectacle de sang et de carnage qui se présenta à mes yeux ; mais,

made known, and that all things which are hid must be revealed upon the house-tops—

9 And also that a knowledge of these things must come unto the remnant of these people, and also unto the Gentiles, who the Lord hath said should scatter this people, and this people should be counted as naught among them—therefore I write a small abridgment, daring not to give a full account of the things which I have seen, because of the commandment which I have received, and also that ye might not have too great sorrow because of the wickedness of this people.

10 And now behold, this I speak unto their seed, and also to the Gentiles who have care for the house of Israel, that realize and know from whence their blessings come.

11 For I know that such will sorrow for the calamity of the house of Israel; yea, they will sorrow for the destruction of this people; they will sorrow that this people had not repented that they might have been clasped in the arms of Jesus.

12 Now these things are written unto the remnant of the house of Jacob; and they are written after this manner, because it is known of God that wickedness will not bring them forth unto them; and they are to be hid up unto the Lord that they may come forth in his own due time.

13 And this is the commandment which I have received; and behold, they shall come forth according to the commandment of the Lord, when he shall see fit, in his wisdom.

14 And behold, they shall go unto the unbelieving of the Jews; and for this intent shall they go—that they may be persuaded that Jesus is the Christ, the Son of the living God; that the Father may bring about, through his most Beloved, his great and eternal purpose, in restoring the Jews, or all the house of Israel, to the land of their inheritance, which the Lord their God hath given them, unto the fulfilling of his covenant;

15 And also that the seed of this people may more fully believe his gospel, which shall go forth unto them from the Gentiles; for this people shall be scattered, and shall become a dark, a filthy, and a loathsome people, beyond the description of that which ever hath

sachant que ces choses doivent certainement être dévoilées, et que tout ce qui est caché doit être révélé sur les toits —

9 et aussi que la connaissance de ces choses doit parvenir au reste de ce peuple, et aussi aux Gentils, dont le Seigneur a dit qu'ils disperseraient ce peuple, et que ce peuple serait compté pour rien parmi eux — c'est pourquoi, j'écris un court abrégé, n'osant pas faire le récit complet des choses que j'ai vues, à cause du commandement que j'ai reçu, et aussi afin que vous n'ayez pas une trop grande tristesse à cause de la méchanceté de ce peuple.

10 Et maintenant, voici, cela je le dis à leur postérité, et aussi aux Gentils qui se préoccupent de la maison d'Israël, qui comprennent et savent d'où viennent leurs bénédictions.

11 Car je sais que ceux-là seront attristés de la calamité de la maison d'Israël ; oui, ils seront attristés de la destruction de ce peuple ; ils seront attristés de ce que ce peuple ne s'est pas repenti, de sorte qu'il aurait pu être serré dans les bras de Jésus.

12 Or, ces choses sont écrites au reste de la maison de Jacob, et elles sont écrites de cette manière parce que Dieu sait que la méchanceté ne les leur fera pas parvenir ; et elles doivent être cachées pour le Seigneur, afin de paraître lorsqu'il le jugera bon.

13 Et tel est le commandement que j'ai reçu. Et voici, elles paraîtront selon le commandement du Seigneur, lorsqu'il le jugera bon dans sa sagesse.

14 Et voici, elles iront aux incrédules d'entre les Juifs ; et elles iront dans le but de les persuader que Jésus est le Christ, le Fils du Dieu vivant, afin que le Père puisse réaliser, par son Bien-aimé, son grand dessein éternel, qui est de ramener les Juifs, ou toute la maison d'Israël, au pays de leur héritage, que le Seigneur, leur Dieu, leur a donné, pour accomplir son alliance ;

15 et aussi pour que la postérité de ce peuple croie plus complètement en son Évangile, qui ira des Gentils parmi elle ; car ce peuple sera dispersé et deviendra un peuple sombre, souillé et repoussant, au-delà de toute description de ce qui a jamais été parmi

been amongst us, yea, even that which hath been among the Lamanites, and this because of their unbelief and idolatry.

16 For behold, the Spirit of the Lord hath already ceased to strive with their fathers; and they are without Christ and God in the world; and they are driven about as chaff before the wind.

17 They were once a delightsome people, and they had Christ for their shepherd; yea, they were led even by God the Father.

18 But now, behold, they are led about by Satan, even as chaff is driven before the wind, or as a vessel is tossed about upon the waves, without sail or anchor, or without anything wherewith to steer her; and even as she is, so are they.

19 And behold, the Lord hath reserved their blessings, which they might have received in the land, for the Gentiles who shall possess the land.

20 But behold, it shall come to pass that they shall be driven and scattered by the Gentiles; and after they have been driven and scattered by the Gentiles, behold, then will the Lord remember the covenant which he made unto Abraham and unto all the house of Israel.

21 And also the Lord will remember the prayers of the righteous, which have been put up unto him for them.

22 And then, O ye Gentiles, how can ye stand before the power of God, except ye shall repent and turn from your evil ways?

23 Know ye not that ye are in the hands of God? Know ye not that he hath all power, and at his great command the earth shall be rolled together as a scroll?

24 Therefore, repent ye, and humble yourselves before him, lest he shall come out in justice against you—lest a remnant of the seed of Jacob shall go forth among you as a lion, and tear you in pieces, and there is none to deliver.

nous, oui, de ce qui a été parmi les Lamanites, et cela à cause de son incrédulité et de son idolâtrie.

16 Car voici, l'Esprit du Seigneur a déjà cessé de lutter avec leurs pères ; et ils sont sans Christ et sans Dieu dans le monde ; et ils sont chassés comme la balle emportée par le vent.

17 Ils étaient jadis un peuple agréable et ils avaient le Christ pour berger ; oui, ils étaient conduits par Dieu le Père.

18 Mais maintenant, voici, ils sont conduits çà et là par Satan, comme la balle est emportée par le vent, ou comme un navire sans voile ni ancre, et sans rien pour le gouverner, est ballotté sur les vagues ; et ils sont comme lui.

19 Et voici, le Seigneur a réservé les bénédictions qu'ils auraient pu recevoir dans le pays aux Gentils qui posséderont le pays.

20 Mais voici, il arrivera qu'ils seront chassés et dispersés par les Gentils ; et lorsqu'ils auront été chassés et dispersés par les Gentils, voici, alors le Seigneur se souviendra de l'alliance qu'il a faite avec Abraham et avec toute la maison d'Israël.

21 Et le Seigneur se souviendra aussi des prières que les justes lui ont adressées pour eux.

22 Et alors, ô Gentils, comment pourrez-vous subsister devant la puissance de Dieu, si vous ne vous repentez pas et ne vous détournez pas de vos voies mauvaises ?

23 Ne savez-vous pas que vous êtes dans les mains de Dieu ? Ne savez-vous pas qu'il a tout pouvoir et qu'à son grand commandement, la terre sera roulée comme un livre ?

24 C'est pourquoi, repentez-vous, et humiliez-vous devant lui, de peur qu'il ne sorte en justice contre vous — de peur qu'un reste de la postérité de Jacob n'aille parmi vous comme un lion, et ne vous déchire, et qu'il n'y ait personne pour délivrer.

CHAPTER 6

The Nephites gather to the land of Cumorah for the final battles—Mormon hides the sacred records in the hill Cumorah—The Lamanites are victorious, and the Nephite nation is destroyed—

CHAPITRE 6

Les Néphites se rassemblent au pays de Cumorah pour les batailles finales — Mormon cache les annales sacrées dans la colline de Cumorah — Les Lamanites sont victorieux, et la nation

1 And now I finish my record concerning the destruction of my people, the Nephites. And it came to pass that we did march forth before the Lamanites.

2 And I, Mormon, wrote an epistle unto the king of the Lamanites, and desired of him that he would grant unto us that we might gather together our people unto the land of Cumorah, by a hill which was called Cumorah, and there we could give them battle.

3 And it came to pass that the king of the Lamanites did grant unto me the thing which I desired.

4 And it came to pass that we did march forth to the land of Cumorah, and we did pitch our tents around about the hill Cumorah; and it was in a land of many waters, rivers, and fountains; and here we had hope to gain advantage over the Lamanites.

5 And when three hundred and eighty and four years had passed away, we had gathered in all the remainder of our people unto the land of Cumorah.

6 And it came to pass that when we had gathered in all our people in one to the land of Cumorah, behold I, Mormon, began to be old; and knowing it to be the last struggle of my people, and having been commanded of the Lord that I should not suffer the records which had been handed down by our fathers, which were sacred, to fall into the hands of the Lamanites, (for the Lamanites would destroy them) therefore I made this record out of the plates of Nephi, and hid up in the hill Cumorah all the records which had been entrusted to me by the hand of the Lord, save it were these few plates which I gave unto my son Moroni.

7 And it came to pass that my people, with their wives and their children, did now behold the armies of the Lamanites marching towards them; and with that awful fear of death which fills the breasts of all the wicked, did they await to receive them.

8 And it came to pass that they came to battle against us, and every soul was filled with terror because of the greatness of their numbers.

9 And it came to pass that they did fall upon my people with the sword, and with the

1 Et maintenant, je termine mes annales concernant la destruction de mon peuple, les Néphites. Et il arriva que nous marchâmes devant les Lamanites.

2 Et moi, Mormon, j'écrivis une épître au roi des Lamanites et lui demandai de nous permettre de rassembler notre peuple au pays de Cumorah, près d'une colline qui était appelée Cumorah, et là nous pourrions leur livrer bataille.

3 Et il arriva que le roi des Lamanites m'accorda ce que je désirais.

4 Et il arriva que nous marchâmes jusqu'au pays de Cumorah et dressâmes nos tentes tout autour de la colline de Cumorah ; et c'était dans un pays d'eaux, de rivières et de sources nombreuses ; et là, nous avions l'espoir d'avoir l'avantage sur les Lamanites.

5 Et lorsque trois cent quatre vingt-quatre années furent passées, nous avions rassemblé tout le reste de notre peuple au pays de Cumorah.

6 Et il arriva que lorsque nous eûmes rassemblé tout notre peuple en un seul au pays de Cumorah, voici, moi, Mormon, je commençai à être vieux ; et sachant que ce serait la dernière lutte de mon peuple, et ayant reçu du Seigneur le commandement de ne pas laisser les annales, qui avaient été transmises par nos pères, qui étaient sacrées, tomber entre les mains des Lamanites (car les Lamanites les détruiraient), je fis alors ces annales-ci à partir des plaques de Néphi et cachai dans la colline de Cumorah toutes les annales qui m'avaient été confiées par la main du Seigneur, sauf ces quelques plaques que je donnai à mon fils Moroni.

7 Et il arriva que mon peuple, avec ses femmes et ses enfants, vit alors les armées des Lamanites marcher vers lui ; et avec cette crainte affreuse de la mort qui remplit le cœur de tous les méchants, ils attendirent de les recevoir.

8 Et il arriva qu'ils vinrent nous livrer bataille, et toutes les âmes étaient remplies de terreur à cause de leur grand nombre.

9 Et il arriva qu'ils tombèrent sur mon peuple avec l'épée, et avec l'arc, et avec la

bow, and with the arrow, and with the ax, and with all manner of weapons of war.

10 And it came to pass that my men were hewn down, yea, even my ten thousand who were with me, and I fell wounded in the midst; and they passed by me that they did not put an end to my life.

11 And when they had gone through and hewn down all my people save it were twenty and four of us, (among whom was my son Moroni) and we having survived the dead of our people, did behold on the morrow, when the Lamanites had returned unto their camps, from the top of the hill Cumorah, the ten thousand of my people who were hewn down, being led in the front by me.

12 And we also beheld the ten thousand of my people who were led by my son Moroni.

13 And behold, the ten thousand of Gidgiddonah had fallen, and he also in the midst.

14 And Lamah had fallen with his ten thousand; and Gilgal had fallen with his ten thousand; and Limhah had fallen with his ten thousand; and Jeneum had fallen with his ten thousand; and Cumenihah, and Moronihah, and Antionum, and Shiblom, and Shem, and Josh, had fallen with their ten thousand each.

15 And it came to pass that there were ten more who did fall by the sword, with their ten thousand each; yea, even all my people, save it were those twenty and four who were with me, and also a few who had escaped into the south countries, and a few who had deserted over unto the Lamanites, had fallen; and their flesh, and bones, and blood lay upon the face of the earth, being left by the hands of those who slew them to molder upon the land, and to crumble and to return to their mother earth.

16 And my soul was rent with anguish, because of the slain of my people, and I cried:

17 O ye fair ones, how could ye have departed from the ways of the Lord! O ye fair ones, how could ye have rejected that Jesus, who stood with open arms to receive you!

18 Behold, if ye had not done this, ye would not have fallen. But behold, ye are fallen, and I mourn your loss.

flèche, et avec la hache, et avec toutes sortes d'armes de guerre.

10 Et il arriva que mes hommes furent abattus, oui, mes dix mille qui étaient avec moi, et je tombai blessé au milieu d'eux ; et ils passèrent à côté de moi, de sorte qu'ils ne mirent pas fin à ma vie.

11 Et lorsqu'ils furent passés et eurent abattu tout mon peuple sauf vingt-quatre d'entre nous (parmi lesquels mon fils Moroni), nous, qui avions survécu aux morts de notre peuple, nous vîmes, le lendemain, lorsque les Lamanites furent retournés à leurs camps, du sommet de la colline de Cumorah, les dix mille de mon peuple, que j'avais conduits aux premières lignes, qui étaient abattus.

12 Et nous vîmes aussi les dix mille de mon peuple qui avaient été conduits par mon fils Moroni.

13 Et voici, les dix mille de Gidgiddonah étaient tombés, et lui aussi parmi eux.

14 Et Lamah était tombé avec ses dix mille ; et Guilgal était tombé avec ses dix mille ; et Limhah était tombé avec ses dix mille, et Jénéum était tombé avec ses dix mille, et Cumenihah, et Moronihah, et Antionum, et Shiblom, et Sem, et Josh étaient tombés, chacun avec ses dix mille.

15 Et il arriva qu'il y en avait dix autres qui étaient tombés par l'épée, chacun avec ses dix mille ; oui, tout mon peuple était tombé, sauf ces vingt-quatre qui étaient avec moi, et aussi un petit nombre qui s'étaient échappés dans les régions du sud et un petit nombre qui avaient déserté et étaient passés chez les Lamanites ; et leur chair, et leurs os, et leur sang gisaient sur la surface de la terre, laissés par les mains de ceux qui les avaient tués, pour pourrir sur le pays, et se décomposer, et retourner à la terre, leur mère.

16 Et mon âme fut déchirée d'angoisse à cause de ceux de mon peuple qui avaient été tués, et je m'écriai :

17 Ô belles créatures, comment avez-vous pu vous éloigner des voies du Seigneur ? Ô belles créatures, comment avez-vous pu rejeter ce Jésus qui se tenait, les bras ouverts, pour vous recevoir ?

18 Voici, si vous n'aviez pas fait cela, vous ne seriez pas tombés. Mais voici, vous êtes tombés, et je pleure votre perte.

19 O ye fair sons and daughters, ye fathers and mothers, ye husbands and wives, ye fair ones, how is it that ye could have fallen!

20 But behold, ye are gone, and my sorrows cannot bring your return.

21 And the day soon cometh that your mortal must put on immortality, and these bodies which are now moldering in corruption must soon become incorruptible bodies; and then ye must stand before the judgment-seat of Christ, to be judged according to your works; and if it so be that ye are righteous, then are ye blessed with your fathers who have gone before you.

22 O that ye had repented before this great destruction had come upon you. But behold, ye are gone, and the Father, yea, the Eternal Father of heaven, knoweth your state; and he doeth with you according to his justice and mercy.

CHAPTER 7

Mormon invites the Lamanites of the latter days to believe in Christ, accept His gospel, and be saved—All who believe the Bible will also believe the Book of Mormon. About A.D. 385.

1 And now, behold, I would speak somewhat unto the remnant of this people who are spared, if it so be that God may give unto them my words, that they may know of the things of their fathers; yea, I speak unto you, ye remnant of the house of Israel; and these are the words which I speak:

2 Know ye that ye are of the house of Israel.

3 Know ye that ye must come unto repentance, or ye cannot be saved.

4 Know ye that ye must lay down your weapons of war, and delight no more in the shedding of blood, and take them not again, save it be that God shall command you.

5 Know ye that ye must come to the knowledge of your fathers, and repent of all your sins and iniquities, and believe in Jesus Christ, that he is the Son of God, and that he was slain by the Jews, and by the power of the Father he hath risen again, whereby he hath gained the victory over the grave; and also in him is the sting of death swallowed up.

19 Ô fils et filles si beaux, pères et mères, maris et épouses, belles créatures, comment se peut-il que vous soyez tombés ?

20 Mais voici, vous vous en êtes allés, et mon chagrin ne peut causer votre retour.

21 Et le jour viendra bientôt où votre corps mortel revêtira l'immortalité, et où ces corps qui maintenant tombent en corruption deviendront des corps incorruptibles ; et alors vous vous tiendrez devant le siège du jugement du Christ, pour être jugés selon vos œuvres ; et si vous êtes justes, alors vous serez bénis avec vos pères qui s'en sont allés avant vous.

22 Oh ! que ne vous êtes-vous repentis avant que cette grande destruction ne s'abatte sur vous ! Mais voici, vous vous en êtes allés, et le Père, oui, le Père éternel du ciel, connaît votre état ; et il agit envers vous selon sa justice et sa miséricorde.

CHAPITRE 7

Mormon invite les Lamanites des derniers jours à croire au Christ, à accepter son Évangile et à être sauvés — Tous ceux qui croient en la Bible croiront aussi au Livre de Mormon. Vers 385 apr. J.-C.

1 Et maintenant, voici, je voudrais parler quelque peu au reste de ce peuple qui est épargné, si Dieu lui donne mes paroles, afin qu'il soit informé des choses de ses pères ; oui, je vous parle, reste de la maison d'Israël ; et voici les paroles que je dis :

2 Sachez que vous êtes de la maison d'Israël.

3 Sachez que vous devez venir au repentir, sinon vous ne pouvez être sauvés.

4 Sachez que vous devez déposer vos armes de guerre et ne plus mettre vos délices dans l'effusion du sang, et ne plus les prendre, à moins que Dieu ne vous le commande.

5 Sachez que vous devez en arriver à connaître vos pères, et vous repentir de tous vos péchés et de toutes vos iniquités, et croire en Jésus-Christ, qu'il est le Fils de Dieu, et qu'il fut tué par les Juifs, et que par le pouvoir du Père il est ressuscité, grâce à quoi il a remporté la victoire sur le tombeau ; et en lui aussi est englouti l'aiguillon de la mort.

6 And he bringeth to pass the resurrection of the dead, whereby man must be raised to stand before his judgment-seat.

7 And he hath brought to pass the redemption of the world, whereby he that is found guiltless before him at the judgment day hath it given unto him to dwell in the presence of God in his kingdom, to sing ceaseless praises with the choirs above, unto the Father, and unto the Son, and unto the Holy Ghost, which are one God, in a state of happiness which hath no end.

8 Therefore repent, and be baptized in the name of Jesus, and lay hold upon the gospel of Christ, which shall be set before you, not only in this record but also in the record which shall come unto the Gentiles from the Jews, which record shall come from the Gentiles unto you.

9 For behold, this is written for the intent that ye may believe that; and if ye believe that ye will believe this also; and if ye believe this ye will know concerning your fathers, and also the marvelous works which were wrought by the power of God among them.

10 And ye will also know that ye are a remnant of the seed of Jacob; therefore ye are numbered among the people of the first covenant; and if it so be that ye believe in Christ, and are baptized, first with water, then with fire and with the Holy Ghost, following the example of our Savior, according to that which he hath commanded us, it shall be well with you in the day of judgment. Amen.

CHAPTER 8

The Lamanites seek out and destroy the Nephites—The Book of Mormon will come forth by the power of God—Woes pronounced upon those who breathe out wrath and strife against the work of the Lord—The Nephite record will come forth in a day of wickedness, degeneracy, and apostasy. About A.D. 400–421.

1 Behold I, Moroni, do finish the record of my father, Mormon. Behold, I have but few things to write, which things I have been commanded by my father.

6 Et il réalise la résurrection des morts, par laquelle l'homme doit être ressuscité pour se tenir devant son siège du jugement.

7 Et il a réalisé la rédemption du monde, par laquelle, à celui qui est trouvé innocent devant lui le jour du jugement, il est donné de demeurer en la présence de Dieu dans son royaume, pour chanter sans cesse des louanges avec les chœurs là-haut, au Père, et au Fils, et au Saint-Esprit, qui sont un seul Dieu, dans un état de bonheur qui n'a pas de fin.

8 C'est pourquoi, repentez-vous, et soyez baptisés au nom de Jésus, et saisissez-vous de l'Évangile du Christ, qui sera placé devant vous, non seulement dans ces annales-ci, mais aussi dans les annales qui parviendront des Juifs aux Gentils, annales qui viendront des Gentils à vous.

9 Car voici, ceci est écrit dans l'intention que vous croyiez cela ; et si vous croyez cela, vous croirez ceci aussi ; et si vous croyez ceci, vous saurez ce qui concerne vos pères, et aussi les œuvres merveilleuses qui ont été accomplies parmi eux par le pouvoir de Dieu.

10 Et vous saurez aussi que vous êtes un reste de la postérité de Jacob ; c'est pourquoi vous êtes comptés parmi le peuple de la première alliance ; et si vous croyez au Christ et êtes baptisés, premièrement d'eau, ensuite de feu et du Saint-Esprit, suivant l'exemple de notre Sauveur, selon ce qu'il nous a commandé, tout ira bien pour vous au jour du jugement. Amen.

CHAPITRE 8

Les Lamanites pourchassent et tuent les Néphites — Le Livre de Mormon paraîtra par le pouvoir de Dieu — Malheurs prononcés contre ceux qui manifestent de la colère et la volonté de lutter contre l'œuvre du Seigneur — Les annales néphites paraîtront en un jour de méchanceté, de dégénérescence et d'apostasie. Vers 400–421 apr. J.-C.

1 Voici, moi, Moroni, je finis les annales de mon père, Mormon. Voici, je n'ai que peu de choses à écrire, choses qui m'ont été commandées par mon père.

2 And now it came to pass that after the great and tremendous battle at Cumorah, behold, the Nephites who had escaped into the country southward were hunted by the Lamanites, until they were all destroyed.

3 And my father also was killed by them, and I even remain alone to write the sad tale of the destruction of my people. But behold, they are gone, and I fulfil the commandment of my father. And whether they will slay me, I know not.

4 Therefore I will write and hide up the records in the earth; and whither I go it mattereth not.

5 Behold, my father hath made this record, and he hath written the intent thereof. And behold, I would write it also if I had room upon the plates, but I have not; and ore I have none, for I am alone. My father hath been slain in battle, and all my kinsfolk, and I have not friends nor whither to go; and how long the Lord will suffer that I may live I know not.

6 Behold, four hundred years have passed away since the coming of our Lord and Savior.

7 And behold, the Lamanites have hunted my people, the Nephites, down from city to city and from place to place, even until they are no more; and great has been their fall; yea, great and marvelous is the destruction of my people, the Nephites.

8 And behold, it is the hand of the Lord which hath done it. And behold also, the Lamanites are at war one with another; and the whole face of this land is one continual round of murder and bloodshed; and no one knoweth the end of the war.

9 And now, behold, I say no more concerning them, for there are none save it be the Lamanites and robbers that do exist upon the face of the land.

10 And there are none that do know the true God save it be the disciples of Jesus, who did tarry in the land until the wickedness of the people was so great that the Lord would not suffer them to remain with the people; and whether they be upon the face of the land no man knoweth.

11 But behold, my father and I have seen them, and they have ministered unto us.

2 Et alors, il arriva qu'après la grande et terrible bataille de Cumorah, voici, les Néphites qui s'étaient échappés dans la région située du côté du sud furent traqués par les Lamanites, jusqu'à ce qu'ils fussent tous détruits.

3 Et mon père fut aussi tué par eux, et quant à moi, je reste seul pour écrire la triste histoire de la destruction de mon peuple. Mais voici, il s'en est allé, et j'accomplis le commandement de mon père. Et je ne sais pas s'ils me tueront.

4 C'est pourquoi je vais écrire et cacher les annales dans la terre ; et peu importe où je vais.

5 Voici, mon père a fait ces annales, et il a écrit dans quelle intention elles ont été faites. Et voici, je l'écrirais aussi si j'avais de la place sur les plaques, mais je n'en ai pas ; et du métal, je n'en ai pas, car je suis seul. Mon père a été tué à la bataille, et toute ma parenté, et je n'ai pas d'amis ni où aller ; et je ne sais pas combien de temps le Seigneur souffrira que je vive.

6 Voici, quatre cents années sont passées depuis la venue de notre Seigneur et Sauveur.

7 Et voici, les Lamanites ont traqué mon peuple, les Néphites, de ville en ville et de lieu en lieu jusqu'à ce qu'il ne soit plus ; et grande a été sa chute ; oui, grande et étonnante est la destruction de mon peuple, les Néphites.

8 Et voici, c'est la main du Seigneur qui l'a fait. Et voici, aussi, les Lamanites sont en guerre les uns contre les autres ; et toute la surface de ce pays n'est qu'un cercle continuel de meurtres et d'effusions de sang ; et nul ne connaît la fin de la guerre.

9 Et maintenant, voici, je ne parle plus à leur sujet, car il n'y a que les Lamanites et les brigands qui existent à la surface du pays.

10 Et il n'y en a aucun qui connaît le vrai Dieu, si ce n'est les disciples de Jésus, qui ont demeuré dans le pays jusqu'à ce que la méchanceté du peuple soit si grande que le Seigneur ne souffre plus qu'ils demeurent parmi le peuple ; et nul ne sait s'ils sont sur la surface du pays.

11 Mais voici, mon père et moi les avons vus, et ils nous ont servis.

12 And whoso receiveth this record, and shall not condemn it because of the imperfections which are in it, the same shall know of greater things than these. Behold, I am Moroni; and were it possible, I would make all things known unto you.

13 Behold, I make an end of speaking concerning this people. I am the son of Mormon, and my father was a descendant of Nephi.

14 And I am the same who hideth up this record unto the Lord; the plates thereof are of no worth, because of the commandment of the Lord. For he truly saith that no one shall have them to get gain; but the record thereof is of great worth; and whoso shall bring it to light, him will the Lord bless.

15 For none can have power to bring it to light save it be given him of God; for God wills that it shall be done with an eye single to his glory, or the welfare of the ancient and long dispersed covenant people of the Lord.

16 And blessed be he that shall bring this thing to light; for it shall be brought out of darkness unto light, according to the word of God; yea, it shall be brought out of the earth, and it shall shine forth out of darkness, and come unto the knowledge of the people; and it shall be done by the power of God.

17 And if there be faults they be the faults of a man. But behold, we know no fault; nevertheless God knoweth all things; therefore, he that condemneth, let him be aware lest he shall be in danger of hell fire.

18 And he that saith: Show unto me, or ye shall be smitten—let him beware lest he commandeth that which is forbidden of the Lord.

19 For behold, the same that judgeth rashly shall be judged rashly again; for according to his works shall his wages be; therefore, he that smiteth shall be smitten again, of the Lord.

20 Behold what the scripture says—man shall not smite, neither shall he judge; for judgment is mine, saith the Lord, and vengeance is mine also, and I will repay.

21 And he that shall breathe out wrath and strifes against the work of the Lord, and

12 Et quiconque reçoit ces annales et ne les condamne pas à cause des imperfections qui s'y trouvent, celui-là connaîtra des choses plus grandes que celles-ci. Voici, je suis Moroni ; et si c'était possible, je vous ferais tout connaître.

13 Voici, je finis de parler de ce peuple. Je suis le fils de Mormon, et mon père était descendant de Néphi.

14 Et je suis celui-là même qui cache ces annales pour le Seigneur ; les plaques n'ont aucune valeur, à cause du commandement du Seigneur. Car il dit, en vérité, que nul ne les aura pour obtenir du gain ; mais les annales qui s'y trouvent ont une grande valeur, et quiconque les amènera à la lumière, le Seigneur le bénira.

15 Car nul ne peut avoir le pouvoir de les amener à la lumière, si cela ne lui est donné par Dieu ; car Dieu veut que cela se fasse l'œil fixé uniquement sur sa gloire, ou sur le bien-être du peuple ancien et longtemps dispersé de l'alliance du Seigneur.

16 Et béni soit celui qui amènera ces choses à la lumière ; car elles seront amenées des ténèbres à la lumière, selon la parole de Dieu ; oui, elles seront sorties de la terre, et brilleront hors des ténèbres, et parviendront à la connaissance du peuple ; et cela se fera par le pouvoir de Dieu.

17 Et s'il y a des fautes, ce sont les fautes d'un homme. Mais voici, nous ne connaissons pas de faute ; néanmoins Dieu sait tout ; c'est pourquoi, celui qui condamne, qu'il prenne garde de peur d'être en danger du feu de l'enfer.

18 Et celui qui dit : Montrez-moi, ou vous serez frappés, qu'il prenne garde, de peur qu'il ne commande ce qui est interdit par le Seigneur.

19 Car voici, celui qui juge avec témérité sera jugé à son tour avec témérité ; car son salaire sera selon ses œuvres ; c'est pourquoi, celui qui frappe sera frappé à son tour par le Seigneur.

20 Voici ce que dit l'Écriture : l'homme ne frappera pas, ni ne jugera ; car le jugement m'appartient, dit le Seigneur, et la vengeance m'appartient aussi, et je rétribuerai.

21 Et celui qui respirera la colère et les discordes contre l'œuvre du Seigneur et contre

against the covenant people of the Lord who are the house of Israel, and shall say: We will destroy the work of the Lord, and the Lord will not remember his covenant which he hath made unto the house of Israel—the same is in danger to be hewn down and cast into the fire;

22 For the eternal purposes of the Lord shall roll on, until all his promises shall be fulfilled.

23 Search the prophecies of Isaiah. Behold, I cannot write them. Yea, behold I say unto you, that those saints who have gone before me, who have possessed this land, shall cry, yea, even from the dust will they cry unto the Lord; and as the Lord liveth he will remember the covenant which he hath made with them.

24 And he knoweth their prayers, that they were in behalf of their brethren. And he knoweth their faith, for in his name could they remove mountains; and in his name could they cause the earth to shake; and by the power of his word did they cause prisons to tumble to the earth; yea, even the fiery furnace could not harm them, neither wild beasts nor poisonous serpents, because of the power of his word.

25 And behold, their prayers were also in behalf of him that the Lord should suffer to bring these things forth.

26 And no one need say they shall not come, for they surely shall, for the Lord hath spoken it; for out of the earth shall they come, by the hand of the Lord, and none can stay it; and it shall come in a day when it shall be said that miracles are done away; and it shall come even as if one should speak from the dead.

27 And it shall come in a day when the blood of saints shall cry unto the Lord, because of secret combinations and the works of darkness.

28 Yea, it shall come in a day when the power of God shall be denied, and churches become defiled and be lifted up in the pride of their hearts; yea, even in a day when leaders of churches and teachers shall rise in the pride of their hearts, even to the envying of them who belong to their churches.

29 Yea, it shall come in a day when there shall be heard of fires, and tempests, and vapors of smoke in foreign lands;

le peuple de l'alliance du Seigneur, qui est la maison d'Israël, et dira : Nous détruirons l'œuvre du Seigneur, et le Seigneur ne se souviendra pas de l'alliance qu'il a faite avec la maison d'Israël, celui-là est en danger d'être abattu et jeté au feu ;

22 car les desseins éternels du Seigneur se dérouleront jusqu'à ce que toutes ses promesses soient accomplies.

23 Sondez les prophéties d'Ésaïe. Voici, je ne peux pas les écrire. Oui, voici, je vous dis que les saints qui m'ont précédé, qui ont possédé ce pays, crieront, oui, du fond de la poussière, et crieront au Seigneur, et comme le Seigneur vit, il se souviendra de l'alliance qu'il a faite avec eux.

24 Et il connaît leurs prières et sait qu'elles étaient en faveur de leurs frères. Et il connaît leur foi, car en son nom ils pouvaient déplacer des montagnes ; et en son nom ils pouvaient faire trembler la terre ; et par le pouvoir de sa parole, ils faisaient s'écrouler les prisons ; oui, même la fournaise ardente ne pouvait leur faire du mal, ni les bêtes sauvages, ni les serpents venimeux, à cause du pouvoir de sa parole.

25 Et voici, leurs prières étaient aussi en faveur de celui à qui le Seigneur permettrait de faire paraître ces choses.

26 Et nul ne doit dire qu'elles ne viendront pas, car elles viendront sûrement, car le Seigneur l'a dit ; car elles sortiront de la terre, par la main du Seigneur, et nul ne peut l'arrêter ; et cela se fera un jour où l'on dira que les miracles ont cessé ; et cela viendra comme si quelqu'un parlait d'entre les morts.

27 Et cela viendra un jour où le sang des saints criera au Seigneur à cause des combinaisons secrètes et des œuvres de ténèbres.

28 Oui, cela viendra un jour où le pouvoir de Dieu sera nié et où les Églises deviendront souillées et enflées dans l'orgueil de leur cœur ; oui, un jour où les chefs des Églises et les instructeurs se lèveront dans l'orgueil de leur cœur au point d'être jaloux de ceux qui appartiennent à leurs Églises.

29 Oui, cela viendra un jour où l'on entendra parler d'incendies, et de tempêtes, et de vapeurs de fumée dans des pays étrangers ;

30 And there shall also be heard of wars, rumors of wars, and earthquakes in divers places.

31 Yea, it shall come in a day when there shall be great pollutions upon the face of the earth; there shall be murders, and robbing, and lying, and deceivings, and whoredoms, and all manner of abominations; when there shall be many who will say, Do this, or do that, and it mattereth not, for the Lord will uphold such at the last day. But wo unto such, for they are in the gall of bitterness and in the bonds of iniquity.

32 Yea, it shall come in a day when there shall be churches built up that shall say: Come unto me, and for your money you shall be forgiven of your sins.

33 O ye wicked and perverse and stiffnecked people, why have ye built up churches unto yourselves to get gain? Why have ye transfigured the holy word of God, that ye might bring damnation upon your souls? Behold, look ye unto the revelations of God; for behold, the time cometh at that day when all these things must be fulfilled.

34 Behold, the Lord hath shown unto me great and marvelous things concerning that which must shortly come, at that day when these things shall come forth among you.

35 Behold, I speak unto you as if ye were present, and yet ye are not. But behold, Jesus Christ hath shown you unto me, and I know your doing.

36 And I know that ye do walk in the pride of your hearts; and there are none save a few only who do not lift themselves up in the pride of their hearts, unto the wearing of very fine apparel, unto envying, and strifes, and malice, and persecutions, and all manner of iniquities; and your churches, yea, even every one, have become polluted because of the pride of your hearts.

37 For behold, ye do love money, and your substance, and your fine apparel, and the adorning of your churches, more than ye love the poor and the needy, the sick and the afflicted.

38 O ye pollutions, ye hypocrites, ye teachers, who sell yourselves for that which will canker, why have ye polluted the holy church of God? Why are ye ashamed to take upon you the name of Christ? Why do ye

30 et on entendra aussi parler de guerres, de bruits de guerres et de tremblements de terre en divers lieux.

31 Oui, cela viendra un jour où il y aura de grandes souillures à la surface de la terre ; il y aura des meurtres, et du brigandage, et du mensonge, et des tromperies, et des fornications, et toutes sortes d'abominations ; où il y en aura beaucoup qui diront : Faites ceci, ou faites cela, et cela n'a pas d'importance, car le Seigneur soutiendra de telles personnes au dernier jour. Mais malheur à ceux-là, car ils sont dans le fiel de l'amertume et dans les liens de l'iniquité.

32 Oui, cela viendra un jour où seront édifiées des Églises qui diront : Venez à moi, et, pour votre argent, vos péchés vous seront pardonnés.

33 Ô peuple méchant, et pervers, et au cou roide, pourquoi vous êtes-vous édifié des Églises pour obtenir du gain ? Pourquoi avez-vous défiguré la sainte parole de Dieu, afin d'attirer la damnation sur votre âme ? Voici, tournez-vous vers les révélations de Dieu ; car voici, le temps vient, ce jour-là, où toutes ces choses doivent s'accomplir.

34 Voici, le Seigneur m'a montré des choses grandes et merveilleuses concernant ce qui doit venir sous peu, ce jour-là où ces choses paraîtront parmi vous.

35 Voici, je vous parle comme si vous étiez présents, et cependant vous ne l'êtes pas. Mais voici, Jésus-Christ vous a montrés à moi, et je sais ce que vous faites.

36 Et je sais que vous marchez dans l'orgueil de votre cœur ; et il n'y en a aucun, si ce n'est un petit nombre seulement, qui ne s'enfle pas dans l'orgueil de son cœur, au point de porter de très beaux habits, au point de se livrer à l'envie, et aux discordes, et à la malice, et aux persécutions, et à toutes sortes d'iniquités ; et vos Églises, oui, toutes, sont devenues souillées à cause de l'orgueil de votre cœur.

37 Car voici, vous aimez l'argent, et vos biens, et vos beaux habits, et l'ornementation de vos Églises, plus que vous n'aimez les pauvres et les nécessiteux, les malades et les affligés.

38 Ô souillures, hypocrites, instructeurs, qui vous vendez pour ce qui se corrompra, pourquoi avez-vous souillé la sainte Église de Dieu ? Pourquoi avez-vous honte de

not think that greater is the value of an endless happiness than that misery which never dies—because of the praise of the world?

39 Why do ye adorn yourselves with that which hath no life, and yet suffer the hungry, and the needy, and the naked, and the sick and the afflicted to pass by you, and notice them not?

40 Yea, why do ye build up your secret abominations to get gain, and cause that widows should mourn before the Lord, and also orphans to mourn before the Lord, and also the blood of their fathers and their husbands to cry unto the Lord from the ground, for vengeance upon your heads?

41 Behold, the sword of vengeance hangeth over you; and the time soon cometh that he avengeth the blood of the saints upon you, for he will not suffer their cries any longer.

CHAPTER 9

Moroni calls upon those who do not believe in Christ to repent—He proclaims a God of miracles, who gives revelations and pours out gifts and signs upon the faithful—Miracles cease because of unbelief—Signs follow those who believe—Men are exhorted to be wise and keep the commandments. About A.D. 401–21.

1 And now, I speak also concerning those who do not believe in Christ.

2 Behold, will ye believe in the day of your visitation—behold, when the Lord shall come, yea, even that great day when the earth shall be rolled together as a scroll, and the elements shall melt with fervent heat, yea, in that great day when ye shall be brought to stand before the Lamb of God— then will ye say that there is no God?

3 Then will ye longer deny the Christ, or can ye behold the Lamb of God? Do ye suppose that ye shall dwell with him under a consciousness of your guilt? Do ye suppose that ye could be happy to dwell with that holy Being, when your souls are racked with a consciousness of guilt that ye have ever abused his laws?

---

prendre sur vous le nom du Christ ? Pourquoi ne pensez-vous pas qu'un bonheur sans fin a une valeur plus grande que cette misère qui ne meurt jamais — à cause des louanges du monde ?

39 Pourquoi vous ornez-vous de ce qui n'a pas de vie et souffrez cependant que les affamés, et les nécessiteux, et les nus, et les malades, et les affligés passent à côté de vous sans que vous ne les remarquiez ?

40 Oui, pourquoi bâtissez-vous vos abominations secrètes pour obtenir du gain et faire en sorte que les veuves se lamentent devant le Seigneur, et aussi que les orphelins se lamentent devant le Seigneur, et aussi que le sang de leurs pères et de leurs maris crie du sol vers le Seigneur, pour que la vengeance s'abatte sur votre tête ?

41 Voici, l'épée de la vengeance est suspendue au-dessus de vous ; et le moment vient bientôt où il vengera le sang des saints sur vous, car il ne souffrira plus leurs cris.

CHAPITRE 9

Moroni invite ceux qui ne croient pas au Christ à se repentir — Il proclame un Dieu de miracles, qui donne des révélations et déverse les dons et les signes sur les fidèles — Les miracles cessent à cause de l'incrédulité — Les signes suivent ceux qui croient — Exhortation aux hommes à avoir de la sagesse et à garder les commandements. Vers 401–421 apr. J.-C.

1 Et maintenant, je parle aussi concernant ceux qui ne croient pas au Christ.

2 Voici, croirez-vous le jour où vous serez visités — voici, lorsque le Seigneur viendra, oui, ce grand jour où la terre sera roulée comme un livre et où les éléments embrasés se dissoudront, oui, en ce grand jour où vous serez amenés à vous tenir devant l'Agneau de Dieu — direz-vous alors qu'il n'y a pas de Dieu ?

3 Nierez-vous alors encore le Christ, ou pourrez-vous contempler l'Agneau de Dieu ? Pensez-vous que vous demeurerez avec lui, avec la conscience de votre culpabilité ? Pensez-vous que vous pourriez être heureux de demeurer avec cet Être saint, alors que votre âme est tenaillée par la conscience de votre culpabilité d'avoir constamment enfreint ses lois ?

4 Behold, I say unto you that ye would be more miserable to dwell with a holy and just God, under a consciousness of your filthiness before him, than ye would to dwell with the damned souls in hell.

5 For behold, when ye shall be brought to see your nakedness before God, and also the glory of God, and the holiness of Jesus Christ, it will kindle a flame of unquenchable fire upon you.

6 O then ye unbelieving, turn ye unto the Lord; cry mightily unto the Father in the name of Jesus, that perhaps ye may be found spotless, pure, fair, and white, having been cleansed by the blood of the Lamb, at that great and last day.

7 And again I speak unto you who deny the revelations of God, and say that they are done away, that there are no revelations, nor prophecies, nor gifts, nor healing, nor speaking with tongues, and the interpretation of tongues;

8 Behold I say unto you, he that denieth these things knoweth not the gospel of Christ; yea, he has not read the scriptures; if so, he does not understand them.

9 For do we not read that God is the same yesterday, today, and forever, and in him there is no variableness neither shadow of changing?

10 And now, if ye have imagined up unto yourselves a god who doth vary, and in whom there is shadow of changing, then have ye imagined up unto yourselves a god who is not a God of miracles.

11 But behold, I will show unto you a God of miracles, even the God of Abraham, and the God of Isaac, and the God of Jacob; and it is that same God who created the heavens and the earth, and all things that in them are.

12 Behold, he created Adam, and by Adam came the fall of man. And because of the fall of man came Jesus Christ, even the Father and the Son; and because of Jesus Christ came the redemption of man.

13 And because of the redemption of man, which came by Jesus Christ, they are brought back into the presence of the Lord; yea, this is wherein all men are redeemed, because the death of Christ bringeth to pass the resurrection, which bringeth to pass a redemption from an endless sleep, from

4 Voici, je vous dis que vous seriez plus malheureux de demeurer avec un Dieu saint et juste, avec la conscience de votre souillure devant lui, que de demeurer avec les âmes damnées en enfer.

5 Car voici, lorsque vous serez amenés à voir votre nudité devant Dieu, et aussi la gloire de Dieu, et la sainteté de Jésus-Christ, cela allumera sur vous une flamme d'un feu qui ne s'éteint pas.

6 Oh ! alors, incrédules, tournez-vous vers le Seigneur ; implorez de toutes vos forces le Père, au nom de Jésus, afin d'être peut-être trouvés sans tache, purs, beaux et blancs, purifiés par le sang de l'Agneau en ce grand et dernier jour.

7 Et en outre, je vous parle, à vous qui niez les révélations de Dieu et dites qu'elles ont cessé, qu'il n'y a pas de révélations, ni de prophéties, ni de dons, ni de guérisons, ni de don des langues, ni d'interprétation des langues ;

8 voici, je vous le dis, celui qui nie ces choses ne connaît pas l'Évangile du Christ ; oui, il n'a pas lu les Écritures ; si oui, il ne les comprend pas.

9 Car ne lisons-nous pas que Dieu est le même hier, aujourd'hui et à jamais, et qu'en lui il n'y a ni variation, ni ombre de changement ?

10 Et maintenant, si vous vous êtes imaginé un Dieu qui varie et en qui il y a une ombre de changement, alors vous vous êtes imaginé un Dieu qui n'est pas un Dieu de miracles.

11 Mais voici, je vais vous montrer un Dieu de miracles, le Dieu d'Abraham, et le Dieu d'Isaac, et le Dieu de Jacob ; et c'est ce même Dieu qui a créé les cieux et la terre, et tout ce qui s'y trouve.

12 Voici, il a créé Adam, et par Adam vint la chute de l'homme. Et à cause de la chute de l'homme vint Jésus-Christ, le Père et le Fils ; et à cause de Jésus-Christ est venue la rédemption de l'homme.

13 Et à cause de la rédemption de l'homme, qui est venue par Jésus-Christ, ils sont ramenés en la présence du Seigneur ; oui, c'est en cela que tous les hommes sont rachetés, parce que la mort du Christ réalise la résurrection, qui réalise la rédemption d'un sommeil sans fin, sommeil dont tous les

which sleep all men shall be awakened by the power of God when the trump shall sound; and they shall come forth, both small and great, and all shall stand before his bar, being redeemed and loosed from this eternal band of death, which death is a temporal death.

14 And then cometh the judgment of the Holy One upon them; and then cometh the time that he that is filthy shall be filthy still; and he that is righteous shall be righteous still; he that is happy shall be happy still; and he that is unhappy shall be unhappy still.

15 And now, O all ye that have imagined up unto yourselves a god who can do no miracles, I would ask of you, have all these things passed, of which I have spoken? Has the end come yet? Behold I say unto you, Nay; and God has not ceased to be a God of miracles.

16 Behold, are not the things that God hath wrought marvelous in our eyes? Yea, and who can comprehend the marvelous works of God?

17 Who shall say that it was not a miracle that by his word the heaven and the earth should be; and by the power of his word man was created of the dust of the earth; and by the power of his word have miracles been wrought?

18 And who shall say that Jesus Christ did not do many mighty miracles? And there were many mighty miracles wrought by the hands of the apostles.

19 And if there were miracles wrought then, why has God ceased to be a God of miracles and yet be an unchangeable Being? And behold, I say unto you he changeth not; if so he would cease to be God; and he ceaseth not to be God, and is a God of miracles.

20 And the reason why he ceaseth to do miracles among the children of men is because that they dwindle in unbelief, and depart from the right way, and know not the God in whom they should trust.

21 Behold, I say unto you that whoso believeth in Christ, doubting nothing, whatsoever he shall ask the Father in the name of Christ it shall be granted him; and this promise is unto all, even unto the ends of the earth.

hommes seront réveillés par le pouvoir de Dieu, lorsque la trompette sonnera ; et ils se lèveront, petits et grands, et tous se tiendront devant sa barre, rachetés et délivrés de ce lien éternel de la mort, laquelle mort est une mort temporelle.

14 Et alors vient le jugement du Saint sur eux ; et alors vient le moment où celui qui est souillé restera souillé, et celui qui est juste restera juste, et celui qui est heureux restera heureux, et celui qui est malheureux restera malheureux.

15 Et maintenant, ô vous tous qui vous êtes imaginé un Dieu qui ne peut faire de miracles, je vous le demande : toutes ces choses dont j'ai parlé sont-elles arrivées ? La fin est-elle déjà venue ? Voici, je vous dis que non ; et Dieu n'a pas cessé d'être un Dieu de miracles.

16 Voici, les choses que Dieu a accomplies ne sont-elles pas merveilleuses à nos yeux ? Oui, et qui peut comprendre les œuvres merveilleuses de Dieu ?

17 Qui dira que ce ne fut pas un miracle que, par sa parole, le ciel et la terre soient ? Et par le pouvoir de sa parole, l'homme fut créé de la poussière de la terre ; et par le pouvoir de sa parole, des miracles ont été accomplis.

18 Et qui dira que Jésus-Christ n'a pas fait beaucoup de grands miracles ? Et beaucoup de grands miracles furent accomplis par les mains des apôtres.

19 Et si des miracles furent accomplis alors, pourquoi Dieu a-t-il cessé d'être un Dieu de miracles tout en étant un Être immuable ? Et voici, je vous dis qu'il ne change pas ; si oui, il cesserait d'être Dieu ; et il ne cesse pas d'être Dieu et est un Dieu de miracles.

20 Et la raison pour laquelle il cesse de faire des miracles parmi les enfants des hommes, c'est parce qu'ils dégénèrent dans l'incrédulité, et s'éloignent de la voie droite, et ne connaissent pas le Dieu en qui ils devraient avoir confiance.

21 Voici, je vous dis que quiconque croit au Christ, ne doutant en aucune façon, tout ce qu'il demandera au Père, au nom du Christ, lui sera accordé ; et cette promesse est pour tous, pour les extrémités de la terre.

22 For behold, thus said Jesus Christ, the Son of God, unto his disciples who should tarry, yea, and also to all his disciples, in the hearing of the multitude: Go ye into all the world, and preach the gospel to every creature;

23 And he that believeth and is baptized shall be saved, but he that believeth not shall be damned;

24 And these signs shall follow them that believe—in my name shall they cast out devils; they shall speak with new tongues; they shall take up serpents; and if they drink any deadly thing it shall not hurt them; they shall lay hands on the sick and they shall recover;

25 And whosoever shall believe in my name, doubting nothing, unto him will I confirm all my words, even unto the ends of the earth.

26 And now, behold, who can stand against the works of the Lord? Who can deny his sayings? Who will rise up against the almighty power of the Lord? Who will despise the works of the Lord? Who will despise the children of Christ? Behold, all ye who are despisers of the works of the Lord, for ye shall wonder and perish.

27 O then despise not, and wonder not, but hearken unto the words of the Lord, and ask the Father in the name of Jesus for what things soever ye shall stand in need. Doubt not, but be believing, and begin as in times of old, and come unto the Lord with all your heart, and work out your own salvation with fear and trembling before him.

28 Be wise in the days of your probation; strip yourselves of all uncleanness; ask not, that ye may consume it on your lusts, but ask with a firmness unshaken, that ye will yield to no temptation, but that ye will serve the true and living God.

29 See that ye are not baptized unworthily; see that ye partake not of the sacrament of Christ unworthily; but see that ye do all things in worthiness, and do it in the name of Jesus Christ, the Son of the living God; and if ye do this, and endure to the end, ye will in nowise be cast out.

30 Behold, I speak unto you as though I spake from the dead; for I know that ye shall have my words.

22 Car voici, ainsi dit Jésus-Christ, le Fils de Dieu, à ses disciples qui allaient demeurer, oui, et aussi à tous ses disciples, aux oreilles de la multitude : Allez par tout le monde, et prêchez l'Évangile à toute la création ;

23 Celui qui croira et qui sera baptisé sera sauvé, mais celui qui ne croira pas sera condamné ;

24 Voici les signes qui accompagneront ceux qui auront cru : En mon nom, ils chasseront les démons ; ils parleront de nouvelles langues ; ils saisiront des serpents ; et s'ils boivent quelque breuvage mortel, il ne leur fera point de mal ; ils imposeront les mains aux malades, et les malades seront guéris ;

25 et quiconque croira en mon nom, ne doutant en aucune façon, je lui confirmerai toutes mes paroles jusqu'aux extrémités de la terre.

26 Et maintenant, voici, qui peut résister aux œuvres du Seigneur ? Qui peut nier ses paroles ? Qui s'élèvera contre la toute-puissance du Seigneur ? Qui méprisera les œuvres du Seigneur ? Qui méprisera les enfants du Christ ? Voici, vous tous qui méprisez les œuvres du Seigneur, car vous serez dans l'étonnement et vous périrez.

27 Oh ! alors, ne méprisez pas, et ne vous étonnez pas, mais écoutez les paroles du Seigneur, et demandez au Père, au nom de Jésus, ce dont vous avez besoin. Ne doutez pas, mais croyez, et commencez comme dans les temps anciens, et venez au Seigneur de tout votre cœur, et travaillez à votre salut avec crainte et tremblement devant lui.

28 Ayez de la sagesse pendant les jours de votre épreuve ; dépouillez-vous de toute impureté ; ne demandez pas afin de tout dépenser pour vos passions, mais demandez avec une fermeté inébranlable afin de ne céder à aucune tentation, mais afin de servir le Dieu vrai et vivant.

29 Veillez à ne pas être baptisés indignement ; veillez à ne pas prendre la Sainte-Cène du Christ indignement ; mais veillez à tout faire avec dignité, et faites-le au nom de Jésus-Christ, le Fils du Dieu vivant ; et si vous faites cela et persévérez jusqu'à la fin, vous ne serez en aucune façon chassés.

30 Voici, je vous parle comme si je parlais d'entre les morts ; car je sais que vous aurez mes paroles.

31 Condemn me not because of mine imperfection, neither my father, because of his imperfection, neither them who have written before him; but rather give thanks unto God that he hath made manifest unto you our imperfections, that ye may learn to be more wise than we have been.

32 And now, behold, we have written this record according to our knowledge, in the characters which are called among us the reformed Egyptian, being handed down and altered by us, according to our manner of speech.

33 And if our plates had been sufficiently large we should have written in Hebrew; but the Hebrew hath been altered by us also; and if we could have written in Hebrew, behold, ye would have had no imperfection in our record.

34 But the Lord knoweth the things which we have written, and also that none other people knoweth our language; and because that none other people knoweth our language, therefore he hath prepared means for the interpretation thereof.

35 And these things are written that we may rid our garments of the blood of our brethren, who have dwindled in unbelief.

36 And behold, these things which we have desired concerning our brethren, yea, even their restoration to the knowledge of Christ, are according to the prayers of all the saints who have dwelt in the land.

37 And may the Lord Jesus Christ grant that their prayers may be answered according to their faith; and may God the Father remember the covenant which he hath made with the house of Israel; and may he bless them forever, through faith on the name of Jesus Christ. Amen.

31 Ne me condamnez pas à cause de mon imperfection, ni mon père à cause de son imperfection, ni ceux qui ont écrit avant lui ; mais rendez plutôt grâces à Dieu de ce qu'il vous a manifesté nos imperfections, afin que vous puissiez apprendre à être plus sages que nous ne l'avons été.

32 Et maintenant, voici, nous avons écrit ces annales selon notre connaissance, dans les caractères qui sont appelés parmi nous l'égyptien réformé, transmis et altérés par nous, selon notre manière de parler.

33 Et si nos plaques avaient été suffisamment grandes, nous aurions écrit en hébreu ; mais l'hébreu a été altéré aussi par nous ; et si nous avions pu écrire en hébreu, voici, vous n'auriez eu aucune imperfection dans nos annales.

34 Mais le Seigneur sait les choses que nous avons écrites, et aussi qu'aucun autre peuple ne connaît notre langue ; et parce qu'aucun autre peuple ne connaît notre langue, il a préparé des moyens pour son interprétation.

35 Et ces choses sont écrites afin que nous puissions débarrasser nos vêtements du sang de nos frères, qui ont dégénéré dans l'incrédulité.

36 Et voici, les choses que nous avons désirées concernant nos frères, oui, qu'ils soient ramenés à la connaissance du Christ, sont conformes aux prières de tous les saints qui ont demeuré dans le pays.

37 Et puisse le Seigneur Jésus-Christ accorder que leurs prières soient exaucées selon leur foi ; et puisse Dieu le Père se souvenir de l'alliance qu'il a faite avec la maison d'Israël ; et puisse-t-il la bénir à jamais, par la foi au nom de Jésus-Christ. Amen.

THE BOOK OF ETHER

LIVRE D'ÉTHER

The record of the Jaredites, taken from the twenty-four plates found by the people of Limhi in the days of King Mosiah.

Annales des Jarédites, tirées des vingt-quatre plaques trouvées par le peuple de Limhi aux jours du roi Mosiah.

CHAPTER 1

CHAPITRE 1

Moroni abridges the writings of Ether—Ether's genealogy is set forth—The language of the Jaredites is not confounded at the Tower of Babel—The Lord promises to lead them to a choice land and make them a great nation.

Moroni abrège les écrits d'Éther — Généalogie d'Éther — La langue des Jarédites n'est pas confondue à la tour de Babel — Le Seigneur promet de les conduire dans un pays de choix et de faire d'eux une grande nation.

1 And now I, Moroni, proceed to give an account of those ancient inhabitants who were destroyed by the hand of the Lord upon the face of this north country.

2 And I take mine account from the twenty and four plates which were found by the people of Limhi, which is called the Book of Ether.

3 And as I suppose that the first part of this record, which speaks concerning the creation of the world, and also of Adam, and an account from that time even to the great tower, and whatsoever things transpired among the children of men until that time, is had among the Jews—

4 Therefore I do not write those things which transpired from the days of Adam until that time; but they are had upon the plates; and whoso findeth them, the same will have power that he may get the full account.

5 But behold, I give not the full account, but a part of the account I give, from the tower down until they were destroyed.

6 And on this wise do I give the account. He that wrote this record was Ether, and he was a descendant of Coriantor.

7 Coriantor was the son of Moron.

8 And Moron was the son of Ethem.

9 And Ethem was the son of Ahah.

10 And Ahah was the son of Seth.

11 And Seth was the son of Shiblon.

12 And Shiblon was the son of Com.

13 And Com was the son of Coriantum.

14 And Coriantum was the son of Amnigaddah.

15 And Amnigaddah was the son of Aaron.

16 And Aaron was a descendant of Heth, who was the son of Hearthom.

17 And Hearthom was the son of Lib.

18 And Lib was the son of Kish.

1 Et maintenant, moi, Moroni, je vais raconter l'histoire de ces anciens habitants qui furent détruits par la main du Seigneur sur la surface de ce pays du nord.

2 Et je tire mon récit des vingt-quatre plaques qui furent trouvées par le peuple de Limhi et que l'on appelle le livre d'Éther.

3 Et comme je suppose que la première partie de ces annales, qui parle de la création du monde, et aussi d'Adam, et qui fait un récit depuis ce temps-là jusqu'à la grande tour, et tout ce qui est arrivé parmi les enfants des hommes jusqu'à ce moment-là, existe chez les Juifs —

4 Pour cette raison, je n'écris pas les choses qui sont arrivées depuis le temps d'Adam jusqu'à ce moment-là ; mais sont sur les plaques ; et quiconque les trouve pourra obtenir le récit complet.

5 Mais voici, je ne fais pas le récit complet, mais je fais une partie du récit, depuis la tour jusqu'au moment où ils furent détruits.

6 Et c'est de cette façon que je fais le récit. Celui qui écrivit ces annales était Éther, et il était descendant de Coriantor.

7 Coriantor était fils de Moron.

8 Et Moron était fils d'Éthem.

9 Et Éthem était fils d'Ahah.

10 Et Ahah était fils de Seth.

11 Et Seth était fils de Shiblon.

12 Et Shiblon était fils de Com.

13 Et Com était fils de Coriantum.

14 Et Coriantum était fils d'Amnigaddah.

15 Et Amnigaddah était fils d'Aaron.

16 Et Aaron était descendant de Heth, qui était fils de Héarthom.

17 Et Héarthom était fils de Lib.

18 Et Lib était fils de Kish.

19 And Kish was the son of Corom.

20 And Corom was the son of Levi.

21 And Levi was the son of Kim.

22 And Kim was the son of Morianton.

23 And Morianton was a descendant of Riplakish.

24 And Riplakish was the son of Shez.

25 And Shez was the son of Heth.

26 And Heth was the son of Com.

27 And Com was the son of Coriantum.

28 And Coriantum was the son of Emer.

29 And Emer was the son of Omer.

30 And Omer was the son of Shule.

31 And Shule was the son of Kib.

32 And Kib was the son of Orihah, who was the son of Jared;

33 Which Jared came forth with his brother and their families, with some others and their families, from the great tower, at the time the Lord confounded the language of the people, and swore in his wrath that they should be scattered upon all the face of the earth; and according to the word of the Lord the people were scattered.

34 And the brother of Jared being a large and mighty man, and a man highly favored of the Lord, Jared, his brother, said unto him: Cry unto the Lord, that he will not confound us that we may not understand our words.

35 And it came to pass that the brother of Jared did cry unto the Lord, and the Lord had compassion upon Jared; therefore he did not confound the language of Jared; and Jared and his brother were not confounded.

36 Then Jared said unto his brother: Cry again unto the Lord, and it may be that he will turn away his anger from them who are our friends, that he confound not their language.

37 And it came to pass that the brother of Jared did cry unto the Lord, and the Lord had compassion upon their friends and their families also, that they were not confounded.

38 And it came to pass that Jared spake again unto his brother, saying: Go and inquire of the Lord whether he will drive us out of the land, and if he will drive us out of the land, cry unto him whither we shall go.

19 Et Kish était fils de Corom.

20 Et Corom était fils de Lévi.

21 Et Lévi était fils de Kim.

22 Et Kim était fils de Morianton.

23 Et Morianton était descendant de Riplakish.

24 Et Riplakish était fils de Shez.

25 Et Shez était fils de Heth.

26 Et Heth était fils de Com.

27 Et Com était fils de Coriantum.

28 Et Coriantum était fils d'Émer.

29 Et Émer était fils d'Omer.

30 Et Omer était fils de Shule.

31 Et Shule était fils de Kib.

32 Et Kib était fils d'Orihah, qui était fils de Jared ;

33 lequel Jared vint avec son frère et leurs familles, avec quelques autres et leurs familles, de la grande tour, au moment où le Seigneur confondit la langue du peuple et jura, dans sa colère, qu'il serait dispersé sur toute la surface de la terre ; et, selon la parole du Seigneur, le peuple fut dispersé.

34 Et le frère de Jared étant un homme puissant et d'une forte stature, et un homme hautement favorisé par le Seigneur, Jared, son frère, lui dit : Crie au Seigneur, afin qu'il ne nous confonde pas de sorte que nous ne puissions comprendre nos paroles.

35 Et il arriva que le frère de Jared cria au Seigneur, et le Seigneur eut compassion de Jared ; c'est pourquoi, il ne confondit pas la langue de Jared ; et Jared et son frère ne furent pas confondus.

36 Alors Jared dit à son frère : Invoque de nouveau le Seigneur, et il détournera peut-être sa colère de ceux qui sont nos amis, de sorte qu'il ne confondra pas leur langue.

37 Et il arriva que le frère de Jared cria au Seigneur, et le Seigneur eut compassion de leurs amis et de leurs familles aussi, de sorte qu'ils ne furent pas confondus.

38 Et il arriva que Jared parla de nouveau à son frère, disant : Va demander au Seigneur s'il va nous chasser du pays, et s'il nous chasse du pays, demande-lui : Où irons-

And who knoweth but the Lord will carry us forth into a land which is choice above all the earth? And if it so be, let us be faithful unto the Lord, that we may receive it for our inheritance.

39 And it came to pass that the brother of Jared did cry unto the Lord according to that which had been spoken by the mouth of Jared.

40 And it came to pass that the Lord did hear the brother of Jared, and had compassion upon him, and said unto him:

41 Go to and gather together thy flocks, both male and female, of every kind; and also of the seed of the earth of every kind; and thy families; and also Jared thy brother and his family; and also thy friends and their families, and the friends of Jared and their families.

42 And when thou hast done this thou shalt go at the head of them down into the valley which is northward. And there will I meet thee, and I will go before thee into a land which is choice above all the lands of the earth.

43 And there will I bless thee and thy seed, and raise up unto me of thy seed, and of the seed of thy brother, and they who shall go with thee, a great nation. And there shall be none greater than the nation which I will raise up unto me of thy seed, upon all the face of the earth. And thus I will do unto thee because this long time ye have cried unto me.

CHAPTER 2

The Jaredites prepare for their journey to a promised land—It is a choice land whereon men must serve Christ or be swept off—The Lord talks to the brother of Jared for three hours—The Jaredites build barges—The Lord asks the brother of Jared to propose how the barges will be lighted.

1 And it came to pass that Jared and his brother, and their families, and also the friends of Jared and his brother and their families, went down into the valley which was northward, (and the name of the valley was Nimrod, being called after the mighty hunter) with their flocks which they had

nous ? Et qui sait si le Seigneur ne nous emmènera pas dans un pays qui est préférable à toute la terre ? Et s'il en est ainsi, soyons fidèles au Seigneur, afin de le recevoir pour notre héritage.

39 Et il arriva que le frère de Jared cria au Seigneur, selon ce qui avait été dit par la bouche de Jared.

40 Et il arriva que le Seigneur entendit le frère de Jared, et eut compassion de lui, et lui dit :

41 Va rassembler tes troupeaux, mâles et femelles, de toute espèce ; et aussi des semences de la terre, de toute espèce ; et tes familles, et aussi Jared, ton frère, et sa famille ; et aussi tes amis et leurs familles, et les amis de Jared et leurs familles.

42 Et lorsque tu auras fait cela, tu descendras à leur tête dans la vallée qui est située du côté du nord. Et là, je te rencontrerai, et j'irai devant toi dans un pays qui est préférable à tous les pays de la terre.

43 Et là, je te bénirai, toi et ta postérité, et me susciterai, de ta postérité, et de la postérité de ton frère, et de ceux qui iront avec toi, une grande nation. Et il n'y aura pas, sur toute la surface de la terre, de nation plus grande que celle que je me susciterai de ta postérité. Et j'agirai ainsi envers toi, parce que tu as crié vers moi pendant tout ce temps.

CHAPITRE 2

Les Jarédites se préparent pour leur voyage vers une terre promise — C'est une terre de choix, où les hommes doivent servir le Christ sous peine d'être balayés — Le Seigneur parle pendant trois heures au frère de Jared — Les Jarédites construisent des barques — Le Seigneur demande au frère de Jared de proposer la façon dont elles seront éclairées.

1 Et il arriva que Jared, et son frère, et leurs familles, et aussi les amis de Jared et de son frère, et leurs familles, descendirent dans la vallée qui était située du côté du nord (et le nom de la vallée était Nimrod, du nom du grand chasseur) avec leurs troupeaux qu'ils

gathered together, male and female, of every kind.

2 And they did also lay snares and catch fowls of the air; and they did also prepare a vessel, in which they did carry with them the fish of the waters.

3 And they did also carry with them deseret, which, by interpretation, is a honey bee; and thus they did carry with them swarms of bees, and all manner of that which was upon the face of the land, seeds of every kind.

4 And it came to pass that when they had come down into the valley of Nimrod the Lord came down and talked with the brother of Jared; and he was in a cloud, and the brother of Jared saw him not.

5 And it came to pass that the Lord commanded them that they should go forth into the wilderness, yea, into that quarter where there never had man been. And it came to pass that the Lord did go before them, and did talk with them as he stood in a cloud, and gave directions whither they should travel.

6 And it came to pass that they did travel in the wilderness, and did build barges, in which they did cross many waters, being directed continually by the hand of the Lord.

7 And the Lord would not suffer that they should stop beyond the sea in the wilderness, but he would that they should come forth even unto the land of promise, which was choice above all other lands, which the Lord God had preserved for a righteous people.

8 And he had sworn in his wrath unto the brother of Jared, that whoso should possess this land of promise, from that time henceforth and forever, should serve him, the true and only God, or they should be swept off when the fulness of his wrath should come upon them.

9 And now, we can behold the decrees of God concerning this land, that it is a land of promise; and whatsoever nation shall possess it shall serve God, or they shall be swept off when the fulness of his wrath shall come upon them. And the fulness of his wrath cometh upon them when they are ripened in iniquity.

10 For behold, this is a land which is choice above all other lands; wherefore he that

avaient rassemblés, mâles et femelles, de toute espèce.

2 Et ils posèrent aussi des pièges et prirent des oiseaux du ciel ; et ils préparèrent aussi un récipient dans lequel ils emportèrent les poissons des eaux.

3 Et ils emportèrent aussi déséret, ce qui, par interprétation, est une abeille ; et ainsi, ils emportèrent des essaims d'abeilles, et toutes les espèces de ce qui était à la surface du pays, des semences de toute sorte.

4 Et il arriva que lorsqu'ils furent descendus dans la vallée de Nimrod, le Seigneur descendit et parla avec le frère de Jared ; et il était dans une nuée, et le frère de Jared ne le voyait pas.

5 Et il arriva que le Seigneur leur commanda d'entrer dans le désert, oui, dans cette contrée où il n'y avait jamais eu d'homme. Et il arriva que le Seigneur alla devant eux et parla avec eux, tandis qu'il se tenait dans une nuée, et leur donna des instructions sur la direction qu'ils devaient prendre.

6 Et il arriva qu'ils voyagèrent dans le désert et construisirent des barques, dans lesquelles ils traversèrent de nombreuses eaux, étant continuellement dirigés par la main du Seigneur.

7 Et le Seigneur ne leur permit pas de s'arrêter au-delà de la mer dans le désert, mais il voulut qu'ils continuent jusqu'à la terre de promission, qui était préférable à tous les autres pays, que le Seigneur Dieu avait préservée pour un peuple juste.

8 Et dans sa colère, il avait juré au frère de Jared que quiconque posséderait, dorénavant et à jamais, cette terre de promission, le servirait, lui, le seul vrai Dieu, ou il serait balayé lorsque la plénitude de sa colère s'abattrait sur lui.

9 Et maintenant, nous pouvons voir les décrets de Dieu concernant ce pays, que c'est une terre de promission ; et toute nation qui le possédera servira Dieu, ou sera balayée lorsque la plénitude de sa colère s'abattra sur elle. Et la plénitude de sa colère s'abat sur elle lorsqu'elle est devenue mûre dans l'iniquité.

10 Car voici, c'est un pays qui est préférable à tous les autres pays ; c'est pourquoi celui

doth possess it shall serve God or shall be swept off; for it is the everlasting decree of God. And it is not until the fulness of iniquity among the children of the land, that they are swept off.

11 And this cometh unto you, O ye Gentiles, that ye may know the decrees of God—that ye may repent, and not continue in your iniquities until the fulness come, that ye may not bring down the fulness of the wrath of God upon you as the inhabitants of the land have hitherto done.

12 Behold, this is a choice land, and whatsoever nation shall possess it shall be free from bondage, and from captivity, and from all other nations under heaven, if they will but serve the God of the land, who is Jesus Christ, who hath been manifested by the things which we have written.

13 And now I proceed with my record; for behold, it came to pass that the Lord did bring Jared and his brethren forth even to that great sea which divideth the lands. And as they came to the sea they pitched their tents; and they called the name of the place Moriancumer; and they dwelt in tents, and dwelt in tents upon the seashore for the space of four years.

14 And it came to pass at the end of four years that the Lord came again unto the brother of Jared, and stood in a cloud and talked with him. And for the space of three hours did the Lord talk with the brother of Jared, and chastened him because he remembered not to call upon the name of the Lord.

15 And the brother of Jared repented of the evil which he had done, and did call upon the name of the Lord for his brethren who were with him. And the Lord said unto him: I will forgive thee and thy brethren of their sins; but thou shalt not sin any more, for ye shall remember that my Spirit will not always strive with man; wherefore, if ye will sin until ye are fully ripe ye shall be cut off from the presence of the Lord. And these are my thoughts upon the land which I shall give you for your inheritance; for it shall be a land choice above all other lands.

16 And the Lord said: Go to work and build, after the manner of barges which ye have hitherto built. And it came to pass that the brother of Jared did go to work, and also his

qui le possède servira Dieu ou sera balayé ; car c'est le décret éternel de Dieu. Et ce n'est que lorsque l'iniquité est à son comble parmi les enfants du pays qu'ils sont balayés.

11 Et ceci vous parvient, ô Gentils, afin que vous connaissiez les décrets de Dieu, afin que vous vous repentiez et ne continuiez pas dans vos iniquités, jusqu'à ce que la plénitude vienne, afin de ne pas faire tomber sur vous la plénitude de la colère de Dieu, comme les habitants du pays l'ont fait jusqu'à présent.

12 Voici, ceci est un pays de choix, et toute nation qui le possédera sera libre de la servitude, et de la captivité, et de toutes les autres nations sous le ciel, du moment qu'elle sert le Dieu du pays, qui est Jésus-Christ, qui a été manifesté par les choses que nous avons écrites.

13 Et maintenant, je continue mes annales ; car voici, il arriva que le Seigneur amena Jared et ses frères à cette grande mer qui divise les terres. Et lorsqu'ils arrivèrent à la mer, ils dressèrent leurs tentes ; et ils donnèrent au lieu le nom de Moriancumer ; et ils demeurèrent dans des tentes, et demeurèrent dans des tentes au bord de la mer pendant quatre années.

14 Et il arriva, au bout de quatre années, que le Seigneur vint de nouveau au frère de Jared, et se tint dans une nuée, et parla avec lui. Et pendant trois heures, le Seigneur parla avec le frère de Jared et le réprimanda, parce qu'il ne se souvenait pas d'invoquer le nom du Seigneur.

15 Et le frère de Jared se repentit du mal qu'il avait fait et invoqua le nom du Seigneur pour ses frères, qui étaient avec lui. Et le Seigneur lui dit : Je te pardonnerai et je pardonnerai leurs péchés à tes frères ; mais tu ne pécheras plus, car vous vous souviendrez que mon Esprit ne luttera pas toujours avec l'homme ; c'est pourquoi, si vous péchez jusqu'à ce que vous soyez tout à fait mûrs, vous serez retranchés de la présence du Seigneur. Et ce sont là mes pensées concernant le pays que je vous donnerai en héritage ; car ce sera un pays préférable à tous les autres pays.

16 Et le Seigneur dit : Mets-toi au travail et construis des barques de la manière dont vous les avez construites jusqu'à présent. Et

brethren, and built barges after the manner which they had built, according to the instructions of the Lord. And they were small, and they were light upon the water, even like unto the lightness of a fowl upon the water.

17 And they were built after a manner that they were exceedingly tight, even that they would hold water like unto a dish; and the bottom thereof was tight like unto a dish; and the sides thereof were tight like unto a dish; and the ends thereof were peaked; and the top thereof was tight like unto a dish; and the length thereof was the length of a tree; and the door thereof, when it was shut, was tight like unto a dish.

18 And it came to pass that the brother of Jared cried unto the Lord, saying: O Lord, I have performed the work which thou hast commanded me, and I have made the barges according as thou hast directed me.

19 And behold, O Lord, in them there is no light; whither shall we steer? And also we shall perish, for in them we cannot breathe, save it is the air which is in them; therefore we shall perish.

20 And the Lord said unto the brother of Jared: Behold, thou shalt make a hole in the top, and also in the bottom; and when thou shalt suffer for air thou shalt unstop the hole and receive air. And if it be so that the water come in upon thee, behold, ye shall stop the hole, that ye may not perish in the flood.

21 And it came to pass that the brother of Jared did so, according as the Lord had commanded.

22 And he cried again unto the Lord saying: O Lord, behold I have done even as thou hast commanded me; and I have prepared the vessels for my people, and behold there is no light in them. Behold, O Lord, wilt thou suffer that we shall cross this great water in darkness?

23 And the Lord said unto the brother of Jared: What will ye that I should do that ye may have light in your vessels? For behold, ye cannot have windows, for they will be dashed in pieces; neither shall ye take fire with you, for ye shall not go by the light of fire.

24 For behold, ye shall be as a whale in the midst of the sea; for the mountain waves shall dash upon you. Nevertheless, I will

il arriva que le frère de Jared se mit au travail, et aussi ses frères, et ils construisirent des barques de la manière dont ils les avaient construites, selon les instructions du Seigneur. Et elles étaient petites, et elles étaient légères sur l'eau, semblables à la légèreté d'un oiseau sur l'eau.

17 Et elles étaient construites de manière à être extrêmement étanches, à savoir qu'elles pouvaient contenir de l'eau comme un plat ; et le fond en était étanche comme un plat ; et les côtés en étaient étanches comme un plat ; et les extrémités en étaient pointues ; et le sommet en était étanche comme un plat ; et la longueur en était la longueur d'un arbre ; et la porte, lorsqu'elle était fermée, était étanche comme un plat.

18 Et il arriva que le frère de Jared éleva la voix vers le Seigneur, disant : Ô Seigneur, j'ai accompli l'œuvre que tu m'as commandée, et j'ai fait les barques selon les instructions que tu m'as données.

19 Et voici, ô Seigneur, il n'y a en elles aucune lumière ; vers où allons-nous gouverner ? Et aussi, nous allons périr, car nous ne pouvons y respirer que l'air qui s'y trouve ; c'est pourquoi, nous allons périr.

20 Et le Seigneur dit au frère de Jared : Voici, tu vas faire un trou au sommet, et aussi au fond ; et lorsque tu souffriras du manque d'air, tu déboucheras le trou et recevras de l'air. Et s'il arrive que l'eau entre sur toi, voici, tu boucheras le trou, afin de ne pas périr dans le flot.

21 Et il arriva que le frère de Jared fit ce que le Seigneur lui avait commandé.

22 Et il éleva de nouveau la voix vers le Seigneur, disant : Ô Seigneur, voici, j'ai fait ce que tu m'as commandé ; et j'ai préparé les bateaux pour mon peuple, et voici, il n'y a pas de lumière en eux. Voici, ô Seigneur, souffriras-tu que nous traversions cette grande eau dans les ténèbres ?

23 Et le Seigneur dit au frère de Jared : Que veux-tu que je fasse pour que vous ayez de la lumière dans vos bateaux ? Car voici, vous ne pouvez pas avoir de fenêtres, car elles voleraient en éclats ; vous ne prendrez pas non plus de feu avec vous, car vous n'irez pas à la lumière du feu.

24 Car voici, vous serez comme une baleine au milieu de la mer ; car les vagues montagneuses se jetteront sur vous. Néanmoins, je

bring you up again out of the depths of the sea; for the winds have gone forth out of my mouth, and also the rains and the floods have I sent forth.

25 And behold, I prepare you against these things; for ye cannot cross this great deep save I prepare you against the waves of the sea, and the winds which have gone forth, and the floods which shall come. Therefore what will ye that I should prepare for you that ye may have light when ye are swallowed up in the depths of the sea?

vous ferai remonter des profondeurs de la mer ; car les vents sont sortis de ma bouche, et les pluieset les flots, je les ai aussi envoyés.

25 Et voici, je vous prépare contre ces choses ; car vous ne pouvez traverser ce grand abîme sans que je ne vous prépare contre les vagues de la mer, et les vents qui sont sortis, et les flots qui viendront. Que veux-tu donc que je prépare pour vous, pour que vous ayez de la lumière lorsque vous serez engloutis dans les profondeurs de la mer ?

CHAPTER 3

CHAPITRE 3

The brother of Jared sees the finger of the Lord as He touches sixteen stones—Christ shows His spirit body to the brother of Jared—Those who have a perfect knowledge cannot be kept from within the veil—Interpreters are provided to bring the Jaredite record to light.

Le frère de Jared voit le doigt du Seigneur toucher les seize pierres — Le Christ lui montre son corps d'esprit — On ne peut garder à l'extérieur du voile ceux qui ont une connaissance parfaite — Des interprètes sont donnés pour amener les annales jarédites à la lumière.

1 And it came to pass that the brother of Jared, (now the number of the vessels which had been prepared was eight) went forth unto the mount, which they called the mount Shelem, because of its exceeding height, and did molten out of a rock sixteen small stones; and they were white and clear, even as transparent glass; and he did carry them in his hands upon the top of the mount, and cried again unto the Lord, saying:

2 O Lord, thou hast said that we must be encompassed about by the floods. Now behold, O Lord, and do not be angry with thy servant because of his weakness before thee; for we know that thou art holy and dwellest in the heavens, and that we are unworthy before thee; because of the fall our natures have become evil continually; nevertheless, O Lord, thou hast given us a commandment that we must call upon thee, that from thee we may receive according to our desires.

3 Behold, O Lord, thou hast smitten us because of our iniquity, and hast driven us forth, and for these many years we have been in the wilderness; nevertheless, thou hast been merciful unto us. O Lord, look upon me in pity, and turn away thine anger from this thy people, and suffer not that they shall go forth across this raging deep

1 Et il arriva que le frère de Jared (or, le nombre de bateaux qui avaient été préparés était de huit) alla sur la montagne qu'ils appelaient le mont Shélem, à cause de sa hauteur extrême, et fondit d'un rocher seize petites pierres ; et elles étaient blanches et claires comme du verre transparent ; et il les porta dans ses mains jusqu'au sommet de la montagne, et éleva de nouveau la voix vers le Seigneur, disant :

2 Ô Seigneur, tu as dit que nous devons être environnés par les flots. Or, voici, ô Seigneur, ne sois pas en colère contre ton serviteur à cause de sa faiblesse devant toi ; car nous savons que tu es saint et que tu demeures dans les cieux, et que nous sommes indignes devant toi ; à cause de la chute, notre nature est devenue continuellement mauvaise ; néanmoins, ô Seigneur, tu nous as donné le commandement de t'invoquer, afin de recevoir de toi selon notre désir.

3 Voici, ô Seigneur, tu nous as frappés à cause de nos iniquités, et tu nous as chassés, et pendant ces nombreuses années nous avons été dans le désert ; néanmoins, tu as été miséricordieux envers nous. Ô Seigneur, porte le regard sur moi avec pitié, et détourne ta colère de ce peuple qui est le tien,

in darkness; but behold these things which I have molten out of the rock.

4 And I know, O Lord, that thou hast all power, and can do whatsoever thou wilt for the benefit of man; therefore touch these stones, O Lord, with thy finger, and prepare them that they may shine forth in darkness; and they shall shine forth unto us in the vessels which we have prepared, that we may have light while we shall cross the sea.

5 Behold, O Lord, thou canst do this. We know that thou art able to show forth great power, which looks small unto the understanding of men.

6 And it came to pass that when the brother of Jared had said these words, behold, the Lord stretched forth his hand and touched the stones one by one with his finger. And the veil was taken from off the eyes of the brother of Jared, and he saw the finger of the Lord; and it was as the finger of a man, like unto flesh and blood; and the brother of Jared fell down before the Lord, for he was struck with fear.

7 And the Lord saw that the brother of Jared had fallen to the earth; and the Lord said unto him: Arise, why hast thou fallen?

8 And he saith unto the Lord: I saw the finger of the Lord, and I feared lest he should smite me; for I knew not that the Lord had flesh and blood.

9 And the Lord said unto him: Because of thy faith thou hast seen that I shall take upon me flesh and blood; and never has man come before me with such exceeding faith as thou hast; for were it not so ye could not have seen my finger. Sawest thou more than this?

10 And he answered: Nay; Lord, show thyself unto me.

11 And the Lord said unto him: Believest thou the words which I shall speak?

12 And he answered: Yea, Lord, I know that thou speakest the truth, for thou art a God of truth, and canst not lie.

13 And when he had said these words, behold, the Lord showed himself unto him, and said: Because thou knowest these things ye are redeemed from the fall; therefore ye are brought back into my presence; therefore I show myself unto you.

et ne souffre pas qu'il traverse cet abîme furieux dans les ténèbres ; mais vois ces choses que j'ai fondues du rocher.

4 Et je sais, ô Seigneur, que tu as tout pouvoir et que tu peux faire tout ce que tu veux pour le profit de l'homme ; c'est pourquoi, touche ces pierres, ô Seigneur, de ton doigt, et prépare-les, afin qu'elles brillent dans les ténèbres ; et elles brilleront pour nous dans les bateaux que nous avons préparés, afin que nous ayons de la lumière pendant que nous traversons la mer.

5 Voici, ô Seigneur, tu peux le faire. Nous savons que tu es capable de montrer une grande puissance, qui paraît petite à l'entendement des hommes.

6 Et il arriva que lorsque le frère de Jared eut dit ces paroles, voici, le Seigneur étendit la main et toucha les pierres, une à une, du doigt. Et le voile fut ôté des yeux du frère de Jared, et il vit le doigt du Seigneur ; et il était comme un doigt d'homme, semblable à la chair et au sang ; et le frère de Jared tomba devant le Seigneur, car il était frappé de crainte.

7 Et le Seigneur vit que le frère de Jared était tombé sur le sol ; et le Seigneur lui dit : Lève-toi ! pourquoi es-tu tombé ?

8 Et il dit au Seigneur : J'ai vu le doigt du Seigneur, et j'ai craint qu'il ne me frappe ; car je ne savais pas que le Seigneur avait de la chair et du sang.

9 Et le Seigneur lui dit : À cause de ta foi, tu as vu que je prendrai sur moi la chair et le sang ; et jamais homme n'est venu devant moi avec une foi aussi extrême que toi ; car s'il n'en était pas ainsi, tu n'aurais pas pu voir mon doigt. As-tu vu plus que cela ?

10 Et il répondit : Non. Seigneur, montre-toi à moi.

11 Et le Seigneur lui dit : Crois-tu aux paroles que je dirai ?

12 Et il répondit : Oui, Seigneur, je sais que tu dis la vérité, car tu es un Dieu de vérité, et tu ne peux pas mentir.

13 Et lorsqu'il eut dit ces mots, voici, le Seigneur se montra à lui et dit : Parce que tu sais cela, tu es racheté de la chute ; c'est pourquoi, tu es ramené en ma présence ; c'est pourquoi je me montre à toi.

14 Behold, I am he who was prepared from the foundation of the world to redeem my people. Behold, I am Jesus Christ. I am the Father and the Son. In me shall all mankind have life, and that eternally, even they who shall believe on my name; and they shall become my sons and my daughters.

15 And never have I showed myself unto man whom I have created, for never has man believed in me as thou hast. Seest thou that ye are created after mine own image? Yea, even all men were created in the beginning after mine own image.

16 Behold, this body, which ye now behold, is the body of my spirit; and man have I created after the body of my spirit; and even as I appear unto thee to be in the spirit will I appear unto my people in the flesh.

17 And now, as I, Moroni, said I could not make a full account of these things which are written, therefore it sufficeth me to say that Jesus showed himself unto this man in the spirit, even after the manner and in the likeness of the same body even as he showed himself unto the Nephites.

18 And he ministered unto him even as he ministered unto the Nephites; and all this, that this man might know that he was God, because of the many great works which the Lord had showed unto him.

19 And because of the knowledge of this man he could not be kept from beholding within the veil; and he saw the finger of Jesus, which, when he saw, he fell with fear; for he knew that it was the finger of the Lord; and he had faith no longer, for he knew, nothing doubting.

20 Wherefore, having this perfect knowledge of God, he could not be kept from within the veil; therefore he saw Jesus; and he did minister unto him.

21 And it came to pass that the Lord said unto the brother of Jared: Behold, thou shalt not suffer these things which ye have seen and heard to go forth unto the world, until the time cometh that I shall glorify my name in the flesh; wherefore, ye shall treasure up the things which ye have seen and heard, and show it to no man.

22 And behold, when ye shall come unto me, ye shall write them and shall seal them up, that no one can interpret them; for ye shall write them in a language that they cannot be read.

14 Voici, je suis celui qui a été préparé dès la fondation du monde pour racheter mon peuple. Voici, je suis Jésus-Christ. Je suis le Père et le Fils. En moi toute l'humanité aura la vie et ce, éternellement, à savoir ceux qui croiront en mon nom ; et ils deviendront mes fils et mes filles.

15 Et je ne me suis jamais montré à l'homme que j'ai créé, car jamais homme n'a cru en moi comme toi. Vois-tu que vous êtes créés à mon image ? Oui, tous les hommes ont été créés au commencement à mon image.

16 Voici, ce corps, que tu vois maintenant, est le corps de mon esprit ; et l'homme, je l'ai créé selon le corps de mon esprit, et j'apparaîtrai à mon peuple dans la chair comme je t'apparais dans l'esprit.

17 Et maintenant, moi, Moroni, comme j'ai dit que je ne pouvais faire le récit complet de ces choses qui sont écrites, il me suffit de dire que Jésus se montra à cet homme dans l'esprit, à la manière et selon la ressemblance de ce même corps dans lequel il se montra aux Néphites.

18 Et il le servit comme il servit les Néphites ; et tout cela, afin que cet homme sût qu'il était Dieu à cause des nombreuses grandes œuvres que le Seigneur lui avait montrées.

19 Et à cause de la connaissance de cet homme, il était impossible de le garder à l'extérieur du voile ; et il vit le doigt de Jésus, et lorsqu'il le vit, il tomba de crainte ; car il savait que c'était le doigt du Seigneur ; et il n'eut plus la foi, car il savait, n'ayant aucun doute.

20 C'est pourquoi, comme il avait cette connaissance parfaite de Dieu, on ne pouvait le garder à l'extérieur du voile ; c'est pourquoi, il vit Jésus, et Jésus le servit.

21 Et il arriva que le Seigneur dit au frère de Jared : Voici, tu ne souffriras pas que ces choses que tu as vues et entendues se répandent dans le monde, avant que ne vienne le moment où je glorifierai mon nom dans la chair ; c'est pourquoi, tu te feras un trésor de ces choses que tu as vues et entendues, et tu ne le montreras à aucun homme.

22 Et voici, lorsque tu viendras à moi, tu l'écriras et tu le scelleras, afin que personne ne puisse l'interpréter ; car tu l'écriras dans une langue dans laquelle on ne peut pas le lire.

23 And behold, these two stones will I give unto thee, and ye shall seal them up also with the things which ye shall write.

24 For behold, the language which ye shall write I have confounded; wherefore I will cause in my own due time that these stones shall magnify to the eyes of men these things which ye shall write.

25 And when the Lord had said these words, he showed unto the brother of Jared all the inhabitants of the earth which had been, and also all that would be; and he withheld them not from his sight, even unto the ends of the earth.

26 For he had said unto him in times before, that if he would believe in him that he could show unto him all things—it should be shown unto him; therefore the Lord could not withhold anything from him, for he knew that the Lord could show him all things.

27 And the Lord said unto him: Write these things and seal them up; and I will show them in mine own due time unto the children of men.

28 And it came to pass that the Lord commanded him that he should seal up the two stones which he had received, and show them not, until the Lord should show them unto the children of men.

CHAPTER 4

Moroni is commanded to seal up the writings of the brother of Jared—They will not be revealed until men have faith even as the brother of Jared—Christ commands men to believe His words and those of His disciples—Men are commanded to repent, believe the gospel, and be saved.

1 And the Lord commanded the brother of Jared to go down out of the mount from the presence of the Lord, and write the things which he had seen; and they were forbidden to come unto the children of men until after that he should be lifted up upon the cross; and for this cause did king Mosiah keep them, that they should not come unto the world until after Christ should show himself unto his people.

23 Et voici, je vais te donner ces deux pierres ; tu les scelleras aussi avec les choses que tu écriras.

24 Car voici, la langue que tu écriras, je l'ai confondue ; c'est pourquoi, je ferai en sorte, lorsque je le jugerai bon, que ces pierres magnifient aux yeux des hommes ces choses que tu écriras.

25 Et lorsque le Seigneur eut dit ces paroles, il montra au frère de Jared tous les habitants de la terre qui avaient été, et aussi tous ceux qui seraient, et il ne les dissimula pas à sa vue, et ce, jusqu'aux extrémités de la terre.

26 Car il lui avait dit, en de précédentes occasions, que s'il croyait en lui et croyait qu'il pouvait tout lui montrer, cela lui serait montré ; c'est pourquoi le Seigneur ne pouvait rien lui dissimuler, car il savait que le Seigneur pouvait tout lui montrer.

27 Et le Seigneur lui dit : Écris ces choses et scelle-les ; et je les montrerai, lorsque je le jugerai bon, aux enfants des hommes.

28 Et il arriva que le Seigneur lui commanda de sceller les deux pierres qu'il avait reçues, et de ne pas les montrer avant que le Seigneur ne les montrât aux enfants des hommes.

CHAPITRE 4

Moroni reçoit le commandement de sceller les écrits du frère de Jared — Ils ne seront pas révélés avant que les hommes aient une foi semblable à celle du frère de Jared — Le Christ commande aux hommes de croire en ses paroles et en celles de ses disciples — Il est commandé aux hommes de se repentir, de croire en l'Évangile et d'être sauvés.

1 Et le Seigneur commanda au frère de Jared de descendre de la montagne hors de la présence du Seigneur et d'écrire les choses qu'il avait vues, et il fut défendu de les faire parvenir aux enfants des hommes avant qu'il n'eût été élevé sur la croix ; et c'est pour cette raison que le roi Mosiah les garda, afin qu'elles ne parviennent pas au monde avant que le Christ ne se soit montré à son peuple.

2 And after Christ truly had showed himself unto his people he commanded that they should be made manifest.

3 And now, after that, they have all dwindled in unbelief; and there is none save it be the Lamanites, and they have rejected the gospel of Christ; therefore I am commanded that I should hide them up again in the earth.

4 Behold, I have written upon these plates the very things which the brother of Jared saw; and there never were greater things made manifest than those which were made manifest unto the brother of Jared.

5 Wherefore the Lord hath commanded me to write them; and I have written them. And he commanded me that I should seal them up; and he also hath commanded that I should seal up the interpretation thereof; wherefore I have sealed up the interpreters, according to the commandment of the Lord.

6 For the Lord said unto me: They shall not go forth unto the Gentiles until the day that they shall repent of their iniquity, and become clean before the Lord.

7 And in that day that they shall exercise faith in me, saith the Lord, even as the brother of Jared did, that they may become sanctified in me, then will I manifest unto them the things which the brother of Jared saw, even to the unfolding unto them all my revelations, saith Jesus Christ, the Son of God, the Father of the heavens and of the earth, and all things that in them are.

8 And he that will contend against the word of the Lord, let him be accursed; and he that shall deny these things, let him be accursed; for unto them will I show no greater things, saith Jesus Christ; for I am he who speaketh.

9 And at my command the heavens are opened and are shut; and at my word the earth shall shake; and at my command the inhabitants thereof shall pass away, even so as by fire.

10 And he that believeth not my words believeth not my disciples; and if it so be that I do not speak, judge ye; for ye shall know that it is I that speaketh, at the last day.

11 But he that believeth these things which I have spoken, him will I visit with the manifestations of my Spirit, and he shall know and bear record. For because of my Spirit he

2 Et lorsque le Christ se fut, en vérité, montré à son peuple, il commanda que ces choses soient rendues manifestes.

3 Et alors, après cela, ils ont tous dégénéré dans l'incrédulité ; et il n'y a personne d'autre que les Lamanites, et ils ont rejeté l'Évangile du Christ ; c'est pourquoi il m'est commandé de les cacher de nouveau dans la terre.

4 Voici, j'ai écrit sur ces plaques les choses mêmes que le frère de Jared a vues ; et jamais rien de plus grand n'a été manifesté que ce qui a été manifesté au frère de Jared.

5 C'est pourquoi le Seigneur m'a commandé de les écrire ; et je les ai écrites. Et il m'a commandé de les sceller ; et il m'a aussi commandé d'en sceller l'interprétation ; c'est pourquoi j'ai scellé les interprètes, selon le commandement du Seigneur.

6 Car le Seigneur m'a dit : Cela n'ira pas aux Gentils avant le jour où ils se seront repentis de leur iniquité et seront devenus purs devant le Seigneur.

7 Et le jour où ils feront preuve de foi en moi, dit le Seigneur, comme le frère de Jared l'a fait, afin de devenir sanctifiés en moi, alors je leur manifesterai les choses que le frère de Jared a vues, jusqu'à leur dévoiler toutes mes révélations, dit Jésus-Christ, le Fils de Dieu, le Père des cieux et de la terre et de tout ce qui s'y trouve.

8 Et celui qui lutte contre la parole du Seigneur, qu'il soit maudit ; et celui qui nie ces choses, qu'il soit maudit ; car je ne leur montrerai rien de plus grand, dit Jésus-Christ ; car c'est moi qui parle.

9 Et à mon commandement, les cieux s'ouvrent et se ferment ; et à ma parole, la terre tremblera ; et à mon commandement, ses habitants passeront comme si c'était par le feu.

10 Et celui qui ne croit pas mes paroles ne croit pas mes disciples ; et si je ne parle pas, jugez-en ; car vous saurez, au dernier jour, que c'est moi qui parle.

11 Mais celui qui croit ces choses que j'ai dites, j'interviendrai en sa faveur par les manifestations de mon Esprit, et il saura et témoignera. Car à cause de mon Esprit, il

shall know that these things are true; for it persuadeth men to do good.

12 And whatsoever thing persuadeth men to do good is of me; for good cometh of none save it be of me. I am the same that leadeth men to all good; he that will not believe my words will not believe me—that I am; and he that will not believe me will not believe the Father who sent me. For behold, I am the Father, I am the light, and the life, and the truth of the world.

13 Come unto me, O ye Gentiles, and I will show unto you the greater things, the knowledge which is hid up because of unbelief.

14 Come unto me, O ye house of Israel, and it shall be made manifest unto you how great things the Father hath laid up for you, from the foundation of the world; and it hath not come unto you, because of unbelief.

15 Behold, when ye shall rend that veil of unbelief which doth cause you to remain in your awful state of wickedness, and hardness of heart, and blindness of mind, then shall the great and marvelous things which have been hid up from the foundation of the world from you—yea, when ye shall call upon the Father in my name, with a broken heart and a contrite spirit, then shall ye know that the Father hath remembered the covenant which he made unto your fathers, O house of Israel.

16 And then shall my revelations which I have caused to be written by my servant John be unfolded in the eyes of all the people. Remember, when ye see these things, ye shall know that the time is at hand that they shall be made manifest in very deed.

17 Therefore, when ye shall receive this record ye may know that the work of the Father has commenced upon all the face of the land.

18 Therefore, repent all ye ends of the earth, and come unto me, and believe in my gospel, and be baptized in my name; for he that believeth and is baptized shall be saved; but he that believeth not shall be damned; and signs shall follow them that believe in my name.

19 And blessed is he that is found faithful unto my name at the last day, for he shall be lifted up to dwell in the kingdom prepared

saura que ces choses sont vraies ; car il persuade les hommes de faire le bien.

12 Et tout ce qui persuade les hommes de faire le bien est de moi ; car le bien ne vient que de moi. Je suis celui-là même qui conduit les hommes dans tout ce qui est bien ; celui qui ne veut pas croire mes paroles ne me croira pas — ne croira pas que je suis ; et celui qui ne veut pas me croire ne croira pas le Père qui m'a envoyé. Car voici, je suis le Père, je suis la lumière, et la vie, et la vérité du monde.

13 Venez à moi, ô Gentils, et je vous montrerai les choses qui sont plus grandes, la connaissance qui est cachée à cause de l'incrédulité.

14 Viens à moi, ô maison d'Israël, et il te sera manifesté combien sont grandes les choses que le Père a mises en réserve pour toi depuis la fondation du monde ; et cela ne t'est pas parvenu à cause de l'incrédulité.

15 Voici, lorsque tu déchireras ce voile d'incrédulité qui te fait rester dans ton affreux état de méchanceté, et d'endurcissement de cœur, et d'aveuglement d'esprit, alors les choses grandes et merveilleuses qui te sont cachées depuis la fondation du monde — oui, lorsque tu invoqueras le Père en mon nom, le cœur brisé et l'esprit contrit, alors tu sauras que le Père s'est souvenu de l'alliance qu'il a faite avec tes pères, ô maison d'Israël.

16 Et alors mes révélations, que j'ai fait écrire par mon serviteur Jean, seront dévoilées aux yeux de tout le peuple. Souviens-toi, lorsque tu verras ces choses, tu sauras que le moment est proche où elles seront véritablement manifestées.

17 C'est pourquoi, lorsque tu recevras ces annales, tu sauras que l'œuvre du Père a commencé sur toute la surface du pays.

18 C'est pourquoi, repentez-vous, toutes extrémités de la terre, et venez à moi, et croyez en mon Évangile, et soyez baptisées en mon nom ; car celui qui croit et est baptisé sera sauvé ; mais celui qui ne croit pas sera condamné ; et des signes suivront ceux qui croient en mon nom.

19 Et béni est celui qui est trouvé fidèle à mon nom au dernier jour, car il sera élevé pour demeurer dans le royaume préparé

for him from the foundation of the world. And behold it is I that hath spoken it. Amen.

pour lui depuis la fondation du monde. Et voici, c'est moi qui l'ai dit. Amen.

CHAPTER 5

CHAPITRE 5

Three witnesses and the work itself will stand as a testimony of the truthfulness of the Book of Mormon.

Trois témoins et l'œuvre elle-même attesteront la véracité du Livre de Mormon.

1 And now I, Moroni, have written the words which were commanded me, according to my memory; and I have told you the things which I have sealed up; therefore touch them not in order that ye may translate; for that thing is forbidden you, except by and by it shall be wisdom in God.

1 Et maintenant, moi, Moroni, j'ai écrit les paroles qui m'ont été commandées, selon ma mémoire ; et je t'ai dit ce que j'ai scellé ; c'est pourquoi, n'y touche pas afin de traduire ; car cela t'est interdit, sauf plus tard, lorsque Dieu le jugera sage.

2 And behold, ye may be privileged that ye may show the plates unto those who shall assist to bring forth this work;

2 Et voici, tu auras le droit de montrer les plaques à ceux qui aideront à faire paraître cette œuvre ;

3 And unto three shall they be shown by the power of God; wherefore they shall know of a surety that these things are true.

3 Et elles seront montrées à trois, par le pouvoir de Dieu ; c'est pourquoi, ils sauront avec certitude que ces choses sont vraies.

4 And in the mouth of three witnesses shall these things be established; and the testimony of three, and this work, in the which shall be shown forth the power of God and also his word, of which the Father, and the Son, and the Holy Ghost bear record—and all this shall stand as a testimony against the world at the last day.

4 Et ces choses seront établies par la bouche de trois témoins ; et le témoignage de trois, et cette œuvre, dans laquelle se manifestera le pouvoir de Dieu, et aussi sa parole, dont le Père, et le Fils, et le Saint-Esprit témoignent — et tout cela se dressera comme témoignage contre le monde au dernier jour.

5 And if it so be that they repent and come unto the Father in the name of Jesus, they shall be received into the kingdom of God.

5 Et s'il arrive qu'il se repente et vienne au Père au nom de Jésus, il sera reçu dans le royaume de Dieu.

6 And now, if I have no authority for these things, judge ye; for ye shall know that I have authority when ye shall see me, and we shall stand before God at the last day. Amen.

6 Et maintenant, si je n'ai pas d'autorité pour ces choses, jugez-en ; car vous saurez que j'ai autorité lorsque vous me verrez et que nous nous tiendrons devant Dieu au dernier jour. Amen.

CHAPTER 6

CHAPITRE 6

The Jaredite barges are driven by the winds to the promised land—The people praise the Lord for His goodness—Orihah is appointed king over them—Jared and his brother die.

Les barques jarédites sont poussées par les vents jusqu'à la terre promise — Le peuple loue le Seigneur de sa bonté — Orihah est désigné comme roi — Jared et son frère meurent.

1 And now I, Moroni, proceed to give the record of Jared and his brother.

1 Et maintenant, moi, Moroni, je vais donner les annales de Jared et de son frère.

2 For it came to pass after the Lord had prepared the stones which the brother of Jared had carried up into the mount, the brother

2 Car il arriva que lorsque le Seigneur eut préparé les pierres que le frère de Jared avait portées sur la montagne, le frère de Jared

of Jared came down out of the mount, and he did put forth the stones into the vessels which were prepared, one in each end thereof; and behold, they did give light unto the vessels.

3 And thus the Lord caused stones to shine in darkness, to give light unto men, women, and children, that they might not cross the great waters in darkness.

4 And it came to pass that when they had prepared all manner of food, that thereby they might subsist upon the water, and also food for their flocks and herds, and whatsoever beast or animal or fowl that they should carry with them—and it came to pass that when they had done all these things they got aboard of their vessels or barges, and set forth into the sea, commending themselves unto the Lord their God.

5 And it came to pass that the Lord God caused that there should be a furious wind blow upon the face of the waters, towards the promised land; and thus they were tossed upon the waves of the sea before the wind.

6 And it came to pass that they were many times buried in the depths of the sea, because of the mountain waves which broke upon them, and also the great and terrible tempests which were caused by the fierceness of the wind.

7 And it came to pass that when they were buried in the deep there was no water that could hurt them, their vessels being tight like unto a dish, and also they were tight like unto the ark of Noah; therefore when they were encompassed about by many waters they did cry unto the Lord, and he did bring them forth again upon the top of the waters.

8 And it came to pass that the wind did never cease to blow towards the promised land while they were upon the waters; and thus they were driven forth before the wind.

9 And they did sing praises unto the Lord; yea, the brother of Jared did sing praises unto the Lord, and he did thank and praise the Lord all the day long; and when the night came, they did not cease to praise the Lord.

10 And thus they were driven forth; and no monster of the sea could break them, neither whale that could mar them; and they did

descendit de la montagne et il mit les pierres dans les bateaux qui avaient été préparés, une à chaque extrémité, et voici, elles donnèrent de la lumière aux bateaux.

3 Et c'est ainsi que le Seigneur fit briller des pierres dans les ténèbres, pour donner de la lumière à des hommes, à des femmes et à des enfants, afin qu'ils ne traversent pas les grandes eaux dans les ténèbres.

4 Et il arriva que lorsqu'ils eurent préparé toute sorte de nourriture, afin de pouvoir, ainsi, subsister sur l'eau, et aussi de la nourriture pour leurs troupeaux de gros et de petit bétail, et tout ce qu'ils allaient emporter comme bêtes, ou animaux, ou oiseaux — et il arriva que lorsqu'ils eurent fait toutes ces choses, ils montèrent à bord de leurs bateaux ou barques, et partirent en mer, s'en remettant au Seigneur, leur Dieu.

5 Et il arriva que le Seigneur Dieu fit en sorte qu'un vent furieux soufflât sur la surface des eaux vers la terre promise ; et ainsi, ils furent ballottés sur les vagues de la mer par le vent.

6 Et il arriva qu'ils furent de nombreuses fois ensevelis dans les profondeurs de la mer à cause des vagues montagneuses qui déferlaient sur eux, et aussi des grandes et terribles tempêtes qui étaient causées par la violence du vent.

7 Et il arriva que lorsqu'ils étaient ensevelis dans l'abîme, il n'y avait pas d'eau qui pût leur faire du mal, leurs bateaux étant étanches comme un plat, et aussi, ils étaient étanches comme l'arche de Noé ; c'est pourquoi, lorsqu'ils étaient enveloppés par de nombreuses eaux, ils criaient au Seigneur, et il les ramenait au sommet des eaux.

8 Et il arriva que le vent ne cessa jamais de souffler vers la terre promise pendant qu'ils étaient sur les eaux ; et c'est ainsi qu'ils furent poussés par le vent.

9 Et ils chantèrent des louanges au Seigneur ; oui, le frère de Jared chantait des louanges au Seigneur, et il remerciait et louait le Seigneur tout le jour ; et lorsque la nuit arrivait, ils ne cessaient de louer le Seigneur.

10 Et c'est ainsi qu'ils furent poussés ; et aucun monstre de la mer ne pouvait les briser, aucune baleine ne pouvait leur faire de mal ; et ils avaient continuellement de la

have light continually, whether it was above the water or under the water.

11 And thus they were driven forth, three hundred and forty and four days upon the water.

12 And they did land upon the shore of the promised land. And when they had set their feet upon the shores of the promised land they bowed themselves down upon the face of the land, and did humble themselves before the Lord, and did shed tears of joy before the Lord, because of the multitude of his tender mercies over them.

13 And it came to pass that they went forth upon the face of the land, and began to till the earth.

14 And Jared had four sons; and they were called Jacom, and Gilgah, and Mahah, and Orihah.

15 And the brother of Jared also begat sons and daughters.

16 And the friends of Jared and his brother were in number about twenty and two souls; and they also begat sons and daughters before they came to the promised land; and therefore they began to be many.

17 And they were taught to walk humbly before the Lord; and they were also taught from on high.

18 And it came to pass that they began to spread upon the face of the land, and to multiply and to till the earth; and they did wax strong in the land.

19 And the brother of Jared began to be old, and saw that he must soon go down to the grave; wherefore he said unto Jared: Let us gather together our people that we may number them, that we may know of them what they will desire of us before we go down to our graves.

20 And accordingly the people were gathered together. Now the number of the sons and the daughters of the brother of Jared were twenty and two souls; and the number of sons and daughters of Jared were twelve, he having four sons.

21 And it came to pass that they did number their people; and after that they had numbered them, they did desire of them the things which they would that they should do before they went down to their graves.

lumière, que ce fût au-dessus de l'eau ou sous l'eau.

11 Et ainsi, ils furent poussés pendant trois cent quarante-quatre jours sur l'eau.

12 Et ils abordèrent sur le rivage de la terre promise. Et lorsqu'ils eurent mis pied sur les rivages de la terre promise, ils se prosternèrent sur la surface du pays, et s'humilièrent devant le Seigneur, et versèrent des larmes de joie devant le Seigneur à cause de l'immensité de ses tendres miséricordes envers eux.

13 Et il arriva qu'ils allèrent sur la surface du pays et commencèrent à cultiver la terre.

14 Et Jared eut quatre fils ; et ils s'appelaient Jacom, et Guilgah, et Mahah, et Orihah.

15 Et le frère de Jared engendra aussi des fils et des filles.

16 Et les amis de Jared et de son frère étaient au nombre d'environ vingt-deux âmes ; et ils engendrèrent aussi des fils et des filles avant d'arriver à la terre promise ; et c'est pourquoi ils commencèrent à être nombreux.

17 Et il leur fut enseigné qu'ils devaient marcher humblement devant le Seigneur, et ils furent aussi instruits d'en haut.

18 Et il arriva qu'ils commencèrent à se répandre sur la surface du pays, et à se multiplier, et à cultiver la terre ; et ils devinrent forts dans le pays.

19 Et le frère de Jared commença à être vieux et vit qu'il devait bientôt descendre dans la tombe ; c'est pourquoi il dit à Jared : Rassemblons notre peuple afin de le dénombrer, afin de savoir de lui ce qu'il désire de nous avant que nous ne descendions dans la tombe.

20 Et en conséquence, le peuple fut réuni. Or, le nombre des fils et des filles du frère de Jared était de vingt-deux âmes, et le nombre des fils et des filles de Jared était de douze, et il avait quatre fils.

21 Et il arriva qu'ils dénombrèrent leur peuple ; et après l'avoir dénombré, ils désirèrent qu'il leur dise les choses qu'il voulait qu'ils fassent avant de descendre dans la tombe.

22 And it came to pass that the people desired of them that they should anoint one of their sons to be a king over them.

23 And now behold, this was grievous unto them. And the brother of Jared said unto them: Surely this thing leadeth into captivity.

24 But Jared said unto his brother: Suffer them that they may have a king. And therefore he said unto them: Choose ye out from among our sons a king, even whom ye will.

25 And it came to pass that they chose even the firstborn of the brother of Jared; and his name was Pagag. And it came to pass that he refused and would not be their king. And the people would that his father should constrain him, but his father would not; and he commanded them that they should constrain no man to be their king.

26 And it came to pass that they chose all the brothers of Pagag, and they would not.

27 And it came to pass that neither would the sons of Jared, even all save it were one; and Orihah was anointed to be king over the people.

28 And he began to reign, and the people began to prosper; and they became exceedingly rich.

29 And it came to pass that Jared died, and his brother also.

30 And it came to pass that Orihah did walk humbly before the Lord, and did remember how great things the Lord had done for his father, and also taught his people how great things the Lord had done for their fathers.

CHAPTER 7

Orihah reigns in righteousness—Amid usurpation and strife, the rival kingdoms of Shule and Cohor are set up—Prophets condemn the wickedness and idolatry of the people, who then repent.

1 And it came to pass that Orihah did execute judgment upon the land in righteousness all his days, whose days were exceedingly many.

22 Et il arriva que le peuple désira d'eux qu'ils oignent un de leurs fils pour être son roi.

23 Et maintenant, voici, cela leur fit de la peine. Et le frère de Jared leur dit : Assurément, cela conduit à la captivité.

24 Mais Jared dit à son frère : Laisse-les avoir un roi. Et c'est pourquoi, il leur dit : Choisissez parmi nos fils celui que vous voulez comme roi.

25 Et il arriva qu'ils choisirent le premier-né du frère de Jared ; et son nom était Pagag. Et il arriva qu'il refusa et ne voulut pas être leur roi. Et le peuple voulut que son père l'y obligeât, mais son père ne voulut pas ; et il leur commanda de n'obliger aucun homme à être leur roi.

26 Et il arriva qu'ils choisirent tous les frères de Pagag, et ceux-ci ne voulurent pas.

27 Et il arriva que les fils de Jared ne le voulurent pas non plus, sauf un ; et Orihah fut oint pour être roi du peuple.

28 Et il commença à régner, et le peuple commença à prospérer ; et ils devinrent extrêmement riches.

29 Et il arriva que Jared mourut et son frère aussi.

30 Et il arriva qu'Orihah marcha humblement devant le Seigneur et se souvint à quel point les choses que le Seigneur avait faites pour son père étaient grandes et enseigna aussi à son peuple à quel point les choses que le Seigneur avait faites pour ses pères étaient grandes.

CHAPITRE 7

Orihah règne en justice — Les royaumes rivaux de Shule et de Cohor sont fondés au milieu de l'usurpation et de la discorde — Des prophètes condamnent la méchanceté et l'idolâtrie du peuple, qui, alors, se repent.

1 Et il arriva qu'Orihah exerça le jugement en justice dans le pays toute sa vie, dont les jours furent extrêmement nombreux.

2 And he begat sons and daughters; yea, he begat thirty and one, among whom were twenty and three sons.

3 And it came to pass that he also begat Kib in his old age. And it came to pass that Kib reigned in his stead; and Kib begat Corihor.

4 And when Corihor was thirty and two years old he rebelled against his father, and went over and dwelt in the land of Nehor; and he begat sons and daughters, and they became exceedingly fair; wherefore Corihor drew away many people after him.

5 And when he had gathered together an army he came up unto the land of Moron where the king dwelt, and took him captive, which brought to pass the saying of the brother of Jared that they would be brought into captivity.

6 Now the land of Moron, where the king dwelt, was near the land which is called Desolation by the Nephites.

7 And it came to pass that Kib dwelt in captivity, and his people under Corihor his son, until he became exceedingly old; nevertheless Kib begat Shule in his old age, while he was yet in captivity.

8 And it came to pass that Shule was angry with his brother; and Shule waxed strong, and became mighty as to the strength of a man; and he was also mighty in judgment.

9 Wherefore, he came to the hill Ephraim, and he did molten out of the hill, and made swords out of steel for those whom he had drawn away with him; and after he had armed them with swords he returned to the city Nehor, and gave battle unto his brother Corihor, by which means he obtained the kingdom and restored it unto his father Kib.

10 And now because of the thing which Shule had done, his father bestowed upon him the kingdom; therefore he began to reign in the stead of his father.

11 And it came to pass that he did execute judgment in righteousness; and he did spread his kingdom upon all the face of the land, for the people had become exceedingly numerous.

12 And it came to pass that Shule also begat many sons and daughters.

13 And Corihor repented of the many evils which he had done; wherefore Shule gave him power in his kingdom.

2 Et il engendra des fils et des filles ; oui, il en engendra trente et un, parmi lesquels il y eut vingt-trois fils.

3 Et il arriva que dans sa vieillesse il engendra aussi Kib. Et il arriva que Kib régna à sa place ; et Kib engendra Corihor.

4 Et lorsque Corihor eut trente-deux ans, il se rebella contre son père, et passa au pays de Néhor, et y demeura ; et il engendra des fils et des filles, et ils devinrent extrêmement beaux ; c'est pourquoi, Corihor entraîna beaucoup de gens après lui.

5 Et lorsqu'il eut rassemblé une armée, il monta au pays de Moron, où le roi demeurait, et le fit prisonnier, ce qui accomplit la parole du frère de Jared qu'ils seraient conduits à la captivité.

6 Or, le pays de Moron, où le roi demeurait, était près du pays qui est appelé Désolation par les Néphites.

7 Et il arriva que Kib demeura en captivité, ainsi que son peuple, sous Corihor, son fils, jusqu'à ce qu'il devînt extrêmement vieux ; néanmoins, Kib engendra Shule dans sa vieillesse, pendant qu'il était encore en captivité.

8 Et il arriva que Shule fut en colère contre son frère ; et Shule devint fort et devint puissant quant à la force de l'homme ; et il était aussi puissant dans le jugement.

9 C'est pourquoi, il se rendit à la colline d'Éphraïm et il fondit du minerai de la colline et fit des épées d'acier pour ceux qu'il avait entraînés avec lui ; et lorsqu'il les eut armés d'épées, il retourna à la ville de Néhor et livra bataille à son frère Corihor, moyen par lequel il obtint le royaume et le rendit à son père, Kib.

10 Et alors, à cause de ce que Shule avait fait, son père lui conféra le royaume ; c'est pourquoi, il commença à régner à la place de son père.

11 Et il arriva qu'il exerça le jugement en justice ; et il étendit son royaume sur toute la surface du pays, car le peuple était devenu extrêmement nombreux.

12 Et il arriva que Shule engendra aussi beaucoup de fils et de filles.

13 Et Corihor se repentit des nombreux méfaits qu'il avait commis ; c'est pourquoi,

Shule lui donna du pouvoir dans son royaume.

14 And it came to pass that Corihor had many sons and daughters. And among the sons of Corihor there was one whose name was Noah.

14 Et il arriva que Corihor eut beaucoup de fils et de filles. Et parmi les fils de Corihor, il y en eut un dont le nom était Noé.

15 And it came to pass that Noah rebelled against Shule, the king, and also his father Corihor, and drew away Cohor his brother, and also all his brethren and many of the people.

15 Et il arriva que Noé se rebella contre Shule, le roi, et aussi contre son père Corihor, et entraîna Cohor, son frère, et aussi tous ses frères et une grande partie du peuple.

16 And he gave battle unto Shule, the king, in which he did obtain the land of their first inheritance; and he became a king over that part of the land.

16 Et il livra bataille à Shule, le roi, grâce à quoi il obtint le pays de leur premier héritage ; et il devint roi de cette partie du pays.

17 And it came to pass that he gave battle again unto Shule, the king; and he took Shule, the king, and carried him away captive into Moron.

17 Et il arriva qu'il livra de nouveau bataille à Shule, le roi ; et il prit Shule, le roi, et l'emmena en captivité à Moron.

18 And it came to pass as he was about to put him to death, the sons of Shule crept into the house of Noah by night and slew him, and broke down the door of the prison and brought out their father, and placed him upon his throne in his own kingdom.

18 Et il arriva que, comme il était sur le point de le mettre à mort, les fils de Shule se glissèrent de nuit dans la maison de Noé, et le tuèrent, et brisèrent la porte de la prison, et firent sortir leur père, et le mirent sur son trône dans son royaume.

19 Wherefore, the son of Noah did build up his kingdom in his stead; nevertheless they did not gain power any more over Shule the king, and the people who were under the reign of Shule the king did prosper exceedingly and wax great.

19 C'est pourquoi, le fils de Noé édifia son royaume à sa place ; néanmoins, ils n'obtinrent plus de pouvoir sur Shule, le roi, et le peuple qui était sous le règne de Shule, le roi, prospéra extrêmement et devint grand.

20 And the country was divided; and there were two kingdoms, the kingdom of Shule, and the kingdom of Cohor, the son of Noah.

20 Et le pays fut divisé ; et il y eut deux royaumes, le royaume de Shule, et le royaume de Cohor, fils de Noé.

21 And Cohor, the son of Noah, caused that his people should give battle unto Shule, in which Shule did beat them and did slay Cohor.

21 Et Cohor, fils de Noé, commanda à son peuple de livrer bataille à Shule ; bataille au cours de laquelle Shule les battit et tua Cohor.

22 And now Cohor had a son who was called Nimrod; and Nimrod gave up the kingdom of Cohor unto Shule, and he did gain favor in the eyes of Shule; wherefore Shule did bestow great favors upon him, and he did do in the kingdom of Shule according to his desires.

22 Et maintenant, Cohor avait un fils, qui était appelé Nimrod ; et Nimrod remit le royaume de Cohor à Shule, et il trouva faveur aux yeux de Shule ; c'est pourquoi, Shule lui accorda de grandes faveurs, et il fit dans le royaume de Shule selon son désir.

23 And also in the reign of Shule there came prophets among the people, who were sent from the Lord, prophesying that the wickedness and idolatry of the people was bringing a curse upon the land, and they should be destroyed if they did not repent.

23 Et aussi, sous le règne de Shule, des prophètes envoyés par le Seigneur vinrent parmi le peuple, prophétisant que la méchanceté et l'idolâtrie du peuple entraînaient une malédiction sur le pays et qu'il serait détruit s'il ne se repentait pas.

24 And it came to pass that the people did revile against the prophets, and did mock

24 Et il arriva que le peuple injuria les prophètes et se moqua d'eux. Et il arriva que

them. And it came to pass that king Shule did execute judgment against all those who did revile against the prophets.

25 And he did execute a law throughout all the land, which gave power unto the prophets that they should go whithersoever they would; and by this cause the people were brought unto repentance.

26 And because the people did repent of their iniquities and idolatries the Lord did spare them, and they began to prosper again in the land. And it came to pass that Shule begat sons and daughters in his old age.

27 And there were no more wars in the days of Shule; and he remembered the great things that the Lord had done for his fathers in bringing them across the great deep into the promised land; wherefore he did execute judgment in righteousness all his days.

CHAPTER 8

There is strife and contention over the kingdom—Akish forms an oath-bound secret combination to slay the king—Secret combinations are of the devil and result in the destruction of nations—Modern Gentiles are warned against the secret combination that will seek to overthrow the freedom of all lands, nations, and countries.

1 And it came to pass that he begat Omer, and Omer reigned in his stead. And Omer begat Jared; and Jared begat sons and daughters.

2 And Jared rebelled against his father, and came and dwelt in the land of Heth. And it came to pass that he did flatter many people, because of his cunning words, until he had gained the half of the kingdom.

3 And when he had gained the half of the kingdom he gave battle unto his father, and he did carry away his father into captivity, and did make him serve in captivity;

4 And now, in the days of the reign of Omer he was in captivity the half of his days. And it came to pass that he begat sons and daughters, among whom were Esrom and Coriantumr;

le roi Shule fit passer en jugement tous ceux qui injuriaient les prophètes.

25 Et il décréta une loi dans tout le pays, qui donnait aux prophètes le pouvoir d'aller où ils voulaient ; et à cause de cela, le peuple fut amené au repentir.

26 Et parce que le peuple se repentait de ses iniquités et de ses idolâtries, le Seigneur l'épargna, et il recommença à prospérer dans le pays. Et il arriva que Shule engendra des fils et des filles dans sa vieillesse.

27 Et il n'y eut plus de guerres du temps de Shule ; et il se souvint des grandes choses que le Seigneur avait faites pour ses pères en leur faisant traverser le grand abîme jusqu'à la terre promise ; c'est pourquoi il exerça le jugement en justice toute sa vie.

CHAPITRE 8

La discorde et des querelles éclatent à propos du royaume — Akish met sur pied une combinaison secrète, liée par serment, pour tuer le roi — Les combinaisons secrètes sont du diable et ont pour résultat la destruction des nations — Les Gentils modernes sont mis en garde contre les combinaisons secrètes qui chercheront à renverser la liberté de tous les pays, de toutes les nations et de tous les peuples.

1 Et il arriva qu'il engendra Omer, et Omer régna à sa place. Et Omer engendra Jared ; et Jared engendra des fils et des filles.

2 Et Jared se rebella contre son père et vint demeurer dans le pays de Heth. Et il arriva qu'il flatta beaucoup de gens, par ses paroles rusées, jusqu'à ce qu'il eût gagné la moitié du royaume.

3 Et lorsqu'il eut gagné la moitié du royaume, il livra bataille à son père, et il emmena son père en captivité, et le fit servir en captivité ;

4 Et maintenant, du temps du règne d'Omer, celui-ci fut en captivité la moitié de sa vie. Et il arriva qu'il engendra des fils et des filles, parmi lesquels Esrom et Coriantumr ;

5 And they were exceedingly angry because of the doings of Jared their brother, insomuch that they did raise an army and gave battle unto Jared. And it came to pass that they did give battle unto him by night.

6 And it came to pass that when they had slain the army of Jared they were about to slay him also; and he pled with them that they would not slay him, and he would give up the kingdom unto his father. And it came to pass that they did grant unto him his life.

7 And now Jared became exceedingly sorrowful because of the loss of the kingdom, for he had set his heart upon the kingdom and upon the glory of the world.

8 Now the daughter of Jared being exceedingly expert, and seeing the sorrows of her father, thought to devise a plan whereby she could redeem the kingdom unto her father.

9 Now the daughter of Jared was exceedingly fair. And it came to pass that she did talk with her father, and said unto him: Whereby hath my father so much sorrow? Hath he not read the record which our fathers brought across the great deep? Behold, is there not an account concerning them of old, that they by their secret plans did obtain kingdoms and great glory?

10 And now, therefore, let my father send for Akish, the son of Kimnor; and behold, I am fair, and I will dance before him, and I will please him, that he will desire me to wife; wherefore if he shall desire of thee that ye shall give unto him me to wife, then shall ye say: I will give her if ye will bring unto me the head of my father, the king.

11 And now Omer was a friend to Akish; wherefore, when Jared had sent for Akish, the daughter of Jared danced before him that she pleased him, insomuch that he desired her to wife. And it came to pass that he said unto Jared: Give her unto me to wife.

12 And Jared said unto him: I will give her unto you, if ye will bring unto me the head of my father, the king.

13 And it came to pass that Akish gathered in unto the house of Jared all his kinsfolk, and said unto them: Will ye swear unto me that ye will be faithful unto me in the thing which I shall desire of you?

14 And it came to pass that they all sware unto him, by the God of heaven, and also by

---

5 et ils furent extrêmement en colère à cause des actions de Jared, leur frère, de sorte qu'ils levèrent une armée et livrèrent bataille à Jared. Et il arriva qu'ils lui livrèrent bataille de nuit.

6 Et il arriva que lorsqu'ils eurent fait périr l'armée de Jared, ils étaient sur le point de le faire périr aussi ; et il les supplia de ne pas le faire périr, et il abandonnerait le royaume à son père ; et il arriva qu'ils lui accordèrent la vie.

7 Et alors, Jared devint extrêmement triste à cause de la perte du royaume, car il avait mis son cœur dans le royaume et dans la gloire du monde.

8 Or, la fille de Jared, qui était extrêmement experte, voyant la tristesse de son père, pensa à imaginer un plan par lequel elle pourrait récupérer le royaume pour son père.

9 Or, la fille de Jared était extrêmement belle. Et il arriva qu'elle parla avec son père, et lui dit : D'où vient que mon père a tant de tristesse ? N'a-t-il pas lu les annales que nos pères ont apportées à travers le grand abîme ? Voici, n'y a-t-il pas un récit concernant ceux d'autrefois qui, par leurs plans secrets, obtinrent des royaumes et une grande gloire ?

10 Ainsi donc, que mon père fasse venir Akish, fils de Kimnor ; et voici, je suis belle, et je danserai devant lui, et je lui plairai, de sorte qu'il me désirera pour épouse ; c'est pourquoi, s'il te demande de me donner à lui pour épouse, tu diras : Je te la donnerai si tu m'apportes la tête de mon père, le roi.

11 Et maintenant, Omer était un ami d'Akish ; c'est pourquoi, lorsque Jared eut fait venir Akish, la fille de Jared dansa devant lui ; de sorte qu'elle lui plut, de sorte qu'il la désira pour épouse. Et il arriva qu'il dit à Jared : Donne-la moi pour épouse.

12 Et Jared lui dit : Je te la donnerai si tu m'amènes la tête de mon père, le roi.

13 Et il arriva qu'Akish rassembla dans la maison de Jared toute sa parenté et lui dit : Me jurerez-vous que vous me serez fidèles dans ce que je vais vous demander ?

14 Et il arriva qu'ils lui jurèrent tous, par le Dieu du ciel, et aussi par les cieux, et aussi

the heavens, and also by the earth, and by their heads, that whoso should vary from the assistance which Akish desired should lose his head; and whoso should divulge whatsoever thing Akish made known unto them, the same should lose his life.

15 And it came to pass that thus they did agree with Akish. And Akish did administer unto them the oaths which were given by them of old who also sought power, which had been handed down even from Cain, who was a murderer from the beginning.

16 And they were kept up by the power of the devil to administer these oaths unto the people, to keep them in darkness, to help such as sought power to gain power, and to murder, and to plunder, and to lie, and to commit all manner of wickedness and whoredoms.

17 And it was the daughter of Jared who put it into his heart to search up these things of old; and Jared put it into the heart of Akish; wherefore, Akish administered it unto his kindred and friends, leading them away by fair promises to do whatsoever thing he desired.

18 And it came to pass that they formed a secret combination, even as they of old; which combination is most abominable and wicked above all, in the sight of God;

19 For the Lord worketh not in secret combinations, neither doth he will that man should shed blood, but in all things hath forbidden it, from the beginning of man.

20 And now I, Moroni, do not write the manner of their oaths and combinations, for it hath been made known unto me that they are had among all people, and they are had among the Lamanites.

21 And they have caused the destruction of this people of whom I am now speaking, and also the destruction of the people of Nephi.

22 And whatsoever nation shall uphold such secret combinations, to get power and gain, until they shall spread over the nation, behold, they shall be destroyed; for the Lord will not suffer that the blood of his saints, which shall be shed by them, shall always cry unto him from the ground for vengeance upon them and yet he avenge them not.

par la terre, et par leur tête, que quiconque refuserait l'aide qu'Akish désirait perdrait la tête ; et quiconque divulguerait ce qu'Akish leur ferait connaître perdrait la vie.

15 Et il arriva que c'est ainsi qu'ils s'accordèrent avec Akish. Et Akish leur fit prêter les serments donnés par ceux d'autrefois qui cherchaient aussi le pouvoir, serments transmis depuis Caïn, qui était un meurtrier depuis le commencement.

16 Et ils étaient entretenus par le pouvoir qu'a le diable de donner ces serments au peuple, pour le garder dans les ténèbres, pour aider ceux qui recherchaient le pouvoir à obtenir le pouvoir, et à assassiner, et à piller, et à mentir, et à commettre toutes sortes de méchancetés et de fornications.

17 Et ce fut la fille de Jared qui lui mit dans le cœur de redécouvrir ces choses d'autrefois, et Jared le mit dans le cœur d'Akish ; c'est pourquoi, Akish les donna à sa parenté et à ses amis, les entraînant, par de belles promesses, à faire tout ce qu'il désirait.

18 Et il arriva qu'ils mirent sur pied une combinaison secrète, comme ceux d'autrefois, combinaison qui est la plus abominable et la plus perverse de toutes aux yeux de Dieu ;

19 car le Seigneur n'agit pas par combinaisons secrètes, et il ne veut pas non plus que l'homme verse le sang, mais l'a interdit en toutes choses, depuis le commencement de l'homme.

20 Et maintenant, moi, Moroni, je ne décris pas la forme de leurs serments et de leurs combinaisons, car il m'a été révélé qu'ils existent parmi tous les peuples, et ils existent parmi les Lamanites.

21 Et ils ont causé la destruction de ce peuple dont je parle maintenant et aussi la destruction du peuple de Néphi.

22 Et toute nation qui soutient de telles combinaisons secrètes, pour obtenir du pouvoir et du gain, jusqu'à ce qu'elles se répandent dans la nation, voici, elle sera détruite, car le Seigneur ne souffrira pas que le sang de ses saints, qu'elles auront versé, crie toujours du sol vers lui pour que la vengeance s'abatte sur elles, sans qu'il les venge.

23 Wherefore, O ye Gentiles, it is wisdom in God that these things should be shown unto you, that thereby ye may repent of your sins, and suffer not that these murderous combinations shall get above you, which are built up to get power and gain—and the work, yea, even the work of destruction come upon you, yea, even the sword of the justice of the Eternal God shall fall upon you, to your overthrow and destruction if ye shall suffer these things to be.

24 Wherefore, the Lord commandeth you, when ye shall see these things come among you that ye shall awake to a sense of your awful situation, because of this secret combination which shall be among you; or wo be unto it, because of the blood of them who have been slain; for they cry from the dust for vengeance upon it, and also upon those who built it up.

25 For it cometh to pass that whoso buildeth it up seeketh to overthrow the freedom of all lands, nations, and countries; and it bringeth to pass the destruction of all people, for it is built up by the devil, who is the father of all lies; even that same liar who beguiled our first parents, yea, even that same liar who hath caused man to commit murder from the beginning; who hath hardened the hearts of men that they have murdered the prophets, and stoned them, and cast them out from the beginning.

26 Wherefore, I, Moroni, am commanded to write these things that evil may be done away, and that the time may come that Satan may have no power upon the hearts of the children of men, but that they may be persuaded to do good continually, that they may come unto the fountain of all righteousness and be saved.

CHAPTER 9

The kingdom passes from one to another by descent, intrigue, and murder—Emer saw the Son of Righteousness—Many prophets cry repentance—A famine and poisonous serpents plague the people.

1 And now I, Moroni, proceed with my record. Therefore, behold, it came to pass that because of the secret combinations of Akish

23 C'est pourquoi, ô Gentils, Dieu juge sage que ces choses vous soient montrées, afin que vous puissiez, ainsi, vous repentir de vos péchés et ne pas permettre que ces combinaisons meurtrières prennent de l'ascendant sur vous, elles qui sont édifiées pour obtenir du pouvoir et du gain — et que l'œuvre, oui, l'œuvre de destruction s'abatte sur vous, oui, que l'épée de la justice du Dieu éternel tombe sur vous, pour votre ruine et votre destruction, si vous souffrez que ces choses soient.

24 C'est pourquoi, le Seigneur vous commande, lorsque vous verrez ces choses venir parmi vous, que vous preniez conscience de votre situation affreuse à cause de cette combinaison secrète qui sera parmi vous ; ou malheur à elle à cause du sang de ceux qui ont été tués ; car leur cri monte de la poussière pour que la vengeance tombe sur elle, et aussi sur ceux qui l'ont édifiée.

25 Car il arrive que quiconque l'édifie cherche à renverser la liberté de tous les pays, nations et peuples ; et elle cause la destruction de tous les hommes, car elle est édifiée par le diable, qui est le père de tous les mensonges ; oui, ce même menteur qui séduisit nos premiers parents, oui, ce même menteur qui pousse l'homme à commettre le meurtre depuis le commencement ; qui a endurci le cœur des hommes, de sorte qu'ils assassinent les prophètes, et les lapident, et les chassent depuis le commencement.

26 C'est pourquoi, moi, Moroni, j'ai pour commandement d'écrire ces choses, afin que le mal soit aboli et que puisse venir le moment où Satan n'aura aucun pouvoir sur le cœur des enfants des hommes, mais qu'ils soient persuadés de faire continuellement le bien, afin de venir à la source de toute justice et être sauvés.

CHAPITRE 9

Le royaume passe de l'un à l'autre par filiation, intrigue et meurtre — Émer voit le Fils de la justice — Beaucoup de prophètes appellent au repentir — Une famine et des serpents venimeux tourmentent le peuple.

1 Et maintenant, moi, Moroni, je continue mes annales. Or, voici, il arriva qu'à cause des combinaisons secrètes d'Akish et de ses

and his friends, behold, they did overthrow the kingdom of Omer.

2 Nevertheless, the Lord was merciful unto Omer, and also to his sons and to his daughters who did not seek his destruction.

3 And the Lord warned Omer in a dream that he should depart out of the land; wherefore Omer departed out of the land with his family, and traveled many days, and came over and passed by the hill of Shim, and came over by the place where the Nephites were destroyed, and from thence eastward, and came to a place which was called Ablom, by the seashore, and there he pitched his tent, and also his sons and his daughters, and all his household, save it were Jared and his family.

4 And it came to pass that Jared was anointed king over the people, by the hand of wickedness; and he gave unto Akish his daughter to wife.

5 And it came to pass that Akish sought the life of his father-in-law; and he applied unto those whom he had sworn by the oath of the ancients, and they obtained the head of his father-in-law, as he sat upon his throne, giving audience to his people.

6 For so great had been the spreading of this wicked and secret society that it had corrupted the hearts of all the people; therefore Jared was murdered upon his throne, and Akish reigned in his stead.

7 And it came to pass that Akish began to be jealous of his son, therefore he shut him up in prison, and kept him upon little or no food until he had suffered death.

8 And now the brother of him that suffered death, (and his name was Nimrah) was angry with his father because of that which his father had done unto his brother.

9 And it came to pass that Nimrah gathered together a small number of men, and fled out of the land, and came over and dwelt with Omer.

10 And it came to pass that Akish begat other sons, and they won the hearts of the people, notwithstanding they had sworn unto him to do all manner of iniquity according to that which he desired.

11 Now the people of Akish were desirous for gain, even as Akish was desirous for

amis, voici, ils renversèrent le royaume d'Omer.

2 Néanmoins, le Seigneur fut miséricordieux envers Omer, et aussi envers ses fils et ses filles qui ne cherchaient pas sa perte.

3 Et le Seigneur avertit Omer en songe de quitter le pays ; c'est pourquoi Omer quitta le pays avec sa famille, et il voyagea de nombreux jours, et passa de l'autre côté, et longea la colline de Shim, et passa de l'autre côté près de l'endroit où les Néphites furent détruits, et de là vers l'est, et arriva à un lieu qui était appelé Ablom, près du bord de la mer, et il y dressa sa tente, de même que ses fils et ses filles, et toute sa maison, à l'exception de Jared et de sa famille.

4 Et il arriva que Jared fut oint roi du peuple par la main de la méchanceté ; et il donna sa fille pour épouse à Akish.

5 Et il arriva qu'Akish chercha à ôter la vie à son beau-père ; et il fit appel à ceux qu'il avait assermentés par le serment des anciens, et ils obtinrent la tête de son beau-père, tandis qu'il était assis sur son trône, donnant audience à son peuple.

6 Car si grande avait été l'expansion de cette société méchante et secrète, qu'elle avait corrompu le cœur de tout le peuple ; c'est pourquoi, Jared fut assassiné sur son trône, et Akish régna à sa place.

7 Et il arriva qu'Akish commença à être jaloux de son fils, c'est pourquoi il le mit en prison et ne lui donna que peu ou pas de nourriture, jusqu'à ce qu'il souffrît la mort.

8 Et alors, le frère de celui qui avait souffert la mort (et son nom était Nimrah), fut irrité contre son père à cause de ce que son père avait fait à son frère.

9 Et il arriva que Nimrah rassembla un petit nombre d'hommes, et s'enfuit du pays, et passa de l'autre côté et demeura avec Omer.

10 Et il arriva qu'Akish engendra d'autres fils, et qu'ils gagnèrent le cœur du peuple, en dépit du fait qu'ils lui eussent juré de commettre toutes sortes d'iniquités, selon ce qu'il désirait.

11 Or, le peuple d'Akish était aussi avide de gain qu'Akish était avide de pouvoir ; c'est

power; wherefore, the sons of Akish did offer them money, by which means they drew away the more part of the people after them.

12 And there began to be a war between the sons of Akish and Akish, which lasted for the space of many years, yea, unto the destruction of nearly all the people of the kingdom, yea, even all, save it were thirty souls, and they who fled with the house of Omer.

13 Wherefore, Omer was restored again to the land of his inheritance.

14 And it came to pass that Omer began to be old; nevertheless, in his old age he begat Emer; and he anointed Emer to be king to reign in his stead.

15 And after that he had anointed Emer to be king he saw peace in the land for the space of two years, and he died, having seen exceedingly many days, which were full of sorrow. And it came to pass that Emer did reign in his stead, and did fill the steps of his father.

16 And the Lord began again to take the curse from off the land, and the house of Emer did prosper exceedingly under the reign of Emer; and in the space of sixty and two years they had become exceedingly strong, insomuch that they became exceedingly rich—

17 Having all manner of fruit, and of grain, and of silks, and of fine linen, and of gold, and of silver, and of precious things;

18 And also all manner of cattle, of oxen, and cows, and of sheep, and of swine, and of goats, and also many other kinds of animals which were useful for the food of man.

19 And they also had horses, and asses, and there were elephants and cureloms and cumoms; all of which were useful unto man, and more especially the elephants and cureloms and cumoms.

20 And thus the Lord did pour out his blessings upon this land, which was choice above all other lands; and he commanded that whoso should possess the land should possess it unto the Lord, or they should be destroyed when they were ripened in iniquity; for upon such, saith the Lord: I will pour out the fulness of my wrath.

21 And Emer did execute judgment in righteousness all his days, and he begat

---

pourquoi les fils d'Akish lui offrirent de l'argent, moyen par lequel ils entraînèrent la plus grande partie du peuple après eux.

12 Et il commença à y avoir une guerre entre les fils d'Akish et Akish, guerre qui dura de nombreuses années, oui, jusqu'à la destruction de presque tout le peuple du royaume, oui, tous, sauf trente âmes, et ceux qui s'étaient enfuis avec la maison d'Omer.

13 C'est pourquoi, Omer fut rétabli dans le pays de son héritage.

14 Et il arriva qu'Omer commença à être vieux ; néanmoins, dans sa vieillesse, il engendra Émer ; et il oignit Émer pour être roi, pour régner à sa place.

15 Et lorsqu'il eut oint Émer roi, il vit la paix dans le pays pendant l'espace de deux ans, et il mourut, ayant vu un nombre extrêmement grand de jours, qui furent remplis de tristesse. Et il arriva qu'Émer régna à sa place et marcha sur les traces de son père.

16 Et le Seigneur recommença à ôter la malédiction du pays, et la maison d'Émer prospéra extrêmement sous le règne d'Émer ; et en soixante-deux ans, ils étaient devenus extrêmement forts, de sorte qu'ils devinrent extrêmement riches,

17 ayant toutes sortes de fruits, et de grains, et de soieries, et de fin lin, et d'or, et d'argent, et de choses précieuses ;

18 et aussi toutes sortes de bétail, de bœufs, et de vaches, et de brebis, et de porcs, et de chèvres, et aussi beaucoup d'autres espèces d'animaux qui étaient utiles pour la nourriture de l'homme.

19 Et ils avaient aussi des chevaux, et des ânes, et il y avait des éléphants et des cureloms et des cumoms, lesquels étaient tous utiles à l'homme, et plus spécialement les éléphants, et les cureloms, et les cumoms.

20 Et ainsi, le Seigneur déversa ses bénédictions sur ce pays, qui était préférable à tous les autres pays ; et il commanda que quiconque posséderait le pays le possédât pour le Seigneur, ou il serait détruit lorsqu'il aurait mûri dans l'iniquité ; car sur ceux-là, dit le Seigneur, je déverserai la plénitude de ma colère.

21 Et Émer exerça le jugement en justice toute sa vie, et il engendra beaucoup de fils

many sons and daughters; and he begat Coriantum, and he anointed Coriantum to reign in his stead.

22 And after he had anointed Coriantum to reign in his stead he lived four years, and he saw peace in the land; yea, and he even saw the Son of Righteousness, and did rejoice and glory in his day; and he died in peace.

23 And it came to pass that Coriantum did walk in the steps of his father, and did build many mighty cities, and did administer that which was good unto his people in all his days. And it came to pass that he had no children even until he was exceedingly old.

24 And it came to pass that his wife died, being an hundred and two years old. And it came to pass that Coriantum took to wife, in his old age, a young maid, and begat sons and daughters; wherefore he lived until he was an hundred and forty and two years old.

25 And it came to pass that he begat Com, and Com reigned in his stead; and he reigned forty and nine years, and he begat Heth; and he also begat other sons and daughters.

26 And the people had spread again over all the face of the land, and there began again to be an exceedingly great wickedness upon the face of the land, and Heth began to embrace the secret plans again of old, to destroy his father.

27 And it came to pass that he did dethrone his father, for he slew him with his own sword; and he did reign in his stead.

28 And there came prophets in the land again, crying repentance unto them—that they must prepare the way of the Lord or there should come a curse upon the face of the land; yea, even there should be a great famine, in which they should be destroyed if they did not repent.

29 But the people believed not the words of the prophets, but they cast them out; and some of them they cast into pits and left them to perish. And it came to pass that they did all these things according to the commandment of the king, Heth.

30 And it came to pass that there began to be a great dearth upon the land, and the inhabitants began to be destroyed exceedingly fast because of the dearth, for there was no rain upon the face of the earth.

et de filles ; et il engendra Coriantum, et il oignit Coriantum pour régner à sa place.

22 Et lorsqu'il eut oint Coriantum pour régner à sa place, il vécut quatre ans, et il vit la paix dans le pays ; oui, et il vit même le Fils de la justice, et se réjouit, et glorifia son jour ; et il mourut en paix.

23 Et il arriva que Coriantum marcha sur les traces de son père, et bâtit beaucoup de villes puissantes et donna ce qui était bon à son peuple pendant toute sa vie. Et il arriva qu'il n'eut pas d'enfants jusqu'à ce qu'il fût extrêmement vieux.

24 Et il arriva que son épouse mourut à cent deux ans. Et il arriva que Coriantum, dans sa vieillesse, prit pour épouse une jeune fille et engendra des fils et des filles ; c'est pourquoi, il vécut jusqu'à ce qu'il eût cent quarante-deux ans.

25 Et il arriva qu'il engendra Com, et Com régna à sa place ; et il régna quarante-neuf ans, et il engendra Heth ; et il engendra aussi d'autres fils et filles.

26 Et le peuple s'était de nouveau répandu sur toute la surface du pays, et il recommença à y avoir une méchanceté extrêmement grande sur la surface du pays, et Heth commença à adopter de nouveau les plans secrets d'autrefois, pour faire périr son père.

27 Et il arriva qu'il détrôna son père, car il le tua avec sa propre épée ; et il régna à sa place.

28 Et il vint de nouveau des prophètes dans le pays, les appelant au repentir, disant qu'ils devaient préparer le chemin du Seigneur, ou une malédiction viendrait sur la surface du pays ; oui, il y aurait une grande famine dans laquelle ils seraient détruits, s'ils ne se repentaient pas.

29 Mais le peuple ne crut pas aux paroles des prophètes, mais les chassa ; et certains d'entre eux, il les jeta dans des fosses et les y laissa périr. Et il arriva qu'il fit tout cela selon le commandement du roi, Heth.

30 Et il arriva qu'il commença à y avoir une grande disette dans le pays, et les habitants commencèrent à être détruits extrêmement vite à cause de la disette, car il n'y avait pas de pluie sur la surface de la terre.

31 And there came forth poisonous serpents also upon the face of the land, and did poison many people. And it came to pass that their flocks began to flee before the poisonous serpents, towards the land southward, which was called by the Nephites Zarahemla.

32 And it came to pass that there were many of them which did perish by the way; nevertheless, there were some which fled into the land southward.

33 And it came to pass that the Lord did cause the serpents that they should pursue them no more, but that they should hedge up the way that the people could not pass, that whoso should attempt to pass might fall by the poisonous serpents.

34 And it came to pass that the people did follow the course of the beasts, and did devour the carcasses of them which fell by the way, until they had devoured them all. Now when the people saw that they must perish they began to repent of their iniquities and cry unto the Lord.

35 And it came to pass that when they had humbled themselves sufficiently before the Lord he did send rain upon the face of the earth; and the people began to revive again, and there began to be fruit in the north countries, and in all the countries round about. And the Lord did show forth his power unto them in preserving them from famine.

CHAPTER 10

One king succeeds another—Some of the kings are righteous; others are wicked—When righteousness prevails, the people are blessed and prospered by the Lord.

1 And it came to pass that Shez, who was a descendant of Heth—for Heth had perished by the famine, and all his household save it were Shez—wherefore, Shez began to build up again a broken people.

2 And it came to pass that Shez did remember the destruction of his fathers, and he did build up a righteous kingdom; for he remembered what the Lord had done in bringing Jared and his brother across the deep; and he did walk in the ways of the Lord; and he begat sons and daughters.

31 Et des serpents venimeux apparurent aussi à la surface du pays, et ils empoisonnèrent beaucoup de gens. Et il arriva que leurs troupeaux commencèrent à fuir devant les serpents venimeux, vers le pays situé du côté du sud, qui était appelé Zarahemla par les Néphites.

32 Et il arriva qu'il y en eut beaucoup parmi eux qui périrent en chemin ; néanmoins, il y en eut qui s'enfuirent dans le pays situé du côté du sud.

33 Et il arriva que le Seigneur fit en sorte que les serpents ne les poursuivent plus, mais dressent une barrière sur le chemin, pour que le peuple ne puisse passer, afin que quiconque tenterait de passer, périsse par les serpents venimeux.

34 Et il arriva que le peuple suivit le chemin pris par les bêtes, et dévora les carcasses de celles qui tombaient en chemin, jusqu'à les avoir dévorées toutes. Alors, lorsque le peuple vit qu'il allait périr, il commença à se repentir de ses iniquités et à crier au Seigneur.

35 Et il arriva que lorsqu'il se fut humilié suffisamment devant le Seigneur, le Seigneur envoya de la pluie sur la surface de la terre, et le peuple commença à revivre, et il commença à y avoir du fruit dans les contrées du nord et dans toutes les contrées alentour. Et le Seigneur lui montra son pouvoir en le préservant de la famine.

CHAPITRE 10

Les rois se succèdent — Certains rois sont justes, d'autres méchants — Lorsque la justice règne, le peuple est béni et rendu prospère par le Seigneur.

1 Et il arriva que Shez, qui était descendant de Heth — car Heth avait péri par la famine, ainsi que toute sa maison, à l'exception de Shez — c'est pourquoi, Shez commença à réédifier un peuple brisé.

2 Et il arriva que Shez se souvint de la destruction de ses pères, et il édifia un royaume juste ; car il se souvenait de ce que le Seigneur avait fait en amenant Jared et son frère à travers l'abîme ; et il marcha dans les voies du Seigneur ; et il engendra des fils et des filles.

3 And his eldest son, whose name was Shez, did rebel against him; nevertheless, Shez was smitten by the hand of a robber, because of his exceeding riches, which brought peace again unto his father.

4 And it came to pass that his father did build up many cities upon the face of the land, and the people began again to spread over all the face of the land. And Shez did live to an exceedingly old age; and he begat Riplakish. And he died, and Riplakish reigned in his stead.

5 And it came to pass that Riplakish did not do that which was right in the sight of the Lord, for he did have many wives and concubines, and did lay that upon men's shoulders which was grievous to be borne; yea, he did tax them with heavy taxes; and with the taxes he did build many spacious buildings.

6 And he did erect him an exceedingly beautiful throne; and he did build many prisons, and whoso would not be subject unto taxes he did cast into prison; and whoso was not able to pay taxes he did cast into prison; and he did cause that they should labor continually for their support; and whoso refused to labor he did cause to be put to death.

7 Wherefore he did obtain all his fine work, yea, even his fine gold he did cause to be refined in prison; and all manner of fine workmanship he did cause to be wrought in prison. And it came to pass that he did afflict the people with his whoredoms and abominations.

8 And when he had reigned for the space of forty and two years the people did rise up in rebellion against him; and there began to be war again in the land, insomuch that Riplakish was killed, and his descendants were driven out of the land.

9 And it came to pass after the space of many years, Morianton, (he being a descendant of Riplakish) gathered together an army of outcasts, and went forth and gave battle unto the people; and he gained power over many cities; and the war became exceedingly sore, and did last for the space of many years; and he did gain power over all the land, and did establish himself king over all the land.

10 And after that he had established himself king he did ease the burden of the people, by which he did gain favor in the eyes of the

3 Et son fils aîné, dont le nom était Shez, se rebella contre lui ; mais Shez fut frappé par la main d'un brigand à cause de son extrême richesse, ce qui rendit la paix à son père.

4 Et il arriva que son père construisit beaucoup de villes sur la surface du pays, et le peuple recommença à se répandre sur toute la surface du pays. Et Shez vécut jusqu'à un âge extrêmement avancé ; et il engendra Riplakish. Et il mourut, et Riplakish régna à sa place.

5 Et il arriva que Riplakish ne fit pas ce qui était juste aux yeux du Seigneur, car il eut beaucoup d'épouses et de concubines, et mit sur les épaules des hommes ce qui était pénible à porter ; oui, il leur imposa de lourds impôts ; et avec les impôts, il construisit beaucoup d'édifices spacieux.

6 Et il s'érigea un trône extrêmement beau ; et il construisit beaucoup de prisons, et quiconque ne se soumettait pas aux impôts, il le jetait en prison ; et quiconque n'était pas capable de payer les impôts, il le jetait en prison ; et il les faisait travailler continuellement pour leur entretien ; et quiconque refusait de travailler, il le faisait mettre à mort.

7 C'est pourquoi, il obtint tous ses beaux ouvrages, oui, c'est-à-dire qu'il fit raffiner son or fin en prison ; et il fit exécuter toutes sortes de fins travaux en prison. Et il arriva qu'il affligea le peuple de ses fornications et de ses abominations.

8 Et lorsqu'il eut régné pendant quarante-deux ans, le peuple se souleva contre lui ; et il recommença à y avoir la guerre dans le pays, de sorte que Riplakish fut tué et que ses descendants furent chassés du pays.

9 Et il arriva qu'après beaucoup d'années, Morianton (qui était descendant de Riplakish), réunit une armée de proscrits, et alla livrer bataille au peuple ; et il acquit du pouvoir sur beaucoup de villes ; et la guerre devint extrêmement furieuse et dura pendant de nombreuses années ; et il acquit du pouvoir sur tout le pays et s'établit roi de tout le pays.

10 Et après s'être établi roi, il allégea le fardeau du peuple, ce qui lui fit trouver grâce aux yeux du peuple, et celui-ci l'oignit pour être son roi.

people, and they did anoint him to be their king.

11 And he did do justice unto the people, but not unto himself because of his many whoredoms; wherefore he was cut off from the presence of the Lord.

12 And it came to pass that Morianton built up many cities, and the people became exceedingly rich under his reign, both in buildings, and in gold and silver, and in raising grain, and in flocks, and herds, and such things which had been restored unto them.

13 And Morianton did live to an exceedingly great age, and then he begat Kim; and Kim did reign in the stead of his father; and he did reign eight years, and his father died. And it came to pass that Kim did not reign in righteousness, wherefore he was not favored of the Lord.

14 And his brother did rise up in rebellion against him, by which he did bring him into captivity; and he did remain in captivity all his days; and he begat sons and daughters in captivity, and in his old age he begat Levi; and he died.

15 And it came to pass that Levi did serve in captivity after the death of his father, for the space of forty and two years. And he did make war against the king of the land, by which he did obtain unto himself the kingdom.

16 And after he had obtained unto himself the kingdom he did that which was right in the sight of the Lord; and the people did prosper in the land; and he did live to a good old age, and begat sons and daughters; and he also begat Corom, whom he anointed king in his stead.

17 And it came to pass that Corom did that which was good in the sight of the Lord all his days; and he begat many sons and daughters; and after he had seen many days he did pass away, even like unto the rest of the earth; and Kish reigned in his stead.

18 And it came to pass that Kish passed away also, and Lib reigned in his stead.

19 And it came to pass that Lib also did that which was good in the sight of the Lord. And in the days of Lib the poisonous serpents were destroyed. Wherefore they did go into the land southward, to hunt food for

11 Et il fit justice au peuple, mais pas à lui-même à cause de ses nombreuses fornications ; c'est pourquoi, il fut retranché de la présence du Seigneur.

12 Et il arriva que Morianton construisit beaucoup de villes, et le peuple devint extrêmement riche sous son règne, tant en bâtiments qu'en or et en argent, et dans la culture du grain, et dans les troupeaux de gros bétail, et dans les troupeaux de petit bétail, et dans les choses qui lui avaient été rendues.

13 Et Morianton vécut jusqu'à un âge extrêmement avancé, et alors il engendra Kim ; et Kim régna à la place de son père, et il régna huit ans, et son père mourut. Et il arriva que Kim ne régna pas en justice, c'est pourquoi il ne fut pas favorisé par le Seigneur.

14 Et son frère se souleva contre lui, et le réduisit, ainsi, en captivité ; et il resta en captivité toute sa vie ; et il engendra, en captivité, des fils et des filles, et, dans sa vieillesse, il engendra Lévi ; et il mourut.

15 Et il arriva que Lévi servit en captivité, après la mort de son père, pendant quarante-deux ans. Et il fit la guerre au roi du pays, et, par ce moyen, il obtint le royaume pour lui-même.

16 Et lorsqu'il eut obtenu le royaume pour lui-même, il fit ce qui était juste aux yeux du Seigneur ; et le peuple prospéra dans le pays ; et il vécut jusqu'à un âge avancé, et engendra des fils et des filles ; et il engendra aussi Corom, qu'il oignit pour être roi à sa place.

17 Et il arriva que Corom fit toute sa vie ce qui était bien aux yeux du Seigneur ; et il engendra beaucoup de fils et de filles ; et lorsqu'il eut vu beaucoup de jours, il mourut, comme le reste de la terre ; et Kish régna à sa place.

18 Et il arriva que Kish mourut aussi, et Lib régna à sa place.

19 Et il arriva que Lib fit aussi ce qui était bien aux yeux du Seigneur. Et du temps de Lib, les serpents venimeux furent détruits. C'est pourquoi, ils allèrent dans le pays situé du côté du sud, pour chasser de la nourriture

the people of the land, for the land was covered with animals of the forest. And Lib also himself became a great hunter.

20 And they built a great city by the narrow neck of land, by the place where the sea divides the land.

21 And they did preserve the land southward for a wilderness, to get game. And the whole face of the land northward was covered with inhabitants.

22 And they were exceedingly industrious, and they did buy and sell and traffic one with another, that they might get gain.

23 And they did work in all manner of ore, and they did make gold, and silver, and iron, and brass, and all manner of metals; and they did dig it out of the earth; wherefore, they did cast up mighty heaps of earth to get ore, of gold, and of silver, and of iron, and of copper. And they did work all manner of fine work.

24 And they did have silks, and fine-twined linen; and they did work all manner of cloth, that they might clothe themselves from their nakedness.

25 And they did make all manner of tools to till the earth, both to plow and to sow, to reap and to hoe, and also to thrash.

26 And they did make all manner of tools with which they did work their beasts.

27 And they did make all manner of weapons of war. And they did work all manner of work of exceedingly curious workmanship.

28 And never could be a people more blessed than were they, and more prospered by the hand of the Lord. And they were in a land that was choice above all lands, for the Lord had spoken it.

29 And it came to pass that Lib did live many years, and begat sons and daughters; and he also begat Hearthom.

30 And it came to pass that Hearthom reigned in the stead of his father. And when Hearthom had reigned twenty and four years, behold, the kingdom was taken away from him. And he served many years in captivity, yea, even all the remainder of his days.

pour le peuple du pays, car le pays était couvert d'animaux de la forêt. Et Lib devint aussi un grand chasseur.

20 Et ils construisirent une grande ville près de la langue étroite de terre, près de l'endroit où la mer divise le pays.

21 Et ils conservèrent le pays situé du côté du sud comme désert, pour avoir du gibier. Et toute la surface du pays situé du côté du nord était couverte d'habitants.

22 Et ils étaient extrêmement industrieux, et ils achetaient, et vendaient, et commerçaient entre eux, afin d'obtenir du gain.

23 Et ils travaillaient toutes sortes de minerais, et ils faisaient de l'or, et de l'argent, et du fer, et de l'airain, et toutes sortes de métaux ; et ils les tiraient de la terre ; c'est pourquoi, ils entassèrent d'immenses monceaux de terre pour obtenir du minerai d'or, et d'argent, et de fer, et de cuivre. Et ils firent toutes sortes de fins ouvrages.

24 Et ils eurent des soieries et du fin lin retors ; et ils fabriquèrent toutes sortes de tissus, afin de revêtir leur nudité.

25 Et ils firent toutes sortes d'outils pour cultiver la terre, à la fois pour labourer et semer, pour moissonner et houer, et aussi pour battre.

26 Et ils firent toutes sortes d'outils avec lesquels ils faisaient travailler leurs bêtes.

27 Et ils firent toutes sortes d'armes de guerre. Et ils accomplirent toutes sortes d'ouvrages d'une exécution extrêmement habile.

28 Et aucun peuple n'aurait pu être plus béni qu'eux, ni rendu plus prospère par la main du Seigneur. Et ils étaient dans un pays qui était préférable à tous les pays, car le Seigneur l'avait dit.

29 Et il arriva que Lib vécut de nombreuses années et engendra des fils et des filles ; et il engendra aussi Héarthom.

30 Et il arriva qu'Héarthom régna à la place de son père. Et lorsque Héarthom eut régné vingt-quatre ans, voici, le royaume lui fut enlevé. Et il servit de nombreuses années en captivité, oui, tout le reste de ses jours.

31 And he begat Heth, and Heth lived in captivity all his days. And Heth begat Aaron, and Aaron dwelt in captivity all his days; and he begat Amnigaddah, and Amnigaddah also dwelt in captivity all his days; and he begat Coriantum, and Coriantum dwelt in captivity all his days; and he begat Com.

32 And it came to pass that Com drew away the half of the kingdom. And he reigned over the half of the kingdom forty and two years; and he went to battle against the king, Amgid, and they fought for the space of many years, during which time Com gained power over Amgid, and obtained power over the remainder of the kingdom.

33 And in the days of Com there began to be robbers in the land; and they adopted the old plans, and administered oaths after the manner of the ancients, and sought again to destroy the kingdom.

34 Now Com did fight against them much; nevertheless, he did not prevail against them.

CHAPTER 11

Wars, dissensions, and wickedness dominate Jaredite life—Prophets predict the utter destruction of the Jaredites unless they repent—The people reject the words of the prophets.

1 And there came also in the days of Com many prophets, and prophesied of the destruction of that great people except they should repent, and turn unto the Lord, and forsake their murders and wickedness.

2 And it came to pass that the prophets were rejected by the people, and they fled unto Com for protection, for the people sought to destroy them.

3 And they prophesied unto Com many things; and he was blessed in all the remainder of his days.

4 And he lived to a good old age, and begat Shiblom; and Shiblom reigned in his stead. And the brother of Shiblom rebelled against him, and there began to be an exceedingly great war in all the land.

31 Et il engendra Heth, et Heth vécut toute sa vie en captivité. Et Heth engendra Aaron, et Aaron demeura toute sa vie en captivité ; et il engendra Amnigaddah, et Amnigaddah demeura aussi toute sa vie en captivité ; et il engendra Coriantum, et Coriantum demeura toute sa vie en captivité ; et il engendra Com.

32 Et il arriva que Com entraîna la moitié du royaume. Et il régna quarante-deux ans sur la moitié du royaume ; et il alla livrer bataille au roi, Amgid, et ils combattirent pendant de nombreuses années, pendant lesquelles Com acquit du pouvoir sur Amgid, et obtint du pouvoir sur le reste du royaume.

33 Et du temps de Com, il commença à y avoir des brigands dans le pays ; et ils adoptèrent les anciens plans, et firent prêter des serments à la manière des anciens, et cherchèrent de nouveau à détruire le royaume.

34 Or, Com lutta beaucoup contre eux ; néanmoins, il ne l'emporta pas sur eux.

CHAPITRE 11

Les guerres, les dissensions et la méchanceté dominent la vie jarédite — Des prophètes prédisent la destruction totale des Jarédites, à moins qu'ils ne se repentent — Le peuple rejette les paroles des prophètes.

1 Et il vint aussi, du temps de Com, beaucoup de prophètes, et ils prophétisèrent la destruction de ce grand peuple s'il ne se repentait pas, et ne se tournait pas vers le Seigneur, et ne délaissait pas ses meurtres et sa méchanceté.

2 Et il arriva que les prophètes furent rejetés par le peuple, et ils s'enfuirent auprès de Com pour avoir sa protection, car le peuple cherchait à les faire périr.

3 Et ils prophétisèrent beaucoup de choses à Com ; et il fut béni tout le reste de sa vie.

4 Et il vécut jusqu'à un âge avancé, et engendra Shiblom ; et Shiblom régna à sa place. Et le frère de Shiblom se rebella contre lui, et il commença à y avoir une guerre extrêmement grande dans tout le pays.

5 And it came to pass that the brother of Shiblom caused that all the prophets who prophesied of the destruction of the people should be put to death;

6 And there was great calamity in all the land, for they had testified that a great curse should come upon the land, and also upon the people, and that there should be a great destruction among them, such an one as never had been upon the face of the earth, and their bones should become as heaps of earth upon the face of the land except they should repent of their wickedness.

7 And they hearkened not unto the voice of the Lord, because of their wicked combinations; wherefore, there began to be wars and contentions in all the land, and also many famines and pestilences, insomuch that there was a great destruction, such an one as never had been known upon the face of the earth; and all this came to pass in the days of Shiblom.

8 And the people began to repent of their iniquity; and inasmuch as they did the Lord did have mercy on them.

9 And it came to pass that Shiblom was slain, and Seth was brought into captivity, and did dwell in captivity all his days.

10 And it came to pass that Ahah, his son, did obtain the kingdom; and he did reign over the people all his days. And he did do all manner of iniquity in his days, by which he did cause the shedding of much blood; and few were his days.

11 And Ethem, being a descendant of Ahah, did obtain the kingdom; and he also did do that which was wicked in his days.

12 And it came to pass that in the days of Ethem there came many prophets, and prophesied again unto the people; yea, they did prophesy that the Lord would utterly destroy them from off the face of the earth except they repented of their iniquities.

13 And it came to pass that the people hardened their hearts, and would not hearken unto their words; and the prophets mourned and withdrew from among the people.

14 And it came to pass that Ethem did execute judgment in wickedness all his days; and he begat Moron. And it came to pass that Moron did reign in his stead; and

5 Et il arriva que le frère de Shiblom fit mettre à mort tous les prophètes qui avaient prophétisé la destruction du peuple ;

6 et il y eut une grande calamité dans tout le pays, car ils avaient témoigné qu'une grande malédiction s'abattrait sur le pays, et aussi sur le peuple, et qu'il y aurait une grande destruction parmi eux, une destruction telle qu'il n'y en avait encore jamais eu sur la surface de la terre, et que leurs os deviendraient comme des monceaux de terre sur la surface du pays, à moins qu'ils ne se repentent de leur méchanceté.

7 Et ils n'écoutèrent pas la voix du Seigneur à cause de leurs combinaisons perverses ; c'est pourquoi, il commença à y avoir des guerres et des querelles dans tout le pays, et aussi beaucoup de famines et de pestes, de sorte qu'il y eut une grande destruction, comme on n'en avait jamais connu de pareille à la surface de la terre ; et tout cela arriva du temps de Shiblom.

8 Et le peuple commença à se repentir de son iniquité ; et dans la mesure où il le faisait, le Seigneur était miséricordieux envers lui.

9 Et il arriva que Shiblom fut tué, et Seth fut emmené en captivité et demeura toute sa vie en captivité.

10 Et il arriva qu'Ahah, son fils, obtint le royaume ; et il régna toute sa vie sur le peuple. Et il commit, pendant sa vie, toutes sortes d'iniquités, par lesquelles il causa l'effusion de beaucoup de sang ; et ses jours furent peu nombreux.

11 Et Éthem, descendant d'Ahah, obtint le royaume ; et il fit aussi, pendant sa vie, ce qui était mal.

12 Et il arriva que du temps d'Éthem, il vint beaucoup de prophètes, et ils prophétisèrent de nouveau au peuple ; oui, ils prophétisèrent que le Seigneur le détruirait totalement de la surface de la terre, s'il ne se repentait pas de ses iniquités.

13 Et il arriva que le peuple s'endurcit le cœur et ne voulut pas écouter leurs paroles ; et les prophètes furent attristés et se retirèrent du peuple.

14 Et il arriva qu'Éthem exerça le jugement avec méchanceté pendant toute sa vie ; et il engendra Moron. Et il arriva que Moron régna à sa place ; et Moron fit ce qui était mal devant le Seigneur.

Moron did that which was wicked before the Lord.

15 And it came to pass that there arose a rebellion among the people, because of that secret combination which was built up to get power and gain; and there arose a mighty man among them in iniquity, and gave battle unto Moron, in which he did overthrow the half of the kingdom; and he did maintain the half of the kingdom for many years.

16 And it came to pass that Moron did overthrow him, and did obtain the kingdom again.

17 And it came to pass that there arose another mighty man; and he was a descendant of the brother of Jared.

18 And it came to pass that he did overthrow Moron and obtain the kingdom; wherefore, Moron dwelt in captivity all the remainder of his days; and he begat Coriantor.

19 And it came to pass that Coriantor dwelt in captivity all his days.

20 And in the days of Coriantor there also came many prophets, and prophesied of great and marvelous things, and cried repentance unto the people, and except they should repent the Lord God would execute judgment against them to their utter destruction;

21 And that the Lord God would send or bring forth another people to possess the land, by his power, after the manner by which he brought their fathers.

22 And they did reject all the words of the prophets, because of their secret society and wicked abominations.

23 And it came to pass that Coriantor begat Ether, and he died, having dwelt in captivity all his days.

CHAPTER 12

The prophet Ether exhorts the people to believe in God—Moroni recounts the wonders and marvels done by faith—Faith enabled the brother of Jared to see Christ—The Lord gives men weakness that they may be humble—The brother of Jared moved Mount Zerin by faith—Faith, hope, and charity are essential to salvation—Moroni saw Jesus face to face.

15 Et il arriva qu'il se produisit une rébellion parmi le peuple à cause de cette combinaison secrète qui était édifiée pour obtenir du pouvoir et du gain ; et il se leva en son sein un homme puissant en iniquité, et il livra à Moron une bataille dans laquelle il renversa la moitié du royaume ; et il conserva la moitié du royaume pendant de nombreuses années.

16 Et il arriva que Moron le renversa, et obtint de nouveau le royaume.

17 Et il arriva qu'il s'éleva un autre homme puissant, et il était descendant du frère de Jared.

18 Et il arriva qu'il renversa Moron et obtint le royaume ; c'est pourquoi, Moron demeura tout le reste de sa vie en captivité ; et il engendra Coriantor.

19 Et il arriva que Coriantor demeura toute sa vie en captivité.

20 Et du temps de Coriantor, il vint aussi beaucoup de prophètes, et ils prophétisèrent des choses grandes et merveilleuses, et appelèrent le peuple au repentir, disant que s'il ne se repentait pas, le Seigneur Dieu exercerait le jugementcontre lui jusqu'à sa destruction totale ;

21 et que le Seigneur enverrait ou susciterait un autre peuple qui posséderait le pays par sa puissance, de la même manière qu'il avait amené leurs pères.

22 Et ils rejetèrent toutes les paroles des prophètes à cause de leur société secrète et de leurs abominations perverses.

23 Et il arriva que Coriantor engendra Éther, et il mourut, ayant demeuré toute sa vie en captivité.

CHAPITRE 12

Le prophète Éther exhorte le peuple à croire en Dieu — Moroni énumère les merveilles et les prodiges accomplis par la foi — C'est la foi qui permit au frère de Jared de voir le Christ — Le Seigneur donne aux hommes de la faiblesse afin qu'ils soient humbles — Le frère de Jared dé-

plaça le mont Zérin par la foi — La foi, l'espérance et la charité sont essentielles au salut —
Moroni vit Jésus face à face.

1 And it came to pass that the days of Ether were in the days of Coriantumr; and Coriantumr was king over all the land.

2 And Ether was a prophet of the Lord; wherefore Ether came forth in the days of Coriantumr, and began to prophesy unto the people, for he could not be restrained because of the Spirit of the Lord which was in him.

3 For he did cry from the morning, even until the going down of the sun, exhorting the people to believe in God unto repentance lest they should be destroyed, saying unto them that by faith all things are fulfilled—

4 Wherefore, whoso believeth in God might with surety hope for a better world, yea, even a place at the right hand of God, which hope cometh of faith, maketh an anchor to the souls of men, which would make them sure and steadfast, always abounding in good works, being led to glorify God.

5 And it came to pass that Ether did prophesy great and marvelous things unto the people, which they did not believe, because they saw them not.

6 And now, I, Moroni, would speak somewhat concerning these things; I would show unto the world that faith is things which are hoped for and not seen; wherefore, dispute not because ye see not, for ye receive no witness until after the trial of your faith.

7 For it was by faith that Christ showed himself unto our fathers, after he had risen from the dead; and he showed not himself unto them until after they had faith in him; wherefore, it must needs be that some had faith in him, for he showed himself not unto the world.

8 But because of the faith of men he has shown himself unto the world, and glorified the name of the Father, and prepared a way that thereby others might be partakers of the heavenly gift, that they might hope for those things which they have not seen.

9 Wherefore, ye may also have hope, and be partakers of the gift, if ye will but have faith.

1 Et il arriva que les jours d'Éther furent du temps de Coriantumr ; et Coriantumr était roi de tout le pays.

2 Et Éther était prophète du Seigneur ; c'est pourquoi, Éther sortit au temps de Coriantumr, et commença à prophétiser au peuple, car il ne pouvait être arrêté à cause de l'Esprit du Seigneur qui était en lui.

3 Car il élevait la voix du matin jusqu'au coucher du soleil, exhortant le peuple à croire en Dieu pour le repentir, de peur d'être détruit, lui disant que toutes choses s'accomplissent par la foi —

4 c'est pourquoi, quiconque croit en Dieu peut espérer avec certitude un monde meilleur, oui, une place à la droite de Dieu, espérance qui vient de la foi et constitue, pour l'âme des hommes, une ancre qui les rend sûrs et constants, toujours abondants en bonnes œuvres, amenés à glorifier Dieu.

5 Et il arriva qu'Éther prophétisa au peuple des choses grandes et merveilleuses, qu'il ne crut pas, parce qu'il ne les voyait pas.

6 Et maintenant, moi, Moroni, je voudrais parler quelque peu de ces choses ; je voudrais montrer au monde que la foi, ce sont les choses qu'on espère et qu'on ne voit pas ; c'est pourquoi, ne contestez pas parce que vous ne voyez pas, car vous ne recevez de témoignage qu'après la mise à l'épreuve de votre foi.

7 Car c'est par la foi que le Christ se montra à nos pères, lorsqu'il fut ressuscité d'entre les morts ; et il ne se montra à eux que lorsqu'ils eurent foi en lui ; c'est pourquoi, il fallait nécessairement que certains eussent foi en lui, car il ne se montra pas au monde.

8 Mais à cause de la foi des hommes, il s'est montré au monde, et a glorifié le nom du Père, et a préparé une voie pour que d'autres soient participants du don céleste, afin qu'ils espèrent ce qu'ils n'ont pas vu.

9 C'est pourquoi, vous pouvez aussi avoir l'espérance et être participants du don, du moment que vous avez la foi.

10 Behold it was by faith that they of old were called after the holy order of God.

11 Wherefore, by faith was the law of Moses given. But in the gift of his Son hath God prepared a more excellent way; and it is by faith that it hath been fulfilled.

12 For if there be no faith among the children of men God can do no miracle among them; wherefore, he showed not himself until after their faith.

13 Behold, it was the faith of Alma and Amulek that caused the prison to tumble to the earth.

14 Behold, it was the faith of Nephi and Lehi that wrought the change upon the Lamanites, that they were baptized with fire and with the Holy Ghost.

15 Behold, it was the faith of Ammon and his brethren which wrought so great a miracle among the Lamanites.

16 Yea, and even all they who wrought miracles wrought them by faith, even those who were before Christ and also those who were after.

17 And it was by faith that the three disciples obtained a promise that they should not taste of death; and they obtained not the promise until after their faith.

18 And neither at any time hath any wrought miracles until after their faith; wherefore they first believed in the Son of God.

19 And there were many whose faith was so exceedingly strong, even before Christ came, who could not be kept from within the veil, but truly saw with their eyes the things which they had beheld with an eye of faith, and they were glad.

20 And behold, we have seen in this record that one of these was the brother of Jared; for so great was his faith in God, that when God put forth his finger he could not hide it from the sight of the brother of Jared, because of his word which he had spoken unto him, which word he had obtained by faith.

21 And after the brother of Jared had beheld the finger of the Lord, because of the promise which the brother of Jared had obtained by faith, the Lord could not withhold anything from his sight; wherefore he showed

10 Voici, c'est par la foi que ceux d'autrefois furent appelés selon le saint ordre de Dieu.

11 C'est pourquoi, c'est par la foi que la loi de Moïse a été donnée. Mais dans le don de son Fils, Dieu a préparé une voie par excellence ; et c'est par la foi que cela a été accompli.

12 Car s'il n'y a pas de foi parmi les enfants des hommes, Dieu ne peut faire aucun miracle parmi eux ; c'est pourquoi, il ne s'est montré qu'après leur foi.

13 Voici, c'est la foi d'Alma et d'Amulek qui fit s'écrouler la prison.

14 Voici, c'est la foi de Néphi et de Léhi qui produisit le changement chez les Lamanites, de sorte qu'ils furent baptisés de feu et du Saint-Esprit.

15 Voici, c'est la foi d'Ammon et de ses frères qui accomplit un si grand miracle parmi les Lamanites.

16 Oui, et tous ceux qui ont accompli des miracles les ont accomplis par la foi, aussi bien ceux qui furent avant le Christ que ceux qui furent après.

17 Et c'est par la foi que les trois disciples obtinrent la promesse qu'ils ne goûteraient pas la mort ; et ils n'obtinrent la promesse qu'après avoir eu la foi.

18 Et jamais personne, à aucun moment, n'a accompli de miracles si ce n'est après avoir eu la foi ; c'est pourquoi, ils ont tout d'abord cru au Fils de Dieu.

19 Et il y en a eu beaucoup dont la foi était tellement forte, avant même la venue du Christ, qu'ils ne pouvaient être gardés à l'extérieur du voile, mais ils ont vu, en vérité, de leurs yeux, les choses qu'ils avaient vues avec l'œil de la foi, et ils s'en sont réjouis.

20 Et voici, nous avons vu dans ces annales qu'un de ceux-ci était le frère de Jared ; car si grande était sa foi en Dieu, que lorsque Dieu avança le doigt, il ne put le cacher à la vue du frère de Jared à cause de la parole qu'il lui avait dite, parole qu'il avait obtenue par la foi.

21 Et lorsque le frère de Jared eut vu le doigt du Seigneur à cause de la promesse que le frère de Jared avait obtenue par la foi, le Seigneur ne put rien dissimuler à sa vue ; c'est pourquoi il lui montra toutes choses,

him all things, for he could no longer be kept without the veil.

22 And it is by faith that my fathers have obtained the promise that these things should come unto their brethren through the Gentiles; therefore the Lord hath commanded me, yea, even Jesus Christ.

23 And I said unto him: Lord, the Gentiles will mock at these things, because of our weakness in writing; for Lord thou hast made us mighty in word by faith, but thou hast not made us mighty in writing; for thou hast made all this people that they could speak much, because of the Holy Ghost which thou hast given them;

24 And thou hast made us that we could write but little, because of the awkwardness of our hands. Behold, thou hast not made us mighty in writing like unto the brother of Jared, for thou madest him that the things which he wrote were mighty even as thou art, unto the overpowering of man to read them.

25 Thou hast also made our words powerful and great, even that we cannot write them; wherefore, when we write we behold our weakness, and stumble because of the placing of our words; and I fear lest the Gentiles shall mock at our words.

26 And when I had said this, the Lord spake unto me, saying: Fools mock, but they shall mourn; and my grace is sufficient for the meek, that they shall take no advantage of your weakness;

27 And if men come unto me I will show unto them their weakness. I give unto men weakness that they may be humble; and my grace is sufficient for all men that humble themselves before me; for if they humble themselves before me, and have faith in me, then will I make weak things become strong unto them.

28 Behold, I will show unto the Gentiles their weakness, and I will show unto them that faith, hope and charity bringeth unto me—the fountain of all righteousness.

29 And I, Moroni, having heard these words, was comforted, and said: O Lord, thy righteous will be done, for I know that thou workest unto the children of men according to their faith;

car il ne pouvait plus être gardé à l'extérieur du voile.

22 Et c'est par la foi que mes pères ont obtenu la promesse que ces choses parviendraient à leurs frères par l'intermédiaire des Gentils ; c'est pourquoi, le Seigneur, oui, Jésus-Christ m'a donné ce commandement.

23 Et je lui dis : Seigneur, les Gentils se moqueront de ces choses à cause de notre faiblesse à écrire ; car, Seigneur, tu nous a rendus puissants en paroles par la foi, mais tu ne nous a pas rendus puissants à écrire ; car tu as fait que tout ce peuple puisse parler beaucoup à cause du Saint-Esprit que tu lui as donné ;

24 et tu as fait que nous ne puissions écrire que peu à cause de la maladresse de nos mains. Voici, tu ne nous a pas rendus puissants à écrire comme le frère de Jared, car tu as fait que les choses qu'il écrivait soient puissantes comme tu l'es, au point que l'homme est irrésistiblement poussé à le lire.

25 Tu as aussi rendu nos paroles puissantes et grandes au point que nous ne pouvons les écrire ; c'est pourquoi, lorsque nous écrivons, nous voyons notre faiblesse et trébuchons à cause de l'arrangement de nos paroles ; et je crains que les Gentils ne se moquent de nos paroles.

26 Et lorsque j'eus dit cela, le Seigneur me parla, disant : Les insensés se moquent, mais ils se lamenteront ; et ma grâce suffit aux humbles, de sorte qu'ils ne tireront aucun avantage de votre faiblesse ;

27 et si les hommes viennent à moi, je leur montrerai leur faiblesse. Je donne aux hommes de la faiblesse afin qu'ils soient humbles ; et ma grâce suffit à tous les hommes qui s'humilient devant moi ; car s'ils s'humilient devant moi, et ont foi en moi, alors je rendrai fortes pour eux les choses qui sont faibles.

28 Voici, je montrerai aux Gentils leur faiblesse et je leur montrerai que la foi, l'espérance et la charité mènent à moi, la source de toute justice.

29 Et moi, Moroni, ayant entendu ces paroles, je fus consolé, et je dis : Ô Seigneur, que ta juste volonté soit faite, car je sais que tu fais aux enfants des hommes selon leur foi ;

30 For the brother of Jared said unto the mountain Zerin, Remove—and it was removed. And if he had not had faith it would not have moved; wherefore thou workest after men have faith.

31 For thus didst thou manifest thyself unto thy disciples; for after they had faith, and did speak in thy name, thou didst show thyself unto them in great power.

32 And I also remember that thou hast said that thou hast prepared a house for man, yea, even among the mansions of thy Father, in which man might have a more excellent hope; wherefore man must hope, or he cannot receive an inheritance in the place which thou hast prepared.

33 And again, I remember that thou hast said that thou hast loved the world, even unto the laying down of thy life for the world, that thou mightest take it again to prepare a place for the children of men.

34 And now I know that this love which thou hast had for the children of men is charity; wherefore, except men shall have charity they cannot inherit that place which thou hast prepared in the mansions of thy Father.

35 Wherefore, I know by this thing which thou hast said, that if the Gentiles have not charity, because of our weakness, that thou wilt prove them, and take away their talent, yea, even that which they have received, and give unto them who shall have more abundantly.

36 And it came to pass that I prayed unto the Lord that he would give unto the Gentiles grace, that they might have charity.

37 And it came to pass that the Lord said unto me: If they have not charity it mattereth not unto thee, thou hast been faithful; wherefore, thy garments shall be made clean. And because thou hast seen thy weakness thou shalt be made strong, even unto the sitting down in the place which I have prepared in the mansions of my Father.

38 And now I, Moroni, bid farewell unto the Gentiles, yea, and also unto my brethren whom I love, until we shall meet before the judgment-seat of Christ, where all men shall know that my garments are not spotted with your blood.

39 And then shall ye know that I have seen Jesus, and that he hath talked with me face

30 car le frère de Jared dit à la montagne Zérin : Déplace-toi, et elle fut déplacée. Et s'il n'avait pas eu la foi, elle n'aurait pas été déplacée ; c'est pourquoi, tu agis après que les hommes ont la foi.

31 Car c'est ainsi que tu t'es manifesté à tes disciples ; car après qu'ils ont eu la foi et ont parlé en ton nom, tu t'es montré à eux avec une grande puissance.

32 Et je me souviens aussi que tu as dit que tu as préparé une maison pour l'homme, oui, parmi les demeures de ton Père, grâce à quoi l'homme peut avoir une espérance plus excellente ; c'est pourquoi, l'homme doit espérer, ou il ne peut recevoir d'héritage dans le lieu que tu as préparé.

33 Et en outre, je me souviens que tu as dit que tu as aimé le monde au point de donner ta vie pour le monde, afin de la reprendre, pour préparer un lieu pour les enfants des hommes.

34 Et maintenant, je sais que cet amour que tu as eu pour les enfants des hommes est la charité ; c'est pourquoi, si les hommes n'ont pas la charité, ils ne peuvent hériter ce lieu que tu as préparé dans les demeures de ton Père.

35 C'est pourquoi, je sais, par cette chose que tu as dite, que si les Gentils n'ont pas la charité à cause de notre faiblesse, tu les mettras à l'épreuve et tu leur enlèveras leur talent, oui, ce qu'ils ont reçu, et tu donneras à ceux qui auront plus abondamment.

36 Et il arriva que je priai le Seigneur, afin qu'il donnât aux Gentils la grâce, afin qu'ils eussent la charité.

37 Et il arriva que le Seigneur me dit : S'ils n'ont pas la charité, cela n'a pas d'importance pour toi, tu as été fidèle ; c'est pourquoi tes vêtements seront purifiés. Et parce que tu as vu ta faiblesse, tu seras rendu fort au point de t'asseoir dans le lieu que j'ai préparé dans les demeures de mon Père.

38 Et maintenant, moi, Moroni, je dis adieu aux Gentils, oui, et aussi à mes frères que j'aime, jusqu'à ce que nous nous rencontrions devant le siège du jugement du Christ, où tous les hommes sauront que mes vêtements ne sont pas tachés de votre sang.

39 Et alors, vous saurez que j'ai vu Jésus, et qu'il a parlé face à face avec moi, et qu'il m'a

to face, and that he told me in plain humility, even as a man telleth another in mine own language, concerning these things;

40 And only a few have I written, because of my weakness in writing.

41 And now, I would commend you to seek this Jesus of whom the prophets and apostles have written, that the grace of God the Father, and also the Lord Jesus Christ, and the Holy Ghost, which beareth record of them, may be and abide in you forever. Amen.

CHAPTER 13

Ether speaks of a New Jerusalem to be built in America by the seed of Joseph—He prophesies, is cast out, writes the Jaredite history, and foretells the destruction of the Jaredites—War rages over all the land.

1 And now I, Moroni, proceed to finish my record concerning the destruction of the people of whom I have been writing.

2 For behold, they rejected all the words of Ether; for he truly told them of all things, from the beginning of man; and that after the waters had receded from off the face of this land it became a choice land above all other lands, a chosen land of the Lord; wherefore the Lord would have that all men should serve him who dwell upon the face thereof;

3 And that it was the place of the New Jerusalem, which should come down out of heaven, and the holy sanctuary of the Lord.

4 Behold, Ether saw the days of Christ, and he spake concerning a New Jerusalem upon this land.

5 And he spake also concerning the house of Israel, and the Jerusalem from whence Lehi should come—after it should be destroyed it should be built up again, a holy city unto the Lord; wherefore, it could not be a new Jerusalem for it had been in a time of old; but it should be built up again, and become a holy city of the Lord; and it should be built unto the house of Israel—

6 And that a New Jerusalem should be built up upon this land, unto the remnant of the seed of Joseph, for which things there has been a type.

---

parlé de ces choses avec une humilité évidente, comme un homme parle à un autre, dans ma propre langue ;

40 et je n'en ai écrit que quelques-unes à cause de ma faiblesse à écrire.

41 Et maintenant, je voudrais vous recommander de rechercher ce Jésus sur qui les prophètes et les apôtres ont écrit, afin que la grâce de Dieu le Père et aussi du Seigneur Jésus-Christ, et le Saint-Esprit, qui témoigne d'eux, soient et demeurent en vous à jamais. Amen.

CHAPITRE 13

Éther parle d'une nouvelle Jérusalem qui sera édifiée en Amérique par la postérité de Joseph — Il prophétise, est chassé, écrit l'histoire jarédite et prédit la destruction des Jarédites — La guerre fait rage dans tout le pays.

1 Et maintenant, moi, Moroni, je vais terminer mes annales concernant la destruction du peuple sur lequel j'ai écrit.

2 Car voici, ils rejetèrent toutes les paroles d'Éther ; car il leur parla en vérité de tout, depuis le commencement de l'homme, disant que lorsque les eaux se furent retirées de la surface de ce pays, il devint un pays préférable à tous les autres pays, un pays de choix du Seigneur ; c'est pourquoi, le Seigneur voudrait que tous les hommes qui demeurent à sa surface le servent ;

3 et que c'était le lieu de la nouvelle Jérusalem qui descendrait du ciel, et le saint sanctuaire du Seigneur.

4 Voici, Éther vit le temps du Christ, et il parla d'une nouvelle Jérusalem dans ce pays.

5 Et il parla aussi de la maison d'Israël et de la Jérusalem d'où Léhi viendrait : lorsqu'elle aurait été détruite, elle serait rebâtie, ville sainte pour le Seigneur ; c'est pourquoi, ce ne pourrait pas être une nouvelle Jérusalem, car elle avait été à une époque du passé ; mais elle serait rebâtie et deviendrait une ville sainte du Seigneur ; et elle serait bâtie pour la maison d'Israël —

6 et qu'une nouvelle Jérusalem serait bâtie dans ce pays pour le reste de la postérité de Joseph, ce dont il y a eu une préfiguration.

7 For as Joseph brought his father down into the land of Egypt, even so he died there; wherefore, the Lord brought a remnant of the seed of Joseph out of the land of Jerusalem, that he might be merciful unto the seed of Joseph that they should perish not, even as he was merciful unto the father of Joseph that he should perish not.

8 Wherefore, the remnant of the house of Joseph shall be built upon this land; and it shall be a land of their inheritance; and they shall build up a holy city unto the Lord, like unto the Jerusalem of old; and they shall no more be confounded, until the end come when the earth shall pass away.

9 And there shall be a new heaven and a new earth; and they shall be like unto the old save the old have passed away, and all things have become new.

10 And then cometh the New Jerusalem; and blessed are they who dwell therein, for it is they whose garments are white through the blood of the Lamb; and they are they who are numbered among the remnant of the seed of Joseph, who were of the house of Israel.

11 And then also cometh the Jerusalem of old; and the inhabitants thereof, blessed are they, for they have been washed in the blood of the Lamb; and they are they who were scattered and gathered in from the four quarters of the earth, and from the north countries, and are partakers of the fulfilling of the covenant which God made with their father, Abraham.

12 And when these things come, bringeth to pass the scripture which saith, there are they who were first, who shall be last; and there are they who were last, who shall be first.

13 And I was about to write more, but I am forbidden; but great and marvelous were the prophecies of Ether; but they esteemed him as naught, and cast him out; and he hid himself in the cavity of a rock by day, and by night he went forth viewing the things which should come upon the people.

14 And as he dwelt in the cavity of a rock he made the remainder of this record, viewing the destructions which came upon the people, by night.

15 And it came to pass that in that same year in which he was cast out from among the people there began to be a great war among

7 Car, comme Joseph fit descendre son père au pays d'Égypte, de même il y mourut ; c'est pourquoi, le Seigneur amena un reste de la postérité de Joseph hors du pays de Jérusalem, afin d'être miséricordieux envers la postérité de Joseph, afin qu'elle ne pérît pas, tout comme il fut miséricordieux envers le père de Joseph, afin qu'il ne pérît pas.

8 C'est pourquoi, le reste de la maison de Joseph sera édifié dans ce pays ; et ce sera un pays de son héritage ; et il bâtira une ville sainte pour le Seigneur, semblable à la Jérusalem d'autrefois ; et il ne sera plus confondu, jusqu'à ce que vienne la fin, lorsque la terre passera.

9 Et il y aura un nouveau ciel et une nouvelle terre ; et ils seront semblables aux anciens, si ce n'est que les anciens auront passé et que tout sera devenu nouveau.

10 Et alors vient la nouvelle Jérusalem ; et bénis sont ceux qui y demeurent, car ce sont ceux dont les vêtements sont blancs grâce au sang de l'Agneau, et ce sont ceux qui sont comptés parmi le reste de la postérité de Joseph, qui était de la maison d'Israël.

11 Et alors vient aussi la Jérusalem d'autrefois ; et ses habitants, bénis sont-ils, car ils ont été lavés dans le sang de l'Agneau ; et ce sont eux qui ont été dispersés et rassemblés des quatre coins de la terre, et des contrées du nord, et participent à l'accomplissement de l'alliance que Dieu a faite avec leur père, Abraham.

12 Et lorsque cela se produira se réalisera l'Écriture qui dit qu'il y en a qui étaient les premiers, qui seront les derniers ; et il y en a qui étaient les derniers, qui seront les premiers.

13 Et j'étais sur le point d'en écrire plus, mais cela m'est interdit ; mais grandes et merveilleuses furent les prophéties d'Éther ; mais ils le méprisèrent et le chassèrent ; et il se cachait, le jour, dans la cavité d'un rocher, et la nuit, il sortait pour voir ce qui allait s'abattre sur le peuple.

14 Et tandis qu'il demeurait dans la cavité d'un rocher, il fit le reste de ces annales, observant, la nuit, les destructions qui s'abattaient sur le peuple.

15 Et il arriva que cette même année où il fut chassé de parmi le peuple, il commença à y avoir une grande guerre parmi le peuple,

the people, for there were many who rose up, who were mighty men, and sought to destroy Coriantumr by their secret plans of wickedness, of which hath been spoken.

16 And now Coriantumr, having studied, himself, in all the arts of war and all the cunning of the world, wherefore he gave battle unto them who sought to destroy him.

17 But he repented not, neither his fair sons nor daughters; neither the fair sons and daughters of Cohor; neither the fair sons and daughters of Corihor; and in fine, there were none of the fair sons and daughters upon the face of the whole earth who repented of their sins.

18 Wherefore, it came to pass that in the first year that Ether dwelt in the cavity of a rock, there were many people who were slain by the sword of those secret combinations, fighting against Coriantumr that they might obtain the kingdom.

19 And it came to pass that the sons of Coriantumr fought much and bled much.

20 And in the second year the word of the Lord came to Ether, that he should go and prophesy unto Coriantumr that, if he would repent, and all his household, the Lord would give unto him his kingdom and spare the people—

21 Otherwise they should be destroyed, and all his household save it were himself. And he should only live to see the fulfilling of the prophecies which had been spoken concerning another people receiving the land for their inheritance; and Coriantumr should receive a burial by them; and every soul should be destroyed save it were Coriantumr.

22 And it came to pass that Coriantumr repented not, neither his household, neither the people; and the wars ceased not; and they sought to kill Ether, but he fled from before them and hid again in the cavity of the rock.

23 And it came to pass that there arose up Shared, and he also gave battle unto Coriantumr; and he did beat him, insomuch that in the third year he did bring him into captivity.

car il y en eut beaucoup qui se levèrent, qui étaient des hommes puissants et qui cherchèrent à faire périr Coriantumr par leurs plans secrets de méchanceté dont il a été parlé.

16 Et maintenant, Coriantumr, ayant lui-même étudié tous les arts de la guerre et toute la ruse du monde, livra donc bataille à ceux qui cherchaient à le faire périr.

17 Mais il ne se repentit pas, ni ses beaux jeunes fils ni ses belles jeunes filles ; pas plus que les beaux jeunes fils et les belles jeunes filles de Cohor ; pas plus que les beaux jeunes fils et les belles jeunes filles de Corihor ; en bref, il n'y avait aucun des beaux jeunes fils ni des belles jeunes filles sur la surface de toute la terre qui se repentît de ses péchés.

18 C'est pourquoi, il arriva que la première année où Éther demeura dans la cavité d'un rocher, il y eut beaucoup de gens qui furent tués par l'épée de ces combinaisons secrètes combattant Coriantumr afin d'obtenir le royaume.

19 Et il arriva que les fils de Coriantumr combattirent beaucoup et saignèrent beaucoup.

20 Et la deuxième année, la parole du Seigneur parvint à Éther, disant qu'il devait aller prophétiser à Coriantumr que, s'il se repentait, lui et toute sa maison, le Seigneur lui donnerait son royaume et épargnerait le peuple ;

21 sinon ils seraient détruits, ainsi que toute sa maison, sauf lui-même. Et il vivrait seulement pour voir l'accomplissement des prophéties qui avaient été dites concernant un autre peuple qui recevrait le pays pour son héritage ; et Coriantumr serait enseveli par lui ; et toute âme serait détruite, sauf Coriantumr.

22 Et il arriva que Coriantumr ne se repentit pas, ni sa maison, ni le peuple ; et les guerres ne cessèrent pas ; et ils cherchèrent à tuer Éther, mais il s'enfuit devant eux et se cacha de nouveau dans la cavité du rocher.

23 Et il arriva que Shared se leva, et il livra aussi bataille à Coriantumr, et il le battit, de sorte que, la troisième année, il le réduisit en captivité.

24 And the sons of Coriantumr, in the fourth year, did beat Shared, and did obtain the kingdom again unto their father.

25 Now there began to be a war upon all the face of the land, every man with his band fighting for that which he desired.

26 And there were robbers, and in fine, all manner of wickedness upon all the face of the land.

27 And it came to pass that Coriantumr was exceedingly angry with Shared, and he went against him with his armies to battle; and they did meet in great anger, and they did meet in the valley of Gilgal; and the battle became exceedingly sore.

28 And it came to pass that Shared fought against him for the space of three days. And it came to pass that Coriantumr beat him, and did pursue him until he came to the plains of Heshlon.

29 And it came to pass that Shared gave him battle again upon the plains; and behold, he did beat Coriantumr, and drove him back again to the valley of Gilgal.

30 And Coriantumr gave Shared battle again in the valley of Gilgal, in which he beat Shared and slew him.

31 And Shared wounded Coriantumr in his thigh, that he did not go to battle again for the space of two years, in which time all the people upon the face of the land were shedding blood, and there was none to restrain them.

CHAPTER 14

The iniquity of the people brings a curse upon the land—Coriantumr engages in warfare against Gilead, then Lib, and then Shiz—Blood and carnage cover the land.

1 And now there began to be a great curse upon all the land because of the iniquity of the people, in which, if a man should lay his tool or his sword upon his shelf, or upon the place whither he would keep it, behold, upon the morrow, he could not find it, so great was the curse upon the land.

2 Wherefore every man did cleave unto that which was his own, with his hands, and would not borrow neither would he lend;

24 Et les fils de Coriantumr, la quatrième année, battirent Shared, et obtinrent de nouveau le royaume pour leur père.

25 Alors, il commença à y avoir une guerre sur toute la surface du pays, chacun avec sa bande combattant pour ce qu'il désirait.

26 Et il y eut des brigands, en bref, toutes sortes de méchanceté sur toute la surface du pays.

27 Et il arriva que Coriantumr fut extrêmement en colère contre Shared, et il alla, avec ses armées, lui livrer bataille ; et ils se rencontrèrent avec une grande colère, et ils se rencontrèrent dans la vallée de Guilgal ; et la bataille devint extrêmement furieuse.

28 Et il arriva que Shared le combattit pendant trois jours. Et il arriva que Coriantumr le battit et le poursuivit jusqu'à ce qu'il arrivât aux plaines de Heshlon.

29 Et il arriva que Shared lui livra de nouveau bataille dans les plaines ; et voici, il battit Coriantumr et le repoussa de nouveau jusqu'à la vallée de Guilgal.

30 Et Coriantumr livra de nouveau bataille à Shared dans la vallée de Guilgal, bataille dans laquelle il battit Shared et le tua.

31 Et Shared blessa Coriantumr à la cuisse, de sorte qu'il n'alla plus livrer bataille pendant deux années, au cours desquelles tout le peuple à la surface du pays versa le sang, et il n'y avait personne pour le retenir.

CHAPITRE 14

L'iniquité du peuple attire une malédiction sur le pays — Coriantumr entre en guerre contre Galaad, puis contre Lib et ensuite contre Shiz — Le pays baigne dans le sang et le carnage.

1 Et alors, il commença à y avoir une grande malédiction sur tout le pays à cause de l'iniquité du peuple, en ce sens que si un homme déposait son outil ou son épée sur sa tablette, ou à l'endroit où il le gardait, voici, le lendemain, il ne pouvait pas le trouver, si grande était la malédiction sur le pays.

2 C'est pourquoi, chaque homme se cramponnait de ses mains à ce qui lui appartenait et ne voulait ni emprunter ni prêter ; et

and every man kept the hilt of his sword in his right hand, in the defence of his property and his own life and of his wives and children.

3 And now, after the space of two years, and after the death of Shared, behold, there arose the brother of Shared and he gave battle unto Coriantumr, in which Coriantumr did beat him and did pursue him to the wilderness of Akish.

4 And it came to pass that the brother of Shared did give battle unto him in the wilderness of Akish; and the battle became exceedingly sore, and many thousands fell by the sword.

5 And it came to pass that Coriantumr did lay siege to the wilderness; and the brother of Shared did march forth out of the wilderness by night, and slew a part of the army of Coriantumr, as they were drunken.

6 And he came forth to the land of Moron, and placed himself upon the throne of Coriantumr.

7 And it came to pass that Coriantumr dwelt with his army in the wilderness for the space of two years, in which he did receive great strength to his army.

8 Now the brother of Shared, whose name was Gilead, also received great strength to his army, because of secret combinations.

9 And it came to pass that his high priest murdered him as he sat upon his throne.

10 And it came to pass that one of the secret combinations murdered him in a secret pass, and obtained unto himself the kingdom; and his name was Lib; and Lib was a man of great stature, more than any other man among all the people.

11 And it came to pass that in the first year of Lib, Coriantumr came up unto the land of Moron, and gave battle unto Lib.

12 And it came to pass that he fought with Lib, in which Lib did smite upon his arm that he was wounded; nevertheless, the army of Coriantumr did press forward upon Lib, that he fled to the borders upon the seashore.

13 And it came to pass that Coriantumr pursued him; and Lib gave battle unto him upon the seashore.

chaque homme tenait à la main droite la poignée de son épée pour défendre son bien, et sa vie, et celle de ses épouses et de ses enfants.

3 Et alors, au bout de deux ans, et après la mort de Shared, voici, le frère de Shared se leva et livra bataille à Coriantumr, bataille dans laquelle Coriantumr le battit et le poursuivit jusqu'au désert d'Akish.

4 Et il arriva que le frère de Shared lui livra bataille dans le désert d'Akish ; et la bataille devint extrêmement furieuse, et de nombreux milliers tombèrent par l'épée.

5 Et il arriva que Coriantumr mit le siège au désert ; et le frère de Shared sortit du désert par une marche de nuit et tua une partie de l'armée de Coriantumr, tandis qu'elle était ivre.

6 Et il alla au pays de Moron et se mit sur le trône de Coriantumr.

7 Et il arriva que Coriantumr demeura avec son armée dans le désert pendant deux années, pendant lesquelles il reçut de grandes forces pour son armée.

8 Or, le frère de Shared, dont le nom était Galaad, recevait aussi de grandes forces pour son armée à cause des combinaisons secrètes.

9 Et il arriva que son grand prêtre l'assassina tandis qu'il était assis sur son trône.

10 Et il arriva que quelqu'un des combinaisons secrètes l'assassina dans un passage secret et obtint le royaume pour lui-même ; et son nom était Lib ; et Lib était un homme d'une grande stature, plus que n'importe quel autre homme parmi tout le peuple.

11 Et il arriva que la première année de Lib, Coriantumr monta au pays de Moron et livra bataille à Lib.

12 Et il arriva qu'il combattit Lib, et Lib le frappa au bras, de sorte qu'il fut blessé ; néanmoins, l'armée de Coriantumr pressa Lib, de sorte qu'il s'enfuit vers les régions frontières au bord de la mer.

13 Et il arriva que Coriantumr le poursuivit ; et Lib lui livra bataille au bord de la mer.

14 And it came to pass that Lib did smite the army of Coriantumr, that they fled again to the wilderness of Akish.

15 And it came to pass that Lib did pursue him until he came to the plains of Agosh. And Coriantumr had taken all the people with him as he fled before Lib in that quarter of the land whither he fled.

16 And when he had come to the plains of Agosh he gave battle unto Lib, and he smote upon him until he died; nevertheless, the brother of Lib did come against Coriantumr in the stead thereof, and the battle became exceedingly sore, in the which Coriantumr fled again before the army of the brother of Lib.

17 Now the name of the brother of Lib was called Shiz. And it came to pass that Shiz pursued after Coriantumr, and he did overthrow many cities, and he did slay both women and children, and he did burn the cities.

18 And there went a fear of Shiz throughout all the land; yea, a cry went forth throughout the land—Who can stand before the army of Shiz? Behold, he sweepeth the earth before him!

19 And it came to pass that the people began to flock together in armies, throughout all the face of the land.

20 And they were divided; and a part of them fled to the army of Shiz, and a part of them fled to the army of Coriantumr.

21 And so great and lasting had been the war, and so long had been the scene of bloodshed and carnage, that the whole face of the land was covered with the bodies of the dead.

22 And so swift and speedy was the war that there was none left to bury the dead, but they did march forth from the shedding of blood to the shedding of blood, leaving the bodies of both men, women, and children strewed upon the face of the land, to become a prey to the worms of the flesh.

23 And the scent thereof went forth upon the face of the land, even upon all the face of the land; wherefore the people became troubled by day and by night, because of the scent thereof.

24 Nevertheless, Shiz did not cease to pursue Coriantumr; for he had sworn to avenge

14 Et il arriva que Lib frappa l'armée de Coriantumr, de sorte qu'elle s'enfuit de nouveau au désert d'Akish.

15 Et il arriva que Lib le poursuivit jusqu'à ce qu'il arrivât aux plaines d'Agosh. Et Coriantumr avait emmené tout le peuple, tandis qu'il fuyait devant Lib dans cette partie du pays où il s'enfuit.

16 Et lorsqu'il fut arrivé aux plaines d'Agosh, il livra bataille à Lib, et il le frappa jusqu'à ce qu'il mourût ; néanmoins, le frère de Lib alla à sa place contre Coriantumr, et la bataille devint extrêmement furieuse, et Coriantumr s'enfuit de nouveau devant l'armée du frère de Lib.

17 Or, le nom du frère de Lib était Shiz. Et il arriva que Shiz poursuivit Coriantumr, et il renversa beaucoup de villes, et il tua femmes et enfants, et brûla les villes.

18 Et la crainte de Shiz se répandit dans tout le pays, oui, un cri retentit dans tout le pays : Qui peut résister à l'armée de Shiz ? Voici, il balaie la terre devant lui !

19 Et il arriva que le peuple commença à s'attrouper pour former des armées sur toute la surface du pays.

20 Et ils étaient divisés ; et une partie d'entre eux s'enfuit dans l'armée de Shiz, et une partie d'entre eux s'enfuit dans l'armée de Coriantumr.

21 Et si grande et si prolongée avait été la guerre, et si longue avait été la scène d'effusion de sang et de carnage, que toute la surface du pays était couverte des corps des morts.

22 Et si rapide et si expéditive fut la guerre, qu'il ne restait personne pour enterrer les morts, mais ils marchaient d'effusion de sang en effusion de sang, laissant les corps des hommes, des femmes et des enfants disséminés à la surface du pays, pour devenir la proie des vers de la chair.

23 Et l'odeur s'en répandit à la surface du pays, oui, sur toute la surface du pays ; c'est pourquoi le peuple commença à être indisposé de jour et de nuit à cause de l'odeur.

24 Néanmoins, Shiz ne cessa pas de poursuivre Coriantumr, car il avait juré de

himself upon Coriantumr of the blood of his brother, who had been slain, and the word of the Lord which came to Ether that Coriantumr should not fall by the sword.

25 And thus we see that the Lord did visit them in the fulness of his wrath, and their wickedness and abominations had prepared a way for their everlasting destruction.

26 And it came to pass that Shiz did pursue Coriantumr eastward, even to the borders by the seashore, and there he gave battle unto Shiz for the space of three days.

27 And so terrible was the destruction among the armies of Shiz that the people began to be frightened, and began to flee before the armies of Coriantumr; and they fled to the land of Corihor, and swept off the inhabitants before them, all them that would not join them.

28 And they pitched their tents in the valley of Corihor; and Coriantumr pitched his tents in the valley of Shurr. Now the valley of Shurr was near the hill Comnor; wherefore, Coriantumr did gather his armies together upon the hill Comnor, and did sound a trumpet unto the armies of Shiz to invite them forth to battle.

29 And it came to pass that they came forth, but were driven again; and they came the second time, and they were driven again the second time. And it came to pass that they came again the third time, and the battle became exceedingly sore.

30 And it came to pass that Shiz smote upon Coriantumr that he gave him many deep wounds; and Coriantumr, having lost his blood, fainted, and was carried away as though he were dead.

31 Now the loss of men, women and children on both sides was so great that Shiz commanded his people that they should not pursue the armies of Coriantumr; wherefore, they returned to their camp.

venger sur Coriantumr le sang de son frère, qui avait été tué, et de faire mentir la parole du Seigneur qui était parvenue à Éther, que Coriantumr ne tomberait pas par l'épée.

25 Et ainsi, nous voyons que le Seigneur les châtia dans la plénitude de sa colère, et que leur méchanceté et leurs abominations avaient préparé la voie de leur destruction éternelle.

26 Et il arriva que Shiz poursuivit Coriantumr vers l'est jusqu'aux régions frontières du bord de la mer, et là il livra bataille à Shiz pendant trois jours.

27 Et si terrible fut la destruction parmi les armées de Shiz, que le peuple commença à être effrayé et commença à fuir devant les armées de Coriantumr ; et il s'enfuit au pays de Corihor et balaya les habitants devant lui, tous ceux qui ne voulaient pas se joindre à lui.

28 Et il dressa ses tentes dans la vallée de Corihor ; et Coriantumr dressa ses tentes dans la vallée de Shurr. Or, la vallée de Shurr était près de la colline de Comnor ; c'est pourquoi, Coriantumr rassembla ses armées sur la colline de Comnor et fit sonner de la trompette pour les armées de Shiz pour les inviter à la bataille.

29 Et il arriva qu'elles s'avancèrent, mais furent repoussées ; et elles revinrent une deuxième fois, et elles furent repoussées une deuxième fois. Et il arriva qu'elles revinrent une troisième fois, et la bataille devint extrêmement furieuse.

30 Et il arriva que Shiz frappa Coriantumr, de sorte qu'il lui infligea beaucoup de blessures profondes ; et Coriantumr, ayant perdu son sang, s'évanouit et fut emporté comme s'il était mort.

31 Or, la perte en hommes, en femmes et en enfants des deux côtés fut si grande que Shiz commanda à son peuple de ne pas poursuivre les armées de Coriantumr ; c'est pourquoi, ils retournèrent à leur camp.

CHAPTER 15

CHAPITRE 15

Millions of the Jaredites are slain in battle— Shiz and Coriantumr assemble all the people to mortal combat—The Spirit of the Lord ceases to strive with them—The Jaredite nation is utterly destroyed—Only Coriantumr remains.

Des millions de Jarédites sont tués à la bataille — Shiz et Coriantumr assemblent tout le peuple pour un combat mortel — L'Esprit du Seigneur cesse de lutter avec eux — La nation jarédite est totalement détruite — Il ne reste que Coriantumr.

1 And it came to pass when Coriantumr had recovered of his wounds, he began to remember the words which Ether had spoken unto him.

2 He saw that there had been slain by the sword already nearly two millions of his people, and he began to sorrow in his heart; yea, there had been slain two millions of mighty men, and also their wives and their children.

3 He began to repent of the evil which he had done; he began to remember the words which had been spoken by the mouth of all the prophets, and he saw them that they were fulfilled thus far, every whit; and his soul mourned and refused to be comforted.

4 And it came to pass that he wrote an epistle unto Shiz, desiring him that he would spare the people, and he would give up the kingdom for the sake of the lives of the people.

5 And it came to pass that when Shiz had received his epistle he wrote an epistle unto Coriantumr, that if he would give himself up, that he might slay him with his own sword, that he would spare the lives of the people.

6 And it came to pass that the people repented not of their iniquity; and the people of Coriantumr were stirred up to anger against the people of Shiz; and the people of Shiz were stirred up to anger against the people of Coriantumr; wherefore, the people of Shiz did give battle unto the people of Coriantumr.

7 And when Coriantumr saw that he was about to fall he fled again before the people of Shiz.

8 And it came to pass that he came to the waters of Ripliancum, which, by interpretation, is large, or to exceed all; wherefore, when they came to these waters they pitched their tents; and Shiz also pitched his tents near unto them; and therefore on the morrow they did come to battle.

9 And it came to pass that they fought an exceedingly sore battle, in which Coriantumr was wounded again, and he fainted with the loss of blood.

10 And it came to pass that the armies of Coriantumr did press upon the armies of

1 Et il arriva que lorsque Coriantumr fut rétabli de ses blessures, il commença à se souvenir des paroles qu'Éther lui avait dites.

2 Il vit que déjà près de deux millions de personnes de son peuple avaient été tuées par l'épée, et il commença à s'attrister dans son cœur ; oui, deux millions d'hommes puissants avaient été tués, et aussi leurs épouses et leurs enfants.

3 Il commença à se repentir du mal qu'il avait fait ; il commença à se souvenir des paroles qui avaient été dites par la bouche de tous les prophètes, et il vit qu'elles s'étaient accomplies jusqu'à présent, en tous points ; et son âme fut dans le deuil et refusa d'être consolée.

4 Et il arriva qu'il écrivit une épître à Shiz, lui demandant d'épargner le peuple, et il renoncerait au royaume pour l'amour de la vie du peuple.

5 Et il arriva que lorsque Shiz eut reçu son épître, il écrivit une épître à Coriantumr, disant que s'il se livrait, pour qu'il pût le tuer de sa propre épée, il épargnerait la vie du peuple.

6 Et il arriva que le peuple ne se repentit pas de son iniquité ; et le peuple de Coriantumr fut excité à la colère contre le peuple de Shiz ; et le peuple de Shiz fut excité à la colère contre le peuple de Coriantumr ; c'est pourquoi, le peuple de Shiz livra bataille au peuple de Coriantumr.

7 Et lorsque Coriantumr vit qu'il était sur le point de tomber, il s'enfuit de nouveau devant le peuple de Shiz.

8 Et il arriva qu'il parvint aux eaux de Ripliancum, ce qui, par interprétation, veut dire vaste, ou qui surpasse tout ; c'est pourquoi, lorsqu'ils arrivèrent à ces eaux, ils dressèrent leurs tentes ; et Shiz dressa aussi ses tentes près d'eux ; et c'est pourquoi, le lendemain, ils livrèrent bataille.

9 Et il arriva qu'ils menèrent une bataille extrêmement furieuse, dans laquelle Coriantumr fut de nouveau blessé, et il s'évanouit à cause de la perte de son sang.

10 Et il arriva que les armées de Coriantumr pressèrent les armées de Shiz, de sorte

Shiz that they beat them, that they caused them to flee before them; and they did flee southward, and did pitch their tents in a place which was called Ogath.

11 And it came to pass that the army of Coriantumr did pitch their tents by the hill Ramah; and it was that same hill where my father Mormon did hide up the records unto the Lord, which were sacred.

12 And it came to pass that they did gather together all the people upon all the face of the land, who had not been slain, save it was Ether.

13 And it came to pass that Ether did behold all the doings of the people; and he beheld that the people who were for Coriantumr were gathered together to the army of Coriantumr; and the people who were for Shiz were gathered together to the army of Shiz.

14 Wherefore, they were for the space of four years gathering together the people, that they might get all who were upon the face of the land, and that they might receive all the strength which it was possible that they could receive.

15 And it came to pass that when they were all gathered together, every one to the army which he would, with their wives and their children—both men, women and children being armed with weapons of war, having shields, and breastplates, and head-plates, and being clothed after the manner of war— they did march forth one against another to battle; and they fought all that day, and conquered not.

16 And it came to pass that when it was night they were weary, and retired to their camps; and after they had retired to their camps they took up a howling and a lamentation for the loss of the slain of their people; and so great were their cries, their howlings and lamentations, that they did rend the air exceedingly.

17 And it came to pass that on the morrow they did go again to battle, and great and terrible was that day; nevertheless, they conquered not, and when the night came again they did rend the air with their cries, and their howlings, and their mournings, for the loss of the slain of their people.

18 And it came to pass that Coriantumr wrote again an epistle unto Shiz, desiring that he would not come again to battle, but

qu'elles les battirent, de sorte qu'elles les mirent en fuite devant elles ; et elles s'enfuirent vers le sud et dressèrent leurs tentes en un lieu qui était appelé Ogath.

11 Et il arriva que l'armée de Coriantumr dressa ses tentes près de la colline de Ramah ; et c'était cette même colline où mon père Mormon cacha, pour le Seigneur, les annales qui étaient sacrées.

12 Et il arriva qu'ils rassemblèrent, sur toute la surface du pays, tout le peuple qui n'avait pas été tué, sauf Éther.

13 Et il arriva qu'Éther vit toutes les actions du peuple ; et il vit que le peuple qui était pour Coriantumr était rassemblé dans l'armée de Coriantumr, et le peuple qui était pour Shiz était rassemblé dans l'armée de Shiz.

14 C'est pourquoi, ils passèrent quatre années à rassembler le peuple, afin d'avoir tous ceux qui étaient à la surface du pays et afin de recevoir toutes les forces qu'il leur était possible de recevoir.

15 Et il arriva que lorsqu'ils furent tous rassemblés, chacun dans l'armée de son choix, avec leurs femmes et leurs enfants — les hommes, les femmes et les enfants armés d'armes de guerre, avec des boucliers, et des plastrons de cuirasse, et des casques, et vêtus pour la guerre, ils marchèrent les uns contre les autres en bataille ; et ils combattirent tout ce jour-là, et ne vainquirent pas.

16 Et il arriva que lorsque ce fut la nuit, ils furent las et se retirèrent dans leurs camps ; et après s'être retirés dans leurs camps, ils commencèrent à hurler et à se lamenter pour la perte de ceux de leur peuple qui avaient été tués ; et si grands furent leurs cris, leurs hurlements et leurs lamentations qu'ils en déchirèrent l'air extrêmement.

17 Et il arriva que le lendemain, ils retournèrent à la bataille, et grand et terrible fut ce jour-là ; néanmoins, ils ne vainquirent pas, et lorsque la nuit revint, ils déchirèrent l'air de leurs cris, et de leurs hurlements, et de leurs pleurs, pour la perte de ceux de leur peuple qui avaient été tués.

18 Et il arriva que Coriantumr écrivit de nouveau une épître à Shiz, demandant qu'il ne revînt plus livrer bataille, mais qu'il prît le royaume et épargnât la vie du peuple.

that he would take the kingdom, and spare the lives of the people.

19 But behold, the Spirit of the Lord had ceased striving with them, and Satan had full power over the hearts of the people; for they were given up unto the hardness of their hearts, and the blindness of their minds that they might be destroyed; wherefore they went again to battle.

20 And it came to pass that they fought all that day, and when the night came they slept upon their swords.

21 And on the morrow they fought even until the night came.

22 And when the night came they were drunken with anger, even as a man who is drunken with wine; and they slept again upon their swords.

23 And on the morrow they fought again; and when the night came they had all fallen by the sword save it were fifty and two of the people of Coriantumr, and sixty and nine of the people of Shiz.

24 And it came to pass that they slept upon their swords that night, and on the morrow they fought again, and they contended in their might with their swords and with their shields, all that day.

25 And when the night came there were thirty and two of the people of Shiz, and twenty and seven of the people of Coriantumr.

26 And it came to pass that they ate and slept, and prepared for death on the morrow. And they were large and mighty men as to the strength of men.

27 And it came to pass that they fought for the space of three hours, and they fainted with the loss of blood.

28 And it came to pass that when the men of Coriantumr had received sufficient strength that they could walk, they were about to flee for their lives; but behold, Shiz arose, and also his men, and he swore in his wrath that he would slay Coriantumr or he would perish by the sword.

29 Wherefore, he did pursue them, and on the morrow he did overtake them; and they fought again with the sword. And it came to pass that when they had all fallen by the sword, save it were Coriantumr and Shiz, behold Shiz had fainted with the loss of blood.

19 Mais voici, l'Esprit du Seigneur avait cessé de lutter avec eux, et Satan avait plein pouvoir sur le cœur du peuple ; car ils s'étaient livrés à l'endurcissement de leur cœur et à l'aveuglement de leur esprit, afin qu'ils fussent détruits ; c'est pourquoi ils allèrent de nouveau livrer bataille.

20 Et il arriva qu'ils combattirent tout ce jour-là, et lorsque la nuit vint, ils dormirent sur leurs épées.

21 Et le lendemain, ils combattirent jusqu'à ce que la nuit vînt.

22 Et lorsque la nuit vint, ils étaient ivres de colère, comme un homme est ivre de vin ; et ils dormirent de nouveau sur leurs épées.

23 Et le lendemain, ils combattirent de nouveau, et lorsque la nuit vint, ils étaient tous tombés par l'épée, sauf cinquante-deux du peuple de Coriantumr et soixante-neuf du peuple de Shiz.

24 Et il arriva qu'ils dormirent sur leurs épées cette nuit-là et, le lendemain, ils combattirent de nouveau, et ils luttèrent de toutes leurs forces avec leurs épées et avec leurs boucliers, tout ce jour-là.

25 Et lorsque la nuit vint, il y en avait trente-deux du peuple de Shiz et vingt-sept du peuple de Coriantumr.

26 Et il arriva qu'ils mangèrent et dormirent, et se préparèrent à mourir le lendemain. Et c'étaient des hommes grands et puissants quant à la force des hommes.

27 Et il arriva qu'ils combattirent pendant trois heures, et ils s'évanouirent à cause de la perte de leur sang.

28 Et il arriva que lorsque les hommes de Coriantumr eurent reçu suffisamment de force pour pouvoir marcher, ils étaient sur le point de fuir pour sauver leur vie ; mais voici, Shiz se leva, et ses hommes aussi, et il jura dans sa colère qu'il tuerait Coriantumr ou périrait par l'épée.

29 C'est pourquoi, il les poursuivit et, le lendemain, il les rattrapa ; et ils combattirent de nouveau avec l'épée. Et il arriva que lorsqu'ils furent tous tombés par l'épée, sauf Coriantumr et Shiz, voici, Shiz s'était évanoui à cause de la perte de son sang.

30 And it came to pass that when Coriantumr had leaned upon his sword, that he rested a little, he smote off the head of Shiz.

31 And it came to pass that after he had smitten off the head of Shiz, that Shiz raised up on his hands and fell; and after that he had struggled for breath, he died.

32 And it came to pass that Coriantumr fell to the earth, and became as if he had no life.

33 And the Lord spake unto Ether, and said unto him: Go forth. And he went forth, and beheld that the words of the Lord had all been fulfilled; and he finished his record; (and the hundredth part I have not written) and he hid them in a manner that the people of Limhi did find them.

34 Now the last words which are written by Ether are these: Whether the Lord will that I be translated, or that I suffer the will of the Lord in the flesh, it mattereth not, if it so be that I am saved in the kingdom of God. Amen.

THE BOOK OF MORONI

CHAPTER 1

Moroni writes for the benefit of the Lamanites—The Nephites who will not deny Christ are put to death. About A.D. 401–21.

1 Now I, Moroni, after having made an end of abridging the account of the people of Jared, I had supposed not to have written more, but I have not as yet perished; and I make not myself known to the Lamanites lest they should destroy me.

2 For behold, their wars are exceedingly fierce among themselves; and because of their hatred they put to death every Nephite that will not deny the Christ.

3 And I, Moroni, will not deny the Christ; wherefore, I wander whithersoever I can for the safety of mine own life.

4 Wherefore, I write a few more things, contrary to that which I had supposed; for I had supposed not to have written any more; but I write a few more things, that perhaps they

---

30 Et il arriva que lorsque Coriantumr se fut appuyé sur son épée, afin de se reposer un peu, il coupa la tête de Shiz.

31 Et il arriva que lorsqu'il eut coupé la tête de Shiz, Shiz se souleva sur les mains et tomba ; et après s'être débattu pour respirer, il mourut.

32 Et il arriva que Coriantumr tomba sur le sol et devint comme s'il était sans vie.

33 Et le Seigneur parla à Éther et lui dit : Sors. Et il sortit et vit que les paroles du Seigneur s'étaient toutes accomplies, et il finit ses annales (et je n'en ai pas écrit la centième partie) ; et il les cacha de telle manière que le peuple de Limhi les trouva.

34 Or, les dernières paroles écrites par Éther sont celles-ci : Que le Seigneur veuille que je sois enlevé au ciel, ou que je souffre la volonté du Seigneur dans la chair, cela n'a pas d'importance, si je suis sauvé dans le royaume de Dieu. Amen.

LIVRE DE MORONI

CHAPITRE 1

Moroni écrit pour le profit des Lamanites — Les Néphites qui ne veulent pas nier le Christ sont mis à mort. Vers 401–421 apr. J.-C.

1 Or, moi, Moroni, après avoir fini d'abréger l'histoire du peuple de Jared, j'avais pensé que je n'écrirais pas davantage, mais je n'ai pas encore péri ; et je ne me fais pas connaître aux Lamanites, de peur qu'ils ne me fassent périr.

2 Car voici, leurs guerres entre eux sont extrêmement féroces ; et à cause de leur haine, ils mettent à mort tout Néphite qui ne veut pas nier le Christ.

3 Et moi, Moroni, je ne veux pas nier le Christ ; c'est pourquoi j'erre partout où je peux pour la sécurité de ma vie.

4 C'est pourquoi, j'écris encore un petit nombre de choses, contrairement à ce que j'avais pensé ; car j'avais pensé que je n'écri-

may be of worth unto my brethren, the Lamanites, in some future day, according to the will of the Lord.

CHAPTER 2

Jesus gave the twelve Nephite disciples power to confer the gift of the Holy Ghost. About A.D. 401–21.

1 The words of Christ, which he spake unto his disciples, the twelve whom he had chosen, as he laid his hands upon them—

2 And he called them by name, saying: Ye shall call on the Father in my name, in mighty prayer; and after ye have done this ye shall have power that to him upon whom ye shall lay your hands, ye shall give the Holy Ghost; and in my name shall ye give it, for thus do mine apostles.

3 Now Christ spake these words unto them at the time of his first appearing; and the multitude heard it not, but the disciples heard it; and on as many as they laid their hands, fell the Holy Ghost.

CHAPTER 3

Elders ordain priests and teachers by the laying on of hands. About A.D. 401–21.

1 The manner which the disciples, who were called the elders of the church, ordained priests and teachers—

2 After they had prayed unto the Father in the name of Christ, they laid their hands upon them, and said:

3 In the name of Jesus Christ I ordain you to be a priest (or if he be a teacher, I ordain you to be a teacher) to preach repentance and remission of sins through Jesus Christ, by the endurance of faith on his name to the end. Amen.

4 And after this manner did they ordain priests and teachers, according to the gifts and callings of God unto men; and they ordained them by the power of the Holy Ghost, which was in them.

rais plus ; mais j'écris encore un petit nombre de choses, afin qu'elles aient peut-être de la valeur pour mes frères, les Lamanites, un jour futur, selon la volonté du Seigneur.

CHAPITRE 2

Jésus donna aux douze disciples néphites le pouvoir de conférer le don du Saint-Esprit. Vers 401–421 apr. J.-C.

1 Paroles que le Christ dit à ses disciples, les douze qu'il avait choisis, tandis qu'il leur imposait les mains :

2 Et il les appela par leur nom, disant : Vous invoquerez le Père en mon nom, en prière fervente ; et lorsque vous aurez fait cela, vous aurez le pouvoir de donner le Saint-Esprit à celui à qui vous imposerez les mains ; et vous le donnerez en mon nom, car c'est ainsi que font mes apôtres.

3 Or, le Christ leur dit ces paroles au moment de sa première apparition ; et la multitude ne l'entendit pas, mais les disciples l'entendirent ; et le Saint-Esprit descendit sur tous ceux à qui ils imposèrent les mains.

CHAPITRE 3

Les anciens ordonnent des prêtres et des instructeurs par l'imposition des mains. Vers 401–421 apr. J.-C.

1 Manière dont les disciples, qui étaient appelés les anciens de l'Église, ordonnaient les prêtres et les instructeurs :

2 Après avoir prié le Père au nom du Christ, ils leur imposaient les mains et disaient :

3 Au nom de Jésus-Christ, je t'ordonne prêtre (ou, si c'était un instructeur, je t'ordonne instructeur), pour prêcher le repentir et le pardon des péchés par l'intermédiaire de Jésus-Christ, par la persévérance de la foi en son nom jusqu'à la fin. Amen.

4 Et c'est de cette manière qu'ils ordonnaient les prêtres et les instructeurs, selon les dons et les appels de Dieu aux hommes ; et ils les ordonnaient par le pouvoir du Saint-Esprit qui était en eux.

CHAPTER 4

CHAPITRE 4

How elders and priests administer the sacramental bread is explained. About A.D. 401–21.

Comment les anciens et les prêtres bénissent et distribuent le pain de la Sainte-Cène. Vers 401–421 apr. J.-C.

1 The manner of their elders and priests administering the flesh and blood of Christ unto the church; and they administered it according to the commandments of Christ; wherefore we know the manner to be true; and the elder or priest did minister it—

1 Manière dont leurs anciens et leurs prêtres bénissaient la chair et le sang du Christ pour l'Église ; et ils les bénissaient selon les commandements du Christ ; c'est pourquoi, nous savons que cette manière est vraie ; et l'ancien ou le prêtre les bénissait et les distribuait ;

2 And they did kneel down with the church, and pray to the Father in the name of Christ, saying:

2 Et ils s'agenouillaient avec l'Église et priaient le Père au nom du Christ, disant :

3 O God, the Eternal Father, we ask thee in the name of thy Son, Jesus Christ, to bless and sanctify this bread to the souls of all those who partake of it; that they may eat in remembrance of the body of thy Son, and witness unto thee, O God, the Eternal Father, that they are willing to take upon them the name of thy Son, and always remember him, and keep his commandments which he hath given them, that they may always have his Spirit to be with them. Amen.

3 Ô Dieu, Père éternel, nous te demandons, au nom de ton Fils, Jésus-Christ, de bénir et de sanctifier ce pain pour l'âme de tous ceux qui en prennent, afin qu'ils le mangent en souvenir du corps de ton Fils, et te témoignent, ô Dieu, Père éternel, qu'ils sont disposés à prendre sur eux le nom de ton Fils, se souvenir toujours de lui et garder les commandements qu'il leur a donnés, afin qu'ils aient toujours son Esprit avec eux. Amen.

CHAPTER 5

CHAPITRE 5

The mode of administering the sacramental wine is set forth. About A.D. 401–21.

Manière de bénir le vin de la Sainte-Cène. Vers 401–421 apr. J.-C.

1 The manner of administering the wine—Behold, they took the cup, and said:

1 Manière de bénir le vin : Voici, ils prenaient la coupe et disaient :

2 O God, the Eternal Father, we ask thee, in the name of thy Son, Jesus Christ, to bless and sanctify this wine to the souls of all those who drink of it, that they may do it in remembrance of the blood of thy Son, which was shed for them; that they may witness unto thee, O God, the Eternal Father, that they do always remember him, that they may have his Spirit to be with them. Amen.

2 Ô Dieu, Père éternel, nous te demandons, au nom de ton Fils, Jésus-Christ, de bénir et de sanctifier ce vin pour l'âme de tous ceux qui en boivent, afin qu'ils le fassent en souvenir du sang de ton Fils, qui a été versé pour eux, afin qu'ils te témoignent, ô Dieu, Père éternel, qu'ils se souviennent toujours de lui, et qu'ils aient son Esprit avec eux. Amen.

CHAPTER 6

CHAPITRE 6

Repentant persons are baptized and fellowshipped—Church members who repent are forgiven—Meetings are conducted by the power of the Holy Ghost. About A.D. 401–21.

Les personnes repentantes sont baptisées et intégrées — Les membres de l'Église qui se repentent sont pardonnés — Les réunions sont

dirigées par le pouvoir du Saint-Esprit. Vers 401–421 apr. J.-C.

1 And now I speak concerning baptism. Behold, elders, priests, and teachers were baptized; and they were not baptized save they brought forth fruit meet that they were worthy of it.

2 Neither did they receive any unto baptism save they came forth with a broken heart and a contrite spirit, and witnessed unto the church that they truly repented of all their sins.

3 And none were received unto baptism save they took upon them the name of Christ, having a determination to serve him to the end.

4 And after they had been received unto baptism, and were wrought upon and cleansed by the power of the Holy Ghost, they were numbered among the people of the church of Christ; and their names were taken, that they might be remembered and nourished by the good word of God, to keep them in the right way, to keep them continually watchful unto prayer, relying alone upon the merits of Christ, who was the author and the finisher of their faith.

5 And the church did meet together oft, to fast and to pray, and to speak one with another concerning the welfare of their souls.

6 And they did meet together oft to partake of bread and wine, in remembrance of the Lord Jesus.

7 And they were strict to observe that there should be no iniquity among them; and whoso was found to commit iniquity, and three witnesses of the church did condemn them before the elders, and if they repented not, and confessed not, their names were blotted out, and they were not numbered among the people of Christ.

8 But as oft as they repented and sought forgiveness, with real intent, they were forgiven.

9 And their meetings were conducted by the church after the manner of the workings of the Spirit, and by the power of the Holy Ghost; for as the power of the Holy Ghost led them whether to preach, or to exhort, or to pray, or to supplicate, or to sing, even so it was done.

1 Et maintenant, je parle du baptême. Voici, les anciens, les prêtres et les instructeurs étaient baptisés ; et ils n'étaient baptisés que s'ils produisaient du fruit montrant qu'ils en étaient dignes.

2 Et ils ne recevaient pour le baptême que ceux qui s'avançaient, le cœur brisé et l'esprit contrit, et témoignaient à l'Église qu'ils se repentaient vraiment de tous leurs péchés.

3 Et nul n'était reçu au baptême s'il ne prenait sur lui le nom du Christ, décidé à le servir jusqu'à la fin.

4 Et après avoir été reçus au baptême et avoir été touchés et purifiés par le pouvoir du Saint-Esprit, ils étaient comptés parmi le peuple de l'Église du Christ ; et leur nom était pris, pour qu'on se souvînt d'eux et qu'on les nourrît de la bonne parole de Dieu, pour les garder dans la voie droite, pour les garder continuellement attentifs à la prière, se reposant uniquement sur les mérites du Christ, qui était l'auteur et le consommateur de leur foi.

5 Et les membres de l'Église se réunissaient souvent pour jeûner et pour prier, et pour se parler l'un à l'autre du bien-être de leur âme.

6 Et ils se réunissaient souvent pour prendre le pain et le vin en souvenir du Seigneur Jésus.

7 Et ils étaient stricts à veiller à ce qu'il n'y eût pas d'iniquité parmi eux ; et tous ceux qui étaient trouvés commettant l'iniquité, trois témoins de l'Église les condamnaient devant les anciens, et s'ils ne se repentaient pas, et neconfessaient pas, leur nom était effacé, et ils n'étaient plus comptés parmi le peuple du Christ.

8 Mais aussi souvent qu'ils se repentaient et recherchaient le pardon avec une intention réelle, ils étaient pardonnés.

9 Et leurs réunions étaient dirigées par l'Église, selon l'inspiration de l'Esprit et par le pouvoir du Saint-Esprit ; car, selon que le pouvoir du Saint-Esprit les conduisait soit à prêcher, soit à exhorter, soit à prier, soit à supplier, soit à chanter, ainsi faisait-on.

CHAPTER 7

CHAPITRE 7

An invitation is given to enter into the rest of the Lord—Pray with real intent—The Spirit of Christ enables men to know good from evil—Satan persuades men to deny Christ and do evil—The prophets manifest the coming of Christ—By faith, miracles are wrought and angels minister—Men should hope for eternal life and cleave unto charity. About A.D. 401–21.

Invitation à entrer dans le repos du Seigneur — Priez avec une intention réelle — L'Esprit du Christ permet aux hommes de distinguer le bien du mal — Satan persuade les hommes de nier le Christ et de faire le mal — Les prophètes rendent manifeste la venue du Christ — C'est par la foi que les miracles s'accomplissent et que les anges exercent leur ministère — Les hommes doivent espérer la vie éternelle et s'attacher à la charité. Vers 401–421 apr. J.-C.

1 And now I, Moroni, write a few of the words of my father Mormon, which he spake concerning faith, hope, and charity; for after this manner did he speak unto the people, as he taught them in the synagogue which they had built for the place of worship.

2 And now I, Mormon, speak unto you, my beloved brethren; and it is by the grace of God the Father, and our Lord Jesus Christ, and his holy will, because of the gift of his calling unto me, that I am permitted to speak unto you at this time.

3 Wherefore, I would speak unto you that are of the church, that are the peaceable followers of Christ, and that have obtained a sufficient hope by which ye can enter into the rest of the Lord, from this time henceforth until ye shall rest with him in heaven.

4 And now my brethren, I judge these things of you because of your peaceable walk with the children of men.

5 For I remember the word of God which saith by their works ye shall know them; for if their works be good, then they are good also.

6 For behold, God hath said a man being evil cannot do that which is good; for if he offereth a gift, or prayeth unto God, except he shall do it with real intent it profiteth him nothing.

7 For behold, it is not counted unto him for righteousness.

8 For behold, if a man being evil giveth a gift, he doeth it grudgingly; wherefore it is counted unto him the same as if he had retained the gift; wherefore he is counted evil before God.

1 Et maintenant, moi, Moroni, j'écris quelques-unes des paroles que mon père Mormon prononça concernant la foi, l'espérance et la charité ; car c'est de cette manière qu'il parla au peuple, tandis qu'il l'instruisait dans la synagogue qu'ils avaient bâtie comme lieu de culte.

2 Et maintenant, moi, Mormon, je vous parle, mes frères bien-aimés ; et c'est par la grâce de Dieu le Père, et de notre Seigneur Jésus-Christ, et par sa sainte volonté, à cause du don de l'appel qu'il m'a fait, qu'il m'est permis de vous parler en ce moment.

3 C'est pourquoi, je voudrais vous parler, à vous qui êtes de l'Église, qui êtes les disciples paisibles du Christ et qui avez obtenu l'espérance suffisante, par laquelle vous pouvez entrer dans le repos du Seigneur, dorénavant, jusqu'à ce que vous vous reposiez avec lui au ciel.

4 Et maintenant, mes frères, je vous juge ainsi à cause de votre conduite paisible envers les enfants des hommes.

5 Car je me souviens de la parole de Dieu qui dit que vous les reconnaîtrez à leurs œuvres ; car si leurs œuvres sont bonnes, alors ils sont bons aussi.

6 Car voici, Dieu a dit qu'un homme méchant ne peut pas faire ce qui est bien ; car s'il offre un don, ou prie Dieu, s'il ne le fait pas avec une intention réelle, cela ne lui profite en rien.

7 Car voici, cela ne lui est pas imputé comme justice.

8 Car voici, si un homme méchant fait un don, il le fait à contrecœur ; c'est pourquoi, cela lui est imputé comme s'il avait retenu le don ; c'est pourquoi, il est imputé comme mauvais devant Dieu.

9 And likewise also is it counted evil unto a man, if he shall pray and not with real intent of heart; yea, and it profiteth him nothing, for God receiveth none such.

10 Wherefore, a man being evil cannot do that which is good; neither will he give a good gift.

11 For behold, a bitter fountain cannot bring forth good water; neither can a good fountain bring forth bitter water; wherefore, a man being a servant of the devil cannot follow Christ; and if he follow Christ he cannot be a servant of the devil.

12 Wherefore, all things which are good cometh of God; and that which is evil cometh of the devil; for the devil is an enemy unto God, and fighteth against him continually, and inviteth and enticeth to sin, and to do that which is evil continually.

13 But behold, that which is of God inviteth and enticeth to do good continually; wherefore, every thing which inviteth and enticeth to do good, and to love God, and to serve him, is inspired of God.

14 Wherefore, take heed, my beloved brethren, that ye do not judge that which is evil to be of God, or that which is good and of God to be of the devil.

15 For behold, my brethren, it is given unto you to judge, that ye may know good from evil; and the way to judge is as plain, that ye may know with a perfect knowledge, as the daylight is from the dark night.

16 For behold, the Spirit of Christ is given to every man, that he may know good from evil; wherefore, I show unto you the way to judge; for every thing which inviteth to do good, and to persuade to believe in Christ, is sent forth by the power and gift of Christ; wherefore ye may know with a perfect knowledge it is of God.

17 But whatsoever thing persuadeth men to do evil, and believe not in Christ, and deny him, and serve not God, then ye may know with a perfect knowledge it is of the devil; for after this manner doth the devil work, for he persuadeth no man to do good, no, not one; neither do his angels; neither do they who subject themselves unto him.

9 Et de même aussi cela est imputé comme mal à un homme, s'il prie et ne le fait pas avec une intention réelle du cœur ; oui, et cela ne lui profite en rien, car Dieu ne reçoit aucun de ceux-là.

10 C'est pourquoi, un homme méchant ne peut pas faire ce qui est bien ; et il ne fera pas non plus un bon don.

11 Car voici, une source amère ne peut pas produire de bonne eau ; et une bonne source ne peut pas non plus produire de l'eau amère ; c'est pourquoi, un homme qui est serviteur du diable ne peut pas suivre le Christ ; et s'il suit le Christ, il ne peut pas être serviteur du diable.

12 C'est pourquoi, tout ce qui est bien vient de Dieu ; et ce qui est mal vient du diable ; car le diable est ennemi de Dieu, et le combat continuellement, et invite et incite continuellement à pécher et à faire ce qui est mal.

13 Mais voici, ce qui est de Dieu invite et incite continuellement à faire ce qui est bien ; c'est pourquoi, tout ce qui invite et incite à faire le bien, et à aimer Dieu, et à le servir, est inspiré de Dieu.

14 C'est pourquoi, prenez garde, mes frères bien-aimés, de juger que ce qui est mal est de Dieu, ou que ce qui est bien et de Dieu est du diable.

15 Car voici, mes frères, il vous est donné de juger, afin que vous discerniez le bien du mal ; et la façon de juger, afin de savoir avec une connaissance parfaite, est aussi claire que la lumière du jour par rapport à la nuit sombre.

16 Car voici, l'Esprit du Christ est donné à tout homme afin qu'il puisse discerner le bien du mal ; c'est pourquoi, je vous montre la façon de juger ; car tout ce qui invite à faire le bien et à persuader de croire au Christ est envoyé par le pouvoir et le don du Christ ; c'est pourquoi vous pouvez savoir avec une connaissance parfaite que c'est de Dieu.

17 Mais tout ce qui persuade les hommes de faire le mal et de ne pas croire au Christ, et de le nier, et de ne pas servir Dieu, alors vous pouvez savoir avec une connaissance parfaite que c'est du diable ; car c'est de cette manière que le diable opère, car il ne persuade aucun homme de faire le bien, non, pas un seul ; ni ses anges non plus, ni ceux qui se soumettent à lui.

18 And now, my brethren, seeing that ye know the light by which ye may judge, which light is the light of Christ, see that ye do not judge wrongfully; for with that same judgment which ye judge ye shall also be judged.

19 Wherefore, I beseech of you, brethren, that ye should search diligently in the light of Christ that ye may know good from evil; and if ye will lay hold upon every good thing, and condemn it not, ye certainly will be a child of Christ.

20 And now, my brethren, how is it possible that ye can lay hold upon every good thing?

21 And now I come to that faith, of which I said I would speak; and I will tell you the way whereby ye may lay hold on every good thing.

22 For behold, God knowing all things, being from everlasting to everlasting, behold, he sent angels to minister unto the children of men, to make manifest concerning the coming of Christ; and in Christ there should come every good thing.

23 And God also declared unto prophets, by his own mouth, that Christ should come.

24 And behold, there were divers ways that he did manifest things unto the children of men, which were good; and all things which are good cometh of Christ; otherwise men were fallen, and there could no good thing come unto them.

25 Wherefore, by the ministering of angels, and by every word which proceeded forth out of the mouth of God, men began to exercise faith in Christ; and thus by faith, they did lay hold upon every good thing; and thus it was until the coming of Christ.

26 And after that he came men also were saved by faith in his name; and by faith, they become the sons of God. And as surely as Christ liveth he spake these words unto our fathers, saying: Whatsoever thing ye shall ask the Father in my name, which is good, in faith believing that ye shall receive, behold, it shall be done unto you.

27 Wherefore, my beloved brethren, have miracles ceased because Christ hath ascended into heaven, and hath sat down on the right hand of God, to claim of the Father his rights of mercy which he hath upon the children of men?

18 Et maintenant, mes frères, étant donné que vous connaissez la lumière par laquelle vous pouvez juger, laquelle lumière est la lumière du Christ, veillez à ne pas juger à tort ; car de ce même jugement dont vous jugez, vous serez aussi jugés.

19 C'est pourquoi, je vous supplie, frères, de rechercher diligemment dans la lumière du Christ afin de discerner le bien du mal ; et si vous vous saisissez de toute bonne chose, et ne la condamnez pas, vous serez certainement enfantsdu Christ.

20 Et maintenant, mes frères, comment vous est-il possible de vous saisir de toute bonne chose ?

21 Et maintenant, j'en arrive à cette foi dont j'ai dit que je parlerais ; et je vais vous dire la façon dont vous pouvez vous saisir de toute bonne chose.

22 Car voici, sachant tout, étant d'éternité en éternité, voici, Dieu a envoyé des anges pour servir les enfants des hommes, pour rendre manifeste ce qui concerne la venue du Christ ; et, dans le Christ, tout ce qui était bon devait venir.

23 Et Dieu a aussi déclaré aux prophètes, de sa propre bouche, que le Christ viendrait.

24 Et voici, il a eu diverses façons de manifester aux enfants des hommes des choses qui étaient bonnes ; et tout ce qui est bon vient du Christ ; autrement, les hommes étaient déchus, et rien de bon ne pouvait leur advenir.

25 C'est pourquoi, par le ministère d'anges et par toute parole qui sort de la bouche de Dieu, les hommes commencèrent à faire preuve de foi au Christ ; et ainsi, par la foi, ils se saisirent de tout ce qui est bon ; et il en fut ainsi jusqu'à la venue du Christ.

26 Et lorsqu'il fut venu, les hommes furent aussi sauvés par la foi en son nom ; et par la foi, ils deviennent les fils de Dieu. Et aussi sûrement que le Christ vit, il a dit ces paroles à nos pères : Tout ce que vous demanderez de bon au Père, en mon nom, croyant avec foi que vous recevrez, voici, cela vous sera fait.

27 C'est pourquoi, mes frères bien-aimés, les miracles ont-ils cessé parce que le Christ est monté au ciel et s'est assis à la droite de Dieu, pour réclamer au Père les droits de miséricorde qu'il a sur les enfants des hommes ?

28 For he hath answered the ends of the law, and he claimeth all those who have faith in him; and they who have faith in him will cleave unto every good thing; wherefore he advocateth the cause of the children of men; and he dwelleth eternally in the heavens.

29 And because he hath done this, my beloved brethren, have miracles ceased? Behold I say unto you, Nay; neither have angels ceased to minister unto the children of men.

30 For behold, they are subject unto him, to minister according to the word of his command, showing themselves unto them of strong faith and a firm mind in every form of godliness.

31 And the office of their ministry is to call men unto repentance, and to fulfil and to do the work of the covenants of the Father, which he hath made unto the children of men, to prepare the way among the children of men, by declaring the word of Christ unto the chosen vessels of the Lord, that they may bear testimony of him.

32 And by so doing, the Lord God prepareth the way that the residue of men may have faith in Christ, that the Holy Ghost may have place in their hearts, according to the power thereof; and after this manner bringeth to pass the Father, the covenants which he hath made unto the children of men.

33 And Christ hath said: If ye will have faith in me ye shall have power to do whatsoever thing is expedient in me.

34 And he hath said: Repent all ye ends of the earth, and come unto me, and be baptized in my name, and have faith in me, that ye may be saved.

35 And now, my beloved brethren, if this be the case that these things are true which I have spoken unto you, and God will show unto you, with power and great glory at the last day, that they are true, and if they are true has the day of miracles ceased?

36 Or have angels ceased to appear unto the children of men? Or has he withheld the power of the Holy Ghost from them? Or will he, so long as time shall last, or the earth shall stand, or there shall be one man upon the face thereof to be saved?

37 Behold I say unto you, Nay; for it is by faith that miracles are wrought; and it is by faith that angels appear and minister unto

28 Car il a satisfait aux buts de la loi, et il réclame tous ceux qui ont foi en lui ; et ceux qui ont foi en lui s'attachent à tout ce qui est bon ; c'est pourquoi, il défend la cause des enfants des hommes ; et il demeure éternellement dans les cieux.

29 Et parce qu'il a fait cela, mes frères bien-aimés, les miracles ont-ils cessé ? Voici, je vous dis que non ; et les anges n'ont pas cessé non plus de servir les enfants des hommes.

30 Car voici, ils lui sont soumis, pour servir selon la parole de son commandement, se montrant à ceux qui ont la foi forte et l'esprit ferme dans toutes les formes de la piété.

31 Et l'office de leur ministère est d'appeler les hommes au repentir et d'accomplir et de faire l'œuvre des alliances que le Père a faites avec les enfants des hommes, pour préparer le chemin parmi les enfants des hommes, en annonçant la parole du Christ aux vases choisis du Seigneur, afin qu'ils témoignent de lui.

32 Et ce faisant, le Seigneur Dieu prépare le chemin pour que le reste des hommes ait foi au Christ, pour que le Saint-Esprit ait place dans leur cœur, selon son pouvoir ; et c'est de cette manière que le Père accomplit les alliances qu'il a faites avec les enfants des hommes.

33 Et le Christ a dit : Si vous avez foi en moi, vous aurez le pouvoir de faire tout ce qui est utile en moi.

34 Et il a dit : Repentez-vous, toutes les extrémités de la terre, et venez à moi, et soyez baptisées en mon nom, et ayez foi en moi, afin que vous soyez sauvées.

35 Et maintenant, mes frères bien-aimés, si ces choses que je vous ai dites sont vraies, et Dieu vous montrera, avec puissance et une grande gloire au dernier jour qu'elles sont vraies, et si elles sont vraies, le jour des miracles a-t-il cessé ?

36 Ou les anges ont-ils cessé d'apparaître aux enfants des hommes ? Ou leur a-t-il refusé le pouvoir du Saint-Esprit ? Ou le fera-t-il, aussi longtemps que le temps durera, ou que la terre demeurera, ou qu'il y aura, à la surface de la terre, un seul homme à sauver ?

37 Voici, je vous dis que non ; car c'est par la foi que les miracles s'accomplissent ; et c'est par la foi que les anges apparaissent

men; wherefore, if these things have ceased wo be unto the children of men, for it is because of unbelief, and all is vain.

38 For no man can be saved, according to the words of Christ, save they shall have faith in his name; wherefore, if these things have ceased, then has faith ceased also; and awful is the state of man, for they are as though there had been no redemption made.

39 But behold, my beloved brethren, I judge better things of you, for I judge that ye have faith in Christ because of your meekness; for if ye have not faith in him then ye are not fit to be numbered among the people of his church.

40 And again, my beloved brethren, I would speak unto you concerning hope. How is it that ye can attain unto faith, save ye shall have hope?

41 And what is it that ye shall hope for? Behold I say unto you that ye shall have hope through the atonement of Christ and the power of his resurrection, to be raised unto life eternal, and this because of your faith in him according to the promise.

42 Wherefore, if a man have faith he must needs have hope; for without faith there cannot be any hope.

43 And again, behold I say unto you that he cannot have faith and hope, save he shall be meek, and lowly of heart.

44 If so, his faith and hope is vain, for none is acceptable before God, save the meek and lowly in heart; and if a man be meek and lowly in heart, and confesses by the power of the Holy Ghost that Jesus is the Christ, he must needs have charity; for if he have not charity he is nothing; wherefore he must needs have charity.

45 And charity suffereth long, and is kind, and envieth not, and is not puffed up, seeketh not her own, is not easily provoked, thinketh no evil, and rejoiceth not in iniquity but rejoiceth in the truth, beareth all things, believeth all things, hopeth all things, endureth all things.

46 Wherefore, my beloved brethren, if ye have not charity, ye are nothing, for charity never faileth. Wherefore, cleave unto charity, which is the greatest of all, for all things must fail—

aux hommes et les servent ; c'est pourquoi, si ces choses ont cessé, malheur aux enfants des hommes, car c'est à cause de l'incrédulité, et tout est vain.

38 Car nul ne peut être sauvé, selon les paroles du Christ, s'il n'a la foi en son nom ; c'est pourquoi, si ces choses ont cessé, alors la foi a cessé aussi ; et affreux est l'état de l'homme, car il est comme si aucune rédemption n'avait été faite.

39 Mais voici, mes frères bien-aimés, je vous juge mieux que cela, car je juge que vous avez foi au Christ à cause de votre humilité ; car si vous n'avez pas foi en lui, alors vous n'êtes pas dignes d'être comptés parmi le peuple de son Église.

40 Et en outre, mes frères bien-aimés, je voudrais vous parler de l'espérance. Comment pouvez-vous parvenir à la foi si vous n'avez pas l'espérance ?

41 Et qu'allez-vous espérer ? Voici, je vous dis que vous aurez l'espérance, par l'expiation du Christ et le pouvoir de sa résurrection, d'être ressuscités pour la vie éternelle, et cela à cause de votre foi en lui, selon la promesse.

42 C'est pourquoi, si un homme a la foi, il doit nécessairement avoir l'espérance ; car, sans la foi, il ne peut y avoir d'espérance.

43 Et en outre, voici, je vous dis qu'il ne peut avoir la foi et l'espérance s'il n'est doux et humble de cœur.

44 Sinon, sa foi et son espérance sont vaines, car nul n'est acceptable devant Dieu, si ce n'est ceux qui sont doux et humbles de cœur ; et si un homme est doux et humble de cœur, et confesse par le pouvoir du Saint-Esprit que Jésus est le Christ, il doit nécessairement avoir la charité ; car s'il n'a pas la charité, il n'est rien ; c'est pourquoi il doit nécessairement avoir la charité.

45 Et la charité est patiente, et est pleine de bonté, et n'est pas envieuse, et ne s'enfle pas d'orgueil, ne cherche pas son intérêt, ne s'irrite pas, ne soupçonne pas le mal, et ne se réjouit pas de l'injustice, mais se réjouit de la vérité, excuse tout, croit tout, espère tout, supporte tout.

46 C'est pourquoi, mes frères bien-aimés, si vous n'avez pas la charité, vous n'êtes rien, car la charité ne périt jamais. C'est pourquoi, attachez-vous à la charité, qui est ce qu'il y a de plus grand, car tout succombera ;

47 But charity is the pure love of Christ, and it endureth forever; and whoso is found possessed of it at the last day, it shall be well with him.

48 Wherefore, my beloved brethren, pray unto the Father with all the energy of heart, that ye may be filled with this love, which he hath bestowed upon all who are true followers of his Son, Jesus Christ; that ye may become the sons of God; that when he shall appear we shall be like him, for we shall see him as he is; that we may have this hope; that we may be purified even as he is pure. Amen.

CHAPTER 8

The baptism of little children is an evil abomination—Little children are alive in Christ because of the Atonement—Faith, repentance, meekness and lowliness of heart, receiving the Holy Ghost, and enduring to the end lead to salvation. About A.D. 401–21.

1 An epistle of my father Mormon, written to me, Moroni; and it was written unto me soon after my calling to the ministry. And on this wise did he write unto me, saying:

2 My beloved son, Moroni, I rejoice exceedingly that your Lord Jesus Christ hath been mindful of you, and hath called you to his ministry, and to his holy work.

3 I am mindful of you always in my prayers, continually praying unto God the Father in the name of his Holy Child, Jesus, that he, through his infinite goodness and grace, will keep you through the endurance of faith on his name to the end.

4 And now, my son, I speak unto you concerning that which grieveth me exceedingly; for it grieveth me that there should disputations rise among you.

5 For, if I have learned the truth, there have been disputations among you concerning the baptism of your little children.

6 And now, my son, I desire that ye should labor diligently, that this gross error should be removed from among you; for, for this intent I have written this epistle.

47 Mais la charité est l'amour pur du Christ, et elle subsiste à jamais ; et tout ira bien pour quiconque sera trouvé la possédant au dernier jour.

48 C'est pourquoi, mes frères bien-aimés, priez le Père de toute l'énergie de votre cœur, afin d'être remplis de cet amour qu'il a accordé à tous ceux qui sont de vrais disciples de son Fils, Jésus-Christ ; afin de devenir les fils de Dieu ; afin que lorsqu'il apparaîtra, nous soyons semblables à lui, car nous le verrons tel qu'il est ; afin que nous ayons cette espérance ; afin que nous soyons purifiés comme il est pur. Amen.

CHAPITRE 8

Le baptême des petits enfants est une abomination perverse — Les petits enfants sont vivants dans le Christ à cause de l'expiation — La foi, le repentir, la douceur et l'humilité de cœur, la réception du Saint-Esprit et la persévérance jusqu'à la fin conduisent au salut. Vers 401–421 apr. J.-C.

1 Épître de mon père Mormon écrite à moi, Moroni ; et elle me fut écrite peu après mon appel au ministère. Et il m'écrivit en ces termes :

2 Mon fils bien-aimé, Moroni, je me réjouis extrêmement de ce que ton Seigneur, Jésus-Christ, s'est souvenu de toi et t'a appelé à son ministère et à son œuvre sainte.

3 Je me souviens toujours de toi dans mes prières, priant continuellement Dieu le Père au nom de son saint Enfant, Jésus, pour que, par sa bonté et sa grâce infinies, il te garde, par la persévérance de la foi en son nom jusqu'à la fin.

4 Et maintenant, mon fils, je te parle concernant ce qui me peine extrêmement ; car cela me peine que des controverses s'élèvent parmi vous.

5 Car, si j'ai appris la vérité, il y a eu des controverses parmi vous concernant le baptême de vos petits enfants.

6 Et maintenant, mon fils, je désire que tu travailles diligemment, afin que cette erreur grossière soit ôtée de parmi vous ; car c'est dans ce but que j'ai écrit cette épître.

7 For immediately after I had learned these things of you I inquired of the Lord concerning the matter. And the word of the Lord came to me by the power of the Holy Ghost, saying:

8 Listen to the words of Christ, your Redeemer, your Lord and your God. Behold, I came into the world not to call the righteous but sinners to repentance; the whole need no physician, but they that are sick; wherefore, little children are whole, for they are not capable of committing sin; wherefore the curse of Adam is taken from them in me, that it hath no power over them; and the law of circumcision is done away in me.

9 And after this manner did the Holy Ghost manifest the word of God unto me; wherefore, my beloved son, I know that it is solemn mockery before God, that ye should baptize little children.

10 Behold I say unto you that this thing shall ye teach—repentance and baptism unto those who are accountable and capable of committing sin; yea, teach parents that they must repent and be baptized, and humble themselves as their little children, and they shall all be saved with their little children.

11 And their little children need no repentance, neither baptism. Behold, baptism is unto repentance to the fulfilling the commandments unto the remission of sins.

12 But little children are alive in Christ, even from the foundation of the world; if not so, God is a partial God, and also a changeable God, and a respecter to persons; for how many little children have died without baptism!

13 Wherefore, if little children could not be saved without baptism, these must have gone to an endless hell.

14 Behold I say unto you, that he that supposeth that little children need baptism is in the gall of bitterness and in the bonds of iniquity; for he hath neither faith, hope, nor charity; wherefore, should he be cut off while in the thought, he must go down to hell.

15 For awful is the wickedness to suppose that God saveth one child because of baptism, and the other must perish because he hath no baptism.

7 Car aussitôt que j'eus appris ces choses sur vous, je consultai le Seigneur à ce sujet. Et la parole du Seigneur me parvint par le pouvoir du Saint-Esprit, disant :

8 Écoute les paroles du Christ, ton Rédempteur, ton Seigneur et ton Dieu. Voici, je suis venu au monde, non pour appeler les justes, mais les pécheurs au repentir ; ce ne sont pas ceux qui se portent bien qui ont besoin de médecin, mais les malades ; c'est pourquoi, les petits enfants se portent bien, car ils ne sont pas capables de commettre le péché ; c'est pourquoi la malédiction d'Adam leur est ôtée en moi, de sorte qu'elle n'a aucun pouvoir sur eux ; et la loi de la circoncision est abolie en moi.

9 Et c'est de cette manière que le Saint-Esprit m'a manifesté la parole de Dieu ; c'est pourquoi, mon fils bien-aimé, je sais que c'est une moquerie solennelle devant Dieu que vous baptisiez les petits enfants.

10 Voici, je te dis que vous enseignerez ceci : le repentir et le baptême à ceux qui sont responsables et capables de commettre le péché ; oui, enseignez aux parents qu'ils doivent se repentir et être baptisés, et s'humilier comme leurs petits enfants, et ils seront tous sauvés avec leurs petits enfants.

11 Et leurs petits enfants n'ont pas besoin de repentir, ni de baptême. Voici, le baptême est pour le repentir, pour accomplir les commandements pour le pardon des péchés.

12 Mais les petits enfants sont vivants dans le Christ depuis la fondation du monde ; s'il n'en était pas ainsi, Dieu serait un Dieu partial, et aussi un Dieu changeant, qui ferait acception de personnes, car combien de petits enfants sont morts sans baptême !

13 C'est pourquoi, si les petits enfants ne pouvaient pas être sauvés sans baptême, ils iraient dans un enfer sans fin.

14 Voici, je te dis que celui qui pense que les petits enfants ont besoin de baptême est dans le fiel de l'amertume et dans les liens de l'iniquité ; car il n'a ni foi, ni espérance, ni charité ; c'est pourquoi, s'il était retranché pendant qu'il est dans cette pensée, il descendrait en enfer.

15 Car c'est une méchanceté affreuse de penser que Dieu sauve un enfant à cause du baptême, et que l'autre doit périr parce qu'il n'a pas de baptême.

16 Wo be unto them that shall pervert the ways of the Lord after this manner, for they shall perish except they repent. Behold, I speak with boldness, having authority from God; and I fear not what man can do; for perfect love casteth out all fear.

17 And I am filled with charity, which is everlasting love; wherefore, all children are alike unto me; wherefore, I love little children with a perfect love; and they are all alike and partakers of salvation.

18 For I know that God is not a partial God, neither a changeable being; but he is unchangeable from all eternity to all eternity.

19 Little children cannot repent; wherefore, it is awful wickedness to deny the pure mercies of God unto them, for they are all alive in him because of his mercy.

20 And he that saith that little children need baptism denieth the mercies of Christ, and setteth at naught the atonement of him and the power of his redemption.

21 Wo unto such, for they are in danger of death, hell, and an endless torment. I speak it boldly; God hath commanded me. Listen unto them and give heed, or they stand against you at the judgment-seat of Christ.

22 For behold that all little children are alive in Christ, and also all they that are without the law. For the power of redemption cometh on all them that have no law; wherefore, he that is not condemned, or he that is under no condemnation, cannot repent; and unto such baptism availeth nothing—

23 But it is mockery before God, denying the mercies of Christ, and the power of his Holy Spirit, and putting trust in dead works.

24 Behold, my son, this thing ought not to be; for repentance is unto them that are under condemnation and under the curse of a broken law.

25 And the first fruits of repentance is baptism; and baptism cometh by faith unto the fulfilling the commandments; and the fulfilling the commandments bringeth remission of sins;

26 And the remission of sins bringeth meekness, and lowliness of heart; and because of

16 Malheur à ceux qui pervertiront les voies du Seigneur de cette manière, car ils périront, à moins qu'ils ne se repentent. Voici, je parle avec hardiesse, ayant autorité de Dieu ; et je ne crains pas ce que l'homme peut faire, car l'amourparfait bannit toute crainte.

17 Et je suis rempli de charité, qui est l'amour éternel ; c'est pourquoi, tous les enfants sont égaux pour moi, c'est pourquoi, j'aime les petits enfants d'un amour parfait ; et ils sont tous égaux et participants du salut.

18 Car je sais que Dieu n'est pas un Dieu partial, ni un être changeant ; mais il est invariable de toute éternité à toute éternité.

19 Les petits enfants ne peuvent pas se repentir ; c'est pourquoi, c'est une affreuse méchanceté que de nier la pure miséricorde de Dieu envers eux, car ils sont tous vivants en lui à cause de sa miséricorde.

20 Et celui qui dit que les petits enfants ont besoin de baptême nie la miséricorde du Christ, et ignore son expiation et le pouvoir de sa rédemption.

21 Malheur à ceux-là, car ils sont en danger de mort, de l'enfer et d'un tourment sans fin. Je le dis hardiment : Dieu me l'a commandé. Écoutez mes paroles et prêtez-y attention, ou elles se dresseront contre vous au siège du jugement du Christ.

22 Car voici, tous les petits enfants sont vivants dans le Christ, et aussi tous ceux qui sont sans la loi. Car le pouvoir de la rédemption vient sur tous ceux qui n'ont pas de loi ; c'est pourquoi, celui qui n'est pas condamné, ou celui qui n'est sous aucune condamnation, ne peut pas se repentir ; et pour ceux-là, le baptême ne sert à rien,

23 mais c'est une moquerie devant Dieu ; c'est nier la miséricorde du Christ et le pouvoir de son Esprit-Saint, et placer sa confiance dans les œuvres mortes.

24 Voici, mon fils, cela ne devrait pas être ; car le repentir est pour ceux qui sont sous la condamnation et sous la malédiction d'une loi enfreinte.

25 Et les prémices du repentir, c'est le baptême ; et le baptême vient par la foi pour accomplir les commandements ; et l'accomplissement des commandements apporte le pardon des péchés ;

26 et le pardon des péchés apporte la douceur et l'humilité de cœur ; et à cause de la

meekness and lowliness of heart cometh the visitation of the Holy Ghost, which Comforter filleth with hope and perfect love, which love endureth by diligence unto prayer, until the end shall come, when all the saints shall dwell with God.

27 Behold, my son, I will write unto you again if I go not out soon against the Lamanites. Behold, the pride of this nation, or the people of the Nephites, hath proven their destruction except they should repent.

28 Pray for them, my son, that repentance may come unto them. But behold, I fear lest the Spirit hath ceased striving with them; and in this part of the land they are also seeking to put down all power and authority which cometh from God; and they are denying the Holy Ghost.

29 And after rejecting so great a knowledge, my son, they must perish soon, unto the fulfilling of the prophecies which were spoken by the prophets, as well as the words of our Savior himself.

30 Farewell, my son, until I shall write unto you, or shall meet you again. Amen.

The second epistle of Mormon to his son Moroni.

Comprising chapter 9.

CHAPTER 9

Both the Nephites and the Lamanites are depraved and degenerate—They torture and murder each other—Mormon prays that grace and goodness may rest upon Moroni forever. About A.D. 401.

1 My beloved son, I write unto you again that ye may know that I am yet alive; but I write somewhat of that which is grievous.

2 For behold, I have had a sore battle with the Lamanites, in which we did not conquer; and Archeantus has fallen by the sword, and also Luram and Emron; yea, and we have lost a great number of our choice men.

---

douceur et de l'humilité de cœur vient la visitation du Saint-Esprit, lequel Consolateur remplit d'espérance et d'amour parfait, amour qui subsiste, par la diligence dans la prière, jusqu'à ce que vienne la fin, lorsque tous les saints demeureront avec Dieu.

27 Voici, mon fils, je t'écrirai de nouveau si je ne sors pas bientôt contre les Lamanites. Voici, l'orgueil de cette nation, ou du peuple des Néphites, s'est avéré être leur destruction, à moins qu'ils ne se repentent.

28 Prie pour eux, mon fils, afin que le repentir leur vienne. Mais voici, je crains que l'Esprit n'ait cessé de lutter avec eux ; et dans cette partie du pays, ils cherchent aussi à abattre tout pouvoir et toute autorité qui vient de Dieu ; et ils nient le Saint-Esprit.

29 Et après avoir rejeté une aussi grande connaissance, mon fils, ils vont périr bientôt, pour accomplir les prophéties qui ont été dites par les prophètes, aussi bien que les paroles de notre Sauveur lui-même.

30 Adieu, mon fils, jusqu'à ce que je t'écrive ou te revoie. Amen.

Deuxième épître de Mormon à son fils Moroni.

Chapitre 9.

CHAPITRE 9

Les Néphites et les Lamanites sont dépravés et dégénérés — Ils se torturent et s'assassinent mutuellement — Mormon prie pour que la grâce et la bonté reposent à jamais sur Moroni. Vers 401 apr. J.-C.

1 Mon fils bien-aimé, je t'écris de nouveau afin que tu saches que je suis encore vivant ; mais j'écris quelque peu sur ce qui est affligeant.

2 Car voici, j'ai eu une furieuse bataille avec les Lamanites, dans laquelle nous n'avons pas vaincu ; et Archéantus est tombé par l'épée, et aussi Luram et Emron ; oui, et nous avons perdu un grand nombre de nos hommes d'élite.

3 And now behold, my son, I fear lest the Lamanites shall destroy this people; for they do not repent, and Satan stirreth them up continually to anger one with another.

4 Behold, I am laboring with them continually; and when I speak the word of God with sharpness they tremble and anger against me; and when I use no sharpness they harden their hearts against it; wherefore, I fear lest the Spirit of the Lord hath ceased striving with them.

5 For so exceedingly do they anger that it seemeth me that they have no fear of death; and they have lost their love, one towards another; and they thirst after blood and revenge continually.

6 And now, my beloved son, notwithstanding their hardness, let us labor diligently; for if we should cease to labor, we should be brought under condemnation; for we have a labor to perform whilst in this tabernacle of clay, that we may conquer the enemy of all righteousness, and rest our souls in the kingdom of God.

7 And now I write somewhat concerning the sufferings of this people. For according to the knowledge which I have received from Amoron, behold, the Lamanites have many prisoners, which they took from the tower of Sherrizah; and there were men, women, and children.

8 And the husbands and fathers of those women and children they have slain; and they feed the women upon the flesh of their husbands, and the children upon the flesh of their fathers; and no water, save a little, do they give unto them.

9 And notwithstanding this great abomination of the Lamanites, it doth not exceed that of our people in Moriantum. For behold, many of the daughters of the Lamanites have they taken prisoners; and after depriving them of that which was most dear and precious above all things, which is chastity and virtue—

10 And after they had done this thing, they did murder them in a most cruel manner, torturing their bodies even unto death; and after they have done this, they devour their flesh like unto wild beasts, because of the hardness of their hearts; and they do it for a token of bravery.

3 Et maintenant, voici, mon fils, je crains que les Lamanites ne détruisent ce peuple ; car ils ne se repentent pas, et Satan les excite continuellement à la colère les uns contre les autres.

4 Voici, je travaille continuellement avec eux ; et lorsque je dis la parole de Dieu avec rigueur, ils tremblent et sont en colère contre moi ; et lorsque je n'utilise pas de rigueur, ils s'endurcissent le cœur contre elle ; c'est pourquoi, je crains que l'Esprit du Seigneur n'ait cessé de lutter avec eux.

5 Car ils sont dans une colère si extrême qu'il me semble qu'ils n'ont aucune crainte de la mort ; et ils ont perdu leur amour les uns pour les autres ; et ils ont continuellement soif de sang et de vengeance.

6 Néanmoins, mon fils bien-aimé, malgré leur endurcissement, travaillons diligemment ; car si nous cessions de travailler, nous tomberions sous la condamnation ; car nous avons un travail à accomplir pendant que nous sommes dans ce tabernacle d'argile, afin de vaincre l'ennemi de toute justice et de donner du repos à notre âme dans le royaume de Dieu.

7 Et maintenant, j'écris quelque peu sur les souffrances de ce peuple. Car selon la connaissance que j'ai reçue d'Amoron, voici, les Lamanites ont beaucoup de prisonniers, qu'ils ont pris de la tour de Sherrizah ; et il y avait des hommes, des femmes et des enfants.

8 Et ils ont tué les maris et pères de ces femmes et de ces enfants ; et ils font manger la chair de leurs maris aux femmes et la chair de leurs pères aux enfants ; et ils ne leur donnent pas d'eau, si ce n'est un peu.

9 Et malgré cette grande abomination des Lamanites, elle ne dépasse pas celle de notre peuple à Moriantum. Car voici, ils ont fait prisonnières beaucoup de filles des Lamanites ; et après leur avoir ravi ce qu'elles avaient de plus cher et de plus précieux, la chasteté et la vertu —

10 et après avoir fait cela, ils les ont assassinées d'une manière extrêmement cruelle, torturant leur corps jusqu'à la mort ; et après avoir fait cela, ils dévorent leur chair comme des bêtes sauvages à cause de l'endurcissement de leur cœur ; et ils le font en signe de bravoure.

11 O my beloved son, how can a people like this, that are without civilization—

12 (And only a few years have passed away, and they were a civil and a delightsome people)

13 But O my son, how can a people like this, whose delight is in so much abomination—

14 How can we expect that God will stay his hand in judgment against us?

15 Behold, my heart cries: Wo unto this people. Come out in judgment, O God, and hide their sins, and wickedness, and abominations from before thy face!

16 And again, my son, there are many widows and their daughters who remain in Sherrizah; and that part of the provisions which the Lamanites did not carry away, behold, the army of Zenephi has carried away, and left them to wander whithersoever they can for food; and many old women do faint by the way and die.

17 And the army which is with me is weak; and the armies of the Lamanites are betwixt Sherrizah and me; and as many as have fled to the army of Aaron have fallen victims to their awful brutality.

18 O the depravity of my people! They are without order and without mercy. Behold, I am but a man, and I have but the strength of a man, and I cannot any longer enforce my commands.

19 And they have become strong in their perversion; and they are alike brutal, sparing none, neither old nor young; and they delight in everything save that which is good; and the suffering of our women and our children upon all the face of this land doth exceed everything; yea, tongue cannot tell, neither can it be written.

20 And now, my son, I dwell no longer upon this horrible scene. Behold, thou knowest the wickedness of this people; thou knowest that they are without principle, and past feeling; and their wickedness doth exceed that of the Lamanites.

21 Behold, my son, I cannot recommend them unto God lest he should smite me.

22 But behold, my son, I recommend thee unto God, and I trust in Christ that thou

11 Ô mon fils bien-aimé, comment se peut-il qu'un tel peuple, qui est sans civilisation —

12 (il n'y a qu'un petit nombre d'années qui sont passées, et ils étaient un peuple civilisé et agréable) —

13 mais ô mon fils, comment un tel peuple, qui met ses délices dans tant d'abominations,

14 comment pouvons-nous attendre de Dieu qu'il arrête sa main en jugement contre nous ?

15 Voici, mon cœur s'écrie : Malheur à ce peuple ! Sors en jugement, ô Dieu, et cache leurs péchés, et leur méchanceté, et leurs abominations de devant ta face !

16 Et en outre, mon fils, il y a beaucoup de veuves et leurs filles qui restent à Sherrizah ; et cette partie des provisions que les Lamanites n'ont pas emportée, voici, l'armée de Zénéphi l'a emportée, et elle les a laissées errer là où elles peuvent pour trouver de la nourriture ; et beaucoup de vieilles femmes s'évanouissent en chemin et meurent.

17 Et l'armée qui est avec moi est faible ; et les armées des Lamanites sont entre Sherrizah et moi ; et tous ceux qui ont fui vers l'armée d'Aaron sont tombés victimes de leur affreuse brutalité.

18 Oh ! la dépravation de mon peuple ! Ils sont sans ordre et sans miséricorde. Voici, je ne suis qu'un homme, et je n'ai que la force d'un homme, et je ne peux plus faire respecter mes commandements.

19 Et ils sont devenus forts dans leur perversion ; et ils sont aussi brutaux les uns que les autres, n'épargnant personne, ni jeunes ni vieux ; et ils mettent leurs délices dans tout sauf dans ce qui est bon ; et les souffrances de nos femmes et de nos enfants sur toute la surface de ce pays dépassent tout ; oui, la langue ne peut les raconter, et elles ne peuvent pas non plus être écrites.

20 Et maintenant, mon fils, je ne m'attarde plus sur cet horrible tableau. Voici, tu connais la méchanceté de ce peuple ; tu sais qu'il est sans principes et qu'il a perdu toute sensibilité ; et sa méchanceté surpasse celle des Lamanites.

21 Voici, mon fils, je ne peux pas le recommander à Dieu, de peur qu'il ne me frappe.

22 Mais voici, mon fils, je te recommande à Dieu, et j'ai l'assurance dans le Christ que tu

wilt be saved; and I pray unto God that he will spare thy life, to witness the return of his people unto him, or their utter destruction; for I know that they must perish except they repent and return unto him.

23 And if they perish it will be like unto the Jaredites, because of the wilfulness of their hearts, seeking for blood and revenge.

24 And if it so be that they perish, we know that many of our brethren have deserted over unto the Lamanites, and many more will also desert over unto them; wherefore, write somewhat a few things, if thou art spared and I shall perish and not see thee; but I trust that I may see thee soon; for I have sacred records that I would deliver up unto thee.

25 My son, be faithful in Christ; and may not the things which I have written grieve thee, to weigh thee down unto death; but may Christ lift thee up, and may his sufferings and death, and the showing his body unto our fathers, and his mercy and long-suffering, and the hope of his glory and of eternal life, rest in your mind forever.

26 And may the grace of God the Father, whose throne is high in the heavens, and our Lord Jesus Christ, who sitteth on the right hand of his power, until all things shall become subject unto him, be, and abide with you forever. Amen.

CHAPTER 10

A testimony of the Book of Mormon comes by the power of the Holy Ghost—The gifts of the Spirit are dispensed to the faithful—Spiritual gifts always accompany faith—Moroni's words speak from the dust—Come unto Christ, be perfected in Him, and sanctify your souls. About A.D. 421.

1 Now I, Moroni, write somewhat as seemeth me good; and I write unto my brethren, the Lamanites; and I would that they should know that more than four hundred and twenty years have passed away since the sign was given of the coming of Christ.

2 And I seal up these records, after I have spoken a few words by way of exhortation unto you.

seras sauvé ; et je prie Dieu qu'il t'épargne la vie pour que tu sois témoin du retour de son peuple à lui, ou de sa destruction totale ; car je sais qu'il périra à moins qu'il ne se repente et ne retourne à lui.

23 Et s'ils périssent, ce sera comme les Jarédites, à cause de l'obstination de leur cœur à chercher le sang et la vengeance.

24 Et s'ils périssent, nous savons que beaucoup de nos frères sont passés aux Lamanites, et qu'un nombre plus grand encore passera aussi à eux ; c'est pourquoi, écris quelque peu, un petit nombre de choses, si tu es épargné et si je péris et ne te vois pas ; mais j'ai l'assurance que je pourrai te voir bientôt, car j'ai des annales sacrées que je voudrais te remettre.

25 Mon fils, sois fidèle dans le Christ ; et que les choses que j'ai écrites ne te causent pas de peine, pour t'accabler jusqu'à la mort ; mais que le Christ te console, et que ses souffrances et sa mort, et son corps montré à nos pères, et sa miséricorde et sa longanimité, et l'espérance de sa gloire et de la vie éternelle demeurent à jamais dans ton esprit.

26 Et que la grâce de Dieu le Père, dont le trône est haut dans les cieux, et de notre Seigneur Jésus-Christ, qui est assis à la droite de sa puissance, jusqu'à ce que tout lui soit assujetti, soit et demeure avec toi à jamais. Amen.

CHAPITRE 10

On obtient le témoignage du Livre de Mormon par le pouvoir du Saint-Esprit — Les dons de l'Esprit sont dispensés aux fidèles — La foi est toujours accompagnée des dons spirituels — Les paroles de Moroni parlent de la poussière — Venez au Christ, soyez rendus parfaits en lui et sanctifiez votre âme. Vers 421 apr. J.-C.

1 Or, moi, Moroni, j'écris quelque peu comme il me semble bon ; et j'écris à mes frères, les Lamanites ; et je voudrais qu'ils sachent que plus de quatre cent vingt ans sont passés depuis que le signe de la venue du Christ fut donné.

2 Et je scelle ces annales, après avoir dit quelques paroles en guise d'exhortation à votre intention.

3 Behold, I would exhort you that when ye shall read these things, if it be wisdom in God that ye should read them, that ye would remember how merciful the Lord hath been unto the children of men, from the creation of Adam even down until the time that ye shall receive these things, and ponder it in your hearts.

4 And when ye shall receive these things, I would exhort you that ye would ask God, the Eternal Father, in the name of Christ, if these things are not true; and if ye shall ask with a sincere heart, with real intent, having faith in Christ, he will manifest the truth of it unto you, by the power of the Holy Ghost.

5 And by the power of the Holy Ghost ye may know the truth of all things.

6 And whatsoever thing is good is just and true; wherefore, nothing that is good denieth the Christ, but acknowledgeth that he is.

7 And ye may know that he is, by the power of the Holy Ghost; wherefore I would exhort you that ye deny not the power of God; for he worketh by power, according to the faith of the children of men, the same today and tomorrow, and forever.

8 And again, I exhort you, my brethren, that ye deny not the gifts of God, for they are many; and they come from the same God. And there are different ways that these gifts are administered; but it is the same God who worketh all in all; and they are given by the manifestations of the Spirit of God unto men, to profit them.

9 For behold, to one is given by the Spirit of God, that he may teach the word of wisdom;

10 And to another, that he may teach the word of knowledge by the same Spirit;

11 And to another, exceedingly great faith; and to another, the gifts of healing by the same Spirit;

12 And again, to another, that he may work mighty miracles;

13 And again, to another, that he may prophesy concerning all things;

14 And again, to another, the beholding of angels and ministering spirits;

15 And again, to another, all kinds of tongues;

16 And again, to another, the interpretation of languages and of divers kinds of tongues.

3 Voici, je voudrais vous exhorter, lorsque vous lirez ces choses, si Dieu juge sage que vous les lisiez, à vous souvenir combien le Seigneur a été miséricordieux envers les enfants des hommes, depuis la création d'Adam jusqu'au moment où vous recevrez ces choses, et à méditer cela dans votre cœur.

4 Et lorsque vous recevrez ces choses, je vous exhorte à demander à Dieu, le Père éternel, au nom du Christ, si ces choses ne sont pas vraies ; et si vous demandez d'un cœur sincère, avec une intention réelle, ayant foi au Christ, il vous en manifestera la vérité par le pouvoir du Saint-Esprit.

5 Et par le pouvoir du Saint-Esprit, vous pouvez connaître la vérité de toutes choses.

6 Et tout ce qui est bon est juste et vrai ; c'est pourquoi, rien de ce qui est bon ne nie le Christ, mais reconnaît qu'il est.

7 Et vous pouvez savoir qu'il est, par le pouvoir du Saint-Esprit ; c'est pourquoi, je vous exhorte à ne pas nier le pouvoir de Dieu ; car il agit par le pouvoir, selon la foi des enfants des hommes, le même aujourd'hui, et demain, et à jamais.

8 Et en outre, je vous exhorte, mes frères, à ne pas nier les dons de Dieu, car ils sont nombreux ; et ils viennent du même Dieu. Et ces dons sont conférés de différentes façons ; mais c'est le même Dieu qui opère tout en tous ; et ils sont donnés par les manifestations de l'Esprit de Dieu aux hommes, pour leur profit.

9 Car voici, à l'un est donné, par l'Esprit de Dieu, d'enseigner la parole de sagesse ;

10 et à un autre, d'enseigner la parole de connaissance par le même Esprit ;

11 et à un autre, une foi extrêmement grande ; et à un autre, les dons de guérison, par le même Esprit ;

12 et aussi, à un autre, d'accomplir de grands miracles ;

13 et aussi, à un autre, de prophétiser sur toutes choses ;

14 et aussi, à un autre, de voir les anges et les esprits chargés d'un ministère ;

15 et aussi, à un autre, toutes sortes de langues ;

16 et aussi, à un autre, l'interprétation des langages et de diverses sortes de langues.

17 And all these gifts come by the Spirit of Christ; and they come unto every man severally, according as he will.

18 And I would exhort you, my beloved brethren, that ye remember that every good gift cometh of Christ.

19 And I would exhort you, my beloved brethren, that ye remember that he is the same yesterday, today, and forever, and that all these gifts of which I have spoken, which are spiritual, never will be done away, even as long as the world shall stand, only according to the unbelief of the children of men.

20 Wherefore, there must be faith; and if there must be faith there must also be hope; and if there must be hope there must also be charity.

21 And except ye have charity ye can in nowise be saved in the kingdom of God; neither can ye be saved in the kingdom of God if ye have not faith; neither can ye if ye have no hope.

22 And if ye have no hope ye must needs be in despair; and despair cometh because of iniquity.

23 And Christ truly said unto our fathers: If ye have faith ye can do all things which are expedient unto me.

24 And now I speak unto all the ends of the earth—that if the day cometh that the power and gifts of God shall be done away among you, it shall be because of unbelief.

25 And wo be unto the children of men if this be the case; for there shall be none that doeth good among you, no not one. For if there be one among you that doeth good, he shall work by the power and gifts of God.

26 And wo unto them who shall do these things away and die, for they die in their sins, and they cannot be saved in the kingdom of God; and I speak it according to the words of Christ; and I lie not.

27 And I exhort you to remember these things; for the time speedily cometh that ye shall know that I lie not, for ye shall see me at the bar of God; and the Lord God will say unto you: Did I not declare my words unto you, which were written by this man, like as one crying from the dead, yea, even as one speaking out of the dust?

17 Et tous ces dons viennent par l'Esprit du Christ ; et ils viennent à tous les hommes, séparément, selon sa volonté.

18 Et je voudrais vous exhorter, mes frères bien-aimés, à vous souvenir que tout bon don vient du Christ.

19 Et je voudrais vous exhorter, mes frères bien-aimés, à vous souvenir qu'il est le même hier, aujourd'hui et à jamais, et que tous ces dons dont j'ai parlé, qui sont spirituels, ne seront jamais abolis, aussi longtemps que le monde demeurera, si ce n'est selon l'incrédulité des enfants des hommes.

20 C'est pourquoi, il faut qu'il y ait la foi ; et s'il faut qu'il y ait la foi, il faut aussi qu'il y ait l'espérance ; et s'il faut qu'il y ait l'espérance, il faut aussi qu'il y ait la charité.

21 Et si vous n'avez pas la charité, vous ne pouvez en aucune façon être sauvés dans le royaume de Dieu ; et vous ne pouvez pas non plus être sauvés dans le royaume de Dieu si vous n'avez pas la foi ; et vous ne le pouvez pas non plus si vous n'avez pas l'espérance.

22 Et si vous n'avez pas l'espérance, vous devez nécessairement être dans le désespoir ; et le désespoir vient de l'iniquité.

23 Et le Christ a dit en vérité à nos pères : Si vous avez la foi, vous pouvez faire tout ce qui m'est utile.

24 Et maintenant, je parle à toutes les extrémités de la terre : Si le jour vient où le pouvoir et les dons de Dieu cessent parmi vous, ce sera à cause de l'incrédulité.

25 Et malheur aux enfants des hommes si c'est le cas ; car il n'y en aura aucun qui fera le bien parmi vous, pas même un seul. Car s'il y en a un seul parmi vous qui fait le bien, il agira par le pouvoir et les dons de Dieu.

26 Et malheur à ceux qui feront cesser ces choses et mourront, car ils meurent dans leurs péchés et ils ne peuvent être sauvés dans le royaume de Dieu ; et je le dis selon les paroles du Christ ; et je ne mens pas.

27 Et je vous exhorte à vous souvenir de ces choses ; car le temps vient rapidement où vous saurez que je ne mens pas, car vous me verrez à la barre de Dieu ; et le Seigneur Dieu vous dira : Ne vous ai-je pas annoncé mes paroles, qui ont été écrites par cet

28 I declare these things unto the fulfilling of the prophecies. And behold, they shall proceed forth out of the mouth of the everlasting God; and his word shall hiss forth from generation to generation.

29 And God shall show unto you, that that which I have written is true.

30 And again I would exhort you that ye would come unto Christ, and lay hold upon every good gift, and touch not the evil gift, nor the unclean thing.

31 And awake, and arise from the dust, O Jerusalem; yea, and put on thy beautiful garments, O daughter of Zion; and strengthen thy stakes and enlarge thy borders forever, that thou mayest no more be confounded, that the covenants of the Eternal Father which he hath made unto thee, O house of Israel, may be fulfilled.

32 Yea, come unto Christ, and be perfected in him, and deny yourselves of all ungodliness; and if ye shall deny yourselves of all ungodliness, and love God with all your might, mind and strength, then is his grace sufficient for you, that by his grace ye may be perfect in Christ; and if by the grace of God ye are perfect in Christ, ye can in nowise deny the power of God.

33 And again, if ye by the grace of God are perfect in Christ, and deny not his power, then are ye sanctified in Christ by the grace of God, through the shedding of the blood of Christ, which is in the covenant of the Father unto the remission of your sins, that ye become holy, without spot.

34 And now I bid unto all, farewell. I soon go to rest in the paradise of God, until my spirit and body shall again reunite, and I am brought forth triumphant through the air, to meet you before the pleasing bar of the great Jehovah, the Eternal Judge of both quick and dead. Amen.

THE END

homme, semblable à quelqu'un qui crie d'entre les morts, oui, comme quelqu'un qui parle de la poussière ?

28 J'annonce ces choses pour que les prophéties s'accomplissent. Et voici, elles sortiront de la bouche du Dieu éternel ; et sa parole sifflera de génération en génération.

29 Et Dieu vous montrera que ce que j'ai écrit est vrai.

30 Et en outre : Je voudrais vous exhorter à venir au Christ, et à vous saisir de tout bon don, et à ne pas toucher au mauvais don, ni à ce qui est impur.

31 Et réveille-toi, et lève-toi de la poussière, ô Jérusalem ; oui, et revêts tes habits de fête, ô fille de Sion ; et fortifie tes pieux et élargis tes frontières à jamais, afin que tu ne sois plus confondue, que les alliances que le Père éternel a faites avec toi, ô maison d'Israël, s'accomplissent.

32 Oui, venez au Christ, et soyez rendus parfaits en lui, et refusez-vous toute impiété ; et si vous vous refusez toute impiété et aimez Dieu de tout votre pouvoir, de toute votre pensée et de toute votre force, alors sa grâce vous suffit, afin que par sa grâce vous soyez parfaits dans le Christ ; et si, par la grâce de Dieu, vous êtes parfaits dans le Christ, vous ne pouvez en aucune façon nier le pouvoir de Dieu.

33 Et en outre, si, par la grâce de Dieu, vous êtes parfaits dans le Christ, et ne niez pas son pouvoir, alors vous êtes sanctifiés dans le Christ, par la grâce de Dieu, grâce à l'effusion du sang du Christ, qui est dans l'alliance du Père pour le pardon de vos péchés, afin que vous deveniez saints, sans tache.

34 Et maintenant, je vous dis à tous adieu. Je vais bientôt me reposer dans le paradis de Dieu, jusqu'à ce que mon esprit et mon corps se réunissent de nouveau, et que je sois amené triomphant dans les airs, pour vous rencontrer devant la barre agréable du grand Jéhovah, le Juge éternel des vivants et des morts. Amen.

FIN

Made in the USA
Middletown, DE
04 September 2023

37945199R00435